# 2010 浙江统一战线年鉴

中共浙江省委统战部　编

杭 州 出 版 社

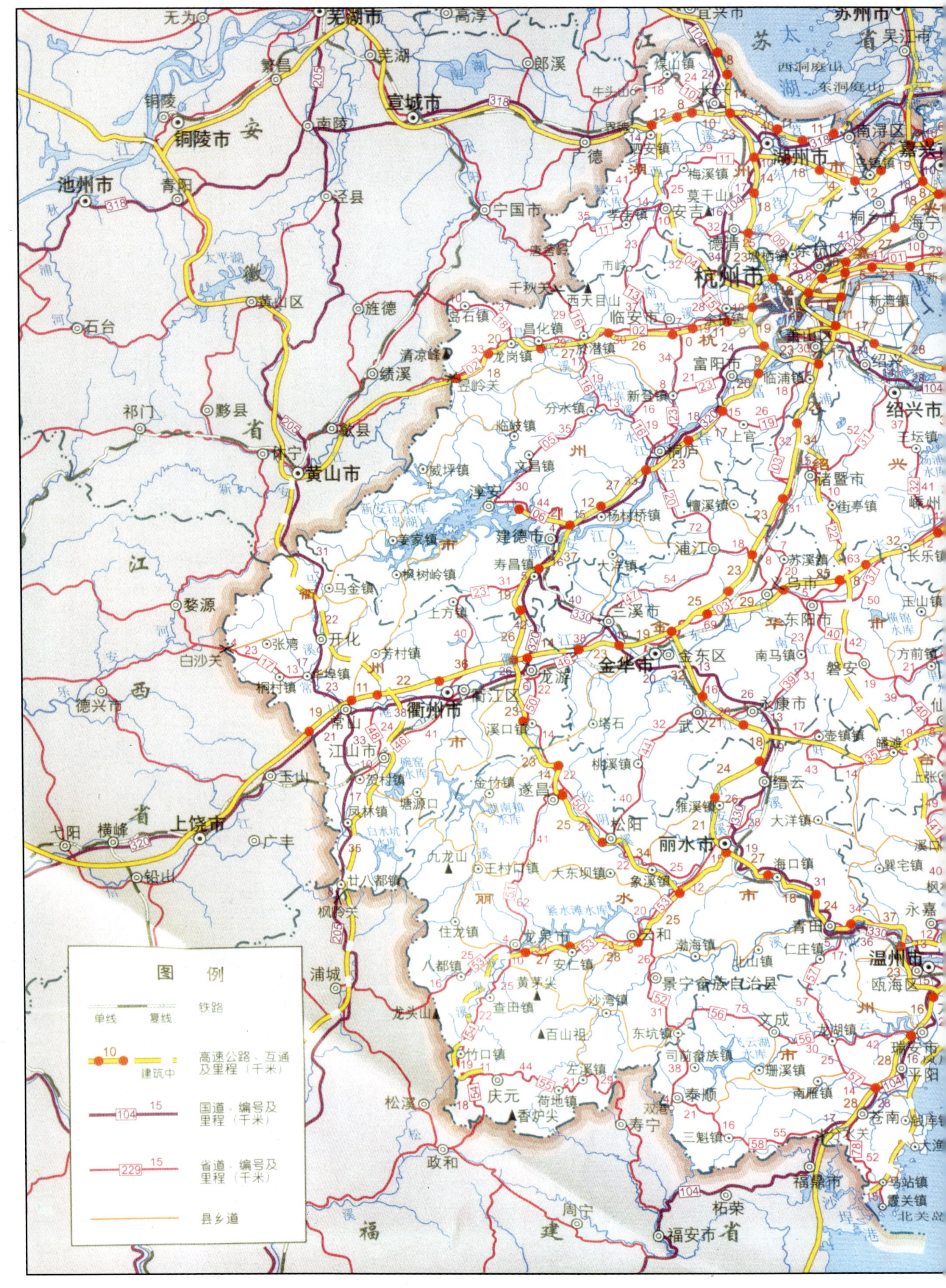

图　例
单线　复线　铁路
10　高速公路、互通及里程（千米）　建筑中
104　15　国道、编号及里程（千米）
229　15　省道、编号及里程（千米）
县乡道
无为
芜湖市
高淳
宜兴市
苏州市
吴江市
繁昌
芜湖
郎溪
煤山镇
长兴
太湖
西洞庭山
东洞庭山
铜陵
宣城市
铜陵市
南陵
广德
泗安镇
湖州市
南浔区
嘉兴
池州市
青阳
泾县
梅溪镇
莫干山
安吉
孝丰镇
宁国市
德清
余杭区
桐乡市
海宁
太平湖
黄山区
唐舍岭
市岭
杭州市
千秋关
西天目山
石台
旌德
岛石镇
昌化镇
临安市
萧山区
新湾镇
清凉峰
龙岗镇
於潜镇
富阳市
绍兴
绩溪
昱岭关
新登镇
临浦镇
绍兴市
祁门
黟县
歙县
分水镇
上官
王坛镇
休宁
黄山市
临岐镇
桐庐
威坪镇
文昌镇
诸暨市
淳安
新安江水库（千岛湖）
杨村桥镇
檀溪镇
街亭镇
嵊州
姜家镇
建德市
浦江
寿昌镇
大洋镇
苏溪镇
长乐镇
江
婺源
马金镇
枫树岭镇
上方镇
义乌市
三溪市
玉山镇
开化
张湾
白沙关
芳村镇
金华市
金东区
东阳市
南马镇
磐安
方前镇
桐村镇
华埠镇
龙游
德兴市
常山
衢州市
衢江区
溪口镇
塔石
武义
永康市
壶镇镇
江山市
贺村镇
碗窑水库
金竹镇
桃溪镇
缙云
玉山
塘源口
遂昌
上张
凤林镇
湖南镇水库
松阳
雅溪镇
大洋镇
弋阳
横峰
上饶市
广丰
白水坑水库
丽水市
海口镇
溪口
九龙山
王村口镇
大东坝镇
巽宅镇
铅山
廿八都镇
象溪镇
枫岭关
紧水滩水库
青田
永嘉
住龙镇
龙泉市
云和
仁庄镇
温州市
八都镇
安仁镇
渤海镇
北山镇
瓯海区
浦城
黄茅尖
景宁畲族自治县
查田镇
沙湾镇
文成
龙头山
百山祖
东坑镇
龙湖镇
瑞安市
竹口镇
司前畲族镇
飞云湖水库
庆元
左溪镇
珊溪镇
平阳
松溪
荷地镇
泰顺
南雁镇
香炉尖
双港
寿宁
三魁镇
苍南
政和
福鼎市
马站镇
霞关镇
周宁
柘荣
福安市
福
建
省
安
徽
江
西
苏
湖
州
杭
绍
兴
金
华
衢
丽
水
市
温

**浙江政区** 浙江省位于我国东南沿海，以境内最大的河流钱塘江旧称浙江得名。简称浙。浙江北连江苏、上海，西界江西、安徽，南接福建，东临东海。省会杭州市。

浙江历史悠久，新石器时代，就已经有人类在此活动。春秋时为越国地，今绍兴曾经为越国的都城。秦统一后，浙江分属会稽、闽中两郡。公元129年，东汉以钱塘江为界，将秦会稽郡一分为二，东为稽郡，西为吴郡。今浙江省当时分属会稽、吴、丹阳3郡。三国时为东吴所有。两晋到南朝均为扬州属地。隋在浙江境内分置吴、余杭、宣城、遂安、会稽、东阳、永嘉7郡。公元758年，唐设浙江东道、浙江西道两节度使，浙江作为政区名称始于此。五代时吴越国以杭州为国都。宋置两浙路，今浙江境内当时有11州65县，南宋定都杭州，并将杭州改称临安。元设江浙行省，分杭州、建德、湖州、嘉兴、绍兴、庆元、婺州、衢州、台州、温州、处州11路。明称浙江行省，辖杭、嘉、湖、宁、绍、台、金、衢、严、温、处11府及安吉州。清初地方政区制度承袭明朝。康熙初年，改称为浙江省。新中国成立后，本省行政区划进行了多次调整。

**图书在版编目（CIP）数据**

浙江统一战线年鉴. 2009 / 中共浙江省委统战部编.
— 杭州 : 杭州出版社，2009.9
ISBN 978-7-80758-380-6

Ⅰ.①浙… Ⅱ.①中… Ⅲ.①统一战线工作—浙江省
—2010—年鉴 Ⅳ.①D613-54

中国版本图书馆CIP数据核字(2010)第171615号

# 浙江统一战线年鉴 2010

**中共浙江省委统战部编**

责任编辑:陈晓蓓

封面设计:李婷婷

出版发行:杭州出版社

（杭州市曙光路133号　电话:0571-87997719）

印　　刷:浙江省良渚印刷厂

（杭州市余杭区良渚双陡门　电话:0571-88770088）

开　　本:889×1194mm　1/16

印　　张:34.25

插　　页:42

字　　数:1085千字

印　　数:1-7120

版　　次:2010年9月第1版

印　　次:2010年9月第1次印刷

书　　号:ISBN 978-7-80785-380-6

定　　价:100.00元

**■如发现印装质量问题,请与印刷厂联系调换**

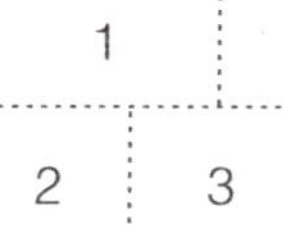

(1) 11月6日至10日，中共中央政治局常委、全国政协主席贾庆林和随行的全国政协副主席兼秘书长钱运录等，先后来到江苏南京和浙江宁波、杭州等地，深入工厂企业、港口码头、农村乡镇，就做好统一战线和人民政协工作，为保增长、促和谐贡献力量进行调研。贾庆林在浙江期间，省委书记、省人大常委会主任赵洪祝，省委副书记、省长吕祖善，省政协主席周国富，省委副书记夏宝龙等分别陪同考察。

(2) (3) 10月20日至23日，全国政协副主席、中央统战部部长杜青林在我省杭州、绍兴及华立集团、喜临门集团调研工商联和非公有制企业党建工作。

省委书记、省人大常委会主任赵洪祝主持调研工作座谈会。省委办公厅、省政府办公厅、省委组织部、省委统战部、省经信委、省工商局、省工商联等部门负责人参加座谈会并作汇报。省委常委、秘书长李强出席座谈会。省政协副主席、秘书长黄旭明出席座谈会并陪同调研。

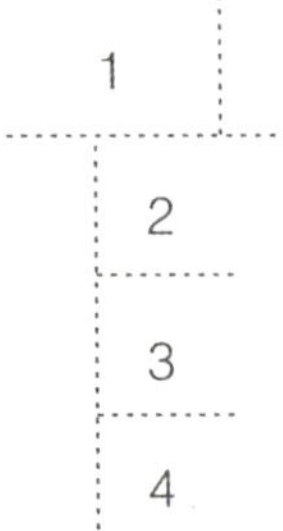

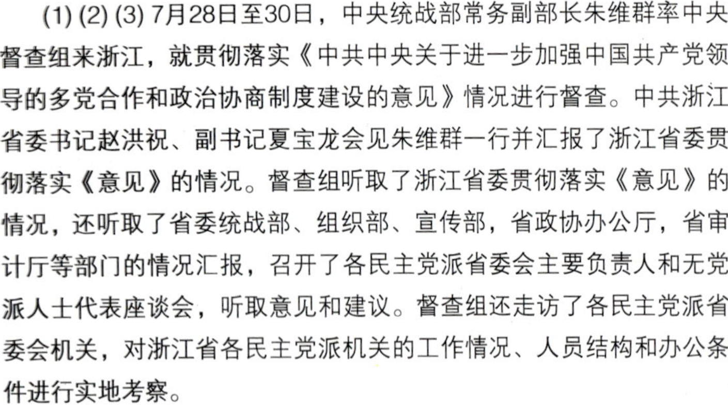

(1)(2)(3)7月28日至30日，中央统战部常务副部长朱维群率中央督查组来浙江，就贯彻落实《中共中央关于进一步加强中国共产党领导的多党合作和政治协商制度建设的意见》情况进行督查。中共浙江省委书记赵洪祝、副书记夏宝龙会见朱维群一行并汇报了浙江省委贯彻落实《意见》的情况。督查组听取了浙江省委贯彻落实《意见》的情况，还听取了省委统战部、组织部、宣传部，省政协办公厅，省审计厅等部门的情况汇报，召开了各民主党派省委会主要负责人和无党派人士代表座谈会，听取意见和建议。督查组还走访了各民主党派省委会机关，对浙江省各民主党派机关的工作情况、人员结构和办公条件进行实地考察。

(4)各民主党派省委会负责人向中央督察组汇报工作。

(1) (2) (3) (4) 1月18日下午，浙江省领导在省人民大会堂亲切会见出席省政府十届二次会议的省政协港澳、华侨委员和港澳台侨委员会特邀委员。浙江省委书记、省人大常委会主任赵洪祝在会见时作重要讲话，浙江省政协主席周国富等省领导参加会见。曹其镛、包陪庆、林笑云、车越乔等委员在会上发言。

1
2
3
4

(1) 3月6日，参加全国“两会”的省领导与部分港澳浙江籍和与浙江关系密切的港澳全国人大代表、全国政协委员欢聚一堂，共叙乡情，共话发展。

全国政协副主席董建华莅临见面会。浙江省委书记、省人大常委会主任赵洪祝在会上致辞。省领导吕祖善、王永明、吴国华、郑继伟、盛昌黎、徐辉、姚克、冯明光和全国政协委员李金明以及省委统战部常务副部长陈金彪等省有关部门负责人参加会见。省政协主席周国富主持见面会。

中央驻香港联络办主任高祀仁、副主任彭清华，中央驻澳门联络办主任白志健，在港全国人大常委会委员贺一诚，在澳全国政协常委杨俊文等嘉宾出席。

(2) 省委书记、省人大常委会主任赵洪祝在嘉宾名录上签名。

(3) 前排右起：浙江省委书记赵洪祝，全国政协副主席董建华和夫人董赵洪娉女士，全国人大常委、澳门特区政府行政会议成员贺一诚先生。

(4) 省政协主席周国富主持见面会。

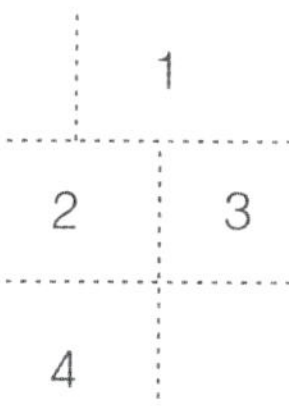

(1) (2) 1月10日上午，浙江海外联谊会第十一届迎春团拜会在珠海举行。浙江省领导和浙江海外联谊会部分负责人与来自香港特区、澳门特区、台湾地区的230余名乡贤、朋友欢聚一堂，畅叙乡情和友情，共话改革和发展。省委副书记夏宝龙致辞。副省长龚正向与会嘉宾介绍了我省2008年经济社会发展情况和2009年经济社会建设的主要目标。省委统战部常务副部长、浙江海外联谊会常务副会长陈金彪主持团拜会并致祝酒辞。

澳门特区立法会议员、全国政协委员贺定一，香港浙江省同乡会联合会会长车越乔，台湾中华两岸少数民族文化经贸交流协会理事长巴湃·拉拉格狮在会上致辞。他们表示要为实现祖国早日完全统一和中华民族伟大复兴，为浙江与香港特区、澳门特区、台湾地区的美好明天继续努力。省和各市有关部门负责人参加了团拜会。

(3) 省委副书记夏宝龙致辞。

(4) 副省长龚正向与会嘉宾介绍了我省2008年经济社会发展情况和2009年经济社会建设的主要目标。

(1) 10月10日，省委召开党外人士座谈会，就《中共浙江省委关于贯彻〈中共中央加强和改进新形势下党的建设若干重大问题的决定〉的实施意见（草案）》，向省级各民主党派、工商联负责人及无党派代表人士征询意见。

省委书记、省人大常委会主任赵洪祝主持座谈会，并介绍了中共浙江省委起草《实施意见》的考虑和形成过程。他希望省级各民主党派、工商联负责人和无党派代表人士畅所欲言，对文件稿提出修改意见和建议。省政协主席周国富，省委党委、组织部长斯鑫良，省委常委、秘书长李强，省委统战部常务副部长陈金彪等出席座谈会。

(2) 1月19日上午，省委书记、省人大常委会主任赵洪祝在省人民大会堂与民革省委会领导班子成员开展谈心活动。

(3) 11月24日，省第八次归侨侨眷代表大会在杭州召开。来自全省各地的335名归侨侨眷代表与来自60多个国家和地区的近200名侨领相聚一堂，共商浙江侨联事业发展大计。

省委书记、省人大常委会主任赵洪祝，省委副书记、省长吕祖善到会祝贺，省委副书记夏宝龙出席并讲话，中国侨联党组副书记、副主席李祖沛到会祝贺并致辞。省领导斯鑫良、陈敏尔、李强、黄坤明、葛慧君、王永明、龚正、陈艳华等出席开幕式。

省委统战部常务副部长陈金彪出席开幕式，副部长徐建华出席开幕式并在闭幕式上讲话。

(4) 8月17日，省委书记、省人大常委会主任赵洪祝率领浙江省党政代表团到西藏那曲看望、慰问浙江省援藏干部，图为赵书记与省委统战部援藏干部、现任那曲地委统战部副部长章丰华亲切握手。

| 1 | 2 |
|---|---|
| | 3 |
| | 4 |

| 1 | 2 |
|---|---|
| 3 | 4 |
| 5 | |

(1) (2) (3) (4) 11月19日上午，第三届浙江省优秀中国特色社会主义事业建设者表彰大会在杭举行。会前，省委书记、省人大常委会主任赵洪祝看望获奖者并讲话。省委副书记夏宝龙在会上讲话，省人大常委会副主任徐宏俊、副省长龚正、省政协副主席徐冠巨等出席表彰会，省委统战部常务副部长陈金彪主持表彰会。表彰大会以电视电话会议的形式召开。陈立钻、王金火等47名非公有制经济人士和其他新的社会阶层人士获得浙江省“优秀建设者”荣誉称号，楼云良等3名优秀建设者代表在会上发言。陈爱莲等我省“全国优秀建设者”称号获得者参加会议。

(5) 省领导与优秀建设者合影。

1 | 2
3
4

(1) (2) 6月4日至7日，浙江省政协部分港澳华侨委员相聚杭州，听取了浙江省政协主席周国富作的今年上半年省情及经济形势报告，并在省政协副主席王永昌、盛昌黎、陈艳华的陪同下，到湖州的长兴、安吉等地考察了休闲观光农业园区。

(3) 参加考察的浙江省政协港澳华侨委员。

(4) 1月9日上午，浙江省统一战线各界人士迎春茶话会暨首届“和谐之声”文艺汇演在省人民大会堂举行。省政协主席周国富出席茶话会，省委副书记夏宝龙在茶话会上致辞。各民主党派省委会、省工商联、省侨联、省台联负责人出席茶话会，九三学社省委会主委姒健敏代表各民主党派省委会、省工商联和无党派代表人士在会上发了言。省委统战部常务副部长陈金彪主持茶话会。各民主党派省委会、省工商联、省侨联、省台联机关干部或成员表演了精彩节目。

(1) (2) (3) 3月11日至13日，全省统战部长会议在杭州举行。省委副书记夏宝龙出席会议并作重要讲话，省委统战部常务副部长陈金彪作工作报告。会议还表彰了一批先进集体和创新奖获奖单位，并为一批从事20年以上统战工作的同志颁发了荣誉奖章。会议期间，还举办了有关政党制度、民族宗教、西藏和港澳台方面的统战理论知识讲座。

(4) 分组讨论会议精神。

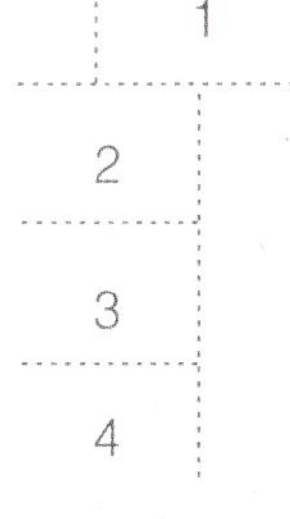

(1) 各民主党派省委会、省工商联负责人和无党派代表人士暑期读书会于8月19日至21日在杭州召开。

省委副书记夏宝龙出席会议并讲话，民革中央副主席齐续春等作报告，各民主党派省委会、省工商联负责人和无党派代表人士徐辉、吴国华、郑继伟、姒健敏、张泽熙、徐冠巨等参加读书会，省委统战部常务副部长陈金彪主持读书会。

(2) 各民主党派省委会、工商联负责人和无党派代表人士参加读书会。

(3) 夏宝龙作重要讲话。

(4) 民革中央副主席齐续春作报告。

(5) 陈金彪主持会议。

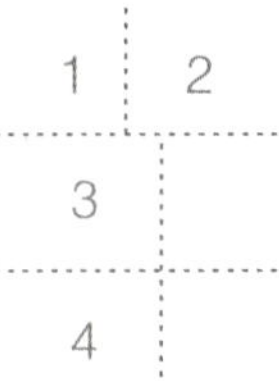

(1) (2) 2月4日下午，省委、省政府在杭州西湖国宾馆召开全省宗教界人士新春座谈会。省委副书记夏宝龙、副省长龚正出席会议并讲话，代表省委、省政府向全省宗教界人士致以新春的问候。

应邀参加座谈会的宗教团体负责人有浙江省天主教爱国会主任徐吉伟，省天主教教务委员会主任方法全，省基督教“三自”爱国运动委员会主席邓福村,省基督教协会会长孙锡培，省道教协会代会长高信一，省佛教协会副会长允观、怡藏，杭州市伊斯兰教协会名誉会长蒋福弟等。省委统战部常务副部长陈金彪，省委统战部副部长、省民宗委主任王毅参加了座谈会。

(3) 10月9日，由浙江省委统战部主办，浙江海外联谊会、浙江中国和平统一促进会、浙江中华文化学院、浙江省统一战线理论研究会、富通集团、耀达集团承办的首届中华和合文化论坛在杭州隆重举行。省委副书记夏宝龙在论坛上致词，中华文化学院副院长冯之浚、凤凰卫视评论员石齐平在论坛上作了主题演讲。省领导龚正、郑继伟、徐辉、冯明光出席论坛，省委统战部常务副部长陈金彪主持论坛。

(4) 海内外代表出席论坛。

(1) (2) 9月25日，香港苏浙沪各界人士隆重举行庆祝中华人民共和国成立60周年大会。省委书记、省人大常委会主任赵洪祝，省委副书记、省长吕祖善发去贺信。省委副书记夏宝龙率浙江省代表团赴港出席庆祝大会并讲话。香港特别行政区行政长官曾荫权、中央人民政府驻香港特别行政区联络办公室副主任黎桂康、中华人民共和国外交部驻香港特别行政区特派员公署特派员吕新华、香港特别行政区行政会议非官守议员召集人梁振英出席大会。

(3) (4) 9月11日至14日，省委副书记夏宝龙率浙江省代表团赴澳门，代表省委、省政府和全省人民，对澳门苏浙沪同乡会庆祝中华人民共和国成立60周年暨澳门回归祖国10周年大会的召开表示热烈祝贺，对各位乡贤和朋友长期以来关心支持浙江的发展表示感谢，并向广大在澳门的浙籍同胞致以亲切的问候。

15日晚，澳门苏浙沪同乡会举行了庆祝中华人民共和国成立60周年暨澳门回归祖国10周年大会。随团赴澳的我省文艺工作者为大会献上了有浓郁浙江特色的精彩节目，让澳门同胞感受到了浓厚的乡情乡音。

| 1 | 2 |
|---|---|
| 3 | |
| 4 | |

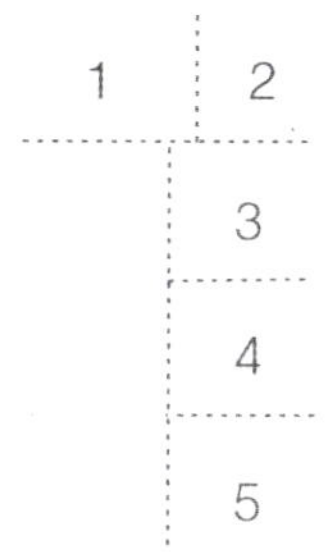

(1) (2) (3) 9月22日下午，浙江省统一战线庆祝中华人民共和国成立60周年暨多党合作制度确立60周年座谈会在杭州举行。省委副书记夏宝龙出席并讲话，省委统战部常务副部长陈金彪主持会议。

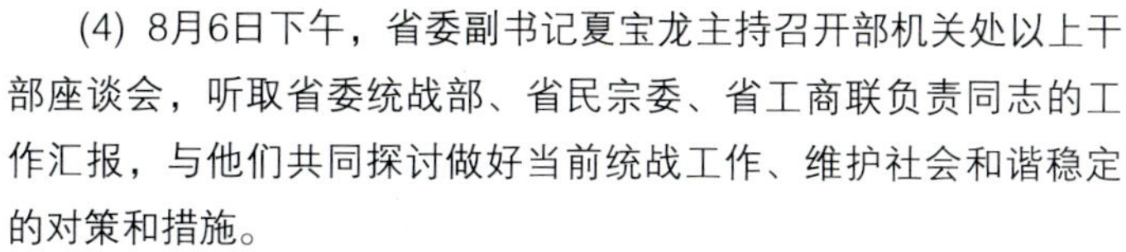

(4) 8月6日下午，省委副书记夏宝龙主持召开部机关处以上干部座谈会，听取省委统战部、省民宗委、省工商联负责同志的工作汇报，与他们共同探讨做好当前统战工作、维护社会和谐稳定的对策和措施。

(5) 为进一步提高基层领导干部统战理论政策水平和解决统战工作实际问题的能力，加强各县（市、区）间统战工作的交流，按照省委的要求，9月7日至10日，浙江省委组织部、省委统战部在省委党校举办了由各县（市、区）党委分管领导和政府相关领导参加的统一战线理论与政策专题研讨班，省委副书记夏宝龙出席并讲话。

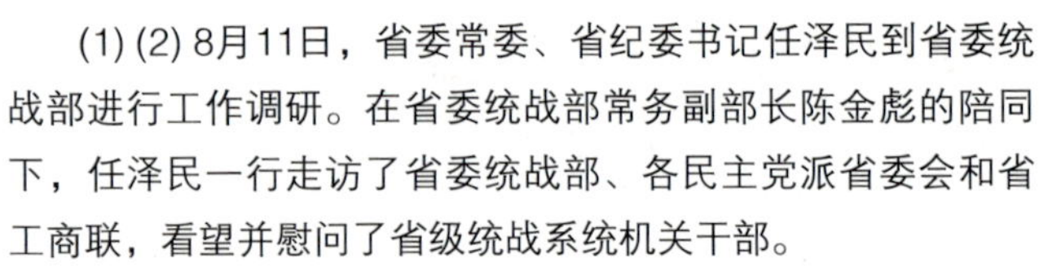

(1) (2) 8月11日，省委常委、省纪委书记任泽民到省委统战部进行工作调研。在省委统战部常务副部长陈金彪的陪同下，任泽民一行走访了省委统战部、各民主党派省委会和省工商联，看望并慰问了省级统战系统机关干部。

(3) (4) 为庆祝中华人民共和国成立60周年，9月24日下午，浙江省委统战部等单位在省人民大会堂举行2009年中秋“三胞”茶话会。浙江省副省长龚正，省政协副主席盛昌黎、冯明光等领导出席。茶话会由盛昌黎副主席主持，龚正副省长讲话，法国华商会会长、浙江省政协华侨委员卓旭光代表100多万海外侨胞在茶话会上发言，表达了海外侨胞热爱祖国的一腔深情。

1 2
3
4

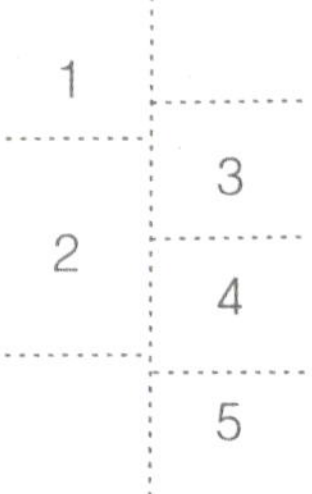

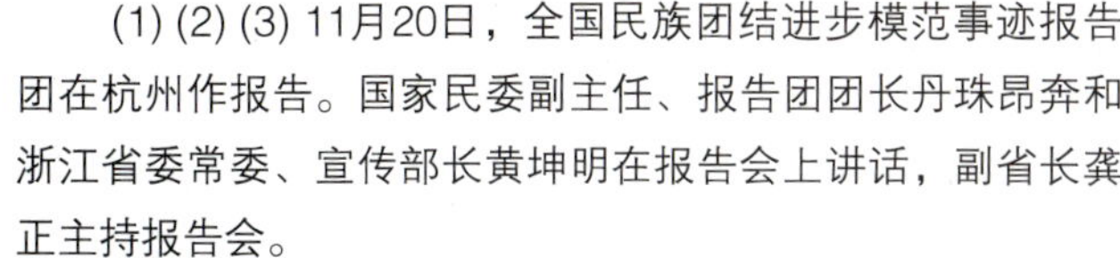

(1) (2) (3) 11月20日，全国民族团结进步模范事迹报告团在杭州作报告。国家民委副主任、报告团团长丹珠昂奔和浙江省委常委、宣传部长黄坤明在报告会上讲话，副省长龚正主持报告会。

(4) (5) 1月12日上午，省委统战部举行全体机关干部会议，欢送楼阳生部长到海南省任职。楼阳生部长发表临别感言，陈金彪常务副部长代表部机关干部对楼部长履新表示祝福。

(1) 6月24日至25日，全省新的社会阶层人士统战工作现场会在台州市黄岩区隆重举行。省委统战部常务副部长陈金彪到会并讲话。省委统战部副部长黄永通主持现场会。会议还举行了台州市新的社会阶层人士“新活力·新形象·新贡献”主题活动启动仪式，与会代表们观摩了台州市黄岩区新的社会阶层人士培训服务基地、“架桥”工作室。

(2) 7月22日至23日，2009年全省第二次市委统战部部长工作例会在台州召开。省委统战部常务副部长陈金彪作重要讲话，副部长、省工商联党组书记汤为平主持会议，副部长黄永通、蒋学基出席会议，11个市委统战部分别作了大会交流。

(3) 12月15日至16日，省委统战部常务副部长陈金彪到龙游县沐尘畲族乡，对省委统战部与该乡6个低收入农户集中村沐尘村结对帮扶情况进行了检查。

(4) 6月29日上午，我省召开了民主党派省委会制度建设交流研讨会。各民主党派省委会主委、专职副主委和秘书长参加了会议，省委统战部常务副部长陈金彪主持会议并讲话。

(5) 4月16日下午，省委统战部召开全省统战调研宣传信息工作协调会。省委统战部副部长蒋学基就做好统战调研宣传信息工作提出了要求。各民主党派省委会、省工商联、省级统战系统各单位以及在杭高校、科研院所、企业统战部，各市委统战部的有关领导参加了会议。

1
2
3
4 5

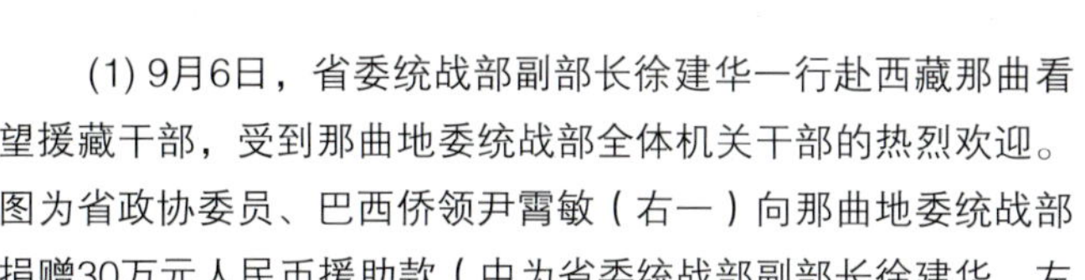

(1) 9月6日，省委统战部副部长徐建华一行赴西藏那曲看望援藏干部，受到那曲地委统战部全体机关干部的热烈欢迎。图为省政协委员、巴西侨领尹霄敏（右一）向那曲地委统战部捐赠30万元人民币援助款（中为省委统战部副部长徐建华，左为那曲地委政协副主席、统战部部长才加）。

(2) 6月9日，省委统战部副部长、浙江海外联谊会副会长徐建华会见香港大学浙江考察团。左起：访问团赞助人、顾问、浙江海联会理事詹洪良先生，徐建华副部长，访问团团长建志兴老师，访问团顾问、中联办教科部副调研员郑军庆。

(3) 7月17日，徐建华副部长会见台湾高校教师大陆文化教育参访团一行。

(4) 7月26日，徐建华副部长会见并宴请奥地利浙南商会考察团一行。

(5) 10月24日，省委统战部副部长、浙江海外联谊会副会长徐建华会见香港各界青年访浙团并赠送礼品。

1
2
3 4
5

| 1 | 2 |
|---|---|
| 3 | 4 |

(1) 5月31日，以高雄市鼎中里社区发展协会理事长林清云先生为团长的“中华基金会2009江南城市建设参访团”一行18人，来我省进行考察访问。省委统战部副部长、浙江海外联谊会副会长徐建华会见访问团一行。

(2) 8月24日晚，省委统战部副部长、浙江海外联谊会副会长徐建华会见并宴请台湾“国立成功大学管理学院第十二届两岸中华文化与经营管理学术研讨会”参访团一行。

(3) 8月4日，省委统战部副部长、浙江省海外联谊会副会长徐建华会见并宴请台湾南部官田乡民代表会建设参访团一行。

(4) 10月14日至15日，法国华人进出口商会会长郑品海先生一行19人赴四川洪雅参加该会捐建的柳江梅联华商小学落成典礼。省委统战部副部长、浙江海外联谊会副会长徐建华代表省委统战部和浙江海外联谊会，对法国侨领和朋友心系灾区、兴教助学的善举表示感谢。

1
2
3
4 5

(1) 11月5日至14日，应台湾海峡两岸产经商贸文教交流协会理事长丁尧铭先生邀请，省委统战部蒋学基副部长率“浙江光彩事业促进会经贸考察交流团”一行8人赴台交流。

(2) 10月14日下午，我省召开非公有制企业深入学习实践科学发展观活动动员电视电话会议。中央非公有制经济组织深入学习实践科学发展观活动巡视二组组长李东生到会并作重要讲话，浙江省非公有制企业学习实践活动指导小组组长、省委统战部常务副部长陈金彪在会上作动员报告，省非公有制企业学习实践活动指导小组副组长、省委统战部副部长、省工商联党组书记汤为平主持会议。

(3) 从6月份开始，知联会理事深入省内部分文化创意产业园区走访、调研和座谈，并初步形成调研报告。图为省知联会理事围绕我省文化创意文化园区的可持续发展召开了专题研讨会现场。

(4) 根据省委学习实践科学发展观活动领导小组的统一部署，围绕全省经济工作会议“保增长、抓转型、重民生、促稳定”工作主线，省委统战部在开展“服务企业、服务基层”专项行动过程中，集中开展“千名统战干部、成员进千企”活动。2月16日，黄永通副部长在德清华盛达股份公司调研时召开座谈会。

(5) 2月19日，蒋学基副部长在宁波新海股份调研考察。

(1) 为了巩固无党派人士主题教育活动成果，建立和完善开展无党派人士工作的长效机制，省委统战部于5月25日召开了全省高校知联会建设推进会。

(2) 11月24日，省委统战部在杭州召开了统战调研宣传暨《浙江统一战线年鉴》编纂发行工作会议。省委统战部副部长蒋学基到会并讲话。各民主党派省委会、省工商联以及在杭高校、企业等单位相关部门的负责人参加了会议。

(3) 10月12日至13日，全省统战调研宣传工作会议在宁波市北仑区召开。会议认真学习贯彻党的十七届四中全会精神，回顾和总结了2008年以来全省统战调研宣传工作取得的成绩和存在的不足，研究和部署了今后一个时期统战调研宣传工作的任务要求。全省各市委统战部分管副部长和相关处室负责人，各市（县）委统战部负责人，共约120人参加会议。省委统战部副部长蒋学基出席会议并讲话。

(4) 6月23日，省委统战部在杭州召开统战刊物宣传工作先进单位恳谈会。省委统战部副部长蒋学基在会上讲话。

(5) 5月25日下午，省委统战部举行课题对接会，蒋学基副部长出席会议并讲话。浙江大学、杭州市委统战部和市工商联、宁波大学、浙江育英学院等单位的专家学者参加对接会。

(1) 5月22日下午，省委统战部举行保密知识讲座。邀请浙江省保密局局长杜德荣为部机关干部及相关涉密单位的人员作了一场知识丰富、内容生动的保密知识讲座。省保密局工作人员还为大家作了保密方面的实例演示。省委统战部副部长蒋学基主持讲座。

(2) 12月29日，部机关党委举行第二次党员干部读书会，省委统战部常务副部长陈金彪，省委统战部副部长、部机关党委书记徐建华，省委统战部副部长黄永通、蒋学基参加读书会。

(3) 4月2日上午，省委统战部组织机关和直属支部的党员干部到云居山烈士陵园扫墓，并敬献了花篮。

(4) 2月1日上午，新年上班第一天，省级统战系统干部职工登上宝石山互致祝福、迎接新春。

(5) 8月31日，省委统战部机关党委举行换届选举工作，选举出了新一届机关党委，徐建华当选为机关党委书记。

(6) 9月18日，省直机关团工委在浙江音乐厅举办了省直青年“诚信、责任、敬畏”美文诵读比赛优秀作品展演，省统战系统团支部选送的节目《老人与海》喜获优秀奖。省委统战部副部长、机关党委书记徐建华应邀出席展演活动，并为获奖者颁奖。

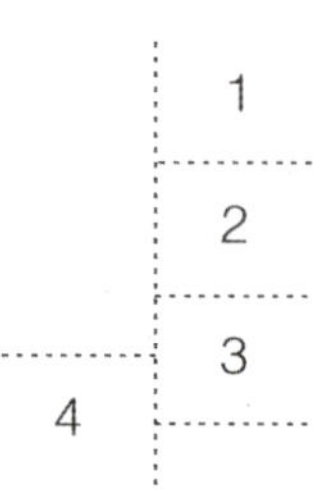

(1) 4月7日，民革省委会、嘉兴市委会隆重举办书画展，纪念民革老一辈领导人贾亦斌领导的嘉兴起义60周年，民革省委会主委冯明光出席开幕式并讲话。

(2) 4月8日晚，民革省委会接待并宴请了中国国民党驻美东支部"溯源之旅"回国访问团一行16人。

(3) 9月22日，"与共和国同行——民革浙江省委会庆祝新中国、人民政协成立60周年歌咏会"在浙江音乐厅隆重举行。

(4) 9月7日上午,在民革省委会结对助学的松阳县三都乡中心小学举行的新教学大楼落成典礼上，省委会副主委计时华为"逸仙图书室"授牌。

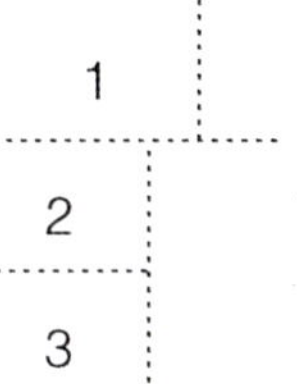

(1) 5月25日，民盟省委会主委徐辉一行赴湖州调研民盟思想建设和宣传工作。

(2) 7月27日，由民盟省委会和民盟金华市委会组成的联合调研组在金华就“预防和应对群体性事件课题”展开调研。

(3) 7月15日，民盟省委会在省人才交流中心主办盟员企业夏季大学生就业专场招聘会。

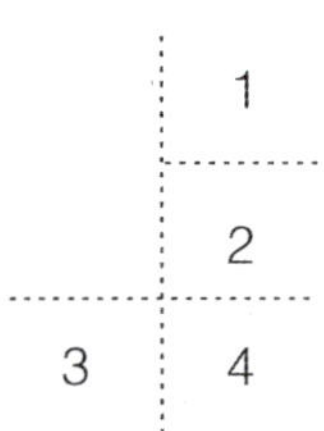

(1) 11月7日，全国人大副委员长、民建中央主席陈昌智赴杭州，出席“2009中国（国际）休闲发展论坛暨第二届中国休闲城市市长峰会”。会后，在省人大副主任、省委会主委吴国华，省委会副主委郭吉丰、陈小平等的陪同下，考察了民建会员企业。

(2) 11月15日，2009（杭州）村镇银行发展高峰论坛在省人民大会堂隆重举行。

(3) 9月16日，民建省委会庆祝新中国成立60周年联欢会在杭州东坡大剧院举行。

(4) 3月27日，由民建中央会员培训中心与民建浙江省委联合主办，民建杭州市委会、省委会企业委员会承办的民建中央建华课堂高端讲座在省人民大会堂举行。著名经济学家、香港中文大学校长刘遵义应邀作题为“国际金融危机之影响及其应对方略”的讲座。民建中央常务副主席马培华致辞，省人大副主任、省委会主委吴国华主持会议。

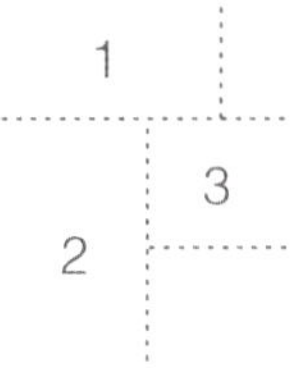

(1) 10月31日至11月2日，第七届海峡两岸中华传统文化与现代化研讨会暨首届海峡两岸医学文化与医学发展论坛在杭州隆重举行。图为开幕式现场，全国人大常委会副委员长、民进中央主席严隽琪致辞。

(2) 1月，在省政协十届二次会议上，谢双成委员代表民进省委会作题为《加强古村落及村落文化保护 努力营造现代村居乡土生态文化》的大会发言。

(3) 5月12日，民进省委会一行赴景宁畲族自治县东坑镇大张坑村参加防汛排涝工程捐建揭幕仪式。图为民进省委会副主委穆建平等为村民们所立的“厚德碑”揭幕。

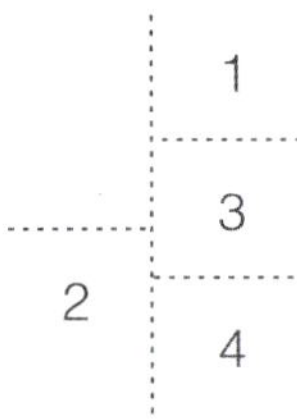

(1) 7月，全国人大常委会副委员长、农工党中央主席桑国卫率农工党中央考察团到浙江考察调研公立医院改革。图为桑国卫接见农工党浙江省委会新老班子成员。

(2) 5月，浙江日报报业集团举办的“推动进步的力量·60年60人——传媒眼中浙江最具影响力人物”评选结果揭晓，省政协副主席、农工党省委会主委、眼科专家姚克当选“最具影响力人物”。

(3) 5月，农工党界别省政协委员活动组赴磐安就“农村生活污水处理”课题进行调研，并实地调研了磐安县马塘村生活污水处理情况。

(4) 9月，农工党省委会举办庆祝新中国成立60周年暨多党合作制度确立60周年大会在杭州东坡剧院举行。

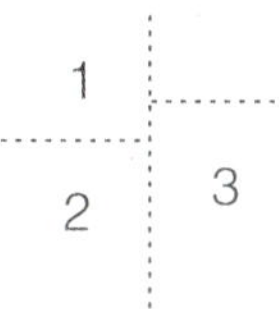


(1) 浙江省人民政府副省长、致公党省委会主委郑继伟向中央统战部常务副部长朱维群一行介绍省委会机关基本情况。

(2) 4月20日，致公党中央常务副主席王钦敏来到省委会机关，看望慰问机关干部，与骨干党员座谈交流，副省长、省委会主委郑继伟代表省委会汇报工作情况。

(3) 2月10日至11日，致公党浙江省四届四次全委会议在杭州召开，副省长、致公党省委会主委郑继伟代表常委会作工作报告。

(1) 11月3日至5日，第四届“九三论坛”在杭州举行。“九三论坛”是九三学社中央于2006年初发起的制度性论坛，是一项全国性活动，每年举办一次。本次论坛的主题是“加快推进省直管县改革”。全国人大常委会委员、九三学社中央副主席贺铿，省委副书记夏宝龙出席开幕式并讲话。图为开幕式现场。

(2) 8月30日，浙江衢州光伏产业发展论坛在衢州举行。本次论坛由省经济和信息化委员会、九三学社浙江省委会和民进浙江省委会主办，是2009年浙江省山海协作工程系列活动之一。会上，国家发改委、中国可再生能源学会等单位的专家学者作了专题讲座。图为论坛现场。

(3) 9月，在全省第26次思想政治工作会议期间，九三学社省委会隆重举办了庆祝建国60周年暨多党合作制度确立60周年书画展和红歌会。来自九三学社浙江省委会文澜书画院的艺术家们创作了精美的作品，社省委会全体常委登台热情高歌。图为红歌会全体演员合影。

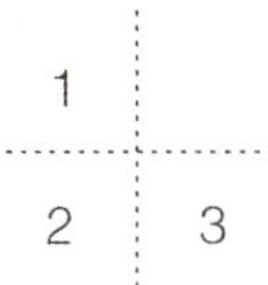

(1) 6月，台盟省委会“加强基础设施建设，推动海峡经济区的构建与发展”课题组，由张泽熙主委带领先后赴省发改委和温州市开展调研。图为课题组听取温州市发改委等单位介绍温州对接海西经济区情况。

(2) 8月24日至26日，台盟省委会与景宁畲族自治县政府共同举办“第三届海峡两岸(浙江景宁)山区经济发展研讨会”。其间，台湾农业专家深入当地茭白种植基地等考察，对农户进行现场指导。

(3) 2月19日，台盟浙江省委会与省台联在金华隆重举行纪念台湾义勇队成立70周年活动，图为台盟台联领导与杭州、金华、衢州三地的部分盟员、台胞参观台湾义勇队纪念馆。

(1) 4月8日至9日，全省工商联工作会议在杭州召开。中央统战部副部长、全国工商联党组书记全哲洙，省委副书记夏宝龙，省政协副主席、省工商联主席徐冠巨出席会议并讲话，省级有关部门负责人和各市、县（市、区）党委分管负责人和工商联主要领导参加会议。

(2) 1月9日上午，浙江省工商联与省司法厅联合召开“法律服务民营企业工作推进会”，研究进一步加强合作，推进法律服务民营企业工作，就法律服务民营企业战略合作达成框架协议；同时还举办了以“应对挑战，化危为机”为主题的“法律服务与民营企业发展”论坛。省委副书记夏宝龙，省政协副主席、省工商联主席徐冠巨，省司法厅厅长赵光君，省委统战部副部长、省工商联党组书记汤为平，省工商联副主席李任治，省司法厅副厅长吴强军出席会议。省委副书记夏宝龙作重要讲话，省政协副主席、省工商联主席徐冠巨主持会议。

(3) 2月2日下午，省委副书记、省长吕祖善，副省长金德水，省政协副主席、省工商联主席徐冠巨等出席由省工商联组织召开的非公有制经济代表人士座谈会，共商非公有制企业转型升级大计。

(4) 9月22日晚上，由省工商联组织的浙江省民营企业庆祝新中国成立60周年晚会在省人民大会堂举行，省委常委、副省长葛慧君，省人大常委会副主任冯明，省政协副主席盛昌黎等出席，并与演员亲切握手。

(1) (2) 6月30日，龚正副省长赴省主要宗教团体进行调研。

(3) 10月28日上午，由中国佛教协会主办、浙江省佛教协会协办、杭州市佛教协会承办的“2009汉传佛教讲经交流会”开幕式在杭州隆重举行。来自全国19个省、市的40位法师参加了讲经交流。国家宗教事务局局长王作安、中国佛教协会会长一诚长老出席会议并讲话，中国佛教协会副会长兼秘书长学诚法师主持了开幕式。

(4) 7月7日至9日，省民宗委副主任倪忠扬一行前往温州调研民族宗教工作以及宗教慈善组织服务社会的情况。

(5) 3月28日晚，2009中国畲乡“三月三”系列活动在景宁畲族自治县拉开了序幕，省人大常委会副主任吴国华宣布开幕。省政协副主席黄旭明、国家民委文化宣传司副巡视员王庆朔、丽水市委书记陈荣高等分别致辞。省委统战部副部长徐建华，丽水市委常委、统战部部长蓝资霞以及景宁畲族自治县的相关负责人出席开幕式。开幕式上，还举行了“中国民间文化艺术之乡”的授牌仪式。

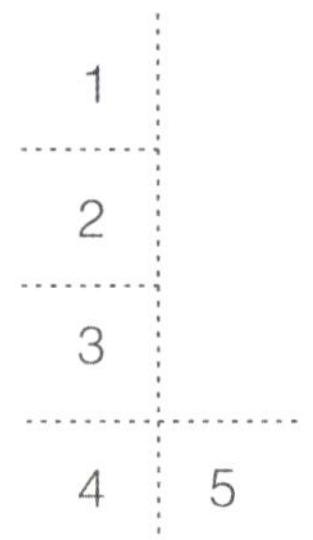


(1) 5月19日，来自24个国家和地区的浙江籍妇女侨团代表、侨界女企业家参加的“相约春天・侨界名媛故乡行”活动正式启动。省委副书记夏宝龙出席讲话并为“浙江省侨界名媛会”授牌，中国侨联副主席李祖沛出席并致辞。

(2) 12月22日下午，省侨联八届一次常委会在杭州华北饭店召开。中国侨联副主席、省侨联党组书记王成云应邀出席并讲话。省侨联主席吴晶向常委会报告了省侨联主席团成员分工情况，并作题为《在继承中发展，在创新中提高，努力实现省侨联换届后的良好开局》的工作报告。

(3) 10月31日，由浙江省红十字会爱心名媛俱乐部、浙江电视台江都市频道、浙江省计生协会、浙江省优生优育协会、浙江省侨界名媛会发起和倡仪，“温暖都市母婴平安基金”在宁波成立，省侨界名媛会执行会长邹素莲专程赶赴宁波出席该基金的启动揭牌仪式并和有关单位一起向首批接受捐助的10位孕产妇发放了善款。

(4) 3月24日，正值春暖花开的日子，省侨联组织部分归侨侨眷、留学人员家属参观杭州湾跨海大桥和绍兴安昌古镇，让他们在感受春天生机勃勃新气象的同时，感受家乡日新月异的巨大变化。

(5) 为庆祝新中国成立60周年，省侨联于9月28日下午，在浙江图书馆二楼报告厅举办了以“侨与祖国同行”为主题的全省侨联系统演讲比赛活动，由各市侨联推荐的、来自全省侨界各行各业的19名参赛选手参加了比赛活动。

1

2

3

(1) 7月19日上午，全国台联2009年台胞青年千人夏令营浙江分营在杭州开营。中共浙江省委副书记夏宝龙，浙江省台湾同胞联谊会会长陈昭典，中共浙江省委办公厅副主任林云举，浙江海外联谊会副会长徐建华，浙江省台湾事务办公室副主任邵建伟，浙江省台湾同胞联谊会副会长胡亚芳、林楠、郑博光等出席开营式。

(2) 11月25日至26日，第八次浙江省台湾同胞代表会议在杭州隆重召开。会议学习贯彻中共十七届四中全会精神，审议省台联第七届理事会工作报告，修改省台联《章程》，选举产生新一届台联理事会。

(3) 12月21日至24日，省台联参与主办首届“中华情——两岸三地艺术家西湖雅集”活动。中共浙江省委常委、省委宣传部部长黄坤明，省台联名誉会长陈昭典，杭州市委副书记叶明，浙江省海外联谊会副会长徐建华等领导，以及港澳台和大陆书画家分别出席“雅集”活动。图为“雅集”重点活动——三地书画名家作品联谊展开幕式。

|   | 1 |
|---|---|
| 2 | 3 |
| 4 | 5 |

(1) 3月24日至26日，浙江省黄埔军校同学会秘书长徐岩华等一行三人赴温岭、温州、丽水等地开展为期三天的调研活动。

(2) 6月16日上午，浙江省黄埔军校同学会在杭州举行纪念黄埔军校建校85周年座谈会。

(3) 11月23日至26日，黄埔军校同学会全国宣传工作会议在浙江杭州召开。此次会议由浙江省黄埔军校同学会承办，来自全国各地26个省（市、自治区）的黄埔同学会机关人员近60人出席了会议。

(4) 9月25日，浙江省黄埔军校同学会召开“迎中秋、庆国庆”茶话会，在杭州的省黄埔同学会理事、部分黄埔同学后代等近40人齐聚一堂，喜庆新中国60华诞。

(5) 8月12日至14日，省黄埔军校同学会在杭州举行暑期读书会。

(1) 3月22日至24日，省委统战部副部长、统促会秘书长徐建华等赴京参加海外统促会会长会议，并在京组织召开浙江籍海外统促会会长座谈会。

(2) 6月8日，省委统战部副部长、统促会秘书长徐建华在杭州会见智利中国和平统一促进会副会长兼秘书长、智利中国义乌商会会长成建新先生(左二)。

(3) 9月15日，省委统战部副部长、统促会秘书长徐建华在杭州会见浙江统促会理事、塞尔维亚中国和平统一促进会会长金爱华等统促会骨干成员一行9人。

(4) 6月27日，浙江统促会在杭召开一届一次常务理事会，副会长冯明光、盛昌黎、徐辉、张泽熙及常务理事等18人参加了会议。会议审议通过了统促会成立以来工作情况及下阶段工作思路报告，审议表决产生了9名新增理事，其中新增常务理事1名，调整秘书长人选1名。

(5) 3月16日，浙江中国和平统一促进会举办省统战系统做台湾人民工作座谈会，各民主党派省委会、省台联（台盟）、省侨联、省工商联、省海外联谊会、省黄埔军校同学会等统战系统涉台单位参加了座谈会。省台办副主任邵建伟到会讲话，统战系统各单位深入交流了2008年对台工作情况及2009年工作思路，省委统战部副部长徐建华主持会议并作总结发言。

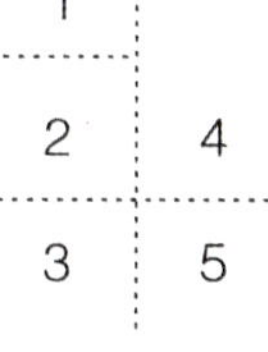

1
2
3
4 5

(1) 3月21日，由上海、江苏、浙江、福建、江西、安徽等6省市团委、青联共同主办的“首届泛长三角区域青年合作论坛”在安徽合肥举行。本次论坛的主题是“自主创新与青年区域合作”。来自上海、江苏、浙江、福建、江西和安徽等省的团委书记、青联主席，以及青年企业家、专家学者代表等100多人参加论坛。团省委副书记、省青联副主席蔡永波率浙江青联代表团出席会议。

(2) 2009年省青联开展“青年大讲堂”系列活动。邀请国内知名的专家学者，为广大青年企业家分析宏观政治经济态势，解读重大政策法规，从对形势的准确把握中、从党委政府作出的决策部署中坚定发展信心，自觉在应对挑战、抢抓机遇中实现价值，奋发有为。图为国家商务部中国对外经济贸易研究部副主任李健研究员为青联委员主讲“金融危机下中国对外贸易发展的前景”。

(3) 十名在本职岗位和服务社会中取得突出成绩的优秀青年代表光荣当选为第十届“浙江十大杰出青年”。中共浙江省委书记赵洪祝为新当选的“十大杰出青年”颁奖。

(4) 6月25日至29日，浙江中华文化学院举办首期港澳代表人士国情研修班。28位浙江籍在港、在澳的同乡会、联谊会负责人参加了培训。

(5) 5月16日，省委统战部、省社院、民进省委会共同举办“纪念多党合作六十周年暨庆贺浙江省社会主义学院新校园落成著名书画家笔会”活动。

# 前　言

《浙江统一战线年鉴》是中共浙江省委统战部主办、全省各级统战部门和省级统战系统各单位共同参与编纂的系统性专业年鉴，是逐年记载浙江统战工作在各个领域的落实情况和浙江统一战线发展变化的史册，具有公报性、科学性和权威性，是各级党政领导、统战系统各单位和社会各界了解浙江统一战线的大型资料工具书，也是沟通统一战线各界人士、加强与港澳台和海外"三胞"联系的纽带。编纂《浙江统一战线年鉴》兼有统战宣传、工作交流、修志存史的多重作用，现实意义和长远意义都十分显著。

2009年是极不平凡的一年，是我们党和国家在经受重大考验中赢得重大胜利的一年。浙江作为国际金融危机影响最早、冲击最大的省份之一，全省上下坚持以科学发展观为指导，坚决贯彻党中央、国务院的一系列决策部署和"一揽子"计划，全面落实"标本兼治、保稳促调"的各项举措，呈现出经济回升向好、民生持续改善、社会和谐稳定的良好局面。一年来，我省统一战线认真贯彻中央关于统战工作的方针政策，紧紧围绕省委、省政府中心工作，凝心聚力促发展，千方百计保稳定，为促进我省经济社会平稳健康发展作出了重要贡献。面对国际金融危机的严重冲击，在全省非公有制企业深入开展学习实践科学发展观活动，广泛开展"千名统战干部、成员进千企"等系列活动，搞好科技服务、融资服务、推介服务，评选表彰优秀中国特色社会主义事业建设者，促进了非公有制经济健康发展，促进了非公有制经济人士健康成长。抓住庆祝新中国成立60周年、纪念多党合作制度确立60周年以及中央有关文件贯彻情况督查的契机，进一步加强多党合作的制度化、规范化、程序化建设，进一步支持参政党加强能力建设，进一步夯实统一战线共同思想政治基础。针对乌鲁木齐"7·5"事件后出现的新情况新问题，在全省民族宗教领域集中开展隐患排查和消除影响的工作，妥善处理涉及民族宗教的突发事件，切实加强民族团结宣传教育，深入开展和谐寺观教堂创建活动，促进了民族团结、宗教和睦、社会和谐。同时，新的社会阶层人士统战工作、港澳台统战工作、统一战线三支队伍建设等，都取得了新的成效。

浙江统战工作取得的新成绩，无疑为《浙江统一战线年鉴》的编撰提供了极其丰富的内容。《浙江统一战线年鉴(2010)》真实记录了2009年全省统一战线各个领域各个方面的工作及取得的新成绩，向社会展示浙江统一战线的新面貌。全书分为10个部分、100余万字，同时配有彩色照片200余幅，并收入若干统计数据和资料，以文字、图片和数据形式形象立体全方位地记载和反映我省省级统战系统19个部门、11个市委统战部、90个县(市、区)委统战部、30多个高校和企业统战工作机构2009年度开展统战工作的情况，力求形象、明了、准确和实用。在编纂过程中，我们始终坚持以马列主义、毛泽东思想、邓小平理论和"三个代表"重要思想为指导，牢固树立和全面落实科学发展观，牢牢把握大团结大联合的主题，突出浙江统一战线紧紧围绕全省工作大局，发挥优势，开拓创新，在为经济、政治、文化、社会建设和促进祖国统一大业方面所作的努力和贡献，突出浙江统战工作认真贯彻落实党的各项统战政策和有关重要会议、文件精神的基本情况，突出全省各级统战部门以及各民主党派、工商联、有关人民团体当年工作的主要成绩。

《浙江统一战线年鉴(2010)》，在确保年鉴权威性、公正性、规范性和连续性的前提下，注重信息的多样性和大容量。希望它能向广大统战干部和统一战线成员提供学习交流、相互借鉴、检索查阅的园地；更希望它能为展示、宣传浙江统一战线，为总结经验、启迪思想、扩大影响，进而推动新世纪新阶段浙江统一战线工作不断迈上新的台阶发挥应有的作用。

《浙江统一战线年鉴(2010)》的编纂始自2010年3月，终于7月。其间得到了省委统战部领导的重视和关心，得到全省各级统战部门、民主党派、工商联及有关人民团体的密切配合，得到了浙江省地方志办公室、杭州出版社等社会各方面的大力支持，在此一并致谢。由于年鉴编纂、出版、发行工作牵涉面广、周期长、工作量大，囿于经验、水平及其他客观条件，难免有疏漏和不妥之处，恳请见谅并指正。

# 凡 例

一、本书是中共浙江省委统战部组织、全省各级统战部门和省级统战系统各单位共同参与编纂的一部大型工具书。其宗旨是通过文字、图片及数据资料,全面、翔实、系统地记录上年度浙江统一战线的发展情况,力求客观真实地反映浙江统一战线的全貌,为社会各界了解浙江统一战线开启一扇窗口,为我省各级统战部门和各民主党派、工商联、有关人民团体开展工作提供最新的信息,为全省统战干部和统一战线成员交流借鉴提供准确可靠的资料,推动浙江统战工作不断迈上新的台阶,取得新的成效,产生新的影响。

二、本书的主要内容,由浙江省省级统战系统各部门,市、县(市、区)委统战部,有关高校、科研院所、企业统战工作机构以及统战对象较为集中的省直部门和中介机构等,指定专人组成编写组撰稿,并经各该部门领导审核。

三、本书编撰的基本准则是:实事求是,客观准确,本着对工作、对读者、对后人负责的态度,一切用事实说话,原则上不进行自我评价或引用当地党委、政府领导人的评价言词。

四、本书收录2009年的基本情况,各单位正文内容中继续保留历史沿革、市情县情校情院情厂情、统战资源等内容,但主要反映2009年的最新变化。

五、本书从纵横两方面记录2009年全省统战工作的基本情况,纵向反映从省、市到县级统战工作的基本情况,横向反映各个领域统战工作以及省级统战系统各部门和高校、科研院所、国有企业等相关单位统战工作的基本情况。编写过程中难免出现交叉重复的内容,凡遇此种情况,特别是遇到有差异的地方,均依从工作的实际承担单位提供的情况,依从下级部门提供的情况,以免引起混乱。

六、本书对入编内容作了严格划定:省级部门全面反映统战系统各单位情况;省级以下以各级统战部门的情况为主。重点收录各地各部门一年内统一战线发生的大事、要事,兼顾特色。对各地各部门从事的非统一战线范畴的工作的收录作如下限定:这些工作必须以统一战线干部或成员为主体;必须在2009年的工作全局中占有相当分量。

七、为客观、科学地反映2009年全省统一战线大事要事,编辑部对省委统战部和各地、各单位提供的大事记进行了筛选、整合。

八、为充分体现各个单位每年的工作特色,本着年鉴编纂中"多细化少概括,突出史记的作用"的原则,本书的体例基本采取篇目、类目、条目的梯级编辑法,内容尽可能条目化。各单位正文内容均采用条目编写法,一事一条,重要事件具体化。

九、全省统一战线组织和人员名录力求系统、实用、简明。领导班子成员的入编,完全尊重当地意见,不作统一规定。2009年12月31日以后发生的职务变更,不在本书收录之列。省级各统战组织的名单为最新换届产生的名单或2009年的变化,往届名单不再收录。

十、"浙江省统一战线成员岗位建功"(先进个人)和"浙江统一战线成员获得自然科学、社会科学成果奖励"两项名单的收入,均确定在国家级和省部级,凡浙江省各部、委、办、厅、局及以下授予的表彰奖励,不在收录之列。"浙江省统一战线成员岗位建功"(先进个人)情况由各撰写单位如实提供,限于条件,本书编辑时不再核实;自然科学、社会科学成果获奖情况由各民主党派省委会、省工商联等有关团体和高校、科研院所、国有企业及各市委统战部提供，但编辑时以国务院和浙江省人民政府的表彰公告为准。

十一、统计数据表力求既反映统战工作的真实全貌，又便于操作、查阅和应用。各种统战资源和统战对象统计数据，精确到县（市、区）和各部门、各单位。统计表主要收录2009年全年的数据；有些项目无法作全年统计，其数据反映的是到2009年年底的状况。有些统计数据，由于来源和使用的角度不同，统计方法和项目的内涵不同，同一项目或名称的数字可能不完全一致，甚至有重大出入的地方，编辑时参考省级统计部门提供的数据作了适当更改。

十二、文件、讲话、论文、特色经验等资料的收录，力求重点突出、内外有别，做到实用、简明、便查、不涉密。

十三、照片的收录，除广告外，重点反映上年全省统一战线的特色和亮点，同时兼顾平衡（原则上每个单位都有图片形象）。

十四、本书注重年鉴的实用和收藏价值，不搞领导序跋或题词。

# 编委会和编辑部人员名单

# 目　录

## 4.高等院校统战工作机构



## 5.科研院所、国有企业统战工作机构



## 6.名录



## 7.评比奖励

## 8.统计表格



## 9.领导讲话

## 10.文件·文献

# 1.浙江统一战线概览

## 2009年浙江省统一战线资源概览

浙江省是全国重点统战工作省份之一，特别是改革开放30年，随着经济社会的发展，统一战线新领域、新对象和新情况不断出现，决定着统一战线面更广，成员更多，资源更加丰富。以下反映的是截至2009年年底的情况。

### ·民主党派·

浙江省现有中国国民党革命委员会、中国民主同盟、中国民主建国会、中国民主促进会、中国农工民主党、中国致公党、九三学社、台湾民主自治同盟等8个民主党派省委会，68个市级委员会，41个县（市、区）级委员会，43个基层委员会，199个总支部，1981个支部。截至2009年底，全省共有民主党派成员43853名。

### ·工商联（商会）·

工商联（商会）省级组织1个，市级组织11个，县级组织90个，行业商会392个，基层商会（分会）1141个，异地商会353个，市场商会34个，开发区商会21个。全省工商联会员118315人，其中非公有制经济会员101863人，企业会员91185个。非公有制经济人士担任省、市、县（市、区）三级工商联（商会）会长42人。

### ·少数民族·

浙江省是一个少数民族成分较多的民族散杂居省份，设有全国唯一的畲族自治县——景宁畲族自治县，18个畲族乡（镇）和437个民族村，少数民族人口总数达39.54万人。随着浙江省经济社会的快速发展，外来少数民族越来越多。据统计，目前已达113万余人，55个少数民族齐全。浙江省已经成为全国城市民族工作的重点省份。近年来，省委、省政府从全局和战略高度重视民族工作，推动了少数民族和少数民族地区经济社会事业的长足发展，少数民族群众的生产、生活条件得到了显著改善。

### ·宗教·

浙江省有佛教、道教、伊斯兰教、天主教、基督教5种宗教。佛教传入本省有1800余年历史，浙江在历史上曾被称为“东南佛国”，有全国重点寺院13座。道教传入本省也有1800余年历史，全国道教“十大洞天福地”中本省有三个。伊斯兰教有近1400年历史，杭州凤凰寺为东南沿海伊斯兰教四大古寺之一。天主教于明万历年间正式传入本省，至今已有近400年历史，浙江是全国天主教传播最早的省份之一。基督教传入本省的历史较短，至今约有150多年。2009年全省有可统计的5种宗教信徒180余万人，其中基督教160多万人，天主教16万人，伊斯兰教2万余人（佛教和道教无法统计）。宗教教职人员2.5万余人，经批准登记的宗教活动场所1万余处，省、市、县三级宗教团体231个，经批准的宗教院校6所，培训中心32处。

## ·港澳台同胞和海外侨胞·

浙江省是全国港澳台和海外统战工作的7个重点省份之一。浙江历来与港澳有密切的联系，祖籍是浙江的港澳同胞约40万人，其中不乏工商巨头和社会名流。截至2009年，在香港有浙江人士同乡会54个。特别是改革开放以来，浙江与港澳的关系在经济发展、文化交流、亲情往来方面更加密切。截至2009年底，全省有侨资（含港澳）企业3万余家，总投资1708.11亿美元，合同利用外资1444.68亿美元。在台的浙江籍同胞超过100万人，在浙台胞亲属超过150万人。截至2009年，浙江全省累计批准台资企业6800余家，总投资额接近354亿美元，合同利用台资216亿美元，常住浙江台商约1万人，包括家属约3万余人。全省有8家台商协会。求学台生百余人。2009年，来浙江旅游、探亲、参观访问的台湾居民80万人次。浙江籍华人华侨人数约150万人，分布在全世界170个国家和地区，其中欧洲约50万人，美国、加拿大约30万人，其他国家、地区约65万人。归侨、侨眷约100万余人。浙江省政协中有来自港澳的委员46人，来自海外的委员11人。全省市级政协中有来自港澳的委员125人，县级政协中有来自港澳的委员14人。

## ·非公有制经济人士·

改革开放30年，浙江省非公有制经济发展较快，截至2009年底，全省共有私营企业69万家，投资者113.18万人，雇工786.87万人，注册资金10816.8亿元；全省有个体工商户194万户，从业人员417.16万人，资金数额11483.17亿元；资产在1000万元以上的有38000多家。据不完全统计，近年来全省共有16842家会员企业投入光彩事业，实施光彩项目1749个，总投资额137.8亿元，捐助资金25.9亿元，兴建福利项目4228个，安置就业人员70多万人，培训人员22.9万人。浙江省民营企业家参与国家和省两级“双爱双评”、“就业和社会保障先进”评比活动，共有86名民营企业家分别被授予全国和全省“关爱员工优秀民营企业家”荣誉称号。浙江全省非公有制经济人士中，有中共十七大代表2名，各级人大代表3037名，各级政协委员3508名。全省有98%的非公有制企业建立了中共党组织，有80%的非公有制企业建立了工会组织，有25家非公有制企业党委建立了统战部。在2009年全国500强民营企业中，浙江省有188家，占37.6%。据不完全统计浙江省非公有制企业2009年在境外投资达103亿元人民币。

## ·党外干部·

截至2009年底，全省县以上政府及市级以上政府工作部门领导班子中党外干部共539名。其中副省长1名，省政府工作部门正副厅长9名，副市长10名，市政府工作部门正副局长109名，副县（市、区）长93名，全省法、检两院共有党外副职28名，其中省高级法院副院长1名，省检察院副检察长1名，市中级法院副院长3名，县（市、区）法院副院长7名，市检察院副检察长4名，县（市、区）检察院副检察长11名。全省各级人大常委会党外副主任105名，其中省人大常委会副主任1名，市级人大常委会副主任13名，县级人大常委会副主任91名。全省各级政协党外副主席200名，其中省政协副主席5名，市级政协副主席53名，县级政协副主席142名。加强党外后备干部队伍建设，继续实施“十百千工程”，即要求党外后备干部数达到：省级后备干部10名，市（厅、局）级后备干部100名，县（处）级后备干部1000名。

## ·党外知识分子·

浙江省实施“科技兴省”、“人才强省”和“文化大省”战略，各级党委、政府一贯重视知识分子工作，尊重知识、尊重人才，采取积极措施引进各类人才。在全省各类人才中，党外人士约占70%。全省民营企业人才达383多万人，约占全省人才总量的近70%。在浙党外“两院院士”8名，党外长江学者13名，党外省特级专家4名。全省知识分子联谊会组织70个，其中省级1个，市级11个，县级78个，高等院校22个。全省有260多万自由择业知识分子。

### ·社团组织和民办非企业单位·

进入新世纪，随着改革开放的不断深入和经济社会的多元化，社团组织和各类民办非企业单位成为统战工作的新领域。浙江社团组织和民办非企业单位发展较快。截至2009年底，全省有各类社团组织12470个，各类民办非企业单位10810家，各类社会中介组织近10000家，新社会组织总数居全国第三位，每万人拥有新社会组织数量居全国第二位。浙江省青年自组织有836个，成员482159人。

## 2009年浙江省统一战线工作综述

2009年既是新中国成立60周年、多党合作制度确立60周年大庆之年，也是全面应对百年一遇的国际金融危机影响之年。我省统一战线继续深入贯彻党的十七大和十七届四中全会精神，按照省委十二届五次、六次全会和全国统战部长会议部署，扎实开展深入学习实践科学发展观活动，牢牢把握大团结大联合主题，紧紧围绕我省“创业富民、创新强省”总战略和“保增长、抓转型、重民生、促稳定、强党建、求实效”的工作主线，深入开展“三大建设、三个探索”，全面实施“五大行动计划”，凝心聚力，同舟共济，共克时艰，砥砺奋进，各项工作都取得新进展，为有效应对国际金融危机、推动经济平稳较快发展、促进社会和谐提供了广泛的力量支持，为巩固和发展适应新形势新要求的具有浙江特色的爱国统一战线作出了新的贡献。

### 一、以两个“60周年”庆祝活动为契机，深入学习十七大及四中全会精神和科学发展观，夯实共同思想政治基础

深入学习贯彻党的十七大及四中全会和省委十二届六次全会精神；认真学习领会胡锦涛总书记在庆祝新中国成立60周年和庆祝人民政协成立60周年大会上的讲话精神。结合全省统战工作实际，研究贯彻落实加强和改进党的建设、发扬党内民主与支持和推动各民主党派、工商联、无党派人士等统一战线广大成员自觉学习全会精神，为加强和改进党的建设积极建言献策和大胆民主监督，切实引导广大统战干部和统一战线成员把全会精神学习好贯彻好落实好。抓住庆祝新中国成立暨多党合作制度确立60周年有利时机，突出思想内涵，注重实际效果，举办“浙江省统一战线庆祝中华人民共和国成立60周年暨多党合作制度确立60周年座谈会”，开展“与共和国同行——浙江省统一战线庆祝新中国成立60周年征文”活动，杭州、宁波等市举办书画展，指导海外侨（社）团开展爱国纪念庆祝活动，金华在全市统战系统开展“六个一”60周年纪念活动，大庆之际，省、市统战部纷纷走访慰问统战系统党内外老同志，引导全省统一战线进一步增强民族自尊心、自信心和自豪感，进一步增强接受中国共产党领导的自觉性，始终做到坚持走中国特色社会主义道路不动摇。协助各民主党派和无党派人士认真开展深入学习贯彻科学发展观活动，举办以能力建设为主题的各民主党派省委会、省工商联负责人和无党派代表人士暑期读书会及一系列培训班，进一步加强对统一战线成员的培训教育。各市统战部则根据中央和省委的统一部署，开展为期半年的深入学习实践科学发展观活动，圆满完成各个阶段的各项任务，努力使学习实践活动见实效，科学发展见成效。认真牵头指导非公有制企业开展深入学习实践科学发展观活动，坚持以学习贯彻党的十七届四中全会精神为主线，紧紧围绕“提高思想认识、解决突出问题、加强基层组织、促进科学发展”活动目标和“六个更加突出”的工作要求，充分运用“十式”指导法，重点彰显非公有制企业的特点和非公有制经济工作的特色，精心准备，周密安排，深入指导，推动学习实践活动有效开展。温州市委统战部针对非公有制经济组织中党组织和党员占到全市三分之一的实际，在学习实践科学发展观活动中做到四个坚持：坚持把凝聚科学发展共识作为首要任务来抓；坚持把企业科学发展上水平和党建工作有突破作为最大实践来抓；坚持把抓好流动党员学习教育作为难点工作来抓；坚持把解难题办实事作为核心工作来抓，

取得明显实效。我省非公有制企业学习实践活动受到中央的高度重视和充分肯定，全国政协副主席、中央统战部部长杜青林同志专门来我省指导加强工商联工作和非公有制企业学习实践活动；中央非公有制经济组织学习实践活动指导小组组长全哲洙同志还将我省乐清市作为指导学习实践活动的联系点。通过广泛深入的学习，全省统一战线进一步把思想和行动统一到了中央的决策部署上来，更加坚定了走中国特色社会主义道路的信念，统一战线的共同思想基础进一步夯实。

**二、围绕中心、服务大局，助推科学发展水平进一步提高**

充分发挥统一战线人才荟萃、智力密集优势，认真开展“服务企业、服务基层”系列活动，组织开展了“千名统战干部、成员进千企”、“我为应对国际金融危机献一策”、“千乡（镇、街道）万村（社区、企业）送服务”等活动。广泛动员全省统战干部及统战成员，走进企业、蹲点调研、咨询服务，编发促进企业解困和发展的政策文件汇编，举办非公有制经济人士应对国际金融危机培训班，积极引导非公有制经济人士认清经济形势，提升应对能力，增强化危为机、转型升级的信心和决心。在全省建立107个非公有制企业信息直报点，积极向中央和省委反映基层的声音，切实帮助基层、企业、统战成员解决实际困难。湖州市委统战部组织开展了以“保增长、促转型”为主题的“金点子活动”，共收到金点子398个，刊出《金点子专刊》19期76个，有多个得到省、市党政领导批示，有效促进了党委政府的科学民主决策。深入实施“科技创新竞赛行动计划”，开展浙江省统一战线科技创新项目优秀奖和优秀组织奖评选，设立20万元奖励资金，杭州市委统战部对从60余个参评项目中评出的优秀成果给予3000元至15000元的奖励，并召开了表彰大会，充分调动统一战线成员的积极性和主动性，进一步激发了广大统一战线成员的创业创新激情。认真抓好“少数民族低收入群众增收帮扶行动计划”，实施三个“双百工程”（百名民主党派成员联系百村工程、百家民营企业帮扶百村工程、百名华侨华人帮助百村工程），以结对帮扶、项目扶持为重点，帮助115个低收入村发展经济，全力推进少数民族地区经济健康发展。继续落实“低收入农户奔小康工程”帮扶措施，牵头负责省级帮扶团组8家单位对龙游县57个低收入农户集中村的结对帮扶工作，落实好我部承担的6个村结对帮扶任务，一批基础设施建设和特色种植、养殖业发展帮扶项目加快实施，取得明显成效。组织民主党派成员赴龙游开展科技、文化和医疗“三下乡”活动，受到当地群众热烈欢迎和普遍好评。

**三、把握机遇、乘势而上，多党合作事业进一步推进**

协助省委认真做好我省贯彻落实《中共中央关于进一步加强中国共产党领导的多党合作和政治协商制度建设的意见》情况的自查工作和迎接督查工作。中央督查组对我省的贯彻落实情况表示充分肯定。协助省委办公厅制定了责任分解方案，会同有关部门落实了在民主党派省委会机关选配副巡视员的工作，在全省引起良好反响。在2009年省管后备干部集中调整工作中副职后备干部推荐时，人大、政协机关和法院、检察院至少推荐了1名非中共干部人选；其他单位（不含党委部门和副厅级机构），在原有副职后备推荐名额基础上增加了1名非中共后备干部名额。印发《关于协助民主党派加强思想建设的意见》，制定我省民主党派组织发展五年规划，协助民主党派召开制度建设交流研讨会，进一步提高了民主党派的自身建设水平。召开全省特约特邀人员工作座谈会，协助有关单位做好特约特邀人员的换届工作。协助省高级人民法院、省人民检察院首次召开各民主党派省委会主要负责人和无党派代表人士情况通报会，进一步拓宽了民主监督的领域和途径。圆满完成全省无党派人士主题教育活动，全面总结巩固活动成果，我省工作经验在全国总结大会上作了交流发言。认真贯彻中央统战部《关于协助民主党派加强省级组织领导班子后备干部队伍建设的意见》，对民主党派省委会领导班子后备干部进行了系统的推荐与考察，建立了民主党派省委会领导班子后备干部队伍。制定下发《关于协助民主党派加强市级组织领导班子后备干部队伍建设的意见》，提出了规范的程序要求以及今后的培养要求。积极促进党外代表人士的培养使用，推荐、选派3名民主党派省委会副主委到金华、衢州、丽水等市政府担任副市长。在原来干部下派上挂、交流培养锻炼的基础上，推出了选派8名民主党派、工商联中青年干部到省直委办厅局横向挂职的新举措，进一步拓宽了党外干部实践培养锻炼的渠道。温州市委统战部创新党外干部督查、推荐、选拔、培训、锻炼五项制度，使党外干部工作跃上了一个新台阶。至2009年底，全市共安排了县级党外领导干部61名，科级领导干部达到192人，其中2009年新安排正职22人，提拔31人，无论是党外干部安排数量和范围，都取得历史性突破。

**四、抓住重点、主动应对，民族宗教工作进一步深化**

扎实推进宗教工作重点、难点问题的解决。坚持把开展和谐寺观教堂创建活动作为新形势下加强宗教事务管理、做好宗教工作的重要抓手，结合我省实际，精心谋划部署，认真组织实施。全力做好宗教领域有关问题处置工作，科学研判、周密部署、明确责任、落实措施，使相关活动平稳、低调、有序进行，没有发生影响社会稳定的事件。多管齐下，加强宗教界代表人士的培训工作。新疆乌鲁木齐“7·5”事件发生后，全省各级统战、民宗部门按照中央和省委的统一部署和工作要求，积极开展排查摸底和教育引导工作，不断深化民族团结宣传教育活动，切实消除事件所造成的影响，有力地维护了民族团结、社会稳定大局。进一步加强对少数民族中青年干部培养，在省社院举办正科级以上少数民族干部培训班。配合中央统战部做好西部地区少数民族代表人士来浙培训、学习、考察工作。继续加强城市民族工作，配合中央统战部二局，赴杭州、宁波、温州、义乌等市，就外来少数民族人口流入进行调研，我省城市民族工作在全国民族工作经验交流会上作了典型发言。丽水市委统战部积极创新在省级开发区丽水经济开发区内争取到3.83平方公里区块，作为我省唯一的少数民族自治县建设“民族工业园”，开辟了一条民族地区经济发展和生态保护相统一的有效途径。据规划，到2012年该园可实现产值60亿元，是景宁常规发展的3倍。

**五、健全网络、完善机制，新的社会阶层人士工作进一步深入**

贯彻落实全省工商联工作会议精神，把实施“两项工程”、创建“两个品牌”、搭建“三大平台”的“223工作计划”作为今后工商联发挥“四座金桥”(服务企业、参政议政、凝心聚力、共赢发展）作用的具体工作举措，并进行了全面部署。制定出台了《关于加强和改进非公有制经济人士思想政治工作的意见》。组织开展第三届浙江省优秀中国特色社会主义事业建设者评选表彰活动，我省共有7名代表人士被评为全国“优秀建设者”，47名代表人士被评为省“优秀建设者”，赵洪祝书记等省领导亲切接见了受表彰的全国和省“优秀建设者”，夏宝龙副书记在全省“优秀建设者”表彰大会上作重要讲话，进一步激励了广大非公有制经济人士和其他方面新的社会阶层人士坚定信心，应对挑战，履行社会责任。按照中央统战部的整体部署，2009年无党派人士以“自觉接受中国共产党的领导，坚持走中国特色社会主义道路”主题教育活动为总结整改阶段，全省各地各单位在主题教育活动中增加了贯彻落实科学发展观的有关内容，及时总结主题教育活动好的经验和做法，认真听取无党派人士的意见，改进不足，切实巩固主题教育成果，推动全省无党派人士统战工作迈上新台阶。4月15日，召开了总结大会。在全国总结大会上我省作典型发言，经验材料在《中国统一战线》刊登。扎实推进新社会阶层人士（自由择业知识分子）统战工作网络构建行动计划，扩大了新的社会阶层人士统战工作联系会议成员单位和健全会议制度。召开全省新的社会阶层人士统战工作现场会，交流推广了台州、黄岩开展新的社会阶层人士统战工作的做法和经验。举办以归国留学人员中的创业人员为主体的第三届新的社会阶层代表人士论坛，努力做好自由择业知识分子统战工作，省委组织部、省教育工委有关部门领导和省专家与留学人员服务中心互动交流，既展示了归国留学人员风采又增加了彼此了解，增强了新的社会阶层代表人士的凝聚力和影响力。举办了第八期无党派人士理论研究班和全省第一期归国留学人员理论研究班。推荐7名学员参加中央统战部举办的第6期新的社会人员和第11期无党派人士理论研究班。召开全省知联会工作研讨会，推进全省知联会网络全覆盖，全省11个市全部成立知联会，已有75个县（市、区）、22所本科院校成立了知联会组织，会员总数达到6000余人。积极发挥省知联会作用，围绕我省文化创意产业园区的发展和二氧化硫减排等，认真组织调研考察活动，召开专题研讨会，形成调研报告，以无党派名义撰写成提案或大会发言材料。苏浙沪三省知联会举办“办好中国2010年上海世博会，促进长三角地区联动发展”主题论坛，我省提交论文10篇，扩大了知联会的影响。会同省教育工委、省国资委分别组织开展高校、国有企业统战工作督查，进一步推进了党外知识分子统战工作。我省就新的社会阶层人士统战工作在全国统战部长会议上作了经验介绍。

**六、创新载体、拓展领域，港澳台及海外统战工作成效进一步显现**

以实施海外联谊拓展行动计划为抓手，积极创新联谊方式方法，加强沟通联系的深度和广度，海外联谊工作领域进一步拓展。在全国“两会”期间，省委书记赵洪祝、省长吕祖善、省政协主席周国富等10余位领导在北京饭店与部分港澳浙江籍和与浙江省关系密切的港澳全国人大代表、政协委员座谈交流。全国政协副主席董建华，在港澳的全国人大常委范徐丽泰、贺一诚，全国政协常委刘汉铨、陈永棋、洪祝杭、杨俊文等50余位贵宾出席。1月在珠海召开浙江省海外联谊会第十一届迎春团拜会省领导、省市海外联谊会及省有关部门负责人与来自港澳台的240余位乡贤、朋友欢聚一堂，畅叙乡情、共话发展、加深友谊、展望未来。9月省委副书记夏宝龙率团参加香港、澳门苏浙沪各界人士庆祝中华人民共和国成立60周年及澳门回归祖国10周年庆典活动，并拜访董建华先生、澳门何厚铧特首等知名要人。省委统战部主办，浙江海外联谊会、省统战理论研究会等社会团体联合承办了以“和平发展、和谐相处、合作共赢”为主题的中华和合文化论坛，省委副书记夏宝龙、副省长龚正、中华文化学院副院长冯之浚等出席，我省海内外各界统战人士200余人参加。会前得到海内外各界人士的热烈响应，共收到论文70余篇，入选论文41篇，10余位代表进行演讲交流，论坛把联谊活动寓于传承源远流长的中华文化之中，收到良好成效。举办首届港澳代表人士国情研修班，以该班28位学员为基础，成功邀请香港浙江省同乡会联合会访问团首次回乡参访，增强了他们对内地政治、经济、文化、历史的了解，因势利导，协助该会成功换届。完善浙江中国和平统一促进会工作机制，指导省侨联、省台联搞好换届，统战群团、社团网络更加健全，联系更加顺畅。成立浙江海联会青年委员会并邀请香港浙江籍青年访问团首次来浙交流，联合举办第十九届浙江省“三胞”中秋茶话会等，进一步加强对港澳台及海外代表人士二、三代的工作，逐步实现从第一代、第二代向新生代拓展的目标。杭州市余杭区等县市区在乡镇成立“三胞”眷属联谊会，并充分发挥了作用。召开省统战系统做台湾人民工作座谈会，省级各民主党派、工商联和有关群众团体负责人参加，会议研究制定对台重点工作三年计划。举办“2009台湾大学生浙江夏令营”活动，100多位岛内学子参加，省委副书记夏宝龙出席开幕式并讲话。做好“台湾高教教师大陆文化教育参访团”等重要涉台团组和代表的邀请接待工作，积极组团入岛开展工作，多方位、多层次、多渠道、多方式地做好台湾人民工作，最大限度的争取台湾民心，争取一切拥护祖国统一和促进两岸和平发展的力量。据统计，2009年我部共接待港澳台及海外客人77批991人次，组团出访11批54人次。

**七、调研指导、强化培训，统战部门自身建设进一步加强**

切实加强县级统战工作，通过开展县级统战工作调研，召开县级统战工作座谈会，组织统战理论政策培训，开展县级统战工作创新争先活动等，进一步加强对基层工作的指导和督查，推进县级统战工作向纵深发展，推动重点工作在基层的落实。余姚市、临安市把统战工作列入乡镇（街道）、部门年度业绩考核内容之一，制定了考核细则，有的还列入了村级考核。在乡镇配备了统战干部，建立了统战办公室，有的村建立了统战联络员。切实加强对分管统战工作领导、统战干部和统一战线成员三支队伍的教育培训，全年共举办培训班28个，培训学员1398人。会同省委组织部在省委党校举办由各县（市、区）党委分管领导和政府相关领导参加的统一战线理论与政策专题研讨班，进一步提高了领导干部统战理论的政策水平和能力。在2009年的全省统战部长会议上，专门对各地统战部长进行系统培训，并举办多期市、县（市、区）统战工作研讨班，加强对市县统战部门工作业务的指导。开展教育培训质量建设年活动，加强省社会主义学院建设，社院在培训党外人士工作中的重要作用进一步发挥。抓好统战调研、信息、宣传工作，创办了《浙江统战工作活页》，牵头完成中央统战部确定的《统一战线如何在有效应对国际金融危机、促进经济平稳发展中发挥作用》和党外领导干部合作共事等重点课题的调研，提出了加强党组织与党外领导干部合作共事的意见稿。为表彰对我省统战工作作出特殊贡献的同志，首次向专职从事统战工作满二十年的人员颁发了浙江省统一战线工作荣誉奖章。健全用人机制和激励机制，机关中层干部竞争上岗，深入实施“五个一”：举办一次培训会议、精读一本专业书籍、参加一次调研活动、撰写一篇体会文章，做好一次主题发言。部机关干部素质提升工程，切实抓好“两提高、两降低”效能建设主题活动，机关工作效率和服务水平有效提高，公务开支和行政成本明显降低。坚持以“践行科学发展观，壮大统一战线”为实践载体，认真抓好深入学习实践科学发展观活动整改落实工作，建立健全巩固学习实践活动成果的长效机制，一些干部群众提出的重点问题得到有效解决。我部学习实践活动得到了广大干部群众的充分认可，在群众满意度测评中，满意率达 95.7%，比较满意率为 4.3%（没有不太满意和不满意）。（马招法　冯小贤）

## 2009 年浙江省统一战线大事记

### ·一月份·

1 日，省委统战部副部长徐建华会见香港经贸商会汪建生先生。

5 日下午，绍兴市政府邀请各民主党派、工商联和无党派人士参加座谈会。

6 日，省长吕祖善召开党外人士座谈会，征求对《政府工作报告（征求意见稿）》的意见，省政协常务副主席、省委统战部部长楼阳生，常务副部长陈金彪参加。

同日，嘉兴市统战部长工作例会在平湖召开。

8 日，台盟省委会、省台联联合举行迎新春茶话会，在杭台胞、台商和台生 100 余人出席。

同日，金华市在深圳举办港澳台同胞海外侨胞在粤乡贤迎春团拜会。金华市委书记徐止平致辞，市长陈昆忠主持团拜会。

9 日，浙江省统一战线各界人士迎春茶话会暨首届“和谐之声”文艺汇演在杭州举行。省政协主席周国富等出席，省委副书记夏宝龙出席并讲话，省委统战部常务副部长陈金彪主持。

10 日，浙江海外联谊会 2009 年迎春团拜会在珠海举行。省委副书记夏宝龙出席并致辞，副省长龚正介绍省情，省委统战部常务副部长陈金彪主持，副部长徐建华参加。同日，杭州市海外联谊会迎春团拜会在深圳举行，120 多名来自港澳台的乡贤、朋友欢聚一堂，喜迎新春。杭州市委副书记叶明致贺词。

11 日，桐乡市在深圳举行桐乡籍香港同胞迎春团拜会，邀请部分桐乡籍香港同胞和香港嘉兴同乡会负责人与会，畅叙发展大计。

12 日，省委统战部机关召开全体干部职工大会，省政协常务副主席、省委统战部部长楼阳生，常务副部长陈金彪，副部长徐建华、汤为平、王毅、蒋学基参加，楼阳生赴海南省任职前与大家话别。

13 日，全省海外高层次人才引进工作会议召开，省委统战部副部长黄永通参加。

同日，九三学社省委会召开 2009 年度全省组织工作会议。九三学社省委会专职副主委叶烈窑，各市委会有关领导、秘书长参加会议。

同日，宁波市政府召开各民主党派、工商联负责人和无党派人士代表座谈会。

同日，温州市举行海外侨胞、港澳台同胞迎春茶话会。温州市委副书记、市长赵一德代表市四套领导班子和全市人民，在茶话会上致辞。

13 日至 14 日，省委统战部常务副部长陈金彪陪同楼阳生赴海南省履新。

13 日至 14 日，九三学社浙江省第六届委员会第三次全体（扩大）会议在杭召开。

14 日，浙江省侨界迎春联欢会召开，陈金彪出席。

同日，省政协委员、人大代表少数民族迎春茶话会召开，省委统战部副部长、省民宗委主任王毅出席。

15 日，省委统战部召开省政协无党派人士界别委员座谈会，省委统战部副部长黄永通参加。

同日，舟山市侨联在定海召开五届二次全委会暨为侨服务法律顾问团成立仪式。

15 日至 19 日，省政协十届二次会议召开，陈金彪、徐建华、张惠康、汤为平、黄永通、王毅、蒋学基参加。

16 日，省委统战部、省港澳办、省工商联宴请出席省“两会”的港澳华侨委员、特邀委员，陈金彪出席、徐建华主持。

17 日，徐建华会见出席省

"两会"的浙江海外联谊会海外理事。

同日，王毅看望出席省政协会议的宗教界委员。

18日，省委统战部召开全省高校统战部长座谈会，黄永通参加。

同日，省委、省政府宴请出席省"两会"的港澳、华侨委员和港澳台侨委员会特邀委员，徐建华参加。

19日，省委书记赵洪祝与民革省委会领导班子成员进行谈心交友活动，陈金彪参加。

20日，金华市委统战部组织召开新的社会阶层人士统战工作联席会议第一次全体会议。

同日下午，衢州市委统战部召开全市统战部长会议。

21日，徐建华会见省政协委员、巴西华人文化交流协会会长尹霄敏先生。

同日，省统一战线纪念改革开放30周年成就展暨第二届世界温州人大会摄影展在温州市展览馆隆重开幕。

同日，徐建华会见奥地利侨领胡立井先生一行。

## ·二月份·

1日，杭州市委领导与各民主党派市委会、工商联负责人新春座谈会，杭州市领导王国平、孙忠焕、许勤华、董建平出席，杭州市委副书记、市长蔡奇介绍2008年杭州经济社会发展情况和2009年工作思路，杭州市委副书记叶明主持会议。杭州市各民主党派市委会主委、市工商联主席参加。

2日，省长吕祖善考察非公企业并召开座谈会，省委统战部副部长、省工商联党组书记汤为平参加。

2日至6日，黄永通走访看望无党派人士。

3日，省委统战部印发《关于发挥统一战线优势和作用努力为推进经济转型升级服务的意见》。

4日，省委副书记夏宝龙、副省长龚正会见省级宗教团体主要负责人并座谈，陈金彪、王毅参加。

5日上午，金华市委副书记、市长陈昆忠主持召开市级各民主党派、工商联负责人和无党派代表人士座谈会。

10日，致公党浙江省四届四次会议，陈金彪到会并讲话。

同日，绍兴市台胞台属联谊会举行成立20周年纪念大会。

10日至11日，民盟浙江省委十届三次全会在杭州召开。表彰了2007至2008年度全省先进组织和先进盟员。

11日，农工党浙江省十届三次会议、民盟浙江省十届三次会议召开，陈金彪分别到会并讲话。

12日，台盟浙江省三届三次会议召开，陈金彪到会并讲话。

13日，省工商联九届三次执委会召开，汤为平参加。

同日，衢州市委统战部启动"服务企业、服务项目、服务民生"活动，各民主党派市委会、市侨联有关负责人和市委统战部全体机关干部参加活动。

17日至19日，副省长龚正考察民族宗教工作，王毅陪同。

18日，省委统战部印发《省委统战部学习实践科学发展观活动整改落实方案》的通知。

同日，民盟中央副主席李重庵在民盟中央副主席、省政协副主席、民盟省委主委徐辉和专职副主委徐向东的陪同下，走访民盟浙江省委机关，看望全体机关干部。

19日，台盟省委会与省台联在浙江金华隆重举行纪念台湾义勇队成立70周年纪念活动。

23日，徐建华与省侨联协商推荐全国侨联代表大会人选事宜。

24日，省监察厅第五届特邀监察员聘请大会，陈金彪参加。

同日，徐建华会见澳大利亚侨领刘宝伟先生。

24日至26日，中央统战部在湖北武汉召开研究基地工作会议，蒋学基出席。

25日，省对台工作领导小组召开会议，徐建华、王毅参加。

26日，徐建华会见省"爱乡楷模"、香港浙江省同乡会联合会会长车越乔先生。

27日，省政协重点民主监督动员会，徐建华出席。

同日，浙江省民族工作领导小组会议在杭州召开，王毅参加并讲话。

同日，宁波市纪委召开各民主党派、工商联负责人和无党派人士通报会，通报全市党风廉政建设情况。

同日，湖州市统战部长会议在德清召开。

## ·三月份·

2日，徐建华出席中央统战部在京召开的全国各省市统战部长会议。

3日，嘉兴市侨商会隆重举行成立大会。

3日至5日，陈金彪、徐建华在京与中央统战部各局、中国和平统一促进会领导会面，联系工作。

5日，省委统战部发出《关于表彰2008年度全省统战理论调研优秀成果的通知》、《关于表彰2008年度全省统战宣传精品工程优秀成果的通知》，中国统战理论研究会非公经济人士浙江研究基地发出《关于表彰2008年度研究基地优秀研究成果的通知》。

同日，舟山市召开“舟山市第二届优秀中国特色社会主义事业建设者表彰大会”，舟山市委、市政府授予10名非公有制经济人士“第二届舟山市优秀中国特色社会主义事业建设者”荣誉称号。

6日，赵洪祝、吕祖善等省领导在京会见出席全国“两会”的浙江籍及与浙江关系密切的全国人大代表、政协委员，陈金彪、徐建华参加。

7日至9日，杭州旅港同乡会第十七届理事大会暨新一届理事会就职典礼。

11日至13日，全省统战部长会议召开，省委副书记夏宝龙出席并讲话，陈金彪作工作报告，徐建华、张惠康、汤为平、黄永通、王毅、蒋学基等参加。

16日，省统战系统对台工作座谈会，徐建华主持并讲话。

16日至21日，全省经济联络培训班在社院举办，徐建华、汤为平分别到会并讲话。

16日，省委统战部以浙江中国和平统一促进会为对台工作新平台召开2009年统战系统对台工作座谈会，各民主党派省委会、省工商联、省台联、省侨联、省海外联谊会、省黄埔军校同学会等统战系统涉台单位参加了座谈会。

同日，九三学社省、市委联合召开会议，传达十一届全国人大二次会议和全国政协十一届二次会议精神。

18日，民进浙江省委会召开统战理论研究会理事会议。会议确定了今年统战理论研究的重点为“科学发展观与参政党组织建设”。

18日至20日，民革浙江省委会在杭州召开民革浙江省第十一届三次会议。

20日，金华市统战部长会议在婺城区召开。

同日，民建浙江省委会在省人民大会堂衢州厅举行纪念汤元炳同志诞辰100周年座谈会。

23日，省工商联副主席黄正强同志的任职座谈会，陈金彪、汤为平出席。

同日，举行《景宁畲族语言简本》出版发行仪式暨“畲族干部服饰日”启动周年庆典活动。

24日，舟山市召开全市统战部长会议。舟山市各县（区）委统战部、各有关乡镇（街道）和市属统战工作重点单位的负责人参加了会议。

24日至25日，全省对台工作会议召开，徐建华、王毅出席。

25日、26日，陈金彪先后就民主党派省委会班子后备人选分别征求乢健敏、张泽熙、徐辉、冯明光意见。

26日至29日，全国宗教局长会议及第二届世界佛教论坛在无锡召开，王毅出席。

27日，国际金融危机之影响及其应对方略论坛，陈金彪参加。

同日，绍兴市统战部长会议召开。绍兴市委副书记史济锡出席会议并作重要讲话，绍兴市委统战部部长倪善贵作工作报告。

28日，西班牙杭州联谊会在马德里举行成立庆典。

28日至29日，景宁举行中国畲乡“三月三”系列活动，徐建华出席。

31日，《省委统战部2009年重点工作责任分解方案》、《省委统战部2009年重点课题计划落实方案》正式下发和实施。

同日，全省建设“平安浙江”电视电话会议，徐建华参加。

同日，宁波市政府召开市政府部门与市各民主党派、工商联对口联系工作会议，表彰对口联系工作先进单位和个人，总结交流对口联系工作经验，研究部署下阶段对口联系工作任务。

·四月份·

1日，黄永通走访省外资企业协会。

2日，全省非公有制企业信息直报点信息员培训会，汤为平到会讲话，蒋学基作会议小结。

同日，世界天台人论坛在天台举行，蒋学基出席。

2日至3日，嘉兴市基督教第五次代表大会在嘉兴召开，选举产生了新一届领导班子，修改了市基督教两会章程。

6日，徐建华会见香港浙江省同乡会联合会车越乔会长、李德麟常务副会长一行。

7日，陈金彪与浙江大学党

委沟通有关工作。

同日，省海外交流协会召开第五届理事会，徐建华出席。

同日，徐建华分别会见法国华人进出口商会会长郑品海先生和浙江省旅台湾同乡联谊总会胡李世美会长一行。

同日，中央统战部藏传佛教培训班在浙考察，王毅会见。

同日，欧洲杭州联谊总会在杭州举行理事会换届大会，选举产生了第四届理事会，欧洲挪威杭州联谊会会长马列担任总会长，林斌为名誉会长。

同日下午，舟山海外联谊会召开第五届理事会第一次会议。

7日至9日，民革浙江省委会与嘉兴市委会在嘉兴联合举办纪念嘉兴起义60周年书画展。民革中央副主席修福金专门为画展创作了书法作品。民革省委会主委冯明光出席开展仪式并作重要讲话。

7日至10日，台州市委统战部与中央社会主义学院联合举办台州市统战部长、党外中青年干部、无党派人士、新的社会阶层人士、侨联干部培训班。中央统战部副部长、中央社会主义学院党组书记楼志豪参加开班仪式并作“中国特色社会主义政治发展道路”专题报告。

8日，徐建华分别会见省政协港澳委员王孝仁先生一行和西班牙中国和平统一促进会会长徐松华先生、欧洲中国和平统一促进会会长张曼新先生、奥地利侨领胡立井先生等。

同日，蒋学基会见墨西哥中国人总商会常务副会长黄卫国先生，巴西巴中商贸、仲裁总会执行会长尹楚平先生。

同日，民进浙江省八届八次常委（扩大）会议在杭州召开。

8日至9日，全省工商联工作会议召开，中央统战部副部长、工商联党组书记全哲洙，省委副书记夏宝龙到会并讲话，陈金彪、汤为平等出席。

9日，徐建华会见香港浙江省同乡会联合会会长车越乔先生。

同日，徐建华会见香港教师访问团一行。

9日至10日，宁波市自由择业党外知识分子统战工作研讨会在北仑召开。

11日，徐建华会见美国南加州著名爱国侨领、全国侨联海外顾问张素久女士一行。

14日，省人大十一届二次会议代表建议会、省政协十届二次会议提案交办会召开，蒋学基参加。

14日至16日，中央社院座谈会在北京召开，省委统战部副部长、省社会主义学院常务副院长张惠康参加。

15日，全省无党派人士主题教育活动总结大会在绍兴召开，来自全省各市委统战部分管领导、党外知识分子处处长、高校和科研院所统战部长共50余人参加会议。

同日，全省统战调研、宣传和信息工作协调会在杭州召开，蒋学基到会讲话。

同日，香港余姚联谊会举行成立大会。

16日至18日，世界中华宁波总商会成立大会在香港举行，汤为平出席。

16日至18日，民进苏浙沪参政议政联席会议在浙江省临海市召开。

16日至19日，应民建中央的邀请，美国建高控股公司资深顾问陈棠先生率领的台湾金融及科技专家一行20人来浙江访问。

18日，徐建华会见省政协港澳委员胡总旗先生。

19日至21日，中国光彩事业促进会三届四次理事会议在北京召开，汤为平参加。

20日，陈金彪与致公党中央副主席王钦敏就致公党省委会领导班子后备干部人选情况进行沟通。

同日，浙江省人民政协理论研究会成立大会暨第一届理事会在杭州召开，蒋学基出席并当选为副会长。

21日，徐建华会见省政协华侨委员卓旭光先生。

同日，杭州市佛教协会举办“海峡两岸禅、茶、乐”活动，王毅出席。

22日，九三学社中央组织部副部长唐可立一行在舟山市调研九三学社基层组织建设工作，与基层组织负责人和社员进行座谈。

22日至24日，徐建华赴京参加中国和平统一促进会海外会长会议，并在京主持召开浙江籍海外会长座谈会。

22日至25日，蒋学基到福建省委统战部联系工作，并出席“海峡西岸统战文化论坛”。

23日，嘉兴市委召开全市统战工作会议，总结回顾2008年工作，研究部署2009年的工作。

23日至24日，中央统战部在省社院召开全国社院工作会议片会。

27日，民营企业走科学发展之路论坛在嘉兴召开，汤为平出席。

同日，湖州市委统战部举办“村企心连心、共建新农村”座谈会暨《双赢之路》首发式。

同日，全省首个落户政府审批中心的“华侨办事窗口”在丽水市行政审批中心正式启用。

27日至28日，各市委统战部长工作例会在义乌召开，陈金彪到会讲话，徐建华、蒋学基参加，王毅主持。

28日，汤为平会见香港贸易发展局华东地区负责人。

29日，陈金彪参加中央巡视组约谈。

同日，徐建华等参观“浙江解放60周年”图片展。

同日，全国侨联副主席林明江一行来省委统战部，听取对全国侨联换届有关人选的意见，徐建华陪同。

同日，汤为平会见丹麦西兰岛发展署代表团。

·五月份·

5日，旅台浙江同乡金秋联谊会返乡参访团一行在浙考察，徐建华会见。

同日，黄永通赴省教育厅商量高校统战工作联席会议事宜。

同日，舟山市委组织部、市委统战部联合召开加强党外干部工作座谈会。

6日，省委十二届五次全体（扩大）会议召开，陈金彪出席，徐建华、张惠康、黄永通、王毅、蒋学基听取报告。

7日，省委统战部与省社科联联合召开2008年中标统战课题验收会和2009年招投标课题评审会。省社科联副主席邵清、省政府研究室副主任盛世豪参加，蒋学基出席并作小结。

7日至8日，徐建华赴湖州走访调研港资澳资侨资企业。

8日上午，衢州市委召开各民主党派市委会和市工商联负责人座谈会。

12日，省委副书记夏宝龙考察嘉兴民营企业，汤为平陪同。

13日至14日，陈金彪向中央统战部一局汇报我省民主党派后备干部人选情况并与党派中央进行沟通。

14日，徐建华会见德国中国和平统一促进会访问团。

同日，徐建华会见巴西和平统一促进会代表。

同日，杭州市委副书记叶明主持召开市各民主党派、工商联负责人座谈会。

同日，湖州市委统战部召开湖州市台办、侨办、民主党派、工商联和无党派代表人士座谈会。

同日下午，衢州市委统战部召开全市统战部长会议。

同日，乌干达青田同乡会网站和喀麦隆青田同乡会网站正式开通。

17日，中央统战部正式批准下达《统一战线如何在有效应对国际金融危机、促进经济平稳发展中发挥作用》的重点课题计划方案，确定由中央统战部研究室牵头，浙江省委统战部负责协调，11个省市统战部参加。

18日，徐建华会见西班牙中国和平统一促进会会长徐松华先生一行。

同日，长三角十五城市民营经济和商会工作合作与交流机制第七次年会在湖州市召开。

19日，陈金彪赴浙江大学就有关问题征求浙大党委意见。

同日，省侨联召开名媛会成立大会，徐建华出席。

20日，2009“相聚长三角”海外高层次人才湖州行活动举行。

21日，舟山市各县（区）委统战部长工作例会召开。

25日，全省领导干部会议，陈金彪、张惠康、汤为平、王毅参加。

同日，全省高校知联会建设推进会，黄永通出席并讲话。

同日，2009年度省统战理论研究会中标课题对接协调会，蒋学基到会讲话。

同日，绍兴市民宗局组织召开全市深化“和谐宗教活动场所”创建工作会议。

25日至26日，浙江省黄埔军校同学会三届十四次会长办公（扩大）会议在杭州召开。

25日至27日，徐建华赴温州调研并出席“洞头人联谊总会”成立大会。

27日，温州市召开市直统战宣传工作联席会议，通报44条统战宣传工作重点线索。

30日，浙商大会召开，汤为平出席。

同日，由民盟浙江省委民营经济委员会主办，经济委员会、法律委员会协办的“民营企业经济危机下如何突破困境”论坛在杭州爱丽芬集团多功能厅举行。

30日至31日，全国工商联主席黄孟复在浙调研，汤为平参加。

同日，徐建华会见台湾中国统一联盟高屏分会访问团。

31日，民进浙江省八届九次常委会议在杭州召开。

·六月份·

1日，徐建华会见香港浙江省同乡会联合会会长车越乔先生。

2日，全省首家新阶层人士慈善组织——台州市黄岩区慈善总会新阶层人士慈善分会成立。

2日至4日，徐建华陪同省政协华侨委员、巴西华人文化交流协会主席尹霄敏先生赴衢州、丽水检查捐赠海联小学、海联卫生所项目落实情况。

2日至4日，全国工商联常委会在大连召开，汤为平出席。

3日至4日，嘉兴市第五次归侨侨眷代表大会隆重召开，230余名来自全市各地的归侨侨眷、海外侨胞、港澳同胞、侨港资企业、留学人员和家属代表欢聚一堂，共商侨联发展大计。

4日至6日，“2009海峡两岸纪念济公圆寂800周年活动”在天台举办，来自台湾、香港、澳门等地区的400多名济公信徒和20多位专家学者参加。

5日，农工党中央青年骨干培训班在富阳召开，陈金彪到会并讲话。

7日，中央统战部二局云建东副局长率调研组来浙调研城市民族工作，王毅会见。

5日至7日，省政协港澳委员视察活动，徐建华参加。

同日，陈金彪与部机关新任处级干部和交流任职干部进行任前谈话。

同日，徐建华会见智利和平统一促进会副会长成建新先生。

同日，徐建华会见香港大学生访问团。

7日至10日，应宁波海外联谊会邀请，由原全国人大代表、香港华侨华人总商会会长、国际华龙企业有限公司董事长总经理古宣辉为团长的香港华侨华人总商会考察团一行23人，由澳门苏浙沪同乡会副理事长兼秘书长雷家鳌率领的澳门苏浙沪同乡会考察团一行5人，来宁波参加第十一届浙洽会、第八届消博会活动。

8日，徐建华在杭州会见并宴请了智利中国和平统一促进会副会长兼秘书长、智利中国义乌商会会长成建新先生。

11日，2009世界温州人论坛暨世界温商领袖（上海）论坛在上海隆重召开，徐建华出席论坛。

11日，蒋学基会见来浙调研的农工党中央副主席汪纪戎一行。

11日至13日，全国民族文化工作会议在北京召开，王毅参加。

14日，徐建华会见香港温州同乡会副会长曹众女士一行。

14日至19日，杭州市各民主党派、工商联领导干部读书班在重庆举办，并与重庆市各民主党派、工商联进行了对口交流。

15日，徐建华会见奥地利侨领胡立井先生一行。

15日至16日，全国无党派人士主题教育活动总结大会在辽宁大连召开，黄永通出席并作大会发言。

16日上午，浙江省黄埔军校同学会在杭州举行纪念黄埔军校建校85周年座谈会，在杭理事、部分黄埔同学和后代及机关同志约40人参加了座谈。

16日，浙江省商会论坛暨财富宁波（广博）高峰会议在宁波广博有限公司召开，博鳌论坛秘书长龙永图，浙江省政协副主席、省工商联主席徐冠巨作论坛演讲。

15日至23日，全省民族干部培训班在省社院举办，王毅出席开学典礼并讲话。

16日至17日，全省农村基层组织建设工作会议召开，陈金彪、王毅参加。

17日至18日，江浙沪三省知联会举办“办好2010年中国上海世博会，促进长三角地区联动发展”主题论坛，黄永通出席并讲话。

18日，宁波市统战宣传工作现场会在慈溪召开，蒋学基到会并讲话。

21日至7月4日，全国工商联代表团出访中亚三国，汤为平参加。

同日，全省统战刊物宣传工作先进单位恳谈会召开，蒋学基到会讲话。

24日，省政协工作会议在杭州召开，陈金彪、徐建华、张惠康、王毅、蒋学基参加。

24日至25日，全省新的社会阶层人士统战工作现场会在台州市黄岩区召开，陈金彪出席并讲话，黄永通主持。台州市新的社会阶层人士“新活力·新形象·新贡献”主题活动同时启动。

25日，杭州市统战部长读书会在临安召开。杭州市政协副主席、市委统战部部长董建平为全市统战部门的领导干部作了题为“统一战线的发展与实践”的理论讲座。

26日，召开民主党派制度建设交流研讨会，陈金彪出席并讲话。

同日，杭州市统战部长会议

在临安召开。杭州各区、县（市）和杭师大、市电大、杭州职业技术学院、浙大城市学院党委统战部长围绕基层统战工作进行了座谈交流。

同日，湖州市委统战部召开全市民主党派基层组织工作经验交流会。

26日至28日，港澳代表人士国情研修班在省社院举办，徐建华出席开班、结业典礼并讲话。

27日，浙江中国和平统一促进会一届一次常务理事会召开，陈金彪会见与会代表。

27日至28日，浙江海外联谊会常务理事会暨青年委员会成立大会在杭州举行，陈金彪到会并讲话，徐建华主持，张惠康、黄永通、王毅、蒋学基参加。

28日，香港浙江省同乡会联合会成立以来首次回乡访问，省委副书记夏宝龙会见访问团一行，陈金彪主持，徐建华、张惠康、黄永通、王毅、蒋学基参加。

6月下旬至7月上旬，金华市农工党、民进、民建、九三学社、民盟5个民主党派相继召开新一届代表大会。

## ·七月份·

3日，宁波市召开市各民主党派主委（扩大）联席会议，讨论民主党派领导班子届中述职评议和后备干部推荐工作实施方案。

6日至7日，中央统战部“优秀建设者”评比表彰工作座谈会在北京召开，汤为平参加。

6日至7日，全省帮扶工作推进会在仙居召开，黄永通出席。

6日至9日，中央统战部做台湾人民工作座谈会在福建漳州召开，徐建华参加。

7日，台州大麦屿港区对台海上直航客运首航仪式在玉环大麦屿港客运码头隆重举行。这次海上客运首航是大陆68个对台海上直航港口中，继厦门、上海、汕头、莆田湄洲之后的第5个直航台湾本岛的港口（港区），也是浙江省对台海上客运的首航。

8日，湖州市统战部长会议在吴兴区召开。

9日至10日，省政协召开十届七次常委会，陈金彪、张惠康、汤为平、黄永通、蒋学基参加。

10日，蒋学基参加全国人大调研组《选举法》修改座谈会。

10日至13日，全国人大常委、香港立法会原主席范徐丽泰女士一行在浙参观，徐建华陪同。其间，省委书记赵洪祝会见范徐丽泰女士，陈金彪参加。

11日，民建浙江省七届八次常委会在杭州召开。民建浙江省委会主委吴国华主持会议。

14日，省第三届“优秀建设者”评审领导小组召开第一次会议，陈金彪到会讲话，汤为平、黄永通等参加。

同日，王毅与中联办协调部部长高级助理李平晔座谈。

15日，省委统战部发出《关于举行统一战线庆祝中华人民共和国成立60周年活动的通知》和《关于开展浙江省统一战线庆祝新中国成立60周年“我与共和国同行”征文活动的通知》。

15日至20日，全国人大副委员长、农工党中央主席桑国卫带领的农工党中央考察团在浙江调研，陈金彪陪同。

16日，第三届优秀建设者评选表彰工作座谈会召开，汤为平到会并讲话。

17日，徐建华会见台湾“高校教师大陆文化教育参访团”全体成员。

同日，省政协委员工作委员会工作会议召开，黄永通参加。

同日，宁波市委统战部召开全市港澳台及海外统战工作会议。

18日，杭州市丽水商会成立。

19日至23日，台盟省委会、省台联与浙江海外联谊会共同举办了“2009年台湾大学生浙江夏令营”暨“全国台联2009年台胞青年千人夏令营”浙江分营活动。

22日至23日，全省2009年第二次市委统战部长工作例会在台州召开，陈金彪到会讲话，汤为平主持，黄水通、蒋学基参加。

22日至23日，台湾嘉义高中、嘉义协同中学和五权国中等30名师生组成台湾中学生夏令营，到海宁、平湖开展交流活动。

23日，省政协召开港澳台侨委会议，徐建华参加。

26日，徐建华会见奥地利浙南商会参访团一行。

18日至30日，中央统战部常务副部长朱维群率中央〔2005〕5号文件督查组在浙江督查，陈金彪陪同考察并汇报有关工作，徐建华、黄永通等参加。

28日，舟山市委统战部召开全市统战部长例会。

29日，温州市鹿城区无党派人士联谊会召开成立大会。

30日至31日，金华市2009年第二次统战部长工作例会在武义召开。

31日，舟山市委统战部召开市级各民主党派、工商联和无党派人士暑期读书会。

## ·八月份·

3日，召开省第三届“优秀建设者”评选表彰活动宣传工作协调会，黄永通向省级各新闻单位负责人通报评选表彰活动宣传报道工作的有关情况，省委宣传部副部长鲍洪俊主持会议。

同日，省侨联暑期读书会开幕，徐建华出席。

同日，徐建华会见台湾南部官田乡民代表会建设参访团一行。

同日，省支援四川抗震救灾工作领导小组第五次会议召开，蒋学基参加。

6日，省委统战部召开机关处以上干部座谈会，省委副书记夏宝龙到会并作重要讲话，陈金彪、汤为平、王毅分别汇报省委统战部、省工商联和省民宗委的工作，徐建华、张惠康、黄永通、蒋学基等参加。

10日至21日，徐建华出访巴西、智利、秘鲁三国。

11日，陈金彪与民建省委会新任专职副主委郭吉丰谈话。

11日至16日，绍兴市委统战部举办了市各民主党派、工商联负责人和无党派代表人士暑期读书会。

12日，省新的社会阶层人士统战工作联系会议，黄永通出席并讲话。

12日至14日，省黄埔军校同学会在杭举行暑期读书会。

13日，台州市第四届民主党派文化月活动启动仪式暨“合心合力，努力开创台州科学发展新局面”主题论坛举行。

14日，温州市文成县委统战部举办的“2009文成·华侨经济发展服务月活动”正式启动。

17日，陈金彪会见中央国家机关工委调研组一行，汤为平参加。

同日，汤为平主持召开调研座谈会。

同日，蒋学基出席新华社浙江分社举办的高管论坛，并作题为“金融危机下如何引导民营企业履行社会责任”的发言。

18日，宁波市委召开市各民主党派、工商联负责人和无党派人士座谈会，征求对《中共宁波市委关于深入贯彻落实科学发展观扎实推进新一轮全国文明城市创建活动的决定》（征求意见稿）的意见和建议。

18日至21日，各民主党派省委会、省工商联负责人和无党派代表人士暑期读书会，省委副书记夏宝龙看望与会同志并讲话，陈金彪、张惠康、汤为平、黄永通、王毅、蒋学基等参加。

20日，温州市非公经济人士统战工作研究中心召开年会。

23日至25日，2009海峡两岸（浙江景宁）山区经济发展研讨会在畲乡景宁召开。

24日，徐建华会见台湾“国立成功大学管理学院第十二届两岸中华文化与经营管理学术研讨会”参访团一行。

24日至26日，台盟省委会与景宁畲族自治县政府共同举办“第三届海峡两岸（浙江·景宁）山区经济发展研讨会”。

25日下午至26日，民革浙江省委会在杭州举行民革浙江省委员会十一届十二次常委（扩大）会议。

25日至29日，省政协代表团赴港澳，出席港澳委员座谈会并拜会部分知名人士，徐建华参加。

27日上午，全省工商联经济服务工作会议在舟山召开。11个地市工商联分管经济工作的领导和职能处室负责人及部分市、县担保公司负责人共60余人参加会议。省工商联副主席李仁治出席会议并讲话。

28日，湖州市光彩事业促进会二届一次理事会议（换届大会）召开。

31日，中共浙江省委统战部机关委员会召开党员大会，主题是换届选举，陈金彪到会祝贺，徐建华主持，张惠康、汤为平、黄永通、蒋学基等参加。

同日，湖州市委统战部牵头召开第一次新的社会阶层人士联席会议。

## ·九月份·

1日，国务院民族政策督查组汇报会在杭举行，王毅参加。

2日至8日，徐建华赴西藏看望援藏干部。

3日，浙江省统一战线理论研究会统战文化余姚研究基地举行授牌仪式，蒋学基出席。

4日，杭州市在唐云艺术馆举行各民主党派庆祝新中国成立60周年暨人民政协成立60周年书画展开幕式。

5日，中央统战部、教育部、国家宗教局组成的联合调研组来浙调研，蒋学基参加座谈会。

7日，民盟浙江省委会召开庆祝建国60周年暨中国共产党领导的多党合作和政治协商制度确立60周年老盟员座谈会。

7日至10日，我省举行统一战线理论与政策专题研讨班，省委副书记夏宝龙作重要讲话，各县（市、区）分管领导参加，陈金彪出席开学典礼和结业典礼并为学员授课。

7日至11日，全省民建妇委会委员和骨干女会员学习班在浙江省社会主义学院举办。

7日至12日，台州市级民主党派、工商联负责人和无党派代表人士暨县市区委统战部长2009年度读书会在上海市社会主义学院举行。

9日，第三届评选表彰"优秀建设者"领导小组第二次会议召开，陈金彪、汤为平、黄永通参加。

9日至10日，九三学社浙江省第二十六次思想政治工作会议在杭召开。九三学社中央副主席邵鸿出席会议并作社史辅导报告。

9日至11日，全省统战系统办公室工作研讨班在省社院举行，蒋学基出席开学典礼并授课。

11日，省政协举行"浙江省庆祝人民政协成立60周年大会暨文艺演出"活动，徐建华、张惠康、黄永通、蒋学基等参加。

11日至12日，由中央统战部研究室牵头、省委统战部负责的重点课题"统一战线如何有效应对国际金融危机服务"中期推动会在吉林省召开。

12日至22日，台盟省委会（省台联）与省社会主义学院联合举办了2009年台盟台联中青年骨干培训班。

14日至16日，省委副书记夏宝龙率团赴澳门参加苏浙沪各界人士庆祝中华人民共和国成立60周年暨澳门回归祖国10周年庆典活动，陈金彪参加。

15日，徐建华会见塞尔维亚中国和平统一促进会会长金爱华女士。

同日下午，绍兴市政协和市委统战部联合举办绍兴市各界人士庆祝人民政协成立60周年暨2009年中秋茶话会，共迎新中国和人民政协60华诞。

16日，衢州市委统战部在组织发动全市广大统战成员和统战干部开展的中华和合文化征文活动基础上，召开了2009庆祝建国60周年全市统战系统和合文化论坛。

18日，嘉兴市召开统一战线庆祝新中国成立60周年和多党合作制度确立60周年座谈会。

20日，陈金彪会见青海省藏传佛教活佛参观团一行。

20日至22日，民盟中央在杭州召开民盟宣传工作研讨会。民盟中央副主席李重庵出席会议并讲话，民盟浙江省委会专职副主委徐向东致辞。

21日，省委常委扩大会议召开，陈金彪参加。

同日，省台联理事扩大会议召开，徐建华参加。

同日，温州市委统战部举办主题为"四海同心谋发展，情系乡梓共繁荣"的三胞座谈会，庆祝祖国60华诞。

21日至23日，九三学社浙江省委会与九三学社衢州市委会联合组织专家参加2009衢州工业科企合作洽谈会。

22日，浙江省统一战线庆祝中华人民共和国成立60周年暨多党合作制度确立60周年座谈会召开，省委副书记夏宝龙到会并讲话，陈金彪、徐建华、张惠康、黄永通、王毅、蒋学基参加。

同日，民革省委会召开庆况中华人民共和国成立60周年暨多党合作制度确立60周年歌咏会。

同日，浙江省民营企业举行庆祝中华人民共和国成立60周年晚会，陈金彪、徐建华参加。

同日，陈金彪与部分民主党派省委会新任副巡视员谈话。

同日，浙江省海外高层次人才引进工作小组召开会议，徐建华参加。

23日至24日，2009年中国（金华）电子商务峰会议在金华隆重举行。全国人大常委会原副委员长、民建中央原主席、著名经济学家成思危作专题报告，省委常委、副省长葛慧君，副省长金德水分别书面致辞。

24日，浙江省"三胞"中秋茶话会召开，徐建华参加。

同日，民建浙江省委会在杭州召开庆祝建国60周年老干部座谈会。

同日下午，衢州市召开喜迎新中国成立60周年暨多党合作制度确立60周年中秋茶话会。衢州市四套班子领导出席纪念大会。

24日至25日，省政协举行十届八次常委会议，徐建华、张惠康、汤为平、黄永通、蒋学基参加。

24日至25日，温州市召开创建和谐寺观教堂活动现场会，王毅参加。

25日，“丽水月·家乡情”——2009迎中秋、庆国庆“三胞”茶话会在丽水南明湖畔镜湖度假村举行。

24日至27日，省委副书记夏宝龙率团赴香港参加苏浙沪各界人士庆祝中华人民共和国成立60周年活动，陈金彪参加。

26日，庆祝中华人民共和国成立60周年大型文艺晚会暨首届浙江文化艺术节开幕式举行，汤为平出席。

同日，黄永通会见欧美同学会中国留学人员联谊会调研组靳志伟秘书长一行。

同日，温州市委常委、统战部长陈作荣率团参加香港温州同乡会成立24周年暨香港温州同乡会第十三届理监事会就职庆典。

27日，农工党浙江省委会、杭州市委会联合举办的庆祝新中国成立60周年暨多党合作制度确立60周年大会在杭州举行。

28日至30日，国务院第五次全国民族团结进步表彰大会在京召开，陈金彪、王毅参加。

29日，民进浙江省八届十次常委会议在杭州召开。

30日至10月3日，九三学社浙江省委会副主委、浙江大学物理系博导、教育部“长江学者奖励计划”特聘教授李有泉作为优秀留学回国人才代表受邀参加国庆60周年观礼。

·十月份·

9日，首届中华和合文化论坛在杭州召开，省委副书记夏宝龙到会并讲话，副省长龚正、郑继伟，省政协副主席徐辉、冯明光和省委统战部陈金彪、徐建华、汤为平、黄永通、蒋学基出席。论坛由省委统战部主办，浙江海外联谊会、浙江中华文化学院、浙江中国和平统一促进会、浙江省统战理论研究会、富通集团、耀达集团有限公司联合承办。同日，省委统战部宴请参加论坛的港澳台及海外代表，陈金彪、徐建华、张惠康、汤为平、黄永通、王毅、蒋学基等领导参加。

10日，徐建华陪同港澳及海外代表赴宁波奉化考察。

同日，省委召开党外人士座谈会，陈金彪参加。

同日，浙江省非公有制企业学习实践活动指导小组第一次会议，陈金彪、汤为平参加。

11日，上海文成商会成立大会隆重举行，300多位文成籍在沪创业人士参加了大会。

12日，中央社院中国政党制度研究中心第七届年会暨理论研讨会在浙江省社会主义学院召开，陈金彪出席开幕式并致辞。

同日，徐建华会见巴西里约华人联谊会会长季友松先生、巴西华人协会会长吴耀宙先生。

同日，民盟全国副省级城市第五次联席会议在杭州召开。

12日至13日，全省统战调研宣传工作会议在宁波市北仑区召开，蒋学基到会讲话。

12日至14日，中央统战部和国务院国资委联合督查组对我省国有企业开展统战工作情况进行检查，黄永通汇报我省国企统战工作情况并陪同督查组一行。

13日，召开全省特约人员工作座谈会，陈金彪到会讲话。

同日，全省少数民族文化工作会议召开，王毅到会讲话。

14日，陈金彪向中央非公有制经济组织学习实践活动巡回指导组汇报工作。

同日，省非公有制企业深入学习实践科学发展观活动动员电视电话会议，陈金彪到会讲话，汤为平主持。

14日至15日，徐建华陪同法国华人进出口商会侨领赴四川参加援建抗震救灾小学落成典礼。

15日至16日，召开各市工商联党组书记会议，汤为平出席。

18日至19日，首届义乌世界侨商大会召开。来自60个国家和地区的600余名侨商云集义乌。

19日，杭州市首届统一战线科技创新表彰大会，徐建华出席。

19日至20日，全省民主党派工作座谈会在湖州召开。

19日至20日，黄永通赴桐乡、海宁、慈溪调研知联会建设和贯彻全省新的社会阶层人士统战工作现场会精神情况。

20日至21日，九三学社华东六省一市工作会议在温州召开。九三学社中央副主席贺铿、办公厅主任徐国权、九三学社浙江省委会主委姒健敏，社上海市委及江苏、安徽、江西、山东、福建、浙江省委的专职领导、机关干部及九三学社温州市委有关人员参加会议。

21日，省委十二届六次全体（扩大）会议，徐建华、张惠康、汤为平、黄永通、蒋学基听报告。

21日至23日，中央统战部部长杜青林在我省杭州、绍兴调研工商联和非公有制企业党建工作，徐建华、汤为平陪同，张惠康、黄永通、蒋学基参加在杭座谈会。

22日，蒋学基会见来浙参加民革《团结报》全国记者站会议的民革中央副主席修福金。

同日，民建浙江省七届九次常委会在杭州召开。民革浙江省委会主委吴国华主持会议。

同日，宁波帮博物馆盛大开馆。香港宁波旅港同乡会创会会长李达三，世界中华宁波总商会会长、香港其士国际集团有限公司主席周亦卿，全国政协委员、省政协常委、香港环球轮船公司主席包陪庆，香港浙江同乡会会长车越乔，香港宁波同乡会会长李宗德，香港宁波同乡会理事长金董建平，香港甬港联谊会会长、伟德实业有限公司董事长严信才，美国纽约宁波同乡会会长王心仁，宁波旅日同乡会理事长傅健兴，香港苏浙沪同乡会副会长曹其镛，王宽诚教育基金会、香港幸福企业集团董事王凯彦等港澳台及海外嘉宾出席开馆典礼。

24日，徐建华会见香港浙江省同乡会联合会青年访问团一行。

同日，第四届中国民营经济科学发展论坛，蒋学基参加。

26日，湖州海外联谊会召开第四届理事会一次会议（换届大会），徐建华参加。

同日，缙云举行公祭黄帝活动，张惠康出席。

26日至11月3日，举行第八期无党派人士理论研究班，黄永通出席开学典礼并作动员讲话。

27日，副省长金德水主持召开重要提案办理工作座谈会，汤为平参加。

同日，衢州市委统战部在江山市召开全市基层统战工作交流会。

28日，全国汉传佛教讲经交流会在杭州举行，王毅出席。

同日，省委统战部与省工商联联合印发《关于加强和改进非公有制经济人士思想政治工作的意见》。

29日，杭州市知识分子联谊会新的社会阶层人士分会召开成立大会，黄永通出席并授牌。

29日至30日，中央统战部牵头、省委统战部负责的“统一战线应对金融危机”重点课题研讨会在乐清市召开，中央统战部研究室副主任张健到会讲话，蒋学基致辞。

## ·十一月份·

1日，第七届海峡两岸中华传统文化与现代化研讨会暨首届海峡两岸医学文化与医学发展论坛在杭州举行，徐建华参加。

2日至4日，全国工商联主席黄孟复出席在淳安举办的“大型民营企业首脑沙龙”，汤为平参加。

2日至13日，2009年民主党派中青年骨干培训班举行，张惠康参加开学典礼并讲话，蒋学基给培训班学员授课，徐建华参加结业典礼。

3日至5日，以“加快推进省直管县改革”为主题，由九三学社浙江省委会承办的社中央第四届“九三论坛”在浙江举行，全国近100位专家学者参加论坛。九三学社中央副主席贺铿、省委副书记夏宝龙参加，陈金彪出席开幕式。

4日，王毅会见中联办协调部在浙江大学召开的第五届“基督教在当代中国的社会作用及其影响”研讨会的全体代表。

4日至6日，全省港澳台及海外统战工作研讨会在玉环召开，徐建华参加。

5日，各市委统战部部长、市非公企业学习实践活动指导小组组长座谈会召开，陈金彪出席并讲话，汤为平主持会议。

5日至6日，全国第三届优秀中国特色社会主义事业建设者表彰大会在北京召开，汤为平参加。

5日至14日，蒋学基率团赴台湾考察。

9日，中共中央政治局常委、全国政协主席贾庆林接见省政协、统战系统同志，陈金彪、徐建华、张惠康、汤为平、黄永通、王毅参加。

13日，省直机关主动参与“千乡（镇、街道）万村（社区、企业）送服务”集中行动推进会，陈金彪参加。

6日至17日，省政协无党派人士界别委员考察舟山跨海大桥，并召开文化创意产业课题研讨会，黄永通参加。

16日至18日，全国非公有制经济组织深入学习实践科学发展观活动工作会议在长沙召开，陈金彪参加。

17日，“港澳浙江周”筹备工作会议举行，徐建华参加。

19日，省委副书记夏宝龙会见到浙江作巡回报告的全国民族团结进步模范事迹报告团一行，陈金彪参加。

同日，第三届浙江省优秀中国特色社会主义事业建设者表彰电视电话会议，会前，省委书记、省人大常委会主任赵洪祝看望获奖者并讲话；省委副书记夏宝龙到会讲话，省人大常委会副主任徐宏俊、副省长龚正、省政协副主席徐冠巨等出席，陈金彪主持会议，汤为平、黄永通参加。

19日至20日，台州市异地商会联谊会第四次大会在深圳举行。

19日至22日，中央统战部副部长尤兰田出席“中国·青田华侨总部经济发展论坛”并赴温州调研，徐建华陪同。

19日至24日，民革浙江省委会邀请台湾青商会特友会访问团一行10人来浙江交流考察。

20日，全国民族团结进步模范事迹报告团一行在浙作事迹报告，陈金彪、王毅会见报告团一行，蒋学基出席报告会。

同日，全省民主党派工作座谈会在湖州召开，陈金彪出席并讲话。

同日，《浙江日报》刊登我省“表彰优秀建设者”消息和评论员文章《争做创业创新的排头兵》，并以半版套红刊出获奖名单光荣榜。

同日，九三学社浙江省委会与九三学社丽水市委联合在丽水莲都区老竹民族学校开展第21届中国“国际科学与和平周”暨科普进学堂系列活动。

20日至21日，民盟浙江省委会召开省基层组织建设（高职高专院校盟务工作）研讨会。

21日，由浙江大学和青田县委、县政府联合举办的“2009中国·青田华侨总部经济发展论坛”开幕。

23日，全省第一期归国留学人员理论研究班在省社会主义学院开班，黄永通出席开班典礼并讲话。

同日，蒋学基会见巴西里约华人联谊会副会长、巴中商贸仲裁总会会长尹楚平先生。

同日，全国黄埔军校同学会宣传工作会议在杭州召开，徐建华出席并讲话。

23日至24日，湖州市统战文化建设现场会在长兴县召开。

24日，统战调研宣传暨年鉴工作会议在杭召开，蒋学基到会讲话。

24日至25日，浙江省第八次归侨侨眷代表大会召开，陈金彪出席开幕式，徐建华出席开幕式并在闭幕式上讲话。

25日至26日，省政协农工党界别活动组赴宁海就“农村生活污水处理”课题进行考察。

25日至26日，第八次浙江省台湾同胞代表会议在杭州召开。开幕式上，中共浙江省委副书记夏宝龙到会讲话，全国台联会长梁国扬到会祝贺并致辞。

26日，民进浙江省委会召开民进全省组织工作会议。

26日至30日，中央非公有制经济组织学习实践活动巡回指导二组组长李东生一行赴杭州、宁波、温州、台州调研指导，陈金彪陪同。

26日至27日，全省县级统战工作座谈会在余姚召开，蒋学基到会并讲话。

26日至27日，民进浙江省委会统战理论研讨会在杭州召开。

27日，徐建华会见台湾国民党高雄市第五区党部江南访问团一行30人。

28日，“长三角”民营经济研究会第四届中国民营经济科学发展论坛在杭举行，蒋学基参加。

同日，由绍兴市委统战部、嵊州市委统战部和市县两级民主党派联合开展的科技、文化、卫生“三下乡”活动在嵊州市黄泽镇举行。

## ·十二月份·

2日，省委党建工作领导小组召开会议，陈金彪参加。

同日，中共省委常委、组织部部长斯鑫良到农工党省委会机关，与农工党浙江省委会领导班子成员交友谈心。

2日至3日，省政协召开“打造人文浙江，提升发展软实力”专题协商会，陈金彪、徐建华、张惠康、黄永通、蒋学基参加。

3日，省检察院召开党外人士情况通报会，陈金彪参加。

同日，宁波市知联会召开工作现场会，黄永通出席并讲话。

4日至6日，嘉兴市举办“2009星耀南湖”人才科技对接交流会，70余名海外高层次人才与嘉兴市100家制造业、农业企业进行项目对接，达成合作意向37项，当场签约5个项目。

5日，民建绍兴市地方组织成立50周年纪念大会在市区举行。

8日，舟山市侨商会成立大会暨第一次会员代表大会召开。

8日，三门县新的社会阶层人士联谊会成立大会召开，黄永通出席并讲话。

9日，浙江统促会在杭举办

省级统战系统台情研讨会。

10日，浙组干任〔2009〕29号干部任免通知，吴振宇、楼炳文同志任中共浙江省委统战部部务会议成员。

11日，全省政协港澳台侨工作会议召开，徐建华出席。

同日，浙干任〔2009〕70号干部任免通知，吴喻华同志任中共浙江省委统战部副巡视员。

同日，宁波市第三届优秀中国特色社会主义事业建设者表彰大会隆重举行，大会授予王华军等50名非公有制经济人士和其他新的社会阶层人士“宁波市第三届优秀中国特色社会主义事业建设者”荣誉称号。

同日，温州市第十次归侨侨眷代表大会开幕，来自全市各地的376名侨眷代表与来自全球37个国家和地区的70多名温籍侨领相聚一堂。

15日，全省开展2009年度推进惩防体系建设和落实党风廉政建设责任制情况检查部署电视电话会议，徐建华参加。

15日至16日，黄永通赴衢州调研知联会建设和新的社会阶层人士工作开展情况。

16日，香港中国商会调研组一行来浙调研，徐建华、汤为平分别会见。

17日，召开全省市级统战部民宗处（科）长会议，王毅出席并讲话。

17日至18日，丽水市基督教第一次代表大会召开，大会选举产生丽水市首届基督教协会和基督教“三自”爱国运动委员会。

18日，农工党浙江省第十届委员会第四次全会召开，陈金彪到会并讲话。

19日至20日，丽水旅港第二届理事会就职典礼在深圳举行，徐建华出席。

20日，由民盟浙江省委会参与的民盟“明眸工程”启动仪式在贵阳举行。

同日，香港丽水同乡会第二届理事会暨就职典礼在深圳举行。

21日，“2010港澳·浙江周”筹备工作会议，徐建华参加。

21日至24日，陈金彪参加全国统战部长会议。省委统战部获全国统战理论和政策研究优秀组织奖，并有5篇成果分获二、三等奖和优秀奖；同时获2009年度全国统战信息工作三等奖。

21日至24日，省台联参与主办首届“中华情——两岸三地艺术家西湖雅集”活动。

23日，全省经济工作会议，徐建华、张惠康、汤为平参加，黄永通、蒋学基听取大会报告。

同日，台州市委召开民主党派、工商联负责人和无党派人士代表征求意见座谈会。

同日，丽水市光彩事业促进会第二届理事会第一次会议召开。

24日至25日，全省知联会建设研讨会，黄永通出席并讲话。

28日，民进浙江省八届十一次常委（扩大）会议在杭州召开。

29日，浙干任〔2009〕77号，省委决定，汤黎路同志任中共浙江省委统战部部长。

29日至30日，金华市第五次归侨侨眷代表大会隆重举行。

30日，民进浙江省第八届委员会第四次全会召开、台盟浙江省第三届委员会第四次全会召开，陈金彪分别出席并讲话。

同日，省侨联召开“浙江海归”迎新春联欢会，徐建华参加。

31日，省委统战部会同省政协在省人民大会堂举办浙江省各界人士新年茶话会，省委书记赵洪祝、省长吕祖善等领导出席，省政协主席周国富主持，陈金彪、徐建华、张惠康、黄永通、王毅、蒋学基等参加。

同日，由温州市委统战部和温州电视台联合主办的《天下温州人》电视栏目在市广电中心举行开播仪式。

# 2. 省级统战系统

## 中共浙江省委统战部

### ·全年主要工作·

【综述】 省委统战部内设8个职能处室，即办公室、党派处、民族宗教处、联络处、干部处、经济处、党外知识分子处、政策理论研究室（统战宣传办公室）和机关党委。同时，主管浙江中国和平统一促进会、浙江海外联谊会、省光彩事业促进会、省知识界人士联谊会、省统一战线理论研究会和《情系中华》杂志。

2009年，部机关编制62名，部长、副部长9人（其中3人分别兼任省民宗委主任、省工商联党组书记和省社会主义学院党组书记），部务会议成员2人，副巡视员1人。部机关党委下设部机关8个党支部，以及各民主党派省委会机关中共支部、省台联、省侨联、省黄埔同学会、省社会主义学院等5个支部和省工商联党总支，党员243人。

2009年，全省各级统战部门深入贯彻落实党的十七大、十七届四中全会精神，紧紧围绕省委“八八战略”和“创业富民、创新强省”总战略，按照“保增长、抓转型，重民生、促稳定，强党建、求实效”的工作主线，深入开展“三大建设、三个探索”，全面实施“五大行动计划”，凝心聚力，同舟共济，求真务实，开拓创新，各项工作都得到了新的推进，为有效应对国际金融危机、推动经济平稳较快发展、促进社会和谐提供了广泛的力量支持，为巩固和发展适应新形势新要求的具有浙江特色的爱国统一战线作出了新的贡献。

【召开全省统战部长会议】 2009年3月11日至13日，全省统战部长会议在杭州召开。会议的主要任务是，学习贯彻党的十七大、十七届三中全会以及省委十二届四次全会、全省经济工作会议等一系列重要会议精神，认真落实全国统战部长会议的工作部署，高举中国特色社会主义伟大旗帜，深入学习实践科学发展观，准确把握当前全省统一战线的形势，回顾2008年工作，研究部署2009年工作任务，系统学习统一战线理论。省委副书记夏宝龙到会讲话，省委统战部常务副部长陈金彪作工作报告。各市、县（市、区）委统战部部长，省直机关工委、团省委统战部部长，省部属高校、科研院所、企业党委统战部部长及省直有关单位负责人共200余人参加会议。

**【指导非公有制企业开展深入学习实践科学发展观活动】** 认真牵头指导非公有制企业开展深入学习实践科学发展观活动，坚持以学习贯彻党的十七届四中全会精神为主线，紧紧围绕“提高思想认识、解决突出问题、加强基层组织、促进科学发展”活动目标和“六个更加突出”的工作要求，充分运用“十式”指导法，重点彰显非公有制企业的特点和非公有制经济工作的特色，精心准备，周密安排，深入指导，推动学习实践活动有效开展。浙江的非公有制企业学习实践活动受到中央及有关部门的高度重视和充分肯定，全国政协副主席、中央统战部部长杜青林专门到浙江指导加强工商联工作和非公有制企业学习实践活动；中央非公有制经济组织学习实践活动指导小组组长全哲洙将浙江省乐清市作为指导学习实践活动的联系点，并两度到联系点蹲点调研。

**【开展“服务企业、服务基层”系列活动】** 组织开展“千名统战干部、成员进千企”、“我为应对国际金融危机献一策”、“千乡（镇、街道）万村（社区、企业）送服务”等活动。广泛动员全省统战干部及统战成员，走进企业、蹲点调研、咨询服务，编发促进企业解困和发展的政策文件汇编，举办非公有制经济人士应对国际金融危机培训班，积极引导非公有制经济人士认清经济形势，提升应对能力，增强化危为机、转型升级的信心和决心。在全省建立107个非公有制企业信息直报点，积极向中央和省委反映基层的声音，切实帮助基层、企业、统战成员解决实际困难。深入实施“科技创新竞赛行动计划”，开展浙江省统一战线科技创新项目优秀奖和优秀组织奖评选，充分调动统一战线成员的积极性和主动性，进一步激发了广大统一战线成员的创业创新激情。认真抓好“少数民族低收入群众增收帮扶行动计划”，实施百名民主党派成员联系百村、百家民营企业帮扶百村和百名华侨华人帮助百村三个“双百工程”，以结对帮扶、项目扶持为重点，帮助115个低收入村发展经济，全力推进少数民族地区经济健康发展。继续落实“低收入农户奔小康工程”帮扶措施，牵头负责省级帮扶团组8家单位对龙游县57个低收入农户集中村的结对帮扶工作，落实省委统战部承担的6个村结对帮扶任务，一批基础设施建设和特色种植、养殖业发展帮扶项目加快实施，取得明显成效。组织民主党派成员赴龙游开展科技、文化、医疗“三下乡”活动，受到当地群众热烈欢迎和普遍好评。

**【多党合作工作】** 支持和推动各民主党派、工商联及无党派人士自觉学习党的十七届四中全会和省委十二届六次全会精神，为加强和改进党的建设积极建言献策，切实引导广大统战干部和统一战线成员把全会精神学习好、贯彻好、落实好。协助各民主党派和无党派人士认真开展深入学习贯彻科学发展观活动，举办以能力建设为主题的各民主党派省委会、省工商联负责人和无党派代表人士暑期读书会及一系列培训班，进一步加强对统一战线成员的培训教育。

协助省委认真做好我省贯彻落实《中共中央关于进一步加强中国共产党领导的多党合作和政治协商制度建设的意见》（中发〔2005〕5号）情况的自查及迎检工作。中央督查组对我省贯彻落实情况给予充分肯定。协助省委办公厅制定《落实中发〔2005〕5号文件中央督查组反馈意见的责任分解方案》，会同有关部门落实了在民主党派省委会机关选配副巡视员的工作。在省管后备干部集中调整工作副职后备干部推荐时，人大、政协机关和法院、检察院至少推荐了1名非中共干部人选；其他单位(不含党委部门和副厅级机构)，在原有副职后备推荐名额基础上增加了1名非中共后备干部名额。印发《关于协助民主党派加强思想建设的意见》，制定全省民主党派组织发展五年规划，协助民主党派召开制度建设交流研讨会，进一步提高了民主党派的自身建设水平。召开全省特约人员工作座谈会，协助有关单位做好特约人员的换届工作。协助省高级人民法院、省人民检察院首次召开各民主党派省委会主要负责人和无党派代表人士情况通报会，进一步拓宽民主监督的领域和途径。圆满完成全省无党派人士主题教育活动，全面总结巩固活动成果，浙江工作经验在全国总结大会上作了交流发言。认真贯彻中央统战部《关于协助民主党派加强省级组织领导班子后备干部队伍建设的意见》，对民主党派省委会领导班子后备干部进行了系统的推荐与考察，建立了民主党派省委会领导班子后备干部队伍。制定下发《关于协助民主党派加强市级组织领导班子后备干部队伍建设的意见》，提出了规范的程序要求以及今后的培养要求。积极促进党外代表人士的培养使用，推荐、选派3名民主党派省委会副主委到金华、衢州、丽水等市政府担任副市长。在原来干部下派上挂、交流培养锻炼的基础上，推出了选派8名民主党派、工商联中青年干部到省直委办厅局横向挂职的新举措，进一步拓宽了党外干部实践培养锻炼的渠道。

【民族宗教工作】 民族工作以实施“少数民族低收入群众增收帮扶行动计划”和“低收入农户奔小康工程”为抓手，努力推进民族地区经济社会发展。新疆乌鲁木齐“7·5”打砸抢烧严重暴力犯罪事件发生后，全省各级统战、民宗部门按照中央和省委的统一部署和工作要求，积极开展排查摸底和教育引导工作，重点加强内地少数民族务工人员的教育管理和对内地民族班学生的思想教育，不断深化民族团结宣传教育活动，切实消除事件所造成的影响，有力地维护了民族团结、社会稳定大局。继续加强城市民族工作，浙江的经验做法在全国民族工作经验交流会上作了典型发言。宗教工作紧紧围绕“三五目标”，扎实推进工作重点、难点问题的解决。坚持把开展和谐寺观教堂创建活动作为新形势下加强宗教事务管理、做好宗教工作的重要抓手，结合全省实际，精心谋划部署，认真组织实施。全力做好宗教领域有关问题处置工作，科学研判、周密部署、明确责任、落实措施，使相关活动平稳、低调、有序进行，没有发生影响社会稳定的事件。

【港澳台和海外统战工作】 以实施海外联谊拓展行动计划为抓手，积极创新联谊方式方法，加强沟通联系的深度和广度，海外联谊工作领域进一步拓展。省委副书记夏宝龙率团赴港澳参加澳门苏浙沪各界人士庆祝中华人民共和国成立60周年、澳门回归祖国10周年庆典活动和香港苏浙沪各界人士庆国庆活动。成功举办以“和平发展、和谐相处、合作共赢”为主题的中华和合文化论坛，论坛把联谊活动寓于传承源远流长的中华文化之中，得到海内外各界人士的热烈响应，收到良好成效。加强对爱国社团骨干的教育和引导，举办首届港澳代表人士国情研修班，增强了他们对内地政治、经济、文化、历史的了解。协助香港浙江省同乡会联合会换届，健全浙江中国和平统一促进会工作机制，指导省侨联、省台联搞好换届，统战社团网络更加健全，联系更加顺畅。成立浙江海联会青年委员会，邀请香港浙江籍青年访问团首次到浙江进行交流，进一步加强对港澳台及海外代表人士二、三代的工作，逐步实现从第一代、第二代向新生代拓展的目标。召开省统战系统做台湾人民工作座谈会，研究制定对台重点工作三年计划，举办“2009台湾大学生浙江夏令营”活动，做好“台湾高教教师大陆文化教育参访团”等重要涉台团组和代表的邀请接待工作，积极组团入岛开展工作，多方位、多层次、多渠道、多方式地做好台湾人民工作，最大限度地争取台湾民心，争取一切拥护祖国统一和促进两岸和平发展的力量。据统计，2009年省委统战部共接待港澳台及海外客人77批991人次，组团出访11批54人次。

【非公有制经济人士统战工作】 认真抓好全省工商联工作会议精神的贯彻落实，把实施“223工作计划”，即实施非公有制经济人士素质提升和组织网络拓展“两项工程”；创建参政议政和服务“两个品牌”；搭建与党委、政府、社会组织合作，内引外联，上下联动、左右互动“三大平台”，作为今后工商联发挥服务企业、参政议政、凝心聚力、共赢发展“四座金桥”作用的具体工作举措，并进行了全面部署。会同省工商联制定出台了《关于加强和改进非公有制经济人士思想政治工作的意见》。组织开展第三届浙江省优秀中国特色社会主义事业建设者评选表彰活动，全省共有7名代表人士被评为全国“优秀建设者”，47名代表人士被评为省“优秀建设者”，省委书记赵洪祝等省领导亲切接见了受表彰的全国和省“优秀建设者”，省委副书记夏宝龙在全省“优秀建设者”表彰大会上作重要讲话，进一步激励广大非公有制经济人士和其他方面新的社会阶层人士坚定信心，应对挑战，切实履行社会责任。

【党外知识分子工作】 扎实推进新的社会阶层人士（自由择业知识分子）统战工作网络构建行动计划，召开全省新的社会阶层人士统战工作现场会，举办第三届新的社会阶层代表人士论坛，着力推进自由择业知识分子统战工作，增强新的社会阶层代表人士的凝聚力和影响力。召开全省知联会工作研讨会，推进全省知联会网络全覆盖，全省已有75个县（市、区）、22所本科院校成立了知联会组织。积极发挥省知联会作用，认真组织调研考察活动，苏浙沪三省知联会联合举办“办好中国2010年上海世博会，促进长三角地区联动发展”主题论坛，扩大了知联会的影响。分别组织开展高校、国有企业统战工作督查，进一步推进了党外知识分子统战工作。浙江省新的社会阶层人士统战工作在2009年全国统战部长会议上作了经验介绍。

**【教育培训工作】** 切实加强对分管统战工作领导、统战干部和统一战线成员三支队伍的教育培训，省委统战部在省社院举办28期各类培训班，共培训学员1398人。会同省委组织部在省委党校举办由各县（市、区）党委分管领导和政府相关领导参加的统一战线理论与政策专题研讨班，进一步提高领导干部统战理论政策水平和能力。在2009年的全省统战部长会议上，专门对各地统战部长进行系统培训，并举办多期市、县（市、区）统战工作研讨班，加强对市县统战部门工作业务的指导。开展教育培训质量建设年活动，加强省社会主义学院建设，社院在培训党外人士工作中的重要作用进一步发挥。

**【调研信息宣传工作】** 牵头完成中央统战部委托的《统一战线如何在有效应对国际金融危机、促进经济平稳发展中发挥作用》和党外领导干部合作共事等重点课题的调研，提出了加强党组织与党外领导干部合作共事的意见稿。创办《浙江统战工作活页》，加强对前瞻性、苗头性信息的报送工作，信息工作分获全国统战信息工作先进单位三等奖和浙江省党委系统信息工作三等奖。继续发挥省委统战部“一网两刊”和《浙江统一战线年鉴》的宣传阵地作用，编印《浙江统战理论文选》第22集。

**【加强县级统战工作指导】** 切实加强县级统战工作，通过开展县级统战工作调研，召开县级统战工作座谈会，组织统战理论政策培训，开展县级统战工作创新争先活动，进一步加强对基层工作的指导和督查，推进县级统战工作向纵深发展，推动重点工作在基层的落实。

**【开展庆祝新中国成立暨多党合作制度确立60周年活动】** 抓住庆祝新中国成立暨多党合作制度确立60周年的时机，突出思想内涵，注重实际效果，举办“浙江省统一战线庆祝中华人民共和国成立60周年暨多党合作制度确立60周年座谈会”，开展“与共和国同行——浙江省统一战线庆祝新中国成立60周年征文”，走访慰问统战系统党内外老同志，引导全省统一战线成员进一步增强民族自尊心、自信心和自豪感，进一步增强接受中国共产党领导的自觉性，始终做到坚持走中国特色社会主义道路不动摇。

**【自身建设】** 坚持以“践行科学发展观，壮大统一战线”为实践载体，认真抓好深入学习实践科学发展观活动整改落实工作，建立健全巩固学习实践活动成果的长效机制，一些干部群众提出的重点问题得到有效解决。为表彰对统战工作作出特殊贡献的同志，首次向专职从事统战工作满二十年的人员颁发了浙江省统一战线工作荣誉奖章。深入实施“五个一”部机关干部素质提升工程，切实抓好“两提高、两降低”效能建设主题活动，机关工作效率和服务水平有效提高，公务开支和行政成本有所降低。

（马招法　叶圣松）

## ·办公室·

**【综述】** 办公室是综合性处室，主要负责省委统战部内外的联系与协调工作，保证机关业务和行政工作的正常运转；负责文书处理和信息、督查工作；承担部分综合性文字工作；负责会务、机要、信访、档案、财务、固定资产管理、接待、保卫、保密等工作。

2009年底，办公室共有干部、工勤人员18人，主任：楼炳文。

**【办会工作】** 完成全省统战部长会议，各民主党派省委会、省工商联负责人及无党派代表人士暑期读书会，浙江省统一战线庆祝新中国成立60周年暨多党合作制度确立60周年座谈会，全国政协副主席、中央统战部部长杜青林来浙调研座谈会，中央5号文件督查组来浙督查期间各民主党派省委会负责人和无党派代表人士座谈会，中华和合文化论坛，第三届浙江省优秀中国特色社会主义事业建设者表彰电视电话会议，全省县级统战工作座谈会，浙江省各界人士新年茶话会，全省市委统战部长工作例会，部机关办公会议，以及其他日常性会议的组织筹备及会务工作。做好我部向省委常委会汇报的有关沟通协调工作。做好与中央统战部、省委办公厅等有关方面的沟通协调工作。

**【办文工作】** 完成我部向中央政治局常委、全国政协主席贾庆林，全国政协副主席、中央统战部部长杜青林，省委副书记夏宝龙，省委常委、省纪委书记任泽民的工作汇报稿，部领导在全省统战部长会议上的工作报告稿，部领导在全省市委统战部长工作例会上的讲话稿，部领导在全省统一战线理论与政策专题研讨班上的讲话稿，我部在全国统战部长会议上的经验交流材料及向省委常委会汇报材料的起草工作。完成省委统战部2009年上半年主要工作情况和下半年重点工作打算、省委统战部2009年工作总结和2010年工作思路、部领导班子2009年度总结报告等的起草工作。做好向中央5号文件督查组汇报材料、部领导在全省新的社会阶层人士统战工作现场会上的讲话等重要文稿的核稿工作。做好中央5号文件督查组组长、中央统战部常务副部长朱维群在我省贯彻落实中发〔2005〕5号文件情况汇报会和各民主党派省委会负责人、无党派人士代表座谈会上的讲话的录音整理和上报工作。

完成2009年《浙江年鉴》统战工作篇及全省统战系统14家单位工作条目起草和修改。完成《浙江统一战线年鉴》省委统战部主要工作、办公室工作的起草工作，以及统战工作有关文件、综合数据的汇总。完成对我部和部办公室发出的文件的核稿及主题词编注工作。做好部分以部和部办公室名义下发的重要文件的制定工作。做好文件的签收、登记、分办、批办、承办等工作。起草部机关办公会议情况通报12期，编写每月大事记12期、每周重要活动预告48期。

**【信息工作】** 召开全省统战调研宣传工作座谈会，制定下发《关于进一步加强统战信息工作的通知》，创办《浙江统战工作活页》。广泛动员全省统战系统加强信息工作，挖掘各方潜能，完善激励机制，加强对前瞻性、苗头性信息的报送工作，全年上报中央统战部信息309条，被中央统战部采用160条，省委采用9条，多篇信息得到中央统战部和省委领导批示。采取专辑形式编辑《浙江统战工作活页》，增加信息量，增强实用性，受到市地统战部门欢迎。做好全国“两会”、省“两会”的信息服务工作。我部信息工作分获全国统战信息工作先进单位三等奖和浙江省党委系统信息工作三等奖。

**【行政、后勤保障工作】** 加强经费预算管理，积极争取专项经费，严格按照要求控制出国费、交通费、招待费、会议费支出，保证部机关工作的正常运转，被省财政厅评为省级部门预算先进单位。做好日常财务管理工作，被省财政厅评为省级会计集中核算优胜单位。认真抓好部办公楼搬迁的前期准备和沟通协调工作。积极与省委、省政府接待办、省警卫局、各市和有关县（市、区），以及在杭相关单位协调，完成全年接待任务。做好全国“两会”、省“两会”的有关后勤服务工作。做好机关工作用车、办公设备等保障服务工作。做好重大节假日期间的值班以及安全保卫工作。做好固定资产管理、收发、文印、劳动卫生等方面工作，确保各项工作正常开展。

**【信访、提案和督查工作】** 按照国务院《信访条例》及有关制度要求，认真做好来信来访的接待处理工作。全年共处理群众来信来访118人（件）次。制订工作预案，做好重大节日及“两会”期间的信访工作。做好省“两会”人大建议、政协提案的协调处理工作，我部共承办人大议案、政协提案8件，全部按时办结。做好中央统战部、省委和部领导批示及有关工作的督查。配合中央5号文件督查组对我省贯彻落实中央五号文件的督查，取得明显效果，省委办公厅专门出台《落实中发〔2005〕5号文件中央督查组反馈意见的责任分解方案》，得到中央统战部充分肯定。

**【机要、档案工作】** 做好中央、国务院和省委、省政府，以及省级有关单位来文来电的日常处理工作。认真做好文件管理、印章管理、文件收发传递、领导活动的联系落实、部务会议记录和纪要起草工作。完成上年度档案收集、移交、接收等工作，完成历史档案进馆移交工作的整理、归类、编码造册等工作，搞好省直协作组各成员单位之间的组织、协调工作。

【保密工作】 根据省保密委要求，完成部机关计算机信息系统情况统计、涉密计算机登记备案、软件安装等工作，更新计算机保密设备，配合省安全厅、省保密局做好部机关计算机保密检查工作，并抓好整改落实，制定完善保密工作规章制度。加大保密工作宣传，邀请省保密局负责人前来授课并组织统战系统干部职工观看保密教育片，增强干部职工的保密意识。落实保密安全措施，做好保密会议场所安全和保密材料销毁等工作。及时回收保密废纸和废旧保密载体，确保不出失泄密问题。

【调研工作】 围绕工作重点，积极开展调查研究。随部领导到温州、嘉兴、绍兴、金华、台州、丽水等地就加强县级统战工作开展调研，完成关于推动新形势下我省县级统战工作的调研报告，调研报告获2009年全国统战理论研究优秀成果三等奖，起草关于加强新形势下县级统一战线工作的若干意见。随部领导赴杭州、宁波、温州、台州等地开展宗教工作专题调研，配合完成相关调研报告，并报省委及中央统战部，调研报告得到省领导肯定，并被中央统战部评为优秀调研成果。

【其他工作】 按照省纪委的要求，做好评比达标表彰活动的清理和整合工作。做好2009年全省县级统战工作先进考评有关工作。认真开展“两提高、两降低”效能建设主题活动，工作效率和服务水平有效提高，公务开支和行政成本有所降低。完成全省统一战线基本数据的收集汇总工作。派员参加民主党派省委会领导班子后备干部考察等工作。加强对全省统战系统办公室负责人的学习培训和联系交流，做好在省社会主义学院举办的全省统战系统办公室工作研讨班的筹备、服务工作，并组织学员赴山东进行学习考察。深入学习实践科学发展观，抓好党支部建设，组织政治理论学习，新发展党员2名。做好工、青、妇和计划生育等工作，完成部领导交办的其他工作。 （叶圣松）

## ·党派处·

【综述】 党派处主要负责联系各民主党派省委会和民主党派中有代表性的人物，贯彻执行党对民主党派的工作方针、政策，针对坚持和完善中国共产党领导的多党合作和政治协商制度，以及民主党派工作中的新情况、新问题开展调研并提出意见；协助民主党派积极发挥作用，认真履行参政议政、民主监督的职能；协助民主党派加强自身建设，健全参政党机制；负责组织推动民主党派开展为经济与社会发展服务工作；帮助民主党派解决工作中的实际困难；协同有关部门推荐安排特约人员。

2009年，党派处编制6人，实有干部6人，处长：张军。

【完善和落实多党合作的各项制度】 参加中央统战部有关会议，认真学习文件精神；召开全省党派工作会议，传达中央有关会议精神、交流各市民主党派工作的情况。完善和落实多党合作的一系列制度，包括政治协商制度、谈心交友制度、特约人员制度、对口联系制度等。协助做好省委、省政府领导与民主党派负责人谈心交友以及走访活动；协助做好省委、省政府召开的协商会、座谈会和情况通报会的协调和组织服务工作；加强与特约人员聘请单位的联系，协助省国税局、省监察厅、省审计厅、省检察院和省纠风办等单位做好特约人员的换届工作，同时，努力拓宽聘请面，进一步推动特约人员制度的落实；根据民主党派的特点和目前的实际情况，在广泛征求各民主党派意见的基础上，协助做好对口联系制度的调整落实工作；协助省高级法院召开各民主党派省委会主要负责人和无党派代表人士座谈会，省高院院长在会上向大家通报了我省法院的工作情况，并征求大家对我省法院工作的意见；协助省检察院召开各民主党派省委会、省工商联主要负责人和无党派代表人士情况通报会，省检察院检察长在会上通报全省一年来的检察工作情况，并征求党外人士的意见。

【协助民主党派加强自身建设】 根据中央统战部有关精神，起草下发《关于协助民主党派加强思想建设的意见》。协助各民主党派省委会以学习邓小平理论、“三个代表”重要思想和党的十七届三中、四中全会精神为重点，以学习实践科学发展观为主题，健全和完善各项学习制度，进一步加强思想建设。协助各民主党派省委会积极开展纪念中华人民共和国成立60周年和中国共产党领导的多党合作制度确立60周年系列活动。会同部相关处室做好省级民主党派、工商联负责人暑期读书会的文字材料准备和会务工作。根据民主党派中央1996年、1999年和2004年三个《纪要》和中央统战部《关于协助民主党派进一步做好组织发展工作若干问题的意见》（统发〔2009〕4号）的有关规定，协助全省各级民主党派组织把好组织发展的入口关，做好民主党派组织发展的报表统计、分析和研究工作；协助民主党派省委会贯彻落实民主党派中央关于加强地方组织领导班子建设的有关要求，加强民主党派省委会领导班子建设；认真贯彻中共中央统战部《关于协助民主党派加强省级组织领导班子后备干部队伍建设的意见》（统发〔2008〕6号），并根据文件要求，协助各民主党派建立了民主党派省委会领导班子后备干部队伍。指导并协助市委统战部做好部分民主党派市委会的换届工作。按照中央统战部的要求，完成我省民主党派组织发展五年规划制定工作。首次召开全省民主党派制度建设交流研讨会，交流和推广民主党派制度建设方面好的做法和经验，研究解决制度建设中存在的问题，进一步建立健全了民主党派省委会的各项制度，提高了民主党派的自身建设水平。

**【科技创新竞赛行动计划工作】** 协助民主党派各级组织开展科技创新竞赛行动计划，起草浙江省统一战线科技创新项目优秀奖和优秀组织奖评奖方案，协助部领导做好科技创新项目的审核以及项目优秀奖和优秀组织奖的表彰工作，共评选出优秀组织奖2名，分别为杭州市委统战部、宁波市委统战部；一等奖2名，课题组负责人分别是苏为科、赵匀；二等奖5名，课题组负责人分别是王健、姚克、王建沂、骆其君、叶建荣；三等奖5名，课题组负责人分别是蔡秀军、杜时贵、彭叔牖、曹欣羊、谢恬。

**【支持各民主党派履行职能发挥作用】** 支持民主党派省委会办好各自的学校、门诊部以及书画院等有关实体。协调、支持各民主党派开展有关抗震救灾活动。摸底了解各民主党派省委会对口扶贫情况，支持、关注和参与各民主党派省委会开展扶贫济困活动，协助各民主党派省委会做好少数民族低收入群众增收帮扶行动计划的相关工作。组织民主党派中的医疗专家深入衢州龙游县沐尘乡开展送医下乡活动。

**【接待工作】** 协助做好民主党派中央在我省召开的一些会议、论坛的会务保障工作，包括协助做好全国人大常委会副委员长、农工党中央主席桑国卫，农工党中央副主席刘晓峰、何维带领有关部委办负责人以及卫生专家组成的农工党中央“公立医院改革”考察团来我省对我国公立医院改革进行调研接待考察工作；协助做好全国人大副委员长、民建中央主席陈昌智赴杭州出席“2009中国（国际）休闲发展论坛暨第二届中国休闲城市市长峰会”协调工作；协助做好民盟中央在杭州召开全国参政议政工作会议的协调工作；协助做好出席首届中华和合文化论坛有关领导和广西等兄弟省市民主党派考察团的有关协调和服务工作。

**【调研信息工作】** 协助部领导参与中央5号文件督查组来浙的调研督查工作；协助省委办公厅起草中共浙江省委《贯彻落实中发〔2005〕5号文件情况汇报》；完成中共浙江省委统战部《关于贯彻落实中发〔2005〕5号文件情况的汇报》文稿。督查工作结束后，根据督查组反馈的意见，起草了《关于落实中央〔2005〕5号文件督查组反馈意见的责任分解建议》，协助有关部门解决了部分在督查中反映出来的问题，如在安排民主党派领导任实职和各党派机关设置副厅级巡视员等方面有了实质性进展。加强调研工作，完成《关于建立完善民主党派和无党派人士特约人员工作制度的意见》的调研报告。协助民主党派围绕省委、省政府的中心工作开展调研。做好信息工作，注意搜集、编写并及时上报有关民主党派工作的各种信息、情况反映等。

**【培训工作】** 重视培训工作，通过培训来培养、选拔民主党派中青年骨干和省委会领导班子后备干部。协助做好中央统战部举办的有关民主党派培训班的人员落实工作；成功举办2009年民主党派中青年骨干培训班（45人）；协助各民主党派省委会办好各类培训班。

**【其他工作】** 抓好全处同志的业务学习，坚持定期学习中央和省委的有关文件精神，加强政治理论学习，交流中央统战部、兄弟省市统战部和市委统战部的党派工作情况。坚持联络员制度，参加民主党派的有关会议

和活动，及时了解情况，并在此基础上对民主党派的状况进行定期分析，不断提高理论素养和业务水平。（陈　豹）

## ·民族宗教处·

**【综述】** 民族宗教处具体负责党的民族宗教政策的宣传、贯彻和落实，对涉及民族宗教方面重大问题进行调查研究并提出政策性建议；联系少数民族和宗教界的代表人物，做好促进民族团结进步事业发展和信教群众工作；协助爱国宗教团体加强自身建设，抵御境外渗透；认真做好少数民族干部的培养和举荐工作；会同有关部门妥善处理涉及民族宗教方面重大问题，维护社会稳定。

民族宗教处编制4人，2009年实有干部4人，处长：倪卫东。

2009年浙江省委统战部民族宗教工作坚持以党的十七大精神为指导，以科学发展观统领民族宗教工作，深入调研民族宗教领域的新情况、新问题，结合实际创造性地开展工作，不断增强民族宗教工作的前瞻性、创造性，努力做到应对有方、工作到位。民族工作以实施“少数民族低收入群众增收帮扶行动计划”和“低收入农户奔小康工程”活动为抓手，努力推进民族团结进步事业和民族地区经济社会发展，积极协调民族方面的重大事项，不断探索和实践培养民族界代表人士的途径。宗教工作围绕“三五”目标，结合学习实践科学发展观活动，分析当前宗教工作面临的新情况、新问题，切实增强使命感和责任感，推动宗教领域存在的重点难点问题的解决。

**【稳步推进“少数民族低收入群众增收帮扶行动计划”和“低收入农户奔小康工程”】** 年初，组织对全省“帮扶行动计划”贯彻落实情况进行督查并下发情况通报，有力促进这项工作进一步开展。截至年底，全省统战系统共投入帮扶资金1454.5万元，帮助引进各类资金1706.3万元，引进人才47名、技术15项，举办各类培训班118期，培训4559人，组织劳务输出1278人次，资助困难群众学生1657名。同时，本部结对帮扶龙游县6个低收入农户集中村的多个帮扶项目也全面展开，并取得丰硕成果。共启动实施帮扶项目12个，筹措帮扶资金150万元，有效地带动了低收入农户增收致富。11月份，组织省级民主党派医疗专家开展送医下乡活动，培训基层医疗骨干，上门服务解除群众疾苦。年底，组织对贫困户进行新春慰问，受到群众欢迎。省委统战部继2008年之后，再次被省委省政府评为2009年度“低收入群众奔小康工程”结对帮扶工作先进单位。

**【进一步加强对少数民族中青年干部培养】** 6月份，在省社会主义学院举办一期全省少数民族中青年干部培训班，组织省政协少数民族界委员、省少数民族知识分子联谊会成员和全省部分正科级以上少数民族干部共38名学员，进行党的民族理论政策和科学发展观的学习教育，并组织到我国民族地区参观学习，取得良好效果。

**【配合中央统战部做好西部地区少数民族代表人士爱国主义教育】** 今年以来，组织接待中央统战部第十二期新疆少数民族县级干部经济管理培训班和青海、西藏等省区民族宗教界代表人士在我省的参观考察活动，使他们更好地了解东部发达地区改革开放成果，不断更新发展理念，坚定社会主义信念，为民族团结和祖国统一大业贡献力量。

**【做好城市民族工作调研】** 配合中央统战部二局调研组，赴杭州、宁波、义乌和温州等市，就改革开放以来大量外来少数民族人口流入，给我省民族工作带来许多新情况和新问题进行深入细致的调查研究。在今年全国民族工作经验交流会上，我省领导作了发言，重点介绍了我省在开展城市民族工作方面的成功经验和好的做法，得到了中央统战部的肯定。

**【全力做好民族宗教领域维稳工作】** 2009年正值建国60周年，全省各地民族宗教领域维稳工作任务繁重。特别是新疆乌鲁木齐“7·5”暴力事件发生后，各级统战部、民宗部门按照中央和省委的统一部署和工作要求，积极开展排查摸底和教育引导工作，切实消除此次事件所造成的影响，全力做好我省维护民族团结和社会稳定工作。

**【协助做好宗教界代表人士的培训工作】** 2009年配合中央统战部培训工作，我省选派了4名教职人员参加中国人民大学第四期爱国宗教界人士研修班学习；配合中央统战部做好首期爱国宗教界人士研修班参加宗教与社会服务研讨会；会同省民宗委共同做好省委领导召集的省级宗教团体负责人座谈会，举办省级宗教团体负责人暑期读书班、天主教“两会”常委学习班、佛道教中青年教职人员培训班、伊斯兰教人士座谈会。同时，支持宗教院校开展形式多样的爱国主义教育，给予经费补助；建立联系宗教界代表人士制度，经常约谈，及时了解情况，发现问题，帮助改正。（赵句宝）

## ·联络处·

**【综述】** 联络处主要职能是负责联系香港、澳门和海外有关社团及代表人士；联系台湾有关社团及代表人士和社会各界人士；协同有关部门做好定居台胞及其他台胞、台属工作；负责联系省侨联、省台联、省黄埔同学会、浙江中国和平统一促进会；联系省级民主党派、工商联和统一战线其他有关团体的港澳台和海外统战工作。

2009年，联络处有干部7人（7月后6人，11月后5人），副巡视员、处长：吴喻华。

2009年，以邓小平理论和“三个代表”重要思想为指导，深入贯彻落实科学发展观，认真学习贯彻党的十七届三中、四中全会精神和省十二届三次、四次全会精神，落实全国统战工作会议精神，扎实推进“海外联谊拓展行动计划”，努力推进争取港澳人心工作和做台湾人民工作，在维护港澳繁荣、稳定与发展，增进浙台交流交往，促进浙江与海外的交流合作，服务浙江经济社会发展等方面做了大量工作。全年共接待港澳台和海外客人77批991人次；组团出访4批19人次；参团出访5批5人次；转报民主党派、工商联组团出访7批17人次。办理赴港团组13批共76人次。接待来信来访和处理信访件30余件次。主办省政协提案三件。下拨“少数民族低收入群众增收帮扶行动”捐助资金59万元，接受并全额转拨援藏捐款30万元。验收海联新农村卫生所6所、希望小学教学楼1幢，落实并验收了法国华人进出口商会为四川地震灾区捐款200万元重建学校项目。坚持品牌活动，着力求变创新，开拓了港澳台和海外统战工作新局面。

**【举办浙江海外联谊会第十一届迎春团拜会】** 1月10日，浙江海外联谊会第十一届迎春团拜会在珠海隆重举行，省委副书记夏宝龙、副省长龚正率团出席。省领导、浙江海外联谊会和各市海联会负责人以及省有关部门负责人与来自香港特区、澳门特区、台湾地区的240余位乡贤、朋友欢聚一堂，畅叙乡情，共话发展。省委副书记夏宝龙致辞。副省长龚正向与会嘉宾介绍了我省2008年经济社会发展情况和今后展望。香港浙江省同乡会联合会会长车越乔，澳门特区立法会议员、全国政协委员贺定一，台湾原住民代表、台湾中华两岸少数民族文化经贸交流协会理事长巴湃·拉拉格狮作为嘉宾代表在会上致辞。省委统战部常务副部长陈金彪主持团拜会并致祝酒辞。

**【协助举办省领导在京会见参加全国“两会”的部分港澳浙江籍和与浙江关系密切的港澳全国人大代表、全国政协委员活动】** 3月6日晚，参加全国“两会”的省领导与部分港澳浙江籍和与浙江关系密切的港澳全国人大代表、全国政协委员在北京饭店欢聚座谈。全国政协副主席董建华莅临见面会。省委书记、省人大常委会主任赵洪祝在会上致辞。省领导吕祖善、王永明、吴国华、郑继伟、盛昌黎、徐辉、姚克、冯明光和全国政协委员李金明以及省有关部门负责人等参加会见。省政协主席周国富主持见面会。中央驻香港联络办主任高祀仁、副主任彭清华，中央驻澳门联络办主任白志健，在港全国人大常委范徐丽泰，在港全国政协常委刘汉铨、陈永棋、洪祖杭，在澳全国人大常委贺一诚，在澳全国政协常委杨俊文等50余位嘉宾出席。

**【协助召开省统战系统做台湾人民工作座谈会】** 3月16日，省委统战部主持召开省统战系统做台湾人民工作座谈会，各民主党派省委会、省工商联和省有关团体负责人参加。省台办副主任邵建伟作发言报告，各单位结合实际工作进行了深入交流和探讨。省委统战部副部长徐建华主持会议并讲话。

**【赴港参加世界宁波中华总商会成立庆典】** 世界宁波中华总商会由香港浙联会创会会长李达三和香港浙联会副会长，宁波、舟山旅港同乡会会长周亦卿共同发起成立，会员层次高，影响力强，省委统战部、浙江海外联谊会、浙江省商会联合发去贺电。4月16日至18日，省委统战部副部长、浙江商会党组书记汤为平率团赴港参加成立庆典。

**【举办首届港澳代表人士国情研修班】** 6月25日至29日，浙江海外联谊会与浙江中华文化学院联合举办“首届港澳代表人士国情研修班”，培养爱国爱港爱澳社团骨干，帮助他们准确地了解国情和省情。首届研修班共有学员28位，都是港澳浙江籍同乡会会长或主要骨干。以研修班为基础，成功邀请香港浙江省同乡会联合会访问团首次回乡参访。

**【举行浙江海外联谊会四届一次常务理事会暨青年委员会成立大会】** 浙江海外联谊会四届一次常务理事会增补副会长2名、常务理事12名、理事16名，增聘副秘书长2名，为今后更好地开展工作打下基础。为加大对港澳台及海外代表人士二、三代的团结和培养力度，成立了浙江海外联谊会青年委员会。首届浙江海联会青年委员会有委员74人，其中内地3人，香港33人，澳门8人，台湾3人，海外27人，会议选举省政协香港委员、香港青联主席陈仲尼为青委会主席。

**【举办2009“台湾大学生浙江夏令营”活动】** 7月15至24日，以浙江海外联谊会的名义与省台联一起成功举办第9届“台湾大学生浙江夏令营”活动，邀请来自岛内100余位学子参加。省委副书记夏宝龙出席开营式并讲话，省台联会长陈昭典、浙江海外联谊会副会长徐建华等出席开营式。

**【联合举办第十九届浙江省“三胞”中秋茶话会】** 9月24日，第十九届浙江省“三胞”中秋茶话会在浙江人民大会堂隆重举行。浙江省“三胞”中秋茶话会原由省委统战部等七家单位联合举办，今年增列浙江统促会为主办单位。茶话会由省政协港澳台侨委牵头，副省长龚正到会并讲话，省人大常委会副主任吴国华、省政协副主席冯明光等出席。省政协副主席盛昌黎主持茶话会。省委统战部副部长徐建华出席茶话会。

**【做好省领导赴港澳参加庆典活动筹备及服务工作】** 今年是新中国建国60周年和澳门回归10周年，港澳社会各界举行了丰富多彩的庆祝活动。省委副书记夏宝龙率团赴港澳参加了澳门苏浙沪各界人士庆祝中华人民共和国成立60周年、澳门回归祖国10周年庆典活动和香港苏浙沪各界人士庆国庆活动，并拜访了香港董建华先生、澳门特首何厚铧、候任特首崔世安、曹其真主席、港澳中联办主任、香港特派员公署特派员以及港澳浙江籍社团及知名人士等，访问活动获得圆满成功。省委统战部常务副部长陈金彪参加活动。

**【举办首届中华和合文化论坛】** 10月9日，由省委统战部主办，浙江海外联谊会、浙江中国和平统一促进会、浙江中华文化学院、浙江省统战理论研究会等联合承办的首届中华和合文化论坛在杭州隆重举行。省委副书记夏宝龙、副省长龚正等省领导出席，中华文化学院副院长冯之浚、香港凤凰卫视著名评论员石齐平发表精彩演讲，我省各民主党派省委会和省工商联负责人、无党派和党外知识分子、民族宗教界人士、新的社会阶层人士、港澳台及海外代表200余人参加。本次论坛以“和平发展、和谐共处、合作双赢”为主题，旨在弘扬中华和合文化、促进五大关系和谐。港澳台及海外和内地各界人士踊跃投稿，共征集论文70余篇，入选论文集41篇。省委统战部常务副部长陈金彪主持开幕式。

**【深入开展调研活动】** 根据省委学习实践科学发展观活动领导小组的统一部署，围绕全省经济工作会议“保增长、抓转型、重民生、促稳定”工作主线，在开展“服务企业、服务基层”专项行动过程中，赴温州、丽水、嘉兴和湖州等市，考察了浙江新元焊材有限公司、凯恩特种材料股份有限公司等多家企业，听取企业负责人的汇报，就企业所面临的主要困难和问题深入开展调研。同时，向港澳台海外海联会理事发出“我为应对金融危机献一策”倡议书，将收到的6位理事建议整理成5期《“我为应对金融危机献一策”信息专报》上报中央统战部，并对信息采用情况向各位理事反馈。

**【组团出访】** 8月，徐建华副部长参加省侨联团组出访巴西、秘鲁、阿根廷，9月和11月，我部分别组团赴俄罗斯、捷克和瑞典、丹麦、挪威访问，加强与南美、东欧和北欧华侨华人的联系，拓展海外联谊渠道，深入做好代表人士工作，推动海外反“独”促统工作；2月和11月，高阿荣副巡视员、蒋学基副部长分率“浙江省高等教育考察交流团”、“浙江省光彩事业促进会经贸考察交流团”赴台，拜会重要社团，与代表人士座谈交流，深入了解台情民意，深交老朋友，结识新朋友，拓展了联谊渠道，增强了联络工作的亲和力和影响力。（吴海涛）

## ·干部处·

**【综述】** 干部处的主要职能是负责党外代表人士的政治安排和担任政府及司法机关领导职务的党外人士的选拔、培养、考察、推荐等工作；负责党外后备干部和党外代表人士队伍建设工作；承担党外干部、统战干部和中共党内领导干部统一战线理论方针政策培训的统一规划、协调；协助民主党派省委会、省工商联、省侨联、省黄埔军校同学会、省社会主义学院进行干部管理；协助管理市委统战部部长；负责部机关和所属单位干部人事、机构、编制及离退休干部的管理；办理部机关及有关单位出国（境）人员的政审等手续；管理部机关和所属单位干部档案和党外人士的档案资料。

2009年，干部处有干部7人，处长：吴振宇。

**【党外代表人士工作】** 党外代表人士实职安排工作取得新的突破。协助选派3名民主党派省委会副主委分别到金华、衢州、丽水市政府担任副市长，为民主党派干部成长铺设更多台阶。在省委和有关部门的重视和支持下，新配备省教育厅党外副厅长1名，省政协专委会党外副主任2名。创新党外干部培养锻炼方式，启动民主党派省委会、省工商联干部到省直厅局挂职锻炼工作。根据各民主党派省委会副主委后备干部及民主党派省委会、省工商联机关干部队伍状况，首次选派8名干部到各自单位对口联系厅局进行为期6个月的挂职锻炼。为进一步加强民主党派省委会、省工商联优秀年轻干部的培养锻炼，促进民主党派省委会、省工商联熟悉了解对口联系厅局的业务，更好地开展民主党派、工商联参政议政工作发挥了积极作用。

做好党外代表人士政治安排相关工作。积极加强与省政协、省委组织部和相关单位的联系沟通，对各方面要求增补调整省政协委员的材料及时进行整理汇总，研究提出增补调整方案，组织召开由各民主党派省委会、省工商联负责人和无党派代表人士参加的党外人士协商会，提请省政协党组按照章程办理增补调整手续。平时注意做好省政协委员数据库的维护工作，加强动态管理。设计制作省政协领导班子、常委、委员情况变动表，对一年来所有变动情况进行书面登记，做到对省政协领导班子、常委、委员的人数、党内外比例和缺额情况等进行适时更新，掌握动态情况。

**【培训工作】** 根据《2008—2012年浙江省统一战线干部教育培训规划》，及时启动2009度统一战线教育培训工作，研究下发干部培训计划，全年在省社会主义学院共举办培训班27期，培训学员1347人。按照省委的要求，重点抓好由省委统战部和省委组织部在省委党校举办的全省各县（市、区）党委分管领导和政府相关领导参加的统一战线理论与政策专题研讨班的组织、联络、协调等工作，共培训学员83名。针对近年来省统战系统新进公务员较多、年轻干部培训机会较少等情况，首次举办了省统战系统近5年新进公务员培训班，培训学员50名。积极协助做好中央统战部举办的地厅级党外领导干部赴瑞典高级研修班、赴港研究班、民主党派干部进修班、无党派人士理论研究班等的人员选调和相关协调工作。

**【统战系统干部人事工作】** 着力加强干部使用和流动，增强部机关干部队伍活力。协助省委组织部做好部机关2名部务会议成员、1名副巡视员的推荐选拔工作。在部务会议领导下，组织做好部机关2名处长、2名调研员、1名副处级机要秘书的推荐选拔工作，及时做好2名科以下干部职务正常晋升工作。根据有关政策和工作需要，面向基层选调主任科员以下公务员1名，接收军转干部1名，公开招考录用公务员1名。

认真做好省侨联、省台联换届人事安排的相关工作。选举产生新一届省侨联领导班子，主席1名，副主席9名，秘书长1名。选举产生新一届省台联领导班子，会长1名，副会长6名，秘书长1名。

深化干部人事制度改革，进一步做好省统战系统单位干部队伍建设。根据工作需要和个人表现，协助有关单位认真做好民建省委会专职副主委、台盟省委会专职副主委、1名省工商联副主席和民进省委会、九三学社省委会秘书长的推荐选拔工作。根据系统单位干部队伍建设情况，在听取有关方面意见的基础上，协助有关单位做好处级干部调整工作，全年共提拔任用处级干部8名，试用期满转正处级干部14名。为了进一步充实系统单位干部力量，加强干部交流，积极协助系统单位做好公务员招录、人员调进调出等工作。

【切实照顾同盟者利益】 根据有关文件规定，积极争取省委支持，民主党派省委会机关配备副巡视员工作取得突破。协助省委组织部开展了在8个民主党派省委会机关各推荐选拔1名副巡视员的工作，实现重大突破，在民主党派机关干部和党外代表人士中反响强烈，受到普遍好评。同时，协助做好省工商联推荐选拔1名副巡视员工作。为加强与党外代表人士的联系沟通，布置做好党外代表人士的春节慰问工作，共慰问补助总人数为309名，其中慰问255名，补助54名，合计经费13万余元。

【调查研究】 为了解和掌握全省党组织与党外领导干部合作共事的总体情况，总结各地、各单位好的做法和经验，分析存在的问题和原因，推进党组织与党外领导干部合作共事的制度化、规范化、程序化建设，在部领导带领下，组成调研组，到宁波、衢州、湖州等地就党组织与党外领导干部合作共事问题开展专题调研，结合调研情况起草完成了《加强党组织与党外领导干部合作共事的意见（征求意见稿）》。

【加强自身建设】 组织处内同志认真学习中央、省委的重大方针政策和有关干部人事政策，努力提高干部处干部自身的理论水平和业务能力。根据省委组织部通知要求，布署开展“组工干部下基层”活动，制订好活动方案，结合干部考察等工作听取系统单位和部机关干部职工对组织人事工作的意见并进行改进。认真开展效能建设工作，努力在具体工作中体现“两提高、两降低”要求。通过加强学习、开展活动、日常交流等，努力形成“敬业奉献、求真务实、公道正派、团结友爱”的作风。

【其他日常工作】 根据年度考核工作的有关文件规定，布置开展2009年部机关工作人员年度考核工作，由部分管领导、干部处和其他处室人员组成考核工作小组。对处级干部在全体干部职工范围内进行民主测评，对一般干部采用处室推荐、考核小组投票的方式，在此基础上，提出优秀人员建议名单，报部务会议审定，评出优秀等次9名。

认真做好部机关干部职工工资工作，及时调整维护数据，仔细核对把关，确保数据报送准确无误，保证统发工资的正常运转。做好档案管理、使用和维护工作。按照档案管理的有关规定，及时收集该归档的材料并进行分类归档。

按照干部管理权限，做好部机关、统战系统干部出国（出境）护照（通行证）集中管理和出国（出境）政审工作。共计上缴省外办保管的公务护照（通行证）21本，目前由我部保管因公护照（通行证）83本、因私护照（通行证）64本，上缴过期护照（通行证）12本。在办理出国（出境）政审中，做到严格把关，认真履行规定的程序，全年共办理因公出国（出境）政审19批、33人次；办理因私出国（出境）政审14人次。办理省管干部因私出国报批手续4人次。

根据离退休同志的具体情况，认真做好老干部服务工作。每月组织老同志学习一次，全年组织老干部赴外地学习考察2次，不定期组织老干部进行休闲活动。按规定组织离休干部进行疗养，经常性看望生病住院的老同志。（徐海江）

## ·经济处·

【综述】 经济处职责：负责开展对非公经济领域统战工作方针政策的调查研究并提出政策性意见和建议；联系、培养非公有制经济代表人士，并开展思想政治工作，调查了解代表人士情况，反映他们的思想动态、意见、要求和建议；做好非公有制经济代表人士政治安排的选拔、推荐和考察工作；负责光彩事业和扶贫工作的联系和协调，承办省光彩事业促进会的日常工作；指导各市非公有制经济统战工作；联系、指导省工商联工作，反映其意见和建议。

2009年，经济处有工作人员4人，处长：林金德。

【积极进行调查研究工作】 参与中央统战部非公有制经济代表人士综合评价工作研究小组工作。总结四年来综合评价工作的实践，提出19条修改意见，并参加中央统战部非公有制经济代表人士综合评价工作研究小组第一次会议。根据中央统战部、全国工商联关于加强工商联组织建设的意见，深入基层开展调研，会同省工商联起草并下发《加强县级工商联组织建设意见》。积极开展非公有制经济领域统战工作理论探讨。在中国统一战线杂志上发表了两篇研讨文章，分别题为《完善工作网络推进非公经济人士工作》和《发挥职能作用服务非公有制经济转型升级》。积极开展重点课题调研。配合政研室做好部重点课题《引导非公有制经济人士科学应对国际金融危机、实现企业的转型升级问题研究》的课题对接的各项工作，并形成调研报告初稿。积极配合上级机关开展对非公有制经济人士统战工作的调研。配合中央国家机关工委、中国社会科学院联合调研考察组来浙开展“中小企业生存与发展状况国情考察”的各项工作。派员全程陪同调查组赴杭、宁、温、绍、台五地调研考察，历时10天，共召开了9个座谈会，考察了8个非公有制企业。会同省工商联出台《加强和改进非公有制经济人士思想政治工作实施意见》。与省工商联一起做好《行业协会商会建设调查与思考》课题的有关资料收集和调研工作，并形成调研报告。

【加强教育培训工作】 与联络处联合举办2009年经济联络统战工作研讨班。各市统战部经济联络处长和各县（市、区）统战部分管领导共63人参加了培训。主要学习了“浙江经济形势和转型升级”、“做好非公有制经济统战工作促进‘两个健康’发展”、“我国现阶段非公有制经济发展理论和实践”等专题。举办了全省非公有制经济代表人士培训班。完成了相关学员的选调、培训课程的落实和领导讲话稿的起草工作。来自全省11个市共97位非公有制企业家和各市委统战部经济处长以及部分新任工商联领导参加了此次培训。主要学习了中国特色社会主义理论、中央关于扶持非公有制企业的方针政策、中央经济工作会议精神，以及国内国际经济形势，法律服务、政策法规等；研讨了在国际金融危机形势下，企业如何以科学发展观为指导，变危机为机遇，积极创新、提升综合竞争力，努力转型升级和转变增长方式，建设可持续发展的现代企业等问题。

【应对金融危机，服务非公经济】 为了帮助非公有制企业更好地应对金融危机实现科学发展，建立了107家重点非公有制企业信息直报制度和非公有制企业学习实践活动信息报送制度，同时不断强化原有的内部信息报送制度。加强信息的上传下达工作，全年通过信息专报、工作简报等各种方式共向中央统战部报送信息76条。举办全省非公有制企业信息直报点信息员培训班。对107家非公信息直报企业的信息员和各地统战部经济处相关负责人进行讲课培训。通过培训，进一步明确了信息直报工作的重要意义、报送信息的范围和内容、信息采集的要求、信息上报的方式和要求及信息的处理等。收集、整理、汇编《促进企业解困、发展政策文件选编》。将《选编》下发各市委统战部、省工商联执常委、省光彩会非公企业理事及“千名统战干部、成员进千企”活动的7个调研组。随部领导分赴湖州、嘉兴、台州、衢州调研，召开座谈会并走访非公有制企业共35家，了解企业的实际运营情况和遇到的困难问题，及时进行问卷调查完成调研信息。并派员参加省委深化“双服务”专项行动第八组赴衢州市进行帮扶工作。建立和完善信息短信平台。为加强与省工商联执常委、省光彩会理事、各市委统战部经济处及非公有制企业信息直报信息员的日常联络工作，建立了四个短信平台：一是各市经济处长联络平台；二是省工商联、省光彩会企业家执常委和理事联络平台；三是各信息直报点信息员平台；四是各市、县（市、区）非公企业学习实践活动指导小组办公室主任联络平台。全年收发短信两百余条。

【认真做好第三届优秀中国特色社会主义事业建设者评选表彰工作】 根据中央统战部的部署，在协助开展第三届全国“优秀建设者”评选表彰的同时，开展我省第三届“优秀建设者”评选表彰活动。我省王水福、李书福、李明焱、邱光和、何海美（女）、陈爱莲（女）、邵铭法等7名同志受全国表彰，仇建平等47名同志受省级表彰。王水福同志代表全国优秀中国特色社会主义事业建设者在全国的表彰大会上发言。为巩固评选表彰成果，运用各种宣传载体，宣传优秀建设者先进事迹，营造人人争当优秀建设者的良好氛围，首次采用电视电话会议的形式将浙江省第三届优秀中国特色社会主义事业建设者表彰大会召开到县级，省委书记赵洪祝、省委副书记夏宝龙接见了受表彰的代表人士并与他们亲切合影，并到会作重要讲话，省级各有关单位负责人均参加了会议。各市、县(市、区)分管副书记、有关单位负责人及部分非公代表人士在各分会场参加了会议。

**【扎实开展非公有制企业学习实践科学发展观活动】** 按照中央、省委的部署，由我部牵头，省工商局和省工商联参加，成立了浙江省非公有制企业学习实践活动指导小组，积极推进扎实开展我省非公有制企业学习实践科学发展观活动。我省非公有制企业学习实践活动自2009年9月开始，至2月底结束，历时6个月，与第三批深入学习实践科学发展观活动同步。我省共有28.4万名非公有制经济代表人士参加，48312家企业建立党组织，党员数达328825人。其中规模以上22705家企业党员参加第三批学习实践活动（另有3183家已参加第二批学习实践活动)，参学率达100%，规模以下企业实现学习实践活动全覆盖；个体工商户按照党组织关系属地管理的原则，纳入当地参加学习实践活动，全省626家个体党组织（含个体劳动者协会系统的）全部参加了学习实践活动。主要成果有：一是以电视电话会议的形式召开全省非公有制企业学习实践活动动员大会；二是编写简报85期，有15期被上级指导组转发，下发指导文件13个(并在“光彩浙商网”上公布)，上报信息44条。中央电视台三次报道我省学习情况，省级媒体多次报道非公有制企业学习实践活动情况。总结提炼出“十式指导法”等得到省委学习领导小组和中央指导组的肯定和表扬。三是派出巡回指导小组解决实际问题，省级巡回指导小组17批次赴各地调研指导，全省102个指导小组共建立联系点3116个，巡回指导307批次，选派非公有制企业学习实践活动指导员近5万名。全省共组织座谈会19543次，召开民主生活会、组织生活会24131次，召开民主恳谈会24686次。开展调研走访93843次，征集党员群众意见建议117886条次，梳理查找存在的突出问题26997个，已解决20370个。四是党组织和党员有新发展，活动中新建党组织502个，发展和发现党员15781名。在非公有制企业中实现党的工作全覆盖。五是圆满完成接待工作。认真做好中央统战部部长杜青林一行来我省调研的有关工作，调研组分别在杭州、绍兴两地召开了省级和绍兴市的座谈会并考察了华立集团和喜临门集团；认真做好中央统战部副部长、全国工商联党组书记全哲洙一行两次来我省温州调研的有关工作；认真做好中央统战部研究室主任、学习实践指导小组办公室主任庄聪生来温州调研的有关工作；认真做好中央非公有制经济学习实践活动巡视二组李东升组长一行三次来我省巡视指导的相关工作。

**【积极开展光彩事业工作】**

积极引导非公有制经济人士参与光彩事业，做好省光彩会的日常工作并及时有效完成中国光彩会的工作任务。积极引导省光彩会理事参与省少数民族低收入群体的增收帮扶工作，落实帮扶项目12个、帮扶资金200万元左右。起草光彩事业衢州行活动并纳入省、部关于“千乡万村送服务”集中行动方案。积极配合中国光彩会做好我省参加中国光彩会三届四次理事会议的有关工作。根据中国光彩会的要求，做好参会人员的组织准备工作，我省中国光彩事业突出贡献奖和“光彩事业国土绿化贡献奖”受表彰人员的推荐工作，并完成我省中国光彩会理事调整报告。我省正泰集团董事长南存辉增选为中国光彩会副会长，传化集团董事长徐冠巨和娃哈哈集团董事长宗庆后荣获中国光彩事业突出贡献奖。杭州临安菜篮子食品有限公司董事长罗春瑛、浙江三禾竹木有限公司董事长何品才荣获“光彩事业国土绿化贡献奖”。根据中国光彩会的要求，通知我省的中国光彩会理事为《汶川特大地震抗震救灾志》提供有关材料，并上报中国光彩会。积极开展与异地浙江商会的沟通联系工作。联系相关省级异地浙江商会，完成了对异地浙江商会基本情况的了解，初步汇总和确定了联系人和联系方式，并起草论坛初步方案。认真做好省光彩会日常工作。完成省光彩会换届后有关资料的整理、法人变更、副秘书长人选确定和工作分工，起草浙江省光彩事业促进会2009年工作计划，完成浙江省光彩事业促进会2008年年检及省光彩会的日常工作。

**【加强自身建设】** 加强处室建设。一是注重理论学习，提高理论政策水平；二是注重业务学习，定期组织处室全体人员学习相关文件和研究处室工作，熟悉方针、政策、法规，不断提高业务水平；三是加强制度建设，规范工作程序，坚持落实各项工作责任制，完善AB角制度、《光彩浙商网》管理制度、业务学习制度等。加强支部建设。按照机关党委的要求，与民宗处一起定期组织召开支部大会，完成相关的学习任务。2009年支部全体党员积极响应党中央、国务院和省委、省政府的号召，踊跃为台湾“八八水灾”捐款4000元，贡献我们的一份爱心。

（卢　敏）

## ·党外知识分子处·

**【综述】** 党外知识分子处主要职责是：联系和培养无党派代表人士和党外知识分子代表人物；开展对无党派代表人士工作调研并提出政策性意见；调查了解党外知识分子的情况，反映动态；提出制定党外知识分子政策的意见和建议，督促检查贯彻落实情况；负责教育、科技、文化、国有大型企业党外知识分子的统战工作；出国和归国留学人员的统战工作；部分新的社会阶层人士的统战工作。

2009年，党外知识分子工作以邓小平理论、“三个代表”重要思想和科学发展观为指导，深入贯彻全国全省统战工作会议精神，围绕“创业富民、创新强省”总战略，扎实推进无党派人士、高校科研院所国有企业、新的社会阶层人士（自由择业知识分子）和留学人员等各领域工作，抓住重点、彰显亮点、搭建平台、开展活动，从广度、深度、亮度、力度等各方面把我省党外知识分子工作推上一个新的台阶。

2009年，党外知识分子处有干部4人，处长：谢辉。

**【全面总结无党派人士主题教育活动成果】** 按照中央统战部的整体部署，2009年无党派人士主题教育活动主要为总结整改阶段，全省各地各单位在主题教育活动中增加了贯彻落实科学发展观的有关内容，及时总结主题教育活动好的经验和做法，认真听取无党派人士的意见，改进不足，切实巩固主题教育成果，推动全省无党派人士统战工作迈上新台阶。4月15日，召开了全省无党派人士主题教育活动总结大会，来自全省11个市的市委统战部分管部长和党外知识分子处处长、省直机关工委统战部部长、省委教育工委统战处处长、省部属高校党委统战部部长、科研院所部门负责人、有关协会负责人等60余人参加会议。会议全面总结了主题教育活动取得的成效：一是有效推动了无党派人士服务大局，二是有效推动了无党派人士的综合素质，三是有效推动了知联会组织建设，四是有效推动了无党派代表人士队伍建设，五是有效推动了无党派人士工作机构建设。中央统战部在《主题教育》简报上5次刊登了我省开展主题教育活动的做法和经验，全国无党派人士主题教育活动总结大会上我省作典型发言，经验交流材料在《中国统一战线》刊登。

**【省知识界人士联谊会工作】** 关注社会，认真组织调研考察活动。组织省知联会调研组对我省文化创意产业园区的发展进行了专项调研，初步形成调研报告，并召开了专题研讨会进行讨论修改，在调研报告的基础上，以无党派人士界别的名义撰写提案。10月，在舟山大陆连岛工程竣工通车之前，组织省知联会理事前往视察。三省联动，发挥智力优势。6月17日，由上海知联会发起并主办，苏浙沪三省知联会联合举办了“办好中国2010年上海世博会，促进长三角地区联动发展”主题论坛。我省知联会提交了论文10篇，省知联会副会长杜卫等作了论坛发言。论坛为三省知联会搭建了学习、交流与合作的平台，有利于发挥三省知联会的作用，扩大知联会的影响。积极参政议政，建言献策。省知联会将关于二氧化硫减排的调研课题经修改后作为无党派人士界别的提案在省政协十届二次全会上提交，并被列为大会书面发言材料。担任省人大代表、政协委员的知联会会员积极参政议政，撰写议案、提案17件。省知联会积极参加省委和省委统战部举办的各类通报会、协商会、座谈会，共计20余人次。8月18日至21日，省知联会杜卫、徐子伟副会长和高鹰忠、徐伟金、黄廉熙理事作为我省无党派代表人士参加了省委召开的省级民主党派工商联负责人和无党派代表人士暑期读书会。

【推进全省知联会组织网络全覆盖】 根据全省知联会组织建设的总体目标和具体部署，2009年，积极推进全省知联会组织网络建设。5月25日，会同省委教育工委联合召开了全省高校知联会建设推进会，对本科高校知联会建设进行部署和推动，为高校知联会建设提供指导性意见。截至12月底，全省11个市全部成立了知联会，90个县（市、区）有75个成立了知联会，30所本科高校有22所成立了知联会，其他单位也正在积极筹备中，基本实现了知联会组织网络的全覆盖，会员总数达6000余人。12月24日，召开了全省知联会建设研讨会，会议提出要把知联会工作重心从推进知联会组织建立转移到加强知联会建设上来，进一步提高知联会工作水平。

【召开全省新的社会阶层人士统战工作现场会】 6月24日至25日，召开了全省新的社会阶层人士统战工作现场会。陈金彪常务副部长作重要讲话，黄永通副部长主持会议，各市党委统战部分管部长、党外知识分子处处长，各县（市、区）党委统战部分管部长，省新的社会阶层人士统战工作联系会议成员单位负责人共计110余人参加会议。会议交流推广了台州、黄岩开展新的社会阶层人士统战工作的做法和经验，并对深入实施新的社会阶层人士（自由择业知识分子）统战工作网络构建行动计划提出了五点新的要求：要注意提高对自由择业知识分子统战工作的认识；要注意把自由择业知识分子统战工作纳入基层党建网络之中；要注意发挥自由择业知识分子的优势和作用；要注意巩固扩大自由择业知识分子代表人士队伍；要注意进一步完善自由择业知识分子工作载体、创新工作方法、健全工作机制。

2009年，我省构建新的社会阶层人士（自由择业知识分子）统战工作网络的做法和体会在全国统战部长会议上作交流。

【健全新的社会阶层人士统战工作联系会议制度】 2009年，省新的社会阶层人士统战工作联系会议成员单位进一步扩大到省委统战部、省律师协会、省注册会计师协会、省注册税务师协会、省文联、省作协、省外商投资企业协会、省证券业协会、省服装行业协会、省民政厅民间组织管理局等十家单位。8月12日，召开省新的社会阶层人士统战工作联系会议，通报开展新的社会阶层人士统战工作有关情况，交流工作，并征求发挥联系会议作用的意见建议。

【举办第三届全省新的社会阶层代表人士论坛】 11月24日，举办了第三届全省新的社会阶层代表人士论坛，本届论坛以归国留学人员中的创业人员为主体，邀请省经济和信息化委员会副主任高鹰忠作主题发言，并与省委组织部、省委教育工委相关处室和省专家与留学人员服务中心负责人互动交流。论坛生动地展现了新世纪新阶段我省归国留学人员的风采，增进彼此之间的了解，进一步增强新的社会阶层代表人士的凝聚力和影响力。

【贯彻落实全省高校统战工作会议精神】 结合高校科学发展观学习实践活动，召开在杭高校知联会会长座谈会和在杭高校党委统战部长座谈会，听取对高校知联会建设方面的意见和建议，并发放调查问卷，了解各高校党委贯彻落实全省高校统战工作会议精神情况。在广泛调研的基础上，会同省委教育工委联合召开了全省高校知联会建设推进会，进一步推动和加强高校知联会建设。11月30日至12月4日，会同省委教育工委联合组成检查组对我省高校统战工作情况进行督导检查，检查组分成四组，对12所不同类型高校进行了抽查，在各高校自查的基础上，听取学校党委统战工作情况汇报，查阅相关资料，分别召开二级学院负责人、统战团体负责人座谈会和民主党派、无党派代表人士座谈会，并将检查结果对学校党委进行了反馈并推出整改意见，切实推动高校统战工作迈上新的台阶。

【联合督查国有企业统战工作】 根据中央统战部办公厅、国务院国资委党委办公室《关于开展2009年国有企业统战工作督导检查的通知》精神，与省国资委联合开展我省国有企业统战工作督查，召开省属国有企业统战工作座谈会，发放调研问卷，掌握情况，并向中央统战部报送了调研报告和调研问卷。协助做好中央统战部和国务院国资委联合督查组对我省国有企业开展统战工作情况的督查，安排实地调研考察，汇报我省开展国有企业统战工作的情况，并与省国资委联合召开国有企业统战干部座谈会和国有企业党外知识分子座谈会。

【调研信息工作】 针对知联会组织网络尚不健全，组织建设发展不均衡的状况，开展了知联会建设问题的专题调研，赴知联会做得较好的10余个县（市、区）考察调研，向25个兄弟省（直辖市、自治区）请教开展知联会工作的做法和经验并发出调查问卷。协助欧美同学会中国留学人员联谊会开展我省留学人员工作调研；协助中央统战部六局和中国资产评估协会开展评估行业代表人士评价体系专题调研。协助中央统战部六局做好党外知识分子信息联络员增聘、续聘工作。2009年《中国统一战线》刊登党外知识分子工作的有关报道共3篇。

【培训工作】 举办第八期无党派人士理论研究班和全省第一期归国留学人员理论研究班。推荐4名学员参加中央统战部举办的第六期新的社会阶层人士理论研究班，推荐3名学员参加中央统战部举办的第11期无党派人士理论研究班，推荐1名归国留学人员参加欧美同学会中国留学人员联谊会举办的中国特色社会主义理论学习研讨班。

【华夏英才基金申报】 2009年度中央统战部华夏英才基金资助党外专家、学者出版学术专著评审，经专家评审和基金管委会审定，我省中国美术学院郑巨欣教授的著作《浙江工艺美术史》和浙江大学医学院附属邵逸夫医院蔡秀军教授的著作《Laparoscopic Hepatectomy（腹腔镜肝脏外科学)》获得出版资助。

【加强自身建设】 处室支部加强政治和业务学习，特别是学习十七届四中全会精神和省委十二届六次全会精神，把学习文件精神与工作推进紧密结合起来，并将学习情况作为机关党建工作交流材料进行交流。坚持定期学习和会议制度，不断探索支部学习的新模式，积极参加部机关党委组织的机关党员干部读书心得交流会，支部两名党员同志在学习会上发言；积极参加清明节的革命传统教育和省法纪教育基地的警示教育活动；积极为台湾灾区捐款。做好处室联系的两个少数民族村的帮扶工作。

（童志华）

## ·政策理论研究室（统战宣传办公室）·

【综述】 政策理论研究室工作职能：负责统一战线理论、政策的综合性研究；协调、组织统战部门的调研活动；承担统战工作综合性重要文件、重要文章的起草；负责统战部门的宣传工作，协调统战系统的宣传活动；联系并运用各种社会宣传媒介宣传统一战线，配合有关部门开展海外的统战宣传工作；了解全省统战报刊、网站情况，进行指导。

政策理论研究室（统战宣传办公室）正式编制7人，实际在职干部7人，主任：杨卫敏。

2009年研究室（宣传办）工作以邓小平理论和“三个代表”重要思想为指导，以科学发展观为统领，紧紧围绕部中心工作，充分利用各种资源，加强各方协作配合，深入开展调查研究，大力宣传统一战线理论方针政策，认真完成部里交办的各项任务，实现到理论研究有创新，宣传力度有突破，自身建设有加强。

【做好重要文稿起草工作】 今年承担的文稿主要有：省委统战部2009年工作要点，省委领导在全省统战部长会议上的讲话，省委领导在暑期读书会上的讲话，省委领导在全省统一战线庆祝中华人民共和国成立暨多党合作制度确立60周年大会上的讲话，省委领导在全省县级分管统战工作领导培训班上的讲话，我部在省政协工作会议上的交流材料，我部在全国统战部长会议交流材料（1篇撰写，2篇统稿)，以及《做好新的社会阶层人士工作 巩固和扩大党的群众基础》（省委布置的调研任务，后被列为省委向党的十七届四中全会书面汇报材料的附件）等等。此外，还有15篇部领导和中央统战部研究室交办的稿子。全年完成近30多个稿子，20多万字，是承担文稿最多的一年。

【进一步完善创新奖评奖机制】 由于评奖的形式和机制发生变化，创新奖作为整体奖项的一个部分，具体评审必须要有全局观念。根据部分管领导的要求，从年初各市、县（市、区）及有关统战部门的工作要点中发现创新亮点，全年跟踪，通过调研了解重大活动，其间及时协助做好总结及督促。全年各地、各部门共申报创新主题88项（66家单位)。本着“把民主搞得大大的，把透明度搞得亮亮的，把牵头协调负责人的权利搞得小小的”原则，经由分管领导及有关业务处室共同组成的评审小组评审，并报部领导批准，评出创新奖单位31个，其中市级统战部5个、县级统战部24个、高校2个。

**【制定和实施全省统战调研计划并开展优秀成果评比表彰】** 根据中央统战部下达的课题计划，结合我省的实际，年初制定了2009年度全省统战理论政策研究计划，其中重点课题3个，基础课题14个，参考课题33个。计划要求组织发动全省各级统战部门、广大统战干部和统战理论研究工作者，结合本地区本部门工作实际，围绕统一战线与贯彻落实科学发展观进行深入细致的调查研究。全年共收到各地、各单位经筛选后推荐的优秀论文和调查报告达142篇，经省委统战部理论政策研究评审小组评审，并报部领导批准，评出优秀统战论文和调研报告一等奖5篇、二等奖10篇、三等奖15篇、优秀奖17篇。

**【重点课题调研结出丰硕成果】** 根据中央统战部、省委下达的课题任务结合我部的重点调研课题，确定了2009年我部的重点调研课题9项，为此，专门下发了《中共浙江省委统战部2009年度调研课题任务分解》，要求充分依托非公有制经济人士统战工作理论浙江研究基地和省统战理论研究会的平台，紧扣统战工作中的现实性问题，深化、细化政策性研究，重视、强化举措性研究。对每一个课题都具体落实了课题组的负责人（都有相应的分管副部长挂帅）、承办处室、课题组的主要成员和联系人，并规定了各个课题组的工作进展、完成时间等。在全国统战理论研究优秀成果评比中，我部获得了“优秀组织奖”称号，《引导非公有制经济人士科学应对国际金融危机、实现企业的转型升级问题研究》、《基层统战工作调研》、《统一战线与基层群众自治制度建设》等5篇调研报告分别被评为全国统战理论研究优秀成果二、三等奖和优秀成果奖。

**【注重成果转化】** 及时梳理全省调研成果，分类上报信息、推荐到上级刊物或吸收到领导讲话及有关文件中。依托研究基地，与有关处室配合，共同建立百个调研信息联络采集点，建立和完善非公有制经济人士信息“直通车”渠道，并随同部领导开展“服务基层、服务企业”活动。摘编上报2009年全国非公有制经济领域统战理论研究成果观点汇编。撰写的关于我省新阶层人士工作的调研报告，被列为省委向中共十七届四中全会汇报材料的附件。全年共有10余篇调研报告被中央统战部《调研参考》、《统战工作》和浙江省委办公厅、省委政研室内刊采用。编印《浙江统战理论文选》第22集，编写《基层统战工作实用手册》。

**【“统一战线应对金融危机”重点课题研讨会在我省举行】** 10月29日至31日，由中央统战部研究室主持的“统一战线在有效应对国际金融危机中的优势和作用”重点课题研讨会，在民营经济发达的乐清市举行。这是中央统战部委托北京、辽宁、吉林、江苏、浙江、福建、山东、湖南、广东、重庆、陕西等11省（市）委统战部参与，由浙江省委统战部牵头进行联合攻关的重点课题。自9月中旬在吉林省召开了中期推动会后，11个省（市）委统战部课题组对各自成果作了修改补充，带着研究成果派代表出席了研讨会，在会上就各自子课题分别介绍了相关研究成果。经过半年多的努力，对这一重大的课题研究取得了丰硕成果。研讨会的内容涉及：充分挖掘统一战线资源应对国际金融危机做贡献；统一战线发挥作用帮助民族聚居地区有效应对国际金融危机影响的研究；国际金融危机条件下非公有制企业如何做到“不裁员、不降薪、不拖欠”，等等。中央统战部研究室副主任张健出席会议；省委统战部常务副部长陈金彪，温州市委常委、副市长、市委统战部部长陈作荣，乐清市委书记潘孝政等，看望与会代表；省委统战部副部长蒋学基出席会议并致辞。会议期间，代表们还到温州知名民营企业正泰集团、德力西集团考察，听取他们战胜金融危机严峻挑战的成功做法和经验介绍。会后根据会议文件和会议交流撰写会议纪要及编印论文集。

**【中国统一战线理论研究会非公有制经济人士统战工作理论浙江研究基地工作取得进展】** 按照“调研出精品、活动上水平、发展有特色、工作见成效”的工作主线，抓调研、建机制、强基础、促发展，着力加大基地工作创新力度，不断壮大基地研究队伍，全面提升基地理论研究水平。一是健全制度。继续健全完善“课题立项围绕中心任务、课题招标借助社会力量、课题对接突出协调运作、课题转化注重指导实际”的调查研究机制，不仅增强了研究基地的活力，而且确保研究基地工作进一步走向制度化、规范化和程序化。进一步健全完善基地工作会议制度、秘书长会议制度，重点对交流研讨会制度、研究课题立项和评奖制度进行了改革，启动了社会化合作共建机制，保证了研究基地工作良好运行。二是加强特聘研究员队伍建设。研究基地坚持开放式、多层次、社会化的研究道路，充分运用社会力量和相关学科最新研究成果，以理论研究带动人才培养，以提供服务共享研究成果，加强与省社会科学界联合会、省委党校、浙江大学、浙江工业大学等高校、浙商研究中心及相关企业的交流合作，建立了一支由统战工作者、专家、学者、企业家等社会力量组成的结构合理、相对稳定、素质较高的研究人员队伍。进一步完善了基地研究人员队伍数据库和个人档案，建立了百名非公有制经济人士统战信息直报员队伍。三是突出重点抓课题。研究基地紧紧围绕省委、省政府的中心工作和中央统战部下发的调研计划，紧密结合我省统战工作实际，会同省统战理论研究会，对非公有制经济领域统一战线总体工作中的基础性、前瞻性、战略性的问题进行了深入的调查研究。四是依托研究基地，与有关处室配合，共同建立百个调研信息联络采集点，建立和完善非公有制经济人士信息“直通车”渠道。起草上报研究基地交流材料以及研究基地2009年总结、2010年要点和量化考核表。

**【加强省统战理论学会建设】** 参照中央统战部《关于进一步活跃中国统一战线理论研究会工作的意见》，加强省统战理论研究会建设，适时增补调整理事，并积极向中国统一战线理论研究会推荐专家理事。完善年会制度，建立健全体制机制，探索在党派、有关团体及市、县（市、区）建立统战理论研究会分会的工作。协助做好省统战理论研究会统战文化余姚研究基地的成立、授牌和后继的管理工作。

**【强化统战理论研究社会化机制，继续做好课题招标和对接】** 继续组织有关高校、院所以及我省统一战线中的专家学者参加中国统一战线理论研究会课题的投标。通过高效整合社会优质资源，加强理论研究会（研究基地）与省社科联合作，向社会公开招标，并组织专家评审组对参与申报的“引导非公有制经济人士科学应对国际金融危机、实现企业的转型升级问题研究”和“统一战线与基层群众自治制度”两个课题12份投标书进行了严格评审，最后确定3个课题组中标。同时，通过对中标课题施行分标和对接制度，即采取课题同时由三个既有理论工作者又有实践工作者的课题组中标，最后由对接人将形成的分标课题进行整合，组织撰写的《引导非公有制经济人士科学应对国际金融危机实现企业转型升级问题研究》课题。按照中央统战部“统战史研究五年规划”，与省委党史研究室和有关高校合作，启动我省统战史编修工作。

**【以实施统战宣传重大创意活动评比为抓手，营造统战宣传新亮点】** 2009年是新中国成立60周年（也是人民政协成立60周年），全省统一战线宣传工作围绕学习贯彻落实党的十七大精神，宣传统一战线为落实科学发展观和社会主义“四位一体”建设服务活动，特别是全省统战系统“五大行动计划”和“三大建设、三大探索”等部重点工作的宣传。积极配合有关处室举办好“和合”文化论坛，开展系列宣传活动，并负责论文初审和纪念邮册的设计。做好落实科学发展观整改措施的宣传报道，重点宣传我部“服务企业、服务基层”和促进经济转型升级服务的举措和取得的成效，并参加省委宣传部组织的“做科学发展观的忠实执行者”主题征文活动。统战宣传（重大创意活动）作为2009年度全省统战工作先进集体和先进个人评比的子项目，全年共收到全省各地、各部门报送符合参评条件的作品300多篇（件），经评委会的认真评选，并报部领导批准，共评出重大统战宣传重大创意活动21项，其中省级单位5项，市级5项，县级11项。

**【开展浙江统一战线庆祝新中国成立60周年征文】** 在庆祝新中国成立60周年之际，省委统战部开展了“与共和国同行——浙江统一战线庆祝新中国成立60周年征文”活动。本次活动共收到海内外各类征文50多篇，经由省委统战部、省委宣传部、浙江日报社、省新闻工作者协会等相关单位的领导、专家共同组成的评委会的严格评审，评出一等奖2篇、二等奖4篇、三等奖10篇。

**【做好第三届优秀建设者评审的有关宣传工作】** 作为第三届优秀建设者评审活动宣传组负责人单位，牵头策划协调好宣传工作尤其是公示材料的收集、整理，加强与主流新闻单位的沟通联系，做好省领导与优秀建设者合影以及表彰大会的宣传报道，做好全国7名、省级47名候选人公示材料的起草、审查、公示及光荣榜公告和其他稿件的协调工作；起草《浙江日报》相关评论员文章。

**【加强统战宣传工作机制和网络建设】** 为加强统战宣传工作机制建设，根据中央来浙督查中反馈的意见和省委办公厅关于加强和改进多党合作宣传工作的意见，制定具体细化的落实举措。加强与宣传部门的联系和协作，配合省委宣传部做好全国"双百人物"的评选，努力做好系统的发动、动员，完成省委宣传部要求的每个系统不少于10000张纸质选票的任务，达到了11000多张，受到省委宣传部的表彰。健全统战宣传协调会制度，加强与省级有关部门和新闻单位的联系，陪同部领导到省委宣传部召开的新闻单位工作例会上通报有关情况，召开省级新闻单位负责人联谊座谈会。定期提供报道线索，主动做好配合工作，利用多种媒介搞好综合宣传。建立党派、团体宣传处长碰头会等制度，协同民主党派、有关团体联合举行大型宣传活动。明确省、市的重大宣传活动，加强上下协作，形成合力，造出声势。分两片召开统战宣传工作座谈会。召开了刊物宣传工作恳谈会。

**【做好统战刊物、网站和年鉴工作】** 发挥省委统战部网站"情系中华"信息发布和网上交流的优势，与浙江海外联谊会、省光彩事业促进会、省知识界人士联谊会以及统一战线社团联系，加强信息资源合作，探索优化网站的策划设计，丰富各个网页的内容，扩大信息量，提高时效性。加强网站的安全管理。发挥《浙江统战》双月刊指导、研究、交流、探讨工作的主渠道作用，提高刊物的指导水平和质量。充分发挥《情系中华》侨刊的宣传渠道作用，向海内外各界人士广泛宣传爱国统一战线和我省经济、政治、社会和文化建设成就。做好《浙江统一战线年鉴》的策划、编纂和征订发行工作，进一步探索办好《浙江统一战线年鉴》思路，不断增强指导性、实用性和规范性，力争办成统战系统的一大品牌。

**【适应新阶段调研、宣传工作的新要求，不断加强处室自身建设】** 加强政治和业务学习，特别是党的十七大、十七届四中全会精神和省委十二届五次、六次全会精神的学习。积极配合部里开展学习实践科学发展观活动，把学习成效吸收和落实到处室的各项工作中去。按照机关党委的统一部署开展"六个一"和机关伦理道德教育活动；坚持谈心交友，做好入党积极分子的培养工作；坚持帮困活动，结对扶贫，其中与开化县何田乡孤女的结对助学已坚持7年（从初一开始直至考上大学并继续扶持）。坚持和完善"深入调研打牢基础，注重写作搞好服务，广泛宣传造出声势，办好刊物扩大影响，创新载体取得双效"的工作思路，加强内部团结和合作，提倡和培养团队精神，营造"解放思想，实事求是，开拓进取，团结协作"的处室工作氛围。坚持和完善各项工作责任制和人事管理制度。严格执行编辑部财务管理制度。请办公室出面对近几年杂志社的财务进行了审计。坚持印刷、广告、发行等重大事项的招标制度，处室重大政务实行公开民主的原则。（邹志土）

## ·机关党委·

**【综述】** 中共浙江省委统战部机关委员会现有正式党员243名，其中预备党员2名。机关党委所属部机关办公室、党派处、民族宗教处和经济处、联络处、干部处和机关党委、党外知识分子处、研究室（宣传办）、部机关离退休干部等8个党支部，省级民主党派机关中共支部、省侨联、省台联、省黄埔同学会等4个支部和省工商联、省社会主义学院2个党总支。

部机关党委主要负责部机关和省级统战系统各单位党组织的思想、组织、作风建设及纪检工作，领导工、青、妇等群团工作。设专职干部1人，2009年专职副书记先后是张玲莉、李保东。

2009年，部机关党委在省直工委和部务会议领导、指导下，坚持以邓小平理论和"三个代表"重要思想为指导，深入贯彻落实科学发展观，按照党的十七大、十七届四中全会精神和省第十二次党代会的部署，以加强党的执政能力建设和先进性建设为主线，以改革创新精神扎实推进机关党的思想建设、组织建设、作风建设、制度建设和反腐倡廉建设，为我省深入实施“创业富民、创新强省”总战略，为全省统战工作争创新优势、推进新发展、实现新跨越提供了坚强保证。

**【加强机关党的思想建设】**

根据上级的部署，协助开展了学习实践科学发展观教育和进行了中国特色社会主义理论体系、党的十七届三中四中全会、省委十二届六次全会精神等学习教育活动。根据《中共浙江省委统战部关于开展深入学习实践科学发展观活动的实施意见》，协助省委统战部部务会议、系统单位党组认真组织全体党员学习中央有关文件、胡锦涛同志的重要论述等有关学习材料。积极搞好分析检查，组织搞好民主评议，按照科学发展观的要求，完善工作思路，落实工作措施，努力建立贯彻落实科学发展观的长效机制。在学习贯彻党的十七届三中四中全会精神、省委十二届六次全会精神和中国特色社会主义理论体系主题教育活动中，认真制定并落实教育活动的实施方案，采取自学、集体交流、报告会、政论电教片收看等生动活泼的学习教育形式，增强了学习的针对性和有效性。协助部务会议，制定和落实中心组学习年度计划，编辑学习简报，基本完成了规定的学习时间、学习内容。为进一步深化主题教育，机关党委还开辟了“认真学习贯彻党的十七届四中全会和省委十二届六次全会精神”学习园地，收到了较好的效果。另外，加强了对支部理论学习的指导。一是专题教育前及时下发通知并提出明确要求。二是专题教育中编辑《党建情况交流简报》，及时刊登一些支部的好经验、好做法，达到了相互学习、相互交流的目的。三是专题教育后按照要求及时上报学习情况。各支部（总支）认真贯彻机关党委关于学习教育的部署，坚持每月学习日制度，并采取个人自学与支部集中学习相结合、通读原著与研讨交流相结合、室内学习与走出去参观考察相结合的方法，使学习教育落到了实处。广大党员干部通过学习教育，加深了对邓小平理论、“三个代表”重要思想、科学发展观，党的十七届四中全会、省委十二届六次全会精神和中央、省委重大决策、部署的理解，进一步增强了贯彻执行的自觉性。

在抓好政治理论学习教育的同时，按照省直工委关于创建学习型机关的指导意见，结合落实全省统战部长会议提出的“五个一工程”部署要求（举办一次培训会议、精读一本专业书籍、参加一次调研活动、撰写一篇体会文章、做好一次主题发言），从建立每半年一次的机关党员干部读书心得交流会机制入手，在机关党组织中开展了创建学习型党组织活动。全年举办党员干部读书心得交流会两次，部领导和机关各支部的代表在交流会上作了发言，编辑《读书心得交流》两期，印发部机关全体党员干部。通过开展创建学习型党组织活动，进一步增强了机关干部的学习进取意识。

认真贯彻落实省委《关于加强和改进思想政治工作的意见》，紧密联系党员干部、职工的思想实际，认真抓好思想政治工作。一是结合形势开展思想政治工作。凡遇国际国内有重大事件和中央、省委的重大政策出台，都能积极主动地做好正面教育和引导工作，教育党员干部增强大局意识，正确处理个人利益与国家集体利益之间的关系。二是做好经常性的思想政治工作。平时注意了解干部职工的思想状况，积极开展谈心活动，把加强和改进思想政治工作贯穿到各个方面、各个环节中去。遇有干部晋升、工作岗位调整、调入和调出等时机，党组织能有针对性地做思想政治工作，积极做好理顺情绪的工作；遇有干部职工生病或家中有困难，机关党组织能及时去医院或家中看望，送去党组织的关怀和温暖。三是根据省直工委的统一部署，结合统一战线工作的实际，在系统党组织中开展了七个一的“诚信、责任、敬畏”机关伦理道德教育活动，并结合组织学习全国优秀党员吴大观和首届浙江道德模范先进事迹，教育机关党员干部“讲党性、重品性、作表率”，进一步增强诚信意识、责任意识、敬畏意识，树立良好的职业道德和统战机关的新形象。四是积极进行传统教育。利用清明节、建党节等时机，组织统战系统内党员赴云居山革命烈士纪念碑，祭奠革命先烈，接受爱国主义和革命传统教育。

**【加强机关党的组织建设】**

一是抓机关党委班子建设。

2009年8月，部机关党委换届，中共浙江省委统战部机关第四届委员会由何剑锋、吴振宇、张军（女）、张维仁、李任治、李保东、陈清玲（女）、徐建华、詹建平（按姓氏笔画为序）等9位同志组成，徐建华为书记，李保东为专职副书记。新一届党委从建立和健全党委议事规则和程序入手，不断加强党委自身建设。党委一班人讲大局、讲团结、讲奉献，努力营造心齐风正的良好氛围。二是抓党支部建设。2009年是部基层党组织的换届年，42.8%的党支部相继换届，调整充实了基层组织骨干，党的基层组织从组织上得到了加强。按照便于党员队伍管理，有利于开展组织活动的原则，调整了个别党支部的组织设置。各党支部在抓好自身建设的同时，积极组织党员学习，开展组织活动，团结带领党员干部勤奋工作，党支部的战斗堡垒作用和党员先锋模范作用得以充分发挥。三是积极做好入党积极分子培养和党员发展工作。按照“严格标准，保证质量，改善结构，慎重发展”的十六字方针，根据年初制定的培养发展计划，加强了对入党积极分子和预备党员的培养、教育、考察和管理工作，保证了发展党员工作的健康进行。2009年选送3名入党积极分子参加了省级机关党校组织的理论培训，使他们在培训活动中受教育，在教育中成长进步。按规定程序发展了2名预备党员，1名预备党员按期转正。为机关党的组织注入了新鲜血液和活力。四是认真做好党费收缴和管理工作。严格按照有关标准收缴党费，自觉遵守党费使用规定，做到专款专用，并按规定以张榜公布的形式向全体党员通报。通过党费收缴，增强了党员的主体意识，强化了党员的组织观念。

**【加强机关反腐倡廉建设】** 一是抓廉政教育。根据省直机关工委和部务会议要求，组织党员干部认真学习中央、省委关于加强党风廉政建设和反腐败斗争的重要文件和指示精神，努力使党员干部在思想上筑起拒腐防变的道德防线，增强自我约束、遵纪守法的意识和能力；运用正反面典型案例，开展警示教育。通过赴省法纪教育基地，观看法纪教育图片展和电教片，进行警示教育等形式，对党员干部进行反腐倡廉教育，从而达到防微杜渐的教育效果。二是加强对党员领导干部的党内监督。按照从严治党的要求，机关党委认真履行职能，参与收集党员、群众对班子成员的意见和建议，与相关处（室）一道协助部务会议开好民主生活会。同时，认真落实领导干部参加支部组织生活情况的公示通报制度，使领导干部以普通党员的身份参加支部组织生活的自觉性更高了。三是落实党风廉政建设责任制。认真贯彻《中共浙江省委统战部建立健全惩治和预防腐败体系2008—2012年工作细则》和省委统战部《关于落实党风廉政建设责任制的实施意见》，进一步明确了领导干部抓党风廉政建设的工作责任，切实增强了“一岗双责”意识，把反腐倡廉工作和各项业务工作有机结合起来，在管好自己的基础上，带好队伍。通过教育，广大党员干部勤奋做事、清廉为官的观念得到进一步增强，大家自觉抵御各种诱惑，自觉维护统战系统党员干部的良好形象，受到广大统一战线成员的一致好评。四是认真做好普法工作。根据省“五五”普法的规划要求，结合机关工作实际，认真开展法制学习、宣传教育活动，自觉落实各项普法任务，使党员干部的法律意识和依法办事的能力不断提高。

**【组织开展“送温暖、献爱心”活动】** 根据上级统一部署，在系统党员中先后开展了“送温暖、献爱心”和“扶贫帮困结对”捐钱捐物献爱心活动。各支部依据本支部实际，自觉开展结对帮扶活动，积极物色帮扶对象，坚持长期资助贫困生，把温暖送到贫困学生家中。

**【积极支持工、青、妇等群众组织独立自主地开展工作】** 指导、帮助机关工会严格按照有关章程、程序做好换届工作。支持团支部参加省直机关“诚信、责任、敬畏”机关伦理道德教育美文演讲比赛活动，并取得了较好的成绩，为省级统战系统争得了荣誉。通过指导工会、妇女组织一起开展有益的趣味运动会、外出参观考察等活动，丰富了机关的文娱生活，增进了党群之间的团结，凝聚了人心，促进了机关两个文明建设。（李保东）

## 中国国民党革命委员会浙江省委员会

**【综述】** 2009年，民革省委会按照民革中央和中共省委的总体部署，认真贯彻中共十七大及三中、四中全会精神，深入学习贯彻科学发展观，牢牢把握政治交接这条主线加强自身建设，牢牢把握提高参政议政能力这个关键履行职能，牢牢把握两岸关系和平发展这个主题促进祖国和平统一，各项工作取得了新的进展。为我省全面实施“八八战略”和“创业富民、创新强省”总战略，全力克难攻坚，加快转型升级，着力改善民生，努力保持经济平稳较快发展作出了贡献。

**【进一步提高党员思想政治素质】** 省委会将深入学习贯彻科学发展观与深化坚持走中国特色社会主义道路学习教育活动相衔接，建立思想政治交接长效机制，不断推动全省党员坚定走中国特色社会主义政治发展道路的信念，为巩固和发展同中国共产党的团结合作奠定坚实的思想政治基础。省委会召开理论学习中心组暑期读书会，邀请民革中央副主席修福金专程到浙江作了《科学发展观与参政党建设》辅导讲座，举办了《六个“为什么”——对几个重大问题的回答》和关于民族宗教等问题的专题辅导报告，制作宣传展板，通过短信平台发送学习内容，推动民革全省党员、干部对科学发展观的深入理解。《浙江民革》杂志和浙江民革网站开设专栏，展示学习动态和成果，宣传党员学习与实践的先进事迹。

**【举办“与共和国同行”系列庆祝活动】** 省委会充分挖掘民革资源和优势，举办了“与共和国同行”主题歌咏会、书画展、征文等党员喜闻乐见的系列活动，庆祝中华人民共和国成立60周年、人民政协成立60周年和中国共产党领导的多党合作和政治协商制度确立60周年。包括民革党员原创作品在内的16个优秀节目参加了省委会9月22日在浙江音乐厅举办的庆祝大会并获奖，中共省委统战部常务副部长陈金彪出席庆祝大会并讲话，对民革党员表演的节目给予了高度评价。全省各级组织的领导同志和有关专家、学者、老党员、机关干部等，通过发表署名文章、撰写论文、书写回忆录等方式，畅谈认识和体会。60余篇征文中有4篇分别被省政协、杭州市政协评为优秀征文，20篇被省委会评为优秀征文。9月23日至25日，由省委会和各市委会征集的120余幅书画精品在杭州岳王艺术城展出，其中既有民革中央副主席修福金的书法和民革前辈、书画界名人的珍品，更多的是普通党员专题创作，以独特的视角，记录了新中国和人民政协成立60年来的时代变迁和社会进步。

**【切实提高宣传工作水平】** 省委会贯彻民革中央《思想宣传工作五年规划》要求和民革新闻宣传暨《团结报》工作会议精神，制定了《关于做好当前及今后一个时期民革思想宣传工作的意见》。于4月14日至15日召开了民革全省宣传工作会议，总结交流了工作经验，表彰了供稿先进个人，开展了新闻宣传业务培训。进一步增强政治责任感和新闻敏锐性，加大宣传力度，在省级以上党报和统战类媒体发表稿件80余篇。由省委会策划的《讴歌多党合作辉煌成就——浙江省非中共干部培养使用及民革代表性人物系列报道》，荣获2009年全省统战宣传重大创意活动奖。《浙江民革》内刊进行了改版，开通了浙江民革网站，团结报浙江记者站规范运行。承办了2009年度团结报全国记者站会议，浙江记者站被评为先进记者站，1人被评为优秀记者。

**【为应对国际金融危机建言献策】** 省委会围绕“保增长、抓转型、重民生、保稳定”的全省经济工作主线，调动各方资源和力量，积极开展“我为应对国际金融危机影响献一策”活动。在领导班子集体参加中共省委书记赵洪祝同志召集的对口约谈会上，提出关于我省经济保稳促调、深化农村改革、建设生态浙江、发展海外经济等方面的内容和建议，得到赵洪祝书记的充分肯定以及政府有关部门的及时反馈。在省委省政府领导主持的几次政治协商中，省委会主要领导积极提出有关政策建议。省委会调研组先后赴湖州、杭州、宁波等地，就金融危机背景下我省企业运行情况及应对措施进行调研。在省政协十届二次全会上，四位民革党员分别就《当前我省农产品出口面临的主要问题及其对策建议》、《浙江参与海峡西岸经济区共同发展的若干建议》等作了大会发言。全年收到关于应对国际金融危机的意见建议近百条，多条建议被有关部门采用。

**【就“三农”、“社会法制”重点领域参政议政】** 省委会加大了“三农”和“社会法制”问题的调研力度。分别赴台州、舟山海岛就我省农村专业合作社发展、“三渔”问题进行视察调研；

与民革中央一道调研了湖州安吉“中国美丽乡村计划”的实施情况，并提出推广建议；选派四名党员参加“2009 中国新农村法制建设论坛”；在全省教育、医药卫生、法律及经济领域的民革党员中，开展了历时两个多月的征集参政议政课题活动，共收到建议材料 60 多篇。围绕发展生态循环农业、构建村—镇—县三级医疗保健网、农村保障性住房建设、新农村建设资金使用监管，以及我省殡葬改革、大力促进非正规渠道就业、人民调解工作的职业化改革、我省中小企业健康发展等课题取得了一批调研成果。省委会主要领导向全国政协全会提交的《关于加强中低产田改造投入》的提案，促成我省农业开发经费达到 2.5 亿元。在省政协十届二次会议上，围绕我省“千万农民饮用水工程”、城乡教育均衡发展、农产品出口、农村金融体制改革的保驾护航，以及完善我省社区矫正工作体系、加强护理队伍建设等问题，提交了团体提案。其中，《切实加强农村教育，促进城乡教育均衡发展》被列为省政协重点提案；《关于进一步发展壮大村级集体经济的建议》被主办单位列为重点提案，并促成了省委、省政府《关于发展壮大村级集体经济的若干意见》文件的出台。

**【不断完善参政议政工作机制】** 省委会调整有关专委会负责人，建立以专委会为主的参政议政工作平台和参政议政工作“月会”制度。完善省委会委员—专委会委员—骨干党员联动调研机制，健全省—市—县三级组织共同调研的办法。以召开专题研讨会的形式，发动更多党员参政议政。重视发挥特邀（约）人员的民主监督作用。不断完善反映社情民意信息工作的反馈和考评奖励机制。召开年度信息工作会议，开展信息业务培训。规范信息收集、编辑、加工、审批和报送工作，全年共向民革中央、省政协、省委统战部报送信息 117 篇。其中，“以合理低价中标政策取代最低中标政策”、“对成品油价税费改革方案的修改建议”、“保障我省能源安全的几点建议”等 80 多篇信息，被全国政协、民革中央、中央统战部、省委统战部采用，或受到有关领导批示。省委会被民革中央评为 2009 年度反映社情民意信息先进集体。

**【进一步深化社会服务工作】** 省委会对丽水市莲都区上塘畈村的帮扶举措迈出实质性步伐。先后组织党员中的农业专家实地考察，组织当地政府部门现场研究，上门听取村民意见，优化帮扶项目。出资 26 万元资金用于上塘畈村的道路硬化和村文化活动室建设。对松阳县三都乡中心小学的扶贫助学继续开展，资助 7 万元为该校购置电教设备，给“逸仙图书室”重新授牌。组织党员中的文物保护专家，帮助三都乡政府对辖区内的古建筑进行考察鉴定，提出开发建设的建议。发动党员积极参加“科技创新竞赛行动计划”。省特级专家苏为科的科研项目“替代光气、氯化亚砜等有毒有害原料的绿色化学技术开发及推广应用”，荣获省委统战部科技创新奖。组织党员医疗专家，赴临海市涌泉镇卫生院和外岙村开展送医下乡活动。

**【所属社会服务实体稳健运行】** 浙江长征职业技术学院的规模和质量不断攀升，去年正式进入全日制万人高校行列，形成为民营中小企业服务的鲜明办学特色，招生就业呈现良好态势，目前全校上下正在为迎接 2010 年高职院校人才培养工作评估并争取向本科院校迈进做准备。杭州长征业余学校的办学管理进一步规范，成立了理事会，学校荣获“全国 120 所优秀成人教育培训机构”称号。浙江长征财经专修学院的恢复工作取得重大进展。浙江省逸仙书画院健全了领导班子和工作机构，全年举办各种主题的书画活动达 10 多次。8 月，台风“莫拉克”袭击台湾时，举办了“情牵台湾·大型书画赈灾义卖会”。浙江民声业余京剧社克服困难，坚持开展京剧文化的传播与普及。

**【广大党员立足本职取得新业绩】** 衢州党员吴长根获全国五一劳动奖章，湖州党员徐华庭被中共中央组织部表彰为“全国离退休干部先进个人”，绍兴党员如学东被中央文明办等十部委评为“知识型职工”，金华党员陈华文荣获省政府哲学社会科学优秀成果一等奖，金华党员张根芳荣获省政府科学技术二等奖。据不完全统计，一年来，全省民革党员共荣获国家、省、市等各级表彰奖励 440 多人次。

**【深入开展台情研究】** 省委会深入学习胡锦涛总书记在纪念《告台湾同胞书》发表 30 周年座谈会上的重要讲话精神，积极发挥祖统委、台情研究小组和各地祖统工作骨干的作用，定期编印《祖统通讯》等学习材料，宣传中共中央各项对台工作方针政策。在省和平统一促进会举办的台情研讨会上提交了《台湾民众的政治生态分析》的论文。贯彻民革中央关于对台工作“四个转变”精神，以两岸关系和平发展为主题，以做好台湾人民工作为核心，加强涉台参政议政，形成了《加大引进台湾专业人才力度，促进浙江产业升级》的调研报告。全年编报涉台社情民意信息20多条。

**【不断加强交流联谊力度】** 省委会高度重视“请进来”、“走出去”工作，接待了中国国民党驻美东支部“溯源之旅”回国访问团、台湾青商会特友会赴浙江交流考察团、中国国民党高雄市第五区党部访问团等，并于6月组团赴台湾交流访问，还选派4名党员参加了民革中央组织的赴台职业教育考察交流活动。8月，台风“莫拉克”袭击台湾时，及时下发了《关于向台湾灾区人民提供援助的通知》，通过各种渠道向台湾灾区人民捐款捐物。浙江省逸仙书画院举办了“情牵台湾·大型书画赈灾义卖会”。

**【领导班子和后备干部队伍建设得到加强】** 省委会领导班子坚持民主集中制原则，严格按照“集体领导、民主集中、个别酝酿、会议决定”的方针就重大事项作出决策。在分工负责制运行中注重协调配合，经常开展谈心活动，不断增进合作与共识。对专职副主委和秘书长开展了述职评议活动。杭州、舟山2个市委会进行了领导班子的届中调整。宁波、绍兴市委会开展了领导班子届中述职活动。台州市委会顺利换届。开展后备干部的民主推荐工作，建立了新一轮后备干部队伍。先后选送干部参加了民革中央、中央统战部和省委统战部分别在中央社会主义学院、省社会主义学院举办的各类培训班。

**【狠抓基层组织建设和机关建设】** 针对基层工作需求，在省社会主义学院先后举办了全省基层骨干培训班、省直基层骨干培训班和省直新党员培训班。在党籍管理上，实现了省、市两级组织党员信息化管理全覆盖。不断优化基层组织结构和布局。召开省直有关单位统战工作负责人恳谈会，征求他们对省委会工作的意见和建议。重新修编省委会机关制度，参加省级民主党派制度建设研讨会并作经验交流发言。召开全省民革机关工作会议，加强机关干部能力建设。省委会机关录用了2名公务员，3名机关干部转正定级，晋升了1名副巡视员，机关干部结构进一步得到改善。重视对机关干部的培训和实践锻炼，省委会17名机关干部中有28人次参加各种培训，3名机关干部分别脱产到省台办、县级政府和基层街道挂职锻炼。 （张小莹）

## 中国民主同盟浙江省委员会

**【综述】** 2009年是新中国成立60周年，是多党合作制度确立60周年，也是新世纪以来浙江经济发展最为困难的一年。一年来，面对金融危机的严峻挑战，民盟省委在中共省委和民盟中央的正确领导下，在中共省委统战部的指导帮助下，坚持以邓小平理论和“三个代表”重要思想为指导，认真贯彻落实民盟十届二中全会和民盟省委十届三次全会以来确定的各项任务，紧紧围绕我省全面实施“创业富民、创新强省”总战略，紧紧依靠全省各级民盟组织和广大盟员，紧紧抓住参政议政、社会服务、自身建设不放松，各项工作取得新的成绩。

**【开创思想建设和宣传工作新局面】** 民盟省委高度重视思想建设工作，积极开展理论学习、形势教育和优良传统教育，定期举办民盟省委中心学习组学习会。结合新中国成立60周年、人民政协成立60周年和多党合作制度确立60周年，全省各级民盟组织开展一系列主题教育活动，以征文、书画展览、报告会、座谈会、联谊会等为载体，重温多党合作历史，提高盟员政治理论水平和思想道德素养。重视发挥理论对实践的指导作用，结合民盟多年来的参政实践经验，着手开展参政党理论研究，成立民盟浙江省参政党理论研究会，举办民盟参政党理论建设研讨会，初步形成一批参政党理论研究新成果，尤其在参政党民主监督理论研究方面做了一些有益的探索。开展浙江民盟文史资料系列编辑工作，加强宣传报道民盟代表性人物和先进典型事迹，建立宣传报道月报制度。完善

“浙江民盟”网站建设，完成《浙江民盟》季刊改版工作，定期编印《学习资料》。

【参政议政出成果】 把参政议政的着力点放在国际金融危机造成严重冲击后的对策研究上，结合浙江特点、民盟特色，围绕有效应对国际金融危机，优化选题，创新机制，建言献策。一是采取参政议政新举措，建立省级重点课题招标制度，面向各专门委员会和各市委会招标，提供中标课题调研经费。二是发挥党派特色和界别优势，组织民盟界别省政协委员就文化遗产、欠发达地区学前教育等问题深入实地开展调研。三是发挥各专门委员会集体优势，就教育体制改革、文化体制改革、医保制度完善、第三产业发展、产业转型升级、大学生就业等问题开展调研，献计献策。四是提高提案质量，呈现提案办理实效，提交省政协十届二次会议的团体提案《积极发展城区居家养老事业 努力应对城市老龄社会问题》被省政协确定为重点提案。五是保持信息工作良好势头，《我省高校毕业生就业招聘方式亟待改变》、《关于设立省级文化系统人才引进专项资金的建议》、《食盐加碘一刀切做法导致我省甲状腺病人急剧增加要引起政府的高度重视》、《关于在全省推广〈宁波市医疗纠纷预防与处置暂行办法〉的建议》、《防控人感染猪流感病毒疫情 政府应主导危机信息传播》、《关于促进我省养老服务业发展的几点建议》等6件信息分别得到省委书记赵洪祝、省长吕祖善、省政协主席周国富等省领导的重视和批示。截至2009年12月底，共收到全省各级民盟组织和盟员个人上报信息431件，采用上报298件，被省政协采用35件，被民盟中央采用58件，全国政协信息单篇采用1件。民盟省委分别得到民盟中央、省政协系统和省统战系统信息工作奖励，特别在民盟中央的信息工作上取得突破，荣获2008—2009年度“民盟反映社情民意信息工作”集体二等奖。此外，积极选送优秀调研论文参加全盟有关专题研讨会交流，数篇高质量的调研论文在会上引起关注和积极反响。

【开拓社会服务新思路】 继续开展“农村教育烛光行动”，组织安排云南丽江的6位教师到浙江大学附属中学培训。开展科普讲师团工作，根据不同特点和需求，面向省内各地学校、社区、企事业单位等开设形式各异、内容丰富的讲座，全年共举办各类讲座30余场，听众达4000多人次。做好扶贫结对工作，积极帮助结对点龙泉市竹垟乡红坞村，提出发展笋竹林、茶叶产业的建议，在实践中初显成效。逐渐形成盟办学校品牌效应，杭州求是高级中学和杭州求是专修学校教学工作呈现良好发展态势。关注大学生就业问题，召开关心大学生就业座谈会，举办夏季大学生就业专场招聘会，30多家盟员企业参与了招聘会，赢得良好社会反响。举办民盟浙江华夏书画学会成立20周年图片成果展和民盟浙江省暨杭州市书画名家邀请展。民盟浙江华夏书画学会金华、嘉兴、台州分会相继成立。

【组织建设有新进展】 加强基层组织工作指导，加大基层组织制度化、规范化建设，推广先进基层组织建设经验，发放《民盟浙江省直属基层组织工作手册》，收集汇总省直属基层组织工作亮点。分类搭建基层组织交流平台，分别针对高校和高职高专院校进行盟务工作研讨。引导各基层组织横向、纵向的交流联系，开展形式多样的结对活动。健全领导班子分工联系制度，加大领导班子成员深入基层组织调研力度。完善省直属基层组织联络员制度，定期召开联络员会议，有效发挥联络员纽带和桥梁作用。进一步健全组织架构，成立民盟浙江师范大学委员会和民盟慈溪市、嘉善县基层委员会，组建民盟省直属联合第四总支等6个总支和民盟浙江树人大学支部等6个支部。

继续实施“人才强盟”战略，根据新形势参政党面临的新要求，认真规划组织发展工作，保证在职盟员数量稳步增加，保持民盟总体规模优势。进一步改善盟员专业结构、层次结构和年龄结构，开拓高校发展新领域，在新建高职院校中发展新盟员和建立民盟组织，扩大组织发展覆盖面。

【创新盟员培养使用机制】 开展民盟省委委员后备干部推荐工作，积极与盟员所在单位党组织联系沟通，有针对性地分批召开党盟座谈会，推动党盟关系持续发展。选派盟员到各级社会主义学院学习，选送盟员到厅(局)、县(市)挂职锻炼。召开盟务骨干培训班、省直基层新盟员培训班、高校骨干盟员座谈会，努力为各个层面的盟员搭建平台。据不完统计，全年共组织盟员学习培训约800人次。全省广大盟员在各自领域立足本职、恪尽职守、勤勉敬业，为所在地区经济社会发展积极作为，屡创佳绩、屡获嘉奖、屡立新功，树立了民盟良好的参政党形象和社会形象。据不完全统计，1人荣获全国“五一”劳动奖章，2人荣获“全国三八红旗手”称号，3人荣获“全国优秀教师”称号，1人被列为全国宣传文化系统第四批“四个一批”人才。

**【民盟浙江省第十届委员会第三次全体会议召开】** 民盟浙江省第十届委员会第三次全体会议于2月10日至11日在杭州召开。会议学习贯彻中共十七届三中全会、民盟十届二中全会和省“两会”精神；听取并审议了由省委会主委徐辉代表常委会所作的工作报告，通过了大会决议；表彰了2007—2008年度全省先进组织和先进盟员。

**【民盟中央主席蒋树声看望王启东等民盟老同志】** 4月30日，全国人大常委会副委员长、民盟中央主席蒋树声在参加中国国际动漫节活动期间，亲切看望了民盟浙江省委第五、六、七届主委王启东，第八、九届主委孙优贤。民盟浙江省委主委徐辉，副主委陈振濂、徐向东陪同参加了看望活动。

**【韩平被任命为省教育厅副厅长】** 2009年9月，根据浙江省人民政府浙政干〔2009〕32号文件，民盟浙江省委常委、舟山市委会主委韩平被任命为浙江省教育厅副厅长。

**【罗卫东被任命为浙江大学副校长】** 2009年12月，根据教育部教任〔2009〕52号文件，浙江大学盟员罗卫东教授被任命为浙江大学副校长。（章　远）

## 中国民主建国会浙江省委员会

**【综述】** 2009年，民建省委会在中共浙江省委和民建中央的领导下，深入学习贯彻科学发展观，以服务“保稳促调”为重心，充分发挥本会密切联系经济界的特点和优势，团结广大会员，认真履行参政议政、民主监督职能，积极开展社会服务；以重大节庆活动为抓手，努力加强会的思想建设、组织建设和制度建设，较好地完成了各项工作任务。

**【以应对国际金融危机为重点，履行参政议政职能】** 在“两会”上建言献策。民建会员中的省人大代表、政协委员共提交建议19件，提案65件，其中省委会团体提案7件。关于开拓国内外市场、低碳经济、大学生就业等19篇材料被选为省政协大会书面发言。省委会《进一步推进我省土地开发整理工作，保障耕地占补平衡，促进科学发展》的团体提案，被确定为2009年省政协重点提案，由吕祖善省长、陈敏尔常务副省长领办，省政协副主席陈艳华督办。民建界8位委员提出的《关于恢复章乃器故居开设纪念馆的建议》受到当地政府重视，正制定工作计划和实施措施。向中共省委、省政府报送专题调研报告，3份报告分别获得了省委书记、省长的批示。省委会调研处获民建中央参政议政工作先进集体一等奖。认真做好反映社情民意信息工作，提高民主监督实效。省长吕祖善、省政协主席周国富、常务副省长陈敏尔分别对《关于组建我省经济鉴证类业务招投标管理中心的建议》、《改善中小企业融资环境应当从三方面着力》、《欠发达地区义务教育债务兑现难问题的调查与建议》和《“药后驾车”引起反应迟钝是造成交通惨祸的隐性杀手》等信息作出批示。省委会获民建中央反映社情民意信息工作一等奖、省政协反映社情民意信息工作先进单位一等奖、全省统战信息工作先进单位特等奖。

**【以重大纪念活动为契机，深化思想教育】** 开展多种形式的学习宣传教育活动，庆祝新中国成立60周年，人民政协成立和多党合作制度确立60周年。一是开展主题征文活动，共收到体会文章49篇，其中2篇被民建中央评为优秀作品。会刊和网站开辟专栏，刊登纪念文章，起到良好效果。二是举行全省民建庆祝新中国成立60周年联欢会，350多名民建会员参加。三是召开全省民建庆祝新中国成立60周年老同志座谈会。四是省委会原主委程炜围绕弘扬“五个坚持”加强自身建设为主题进行宣讲。通过系列活动，使全省会员深切感受到没有共产党就没有新中国，更加坚定自觉接受中国共产党的领导，走中国特色社会主义道路的信念。会员李子元被《浙江日报》评为60年60个风云人物之一。深入学习贯彻科学发展观。一是组织深入学习。省委会机关带头开展专题学习和交流研讨，提高认识，深刻理解科学发展观的科学内涵、精神实质和根本要求。二是服务科学发展和推动自身科学发展。通过学习教育，加深对科学发展观的理解，树立科学发展的理念，形成科学发展的共识。三是与学习中共十七届四中全会精神结合起来。省委会中心学习组、机关学习组和老同志学习组开展专题学习，各级组织开展多种形式的学习活动。开展理论研究工作。组织理论委员会成员和专家学者，围绕"会内监督机制建设"课题，完成理论研究文章9篇。2篇获民建中央"弘扬传统、开拓奋进"征文活动优秀奖；1篇被民建中央评为2009年重点理论调研课题优秀成果一等奖，省委会获优秀组织奖；1篇获全省统战理论调研优秀奖。编辑出版《政治交接学习教育活动成果集》。加强新闻宣传工作，省委会2009年获民建中央新闻宣传工作先进单位一等奖。认真办好会刊和网站，省委会获2009年度民建中央网站用稿评比三等奖。

**【以创新载体为突破口，提高服务会员服务社会水平】** 为会员企业出谋划策。一是省市委会领导带队走访会员企业，了解情况，鼓舞信心，出谋划策，帮助解决实际困难。引导会员企业全力安置劳动就业，维护稳定大局。二是邀请著名经济学家、香港中文大学校长刘遵义作"国际金融危机之影响及其应对方略"的专题演讲，我省会员企业家、有关经济管理部门等共300多人到会。省委书记赵洪祝对这次讲座作了重要批示。三是省委会与金融界、学术界联合，举办2009（杭州）村镇银行发展高峰论坛。四是组织全省100多位会员企业家参加民建中央举办的中国风险投资论坛、中国非公有制经济发展论坛、川渝经济合作论坛。继续推进服务社会工作。省委会领导深入扶贫联系点丽水市云和县云坛乡苏坑村，为苏坑村争取到道路建设的专项资金42万元。会员企业与多名贫困学生结对助学。省委会社会服务处获民建中央社会服务工作先进单位奖。配合做好外联工作。省委会接待民建中央邀请的台湾金融及科技专家大陆访问团。组织会员参与台情研究，递交论文被浙江中国和平统一促进会列为专题发言材料。

**【以加强支部建设为基础，推进会的组织工作】** 加强地方组织及基层支部建设。省、市委会加强与统战部、会员所在单位的联系，听取意见，提出建议，争取支持。完成金华和衢州两市委会的换届工作。全省各基层支部不断创新活动形式、活动内容。2009年新成立民建浙江工业大学总支部、浙江师范大学总支部、浙江林学院支部。做好省级后备干部队伍建设。认真配合有关部门依据程序、按照规定建立了省级后备干部队伍。积极向中共省市委和民建中央举荐人才。在有关部门的大力支持和考核下，省委会专职副主委黄小杭出任金华市人民政府副市长，台州市委会主委赵跃进出任台州市人民政府副市长，绍兴市委会委员何小玲当选绍兴市工商联主席。另有数名会员列入厅局级后备干部队伍。开展学习培训活动。省委会选派6名会员参加省委统战部举办的全省统战系统新任省委委员和中青年骨干培训班。举办全省支部主任培训班、全省妇委会委员和骨干女会员学习班。稳步做好组织发展工作。一年来，全省共发展新会员307人，平均年龄36.4岁，大学本科以上学历占73.6%，中级职称以上44.6%，经济界占59%。截至2009年底，全省共有会员6103人。

**【深入学习贯彻科学发展观】**

2月10日，为推动全省民建深入学习贯彻科学发展观，民建省委会向各市委会和省属工委会发出《关于深入学习贯彻科学发展观的实施意见》。《实施意见》就2009年全省民建分阶段、按步骤学习贯彻科学发展观作出安排。2月至5月为第一阶段，即理论学习阶段，以加强学习、提高认识为主，通过学习研讨，深刻领会科学发展观的重大意义、科学内涵、精神实质和根本要求，加深对科学发展观的理解，树立科学发展的理念，形成科学发展的共识。6月至9月为第二阶段，即贯彻深化阶段，要坚持把促进发展作为履行职能的第一要务，运用统筹兼顾的思维和方法，努力在服务经济社会科学发展和促进多党合作事业科学发展上不断有新作为。10月至11月为第三阶段，即总结提高阶段，要以贯彻落实科学发展观，加强自身建设为主题，认真总结学习贯彻科学发展观以来，各级组织和广大会员在思想认识方面、履行职能方面和自身建设方面所取得的进步和成效。同时，认真查找不足，分析原因，并提出改进措施。

**【民建中央会员培训中心与省委会联合举办建华课堂高端讲座】** 3月27日，由民建中央会员培训中心与民建浙江省委联合主办，民建杭州市委会、省委会企业委员会承办的民建中央建华课堂高端讲座在省人民大会堂举行。著名经济学家、香港中文大学校长刘遵义应邀作题为“国际金融危机之影响及其应对方略”的讲座。民建中央常务副主席马培华致辞，省人大副主任、省委会主委吴国华主持会议。省委书记赵洪祝对举办这次讲座作了重要批示。全省各地的会员企业家、会友和一直关心支持民建事业的省人大、省政协、省市政府有关经济管理部门、统战部领导和各民主党派代表共300多人到会听课。

**【民建中央副主席辜胜阻到杭州调研】** 5月23日至24日，全国人大常委、民建中央副主席辜胜阻到浙江，就“中小企业如何应对全球金融危机”的课题进行调研，并参与“浙商转型与升级高峰论坛”。23日上午，辜胜阻副主席在民建浙江省委会主委吴国华、杭州市委会主委陈小平陪同下，考察了民建会员企业杭州东华链条集团有限公司，并召开了企业家会员及金融、政府部门会员参加的座谈会，围绕中小企业如何应对全球金融危机进行座谈，听取意见和建议。24日上午，辜胜阻副主席出席“浙商转型与升级高峰论坛”，作题为“全球危机下的浙商转型与升级”的主旨演讲。他表示，当前应对危机，需要思考和处理好六组关系，分别是虚拟经济与实体经济、储蓄与消费、存量优化与增量扩张、消费升级与产业升级、调周期与调结构、有形之手与无形之手。

**【民建界政协委员赴金华调研】** 7月3日至4日，民建省委会组织民建界省政协委员到金华，就“开拓市场、扩大内需”问题进行调研。7月3日下午，举行了“开拓市场、扩大内需”的座谈会。省人大副主任、民建省委会主委吴国华，省政协原副主席、民建省委会原主委程炜，省政协提案委员会专职副主任高良栋应邀参加了会议。会议由金华市副市长、民建省委会副主委黄小杭主持。金华市经委、市发改委、市贸粮局、市工商局、电信金华分公司负责人介绍了金华市“开拓市场，扩大内需”工作的相关情况，民建界省政协委员对金华市“开拓市场，扩大内需”工作提出了相关建议。7月4日上午，民建界省政协委员们考察了民建会员企业金华锦林佛手开发有限公司，听取了公司董事长张锦林的相关介绍，大家就如何进一步开拓市场进行了热烈的交流。

**【全省民建庆祝新中国成立60周年联欢会在杭举行】** 9月16日，由民建浙江省委会主办、杭州市委会承办的全省民建庆祝新中国成立60周年联欢会在杭州东坡大剧院举行。省人大常委会副主任、民建省委会主委吴国华，省政协原副主席、民建省委会原主委程炜，民建省委会原主委孙延年，中共杭州市委统战部副部长杨志刚等出席联欢会。来自全省各地的民建会员350多人欢聚一堂，隆重庆祝中华人民共和国成立60周年，中国共产党领导的多党合作和政治协商制度确立60周年。联欢会由杭州市副市长、民建省委会副主委、杭州市委会主委陈小平主持。吴国华在联欢会上致辞。联欢会上，来自全省各地的民建会员和文艺工作者表演了《节日欢歌》、《献给祖国母亲的祝福》、《梁祝》、《爱我中华》、《五星红旗》、《路在脚下》等精彩纷呈的文艺节目。

**【民建中央原副主席陈明德在浙召开老同志座谈会】** 11月2日，民建中央原副主席陈明德在浙召开老同志座谈会。座谈会由民建省委会原主委程炜主持，省委会原主委孙延年，原副主委陆惠明、蒋福弟、钱碧琴等老同志参加，省委会副主委郭吉丰到会听取意见建议。座谈会上，陈明德副主席作了重要的讲话，肯定了浙江省民建多年来卓有成效的工作，表达了民建中央对老同志工作的重视与关心。

**【民建中央主席陈昌智考察浙江民建会员企业】** 11月7日，全国人大副委员长、民建中央主席陈昌智赴杭州，出席“2009中国（国际）休闲发展论坛暨第二届中国休闲城市市长峰会”。会后，在省人大副主任、省委会主委吴国华，省委会副主委郭吉丰、陈小平等的陪同下，考察了三家民建会员企业：浙江江南涤化有限公司，金都房产集团公司，万事利集团。陈昌智主席对民建会员企业的生产经营情况十分关心，对企业的科技绿色概念、产业升级、自主研发表示赞赏。

**【2009（杭州）村镇银行发展高峰论坛隆重举行】** 11月15日，2009（杭州）村镇银行发展高峰论坛在省人民大会堂隆重举行。全国政协常委、民建中央常务副主席马培华，省委常委、常务副省长陈敏尔出席并致辞，省人大常委会副主任、民建浙江省委会主委吴国华主持。省人大、省政府、省政协、省委统战部、省金融办、省银监局等领导出席。论坛由中国民主建国会浙江省委员会、浙江省资本与企业发展研究会、浙江地方金融发展研究中心主办，杭州联合银行协办。（楼 冰）

## 中国民主促进会浙江省委员会

**【综述】** 2009年，民进浙江省委会在民进中央和中共浙江省委的领导下，深入贯彻科学发展观，围绕中心，服务大局，认真履行参政党职能，切实加强自身建设，各方面工作都取得了新的进展。

积极发挥政治协商、民主监督作用。一年来，省委会领导多次参加中共省委、省政府召开的各种协商会、通报会、座谈会，就重大决策发表政见，对政府工作报告及其他重要文件的制定和修改提出意见建议。每次重要协商前，省委会都精心组织专家研讨，认真开展调查研究，力争形成集体意见。

认真履行参政议政职能。省委会向民进中央报送的《关于创新机制，解决中小企业融资难问题》的调研报告，被会中央列为提交全国政协会议的集体提案，并被评为民进中央2009年度参政议政成果一等奖。在省政协十届二次会议上，省委会共提交了7件集体提案、1件大会口头发言和14件书面发言，民进会员中的政协委员提交个人提案57件，内容涉及应对国际金融危机、推进政治文明建设、农业和农村建设、教育和文化建设、资源和环境建设以及其它社会发展问题等多个领域。其中，《合理配置城乡教师资源，促进教育均衡发展》提案被列为省政协重点提案，郑继伟副省长专门作出批示并亲自领办。省委会向中共浙江省委、省政府报送的《韩国经济发展对我省经济转型升级的几点启示》的建议案获得了省委书记赵洪祝的批示，《关于推行浙江省农村教师“特岗计划”的建议》得到了省长吕祖善的批示。全年编发《浙江民进信息》160余期，30多期被上级部门采用，直报信息有4期得到了中共浙江省委、省政府领导的批示。省委会被省政协评为信息工作先进单位。

课题申报运行机制日臻完善。2009年共收到来自各市委会、省直基层组织、参政议政特邀研究员、地方组织专委会及支部的课题申报书55份，有16个课题被立项，均已形成成果，并进一步建立省、市参政议政成果共享机制。

深入学习贯彻科学发展观。省委会通过组织收看网络视频、邀请专家作专题辅导报告、在浙江民进网站和《开明》会刊开辟学习专栏等形式，并把学习贯彻科学发展观作为本年度各类培训班、学习班的重要内容，在全会上下扎实推进学习贯彻科学发展观活动。同时进行了广泛的问卷调查，了解掌握会员的思想动态，组织开展了“我为学习贯彻科学发展观献一计”和“我为民进科学发展建一言”活动，增强了广大会员学习实践科学发展观的自觉性。

省委会注重思想宣传队伍建设，年初对通讯员进行了重新聘任，并举办学习培训和交流考察。《开明》会刊和浙江民进网站建设得到进一步加强，省委会再次被会中央评为“会刊工作先进单位”。据不完全统计，省委会在中央和省级媒体上发表宣传报道54篇（不包括网络），对外宣传力度进一步加大。

全面推进组织建设。省委会和各地方组织巩固和扩大政治交接成果，加强了领导班子的思想建设、制度建设和作风建设。省委会领导班子落实责任分工，加强与地方组织、专委会、联谊会和基层组织的联系。部分市级组织开展了领导班子届中述职和民主评议工作，金华、台州市委会顺利完成了换届。省委会积极做好会内各级领导班子后备干部的引进、培养和使用工作，共推荐50余人次参加了中央统战部、中央社院、省委统战部、省社院举行的各类培训班、进修班、研讨班，11月还召开了民进担任政府和司法机关实职人员座谈会。省委会以创建民进全国先进基层组织活动为契机，不断加强对基层组织工作的指导，创新基层组织工作和活动方式。省委会和各地方组织继续贯彻落实基层组织达标考核办法，进一步完善了省直支部主任会议制度，组织基层负责人与民进江苏省委会开展交流。

抓好会员发展工作。全省发展新会员287名，平均年龄37.2岁，中上层人士占83.3%。其中教育界占43.2%、科技界占1%、医卫界占16%、文艺界占4.9%、新闻出版界占1.4%、公有制经济界占2.1%、机关团体占12.8%、新的社会阶层人士占16.7%，其他占1.7%。目前，全省有民进会员7442名。

机关建设呈现新风貌。省委会和地方各级组织大力推进机关制度化、规范化、程序化和信息化建设，进一步加强机关干部思想政治素质的培养和专业知识的培训，各级机关积极拓展对外交流的渠道，加大机关干部交流的力度。省委会机关积极参与民进华东六省一市第十一次工作研讨会，各市委会之间开展了“两州两兴”工作研讨会和民进“四江”协作机制，全省机关呈现出蓬勃向上的精神面貌。

社会服务工作开创新局面。2009年省委会被民进中央评为“社会服务工作先进单位”。省委会坚持第五年参加省委、省政府“山海协作”系列活动，赴衢州开展送教送文化进校园、送医下乡、企业项目对接等方面的工作，6月为开化县华埠中学捐赠图书，9月对常山县人民医院开展医疗帮扶并为当地群众义诊，并组织民进企业家赴衢州进行商务投资考察等。省委会积极响应中共浙江省委统战部“少数民族低收入群众增收帮扶行动计划”，于今年4月提前完成了对景宁畲族自治县东坑镇大张坑村的帮扶任务，为当地捐建防汛排涝系统，并多次对当地困难群众进行走访慰问。同时在淳安宋村乡建立了新的贫困乡扶持点，与杭州市委会和部分省直基层组织共同从文化、教育、医疗等多方面对该乡进行帮扶。省委会坚持第12年为杭州市儿童福利院的孩子提供医疗咨询、诊治服务，为孩子们送上一台木偶戏。7月，省委会还建立了20万元“海纳孤残儿童康复”基金，今年启动后，已经为一名患有先天性心脏病的女童进行了心房补缺手术。这项活动还将持续开展6年。

巩固社会服务工作平台。浙江民进企业家联谊会关心企业界会员，走访慰问会员企业，11月举行了“企业发展与责任”主题论坛。杭州、宁波相继在年内成立了民进企业家联谊会。省委会继续发挥“三胞”联谊会的作用，通过中秋茶话会、台海局势报告、与“华语之声”合作开展“浙台旅游摄影大赛”等活动，进一步拓展海外联谊工作。

**【成功承办两岸医学文化论坛】** 10月31日至11月2日，民进中央和浙江省政府联合主办的“第七届海峡两岸中华传统文化与现代化研讨会暨首届海峡两岸医学文化与医学发展论坛”在杭州隆重举行，民进浙江省委会发挥医卫界的传统优势，与省卫生厅、省台办等单位通力合作，成功承办了这次活动。省委会副主委连建伟、蔡秀军分别在论坛上作了主题演讲，连建伟副主委还向台湾方面赠送了著作。论坛期间还举行了浙台医疗卫生交流项目签约仪式。这次论坛搭建起深化两岸文化交流的新平台。全国人大常委会原副委员长、民进中央原主席许嘉璐出席论坛并讲话。此次活动被中央电视台、中央人民广播电台、新华网、《人民政协报》、《团结报》及省内各大媒体报道，“华语之声”还制作了论坛专题，扩大了我会的社会影响力。

**【积极参与民进中央“彩虹行动”】** 民进浙江省委会积极参与会中央“彩虹行动”，民进会员、杭州师范大学附属小博士艺术幼儿园董事长李君捐资10万，用于西部幼儿教师培训计划。11月，在省委会、杭州市委会、企业家联谊会、杭幼师民进支部、宁波李惠利幼儿园等多方面的支持下，15位来自贵州毕节金沙县的幼儿教师参加了首届西部幼儿教师培训班的学习，民进中央严隽琪主席亲自为“彩虹行动——西部幼儿教师培训基地”揭牌。

**【隆重庆祝中华人民共和国成立60周年和人民政协成立60周年】** 2009年是中华人民共和国成立60周年和人民政协成立60周年。省委会把庆祝活动与学习贯彻科学发展观和做好2009年各项工作结合起来，积极参与民进中央、政协和统战系统举办的一系列活动，开展了“与共和国一起走过”专题征文，9月隆重举行了“庆祝中华人民共和国成立60周年暨浙江开明画院成立10周年美术作品展”。

全省各级组织以各种形式的报告会、学习会、座谈会、演讲赛、歌咏会等为载体，开展了丰富多彩的庆祝活动。

**【中共浙江省纪委书记任泽民走访民进省委会机关】** 8月11日上午，中共浙江省纪委书记任泽民、副书记杨晓光等一行在省委统战部常务副部长陈金彪等的陪同下，走访了省委会机关。

省委会副主委穆建平和全体机关干部热情欢迎任泽民书记一行。任书记希望民主党派能积极履行民主监督职能，对民进省委会机关浓厚的文化氛围表示赞赏，并逐一慰问了机关干部。

**【浙江开明画院隆重举行成立10周年系列庆祝活动】** 2009年是浙江开明画院成立10周年。10年来，画院走出了一条公益性艺术社团的发展新路，先后开展各类艺术和社会公益活动200余次，共捐献书画作品1200余幅，成为民进开展社会服务的良好窗口。9月12日至16日，民进省委会在杭州举办了“庆祝中华人民共和国成立60周年暨浙江开明画院成立10周年美术作品展”。此次画展，共展出浙江开明画院画师和全省民进艺术界会员创作的美术作品213幅（件）。同期，院委会完成了换届改选，积极组织艺术界会员参与国庆60周年活动，一年主办、承办各类展览24次，11月组织16位画师赴西欧考察交流。

**【民进浙江省第八届委员会第四次全体会议召开】** 12月29日至30日，民进浙江省第八届委员会第四次全体会议在杭州召开。会议学习了中共十七届四中全会精神，传达学习了民进十二届三中全会精神，听取并审议了盛昌黎主委代表民进浙江省第八届常务委员会作的工作报告。谢双成副主委在会上传达了民进十二届三中全会精神。会议表彰了2009年度单项工作先进单位、先进支部，表彰了参政议政优秀成果和统战理论优秀论文。会议表决通过了《决议》，中共浙江省委统战部常务副部长陈金彪莅临会议并作重要讲话，赵光育副主委作会议小结。全会期间，省委会邀请中国国防大学军队建设与军队政治工作教研部刘仕平教授作了题为《从中国政党制度演变看共产党领导的多党合作制的历史必然性》的讲座，还召开了市级地方组织专职副主委座谈会。

**【民进浙江省新社会阶层人士理论培训班在中央社会主义学院举行】** 民进浙江省委会在注重发展新阶层会员的同时，注重对新阶层会员骨干队伍的建设。6月16日至6月21日，民进浙江省委会、浙江民进企业家联谊会与中央社会主义学院联合举办了民进浙江省首届新阶层人士理论培训班。来自全省各地近60位民进新阶层会员参加学习培训，专程走访民进中央机关，参观民进会史，考察西柏坡红色根据地。民进中央王佐书副主席亲切会见了学员，朱永新副主席出席结业式并讲话。

**【参政党理论研究工作喜获丰收】** 省委会认真组织参政党理论研究，以“科学发展观与参政党组织建设”为主题，开展了征文和交流评比活动，共收到论文58篇，陆续在《开明》会刊、浙江民进网站等宣传窗口发表，还推荐优秀论文参加会中央“多党合作，共铸辉煌，纪念多党合作制度确立60周年”征文评选，荣获一等奖2篇（全会12篇）、二等奖2篇、三等奖6篇、优秀奖3篇，省委会获得了“优秀组织奖”（排名第一位），受到会中央表彰。（黄慧群）

## 中国农工民主党浙江省委员会

**【综述】** 2009年，省委会在中共浙江省委和农工党中央的领导下，深入学习贯彻科学发展观，贯彻中共十七大精神，深入学习中共十七届三中、四中全会和省委十二届五次、六次全会精神，围绕浙江省“创业富民、创新强省”总战略和“全面小康六大行动计划”，服务于保增长、抓转型、重民生、促稳定的大局，巩固政治交接学习教育活动成果，全面加强自身建设，切实履行参政党职能，各项工作都取得了新成绩。

省委会面对国际金融危机造成的复杂影响，大力开展调查研究，积极建言献策。在社会思想日益多元化的形势下，通过主委会议、常委会议、中心学习组学习会、专题报告会、图片展等形式及时学习，统一认识，坚定正确的政治方向。加强领导班子和后备干部队伍建设，进一步增强基层组织的活力、动力和凝聚力，以提高专职干部服务党务工作的能力为重点，建设高效、务实、民主、团结的机关。尽力而为，继续开展富有实效的社会服务活动。一年来，全省各级组织坚持标准，严格程序，组织发展工作平稳有序。截至2009年12月底，全省共发展党员312名，平均年龄38.5岁，党员净增长率为3.6%；共有党员7533名，其中医卫界58.5%，教育界17.1%，科技界8.3%，其他16.1%；中高级职称以上95.01%。全省农工党员中，1人获得“2009亚太白内障屈光手术学会认证教育者奖”，1人受聘为国家“973”计划和重大科学研究计划项目首席科学家，1人获国家科技进步二等奖，1人当选“推动进步的力量·60年60人——传媒眼中浙江最具影响力人物”，1人当选“第6届感动中国十大风云人物”。

**【围绕中心参政议政】** 在省政协十届二次会议上，共提交团体提案6篇，大会发言10篇，担任政协委员的农工党员个人提交大会发言材料8篇、提案55篇。内容涉及“三农”、医疗体系、外贸出口、企业借贷、食品卫生等方面。《促进我省土地流转良性发展的几点建议》被列为省政协重点提案。提案主办单位省农业厅向省委会多次征求办理意见，还邀请相关提案人员赴海盐专题调研。现场办理会上，茅临生副省长认为该提案抓住了当前农业农村经济发展中的关键点和突破点，对土地流转工作中存在的问题和困难分析得准，提出的对策建议很有针对性，是对政府工作的有力支持和促进。其中的意见建议已经转化为省委、省政府的决策部署。之后，省委办公厅、省政府办公厅下发《关于积极引导农村土地承包经营权流转促进农业规模经营的意见》，省农业厅、省国土厅出台《关于切实做好设施农用地管理服务的通知》，进一步明确了土地流转中农用设施用地的配套政策措施，促进我省现代农业集约化、规模化发展，使广大农户受益。在省人大十一届二次会议上，担任省人大代表的农工党员领衔提交议案、建议案29件。在全国政协会议期间，省委会领导提交的书面发言《组建具有内生调控能力医疗集团》引起新华社等媒体极大关注，相继予以报道。

**【协助并参与中央调研考察】** 全国人大常委会副委员长、农工党中央主席桑国卫率农工党中央考察团到浙江考察调研公立医院改革，省委会做了大量的配合工作，协助做好前期准备事宜，并陪同调研考察。考察团在浙江共考察了8家不同类型、级别的医院，召开了16场座谈会。结合浙江实际，省委会就新医改方案中有关公立医院改革的思路，形成调研报告《关于浙江省公立医院改革的几点建议》，得到省领导批示。

**【推行课题招投标，深入调查研究】** 制定出台《参政议政课题（调研报告）招投标试行办法》，全省各级组织和党员踊跃投标。经过专家的前期论证和投票表决，确定9个课题中标。在形成最终成果后，经论证评审，以省委会名义提交省政协十届三次会议。省政协农工党界别活动组和农工党党员中在杭省政协委员赴磐安和宁海就“农村生活污水处理”课题进行调研座谈，并实地考察。继续发挥各工作委员会的作用，对专门委员会进行人员调整。为更好地确立参政议政选题创造条件，举行知情问政会，邀请省卫生厅和省农办领导分别就浙江卫生改革和新农村建设作报告。

**【做好反映社情民意的信息工作】** 举办全省信息工作研讨班，邀请有关专家讲授信息工作的经验和做法。会同宁波市委会协助农工党中央召开社情民意信息联络员培训会议。截至12月底，共上报信息127条，被省政协录用9条，省政协民情热线录用29条，农工党中央录用27条，全国政协录用6条。获省政协信息工作先进单位二等奖。其中，《高值医疗器械宜重复使用》获中共中央政治局常委、国务院副总理李克强批示。中共浙江省委、省政府主办的《信访与民情》摘录了省委会《关于防止土地流转“非粮化”现象的建议》。

**【民主监督、建言献策成效明显】** 应邀参加各级中共党委全体（扩大）会议、政府全体会议、领导干部会议、经济工作会议、党外人士协商会等，提出意见和建议。中共省委书记赵洪祝主持召开省级各民主党派、工商联负责人及无党派代表人士座谈会，征求对《中共浙江省委关于贯彻〈中共中央关于加强和改进新形势下党的建设若干重大问题的决定〉的实施意见》的意见建议，省委会提出的3条建议中，有2条被吸纳。各级组织和特邀监督员在行风评议、作风建设、政务公开、执法检查、专项视察等工作中认真履行民主监督职能。各有1名党员分别被聘为省政府参事和省文史馆馆员。

**【思想理论建设见成效】** 组织开展《六个“为什么”》学习宣传和爱国主义教育活动。各级组织领导班子成员带头撰写学习体会文章，广大党员踊跃参加征文活动。省委会、杭州市委会联合举办庆祝中华人民共和国成立60周年暨多党合作制度确立60周年大会。为巩固“政治交接学习教育活动”的成果，配合协助农工党中央来浙调研思想建设情况，为准确了解党员的思想动态提供了第一手材料。通过不断加强思想建设，巩固和发展多党合作事业的共同思想基础。在浙江省人民政协理论研究会成立大会暨第一次理论研究会上，农工党员和机关干部提交的论文，获二等奖1篇、三等奖4篇。

**【扩大社会宣传】** 举办全省党刊（报）工作研讨班，回顾近年来的办刊情况，对目前存在的不足和问题以及今后的发展方向和重点进行了探讨。重视党务网站建设，省委会网站进行了更新改版。基本完成《过渡时期的中国农工民主党·浙江篇》编撰工作。注重对履职情况的跟踪调查、社会宣传，及时将有价值的信息报送给有关媒体。

**【组织建设扎实推进】** 省委会领导分工进行了个别调整；积极选送各级班子成员参加不同层面的学习培训；部分组织班子成员进行工作述职，开展民主评议。对全省领导班子年龄情况进行初步摸底调研和测评。各级领导班子成员参加各种类型的专题报告会，等等，增强走中国特色社会主义道路的坚定性和提高政治把握能力。

召开全省组织工作会议，总结换届以来组织工作经验，对先进基层组织和组织工作者进行表彰，对如何在新形势下进一步加强基层组织建设进行研究探讨。加强后备干部队伍建设，完善党员英才库，举办新任省委会委员和新党员培训班，并协助农工党中央举办中青年骨干培训班。我省基层组织建设年活动得到中央充分肯定，省委会被授予组织工作先进集体称号。

**【机关建设稳步前进】** 积极参加各种机关制度建设会议，总结交流近年来机关加强思想建设、作风建设和制度建设情况，学习理论政策和业务知识，促进机关工作的制度化、规范化、程序化。系统整理制度建设成果，编印了《中国农工民主党浙江省委员会规章制度汇编》，机关公务员积极参加知识更新培训。省委会机关有两名同志分别到杭州市余杭区和省卫生厅挂职锻炼。

**【继续开展社会服务系列活动】** 在兰溪横畈村推广种植、育种中草药，为当地村民提供资金和技术支持。省委会、中共省委宣传部、省环保厅联合开展“6·5”世界环境日纪念活动，省委会还与杭州市环保局联合开展“名医在行动”活动，为群众提供医疗咨询等服务。与省委统战部合作，在龙游县畲族乡开展疾病防治讲座和义诊。协助农工党中央在杭州举办全国服务社会主义新农村建设工作座谈会暨社会服务干部业务培训班。为诸暨东和乡“新农村建设服务点”争取到小型水库的防险加固工程资金。连续第六年在衢州市莲花镇开展组织联农结对“三下乡”活动。举办农村卫生及定点帮扶工作研讨会、医学讲座、义诊等活动。与中共舟山市委、市政府、舟山市委会联合组织慰问团，为舟山东海舰队赴索马里海域护航编队指战员慰问演出。参与临海市委会的共建和谐社会服务基地工作，邀请全国人大常委会副委员长、农工党中央主席桑国卫等为基地揭牌。（洪廷晖）

## 中国致公党浙江省委员会

**【综述】** 2009年，省委会以新中国成立60周年、中国共产党领导的多党合作和政治协商制度确立60周年为契机，深入学习贯彻科学发展观，按照省委、省政府“保增长、抓转型、重民生、促稳定”的工作部署，积极建言献策，加强自身建设，为应对国际金融危机、推进创业创新、推动浙江经济社会平稳较快发展做出了应有的贡献。

深入学习科学发展观。省委会制定《深入学习贯彻科学发展观实施方案》，举办报告会，邀请胡小平常委作“认清形势，科学发展”的专题报告。举办暑期读书会，把学习科学发展观与深入开展爱国主义教育活动结合起来。省委会领导参与致公党中央杨邦杰副主席在杭州、宁波、温州等地调研，按照科学发展观的要求，共商中小企业应对国际金融危机的措施。杭州市委会开展“我为应对金融危机影响献一策”活动；宁波市委会建立“致公论坛”，交流学习心得；温州市委会集中学习《科学发展观学习读本》，围绕民生问题开展调查研究。

搞好建国60周年和人民政协成立60周年庆祝活动。组织开展主题征文活动，在《浙江致公》内刊上刊登优秀文章。在暑期读书会上，邀请范谊副主委作关于“六个为什么”的辅导报告，着重阐述“在当代中国为什么要坚持马克思主义在意识形态领域的指导地位而不能搞指导思想的多元化”这一重要问题。举办座谈会，老同志和新党员从不同侧面回顾多党合作的发展历程。此外，还组织参加致公党中央、省委统战部举办的书画展、文艺演出活动。

加强建言献策工作。省委会领导共参加协商会、谈心会、座谈会、情况通报会11次，分别就《中共浙江省委关于规范人民政协政治协商促进科学民主决策的意见》、《中共浙江省委关于认真贯彻〈中共中央关于加强和改进新形势下党的建设若干重大问题的决定〉的实施意见》等重大问题提出意见建议，一些意见受到省委的重视。在省“两会”上，提交6件团体提案。《打响浙江休闲旅游品牌，建设旅游经济强省》被省政协列为重点提案，并作为唯一一个网上公开办理提案，现场办理过程受到10万余名网民的关注。林强副主委领衔提出的《关于修改〈浙江省科学技术进步条例〉的议案》，省人大将其列入2010年立法计划。在全国“两会”上，郑继伟主委提交《加强农村卫生队伍建设，提升农村卫生服务能力》等3件建议；范谊副主委提交《关于修订〈高等教育法〉的议案》等11件议案和建议；杜时贵副主委提交《加强农民工职业技能培训工作的建议》等10件提案。全省市委会以上组织和人大代表、政协委员（含市级）提交建议、议案53件，提案94件，其中团体提案23件，大会发言17件。杭州、宁波市委会被致公党中央授予参政议政工作先进集体称号；陈国荣、徐易北和林楠3位同志被评为参政议政工作先进个人；《总结推广农村新型合作经济组织试点经验，促进农业增效农民增收》等3篇调研材料获得参政议政优秀调研报告。《关于尽快落实中小企业动产融资担保的建议》等4件调研材料被致公党中央采用，提交全国“两会”。

做好重点课题调研工作。常委会议研究确定6个重点调研课题，由省委会领导牵头负责，抓好重点课题的落实。关于农村破旧房改造课题的调研组到丽水市松阳县、莲都区进行实地调研；省青年工作委员会就医疗体制改革课题与医疗单位负责人座谈交流；省社会服务与海外联谊工作委员会针对海外高层次人才引进问题走访有关部门。全年上报社情民意（信息）112期，省委会获得致公党中央信息工作优秀组织奖和省政协2008年度反映社情民意（信息）工作先进单位三等奖。

**【举办致公党长三角区域合作论坛】** 8月7日至9日，省委会在杭州举办致公党长三角区域合作论坛，论坛的主题是长三角地区中小企业如何转型升级应对危机，来自沪苏浙皖的12位专家学者分别作交流发言，共同为长三角的发展献计献策。

**【加强对外宣传工作】** 在《联谊报》头版头条刊发《金融危机下长三角中小企业如何突围》等文章；在《团结报》头版头条刊发《浙江省政协直播致公党省委会提案办理，10万网友关注网络直播》的宣传新闻。《致公党浙江省委呼吁加强土地管理》获得省委统战部对外宣传“精品工程”评选二等奖。继续优化《浙江致公》内刊，新增“纪念新中国成立60周年”、“学习贯彻科学发展观”等栏目。

**【组织工作有新气色】** 加强后备干部队伍建设，完成省委会领导班子后备干部的民主推荐工作。省委会专职副主委梁细弟同志调任丽水市副市长，杨杨常委到省侨办挂职锻炼。先后输送7名同志参加省委党校或省社院的学习。研究制定《致公党浙江省委会关于进一步做好组织发展工作若干问题的意见》和《致公党浙江省委会组织发展规划（2009—2013年）》，推进组织发展工作。成立浙江科技学院支部，抓紧做好浙江林学院支部的筹建工作。杭州市委会建立萧山支部，把组织网络覆盖到全市8个城区。发展党员60人，新党员平均年龄37.9岁，有海外关系的占83.3%。到年底，全省党员1089人。举办骨干党员培训班，36名党员参加培训。省委会机关匀出一间办公室建立“党员之家”，为广大党员提供良好的活动场所。宣传处一名干部挂职温岭市副市长。此外，与宁波市委会共同承办致公党中央组织工作座谈会。

**【做好海外联谊与社会服务工作】** 省委会领导陪同致公党中央李卓彬副主席到宁波、温州和丽水考察侨资企业，走访华侨家庭，了解侨务工作现状，听取侨资企业的意见建议。省委会和杭州市委会分别接待来自美国、澳大利亚、巴拿马等6个国家和地区的海外洪门人士访问团。宁波市委会参加“情系中华、薪火相传——海外侨胞”宁波行活动。温州市委会的党员参加世界温商领袖（上海）盛会。省委会与云和县雾溪乡雾溪村结成扶贫帮困对子，筹集资金50万元，帮助该村改造卫生设施，并新建一所健华图书馆。夏剑峰同志牵线，帮助解决四川一地震灾区小学铜管乐队的资金问题。引进美国健华社12万美元，新建20所健华图书馆。省妇女工作委员会与省妇联在浙江理工大学联合举办创业报告会，为女大学生就业出谋划策。省老龄工作委员会以广大离退休党员为中心，组织开展丰富多样的联谊活动。嘉兴总支为市民群众开展健康普查和优惠体检活动。杭州市委会开展法律进社区、科普宣传、向部队献书画等活动。宁波市委会为鄞州区史家码村的困难群众送去书籍和慰问金，与贵阳市继续开展帮扶活动。温州市委会筹集资金12万元，为文成县富岙乡富康村新建饮用水工程，并组织俊雅民族学校的演员上海岛开展“八一”慰问活动。

**【党员爱岗敬业，取得骄人成绩】** 杨杨、蒋建中、吴静、杨贤强、陈乃科、夏剑峰、朱敬东同志被评为全国归侨侨眷先进个人；杨杨、蒋建中、胡玲玲同志被评为全省归侨侨眷先进个人；方军同志被评为浙江省劳动模范；郜晏中同志被评为第十届浙江省十大杰出青年；杜时贵、范谊同志分别被省政府授予浙江省优秀教学成果一等奖和二等奖；陈恳同志的研究项目获得宁波市科技进步一等奖等。

（陈海祥）

## 九三学社浙江省委员会

**【综述】** 2009年，九三学社浙江省委员会以纪念新中国成立60周年和多党合作制度确立60周年为契机，以科学发展观为指导，进一步落实“两个5号文件”精神，积极履行参政议政、民主监督职能，不断巩固多党合作的思想政治基础，切实加强自身建设，深入实施“人才强社”战略，创新社会服务工作方式，各项工作取得了新的成绩。

**【参政议政】** 社省委以科学发展观为指导，聚集全省社员的智慧和力量，紧紧围绕省委、省政府的工作中心，围绕化解金融危机和推进“保稳促调”等重点、难点，深入开展调查研究，积极反映社情民意，努力提升参政议政和民主监督水平。进一步加强政治协商日常预备机制，对一些事关改革、发展、稳定的重大问题，事先认真收集资料、深入调研、多方征询意见，在中共中央办公厅与中央统战部〔2005〕5号文件督查组座谈会、中共浙江省委的“保稳促调”座谈会、民主生活会、十二届六次全会报告征求意见会等会议上围绕主题，结合实际，说真话，进诤言，收到良好效果。同时，社省委以“求精品、显特色”为目标，围绕“保增长、保民生、保稳定”和科技创新选题，赴各市、有关单位调研，形成了一批高质量的调研材料，其中《加强区域创新体系建设 加快提升我国自主创新能力》作为九三界别组提案提交给全国政协十一届二次会议。在省政协十届二次会议上，社省委提交团体提案10件、大会发言11篇、委员个人提案53件，其中《加强我省中小企业危机管理 推动浙江经济科学发展和可持续发展》被省政协列为重点提案，省政府采纳提案中的建议，建立由24个部门组成的“经济监测预警联席会议制度”。社省委团体提案《关于加强产学研合作 促进高校院所成果转化助推企业转型升级的建议》得到省教育厅的高度重视，在充分吸收补充意见的基础上提出了相应措施。《加快我省生产性服务业发展，努力提升自主创新能力》、《关于我省排污权交易制度建设的建议》、《建立政府医用救助基金保障医院绿色通道》等提案引起社会和媒体的广泛关注，为我省实现经济又好又快发展起了一定的推动作用，突显了社省委参政议政工作的科技品牌特色。

积极发挥社省委工作委员会

的职能。社省委定期召开十个工作委员会主任联席会议，逐步完善参政议政工作机制。各工作委员会根据各自的特点，就“发展低碳经济，建设低碳浙江”、“浙商总部经济”等问题进行专题研究，对“大学生就业”问题进行了追踪调研，有关成果转化为社省委在省政协会上的团体提案、大会发言以及信息和社情民意。

积极发挥特约人员的作用。社省委把发挥特约人员的作用作为加强民主监督工作的重要举措，坚持每年召开特约人员工作会议，并形成为一项制度，深入交流探讨发挥特约人员作用，做好民主监督工作等问题。全省各级特约人员认真履行民主监督职能，发挥了应有作用，受到了聘任单位的好评。特约人员还将民主监督与参政议政结合起来，把工作中发现的问题形成材料提交社省委，使参政议政工作更加有的放矢。

信息工作取得新成绩。一年来，社省委收到各级组织和社员报送的信息397篇，经社省委向社中央、省政协、省委办公厅、省委统战部报送信息276篇，其中全国政协采用12篇，社中央采用76篇，省政协民情热线采用27篇，省政协信息处采用12篇，省委办公厅采用4篇，省委统战部采用13篇。《建议取消药品单独定价政策》，获温家宝总理、回良玉副总理批示。《尽快修订乳制品国家标准》得到全国政协主席贾庆林、国务院副总理李克强、全国政协副主席王刚批示。2009年，社省委荣获社中央信息工作先进单位二等奖、全省政协系统信息工作先进单位二等奖、省统战系统信息工作一等奖。

**【思想建设】** 社省委以庆祝“两个60周年”等重大主题活动为契机，切实加强思想建设。在广泛动员、周密部署的基础上，组织社员深入学习科学发展观、中共十七届四中全会精神，并结合中华人民共和国成立60周年暨多党合作制度确立60周年庆祝活动，进行了社史传统教育和爱国主义教育，开展“六个为什么”的学习和讨论。召开了第二十六次思想政治工作会议，总结交流中共十七大以来，在深化改革开放和完善社会主义市场经济体制条件下开展思想宣传工作的经验，社中央邵鸿副主席在会上作了《学习九三学社历史，继承我社光荣传统》的报告，进一步加深了大家对我社历史的理解，增强了组织归属感。举办了“唱响共产党好、社会主义好、伟大祖国好的时代主旋律”的红歌会，社省委领导班子成员参与了演出，大家用歌声表达了我社社员的爱国情怀，展现了团结和谐、积极向上的精神面貌。举办了书画展，形象生动地回顾了60年来我社与中国共产党风雨同舟、亲密合作的光辉历程，弘扬了爱国、民主与科学精神。通过一系列活动，进一步增强了社的凝聚力，更加坚定了走中国特色社会主义道路的信心和决心，极大激发了社员爱国、爱社的热情。举办社省委第一期宣传工作研讨班，在引导我省社员坚持正确的宣传舆论导向，准确把握宣传工作主旋律，充分利用多种舆论宣传途径等方面起到了积极的作用。成立“参政党理论研究小组”，加强理论研究能力。社史研究工作进展顺利，通过认真收集、挖掘史料，已着手开始九三学社简史和九三人物专辑的编写工作。

**【组织建设】** 社省委召开全省组织工作会议，进一步推进组织发展工作制度化、规范化，完善了全省社籍档案管理工作。选派7位骨干社员参加2009年民主党派中青年骨干培训班。组织各市委会专职主副委、秘书长，以及县级组织的负责人组成学习考察团，赴韶山进行爱国主义主题教育。召开全省基层工作会议，制定下发了《九三学社浙江省基层组织工作暂行条例》和《九三学社浙江省基层组织设置和换届工作规范》，推进基层组织工作制度化。推荐嘉兴褚辅成史料陈列室、宁波市余姚支社、浙江康迪车业有限公司、社义乌市委会为统一战线干部教育培训现场教学基地候选对象，推荐8位同志为统一战线干部教育培训兼职师资库候选对象，协助做好我省统一战线干部教学基地和教育培训师资队伍建设。圆满完成社金华、衢州市委会的换届和社宁波、绍兴市委会的届中评议述职工作。充实了机关干部队伍，完善了机关组织结构。截至2009年12月31日，我省共有社员8489人，一年新增社员355人，净增长3.7%。其中主体界别占83%，其他界别占17%，高级职称占61%。

社省委积极鼓励、引导广大社员立足岗位，建功立业，取得了显著成绩。社员朱秀荣荣获2009年度全国“五一劳动奖章”、有多位社员获得“全国优秀科技特派员”、“浙江省劳动模范”、“浙江省有突出贡献中青年专家”、“科技创新项目优秀奖”等荣誉称号，很多社员在各自岗位上取得了突出成绩，得到了社会各界的赞誉。

【社会服务】 紧跟形势，围绕中心，努力发挥自身特色和优势，不断拓宽社会服务渠道。积极参与少数民族低收入群众增收帮扶计划，社省委领导带头积极为结对村扶贫项目多方寻求资金帮助，共筹集到40余万元经费，用于支持赤坑村的扶贫工作。先后启动了赤坑至河源自然村道路硬化工程，50亩马铃薯免耕套种技术推广和100亩高产优质水稻推广示范项目。同时，社省委与社丽水市委会合作，为赤坑村村民先后举办了两期农林种植技术培训班，开展九三科学讲堂（科普进学堂）暨助学结对活动，专家为师生举办《未成年人保护法漫谈》等4场讲座，听众达800余人。分别与老竹民族学校的31位贫困生结对（含续结对），共资助结对款2.42万元，并为学校捐赠了图书、天文望远镜等教学设备。参加“山海协作工程”和2009衢州工业科企合作洽谈会等活动，组织医疗专家赴江山市妇幼保健院开展义诊；与省经信委联合举办有300余人参加的浙江衢州光伏产业发展论坛，有关专家在论坛上作题为《太阳能发电技术的有效利用及我们的机会》的报告；与社衢州市委会联合组织科技专家参加2009衢州工业科企合作洽谈会，精心筛选40个项目参与宣传推广。通过牵线搭桥，签订项目（技术）合作意向书5份，与企业代表就高山蔬菜种植技术等6个项目进行了深入交流。组织多位专家赴缙云县壶镇工业园区，开展科技咨询，为社省委与缙云县政府开展“九地合作”打下了基础。组织专家参加2009年浙江科技（科普）周活动，以“推出自主创新，促进和谐发展”为主线，针对公众生产生活需要，开设“动物常见疾病预防与治疗”和“考试焦虑心理咨询”专题咨询服务。与省工商联共同主办“产学研合作科技帮扶促调”武义行暨民营企业科技创新培训班，邀请专家为培训班作题为《产业转型与应对策略》和《科技政策解读与项目申报》的报告，组织专家为企业技术难题现场会诊。组织医疗专家到省女子监狱进行帮扶转化工作，为监狱卫生所医生举办了甲流预防诊疗知识讲座与义诊。

【机关建设】 社省委加强机关建设，新录取三名公务员，充实机关干部队伍；分设秘书长，强化组织设置；组织处级干部、新任公务员参加省级专题培训班，学习理论政策和业务知识；召开省直属基层联络员工作会议，进一步加强联络员服务意识，提高工作水平；召开以学习“六个为什么”、“中共十七届四中全会精神”等为主题的理论研讨会，进一步提升机关干部的理论素质和文化素养；开展“读一本好书”的读书活动，鼓励大家交流工作经验，畅谈学习心得，撰写体会文章，并努力将学习成果与自身工作有机结合，有力推动了各项工作的开展。

社务交流：积极参加社务工作交流，与兄弟省市相互促进、共同提高。参加九三学社全国宣传工作会议，加强宣传思想工作的情况交流；参加社中央基层组织工作研讨会，交流基层组织工作经验和体会，重点介绍了社省委在调查研究基础上首创制定的两份基层组织工作的制度和规定，受到大会好评和推广；主办了九三学社华东六省一市工作会议，与兄弟省市增进友谊、互通信息，交流探讨加强思想建设的形式和方法；承办了社中央以“加快推进省直管县改革”为主题的第四届“九三论坛”，社中央副主席贺铿在会上作了专题报告，中共浙江省委夏宝龙副书记参加开幕式并发表讲话，活动取得圆满成功。 （李慧英）

## 台湾民主自治同盟浙江省委员会

【综述】 2009年，台盟浙江省委会在中共浙江省委和台盟中央的领导下，以科学发展观统领台盟工作，紧紧围绕中共省委、省政府提出的“保增长、抓转型、重民生、促稳定”这条工作主线，为抵御金融危机的冲击，推动全省经济社会平稳较快发展，积极建言献策；牢牢把握两岸关系和平发展主题，以联谊接待和开展对台交流活动为平台，促进浙台两地交流合作；认真落实上级部署，深入开展各类学习教育活动，加强思想组织建设；创新工作思路，以开展庆祝新中国成立60周年与人民政协成立60周年等活动为契机，加强盟内外宣传，各项工作取得新成效。

**【积极参与高层政治协商】**

2009年，省委会领导累计参加中共省委、省政府召开的各类协商会、座谈会、情况通报会10余次。分别就《政府工作报告》修改、落实中发〔2005〕5号文件、中共省委常委会工作、省政协常委会工作、提高对台工作中的政治把握能力、《中共浙江省委关于认真贯彻〈中共中央关于加强和改进新形势下党的建设若干重大问题的决定〉的实施意见》等重要议题作书面发言，提出建议。台盟基层组织积极参加当地有关部门组织的关于“加快转变发展方式，推进经济转型升级，优先发展现代服务业问题”、“繁荣发展社会主义文化，积极推进文化大市建设问题”、“学习科学发展观恳谈会”等讨论议题，坦诚建言献策，积极推进多党合作事业向前发展。参与2009世界温商领袖（上海）论坛。全省各级盟员人大代表、政协委员、特约监察员积极参加执法检查、委员视察或专题调研活动，其中省级人大代表、政协委员参加省人大《浙江省台湾同胞投资保障条例》实施情况调研和省政协开展的“保增长、抓转型、重民生、促稳定”专项监督调研。省委会全年共编辑《台胞信息》56期，被上级有关部门采用29条次，其中全国政协采用2条，台盟中央采用3条，省政协民情热线采用社情民意5件，省委会分别获得：台盟中央2009年度参政议政先进集体进步奖、全省统战信息工作先进单位三等奖；获得台盟中央2009年社情民意先进工作者1人；获得全省统战信息工作先进1人；获得省委会2008年至2009年度信息工作先进个人表彰的有9人。

**【围绕大局提交“两会”建议、提案】** 2009年，省委会提交省政协团体提案6件，大会发言5件（口头发言1件）。其中团体提案《促进城乡结合，构建养老服务业》被省政协列为重点提案，陈加元副省长亲自领办、省政协副主席王永昌督办。承办单位省民政厅等为此专门成立办理工作领导小组，制定方案，由王永昌副主席率领会办单位，邀请提案执笔人一同进行专项调研。陈加元副省长还专门主持了该提案办理工作座谈会，提案中有关城乡结合、创办养老服务机构、扶持农村养老机构等建议均被采纳。盟员各级人大代表、政协委员提交全国政协个人提案4件，省人大建议3件，省政协个人提案16件，市人大建议2件，市政协个人提案18件。其中2件市政协个人提案分别被杭州市政协、衢州市政协定为重点提案，其一《关于进一步加强对台交流合作的建议》由杭州市副市长佟桂莉领办，市政协副主席、统战部部长董建平督办，并被评为优秀提案；其二《关于提高惠民医院服务对象医疗费用减免比例的建议》提案获得中共衢州市委副书记、市长尚清的批示，提案建议得到圆满落实。

**【深入调研完成台盟中央课题】** 6月，省委会为完成台盟中央有关福建、广东、浙江三省台盟横向联动专题课题《加强基础设施建设，推进海峡西岸经济区构建与发展》，由张泽熙主委带队分别赴省发改委、温州市开展调研，形成了《关于温州接轨海峡西岸经济区建设的调查报告》，该调研成果已被海西调研课题总报告吸收，张泽熙主委据此在台盟中央常委会上作了发言。

**【努力推进浙台两地双向交流与合作】** 省委会全年共接待来自岛内、海外台胞21批，422人次，赴台交流2批2人次，对台交流品牌项目越做越实。8月，省委会与景宁畲族自治县政府共同举办“第三届海峡两岸（浙江景宁）山区经济发展研讨会，邀请3位台湾农业专家传授农业种植技术与经营管理理念，进行现场指导等。省委会还邀请岛内37所高校100名台湾大学生参加“2009年台湾大学生浙江夏令营”，协助来访的中、小学师生开展两地教育交流，接待台湾高校、企业界团队等，交流层面不断扩大。参加“浙江省医学考察团”和“浙江省光彩事业促进会赴台经贸考察团”赴台交流，了解台湾医学教育发展现状、两岸经贸交流现状与台湾社情民意等情况，以此增进两岸同胞互信。

**【重视加强思想组织建设】**

省委会深入学习贯彻科学发展观，巩固政治交接学习教育活动成果，向各基层组织转发、下发台盟中央、省委会有关通知，组织盟员省级人大代表、政协委员考察台资企业，开展“服务企业、服务基层”专项活动，并通过台胞信息及全国政协提案反映台商面临的困难，为其抵御金融危机排忧解难，开展资助扶持贫困大学生活动等，努力把学习教育活动落到实处。发动基层组织认真学习贯彻中共十七届四中全会精神，深入学习贯彻胡锦涛同志在纪念《告台湾同胞书》发表30周年座谈会上的重要讲话精神，要求基层组织将学习活动与参政议政工作，特别是与对台工作结合起来。与省台联、省社院共同举办了“2009年台盟台联中青年骨干培训班”，选送盟员及盟机关同志5人参加中央党校等各类培训班，新发展盟员2名，加强了省委会思想组织建设。全省盟员及盟机关同志全年先后有9人次受到和获得省、市、区等各级表彰及荣誉。

**【宣传工作、台情研究形式多样】** 省委会全年累计在省级以上报刊发表各类宣传稿件15篇，在网络发表宣传报道10条，图片11张，在全国台情研究刊物上发表论文1篇，编辑《浙江台盟台联通讯》4期，增强了宣传效应。2月，省委会与省台联组织省市政协委员和杭、金、衢三地部分台胞举行座谈会，隆重纪念“台湾义勇队”成立70周年。省委会领导还应邀参加台盟中央在北京举行的“纪念台湾义勇队成立七十周年座谈会”，作了题为《保护台湾义勇队旧址，弘扬台湾同胞爱国精神》发言，向盟内外宣传了台胞前辈的爱国主义精神。省委会还通过向基层组织下发征文通知，在《浙江台盟台联通讯》开辟“六十华诞”专栏等形式，隆重庆祝、纪念新中国成立60周年暨人民政协成立60周年。其中《重阅尘封10年的调研报告——记一次参政议政的成功实践》、《回顾与瞻望》、《两代人与人民政协的情缘》、《把握新形势，创造新佳绩》等纪念征文被《团结报》、《联谊报》、《台盟》等报刊采用。《重阅尘封10年的调研报告——记一次参政议政的成功实践》获得中央统战部、《人民政协报》等有关报刊评比三等奖。《回顾与瞻望》一文获得《联谊报》纪念人民政协成立60周年“我与人民政协”征文十佳作品。《为了弘扬台胞前辈的爱国精神》被全国政协收入《情系国计民生 政协提案的故事》丛书。省委会组织盟员排练的自创歌舞节目《台湾民歌联唱》，应省政协领导邀请，在浙江省中秋“三胞”茶话会上演出，展示了同属于中华文化的台湾乡土文化魅力，以及盟员良好的精神风貌，受到领导与各界人士好评。10月，省委会领导参加由中共浙江省委统战部主办，浙江海外联谊会、浙江中国和平统一促进会等联合承办的“中华和合文化论坛”，省委会提交论文5篇，其中《认识时间因素 把握历史趋势 积极稳妥地推进祖国和平统一进程》与《“和合”文化与构建两岸新型经济架构》被收入论坛论文集，并在台盟中央台情研讨会上宣读。

**【踊跃为台湾灾区捐款】** 8月，“莫拉克”台风重创台湾中南部后，省委会立即向全省盟员发出捐款倡议，希望大家伸出援手，帮助岛内乡亲尽快战胜灾害、渡过难关。全省盟员及台盟机关干部纷纷响应，短短数天内，捐助金额共达102900元，受到国台办、海协会和省台办等表彰与感谢。

**【举办两岸农业研讨会】** 8月24日至26日，省委会与景宁畲族自治县政府共同举办“第三届海峡两岸（浙江·景宁）山区经济发展研讨会”，邀请了张正英、李文宏和陈仪龙等台湾农业专家参加。张泽熙主委、江少伟副县长分别致辞。台湾农业专家作专题讲课，向景宁农业部门传授有关水蜜桃、茭白（笋）、油茶等种植技术与经营管理理念，并由陈清玲副主委全程陪同，实地考察当地高山百合、高山冷水茭白及油茶等相关种植基地，对农户现场指导。浙台两地农业专家、生物技术专家还就台湾与浙南山区农业产业合作问题，进行可行性探讨，为今后开展实质性产业合作打下了基础。会后，台湾农业专家还应邀赴缙云县授课与现场指导。（瞿雄章）

## 浙江省工商业联合会（浙江省商会）

**【综述】** 2009年，省工商联紧紧围绕省委、省政府提出的“标本兼治、保稳促调”工作方针和“保增长、抓转型、重民生、促稳定”工作主线，以服务民营企业应对国际金融危机、实现科学发展为重点，以促进“两个健康”为目标，以开展深入学习实践科学发展观活动为契机，切实加强自身建设，发挥优势、体现特色，开拓思路、积极创新，亮点纷呈、成效显著，为我省经济持续回升作出了积极贡献。

**【围绕中心，服务大局，应对国际金融危机冲击取得明显成**

效】 提振民营企业发展信心。省、市、县三级工商联开展了“走进民营企业、提振发展信心”专项活动，及时编印《促进企业解困、发展政策文件选编》送到企业，宣传党委和政府政策，了解民营企业经营现状和发展中存在的困难、问题，听取民营企业的意见建议，形成调研报告，积极向党委和政府建言献策，形成的《关于走进民营企业提振发展信心的调研报告》得到吕祖善省长的充分肯定。与有关单位联合主办以“转型升级、逆势超越”为主题的2009浙商大会。主办浙江商会论坛走进杭州、宁波、湖州和浙江科技学院活动，帮助民营企业理清思路，提振发展信心，应对挑战、抢抓机遇、推进转型升级。组织民营企业家参加由吕祖善省长召集的座谈会，商谈共克时艰、加快发展的大计，增强民营企业家战胜国际金融危机冲击的信心和推进企业转型升级的决心。

为改善民营企业发展环境建言献策。针对国际金融危机对我省经济和民营企业发展产生的影响，精心设计问卷调查表，对执常委开展问卷调查，形成的《关于当前宏观经济形势和民营企业经营状况的调查——浙江省工商联执常委问卷分析》，得到了金德水副省长的重要批示。受省政府委托，牵头省发改委、省经贸委、省工商局、省政府政策研究室、省委党校等部门，围绕“深化民营企业体制机制改革再创新优势”深入开展调研，形成的调研报告在省委机关刊物《今日浙江》上发表，提出的对策和建议被吸收到省委出台的《关于深化改革开放推动科学发展的决定》中。针对国际国内经济形势的变化，开展了关于鼓励民间投资的调研，为省政府出台鼓励支持民间投资相关政策提出意见建议。继续开展上规模民营企业调研工作，被全国工商联评为上规模民营企业调研一等奖。完善企业家主席（会长）、副主席（副会长）和各市工商联领衔调研课题的工作机制，9位企业家副主席（副会长）和11个市工商联共完成了20篇调研报告，内容涉及民营企业应对金融危机、实施转型升级、融资和可持续发展等方面，使参政议政更具针对性和实效性。充分利用政协平台参政议政，在省政协十届二次大会上作了题为《支持中小企业发展，确保就业形势稳定》的大会发言，提交的团体提案《支持中小企业发展，确保就业形势稳定》被大会列为重点提案，金德水副省长亲自领办。2009年，省工商联三篇调研报告分别获得中央统战部和全国工商联调研成果二、三等奖，2个团体提案被省政协评为优秀提案。

积极为民营企业排忧解难。与中国工商银行浙江省分行签订战略合作框架协议，联合开展“助力中小企业”活动，由工行在三年内向工商联会员企业提供不少于300亿元的意向性融资支持，并落实了首期50家民营企业16亿元的授信贷款；与省司法厅签订战略合作框架协议，联合下发《关于省司法系统与省工商联系统联合开展法律维权服务工作的指导意见》；联合召开“法律服务民营企业工作推进会”，省委副书记夏宝龙出席并作重要讲话；联合举办以“应对挑战、化危为机”为主题的“法律服务与民营企业发展”论坛，努力开展法律服务民营企业工作。与有关单位联合开展“产学研合作和科技帮扶促调行动”，推荐的2家民营企业荣获2009年度全国工商联科技进步一等奖，3家民营企业获三等奖；与省科技学院签订合作协议，就民营企业科技创新、大学生实习基地、就业等问题进行战略合作，确定金华市的10家民营企业作为第一批大学生实习基地。

帮助民营企业拓展市场。组织民营企业参加内容丰富、针对性较强的各类经贸活动；积极探索以政府支持、商会出面、企业为主的模式参与国际经贸合作活动，首次在国外成功举办“走进欧盟——中国浙江商会论坛”，宣传了我省经济和社会发展状况，展示了浙商的形象和实力，发挥了我会在民营经济国际化进程中的前台作用，提升了我会在国外的知名度和影响力，并与欧盟三个主流商会签署了友好合作协议，我省企业与欧盟企业达成了一批初步合作意向；举办了2009“携手浙商”活动，邀请部分拉美国家驻沪总领事、商务领事与我省民营企业家座谈，实地考察民营企业，增进相互了解，为浙江民营企业开拓拉美市场打下良好基础。

**【健全机制，加强引导，非公有制经济人士思想政治工作取得新进展】** 贯彻落实《中央统战部、全国工商联关于加强和改进非公有制经济人士思想政治工作的若干意见》。与省委统战部联合下发了《关于加强和改进非公有制经济人士思想政治工作的意见》，指导各级工商联切实加强和改进非公有制经济人士思想政治工作；与省委统战部联合举办了非公有制经济人士培训班，帮助非公有制经济人士拓宽视野，提高非公有制经济人士的思想素质和经营管理能力。制定了《浙江省工商联2010—2012年非公有制经济人士教育培训规划》。

开展优秀建设者评选表彰活动。与省委统战部等五部门联合开展了第三届优秀中国特色社会主义事业建设者评选表彰活动，推荐的7名非公有制经济人士和其他新的社会阶层人士被评为全国第三届优秀建设者，授予47名非公有制经济人士和其他新的社会阶层人士为第三届浙江省优秀建设者荣誉称号。首次以全省电视电话会议形式召开表彰大会，省委书记赵洪祝在会前看望获奖者并发表重要讲话，省四套班子领导出席表彰大会，省委副书记夏宝龙代表省委在会上作了重要讲话。积极向省委建议进一步提高优秀建设者的政治待遇，20名优秀建设者受邀参加浙江省庆祝新中国成立60周年文艺巡游活动和大型文艺晚会。与有关单位合作，开展“风云浙商”评选等活动，树立浙商新形象。

指导非公有制企业开展学习实践活动。根据中央和省委的统一部署，积极参与非公有制企业学习实践科学发展观活动的相关工作，加强调查研究，大胆探索创新，切实做好指导，树立先进典型，引导非公有制企业围绕实现科学发展和推进党建工作深入开展学习实践活动，取得了明显成效，得到了广大非公有制经济人士的积极响应和大力支持，增强了他们对实现企业科学发展和加强党建工作目标一致性的认识。我省的乐清市被中央非公有制经济组织学习实践活动领导小组组长、全国工商联党组书记全哲洙确定为联系点，学习实践活动扎实推进，得到了中央非公有制经济组织学习实践活动领导小组的充分肯定。

树立非公有制经济人士良好社会形象。举办了以“庆祝祖国华诞、展现民企风采”为主题的全省民营企业庆祝新中国成立60周年晚会、“爱国主义专题教育”、“庆建国60周年、祖国在我心中”征文评选等活动，唱响“共产党好、伟大祖国好、社会主义好、改革开放好”的主旋律，引导广大非公有制经济人士热爱国家、拥护党的领导、拥护社会主义制度、拥护改革开放政策，坚定不移走中国特色社会主义道路。针对严峻的就业形势，开展2009年浙江省民营企业招聘周活动，推荐的9家民营企业获得全国就业和社会保障先进企业荣誉称号。积极开展光彩事业活动，认真贯彻落实省委、省政府《关于切实做好“低收入农户奔小康工程”结对帮扶工作的通知》的精神，推进民营企业与6个低收入农户集中村和10个少数民族村开展帮扶活动，落实扶贫资金135万元；响应省委、省政府号召，组织民营企业为台湾受灾地区捐款435万元。

**【把握机遇，激发活力，工商联自身建设呈现新气象】** 召开全省工商联工作会议。为进一步加强新形势下工商联工作，在深入调研的基础上，积极争取省委、省政府重视和支持，召开了我省历史上规格最高、规模最大、具有里程碑意义的全省工商联工作会议，中央统战部副部长、全国工商联党组书记全哲洙，省委副书记夏宝龙出席会议并讲话，省委办公厅、省政府办公厅等15家省级有关部门负责人，各市、县（市、区）党委分管负责人参加会议。会议对当前和今后一个时期我省工商联工作作出了总体部署，明确了工作任务和要求，极大地鼓舞了全省工商联干部的士气，增强了做好工作的责任感和使命感。为进一步深入贯彻落实会议精神，出台了实施“两项工程”（非公有制经济人士素质提升工程和工商联组织网络拓展工程）、创建“两个品牌”（参政议政的品牌和服务的品牌）、搭建“三大平台”（上下联动、左右互动、内引外联的平台）的“223工作计划”，下发了《关于深入贯彻全省工商联工作会议精神，全面实施“223工作计划”的意见》。

出台《关于加强县级工商联组织建设的意见》。与省委统战部联合下发了《关于加强县级工商联组织建设的意见》，切实加强县级工商联的组织建设，努力把县级工商联的组织建设提高到一个新的水平。为进一步加强工商联基层组织建设，发挥基层组织在促进当地经济发展中的积极作用，召开了全省工商联基层组织建设现场交流会，全面总结了全省工商联的组织建设情况，明确了今后一个时期工商联组织建设的目标和任务。截至2009年底，全省工商联共有会员118315人，其中团体会员835人、企业会员98724人、个人会员18756人；非公有制经济会员109276

人，占92.36%；县级以上工商联组织102个；乡镇、街道、市场商会717个；同业公会、行业商会392个；异地商会353个。

加强机关自身建设。举办全省工商联领导干部培训班，召开全省市级工商联信息化建设座谈会，开展处级干部竞争上岗工作，选派6名干部分别到美国、新加坡、香港学习进修和到省级有关单位挂职，确定并落实了商会大厦地块，设立了浙江商会大厦股份有限公司，商会大厦筹建工作有序推进。 （林建良）

## 浙江省民族宗教事务委员会

### ·民族工作·

**【综述】** 浙江省是少数民族散杂居省份。根据第五次人口普查统计，全省有常住少数民族人口39.54万人，设有全国唯一的畲族自治地区——景宁畲族自治县、18个畲族乡镇和437个少数民族行政村。此外，全省现有外来少数民族流动人口113万，55个少数民族成分齐全；我省已经成为全国城市民族工作的重点省份。

2009年，全省民族工作主要在以下几个方面开展：一是扎实开展民族团结进步小康村创建活动。年初，省民族宗教事务委员会专门召开各市民宗局分管局长会议，对开展民族团结进步小康村创建活动做出专门部署。之后，各地根据省政府办公厅转发的《关于开展民族团结进步小康村创建活动若干意见》要求，结合本地实际，制定规划，明确重点，有序推进，创建活动初见成效。国家民委主任杨晶、党组书记杨传堂分别在第17期《民族工作简报》（《浙江省扎实推进民族团结进步小康村创建活动》）上做出批示，给予肯定，要求“将浙江省民族工作的好做法、好经验在少数民族散居地区加以推广”。年底，经省民宗委和省农办的联合考察验收，22个民族村被确立为首批“浙江省民族团结进步小康村”。

二是做好民族发展资金管理和使用的监督工作。经省民宗委的积极争取，2009年各级财政共安排少数民族发展资金总量增至1400万元（含国家民委100万元特色村寨建设资金）。按照发展资金重点向欠发达民族乡村倾斜，重点用于增强造血功能的原则，提出了2009年度民族发展专项资金分配方案，共安排一般项目242个，重点项目9个，特色村寨建设项目3个，收到了很好的效果。

三是着力推进民族文化工作。10月中旬召开建国以来第一次全省少数民族文化工作会议，省政府出台了《关于进一步繁荣发展少数民族文化事业的实施意见》，深入贯彻落实全国少数民族文化工作会议精神；继续指导各地做好畲族古籍收集整理工作；指导并参与景宁畲族自治县中国畲乡风情节的系列活动和第16届（丽）新、（板）桥、（老）竹、柳（城）“三月三”活动，丰富少数民族群众的业余文化生活。着手建立一批省少数民族传统体育项目训练基地，组队参加全国少数民族传统体育项目邀请赛、单项比赛等，并取得较好成绩。

四是大力抓好城市民族工作。努力探索以基层党政组织为龙头，以社区为依托，以少数民族联谊会等群团组织为纽带的城市民族工作新格局。指导各地认真贯彻《国务院办公厅关于严格执行党和国家民族政策有关问题的通知》和省政府办公厅《关于贯彻落实国务院关于严格执行党和国家民族政策有关问题的意见》，尊重少数民族群众的风俗习惯，切实维护少数民族群众的合法权益，积极帮助外来少数民族群众在经商、就业、子女入学等方面排忧解难、提供服务。宁波等地还进行了城市民族工作进社区、进企业、进学校的有益探索。

五是认真做好调查研究工作。针对我省民族乡（镇）、村发展中存在的问题，在省政府分管领导的亲自带领下，组成了由省政府研究室、省农办、省民宗委、省发改委、省财政厅等部门参加的专题调研组，开展了关于加快我省少数民族和民族乡（镇）、村经济社会发展的对策调研。通过调研，省民宗委将向省委、省政府提出专门的政策性意见，以推动我省少数民族和民族乡（镇）、村加快发展。与此同时，还开展了城市少数民族流动人口服务与管理工作的调研，《浙江省清真食品监督管理条例》的有关立法调研等。

六是抓好少数民族干部的培养工作。省委统战部和省民宗委联合举办了全省少数民族干部培训班。据统计，今年全省各地共举办少数民族干部培训班48期，培训少数民族干部1448人次。

七是扎实推进民族团结进步事业，围绕建国60周年大庆和国务院第五次全国民族团结进步模范集体和个人的评选活动，大力开展民族团结进步宣传教育，与省委宣传部印发了《民族政策宣传教育提纲》。在国务院第五次全国民族团结进步表彰大会上，我省共有9个模范集体和10个模范个人受到表彰。11月，我省还举办了一场全国民族团结进步模范事迹报告会，使全省干部群众受到了一次生动的民族团结教育。与此同时，继续做好国办发33号文件的督查工作，切实抓好党和国家民族政策的贯彻落实，防止发生歧视少数民族的事件。

**【龚正到景宁畲族自治县调研】** 2月17日，浙江省副省长龚正率相关部门负责人到景宁畲族自治县调研；省民宗委主任王毅、副主任陈智慧等调研时随行。龚正一行在丽水市副市长金建新和景宁县委书记武昌、县长钟昌明、县委副书记张晓强等陪同下，深入外舍防护工程、金坵民族村、澄照乡茶叶基地、双后岗民族村、民族中学等地，实地考察项目建设、产业发展情况，进农户访畲民，与干部群众亲切交谈，问计于基层。龚正在调研时强调，必须牢牢把握新时期民族工作“共同团结奋斗、共同繁荣发展”的主题，认真对照省委53号文件提出的“三大目标”的要求，紧紧抓住当前重要的机遇期，充分发挥民族、生态优势，错位发展、后发赶超，努力推进少数民族地区经济社会又好又快发展。

**【浙江省民族工作领导小组成立】** 为促进全省少数民族和民族地区经济社会又好又快发展，营造各民族和谐发展的社会环境，省政府专门成立了浙江省民族工作领导小组。领导小组由副省长龚正任组长，省政府副秘书长夏海伟、省民宗委主任王毅任副组长。领导小组成员包括省发改委、省经贸委、省教育厅、省财政厅、省人事厅等33个厅局负责人。领导小组办公室设在省民宗委，省民宗委副主任陈智慧任办公室主任。

2月27日，浙江省民族工作领导小组第一次会议在杭州召开。领导小组组长、副省长龚正出席会议并讲话，充分肯定了近年来全省民族工作取得的成绩。省政府副秘书长夏海伟主持会议，省民宗委主任王毅在会上通报了去年全省民族工作的情况，并对今年的重点工作任务作了说明。省发改委、省经贸委、省教育厅、省财政厅、省人事厅等33个成员单位的负责人参加了会议。

**【全省民族宗教工作会议在杭州召开】** 3月2日至3日，浙江省民族宗教工作会议在杭州之江饭店召开，省民族工作领导小组、省宗教工作协调小组（联席会议）各成员单位的负责人，各市、县（市、区）民族宗教局长出席会议。省委副书记夏宝龙、省政府副省长龚正出席会议并作重要讲话。夏宝龙在讲话中强调指出，要高举中国特色社会主义伟大旗帜，坚持马克思主义民族观和宗教观，紧紧围绕促进民族团结进步、维护宗教和谐稳定这两个根本任务，健全体制机制，加强队伍建设，夯实基层基础，努力开创全省民族宗教工作新局面。龚正在讲话中指出，各地各部门要牢牢把握各民族“共同团结奋斗、共同繁荣发展”这一新时期民族工作的主题，全面贯彻落实党的宗教工作方针政策，切实做好民族宗教工作，为浙江经济社会建设发挥积极作用，为社会和谐稳定做出新贡献。省民宗委主任王毅在会上作了工作报告。杭州、宁波、湖州、衢州4市民宗局长在会上就做好民族宗教工作作了经验交流。省民宗委党组书记赵一新主持会议并作小结。

**【中国畲乡“三月三”系列活动在景宁举行】** 3月28日晚，2009年中国畲乡“三月三”活动在景宁畲族自治县鹤溪镇隆重开幕。开幕式上，举行了大型畲族风情歌舞剧《诗话·畲山》的首场演出。《诗话·畲山》由“序”、“学师”、“耕山”、“盘歌”、“礼嫁”、“尾声”6个部分组成，将畲族最具影响力和文化内涵的历史传说、宗教文化、茶织耕猎、歌会婚恋等内容编织在一起，充分展现了畲族的民俗特色，以及畲族人民艰苦创业、坚忍不拔的精神品质，诗意地讲述了畲族人民生生不息的生命传承。

3月29日上午，来自全国各地的服装设计师们会聚景宁，以款款富有创意的作品，展示畲族服饰的无限魅力。第三届中华畲族服饰设计大赛收到来自全国8个省市、12家高等院校的参赛作品共378件，经专家评选，由梅卫英设计的《畲山红》、林岑婷演唱的《畲女茶歌》的演出服装分别获得单套服装、系列服装的金奖。大赛还分别评选出了两个序列的银奖、铜奖和优秀奖。参加“第二届中国畲族民歌节”民歌大赛的选手来自广东、福建、江西、安徽、浙江等地，参赛节目以反映畲族人民健康向上的生活和该县的支柱产业“茶”为主题。经过激烈角逐，来自广东潮州的潘亚顺、许萍演唱的《斜风斜雨落畲河》、《凤凰山茶歌》，来自温州苍南的李金哈、蓝春生、钟丽辉、钟萍萍、钟建平演唱的原生态歌曲《倒茶歌》，来自丽水的王琳、李洁、卢茜、王梦园演唱的《畲山茶歌》荣获金奖；景宁县代表队的《畲乡惠明茶》、原生态家庭组合唱《赤木茶歌》分别获得银奖和铜奖。

3月29日下午，来自杭州和本县的12对新人身穿畲族婚嫁盛装，在众人的祝福声中，以畲族特有的方式“情定终生、喜结良缘”。12位楚楚动人的新娘还坐着花轿参加了行嫁踩街活动。行嫁踩街队伍由踏路牛、唢呐锣鼓队、陪嫁队、花轿队、嫁妆队、送亲队6部分组成。新人们在族长的主持下，拜天地，喝交杯酒，许下爱情誓言，领取《畲乡婚礼大典证书》。

3月29日下午还举行了畲乡经济发展暨项目洽谈会。近年来，在全国各地创业的景宁人已有4万多人，每年为景宁创造近10个亿的经济价值。此次洽谈会特邀了北京、天津、兰州、宁波、温州等地的景宁商会负责人、异地景宁籍企业家代表、景宁本地经济界代表人士参加，以吸引更多在外创业的景宁人参与家乡的经济社会建设，实现互动双赢目标。

“三月三”活动期间，还举办了第三届畲乡民间传统体育节暨千人集体押加大赛、畲乡风情摄影展、畲乡民间文艺展演等活动。

**【畲药“石凉茶”实现产业化生产】** 2009年一季度，浙江省林业厅专家组对“遂昌特色经济植物浙江蜡梅产业化关键技术与示范”项目进行了现场验收。浙江蜡梅是浙西南山区特色灌木植物，野生资源很少，在丽水俗称“石凉茶”、“山蜡茶”，主要用于治疗感冒、解暑、消食、祛火和去油脂，可制成减肥保健饮料，是畲族民间应用最广的中草药之一。丽水作为我国畲族主要聚居地之一，畲民应用蜡梅叶治病已有较长的历史。2006年底，经省林业厅批准立项，遂昌县着手研发浙江蜡梅产业化关键技术，经过两年多的探索与实践，现已掌握浙江蜡梅种子、分株等人工繁殖技术，建成高产示范基地50亩，成功研制出新叶条形茶、袋泡茶、嫩芽茶三种系列产品，首次实现了产业化生产。

**【全国政协民宗委员在浙江考察】** 5月4日至11日，全国政协民族和宗教委员会副主任邓宗良率考察组到浙江就经济社会发展与民族宗教工作情况进行考察。考察组听取了浙江省以及温州、义乌市政府有关部门的情况介绍，考察了重大基础设施建设项目、工业企业、商贸设施和部分宗教活动场所。省政协副主席王永昌，省政协民族和宗教委员会主任鲍钢、常务副主任赵一新陪同考察。在考察中，全国政协委员参观了杭州湾跨海大桥、义乌国际商贸城和部分民营企业，切身体会了改革开放以来浙江省经济社会发展所取得的成就。考察组还对我省民族和宗教工作作了进一步的了解。在考察义乌伊斯兰教临时活动场所后，委员们认为，这是经济发达地区针对具体情况，贯彻落实党的宗教政策的具体例证；它不仅是展现我国开放的一个窗口，也是宣传我们党的民族宗教政策的一个窗口，展示了我国民族团结、宗教信仰自由的真实状况。

**【全国人大民委领导视察景宁】** 5月9日上午，全国人大民委副主任委员牟本理率全国人大民委法案室副主任梁庆、民委法案室调研员高宏一行5人，在浙江省人大常委会外事工委副主任阮龙生、丽水市人大常委会副主任吕文明等陪同下，到景宁县视察《中华人民共和国民族区域自治法》和《浙江省景宁畲族自治县自治条例》贯彻落实情况。牟本理一行实地察看了景宁中学、民族中学、民族小学、畲族博物馆、外舍防护工程等，详细了解了《民族区域自治法》贯彻落实中存在的困难和问题，以及少数民族干部招聘录用、少数民族学生就学、少数民族自治地方的干部培养使用等情况，并观看了畲族风情表演。

**【省委书记赵洪祝在景宁畲族自治县调研】** 5月21日至22日，浙江省委书记、省人大常委会主任赵洪祝和随行的省委常委秘书长李强，副省长茅临生一起，到景宁畲族自治县调研指导工作。在实地察看了省重点工程——外舍防护工程和云景高速公路溪口大桥工地后，赵洪祝指出，景宁要充分发挥、落实、利用好省委53号文件，进一步把文件精神和要求抓紧、抓实、抓到位、抓出成效，努力做好借力发展、不断超越的文章。各相关部门要继续重视对景宁的帮扶工作，加大支持力度，继续推进自治县经济社会又好又快发展，努力实现走在全国民族自治县前列的目标。在考察了东坑镇深垟村的畲族农耕文化展示馆、“农家乐”经营情况和大漈乡的省级名胜风景区后，赵洪祝说，要努力保护好好山、好水、好环境，保护利用好文化底蕴深厚的历史文化遗存，促进景宁旅游业的可持续发展。一定要咬定青山不放松，保护绿水不动摇，真正发挥好景宁的生态优势。在考察了鹤溪镇三枝树村农村危旧房改造工作后，赵洪祝说，统筹城乡全面发展，最艰巨、最繁重的任务在农村，最广泛、最深厚的基础在农村；浙江作为一个经济大省，将来发展的难点和重点就在全省如何均衡发展，我们提出要建设惠及全省人民的小康生活，就是要让所有在这里生活的浙江人感到社会是和谐的、生活是舒适的、腰包里是有钱可用的。我们更要帮助民族地区和欠发达地区加快步伐，加快发展的速度。

**【《魅力畲乡》出版】** 由景宁电视台历时两年拍摄制作的《魅力畲乡》及同名书籍由中国电影出版社出版发行。《魅力畲乡》由畲乡八村、畲乡八景、畲乡八菜、畲乡八奇、畲乡八妹等五部分内容组成，用朴实的语言、真实的纪录，挖掘和宣传了畲族民间传统文化，反映了畲乡景宁的风土人情、自然景物等。

**【省民宗委举办2009年民族乡（镇）长培训班】** 7月6日至12日，省民宗委在杭州举办2009年度全省民族乡（镇）长培训班。来自全省5个市、14个县（市、区）和18个民族乡（镇）及景宁畲族自治县少数民族重点乡（镇）的近50人参加了培训班。省民宗委副主任陈智慧在开班仪式上作了讲话。培训班邀请省农办副主任邵峰讲授新一轮农村改革与发展情况，对现阶段中央涉农政策进行了解读。培训班对我省民族工作中的省重点农业开发帮扶项目的实施情况、民族团结进步小康村的创建和开展民族特色村寨情况进行了讨论交流，并组织赴四川甘孜藏区进行考察。

**【夏宝龙看望在浙新疆籍各民族学生和务工人员】** 9月3日，浙江省委副书记夏宝龙到杭州师范大学附属中学、绍兴市浙江勇大针纺工艺有限公司，看望在浙江的新疆各民族学生和务工人员并与他们座谈。夏宝龙强调，要认真学习贯彻胡锦涛总书记在新疆维吾尔自治区干部大会上的重要讲话精神，全面贯彻落实党的民族政策，积极促进民族团结进步，努力维护社会和谐稳定。副省长郑继伟一起看望了新疆班学生。

**【国务院民族政策监督检查组来浙督察】** 由国家民委专职委员李文亮为组长的国务院民族政策监督检查组一行5人，于9月1日赴浙江监督检查民族政策贯彻情况。浙江省政府举行专题汇报会，就浙江省贯彻落实党和国家民族政策情况向检查组作了汇报。检查组还到杭州、金华、义乌、温州等地开展贯彻落实民族政策的监督检查，深入社区、市场、企业进行实地督察，对浙江民族工作给予直接的指导和帮助。

**【省少数民族代表队在全国高脚、板鞋竞速赛上连获佳绩】** 由第九届全国民族运动会和中国少数民族体育协会主办、贵州大学承办，为期5天的2009年全国高脚竞速、板鞋竞速邀请赛在贵州举行。由丽水学院14名少数民族师生组成的浙江代表队，参加了有13个代表队激烈竞争的比赛。在高脚竞速的4个比赛项目中，浙江代表队赢得了1个第二名、2个第三名共计9个奖项的可喜成绩，首次跻身强队之列；在板鞋竞速的3个比赛项目中，夺得3个奖项首次实现零的突破。

**【全省少数民族文化工作会议在杭州召开】** 10月13日，浙江省少数民族文化工作会议在杭州召开。会议强调，做好少数民族文化工作，推动浙江社会主义文化大发展大繁荣，关系民族团结、社会稳定，关系各民族共同团结奋斗、共同繁荣富裕，关系全面建设惠及全省人民的小康社会进程和中国特色社会主义事业发展。要充分认识到少数民族文化工作在经济社会发展全局中的作用，切实贯彻落实中央和省委的要求和部署，努力开创全省少数民族文化工作新局面。省委常委、宣传部长黄坤明，副省长龚正出席会议并讲话。省民宗委主任王毅在会上传达了国务院第五次全国民族团结进步表彰大会和全国民族团结进步创建活动经验交流会精神。省有关部门负责人，各市及部分县（市、区）党委、政府分管民族或文化工作的领导，民族、文化、文物、广电、出版等部门的负责人，省民族工作领导小组成员单位的负责人等120余人参加了会议。

**【全国政协民族和宗教委员会来浙江调研】** 全国政协民族和宗教委员会副主任、国家民委原副主任周明甫一行3人来浙江调研。10月30日上午，省民宗委主任王毅、省政协民宗委主任鲍钢、省民宗委副主任陈智慧向周明甫汇报了近年来浙江民族工作的情况。10月31日，周明甫一行在陈智慧的陪同下到景宁调研，深入外舍防护工程、岗石畲族村考察，了解畲民生产生活和畲族学生优惠政策落实情况，前往景宁民族中学、民贸企业、大均畲乡之窗等地参观，并听取县委、县政府的工作汇报。调研期间，周明甫还在杭州市调研城市散杂居少数民族工作，到义乌市调研国际化条件下外来少数民族工作情况和新问题。

**【《松阳县畲族古籍（文契）集成》出版】** 日前，《松阳县畲族古籍（文契）集成》出版。在浙江省《少数民族古籍总目提要·畲族卷》编撰办的指导下，自2007年8月起，松阳县开始着手编撰《松阳县畲族古籍（文契）集成》。在各级各界的重视和支持下，畲族古籍收集整理工作有条不紊地开展。《松阳县畲族古籍（文契）集成》共分12部分，分别为图腾崇拜，精灵崇拜，祖先崇拜，宗谱，宗祠，自写契、买契、契尾，推收（契税），分析产书（俗称分关），田赋、地丁，杂税，畲族医药，畲族山歌（亡灵书）。

**【全国民族团结进步模范事迹报告团在浙江】** 11月19日下午，浙江省委副书记夏宝龙在杭州会见了来浙江作巡回报告的全国民族团结进步模范事迹报告团一行9人，并向报告团介绍了浙江省民族工作的基本情况。全国民族团结进步模范事迹报告团由中央宣传部、中央统战部、国家民委共同组织，国家民委副主任丹珠昂奔为团长。会见时省委统战部、宣传部、省民宗委等有关部门负责人在场。

20日上午，民族团结进步报告会在省行政中心会堂隆重举行。报告会前，省委书记赵洪祝会见了报告团成员。报告会上，丹珠昂奔致辞并介绍了报告团成员，省委常委、省委宣传部长黄坤明讲话，副省长龚正主持报告会。大连理工大学预科班班主任、新疆维吾尔自治区青河县阿尕什敖包乡政府干部王丽娜、湖北恩施土家族苗族自治州鹤峰县委组织部干部田秀丽、四川省北川羌族自治县县委常委副县长王久华、中国人民解放军某部队部队长蒲继生在报告会上作了报告。省民族工作领导小组成员，在杭机关干部，驻浙解放军、武警指战员，高校学生及社会各界代表近千人参加了报告会。

**【省少数民族知识分子联谊会成立20周年】** 12月13日下午，浙江省少数民族知识分子联谊会成立20周年庆祝会在杭州之江饭店召开。全省各行各业的80多名少数民族专家、学者聚集一堂，回顾省少数民族知识分子联谊会20年来的发展历程。副省长龚正到会讲话。省委统战部副部长、民宗委主任王毅，副主任陈智慧出席庆祝会。省少数民族知识分子联谊会会长金宏义作工作报告。（徐钢泓）

## ·宗教工作·

**【综述】** 浙江省是全国宗教工作重点省份之一。佛教、道教、伊斯兰教、天主教和基督教五大宗教齐全，历史悠久，信徒众多。全省有可统计信徒180多万，其中基督教160多万人，天主教16万人，伊斯兰教2万余人；汉传佛教和道教由于没有严格的入教手续，信徒人数难以统计。全省有宗教教职人员2.5万人，其中佛教僧尼9800余人，道士道姑220余人，基督教牧师、教师、长老、传道等1万余人。全省经批准登记的宗教活动场所1万余处。省级爱国宗教团体6个，市、县两级爱国宗教团体225个。2009年浙江省的宗教工作在以下几个方面开展：

1. 以全面开展和谐寺观教堂创建活动为重点，加强对宗教事务的依法管理。根据中央统战部和国家宗教局的工作部署，从今年起在全省宗教界广泛开展创建和谐寺观教堂活动并要求取得实效。具体工作程序，一是深入调研，掌握情况。多次对全省宗教界开展评优创先的历史情况进行调研，为和谐寺观教堂创建工作打下了基础。同时，指导台州、绍兴、金华、湖州市做好佛协和台州道协的换届工作。二是宣传发动，营造声势。为了统一思想，提高认识，积极进行试点工作的指导，印发宣传材料，为创建活动营造良好氛围。协助温州市民宗局召开了温州“和谐寺观教堂”创建活动现场会，指导省佛协召开了两次会长会议及创建活动现场会。三是建立网络，搞好规划。省民宗委及时成立了全省“和谐寺观教堂”创建活动领导小组，制订并下发了《关于开展创建“和谐寺观教堂”活动的意见》，推动各地建立相应的工作机构，形成了全省创建活动的组织领导网络，对活动的开展起到了良好的领导作用。指导各地结合各自的实际情况，制定了创建工作的五年规划，明确了工作重点，实施步骤，使创建活动有序开展。四是明确重点，制定标准。把制定创建评定办法作为活动开展的重要抓手，通过三上三下的讨论研究，广泛听取了各方面的意见，明确了创建活动的标准，充分调动了宗教界的积极性。在创建内容上，我们突出了加强民主管理，建立考评体制这个重点，从内部推动宗教界提高自我管理的能力，从而使宗教活动场所的建设上了一个台阶。五是以点带面，推进宗教活动合法、安全、有序进行。今年以来分别参与指导各地先后开展了一些涉外、大型宗教活动。如日本天台宗赴天台山朝宗参拜活动、日本临济宗曹洞宗参拜天童寺、杭州径山寺与日本东福寺签订友好往来备忘录活动、南韩曹溪宗宗务长赴国清寺朝宗参拜、温州乐清道协组团赴澳门参加“澳浙道韵贺澳门回归十周年、国庆六十周年双庆”活动等。中国佛协汉传佛教讲经交流会、奉化弥勒文化节等各地举办的大型活动中涉及到的宗教活动都做到了平稳、有序，达到了预期效果。

2. 以国庆安保、维护宗教领域稳定为重点，确保宗教和睦社会和谐。今年以来，围绕国庆安全保卫工作、维护宗教领域的稳定成为工作重点，省民宗委认真履行职责，较好地完成了任务。一是妥善处理突发事件。据不完全统计，今年来，全省共处置各类突发事件51起，由于发现及时，处置得当，没有造成影响社会稳定的不良后果，确保了宗教和睦，促进了社会和谐。二是应对新疆“7·5”事件，维护社会稳定。新疆“7·5”事件后，在省委领导的率领下，我们先后分赴各地了解情况，走访穆斯林群众，部署清真寺维持稳定的工作，对教职人员进行宣传教育，化解群众情绪，收到了良好成效。三是确保建国60周年大庆的稳定。国庆节前，省民宗委就宗教领域的稳定作出了统一的部署，尤其对伊斯兰教重点地区、重点活动场所进行了走访和实地察看，使各项措施落到实处。国庆节中，对有可能发生影响社会稳定情况的重点地区及时传达上级领导的有关指示，做出工作部署，派出专人指导当地妥善处置。四是积极稳妥地推进省伊协筹备组成立工作。从8月份开始，对省伊协筹备组的成立进行了工作规划。从9月份开始，分别找伊斯兰教教职人员、穆斯林群众代表进行个别谈话，了解他们的思想情况和要求。10月份召开全省伊斯兰教人士座谈会，进一步统一思想，听取意见，为下一步的工作夯实基础。五是着力解决宗教工作中的热点难点问题。开展了专题调研，形成了调研报告，提出了对策建议，得到了省领导的批示肯定。

3. 切实加强宗教团体素质建设。继续抓好宗教团体、宗教活动场所负责人的经常化、制度化培训，先后举办了省天主教常委培训班、省佛道教中青年骨干培训班等。据不完全统计，全省共举办各级各类宗教界人士读书班、培训班324期，培训宗教界人士28375人次。

4. 积极引导宗教与社会主义社会相适应。鼓励各爱国宗教团体和宗教活动场所积极参与各种社会公益事业，据不完全统计，一年来，全省宗教界共为各类公益事业捐款捐物4360多万元。推动宗教界对宗教教义做出符合社会进步要求的阐述，指导并参加了省基督教“两会”举办的第十次神学思想研讨会。

5. 支持宗教界积极开展对外交往活动，发挥宗教界在文化交流和民间外交方面的独特作用。指导有关宗教团体做好美国华人教会来访，日本天台宗座主率团参访国清寺，日本临济宗、曹洞宗参拜天童寺，省佛协组团赴北欧考察交流等外事活动。

**【夏宝龙与宗教界人士新春座谈】** 2月4日下午，浙江省委、省政府在杭州西湖国宾馆召开全省宗教界人士新春座谈会。省委副书记夏宝龙、副省长龚正出席座谈并讲话，代表省委、省政府向全省宗教界人士致以新春的问候。夏宝龙在讲话中强调，全省宗教界人士和各宗教团体要坚定不移地贯彻党的宗教工作基本方针，紧紧围绕“保增长、抓转型、重民生、促稳定”这一工作主线，讲大局、守法规、重修养、促和谐，为推动科学发展、促进社会和谐贡献力量。应邀参加座谈会的宗教团体负责人有：浙江省天主教爱国会主任徐吉伟，省天主教教务委员会主任方法全，省基督教三自爱国运动委员会主席邓福村，省基督教协会会长孙锡培，省道教协会代会长高信一，省佛教协会副会长允观、怡藏，杭州市伊斯兰教协会名誉会长蒋福弟等。有关部门负责人林云举、夏海伟、陈金彪、王毅、赵一新等参加了座谈会。

**【千年金龙白璧重现】** 2月23日下午16时04分，中国道教第十大洞天之一——仙居括苍山洞，出土了珍贵的历史文物金龙、白璧。金龙长11.3公分，高7公分，三爪、四脚、双翅、开口、三须、二角、麒麟峰、鱼鳞，重79.5克。白璧两块，一块长23公分、宽8公分、厚1公分，另一块长12.5公分、宽8公分、厚1公分。据光绪《仙居县志》记载，宋天禧（宋真宗年号）二年（公元1108年）投金龙白璧，赐额“凝真宫”。现“凝真宫”匾额尚在。

**【台湾中台禅寺惟觉长老参观杭州佛寺】** 3月31日，来自祖国宝岛台湾中台禅寺的开山方丈惟觉大和尚一行，参观考察了位于杭州灵隐景区的永福寺、上天竺法喜讲寺，察看了飞来峰石窟造像和理公塔。在景色宜人的永福禅寺的福泉禅院，寺院都监月真法师向惟觉大和尚介绍了永福寺的历史及其重建的有关情况。永福寺年轻的监院念顺法师和有着江南笛王之称的杜如松，分别为客人们演奏了古琴和尺八。惟觉大和尚对永福寺的生态环境、寺院建筑和文化氛围等都赞叹有加，感到不虚此行，连称参访永福寺是他杭州之行的“意外收获”。浙江省民宗委主任王毅、党组书记赵一新和省台办负责人陪同惟觉大和尚一行参观。在杭逗留期间，惟觉大和尚一行还出席了由浙江省文化艺术交流促进会和中台文化艺术基金会主办、中台禅寺协办的“抚慰心灵的艺术——2009年浙江、中台山文物联展：地涌天宝——浙江省博物馆馆藏雷峰塔天宫地宫出土文物暨中台山博物馆佛教文物展”签约仪式暨新闻发布会。

**【龚正副省长走访宗教团体】** 6月17日，龚正副省长在省政府副秘书长夏海伟，省民宗委党组书记、主任王毅，副主任邢越生等陪同下，走访了在杭的宗教团体。龚正副省长一行，在杭州中山北路天主教堂，听取了省天主教“两会”的汇报；在解放路的基督教思澄堂，听取了省基督教“两会”关于社会服务、培养年轻教职人员、开展神学思想研讨等工作的汇报；在羊坝头伊斯兰教凤凰寺，听取了杭州市伊斯兰教协会的汇报；在玉皇山，听取了省市道教协会关于提高自身素质，处理好宗教和旅游关系的汇报；在中天竺听取了省佛教协会的汇报后，又顺道走访了灵隐寺。龚正希望天主教一如既往地坚持独立自主办教的原则不动摇。希望基督教坚持独立自主办教的原则，加强组织建设和人才培养，发扬教规教义中的和谐因素，为建设和谐社会服务；希望伊斯兰教协会进一步加强自身建设，搞好团结，维护稳定，加快培养“政治上靠得住，学识上有造诣，品德上能服众”的年轻接班人；希望道教协会在当前经济危机、甲感流行的困难面前，发挥道教优势，做好疏导工作，并要培养道教人才，通过他们在社会上发挥作用；希望佛教协会建设和谐寺院，倡导“人间佛教”思想，重振“东南佛国”美名，积极开展对外对台交流，引导信众为建设和谐社会做贡献。

**【吴伯雄参访灵隐寺】** 5月29日下午，中国国民党主席吴伯雄率领的国民党高层访问团，在中共中央台办常务副主任郑立中、中共浙江省委副书记夏宝龙等陪同下，专程参访了杭州灵隐寺、玛瑙寺和雷峰塔等。浙江省民宗委主任王毅、副主任倪忠扬等参加了接待。

在古木参天、殿宇巍峨的灵隐禅寺，两序僧众列队欢迎吴伯雄先生。在杭州市佛教协会会长、灵隐寺监院光泉法师的陪同下，吴伯雄兴致勃勃地参观了灵隐寺的主要殿堂，并十分虔诚地一一上香礼佛。参拜完毕，宾主双方在联灯阁进行了座谈交流。随后，光泉法师代表灵隐寺向吴伯雄一行赠送了《灵隐寺志》等纪念品。吴伯雄也当即为灵隐寺题写了“慈悲喜舍”四个字，作为回赠，并解释说，这四个字的意思是希望人们心里有慈悲心，为了众生和个人，要可以放下、舍得。

参访灵隐寺后，吴伯雄一行还前往西湖葛岭山脚的玛瑙寺，参观了寺内的“连横纪念馆——

台湾文化展”。之后，再前往雷峰塔，登塔顶一览西湖全景。吴伯雄盛赞浙江是一个人文荟萃的地方，杭州是一座美不胜收的城市。

**【宁波基督教百年堂复堂30周年庆典】** 4月8日，宁波基督教百年堂前彩旗飘扬，鼓乐齐鸣，来自全国各省市和港台的教牧同工及宁波市各地教会的信徒近2000人参加了百年堂复堂庆典。丁光训主教为百年堂复堂30周年题词：“传扬和平福音，构建和谐社会”。中国基督教协会会长高峰牧师以《诗篇》的经文证道后，宁波市基督教三自爱国运动委员会主席单渭祥牧师向在座佳宾发表了欢迎辞。宁波市基督教两会咨询委员会主任范爱侍牧师介绍了百年堂走过的30年历程，特别是复堂第一次礼拜的情景。宁波市委统战部副部长、市民宗局局长陆立宪在讲话时充分肯定了市基督教两会和百年堂的工作。浙江省基督教三自爱国运动委员会主席邓福村牧师，全国政协常委、中国基督教三自爱国运动委员会主席傅先伟长老，浙江省民宗委副主任邢越生也讲了话。4月7日晚，宁波市基督教两会举行了庆祝百年堂复堂30周年感恩文艺晚会。

1848年，英国圣公会进入宁波传教，并以此为基地，开创了浙江教区。1948年，中华圣公会浙江教区鄞县牧区在宁波大梁街兴建了一座教堂，为纪念英国圣公会在宁波的百年传教史，定名为百年堂。1966年“文化大革命”开始，百年堂被关闭。1979年4月8日，百年堂成为中国大陆“文革”后第一个恢复开放的基督教堂，被中央领导夸赞为“迈出了果敢的第一步”。

**【省民宗委举办宗教界人士培训班】** 6月3日至5日，浙江省民族宗教事务委员会举办全省天主教“两会”常委暨佛教、道教中青年骨干培训班，有近80人参加了培训。省民宗委副主任邢越生就创建和谐寺观教堂活动作了动员，他阐述了在全省宗教界推开和谐寺观教堂创建活动的意义，分析了当前宗教领域存在的问题，提出了创建活动的目标和要求。

**【浙江省宗教界人士暑期读书班在杭州举行】** 7月27日至30日，由浙江省委统战部、省民宗委举办的2009年全省宗教界人士暑期读书班，在杭州梅竺度假村举行。龚正副省长专程出席开班仪式，看望读书班的宗教界人士，代表省政府对读书班的举办表示祝贺并作了重要讲话。来自全省佛教、道教、天主教、基督教省级宗教团体副秘书长以上的负责人，杭州、宁波、嘉兴、衢州4地的伊斯兰教协会负责人，宗教界省人大代表、政协委员，各地市民族宗教局长，义乌市民族宗教局长和省民宗委各处室负责人80余人参加了读书班。读书班还邀请了国家宗教局研究中心、省委政策研究室专家为宗教界人士作了和谐宗教理论讲座和经济形势报告。

**【省民宗委举办全省民宗系统第二期行政执法培训班】** 9月2日至4日，省民宗委在杭州举办全省民宗系统第二期行政执法培训班，旨在认真贯彻落实党的十七大报告“关于加强依法行政工作”的精神，进一步提高全省民宗系统行政执法人员的业务能力和综合素质，切实规范行政执法工作，规范宗教事务管理，切实保障公民宗教信仰自由的权利，促进全省民族宗教领域的和谐稳定。来自各市民宗局、义乌市民宗局及省民宗委机关干部约50人参加了培训班。省民宗委副主任邢越生出席培训班并讲话。培训班邀请国家宗教局政策法规司司长陈宗荣、省法制办公室俞兰等作了相关专题辅导。

**【创建和谐寺观教堂活动现场会在温州召开】** 9月24日至25日，浙江省创建和谐寺观教堂活动现场会在温州召开，国家宗教局政法司司长陈宗荣，省民宗委主任王毅、副主任邢越生，温州市副市长陈宏峰，各市民宗局长，省和温州市各宗教团体主要负责人等100余人参加了会议。陈宗荣、王毅、陈宏峰在会上讲话，温州市民宗局局长王宁主持会议。来自温州市瓯海区白云观、瑞安市玉海天主堂、永嘉县花岙基督教堂的负责人分别代表各自单位在现场会上发言，介绍本单位开展创建活动的相关情况及经验。

**【台湾中台山博物馆落成并展出杭州雷峰塔佛教文物】** 10月3日，地处台湾中部南投县的中台山博物馆落成，开馆大典隆重举行后，举办了“地涌天宝——浙江省博物馆珍品特展”和“化世瑰宝——中台山博物馆佛教文物展”，展出的110件杭州市雷峰塔佛教文物珍品，让15000余名台湾观众在穿越千年的凝望中，感受到了心灵的震撼。

特展为期5个月，在2010年3月14日结束。

**【2009中国（奉化）雪窦山弥勒文化节】** 10月26日上午，2009中国（奉化）雪窦山弥勒文化节在浙江奉化溪口国家风景名胜区隆重举行。来自包括香港、澳门及台湾在内的政界、商界、文化界、演艺界、佛教界、旅游界及新闻界的3000名海内外著名人士云集奉化，参加此次活动。副省长金德水宣布文化节开幕。宁波市副市长陈炳水、国家宗教局一司司长徐远杰先后致辞。中国佛协副会长、山西佛协会长根通长老，省政协副主席陈艳华也讲了话。文化节期间，安排了中国佛教名山高峰论坛、中国城乡生态和谐发展论坛、央视“艺苑风景线”大型文艺晚会、“结缘奉化”海内外客商联谊会、雪窦禅寺四大天王开光法会、岳林禅寺祈福法会、中塔禅寺弥勒宝塔开光法会以及“听山、听水、听佛音”弥勒胜地游等系列活动。56家报纸、广播电视、网络媒体参加采访报道。

**【2009年汉传佛教讲经说法交流会】** 10月28日至30日，由中国佛教协会主办、浙江省佛教协会协办、杭州市佛教协会承办的2009年汉传佛教讲经交流会在杭州浙江宾馆举行，来自全国19个省、市的40位法师参加了讲经交流。来自全国各地的嘉宾、杭州佛学院师生、市属寺院的四众弟子300多人见证了这一佛门盛事。活动旨在倡导佛教界讲经说法，钻研经典，阐扬正信，形成学习经典、研究经典、宣讲经典的良好风气。

（徐钢泓）

## 浙江省归国华侨联合会

**【综述】** 截至2009年底，全省共有归侨侨眷100多万人，海外侨胞和港澳同胞144.5万人，遍及158个国家和地区，其中改革开放以后移居海外的新侨占了76.3%。全省现有11个市侨联，90个县（市、区）侨联，809个乡镇（街道）、村、社区侨联。一年来，省侨联紧紧围绕省委和中国侨联的部署要求，适应世情、省情、侨情的发展变化，最大限度地团结凝聚侨界力量，求真务实，开拓进取，各项工作取得了明显的成效。

**【服务大局的作用更加彰显】** 广泛开展各类富有成效的实践活动，积极探索新形势下服务经济建设的新途径。以留联会为主渠道，搭建了引资引智平台，推动引资引智上规模、上台阶。组织“高层次留学人才回国服务志愿团”大型系列活动，支持嘉兴市开展2009“星耀南湖”人才科技对接交流会，发动海归人士参与“海外留学人员创业舟山行”等活动，一大批海外留学人员携带高科技项目参会，与我省企业签订合作项目，成效显著。主动配合各级政府，多方邀请海外重点侨团、重点侨商来浙考察，开展经贸活动，努力促进“侨资回流、侨心回归、项目回乡”，实现了“海外浙江人经济”和浙江经济的互动双赢。为应对国际金融危机挑战、加快经济转型升级，遵循“保增长、抓转型、重民生、促稳定”的工作主线，积极实施“解困、扶持、服务”三大举措，为侨资（属）企业送去关爱、提振信心，共克时艰、力促发展。与义乌市政府联合举办“世界侨商大会”；组织带领侨商“走进北部湾”，寻找新商机等活动。组织动员、积极引领广大侨界群众参与社会主义新农村建设，深化了“侨界齐携手，共建新家园”活动，广泛组织开展“百企联百村”、“百个侨团助百村、千名侨胞扶千户”等活动，引导侨乡大力发展华侨总部经济，掀起了侨界投身社会主义新农村建设的高潮。认真做好归侨侨眷和华侨“村官”工作，主动参与，多方支持，取得了可喜成绩。

**【拓展海外联谊的举措更加有力】** 多渠道、多层次、多形式地开展海外联谊，不断增进亲情乡谊。聘请了200余名海外顾问、海外委员，成立了青年总会比利时分会，凝聚团结了一大批海外侨界中青年骨干，为侨联工作可持续发展涵养了资源。省侨联在全国侨联系统率先组建侨界名媛会，建立起针对侨界女性的长期性、日常性的联谊组织，举办了“相约春天·侨界名媛故乡行”活动，吸引了来自24个国家和地区的58名侨界妇女代表参加，进一步延伸了侨联工作的手臂。名媛会还积极携手省红十字会爱心名媛俱乐部等发起成立“温暖都市母婴平安基金”。目前，全省各级侨联与海外50多个国家和地区的350个侨团建立了稳固而密切的联系。高度重视做好侨联对台工作，接待美东国民党支部大陆参访团等，为助推祖国和平统一大业发挥积极作用。

**【华文教育的成果更加丰硕】** 加强以传承中华优秀文化为核心的华文教育，在浙籍侨胞比较集中的法国、荷兰、巴西等地，新建了11所“文澜侨心书库”，现总数已发展到46所。大力实施“亲情中华”——文艺巡演、书画巡展，援建书库、华校联姻，侨刊出海、传媒结对，关爱“侨童”、文化寻根“四大行动”计划。加强以“一刊一网”为重点的外宣阵地建设，改版后的机关刊物《钱江侨音》，获得了全国侨刊号，成为全省第一本面向海内外公开发行的侨务外宣刊物，在海外建立了11个联络站；办好了浙江侨联网站，读者点击量已达100万人次。组织“侨与祖国同行”等庆祝建国60周年系列活动，举行援建北川中学宣传募捐活动，开展“亲情中华书画团”欧洲巡展等，使侨务资源不断得到涵养和发展。

**【构建和谐侨界的效果更加明显】** 坚持把以侨为本、为侨服务的宗旨贯穿于工作的全过程，满腔热情地做好工作，努力促进侨界和谐。认真处理涉侨信访，理顺情绪、化解矛盾，群众来信来访办结率达98.7%。围绕侨界群众最关心的利益问题，协商省安全厅、建设厅和杭州市房管局等部门，为一批侨商办理非涉外房产购置事宜，真心实意地为广大侨胞办实事、解难事、做好事，促进了涉侨问题的解决。积极帮助重点侨乡创建侨界留守儿童关爱基地，真正做到爱侨扶侨。积极开展“送温暖、献爱心”活动，尤其是逢年过节，都要登门看望老归侨、慰问特困户，给他们送去党和政府的关心和温暖。组织归侨侨眷和留学人员家属参加“侨与祖国同行”演讲比赛，精心组织年度大型侨界迎春团拜会。关注海外侨胞的生存权，当保加利亚首都索非亚伊连齐商城发生火灾后，通过保加利亚中国商会，第一时间致电慰问保加利亚受灾商户。

**【参政议政的热情更加高涨】** 围绕事关侨界群众的根本利益问题，深入调查研究，积极建言献策，充分反映侨情民意，完善提（议）案抄告制度，在全国侨联系统率先建立了委员约谈会制度。主动为侨界人大代表、政协委员提供提（议）案素材，热心为他们履行参政议政和民主监督的职能提供服务。在省“两会”期间，侨界人大代表、政协委员积极建言献策，提交提（议）案32件，其中，省侨联《充分发挥海外浙江要素优势 做大做强“海外浙江人经济”》的提案获优秀提案奖，《关于推进我省临港产业科学发展的建议》引起了省委、省政府的高度重视，在很大程度上提升了侨联的影响力和美誉度。

**【自身建设的成效更加突出】** 切实把理论学习放在重要位置，坚持用中国特色社会主义理论武装头脑、指导实践、推动工作。认真学习胡锦涛总书记“三个最大限度”和充分发挥“四个作用”的指示精神，深入贯彻全国和省“八代会”精神，各级侨联网站、侨讯侨刊开设专题专栏，广泛学习讨论，深刻领会精神实质，取得了明显成效，为侨联事业蓬勃发展提供思想保障。积极开展第二批省示范性基层侨联申报命名活动，把侨联工作“进社区、进村居、进院校”的“三进”活动作为推进基层组织建设的重要内容，一些地方还开展了侨联工作“进机关、进商务楼宇”的试点，全省侨联组织进一步健全，吸引力和凝聚力进一步增强，受到了中国侨联的充分肯定。

**【胜利召开省第八次归侨侨眷代表大会】** 11月24日至26日，侨界瞩目、盛况空前的省第八次归侨侨眷代表大会在杭州胜利召开，来自海内外的侨界代表600多人参加了会议。吴晶代表省侨联第七届委员会作《高举旗帜 创业创新 凝聚侨界力量为全面建设惠及全省人民的小康社会而努力奋斗》的工作报告。大会选举产生了省侨联新一届领导班子，吴晶当选为主席，张维仁、陈励君、余梅生、连小敏、章明伟、朱筠筠、杨晓宏、郑耀、林东为副主席，张维仁兼任秘书长；大会聘请了200余名省侨联第八届顾问、名誉委员和海外委员；表彰了省侨界先进集体和先进个人。赵洪祝、吕祖善、夏宝龙等省委、省人大、省政府、省政协主要领导出席大会，夏宝龙副书记代表省委发表重要讲话，中国侨联副主席李祖沛代表中国侨联致贺词。

（朱小敏）

## 浙江省台湾同胞联谊会

【综述】 2009年，省台联在中共浙江省委的领导和省委统战部及全国台联的具体指导下，以邓小平理论、“三个代表”重要思想为指导，深入贯彻落实科学发展观，贯彻中央对台方针政策，团结全省台胞，同心协力，开拓进取，为促进两岸关系和平发展、全面建设小康社会开展工作，各项工作取得新成绩、新进展。

【两岸民间交流交往工作】 一年来，共接待台湾岛内和海外来访台胞21批422人次，赴台交流2批2人次。协助台湾妇女菁英联盟理事长黄喜惠女士率领的“台北市敦化国立小学学习交流访问团”与文一街小学进行交流。接待了台湾金门县县长李炷烽率领的“台湾金门县政府经济文化考察团”，“行政院农业委员会”台中区农业改良场副场长张正英、茭白笋专家李文宏、茶叶专家陈仪龙，台湾成功大学叶光毅教授等知名人士，加强与岛内基层民众的交往；接待了台湾中和市佳和里和盛世社区代表团等。与杭州西湖文化研究会开展“中华情——两岸三地书画名家作品联谊展”，推荐台胞业余画家沈国英之作《收获》参展，为本次作品联谊展增添了浓厚的笔墨。7月，举办了“2009年台湾大学生浙江夏令营”暨“全国台联台胞青年千人夏令营浙江分营”活动，邀请100名来自台湾岛内37所大专院校的学生参加。全省各地理事积极发挥乡情、亲缘优势，认真做好来大陆探亲、旅游、考察、投资台胞的接待工作。

【参政议政成效显著】 省台联在省政协十届二次会议上提交团体提案6件，大会口头发言1件，个人提案18件。团体提案《促进城乡结合，构建养老服务业》建议利用农村闲置用房和自然条件，促进城乡结合，构建养老服务业，创建一种科学和谐发展的养老模式，被列为省政协重点提案，由陈加元副省长领办、省政协副主席王永昌督办，主办单位省民政厅组织开展了实地调研，提案建议得到了采纳。台胞中的全国政协常委在全国政协会议上提交提案4件。台籍省人大代表在省人大会上提交建议3件，所提建议得到省委、省政府的重视。据不完全统计，台籍市级人大代表、政协委员提交了25件建议、提案。其中1件提案获全省侨界优秀提案奖；1件提案被杭州市政协列为重点提案并被评为优秀提案，由一位副市长领办，一位市政协副主席督办；1件提案被衢州市政协列为重点提案，得到市委副书记、市长的批示。2009年共编辑《台胞信息》56期，41条信息被上级部门采用，其中2条信息被全国政协采用，15条信息被地方有关部门采纳，省政协民情热线采用社情民意4件。省台联分别获得“全国台联信息工作先进单位三等奖”和“全省统战信息工作先进单位三等奖”。

【扎实推进服务本省台胞工作】 省台联举办了迎春茶话会、中秋茶话会、三胞中秋茶话会等。利用纪念“台湾义勇队成立七十周年”契机，组织杭、金、衢人大代表、政协委员赴金华参观“台湾义勇队纪念馆”，召开纪念座谈会，开展爱国主义传统教育。组织两岸青年台胞大学生参观钱江新城，感受改革开放三十年成果。参加省委统战部主办，省级各民主党派、侨联、台联、工商联协办的“和谐之声”文艺汇演，表演的歌舞节目《台湾民歌联唱》，受到了省委领导、省委统战部领导及统一战线人士的肯定和好评。坚持做好老台胞、困难台胞、患病台胞的探访慰问工作，赴兰溪、衢州、江山等地慰问走访困难台胞，并召开三次台胞座谈会。先后组织老台胞赴金华、嘉善等地参观访问。以服务台胞为重点，以构建和谐社会为目标，竭尽全力做好台籍同胞的拆迁思想疏导工作，从而保证久拖未决的拆迁工作的顺利完成，发挥了党和政府联系广大台胞的桥梁纽带作用。为此，杭州市江干区凯旋地区旧城改造指挥部专门送来“台湾同胞贴心人，城市建设好帮手”的锦旗。利用传统节日，举办形式多样的联谊活动，与台商、台生沟通信息，加深感情。推荐2名台商代表旁听省十一届人大二次会议。

【加强涉台宣传研究】 省台联在省级以上报刊上发表宣传文章12篇，在网络媒体上刊登宣传报道25条次，撰写台情研究论文3篇。32篇涉台文章，发表在《团结报》、《人民政协报》、“人民政协网”、《浙江日报》、《台声》、《全国台联通讯》、《情系中华》、《联谊报》等报纸杂志上。在全国台联网站宣传报道了台湾大学生浙江夏令营活动。省台联2位领导参加“中华和合文化论坛”，以“和合”思想为指导，结合对台工作实践，提交了《把握历史趋势 积极稳妥地推进祖国和平统一进程》和《“和合”文化与构建两岸新型经济架构》2篇论文。全年编辑4期《浙江台盟台联通讯》，并推出纪念建国60周年和人民政协成立60周年专栏，刊发了6篇纪念文章，其中《回顾与瞻望》、《政协搭台 政府出题 党派献计——记一次参政议政的成功实践》、《两代人与人民政协的情缘》等被采用发表在《团结报》《联谊报》等刊物上。其中《回顾与瞻望》获得了省政协《联谊报》纪念人民政协成立60周年“我与人民政协”征文十佳作品。

**【学习实践科学发展观活动】** 省台联积极开展学习实践科学发展观活动。在活动中向台联领导、台胞广泛征求意见，认真分析评议，查找不足，提出整改措施，进一步整理和规范机关各项规章制度，有效地做到了工作、学习“两不误、两促进”。围绕“服务企业、服务基层”专项行动，省台联赴桐庐的台资企业开展调研，听取台商意见建议，帮助他们解决在金融危机中遇到的困难。开展智力扶贫，陪同台湾农业专家赴景宁畲族自治县沙湾镇张庄村为山区脱贫帮困献计出力。号召全省理事、台胞积极参加“科技创新竞赛行动计划”。

**【举办2009年台湾大学生浙江夏令营】** 7月19日至23日，省台联与浙江海外联谊会举办了“2009年台湾大学生浙江夏令营”，邀请了100名来自岛内37所大学的学生参加，其中首次来浙江的占90%以上。活动通过参访人文历史景观、了解经济建设成就、感受高科技成果等，让台湾大学生亲身体验大陆中华文化博大精深、经济建设突飞猛进、科技进步日新月异、社会建设和谐稳定的良好发展态势。组织台湾大学生与浙江工业大学学生开展面对面交流，增进友谊，加深了解。夏令营活动在形式上不断创新，首次举办了营员优秀摄影作品展，评出优秀奖10名，参与奖49名，且49张图片全部制成展板在闭营式上展出，成为闭营式上一道亮丽风景。

**【不断加强自身建设】** 组织台胞和机关工作人员学习全国“两会”精神和全国统战工作会议精神。举办了纪念台湾义勇队成立70周年纪念座谈会、“台盟台联中青年骨干培训班”等。为全省理事、台胞骨干征订《十七大报告辅导读本》、《统战年鉴》、《情系中华》杂志等，为部分台胞骨干发送《海峡快讯》电子资料。此外，在台湾遭受“莫拉克”台风重创时，全省台胞和机关工作人员伸出友爱援助之手，慷慨解囊，共捐助款项102900元，帮助岛内乡亲尽快战胜灾害、渡过难关，受到了国台办、海协会、全国台联和省台办的表彰与感谢。 （李正军）

## 浙江省黄埔军校同学会

**【综述】** 黄埔军校同学会以“发扬黄埔精神，联络同学感情，促进祖国统一，致力振兴中华”为宗旨，是爱国统一战线的重要组织，是推动祖国统一的重要力量。黄埔军校同学会的主要工作任务是：发挥黄埔同学在对台工作中的优势，联络台港澳及海外黄埔同学，促进祖国统一进程和社会主义现代化建设。

浙江省黄埔同学会现有会长1名、副会长2名、秘书长1名组成会长办公会议，领导会务工作；有理事23人，组成理事会。机关内设办公室，现有干部职工7人。

2009年是新中国60华诞的大庆之年，也是加快学习实践科学发展观，实施“十一五”规划的关键之年，同时还是两岸关系逐步走向和平发展的一年。一年来，浙江省黄埔同学会在省委统战部的领导下，以胡锦涛总书记在纪念《告台湾同胞书》发表30周年座谈会上的重要讲话为指引，以做好台湾人民工作为主线，牢牢把握两岸关系和平发展的主题，积极开展对台工作，团结联络海内外黄埔同学和亲友，在促进两岸关系和平发展，推动两岸人员往来等方面发挥了自身的优势和作用，并做出了积极贡献，取得了显著的成绩。

**【采用多种形式组织理论学习】** 根据黄埔同学年事高、身体孱弱的现实状况，2009年，省黄埔同学会主要采用以自学与集中学习、寄送学习资料与登门走访交流等相结合的学习方式，开展对黄埔同学的宣传教育与政治思想建设工作。全年主要围绕全国“两会”精神、胡锦涛总书记在纪念《告台湾同胞书》发表

30周年座谈会上的重要讲话、十七届四中全会精神及当前经济形势等内容，结合省同学会的工作实际以及两岸形势的发展变化，就如何发挥自身优势，做好对台工作进行了深入学习和认真探讨。通过学习，力求使广大黄埔同学更加深刻理解中央对台工作的大政方针，并积极贯彻执行中央对台工作的决策部署，扎实有效地做好新形势下的对台工作。与此同时，还以通讯方式召开会长办公会议，及时向会领导通报同学会工作开展情况，研究部署下一阶段工作思路和计划。

2009年，省黄埔同学会大力拓展网络媒介的宣传作用，及时更新和完善下设在浙江中国和平统一促进会网站下的浙江省黄埔军校同学会网页内容，利用网络媒介，扩大省同学会的影响，拓宽与台湾黄埔同学、亲属的联系渠道。各地同学会还把会刊（讯）、业务通讯作为向会员宣传教育和对外交流的重要渠道，克服种种不利因素，坚持办好会刊（讯），充分发挥会刊（讯）的宣传作用。

**【做好对台联络接待工作】** 4月11日至12日，浙江省黄埔军校同学会接待了旅美黄埔军校同学会2009年“和谐之旅”访问团陈耀华同学一行，陪同游览了杭州西湖、丝绸博物馆等景点，并结合当下国际金融危机，对国内和浙江经济环境等情况交换了意见，重点对浙江黄埔同学当前的生活状况进行了深入交流。来访的旅美黄埔同学已多年未回国，此次回来对浙江及杭州的变化大为感叹，对国际金融危机形势下，中国仍能保持经济的稳步增长和人民群众生活水平的持续提升，表示了由衷的赞叹，特别是对浙江黄埔军校同学会能够在全国率先落实生活困难黄埔同学的每月补助感到特别欣慰和赞赏。他们高度评价了浙江省黄埔军校同学会对黄埔同学的关怀和热情，表示回去以后将在旅美黄埔同学中大力宣传党和国家对黄埔同学的关心、关爱，为促进祖国两岸和平发展做出自己的贡献。

4月20日上午，台湾台北市中央军事院校校友会的创会会长庞雄及夫人由南京来杭州，我会秘书长徐岩华随即赴宾馆拜访。

除此之外，广大黄埔同学还通过节日贺卡、日常的“书信往来，电话传情”等方式，积极与台湾及海外的黄埔同学、亲友保持联络，交流对两岸关系与时局的看法，发挥黄埔同学的独特优势，加强民间交流沟通的宣传作用，促进了两岸民间的交流交往。

**【积极配合总会开展工作】** 黄埔军校同学会第四次会员代表会议于5月20日以通讯方式召开。5月25日至26日，浙江省黄埔军校同学会的7位代表参加了此次大会，并认真履行了（总会）第四次会员代表会议的各项议程。

与会代表们认真审议了林上元副会长在黄埔军校同学会第四次会员代表会议上的工作报告；学习了中央统战部尤兰田副部长在黄埔军校同学会第四次会员代表会议上的重要讲话；并选举了黄埔军校同学会第四届理事会，浙江黄埔同学会副会长楼吉康当选为黄埔军校同学会第四届理事会理事。

11月23日至26日，黄埔军校同学会全国宣传工作会议在浙江杭州召开。此次会议由我省黄埔同学会全程承办，来自全国各地26个省（市、自治区）的黄埔同学会机关人员近60人出席了会议。黄埔军校同学会副秘书长王安南到会并讲话，浙江省委统战部副部长徐建华向与会代表致辞，《黄埔》杂志社编辑部部长李忠诚主持了会议。

**【开展庆祝新中国成立60周年系列活动】** 今年是新中国成立60周年，同时也是黄埔军校成立85周年，省黄埔同学会举办了系列庆祝活动。一是于9月25日，举办了“迎中秋、庆国庆”茶话会，在杭的省黄埔同学会理事、部分黄埔同学后代等齐聚一堂，畅谈祖国60年来的巨大变化。二是开展了“庆祝新中国成立60周年暨黄埔军校成立85周年征文”活动，黄埔老人热情高涨，踊跃参与，以散文、诗歌等形式充分表达了喜迎祖国60华诞、共创祖国美好未来的喜悦心情。省黄埔同学会将所收到的文章、诗歌编辑整理成《黄埔军校建校85周年暨中华人民共和国诞辰60周年纪念专刊》，分发给全国各省市同学会及省内各基层组织。三是积极参与“浙江省统一战线纪念改革开放三十周年成就展”筹备工作，萃取20多年来省黄埔同学会在不同阶段、不同层面具有代表性的精彩瞬间，以图文并茂的形式，形象直观地勾画出我会在党的领导下，不断开拓奋进的发展历程。四是认真安排部署，转发了总会庆祝新中国成立60周年书画作品展的征稿通知，组织有特长的同学重点投稿，我们从中挑选了4幅书画作品寄送总会，悉数被总会刊用。五是在总会出刊的《可贵的探索、可喜的收获》一书中，我会积极参与，从学习宣传、联络交往、服务会员、机关建设、会员风采等五个方面组织了相关材料，占22个版面，3万余字，充分展示了我省黄埔同学会近年来取得的成绩。

**【认真开展黄埔同学生活现状调研】** 今年，省黄埔同学会围绕掌握黄埔同学生活现状及进一步做好新形势下黄埔军校同学会工作，开展了一系列考察调研活动：一是采取走访慰问、召开座谈会等形式，分别到温岭、温州、丽水等地进行调研，了解浙统发〔2006〕19号和〔2007〕19号文件精神的落实情况；二是远赴河北、福建等兄弟省市实地考察，通过沟通交流，借鉴和吸取他们在补助生活困难黄埔同学工作中的成功经验和做法。

调研显示，黄埔同学会队伍日益老化，后继乏人，组织缺乏活力；生活困难的黄埔同学会会员仍占一定比例；同学会开展海外联络和对台工作比较被动，实效性不够。通过调研，进一步明确了工作中的不足和下一步工作的重点和难点，对省同学会的工作开展有很好的指导和借鉴意义。

**【完善机关自身建设】** 定期召开机关办公例会制度，保证了机关各项工作的有序进行。会内各项具体事务工作的开展，事前都在机关办公会上提出、进行商议，并将各项具体工作分解落实到个人。根据浙江统促会、省黄埔同学会"两会"工作任务的增加及机关人员变化，重新进行了机关人员工作分工，使每个人任务明确，职责分明，保证各项工作的有效开展，提高机关办事效率。

此外，为进一步完善机关制度建设，规范工作程序，在原有各项规章制度基础上，相继起草了《机关计算机使用和管理办法》、《机关档案管理制度》、《机关保密工作制度》等涵盖工作全程、涉及各个层面的一系列切实可行的规章制度（草案），使各项工作有章可循，以健全完善各项规章制度为切入点，不断强化机关的服务职能，不断提升机关干部的管理和服务水平。

机关党支部根据机关党委总体部署，结合本支部实际及时制定了党支部学习制度，按照"武装头脑、指导实践、推动工作"的要求，通过集中学习、听专题报告会、自学、讨论、参观等多层次、多形式的学习方式，切实把思想和行动统一到党的十七届四中全会精神上来。

为纪念建党88周年和共和国60华诞，支部书记徐岩华于7月16日带领全体党员，赴革命圣地"西柏坡"，参观了中共中央旧址和西柏坡纪念馆，接受一次革命传统教育。（丁　莹）

## 浙江省社会主义学院

**【综述】** 2009年是浙江省社会主义学院（简称"省社院"）全面落实深入学习实践科学发展观活动成果的第一年，也是省社院搬迁至新校区后两校区办学的第一年。在省委领导和省委统战部的指导下，省社院以科学发展观为指导，深入贯彻党的十七大和十七届四中全会精神，本着务实创新、走在前列的办学要求，一方面积极争取党委政府及有关部门的支持，理顺办学体制，一方面狠抓内部建设和规范管理，各项工作跃上了新台阶。浙江省社院在培训、科研、后勤管理等方面逐步形成的特色，得到了中央社院叶小文书记及其他兄弟社院的充分肯定。在中央统战部举办的全国社会主义学院工作会议浙江片会和全国社院院长培训班上，浙江省社院领导应邀做经验介绍。

**【两校区办学运转顺畅，培训规模持续扩大】** 2009年是省社院两校区办学的第一年，学院及时出台《关于两校区办学教学管理工作的实施意见》，细化工作流程，强化过程管理，确保各班次培训工作的顺利进行。2009年，共举办计划内班次28期，培训学员1398人次，计划内班次数量和培训人次创历史新高，比2008年分别增长27.3%和31.1%。此外，受县（市、区）统战部、省内有关单位及兄弟省市社院委托，举办计划外班次15期，培训学员655名。两类培训合计举办班次43期，培训学员2053人次，切实发挥了统一战线人才培训的主渠道作用。

**【突出专题研讨班模式，增强培训的针对性】** 全年共举办各类专题研讨班12个，占到计划内班次总数的43%。为期三天的"民盟参政党理论建设研讨班”，首次以“参政党理论建设”为培训主题。举办的以“如何应对金融危机”为主题的“非公经济代表人士培训班”，课程设置以促进非公企业的健康发展为主线，帮助企业应对金融危机，增强了非公经济人士化“危”为“机”、逆势而上的信心，得到了学员广泛认可，参加人数及报到率、到课率均创历年同类班次之最。根据形势及班次类型、培训对象的变化，大力开发新课程，充实课程体系。全年共开发新课程30余门，体现社院政治培训和能力素质培养相结合的教育理念。首次在民主党派中青年骨干培训班中开设的情景模拟课程《危机公关与媒体应对》，针对性强，参与度高，互动性好，颇受学员欢迎。

**【启动“兼职师资库”优化工程】** 高层次师资是提高培训质量的有力保证。通过各民主党派省委会、省市统战部、部分高校统战部的协助，2009年在全省选聘了一批兼职师资，建立了拥有150名高层次的兼职师资信息库。2009年先后来省社院讲课的省外专家、学者、政府官员10余人，包括复旦大学林尚立教授，上海国际问题研究院严安林博士，中央社院郑宪、李金河、李小宁、王占阳等教授，上海社院彭镇秋教授，中央统战部干部局局长杨启儒、中央统战部三局副局长高卫东、中央统战部五局陶世隆博士、国侨办政策研究司司长王晓萍等。

**【课题申报和研究实现新突破】** 2009年在课题申报上实现了历史性的突破，获得了独立建院以来首个国家社科基金项目《民主党派参与公共政策制定的实效性研究》。同时争取到《一片丹心映之江——浙江民主党派60周年》、《浙江非公有制经济的崛起与新的社会阶层的政治引导》、《冷战后美国外交的宗教向度研究——以美国对华外交为例》等3项省社科规划课题。在2009—2010全国社院系统课题申报和立项中，申报的《增强民主党派民主监督有效性的实证研究》、《全球背景下宗教传播方式、特点研究》和《马克思主义宗教观在当代的与时俱进研究》等三项课题批准立项，其中两项获得资助，立项数和资助数均居全国社院系统前列。同时，完成了两项中央社院招标课题《新一代民主党派干部成长规律与培养机制研究》和《新的社会阶层的发展趋势及其政治参与问题》，并通过评审顺利结项。

**【调研宣传信息工作实现新发展】** 省社院精心组织完成的两项调研课题，获得2008年度全省党政系统优秀调研成果奖，其中《我省新社会阶层发展态势及其政治参与调研报告》获得三等奖，《新形势下我省宗教管理工作的调查与思考》获得优秀奖，受到省委办公厅、省政府办公厅通报表彰，省社院也成为全省获奖篇数最多的单位之一。继续推进“参政党建设研究丛书”编撰出版工作，出版了丛书第三部《改革开放进程中的中国参政党》。完成了学院网站的改版升级，建立了独立的信息化控制中心，积累了50多个专家、学者的多媒体课件和电子教案。荣获2008年度全省统一战线宣传“精品工程”二等奖1项；荣获2009年度全省统一战线信息工作三等奖。

**【成立浙江西苑教育后勤服务有限公司】** 继2005年注册成立“浙江社苑教育后勤服务有限公司”后，2009年又注册成立了“浙江西苑教育后勤服务有限公司”，委托其经营新校区。新校区通过委托经营，每年能为省财政节约物管费近50%。省社院在不增加一名后勤人员的情况下，通过委托经营，保障了学院近2000人次的教育培训任务，接待对外培训、会议、旅游等每年近5万人次；较大限度地实现了后勤资源的优化配置。

**【继续深入开展学习实践科学发展观活动】** 以“深化教学改革，提升办学水平，建设特色明显、国内一流的省级社会主义学院”为实践载体，继续深入开展学习实践科学发展观活动的各项工作。年初制定并启动实施“学习实践活动整改落实方案”，至6月底基本完成整改落实工作，达到了预期目标。为进一步构建贯彻落实科学发展观的长效机制，不断探索办学规律，启动了五年发展规划调研工作。根据省委“服务企业、服务基层”专项行动的具体要求，为全省各县市区统战部培训党外干部和统战干部，免收培训费。根据省委、省政府“实施低收入群众增收行动计划”的统一部署，为帮扶对象与富裕村牵线搭桥结对子，资助龙游县沐尘乡康源村低收入农户5万元，并专程为该村及所属畲族乡送去5台电脑。

【完善规章制度，加强两支队伍建设】 党组出台了关于加强学院党的建设和思想政治工作的意见；成立了学院党总支，各处室分别建立党支部，党的组织机构进一步健全。根据建设学习型政党的新要求，坚持和完善党组理论中心组学习制度，制定了《领导干部学习听课制度》，《处级干部带班制度》。以处级以上干部队伍建设为重点，继续组织处级以上干部暑期读书会。重视反腐倡廉教育，开展“六个一”活动，组织处级以上干部前往省法纪教育基地参观。重视专职师资队伍的建设，出台了教师队伍建设意见，鼓励教师站好讲台。组织全体党员观看“钱江欢歌——纪念中华人民共和国成立暨浙江解放60周年图片展览”、参观嘉兴南湖中共一大历史陈列馆。学院工会组织开展文体比赛、趣味运动会、休闲郊游、参观考察等活动，促进“和谐社院”的建设。

【贾庆林充分肯定浙江社院的建设和发展】 2009年11月9日下午，到浙江调研的中央政治局常委、全国政协主席贾庆林接见了浙江省政协、省委统战部、省级各民主党派和工商联负责人，在谈到浙江政协和统战工作特点时，特别提到并充分肯定了浙江省社会主义学院的工作。他指出：浙江省社会主义学院不仅硬件建设搞得好，而且在教学科研等软件方面都走在全国社会主义学院前列，真正发挥了政治学院、联合党校的作用。在谈到浙江的“光彩事业”时，贾庆林主席再次提到浙江省社会主义学院，他说：浙江的“光彩事业”也和浙江省社会主义学院一样，都是排在全国前面的。

【中央社会主义学院党组书记叶小文来浙江社院调研】 2009年10月9日，刚刚上任的中央社院党组书记、第一副院长叶小文同志在浙江调研期间，专程到浙江省社院视察指导工作。省委统战部副部长、省社院党组书记张惠康，副院长冯宇甦及有关同志陪同视察了学院新校区的校园校舍，并进行了座谈。叶小文书记对浙江省社院近几年来在教学、科研、后勤服务工作上取得的成绩给予了高度评价，指出：党的十七届四中全会提出建设学习型政党的要求，给社院工作提供了一个新的发展机遇。社院工作必须争取上级领导的支持，跟上时代、进入主流，要具备与时俱进的精神和前瞻的眼光，不断加强社院建设，按照胡锦涛总书记的要求，努力把社院建设成为统一战线的人才培养基地、理论研究基地和方针政策宣传基地。

【《一片丹心映之江——浙江民主党派60年》出版发行】 在中国共产党领导的多党合作制度确立60周年之际，省社院党组书记、常务副院长张惠康主编的《一片丹心映之江——浙江民主党派60年》一书，正式由浙江人民出版社出版发行。该书为省社科规划办“纪念新中国成立60周年”专题研究项目之一，被列入“浙江文化研究工程成果文库”中的“浙江60年研究系列”丛书。中共中央政治局常委、国家副主席习近平，浙江省委书记赵洪祝分别作序。该书还获评2009年度浙江省统战系统重大宣传活动创意奖。

【举办“参政党民主监督”专题研讨会】 在往年面向全省开展课题招标的基础上，2009年省社院首次面向全国开展课题招标。核准立项11个课题（其中省外8项、省内3项）。2009年12月11日至12日，省社院参政党建设研究中心举办了“参政党民主监督”专题研讨会暨学院2009年度立项课题中期成果交流会。来自中央社院、各高校、省委党校、兄弟省市统战部等单位的10位学者在会上就所承担的课题的中期成果进行了发言交流。复旦大学国际关系与公共事务学院常务副院长林尚立教授作主题为“政党政治和协商民主”的专题报告；中央社院统战教研部主任、政党制度研究中心副主任兼秘书长李金河，中国人民大学党委统战部部长、国际关系学院教授周淑真等专家作点评。省社院副院长赵向前、冯宇甦分别主持。

【举办“多党合作与社会团结”研讨沙龙】 2009年12月12日下午，省社院参政党建设研究中心与中国统战基础理论上海研究基地联合举办“多党合作与社会团结——民主党派的社会属性与社会基础”研讨沙龙。复旦大学国际关系与公共事务学院常务副院长、中国统战基础理论上海研究基地专家委员会主任林尚立教授主持。来自中央社院、中国人民大学、浙江大学、复旦大学、上海社科院等专家学者近50位专家出席沙龙。其中，仅复旦大学的著名教授就有14人。

【**举办“纪念多党合作60周年暨庆贺浙江省社会主义学院新校园落成著名书画家笔会”活动**】 2009年5月16日，省委统战部、省社院、民进省委会共同举办“纪念多党合作60周年暨庆贺浙江省社会主义学院新校园落成著名书画家笔会”活动。省委统战部副部长、省社院党组书记张惠康，民进省委会副主委徐博侯，省社院副院长冯宇甦等领导出席笔会。省民进开明书画院的10多位民主党派著名书画艺术家聚集社院挥毫泼墨，创作书画作品47幅，珍藏在省学院作永久展示。

【**举办“全省第一期归国留学人员理论研究班”**】 2009年6月25日至29日，省社院以浙江中华文化学院名义举办首期港澳代表人士国情研修班。28位浙江籍在港在澳同乡会、联谊会负责人参加了培训。本期培训班突出国情省情教育主题，旨在通过培训，加深港澳人士对国情省情的了解，进一步加强浙江省与香港、澳门的联系，激发港澳同胞特别是年轻一代的爱国爱乡情怀。该班是根据统战工作新形势的需要首次开设的培训班次类型，是省社院在培训领域上作的新的拓展。（赵蕙兰）

## 浙江中国和平统一促进会

【**综述**】 浙江中国和平统一促进会是由赞成中国和平统一的浙江籍各界人士自愿结成的具有独立法人地位的非营利性社会组织，以“高举爱国主义旗帜，团结一切拥护中国和平统一的海内外同胞，推动台湾海峡两岸的民间交流与往来，反对制造‘台湾独立’、‘两个中国’、‘一中一台’等分裂中国的活动，促进早日实现中国和平统一”为宗旨。其主要任务是：广泛联系祖国大陆、香港特别行政区、澳门特别行政区、台湾地区和海外浙江籍或与浙江有渊源的各界人士及相关团体；促进海峡两岸民间经贸、文化、教育、科技、学术、新闻出版、体育、艺术、旅游等方面的交流和交往；加强与香港特别行政区、澳门特别行政区、台湾地区和海外的中国和平统一促进会的联系，开展多种形式的宣传工作，扩大影响，增进共识，共同推进两岸关系和平发展，推动中国和平统一进程。

浙江中国和平统一促进会设理事会和常务理事会，经理事会选举产生会长1名，执行副会长1名，副会长9名，秘书长1名和常务理事25名，并聘请副秘书长2名，现共有理事109名。浙江中国和平统一促进会内设秘书处，现有干部职工8人。

2009年，是浙江中国和平统一促进会拓展工作的开局之年，在省委的统一领导下，在省委统战部的具体指导下，浙江统促会从自身任务出发，牢牢把握做台湾人民工作的主线，明确定位，着力打造统战系统对台工作平台；从常规会务出发，坚实基础，着力建设日常会务工作平台；从凝聚力量出发，积极拓展，着力搭建海外联谊工作平台；从机关建设出发，整合规范，着力构建机关工作班子平台。

【**打造统战系统对台工作平台**】 浙江统促会作为我省统战系统对台工作的新平台，做好台湾人民工作，促进祖国和平统一是统促会的中心任务，汇聚统战系统各涉台单位力量，形成对台工作合力是统促会的重要工作内容之一。立足于此，统促会把自身定位为打造统战系统对台工作平台，整合统战系统各方面对台工作资源，把统战系统的对台工作利用统促会的平台拓延。

2009年3月，利用全省统战部长会议契机，邀请台湾问题专家作台海形势报告。同期，统促会召集各民主党派省委会、省工商联、浙江海联会、省黄埔同学会、省台联、省侨联等13家成员单位召开了做台湾人民工作座谈会。会议围绕2008年各单位对台工作情况及2009年工作思路开展交流，并就两岸关系和平发展新形势下如何做好台湾人民工作进行了探讨。

9月，统促会参与了2009年“三胞”中秋茶话会，邀请会领导及部分海外理事等10人出席了茶话会活动。

10月，首届中华和合文化论坛由省委统战部主办，统促会参与了协办。在协办过程中，统促会机关承接完成了大量前期筹备工作及会务工作。统促会海外理事10余人出席了论坛，徐松华、杨麟振等理事在论坛上作了发言。

11月，统促会协同统战部组织各地市统战系统理事赴台州考察，并召开研讨会，交流各地对台工作经验。全省统战系统干部近40人参加了考察活动。

12月，统促会举办省级统战系统台情研讨会，邀请浙大台湾问题专家作专题讲座，多位提交会议论文的作者作主题发言，省级统战系统各涉台单位参加了会议，并在会上积极参与讨论，发表观点见解，取得了良好的交流研讨效果。

**【建设日常会务工作平台】**

浙江统促会作为新成立的群众团体，严格按照章程要求和工作任务宗旨，扎实抓好日常会务基础，努力建设日常会务工作平台。

一是学习取经，赴京讨教。2009年3月，浙江统促会秘书长、副秘书长等一行专程赴京拜访中国统促会，向总会汇报成立以来工作并征询总会对我们工作的建议，得到了总会领导的热情接待和具体指导。4月，借参加全国第八届海外会长会议之机，统促会秘书长、副秘书长等再次进京列席会议并学习交流，与世界各地统促会会长深入交谈、多方取经，努力在综合各方意见的基础上，探索浙江统促会工作思路方法。同时，积极按照总会的指示要求，做好总会部署的各项工作任务，争取总会的指导与支持。

二是建立联席会议制。统促会由统战系统的11家单位发起成立，为了方便商议会内重要事务和征询成员单位意见，建立了发起单位联席会议制度，以联席会议的形式代替办公会议，定期或不定期商讨会内要务。2009年6月，在一届一次常务理事会召开前夕，统促会召开了首次发起单位联席会议，通报一届一次常务理事会筹备情况，并协商会议有关事项，征询各发起单位意见、建议，保证常务理事会的顺利召开。

三是严格执行常务理事会制度。按照统促会章程关于每年至少召开一次常务理事会的要求，2009年6月，统促会召开了一届一次常务理事会，副会长、秘书长及常务理事等18人参加了会议。会议审议通过了统促会成立以来工作情况及下阶段工作思路报告，并审议表决产生了9名新增理事。严格按照章程规定程序，圆满完成了常务理事会会议任务。

四是建立网站，扩大宣传。统促会成立伊始，注重对外信息宣传和网络平台建设。2009年建立了浙江统促会网站，开辟了要闻中心、理事之窗、海峡论坛、涉台咨询等8个栏目，及20余个子栏目，坚持定期更新网站内容、积极发布会内要闻，全年总计发布各类自发信息94条，各类转发信息178条，着力把网站打造成宣传统促会动态、展示理事风采、报道海峡要闻、了解涉台咨询的窗口和载体。在建设好网站的基础上，注重信息报道，要求秘书处同志提高信息敏感度和时效性，及时收集并编写活动信息，在网站上发布，并报送中国统促会、省委统战部和《情系中华》等宣传渠道，在机关内部形成“人人动手写信息，人人都是信息员”的良好氛围。同时，制作了统促会简介卡，利用接待访问团、海外侨领和召开会议等机会，广泛宣传浙江统促会，尽快在全球华侨华人促进中国和平统一群体中树立形象，扩大知名度。

**【搭建海外联谊工作平台】**

浙江统促会成立以来，非常注重对台工作人际网络的建立，通过“走出去、请进来”等各种方式，把握各种接触海外人士的机会，积极拓展，努力为统促会进一步打开工作局面搭建海外联谊工作平台。

2009年1月，统促会作为协办单位参与了浙江海联会举办的港澳台人士新春团拜会。统促会多位港澳理事受邀出席了活动，席间进行了相互联络与沟通。省委副书记、统促会会长夏宝龙同志到会致辞。统促会机关人员积极参与了各项会务工作。

在全省召开“两会”期间，统促会紧抓部分海外人士回国参会之机，召集部分浙江籍海外侨领见面座谈，就当前台海局势变化和促进两岸关系和平发展进行探讨，他们对浙江统促会的工作给予了积极建议。

4月，北京召开第八届海外统促会会长会议期间，统促会利用出席会议的机会，邀请与会的浙江籍海外统促会会长30余人召开座谈会，通报近期工作和打算，就如何进一步加强浙江统促会与海外浙江籍统促会负责人的联系与交流，共同为促进祖国和平统一事业听取他们的意见和建议，浙籍海外统促会长发言踊跃，积极建言献策。

一年来，统促会还先后在杭接待了台湾海峡两岸和平统一促进会会长郭俊次、西班牙中国和平统一促进会会长徐松华、挪威中国和平统一促进会会长马列、塞尔维亚中国和平统一促进会会长金爱华、巴西里约中国和平统一促进会会长詹慧华、葡萄牙中国和平统一促进会执行会长周一平、黑山中国和平统一促进会会长颜伟锋、巴西中国和平统一促进联合会会长杨建忠、智利中国和平统一促进会秘书长成建新等多位海外统促组织负责人，并接待了台湾中华电信股份有限公司大陆观光团一行24人、巴西中国和平统一促进会访问团一行6人、塞尔维亚中国和平统一促进会来访团一行9人等来访团组。

除了利用“请进来”的方式与海外统促团体及各界人士广泛联络外，统促会秘书长徐建华等还积极利用出访之机与当地中国和平统一促进会组织接触，座谈了解当地统促组织在海外开展工作情况，介绍和推荐浙江统促会，收集相关资料，并建立今后联络关系，为海外联谊工作积累资源。

为了加强联系、保持联络、维系感情，统促会定期向各位理事邮寄《统一论坛》杂志和相关文件，并在新春之际，向全体理事和海外统促组织寄发贺卡300多份；在挪威统促会、巴西统促会、湖南统促会、埃及统促会、全非浙江企业家协会等兄弟团体成立或换届时及时发去贺信贺电，并经常与挪威统促会、荷兰统促会、德国统促会和台北和统会等统促团体进行信息稿件交流。

**【构建机关工作班子平台】** 浙江统促会秘书处把做好服务，保障统促会各项工作的顺利开展，作为机关建设的一项基础性工作来抓，以整合机关工作力量，规范机关各项制度，努力构建业务强、素质高的机关工作班子平台。

一是整合资源。按照省委统战部的指示意见，考虑到浙江统促会与浙江海联会工作的部分交叉性，2009年把两会秘书处工作力量进行了整合，两会机关人员合作办事，资源共享，提高效率。合作参与港澳人士新春团拜会、做台湾人民工作座谈会、三胞中秋茶话会、中华和合文化论坛、台情研讨会等会议会务工作，取得了良好的工作效果。

二是强调学习。统促会机关始终强调学习在工作中的重要性，尤其是做台湾人民工作更要时刻掌握两岸形势变化和中央对台方针政策理论，着重学习了胡锦涛总书记在纪念《告台湾同胞书》发表30周年会上的重要讲话。除利用党支部学习机会，每月组织一次理论学习外，还专题开展深入学习实践科学发展观活动，组织机关人员听取十七届四中全会工作报告讲座、保密工作讲座、统促会工作业务讲座等理论讲座，并组织机关人员赴台州、福建等地考察学习，交流对台工作经验，充分利用各种学习机会，不断提高机关工作人员的政策理论水平和业务工作能力。

三是明确分工。统促会秘书处和省黄埔同学会办公室实行的是合署办公的机制，为了理顺关系，方便工作开展，秘书处对机关工作人员进行了明确分工，制定工作任务分解表，日常工作统促会和黄埔同学会各有专职人员，各司其职，一一落实到人，遇重要活动或大型会议时全体共同参与。机关工作同志虽分工但不分家，齐心协力、通力合作，圆满完成了黄埔同学会和统促会的各项工作任务。

四是规范制度。从统促会成立之初就确定规范办事、制度办事的思路，一年来，秘书处规范了机关发文、办文、传阅、归档等公文处理流程和来信登记、盖章登记、上网发布审核等一系列办公流程，建立了定期机关办公会议制度、机关岗位职责制度、机关保密工作制度、计算机使用管理制度等，以构建一个规范、科学、高效的机关工作班子平台。 （黄鹂鹂）

## 浙江省人民政府参事室（浙江省文史研究馆）

**【综述】** 2009年，我省参事工作和文史研究馆工作坚持以邓小平理论和“三个代表”重要思想为指导，认真贯彻党的十七大、十七届三中、四中全会和省委十二届六次全会精神，深入学习贯彻落实科学发展观，按照省委“创业富民、创新强省”总战略和中央领导同志对新时期参事工作文史研究馆工作的指示精神，紧紧围绕省委、省政府中心工作，以队伍建设为核心，以提高参政咨询、建言献策质量为重点，以重点文化项目和研讨会为平台，以制度建设为抓手，创新方法，加强交流，不断提升工作的活力、吸引力、影响力和服务水平，为保持我省经济持续平稳健康发展和社会主义文化大发展大繁荣贡献力量。

**【认真学习贯彻《政府参事工作条例》】** 年初，温家宝总理在国务院参事和中央文史研究馆馆员座谈会上，就重视和发挥政府参事、馆员作用提出了三点要求，即提高建言献策的质量和水平，发挥好民主监督的作用，在推进国家文化建设中发挥独特优势。在庆祝国务院参事室成立60周年座谈会上，温家宝总理作了《努力建设有中国特色的高水平政府咨询机构》重要讲话。一年内，温家宝总理两次对参事、馆员发表重要讲话，充分体现了党中央、国务院对政府参事工作和文史研究馆工作的高度重视和关心，为政府参事工作和文史研究馆工作的发展进一步指明了方向，提出了新的更高的要求。11月2日，温家宝总理签署国务院令，颁布了《政府参事工作条例》。这是我国第一部规范和加强政府参事工作的行政法规，是政府参事工作经历60年后走向规范化、制度化、法治化的重要标志，对政府参事工作的长远发展具有里程碑的意义。吕祖善省长在国务院颁布的《政府参事工作条例》上批示："根据《条例》，进一步规范和加强我省参事工作。"我们及时组织参事、馆员和机关干部认真学习温家宝总理的两次重要讲话精神和《政府参事工作条例》，深刻领会精神实质，结合实际抓好贯彻落实。

**【加强参事馆员队伍建设】**

2009年，在省委、省政府的重视下，在省委组织部、省委统战部等有关部门的大力支持下，新聘了13名参事、25名馆员，他们中有经济、政治、社会、文化事务方面的专业人才和领导，有文学、历史、哲学、考古鉴赏、书画评论、中药、曲艺等领域的专家学者，参事馆员队伍进一步壮大，目前参事人数达到了27名，馆员人数达到了59名，人员的专业结构、知识结构和年龄结构也得到了进一步改善，为新时期参事室、文史研究馆工作的发展注入了新的动力，适应政府工作的需要。室（馆）认真组织好新聘参事、馆员的学习培训工作，使新聘参事、馆员及时了解参事工作文史研究馆工作情况，尽快进入角色，增强工作责任感和使命感，提高履职的积极性和热情。

**【努力提高建言献策水平】**

我们紧紧围绕省委、省政府的中心工作，围绕全省经济平稳增长，围绕社会和谐稳定，组织广大参事抓住重点课题，深入调查研究，谋科学发展之路，思和谐建设之策，建民生问题之言，积极主动提建议，发挥了较好的参谋咨询作用，为省领导科学决策提供了有价值的参考。全年提交参事意见建议36篇，领导批示达到91人次，其中获得省委书记批示19次，省长批示20次，省政协主席批示16次，其他副省级领导批示36人次。今年参事建议的主要特点：一是建言的数量和质量都得到了有效提升。呈报36篇意见建议，省主要领导批示有55人次，批示的数量和质量都超过以往任何一年。二是实现了参事呈报件"有参必复"，件件有批示，领导批示率达267%，创历史新高。三是省领导对参事建议非常重视，批示明确具体。四是参事建议在得到省领导批示后，地方政府和有关部门高度重视，认真抓好落实。

参事们就"大力发展非正规就业"、"积极推进养老服务产业化"、"广泛推广应用节能管理智能化平台"等课题，到厂矿企业、农村和民政厅、老龄委、人事劳动部门等有关部门以及上海等地进行调查研究、考察了解，写出意见建议供省领导决策参考，许多意见都得到了省领导的批示和有关部门的吸纳。其中，关于"推进养老服务产业化"和"大力发展非正规就业"的调研建议材料先后被省政府的《调查与思考》、省委的《政策瞭望》和国家老龄委有关刊物等全文刊登，转发各地参考；省政府参事董石麟院士、刘祥官教授提出的《关于"贯穿西湖东西向隧道的建议"》，杭州市建委专门就此事与参事召开座谈会，进行专题反馈，该建议为杭州市重大项目建设和设计方案提供了参考；有的建议还引起省"十二五"规划起草小组的重视和采纳。参事的建言献策不少转化为了政府的决策和行动，产生了积极的效果。

**【成立浙江省参事咨询协会】**

随着参事工作的不断发展，参事咨询信息来源和了解社情民意的渠道远远不能满足参事事业发展的需要，需要有一种组织形式或平台载体去收集各类信息，以满足参事事业发展的需要。因此，在借鉴兄弟省市开拓参事工作经验的基础上，我们筹备成立了浙江省参事咨询协会。协会成员主要由政府参事、有关部门和团体、社会各界知名专家学者、有关行业经济实体及著名企业家等组成。成立参事咨询协会，是新时期新阶段政府参事工作的创新和发展，是我省政府参事工作的一种拓展和延伸，有利于壮大力量，形成合力；有利于拓宽参事的社会联系面，更好地了解人民群众和社会群体的诉求，扩大信息来源的渠道，帮助基层部门、基层群众解决一些实际问题。

**【推进重点文化工程】** 首先，重点抓好马一浮思想研究这一课题。《马一浮全集》文字卷共分6册，近500万字。省文史馆集中了馆内外学者和专家的众多力量，致力于这部书稿的编撰研究工作。经过两年时间多方寻求征集，已经完成了文稿的资料收集目录编撰工作。根据编委会研究确定的体例，与文稿的各个分册主编签订编辑整理协议，此项工作进入了实质性的考证、分类、点校、编辑阶段。《马一浮书法集》编撰也已展开，在已收集的各类书法作品的基础上，与国家第一历史档案馆就合作编撰事宜进行初步协商，并达成意向。其次，突出抓好《中国地域文化通览·浙江卷》编撰工作。为使《浙江卷》充分体现浙江地域文化的发展脉络，突出浙江地域文化的重点、亮点和特点，先后多次召开会议，邀请省内各方面的知名专家、学者，从思想学术、考古历史、文学艺术、风土民俗等方面进行研讨。《浙江卷》编撰的体例，已获央馆同意批准实施。

**【开展文化理论研讨】** 今年，我馆与武义县政府联合在叶一苇馆员的家乡武义县举办了“艺海苇航·叶一苇艺术研讨会”。叶一苇馆员2001年被评为“浙江省有突出贡献的老文艺家”，授予金质奖章，艺术成就斐然。通过研讨会，既是对馆员个人才学与声望的肯定，也进一步扩大了文史馆的对外影响，提升了馆员知名度，增强了馆员对文史馆工作的责任感与使命感，加深了馆员对文史馆的感情与关爱。组织发起的新时期文史研究馆理论工作研讨会，得到有关文史研究馆的支持与重视，陕西、河北、贵州、四川、云南及我省文史研究馆馆员围绕着新时期文史研究馆的宗旨与荣誉、新时期文史研究馆工作的转型等八个专题开展研讨，共提交论文13篇。认真办好馆刊《古今谈》，充分发挥其对外宣传窗口作用。自改版以来，《古今谈》无论是形式还是内容，始终秉承办刊宗旨，逐步形成了自身的特色与文风，得到不少读者的喜爱。

**【扩大文化创作交流】** 在国庆60周年之际，我馆举办了“迎国庆六十周年丹青翰墨颂辉煌书画展”。省委常委、副省长葛慧君出席开幕式并讲话，省文史研究馆馆长梁平波致辞。省委、省政府对此次书画展高度重视，省委书记赵洪祝专门致信祝贺。此次展览，展出作品123幅，不仅有书画馆员的作品，也有文史类馆员的作品，是历年馆员参与最多的一次展览，同时得到了部分馆外著名画家的支持并共同参展，充分展现了文史馆馆员的创作激情与风采，彰显了文史馆工作的活力。我馆还参加由中央文史研究馆主办的“祖国颂——庆祝中华人民共和国成立60周年暨澳门回归10周年书画展”，选送了5幅作品参展，同时由我馆集体创作的花鸟画《竞艳》，赠送给外交部驻澳门特派公署留念。由中央文史研究馆和宁夏回族自治区人民政府联合主办的首届“贺兰雅集”，我馆选送了10幅馆员书画作品参加展出，广受好评。支持馆员积极参与“文澜”讲坛的“国学系列讲座”活动，一如既往地支持馆员个人研究出书，发挥其传承和延续中华优秀传统文化与文脉的作用。

（孙明波）

## 中共浙江省直属机关工作委员会统战部

**【综述】** 2009年，省直单位统战工作，坚持以邓小平理论和“三个代表”重要思想为指导，深入贯彻落实科学发展观，围绕中心服务大局，促进科学发展，坚持以人为本，和衷共济凝聚人心，统筹兼顾汇聚力量，全力服务科学发展，狠抓贯彻落实，务求取得实效，充分发挥省直单位统一战线的优势和作用，为省委提出的“保增长、抓转型，重民生、促稳定”，强党建、求实效的要求提供坚强保证，为创建和谐机关、促进浙江经济社会发展作贡献。

**【认真谋划和部署2009年统战工作】** 根据上级统战部门和省直机关工委2009年机关党建工作的总体要求，在2009年元旦、春节期间，召开了两个会议。一是省直部分单位民主党派基层组织负责人座谈会，就如何进一步搞好省直单位2009年统战工作，认真听取意见；二是在春节前夕，邀请了8个民主党派省委会主要负责人以及机关有关部（室）的负责人参加的迎新会。一方面，通报了2008年省直单位统战工作情况。另一方面，听取民主党派的意见，特别是在加强省直单位的统战工作、民主党派成员的教育管理、党派成员的发展等方面，提出了许多意见和建议。在下发2009年省直机关统战工作要点时，已充分吸纳他们的意见。

**【增强责任意识，加强对统战工作的领导和指导】** 2009年是新中国成立60周年，也是多党合作制度确立60周年，同时也是应对国际金融危机影响、推动经济平稳较快增长的关键一年。面对复杂的国际、国内形势，省直各单位根据自身的情况和特点，加强领导，采取多种形式搭建和完善引导平台，搞好教育活动，宣传党中央的方针政策、新中国成立60周年的辉煌成就和应对金融危机的成功典型，引导统一战线广大成员把思想认识统一到中央和省委的精神上来，坚定战胜金融危机的信心。

**【抓好主题教育活动】** 根据中央统战部和省委统战部的统一安排，在2008年开展教育的基础上，2009年继续抓好无党派人士的主题教育活动，在党外人士中开展以"自觉接受中国共产党的领导，坚持走中国特色社会主义道路"为主题的政治交接教育活动。省直各单位，从实际出发，组织观看中国水稻之父袁隆平（无党派）的影像资料片。有的单位利用内部的网络平台开展远程教育。有的开展专题研讨、心得交流等活动，教育形式多样，收到了比较好的效果。

**【加强民主监督，关心民主党派基层组织建设和党外干部的进步成长】** 在省直单位，民主监督意识得到加强。绝大多数单位在重大问题上都主动征求意见，如干部提任、人才聘用、收入分配等，事先征求民主党派的意见建议。支持民主党派组织独立自主的开展各种活动，在时间、经费、场所等方面给予大力支持。关心党外干部，省直机关工委统战部还专门去温岭市和杭州市上城区看望下派挂职的党外干部，了解其学习、工作、生活等方面的情况。推荐了3名副处级以上的党外干部参加省委统战部的学习培训。对往年省直各有关单位推荐上报的党外后备干部，采取电话问询的办法，了解他们的工作、学习等情况，关注他们的进步。

**【组织党外人士搞好新中国成立60周年庆祝活动】** 一是根据省委统战部关于组织庆祝新中国成立60周年征文活动的通知要求，省直机关工委统战部进行了认真部署，下发了通知。二是在国庆前夕，召开了省直单位党外人士庆祝新中国成立60周年茶话会，省直8个民主党派都推荐了优秀代表参加了会议，人数共计50多人。大家热情颂扬了新中国成立60年来在中国共产党的领导下所取得的伟大成就，表达了以大团结、大联合为主题，充分发挥党外人士进一步搞好参政议政、民主监督和同心同德、共创未来的决心。茶话会上，省文艺界的党外箸名艺术家们还为新中国60岁生日献上了十个精彩的文艺节目，有诗朗诵、男女声独唱、小型杂技等，这些节目都是经过艺术家们精心排练和挑选出来的，充分表达了他们对伟大祖国的诚挚之情。三是各单位机关党组织，认真组织党外人士参加本单位的一些庆祝活动，用不同的形式，共庆祖国60华诞。

**【强化统战干部的理论学习培训】** 根据年初统战工作安排，省直机关工委于2009年11月16日至22日举办了一期统战干部理论培训班，参加人员主要是省直单位机关党委（党办）统战委员、厅局下属单位统战干部，参加人数共计32人。主要是新世纪新阶段统战工作的原则、任务、方法、要求以及统战工作实务方面的常识强化学习培训，收到了比较好的效果。

**【认真做好省直机关知识界人士联合会的筹备工作】** 根据省直单位实际情况，为依托有效载体，进一步加强无党派人士的教育、管理，充分发挥他们的作用，省直机关工委从2008年底就着手进行有关的准备和筹备工作，省民政厅于2010年1月5日正式批复，同意成立"浙江省直属机关知识界人士联合会"。

（徐耀平）

## 共青团浙江省委统战部

**【综述】** 共青团浙江省委统战部、浙江省青联秘书处主要是研究、指导民族地区团的工作和青年统战工作，组织开展国（境）内外青少年交流和联谊工作，指导省级青年社团开展工作，负责省青年联合会秘书处日常工作的职能部门。浙江省青年联合会是全省各族各界青年和青年团体的联合组织，实行会员团体制，现由13个省级青年团体和各市青年联合会组成，省青联的委员由各族各界杰出青年或青年代表担任，现有第九届委员会委员491人，其中常委84人，副主席20人，现任主席为团省委副书记蔡永波。省青联秘书处为省青联的日常工作机构，副秘书长5人，现任秘书长为团省委统战部部长斯力。

2009年，团省委统战部坚持以中国特色社会主义理论体系为指导，深入学习贯彻科学发展观，紧紧围绕团省委“服务到基层，工作项目化”的总体部署，扎实推进各项工作，在服务大局、服务青年、服务委员、对外交流、自身建设等各方面取得了新的成绩和进展，保持了蓬勃向上的发展势头。

着力服务大局，围绕浙江青年创业创新行动，深入推进浙江青年山海协作行动等项目，为服务经济发展作出新贡献。带领广大青年以“高举旗帜跟党走，创业创新作贡献”为主题，在各族各界青年中大力加强爱国主义教育、理想信念教育和社会主义荣辱观教育。

竭诚服务委员，大力推进青年人才工作，积极搭建青联委员奉献社会的平台。组织开展了第十届“浙江十大杰出青年”评选活动，联合《青年时报》推出新中国成立60周年、“引领青年的力量”青年典型系列报道。省青联组织开展了“青年大讲堂”系列活动。同时，充分发挥统战联络优势，积极开展“青春创业，西溪有约”青年就业创业大赛、创建“青年就业创业见习基地”等各类服务青年就业创业工作。

积极关注社会民生，围绕浙江青少年关爱行动，大力实施进城务工青年文化发展工程、开展“青联委员关爱低收入农户青少年结对帮扶行动”等项目。

继续巩固和发展与港澳台青少年社团的交往，不断深化与港澳台地区青年代表性人士和青年组织的交流与合作。组团参加了在厦门举行的“海峡论坛·两岸青年社团负责人圆桌会议”，与国民党中央青年部、台湾青商总会、台湾中华杰出青年交流促进会、台湾中华青年交流协会等台湾青年社团就开展青年交流工作进行了深入交流，并就合作开展台湾青年总裁营来浙研修等项目取得了广泛共识。此外，不断推进外事交流，服务党政外交大局和拓宽青联视野，不断加大对外交流力度，拓宽了与海外青年华侨华人和青年组织的交往。全年共应邀组织8批、38人次，赴英国、南非、埃及、日本、韩国等国家交流访问。接待3批、57人次来自德国、巴基斯坦、日本等3个国家的青年代表团。还积极加强与兄弟省市青联的交流，省青联重点加强了与长三角地区等有关省市的交流，以拓宽青联工作的视野，提高自身工作的水平。

**【组织第十届“浙江十大杰出青年”评选活动】** 第十届“浙江十大杰出青年”评选活动于2月正式启动。活动历时两个多月，经过层层选拔、审核推报、社会公示、投票评选等环节，评选产生了10名第十届“浙江十大杰出青年”和10名第十届“浙江优秀青年”。4月30日，在省人民大会堂隆重举行了浙江省纪念五四运动90周年暨浙江青年创业创新行动推进大会。省委书记赵洪祝出席大会并作重要讲话。省领导夏宝龙、斯鑫良、李强、黄坤明、吴国华、陈加元、王永昌和省军区政治部主任郭礼云等出席大会。大会上，省领导为第十届“浙江优秀青年”和第十届“浙江十大杰出青年”颁奖。第十届“浙江十大杰出青年”代表杭州绿盛集团有限公司董事长林东、驻浙某部分队长马勇、国家海洋局海底科学重点实验室研究员韩喜球、杭州育才中学校长郜晏中等围绕“创业创新”主题、结合自身岗位实践作了生动的事迹报告。

**【扎实推进浙江青年山海协作行动】** 9月，以“服务青年创业创新，服务企业转型升级”为主题，以“签订一批协议、赠送一批物资、启动一批项目、解决一些难题”为目标，组织开展了“浙江青年山海协作行动衢州推进活动”。在活动中，向衢州6个县市区105个乡镇和街道各赠送了一只“基层团组织工作箱”；为部分农村创业青年发放了贷款卡；协调浙江工业大学硕博士服务团与衢州市青年企业家协会签订了“科技服务合作协议”；举办了“中小企业电子商务帮扶”专项培训；与衢州团市委签订了“低收入农户青少年医疗救助帮扶协议”；向衢州6个县市区留守儿童家园各赠送了价值2万元的体育活动设施设备。

**【开展“青年大讲堂”系列活动】** 2009年青联继续深入开展“青年大讲堂”系列活动。分别邀请中欧国际工商学院经济学和金融学教授许小年博士、浙江大学经济学院常务副院长史晋川教授、国家商务部中国对外经济贸易研究部副主任李健研究员、国务院发展研究中心金融研究所副所长、博士生导师巴曙松教授等国内知名的专家学者，为广大青年企业家分析宏观政治经济态势，解读重大政策法规，从对形势的准确把握中和从党委政府作出的决策部署中坚定发展信心，自觉在应对挑战、抢抓机遇中实现价值、奋发有为。

**【举办“青春创业，西溪有约”青年就业创业大赛】** 3月至6月，省青联联合杭州西溪国家湿地公园（西区）管委会、浙江在线、中国电信杭州分公司等单位共同举办了“青春创业，西溪有约”青年就业创业大赛。本次大赛设置了讲解员比赛和创业项目比赛。活动主办单位为比赛产生的优胜选手提供就业岗位，为优秀创业项目提供价值4万元的创业扶持，以及在杭州西溪国家湿地公园（西区）创业的多项优惠政策。本次大赛直接联合用人单位，通过竞赛的形式为青年拓展就业创业渠道，是服务青年就业创业的一次有益尝试。共有来自在杭各高校的300余名青年大学生、50多个青年创业团队参与了比赛。活动受到了广大青年的高度关注，25.55万人次观看了大赛的网络视频直播或网络视频回放，活动主题页面累计访问量突破100万人次，14.5万人次拨打了活动热线，了解活动情况，关注活动进程。通过举办此次比赛，不仅直接为部分大学生提供了就业岗位，同时，也对引导广大在校大学生切实转变就业观念，更好地把学习书本知识与投身社会实践结合起来，更加注重自身综合素质的锻炼，有效提高就业竞争力，起到了积极作用。

**【“青联委员关爱低收入农户青少年结对帮扶行动”】** 8月，省青联在全省启动实施了“青联委员关爱低收入农户青少年结对帮扶行动”，活动按照“全面发动、全员参与，立足本地、协助互助，自愿结对、自主选择，公开透明、高效务实”的原则，重点为义务教育阶段的低收入农户青少年提供生活补助，帮助他们解决生活困难。截至年底，省市青联委员共捐赠资助款139.25万元，其中省青联委员资助款53.36万元，共结对帮扶了1160名低收入农户青少年，帮助他们完成小学或初中阶段的学习。

**【继续巩固和发展与港澳台青少年社团的交往】** 5月，省青联组团参加了在厦门举行的“海峡论坛·两岸青年社团负责人圆桌会议”，与国民党中央青年部、台湾青商总会、台湾中华杰出青年交流促进会、台湾中华青年交流协会等台湾青年社团就开展青年交流工作进行了深入交流，并就合作开展台湾青年总裁营来浙研修等项目取得了广泛共识。6月，联合省台办，在杭州举办了浙台青年联谊活动，35名台湾青年企业家与我省青年代表进行了联谊交流。（陈　波）

# 3. 市、县（市、区）委统战部

## 杭州市

### ·杭州市委统战部·

【综述】 2009年，在中共杭州市委领导下，在上级统战部门的指导和统战系统各单位的支持配合下，杭州市统一战线继续深入贯彻落实党的十七大和全国统战工作会议对统一战线提出的新要求，以庆祝新中国成立60周年为契机，以深入学习实践科学发展观活动为动力，围绕市委十届五次、六次全会精神和促进政党、民族、宗教、阶层和海内外同胞关系和谐为重点，切实履行职责，力争工作有成效、有特色、有创新，为统一战线的持续、科学发展和杭州建设与世界名城相媲美的“生活品质之城”提供了广泛支持和有力保障。

围绕科学发展，促统战工作活力。按照市委统一部署，杭州市委统战部从3月起开展为期半年的深入学习实践科学发展观活动，围绕“践行科学发展、服务统一战线，促进五大和谐”的工作载体和以学习促工作水平、促机关建设的要求，结合统战工作实际，认真完成学习调研、分析检查、整改落实等阶段的各项任务，在提高认识、加强整改、实践创新、干部素质等方面取得了新成效。建立组织领导机构，落实责任。部领导亲自为市管领导干部、党外中青年干部和民主党派中青年骨干上党课，专题讲授统战理论知识。部领导带队分别赴临安河桥联乡结村帮扶点，13个区、县（市）委统战部和民主党派市委会等单位蹲点调研，形成专题调研分析报告；并通过走访、约谈、座谈、设置意见箱等多种形式，向省委统战部、统战系统各单位，市各民主党派、工商联，各区、县（市）和有关高校统战部，全体机关干部等征求意见共15个方面近30条。在征求意见和召开民主生活会的基础上，形成领导班子分析检查报告。最后，落实整改措施，确定机关建设等22项整改措施，群众满意和比较满意率达100%。

围绕转危为机，凝各界人士之心。充分调动和引导广大统战成员为实现“转危为机、跨越发展”贡献力量，努力在共克时艰中站得出来、使得上劲、帮得上忙。春节长假后上班第一天，杭州市委领导即与市各民主党派、工商联负责人座谈，介绍杭州应对金融危机的形势和任务。市各民主党派、工商联积极响应，在各大媒体刊发致中共杭州市委的信，号召广大成员齐心协力，同舟共济，共渡难关。同时，加强教育引导。分别召开市各民主党派专职副主委、秘书长会议和宗教界代表人士座谈会，共同探讨统一战线在实现转危为机和跨越发展目标中发挥特殊优势和作用的措施途径，积极鼓励统一战线成员服务社会。围绕金融危机主题，举办4次统战成员爱国主义讲座，内容涉及金融危机应对、企业转型升级和自主创新等，加强形势教育。积极鼓励各民主党派建言献策。在杭州市各民主党派开展“我为应对金融危机影响献一策”活动，两次召开“应对国际金融危机”征询意见座谈会，征求党外知识分子、新阶层代表人士意见。积极走访服务企业，做好反映困难、重树信心的工作。在统战成员中开展科技创新评选活动，参评项目达60余个，并召开表彰大会，对优秀成果给予重奖。开展向非公有制企业送温暖活动，部领导班子成员和机关各处室定期走访，跟踪服务，号召企业“不裁员、不减薪、不欠薪”，自觉承担社会责任。

围绕思想核心，固合作共事基础。巩固民主党派、无党派人士政治交接主题教育活动成果，形成《市各民主党派关于进一步加强和改进思想建设主委联席会议纪要》，进一步探索加强思想建设的新途径、新方法；对全市无党派人士主题教育活动进行总结，组织召开全市党外知识分子工作研讨会，交流推广经验，提出“认识再提高、工作再落实、成效再提升”的工作要求。创新教育培训形式和内容。在重庆社会主义学院举办市各民主党派、工商联领导干部读书班。举办党外领导干部、非中共政协委员和民主党派中青年骨干4个培训班，并安排党外领导干部赴北京大学进行为期一周的知识培训。深入贯彻落实《2009—2013年杭州市党外干部队伍建设规划》。与杭州市委组织部联合召开全市党外干部培养选拔工作会议，对党外干部培养选拔工作作出部署。对13个区、县（市）和近50个市直单位党外干部情况进行全面调查摸底，健全完善党外后备干部人才库，并实行动态管理。

围绕规范管理，保民族宗教稳定。加大民族地区扶持力度，开展12个结对民族村和杭州市重点民族地区的帮扶增收工作。加强城市少数民族工作，推进社区民族工作规范化。健全和完善流动少数民族人员管理的长效工作机制，对城市清真拉面店情况积极开展调研和服务，与有关部门、各地驻杭办事处和伊斯兰教协会保持经常性的联络沟通，及时掌握情况，解决困难，化解矛盾。进一步完善宗教团体负责人考核培训机制。与市民族宗教局、杭州师范大学成人教育学院联合举办为期两月的首届宗教团体负责人脱产培训班，创造资源共享、分工合作、共同管理的宗教界人士培训教育管理新模式。协助市民宗局举办汉传佛教讲经交流会，全国19个省市40位法师参加交流，为宗教活动场所正风气营造和谐发展的氛围。以创建和谐寺观教堂活动为载体，加大宗教活动场所整治力度，特别是以灵隐佛教文化建设工程和南宋御街中山路沿线宗教活动场所改造保护为重点，使佛教、基督教、伊斯兰教、天主教等宗教活动场所以全新的面貌成为杭州展示宗教文化、展现政治清明的重要窗口。经过物色推荐，建立160余人的宗教界后备人员队伍。开展基督教情况调研，提出对策建议。

围绕教育引导，探新阶层工作新路。结合杭州实际开展非公有制企业的学习实践科学发展观活动，进一步引导非公企业及其人士树立科学发展理念，提升发展水平，加强技术、管理、制度和企业文化创新。举办全市非公有制经济科学发展观宣讲报告会和交流推进会，充分调动非公有制企业的党外出资人、党外管理人员和技术骨干的作用。完成200余名担任市工商联执常委的非公经济代表人士综合评价工作，召开总结交流大会。以自由择业知识分子为突破口，加强与有关主管部门协作，在律师协会、注册会计师协会、个私协会、外商投资企业协会等统战成员较多的社团组织和留学归国人员创业园、建立党委统战部的非公企业等设立统战工作联系点，建立会议制度。同时加强与两新组织重点单位的联系合作，共同开展自由择业党外知识分子工作。成立党外知识分子联谊会新阶层人士分会，开辟新的工作平台。

围绕联谊工作，显社团载体优势。继续在深圳举办杭州海外联谊会迎春团拜会，120多位港澳及海外乡贤应邀参加，共谋杭州发展大计。在杭州市委统战部的直接指导和协助下，杭州旅港同乡会和欧洲杭州联谊总会顺利换届。杭州市委统战部代表团赴港出席杭州旅港同乡会第十七届理事会暨换届大会，此次大会是规模最大、出席代表人数最多、会员数最多的一次。目前，同乡会会员已发展到1100余名，并确定今后每届任期从3年改为4年。欧洲杭州联谊总会在杭州进行换届，换届后的总会常务副会长由各国分会会长担任，形成紧密的联络协作机制。会后，杭州市委统战部带领新班子成员赴贫困地区开展助学活动，并组成联合考察团与山东、辽宁等地有关侨务部门进行联谊交流。

围绕宣传载体，抓网络机制创新。杭州统一战线网在开设部长、处长博客和BBS论坛的基础上，设立"众博园"栏目。机关干部人人写博，思考工作，品味生活，网站日点击率迅速上升至1000余次。积极支持法国杭州联谊会、奥地利杭州华侨华人协会、加拿大杭州联谊会、杭州旅港同乡会建成网站。筹备欧洲杭州联谊总会和西班牙杭州联谊会网站。召开统战宣传联席会议。举办信息员培训班，加强信息员队伍建设，信息工作获中央统战部三等奖。开展建国60周年、多党合作制度确立60周年等一系列庆祝纪念活动，通过缤纷多彩的纪念活动，扩大了统一战线的社会影响，增强了信念，凝聚了人心。

围绕责任形象，促机关自身建设。发挥牵头协调作用，召开统战系统协调小组会议，专题研讨工作创新，增强工作合力。加强对基层统战工作的指导，召开区、县（市）统战部长会议和读书会。董建平部长为基层统战干部讲课，并牵头完成调研报告《新形势下基层统战工作思考与建议》。组织区、县（市）统战部长赴西北考察少数民族工作，并向市委提出加强流动少数民族管理的5条建议，得到市委分管领导的批示肯定。开展"责任、形象"主题教育活动，中层干部人人撰写体会文章，增强了干部的岗位责任意识。健全用人机制和激励机制，开展部机关中层干部竞争上岗工作。完善统战干部与各界统战成员联系的长效机制，明确各处室与党外政协委员联系的每季汇报制，加强机关干部与党外代表人士的联系服务。强化机关制度建设和完善长效机制。继续开展机关干部定期业务学习交流活动，并将交流方式由机关干部讲课扩展到主题讲座、参观考察、基层调研等。落实规章制度检查制度，认真做好保密工作自查和整改。

**【开展纪念新中国成立60周年、多党合作制度确立60周年系列活动】** 9月27日，杭州市召开统一战线各界人士庆祝新中国成立60周年座谈会，市委领导与近80位各界代表人士共同回忆纪念新中国和统一战线的发展历程。市委副书记叶明出席座谈会并讲话。9月4日至8日，在杭州唐云艺术馆举办市各民主党派庆祝新中国成立60周年和人民政协、多党合作制度确立60周年书画展，从全市7个民主党派书画艺术家的作品中遴选出134件参展，从不同角度、不同侧面展示广大成员对祖国的热爱和对走中国特色社会主义发展道路的坚定信念。举办纪念建国60周年和统战部成立60周年征文活动，并报送优秀征文至省委统战部，其中7篇征文分获二、三等奖。10月底，编发《杭州统战》纪念专辑，并在《杭州日报》刊登统一战线60年成果纪念文章。指导海外侨（社）团开展爱国庆祝活动。欧洲、澳大利亚、加拿大等地的杭州籍侨团都开展了形式多样的纪念活动，部分侨领还撰写了纪念文章。

**【市委领导与市各民主党派、工商联负责人谈心交心】** 春节长假后上班第一天，杭州市委领导王国平、蔡奇、叶明、许勤华即与市各民主党派、工商联负责人座谈，介绍杭州应对金融危机的形势和任务，共商杭州发展大计。两天后（2月3日），市各民主党派、工商联负责人联名致信中共杭州市委，"齐心协力、同舟共济为杭州转危为机实现跨越发展做贡献"。这封长达1200多字的信言辞恳切，表达了市各民主党派、工商联与中共杭州市委及全市人民一起，齐心协力，同舟共济，共渡难关的信念与决心。该信于次日在《杭州日报》、《都市快报》、《每日商报》等媒体公开发表后，引起了社会各界的广泛关注。省委常委、中共杭州市委书记王国平就此信作出批示："非常及时，很有必要，值得肯定，完全赞同。向为杭州转危为机、跨越发展作出努力和贡献的市各民主党派、工商联的同志们表示衷心感谢！"

**【开展"我为应对金融危机影响献一策"活动】** 在杭州市各民主党派中开展"我为应对金融危机影响献一策"活动，并在杭州统一战线网站上开辟专栏。《杭州日报》专门对活动情况进行了报道。两次召开"应对国际金融危机"征询意见座谈会，征求党外知识分子、新阶层代表人士意见。一年来，杭州市民主党派、工商联就应对金融危机提出的信息建议达320篇，其中被有关部门采纳的有164篇，30余篇得到市委、市政府主要领导批示。市委书记王国平对“献一策”活动给予充分肯定并作出“围绕中心、服务大局、尽职尽责、奋发有为、值得充分肯定，望再接再厉、趁势而上”的重要批示。活动最后评出28名“我为应对金融危机影响献一策”活动优秀联络员和先进个人，予以通报表彰。杭州市知联会也分批召开座谈会，听取和收集统一战线成员中具有丰富专业学识和实践经验的专业人士对应对国际金融危机影响的意见和建议，供决策参考。

**【举行首届统一战线科技创新表彰大会】** 10月19日，为表彰在统一战线科技创新竞赛活动中成绩突出的单位和个人，杭州市隆重举行首届统一战线科技创新颁奖大会。省委统战部副部长徐建华应邀出席大会并颁奖，市政协副主席、市委统战部长董建平出席会议并讲话。这场跨越两年的科技创新竞赛活动，是省委统战部五大行动计划之一，其目的是为了扎实推进创业富民、创新强省。此次评选表彰中，参评项目达60余个，经有关专家研究比较，最后评出一等奖2名、二等奖5名、三等奖10名、优胜奖6名，以及优秀组织奖4名，并斥资10多万元对优秀成果分别给予3000元至15000元的重奖。这项活动激发了统一战线成员积极投身创业创新实践的热情，为成员提供了施展才能的舞台，得到了全市统一战线各级组织和成员的积极响应，取得了良好效果。

**【举办市各民主党派工商联领导干部读书班】** 6月14日至19日，杭州市各民主党派、工商联领导干部读书班在重庆举办。开班典礼上，市委副书记叶明作动员讲话，市委统战部长董建平主持。市各民主党派、工商联负责人以及副主委、专职副主席、秘书长和区、县（市）民主党派地方组织主委近60人参加读书班。读书班邀请重庆市社会主义学院及著名高校的专家学者授课，组织参观了特园、红岩村、渣滓洞、白公馆等统一战线和爱国主义教育基地，并与重庆市各民主党派、工商联进行了对口交流。读书班结束后，市委统战部专门作总结报告提交市委，市委书记王国平批示指出：“成果值得肯定，经验值得总结。此次读书班办得及时、办得好。”

**【“集体开博”探索网络统战工作新途径】** 7月始，在部领导的大力支持和带头示范之下，随着“众博园”开张，杭州市委统战部“集体开博”正式启动。3位部领导和28位机关干部人人开博，思考工作，品味生活，畅谈体会，交流思想。部机关还通过博客平台开展“责任、形象”主题教育等活动，在交流思考中提高干部的岗位责任意识，促进工作开展。至年底，部长博客、处长博客、众博园和BBS论坛总计点击量从年初的4万次左右迅速上升至20多万次，日点击率从100余次提高到1000余次。年终，部机关经过评比，评出网站宣传先进处室和先进个人，并给予奖励。“集体开博”吸引了统战成员的目光，对引导统战成员献计出力、民主参与起到了良好效果，为扩大统战宣传、开辟网络统战工作新途径提供了思路。此项工作被评为2009年度全省统战工作创新奖。

（宋　舒　许莺燕）

## ·上城区委统战部·

**【综述】** 2009年，中共杭州市上城区委统战部坚持以科学发展观理论体系为指导，紧紧围绕区委的发展战略和工作思路，以学习实践科学发展观活动为契机，以服务大局、维护稳定、凝聚力量为主线，进一步优化统战工作环境，强化统战工作职能，提高统战干部素质，不断推动全区统战工作再上新台阶。2009年，区委统战部被上城区委、区政府、区政协评为2008年度提案工作先进单位；被上城区委、区政府评为党政信息工作优胜单位；10月被上城区建设学习型机关领导小组评为上城区学习型机关。区民宗局被杭州市民宗局评为杭州市民族宗教工作创优奖。区侨办被杭州市侨办评为信息宣传工作一等奖；区侨联被浙江省侨联评为全省侨联系统先进组织，被杭州市侨联评为信息宣传工作一等奖等。

协助民主党派加强自身建设，开办党外干部培训班，对区各民主党派总支（支部）负责人和无党派代表人士开展党的统战方针政策、多党合作理论以及党外干部队伍建设的培训学习，提高他们的思想政治素质、组织领导能力和参政议政水平，端正民主党派建设和发展的政治方向。协助区委、区政府领导召开与民主党派负责人、无党派代表人士和政协委员的座谈会、民主协商会、情况通报会和征求意见会，鼓励和支持各民主党派撰写提案议案。

逐步完善党外干部培训选拔工作机制，增加实职安排。2009年，区委统战部对全区科级及高级职称以上的党外干部的基本情况进行全面摸底，更新、充实党外人才信息库，开展党外后备干部队伍建设，及时把符合条件的党外优秀人才纳入党外后备干部队伍中。2009年新增副处级党外干部2名。

加强民族宗教宣传教育。采用网络宣传手段开展民族宗教政策法规普及宣传教育。2009年，协助、支持南星街道水澄桥社区创办全区第一张以民族宗教工作为主题的宣传网页。网页宣传民族宗教政策，介绍民族宗教资源，反映社区工作的特色与成效。

认真做好宗教场所消防安全工作。全年两次下发并督促宗教活动场所认真贯彻落实上城区人民政府“关于开展消防安全整治攻坚行动”的文件精神，元旦、春节等重大节日前对各宗教场所消防安全工作的落实情况进行专项检查。建立、健全消防安全责任制、消防组织机构、宗教教职人员和从业人员的消防安全培训，节日期间的值班安排，确保宗教活动安全有序进行，杜绝各类事故发生。依法管理处置区域民族宗教事务，多次及时劝导制止非法宗教活动。

认真贯彻党和政府的对台工作方针政策，充分发挥自身优势，扎实开展对台工作。区台办通过召开年度工作会议、新春茶话会、中秋座谈会等活动，围绕主题宣传、学习对台方针政策，加强思想政治引导工作。紧紧围绕上城发展战略，加大对台经济工作的引资、指导、协调和管理力度，通过主动走访、深入调研、加强沟通、提供优质服务等方式，搞活涉台经济。做好释难解惑工作，区台办为台商、台胞咨询、引介项目5个，发送有关宣传资料100份。处理涉台信访23件，解决台属子女上学5名。

坚持以人为本、为侨服务的思想和理念，以“侨爱工程”和“温馨工程”工作为抓手，以“双向服务”（侨为社区服务、社区为侨服务）工作为载体，借助和依靠社区资源，深化为侨服务内容，全力维护侨界的稳定和谐，为推进上城经济社会发展服务。

**【开展对困难归侨侨眷摸底调查工作】** 4月，为配合浙江省侨办建立完善困难归侨侨眷信息库的要求，区侨办按照工作实际，狠抓工作落实，在全区6个街道共收集上报困难归侨侨眷登记表33份，经审核后确定困难归侨侨眷22户，为后续的帮扶工作提供可靠依据。5月，按照浙江省侨联的工作要求，上城区三级侨联调查归侨侨眷4508名，其中归侨34名。调查显示，有城镇就业困难数6名；现有侨资侨属企业数17家，侨资侨属企业吸纳就业人员7924名，吸纳归侨侨眷数103名。

**【开展“爱心社区行”广场公益服务活动】** 5月26日，上城区委统战部组织统战成员在太庙广场举行“爱心社区行”广场公益活动。区各民主党派总支（支部）、区侨办、区民宗局、区侨联共设立26块宣传展板，介绍上城统战系统的工作情况以及近年来的活动剪影。区各民主党派总支（支部）成员发挥特长和爱心，为300名社区居民开展教育咨询、医疗义诊、法律咨询等方面的服务。

**【“两新”组织和新的社会阶层人士调查试点工作启动】** 5月至11月，为全区新经济组织、新社会组织和新的社会阶层人士的培育、发展提供支持和帮助，建立区、街道、社区三级新的社会阶层人士资料库，在清波街道开展调查试点工作。调查工作以社区为单位组织实施，以规模企业、重点企业、骨干企业、代表性个体户为重点，利用第二次全国经济普查工作初步摸底情况，根据实际情况，把有代表性、有影响力的新的社会阶层人士推荐出来，为全区“两新”组织和新的社会阶层人士工作打好基础。

**【推进“和谐寺观教堂建设活动”】** 5月至12月，根据杭州市“和谐寺观教堂建设活动”要求，上城区建立领导小组，提出创建目标，开展工作指导。年末，栖云寺通过考核达标，被杭州市民族宗教事务局授予杭州市和谐寺观教堂。

**【举行上城各界人士中秋联欢会】** 9月17日，上城区委统战部在新侨饭店举办2009年上城区各界人士“庆国庆、迎中秋”联欢会。市区有关领导与各界人士150多人共庆象征团圆、欢乐、团结的中秋节和庆祝建国

60周年。区政协副主席、区委统战部部长袁巧玲主持联欢会，区委副书记、纪委书记朱履林在会上致词，区各民主党派表演了12个文艺节目。

**【实现基层侨联组织全覆盖】** 继2003年12月上城区侨联成立、2007年7月6个街道侨联全部成立、2008年12月区侨联完成换届后，到2009年9月，上城区50个社区侨联分会又相继成立，实现了有侨社区侨联分会全覆盖，形成了区、街道、社区三级侨联组织网络。

**【推进基层侨联组织示范性（规范化）建设】** 全区各级侨联按照中国侨联有组织、有队伍、有经费、有阵地、有活动的“五有”标准，继续推进规范化基层侨联组织创建活动。7月28日，省侨联发文，小营街道侨联、南星街道侨联被省侨联命名为第二批“示范性基层侨联”。12月15日，市侨联发文，上城区侨联、湖滨街道侨联、望江街道侨联和清波街道的定安路社区侨联分会、柳翠井巷侨联分会、南星街道的复兴海月桥社区侨联分会、小营街道的茅廊巷社区侨联分会、紫阳街道的彩霞岭社区侨联分会被市侨联命名为第四批规范化基层侨联组织。

**【成立上城区留学人员和家属联谊会】** 12月24日成立上城区留学人员和家属联谊会，共有会员51名。大会选举产生了第一届理事会，林东为会长、韩彤、赵海燕、陈邕涛、李端桥为副会长，毛健儿为秘书长。该联谊会是由全区留学人员和家属自愿组成的联谊性、地方性、非营利性的社会组织。

**【推进海峡两岸的交流与互动】** 2009年，接待台湾及海外华人大型参访团组5批156人次，其中，10月24日接待参加西博会相关活动的台湾企业家考察团一行100人，杭州市台办主任陈建伟、副主任王小华陪同；10月25日，接待台湾南投县代表团、旅台杭州同乡会考察团一行50人，杭州市台办副主任周兵陪同。（毛健儿）

## ·下城区委统战部·

**【综述】** 2009年，下城区统战工作以贯彻落实党的十七大和十七届四中全会精神为指导，以深入学习实践科学发展观活动为重点，围绕区委八届八次全会提出的“弯道超越抓机遇，领跑冲刺争前列”的工作要求，以“思想大解放、思路大创新、工作大发展”和“凝心聚力促和谐、打实基础上台阶”为主题，发挥优势，开拓创新，全区各街道、部门、民主党派团体共同努力，通力合作，扎实工作，统一战线各个领域的工作都有新起色，取得了新成绩，得到了中央统战部和省、市委统战部的充分肯定。

基层统战工作有新成绩。2009年下城区的社区统战和新阶层统战等各项基层统战工作继续在省市领先。全区统一战线工作共荣获3项全国性荣誉，即“全国侨联系统先进集体”、“中国统一战线宣传工作先进集体”和天水街道的“全国民族团结进步模范集体”，并荣获全省统战工作先进集体、全省对台工作先进集体、全省侨界提（议）案工作先进单位、全省侨联维权工作先进集体、杭州市统战信息工作先进单位、杭州市侨务系统信息工作先进单位等多项荣誉称号。下城区也是全省唯一连续三次荣获全省统战工作先进集体的一个区。

社区台侨工作有新特色。在文晖街道成功举办“两岸企业家论坛”和“两岸同胞邻里节”，在全省首创海峡两岸社区居民联谊交流的新载体，成为我省基层对台工作的一大亮点；建立区留学人员创业园，在朝晖街道成立全市首家街道留联会和楼宇留联会，使新侨工作取得新成效；在天水街道率先实现市级规范化基层侨联组织的全覆盖；成功举办海外华文媒体进社区、海外华裔青少年寻根之旅夏令营、社区爱侨助侨工程等活动。在第八次全国侨代会上，下城区荣获“全国侨联系统先进集体”，并作为浙江省代表赴京受奖。

社区民族工作有新亮点。开展社区民族工作的“五个一”工程，加强为外来少数民族人员的服务和培训；不断创新社区民族工作载体，继社区少数民族馆后又建立社区民族崇廉文化屋，在全市率先开展对武义少数民族村的帮扶行动计划。下城区的社区民族工作受到前来考察的国家民委、全国人大民委和省市有关领导的高度评价。

新阶层统战工作有新拓展。加强区新阶层联谊会组织建设，并成立法律顾问团和四个工作部门；组织开展新阶层人士论坛、银企座谈会、走进下城建设研讨会和拥军慰问、慈善捐款等丰富多彩的活动。完成对全区近百名非公有制经济代表人士的综合评价工作，深入推进楼宇统战工作，使下城区新阶层统战工作继续走在全市前列。

统战文化建设有新平台。建立下城区社区统战文化活动基地和海外青少年华文教育基地，开展统一战线国庆征文比赛和文艺汇演等系列活动，举办首届社区两岸同胞文化节和区少数民族艺术团走进社区等活动，使统战文化为构建和谐下城发挥凝心聚力的作用。

党外干部工作有新成效。召开全区民主党派工作经验交流会，推进民主党派的自身建设；圆满完成九三学社下城支社等党派组织的换届工作，并积极做好党外干部培训工作，举办了全区党外干部和新阶层人士培训班；组织开展第五届党外人士“参政建言、合力兴区”论坛，形成10余份高质量的调研报告，受到书记、区长高度评价；成立区委统战部特约信息员队伍，党外人士共献计献策200余条，反映信息100余条；建立党外人士的《舆情专报》专刊，完善了党外人士向区委报送社会舆情的信息直通车机制；在全市党外干部工作会议后，区委研究下发党外干部队伍建设五年规划，落实了下城区政府部门的党外干部目标。

凝聚力工程有新载体。建立了一支由各街道、部门和统战团体参加的有1000人组成的下城区统一战线凝聚力工程志愿者服务队，并开展各项社会服务活动；开展全区凝聚力工程“风采杯”、“金桥杯”、“同心杯”、“光彩杯”的竞赛评比活动和凝聚力工程创新奖评比表彰活动，推动凝聚力工程“四同”系列活动的深化。

**【成立区留学人员创业园】** 5月31日，下城区留学人员创业园开园仪式在区高新技术产业园内隆重举行。杭州市副市长陈小平、市侨办主任陈树龙、区委书记赵敏、区长项永丹等领导出席开园仪式。浙江工业大学学生处、留学人员创业导师代表、留学人员企业代表、留学人员代表等近100人参加了仪式。下城区留学人员创业园的建成，为留学人员提供了创业的平台和施展才华的舞台。创业园将以实践“和谐创业”为核心，着重引导和扶持留学人员创业，为留学人员提供政策咨询、扶持资金申请、企业登记注册、商务、融资等“一站式服务”。

**【开展统一战线帮扶捐款活动】** 7月16日，下城区统一战线帮扶武义县黄干山民族村捐款仪式在黄干山民族村村委会举行。自省、市委统战部提出帮扶少数民族低收入群众的倡议以来，下城区统一战线各界人士纷纷响应，在短短3个月的时间里就筹集到首笔捐款共计15万元，并将这首笔捐款送到了黄干山民族村村民的手上，这是该村有史以来接受的金额最大的一笔捐款。

**【成立全市首家街道级留联会】** 8月27日，下城区朝晖街道留学人员和家属联谊会成立大会隆重召开，这是全市成立的首家街道级留联会组织。省侨联副主席陈遇龙、市侨联主席吴水泉应邀出席会议并作讲话，下城区委副书记朱永祥、区政协副主席余仲民出席会议。朝晖街道留学人员和家属联谊会的成立，顺应了下城区经济社会形势发展带来的侨情变化，标志着朝晖地区的留学人员和家属有了更广阔的事业平台、更畅通的交流渠道，也标志着下城区的基层留联会组织网络得到进一步加强。

**【举办“两岸邻里节”】** 9月25日，以“扩大民间交流、加强两岸合作、促进共同发展”为主题的下城区“两岸邻里节”在下城区文晖街道京都苑社区拉开序幕。来自台湾中和市佳和里由里长陈得福带队的一行13人参加“两岸邻里节”，他们中有茶商、教师、纺织、志工、银行员工等，具有一定的群众代表性。在为期4天的杭州之行中，他们直接参与了10大特色活动，并与社区居民共同欢庆“两岸邻里节”，共享邻里和谐，共创美好明天。“两岸邻里节”的举办，增进了两岸居民的友好往来，加深了社区内本地居民与台胞的感情沟通，促进了台商与内地企业家的合作交流，实现了两岸基层社区的结对交流。该活动在杭州第六届邻居节活动中，荣获最具创意社区邻居节奖。

**【完成区“三胞”联谊会换届工作】** 11月28日，下城区三胞亲属联谊会第五次会员代表大会隆重召开。市台办主任陈建伟、市侨办主任陈树龙、市侨联副主席袁国标、区政协副主席、统战部长余仲民等应邀出席大会。共有80余位代表参加此次代表大会。会议听取和审议了《下城区三胞亲属联谊会第四届理事会工作报告》，选举产生了下城区三胞亲属联谊会第五届理事会。桑坚信当选为下城区三胞亲属联谊会理事会会长，王其伟、周鲍华、朱飚、周惠娟当选为副会长，胡红当选为秘书长。

（徐　红）

## ·江干区委统战部·

**【综述】** 2009年，江干区统战工作坚持以科学发展观为指导，深入贯彻落实党的十七届三中、四中全会精神，牢牢把握大团结、大联合工作主题，积极开展"凝心聚力、激情创业、科学发展"等主题活动为工作主线，扎实工作，努力创新，为江干区经济社会发展做出了积极而独特的贡献。

深入开展学习教育活动。广泛发动、认真指导、积极参与学习实践科学发展观活动。通过召开统战干部例会、民主党派负责人座谈会等形式，传达学习上级的文件、会议精神，进一步提高统一战线成员的政治思想素质和履行职能的能力。会同区政协联合召开纪念新中国成立60周年、多党合作制度确立和人民政协建立60周年座谈会。组织统一战线成员座谈祖国60年变化和我国基本政治制度确立60年的发展历程，积极引导统一战线广大成员坚持改革开放、推动科学发展、促进社会和谐。

不断推进民主政治建设。进一步畅通反映意见建议的渠道，组织和动员各民主党派、工商联和无党派人士为经济社会发展提出意见建议150余条。指导和帮助民主党派、工商联履行好政治协商、民主监督和参政议政职能，会同区纪委通报了全年的党风廉政建设情况。选派4名党外干部参加市委统战部的培训班，会同区委组织部、区党员服务中心举办首期党外后备干部培训班。发挥各民主党派、工商联和知联会的独特优势，为进一步促进社会和谐服务。组织区各民主党派和无党派人士等统一战线成员，开展"凝心聚力、激情创业、科学发展"主题活动之公益活动。

认真做好新阶层人士工作。举办"金融危机下的宏观经济走势与企业应对策略"等大型讲座4场次和2次经贸交流对接活动。向全区民营企业家发出"应对危机，迎难而上，坚定信心，创业发展"的倡议书。协同有关部门开展"助力中小企业"授信服务活动，印发最新政策性文件汇编500余本，开展部领导走访企业活动，尽最大努力帮助解决企业的实际困难和问题。宣传新的社会阶层人士在经济和社会发展中作出的贡献与成就，推荐评选全国优秀社会主义事业建设者1名，省级优秀建设者1名，杭州市双爱双评先进2名，对15名非公有制经济代表人士进行综合评价。

积极维护社会和谐稳定。认真开展以党的民族政策和有关法律法规为主要内容的学习、宣传活动。进一步完善少数民族三级服务网络，开展慰问少数民族困难家庭和送温暖活动。依法加强对宗教事务的管理，妥善解决好民族宗教领域中出现的问题，认真做好节假日期间、各项大型宗教活动期间和自然灾害发生时的安全工作。积极引导宗教与社会主义社会相适应，以开展创建"和谐寺观教堂活动"为契机，在宗教界开展"凝心聚力、激情创业、科学发展"主题活动之和谐活动，认真抓好宗教界政协委员有关提案的办理工作，积极推进龙居寺扩建审批等有关工作。

广泛开展凝心聚力工作。积极开展为台侨助力活动。走访慰问台侨界人士，发放慰问金、困难补助金20000余元。召开基层侨联横向联系会议和三胞亲属联谊会理事会议。会同有关部门积极开展"浙江省华文教育基地"推进活动。认真配合市侨办做好2009市侨法集中宣传启动仪式暨"社区为侨、侨为社区"双向服务活动。接待台湾高雄师范大学考察团及港籍人士4批次40余人。组织街道、镇和社区分管统战工作委员参加市侨办组织的全市侨务干部培训班。开展闸弄口街道侨联、凯旋街道侨联争创浙江省示范性基层侨联的活动，凯旋街道南肖埠社区被评为杭州市侨法宣传示范点。

**【开展主题活动】** 为深入学习实践科学发展观，积极应对当前形势，区委统战部在全区统战成员中开展"凝心聚力、激情创业、科学发展"主题活动，发挥统一战线的优势，重点围绕落实科学发展观、关注民生、服务经济、构建和谐社会等方面开展八大活动。一是开展宣传活动。举办"化危为机"讲座和统一战线风采展，开展"激情创业"宣传活动，鼓励统一战线成员坚定信心、致力发展。二是开展学习活动。组织统一战线成员开展深入学习实践科学发展观活动举办民主党派、工商联和知联会负责人读书会，召开纪念建国60周年和人民政协成立60周年座谈会，引导统一战线成员提高水平、科学发展。三是开展调研活动。围绕区委、区政府中心工作和经济社会发展面临的热点、难点问题等，开展调研活动，为科学决策提供参考。收到民主党派、知联会调研报告20篇。四是开展献策活动。开展“我为创业献一策”活动，组织统战成员对我区经济、城建城管、教育、民生保障等方面献计策91条并将计策汇编成册，向区领导专报，得到区领导的肯定。五是开展服务活动。举办“金融危机下的宏观经济走势与企业应对策略”等大型培训会4场，开展“助力中小企业”授信服务活动，印制发放政策性文件汇编等，帮助统一战线成员排忧解难、共渡难关。六是开展公益活动。组织心血管、内外科、中医等12个科的医疗专家义诊200余人次，开展幼儿及家庭教育心理咨询、政策法律咨询服务50余人次，维修电脑和小家电5台次，发放防疫、科技知识宣传资料180余份。七是开展和谐活动。开展创建“和睦宗教、平安场所”和“双五好”评比活动，认真做好低收入群众增收帮扶工作，妥善处理涉及民族方面的有关问题。八是开展帮扶活动。开展台、侨资企业助力和帮扶活动，协助台侨企业和人员共克时艰、凝心聚力。

**【举办首期党外后备干部培训班】** 9月14日至24日，会同区委组织部、区党员服务中心举办首期党外后备干部培训班。来自全区有关部门、镇、街的党外后备干部30余人参加培训。本次培训班开设时事政治、统战知识、领导干部素质和区情介绍等课程，聘请市委党校的教授和区直部门有关领导授课。还举办了纪念中国共产党领导的多党合作和政治协商制度确立60周年座谈会。

**【承办2009年海外华商杭州投资洽谈会】** 10月25日，区侨办和区招商局牵头组织承办2009年海外华商杭州投资洽谈会暨海外博士杭州行活动。市政府佟桂莉副市长出席会议并致辞，周志宏副区长对江干区优越的地理位置、良好的投资环境进行细致的介绍，并重点推介了江干区即将推出的重点地块及楼宇项目。来自20个国家和地区的115名海外侨商、海外博士和100余个杭州有关部门、企业代表参加会议。会上共有14个项目进行了签约，协议总投资3.9亿美元，江干区在会上签订协议总投资1.15亿美元和10亿港币，国内协议总投资3.5亿人民币，项目涉及生物医药、软件开发、文化创意、制造业、房地产、商贸等领域。

**【做好调研信息宣传工作】** 认真做好调研信息宣传工作，不断扩大统一战线的影响。向上级有关部门报送调研报告4篇次、统战信息300余条次。江干区委统战部被中央统战部、中国统一战线杂志社评为“中国统一战线宣传先进单位”，被市委统战部评为全市统战信息工作先进单位；区民宗局被市民宗局评为民族宗教信息工作先进集体；报送的调研文章获省委统战部“全省统战调研成果优秀奖”和市委统战部“优秀统战理论调研二等奖”。（黄莲平）

## ·拱墅区委统战部·

**【综述】** 拱墅区是杭州市中心城区之一，也是市委、市政府所在地。古老而秀丽的京杭大运河宛如银链穿境，在两岸留下了众多的历史古迹和灿烂的文化遗产。全区下辖2个镇、8个街道，14个行政村、73个社区，面积87.73平方公里，总人口60万，其中常住人口31万。2009年是新世纪以来拱墅经济发展最困难的一年。一年来，拱墅区以科学发展观为指导，积极应对国际金融危机的挑战，决心大、动手快、出拳重，围绕“保增长、保建设、保民生、保稳定”，克难攻坚，真抓实干，经济社会总体实现平稳较快发展。全区实现地区生产总值250亿元，增长10%以上；服务业增加值144亿元，增长16%。限额以上固定资产投资115.18亿元，增长17.3%；社会消费品零售总额195.7亿元，增长16.4%；地方财政收入29.1亿元，增长6.5%。招商引资继续走在全市前列，实际利用外资3.4亿美元，比上年增长40%。2009年拱墅区获得了全国文化先进区、全国科技进步考核先进区、全国和谐社区建设示范城区、全区社区共建共享先进城区、中国国际旅游文化目的地、中国最具投资潜力旅游休闲区等，15个系统和单位获得23项国家级荣誉称号和奖项。区委统战部充分发挥统一战线的优势和作用，凝聚人心、汇集力量，开拓创新、干在实处，为全面推进“三个拱墅”

建设做出了新的贡献。

统战领域围绕中心服务大局的氛围进一步浓厚。通过党派“双月学习活动日”会议、区基督教“三自”联络组“每月学习会”、区侨联常委会、“三胞”理事扩大会、留学生家属座谈会、老归侨座谈会等多种形式和途径，组织统战各领域认真学习中共十七大、区委五届六次七次全会和全区统战工作会议精神，切实把全区各党派、各民族、各界代表人士的思想和行动统一到党的十七大精神上来，统一到区委作出的“五个毫不动摇”和“应危机保增长”的重大决策和工作部署上来，进一步在实施“建设秀美拱墅三年行动计划”中发挥统一战线的优势和作用，努力营造全区上下、各个方面同心同德、激情创业的浓厚氛围。

民主党派、党外干部和党外知识分子工作进一步拓展。全年协助区委、区政府召开党外人士“迎春恳谈会”、“征求意见会”、“政情通报会”等有10余次。为弘扬激情创业、争创一流的氛围，在区各民主党派中组织开展了以党派工作创新、信息工作创先为主要内容的“两创”活动。组织“拱墅区统一战线志愿者服务队”开展为居民服务活动，为统战领域服务社会搭建平台。会同组织部门，继续注重对党外干部的培养教育，选送4名党外干部赴市社会主义学院学习1个月。

民族宗教工作进一步加强。区民宗局认真贯彻落实少数民族政策和法律法规，切实维护少数民族的合法权益。抓好区少数民族联络组代表人士队伍工作。认真把好更改民族成份关。深化城市少数民族工作，在登云路等社区试行少数民族工作进社区工作。积极协助政府有关部门做好涉及少数民族的拆迁等相关工作，着力化解矛盾，推进和谐拆迁。完成了与武义县柳城畲族镇下圩村结对帮扶工作的年度任务。围绕“四个确保”，对全区宗教领域不稳定因素和安全隐患进行仔细的梳理排查，确保了我区民族宗教领域的安全稳定。在全区宗教活动场所开展了“和谐寺观教堂创建活动”和“合格教职人员”学习教育活动，协助区政府出台《关于规范宗教场所管理创建“和谐寺观教堂”的实施意见》。

港澳台和海外统战工作进一步推进。组织举办了“台海形势报告会”，帮助各级领导和广大“三胞”了解台海发展形势，服务中央对台工作大局。认真做好第十七届“屈原杯”全国龙舟锦标赛港、台两队的相关接待服务工作。举办新春团拜会和中秋茶话会，侨台界群众和留学生家属代表欢聚一堂，共叙友情。以新中国成立60周年为主题，召开侨界老同志老归侨座谈会，畅谈感想、增进感情。2009年度，区侨联先后被省侨联授予“维权工作先进集体”、援建北川中学“特殊贡献奖”，被市侨联授予“规范化基层侨联组织”和“侨联系统先进组织”荣誉称号。

基层统战工作进一步深化。帮助、指导街道的“统战各界人士联谊会”完善组织网络、建立工作机制。在此基础上，精心组织，认真部署，加强指导，积极打造街道、社区统战工作示范点，在米市巷街道、小河街道和大塘巷社区、长征桥社区，以及半山镇杭钢南苑社区实施基层统战工作规范化建设工作，现已取得初步成效，召开了全区基层统战工作经验交流会，及时总结推广先进经验和有效做法。

信息调研宣传工作进一步取得实效。继续加大信息工作考核力度，指标落实到人，年终考核与评比先进挂钩，取得明显的实效。2009年，区委统战部本级信息考核继续位居全区党群系统前列，荣获党政信息优胜单位称号。区侨联荣获全省侨联系统的信息考核先进集体称号。此外，认真谋划、精心组稿，在《今日拱墅》上刊出1期统战专版，进一步扩大了统战工作影响力。加强了以“杭州统一战线”拱墅子网站、区政府门户网站统战部子网站等电子平台为阵地的对外宣传工作。

**【组织开展“我看拱墅新变化，我为秀美出份力”系列活动】** 围绕“建设秀美拱墅三年行动计划”，以庆祝建国60周年为契机，以“我看拱墅新变化，我为秀美出份力”为主题，组织区各民主党派和统战各领域，开展了“四个一”活动，即：开展一次征文活动，出一本《征文集》，出一期《今日拱墅》专刊，组织一场新中国成立60周年庆祝纪念活动，进一步激发了统一战线各领域及其成员的参与热情。

**【深化宗教界“爱心助残”结对活动】** 积极引导宗教界服务社会造福人群，进一步发挥宗教界在构建和谐社会中的积极作用，深化宗教界“爱心助残结对”活动。2009年5月14日，在全国第19个助残日前夕，区民宗局组织宗教界人士，走访慰问了结成帮扶对子的19户残疾人家庭，送去了食品和水果等5000余元的慰问品，使残疾人感到了社会的关怀和温暖。

**【全区侨界积极募捐援建北川中学】** 区侨联积极响应中国侨联和省市侨联号召，广泛发动辖区内的归侨侨眷、留学生家属、台属及党员群众开展向北川中学募捐活动，为援建北川中学添砖加瓦。截至10月底，我区侨界共向北川中学募集援建款47000余元，居各城区之首。被省侨联授予“援建北川中学特殊贡献奖”。（吴　芳）

## ·西湖区委统战部·

**【综述】** 2009年，西湖区统战工作坚持以邓小平理论和“三个代表”重要思想为指导，围绕区委、区政府中心工作，认真学习贯彻落实党的十七大、十七届四中全会精神和科学发展观要求，积极发挥统一战线独特优势，充分调动广大统战工作人员的积极性、主动性和创造性，解放思想、创新思路，扎实工作，圆满完成了上级赋予的各项工作任务。

深入开展学习实践科学发展观活动，增强统战干部队伍凝聚力。按照“党员干部受教育、科学发展上水平、人民群众得实惠”的总体要求，结合区委统战部的工作实际，深入基层，走访调研、查找问题、剖析原因、制定举措，机关党员干部综合素质得到提高，学习实践活动达到了预期的成效，进一步增强了统战干部队伍的凝聚力。

坚持多党合作，民主政治建设得到新提高。一是认真贯彻民主政治协商制度。认真学习贯彻区委《关于巩固和壮大新世纪新阶段统一战线的意见》精神。认真抓好党的十七大、十七届四中全会精神和科学发展观的学习、讨论和贯彻落实工作；围绕区委区政府中心工作，广泛征求意见建议，积极发挥参政议政作用。二是扎实抓好调研工作。组织各民主党派围绕西湖区经济社会发展等重大课题，深入实际开展调研，各民主党派撰写的《区级政府建设融资管理体制及城建债务问题研究》、《控制吸烟，建设健康城市》等17篇优秀论文受到表彰奖励。三是抓好党外后备干部的培养工作。认真贯彻党外干部培养选拔工作座谈会精神，会同区委组织部认真抓好党外后备干部培养、选拔三年规划的落实工作，建立了近百人的党外人士后备干部队伍。四是扎实推进对口帮扶工作。根据《中共浙江省委统战部关于少数民族低收入群众增收帮扶行动计划的实施意见》和杭州市委统战部相关文件精神，西湖区委统战部受领了与武义县下湖源村对口帮扶任务，3年时间完成帮扶资金30万元。部领导高度重视，作出周密的计划和部署，将帮扶工作任务分解落实到统战系统各界。浙江天河房地产联合发展公司、杭州中庆建设有限公司、尚坤建设有限公司、浙江万信数码科技有限公司、杭州通农科技有限公司、杭州美农丝网印刷有限公司、杭州钱江特种玻璃有限公司等企业慷慨解囊，首批筹集对口帮扶款20万元。为确保帮扶款专款专用，西湖区委统战部与武义县委统战部签订委托责任书，严格申报立项、计划审批、项目管理、跟踪监督等制度。2010年1月20日，武义县下湖源村“双湖”村民活动中心大楼落成揭牌仪式隆重举行，这标志着西湖区委统战部对口帮扶第一年计划顺利完成。五是采取多种形式，拓宽活动载体。协助区委组织召开统战系统各界负责人新春座谈会，征求意见和建议22条；举办西湖区统战系统各界人士庆祝新中国成立60周年暨中秋联欢会，喜迎祖国60华诞和中秋佳节。通过开展丰富多彩的活动，凝聚了人心，为促进祖国统一大业和我区经济社会发展献计出力。

夯实工作基础，有力推进对台和侨务工作。一是深入调研，统一思想。深入到11个镇、街开展工作调研，积极探索建立镇、街对台和侨务工作模式。二是完善组织建设。上半年成立区留学人员和家属联谊会，完成了区侨联、三胞联谊会的换届工作，配齐配强了新的班子成员。三是5月中旬成功举办全市侨法集中宣传启动仪式暨社区为侨、侨为社区双向服务活动。四是积极开展“争创”工作。区侨联被授予“全省侨联系统先进集体”荣誉称号和“浙江省援建四川省百川中学特殊贡献奖”等。五是继续抓好以“爱国爱乡，宣传西湖”为主线的“四个一”活动。扎实开展海外赤子“情系故乡、美丽西湖行”系列活动。六是认真做好经常性服务工作。定期走访慰问台胞、台属、台资和侨资企业人士，帮助他们协调解决子女入学入托20多人。组织接待台湾中天电视“文茜周报栏目组”，组织举办台资企业座谈会和西湖区投资环境说明会。七是强化联谊交流，积极做好引资引智工作。发挥西湖区服务业、旅游业和文创产业的优势，利用台湾漫画家蔡志忠、朱德庸等资源，加强文创动漫产业的交流交往。积极推进转塘街道上城埭村与台湾茶村建立结对关系，推动两地在茶叶生产、观光农业、农家乐等领域的深入交流与合作。

着眼和谐稳定，扎实抓好民族宗教工作。以贯彻国务院《宗教事务条例》为抓手，认真学习、宣传、贯彻国务院和浙江省颁布的《宗教事务条例》。一是强化政治引导，注重深化民族宗教人员素质教育。二是注重发挥区少数民族联络大组作用。大组下设南片、西片、中片、北片四个兰州拉面馆自治小组，负责联络、协调和管理。区民宗局与青海省化隆县就业局联合举办首期兰州拉面馆从业人员培训班，对从业人员进行现场辅导和答疑解惑。三是维护和谐稳定，抓好兰州拉面馆管理工作。四是加强对宗教场所的依法管理。组织开展创建“和谐寺观教堂”活动；完成留下街道永兴寺天王殿修复落成、西溪国家湿地公园曲水庵开光仪式的保障工作。五是重视抓好宗教活动场所的消防安全工作。与有关镇（街）、各宗教场所签订消防安全目标责任书。六是以打造“全国最美丽城区”为主线，开展争创“和谐宗教场所”活动，对全区宗教教职人员进行“爱国爱教、宗教学识、品德修行、科学管理、工作业绩和综合评价”等内容的考核。

围绕中心任务，推进非公有制经济健康发展。一是开展“走访企业服务”活动。为企业提供政策、信息等服务。二是发挥区中小企业担保中心作用。注册资本金由过去的2000万元增加到5000万元，中心共为区内48家企业提供融资贷款担保1.32亿元。三是举办政银企合作洽谈会，解决企业融资问题。四是发挥参政议政职能，提出《关于建议开展房产二次抵押登记》的提案，得到了市领导的高度重视。五是积极筹备换届工作。准确把握换届工作的各项规定和要求，确保换届工作顺利完成。六是组织企业家参加报告会和浙商投资年会，积极为政府和企业招商引资搭建平台。七是与区有关部门联合举办“新杭州人文化家园”启动仪式暨“坚定信心齐奋力、勇克时艰展风采”文艺演出活动。八是对《商道》会刊进行改版，明确了发行范围，确定了主题。

抓教育重管理，注重机关自身建设。一是注重强化制度建设。二是深入开展学习实践科学发展观活动。提出创学习型机关读好一本书，搞好一项调研，写好一篇论文，讲好一堂统战辅导课，开展一次学习交流等“五个一”活动。三是不断深化和拓展“学习实践科学发展观”、“树统战干部形象、建党外人士之家”等载体活动。在提高统战意识、宣传统战知识、推进统战工作、加强统战人员交流等方面发挥积极作用，促进了全区统战工作的整体推进。（刘小明）

## ·高新（滨江）区委统战部·

【综述】 2009年，杭州高新区（滨江）统战工作在区委的领导下，在市委统战部的关心指导下，以及区内有关部门的支持配合下，开展深入学习实践科学发展观活动，认真贯彻党的十七届四中全会、区委全会和全国、省市统战工作会议精神，围绕区党委、政府中心工作，在提高民主党派工作绩效、提升宗教工作显示度、做好侨务工作等方面，开展有益探索，做了不少行之有效的工作，为杭州高新区（滨江）建设创新型和谐社会示范区作出了贡献。

围绕中心，组织民主党派积极有效建言献策。一是激发建言的积极性。统战部分别对全区12个民主党派基层组织进行走访调研，参加了各民主党派基层组织的32次学习研讨活动，及时化解部分成员建言献策的各种思想顾虑，帮助各民主党派组织树立信心，提高民主党派成员参与本区经济社会发展的参与意识和建言热情。二是把握好建言的针对性。组织各民主党派开展贯穿全年的为实施“产业强区”献一计和“建设创新型和谐社会示范区”金点子活动，积极引导和发挥民主党派成员优势，认真开展调查研究，建言献策。区委统战部与民主党派负责人对各民主党派组织所提交的调研报告和建议的初稿一起研究讨论，在报告的区情结合度、内容、针对性和建议的前瞻性方面认真提出参考建议。三是提高建言的有效性。倡导民主党派调研建议工作的精品意识，要求调研建议立题要准、调研要细、建议要实。民进2个支部的《关于杭州高新区（滨江）动漫游戏产业和发展的调研及建设》、《关于进一步完善和加强我区政府信息公开工作的建议》、《滨江区拆迁问题调研及对策建议》，九三学社基层委员会的《关于加强对国有土地拆迁安置工作领导的建议》以及民建一支部的《关于改进行政中心审批流程促进政府管理体制改革建议》，得到了区党委主要领导的批示肯定。

服务大局，彰显民主党派活动特色。着重组织各党派认真学习区委全委会精神，深化党派成员对实施"产业强区"战略的认识，强化党派紧紧围绕区委关于建设"南北双城"、招商引资、征迁安置等中心工作履职的意识。民建总支联合区政府有关部门，牵头举办高新区（滨江）首届较大规模的投融资银企洽谈会，取得了较好效果。九三学社基层委员会围绕配合加快奥体中心项目的推进，邀请市拆迁办专家到水电社区进行拆迁新政系列讲座和互动交流，以及通过直面咨询的方式，做好社区群众工作，助推水电社区的征迁进程。致公党支部与浦沿街道开展的"认清形势、科学发展"系列专家讲座，民进二支部组织的"幸福家园、乐居滨江"亲子大型活动和"缘聚黄龙"公益相亲大会以及民进一支部举办的高考志愿填报咨询和心理辅导和法律知识讲座等社会活动，无论在服务大局创新意识方面，还是在组织化程度方面和活动效果方面，都有很大提高，展现了区民主党派应有的优势和活力。

积极引导，协助民主党派加强自身建设。一是开展区情教育，搞好思想建设。先后组织党外人士开展党的十七届四中全会精神、多党合作理论、区委全会（扩大）会议精神的专题学习交流以及召开党派负责人围绕中心献计出力研讨会、组织党派赴兄弟城区考察学习等活动，使党外人士进一步准确了解区情，强化意识，增强责任感和使命感。二是结合民主党派发展，搞好制度建设。针对新形势下众多党外人士要求加入党派的情况，严格按照有关制度，协助党派把好入口关。对民主党派基层组织班子成员开展谈心活动，及时掌握党外干部的思想动态和绩效表现，化解有关思想症结。指导帮助各党派基层组织进一步建立完善建言献策制度、社区结对制度、社会活动制度和组织发展制度。

**【农工党和民盟支部成立】** 结合形势发展和民主党派建设的需要，按照新建民主党派组织的原则和要求，组织开展对民盟、农工党在滨江区人员的走访调研，对所建组织负责人人选进行酝酿和筛选，制定相关方案，确定有关程序，做好筹建工作。12月分别成立中国民主同盟杭州高新区（滨江）支部和中国农工民主党杭州高新区（滨江）支部，范兴海任民盟杭州高新区（滨江）支部主任，罗红英任农工党杭州高新区（滨江）支部主任。

**【做好民族宗教工作】** 宣传民族政策，帮助区内高考的少数民族学生审核办理民族成份证明手续；关注少数民族家庭的生产、生活情况，开展结对帮扶，申请低保，帮助特困户解决就医、子女上学等实际困难，开展节日慰问等活动。强化"清真拉面馆"依法经营的管理，加强与市民宗局、市伊斯兰教协会、青海省循化撒拉族自治县和化隆撒拉族自治县人民政府驻杭办事处的协调沟通，联合相关职能部门上门引导拉面馆合法经营。严格落实宗教场所安全工作责任制，落实场所安全防范措施。指导各宗教活动场所完善组织管理、安全管理、财务管理和重大事项报告等制度。开展"宗教活动场所管理人员教育活动"，通过学习、自查、整改、评比等环节，提高场所管理水平和服务意识。举办了2期"教职人员培训班"，邀请市基督教协会会长顾约瑟牧师、省神学院牧师作专题辅导。选送16人到省市基督教学院和市佛学院进修学习。开展科普教育进教堂、信教群众健康知识专题讲座等系列活动。

**【推进侨务工作】** 会同区外经贸局加强与省市侨办、侨联、侨商会、联谊会等有关团体的联络，宣传高新区的政策、现状和有关招商项目，引荐"海外华文媒体代表团"来滨江参观；配合市政府举办"海外博士杭州行"活动；组织区内有关企业参加杭州市"2009海外华商杭州投资洽谈会"，并落实有关协议。积极推荐上报区侨资企业参加"全国明星侨资企业"、"海外专业人士创业杰出奖"和省、市侨商会、侨代会、归侨侨眷代表大会代表和会员评选等活动。全年接待海外考察团组20余批。帮助海外侨胞和归侨、侨眷解决实际生活中遇到的问题，如子女就学、孤老帮困等。加强留学生的调研工作，《杭州市高新区（滨江）海归创业基本情况及统战工作思路》获2009年度全省统战调研成果三等奖。

【深入学习实践科学发展观】 部领导班子率先垂范，推动部机关党员干部深入学习实践，开展“科学发展观与统战工作创新”为主题的讨论活动和服务企业“七个一”专项行动等活动，并通过走访座谈等各种形式，深入调研，形成《我区党外干部培养选拔工作的现状与思考》、《协助民主党派开展工作的几点思考》等7份有针对性的调研报告，提出了解决问题的对策和措施。并充分利用学习调研成果，扎实开展有关工作，提高创新服务能力，使整个学习实践活动真正落到实处，取得了较好的活动效果。（朱晓琳）

## ·萧山区委统战部·

【综述】 2009年，萧山区统战工作坚持以科学发展观为统领，认真贯彻落实党的十七大和十七届三中、四中全会精神，紧紧围绕区委、区政府“坚持城市化带动，实现萧山科学发展新跨越”的总战略，牢牢把握“凝心聚力、科学发展”主题，全面实施以“统一战线凝聚力工程”、“非公经济人士引导工程”、“党外代表人士后备力量培养工程”、“少数民族低收入群众增收帮扶工程”、“宗教界人士同心工程”、“海外联谊拓展工程”、“特色统战工程”和“统战干部形象工程”等为主要内容的统一战线“八大工程”，突出重点，务实创新，较好地开创了统战工作新局面。

区委统战部“特色统战工程”被评为2009年全省统战工作创新奖。区委统战部被评为区级满意单位，获得杭州市统战信息工作先进单位特等奖、全省统战信息工作先进单位二等奖。1篇调研文章荣获全市统战理论调研优秀成果一等奖。《做好新华人华侨和留学生工作的调查与思考》荣获全市统战理论调研优秀成果优秀奖。

学习实践科学发展观。以全区学习实践科学发展观活动为契机，开展“调研服务年”活动，组织各民主党派、区知联会组成联合调研组，形成《关于更好开发建设村级留用地的建议》等重点调研文章。开展“新农村共建”活动，组织各民主党派、区知联会在河上初中、党湾镇中村等8家基层单位建立新农村共建服务基地，在医疗卫生、经济帮扶、建筑设计、教育培训、群众文化等方面开展定期化、定点化、规范化的社会服务活动，促进城乡、区域协调发展。动员工商联会员企业和侨资企业积极参与村企共建活动，共参与村企结对企业962家，落实共建项目407个，落实帮扶资金5320万元。

推进多党合作事业。完善落实双月座谈会制度、对口联系制度、联谊交友制度和综合协调机制，加强党派与政府部门的联系互动。完善特约监督员制度、政情通报制度，组织召开各类情况通报会，较好地发挥了民主监督作用。支持和组织各民主党派、工商联及无党派人士积极建言献策，共提交提案160件，议案20件。加强党外干部队伍建设，全年推荐11名党外干部参加市中青班及社会主义学院培训，10余名党外干部参加重点工程挂职锻炼，新提拔区管党外干部8名，其中区管正职3名，在安排党外干部正职领导职务上取得新突破。实施“党外代表人士后备力量培养工程”，编制并出台《萧山区2009－2013年党外干部培养规划》，推进党外后备干部队伍的梯队建设。做好区十二届政协委员届中调整工作，共充实调整委员35名。

加强新的社会阶层人士统战工作。全面实施“非公有制经济人士引导工程”，发挥总商会培训中心的作用，成立长三角企业家培训基地，全年开展各类培训11班次，培训企业相关人员5000余人次，成功举办第三届全区民营企业运动会，组织非公有制经济人士参加“优秀社会主义事业建设者”、“浙商社会责任奖”等评优表彰活动，深入推进非公有制经济人士综合评价体系工作，促进非公有制经济人士健康成长。优化服务举措，支持非公有制企业走出去，反映企业困难诉求，优化企业发展环境，全年促成会员企业与6家银行合作，融资15亿元，为200余家企业开展“法律体检”，促进非公经济健康发展。鼓励非公有制企业积极承担社会责任，全区非公企业慈善捐款达4983万元，建立慈善基金总额达1.13亿元。2009年，全国民营企业500强中萧山独占28强，继续在全省、全市保持领先。以自由择业知识分子为重点，继续健全新阶层人士统战工作联席会议制度，完善新阶层人士统战工作信息沟通、联谊联系、合作交流机制。开展调查研究，探索社区统战、楼宇统战工作新载体、新方法。完善党外知识分子联谊会建设，以

《萧山知联》会刊和知联博客为平台，凝聚、培养一批党外知识分子中坚力量。动员新阶层人士广泛参与扶贫帮困、捐资助学等社会公益事业，全年新增结对项目381个，开展技术、教育等帮扶活动80余次。

推进侨务引资引智工作。组织实施“海外联谊拓展工程”，搭建交流沟通平台，丰富联络联谊渠道。探索华侨华人新生代骨干工作，开展调查研究，建言党委政府，完善引资引智工作机制。举办华裔青少年“寻根之旅”夏令营等联谊交流活动，积极涵养侨务资源。做好推介服务工作，吸引留学人员回国创业，新引进上方能源、杭州菲默等留学生创业企业6家，全区留学生在萧创办企业达45家，侨资企业总投资达1500万美元。

加强对台经贸文化交流。举办杭台机电产业和汽车产业合作发展洽谈会，协助区委、区政府在台湾举办萧山投资环境说明和旅游推介会，承办“全国二十城市对台工作研讨会第22次年会”，切实加大交流力度，促进经贸合作。签署台北县立图书馆与萧山图书馆合作备忘录，组织“海峡杯”篮球赛，积极推进两地文化交流。新批台资企业9家，总投资5938.05万美元。

落实民族政策。贯彻落实省委统战部关于少数民族低收入群众增收帮扶政策精神，开展“少数民族增收帮扶工程”，落实结对帮扶资金15万元，慰问全区少数民族困难家庭148户，资助少数民族特困生36名。深化民族工作进社区工作，浦阳、城厢、北干等镇街民族工作进村、进社区试点工作初步形成品牌效应。加大对涉疆、涉藏少数民族人员的联络联系和动态关注，积极培育具有一定影响力的少数民族代表人士，落实定期走访联系、帮助解决困难等机制制度。

依法管理宗教事务。在江东新城、钱江世纪城等建设过程中，有效整合、合理布局宗教活动场所，引导信教群众支持配合征地拆迁工作。开展“和谐宗教活动场所”创建活动，首批34处宗教场所创建活动取得预期成效。加强场所安全监督管理。

加强队伍建设。以深入学习实践科学发展观活动为契机，全面实施“统战干部形象工程”。通过开展“求知创新”读书活动，举办统战干部民族宗教、调研信息工作培训班，开展科学发展观专题研讨，组织以“增强团队意识，树立良好形象”为主题的拓展训练，进一步提升干部队伍素质。

**【召开全区统战工作会议】** 3月2日，区委召开全区统战工作会议。区委、区政府、区人大、区政协有关领导出席会议，区委副书记谭勤奋作重要讲话，区委常委、统战部长沃岳兴作工作报告，会议由副区长张爱莲主持。各镇街党委（党工委）副书记、统战委员、科教文卫副镇长（主任）、统战干事，区级机关各部门、区直属各单位党组织分管领导，区各民主党派班子成员、工商联驻会班子成员、区知联会班子成员，区侨联、台联、留联会、民族宗教团体主要负责人等出席会议。会议总结了2008年全区统战工作情况，并对2009年的统战工作任务进行部署，提出要牢牢把握“凝心聚力，科学发展”主题，全面实施统战系统“八大工程”，以改革创新的精神实现统战工作新跨越。会议对浦阳镇等6个获特色统战工程提名奖、闻堰镇等8个获特色统战工程鼓励奖的镇进行了表彰。

**【开展庆祝新中国成立60周年系列活动】** 为庆祝新中国成立60周年，开展以“风雨同舟60年，继往开来谱新篇”为主题的系列活动。相继举行统一战线庆祝新中国成立60周年文艺演出暨中秋茶话会、庆祝新中国成立60周年统一战线知识竞赛、庆祝新中国成立60周年统一战线征文活动、“情系民生”大型广场服务活动、庆祝新中国成立60周年统一战线图片展、萧山区第三届民营企业运动会、《天南地北萧山人》一书发行仪式等活动，并开展走访慰问统一战线各界人士活动。

**【成立致公党杭州市萧山区支部】** 8月25日，中国致公党杭州市萧山支部举行成立大会，至此，萧山区已成立7个民主党派组织。致公党杭州市委会主委、市政协副主席郁嘉玲，区委常委、统战部长沃岳兴，民盟萧山区委会主委、区人大常委会副主任周红英，民进萧山区委会主委、区政协副主席汤金友，九三学社萧山区基层委主委、区政协副主席董华恩以及民建萧山区总支、农工党萧山区总支、区工商联、区知联会、区侨联负责人等出席成立大会。全区现有致公党成员11人。会议选举方军为主委。

**【成立少数民族艺术团】** 8

月5日，萧山区少数民族艺术团在益农镇文化中心正式成立。区委副书记谭勤奋，市民宗局副局长吴国强，区委常委、宣传部长裘超，区委常委、统战部长沃岳兴等为少数民族艺术团授牌。区有关领导到场祝贺。少数民族艺术团的成立，有效促进了民族政策宣传和文化保护工作。

【开展特色统战工程】 推进特色统战工程“巩固扩大年”活动。落实特色统战工程项目充实调整工作，共对5个新申报项目、11个充实调整项目和28个深化项目进行立项。通过召开镇街特色统战工程汇报会、民主党派座谈会、部办公会议等，扎实推进各项目落实，形成一批相对成熟的，有一定影响力的统战特色品牌。特色统战工程被评为2009年全省统战工作创新奖。

（沈宝根）

## ·余杭区委统战部·

【综述】 2009年，余杭区委统战部认真学习贯彻党的十七大和十七届四中全会精神，深入学习实践科学发展观，拓展工作思路，创新工作方法，围绕余杭区委、区政府提出的“六大发展战略”，认真履行统战职能，团结、引导全区统战各领域成员为余杭经济社会发展作贡献。

进一步加强多党合作。落实多党合作各项制度，组织区各民主党派、无党派代表人士参加区委、区政府召开的政情通报会、协商会、座谈会及有关会议10余次；区委出台《余杭区统一选派区政协委员、民主党派和无党派人士担任民主监督员工作办法(试行)》；区政府下发《关于进一步完善区政府工作部门与民主党派、工商联对口联系的通知》，对余杭区7个民主党派支部、余杭区工商联与对口联系的政府工作部门进行了调整。支持各民主党派围绕余杭区经济建设和社会发展建言献策，两会期间各民主党派、无党派政协委员共提交提案121件（占提案总数的36.2%）。支持民主党派加强自身建设，举办“余杭区各民主党派骨干成员培训班”；推荐2名民主党派成员参加杭州市社会主义学院第20期民主党派中青班学习；协助中国民主促进会杭州市余杭区支部顺利完成班子成员届中调整，协助中国农工民主党杭州市余杭区支部成立总支部；协助各民主党派考察发展新成员7人。

积极做好民族宗教工作。依法维护少数民族权益。组织开展少数民族人员调查。做好宗教场所安全隐患排查治理工作，对272处隐患进行整改治理，落实资金165.569万元。加强对宗教干部、宗教团体及宗教界代表人士的教育和管理。开展创建“和谐寺观教堂”活动。做好“径山旅游大开发”和“超山风景区综合整治和保护利用”等重点项目中的宗教文化配套建设工作。成功举办首届余杭区“和谐杯”民族宗教趣味运动会。

切实加强港澳台和海外工作。接待海外专家、留学人员、海外侨领14批300余人次来余杭考察，实现两个投资项目约6200万美元资金落户余杭。促成余杭创新基地被列为省侨办系统引智引资重点联系（支持）单位。闲林镇方家山社区被国务院侨办授予“全国侨务系统五五普法侨法宣传角”称号。区侨办被评为“杭州市侨务系统争先创优先进集体”和“侨务信息工作先进集体”。开展融资暖春服务行动，为台资企业有效应对金融危机影响“送政策、送温暖、送服务”。协助相关部门成功举办台湾美食节活动，促进余台两地经济文化交流。加强与台湾南部地区公务人员的交流，拓宽余台两地的交流范围。做好入台学习考察和旅游人员的审核与引导工作，全区赴台旅游人数达2871人，创历年最高。积极稳妥地做好重点联络对象的走访联系工作。顺利完成“区第二届出国留学人员家属联谊会代表大会”换届选举工作。

积极推进新的社会阶层人士工作。指导新社会阶层人士开展第三批学习实践科学发展观活动。开展首届“创业之星”评选活动，首批30位非公有制经济人士当选。开展“双服务”活动帮助民营企业提升抗击金融风暴的能力。成功举办首届民营企业文艺调演活动，推动民营企业文化建设。指导北京余杭商会召开京津地区余杭籍大学生联谊会。推荐老板集团董事长任建华成功当选浙江省第三届“优秀中国特色社会主义事业建设者”。

【政协委员届中调整】 1月份对因工作调动、职务变化辞去政协委员职务的10名委员进行调整补充，其中增加2名非公有制经济代表人士，并经政协第九届杭州市余杭区委员会常务委员会第十二次会议通过，确保非中共政协委员不少于60%的比例要求。

**【开展“我为应对国际金融危机影响献一策”活动】** 3月，区委统战部启动“我为应对国际金融危机影响献一策”活动。区各民主党派、工商业联合会、归国华侨联合会、台湾同胞联谊会、党外知识分子联谊会和各宗教团体等统一战线成员积极参与，调查研究，建言献策。至12月活动结束，共收到各类建议30余条，并由区委统战部将建言献策编印成册，发至各镇乡。其中民盟杭州余杭区支部沈国华、农工党杭州余杭区支部施志杰、区党外知识分子联谊会王晓乐所提建议被区“三力提升”活动办公室评为“十佳金点子”，民盟杭州市余杭区支部卢红梅、方黎明，民进余杭区支部金卫东所提建议被评为“优秀金点子”。

**【余杭创新基地成为省侨办系统引智引资重点联系（支持）单位】** 4月，位于余杭区仓前镇的余杭创新基地被列为浙江省侨办系统引智引资重点联系（支持）单位，推动了余杭引智引资工作不断深化。

**【出台民主监督员工作办法】** 6月，区委出台《余杭区统一选派区政协委员、民主党派和无党派人士担任民主监督员工作办法（试行）》，《办法》分为总则、民主监督员、派驻单位、组织管理、附则共5章22条。这是推进多党合作工作制度化、规范化、程序化建设的重要体现，更是区委、区政府高度重视多党合作事业、大力支持各民主党派履行民主监督职能的体现。首批选派了75名政协委员、民主党派和无党派人士担任25个部门的民主监督员。

**【日本煎茶道联盟径山寻根】** 6月22日，由全日本煎茶道联盟理事长、二条流家元藤本昭二郎带队的日本煎茶道静风流、松莚松月流、美风流、知足庵流松风花月流、松风流及全日本煎茶道联盟事务局、日本煎茶工艺协会的80多名日本友人汇聚在径山，寻根拜谒茶道鼻祖。代表团成员在径山寺举行了一场肃穆的拜谒仪式并与径山寺僧人进行茶道交流。

**【径山寺与日本东福寺签署法脉友好备忘录】** 10月21日，余杭径山万寿禅寺与日本东福寺签署法脉友好备忘录，以纪念无准禅师为中国佛教禅宗文化发展以及中日文化交流作出的贡献。以签订法脉友好备忘录的形式，径山寺将与东福寺进行更深入的沟通合作，不仅能使历史形成的情谊得到更好延续，更能通过学僧互访、学术探讨以及共同弘扬禅学文化等，在新的时代为两寺发展创造开创性的模式。省民宗委副主任邢越生、杭州市委统战部常务副部长金志强、市民宗局局长钮俊，余杭区领导白美玉、田野等出席两寺法脉友好备忘录签署仪式。仪式后，双方还互赠礼品，寓意两寺佛教文化交流源远流长。

**【举办余杭区各民主党派骨干成员培训班】** 10月28日，在余杭区社会主义学院举办“余杭区各民主党派骨干成员培训班”。区各民主党派支部班子成员和近两年发展的民主党派成员共50人参加了为期3天的培训。主要学习了党的十七届四中全会精神、中宣部“六个为什么”、当代中国社会阶层结构变迁等内容。

**【民进中央“彩虹行动”西部幼儿教师培训基地（杭州）揭牌暨首期培训开班仪式在余杭举行】** 11月1日，民进中央针对西部教育帮扶“彩虹行动”西部幼儿教师培训基地揭牌仪式在余杭区小博士艺术幼儿园进行。全国人大常委会副委员长、民进中央委员会主席严隽琪，省政协副主席、民进省委会主委盛昌黎，市政协副主席、民进杭州市委会主委赵光育和余杭区长姜军出席仪式。民进杭州市余杭区支部会员、杭州师范大学附属小博士艺术幼儿园董事长李君向“彩虹行动”捐赠10万元，用于培训金沙县幼儿教师。在5年的结对培训中，小博士幼儿园将充分发挥民进教育资源优势，对金沙县部分幼儿园园长、骨干教师进行支教培训，进而推广和带动金沙县幼儿教师的能力发展，全面提高幼儿教师的整体素质。

**【贾庆林、杜青林分别视察华立集团】** 11月9日，中共中央政治局常委、全国政协主席贾庆林在江苏、浙江调研时视察余杭区华立集团。贾庆林参观了展厅和生产基地车间，勉励浙江民营企业，一定要紧跟市场潮流来创新技术和产品，才能在激烈的竞争中立于不败之地。贾庆林强调，注重发挥非公有制企业在扩大投资和自主创新中的重要作用，促进非公有制经济优化结构、提高质量。省委副书记、省长吕祖善，省政协主席周国富，省委常委、杭州市委书记王国平，省委常委、宣传部长黄坤明等有关领导陪同视察。

10月22日，全国政协副主席、中央统战部部长杜青林在省政协、省委统战部和省工商联领导陪同下到华立集团视察。省工商联副主席、华立集团董事局主席汪力成汇报了华立集团的发展概况和党建工作以及工商联在民营企业中的作用。杜青林充分肯定了华立集团的党建工作，认为有很多经验可以总结推广，希望华立集团再接再厉发展好企业，打造民营企业的品牌，为民营企业做出典范，为社会承担更大的责任。

**【举行出国留学人员家属联谊会第二次代表大会】** 12月28日，余杭区出国留学人员家属联谊会举行第二次会员代表大会，选举产生新一届联谊会领导班子，审议通过联谊会章程修正案。（沈利明）

## ·建德市委统战部·

**【综述】** 2009年，建德市委统战部在市委正确领导下，深入学习实践科学发展观，围绕市委十二届五次全体（扩大）会议确定的任务，全面贯彻落实《中共建德市委关于贯彻落实＜中共中央关于巩固和壮大新世纪新阶段统一战线的意见＞的实施意见》，以巩固发展和谐的“五大关系”为重点，强基础，创载体，优服务，凝聚统一战线各方面的力量和智慧，积极主动地做好新形势下的统战工作，为加快建设秀美繁荣和谐新建德提供了广泛支持和有力保障。

全年被中央统战部采用信息2条，被杭州市委统战部采用信息20余条，被《今日建德》采用信息26条，全面完成市委办信息工作任务。统战部荣获杭州市首届统一战线科技创新项目竞赛优秀组织奖、杭州市统战信息工作三等奖、建德市党委系统信息工作先进单位，调研文章获得全省统战调研工作优秀奖、杭州市统战理论调研成果二等奖；统战部机关党支部被评为建德市直机关先进党支部和建德市直机关“学习型党组织”先进单位；市民宗局被评为杭州市民族宗教创新创优活动二等奖、信息工作先进集体；市侨办荣获杭州市“侨务工作与科学发展”理论研讨三等奖；市侨联获杭州市侨联系统先进组织；施国清获省工商联先进个人称号。

推进多党合作事业不断发展。为建德市委常委联系民主党派、工商联做好服务工作，市委常委分别与各党派、工商联进行5次座谈，市委就政协常委调整安排召开协商会议。对口联系工作不断深化，15个政府部门与所联系的党派开展课题调研、工作通报、联合举办“如何应对当前金融危机”专题讲座等合作交流工作。全年举行双月座谈会6次，8个部门应邀通报了工作。谈心交心、民主党派调研、工作通报、特约人员等制度都在规范化、程序化中推进。各民主党派、工商联认真开展纪念建国60周年、政协成立60周年和中国共产党领导的多党合作和政治协商制度确立60周年活动。市工商联创新服务载体，引导非公经济开展以资金互助、资源共享、市场同创、平台共建为主要内容的“携手渡难关，合力促发展”活动，组建大洋分会企业互助金，为本镇会员企业提供或介绍担保周转资金4笔415万余元，搭建企业转贷周转平台；整合行业资源，推动同行业内品牌、劳力、技术、设备等资源共享，协助政府做好低压电器、五金旋具、纺织行业的重组，指导工商联分会组织培训、学习考察、银企对接、共享市场信息等工作，为以民引外建立平台，引导企业抱团发展。指导民主党派加强自身建设，民革开展以“提升参政力、增强凝聚力、扩大影响力”三力建设为抓手，民建以“活力基层组织建设”为基础，全面提升参政党基层组织新形象，民盟新安江支部、民建新安江第一、二、三支部分别完成了调整和换届工作，发展党派新成员15名。成立杭州五金旋具商会，成立工商联莲花镇分会。知联会吸收新会员22名，增补理事5名，并协助知联会设立专门委员会，制定工作制度和小组考评办法，创办会员QQ群和会员通讯录。年内，各民主党派、工商联、无党派人士、党外知识分子在全市范围内开展扶贫结对活动5次，送医、送教、送科技下乡10次，落实慰问、捐资助学资金2.5万元，赠送价值1万元的药品和图书，免费医疗服务350余名群众。

积极推进民族团结发展。积极扶持民族村经济发展，选出11个经济发展扶持项目，争取到浙江省、杭州市两级扶持资金50万元，比2008年增加18万元，建德市下拨配套资金45万元。大慈岩镇双泉村被评为首批省级少数民族团结进步小康村。新确认少数民族自然村1个，更改民族成份16人，为少数民族考生审核民族成份90人。完成1998～2007年期间《杭州市少数民族乡村情况》调查统计工作。

维护宗教领域和谐。落实基层宗教工作责任制，健全三级宗教工作网络。结合“和谐寺观教堂”创建工作，在全市宗教界开展合格教职人员教育活动，有10处宗教活动场所被评为杭州市首批“和谐寺观教堂”。

做好非公有制经济代表人士工作。积极开展非公有制经济代表人士综合评价工作，对担任杭州市工商联执常委的4名非公经济代表人士进行综合评价，牵头开展建德市首批10名优秀社会主义事业建设者的表彰和宣传工作。构建全市非公有制经济人士统战工作网络，已建立235人组成的市乡镇（街道）非公有制经济代表人士库。首次召开工商联思想政治工作会议和工商联经济工作会议，牵头在第三批非公经济企业党组织中开展学习实践科学发展观活动。进一步营造发展氛围，市工商联创办非公经济导刊并发行10期。

进一步做好侨务工作。完善涉外联络服务网络服务平台，年内在3个国家新增4个联络服务网络点，初步建立“建德侨·留学人员服务网”，积极参与建德市及杭州市举办的“引资引智”活动。走访调研15家侨资、侨属和留学生家属企业，力所能及地为企业提供服务。协助市委理顺侨联的管理体制，指导涉侨组织开展各项活动，梅城镇侨联创建为省级示范性基层侨联组织，新安江街道沧滩社区侨联分会创建为杭州市级规范化侨联组织，完成市海联会年检工作和市留联会换届工作。在新安江街道沧滩社区、梅城镇宝华洲社区开展社区爱侨助侨工程，总结1990年以来建德市华侨捐赠工作，建立困难侨眷信息库。全年侨资侨属和留学生家属企业、台侨界政协委员、海外华侨和港澳同胞捐助新农村建设资金230万元，解决农村就业120余名。美国华侨叶仁山捐资创办“十里荷花·里叶人”网站。联系上海侨商会来建德考察并达成销售铁皮枫斗与虹鳟鱼养殖投资意向。

重视党外干部队伍建设。会同组织部报市委审议下发《2009－2013年建德市党外干部队伍建设规划》。向28位无党派人士单位党组织下发无党派人士身份确认函，建立了42名党外后备干部库。建德市党外干部工作情况在杭州市委组织部、统战部联合召开的杭州市培养选拔党外干部工作会议上作典型发言。依托社会主义学院，举办无党派成员、知联会、党外干部、民营企业家培训班4期。组织民主党派工商联和知联会外出学习考察，选送40名民主党派工商联和无党派人士到中央、省、市社会主义学院学习培训。

**【开展“我为建德发展献一策”活动】** 为应对金融危机影响，牵头组织在统战成员中开展“我为建德发展献一策”活动。通过政协、双月座谈会、党派调研制度开展等平台，不断为统战成员知情知政、畅通政情搞好服务。全年各民主党派、工商联和无党派人士提交高质量的调研报告15篇及提案、议案、信息164余篇，反映的意见和建议得到市委、市政府的重视和部门的落实，其中有6篇调研报告得到市委、市政府主要领导的批示。民建市委会和工商联向会员企业发起“不裁员不减薪不欠薪”倡议书，向非公有制企业发出“勇者必胜、智者有成、仁者久安”转危为机加快发展的倡议。

**【搭建科技信息平台】** 发挥建德市海外博士资源优势搭建科技信息平台，开展多形式、多渠道、多层次的外联工作。与市科技局、人才办合作，通过涉外联络服务网络平台沟通，重点联系从事医药、金融、计算机、材料、建筑等高层次留学人员5名，已初步达成各类合作意向，为建德市企业对接高新技术项目、引智服务。

**【提出“强基础、创载体、优服务”工作思路】** 围绕“五大关系”和谐的推进是统一战线科学发展的要求，明确定位，开拓创新，提出基层统战工作要做好“强基础、创载体、优服务”的思路并在工作中进行落实，收到了较好效果。一是做好强基础工作，即夯实统战工作机制体制基础、夯实统战工作制度基础、夯实队伍建设基础；二是做好创载体工作，即通过搭建政党、民族、宗教、新的社会阶层和海内同胞关系等工作载体和平台，不断巩固和发展和谐的“五大关系”；三是做好优服务工作，即着眼于党委政府中心工作，统战工作部门和统战干部应顺应形势要求，切实为统一战线成员做好各方面的服务工作。（龚志坚）

## ·富阳市委统战部·

【综述】 2009年，富阳市委统战部深入贯彻落实科学发展观，以“高举旗帜、凝心聚力，增强和谐、促进发展”为目标，围绕稳定、发展、和谐、班子建设等四方面工作，开展学习实践活动，取得了明显成效，进一步推动全市统一战线蓬勃发展，为增强党的执政能力、构建和谐富阳、激发社会创造力提供广泛支持和有力保障。

深入开展学习实践科学发展观活动。制订《中共富阳市委统战部开展深入学习实践科学发展观活动实施方案》，召开70余人参加的动员大会。参加市委深入学习实践科学发展观活动领导小组办公室组织的征文和金点子活动，部机关撰写征文17篇，金点子5个。召开部班子成员、机关干部座谈会，各民主党派、政协委员、服务对象、知联会等人员参加的恳谈会，通过书面、面谈、约谈等多种方式，广泛听取各方面的意见和建议10余条。针对统战工作中存在的问题，研究制订《中共富阳市委统战部贯彻落实科学发展观整改方案》，修改、完善和制订统战部规章制度15项。组织进行活动满意度测评，群众满意率达100%。部机关还充分发挥富阳统战信息、统战网以及电视台、报纸、新闻网等媒介的作用，大力宣传统战系统开展学习实践活动的情况，为活动开展营造良好氛围。

支持各民主党派参政议政。在市“两会”召开前，部领导积极协调各党派、有关团体围绕市委市政府工作大局建言献策，在“两会”上，市各民主党派成员提交政协议案23件。积极支持各民主党派加强自身建设。积极支持各民主党派踊跃参与新农村建设，提供车辆、人员服务，开展送医、送教、送科技下乡和开展扶贫济困及各种调研等活动，切实为基层做好事办实事。

重视做好知识分子和党外干部工作，为全市人才队伍建设提供保障。充分发挥组织作用，利用知识分子联谊会平台，全面掌握全市党外知识分子队伍，提供服务，加强联络，凝聚人心，为富阳建设提供智力保障。下半年，吸收部分党外优秀中青年知识分子加入到知积分子联谊会。不断拓宽选人渠道。市委统战部以建立党外干部信息库作为拓宽选拔培养党外干部的渠道，建立了党外干部后备队伍名单，全面准确地掌握全市党外干部基本情况。努力提高党外干部素质。坚持理论培训和实践锻炼并重的原则，加强对党外干部的培养。4月，选送3名党外干部参加杭州市党外干部培训班学习。为党外干部提供施展才华的广阔舞台。在上半年局级干部调配前，市委统战部根据工作职责，向市委做好推荐工作，1名党外人士从副局级干部提拔为正局级领导干部，1名党外人士提拔为副局级领导干部。

开展统一战线联谊活动。春节前，开展统战对象和困难群众春节慰问活动，召开统战成员春节团拜会。6月，举办全市纪念黄埔军校建校85周年暨黄埔二、三代亲属首次座谈会。在国庆节前，举办全市统一战线庆祝新中国成立60周年暨2009年中秋茶话会，走访慰问8名建国前后参加革命的统战系统党内外人士和新中国成立以来为富阳市统战工作作出重要贡献的统战工作者。举办宗教界咏唱爱国歌曲专场表演、组织开展宗教界人士纪念建国60周年书画作品创作活动。接待各民主党派、美籍华人、台湾同胞、留学生代表、宗教界人士、少数民族人士等近60批次。

拓展非公有制经济领域统战工作。会同市工商联积极引导非公有制经济人士做合格的中国特色社会主义事业建设者。积极推荐非公有制企业和非公有制经济人士创新项目，推荐的富通集团王建沂主持研发的全合成大尺寸光纤预制棒获浙江省2009年统一战线科技创新项目二等奖，浙江华源电热有限公司袁建波主持研发的聚合物温度系数热敏电阻材料及系列产品获得杭州市首届统一战线科技创新项目二等奖。全面开展非公有制经济人士综合评价工作，组织市公安、经贸、工商等19家单位，从4月至6月，对全市123名非公有制经济人士进行综合评价。积极开展第三届浙江省优秀中国特色社会主义事业建设者评比推荐工作，大力弘扬“爱国、敬业、诚信、守法、贡献”的优秀建设者精神，杭州富春江冶炼有限公司董事长罗忠平获浙江省第三届优秀中国特色社会主义事业建设者称号。第三批深入学习实践科学发展观活动开始后，成立由市委统战部常务副部长任组长、工商联副主席任副组长的新经济组织指导小组，加强对非公企业开展学实活动的指导督查工作。11月11日，召集全市大规模企业党组织负责人和部分乡镇街道负责人，在春江街道召开座谈会，围绕非公企业党组织开展学习实践活动的做法、经验和下一步工作打算等进行交流。全市非公企业学实活动扎实有效开展，得到省、市指导组的充分肯定，11月16日，杭州市非公有制企业学习实践活动推进会在富阳市召开，富通集团党委在会上作经验介绍，与会人员实地参观富春江通信集团党委开展活动情况。中央非公有制经济组织学习实践活动巡回指导组两次到富通集团调研指导，总结富通经验，肯定富通的做法。

开展统战干部业务培训，坚持每季度召开一次统战例会。3月20日，对全市基层统战信息员进行网络信息培训。8月，组织各乡镇、街道分管统战工作的班子成员、富通集团党委统战部长，在杭州市委党校举办统战干部研讨班。10月，组织全市统战工作者到余杭、海宁考察，学习周边地区统战工作好的做法和经验。组织机关干部12人次参加上级统战部门组织的各种业务培训，分片分组深入基层调查研究。继续办好《富阳统战》、《对台工作参考》、《富阳侨务》等内部刊物，市台办、市侨办、市侨联被评为上级业务部门信息工作先进单位。2009年，市委统战部被评为全省统战工作先进集体，获富阳市首届党政工作创新典型优秀奖、全市“联百乡、结千村、帮万户”共建活动先进集团称号。

**【对台交流和台胞接待】** 举办首届“富春江杯”海峡两岸桥牌邀请赛，来自台湾、港澳、北京、杭州等地的16支队伍100余名运动员参赛。开展以民间历史文化为重点的对台交流工作，组织富阳市民间艺术家协会撰写介绍周恺、施肩吾等的各类文章4篇，进行历史文化交流。组织接待来自台湾世新大学等高校的40余师生，到东吴孙权后裔聚居地龙门古镇“探寻吴越文脉，感受古都魅力”，开展主题暑期研习活动。接待台湾三立电视台到富阳市采访活动，使传统特色农产品——东坞山豆腐皮和悠久的文化底蕴——龙门古镇、华宝斋文化村在台湾媒体得到更好宣传。热情做好来富台胞的接待工作，全年台办接待台胞2200人，富阳籍台胞俞行廉女士等捐赠金额495510元。春节期间，向台湾和海外的台湾同胞以及在富阳投资的台商寄送贺卡200余张；邀请20位台胞台属和台商代表参加新春团拜会和中秋茶话会；利用春节、中秋传统节日走访慰问重点和困难台胞台属25人次。

**【服务台商、台企】** 针对全球金融危机，扎实开展服务台资企业工作。组织“在富台商看富阳”活动，参观场口开发区、新登新区开发建设情况，现场回答台商关心的投资环境和政策问题；走访台资企业20余家，了解生产和生活情况；主动搞好服务工作，在接到省有关部门关于为中小台资企业开展融资“暖春”服务行动通知后，及时与市经贸局联系，召集有关台资企业召开沟通见面会，创设沟通管道；开通“群呼专线”，拓宽服务渠道，在遇到灾害天气等情况下能及时为台资企业提醒和预告；积极做好在富台商的H1N1防控工作，建立工作预案，及时掌握近期台资企业人员的返乡情况，提醒注意对H1N1的自身防范。2009年市台办被省台办评为全省对台工作先进单位。

**【侨联组织建设】** 3月，召开侨联四届二次全委会，确定2009年为“为侨企服务，为新农村服务，为留学生服务，为归侨侨眷服务和为基层服务”等五项服务为重点的工作思路。富春街道侨联通过“浙江省示范性基层侨联”验收。成立富春街道“三春”侨联、东洲街道侨联、新登镇侨联等基层组织，进一步拓展基层侨务工作平台。12月，成立杭州市海外留学归国人士创业发展促进会富阳分会，为海归创业者搭建综合、有效、多元、个性的创业平台服务。侨务工作进一步得到上级的肯定和褒奖，市侨办获浙江省和杭州市侨务工作先进集体、杭州市侨办“百家侨企联百村、共同建设新农村”组织奖；市侨联获浙江省侨联援建北川中学特殊贡献奖、杭州市侨联系统先进组织；市侨联主席董建社获中国侨联、国务院侨办“全国归侨侨眷先进个人”称号；市侨联副主席孙柏贵获浙江省侨办、侨联“浙江省归侨侨眷先进个人”称号；富春街道侨联获浙江省侨联省基层示范性侨联称号；富春街道镬子山、鹳山社区侨联获杭州市第四批“基层规范化侨联”称号；杭州永利纸业、杭州先进富春化工有限公司获浙江省优秀侨资企业和杭州市优秀侨资企业称号；浙江美科期叉车有限公司获杭州市优秀侨资企业称号；杭州永利纸业有限公司、杭州先进富春化工有限公司、杭州希格尔工贸公司获杭州市侨办“双百共建”活动贡献奖。

【开展百家侨企联百村活动】 10月19日，召开全市“百家侨企联百村”活动结对签约仪式暨经验交流会。总结3年来工作，有178家侨资企业积极参与到此项活动中来，到位扶持资金1785.03万元，先后完成公益事业、基本建设、教育帮困等项目200余个，解决农村劳动力就业3万余人，600余名贫困学生获得资助；浙江永泰集团、杭州金富春丝绸有限公司、洞桥镇洞桥村在会上作经验介绍；富阳日月电器有限公司、杭州金富春丝绸有限公司代表2009年76家涉侨企业与结对镇、村进行结对签约。交流会吸引富阳以外的侨资企业来结对帮扶，下城区、江干区侨办、侨联代表所在区侨资企业与常安镇政府进行结对签约。12月10日，杭州市“百家侨企联百村、共同建设新农村”经验交流会在富阳市召开。

【加强留学生工作】 年初，召开归国留学人员座谈会。4月，组织开展“富阳市归国留学人员灾区行送志愿服务、送创业经验、送爱心礼包”的三送活动。8月，响应中国侨联号召，全市侨界人士和留学人员向援建的青川县建峰小学捐书2000余册，为进一步援建北川中学，募捐31万余元。积极配合组织、人事部门做好留学生创业园工作，制订出台《富阳市鼓励出国留学人员来富创业的若干意见》，为留学人员来富创新创业牵线搭桥。11月组团参加杭州国际人才交流会，举办富阳市留学人员创新创业环境推介会，有35名海归人士来富考察洽谈；12月28日，举办2009中国富阳留学人员创新创业项目洽谈会及富阳留创园挂牌仪式，有2家企业进园，3家正在筹备开张，还有多家留学生企业初步商议进园意向。召开全市留学人员家属会议、发出公开信，积极做好防控H1N1流感工作。

【做好侨务交流和外宣工作】 3月，组织杭州市海归俱乐部到富阳参观考察。接待好浙江省侨商会、杭州市侨商会等到富阳考察、走访企业活动。4月，接待杭州市侨办及侨商协会20余人来富阳考察。9月，接待参加第五届世界华文传媒论坛的来自美国、意大利、加拿大、澳大利亚、法国、日本、巴拿马、新加坡、中国香港、中国台湾等17个国家和地区的51家海外华文媒体社长和总编到富阳考察采访。随后，加拿大的《星星周刊》、印尼的《千岛日报》、日本的《东方时报》、中国台湾的《更生日报》、美国和菲律宾的《世界日报》等20余家海外华文媒体都以专版或专稿形式宣传报道富阳，提升在国际上的知名度和美誉度。10月，接待了由浙江省侨商会会长曹其镛、省侨办副主任余长年带领的40余人的考察团到富阳的考察访问。通过活动宣传富阳，展现富阳的投资环境，为富阳市的招商引资工作牵线搭桥。

【扶持民族村发展】 全年新登镇双江少数民族村向浙江省、杭州市上报民族村发展项目2个，争取专项扶持资金17万元，落实市配套资金17万元，主要用于双江村民族风情文化园项目和农村饮用水工程，使双江村更具少数民族特色，提高少数民族群众的生活品质。贯彻落实浙江省、杭州市教委关于对少数民族考生实行加分录取的优惠政策，为93名少数民族学生出具升学优惠证明，为103名未满20周岁的不同民族婚生子女办理更改民族成分手续。维护少数民族群众的合法权益，宣传党的民族政策。

【成立“少数民族之家”】 12月23日，首家“少数民族之家”在春江街道临江村华共公寓挂牌成立。少数民族之家设有活动室、图书室、篮球场等文化体育设施。丰富春江外来少数民族群众的文化娱乐生活，促进民族团结和社会和谐。

【开展和谐寺观教堂创建活动】 4月至12月，全市宗教界开展和谐寺观教堂创建活动，促进宗教界和睦与团结，提高活动场所的规范化程度和安全意识。 （张卫华）

## ·临安市委统战部·

【综述】 2009年，临安市委统战部在中共临安市委的正确领导和杭州市委统战部的具体指导下，认真学习贯彻党的十七大和十七届四中全会精神，切实开展第二批深入学习实践科学发展观活动，紧紧围绕“做好民主党派、民营企业、民族宗教和党外干部、党外知识分子、海外统战工作，服务于临安经济建设、政治建设、和谐社会建设”这一目标，开拓创新，扎实工作，努力提高统一战线工作的科学化水平。2009年，市委统战部找准抓手开创基层统战工作新局面的做法，获全省统战工作创新奖，撰写的《关于做好新形势下自由择业知识分子工作的调查和思考》获杭州市统战理论调研优秀成果优秀奖；市侨联被评为浙江省和杭州市两级侨联系统先进集体，锦城街道侨联获得“浙江省示范性基层侨联”荣誉称号；市工商联被评为省工商联系统先进单位、宣传工作一等奖、杭州市工商联系统参与新农村建设先进单位。

扎实开展第二批深入学习实践科学发展观活动。3月至8月，按照中央、省、市委的统一部署，临安市委统战部积极开展第二批深入学习实践科学发展观活动。通过学习调研阶段的精心学习、深入调研，分析检查阶段的剖析问题、查找原因，整改阶段的制定方案、落实措施，取得了学习实践活动的阶段性成果，提升了统战干部的政治思想素质和战斗力。在活动中组织开展微型党课、主题宣讲报告等学习活动16次，由部领导带队走访或其他方式联系重点代表人士400余人次，发放征求意见表400余份，汇总征求到意见建议16条，完成调研报告3份，认真务实撰写分析检查报告、制定整改方案，落实具体整改措施21条，有力推进了统战工作。

不断推进多党合作事业。开展庆祝新中国成立60周年和纪念多党合作制度确立60周年系列活动，弘扬多党合作的优良传统。在市政协七届三次会议上，民主党派成员共向大会提交提案67件。认真抓好部门对口联系、交友和考察调研等各项制度的完善和落实，邀请民主党派、工商联和无党派人士参加市委、市政府召开的座谈会3次，落实开展政府有关部门与民主党派、工商联对口联系活动12次。进一步完善向党外人士通报工作制度，由市委办下发了《关于定期向党外人士通报工作的通知》，全年共召开经济发展、党风廉政建设情况和“三农”、劳动保障及财政等工作通报会5次。2名市委会主委参加杭州市各民主党派工商联领导干部读书班、4名党外人士参加杭州市党外中青年干部培训班。支持民主党派、知联会开展社会服务活动，民进市委会与杭州市委会联合开展送医下乡活动，农工党市委会开展农村农民健康状况调查活动和“健康知识进百企活动”等，服务人数达1023人次。知联会组织会员参加杭州日报读者、网友年度大型公益活动“衣+衣=爱”，为四川昭觉县的孩子寄去过冬的棉衣。

继续抓好非公有制经济领域统战工作。充分发挥工商联作用，指导和帮助企业用足、用好国家和省市有关支持、鼓励非公有制经济发展的政策措施，邀请经济方面的专家为企业支招打气，举办“企业战略”专题讲座和“全球金融危机，中国经济与企业‘过冬’的七种武器”的报告，增强非公有制经济克难攻坚的信心。指导市工商联加强机关自身建设，新建1个乡镇（街道）基层商会，完成1个异地商会的换届。指导非公有制企业组织开展第三批深入学习实践科学发展观活动，14个非公有制企业党委、6个非公有制企业党总支、292个非公有制企业党支部的3221名党员参加了学习实践活动。引导非公有制企业回报社会，全市有398家企业结对298个行政村，实现村企结对全覆盖，累计投入新农村建设资金1000万元。

开展新的社会阶层人士（自由择业知识分子）调查工作。在民政、司法、工商等职能部门的配合下，开展新的社会阶层人士（自由择业知识分子）的调查摸底工作，重点掌握集中分布在新经济组织、新社会组织中自由择业知识分子的基本情况，建立了一支由46名新的社会阶层人士（自由择业知识分子）组成的代表人士队伍。11月6日，举办临安市自由择业知识分子代表人士读书会。

努力维护民族宗教领域和谐稳定。市民宗局切实维护少数民族特别是外来务工少数民族群众的合法权益，维护民族团结和社会稳定。严格执行民族成份更改、确认政策，更改民族成份13人，为计生对象、中考高考学生审核确认民族成份126人。依法加强管理宗教事务。在宗教界开展“和谐寺观教堂”创建活动，召开创建工作推进会和表彰会，动员宗教团体、场所积极参与创建活动，有10个场所达到杭州市“和谐寺观教堂”标准。开展反邪宣传和法制教育进寺院教堂活动，展出宣传板块20幅，2000余人次参观。大力弘扬宗教服务社会的传统美德，引导宗教与社会主义社会相适应。市民宗局积极动员开展创建民族团结进步小康村活动，并按照创建活动对民族文化的考核要求，同文化部门努力挖掘民族文化，在民间搜集整理畲族民歌12首，组织民族村干部赴丽水的莲都、景宁等地考察学习民族文化工作。首批申报的太湖源镇众社村分别通过杭州市、浙江省民宗部门创建活动组的考核，受到省民宗委、省农办联合发文正式命名表彰。一年中，有11个少数民族基础建设、民族文化建设项目得到了省、杭州市的扶持，争取到扶持资金54万元。

拓展海外侨务工作组织。2009年，市侨联先后在美国、荷兰、澳大利亚3个国家的4个城市，建立了4家临安侨胞海外联络处，为本地企业开拓国际市场提供信息服务，为出国留学人员提供咨询服务，为出国探亲人员提供办理签证服务等。这一举措得到省、杭州市侨联领导的高度重视和充分肯定，杭州市委办公厅“今日要情”专门作了宣传介绍。

**【制订《2009—2013年临安市党外干部队伍建设规划》】** 6月，为进一步加强党外干部的培养选拔工作，根据中央和省、杭州市委有关文件精神，会同市委组织部门在充分调研和征求各方面意见的基础上，结合临安实际，协助市委制订下发《2009－2013年临安市党外干部队伍建设规划》，对今后五年临安市党外干部队伍建设的指导思想、主要目标、基本条件和任职资格、主要措施、组织领导等方面作了要求。2009年，有1名党外干部调任市科协主席（部门正职），全市有副科级以上市管党外领导干部20名。

**【举办全市统战干部培训班】** 5月11至13日，在市社会主义学校举办全市统战干部培训班。各乡镇（街道）、市委统战部工作领导小组成员单位分管领导和统战部干部，以及统战部、工商联、各民主党派市委会机关全体干部90余人参加培训。

**【开展“四个一百工程”联系活动】** 结合第二批深入学习实践科学发展观活动，继续开展“四个一百工程”联系活动，在民主党派和无党派、民族宗教界、台侨界、非公有制经济界4个层面的人士中重新各确定100名重点代表人士，作为经常联系对象，并对这些重点代表人士进行登记备案。要求每年走访或其他方式联系2次以上，与他们进行座谈交流，了解他们的工作、生活情况，听取他们的意见和建议，发挥统战成员帮助破解统战工作发展难题、推动经济社会又好又快发展的独特作用。

**【完善统战工作考核机制】** 制订《统战宣传工作考核办法》，对全市乡镇（街道）和部门及部机关科室的信息、宣传工作采取奖励机制。根据中共临安市委的要求，首次制订《乡镇（街道）、部门统战工作目标责任制考核细则》，对乡镇（街道）统战工作从组织领导与管理、民主党派和党外代表人士工作、民族工作、宗教工作、侨务工作、新社会阶层统战工作6个方面进行细化量化；对部门从组织管理、工作措施和特色工作3个方面进行细化量化，市委统战工作领导小组成员单位除考核共性工作之外，还增加各自统战工作职责作为考核内容。

**【为僧人提供医疗保障】** 市民宗局在深入寺院进行调研的基础上，通过与劳动和社会保障部门的积极协调，促成市政府出台《2010年临安市新型农村合作医疗实施办法》，将常居临安市5年以上（包括5年）的僧人纳入参合对象范围，使80余名僧人享受到这一政策，在杭州地区各县市中率先为僧人提供医疗保障。

**【开通临安侨网】** 7月1日，在杭州市侨联系统主席会议上专门举行“临安侨网”开通仪式，共设置家乡临安、侨界风采、为侨服务、招商引资等11个版块，此外，还开辟筹建网络、拓展交流、宣传推介、关爱新侨、联络联谊等5个专栏专题。浙江省侨联网站还将临安侨网录于“友好链接”，中国侨网、浙江侨网、浙江省侨联网站、浙江侨声报、杭州市侨网、今日临安等多家市内外媒体进行了宣传报道，扩大了临安的影响。同时，通过侨网在招商引资、引智方面进行探索，更好地服务经济、服务人才。

（谢建梅　蔡德锋）

## ·桐庐县委统战部·

**【综述】** 2009年，桐庐县委统战部以围绕“贯彻落实十七大精神”为主线，以深入学习实践科学发展观活动为重点，以开展统战工作为打造“潇洒桐庐”提供广泛支持和有力保障为着力点，着眼于维护政党、民族、宗教、阶层和海内外同胞“五大关系”的和谐，充分发挥统战工作的优势和特点，广泛引导和动员统一战线各界，围绕大局，服务中心，突出重点，发挥优势，凝聚人心，汇聚力量，为加快全县经济社会发展、推进和谐桐庐建设作出了新贡献。

【开展学习实践活动】 部机关按照科学发展观和新时期统战工作的要求，通过召开座谈会、设立民主评议箱、发放征求意见表、个别谈心等多渠道、多形式、多层次征求社会各界、相关部门及统战对象的意见，共收集到各类意见、建议和要求23条。6月5日，部机关专门召开民主生活会，对意见、建议逐条梳理，对照检查，认识到自身工作中存在的问题和不足，并结合各局（办）科室的工作落实了进一步整改的具体措施，建立健全服务发展的新机制。

【积极服务民营企业】 针对许多企业遭受金融危机冲击的严峻形势，桐庐县委统战部充分发挥职能，帮助企业“越冬”。4至9月，组织开展以统战活动组织——县党外知识分子联谊会为主体的“百名知识分子结对百家企业”活动，发挥党外知识分子智力密集的优势，为企业送服务。活动期间，调研走访企业341家，结对联系重点企业103家。此外，统战部以侨务工作为纽带，全年积极组织侨（港）资企业外出参加各类展会，引导企业拓展市场，为企业发展提供助力。

【参与社会主义新农村建设】 2009年，桐庐县委统战部以工商联为平台，充分发挥联系企业优势，通过各地商会以信函和电子邮件等形式，争取桐庐籍在外企业家支持家乡建设，积极引导“联乡结村”、“以工哺农，以城带乡”活动健康深入地发展。2009年，全县共有135家民营企业参与新农村建设，村企结对从原来的108个增加到186个，并以文件形式明确帮扶责任制。投入资金339万元，实施项目152个，到位资金2232万元，其中捐助款1236.9万元，安置农村劳动力5530人。

【做好党外人士工作】 把教育培训党外人士工作纳入全县干部教育培训计划。组织党外人士深入学习统一战线、多党合作理论和时事政策。7月，举办以各乡镇（街道）、库管委、有关部门统战干部，民族宗教界代表人士，台、侨界代表人士，民主党派、无党派代表为主的培训班。培训班为期3天，主要以科学发展观与统战工作、经济社会发展热点问题剖析为主要内容，通过学习增强各统战成员自觉思想业务能力。9月，县委统战部在农工党总支召开农工党桐庐县总支、县知识分子联合会学习“十七届四中全会精神”暨庆祝新中国成立60周年座谈会。2009年，桐庐县委统战部共选送4名党外干部参加杭州市党外中青年干部培训班；另有2名党外知识分子被评为桐庐十大杰出青年。

【帮扶少数民族乡村发展】 通过积极争取上级扶持资金，帮助民族乡、村开展以“畲家乐”特色旅游经济为主体的发展规划，发掘畲乡经济潜力。同时，帮助有资源优势的少数民族村协调关系，实施矿山资源的规范开发利用，带动少数民族村集体和少数民族群众的致富。2009年，富春江镇大庄畲族村被省民宗委首批命名为“民族团结进步示范小康村”。

【开展外来少数民族群众关爱活动】 2009年，在全县外来少数民族职工较多的企业成立“民族之家”，送法律、医疗等服务项目到“民族之家”，组织外来少数民族职工参加各类联谊活动；同时，整合统战资源，依托乡镇、企业两级网络，在技能培训、学历进修等方面全面启动外来少数民族职工素质提升工程。此项工作获评杭州市民宗系统2009年度优秀工作创新奖。

【推进宗教和谐化建设】 县民族宗教事务局积极指导各宗教场所创建“和谐寺观教堂”，按照“爱国爱教、知法守法、团结稳定、活动有序、教风端正、管理有序、整洁安全、服务社会”等8个方面的创建重点，分类指导，突出特色，引导和支持有条件的宗教场所通过创建融入全县经济社会发展大局。圆通禅寺、桐庐县基督教堂等8家宗教场所获评2009年度杭州市首批“和谐寺观教堂”。10月，桐庐县天主教爱国会成立，并在县城金鹰大厦举行第一次代表会议。12月，桐庐县佛教协会举行第三次代表大会，选举产生县佛教协会新一届领导班子。

【侨务工作深入基层】 县委统战部、县侨联以“侨之家”为主阵地，着力推进社区侨务工作。加强街道、社区和楼道三级网络及社区侨务工作组织建设，建立侨办、教育、卫生、民政、公安等涉侨部门组成的社区侨务工作协调小组，组建由社区干部、联络员和志愿者组成的为侨服务队伍，对归侨侨眷坚持“五个必访”，即出国回国前后必访、生病住院必访、家有大事必访、下岗失业必访、有急事难事必访。6月3日，瑶琳永安村成立“侨之家”，这是桐庐县继桐君街道南门、鑫鑫、圆通3个社区建立“侨之家”之后，在行政村建立的第一个“海外侨胞和归侨侨眷之家”。

**【加强统战宣传建设】** 全年在县以上媒体发表各类稿件、电视新闻90余篇（条），被中央、省、市《统战简报》采用信息、简讯20余篇，包括中央统战部专报1篇、《中国侨联》2篇、《侨务工作研究》2篇、《浙江侨声报》4篇、《杭州统战》5篇。各线完成调研报告3篇，其中《统筹资源、整合力量，加快畲乡发展》在《浙江新农村》第12期发表，并在杭州市统战理论调研文章评比中获三等奖。

**【《团结颂》大型广场文艺演出】** 9月23日，由桐庐县委统战部主办的“《团结颂》桐庐县统一战线庆祝建国60华诞暨中杭社区文艺演出”在县城中心广场举行。杭州市政协副主席、市委统战部部长董建平，桐庐县委副书记、县长陈国妹，县政协主席竺泉海，县委副书记徐小林，县人大常委会党组书记、副主任游宏，县政协副主席、县委统战部部长周媛玉等领导，与来自全县统一战线各界、社区共建单位的代表以及各乡镇街道、机关群团的领导共2000余人观看演出。（贝　原）

## ·淳安县委统战部·

**【综述】** 2009年，淳安县委统战部在县委的正确领导下，在中共杭州市委统战部的指导下，坚持以科学发展观为指导，深入实施“以湖兴县、融入都市”总战略，围绕“保增长、调结构、重民生、维稳定、强党建”的总目标，团结带领统一战线成员抓发展、克时艰，为促进全县经济社会又好又快发展作出新的努力。

深入开展科学发展观学习实践活动。坚持以邓小平理论和“三个代表”重要思想为指导，认真贯彻落实县委十二届十二次全体（扩大）会议精神，深入学习实践科学发展观活动。以“践行科学发展、发挥统战优势、服务以湖兴县”为实践载体，在三个阶段中开展了调研、分析和整改。共举行集体学习、座谈6次，下基层蹲点调研20人次，发现查摆问题10个，解决问题6个，制订长效机制4项。党外代表人士写出心得体会40篇，调研文章20篇。以党外知识分子联谊会为平台，深入开展科学发展观学习实践活动，引导他们与党员干部同步学习、同步提高。积极引导党外人士围绕县委对当前经济社会形势的判断决策，应对危机，讲诤言，献良策。抓好侨资企业的科学发展观学习实践活动，全县26家侨资企业有13家建立了党组织，为企业的可持续发展注入活力。

促进发展共克时艰。引导广大统一战线成员通过开展调研、视察，参加各类实践活动，共同思考迎战国际金融危机、克难攻艰的对策和措施。广大统战成员积极参加县委、县政府情况通报会、座谈会、经济工作会以及党风廉政建设会，认真为淳安县应对危机、促进发展献智献策。据不完全统计，2009年，统一战线成员共撰写人大议案、政协提案、监督意见以及其它意见建议200余篇（条），为全县经济保持平稳较快持续增长、社会和谐稳定发挥了积极作用。

制订2009年至2013年的党外干部工作规划。通过组织学习《关于进一步加强中国共产党领导的多党合作和政治协商制度建设的实施意见》、《中共中央关于巩固和壮大新世纪新阶段统一战线的意见》，贯彻落实方针政策，通过会议、座谈会、培训班、党外知识分子联谊会等形式，加强党外人士工作。发挥县党政领导联系党外代表人士制度作用，坚持对党外知识分子的上门看望、谈心交流制度。继续将党外干部工作摆到突出的位置，切实抓好党外干部的物色、培养、选拔和使用。认真贯彻落实关于党外干部培养选拔的工作目标和要求，研究制订淳安县2009年至2013年的党外干部工作规划。选派5名优秀党外干部参加省、市社会主义学院学习。统战部门经常与组织部门沟通协调，拓宽党外人士选拔渠道。目前淳安县有县管以上领导干部17名，其中政府机构序列7名，党外后备干部102名。积极选送党外干部到农村、重点企业、重点项目挂职锻炼，提高他们处理问题的能力。在上挂、下派时，做到党外干部比例不低于10%。在政协换届和增补中，做好党外代表人士的政治安排。

做好新的社会阶层人士工作。针对新社会阶层群体庞大、结构复杂、成员广泛等困难，认真开展调查了解、掌握情况、建立队伍、引导教育、成立组织等基础工作。一是以成立新阶层人士组织为突破口，把握态势，搞清对象范围，建立新社会阶层人士队伍。通过座谈会和调查摸底，掌握了新社会阶层人士代表名单 300 余名。11 月份，成立了党外知识分子联谊会新社会阶层人士分会，目前会员共 20 名。联谊分会成立后，马上开展了“春风行动”，共捐款 14 万余元。开展淳安县第二届“优秀社会主义事业建设者”评选表彰活动，促进非公有制经济健康发展，非公有制经济人士健康成长。以企业党组织为平台，指导非公有制企业开展学习实践科学发展观活动，坚持“寓教育于引导之中”的方针，对新阶层人士予以积极引导，主动介入，协调关系、化解矛盾、争取人心，切实搞好对非公有制人士的帮助服务工作。

推动宗教团体加强自身建设，努力培养一支合格的宗教教职人员队伍。支持推荐 9 名宗教界人士参加省市宗教学习班学习和免费学历教育，推动爱国爱宗教界人士进一步提高自身素质。开展“和谐寺观教堂”创建活动和宗教反邪活动。贯彻落实《宗教事务条例》，切实增强宗教活动场所、宗教团体自我管理、自我服务的能力。编印发放学习宣传资料 10 万余份，把反邪教警示教育引入到宗教信教群众中。

创建“民族团结进步小康村”。积极向省市民族部门争取少数民族发展资金，帮助少数民族村及少数民族散居村的基础设施建设和经济社会发展。做好对少数民族身份确认和变更工作，同时为参加高考、中考的少数民族学生办理民族成份证明手续。筹措资金对少数民族困难户进行慰问。指导富泽少数民族村开展“民族团结进步小康村”创建工作，10 月下旬省民宗委对淳安县创建“民族团结进步小康村”工作进行验收，并以高分通过。针对城市民族工作不断出现的新情况新特点，对淳安县外来少数民族务工经商情况进行调研，积极探索对少数民族流动人员的教育引导和服务管理工作。

完善侨情调查。按照“三个大有作为”的总要求，坚持以人为本、为侨服务的宗旨，抓基础，抓服务。汇集侨智，发挥侨力。进一步调查研究，建好工作平台。9 月份再一次开展侨资源调查，发动乡镇和社区根据变化的情况，进一步摸清全县侨资源实情，建立信息库，实行动态管理。

接待服务侨商，引进帮助侨资。全年共接待海外华人、华侨来千岛湖 230 人次，邀请 18 个国家、地区的 42 位侨领，在杭创业的 43 位侨商代表到千岛湖观光，投资洽谈。积极为侨资企业绿盛集团在淳安投资 2100 万美元的百卤坊项目搞好服务。主动走出去，拓展海外侨务工作。有关领导利用 7 月份出访英国、挪威、荷兰等国的机会，与杭州欧洲联谊会的同志零距离接触，登门拜访华人、华侨，引进杭州欧洲联谊会资金 20 万元为左口光昌小学新建了塑胶跑道。2009 年通过牵线搭桥，侨界无偿捐赠给淳安县的教育资金超过 100 万元。积极动员侨界人士投身到新农村建设中去。结合省、市侨办倡导的“百家侨企联百村”活动，开展“十家侨企联十村共建新农村”活动，引导 13 家侨资企业开展村企结对，为淳安的新农村建设添砖加瓦，侨企联村工作得到了市委王金财副书记的批示，给予充分肯定。

抓好统战干部自身建设。以深入学习实践科学发展观活动为契机，加强统战干部的思想和作风建设，努力增强科学发展意识，提升科学发展水平。提高认识，正确处理“有为”和“有位”的关系，最大限度发挥统战干部主观能动性。将领导和服务结合起来，既当好统一战线的领导者，也做好统一战线的服务员，为民主党派成员、工商联和无党派人士创造宽松的环境。以党支部为平台，抓好培训教育，全面提高统战干部的政治理论和业务素质，使统战干部做到心态上热爱统战工作，学习上喜欢统战理论，方法上掌握统战规律，工作上讲究交友水平，使统战工作不断创新，不断推进。

**【纪委向党外干部通报党风廉政建设情况】** 8 月 7 日，县委召开党外干部情况通报会，县委常委、县纪委书记富永伟向党外干部通报党风廉政建设和反腐败工作情况，给党外干部上了一堂严肃生动的廉政教育课。使党外干部充分认识到自身的政治地位、责任和使命，以更高、更严、更紧的标准来要求自己，树立党外干部良好形象。

**【“秀水节”举行 56 对少数民族群众婚礼】** 新中国成立

60周年之际，淳安县“秀水节”举行56对少数民族群众婚礼。统战部、民宗局对此高度重视，全程跟踪，与有关部门共同采取有效措施，确保活动安全、祥和、快乐。（徐国强）

## 宁 波 市

### ·宁波市委统战部·

**【综述】** 2009年全市统一战线深入学习实践科学发展观，围绕“保增长保民生保稳定”的工作大局，凝心聚力、攻坚克难，全力服务科学发展，大力培育亮点特色，着力夯实基础工作，努力促进“五大关系”和谐，开创了统一战线服务科学发展和实现自身科学发展新局面。

注重引导，夯实统一战线共同思想政治基础。以学习实践科学发展观活动为契机，推动民主党派搞好学习贯彻科学发展观活动。组织开展统一战线庆祝新中国成立60周年暨多党合作制度确立60周年系列活动，在市社会主义学院举办13期统一战线“三支队伍”培训班，受训570人次，把统一战线广大成员的思想和行动统一到中央和省、市委的决策部署上来，增强他们自觉接受中国共产党的领导、走中国特色社会主义道路的信念。

发挥优势特色，提升统一战线服务科学发展的水平。在统一战线中开展“树信心、保稳定、促发展”为主题的形势教育活动和“我为应对金融危机献一策”、“情系新农村、服务促发展”等活动。协调支持市各民主党派、工商联围绕我市改革发展中的重点、难点问题，开展一批课题调研，形成的调研报告得到市委、市政府主要领导的批示肯定。广泛动员统一战线成员实施科技创新竞赛行动计划，获全省优秀组织奖。开展“创建服务型机关、促进企业发展”活动，利用自身优势，帮助企业办实事、解难题。搭建银企合作、政策支持、政企交流、法律维权等平台，帮助企业共克时艰。奉化建立了“民企要情驿站”，开通企业信息直通车；象山积极推动乡镇（街道）商会建立企业发展资金互助会，缓解企业融资难。我市的做法得到中央和省委统战部的肯定。立足统战资源特色，借助甬港经济合作论坛、浙洽会、服装节等平台，开展引智引资。据不完全统计，全市各级统战部门全年牵线引进外商投资项目9个，总投资逾1亿美元；接受港澳台海外捐赠项目80个，计人民币5885万元。在各部门的共同努力下，全市新批台资项目38个，总投资7.39亿美元，实际利用台资3.62亿美元。

扎实推进多党合作事业。健全多党合作有效运行的机制，做好市委与市各民主党派、无党派人士政治协商工作。全年市委、市政府召开协商会、座谈会、情况通报会7次，巴音朝鲁书记、毛光烈市长分别主持并听取各民主党派、工商联和无党派人士对我市经济社会发展有关重大问题的意见建议。加强政府有关部门与各民主党派、工商联的对口联系工作，召开对口联系工作座谈会，总结经验，表彰先进，对口联系部门从原有的26个扩大到30个。我市对口联系工作得到中央统战部的肯定，并在全国推广。重视发挥市各民主党派、工商联和无党派人士参政议政、民主监督作用。据统计，市各民主党派、工商联全年撰写专题调研报告98篇，提交人大议案、政协提案353件，其中政协团体提案49件，被列为优秀提案21件，许多意见建议被政府及其部门采纳。协助民主党派加强自身建设，深化推进民主党派、无党派人士政治交接主题教育活动。协助市各民主党派搞好领导班子及成员届中述职评议和市管后备干部推荐工作，做好无党派人士政治引导工作。加强党外代表人士队伍建设，完善代表人士及其后备队伍信息数据库。

切实打牢民族宗教工作基础。牢牢把握“两个共同”主题，深入开展民族团结宣传教育活动，推进民族工作进社区、进学校、进企业。北仑芝兰社区荣获全国民族团结进步模范集体荣誉称号。扎实做好少数民族低收入群众帮扶工作，与丽水12个少数民族贫困村结对，投入扶贫资金100余万元。发挥各级宗教工作协调小组的作用，形成齐抓共管的工作格局，确保了我市民族宗教领域的和谐稳定。在全市宗教界深入开展“平安宗教场所”创建活动，树立了一批场所规范化管理示范点。强化宗教工作属地管理，民间信仰点管理试点工作取得新成效。切实加强宗教团体和宗教教职人员队伍建设，开展对各宗教团体的工作考核。努力发挥宗教界和信教群众在促进经济社会发展中的积极作用，继续推动佛教界开展佛教“光明行”活动，二期复明行动

50万元全部用于医治我市白内障患者。引导宗教界积极参与由市扶贫办、市民宗局、市教育局等七家单位联合主办的“温暖午餐·万人助学”大型公益活动。指导市伊协和市基督教“两会”赴四川开展捐助活动。

深化新的社会阶层人士统战工作。加强非公有制经济人士思想政治工作，为企业攻坚克难提供精神动力。市委统战部与市经委、市人事局、市工商局、市劳动和社会保障局、市工商联等联合开展第三届优秀中国特色社会主义事业建设者评选表彰活动，表彰了56名“优秀建设者”。抓好第三批非公经济组织学习实践科学发展观活动的指导工作。积极推动光彩事业，开展第八次“光彩爱心月”活动，发动非公经济人士捐助人民币2000多万元（含实物）。组织光彩事业考察团赴四川青川地区考察，捐资170万元助建青川茶坝光彩卫生院。健全新的社会阶层人士统战工作联席会议制度，举办自由择业党外知识分子统战工作研讨会。完成市党外知识分子联谊会换届工作，积极推动县（市）区成立知联会组织，在余姚召开全市知联会工作现场会，推动知联会工作的规范化和制度化。

加强联谊，拓展港澳台海外统战工作。发挥各地同乡社团组织作用，协助建立香港世界中华宁波总商会，指导推动基层联谊组织建设。加强港澳中青年骨干队伍建设，组织港澳中青年企业家赴延安、西安等地学习考察活动。王卓辉主席和市委统战部分别率团赴澳门参加苏浙沪同乡会、澳门医务界联合总会庆祝新中国成立60周年和澳门回归10周年等活动。深入开展甬台两地交往交流工作，积极推动对台经贸合作，成功举办《跨越海峡·潮涌宁波—甬台交流成果展》。举办“情系中华·薪火相传”海外侨胞宁波行活动。启动了港澳台海外统战工作网络拓展工程。顺利完成市侨联换届工作。

针对统战工作重心下移和日益社会化的趋势，注重夯实基层统战工作基础，举办全市统战工作重点乡镇（街道）分管副书记培训班，召开“统一战线服务科学发展和实现自身科学发展”理论研讨会。加强政策指导，市委办公厅先后出台《关于进一步加强乡镇（街道）宗教工作的若干意见》和《关于加强乡镇（街道）统一战线工作的意见》。深入开展统战知识进农村、进社区、进企业、进机关、进学校、进家庭“六进”活动，在全市推广慈溪统战宣传“和风行动”工作经验。扩大基层统战工作网络覆盖面，尤其是我市乡镇（街道）商会组建率达到98%以上，在全省处于领先地位，为开展工作奠定良好基础。

**【召开市政府部门与民主党派、工商联对口联系工作会议】** 3月31日，市委统战部协助市政府办公厅召开市政府部门与民主党派工商联对口联系工作会议，市委常委、副市长王勇出席会议并讲话。会议表彰了市外经贸局、市卫生局等8个对口联系工作先进单位和8位先进个人，总结交流近三年来对口联系工作经验，研究部署下阶段对口联系工作任务。

**【世界中华宁波总商会在香港成立】** 4月17日，世界中华宁波总商会成立大会在香港举行。香港特别行政区政务司司长唐英年，中央人民政府驻香港特别行政区联络办公室副主任黎桂康，外交部驻香港特别行政区特派员公署副特派员杨子刚，全国人大常委会委员、香港特别行政区立法会原主席范徐丽泰，中共宁波市委副书记郭正伟，中国国民党副主席、中国台商发展促进协会理事长蒋孝严等到会祝贺。来自内地、港澳台及海外的“宁波帮”代表人士和各界友好人士300多人参加了成立大会。会议推举周亦卿为会长，李达三、庄晓天出任创会名誉会长。

世界中华宁波总商会是在宁波旅港同乡会创会会长李达三，上海市原副市长、上海宁波商会会长庄晓天的倡议下，并在香港特区金紫荆星章获得者、著名企业家、其士集团主席周亦卿博士等各地商会领袖积极推动下而成立的。

郭正伟在会上致辞，代表宁波市委、市政府和560多万宁波人民，向世界中华宁波总商会的成立表示祝贺。

**【举行情系新农村服务促发展活动】** 4月17日，市委统战部组织市各民主党派科技、法律、医疗等方面的专家40余人赴宁海县越溪乡开展“情系新农村、服务促发展”活动，受到当地干部群众的欢迎。市委统战部常务副部长杨志强率队参加了活动。

**【组织光彩事业考察团赴四川青川地区考察】** 5月15日至17日，我部与市光彩事业促进会，组织南苑集团有限公司总经理张银祥、宁波丰华集团公司董事长乌根祥、宁波红光控股集团有限公司董事长王红光、浙江汇港控股集团有限公司董事长王兆春等民营企业家，赴四川青川县茶坝乡考察，与宁波市援建四川青川指挥部，签定了捐资170万元建造茶坝乡卫生院项目；同时，市光彩事业促进会、南苑集团有限公司、宁波红光控股集团有限公司、浙江汇港控股集团有限公司，向四川青川茶坝乡三所小学捐资了助学资金人民币7万元。

**【举办全市统战工作重点乡镇（街道）党委分管副书记培训班】** 6月22日至24日，全市统战工作重点乡镇（街道）党委分管副书记培训班在市社会主义学院举行。来自全市统战工作重点乡镇（街道）的50余名分管领导参加了培训。培训班开设统战理论及民族宗教、港澳台海外、新阶层人士等课程。省委统战部副部长徐建华应邀作港澳台海外统战工作形势报告。余姚凤山街道、鄞州咸祥镇、海曙西门街道三个单位的分管领导作典型交流。

**【举办《祖国颂——宁波市纪念中华人民共和国成立60周年》大型文艺晚会】** 9月28日，市委统战部与市委宣传部在宁波大剧院联合举办《祖国颂——宁波市纪念中华人民共和国成立60周年》大型文艺晚会。晚会以歌会的形式展现了在中国共产党领导下，全国各族人民在革命和建设时期团结奋斗、艰苦创业的风采，反映了宁波人民包括海外“宁波帮”人士在内为家乡建设作出贡献的动人故事。市领导和市直机关各单位领导干部，市委统战部杨志强、叶剑辉副部长观看演出。

**【全省统战调研宣传工作会议在北仑召开】** 10月12日至13日，全省统战调研宣传工作会议在北仑召开，全省各市委统战部的分管领导和职能处室负责人，部分县（市）区委统战部分管领导等120多人参加会议。省委统战部副部长蒋学基出席会议并讲话。期间，与会代表参观了宁波北仑港码头和吉利汽车集团公司。

**【全省县级统战工作座谈会在余姚召开】** 11月26日，全省县级统战工作座谈会在余姚召开，省委统战部副部长蒋学基出席会议并讲话，余姚市委副书记、组织部部长李浙闽到会致辞。余姚等13个单位在会上作经验交流发言。全省各市委统战部分管领导、部分县（市）区委统战部长共30余人参加了会议。

**【召开宁波市知联会工作（余姚）现场会】** 12月3日，宁波市知联会工作（余姚）现场会召开。各县（市）区委统战部分管部长、职能科室负责人，各县（市）区知联会会长、秘书长，在甬本科院校党委统战部部长、知联会会长和市知联会会长、副会长和秘书长70余人参加会议。省委统战部副部长黄永通出席会议并讲话。余姚市委副书记、组织部部长李浙闽到会致词。余姚、慈溪和江北3个单位作典型发言。会前组织观摩了余姚市知联会工作成果展。

**【表彰第三届优秀中国特色社会主义事业建设者】** 12月11日，市委统战部、市经委、市人事局、市工商局、市劳动和社会保障局及市工商联在南苑饭店举行宁波市第三届优秀中国特色社会主义事业建设者表彰大会。大会授予王华军等50名非公有制经济人士和其他新的社会阶层人士“宁波市第三届优秀中国特色社会主义事业建设者”荣誉称号。市委副书记郭正伟在大会上讲话，市人大常委会副主任、市工商联主席崔秀玲，副市长陈炳水，市政协副主席张明华出席会议。 （顾桃霖）

## ·海曙区委统战部·

**【综述】** 2009年，海曙区委统战部紧紧围绕区委中心工作，以科学发展观为指导，全面落实全省、市统战部长会议精神，高举大联合、大团结旗帜，深入学习实践科学发展观活动，努力提高自身科学发展和服务科学发展的能力和水平，为实现区域经济持续较快发展作出了积极的努力。区委统战部被省、市评为统战工作创新奖；区民宗局被市民宗局评为安全生产先进单位，被区表彰为安全生产优秀单位；区台办被市台办评为对台联络工作先进单位；区工商联被市工商联评为经济服务工作先进单位；鼓楼街道、西门街道、段塘街道被评为全市侨联系统先进集体，1人被评为全市侨联系统先进个人，11人分别被表彰为省、市归侨侨眷先进个人。

扎实开展学习实践科学发展

观活动。区委统战部12名党员干部参加了第二批学习实践活动，始终坚持以“学习实践科学发展观，进一步深化非公经济领域统战工作”为主线，以提高服务科学发展、实现统一战线自身的科学发展能力为目标，坚持领导带头学习，带头调研，带头分析整改，扎实有序地完成了各阶段的工作任务。共撰写了6篇调研文章，梳理出13个影响和制约科学发展的突出问题和四个方面的原因，提出了进一步贯彻落实科学发展观的思路和举措。经过统一战线广大成员民主测评，满意占90.9%，比较满意占9.1%。通过学习实践活动，统战部党员干部贯彻落实科学发展观的自觉性和坚定性显著增强，服务科学发展和自身科学发展的能力和水平进一步提升。

加强民主党派自身建设。协助支持民主党派、无党派加强自身建设，成立了九三学社海曙区综合支部、民革海曙区综合支部。至此，海曙区民主党派基层组织已有7个，共17个基层支部（支社、总支），党派成员264人。7月份举办了40名民主党派基层负责人及无党派代表人士参加的暑期读书会，邀请了党校、市委统战部领导授课。召开了各民主党派、无党派人士纪念中共五一口号发表和多党合作制度建立60周年座谈会，完成了全区183名无党派代表人士参加的主题交接活动。推进党外代表人士实职安排，党外干部政府部门正职安排取得重大突破。

深化服务企业。充分发挥统一战线的优势和作用，积极组织开展了“我为应对国际金融危机影响献一策”活动，取得了较好的实效。全区统一战线成员通过政协、统战部等渠道报送“献一策”信息19条，内容涉及金融信贷、商贸旅游、公共卫生、食品安全、税费减免、城市建设、道路规划等方面，为实现“保增长、保民生、保稳定”目标提供了有价值的意见和建议。区委统战部根据活动中征集的意见建议进行了认真整理汇总，在此基础上形成了《海曙区深化企业服务方案》，并专题报告区委、区政府及有关部门，通过召开企业家座谈会、走访机关有关部门进行研究论证，现已被区政府采纳，4月至10月办结企业求助服务4380件。

民族宗教工作取得新进展。城市民族工作得到进一步强化，以西门街道汪弄社区流动少数民族服务站为平台，加强对少数民族联谊会的工作指导，扎实开展“三个直通车”服务（就业、帮扶、爱心）。积极帮助外来少数民族群众在经商、子女入学等方面排忧解难、提供服务，全年协助外来少数民族子女入学5人次，为6人办理了民族成份的更改。扎实开展“平安宗教场所”、“和谐寺观教堂”创建活动。制定了实施意见和考核细则，积极探索场所与社区互动、共创平安宗教场所新模式，取得了较好的效果。佛教居士林、药行街天主堂、基督教百年堂、清真寺被评为宁波市第一批平安宗教场所。

积极参与民族地区结对帮扶。区委统战部发挥宗教界代表人士热心公益的积极作用，先后分三次捐款20万元，为丽水市莲都区大港头镇山回村修建了长约1500米的“爱心路”。7月17日，区委统战部赴山回村举行村内道路建设启动仪式。区委常委、统战部长赵剑光在启动仪式上强调：要把山回村村内道路建设成为“宁波市海曙区佛教界奉献爱心的爱心路、促进汉族和畲族两个民族团结的团结路、建设成为联结海曙区和莲都区两地友谊的友谊路、建设成为山回村村民致富奔小康的和谐路”。2009年年底，山村道路已全面建成并投入使用。下一步区委统战部将根据山回村实际情况，继续加大帮扶工作力度，促进当地村级经济更好更快的发展。

统战宣传实现全覆盖。积极开展统战知识六进活动，印制了《统战工作政策须知》800本，宣传挂图800套，统战知识连环画800本。向全体区管干部发放统战宣传书籍1200余本，向8个街道、74个社区、41所中小学校、48家区工商联执常委企业、13家区级医院及社区卫生服务中心、区机关各部门、重点楼宇发放统战宣传类图书、画册3000余本（册），在海曙区区级媒体《海曙通讯》上开辟统战知识专栏加强统战知识宣传，累计刊发16期，基本实现了统战知识宣传全覆盖。

**【举办“台湾风情展”】** 作为2009宁波（海曙）购物节重要活动之一的台湾风情展于7月25日至8月3日在天一广场成功举行。本次风情展以其浓郁的台湾特色受到甬城市民的热烈欢迎，累计实现销售额200万元。本次台湾风情展由宁波市台湾同胞投资企业协会主办，苏州好康广告传媒有限公司承办，参展的主要有小吃和冰品两大类，其中小吃30家，冰品10家左右，专程从台湾过来的商家占了八成。除美食外，主办方还举办了台湾风光美食画册展、邀请台湾诸罗山木偶剧团现场表演“霹雳布袋戏”等活动，与甬城市民积极互动，进一步促进了甬台两地民间文化交流。

**【召开区第六次归侨侨眷代表大会】** 12月10日，区第六次归侨侨眷代表大会隆重召开。会议听取和审议了《以侨为桥，发挥侨力，为建设和谐发展的现代化中心城区再立新功》的工作报告，选举产生了海曙区侨联第六届委员会，审议并通过了区侨联第五届委员会工作报告的决议和《海曙区侨联工作细则》，聘请区侨联名誉主席和顾问，表彰了全区侨界先进集体和个人。赵剑光当选为区侨联第六届委员会主席，董剑峰、喻亚盈、沈建剑当选为副主席，彭洪升当选为秘书长。区委副书记毕东华、市侨联副主席舒翔出席会议并作重要讲话。

**【探索建立非公企业统战工作站】** 5月26日，宁波市首家非公有制企业统战工作站在博宏恒基集团有限公司成立。宁波市委统战部常务副部长杨志强，海曙区委常委、统战部长赵剑光，试点企业所在街道的领导及统战干部、企业统战成员40余人出席了成立授牌仪式。博宏恒基集团董事长王建立宣读了集团关于成立统战工作站的文件，表态对成立工作站全力支持；博宏恒基集团副总、党支部书记、统战工作站站长刘祖英及统战成员代表作了努力搞好企业统战工作的表态发言。5月27日，太平鸟集团有限公司统战工作站也宣告成立，太平鸟集团董事长张江平在成立仪式上表示大力支持并对此充满信心。

**【成立海曙区维卫古佛文化研究会】** 9月11日，由区民宗局、区佛教协会共同发起的海曙区维卫古佛文化研究会正式成立，区委常委、统战部长赵剑光、区政府副区长叶正波参加成立大会并讲话。该研究会是一个群众性学术性团体，现有会员50人，主要由活跃在我区文化学术研究领域的专家、学者和宗教界人士组成，区民宗局局长孙逸群当选为会长。该研究会的成立，将深入探究维卫古佛与宁波、与海曙之间难解的历史文化渊源，采取古文献经典的查阅考证与实地旧址的探测访谈相结合的方法，尽可能多地搜集材料，使贫乏有限的背景变得充实起来，在对古佛的形象事迹有一概要性了解的基础上，挖掘、提炼、总结维卫古佛文化的文化内涵，弘扬其积极的现实社会意义，为社会主义和谐社会的构建和地区经济的发展服务。

**【召开区台联会成立20周年纪念大会】** 1月8日，海曙区台联会成立20周年纪念大会隆重举行，来自全区40余名重点台胞台属、台商代表参加纪念大会。海曙区委常委、统战部长赵剑光，区委统战部副部长孙逸群，宁波市台联会副会长陈刚等领导出席大会。区台联会会长褚水安在纪念大会上回顾了20年来区台联会走过的历程。市台联会副会长陈刚代表市台联会致辞，充分肯定了区台联20年来取得的成绩。区委常委、统战部部长赵剑光对发挥台联会优势，进一步做好新形势下台联会工作提出三点意见，希望区台联牢牢把握两岸关系和平发展的主题，进一步发挥台胞联谊、团结、服务台胞的作用，进一步增强亲和力、感召力，使“台胞之家”切实赢得广大台胞的衷心拥护和信赖，在争取台湾民心、实现祖国统一中发挥积极作用，为建设成为和谐发展的现代化中心城区作出新的更大贡献。会上，区台联对从事台联会工作20周年、入岛宣传、对台工作10周年等方面做出突出贡献的5名先进个人进行了表彰。

**【区知联会赴青川地震灾区结对助学】** 2月27日至3月3日，区党外知识分子联谊会一行8人，在联谊会会长曹云的带领下赴地震灾区四川省青川县开展扶贫结对活动。联谊会一行走访了青川县瓦砾乡中心小学、茶坝乡中心学校、回龙小学等重灾区学校，结对助学40余人，并捐赠了部分文具、图书和体育、教学用品，捐资捐物总价值10万余元。（蓝永清）

## ·江东区委统战部·

**【综述】** 2009年，江东区委统战部坚持高举中国特色社会主义伟大旗帜，深入贯彻落实党的十七大、十七届三中全会和区委七届六次会议精神，全面学习实践科学发展观，围绕“保增长、调结构、促发展”这一中心，积极发挥统一战线独特优势，创新思路、拓展领域，为进一步推动我区经济、政治、文化、社会建设做出积极的贡献。

积极引导，巩固统一战线共同思想基础。认真学习贯彻党的十七届四中全会精神，牢牢把握统一战线服务科学发展和实现自身科学发展两个着力点，扎实开展深入学习实践科学发展观活动，同时积极推动民主党派基层组织和统一战线群团组织开展学习贯彻科学发展观活动。举办“民主党派基层组织学习贯彻科学发展观专题报告会”、“台湾形势报告会”，组织考察重庆民主党派和无党派人士教育基地，组织开展了以统一战线庆祝新中国成立60周年和多党合作制度建立60周年为主题的报告会、联谊会等系列活动，提供宣讲服务10余次、参与统战成员300余人次，进一步加深了统一战线成员对科学发展观精神实质的理解，更加坚定自觉接受中国共产党的领导、走中国特色社会主义道路的信念，进一步巩固了统一战线共同的思想基础。

紧扣中心，提升统一战线服务科学发展的成效。贯彻落实区委保增促调的总体部署，在统一战线中开展了“我为应对金融危机献一策”活动，汇总意见建议60余条，部分建议已被区委区政府采纳并列入相关部门工作计划。利用自身优势，积极开展“三服务”活动。协调搭建政企沟通、政策支持、银企合作等平台，帮助企业办实事、解难题。举办相关经济政策讲座10余次，促成银企项目对接15项，协助落实“永东工业总部大楼”并帮助骨干企业解决万余平米办公用房。积极服务重大项目建设和拆迁，做好港胞捐建项目拆迁重建的相关工作，协调落实七塔寺西边土地拆迁和新建项目建设。此外，发扬统战成员服务社会优良传统，两次赴龙泉市供建村等少数民族贫困村开展扶贫帮困活动，参与活动的非公有制经济人士、宗教界人士、医卫界党外知识分子等统战成员20余人次，资助建设村镇道路，改善村委会硬件设施，捐助困难家庭，现场义诊送药，总计帮扶资金8万余元。

健全制度，推动社会主义民主政治建设向前发展。进一步加强我区6个党派10个支部的民主党派基层组织建设，探索加强无党派人士、党外知识分子和新的社会阶层人士的统战工作，健全工作机制，努力发挥各民主党派、各阶层人士在基层民主政治建设中的积极作用。鼓励支持党外人士积极反映社情民意，为党委政府决策的科学化、民主化建设作出了积极贡献。坚持民主党派和无党派人士情况通报会、暑期读书会等党外人士知情悉政制度。加强对民主党派基层组织建设的政治引导和经费支持，共组织座谈会3次、相关服务和考察活动4次，民主党派基层组织建设得到进一步加强。新的社会阶层人士统战工作有了加强，建立了由统战部牵头，由区委组织部、宣传部和区科技局、民政局等14个相关部门单位参加的联席会议制度，明确职责分工，物色建立了一批新的社会阶层代表人士队伍。党外干部培养选配工作成效进一步显现，全区区管党外领导干部增加到14名。组织举办了“党外科级干部培训班”，为加强党外后备干部队伍建设工作奠定了良好的基础。

加强管理，促进民族宗教稳定和谐。牢牢把握“两个共同”主题，深入开展民族团结宣传教育和民族工作进社区活动。白鹤街道王隘社区为少数民族同胞解忧帮困的事迹在省《民族与宗教》杂志上得以刊发。开展困难少数民族群众关爱行动，发放困难补助，在开业审批、子女升学入学等方面为困难少数民族群众提供帮助。健全民族宗教工作协调机制和突发事件应急机制，增进工作合力。积极稳妥地推进和谐寺观教堂创建活动，我区两处宗教场所七塔禅寺和圣教堂均被评为宁波市首批和谐寺观教堂。

夯实基础，推动港澳台及海外统战工作。加强海外联系，挖掘侨务资源，开展了海外高层次人才征集工作，建立了我区海外高层次人才库。开展了第二辑《宁波海外学子》的资料收集工作，宣传我区海外学子。利用浙洽会、消博会的契机，积极开展海内外资源对接。加强归侨侨眷联谊联络，增进侨界代表人士的联系与沟通，开展多层次联谊活动，增强了侨联组织凝聚力。切实做好香港基层民众交流工作，争取香港人心回归。组团赴香港与江东籍爱国爱港人士和香港甬港联谊会开展联谊联络，为两地交流交往奠定了基础。积极开展“家门口”台湾人民工作，密切联系指导区台商协会工作，增进台胞台属联络联谊。

**【白鹤街道王隘社区民族长廊揭牌】** 2月9日下午，江东区“民族风情长廊”在白鹤街道王隘社区内正式揭牌。长廊内展示着反映各民族特色的文字和图片，成为江东区推进少数民族工作的又一新阵地和载体。王隘社区现有少数民族群众60余人，主要有满族、回族、黎族、壮族、蒙古族、布衣族、苗族等少数民族居民，是宁波市城区定居少数民族群众较集中的社区。从2008年开展“区民族工作示范点”创建工作以来，社区积极组织少数民族代表加入社区议事厅，对少数民族人员优先帮困扶贫，初步形成了“阵地完善、队伍健全、资源共享、服务有效”的城市社区民族工作新格局。

**【开展“我为金融危机影响献一策”活动】** 4月16日，江东区下发《转发<中共宁波市委统战部关于在统一战线开展“我为金融危机影响献一策”活动的通知>的通知》，组织全区统一战线成员召开“我为金融危机献一策活动”，收集意见建议60余条。

**【开展“情系新农村、服务促发展”活动】** 2009年12月，江东区统战系统组织侨眷和留学生家属等统战成员中的医务工作者开展“情系新农村、服务促发展”活动，赴丽水龙泉市上垟镇供建村进行助困助学、义诊送药等活动，帮扶经费共计5万余元，其中5000余元用于购置常用药品。（郑　凌）

## ·江北区委统战部·

**【综述】** 2009年区委统战部在区委、区政府的正确领导下，在市委统战部的指导支持下，深入学习实践科学发展观，牢牢把握统战工作“大团结、大联合”的主题，凝聚力量、创新举措，在创新中求发展、求突破，全力谋求自身科学发展，勇于开拓统战工作新局面，全区统战工作取得了新的成效。

围绕中心、服务大局，为经济社会发展献计出力。一是积极响应区委提出的“基础建设年、保稳促调年、合力攻坚年”号召，会同区各行业协会等向全区工商联会员企业发出了支持拆迁，加强江北区基础建设的倡议，得到了全区会员企业的响应。区工商联会同区拆迁办成立了和谐拆迁促进会，引导广大企业家在江北大开发、大建设中支持拆迁，做推进重点项目建设的领头人。同时，协助做好台资企业的拆迁工作。二是服务保稳促调工作。以“请进来”、“走出去”的方式推介江北，为我区经济社会发展引资引智。邀请香港华侨华人总商会参访团来我区考察，向他们介绍江北区情，推荐重点建设项目和开发区块，并与香港华侨华人总商会缔结了友好商会。邀请了香港上市投资控股公司香港会德丰亚太有限公司董事长包静国先生一行来我区考察，寻求项目合作。邀请郎咸平教授到我区作了“应对金融危机，实现转型升级、逆势超越”专题报告。组织部分企业参加了市侨办举办的华侨华人专业人士创业发展项目洽谈对接会。与广州、深圳等有关区建立友好商会。组织我区慈城冯恒大年糕参加了在台湾台北市世贸中心举办的首届“2009中华老字号台北精品展”。三是为我区举办首届“中华慈孝节”服务。邀请了台湾台北宁波同乡会、台湾桃园市文化交流协会和全国政协有关领导参加首届中华慈孝节。台湾桃园市还与我区进行了旅游项目对接，签署了两地交流合作协议。台湾台北宁波同乡会理事长毛葆庆被推选为“十大中华慈孝人物”，受到表彰。

狠抓基础，着力创新，努力开创统战工作新局面。一是以提振非公有制企业应对危机信心为目标，搭建非公有制经济统战工作载体。区工商联为提振企业战胜金融危机的信心，振奋精神，从弘扬企业文化入手，参与了“牵手春天”大型文艺晚会，组织80多位企业家与市、区两级主要领导共同唱响《团结就是力量》，传达了政府与企业携手应对经济危机的信心和决心。组织发动外滩商会、1842俱乐部等统战性社团参加“星期六·相约老外滩”活动，做到“周周有活动，月月有精品”，通过“文化搭台、经济唱戏”来旺人气、兴商圈，提高外滩知名度。区工商联与区文联合作，编撰了《江北儒商》一书，以我区儒商产生的条件、社会构成、活动区域等为研究重点，提炼了我区儒商的精神内涵，为非公经济人士开展思想政治教育提供借鉴。二是以促进民族团结和睦为目标，设立少数民族工作平台。2009年在少数民族企业华侨工艺包装厂开展了以“凝聚人心增力量，齐心协力促发展”为主题的民族工作进企业活动。在进行充分的调研、考察学习的基础上，从抓企业管理制度、安全生产、规范员工福利待遇、建立少数民族员工活动室等入手，创新为少数民族同胞服务的平台，建立了区少数民族联谊中心。三是从维护稳定促进宗教和谐出发，创建宗教工作方式方法。着力从“工作规范化、帮教社会化、管控人性化”入手，做好游离于正常宗教活动以外人员的转化工作。坚持政府、家庭、社会三位一体的模式，开展“一助一”、“多帮一”结对帮扶，促使更多人员的转化。同时，我们还邀请了中央党校民族宗教理论教研室主任龚学增教授为我区全体区管干部讲授了“正确认识和处理我国现阶段民族宗教问题”一课，提高了区管干部对新时期民族、宗教问题的认识。四是以拓展和延伸工作手臂为抓手，创设海外统战工作机制。深入开展侨台工作进农村、进社区、进机关的“三进”工作，先后举办台海形势讲座10余场，受教人数达千余名。根据各街道（镇）特色，积极探索建立海外统战工作示范机制，建立洪塘街道助推新农村示范点、文教街道繁景社区侨法宣传角和慈城镇的基层侨联组织。目前，这些示范点得到了国家，省、市有关部门的认可，也为全区街道（镇）海外统战工作起到了很好的带头示范作用。五是创新社会组织管理模式。孔浦街道根据其辖区内社会组织较多的实际，积极探索服务管理机制。同时，积极引导，增强自治功能，充分发挥社会组织在当地经济和社会发展中的作用，有效地拓宽了统战工作的领域。

深入学习实践科学发展观，努力实现统战干部自身科学发展。根据区委提出的深入学习实践科学发展观的要求结合统战系统自身实际着力在“服务科学发展，做到自身科学发展”上下功夫，实施开展了“树信心、保稳定、促发展”形势任务教育；“统战工作心连心”和“科技创新行动计划”等活动。服务中心服务大局的意识进一步增强，统战工作的力度得到进一步提升。

**【召开学习胡锦涛总书记重要讲话暨纪念《告台湾同胞书》发表30周年座谈会】** 1月5日上午，区台办召开了学习胡锦涛总书记重要讲话暨纪念《告台湾同胞书》发表30周年座谈会。区台联会理事、区对台宣传写作小组成员、在江北的台商、台胞台生代表共50余人出席了座谈会。与会人员集体观看并学习了胡锦涛总书记12月31日在北京举行的纪念《告台湾同胞书》发表30周年座谈会上的讲话实况录像，并进行了热烈的座谈讨论。市台办副主任吴其通，区政协副主席、统战部长徐培荣，区政协港澳台侨委员会主任穆伟民，统战部副部长、台办主任罗胜雄出席会议并讲话。

**【江北区工业区商会成立】** 5月19日，江北工业区商会成立暨第一次会员大会举行。会议选举产生了工业区商会首届理事会成员，56名来自工业区的企业代表成为工业区商会首批会员。区委常委、常务副区长蒋旭灿，区人大副主任、工商联主席王伯宁，区政协副主席、统战部长徐培荣，区长助理喻飞跃等出席会议。

**【香港华侨华人总商会与江北区工商联（总商会）缔结成为友好商会】** 6月9日晚上，香港华侨华人总商会与区工商业联合会（总商会）缔结友好商会签约仪式在南苑饭店举行。区委副书记、区长张南芬，副区长周明力等出席签约仪式。区人大常委会副主任、区工商联主席王伯宁与香港华侨华人总商会会长古宣辉代表双方，签署了关于两地商会建立友好合作关系的协议书。区政协副主席、统战部部长徐培荣主持签约仪式。

**【江北区工商联（总商会）二届三次执委会召开】** 6月16日下午，区工商联（总商会）二届三次主席会议在奉化迎凤山庄召开。会议研究讨论了区工商联二届执委会年度工作报告，增补执委、常委、副会长以及副秘书长等相关事宜。会议还选举产生了区总商会领导班子，会长王伯宁，副会长戴雪嵘、庄希平、林洪世、罗建国、屠卫平、汪剑君。区政协副主席、统战部长徐培荣出席会议。市工商联副主席吴德水、区委副书记毛溪浩出席会议并讲话。

**【江北区文教街道繁景社区被国侨办授予“侨法宣传角”称号】** 7月6日下午，文教街道繁景社区被国侨办授予“侨法宣传角”称号，成为我区首个、全市第三个被国侨办授予“全国五五普法侨法宣传角”的单位。省侨办副主任邱国栋为文教街道繁景社区授牌。区政协副主席毛江舟，副部长、侨办主任罗胜雄，文教街道相关领导出席了授牌仪式。

**【江北区首个女企业家联谊会成立】** 7月8日下午，我区首个女企业家联谊会成立大会在远洲大酒店举行。市、区妇联有关负责人和30多位来自全区各行各业的女企业家代表参加了会议。会议选举宁波永久磁业有限公司董事长任荷芬为区女企业家联谊会会长，审议通过了区女企业家联谊会章程。区委副书记毛溪浩出席会议并讲话，区人大副主任、工商联主席王伯宁出席了大会，副区长周明力为女企业家联谊会授牌。

**【江北区少数民族联谊活动中心和华侨民族之家揭牌成立】** 12月9日上午，江北区少数民族联谊活动中心和华侨民族之家揭牌成立。市委统战部副部长叶剑辉，市民宗局副局长曹沛宏，市少数民族联谊会会长那雁玲，江北区副区长周明力、区政协副主席、统战部长徐培荣等领导参加了揭牌仪式，并观看了文艺演出。区少数民族联谊活动中心设有少数民族同胞知识培训中心、五十六个民族知识库、文艺活动室和休息室等，为我区少数民族群众提供了一个固定的文化活动场所。（宋　婕）

## ·北仑区委统战部·

**【综述】** 2009年，北仑区统战工作在区委、区政府的坚强领导下，全力服务科学发展，着力巩固政治基础，努力促进社会和谐，各方面工作都取得了新的成绩，为维护我区改革发展稳定大局，促进政党关系、民族关系、宗教关系、阶层关系、海内外同胞关系和谐发挥了重要作用，也为北仑“保增长、保民生、保稳定”作出了积极贡献。

（一）抓住中心点，凝心聚力促发展。广泛开展“树信心、保稳定、促发展”主题系列活动，在向全区民营企业、台资企业发出《积极应对国际金融危机，勇于承担企业社会责任》的公开信，组建政策宣讲团开展“克难关，政企互动、树信心，再创辉煌”巡回解读优企政策中增强信心；在开展“台商故事”大型系列报道（18期）、宣传6个明星侨资企业和华侨华人创业人员先进事迹中传递信心；在举办新的社会阶层庆祝新中国成立60周年暨第二届企业之歌大赛、召开统一战线人士座谈会中鼓舞信心；在组织企业赴外地考察，引导、鼓励和帮助企业“走出去”寻求合作中树立信心。

打造党委政府的“编外智囊团”。一方面，发挥智力资源优势，建言献策服务发展。不断提升“党委出题、党派调研、统战协调、部门参与、成果转化、结果反馈”的调研模式，支持和配合各民主党派、工商联和无党派人士，紧贴“保增长、扩内需、调结构”的系列重点课题深入开展调研，形成《关于扶持建立出口企业海外信用风险保护平台》等30多篇有参考价值的调研成果。另一方面，挖掘海外资源优势，引资引智促进发展。依托海联会、侨联、新的社会阶层北仑培训基地等，深入开展“我为应对国际金融危机影响献一策”、海外人才“北仑行”、知名专家学者系列讲座、华侨华人专业人士洽谈专场、建立“统战爱国林”等活动，促进双向交流。全年共引进捐赠资金1180多万元。

建设和谐温暖的“党外人士之家”。一是人才支持。组织210家企业参加人才招聘洽谈会，会同有关部门举办“大学生顶岗实习暨双向选择洽谈会”，共签订2100个实习岗位。二是金融服务。组织3次银企座谈会，促进12家企业与银行或担保公司达成协议，落实各类资金15000万元。三是加强培训。共举办各类培训班10多期，人员达3000多人次，提高政策水平。四是维权服务。加强与民营企业、侨资和台资企业的沟通联系，通过召开不同层次座谈会5个、走访企业60多家，解决各类困难和问题30多件。五是搭建平台。借助“浙洽会”，组织13家企业参加华侨华人专业人士创业发展洽谈专场，6家达成初步意向。积极开展台资企业与民企项目对接，有10个项目对接成功，另有4家应用高端塑料的企业与留学生企业进行对接，并达成合作项目。

为经济社会发展提供“人才库”、“蓄水池”。开展全区区管副职党外人士的推荐工作，共推荐23名。认真做好党外人士的政治安排、实职安排和挂职锻炼等工作，共调整市、区政协委员21人。召开全区非中共党员领导干部座谈会，听取区管党外干部的意见和建议。举办第三期民主党派支委和无党派代表人士培训班、第七期非中共干部培训班。协助加强民主党派基层组织建设。深入各民主党派支部（社）调查研究，支持民主党派基层组织加强思想、组织、制度建设，协助九三学社北仑支社完成换届工作。

（二）狠抓着力点，优化服务聚合力。以承办区委在香港举办旅港乡贤团拜会、出席甬港联谊会迎春团拜会、参加世界中华宁波总商会成立大会等为契机，进一步密切北仑同港澳各界在各领域的交流合作，加强与港澳社团及代表人士的联系。以清明节、浙洽会等重大节庆日为契机，热情接待严信才先生、顾建纲先生、王明康先生、小港李家后人、海侨（远东）有限公司董事长李名麟先生、林光宇先生等49批共229人次来北仑回乡祭祖、观光旅游、商业考察等接待服务工作。深化对台交流交往工作，做好9个赴台团组报批工作，进一步加深两地的经贸文化交流。通过举办第二届台资企业迎中秋文艺汇演、台商新春联谊会、霞浦街道与台塑“庆五一、走进台塑”文艺晚会等联络联谊活动16次，进一步做好“家门口”台商工作。协助宁波台协北仑地区联谊会做好换届工作。加大基层组织建设，柴桥街道侨联获省侨联系统先进组织，新碶和大碶街道侨联获市侨联系统先进集体。

完善新阶层人士统战工作机制。把新的社会阶层工作纳入乡镇街道考核范围，作为统战工作的重要内容。成立了北仑党外知识分子联谊会。落实“千、百、十、一”工程行动计划，大力推进新阶层优秀人士库建设，已有210名人士入库。进一步完善新阶层统战工作联席会议各项制度，召开4次新的社会阶层联席会议、健全台帐资料，促进规范化、制度化建设。加大宣传力度，设计制作了统战知识宣传挂图，并下发至街道乡镇、社区农村；改版更新“北仑统战网”；编印新的社会阶层人士统战工作手册；举办由统一战线成员自编自演的庆祝新中国成立60周年的4台文艺晚会。

开展自由择业党外知识分子工作，拓宽工作面。利用北仑外商投资企业集聚优势，在新碶街道大港社区开展外企中方管理技术人员统战工作试点。首先是在深入调研的基础上，成立了新的社会阶层人士大港社区联谊站，并建立起一支有50多名新的社会阶层代表人士的队伍。其次是通过召开新的社会阶层代表人士座谈会，开展了评选星级新阶层代表人士活动，建立起一刊、一站、一群、一厅、一场、一所等活动平台。另外还通过与宁波职业技术学院共同组建了统战理论研究小组，对如何创新外企新阶层统战工作机制进行理论研究，并用调研成果指导新的社会阶层统战工作。

建立十大服务平台，推进政校企合作“三三模式”。牵线搭桥联系18名企业“高管”当上北仑职高副班主任，实现“校企”无缝对接。在宁职院设立企业家茶室，组织举办北仑国际模具城建设、现代国际物流园区建设等沙龙活动。牵头打造人力资源超市，建立人才服务新模式。配合成立了北仑区人力资源协会，促进政校企三方互动，为区域开发开放和经济社会建设提供人才支持。

（三）谋划创新点，突出民族宗教特色抓载体。在“三个面向”上下功夫。面向基层。进一步完善了乡镇（街道）宗教工作属地管理办法，健全民族宗教工作考核新机制；成立民族宗教政策讲师团，举办28场次民族宗教讲座。面向社会，在学校、社区、家庭、企业等开展民族团结教育工作，广泛开展学唱跳民族歌舞、评选“十佳”民族之花、建立少数民族爱心基金等活动；摄制《奏响民族共融的和弦》电视专题片；举办4场少数民族文艺汇演。面向民宗干部和骨干，建立全区宗教团体和少数民族后备干部档案库，加大对宗教界和少数民族人员的培训力度。

在维护稳定上下功夫。深入开展“平安场所”创建。通过开展安全生产宣传月（6月份）活动、与宗教场所签订安全生产责任状31份、召开6次安全生产会议、首次举办宗教场所消防安全演习等，为处理消防隐患打下了坚实的基础。在全区佛教场所实行财务委托代理制。实施对宗教教职人员的备案制。开展“我为北仑民族宗教工作献一策”等活动。

在提高服务上下功夫。编织少数民族服务网。创建少数民族社团组织建设1+9+N模式，1就是北仑区少数民族联谊会；9就是先后在9个乡镇（街道）成立少数民族联谊小组；N就是在社区、学校、企业、农村等多个基层单位成立各种民族社团组织。编印《北仑区少数民族服务指南》和反映少数民族的宣传册《我们都爱这个家》。提供法律援助，设立少数民族法律援助中心、服务绿色通道，在社区成立“少数民族之家”、开设“少数民族权益保障中心”。妥善处理矛盾纠纷，加强与有关部门的协调沟通，较好地处理了10起治安、矛盾纠纷问题。新碶街道芝兰社区获得“全国第五次民族团结先进集体”。

在扶贫帮困上下功夫。发挥政府主渠道的作用，通过提供免费的致富实用技术培训、发放小项目启动资金、贷款贴息等，帮助困难少数民族家庭发展生产、脱贫致富。发动社会力量扶持，动员统一战线组织建立20余万元爱心基金，帮助困难少数民族家庭32户，与少数民族学生结对16对，扶持生产发展项目3个，发放慰问款18万元。支持自主创业，引导和扶持4家少数民族企业获得10多万创业基金补助；实施种植养殖扶贫帮困项目6个，使20多户贫困户脱贫。引导宗教界开展“慈善一日捐”及“温暖午餐—万人助学”。

**【“统战爱国林”碑正式揭牌】** 3月9日，“统战爱国林”碑正式揭牌。区委统战部组织百余名统一战线各界人士来到爱国教育基地——白峰总台山植树2700余株，营建了一片生机勃勃的“统战爱国林”。“统战爱国林”的建立，对于进一步继承老一辈统一战线人士的爱国精神，植爱国树，造福子孙后代，具有积极的作用。

**【全区统一战线庆祝新中国成立60周年文艺晚会举行】** 9月18日晚，由北仑区委统战部主办，北仑区各民主党派基层组织承办的《同舟共济、再创辉煌》大型文艺晚会在影剧院广场隆重举行。整台晚会创意新颖，编排精致，赏心悦目，催人奋进。晚会采用配乐诗朗诵、舞蹈、歌曲等节目形式，回顾新中国60年走过的光辉历程，展望伟大祖国美好未来。

**【北仑区举行新的社会阶层庆祝新中国成立60周年、建区25周年暨第二届《企业之歌》大型歌会】** 9月20日，北仑区体艺中心内红旗飞扬、歌声嘹亮。来自区内10多家民营企业的14支代表队汇聚一堂，由区委统战部在这里举行“同舟共济、再创辉煌——第二届《企业之歌》大型歌会”，用歌声庆祝新中国成立60周年、建区25周年。

**【北仑区委统战部开展系列沙龙活动】** 12月1日，由区委统战部牵头，新的社会阶层人士北仑培训基地主办、大碶街道、北仑模具协会承办的“北仑国际模具城建设”沙龙活动在宁职院举行。来自“两岸三地”的专家学者就北仑模具产业基地的概念、定位、体系、途径和发展等问题建言献策。（周燕国）

## ·镇海区委统战部·

**【综述】** 2009年，宁波市镇海区统战工作高举中国特色社会主义伟大旗帜，认真学习贯彻党的十七大、十七届四中全会和市、区委全会精神，深入学习实践科学发展观，紧紧围绕区委“保增促调”、“重塑新优势、实现新跨越”的战略要求，凝聚人心、汇聚力量，紧贴中心、服务全局，突出重点、统筹推进，以创新精神推动统一战线事业新发展，为促进我区经济社会发展作出了积极的贡献。

（一）围绕实现“保增促调”，服务经济社会又好又快发展取得新成效

应对国际金融危机严重影响，加大政策宣传和鼓劲工作，通过策划举办活动、召开座谈会，凝聚人心、鼓舞士气。鼓励支持民主党派、工商联、无党派人士深入调研、建言献策，两会期间，共提交人大议案、政协提案137件，推进决策的民主化、科学化。广泛动员统一战线成员开展应对金融危机影响献一策活动，班子领导带头，撰写了“台资企业受国际金融危机影响情况的调研”、“关于进一步促进我区侨台资企业发展的思考”，“我区小企业现状和政策扶持研究”等多篇调研报告，引起区委和有关部门重视。

积极搭建政企、银企交流平台，组织召开了“银企联手保增长促发展座谈会”、“台资企业恳谈会”，听取意见建议，帮助企业排忧解难；积极提供培训、融资等服务，组织举办非公企业高配电工进网取证培训班，开展法律服务民营企业活动；协调邮储银行镇海支行为广大中小企业和个体工商户的经营发展提供小额信用贷款760余笔，累计金额1亿余元人民币；同时，积极发挥区联合担保公司作用，为100余家中小民营企业提供贷款担保和转贷，累计金额4000余万元。积极拓展服务新平台，发挥71.90（企业点就灵）网络优势，为企业提供即时、高效、便捷的服务。配合有关部门做好第五届留学人员科技项目与民营企业洽谈会，搭建了海外留学人员与民营企业间交流合作平台。

（二）积极推进民主政治建设，民主党派、党外干部工作得到新发展

进一步完善民主党派支部负责人季度例会（学习）制度，着力提高民主党派成员思想政治素质；进一步规范党派支部学习、调研、服务活动等制度，开展了奉献爱心、促进和谐为主题的广场服务活动；进一步扩大工作沟通和政策宣传，编印“党派工作之窗”3期；加强党外干部教育

培养，在省社会主义学院举办了为期三天的党外干部培训班；召开党外干部建言献策座谈会，围绕经济社会发展提出了5方面10大建议，受到区领导及有关部门的充分肯定。党外干部队伍建设得到加强，今年4名党外干部得到提拔任用，区管党外领导干部总数达16名，其中正职岗位4个；成立了镇海区党外知识分子联谊会。

（三）认真贯彻落实党的民族宗教政策，民族宗教领域安全维稳工作得到新加强

狠抓民族宗教领域安全管理，通过落实安全措施、加大对各宗教场所日常安全检查及对重大活动的周密策划、现场指导，确保了宗教领域的团结稳定。积极推进民间信仰点规范管理，全区保留民间信仰点29处，建立了区、镇（街道）、村（社区）及民间信仰点四级管理组织。积极协调有关部门，在帮助宗教场所解决迁建用地、办理审批手续、减免有关税费方面，做好大量工作。加强少数民族工作，全年用于少数民族困难家庭和丽水少数民族贫困村帮扶资金10余万元；加强了宗教团体和宗教界代表人士队伍建设，加强教育引导，进一步提高他们的综合素质。

（四）积极探索新途径，港澳台和海外统战工作取得新进展

积极创新载体，举行形式多样的联络联谊活动，会同有关部门，举办“海峡同心”迎国庆·庆中秋台湾文化周系列活动；举行“彩虹之路——同庆祖国华诞、共游家乡新貌”参观考察活动、招宝杯侨界人士同庆新中国成立60周年赛诗会及书画比赛等系列活动，较好地联络了感情。积极引导海外人士支持家乡公益事业发展，全年引进捐赠382万元。积极推进交流合作，全年共接待港澳台及海外人士370余人次，促成区农业考察团赴台；积极配合做好宁波帮博物馆史料实物征集及落成开馆仪式，联络邀请100余位港澳台及海外宁波帮人士参加，扩大了宁波帮精神宣传。加强联谊平台建设，圆满完成区台商联谊会、区海外联谊会换届工作。

（五）加强组织建设，在促进非公经济人士健康成长和非公经济健康发展方面取得新突破

加强基层商会建设，圆满完成了6个镇、街道商会换届工作，新成立了宁波化学工业区商会，骆驼商会和煤炭商会达到“五有五好”商会要求；认真做好区工商联换届工作，借换届契机，选优配强领导班子，会同有关部门慎重做好八届工商联执委、常委及领导班子成员的推荐物色工作，使一批政治素质高、社会影响好、参政议政能力强、热爱工商联工作的非公有制经济代表人士进入工商联领导班子，为进一步推进商会工作开展打下基础。扎实做好非公经济人士思想政治工作，教育引导广大非公有制经济人士“爱国、敬业、诚信、守法、贡献”，促进非公经济人士健康成长。

在全体干部共同努力下，2009年统战工作取得可喜业绩，受到了上级相关部门表彰。区委统战部获2009年度全省统战工作创新奖；区台办被评为2009年度全市对台交流工作先进单位；区侨办被评为2009年度全市侨务工作先进集体；区民宗局被评为2008—2009年度全市宗教工作先进集体等荣誉。

**【召开党外干部建言献策座谈会】** 11月13日，镇海区召开党外干部座谈会，听取党外干部对全区经济社会发展的意见建议，区政协副主席、统战部部长胡文安主持会议。会上，来自我区镇（街道）、发改、农业、建交、审计、教育等部门及非公企业的民主党派、无党派代表人士畅所欲言。他们分别就科研成果与产业化生产顺利对接，推进企业创新发展；利用临港优势，加快三产发展；新农村建设中集体资产的保值增值；推进新城商贸中心建设等相关课题建言献策，提出很好的意见和建议。区委副书记宋济青作重要讲话，希望各位党外干部要充分发挥联络优势，倾听群众意见，畅通民意渠道，积极反映意见建议，要秉承“献真言、办实事、求实效”的良好传统，充分发挥聪明才智，为推进我区经济社会又好又快发展作出更大贡献。

**【镇海海外联谊会四届一次理事会议召开】** 12月31日，镇海海外联谊会四届一次理事会议召开。区委副书记宋济青，副区长翁雪莲，区政协副主席、区委统战部部长胡文安参加。会议审议通过了三届理事会工作报告，并审议通过了《宁波市镇海海外联谊会章程》（修正案）。选举产生了镇海海外联谊会新一届领导班子，胡文安当选为会长。区委副书记宋济青作重要讲话，他充分肯定了海外联谊会多年来所取得的成绩，要求海外联谊会始终高举爱国主义旗帜，加强联

络、加深感情、增进共识，扩大爱国统一战线力量；把握发展主题，紧紧围绕区委提出的“重塑新优势，实现新跨越”的战略要求，扩大与海外新生代的联系，积极引导海外新生代来镇海投资创业，实现双赢；大力弘扬宁波帮精神，以宁波帮博物馆为平台，扩大宁波帮精神宣传，传承弘扬宁波帮精神，进一步激发海外人士爱国爱乡热情；发挥联谊会桥梁作用，强化联谊，广交朋友，促进交流合作，多宣传家乡发展变化，努力做好服务工作，为他们投身镇海现代化建设提供机会、创造条件。

**【举办2009年镇海区党外干部培训班】** 9月23日，镇海区在省社会主义学院举办为期三天的2009年镇海区党外干部培训班，来自全区各条战线的民主党派、无党派中青年骨干、区级机关党外后备干部及区管党外领导干部35人参加培训。社会主义学院副院长赵向前，区委常委、组织部部长徐方，区政协副主席、统战部部长胡文安出席。徐方作动员讲话，他要求学员们充分认识此次学习培训的重要性和必要性，端正学习态度、遵守培训纪律、理论联系实际，切实提高学习培训效果。希望学员们通过学习培训，不断增强政治把握能力、参政议政能力、组织协调能力和合作共事能力，围绕区委提出的“重塑新优势，实现新跨越”战略要求，切实增强责任感和紧迫感，为促进镇海经济社会又好又快发展，率先在全市实现更高水平小康社会作出新贡献。为期三天学习时间里，学员们认真学习了科学发展观理论、统一战线方针政策、基层应急管理、创新思维能力和参政议政能力建设等方面内容，取得较好效果。

**【镇海区党外知识分子联谊会成立】** 8月13日，镇海区党外知识分子联谊会举行成立大会，来自各条战线的区党外知识分子联谊会会员共50余人参加。市委统战部副部长史建华，区委副书记宋济青，副区长翁雪莲，区政协副主席、区委统战部部长胡文安等出席会议。会上，与会会员听取并审议了《筹备工作报告》，通过了《宁波市镇海区党外知识分子联谊会章程》和《一届一次会议选举办法》，选举产生首届理事会理事以及会长、副会长、秘书长、副秘书长。翁雪莲当选会长。胡文安、史建华、宋济青先后在会上作重要讲话，他们充分肯定了包括党外知识分子在内的全区广大知识分子在“科教兴区”和“人才强区”战略中的重要地位和作用，阐明了党历来高度重视知识分子工作，概括了党的知识分子工作政策，强调了做好党外知识分子工作的重要性和必要性，并对会员如何履行职责和联谊会今后如何开展工作提出了具体要求。

**【宁波帮博物馆开馆典礼隆重举行】** 10月22日，宁波帮博物馆开馆典礼隆重举行，宁波市领导毛光烈、王卓辉、郭正伟、郑杰民及镇海区领导马卫光、陈召华、林瑶、王悦等出席开馆典礼。包括香港宁波同乡会创会会长李达三，世界中华宁波总商会会长、香港其士国际集团有限公司主席周亦卿，全国政协委员、浙江省政协常委、香港环球轮船公司主席包培庆等在内的100余名海外宁波帮人士参加了开馆典礼。毛光烈作重要讲话，他希望宁波帮博物馆立足于宁波城市深厚的文化底蕴，充分挖掘宁波帮文化内涵，加强管理，创新机制，完善服务，科学发展，努力成为收集和保存宁波帮历史史料的集大成之地，成为传承和弘扬宁波帮精神的重要载体，成为全世界宁波帮的“情感地标”和“精神家园”，成为宁波城市的靓丽文化名片。

**【举办“海峡同心”迎国庆·庆中秋台湾文化周系列活动】** 9月19日至9月25日，区台办会同有关部门举办了“海峡同心”——2009迎国庆·庆中秋台湾文化周系列活动，包括“电影联通你和我”台湾电影（周）展、“记忆中的旋律”台湾校园歌曲秀比赛、“天涯共此时两岸同牵挂”2009中秋联谊晚会，吸引400余名台商及眷属、区职能部门负责人参加。本活动以庆祝祖国60周年华诞和一年一度中秋佳节为契机，以举办台湾文化周系列活动为主线，在加强两岸经济和文化交流与合作，增强中华民族子孙的民族认同感和文化归属感，弘扬中华文化，凝聚民族情感等方面取得了较好效果。（李 宏）

## ·鄞州区委统战部·

**【综述】** 2009年，面对国际金融危机的挑战，在区委的高度重视和正确领导下，我区统一战线围绕中心，服务大局，突出重点，统筹推进，圆满完成了各项任务。各项工作继续走在全省、全市前列，区侨办和侨联分别获得全国先进，区台办和工商联获得全省先进。

健全制度，多党合作事业稳步推进。认真做好区政协委员的人事安排工作，完满完成区政协十四届四次会议的选举任务。坚持通报会制度，依托人大、政协平台，不断畅通党外人士参政议政渠道。帮助民主党派加强组织建设，协助民盟成立鄞州区总支部委员会，组织民主党派骨干成员赴省社会主义学院进行培训。加强中共与党外人士的合作共事，多渠道、多途径做好非中共党员干部的培养选拔工作，新推荐使用4名非中共党员干部担任副处以上领导职务，首次安排非中共党员干部担任乡镇正职。

规范管理，民族宗教工作扎实有效。发挥区少数民族联谊会作用，开展形式多样的团结联谊活动。做好少数民族低收入群众的帮扶工作，扶持少数民族困难户自主创业，结对帮扶龙泉市竹垟畲族乡际上村。积极开展“平安宗教活动场所”创建活动，表彰区级平安场所47处。加强宗教活动场所的安全防范工作，抓好民间信仰活动场所规范有序管理，得到国家宗教局充分肯定并在全国进行推广。

创新载体，港澳和海外侨务工作成绩斐然。依托侨务资源优势，全年引进启发明湖大酒店等31个项目落户鄞州，合同利用外资8293万美元。开展“六进六帮”活动，建设“六个一”侨爱新村，整体推进侨务工作为新农村建设服务，20家侨企（商）与32家行政村结对，设立各类慈善基金总额达1000万元。开展“侨企服务年”活动，组织30多家侨企负责人参加“创业辅导总经理财务管理”培训班，举行第五届“侨企人才和劳动用工专场招聘会暨归侨侨眷就业推介会”，80多家侨企提供岗位2000多个。拓展海外联谊，协助举办“2009年希腊—中国旅游、文化、贸易推介会”，全年共接待海外客商790人次。

深化交流，对台工作水平不断提升。加强对区台商联谊协会的指导和管理，认真做好台资大项目及台资企业的引进和服务工作，妥善解决台资企业在生产经营中遇到的问题，万汇、德州、太平洋、索奈斯等台资企业的产业结构调整取得实质性推进，台资参与商贸和楼宇项目有了新的增加。以台湾宜兰县理事长商务发展协会与鄞州商会结对互访为纽带，大力推进鄞台交往交流，全年接待来鄞旅游观光和考察的台胞台商129人次，组织赴台交流团组4个，32人次。

完善网络，新的社会阶层人士工作卓有成效。做好非公有制经济人士思想政治工作，举办“鄞州企业家大讲堂”，组织召开非公有制企业思想政治工作研讨会。引导非公有制经济人士积极参政议政，在区两会期间提交议案提案60件。依托区光彩事业促进会，开展“光彩行动教育行”活动，募集资金100万扩建咸祥镇中学教育楼，出资600万元援建四川省广元市元坝区射箭乡小学的建设。全区已有307家企业设立了企业留本冠名基金，本金总额达5.418亿元，村企结对项目达到690个。加强区工商联的组织建设，新发展会员企业263家，创办会刊《鄞州商汇》，通过融资、培训、引进人才和提供法律维权等手段，帮助非公有制企业积极应对国际金融危机。

**【开展民族团结进步宣传教育】** 指导区少数民族联谊会，在下应街道东南小学设立少数民族团结教育基地。开设了民族知识教育大讲堂，于11月19日正式开课。设置以“共同团结奋斗，共同繁荣发展”为主题的鄞州区少数民族文化教育展示中心，中心面积300余平方米，总投资14万元人民币。组建“民族文艺之花小小文艺队”，开展民族文艺歌舞汇演活动，展示少数民族文艺风彩。

**【建立台商沙龙联谊制度】** 组织全区52家企业约150余名台商及其家眷参加了首轮活动，取得了明显成效，台商反映热烈。为促进台资企业与政府有关职能部门及企业之间进一步加强沟通，更好地发挥台商的自我管理与服务能力，切实解决台商生产经营中遇到的实际问题，提供了一个有效平台。

**【提升海外人才工作】** 在美国、日本、新加坡建立引智引才联络站，做到人员、资金、职责三到位，向海外集聚人才，吸引人才。率先在全省探索中国公民出国前培训工作，为即将走出国门的中国公民介绍海外留学、工作等情况，得到上级侨办充分肯定。留学人员创业委员会作用日益显现，泰来环保、奥林网络、百迅软件等三家留学人员企业荣获“国家高新技术企业”称号，其中奥林科技入选“中国创业企业百强”，留学回国人员成为创新型鄞州建设的一支生力军。

**【开展第二届区“优秀中国特色社会主义事业建设者”评选活动】** 依托非公有制经济人士综合评价体系，开展了第二届区“优秀中国特色社会主义事业建设者”评选活动，全区有25家非公有制经济人士受到表彰，推荐8名非公有制经济人士获得市级优秀建设者称号，推荐2名非公有制经济人士和自由择业党外知识分子获得省级优秀建设者称号。

**【开展统战群团规范化建设年活动】** 基层三胞联谊会（侨联）和商会覆盖到全区各镇乡、街道，成立了区党外知识分子联谊会。通过借用公司、租赁写字楼、建立会所等形式，帮助基层商会落实办公场所；把基层侨联组织工作经费列入镇乡（街道）年初预算；指导区佛教协会实行分工管理制度，基督教“两会”实行分片管理制度。开展了“五好佛教场所”和“示范教堂”评比，围绕“五有”标准创建先进基层侨联组织，围绕“六个一”标准创建示范商会等。

（王　飞）

## ·余姚市委统战部·

**【综述】** 2009年，余姚市委统战部认真贯彻落实党的十七大和十七届四中全会精神，坚持以科学发展观为指导，以统战文化建设为抓手，积极构建大统战格局，不断开创统战工作新局面，走出了一条县级统战工作的新路子，为实施“两创”战略，建设富裕和谐新余姚作出了新贡献。余姚市大统战经验得到省委统战部的充分肯定，并在全省统战部长会议和全省县级统战工作座谈会上作经验介绍。余姚市委统战部被评为全省统战工作先进集体。

着力打造合力统战，推进统一战线自身科学发展。余姚市委把统战工作作为凝聚全市人民智慧和力量，建设富裕和谐新余姚的重要法宝来抓，市委重大事项酝酿会议专题听取统战工作汇报，研究部署统战工作，形成了统战工作全党抓的新格局。各级各部门党组织坚持把统战理论学习纳入党委（组）中心组学习内容，各村、社区、企业、学校党组织通过学习对统战工作的认识进一步提高。机关统战工作也有新的起色。

着力打造和谐统战，各项工作开创新局面。一是多党合作事业迈出新步伐。以多党合作制度建立60周年为契机，扎实推进多党合作和政治协商的制度化、规范化。继续在民主党派和无党派人士中开展参政党文化建设，充分发挥各民主党派、无党派人士参政议政、民主监督作用，全年召开政治协商会、座谈会、对口联系工作会议等30余次。支持民主党派、无党派人士开展“感恩祖国、服务社会”活动10余次。成功承办宁波市知联会工作现场会，余姚市知联会工作经验在宁波和全省介绍推广。二是民族宗教工作开创新局面。余姚市委、市政府出台《关于进一步加强民族工作的意见》（〔2009〕1号），设立每年30万元的少数民族发展专项资金和困难帮扶资金。建立社会联动的民族关爱机制，新华网、人民网等分别作了报道。举办“城东杯”少数民族十佳歌手大赛，编印《和谐智语100句》、《民族谚语100句》，制作长60米的卡通漫画墙，营造了良好的民族工作氛围。通过开展“和谐宗教活动场所”星级创建活动，建立动态管理制度，层层签定安全责任状，深入开展安全生产“三项行动”等，确保宗教管理工作制度化、规范化。按照“以镇统村，以村管点”的方式进一步推进民间信仰点规范化管理，并基本实现管理全覆盖，得到国宗局和省民宗委的充分肯定。市佛教协会、基督教“两会”顺利完成换届任务，实现新老班子的平稳交接。举办首届民族宗教和谐文化征文等活动，深入开展宗教和睦文化建设。三是新的社会阶层人士统战工作取得新成效。在开展余姚市第三届“优秀建设者”评选表彰活动中，创新评选机制，设立“杰出建设者”新奖项，并享受县市级劳模待遇。顺利完成市工商联（总商会）换届任务。启动商会大厦建设工程。进一步完善新的社会阶层人士统战工作联席会议制度，建立健全新的社会阶层人士培训工作新机制，进一步增强工作合力。召开全市基层商会工作会议，扎实推进“五有五好”基层商会建设工作。积极探索建立村级商会，得到上级工商联的肯定，《中华工商报》作了专题报道。积极推进异地商会和行业商会建设，享受2009年度余姚市委、市政府鼓励经济发展相关扶持政策。指导非公有制企业党组织深入开展学习实践科学发展观活动，推动企业保增长、促转型、创和谐。全省工商联基层组织建设现场交流会在余姚市召开，推广余姚经验。四是港澳台和海外统战工作取得新成绩。先后举办“姚籍归国创业人员联谊活动”、“两岸企业家经贸恳谈会”，“台湾同胞河姆渡寻根之旅”等活动。其中“台湾同胞河姆渡寻根之旅活动”被列入国台办和省台办2009年度重点交流项目规划。成立“香港余姚联谊会”。组织开展援建北川中学捐赠活动，被省侨联授予“援建北川中学特别贡献奖”。指导侨资企业开展“侨企助村、共建共享”活动，“宁波市侨务系统助推新农村建设”现场会在余姚召开。阳明街道新城市社区被国侨办命名为“全国侨法宣传角”，至今，余姚已有两家基层侨联组织荣获国家级荣誉。阳明街道侨联被命名为“省示范性基层侨联”。进一步深化“家门口台湾人民”工作，建立了“二联三常”制度，组建了“台商法律服务团”，开展“三星”（联谊之星、慈善之星、发展之星）评选活动，建立“青少年涉台教育基地”并开展“手拉手，一家亲”姚台青少年交流活动，台胞台属“我对余姚印象”征文等活动，营造了对台宣传和涉台教育的良好氛围。注重姚台交流领域的拓展，全年共接待台湾来姚团组6个，赴台交流团组8个。特别是市委书记亲自带队赴台，以“推介余姚、促进合作”为主题，开展经贸交流活动，取得较好成效。全年接受港澳台同胞和海外侨胞捐赠250多万元。

着力打造务实统战，为服务科学发展作出新贡献。积极搭建“四大平台”（引导发展平台、企业文化平台、服务协调平台、参政议政平台），帮助企业应对金融危机。会同市总工会、市工商联在全市职工中开展“四比”（比忠诚、比团结、比技能、比贡献）活动，引导职工凝心聚力促发展。动员各界人士开展“我为企业科学发展献一策”活动，共收集到意见建议470余条，通过梳理，部分意见建议以《统战参阅》的形式送市委、市政府及相关部门。开展“百名统战干部进百企”集中走访月等活动，为企业办实事、解难事。通过编写企业转危为机优秀案例（《风云姚商》），企业文化建设实例（《共创和谐》），举办各类培训班等，助推企业科学发展。进一步抓好村级商会的组建工作，全市共建村级商会20家，为促进村企共建搭建了新平台。2009年，全市新增结对企业45家（累计1325家），落实共建项目365个（累计1685个），企业协议扶助资金3610万元（累计1.3亿元），实际到位资金3150多万元（累计1.2亿多元），另有40多家企业出资1800余万元设立了新农村建设项目基金，有力地助推了新农村建设。共有624家企业参与第八次“光彩爱心”月活动，共捐赠1400余万元，为构建和谐社会作出了贡献。

着力打造文化统战，实现统战工作新发展。召开余姚市第五次统战文化理论研讨会，公开出版《统战文化建设实例》和《统战文化与和谐社会建设》，并以建立“浙江省统一战线理论研究会统战文化余姚研究基地”为契机，以统战文化研究会为依托，发动全市统战干部、理论工作者及各界人士参与统战文化研究，实现了统战文化研究的制度化、常态化。组织开展以“感恩伟大祖国，践行科学发展，展现魅力统战”为主题的“统一战线纪念新中国成立60周年”系列活动，广泛传播“和”的理念，扎实推进“和谐单位”创建活动，并坚持把统战思维、统战理念、统战精神、统战方法融入其中，使之成为创建活动的重要思想基础。

着力打造活力统战，基层统战工作迈出新步伐。2009年，在基本实现基层统战工作全覆盖的基础上，进一步规范基层组织设置，在乡镇、街道设立统战办，在村（社区）、企业设立统战站、统战员等，确保各项工作规范有序。以企业文化建设为切入点，通过举办培训班、召开经验交流会，全面推进企业统战工作。以建设“和谐校园”为目标，把统战文化建设与弘扬中华优秀传统文化结合起来，会同教育局在朗霞街道及有关学校试点的基础上，召开全市统战文化进校园经验交流会。同时，部领导深入各乡镇、街道，就做好学校统战工作等作专题讲座近20次。结合“和谐机关”创建活动，通过举办培训班、召开座谈会、开展督查等，不断提高机关统战工作层次和水平。在此基础上，坚持把搭建平台作为推动统一战线自身科学发展和服务科学发展的重要抓手，进一步建立和拓展了工作平台、联谊平台、活动平台、研究平台、教育平台、宣传平台，为推进基层统战工作创造了条件。同时，结合学习实践科学发展观活动，进一步完善了一系列统战工作制度，为提升基层统战工作科学化水平提供了保障。

**【建立社会联动的民族关爱机制】** 1月8日，余姚市委、市政府出台《关于进一步加强民族工作的意见》，提出了新形势下进一步做好民族工作的指导思想、工作目标。根据意见精神，市委统战部、市民宗局通过搭建统战文化建设、和谐创建活动、统战网络建设、服务帮扶等“四大平台”，建立了社会联动的民族关爱机制，进一步加强了流动少数民族人员的教育和管理，切实维护了少数民族群众合法权益。此做法得到了省民宗委的充分肯定，新华网、人民网等媒体对此进行了报道。

**【实施“四大工程”建设，服务企业科学发展】** 3月起，余姚市委统战部通过实施“四大工程”，全力服务科学发展。一是实施思想引导工程。通过学习培训，编写《风云姚商》、推广一些企业“破难十法”、开展“杰出建设者”和“优秀建设者”评选表彰活动等，增强企业发展信心。二是实施企业文化建设工程。通过开展企业统战文化建设，举办企业文化建设培训班和经验交流会，开展“和谐企业”创建活动，编写《共创和谐——余姚市企业文化建设实例》、举行“共同约定行动”等，凝聚发展力量。三是实施服务协调工程。通过搭建“四大平台”、开展“四比活动”，为企业科学发展凝心聚力。通过开展“百名统战干部（成员）进百企”活动及“我为企业科学发展献一策”活动等，大力服务企业发展。四是实施参政议政工程，优化企业发展环境。

**【成立“香港余姚联谊会”】** 4月15日，余姚市在香港君悦酒店隆重举行“香港余姚联谊会”成立大会，60多位姚籍乡贤参加了会议。宁波市委统战部副部长史建华，余姚市领导王永康、陈伟俊、诸晓蓓、叶文龙等出席成立仪式。大会选举香港森源集团董事长邵力伟为首任会长，香港捷丰公司董事局主席甄兆威，香港花旗银行环球金融亚洲有限公司董事、总经理黄益平为副会长。同时，联谊会聘请余姚市委书记王永康，市委副书记、市长陈伟俊及东昌航运（香港）有限公司主席何兆丰，香港众利股票有限公司主席董伟，香港恒丰喉业有限公司董事长魏绍相，高宝集团主席韩世灏为名誉会长。

**【统战文化进校园活动全面推开】** 5月22日，余姚市委统战部会同市教育局在朗霞街道召开全市统战文化进校园经验交流会，标志着统战文化进校园活动在全市学校全面推开。会后，各校以传统文化教育为切入点，以创建“和谐校园”为目标，开展了各具特色的统战文化进校园活动。

**【国家宗教局业务四司司长吕晋光一行到余姚调研民间信仰点管理工作】** 5月26日，国家宗教局业务四司司长吕晋光一行到余姚调研民间信仰点管理工作。省民宗委副主任邢越生，宁波市民宗局局长陆立宪，余姚市委常委、副市长诸晓蓓，市政协副主席、市委统战部部长叶文龙等陪同调研。吕晋光司长对余姚探索民间信仰点规范化管理给予充分肯定和高度评价。

**【举行“台湾同胞河姆渡寻根之旅”活动】** 5月27日上午，“台湾同胞河姆渡寻根之旅”活动在余姚河姆渡遗址博物馆广场拉开帷幕，来自岛内的50多位台湾同胞参加了此次寻根活动。省台办副主任邵建伟，省人大常委会副秘书长、台胞胡亚芳，余姚市委副书记、组织部部长李浙闽，市人大常委会副主任魏利民，副市长陈洪逵出席启动仪式，余姚市政协副主席、市委统战部部长叶文龙主持启动仪式。

**【企业统战工作有效推进】** 7月27日至28日，余姚市在市社会主义学院举办企业统战工作培训班暨企业文化建设经验交流会，市政协副主席、市委统战部部长叶文龙就企业统战工作作了专题讲座，为深化企业统战工作，创建“和谐企业”夯实了基础。

**【宁波市侨办系统助推新农村建设现场会在余姚召开】** 7月30至31日，宁波市侨办系统助推新农村建设现场会在余姚召开，省侨办和宁波市侨办、农办、农业局及所辖各县（市）区侨办有关负责人、余姚市部分侨资企业、行政村代表50余人参加了会议。余姚市侨办及宁波长城精工实业有限公司在会上作了交流发言。

**【浙江省统一战线理论研究会统战文化余姚研究基地成立】** 9月3日上午，“浙江省统一战线理论研究会统战文化余姚研究基地”授牌仪式在余姚市社会主义学院举行，标志着全省首个统战文化研究基地正式落户余姚。省委统战部副部长蒋学基，宁波市委统战部副部长史建华，余姚市委副书记李浙闽出席授牌仪式。余姚市政协副主席、市委统战部部长叶文龙主持授牌仪式。

**【全省县级统战工作座谈会在余姚市召开】** 11月26日至27日，全省县级统战工作座谈会在余姚召开，全省各地市统战部分管领导，部分县（市）、区统战部负责人30余人参加了会议。余姚市委副书记李浙闽代表余姚市委在会上致辞，市政协副主席、市委统战部部长叶文龙在会上介绍余姚市县级统战工作的经验。座谈会由省委统战部副部长蒋学基主持。

**【宁波市知联会工作现场会在余姚召开】** 12月3日，宁波市党外知识分子联谊会工作现场会在余姚召开。会议听取了各地知联会工作情况汇报。省委统战部副部长黄永通，宁波市委统战部常务副部长杨志强出席会议并讲话。宁波市委统战部副部长史建华主持会议。余姚市委副书记、组织部部长李浙闽出席会议并致辞。

**【全省工商联基层组织建设现场交流会在余姚召开】** 12月14至15日，全省工商联基层组织建设现场交流会在余姚举行。省委统战部副部长、省工商联党组书记汤为平出席会议并讲话，省工商联副主席邓国安主持会议。来自全省各地（市）工商联的主要领导、分管领导、职能处室负责人和各县（市、区）工商联主要负责人参加会议。毛溪浩、李浙闽、王祥林等余姚市领导出席会议。会上，余姚市工商联作了交流发言。与会同志还实地考察了余姚市朗霞街道商会、凤山街道永丰村商会和市裘皮行业商会。

## ·慈溪市委统战部·

**【综述】** 2009年，慈溪市统一战线以提升服务科学和实现自身科学发展的能力为目标，不断深化“凝聚力工程”，努力实现了统战工作的“完善、提升和突破”，为促进慈溪市经济平衡较快发展，保持社会和谐稳定作出了新的贡献。慈溪市委统战部被评为全省统战工作先进集体，市侨联被评为省基层侨联先进集体，市台办被评为宁波市对台交流工作先进单位，市民族宗教局、市工商联分别被评为宁波市民族宗教系统和宁波市工商联系统先进集体，市委统战部副部长、市民族宗教局局长陈迪川同志还被国务院表彰为全国民族团结进步模范个人。

学习实践科学发展观，夯实统一战线共同思想政治基础。将统战知识“六进”活动提升为统战“和风”行动，组建了市统战知识讲师团、镇（街道）统战知识宣讲团、统战知识微型教案宣讲团，以及500多名干部组成的市镇村三级统战工作联络员队伍，相继开展了统战知识大讲堂、微型教案宣讲评比、统战知识下基层宣讲、专家来慈作专题辅导、联络员专题培训等活动，分别邀请了原国家宗教局局长叶小文，海峡两岸关系协会副会长张铭清等向市委中心组全体成员、党外人士和干部群众作专题讲座。据统计，全市共举行宣讲200余场次，学习人数超过5000人次，累计发放宣传资料达6万多份。“和风”行动的开展，得到了上级统战部门的充分肯定，在我市召开宁波市基层统战宣传工作现场会进行了推广，并在全省统战宣传工作会议上进行了书面交流，获得了省委统战部的重大活动创意奖。在我市统一战线成员中开展了以“风雨同舟，与祖国共成长”为主题的庆祝新中国成立60周年和多党合作制度确立60周年纪念系列活动、以“爱家乡、促和谐、做贡献”为主题的民族宗教界人士思想教育活动、以“树信心、保稳定、促发展”为主题的非公经济人士形势教育活动和“情系新农村、服务促发展”主题活动，组织开展了座谈、征文、走访调研、金点子评选、典型宣传等活动，累计收到征文30余篇，开展爱国主义教育活动6次，在“我为应对国际金融危机献一策”活动中收到相关意见建议216条，充分激发了统战人士报效祖国、热爱家乡、服务经济社会的情感，坚定了他们走中国特色社会主义道路的信心和决心。

发挥统战优势，服务“保增促调”。开展了“在外慈溪人经济”专题调研，加快推进慈商回归工程，2009年通过异地商会、开展“慈溪人经济”活动，共接待来访人士368人次，引进了慈溪上海商会大厦、杭州湾新区物流基地等7个重大项目，总投资达25亿元。新成立了慈溪武汉商会、4家村级商会和2家行业协会，各镇（街道）有12家商会成为“五有五好”基层商会。同时，在基层商会和异地商会中全面推开党建工作，新建立了慈溪成都商会党支部，以党建促商会健康发展。引导广大非公有制经济人士主动履行社会责任，积极参与新农村建设和扶贫济困，叶建荣、冯嘉耀、何士轩、徐银昌、姚国宁等5名非公经济人士被推选为宁波市优秀社会主义建设者。举办了第五届留学生科研项目与民营企业产业对接活动，有70余项高新实用技术与民营企业进行对接洽谈，9个项目当场签约。组织开展非公企业与银行的“银企对话”活动，帮助企业落实2.4亿元贷款。成立了台企（商）服务团和律师服务企业工作小组，举办了第三届“2009国际家族企业论坛”，首次发布了“2009全球最受尊敬的家族企业”和“接力100—2009中国民营企业少帅榜”两张榜单，为我市家族企业创新发展树立信心。积极引导非公人士参与“科技创新竞赛行动计划”活动，沁园集团“节能型饮用水深度处理系列设备的研发与产业化”项目获得了全省统一战线科技创新竞赛项目二等奖。召开了海外人才服务家乡智囊团年会，为我市产业规划及发展募集了11条诤言良策。

坚持和完善多党合作基本政治制度，促进民主政治建设。协助做好了民盟慈溪市基层委员会第一次盟员大会暨慈溪建盟20周年庆祝大会和民建慈溪市基层委员会第一次会员大会暨民建慈溪基层组织成立二十周年大会等相关工作，并顺利完成了两个民主党派的政治交接。制定出台了《2009－2012年慈溪市统一战线各界人士教育培训规划》，规范了统战人士教育培训的科学化、制度化。举办了党外人士党风廉政建设情况通报会、市级重点工程进展情况通报会和党外人士暑期读书会，进一步促进了参政议政、民主监督职能的发挥。完善了与党外人士的联系联络制度，各级党政领导干部与党外人士结对联络趋于常态化和规范化。进一步健全了“党委出题、党派调研、政府采纳、部门落实”的民主党派、无党派人士调研制度，全年民盟、民建及知联会落实调研文章14篇，上报“两会”提（议）案155件。进一步健全了对口联系制度，将对口联系单位扩充至12个，累计开展对口联系活动9次。发挥优势，组织民主党派和知联会成员开展大型社会服务活动2次，为1000多名环卫工人和农村群众提供了医疗、农技、法律、文化、科普等服务。不断强化民主党派、知联会的自身建设，省委统战部副部长黄永通一行专程赴慈就知联会和新社会阶层人士统战工作进行了调研，并给予充分肯定。党外代表人士实职安排取得新成效，2009年新举荐了2人担任政府部门领导正职，2人担任副局级领导干部。

促进社会和谐，营造民族宗教领域的团结稳定。加强对宗教事务的依法管理。年初，市民族宗教协调小组成员单位在市委常委带领下对我市的宗教工作属地管理进行了专项督查，分析排摸了宗教工作难点，提出了强化宗教工作属地管理的新打算，进一步树立了“宗教工作无小事”的理念。加强非通常宗教活动管理，确保了全年50余次非通常宗教活动的依法、安全、有序。基督教“两会”完成换届工作，及时充实了新鲜血液和后备力量。开展了星级文明宗教场所创建活动，鼓励宗教场所争创和谐寺观教堂，成立了统一战线“专家支农服务团”，结合第八批少数民族扶贫项目，以“1＋2＋x”模式开展支农服务，使少数民族项目脱贫帮扶工作向精细化、多元化、长效化、规范化方向发展。截至09年年底，服务团专家已与28名少数民族同胞结成了帮扶对子，发放了7万元的启动资金，并有56名少数民族同胞参加了少数民族实用技术培训班。举办了第五届“心连心·民族情”文艺演出暨少数民族歌手大奖赛，有近60名少数民族群众参加，进一步丰富了少数民族精神文化生活。

加强联络联谊和交流交往，做好港澳台及海外人士统战工作。举办了“慈溪籍港（深）人士新春团聚会”，结合家博会、浙洽会、消博会，做好华侨华人、留学人员、港澳台人士的参观接待工作，共计28批次，300余人次，达成合作项目3个，意向经贸额882万美元。慈台交流交往取得新突破，组织8个团组赴台进行了考察交流。推进基层侨联组织建设，观海卫镇侨联成功创建成为“浙江省示范性基层侨联”。开展“十侨助十村进百户”活动，全市12家侨资企业与所在村签订了《村企结对建设社会主义新农村协议》，全年累计资助新农村建设资金450余万元。开展“爱心助侨送温暖”活动，对困难归侨侨眷进行了调查排摸，并上门走访慰问70余人次，发放慰问金22000多元，帮助解决实际困难12件。组织我市归侨侨眷和留学人员家属为四川北川中学重建捐款共计86550元，组织我市干部群众为台湾“莫拉克”台风受灾群众捐款近30万元。

**【开展统战“和风”行动】** 为进一步夯实统战基层基础，扩大统战工作普及面及影响度，将统战知识“六进”工作提升为统战“和风”行动，意指通过和风细雨式的宣传，将统战“和”理念吹遍基层。在硬件配置上达到了“九个一”，即编画了一套统战知识图文库，绘制了一本统战知识连环画和一套37张的统战知识画报，拍摄了一部统战宣传电视专题片，制作了一部统战知识幻灯片和一部统战知识微型教案宣教片，创作了一批适合基层讲课的统战课题，收集了一批有关反映统战知识方面的民间艺术、书法摄影、诗词作品、统战宣传标语、知识问答的宣传作品，开辟了一个统战知识大讲堂。在软件建设上重点建立了“四支队伍”，即市统战知识讲师团、镇（街道）统战知识宣讲团、统战知识微型教案宣讲团，以及500多名干部组成的市镇村三级统战工作联络员队伍，相继开展了微型教案宣讲评比、统战知识下基层菜单式宣讲、邀请专家来慈作专题辅导、对联络员进行专题培训等活动。据统计，全市共举行宣讲200余场次，学习人数超过5000人次，累计发放上述宣传资料达6万多份。

**【举行统战知识微型教案授课评比活动】** 5月19日，举行了统战知识微型教案授课评比活动预赛，在全市各镇（街道）、统战系统各部门选送的20名选手中选拔产生9名进入决赛。5月27日举行了决赛现场，决出了一、二、三等奖，市委常委、统战部部长华红及市领导龚建长、戴南璋、张明、何月祥等亲临比赛现场并进行了具体指导。

**【成立首批村级商会】** 6月18日，全市首个村级商会在庵东镇元祥村正式成立。此后，又相继成立了胜山镇大湾村、上蔡村，新浦镇上舍村等3个村级商会，为更好地发挥工商联组织的职能作用，扩大基层商会组织网络，拓展村级管理层面的中小企业生存空间搭建了新的组织平台。

**【举行统一战线“专家支农服务团”启动暨少数民族脱贫项目扶持对接仪式】** 6月25日，我市举行统一战线“专家支农服务团”启动暨少数民族脱贫项目扶持对接仪式。省民族宗教事务委员会副主任陈智慧到会并讲话，宁波市民族宗教事务局副局长曹汴宏，市领导杨慧芳、华红、孙根德、何月祥出席启动仪式。会上，服务团专家成员与28名少数民族脱贫项目责任人结成了帮扶对子，赠送了农技书籍、联系卡及脱贫项目资助款7万元。

**【召开全市宗教工作座谈会】** 7月1日，我市专题召开全市宗教工作座谈会，部署全市宗教工作。市委书记洪嘉祥到会并讲话，他强调要提高对宗教工作重要性的认识，增强责任感和紧迫感；要推进宗教事务人本管理，深化宗教工作属地管理，加强宗教工作长效管理。宁波市民族宗教局长陆立宪，市领导华红、张建人、孙根德、熊建业等出席会议。

**【举行民建慈溪市基层委员会第一次会员大会暨民建慈溪基层组织成立二十周年大会】** 7月5日，我市举行了民建慈溪市基层委员会第一次会员大会暨民建慈溪基层组织成立二十周年纪念大会。省人大常委会副主任、民建浙江省委会主委吴国华，宁波市政协副主席、民建宁波市委会主委张明华，中共宁波市委统战部常务副部长杨志强，市委副书记李兴达，市委常委、统战部部长华红到会致辞。市领导龚建长、戴南璋、何月祥等出席会议。

**【举行“心连心　民族情”少数民族歌手大奖赛】** 9月18日，由市委统战部、市民族宗教事务局、市社区学院、市少数民族联谊会联合主办的“心连心民族情”少数民族歌手大奖赛决赛在市人民大会堂举行，在预赛中成功晋级的17位少数民族歌手为观众带来了一场民族文化盛宴。宁波市民族宗教事务局局长陆立宪，国家民委组宣处处长李津，市委常委、宣传部长卞银江等领导到会观摩。

**【慈溪武汉商会成立】** 11月2日，慈溪市武汉商会正式在武汉成立。市委常委、统战部部长华红，市委常委、副市长李寒颖，市人大常委会副主任孙根德，市政协副主席毛加强，慈溪出口加工区（经济开发区）管委会副主任周晓虹，慈溪各异地商会会长出席会议。会议选举产生了第一届理事会，方伯厚当选为会长。市领导李寒颖、孙根德等为商会授牌、授印。

**【举行第三届“2009国际家族企业论坛”】** 11月8日，第三届“辉腾2009国际家族企业论坛”在慈溪举行。中华全国工商业联合会副主席谢经荣，中国民（私）营经济研究会原会长、全国工商联原副主席保育钧，全国工商联副秘书长王忠明，中国社科院世界经济与政治所世界华商研究中心主任康荣平，省工商联副主席邓国安，宁波市工商联吴德水，市领导洪嘉祥、高庆丰、华红、黄柏寿、毛加强等出席论坛。同时有近三百名国内外知名专家、企业家和近20家国内外媒体齐聚慈溪，并首次发布了“2009全球最受尊敬的家族企业”和“接力100—2009中国民营企业少帅榜”两张榜单，呈现出高端化与市场化两个态势。

**【举行民盟慈溪市基层委员会第一次盟员大会暨慈溪建盟20周年庆祝大会】** 11月11日，我市举行了民盟慈溪市基层委员会第一次盟员大会暨慈溪建盟20周年庆祝大会。省政协常委、民盟浙江省委副主委赵士芳，宁波市副市长、民盟宁波市委员会主委成岳冲，市委副书记李兴达，市委常委、统战部部长华红到会致辞。市领导龚建长、戴南璋、熊建业、何月祥等出席会议。

**【留学人员与民营企业家科技对接】** 11月8日，我市举行第五届留学人员与本土民营企业科技项目洽谈会，特邀50余位慈溪籍留学创业人员与家乡民营企业家面对面交流，寻找合作共赢机会。洽谈会上，浙江工业大学黄立维教授的气态有害物去除技术和垃圾焚烧发电实用技术、美国艾芙龙国际有限公司的高灵敏度癌症及传染病诊断技术等70余项高新实用技术逐一亮相。与会民营企业家分别与相关留学创业人员面对面交流，畅谈合作意向，当场有9个项目签订协议。

**【举行在慈台商迎春酒会】** 12月26日，我市举行在慈台商迎春酒会。宁波市台办主任何一江，市委副书记周健，市委常委、统战部部长华红，市人大常委会副主任龚建长，副市长戴南璋，市政协副主席何月祥到会。

（龚金富）

## ·奉化市委统战部·

**【综述】** 奉化市地处长江三角洲南翼的东海之滨，是宁波市副中心城市。全市辖6个镇、5个街道，下设354个行政村，人口48万，总面积1349平方公里，其中陆地面积1253平方公里，海域面积96平方公里。近年来，奉化已跻身全国经济、综合实力“双百强”行列，进入全国中小城市综合实力百强和长三角最具投资价值县（市）行列。奉化自然条件优越，地方特产众多，经济作物品种丰富，形成了水蜜桃、竹笋、芋艿头、花卉苗木、草莓、海水养殖六大主导农产品。奉化充分发挥山清水秀、依山傍海的生态优势，毗邻宁波市区、交通便捷的区位优势，“弥勒福地、名人故里”的人文优势，深入实施“接轨宁波，融入宁波”战略和“生态立市”战略，加快建设先进制造业基地、特色农产品基地，努力开创宁波南郊现代化生态城市和海内外著名旅游城市建设新局面。

2009年奉化市统战工作紧紧围绕市委、市政府中心工作，按照年初确定的工作思路，各领域统战工作均取得了新的成效。市委统战部荣获宁波统战工作创新奖；市台办被国台办评为宣传工作先进单位；市侨联被评为全省维权工作先进集体。

扎实开展学习实践科学发展观主题教育活动。大力支持和推动各民主党派、工商联、侨联、台联、宗教团体等统一战线组织开展各类学习活动，积极引导全市统一战线成员参与深入学习实践科学发展观活动。民革、民建组织采取多种活动、形式开展学习实践科学发展观活动；工商联发挥在全市非公有制企业深入学习实践科学发展观活动的指导作用，协助各镇（街道）做好了非公有制企业深入学习实践科学发展观活动；侨联、台联组织开展了“学习实践科学发展观暨基层台侨联工作交流活动”，将学习活动与基层工作有机结合。通过学习，进一步统一了全市广大统一战线成员的思想和行动，使他们更加坚定了自觉接受中国共产党的领导、走中国特色社会主义道路和信念。

坚持和完善共产党领导的多党合作制度。继续支持民革、民建、工商联、党外知识分子联谊会加强组织建设，提高参政议政、民主监督的能力和水平。民革组织健全完善《基层支部工作目标考核办法》，进一步激发基层支部的工作热情；民建支部与民建宁波大学支部等广泛开展学习交流活动，支部工作水平不断提高；2009年6月成立了党外知识分子联谊会；工商联积极做好换届准备工作；市教育局非中共党员干部工作有了新进展，选拔了一名民主党派人士担任市级中学副校长。全市民主党派、工商联、无党派人士积极参政议政、民主监督成果累累。据统计，全年民主党派、工商联、无党派人士参加民主协商、情况通报等活动11次，提交各类议案、提案116件，大会专题发言3次，与政府部门开展对口联系活动5次，担任特约人员28人，还有多人担任各级商会、侨台联、留联等社会团体和文化、教育、卫生系统的领导职务，多党合作事业得到进一步发展。

确保民族宗教领域的和谐稳定。深入宣传和贯彻落实国务院《宗教事务条例》、《浙江省宗教事务条例》和《浙江省少数民族权益保障条例》，大力加强宗教工作联席会议制度建设，不断完善由市民族宗教事务局具体负责，各镇（街道）、各部门齐抓共管的工作机制，突出抓好了全市民族宗教稳定安全工作。对全市各合法宗教活动场所全部签订安全工作责任状，督促各宗教场所建立健全了各项管理制度；拉网式排查全市所有宗教活动场所消防安全情况，组织应急演练8次，培训教职人员和宗教场所工作人员达500多人次，确保了全年不发生一起宗教场所消防事故。配合市委中心工作，确保2009年弥勒文化节取得圆满成功；协助市基督教“两会”顺利换届；切实落实少数民族政策，组织了“奉化民族妇女与祖国共奋进”联谊活动，给100个少数民族家庭发放困难补助费5万余元。宗教界还充分发扬热爱祖国、慈悲济世、服务人群的优良传统，全年爱心捐款达80多万元。

努力推进和谐侨界建设。广泛开展海外联络联谊，认真做好来奉港澳同胞、海外侨胞及留学人员的接待工作，共接待来客14批249人次；精心做好侨联换届筹备工作；深入实施“三百计划”，培育和发展了一批侨界“三新”（新华侨华人、华裔新生代、新社团）力量；筹建成立在奉创业留学人员沙龙，推动在奉留学人员交流合作；继续抓好“引智助业”工程，“两库”建设不断完善，引智引资活动广泛开展；积极开展“为困难侨企送服务”活动，帮助侨资侨属企业破解难题、应对金融危机；充分发挥侨联“侨中有台，台中有侨”特点，推动市总商会、香港华侨华人总商会、台湾青溪协会签订两岸三地友好协议；积极筹建社区“侨法宣传角”，不断加大依法护法工作，切实维护了海内外侨胞和归侨侨眷的合法权益；组织举办“祝福我的祖国·庆祝新中国成立六十周年”、“艾盛杯”气排球锦标赛等活动，丰富了侨界群众的文化生活。全年共引进捐建项目10个，投入资金160万元人民币，捐赠济贫款13万元人民币。锦屏街道三胞眷属联谊会、溪口台侨联荣获第二批“省示范性基层侨联”称号。

深入开展奉台交流交往工作。坚持抓好涉台教育工作，办好奉化新闻网《海峡两岸》等对台宣传栏目，确保交流交往的正确方向；热情接待来奉的台湾金融及科技专家访问团、台湾亲民党等台湾同胞，全年来奉台胞共达31028人次；市委书记戎雪海、市政协主席王德彪等市主要领导亲自带队，入岛举办“奉化·桃园旅游互推会”和两岸三地经贸交流座谈会，考察新竹、台北等地精致农业基地，拜访台湾“交通部长”毛治国、国民党副主席蒋孝严等奉籍知名人士，扩大了奉化在台湾各界的影响，增进了奉台两地的了解；通过网络视频系统，举办奉台两地妇女共庆“三八”活动，拉近了奉台两地姐妹的心；邀请奉台两地嘉宾，举行青年旅游论坛，加深了奉台两地青年的感情；精心安排亲情交流活动，进一步推动了台胞台属的亲情大互动；深入台资企业调研，举办各类讲座，提供政策服务，帮助企业解决了一些实际困难；组织开展“情系台湾、奉献爱心”活动，为台湾“莫拉克”台风受灾民众募集250余万元，得到了台湾各界的高度赞赏。通过这一年的交流交往，奉台两地人民的心进一步贴近，做台湾人民工作的成效进一步显现，为海峡两岸的和平与发展和祖国统一大业作出了贡献。

拓展非公有制经济人士统战工作。全市商会组织以换届为契机，大力加强自身建设，切实提高了服务会员的能力；深入开展商会组织“五有五好”活动，基层商会工作进一步规范；筹建成立“一站两办”（民企要情驿站、政策咨询办公室和培训教育办公室），建立信息定时报送、区域定点联系、人员定期培训工作制度和“企业输才、商会组织、政府买单”的工作机制，大力服务全市非公有制经济人士；开展政企交流，“情暖职工、文化进企”主题活动取得良好效果；开展银企合作，以企业家沙龙为依托，与九大银行开展对接活动，为36家会员企业解决了融资难等的问题；开展警企互动，开创了公安服务经济、服务企业的新举措；实施“走出去、请进来”战略，组织了两岸三地经贸交流考察活动，市总商会与台湾、香港、河南等地的商会社团建立了友好商会关系；引导商会信用担保公司优惠服务会员，江口和莼湖两家商会共为会员企业担保贷款7800多万元。我市非公经济人士统战工作内涵不断拓展，有力促进了非公有制经济人士健康成长和非公有制经济健康发展，分别有4名、10名企业家被评为宁波市级、奉化市级优秀中国特色社会主义事业建设者；在光彩事业中非公经济人士继续发挥主力军作用，仅在第九次“光彩爱心月”活动中捐款捐物就达90余万元。

**【召开全市统战工作会议】** 3月4日上午，市委召开全市统战工作会议，市直属各单位政工负责人、各镇（街道）宣传统战委员、统战联络员及全体统战系统干部共130多人参加会议，会议由市委统战部副部长李天芳主持，市委常委、统战部长周涛作工作报告，回顾总结2008年统战工作情况，并研究并部署了2009年工作任务。市委副书记黄利琴到会并作了重要讲话。

**【举行“十佳侨界和谐家庭”事迹巡回报告会】** 3月5日下午，按照宁波市侨联在全市开展“十佳侨界和谐家庭”事迹巡回报告会的统一布置，我市侨务部门在市图书馆三楼报告厅举行了“十佳侨界和谐家庭”事迹巡回报告会，7位报告团成员用他们生动的语言为我们作了一场精彩的侨界和谐家庭事迹报告会，展示了新时期侨界和谐家庭的精神风貌，使参加报告会的同志受到了一次很好的思想教育，120多位归侨侨眷和留学人员家属聆听了报告。

**【奉化市基督教“两会”顺利换届】** 5月18至20日，奉化市基督教三自爱国会第八届、基督教协会第五届代表会议在市基督教岳林教堂举行，来自全市各堂点133名代表参加会议。

**【举办2009中国（奉化）雪窦山弥勒文化节】** 10月26日，奉化雪窦山资圣禅寺隆重举行弥勒文化节开幕式暨四大天王开光法会。来自国家宗教局、中国佛协、浙江省、宁波市、奉化市等有关政府部门负责人及海内外诸山长老、护法居士、各界嘉宾近三千人出席了盛会。浙江省副省长金德水宣布弥勒文化节开幕。中国佛教协会副会长、山西省佛教协会会长、玄中寺方丈根通长老主持四大天王开光法会。这是继2008年11月8日雪窦寺露天弥勒大佛开光来的又一佛门盛事。四尊铸铜天王像，坐高8米，各据龙华广场一角。文化节期间举办了中国佛教名山高峰论坛，10月26日，来自中国五大佛教道场寺院高僧大德代表，中国四大佛教名山旅游管理机构代表，旅游界、佛教界的专家、学者相约雪窦，研讨佛教名山建设与管理，畅谈发展大计，加强交流，共谋合作。（童其尤）

## ·宁海县委统战部·

**【综述】** 宁海位于浙东中部沿海，濒临象山港和三门湾，为宁波市辖县。县域面积1843平方千米，人口60.07万，下辖14个镇乡、4个街道。宁海历史悠久，人文荟萃，自西晋太康元年（公元280年）立县至今已有1700多年，曾涌现出胡三省、方孝孺、柔石、潘天寿等一大批志士名人，是明代大旅行家徐霞客所著《徐霞客游记》的开篇地。境内风景秀丽，山奇水秀，森林覆盖率62.5%，是宁波市首个国家级生态示范区和省可持续发展实验区。宁海区位优越，交通便捷，属宁波“一小时交通圈”范围，城区距宁波机场64公里，离北仑港80公里，34省道甬临线、同三线高速公路和甬台温铁路贯穿全境。2009年，全县实现生产总值235.5亿元，增长8.5%；财政收入34.5亿元，增长7%，其中地方财政收入17.9亿元，增长14.4%；城镇居民人均可支配收入和农民人均纯收入分别达到25946元和11367元，增长10.5%和10%，已连续多年跻身全国县域经济基本竞争力百强县、全国综合实力百强县行列，荣获国家卫生县城、省文明县城、省教育强县、省科技强县、省级生态县等诸多荣誉称号。

2009年县委统战部认真学习贯彻党的十七大精神，认真组织学习实践科学发展观活动，贯彻落实上级统战部门部署的各项工作，紧紧围绕县委、县政府的工作大局和中心工作，抓住工作中的重点、难点，推动民主党派、侨务、民族宗教、对台、工商联等各项工作扎实有效地开展，并取得了明显的成效。

（一）学习实践活动，扎实有效。主要做了以下几个方面的工作。1. 开展“科学发展，舆论先行”的宣传教育活动。于3月中旬召开动员大会，同时邀请县委党校教师作了理论辅导。2. 开展“科学发展，理论武装”培训活动。组织全体干部认真学习科学发展观有关理论和观点，确保每个党员的集中学习培训时间累计不少于40个小时。与此同时，县委统战部还在宗教领域开展了具有针对性、实用性的培训，共组织、培训了8期，400余人次，还重新整理修订《宗教理论、政策、法规汇编》供从事宗教工作的干部学习参照。3. 开展“科学发展、问计于民”调研活动。部领导班子深入基层开展调查研究，通过看农村、看社区、看企业、看机关、广泛征求社会各界意见，形成主题调研报告、撰写科学发展建议书。4. 开展“科学发展、解放思想”大讨论活动。引导党员干部从总结经验中解放思想，从学习先进查找差距中解放思想。在分析检查阶段，主要抓好“四个会”的召开。（1）民主恳谈会。组织召开了民主党派成员、无党派代表人士，非公有制经济代表人士，宗教界代表人士等参加的民主恳谈会。（2）民主生活会。6月12日召开了专题民主生活会，在会上部领导班子成员，以及全体县管干部都作分析检查，开展批评与自我批评。（3）民主讨论会。充分运用调研、征求意见和民主生活会的成果，以“思成绩、思问题、思原因、思办法”为主要内容，形成领导班子贯彻落实科学发展观情况分析检查报告。（4）民主评议会。6月30日召开民主评议会，邀请统战成员代表参加，在评议的基础上，修改完善分析检查报告；分析检查报告和评议结果，在部全体干部中公开，并上报县委学习实践活动领导小组办公室。

（二）服务基层，夯实基础。从制度建部、调研兴部、从严治部入手，结合科学发展观主题教育活动，在具体工作中始终贯彻真诚联络、热情接待、主动服务这一精神，积极主动地为统一战线成员服务，为基层统一战线工作服务，夯实统一战线工作的基础。一是广泛深入开展调研活动，侨务部门针对当前侨务工作的新情况，开展新生代华侨华人为主题的课题调研；对台部门开展了宁海台资企业应对国际金融危机影响情况和台资企业工会建设情况的调研；民宗部门开展了全县基督教私设聚会点、基督教以堂带点、宗教院校、宗教活动场所财务管理状况、宗教界参与社会服务、道教基本情况、贯彻落实民族政策情况等七方面内容的调研；民主党派围绕如何做好政治交接，加强自身建设为主题的调研，以及开展了促进县域经济发展和社会事业发展方面的调研；同时还开展了做好新社会阶层代表人士工作的调研。二是排忧解难，为广大统一战线的成员服务。侨务部门帮助海外侨胞和归侨、侨眷解决好生活中遇到的困难，维护侨界人士的合法权益，受理侨界来信来访20件（次），排忧解难8件（次）；走访困难归侨、侨眷、留学人员家属45户；走访侨资企业15家。台湾事务办公室认真做好台属的来信来访工作，急台胞所急，想台胞所想。三是完善了基本的工作程序和制度。侨务部门完善制订了接受海外侨胞捐赠的有关政策法规；民族宗教部门完善制订了各宗教活动场所的财务管理制度等。在各合署单位完善各项制度的基础上，统战部进一步健全机关目标管理考核制度。针对机关工作的特点和实际，从各自的职责出发，进一步明确责任，确定标准，量化目标，督促检查，从而在部机关真正形成了一个职责清楚、目标明确、程序规范、奖惩分明、运转高效的目标管理机制。

（三）广泛发动，建设新农村。建设社会主义新农村，是党的十六届五中全会在新形势下统筹城乡发展，着力破解“三农”问题所作出的重大战略决策。这是县域工作的大局，县委统战部也充分调动各方力量参与新农村建设。发挥工商联在非公有制经济人士参与政治和社会事务中的主渠道作用。工商联动员发动非公有制经济代表人士参与新农村建设，共发动200多名非公有制经济企业董事长、总经理与200多个村结对，共投资1000多万，扎实有效地开展新农村建设。民主党派成员在上几年的基础上，深化参与新农村建设。全县83名民主党派成员都参与此项工作，两个基层组织，民盟总支联系深甽镇清潭村，民进支部联系深甽镇大洋村。他们在发展思路上、产业衔接上、科技支撑上、医卫保障上、教育思路上、文化繁荣上以及老年人的居家养老等方面开展了积极而有益的活动。侨务、对台各部门积极吸引侨资、台资支持新农村建设，据不完全统计，仅今年侨、台胞及侨、台属和侨、台企用于支持新农村建设的资金就近100万元。

（四）化解矛盾，促进和谐。民族宗教部门全面贯彻党的宗教政策、深入贯彻国务院《宗教事务条例》和《浙江省宗教事务条例》，依法管理宗教事务，确保宗教活动场所活动规范有序进行，积极引导宗教与社会主义社会相适应。县工商联开展“访企业纳千言，解难题促发展”活动，时刻关注企业在发展过程中的碰到的困难和难题，帮助他们及时化解各类矛盾，促进企业的和谐发展。同时，工商联十分注重与会员企业之间的亲情服务，通过送鲜花，发周末短信、寄商会刊物的方式，加强相互之间的交流，增强相互之间的感情，让他们及时了解信息，时刻感受温暖。县工商联还帮助企业融洽劳资关系，开展创建和谐劳动关系企业活动。侨务部门切实帮助海外侨胞和归侨、侨眷解决日常生活中经常会碰到的一些实际问题，促进海内外同胞的和谐。对台部门切实为台资企业排忧解难，做好服务工作，注重与台资企业的沟通联系，随时了解他们的情况，切实帮助他们处理一些在生产经营中碰到的实际困难。

（五）典型塑造，取得进展。在工作中十分重视统战典型的塑造，以及充分发挥典型的示范作用、并通过典型的宣传和推介作用，增强工作的感染力、号召力和吸引力。全县的两个民主党派基层组织多年来都是省、市级先进集体，同时民主党派基层组织联系新农村建设，也是宁海的特点之一。跃龙街道商会创立的互助基金会，从2004年开始运作至今，累计资金周转额超过9亿元。在侨台联基层组织方面，跃龙街道侨台联组织在业内也有一定的知名度。侨企九鼎机械投资150万元，在桑洲镇六合村开发早茶基地500亩，在产业扶贫方面也有较好的典型意义。在宗教领域，广德寺的声誉日隆，慈云佛学院在佛教界的地位也得到国家宗教局和佛教界人士的充分肯定。胡陈乡车家村布依族覃淑琴创办的100亩杨梅基地，产生了较好的经济效益和社会效益，在少数民族群体中，也有相当的示范作用。这些典型的塑造和推介，使统战工作领域不断得到拓展，工作方法得到不断创新，工作效果也更好。

**【开展“平安宗教场所”与“和谐寺观教堂”创建活动】** 开展“平安宗教场所”与“和谐寺观教堂”创建活动。在2008年创建了17个市级平安宗教场所的基础上，结合“规范化宗教场所”建设，继续开展了“平安宗教场所”创建活动，指导20个宗教活动场所建立健全了人员、财务、会计、治安、消防、文物保护、卫生防疫等7项管理制度，并制作成版面统一上墙公布，逐步建立起自我教育、自我管理、自我解决问题的有效机制，不断提高各宗教活动场所管理工作的民主化、规范化和制度化水平。在此基础上，突出开展了“和谐寺观教堂”创建活动，着重从爱国爱教、知法守法、团结稳定、活动规范、管理有序、整洁安全和服务社会八方面做好工作。

**【开展少数民族扶贫帮困工作】** 继续做好少数民族特困户的扶助工作。年初召开了少数民族代表座谈会，及时将10000元扶贫资金发放到17位困难户手中，并安排6000元专项资金扶持胡陈乡车家村布依族覃淑琴创办了75亩杨梅基地。

**【开展为台湾同胞献爱心活动】** 8月25日，县台联会召开会议，并发出向台湾受灾地区捐款倡议书，希望大家本着爱心和人道主义精神，伸出援助之手，帮助灾民早日脱离苦难。倡议书见报后，社会各界为台湾灾区献爱心热情高涨，县台办共收到捐款9.59万元，交宁波市红十字会捐给台湾灾区同胞。

**【抓好“三百计划”和“引智助业”工程】** 联系海外新华侨华人和新生代96人次、经常性地联系海外华人专业人士社团8家和15家侨资和留学人员企业，为宁波市“引资助业工程”提供10名海外留学人员和本县10家民营企业，侨务工作实现了从接待服务型向服务发展型转变。浙洽会期间，组织8家民营企业华侨华人专业人士创业发展对接洽谈会，收到良好的效果。留学人员袁崇生博士投资8000万的生物工程项目正在洽谈中。

**【动员侨界人士参与新农村建设】** 县侨联副主席袁杰生，2006年起出资150余万元，与桑洲镇六合村结成帮扶对子，在六合村开发了500亩的优质早茶基地。港胞郭学孝先生支持深圳长洋村36万元；菲律宾华侨郭瑞远先生支持深圳长洋村8万元；美籍华人孙宁初女士支持一市镇兰头村7万元；县侨联常委严福康先生支持黄坛镇上辽岗村12万元。（卢美霞）

## ·象山县委统战部·

**【综述】** 2009年，象山县统战工作坚持贯彻落实党的十七大和十七届三中、四中全会精神，以深入学习实践科学发展观为主线，充分发挥智力密集、联系广泛、贴近基层的优势，紧紧围绕县委中心工作大局，大力实施“统战提升工程”，积极参与解困突围、保增促调和服务民生等主题活动，凝心聚力、创新突破、求真务实，做了大量卓有成效的工作，为构建和谐新象山、建设花园半岛提供了广泛的力量支持。统战系统各单位先后荣获省统战工作创新奖，省、市对台工作先进单位，省工商联系统先进集体等荣誉称号。

多党合作事业稳步发展。会同县纪委推出党外代表人士廉情问询制度，成功举行首次党外代表人士廉情问询会，开全省党外代表人士廉情问询之先河。完善党外知识分子工作机制，成立象山县党外知识分子联谊会，开展县级党员领导干部与党外代表人士、高级知识分子联系交友活动202人次。协助民盟象山支部加强自身建设，新发展盟员4人。

新的社会阶层统战工作顺利推进。全面掌握新的社会阶层人士队伍现状，为做好新的社会阶层代表人士统战工作提供基础保障。加强非公有制经济人士思想政治工作，开展新经济组织深入学习实践科学发展观活动，完成县第二届中国特色社会主义事业建设者评选活动，28位非公企业家和2位个体户获“优秀中国特色社会主义事业建设者”殊荣。加强县工商联（总商会）组织建设，顺利完成换届工作，实现全县乡镇（街道）基层商会全覆盖目标。全年新增会员企业393家，会员总数达1280家。

民族宗教领域和谐稳定。着力发挥少数民族联谊小组作用，积极营造民族和谐共处氛围。推进宗教工作依法管理，进一步落实属地管理机制，深化“平安宗教场所”和“和谐寺观教堂”创建，推荐3家场所创建市级“平安宗教场所”规范化管理示范点。加强爱国宗教团体建设，努力培养造就一支合格的宗教教职人员队伍。

港澳台海外统战工作不断深化。协助县委、县政府在杭州、北京和上海等地举办庆祝新中国成立六十周年暨2009年中秋联谊会、象山籍人士新春团拜会。推出迎国庆侨界人物系列专题报道，组织县内主要媒体采访港胞陈志耀、回乡创业人员王一鸣等人物，选择、推荐11名全县优秀海外学子入编《宁波海外学子》（第二辑）。完成县留联会换届工作。强化涉台宣教，举办台海形势报告会，开展纪念《告台湾同胞书》发表30周年宣传图片巡回展。推进对台文化交流、经贸合作，举办象台文化交流系列活动，深化对台小额贸易，全年贸易额达140万美元。

**【实施党外代表人士廉情问询制度】** 制定出台《党外代表人士廉情问询实施办法》，明确廉情问询的主体、对象、内容、形式和程序。广泛开展课题征集调查，确定县教育局和县卫生局为2009年廉情问询对象。确立“优中选优、回避保护”原则，选定37名党外代表人士作为首批问询主体，经县纪委、县委统战部共同推荐，首批党外问询主体集体商议，最终确定10名人员参与直接提问环节。11月10日，召开首次党外代表人士廉情问询会，通过采取既定人员问询为主、其他党外代表人士自由提问为辅的方式，共有11位党外代表人士就事先调研掌握的情况，从医务人员收受红包、幼儿入园难、教师有偿家教、公共食品安全等群众普遍关心的热点问题向县教育局、县卫生局领导班子提出问询。问询结束后，组织县纪委、县委统战部有关领导，党外代表人士，县纪委委员，县党风廉政建设和行风效能监督员对被问询单位进行了满意度测评。此次活动吸引了新华网、《浙江日报》、《宁波日报》等新闻媒体的高度重视，全国有300余家网站转载相关活动报道。

**【举办象台文化交流系列活动】** 借助第十二届中国开渔节平台，举办“两岸携手共谋福祉”象台文化交流系列活动，台湾台东县政府、旅游观光协会、休闲观光协会、渔业协会、富冈新村（小石浦村）代表及台湾媒体各界人士共130余人前来参加，先后开展妈祖、如意迎亲省亲仪式，台东旅游新闻发布会，妈祖、如意巡安石浦港，携手祭海感恩大海等活动，切实提升了象山县对台统战工作的美誉度。

【打造基层商会企业发展资金互助会品牌】 先后指导13个乡镇（街道）商会建立企业发展资金互助会，制订互助资金会章程和管理办法，设立预约申请、调查核实、合同签订、信誉评比等环节，采取会员企业自筹、商会外借等方式充实资本金，及时为各基层商会会员企业提供紧急情况下的小额借款和到期贷款的还贷周转服务（时间一般为1星期）。2009年，象山县企业发展资金互助会启动资本金为2127万元，累计帮扶企业187家，周转728次，周转资金总额达3.2亿元，有效拓宽了中小企业融资渠道。

【完成民间信仰活动场所规范化管理试点】 深入调查研究，基本摸清县域内民间信仰活动场所的数量、布局、类别等情况，形成《关于规范民间信仰点管理的思考》等调研文章，初步明确规范管理的路径和办法。在墙头镇开展先行试点，确立了由镇政府出台管理制度，成立管理组织，镇、村、庙管会三级联动，层层签订安全责任书的"属地管理、以村管庙"模式，编印《民间信仰点规范化管理材料汇编》，为探索富有象山特色的民间信仰场所管理办法奠定了基础。

【主动服务经济发展】 充分发挥统一战线优势，在党外代表人士中广泛开展"我为应对国际金融危机影响献一策"活动，形成调研文章10余篇。县侨办主动帮助留学生企业宁波碧海服饰有限公司通过规划绿化验收、办理房产证、落实银行抵押贷款800万元。组织21家县内企业参加宁波市"海外华侨华人专业人士创业发展洽谈会"，达成初步合作意向6个。县台办联合县农行召开台资、台属企业座谈会，帮助宁波嘉禾教学仪器制造有限公司、宁波中亚同和纸业有限公司、宁波松兰山海景大酒店等企业落实贷款910万元，并促成宁波威霖住宅有限公司与农业银行达成2000万元贷款意向。县工商联帮助象山迪凯机模有限公司增贷210万元。

【成立县党外知识分子联谊会】 1月5日，象山县党外知识分子联谊会成立大会召开，首届会员57人，平均年龄35岁，主要由科教文卫、经济、金融、中介组织、党政机关等领域中有代表性和知识层次相对较高的无党派知识分子组成。规范联谊会运作，设立组织、宣传、财务等6项工作制度，建立联谊会QQ群，有效增强了组织凝聚力。开展"发挥党外知识分子优势，推进职业教育改革发展"主题调研活动，先后组织联谊会成员考察象山港大桥、船舶制造基地，调研新桥镇农业生态旅游经济，引导他们为象山经济社会发展贡献力量。

【建成新的社会阶层代表人士数据库】 启动新的社会阶层人士（自由择业党外知识分子）统战工作网络构建行动计划，开展自由择业党外知识分子调查登记工作，建成由765人组成的新的社会阶层代表人士数据库，其中社会中介机构专业人士48人，非公有制企业中的科技人员375人、经营管理人员155人，自雇知识分子187人。

【发挥侨力 助建新农村】 引进西周镇文岙村休闲广场、鹤浦镇樊岙村农民文化中心、墙头镇墙头村农民会所、墙头镇敬老院等4个侨务助建新农村项目，落实捐助资金81.1万元。动员北京象山籍归国人士联谊会会长郎旺凯先生捐资6.1万元帮助大徐镇敬老院添置设施。接受香港甬港联谊会邹星炳副会长和港胞徐日光先生的春节慰问款5.25万元，惠及西周、鹤浦、泗洲头等14个乡镇（街道）87户困难家庭。接受香港甬港联"家乡慈善基金"第八期贫困学生助学金9000元，4名贫困学生受惠。全年共引进各类侨务助建新农村捐赠资金93.35万元。

（吴永健）

## 温 州 市

### ·温州市委统战部·

【综述】 2009年，温州市统一战线紧紧围绕市委"保增长、抓转型、重民生、保稳定"的工作主线，履行职责，发挥优势，凝心聚力，开拓创新，各项工作取得了新的进展。

服务科学发展成效明显。面对国际金融危机的持续影响，我们坚持把保增长作为统一战线的首要任务，凝心聚力服务科学发展。牵头举办了以"创新克时艰、汇智赢未来"为主题的2009世界温商论坛，来自世界各地的800多名温商领袖和有关领导、专家会聚一堂，共商应对金融危机之策，共谋科学发展之计，产生了良好的社会影响。举办第四期世界温州人经济理论研讨班，积极引导温商认清经济形势，提升应对能力，增强应对危机、转型升级的信心和决心。深化“诤友建言”活动，组织动员统一战线广大成员，紧紧围绕应对金融危机、产业转型升级等重大问题，开展深入调研，形成一批质量较高的调研报告，营造群策群力促发展的良好氛围。在全市统战系统组织开展“我为应对金融危机影响献一策”活动，通过多种渠道和形式，积极为温州企业化危寻机、率先突围献计献策。组织开展“百名统战干部（成员）进百企”和“服务企业、服务基层”专项活动，广泛动员全市统战干部和统战成员，深入企业调查研究，宣传保稳促调政策，帮助企业解决实际困难。另外，市工商联深入实施企业家素质提升工程，举办了“当前经济形势与对策”等高端讲座，取得了明显的成效。

多党合作事业扎实推进。面对民主政治不断发展的新形势，我们坚持把扩大有序政治参与作为统一战线的重大课题，全面推进多党合作制度化、规范化和程序化建设。精心指导统一战线广大成员深入学习贯彻科学发展观，进一步夯实共同的思想政治基础，把广大统战成员的思想统一到中央、省市的决策部署上来，把力量凝聚到实现各项任务上来。切实抓好中发〔2005〕5号、浙委〔2005〕9号和温委发〔2007〕69号文件精神的督促落实，调整完善对口联系制度和特约人员联系制度，调动民主党派、工商联、无党派人士民主监督和参政议政的积极性。一年来，协助市委、市政府召开民主协商会、座谈会7次；市“两会”期间，各民主党派、工商联和无党派人士提交个体提案299件、议案81件，大会书面发言100次。组织开展庆祝新中国成立暨多党合作制度确立60周年文艺汇演、征文比赛、体育比赛、走访慰问党外老同志等系列活动，营造团结和谐的多党合作氛围。积极做好党外人士的实职安排、政治安排和社会安排工作。新提拔科级党外干部31人(其中单位正职7人)、县级党外领导干部2人；增补九届市政协党外委员9人。加大党外后备干部的培养选拔力度，由市委办发文，在全市广泛深入开展党外代表人士后备人选推荐工作，赢得省委统战部的充分肯定，并获得全省统战工作创新奖。做好无党派人士工作，开展无党派人士构成情况摸底调查，充实完善无党派代表人士数据库；指导支持无党派人士联谊会加强组织建设，目前11个县（市、区）和3所高校建立了无党派人士联谊会。

民族宗教工作实现新突破。面对新形势下民族宗教领域出现的新情况、新问题，我们坚持把“民族工作促发展、宗教工作促和谐”作为统一战线的重要职责，千方百计抓民族宗教工作。认真组织实施少数民族低收入群众增收帮扶行动计划，惠及74个少数民族村、3万多名少数民族群众。一年来，全市共安排帮扶项目283个，共落实各类发展和帮扶资金近1000万元。积极推进民族团结进步事业，苍南县委和泰顺县司前畲族镇被国务院授予“全国民族团结进步模范集体”，全市有4个村被命名为首批“浙江省民族团结进步小康村”。切实抓好城市民族工作，加强对外来少数民族群众的服务和管理，促进民族团结和谐。指导做好市少数民族联谊会换届工作。组织开展创建“和谐寺观教堂”活动，在佛教、道教、基督教、天主教各确定1个场所进行试点，9月份全省在温州召开现场会，全面推广我市试点工作经验。坚持教育引导和依法管理并重，认真研究解决宗教难点热点问题。加强宗教团体建设，在一些关键问题上有新的突破；指导宗教团体加强思想建设，加强与宗教界人士的沟通交流，营造了和谐稳定的良好氛围。

非公经济统战工作呈现亮点。面对我市新的社会阶层人数多、发展快的实际，我们坚持把新的社会阶层作为新形势下统战工作新的着力点，加大工作力度，促进阶层关系和谐。一是认真牵头指导非公有制经济组织开展学习实践科学发展观活动，全市共有3390个建立党组织的非公有制企业被列为第三批参学对象，占全市参学单位的30%。通过精心组织、周密安排、深入指导，学习实践活动取得了明显的阶段性成效，其中学习实践活动小册子、解决流动党员学习难问题等创新举措，在全国主流媒体上得到宣传报道，引起较好反响。中央统战部副部长、全国工商联党组书记全哲洙等指导组负责同志多次到学习实践活动乐清联系点进行调研指导，对乐清及全市的学习实践活动给予了充分肯定。二是认真组织开展第三届优秀中国特色社会主义事业建设者评选推荐工作，1名代表人士被评为全国“优秀建设者”，6名代表人士被评为省“优秀建设者”，进一步激励了广大非公有制经济人士和其他方面新的社会阶层人士坚定信心、应对挑战，履行社会责任。三是根据全省工商联工作会议精神，结合非公经济工作实际，通过深入调研、外出学习等形式，研究贯彻落实意见。

港澳台及海外统战和世界温州人联谊工作不断深化。坚持以实施海外联谊拓展行动计划为抓手，积极创新联谊方式方法，不断拓展海外联谊工作的深度和广度。指导市侨联会搞好换届，统战社团联系更加顺畅。组团参加由香港温州同乡会举办的庆祝新中国成立60周年系列活动，邀请香港温州同乡会骨干组团回温参观考察，举办国庆中秋三胞茶话会等活动，加强联谊，凝聚人心。紧紧抓住两岸交流、合作、发展的难得机遇，积极开展对台工作。组织召开市各民主党派、工商联及有关团体做台湾人民工作座谈会，召开黄埔军校家属联谊座谈会；切实做好在温台商和其他常住大陆台胞的工作，协调关系、搞好服务，维护其合法权益。认真做好海外华侨华人代表人士的培养工作，积极培育海外华侨华人新生代骨干，热情接待港澳台海外侨团和知名人士。据统计，2009年市委统战部共接待海内外侨团社团31批312人次。世界温州人联谊总会积极发挥组织优势，设立世界温州人微笑联盟和世界温州人论坛，努力构建世界温州人服务社会新品牌，世界温州人研究中心工作有序开展。组织上海医务分会“送健康家乡行”活动。

统战系统自身建设进一步加强。坚持以“服务科学发展，促进和谐稳定”为实践载体，深入开展学习实践科学发展观活动，进一步提高统战干部队伍的整体素质。加强统战培训，市社院培训工作进一步得到加强，全年举办培训班6期，共培训300多人。加强统战宣传，召开全市统战宣传调研工作会议，逐步完善统战宣传长效机制。加强温州统战、世界温州人“两刊两网”统战宣传主阵地建设，扩大统战宣传的影响力。创办《天下温州人》电视专栏，进一步打造统战宣传平台。举办浙江省统一战线成果展览。五是加强统战调研，确定11个重点课题和31个自选参考课题，进行深入调研，形成43篇质量较高的调研报告。召开非公有制经济人士统战工作研究中心年会，调整充实研究中心成员。加强部机关内部制度建设，修订公文处理、财务管理等五项制度。

**【市委书记邵占维专题听取统战工作汇报】** 12月25日，市委书记、市人大常委会主任邵占维专题听取统战工作汇报并强调，各级统战部门要认真学习贯彻党的十七届四中全会精神，按照中央和省委有关工作部署，紧密结合温州实际，进一步增强做好统战工作的责任感和使命感，切实加强政治引导，充分调动各方面的积极性，为温州发展的共同目标凝聚力量，努力开创全市统战工作新局面。

**【中央统战部副部长、全国工商联党组书记全哲洙多次来温指导非公有制经济组织开展学习实践科学发展观活动】** 全哲洙充分肯定了我市非公有制经济组织开展学习实践活动取得的成效。我市学习实践活动小册子、解决流动党员学习难问题等创新举措，在全国主流媒体上得到宣传报道，引起较好反响。

**【组织开展庆祝新中国成立暨多党合作制度确立60周年系列活动】** 在国庆前夕，组织开展了我市统一战线庆祝新中国成立暨多党合作制度确立60周年系列活动，通过文艺汇演、征文比赛、体育比赛、走访慰问党外老同志等系列活动，营造了团结和谐的多党合作氛围。举办了主题为“四海同心谋发展，情系乡梓共繁荣”的三胞座谈会，20多名温籍港澳台同胞、海外侨胞代表举行座谈，共话沧桑巨变、共叙乡情友情，共庆祖国60华诞。

**【举办2009世界温州人论坛（上海论坛）暨世界温商论坛】** 6月11日，2009世界温州人论坛暨世界温商领袖（上海）论坛在上海香格里拉大酒店隆重召开。论坛以“创新克时坚、汇智赢未来”为主题，邀请到800多名海内外专家学者以及党政领导，围绕在金融危机影响下温州如何突破困境，如何有效提升温州人在国际金融危机背景下抵御市场风险的能力和创业创新精神等方面展开热烈的讨论，有效地树立了温州的对外形象。

**【全面实施少数民族低收入群众增收帮扶行动】** “温州市少数民族低收入群众增收帮扶行

动计划”启动于2008年11月，计划对我市74个少数民族低收入村实行1对1结对帮扶。2009年4月，我市统战系统召开动员会，全面实施该项活动。一年来，全市共安排帮扶项目283个，共落实各类发展和帮扶资金近1000万元。

**【全国“统一战线应对金融危机”重点课题研讨会在温州市举行】** 会议针对统一战线如何引导非公有制经济组织应对国际金融危机、实现企业转型升级，如何帮助非公有制企业解决融资难题、挖掘统一战线资源为非公有制企业应对金融危机做贡献等议题交流经验并提出对策建议。10月30日，中央统战部研究室副主任张健，省委统战部副部长蒋学基和来自全国11个省市统战部的研究室负责人参加了研讨会。

**【召开世界温州人联谊总会第二届理事会一次会长会议暨温州市海外联谊会第三届理事会一次会长（扩大）会议】** 会议于6月10日召开，总结了二届联谊总会换届以来的工作情况，拟定联谊总会今后工作思路和工作计划；增补副会长、常务理事、理事和其他人事调整；对有关联谊总会和海联会的财务收支进行了说明；温州市委副书记朱贤良出席会议并作重要讲话。

**【举办第四期世界温州人经济理论研讨班】** 第四期世界温州人经济理论研讨班于2009年6月10日在中国浦东干部学院举办，80名学员参加。研讨班主要以培训学习为主，联谊交流为辅，期间安排开班典礼、专题讲座、现场教学、学员座谈、参观考察、联欢活动、结业典礼等活动；培训了包括《我国产权市场的建设与发展》、《中国期货市场发展与风险防范》等在内的各项内容。

**【在全市统战系统组织开展“我为应对金融危机影响献一策”活动】** 全市统战系统机关干部针对统一战线如何服务市委市政府中心工作、为温州经济社会又好又快发展献计出力，如何解决当前制约统一战线科学发展的体制机制问题，如何改进统战部门干部队伍建设等方面展开了积极讨论，并提出了很多具有可行性的好方法。

**【《天下温州人》电视栏目开播】** 12月31日，由温州市委统战部和温州电视台联合主办的《天下温州人》电视栏目正式开播。市委常委、统战部长陈作荣出席开播仪式并对栏目制作提出要求。栏目于每周三播出，成为我市统战工作固定宣传阵地。

**【组建世界温州人微笑联盟】** 11月11日，以世界温州人为主体的慈善组织——世界温州人微笑联盟正式宣告成立。这个联盟以地域为纽带，创造了全新的慈善模式，为世界温州人提供了一个新的从事慈善活动的平台，为组织开展贫困唇腭裂患儿公益医疗救助活动提供稳定、系统的财力、人才支持。（蔡姬辉）

## ·鹿城区委统战部·

**【综述】** 2009年，在上级统战部门的精心指导下，鹿城区委统战部紧紧围绕区委、区政府的中心工作，以“凝心聚力筑和谐，服务大局促发展”为主题，切实转变工作理念，深化拓展工作平台，不断提升统战能力，为鹿城经济社会发展做出新的贡献。

通过深入扎实地开展学习实践科学发展观活动，部机关领导干部进一步正确把握了科学发展观对统一战线的根本要求，深化了对科学发展观基本特征和统一战线发展规律的理解和把握。一是抓工作思维的转变提升统战工作境界。树立“和谐统战”的理念，明确坚持“以人为本”是统战工作的根本立足点，深化了对“大统战”理念的认识，提高统筹兼顾的能力水平。二是抓工作载体的完善，不断打造工作亮点。通过“双岗建功活动”、“和合统战论坛”、“庭院统战”等等工作载体的不断涌现，使得统战干部在打造新的工作亮点中适应实践新发展、新要求。三是抓工作方式的创新，不断增强工作实效。以“网络统战”、“文化统战”、“社区统战”为重点，通过强化措施、完善机制、健全制度、提供服务方面下功夫、出新招，主动出击，以新的姿态和工作面貌为工作大局服务。

认真贯彻落实区委《关于进一步多党合作和政治协商制度建设的实施意见》（鹿委发〔2006〕66号）和《关于巩固和壮大新世纪新阶段统一战线的实施意见》（鹿委发〔2007〕69号）两个文件精神，进一步健全了情况通报、结对交友、对口联系等制度，着力推进多党合作和政治协商的制度化、程序化、规范化建设。以成立区无党派人士联谊会为契机，深入开展“无党派人士主题教育活动”，完善无党派人士考察调研工作机制、引导无党派人士为“保增长、保民生、保稳定”献智出力。

以创建和谐寺观教堂活动为突破，改进宗教事务管理工作。进一步完善宗教工作联席会议制度，健全宗教突发事件预警应对机制。开展对岙底乡等地困难民族群众的帮扶工作，多方集资，帮助解决民族群众生产和生活中的实际困难。积极防范和妥善处理影响民族团结的矛盾问题，促进民族团结进步，维护社会和谐稳定。

通过开展走访非公有制企业和蹲点调研活动，区委统战部领导联系非公企业活动。区委常委、统战部长徐强带头走访联系企业，及时了解掌握情况，做好思想引导工作，努力帮助解决实际问题。他所联系的企业银泰商贸集团和云天楼餐饮集团在今年应对金融危机冲级中表现强劲，销售总额收益率大幅攀升。完善鹿城工商联网站和《鹿城工商联》内刊，整合资源，加强对非公有制企业的信息咨询和牵线搭桥服务。举办非公有制经济应对金融危机专题讲座4次，大力宣传非公有制经济人士中有效应对金融危机、自觉实践科学发展的先进事迹和典型。

积极为台、港商和海外侨商来我区进行投资商贸牵线搭桥。据统计，通过台、侨界人士牵线搭桥，2009年共合同利用外资项目11个，合同利用外资3167万美元，实际利用外资2879万美元。指导区台联会、区侨联做好换届工作，健全基层台联、侨联网络组织建设。举办海外知名人士联谊会、中秋三胞茶话会等活动，加强海外联谊工作。紧紧抓住两岸大交流、大合作、大发展的难得机遇，积极开展对台工作，举办温州·台北书画交流展。认真做好海外华侨华人代表人士的联谊交流工作，编辑出版《鹿城华侨风采》，加强对鹿城籍海外爱国人士的宣传报道。

**【统一战线纪念中华人民共和国成立60周年系列活动】** 组织全区统一战线开展庆祝新中国成立60周年“八个一”（召开一次纪念大会、举办一次征文比赛、举办一次知识竞赛、举办一次统战知识图文展、组织一场大型文艺演出、组织一次革命传统教育、举办一系列纪念建国60周年座谈会、组织开展一系列走访慰问活动）系列庆祝活动，营造统一战线庆祝建国60周年的浓厚氛围，激励广大统战成员以更加高昂的爱国热情和旺盛的工作干劲，服务鹿城经济社会建设。

**【“三个十”活动服务新农村建设】** 为了深入贯彻党的十七届三中全会精神，提升统战工作服务新农村建设的能力和水平，以“十名民主党派成员联系十个村、十家民营企业帮扶十个村、十名侨台人士帮助十个村”等“三个十”活动为载体，搭建工作新平台，促进我区欠发达乡镇农业增产、农民增收。全区现已共有韩天进等13位华侨分别同15个村结对帮扶，累计捐款达2258万元，有力地促进了新农村建设。去年，广大非公有制经济人士在帮扶新农村建设中也筹集帮扶资金120多万，落实了帮扶项目5个。民主党派成员到所联系的乡村开展“爱心农村行”活动，组织开展各类服务民生活动21多次，受益群众达23000余人次。

**【双岗建功活动】** 进一步明确“双岗建功”先进个人评选标准、完善评选程序，逐步建立健全活动开展的长效机制。活动开展以来，涌现了大量在本职工作和参政议政方面都卓有成效的党派成员，共有50多位党派成员被评为区“双岗建功”先进个人。

**【探索城市民族工作】** 积极推进城市外来少数民族工作，促进民族关系团结和睦。积极推广鼓楼社区民族工作试点经验，在南浦街道、莲池街道成立少数民族工作站，完善“教育、管理、服务”三位一体的外来少数民族人员工作模式，加大民族工作进社区推进力度，探索城市民族工作新机制。

**【鹿城统战“和合论坛”开讲】** 鹿城统战“和合论坛”于12月10日举行开讲仪式，鹿城四套班子有关领导出席了开奖仪式并为论坛启动。论坛以“进一步弘扬中华和合文化精神，进一步弘扬统一战线大团结、大联合的主题，以和谐统战促进和谐社会建设”为主题，每年举办4－6场活动，邀请有关专家学者、党员干部和各界精英代表人士围绕主题发表演讲，展开讨论。论坛的首期主讲嘉宾为浙江工商大学国际教育学院的王晓华副教授。

（王建武）

## ·瓯海区委统战部·

**【综述】** 2009年，在区委的高度重视和正确领导下，我区统一战线紧紧围绕区委、区政府的中心工作，深入践行科学发展观，凝聚人心，汇聚力量，全面深入开展“创品牌、树形象”活动，各项工作取得了新的成绩，区委统战部荣获全省工作先进集体称号。

面对国际金融危机的影响，广泛开展走访非公企业、组织政企交流、赠送政策汇编、举办大合唱等系列活动，建立完善非公经济企业和人士信息库，做好第三届全国优秀建设者推荐工作，深入开展“服务·提升”工程，促进了非公有制经济健康发展，促进了非公有制经济人士健康成长。抓住新中国成立60周年、纪念多党合作制度确立60周年的契机，开展主题教育活动，进一步完善交友谈心、对口联系和通报会等制度，成立无党派人士联谊会，帮助九三学社瓯海支社升格为基层委员会，进一步支持民主党派加强自身建设，进一步发挥党外人士的参政议政、民主监督和社会服务作用。针对新疆“7·5”事件后出现的新情况新问题，在全区开展了城市少数民族工作调研，切实加强民族宗教政策宣传教育，举行宗教征文比赛，挖掘与时俱进的宗教“和合”文化内涵，深入开展和谐寺观教堂创建活动，积极引导宗教与社会主义社会相适应。发挥对台窗口的交流、宣传、联谊作用，促进瓯海与台湾的文化、经贸等领域深入交往，妥善解决台商、台胞和台属的纠纷投诉，积极为台湾受风灾地区开展募捐活动，切实提升“杨梅季台商恳谈会”和“台商看瓯海”等品牌效应，进一步做好对台工作。发挥侨胞独特作用，为我区与国外城市开展友好交流牵线搭桥，成功进行区侨联换届工作，深入开展示范性基层侨联创建，不断完善各级侨联组织网络，指导成立丽岙镇海外青年联谊会，推进华文教育基地建设，组织侨情普查活动，健全侨情信息资料，加强华侨捐赠项目监督管理，广泛组织开展“侨爱工程”活动，引导广大侨胞侨眷为我区新农村建设出智出力。深入组织开展统战部门的学习实践活动，多渠道多层次进行统战宣传，深入村居、社区和企业开展统战调研，深入实施“创品牌、树形象”活动，切实做好统战干部业务培训工作，进一步夯实基层统战工作基础，不断提高统战工作服务水平，进一步推动我区统一战线事业科学发展、和谐发展。

**【深入组织开展学习实践活动】** 根据区委统一工作部署，组织统战系统各单位深入开展学习实践活动。以多种形式组织开展学习，深刻理解和全面把握科学发展观的科学内涵、精神实质和根本要求。结合我区工作实际，精心制定实施意见和方案。部领导班子成员带头深入村居、社区和企业，开展“找问题、寻对策、理思路”调研活动，听取各方面不同呼声和意见，积极撰写调研报告，分析问题，寻找对策。开展金点子对策征集、解放思想大讨论、典型案例剖析和调研成果交流会，进一步转变观念、提高认识，认真梳理已经查摆的突出问题，对事关本单位科学发展全局的重大问题形成了共识。邀请统战成员代表召开民主恳谈会，听取各方对我部开展学习实践活动的意见和建议。结合部风要求，召开领导干部民主生活会，深入开展批评和自我批评，并以此进行广泛民主评议，撰写出统战部领导班子的分析检查报告。针对反映的多个具有全局、典型意义的意见和建议，分工负责，落实到人，限时完成整改任务。向区各单位及统战成员、社会各界发放群众评议表，对本单位开展学习实践活动进行满意度测评，满意率100%。

**【“创品牌、树形象”活动再深入】** 继续在全区统战系统深入开展“创品牌、树形象”活动。区各民主党派和无党派人士联谊会于6月份在仙岩镇联合开展科技、文化、卫生“三下乡”服务活动。宗教工作开展“挖掘内涵、规范管理”主题活动，结合“和谐寺观教堂”创建活动，开展了“平安瓯海和谐宗教”征文活动，30多篇文章能从各自不同的宗教角度，对更好地推进宗教工作，促进宗教与社会和谐等提出了不同的建议，为宗教工作的科学决策提供了有益的参考。三是对台工作积极打造“建窗口，促交流”品牌。2009年主要是积极发挥琦君文学馆基地作用，联合三溪中学，举办了第七届琦君文学奖征文比赛活动，77篇优秀作品获奖。四是基层侨联深化“实现五有，创新服务”新机制活动。全区7个基层侨联有5个获得省级“示范性基层侨联”称号。五是新社会阶层统战工作“服务·提升”系列工程稳步推进。积极帮助企业解决生产经营中碰到的困难，为企业做好与政府有关部门的协调工作，主动帮助企业拓展海内外市场。

**【和谐寺观教堂创建活动全面推进】** 3月底开展“和谐寺观教堂”创建的试点工作，及时召开了动员会，制订试点工作方案，布置具体工作任务，同时召开现场会，在全区范围内推广试点工作经验。6月2日，召开创建“和谐寺观教堂”试点工作现场会暨全区宗教界开展创建活动动员大会，布置开展此后各项创建工作任务。9月24日，全省创建“和谐寺观教堂”现场会在温州召开，我区作试点工作经验大会发言，与会人员还现场参观了解白云道观创建工作开展情况。

**【促交流应对危机，送政策谋新发展】** 一年内举行多场政企交流会，邀请区委、区政府领导，区国税、地税、质监、工商、劳动、社保、公安、消防等部门领导与企业家进行沟通，及时把区委、区政府合力扶工的政策措施和工作意图通报给企业，分析经济发展形势和企业面临的有利时机及存在的困难，解答企业家提出的问题，特别是全球金融危机对我区非公企业造成冲击时，引导企业如何应对危机，树立信心，转危机为商机，促进非公企业健康发展。将国家、省、市、区应对全球经融危机、最新制定的扶持企业解困发展政策和国家对企业税收减、免、缓政策编印成文件选编和小册子2000多本，寄送到新社会阶层人士和企业、行业商会、镇（街道）基层商会。

**【开展“唱响侨之歌”统战宣传主题活动】** 采取“全覆盖”和“点对点”结合的宣传服务方式，在全区6镇7街道和252个村居设立“侨务宣传窗”，定期张贴侨务宣传画报，更新侨务动态，普及侨法知识。扩大对外交流交往，促成瓯海区与法国欧贝维利耶市缔结友好城市关系，接待了意大利米兰市议会、比利时和澳大利亚等多个国外团体友人的来访。8月出版大型画册《侨之桥》。选送林德标、黄品松、郑陈祥、刘光华等多位侨领资料亮相网络、报刊、电视等媒体，以及做好丽岙镇侨联第五次荣获全国先进集体和陈正树、黄品松、陈国华等先进个人事迹宣传。通过全面系统有组织地实施“唱响侨之歌”主题宣传活动，展示了瓯海侨界风采。

**【举办“育英杯”涉台知识竞赛活动】** 区委统战部联合区台办于7月份在全区组织开展瓯海区“育英杯”涉台知识竞赛活动，活动得到各镇（街道）、区各有关部门干部职工的踊跃参与，共收回答卷1万多份，郭溪镇由于广泛发动、组织有力，共收回答卷1400多份。通过此次活动，加强了我区各界人士对台湾问题的历史与现状的了解，正确理解党的对台方针、政策，不断增强爱国主义教育，进一步提高了全民涉台意识。

**【成立区无党派人士联谊会】** 1月20日，区无党派人士联谊会正式成立。中共温州市委统战部，温州市无党派人士联谊会，瓯海区四套班子领导，各县（市、区）统战部和无党派人士联谊会的领导，以及我区各民主党派、工商联以及相关部门领导和首届无党派人士联谊会会员120余人参加了成立大会。会议审议并通过联谊会章程、选举办法，选举产生了以王晓康为会长的联谊会第一届理事会。

**【区侨联成功进行换届】** 8月28日，我区召开第六次归侨侨眷代表大会。省、市、区有关领导应邀出席大会并讲话。大会听取和审议了区侨联第五届委员会工作报告，选举产生以陈正树为主席的区侨联第六届委员会，推举名誉主席、聘请海内外顾问。

（沈忠武）

## ·龙湾区委统战部·

**【综述】** 2009年，龙湾区统战工作紧紧围绕区委“保增长、抓转型、重民生、促稳定”的工作大局，紧密结合开展深入学习实践科学发展观活动，进一步深化统一战线“助推、关爱、创优”三大行动，着力加强统战工作基础，提高统战工作实效，锐意创新，奋发有为，全区统战工作取得了新的发展。

党外人士工作取得新进展。加强党外人士学习、调研和社情民意反馈制度的建设，着力提高民主党派、无党派和社会团体的参政议政水平和质量。进一步健全参政议政工作机制，牵头协助各民主党派做好2009年度参政议政课题调研工作，并召开全区党外人士座谈会暨党派课题成果交流会，充分借用“两会”平台，以大会发言等形式，让党外人士的调研成果亮相，引起党委、政府和相关部门的重视。帮助各民主党派联合创办《党派建言》内部信息刊物，有效搭建党外人士向党委政府建言的直通车，努力拓宽党外人士参政议政的渠道。继续推进党外代表人士队伍的建设，健全党外干部工作联席会议制度，开展了全区党外后备干部的调查登记工作。

工商联组织作用进一步得到发挥。深化“政企联动、攻坚克难”活动，深入基层企业进行走访调研，及时疏理并反馈企业的意见和呼声，努力促进相关问题的解决。举办了应对金融危机工作座谈会，共同参与制订我区“保稳促调”相关实施意见。充分利用在外龙湾商人的资源优势，积极参与龙湾区域产品拓市场、扩网络工作。召开区工商联“保增长、促转型”专题座谈会，区主要领导与企业家一起探讨重点行业运行形势与对策，进一步提振企业家推进科学发展的信心和决心。

台侨联谊交流工作得到新的加强。加大对台宣传阵地建设，努力提高对台资企业、台胞台属的服务水平。认真做好对台交流交往工作，先后组织了经贸、教育等领域的3个团组赴台进行考察交流活动，都收到了良好的效果。积极扩大港澳同胞、海外侨胞的交流交往，充分就龙湾的发展和投资信息做深入交流，引导华侨为家乡建设和发展献计出力。

宗教领域保持和谐稳定。开展“和谐寺观教堂”创建活动，增强宗教场所的自我管理、自我服务能力。着力加强宗教团体组织建设和管理，积极开展爱国爱教教育活动，引导宗教和社会主义相适应。

关爱民生工作更加扎实。积极落实《少数民族低收入群众增收帮扶行动计划》，开展少数民族村的对口帮扶和助医助学活动。深入实施归侨侨眷“关爱工程”，为困难归侨侨眷提供关爱与帮助。深入推进在外温州人牵手“139”行动，引导华侨捐赠支持贫困地区，积极鼓励华侨回乡支持公益事业。

**【开展学习实践科学发展观活动】** 在全区统一战线各成员单位中认真开展科学发展观主题教育活动，进一步引导统战干部和统战成员自觉地把思想认识统一到科学发展观的要求上来，统一到促进统战工作科学发展的总体部署上来，进一步增强贯彻落实科学发展观的自觉性和坚定性，把力量凝聚到区委提出的推动龙湾现实科学发展、和谐发展的目标任务上来。

**【开展庆祝新中国60周年主题活动】** 突出“凝聚、和谐、奋进”的主题，通过举办统一战线大型文艺汇演和龙湾区统战工作成果图片展、组织召开龙湾区各界人士喜迎建国60周年座谈会和组织开展向龙湾籍海外侨胞、港澳同胞和留学人员寄送“来自家乡的信”等系列活动，广泛进行社会主义、爱国主义教育，营造“大团结、大联合”的氛围，极大地激发了广大统战成员的热情。

**【开展统战基层组织建设】** 深入开展“统战基层组织建设推进年”活动，采取有效措施，大力推进统战基层组织建设，圆满完成了有关基层侨联和工商联基层商会的组建和换届工作，在全市乃至全省率先实现全区统战基层组织全覆盖，并指导做好届满未换届的统战基层组织完成换届工作。全区统战基层组织规范化、制度化建设也得到了明显加强。同时，继续深化基层统战工作示范单位创建活动，以点带面，不断提高全区基层统战工作的整体水平。 （娄振国）

## ·瑞安市委统战部·

**【综述】** 2009年，瑞安市统一战线工作紧紧围绕“大团结大联合”主题，开展统一战线服务科学发展和实现自身科学发展的“双发展”活动，圆满完成了年初制定的各项工作任务，各领域统战工作都取得了新成效。

紧扣发展这个第一要务，取得了新成绩。坚持以服务瑞安经济社会科学发展为中心，着力发挥“三个优势”。一是发挥智力密集优势，为科学发展献良策。协助市委市政府召开了各类通报会、协商会、征求意见会8次，组织统一战线广大成员围绕中心工作，完成了调研课题30余篇，在“两会”期间共提交建议提案200余篇，为市委市政府科学决策提供强有力的智力支持。二是发挥联系广泛优势，为经济转型添助力。指导市眼镜商会打造了市眼镜行业创新平台，编印1000本《促进企业发展，帮助企业解困文件选编》发放给相关企业，开展“法律服务民营企业”活动，举办企业家专题讲座，组织企业跟随国家领导人和商务部先后两次赴欧洲考察交流，通过各项措施帮助非公企业转型升级。联姻瑞台企业合作，把瑞安企业的产品打入台湾市场。邀请知名侨商参加“瑞安市境外商贸城建设与发展座谈会”，促成市海外华侨华人交流协会与义乌商会结成友好协会，推动内外瑞安人互动发展。三是发挥资源丰富优势，为社会民生做贡献。支持各民主党派、工商联、无党派人士联谊会开展“三下乡”、两劳帮教等社会服务活动；鼓励和引导海外侨胞回报家乡和奉献社会，实施“侨爱工程”，帮扶167名义务阶段在校特困生至初中毕业；组织台界企业和台胞台属支援台湾“莫拉克”台风灾区的灾后重建；落实少数民族新农村建设9个项目109万元资金，马屿镇后姜村被表彰命名为首批“浙江省民族团结进步小康村”；引导宗教界和山区敬老院开展结对扶贫。据不完全统计，去年我市统一战线为全市的各项社会公益事业共捐资2000余万元。

履行稳定这个第一责任，作出了新贡献。我市坚持以维护民族宗教领域的和谐为重点，着力开展“三个活动”。一是持续开展“解‘三困’”活动。这项活动已连续开展了三年，去年处置了旧城旧村改造、重点工程建设等涉及民族宗教领域的各类热点难点问题共40多个。二是扎实开展“和谐（平安）寺观教堂”创建活动。三是有效开展“宗教活动场所消防安全专项整治”活动。去年5月至9月底，对全市1249处有证、无证场所进行地毯式的排查整治，共有效整治近900处存在用火、用电、用房、用餐及活动安全隐患的场所，并进一步建立健全了宗教场所安全管理工作的长效机制。

围绕团结这个第一主题，营造了新氛围。我们坚持以争取人心、凝聚力量为根本，着力推进“三个建设”。一是思想建设。强化思想政治引导，组织统一战线广大成员深入学习实践科学发展观和党的十七届四中全会精神，进一步坚定走有中国特色社会主义道路的信心，其中，非公企业《学习实践活动小册子》被中央电视台新闻联播报道，1人获“省级优秀社会主义事业建设者”荣誉称号。同时，深化宣传联谊，组织开展了庆祝新中国成立60周年暨多党合作制度确立60周年系列活动，召开瑞籍国庆观礼侨领回乡欢迎会，举办了台务知识宣传图片巡回展，制作《悠悠侨情连玉海》画册，拍摄《浙人纵天下——人杰地灵瑞安篇》系列片，进一步营造了统一战线“大团结、大联合”的浓厚氛围。二是制度建设。健全和完善了协商会、通报会、结对交友、对口联系、特约人员等多党合作相关制度，推进多党合作制度化、规范化建设。推行部领导联系乡镇（街道）片区制度，制订乡镇（街道）统战工作职责和村居（社区）统战联络员职责，印发了《基层统战工作手册》，协调指导乡镇基层统战工作。三是组织建设。指导市侨联做好换届工作，指导市台联会开展工作，加强海外华侨华人交流协会管理，做好海外侨团的引导，充分发挥它们联系广大归侨侨眷、台湾同胞、海外侨胞的桥梁和纽带作用。

狠抓队伍这个第一要素，赢得了新动力。我市坚持以建设政治坚定、业务精良、作风优良的统战队伍为目标，着力抓好“三个并重”。一是阵地宣传与媒体宣传并重，加强统一战线政策的宣传教育。先后邀请国宗局、省委统战部领导为我市市委理论学习中心组扩大成员分别作宗教知识和统战工作专题报告，在党校开设统战理论政策课，举办统战理论、多党合作、民族宗教政策培训班，开展宗教知识与政策“四进”活动，与瑞安电视台合办每月一期的统战栏目——《同舟》，通过一系列宣传教育活动，促使各级领导干部更加重视统战工作，社会各界更加了解和支持统战工作。二是教育培训与规范管理并重，加强对统一战线成员的培养。在抓好统战成员和代表人士教育学习的同时，我们对民主党派、非公经济、无党派人士等实行动态管理和多渠道培养，举办民主党派新成员培训班，竞争性选拔了2名党外干部担任乡镇副科级领导干部，推荐温州市级后备干部14名，推荐1名党外干部到民主党派省委会挂职锻炼。三是充实力量与提高素质并重，加强统战干部队伍建设。根据乡镇（街道）统战工作的需要，在统战工作重点乡镇（街道）配备了统战干事，在900多个村居（社区）配备了统战联络员，并举办了两期乡镇统战干部培训班，进一步提高统战干部队伍的业务素质。

一年来，我市统战系统取得了一些成绩，获得了一些荣誉：市侨办获全国侨办系统先进单位，市工商联获省工商联系统宣传工作一等奖，市侨联被省侨联授予“维护侨益先进集体”，民宗局连续三年获得温州市各县（市、区）工作目标责任考核第一名，《同舟》电视栏目获得省委统战部重大宣传创新奖等等。

**【开展庆祝新中国成立60周年暨多党合作制度确立60周年系列活动】** 瑞安市委统战部以“大联合、大团结”为主题，做深四个“联”字，为新中国成立60周年暨多党合作制度确立60周年创造良好和谐的政治氛围。一是联心共话友谊发展。9月底，市委统战部先后召开了统战系统庆祝新中国成立60周年座谈会及同市政协合办的全市各界人士中秋茶话会，市四套班子领导与统战系统各界代表和全市各界人士代表一起，畅叙友谊，共话发展。二是联动创建团结和谐。以“团结和谐共迎国庆”为主题，举办民族宗教政策培训班，向全市的统战委员全面解读了新时期民族宗教工作的新内涵，同时开展宗教知识与政策“四进”活动，着力推进平安宗教场所暨和谐寺观教堂创建活动，营造民族宗教领域团结和谐的氛围，迎接新中国成立60周年。三是联合开展社会服务。国庆前后，各民主党派、无党派开展联合送服务下乡活动，为曹村镇曹东村送法律、送科技、送医疗、送文化、送教育、送资金，助推新农村建设，以此向新中国成立60周年和多党合作制度确立60周年献礼。四是联谊广大统战对象。在做好节日慰问的同时，邀请统战成员参加友谊象棋比赛，丰富和活跃了统战文化生活；举办了全市台胞台属中秋联谊会，借中秋节“团圆”这个寓意，表达了期盼两岸关系和平发展、伟大祖国和平统一的美好祝愿；做好回国参加北京国庆60周年活动的瑞籍侨领的联谊接待工作，通过他们向广大瑞籍华侨传达家乡人民的思念和问候。

**【瑞安市第七次归侨侨眷代表大会召开】** 瑞安市第七次归侨侨眷代表大会于12月21日召开，来自法国、意大利、荷兰等15个国家和地区的50多名瑞籍侨领、知名人士及全市200多名归侨侨眷代表参加大会。中国侨联副主席、省侨联党组书记王成云、浙江省侨联主席吴晶、温州市侨联副主席应凤娟等应邀参加会议。瑞安市四套班子领导蒋珍明、陈建明、张女珍、白一帆、叶世林、吴娜丽、管秀云等到会致贺。

大会听取了市侨联第六届委员会工作报告；选举产生了市侨联第七届委员会和新一届领导班子，卢秀英当选为侨联主席；大会聘请了刘光华等80人为市侨联第七届委员会海外顾问。

**【打造瑞安市眼镜行业科技创新服务平台】** 为使瑞安市眼镜制造业进一步扩大发展，提高瑞安眼镜的知名度和美誉度，着实解决眼镜质量的提高和科技创新能力，指导瑞安市眼镜商会牵头建立“眼镜行业科技创新服务中心”，整合“检测、研发、新产品创新孵化”一系列服务，为瑞安眼镜业再次腾飞提供助力。目前已建成“眼镜检测服务中心”，于11月份开始为瑞安市眼镜企业提供检测认证，规范产品标准，提升产品质量等专项服务工作。

**【实施“侨爱工程——关注困难归侨侨眷和贫困生活动”】** 根据有关文件精神，结合我市侨情特点，经过深入调查，摸清底数，筛选了53名特困归侨侨眷和167名贫困生，并建立帮扶救助台帐。一是对特困归侨侨眷给予一定的生活补助，对因病住院者给予适当的医疗救助。二是对筛选出的167名义务教育阶段的在校特困生，组织了海外8个侨团的44名侨胞捐资78.32万元，结对帮扶至初中毕业。并于8月5日，举办了结对仪式，温州市侨办主任陈永聪、瑞安市副市长管秀云、瑞安市人大和政协的相关领导，以及海外侨领代表和贫困生代表共70余人参加了此次结对仪式。

**【统战电视专题栏目《同舟》开播】** 5月16日20时10分，瑞安市委统战部、瑞安市广播电视台联合主办的统战电视栏目《同舟》开播，寓意“风雨同舟”。《同舟》每月一期，以专题报道为主，全方位展示瑞安统战工作动态，已成为瑞安市统战系统干部的工作指导月刊，广大统战成员的连心桥，市民了解和支持统战工作的窗口。（薛志豪）

## ·乐清市委统战部·

**【综述】** 2009年是新中国成立60周年，也是多党合作制度确立60周年。一年来，乐清市委统战部认真学习党的十七大、十七届三中四中全会精神，全面贯彻落实科学发展观，紧紧围绕乐清市委中心工作，突出“大团结，大联合”主题，充分调动各方面的工作积极性，积极做好协调关系、化解矛盾的工作，通过集中各方面智慧和力量，保增长、抓转型、重民生、促稳定，为乐清经济社会平稳健康发展提供了力量支持。2009年，乐清市委统战部获被评为全省统战工作先进集体、全省统战信息一等奖；理论调研文章获得全省统战理论调研成果二等奖；同时还获得温州先进奖项8项。

**【深入开展学习实践科学发展观活动】** 按照乐清市委统一部署，在部机关开展深入学习实践科学发展观活动。成立了学习实践活动领导小组，乐清市委常委、统战部长朱赛月任组长。把学习贯穿于活动的始终，坚持集中学习18次，同时积极组织全体机关干部参加学习讲座、知识竞赛等活动。广泛开展谈心交友活动，认真征求广大统一战线成员的意见建议，梳理查找出四方面问题。开好领导班子民主生活会，认真撰写分析检查报告，重点研究制定了整改落实方案，将解决突出问题和完善制度的工作具体化、目标化、责任化和制度化。做好群众满意度测评，满意率为93.1%。通过深入学习实践科学发展观活动，部机关党员干部深受教育，思想认识进一步提高，解决了一批存在的难点问题，党组织建设进一步得到加强。

**【指导非公有制经济组织开展深入学习实践科学发展观活动】** 中共中央统战部副部长，全国工商联党组书记、第一副主席全哲洙把乐清作为指导学习实践活动的联系点。在全哲洙部长指导和乐清市委领导下，乐清市委统战部创新学习载体，扩大党的组织与工作覆盖面，做到“规定动作”不走样、“自选动作”有创新。一是创新学习载体，解决全覆盖难的问题。设计了虹桥商会艺术团巡回文艺演出、科学发展观大讲堂、“空中党校”、“远大电缆杯”知识竞赛和“小册子在身边”等活动。二是围绕发展求实效，解决企业主参与积极性不高的问题。引导广大企业主（出资人）围绕如何破解发展难题、推动企业科学发展主题，参与思想解放大讨论，进一步激发企业主（出资人）的参与积极性。三是因地制宜推出组织设置新模式，解决党组织组建难的问题，有效地拓展企业党组织和党员发挥作用的途径，不断增强党组织和党员的创造力、凝聚力和战斗力，使党组织能够把所有者、经营者、劳动者的利益结合起来，为促进非公有制经济健康发展提供坚强有力的思想基础、精神动力和组织保证。11月17日，全国非公有制经济组织学习实践活动指导工作会议在长沙召开，乐清市委常委、统战部长朱赛月参加会议并在会上作了典型发言。会后，新华社、人民日报、中央电视台等17家媒体采访并报道了乐清经验。

**【应对国际金融危机】** 面对国际金融危机带来的巨大冲击，乐清市委统战部推出六项举措积极应对。一是开展“我为应对国际金融危机献一策”活动，并成立了领导小组。各民主党派、无党派人士和各界别积极响应，就当前乐清经济社会发展实际提了不少意见和建议。乐清市委统战部将有关意见和建议整理编印成7期活动简报，供乐清市领导和有关部门决策参考。10月份成功承办了全国“统一战线应对金融危机”重点课题研讨会，乐清市委常委、统战部长朱赛月参加会议并在会上作了典型发言。二是加强形势教育，举办各类形势报告会、座谈会帮助广大非公有制经济人士增强创业创新和转型升级的信心。如邀请国际货币基金组织金融部主任林建海博士到乐清作《全球经济展望及货币政策》专题讲座。三是银企合作。选取30家优质核心工商联会员企业和工行签约授信提供20亿元的意向性融资支持，帮助中小企业拓宽融资渠道。四是校企合作。联合中国计量学院、浙江科技学院、浙江工业大学等三所院校建立实习就业培训基地，以解决大专院校学生实习难及毕业生就业难问题。联合上海交通大学举办两期民营企业高级工商管理EMBA研修班，120多名企业家报名参加。五是企企合作、互助会诊。充分发挥工商联、行业协会等团体组织的作用，组织成立企业家专家组对困难企业进行“会诊”解困。六是大力推进“回归工程”。动员在外乐清人“企业回迁、资金回流、人才回归”，实现国内乐清人、世界乐清人与乐清经济社会发展的互动并进。

**【举办庆祝新中国成立60周年系列活动】** 一是举办乐清市统一战线庆祝建国60周年暨多党合作制度确立60周年文艺汇演。乐清市统战系统各单位、各民主党派、无党派人士联谊会、各宗教团体、各新经济组织、各新社会组织、台联会和留联会等单位精心编排选送的诗歌朗诵、独唱、舞蹈、越剧表演等一一亮相，赢得阵阵掌声。二是开展“纪念新中国成立60周年暨多党合作制度确立60周年”征文比赛。活动历时1个月，共收到文稿50来篇。三是召开庆祝建国60周年暨多党合作制度确立60周年座谈会，乐清市委统战部有关负责人、各民主党派和无党派人士代表参加，回顾光辉历程，洽谈美好未来。四是举办迎国庆乐清市首届民营企业运动会。58家民营企业1000多名选手，参加乒乓球、羽毛球、拔河等10多个项目的角逐。五是走访慰问解放前加入民主党派的老成员，民主党派历任主委，以及曾担任过副县级以上领导职务的党外人士。

**【加强参政议政队伍建设】** 面向党外人士公开选拔统计局副局长1人，选配1名党外副科局级干部兼任水利局副局长，乐清市政府工作部门党外领导干部增加到5人。积极推进“党外代表人士后备队伍培养行动计划”，协助温州市委统战部完成15名“温州市级党外代表人士后备人才库”建设，基本保持了党外代表人士队伍的稳定，促进后备人才的不断成长。

**【建立新的社会阶层人士统战工作联席会议制度】** 4月份，中共乐清市委办公室发文建立乐清市新的社会阶层人士统战工作联席会议制度，对联席会议的组成、联席会议工作规则、联席会议及各成员单位工作职责做了明确规定，并提出了具体的工作要求。10月份乐清市组织召开第一次新的社会阶层人士统战工作联席会议。

**【对口援助平阳两个少数民族村】** 开展少数民族低收入群众增收帮扶行动计划，动员温州市、乐清市第二届优秀中国特色社会主义事业建设者的部分成员到平阳县，为朝阳乡新发村、维新乡余山村捐助19万元。此外，进一步发挥乐清各企业信息灵、联系广的优势，组织开展经贸合作和劳务合作。

**【举办统战知识进学校征文比赛】** 继续推进统战知识进学校活动，切实做好党的宗教方针政策的宣传和《宗教事务条例》的贯彻落实工作。与乐清市团市委、教育局、民宗局一起联合举办征文比赛，收到征文191篇。

**【开展爱国爱教主题教育活动】** 在宗教界开展“弘扬爱国爱教传统，共建和谐乐清”主题教育活动，从思想、组织、制度、人才、经济各个方面加强爱国宗教团体的建设，努力形成有人办事、能办事、会办事、办成事的组织体系，发挥其总揽全局、指导各方、联系团结、教育引导的作用。积极发挥宗教界人士和信教群众在经济和社会建设中的作用，更好地引导宗教为社会主义新农村建设服务，努力促进宗教与社会主义相适应。推进宗教事务管理的法制化和规范化。

**【拓展对台交流合作】** 充分发挥雁荡山与阿里山对接合作的平台作用，组织乐清市旅游业相关人员赴台进行专项旅游产品现场销售及宣传活动，发放宣传资料300多份。加强与台湾民间团体的交流交往，通过多种渠道邀请台湾艺文协会、台湾高校师生等70多人到乐清进行“台湾一乐清书画艺术笔会”和学生夏令营活动，邀请台湾工商界、科技届、新闻界等80多人到乐清进行工商考察和参观；同时组织2批经贸考察团到台湾交流。深化“为台资企业服务”活动，积极帮助台资企业应对金融危机，组织举办现场交流座谈会和法律政策报告会，开展集中协调台商投诉积案活动，协调解决2件台商经济纠纷。 （叶建阳）

## ·永嘉县委统战部·

**【综述】** 一年来，在县委的坚强领导下，我县统战工作以特色为主线，以创新为主题，以“五大行动计划”为抓手，突出新面貌、新特色、新举措，凝心聚力、开拓创新，切实履行统战工作职能，扎实开展各项工作，取得了较好成绩。

组织广大成员认真学习实践科学发展观活动，统一战线共同的政治思想基础更加牢固。在深入开展第二批学习实践科学发展观活动中，我们结合贯彻落实上级统战工作会议精神和我县统战工作实际，找准统一战线为经济社会发展服务的着力点，发挥优势、挖掘潜力，把统一战线广大成员的智慧和力量凝聚到为保持全县经济社会平稳较快发展上来。在指导非公经济组织学习实践科学发展观活动中，我们成立指导小组，发放工作小册子，加强面上指导和督导，形成工作亮点，积极促进学习实践科学发展观活动在新经济组织中的开展。

统一战线服务大局的优势和作用更为凸显。2009年，我们坚持按照县委提出的“保增长、抓转型、攻项目、强支撑、重民生、促稳定”这一工作主线，结合我县统战系统的人才、经济、联谊、稳定等方面的优势，形成内外互动、优势互补、相互促进、共同发展的良好局面，积极促进我县经济的开放度和区域经济协调发展。一是帮助我县在外“超市经济”逐步形成内外联动、企业联营的格局。10月16日，帮助建立永嘉县超市经济促进会，整合提升我县超市产业，进一步提高我县在外超市的核心竞争力，为应对金融危机所带来的影响进行了积极探索。二是以“魅力家园”建设为切入点，动员和凝聚统战力量，发挥统战系统人才、经济优势，按照县委提出的“产业化、生态化、功能化”的要求，投入15万元资金积极帮助西源乡鹤湾村开展新农村建设试点工作，全力推进我县新农村建设。

搭建平台，我县多党合作事业迈出了扎实步伐。在县委的正确领导下，3月27日成立永嘉县无党派人士联谊会，为更好地履行中国共产党领导的多党合作和政治协商制度搭建了有效载体。一年里，先后协助县委召开2次党外人士意见征求会议，推进多党合作和政治协商制度的制度化、程序化、规范化建设。继续推进“党委出题、党派调研、政府采纳、部门落实”调研机制，畅通党派成员建言献策渠道，鼓励支持统一战线成员围绕我县经济社会发展遇到的热点、难点问题开展调查研究，撰写有价值的调研报告，提出意见建议，供党委、政府决策参考。其中农工党县委会主委傅朝宗的《浅论温州工业经济转型升级》获得市一等奖。结对交友、对口联系、特约人员等制度进一步明确，受到积极肯定和好评。实施党外代表人士后备队伍培养行动计划，加大党外后备干部培养选拔力度。重视党外人士的政治和实职安排，实现党外干部担任政府部门正职的安排。一年来，共提拔副科级以上党外领导干部7名，其中3名为正科。

突出民族新村建设，夯实宗教工作机制，民族宗教工作实现新突破。实施少数民族低收入群众增收帮扶行动计划，突出民族新村建设，永嘉县无党派人士联谊会落实4万元扶持资金帮助张溪乡小长坑民族小康示范村建设，取得较好成绩。全面开展少数民族调查工作，初步摸底我县城市少数民族干部情况和少数民族基本情况。加强对城市外来少数民族的服务和管理，切实维护少数民族的合法权益，促进民族和谐发展。

深入宣传贯彻落实《宗教事务条例》和《浙江省宗教事务条例》，积极开展以花岙教堂为试点的和谐寺观教堂创建活动，以县委名义下发3个文件，形成县领导挂钩、职能部门和乡镇、村（居）三位一体的宗教工作机制，进一步健全完善宗教工作责任制。通过专家讲座、党校授课、以会代训等形式，加强宗教工作“三支”队伍建设，提高宗教工作干部的宗教理论政策水平和应变能力，切实增强宗教界人士的法律意识和法治观念，提高宗教教职人员队伍的综合素质。弘扬宗教界人士乐善好施的精神，发挥宗教界人士和信教群众在构建和谐新永嘉中的积极作用，引导宗教与社会主义相适应。

以承担社会责任为重点，新的社会阶层人士统战工作呈现亮点。实施新的社会阶层人士（非公经济人士）统战工作网络构建行动计划，形成新的社会阶层人士统战工作合力，引导非公有制经济人士积极参与光彩事业，体现更多的社会责任。一是发挥参与新农村建设和构建和谐社会的生力军作用，使得非公有制经济人士在当好企业家的同时，争当慈善家的爱心风格更加彰显。二是开展各类商会活动，提高商会凝聚力，积极树立非公有制经济人士新形象。三是加强对基层商会、异地商会、行业协会的指导，提升商会组织的凝聚力。四是加强异地商会非公党建工作，实现领导班子建设的目标。年初，积极配合县机关党工委分别到宁波、杭州、龙泉商会协助指导搞好党建工作。

加强联谊联络，港澳台海外统战工作不断深化。实施海外联谊拓展行动计划，建立健全港澳台海外同胞乡情资料库和重要社团资料库。一是加强与港澳台和海外社团、各阶层代表人士的联络交往。今年共接待19个友好华侨团300多人次，出访波兰等3个国家部分华侨企业、侨团；接待台湾客人600余人次，组织赴台文化交流1次。二是引领港澳台同胞和海外侨胞投身家乡新农村建设，协助县委、县政府做好招商引资、引智工作，取得较好成绩。三是加大宣传力度，策划联谊活动，促进传统文化交流，进一步做好港澳台和海外侨胞二、三代的联谊联络工作。四是依法维护华侨侨眷、台胞台属权益，努力化解矛盾，维护社会稳定。今年办理“三侨生”加分手续31件，审批侨坟保护6件，出具华侨子女、眷属身份证明62份。关心慰问全县困难台胞、台属，共走访了三十多位台胞台属，为他们送上慰问金4万多元。五是侨、台团体加强自身建设。县侨联成功选举产生第七届委员会领导班子，县台联完善内部管理，加强自身建设。

提升素质，统战系统自身建设得到切实加强。把学习实践科学发展观主题教育活动和开展“五型机关”建设结合起来，在统战系统中进一步营造善于学习、终身学习、人人学习的浓厚氛围。积极创新统战工作方式，开展“金点子”活动，突出有为，彰显魅力，进一步激发统战干部的能动性和创造力，激荡统战干部思维，宏扬良好创新风气，形成人人关心统战工作、人人参与统战工作的局面，真正做到围绕中心、服务大局，体现统一战线有作为；创新机制、重在建设，体现统一战线有活力；以人为本，提升素质，体现统一战线有形象。

**【县委召开党外人士意见征求会议】** 1月16日，县委副书记李爱燕主持召开党外人士意见征求会，对即将提请县委十一届七次全会审议的工作报告（征求意见稿）进行党外人士意见征求。参加会议的党外人士有民主党派代表、无党派人士代表、工商联代表等11人。

**【举办新春茶话会暨超市经济研讨会】** 有关业内专家、学者和各超市老总们欢聚一堂，围绕超市行业经济当前的发展情况展开了探讨，并着重围绕面对机遇与挑战，超市经济如何应对，如何寻求更大的发展空间，以及统一渠道、统一组织，统一品牌、统一战略，统一经营、统一总部的发展模式等内容提出了自己的见解。

**【永嘉县无党派人士联谊会成立】** 3月27日，永嘉县无党派人士联谊会正式成立，县政协副主席郑伯西当选为第一届无党派人士联谊会会长。

**【县委书记任玉明专题调研统战工作】** 4月18日，县委书记任玉明到县统战系统调研统战工作，并指出抓好统战工作必须创新工作方法，实现各个阶层最广泛的团结；要做好服务，为他们牵线搭桥，提供咨询；要积极引导，发挥统一战线广大成员的作用，参与家乡慈善事业、捐资回报家乡；要策划载体，为他们回报家乡提供更加方便的通道。

**【实施帮扶少数民族村增收计划】** 帮助张溪乡小长坑民族村理清发展思路，规划长远发展目标，积极做好“五种”文化，即民族文化、生态文化、休闲文化、农耕文化、红色文化，全力依托国家级四海山景区的地理优势，引进先进理念，发展具有民族特色的农家乐项目，积极为当地村民增收致富而努力。同时，处理好“项目扶贫”和“智力扶贫”、“短期帮扶”与“长期帮扶”，切实增强结对帮扶的针对性和实效性，全力推进民族村的可持续发展。县无党派人士联谊会捐助4万元资金帮助少数民族村集体经济发展。

**【举办党政领导干部宗教政策法规知识专题讲座】** 6月10日上午，永嘉县举办党政领导干部宗教政策法规知识专题讲座。讲座邀请了省民族宗教事务委员会宗教一处周永辉处长来讲课。周处长结合自己20余年的宗教工作实践经历，生动阐述了如何运用宗教政策法规知识做好基层宗教工作，使得各乡镇、部门进一步统一思想，增强了做好宗教工作的政治感、责任感和使命感。

**【举办创建“和谐寺观教堂”活动研讨会】** 8月18日，全县各宗教团体负责人及重点活动场所负责人共四十余人参加了此次会议。与会人员针对我县创建“和谐寺观教堂”活动的实施方案进行了讨论。大家结合我县实际，对照创建的各项标准，就创建“和谐寺观教堂”活动进一步统一了思想。

**【成立永嘉县超市经济促进会】** 10月16日上午，县超市经济促进会正式成立，我县10万超市人正式有了一个家。会议选举美国华商会副会长林光为我县超市经济促进会一届一次理事会会长，聘市政协副主席郑胜涛为名誉会长，中国风险投资研究院院长陈工孟为首席高级经济顾问，并举行了中国超市网开通和“中国超市文化示范县”授牌仪式。（李光训）

## ·洞头县委统战部·

【综述】 2009年，洞头县统战部门在县委的正确领导和市委统战部的指导下，深入开展学习实践科学发展观活动，认真贯彻落实党的十七大、十七届四中全会精神和全国、省市统战工作会议精神，紧紧围绕县委“保增长、保民生、保稳定”的工作大局，充分发挥统战职能优势，广泛调动各方面积极因素参与全县经济建设和社会各项事业发展，各项工作均取得了新的进展。

党外人士工作进一步规范。认真贯彻好中央、省、市有关文件精神，调整完善和规范党外人士工作制度，调动党外人士民主监督和参政议政积极性。一年来，健全和完善了党委领导联系党外人士，党外干部谈心、交流、沟通机制。坚持县领导每年挂钩联系党外人士，关心党外干部成长。坚持落实部长约谈党外干部制度，先后召开3次党外领导干部座谈会、经验交流会，倾听党外人士意见建议。进一步完善全县12名副科级以上和3名副县级党外干部档案，建立了38名党外中层干部档案。重视学习培训，选送副科级以上党外干部参加省、市、县有关培训，提高党外干部的整体素质。加强党外后备干部队伍建设，协助组织部门一起做好党外干部的推荐、考察，并通过公开选拔使2名党外干部走上了副科级领导岗位。组织党外人士参加行风评议、党风廉政检查、县委县政府重要工作意见征求会等，积极建言献策。举办无党派人士庆祝国庆60周年座谈会，开展会员论文收集和撰写调研报告等活动。

民族宗教工作取得突破。面对民族宗教工作新形势、新情况、新问题，我们始终坚持“民族工作促发展、宗教工作促和谐”的工作原则，高度负责地抓好民族宗教工作。一年来，民族宗教工作在维护和谐稳定、宗教文化旅游、民族村帮扶等方面有了新的突破。场所管理更加规范。积极开展“和谐寺观教堂”等争创活动。强化宗教场所财务监督管理，全县重点道教场所推广财务会计代理办法，并在道教场所推行片区管理，进一步规范了宫观日常管理和道务活动。宗教文化进一步传承弘扬。成立中普陀观音文化研究会，举办中普陀寺三乘石雕落成暨建寺十周年庆典仪式，不断提升我县宗教旅游品牌；引导宗教教职人员、信徒参与社会公益事业，全年宗教界共捐资60余万元，发挥宗教团体和教职人员在殡葬改革、文明出殡中的引导和规范作用。民族帮扶工作力度加大。积极帮助寮顶回族村创成首批省级“民族团结进步小康示范村”，向省、市各级部门争取民族村发展资金38万元，用于改善民族村村容村貌和基础设施建设。

非公有制经济服务工作不断深入。充分发挥好党委政府联系非公经济人士的桥梁纽带和助手作用，鼓励非公有制企业积极应对金融危机。建立了部领导与新的社会阶层人士交友联系制度，进一步畅通新的社会阶层人士与党委、政府的沟通联系。举办专题讲座，组织企业家参加百岛讲坛，帮助非公有制经济人士及时了解、掌握政策动态。加强非公有制企业外来人才联谊会的交流联谊，鼓励外来人才为我县的经济社会发展献计献策。联合县司法局成立洞头县中小企业司法行政服务中心，开展“送法律进企业”活动。深入企业开展调查走访活动，了解掌握金融危机对企业的影响，积极帮助企业解决实际困难。协助县委深入学习实践科学发展观活动领导小组指导好全县非公有制经济党组织开展学习实践科学发展观活动。

港澳台和海外工作有实质性进展。注重沟通联系与服务。加强与县外“三胞”的联络联谊，节日期间向“三胞”寄发贺卡和慰问信，及时传递家乡讯息，增进感情；开展贫困归侨侨眷调查、建档工作；组织侨界留守儿童共度“六一”活动，为侨界留守儿童搭建爱心平台。拓展交流联络。成功邀请和接待了高雄市议员、台湾亚细亚艺文交流团等组织及“三胞”来洞头进行文化交流；协助做好“两岸半屏山文化旅游活动周”筹划工作和组织赴台湾高雄开展交流，协助做好状元岙深水港对台货运直航开通工作，促进浙南与台湾经贸交流，并在3月11日协助县政府成功举办两岸半屏山旅游文化交流活动。开展侨智引接工作。开展港澳台侨胞调查摸底，不断完善“三胞”企业家、科技专家及新生代人才库。做好海外留学生、科技专家与国内科研领域的对接和回流牵线工作。

统战部门自身建设有新加强。深入开展学习实践科学发展观活动，以“凝心聚力、构建和谐、助推发展”为活动主载体，实施“助推、和谐、关爱”三大行动，使统战干部思想认识得到提高，工作机制得到创新，统战服务中心工作得到提升。以“联谊、发展、和谐”为主题，成功举办首届洞头人联谊大会，170多位洞头籍在外知名人士返乡参会，成立了洞头人联谊总会，并成功对接旅游发展和选商引资大会，为内外洞头人交流联谊互动搭建了有效平台。牵头组织世界温州人联谊总会上海医务分会的10多位专家来我县开展“报效家乡、送医送药”活动，为452名困难群众免费义诊。统战进社区、进村居、进企业工作不断推进，统战服务农村工作进一步得到加强。

**【召开全县党务（统战）工作会议】** 2月19日上午，洞头县召开全县党务工作会议。县委书记胡剑谨对做好2009年的统战工作提出三点要求。

**【温州市宗教界热心捐赠洞头慈善事业】** 4月17日，在洞头县委五楼会议室举行的温州市慈善明星捐款仪式上，瓯海太阴宫负责人卢阿光和市道教协会会长陈崇杰等人为洞头捐款40万，用实际行动诠释慈善的真谛。洞头县委书记胡剑谨出席捐赠仪式并致谢。

**【首届洞头人联谊大会顺利召开】** 5月26日上午，首届洞头人联谊大会在洞头剧院隆重开幕，并成立了洞头人联谊总会。200余名来自世界各地的洞头籍乡贤、嘉宾，欢聚百岛，畅叙乡情，共谋发展。大会以“联谊、发展、和谐”为主题，以“亲情、友情、乡情”、“血缘、地缘、人缘”为纽带，参加大会的嘉宾有来自全国各地的洞头籍工商界、文体界、科技界的知名人士，以及洞头县发改局、洞头县经贸局等有关部门负责人，还有对洞头发展做出过重要贡献的非洞头籍人士。

**【与侨界留守儿童共度“六一”】** 6月1日下午，洞头县侨办、洞头县侨联联合在多美丽餐馆开展与侨界留守儿童共度“六一”活动。这些特殊的留守儿童在丰富多彩的游戏中欢声笑语不断，孩子们在节日期间充分感受来自“侨之家”的关怀。县人大副主任、县侨联主席林海珊同志到场为孩子们赠送了学习用品等礼物，并给孩子们送去了节日的问候。

**【召开司法行政服务中小企业座谈会】** 7月2日下午，洞头县工商联和县司法局在杨文工业区温州东启公司举行司法行政服务中小企业座谈会。座谈会邀请了县重点企业代表和法律工作者30余人。

**【精心部署“和谐寺观教堂”创建活动】** 7月17日上午，洞头县民宗局召开全县创建“和谐寺观教堂”动员会议，拉开了洞头县创建“和谐寺观教堂”活动的序幕。会议要求各宗教团体要认真做好学习和贯彻落实工作，激发各宗活动教场所的主人翁意识，发动他们积极主动地参与创建活动，变“要我参加”为“我要参加”。

**【县无党派人士联谊会召开庆祝新中国成立60周年座谈会】** 9月23日下午，洞头县无党派人士联谊会召开庆祝新中国成立60周年座谈会，会议学习了党的十七届四中全会精神和胡锦涛在人民政协成立60周年大会上的讲话精神。无党派人士代表20余人出席了会议。

**【《林环岛文集》首发式在洞头县举行】** 9月28日下午，由中共温州市委党史研究室和中共洞头县委党史研究办公室联合编撰的《林环岛文集》在洞头县举行首发式。县领导胡剑谨、姜长才、叶国胜、林汉琴等出席仪式。《林环岛文集》的付梓问世，不仅丰富了浙江省乃至全国党史研究的内容，也为研究20世纪上半期国内的政治、军事、经济、文化、教育、社会及东南亚地区的华侨历史提供了宝贵的资料。

**【举办“企业税收筹划”专题讲座】** 12月6日，洞头县工商联举办“企业税收筹划”专题讲座，特聘请了温州财校副校长、浙江税务网常年税务顾问师郑军剑教授前来授课，来自全县的各企业经理、财务部门管理人员、主办会计及涉税财会人员等80余人参加了讲座。

**【台湾三立电视台来洞头县进行民俗风情摄制】** 12月3日，台湾三立电视台《在中国的故事》栏目摄制组在市台办领导的陪同下，到达洞头县进行为期两天的民俗风情节目摄制工作。同为两地方言的“闽南语”不仅为洞台双方人员的交流沟通提供了便捷，而且拉近了距离，风俗习惯的类似更增添了胜似兄弟的亲切之感。同时，洞头县台办亦通过该节目的录制向台湾人民传

达“血脉相连、和平统一”的情怀。（李　艳）

## ·平阳县委统战部·

【综述】　2009年，平阳县统战工作围绕全县工作大局，以深入开展学习实践科学发展观活动为主线，牢牢把握保增长的首要任务和维护稳定的政治任务，促进发展，服务民生，协调关系，化解矛盾，促进全县经济社会和谐发展。

引领统战成员深化学习实践活动。精心谋划“思科学发展、谋和谐构建、促统战创新”的实践载体，积极发动党外人士开展学习实践科学发展观活动，各民主党派、无党派联谊会通过举办学习交流会、征文比赛、调研活动等各种形式的活动，以实际行动积极践行科学发展观。开设平阳“统战论坛”，通过专题讲座、部领导班子成员做专题发言、广大统一战线成员献策献计等多种形式引领统战干部和广大统一战线成员踊跃参与学习讨论，为全县统一战线科学发展建言献策、汇聚发展思路。

积极服务平阳经济平稳较快发展。认真组织党外人士参政议政，召开党外人士座谈会6次，县委领导与党外人士谈心交心26次，在2009年县“两会”期间，各民主党派成员、无党派人士大会发言10篇，提案、议案158件。坚持把有效应对国际金融危机影响、保持经济平稳较快发展作为重点调研课题，积极发动民主党派、工商联、无党派等党外人士深入基层、深入企业开展调查研究，相继撰写《抱团取暖 应对挑战》等重点调研文章20多篇，提供有关方面决策参考。积极鼓励党外人士投身能源、资源、环境、高新技术产业等重点领域的“科技创新竞赛行动计划”，为全县经济发展提供了智力支持。

进一步夯实多党合作的共同思想政治基础，以纪念新中国成立60周年和多党合作制度确定60周年为主题，在民主党派、无党派人士中开展政治交接主题活动，不断强化走中国特色社会主义道路的自觉性和坚定性。进一步加强党外干部推荐培养选拔工作，128名优秀的党外人士充实到后备干部人才库，14名党外人士被推荐为市级党外后备干部，并有2名党外干部进入重要部门担任领导职务。

不断夯实民族宗教基础工作。加大民族政策法规宣传力度，举办2期民族干部政策法规及适用技术培训班。实施“少数民族低收入群体增收帮扶行动计划”，通过资金帮扶、项目帮扶、科技帮扶、医疗帮扶等多种形式，大力推进少数民族地区结对帮扶行动，申报少数民族帮扶发展项目22个，全年累计争取落实帮扶资金160多万。加快实施了一批少数民族地区发展的项目，12个民族村通村公路全部完成水泥路面改造，安全饮用水问题切实解决，受益群众达7860人；移动通信网络实现全覆盖，11个民族村通上有线电视，8个民族村新建了村办公楼。同时，少数民族地区坚持立足本地资源优势，特色种养业发展迅速，涌现3家县级以上骨干农业龙头企业。以深化“五·五”普法宣传教育活动为契机，大力宣传贯彻《国务院宗教事务条例》和《浙江省宗教事务条例》，举办法制培训班2期，受训200多人次；开展和谐寺观教堂创建活动，依法加强对宗教事务管理，建立健全换证后的场所档案，进一步完善场所组织及管理制度。

不断拓展新的社会阶层人士统战工作。建立了新的社会阶层人士统战工作联席会议制度，搭建新的社会阶层人士信息库平台，积极引导他们勇于承担社会责任、参与村企共建、投身光彩事业等实践活动，86名企业家担任村级经济顾问，参与了村企结对共建活动，牵线萧江商会、水头商会分别结对帮扶闹村、青街两地的2个民族村。加强与平阳籍在外企业家联系联谊，协助成立了云南平阳商会，热情接待广东平阳高级人才联谊会、东莞平阳商会等在外平阳商会回乡考察团200多人次，增进双方的信任与合作，积极鼓励他们回乡投资兴业。

不断加强港澳台和海外统战工作。以“情系故土”为主题，充分发挥侨联、台联组织的纽带作用，邀请港澳台和海外各界人士回乡探亲、旅游、考察、经贸洽谈。认真做好侨胞、台胞和侨属、台属接待工作，共接待侨台胞300多人，接待来访人员50多人，积极为他们排忧解难。通过平阳报开辟“海峡两岸一周视点”专栏、举办以“加强两岸交流，促进祖国统一”为主题的纪念《告台湾同胞书》发表30周年图片展等活动，积极宣传贯彻中央对台工作方针、政策。认真组织举办“三胞”迎新中国成立60周年大型中秋联谊会，举办基层侨联、台联“爱国主义教育报告会”，增进沟通和交流，激发广大侨台属爱国爱乡热情。进一步夯实基层侨务工作，鳌江镇侨联被授予“浙江省示范性基层侨联”称号，鳌江商城率先成立了社区侨联。

**【召开党外人士座谈会】** 1月6日上午，中共平阳县委召开党外人士座谈会，就县委十一届六次全会报告听取我县各民主党派、工商联负责人和无党派人士代表的意见和建议。座谈会上，与会人员就全县社会稳定、干部作风、人才培养、医疗卫生发展，尤其是如何应对金融危机、保持增长、推进转型升级等问题，提出了许多宝贵的意见和建议。县委书记仇杨均，县政协副主席、县委统战部长陈建初等参加会议。

**【开展“七访七问破难题”活动】** 为深入贯彻落实科学发展观，着力破解科学发展难题，县政协副主席、统战部部长陈建初带领部领导班子，深入基层开展“七访七问”破难题活动（即访参学单位，问学习成果；访企业主，问发展需求；访重点工程，问施工进度；访村干部，问发展思路；访专业户，问致富经验；访贫困户，问生活疾苦；访信访户，问化解良方），倾听民意，梳理难题，努力提高统一战线服务科学发展的能力，并受到上级领导和社会各界的肯定认可，温州统战网、《温州统战》期刊等媒介作了宣传报道。

**【开展“金点子”献计献策活动】** 为积极响应中央统战部“我为应对金融危机影响献一策”活动，县委统战部紧密结合开展“金点子”献计献策活动，广泛动员全县统一战线成员，共同为我县应对危机、克服困难、促进发展献计出力。各民主党派、工商联、无党派人士积极响应，通过各种渠道报送“金点子”30多条，提出许多前瞻性、建设性的意见建议，内容涉及选商引资、沿海产业带建设、基础设施建设、税费减免、医疗保险等方面。

**【开展少数民族帮扶活动】** 8月21日，乐清市市委常委、统战部部长朱赛月带领19位乐清市知名企业家来平开展少数民族村结对帮扶活动，双方举行了座谈会，会上乐清市企业家们慷慨解囊，当场为其结对帮持的朝阳乡新发村、维新乡余山村等两个欠发达少数民族村捐赠帮扶资金19万元，并在现场举行了捐赠仪式。

**【继续深化党外人士挂钩联系活动】** 深化党外人士挂钩联系欠发达乡镇计划行动，各民主党派、无党派积极开展医疗、科技、教育等社会服务活动，全年开展义诊活动12次，免费发放医药用品价值3万多元，受益群众5000多人；开展科技下乡9次，发放科普宣传资料5000多份。

**【举行“三胞”迎国庆大型中秋联谊会】** 9月28日，平阳县“三胞”迎新中国成立60周年大型中秋联谊会在县文化中心举行，在平的海外侨胞、港澳台同胞和归侨侨眷、台属及各界代表人士欢聚一堂，畅叙亲情乡谊，共渡美好佳节，喜迎祖国60华诞。县委副书记亓宾代表县四套班子到会致辞，副县长胡祖吉，县人大常委会副主任周世好，县政协副主席、统战部部长陈建初等出席联谊会。

**【成立云南省平阳商会】** 3月24日，在云南经商、办企业的平阳籍人士代表，在昆明颐华国际大酒店隆重召开云南省平阳商会成立大会。县政协副主席、统战部部长陈建初代表平阳县四套班子到会祝贺并致辞。

**【成立平阳县首个社区侨联】** 7月23日，鳌江镇商城社区侨联宣告成立，这也是平阳县成立的首个社区侨联。来自澳大利亚、意大利、美国等国家的1000多名华侨出席成立大会，县侨联主席金裕军到会祝贺并致辞。 （徐素玲）

## ·苍南县委统战部·

**【综述】** 2009年，苍南县统战工作紧紧围绕全县“后发崛起、全面跨越”发展战略和“保增长、抓转型、重民生、促稳定”的工作主线，以深入实施“五大行动”为抓手，凝心聚力，和衷共济，求真务实，开拓创新，有力推进了我县统一战线工作又好又快发展。

与时俱进，巩固统一战线工作思想政治基础。以“发挥统战优势，服务科学发展”为实践载体，认真开展学习实践科学发展观主题实践活动。积极引导各民主党派、无党派人士联谊会政治交接学习教育活动向纵深发展，九三学社县委会被社省委评为政治交接学习教育活动先进集体。隆重举行庆祝新中国成立60周年暨多党合作制度确立60周年活动，通过开展征文、召开座谈会、开展纪念建国60周年统战知识宣传、走访慰问党外人士等形式，充分展示统战工作。加强对台宣传，全年共接待华侨华人和台胞200多人次，举办涉台形势教育报告会8场，听课人数2000多人。

发挥优势，提高统一战线服务全县建设大局水平。发挥参政议政、民主监督优势，积极献计献策，县“两会”期间，党外人士共提出议案、提案160件，工商界政协委员向大会发出了“化危为机，共克时坚”的倡议。发挥联系广泛优势，切实推进经济转型升级，通过举办“经济转型升级助推”专题调研座谈会、“苍南县中小企业融资服务合作协议”签订仪式、“我为经济转型升级献一策”推荐企业参加“2009年浙商全球500强”和浙江名优新产品采购对接会、“统战成员、干部进企业”等活动，扎实做好信息、政策、融资等具体服务工作，积极引导非公企业应对金融危机、提升发展的信心。发挥人才、智力、技术优势，积极开展各类帮扶活动，进一步深化“凝人心、聚合力，共建和谐新农村”主题活动，组织统一战线成员开展扶贫慰问、结对帮扶、“三下乡”及慈善一日捐等活动，成效明显。

突出重点，切实做好民族宗教工作。实施“少数民族低收入群众增收帮扶行动”，通过省市县三级联动，对全县47个少数民族村开展帮扶活动，落实帮扶资金100多万元，帮扶项目30余个。举办少数民族村干部培训班，组织经济基础较强的民族村干部到外地民族小康示范村参观考察，有力推动了民族地区经济社会等各项事业发展，在2009年9月召开的国务院第五次全国民族团结进步表彰大会和全国民族团结进步创建活动经验交流会上，我县被评为全国民族团结进步模范集体。实施“和谐宗教创建行动”，深入开展“和谐寺观教堂”和“星级平安示范场所”创建评比活动，积极引导宗教与社会主义社会相适应。

狠抓落实，实施“党外干部培养行动”。与县委组织部联合制定出台《苍南县党外代表人士后备队伍培养行动计划（2009－1012年）实施意见》，调整充实县级后备干部66名，推荐市级后备干部14名，推荐7名党外干部及少数民族干部到县中青班学习，配合做好全县乡镇副职党外干部竞争性选拔考试。举办党外人士读书班，九三学社社情民意信息工作培训班等，进一步提高党外人士工作能力和参政议政水平，并成立苍南县社会主义学校。

整合资源，拓展港澳台和海外统战工作。整合海内外统战工作资源，协助县政府成功举办首届百名外商采购大会。加强与在外苍南人的联系和沟通，吸引他们回乡回流创业，制作发放《首届苍南人联谊大会画册》1000多册，全面展示在外苍南人风采。加强与台湾交流，积极邀请台湾各界人士来苍交流考察，建立“台湾农民创业园”，启动“台北小镇”项目，加快融入海西经济区。举行“苍南人民情系台湾灾区一日捐”活动，为受“莫拉克”台风影响严重的台湾同胞献爱心，捐赠活动在中央电视台等国家级媒体播出。立足苍南侨情，与近300名海外侨胞建立密切联系，与世界各地21个华侨华人社团保持经常性联系，增强广大侨胞的爱乡情怀。

提升能力，切实加强统战部门自身建设。制定出台《2009年度苍南县统战工作目标管理责任制考核办法》，分解落实统战工作各项任务；举办乡镇统战工作分管领导业务培训班，提高基层统战干部的理论水平。定期召开乡镇统战工作例会，加强对基层统战工作督促指导和信息互动，提高乡镇统战工作水平。制定《部领导分片联系乡镇制度》，夯实基层统战工作基础。重视乡镇统战工作力量配备，统战工作任务较重的乡镇配备了专职统战干事。进一步加强党风党纪和廉政教育，严格落实党风廉政建设责任制，统战干部没有在用人用权用钱上出现一例违法违纪行为。

**【举办苍南人联谊大会一届一次常务理事扩大会议】** 12月9日上午，苍南人联谊总会一届一次常务理事扩大会议隆重召开。会议先后审议通过了苍南人联谊总会第一常务副会长增补人选、总会常务副会长增补人选、总会第一届理事会副会长、秘书长增补、调整人选，以及第一届理事会常务理事、理事增补、调整人选等建议名单。同时审议通过筹办《天南地北苍南人》杂志和《苍南人网站》的建议。宣读了自愿捐赠会费的倡议书，举行以“加强联谊工作，服务苍南发展”为主题的交流发言，并进行苍南县招商引资项目推介活动。

**【举办2009年苍南商界精英高峰论坛】** 12月9日下午，以“融入、创新、跨越”为主题的2009苍南商界精英高峰论坛在县行政中心举行。论坛邀请了苍南籍党政军部分领导嘉宾，海内外有一定影响和代表性的苍南籍企业家、知名专家、学者，国内主流新闻媒体以及苍南人联谊总会理事会成员等参加。论坛采取“主旨演讲、专题演讲和对话互动”的形式，就苍南如何加快创新、实现跨越、尽早融入海西进行了深入探讨。

**【开展首届苍南建设行业十大领军人物评选活动】** 为表彰在建设行业发展过程中做出突出贡献的行业领军人物，充分发挥他们在经济社会发展中的重要作用，8月26日，苍南人联谊总会、苍南县工商联、苍南县广播电视台、苍南县新闻宣传中心联合在全县及在外苍南籍人士中开展首届“建设行业十大领军人物”评选活动。经过人选推报、候选人确定、候选人公示、网站投票后，于10月16日产生了朱明望等10位“苍南县首届建设行业十大领军人物”和唐升绸等10位“功勋人物”。

**【成立苍南县社会主义学校】** 9月23日，苍南社会主义学校挂牌仪式在县委党校隆重举行。县社会主义学校与县委党校实行“一套班子、两块牌子”的工作机制，学校日常办事机构设在县委统战部，其主要职责是组织民主党派成员、工商联骨干、非公企业负责人、宗教人士等开展对马克思主义基础理论和党的统战理论、方针、政策等的学习培训。

**【县委被授予全国民族团结进步模范集体】** 9月29日，国务院第五次全国民族团结进步表彰大会在京举行。苍南县委被国务院授予“全国民族团结进步模范集体”称号，这是我县继2005年被评为全省民族团结进步模范集体之后的又一殊荣。

（缪　苗）

## ·文成县委统战部·

**【综述】** 2009年，文成县委统战部坚持以科学发展观为指导，以“围绕中心促发展、凝心聚力筑和谐”为主线，创新机制，延伸网络，整合资源，夯实基础，各项工作都取得了新的进展。

服务大局工作迈上新台阶。开展“走进民营企业，提振发展信心”、“法律服务民营企业”等活动，召开企业家学习科学发展观座谈会，成立县工商联法律服务中心，强化服务引导，促进非公企业转型升级。实施在外文成人回归工程，发掘华侨资源优势，成功举办“2009文成·华侨经济发展服务月”活动。组织开展全县无党派人士学习贯彻科学发展观新农村服务年活动，开展送医、送教、送文艺下乡等活动6场，受益群众7000余人次。牵线侨胞侨眷，海外侨团，工商界、异地商会结对帮扶我县61个低收入农户集中村，并为家乡各类公益事业捐资1442万元。

多党合作事业取得新发展。推动出台《关于进一步规范党外干部工作的若干意见》，建立党外干部工作联席会议制度，促进党外干部推荐、培养、选拔、使用和管理的制度化、规范化。推动出台《关于聘请无党派人士担任政府部门特约人员的意见》，进一步健全民主监督机制。组织开展纪念新中国成立60周年暨多党合作制度确立60周年系列庆祝活动，激发全县统一战线成员坚定走中国特色社会主义道路的信念。

民族宗教工作取得新进步。大力实施少数民族低收入群众增收帮扶行动，牵线省市县三级统战部门和统战团体结对帮扶全县30个民族村，落实帮扶资金105万元。积极向省、市争取少数民族发展资金150多万元，扶持发展项目31个。开展少数民族小康示范村建设，分别在公阳乡驮尖村、周壤乡外南村、富岙乡培头村三个试点村召开现场会。成功举办“三月三”畲族风情节，促进民俗旅游资源的保护和开发。指导办好文成中学民族班、培头民族学校畲族双语教学班、西坑民族学校和黄坦民族传统体育项目训练基地，加强民族教育。举办少数民族村干部、少数民族科技致富带头人实用技术及劳动技能培训班2期，培训少数民族群众370多人次。选择七甲寺、玉壶玉泉寺、大峃基督教堂开展“和谐寺观教堂”创建试点工作，指导建立健全规章制度，增强宗教场所自我管理和依法开展活动的能力。加强审批和协调指导，确保灵德寺开光法会等大型宗教活动的安全、规范、有序。积极做好县重点工程安福寺重建项目协调服务工作，完成投资1300万元。举办宗教教职人员培训班4次，制发宗教政策宣传材料3000多份，积极引导宗教与社会主义社会相适应。

新的社会阶层统战工作取得新突破。建立新的社会阶层人士统战工作联席会议制度，组织开展全县新的社会阶层人士调查摸底工作。据统计，全县共有新的社会阶层人士5318人，其中担任全国人大代表1人，省人大代表2人，市人大代表2人，县人大代表14人，县政协委员25人。积极抓好工商联组织建设，新增企业会员20名，并于10月份指导成立上海文成商会。

港澳台和海外统战工作取得新进展。组织做好意大利米兰议会代表团来访、香港温州同乡会回乡观光考察等重大接待工作，全年共接待侨台胞、台商等1200多人次。积极为侨台胞、侨台属排忧解难，帮助侨台胞办实事160余件。利用传统节假日向侨台胞寄发国庆中秋贺卡1200多份、短信800多条。加强华侨华人新生代联谊教育工作，县实验小学成功申报“省级华文教育基地”，与意大利米兰华侨中文学校形成结对合作关系，并举办了第三期华侨子女中文班。组织开展全县港澳台同胞及其眷属情况调查，为加强与港澳台交流交往奠定基础。

自身建设得到新加强。围绕“创新机制，凝心聚力，服务科学发展和推进统一战线自身发展”总载体，深入开展学习实践活动。修订完善部机关各项制度，建立部工作周报制度和统战系统联席会议制度，加强各项工作的督查落实。成立县委统战部部务会议，增设联络科，为更好地开展工作提供了组织保障。健全完善乡镇统战网络，全县33个乡镇均建立统战工作领导小组，并配备专兼职乡镇统战干事，384个行政村均配备统战联络员。推行统战部领导分片联系乡镇工作制度，编发《文成县乡镇统战工作职责》、《乡镇统战工作手册》，进一步加强对乡镇统战工作的联系指导。建立统战宣传工作联席会议，组织开展“乡镇一把手谈统战”和“统战知识进校园”等活动，切实加强统战宣传。

**【举办2009文成·华侨经济发展服务月活动】** 8月至10月，举办了“2009文成·华侨经济发展服务月”活动，通过开展百侨百会扶百村活动、涉侨法律法规宣传月活动，以及举办华侨理财知识拓展讲座、文成土地项目推介会、海外侨胞回归工程恳谈会和侨胞侨眷中秋联谊会等形式，加大为侨服务、维护侨益的力度，扩大海外联谊的成果，为推动华侨经济创新发展迈出了崭新的一步。

**【开展庆祝新中国成立60周年暨多党合作制度确立60周年系列活动】** 通过举办党外干部“与党同行、与时代同行”征文比赛、走访慰问统一战线成员、播出多党合作电视公益广告、开展统战知识进校园活动等形式，进一步激发统一战线成员坚定走中国特色社会主义道路的信念，积极投身“三个文成”建设。国庆中秋前夕，组织全县统战系统各部门走访慰问了220名各个领域的统一战线成员，并邀请县四套班子主要领导对20名重点对象进行了走访慰问。

**【开展全县无党派人士学习贯彻科学发展观新农村服务年活动】** 以县党外人士联谊会为载体，组织开展无党派人士送医下乡、送文艺下乡、送教下乡、贫困生爱心接对、少数民族低收入群众帮扶、畲药调研等一系列活动，引导全县无党派人士积极助推新农村建设。

**【意大利米兰市议会代表团访问文成】** 10月25日，意大利米兰市议会副议长迪·马蒂诺·斯特法诺先生率代表团一行50人来文访问考察。考察团先后到侨乡玉壶走访侨领故居，前往南田镇参观考察国家级重点文保单位——“刘基庙”，并与县领导进行了友好座谈，称赞文成华侨贡献大。

**【上海文成商会成立】** 10月11日，文成第四个异地商会——上海文成商会成立，胡永胜当选为会长，胡宾、李德荣、董希北被聘为名誉会长。原东海舰队副司令、海军少将刘际潘，温州市人大常委会副主任钱成良，市政协副主席高育厅，县委书记吴开锋，县长汪驰，县人大常委会主任徐世征，县政协主席刘建忠，县委常委、组织部长卢斌、县委常委、统战部长章寿禹等领导应邀出席大会。

**【加强乡镇统战网络建设】** 全县33个乡镇均建立由党委书记担任组长的统战工作领导小组，配备乡镇统战干事，其中18个统战成员相对集中的乡镇配备专职统战干事，其余15个乡镇配备兼职统战干事，全县

384个行政村均配备统战联络员。编发《文成县乡镇统战工作职责》和《乡镇统战工作手册》，加强对乡镇统战工作的督查指导，并召开各类乡镇统战干部培训班（会）41次，参训人员达到682人次。

**【开展乡镇一把手谈统战活动】** 国庆前夕，组织全县33个乡镇党委书记畅谈对统战工作的认识和做好乡镇统战工作的真招实策，在文成统战网上开辟专栏发布体会文章，并选送优秀文章在《温州日报》等媒体刊出，切实增强了乡镇一把手的统战意识。（罗培清）

## ·泰顺县委统战部·

**【综述】** 2009年度，泰顺统一战线以开展深入学习实践科学发展观活动为总载体，坚持“保增长、保稳定、保民生”的工作主线，充分发挥统一战线凝聚人心、汇聚力量、协调关系、化解矛盾的作用和优势，不断为全面开创泰顺科学发展新局面作出新的重要贡献。

坚持宣传教育，巩固统一战线思想政治基础。深化社会主义主题教育活动，举办建国60周年和人民政协成立60周年纪念活动，引导统战成员深入学习中国特色社会主义理论，进一步坚定理想信念。扎实开展非公企业学习实践活动，成立巡回指导组，深入各有关乡镇和非公企业进行督查和指导，并选择8家规模较大、基础较好的非公企业为重点单位，树立学习实践活动典型，提升活动成效。扎实推进统战理论教育，把统战理论列为党委理论中心组和党员干部培训班的必修课，举办民族村干部培训班1期，民族宗教知识竞赛和台湾知识征文比赛活动各1次。同时，在各种媒体上广泛宣传统一战线的重要活动和统战代表人物，扩大统一战线影响。

坚持围绕中心，为推进科学发展做出贡献。结合县委重要工作调研任务，深入到20多家非公企业调研，集中反映非公经济人士的意见，向有关部门提出改进作风、帮助解决实际难题、改善中小企业融资环境等工作建议，并于10月1日成立首家面向中小非公企业融资的小额贷款公司。进一步深化、细化统战招商活动，召开在外知名人士新春茶话会和泰顺企业家联谊会工作会议，加强与在外创业人员联系沟通，落实回归项目2个，总投资7000多万元，促进“泰顺人经济”与泰顺经济互动发展。坚持把“保民生”作为统一战线服务科学发展的重要内容，针对2009年有大量外出务工农民返乡的实际问题，深入各非公企业宣传有关政策，动员企业不裁员，并联合县内外“泰顺人企业”举办专场招聘会，帮助500多名返乡农民工在异地“泰顺人企业”重新上岗。

牢牢把握重点，维护民族宗教和谐稳定。深入开展“和谐寺观教堂”创建活动，坚持抓好宗教活动场所消防安全整治，与各宗教场所签订消防安全责任书，在主要宗教活动产所开展消防安全大宣传活动，发放宣传资料1000多份，并会同消防部门举办教职人员培训班3期，培训500多人次。深化实施“少数民族低收入农户增收帮扶行动计划”，加快少数民族经济社会发展。2009年，共下达民族发展资金128万元，实施民族发展项目27个，其中司前镇左溪民族村的美国红提开发示范项目被列为省重点示范项目。同时，在湖州市委统战部和鹿城区委统战部等挂钩单位的帮助下，落实帮扶资金56.8万元，实施项目32个。高度重视民族团结进步教育，司前畲族镇人民政府和左溪畲族村，分别荣获“全国民族团结进步模范集体”、“浙江省民族团结进步小康村”荣誉称号。

增强服务意识，扩大港澳台、海外联谊交流。深入开展台情、侨情调查，经常关心归侨眷属的生活工作情况，走访看望了百岁回乡定居台胞，妥善处置台侨胞的信访问题，增进他们对统战和台侨部门的信赖。积极拓展海外联谊活动，邀请香港温州同乡会、美国佛州温州同乡会等友好侨团到泰考察，争取到助学捐款109.7万元，建成了翁山小学教学楼，并成立了“罗二中俊远助学奖学基金”和“翁山小学助学基金”，资助贫困生380多名。同时，邀请台湾三立电视台到泰顺摄制古廊桥、药发木偶等文化遗产，发动各界为台湾“8·8水灾”灾区捐款，促进泰台两地的交流与合作。

坚持同心同德，进一步团结凝聚无党派人士。认真执行党外干部联席会议制度，建立60人的党外后备干部队伍，推荐11名党外干部参加县委党校中青班学习，新提任党外领导干部3名。不断完善特约人员制度，鼓励支持无党派人士围绕全县中心工作建言献策。两会期间，无党派人士共提交提案、议案23件，其中《规范农村土地承包经营权流转机制推进现代农业发展》被列为1号提案。认真贯彻联系交友制度，22名县级党员领导与44名党外代表人士结对交友，帮助他们解决一些实际困难，不断增进合作共事感情。

**【民族村工作联席会议制度】** 联谊会议由县委统战部和县民宗局牵头，各民族乡镇、民族村、少数民族联谊会和民族学校参加。联席会议每半年召开一次，主要任务是总结交流各地、各单位民族工作经验，反映少数民族社情民意，分析探讨民族工作中的疑难复杂问题，提出加强和改进民族工作的意见和建议。第一次联谊会议于4月27日召开，除成员单位外，还邀请了部分少数民族人大代表、政协委员参加。

**【新增民族村认定工作】** 针对泰顺少数民族“大杂居、小聚居”，许多少数民族群众无法享受到民族村政策待遇的实际问题，会同有关乡镇在聚居少数民族人口较多的行政村开展新增民族村认定工作，在广泛征求群众意见和人口调查统计等工作的基础上，把符合民族村条件的行政村上报县政府审批确定为民族行政村。2009年完成了司前畲族镇理光村和新北居委会的认定工作，惠及760多名少数民族群众。

**【2009泰顺畲族“三月三”风情节】** 3月28日，司前畲族镇政府和竹里畲族乡政府联合在司前镇举办“2009泰顺三月三畲族风情节”活动。本次风情节活动融入了百家宴、土特工艺品展销、地方戏曲等民俗内容，吸引县内外游客2万多人，举办百家宴1000多桌，是历年来规模最大的一次。

**【省民宗委到泰顺调研民族工作】** 5月18日，省委统战部副部长、省民宗委主任王毅一行到泰顺专题调研民族乡村经济社会发展情况。王毅一行先后深入司前镇左溪畲族村、新北村上升自然村，实地考察民族乡村经济社会发展情况。在调研中，王毅指出：要处理好开发与保护的关系，既要发展经济又要保护民族地区自然环境；要处理好造血和输血的关系，通过输血加强内部造血能力，做大做强产业；要处理好经济发展与文化发展的关系，既要促进少数民族经济发展又要保护和弘扬畲族文化，在新农村建设上要突出民族特色。

**【香港温州同乡会到泰参观考察】** 6月24日，香港温州同乡会会长蔡俊远率该会回乡考察团一行29人，到泰顺参观考察。考察团一行，参观了徐岙底古村落，承天氡泉景区、廊桥文化园等风景名胜。考察期间，蔡俊远还捐资30万元在罗阳二中设立“俊元助学奖学基金”，资助该校贫困学生和奖励优秀学生。

**【市委统战部结对帮扶贫困村活动】** 6月3日，市委常委、副市长、统战部长陈作荣到雅阳镇东安村和新联村调研贫困村帮扶工作，并走访慰问了2户低收入农户。8月14日，市委统战部副部长许若真到雅阳镇新联村开展扶贫慰问活动，并走访慰问三户贫困户。12月4日，市委常委、副市长、统战部长陈作荣率市委统战部有关领导和部分温籍侨领、企业家到雅阳镇东安村、新联村开展扶贫慰问活动。陈作荣一行实地查看了东安村、新联村的防洪堤工程、野兔养殖示范户等扶贫开发项目。在调研中，陈作荣强调，扶贫工作要因地制宜、扬长避短，发挥自身优势，着重培育生态特色产业，拓宽增收渠道。此行，陈作荣为东安村、新联村送来帮扶资金65万元，并访慰问了部分贫困户和老党员，为他们送去慰问金4000元。

**【湖州市委统战部到泰顺开展结对帮扶民族村工作】** 9月10日至11日，湖州市政协副主席、市委统战部部长施荣耀率湖州市各县区统战部负责人和湖州市温州商会有关人士，到泰顺开展结对帮扶民族村工作。根据省委统战部统一部署，湖州市统战系统对口帮扶泰顺县7个民族村。截至2009年底，已帮扶资金44.8万元，累计开发毛竹、茶叶等特色农业基地800多亩，扶持种养殖专业户50多户，救助少数民族贫困户120多户。

（陶建华）

## 湖 州 市

### ·湖州市委统战部·

**【综述】** 2009年，湖州市统战工作紧紧围绕“创业富民、创新强市”总战略，以学习实践科学发展观活动为主线，以实施专项行动计划为抓手，以健全长效工作机制为路径，凝人心、聚力量，抓团结、促创新，求实效、强作风，统一战线事业稳步发展，为推动湖州市经济社会又好又快发展作出了积极贡献。

深入开展学习实践科学发展观活动取得新成果。学习实践活动以“凝聚统战力量、践行科学发展、服务创业创新”为总实践载体，以“规定动作不折不扣完成，自选动作充分体现创新”为总体要求，以“服务科学发展和推进统一战线自身科学发展”为活动重点，以“党员干部受教育、统战工作上水平、服务对象得实惠”为总体目标，精心组织、周密部署，联系实际、明确重点，突出特色、注重实效，各阶段工作扎实稳步推进，取得了一定成效。学习实践活动中，共组织召开专题学习会15次，专题报告会4场，个人学习时间均不少于30小时，撰写学习笔记不少于8000字；共组织调研30多次，形成调研文章6篇；组织社会服务活动6次，服务对象1500多人次；走访企业和基层300多次，为统战成员和基层群众办实事20余件。广大统战干部科学发展的意识进一步增强，服务为民的理念进一步树立。同时，还积极深化整改，健全长效工作机制，组织开展了中层干部全员竞争上岗和部局机关《制度汇编》“回头看”活动，8名干部走上了中层领导岗位，重新整理修订制度21条，新增6条。在学习实践活动的群众满意度测评中，满意率为100%。

深化巩固和发展多党合作事业有了新进展。坚持贯彻落实好多党合作各项制度，充分发扬民主，扩大有序政治参与，巩固民主政治基础，全年共召开各类情况通报会、协商会和座谈会7次；畅通建言献策渠道，组织开展了以“保增长、促转型”为主题的“金点子”活动，共收到金点子432个，刊出《金点子专刊》20期78个，有多个得到省市领导的重要批示；支持民主党派加强自身建设，组织开展了深入学习贯彻科学发展观活动；加强教育引导，组织召开了无党派人士政治交接主题教育活动总结交流会；建立健全党派发展新成员的程序与制度，首次召开了民主党派基层组织工作经验交流会，切实加强了党派基层组织之间的交流沟通。加强党外代表人士和后备干部队伍建设，组织实施“党外后备干部队伍构建行动计划”，按照主委1：2、副主委1：1的配备要求，建立起一支数量充足、素质优良、结构合理的民主党派后备干部队伍；在市管副县局级后备干部队伍中，党外人士共44名，占全市后备干部总数的12%。

引导服务新的社会阶层人士健康成长实现新突破。着眼非公有制经济健康发展和非公有制经济代表人士健康成长，组织实施“新的社会阶层人士（非公有制经济人士）统战工作网络构建行动计划”。支持和指导工商联创造性地开展工作，召开了全市工商联工作会议；围绕市委“保增长、促转型”和“企业服务年”的建设要求，组织开展了“百名统战干部、成员联系百企”专项行动，深化实施了“科技创新竞赛”行动计划，帮助非公有制企业提振信心、协调关系、破解难题、加快发展，不断提高企业自主创新能力、加快推进转型升级。据不完全统计，活动开展以来，全市统战系统共为非公有制企业发展争取信贷5亿多元，解决实际问题或提供意见建议180余条。推进实施“新的社会阶层人士（自由择业知识分子）统战工作网络构建行动计划”，逐步建立起了由286名新阶层人员组成的新的社会阶层人才库；会同组织、财税、司法及群团等部门，建立了湖州市新的社会阶层人士统战工作联席会议制度。加强知联会自身建设，指导各县区逐步成立知联会，组织开展了知联会一届二次理事会议，并成立了医卫科技、教育、新的社会阶层三个小组，开展了法律咨询、智力扶贫、送医下乡等社会服务活动，完善了组织架构和工作内容。积极引导非公有制经济人士履行社会责任，组织开展了“第十一期光彩助学活动”和光彩事业促进会换届，共有26家企业捐资救助了20名贫困大学生。探索完善非公有制经济人士培养工作机制与评价体系，完成“转型期新生代民营企业家培育机制研究”的专题研究，并获省委统战部2009年度调研成果二等奖。在非公有制企业中组织开展了第三批学习实践科学发展观活动，完成了第三届浙江省优秀建设者推荐评比及表彰工作。同时，还协助市工商联举办了“长三角十五城市民营经济和商会工作合作与交流机制”第七次年会。

整合海外统战资源迈出新步伐。继续实施“海外联谊拓展”行动计划，进一步完善港澳台和海外统战工作机制，服务湖州市外向型经济发展。加强海内外同胞的联谊交流，据统计，2009年湖州市共邀请接待了来自20多个国家和地区的700多位华侨华人工商界人士以及15批136人次的台商台胞来湖参观考察，全市统战系统协议利用外资约2亿多美元。加强海外联谊平台建设，圆满完成湖州海外联谊会和侨联的换届工作。依托海外联谊会平台，积极参与湖州市“南太湖精英计划”，举办了“2009相聚长三角”海外高层次人才湖州行活动。切实加强湖州旅港同乡会建设，密切与同乡会骨干和重点乡贤的联络联谊，为做好香港工作打下了扎实的基础。

维护民族宗教稳定和谐创造新业绩。着眼民族团结繁荣，创新民族工作思路，探索形成了“扶持促发展”的民族工作新路子。继续实施“少数民族低收入群众增收帮扶行动计划”，2009年协调市财政拨款了20万元设立“少数民族发展专项资金”。动员和组织民主党派、侨台资企业和非公有制企业与少数民族村开展结对共建、智力支持、教育帮扶等活动，促进了少数民族村加快发展。引导少数民族村发展民族风情文化和特色旅游文化产业开发，协助民族村理清发展思路、谋划发展前景，指导帮助安吉郎村举办了“2009畲族文化风情周”，成功申报了“国家少数民族特色村寨”项目；郎村与中张村还双双成功申报了首批浙江省“民族团结进步小康村”。认真落实结对泰顺民族村任务，组织各县区、开发区及度假区共送去帮扶发展基金42.5万元，并在发展思路和项目上给与指导和帮助。加强宗教事务的依法管理，引导宗教与社会主义社会相适应。组织开展“和谐寺观教堂”创建活动，完成对全市各重点宗教活动场所全面检查，召开了“和谐寺观教堂”创建理论研讨及工作推进会，共收到理论研讨文章38篇。健全宗教工作联席会议制度，确保宗教活动平稳安全有序。指导宗教团体加强自身建设，顺利完成市佛教协会的换届工作，举办宗教干部和宗教界骨干培训班。大力推进涉及宗教场所建设的攻坚破难工作，组织召开市基督教堂建设项目民主恳谈会，协调土地落实问题；加快推进天主教堂建设和铁佛寺规划修建工作，努力协调好太平庵和白雀基督教堂的搬迁事宜。

整体推进统战文化建设凸显新亮点。深入实施统战文化建设“三步走”方案，认真做好“创强品牌，积累推进”阶段的各项工作，有效发挥统战文化“和合”因素，着力在“研究发掘、实践探索”上下功夫，在“提炼深化、争创精品”上做文章，积极服务湖州文化大市建设。在以长兴县为试点的基础上，召开全市统战文化建设现场会，提出“多轮启动、点面结合、彰显特色、注重实效”工作要求。重视统战文化平台建设，着力打造统战文化精品，在努力办好《湖州统战月刊》的基础上，推出了“湖州统战网站”、“陈英士陈列室”、《双赢之路》等一系列富有湖州统战特色的新载体。注重发挥统战文化的辐射效应，利用报纸、电视等新闻宣传媒介，加大对统战文化的宣传，使统战文化深入基层、融入群众。鼓励和支持各县区结合各自特点，依托基层统战工作网络，注重结合，延伸内涵，拓展领域，积极开展统战文化建设“一县（区）一品牌”的探索与实践，形成了“花香散处”、“千朵向往”、“爱的奉献”等一大批独具特色的优秀统战文化产品。

加强统一战线自成体系建设树立新形象。始终将统战部门的自身建设作为推进统战工作的重要基础来抓，切实完善和实践“一三三五十”自身建设体系建设，不断提高干部的整体素质，提升统战工作水平。注重带头表率，切实加强部委班子建设，出台实施《关于进一步深化“创业创新好班子”争创活动实施方案》，深化巩固争创成果。重视理论武装，完善理论中心组学习和领导干部学风考评等制度。以开展深入学习实践科学发展观活动为契机，落实“部领导联系百名重点统战成员”、“谈心谈话”等制度，通过走访座谈、民主恳谈会等形式，密切与统战成员的联系，听取意见，广纳良言，切实照顾同盟者的利益，不断巩固领导班子群众基础。认真参与“双百双千”工程，积极推进“千名领导破难题”专项行动，部领导助推的奥特莱斯项目、南浔世友林业强化地板项目和菱湖镇卢芥庄村结对帮扶等任务顺利完成。注重规范管理，切实加强统战干部队伍建设。注重机关干部的培养与选拔，以差额竞争的办法，组织实施了新一轮中层干部全员竞争上岗，有8位科级干部走上新的岗位，制定出台《中层干部管理办法》和《干部培训管理办法》等制度，探索形成了用制度管人管事的好路子。深入组织实施机关作风建设，深化巩固“文明机关”的创建成果，积极聘请统战成员担任作风建设和争创活动特约监督员，有效提升部机关民主、科学管理水平。认真落实《2008—2012年惩治和预防腐败体系实施方案》，扎实推进党风廉政建设和廉政文化示范点建设，树立良好形象。

**【深化实施“统战心连心、服务新农村”行动计划】** 在原有结对共建“全覆盖”的基础上，重点抓好深化服务、典型引路、争创精品等工作，召开全市“统战心连心、服务新农村”活动经验交流会，总结经验，表彰先进。截至2009年底，整个专项行动共结对贫困户2293户，贫困生1562人，各项公益事业捐助和投资达1.1亿元，安置劳动力3.2万多人。会同市工商联及湖州职业技术学院，对全市1003个行政村的结对共建情况进行全面摸底，并在分类梳理基础上，精选26例典型，汇编成《双赢之路》一书，并举行了首发式，市委书记孙文友亲自作序并作重要批示。

**【深化实施基层统战“心连心工程”】** 继续深入实施基层统战“心连心工程”，切实做好聚人心、暖人心、稳人心的工作，不断增强统一战线凝聚力。以统战工作“进社区、进学校、进乡村、进企业”为主要抓手，引导统战干部和统一战线成员，广泛宣传统战政策和统战知识，积极参与社会服务和各类公益事业，树立了统战系统良好的社会形象。各县区结合各自实际，在原有基础上，深化开展了一系列富有地域和统战特色的基层活动。如德清县开展了送文化、送科技、送医疗、送教育、送法律的“五送”活动，还制定出台了《德清县乡镇（开发区）统战工作考核办法》；长兴县在“进企业”方面做了积极的探索；南浔区继续深化“心连心共育新风尚”和“心连心三助”等活动，切实巩固了“一县（区）一品，月月有声”的良好局面，健全了基层统战工作的长效机制。

**【组织召开统战文化建设现场会】** 11月24日，全市统战文化建设现场会在长兴召开。会议以长兴县统战文化建设试点为典型，积极探索新路径，推广成功经验，为湖州市全面推进统战文化建设打下扎实基础。长兴县委统战部、浙江诺力机械股份有限公司作了专题介绍。会议明确了统战文化建设的重要意义，并提出“多轮启动、点面结合、彰显特色、注重实效”的目标要求。

**【“金点子”活动】** 以“保增长、促转型”为主题，组织各民主党派市委会、工商联开展“金点子”活动，取得良好成效。全年共收到涉及经济、政治、文化、社会等各领域的“金点子”432个，刊出《“金点子”专刊》20期78个，其中有7个得到省市领导的重要批示，为党委政府科学民主决策提供了有益的参考。

**【编撰《双赢之路》】** 由市委统战部会同市工商联、湖州职业技术学院共同编撰完成，计7万余字。该书精选了26例“村企心连心、共建新农村”活动中涌现的先进典型，以记述写实的手法，综述了村企结对共建的许多感人事件和让人铭记的村企人物，既宣扬了先进典型、营造了良好的社会氛围，也为其他单位开展结对共建提供了有益的参考。

**【“百名统战干部、成员联系百企”专项行动】** 按照市委“千名干部助千企”专项行动和开展“企业服务年”活动的总体要求，结合统战工作实际，组织开展了以“提振信心、解决问题、协调关系、办好实事、加快发展”为总体任务的“百名统战干部、成员联系百企”行动，即动员全市统战系统全体干部和部分统战成员共100名左右，深入全市100家工商联常执委以上非公有制企业，采取“一对一”帮扶的方式，通过上门走访、蹲点调研、咨询服务、定期联络等形式，帮助企业解决生产经营、项目推进、资源要素等方面的难题，提振企业发展信心，助推转型升级、加快发展。

**【争创“和谐寺观教堂”活动】** 根据省民宗委的要求，在全市范围内组织开展了“和谐寺观教堂”创建活动，召开了创建“和谐寺观教堂”研究会、理论研讨与推进会，共收到理论文章38篇。以抓组织领导、抓标准制定、抓宣传培训、抓工作结合、抓制度规范、抓典型示范的“六抓”为切入点，认真落实创建“和谐寺观教堂”任务，选择一批基础条件比较好的寺观教堂共45处先行一步作为示范点，重点指导，全力创优。

**【组织开展庆祝新中国和人民政协成立60周年暨多党合作**

**制度确立60周年系列活动】** 以新中国成立60周年、人民政协成立60周年与多党合作制度确立60周年为契机，组织开展征文活动，共收到征文40多篇，部分优秀文章在《湖州日报》“统战月刊”版上发表；开展社会公益活动，组织30多名民主党派专家学者在新农村示范区章家埭社区进行医疗、科技、保健、法律的咨询活动，受到群众的欢迎与称赞；协助党派组织开展歌咏会、摄影展、书画展等内容丰富、形式多样的活动，重温先辈们60年来与中国共产党肝胆相照、荣辱与共的优良传统，坚定了接受中国共产党领导的自觉性和坚定性。

**【光彩事业促进会二届一次理事会议】** 湖州市光彩事业促进会二届一次理事会议（换届大会）于8月28日召开。大会审议通过了市光彩事业促进会一届理事会工作报告、《湖州市光彩事业促进会章程》（修正案）和《湖州市光彩事业促进会选举办法》，选举产生理事会理事98人，施荣耀当选为新一届光彩会会长。大会还表彰了俞有强等16名企业家“湖州市光彩事业奖”、德清县工商联等5个单位“湖州市光彩事业组织奖”，并现场举行了“光彩助学”捐赠仪式，20名贫困大学生受到第11期光彩助学金资助。

**【湖州海外联谊会四届一次理事会议】** 湖州海外联谊会四届一次理事会议于10月26日召开。会议回顾总结了第三届理事会一次会议以来的工作，研究部署当前和今后一个时期全市海外联谊工作的目标和任务，并选举产生第四届理事会领导机构，施荣耀当选为会长。省委统战部副部长、浙江海外联谊会副会长徐建华出席并致贺词。

**【湖州市统战理论研究会四届二次理事会议】** 12月8日，全市统战理论研究会四届二次理事会暨转型期新生代非公有制企业家培育成长机制研讨会召开。会议对2009年度统战理论研究作了全面总结与回顾，并对2010年统战理论研究的具体任务作了部署。会议还以“传承、发展、超越转型期新生代非公有制企业家培育成长机制研究”为主题，开展理论研讨和交流。共收到理论文章14篇，有4名理事和3名市优秀新生代非公有制企业家作了交流发言。

（柏建华　施静龙）

## ·吴兴区委统战部·

**【综述】** 2009年，吴兴区委统战部紧紧围绕区委、区政府中心工作，认真贯彻落实党的十七届三中、四中全会精神，深入学习实践科学发展观，牢牢把握部门工作重点，认真履行职能，充分发挥作用，突出做好服务加快科学发展、服务建设和谐社会、服务统一战线成员的工作，为推进“争创经济强区、构建和谐吴兴”总目标的实现做出应有的贡献。

围绕大局，认真履职，不断完善党派工作机制。一是发挥党派作用，推动民主政治建设。积极鼓励各民主党派利用“两会”平台，认真履行参政议政职能，在吴兴区政协一届三次会议上，各民主党派递交提案30件，其中集体提案6件。二是利用党派优势，服务经济社会发展。以“保增长促转型、重民生增和谐”为主题，继续组织各民主党派开展“金点子”活动和“三下乡”活动，充分发挥民主党派的智力优势和人才优势。三是加强政治引导，增进科学发展共识。大力支持民主党派、无党派人士深入学习贯彻科学发展观，不断增强服务科学发展的积极性和主动性。四是创新工作载体，健全组织网络体系。制定新的社会阶层人士（自由择业知识分子）统战工作行动计划，建立了新的社会阶层人士人才库，积极探索建立无党派人士政治引导长效机制。

依法管理，创新工作，促进和谐社会建设。一是突出重点，积极开展“和谐寺观教堂”建设。根据国家宗教局的统一部署和省民宗委、市民宗局的要求，在全区扎实开展了创建“和谐寺观教堂”的活动。二是攻克难点，切实解决宗教领域的实际问题。以着力于解决实际问题为宗教工作落脚点，通过和乡镇的共同努力，成功解决多起基层宗教矛盾，促进了和谐，取得了实效。三是抓住要点，确保宗教场所的安全。建立制度、责任到人、确保消防安全；严格要求，合法有序，确保活动安全；规范建设文明施工，确保建筑安全。

夯实基础、拓展领域，切实做好侨台服务工作。一是服务侨台资企业，维护侨台眷属权益。积极走访定居吴兴的侨台胞和落户吴兴的侨台资企业，积极帮助解决实际问题。二是夯实侨台工作的基础。认真做好侨台眷属调查摸底工作，及时做好海外高层次人才的调查摸底及建档工作，共为171名海外人才建立了档案，努力为区人才“四百工程”服务。三是不断拓展工作领域。认真做好“走出去、请进来”工作，多次接待了侨台胞来区参观考察、交流洽谈，进一步增强了侨台胞对家乡的了解，增进了双方的友谊。

立足发展、加强引导，助推企业转型升级。一是深化认识增信心。深入走访企业进行沟通联系，帮助企业提振发展信心，多次召开会议，分析研究经济发展走势，增强企业进行转型升级的信心。二是搭建平台强素质。以教育培训为平台，不断提高民营企业家的综合素质。2009年积极组织非公经济代表人士参加学习培训共6期，引导民营企业认清当前宏观形势，进一步增强加快转型升级的紧迫性、责任性和自觉性。三是学习先进促转型。组织民营企业家去经济发达地区参观考察，学习借鉴先进经验。先后多次组织企业家到温州、台州的人民电器、正泰集团等大型企业进行参观考察，学习借鉴他们的先进经营管理理念。四是民企二代重助推。从经营性培训和修养性培训两个方面入手，举办民企二代“创业·成长”论坛，搭建交流沟通平台，邀请有关专家来论坛授课，积极助推民企二代健康成长，顺利接过父辈手中的权杖。

**【积极走访服务企业】** 以深入开展学习实践科学发展观活动为契机，部委紧扣区委、区政府“保增长、抓转型、重民生、促稳定，争创发展新优势”工作主线，把服务企业作为实践载体，认真参与区委统一组织的“四百四进四促”行动和市委统战部组织的“百名统战干部联系百家民营企业”活动。积极为企业送政策、送资源、送人才，努力服务企业转型升级，坚定企业发展信心，解决企业实际困难，着力为区经济平稳较快发展贡献力量。

**【深化党政联系党派机制】**

为积极推进区民主政治建设，区委、区政府十分重视党派工作。2009年，区委统战部协助区委、区政府及有关部门召开通报会、恳谈会等6次，就加快经济转型升级、“两会”提案、议案交办、政府廉政工作以及区委常委会学习实践科学发展观等重大事项听取各民主党派的意见和建议。举办了吴兴区加快经济转型升级暨民主党派“金点子”工作座谈会，邀请区发展改革与经济贸易局局长杨元江向各党派介绍全区加快产业转型升级情况，充分发挥民主党派的智力密集优势，为全区经济社会发展贡献智慧和力量。

**【开展“和谐寺观教堂”建设】** 通过召开专门会议宣传开展创建“和谐寺观教堂”活动的重要意义、目标任务、方法步骤和工作措施，使各宗教团体和宗教活动场所都更加明确了开展创建活动的重要性和必要性，切实增强了参与的主动性和自觉性。认真落实工作措施，既明确了各乡镇、各宗教团体和各宗教场所在创建“和谐寺观教堂”活动中的内在责任，又提出了平时强化督促检查、层层抓好考核的外力举措，同时明确了以创建活动与促进日常工作、强化宗教自身建设进行密切结合的有关要求。

**【服务侨台资企业发展】**

结合学习实践科学发展观活动，发挥统战部服务中心职能，区委统战部发动每位统战干部积极走访定居吴兴的侨台胞和侨台资企业，了解情况，帮助解决实际问题。在走访茂源鹿业有限公司时得知该公司欲购置大型农机具享受国家补贴事宜，及时与区农林局、财政局等部门联系，为其协调解决。对吉镁光电科技有限公司提出的关于加强与台湾交流的建议，及时与有关部门进行联系、协调，受到了台商的好评。

**【夯实基层商会组织建设】**

在指导各乡镇商会和行业商会不断提升服务能力，进一步加强规范化建设的同时，加大对织里商会换届工作的指导力度，并于4月28日顺利召开织里商会第二次会员代表大会，圆满完成了织里商会的换届任务，振兴阿祥集团董事长潘阿祥当选新一任会长，基层商会队伍建设进一步加强。

**【助推民企二代成长】** 积极举办不同主题的“创业·成长”论坛，为新生代们搭建交流和沟通的平台，让他们通过论坛的形式加深交往，互相借鉴管理经验和经营理念，甚至建立合作关系。实施“走出去”战略，学习借鉴知名企业的先进管理理念和先进经验，引导民企二代提高企业经营水平、完善管理机制，构建企业文化，走企业科学发展之路。引导民企二代在立足企业发展的同时，自觉承担社会责任。

积极推荐一些政治素质好，并具有一定参政议政能力的民企新生代代表进入各级人大、政协和工商联组织，鼓励他们积极向上，树立有为才有位、有位更有为的思想理念。目前，在全区民企新生代中，已有3位被推选为市、区政协常委。（张丹峰）

## ·南浔区委统战部·

**【综述】** 2009年，南浔区统战工作在区委、区政府的正确领导和市委统战部的精心指导下，以邓小平理论、“三个代表”重要思想为指导，深入学习实践科学发展观，认真学习贯彻党的十七大、十七届三中、四中全会以及省市统战工作会议和区委二届七次全会精神，紧紧围绕区委、区政府确定的“项目建设推进年”和“招商引资攻坚年”活动，突出服务科学发展、服务社会和谐、服务统战人士三大重点，着力实施省、市统战工作行动计划，全力推进“统战心连心”工程，努力构建和谐统战，为奋力实现南浔经济社会发展新跨越发挥统一战线应有的作用。

努力推进多党合作事业发展。认真做好增补区政协委员的协商推荐工作，共有68人增补为区政协委员，其中民主党派17名，无党派2名，新阶层人士14名，少数民族1名。积极畅通参政议政渠道，全年共提交人大议案、政协提案53件。完善区委常委与民主党派、工商联、无党派人士联系制度。

着力做好服务非公有制企业工作。在“问”字上下功夫，问需于会员企业、问计于基层商会、问资于银企合作。领导干部深入基层，走访了近百家会员企业，了解企业运行情况，积极为非公有制企业有效应对金融危机、健康发展收集意见和建议，真正当好“娘家人”。加强与浙江民生银行的对接，积极搭建银企合作平台，努力为区木业企业争取了1.5个亿的授信额度，已到位贷款8260万元。

全力维护宗教和谐稳定。进一步规范宗教活动许可，确保全年24场次的大型或非通常宗教活动依法安全有序。进一步加强安全督查力度，全年集中组织对宗教场所各类安全检查4次。加强宗教团体建设，指导完成了区道教协会的换届工作。认真做好并如期完成了全区基督教教职人员（义工传道）97人的认定备案工作。

积极开展对外交流。充分发挥联系广泛的优势，通过接待来浔探亲访友观光的侨台人士、节日寄送贺卡等多种形式加强与海外乡贤人士的联络。主动参与全区接轨上海活动，加强与香港应善良福利基金会、香港叔蘋奖学金基金会上海同学会等社团机构的联络联谊。协助举办叔蘋同学会夏令营活动，积极参与叔蘋奖学金建立70周年暨顾乾麟先生百年诞辰“双庆”活动。积极与市侨办做好对接工作，协助区委、区政府成功举办了“海外高层次人才南浔行”活动。

扎实开展学习实践活动。一是以巩固统一战线的思想政治为基础，本着“原原本本学、带着问题学、联系实际学、融会贯通学、丰富发展学”的要求，组织全区统战干部和广大统一战线成员深入学习党的十七大报告。二是以“干部素质提升年”为契机，结合工作实际，深入开展“54321”行动，有效地推动了干部素质提升和统战工作。三是以争创“满意单位”和“和谐好班子”为目标，不断提高机关工作效能。

**【深化统战“心连心”工程】** 一是民主党派“心连心联系新农村建设”活动扎实推进。各民主党派充分发挥自身优势，关心和支持新农村建设，开展了捐资助学、“三下乡”等一系列活动。二是工商联“村企心连心、共建新农村”活动不断深化。全区221个行政村村企结对共建实现全覆盖，累计结对帮扶资金达900多万元，有力地推动了全区新农村建设的实践。久立集团、巨人电梯、长城皮业、瑶庄纺织、荻港渔庄等五家企业参与新农村建设的先进事迹入选市委统战部编撰的《双赢之路》一书。横街自来水厂、一新铸造等两家企业被评为2009年市“村企业心连心、共建新农村”活动先进单位。三是宗教“心连心共育文明新风尚”活动有序展开。许多宗教场所积极支持结对村（居）的社会公益事业，因地制宜开展了扶贫帮困活动，为困难家庭和贫困学生献爱心。四是台侨“心连心三助”活动进一步深化。全区有4家外资企业和4个行政村的代表进行了“村企心连心、共建新农村”结对签约活动。

**【开展“献计出力”主题活动】** 以“保增长、促转型”为主题，重点突出“服务大局、创新机制、注重结合”三个方面，深入发动民主党派、工商联发挥优势，履行职能，建有用之言、献务实之策、谋长远之道，为全区加快科学发展，推进经济转型升级贡献智慧和力量。共收到各类意见、建议35条，并通过《南浔统战信息》"献计出力"专刊送有关领导和部门，为区委、区政府及有关部门科学决策提供有益参考。如民进《关于加快网络舆情反应机制建设的建议》得到区委宣传部主要领导的高度重视，并专门做了研究部署。

**【营造亲商安商氛围】** 一是依托南浔区港台侨外商投资企业家迎中秋招待晚宴为载体，进一步密切与在浔外商投资企业家的沟通与联系，营造亲商安商的浓厚氛围。二是继续发挥好侨台服务热线作用，及时反映和协调解决侨台资企业生产生活中的实际问题。

**【开展主题教育活动】** 根据中央和省、市委统战部的统一部署，在无党派人士中继续深入开展政治交接主题教育活动，重点突出开展学习实践科学发展观活动，不断提高无党派人士的思想水平和政治素养。

**【区党外知识分子联谊会成立】** 为充分发挥党外知识分子在政治协商、民主监督、参政议政中的作用，在全区各单位广泛推荐的基础上，经充分酝酿、民主协商，共推荐产生了首届党外知识分子代表68名，并于10月23日召开了区党外知识分子联谊会成立大会，为党外知识分子更好地发挥作用搭建了平台。

**【深化"五联创评"主题活动】** 为促进全区非公有制经济健康发展及非公有制经济代表人士的健康成长，进一步增强非公企业"保增长、促转型"的信心，评选表彰了区第三届"诚信企业"10家和优秀社会主义事业建设者10名。

**【健全网络】** 菱湖商会第三次会员大会顺利召开，新一届理事会理事由原先的31名增加到77名，提高了菱湖商会的整体实力。基层商会的作用得到进一步发挥，各镇（开发区）商会开展了形式多样的活动。

**【光彩事业】** 积极开展新一轮的光彩助学活动，鼓励非公有制经济代表人士支持光彩事业，2009年共有160多名贫困学生得到了资助，资助资金额达60余万元。此外，广大非公有制经济人士还通过捐资、捐物等形式支持全区的教育事业，如久立集团为双林镇中心幼儿园、庆同小学乒乓文化节分别捐款2万元和5万元；巨人电梯为区里的4个民工子弟学校捐献电脑145台；石淙商会会员企业为石淙学校教学楼维修资助49.9万元，其中江南恒盛公司带头资助8万元。（戴来香）

## ·德清县委统战部·

**【综述】** 2009年，德清县统战工作紧紧围绕县委"保增长、抓转型、重民生、促稳定、强党建"的工作主线，以"增团结、求和谐、保稳定、促发展"为目标，以深入学习实践科学发展观活动为契机，在不断创新、奋勇创业中凝聚人心、汇聚力量，为全县科学发展提供了广泛的支持与保障，并获得全省统战工作创新奖、全省对台工作先进集体、全省侨务维权工作先进集体等荣誉。

学习实践活动深入开展。深入开展学习实践科学发展观活动，召开民主恳谈会、意见征求会、集中宣讲会、民主生活会、组织生活会，在学习教育、分析检查的基础上广泛征求意见，查找制约统战工作科学发展的难点问题，提升全县统一战线服务科学发展和实现自身发展的能力、水平。突出活动实践特色，设置"围绕发展创新业、服务发展聚合力、统战工作上台阶"实践载体，开展"招商引资牵线搭桥、服务新农村345、帮扶非公企业、海外联谊拓展、科技创新竞赛、新社会阶层人士统战工作网络构建、平安场所和谐宗教创建行、党外代表人士后备队伍培养"等"八大行动计划"。

多党合作事业持续推进。加强学习、教育、引导，组织开展科学发展观学习、无党派人士政治交接主题教育、新中国建立60周年主题教育、党的宗教政策、十七届四中全会精神座谈等内容的学习会、座谈会，夯实共同政治思想基础。健全、落实县委与统一战线的通报会、协商会、联谊会、座谈会、领导谈心交友、重大事项意见征询等制度。邀请党外人士参加县委、县政府的各类重大会议，通过县委领导上门走访等形式，党外人士的意见、建议进一步得到重视和落实。重视统一战线作用，强化经费、场所等保障，发挥统战成员参政议政职能，2009年，全县统战成员积极建言献策，同时，围绕“新中国成立60周年”，开展征文比赛、“三下乡”、“红歌演唱会”等活动，进一步凝聚了统一战线的智慧，彰显了统一战线的价值。注重统战团体建设和党外干部培养，成立德清县党外知识分子联谊会、九三学社德清基层委员会，完成县侨联换届。加强党外副局级以上领导干部配备，举办党外代表人士培训班，一支数量充足、素质较高、结构合理、代表性强的党外代表人士队伍初步建立。

服务经济发展成效明显。开展“我为经济发展献一策”活动，全县统战成员围绕县委、县府的中心工作和经济社会发展中的突出问题共提出意见和建议63条。组织“走百企、纳百言、解百题”服务企业行动，以县内中小企业为重点，全县统战干部和统战成员中的经济、金融、法律、税务、会计等专业人才共走访企业237家，发放政策汇编2000册，给予法律、税务咨询242次。发挥统战团体的作用，工商联开通了“企业服务热线”，开展了“银行助力中小企业”、“企业法律体检”等活动。侨联、台联发放了侨台资企业服务联系卡，开展了归侨侨眷就业和侨资侨属企业吸纳就业情况调查，组织开展了中小台资企业融资“暖春”服务行动。

民族宗教领域稳定团结。认真贯彻党的民族政策，召开全县民族工作座谈会，落实少数民族优惠政策，维护少数民族合法权益，帮扶少数民族结对村和困难群众累计达18万元。依法加强宗教事务管理，保护合法宗教信仰自由，开展“平安场所、和谐宗教”创建，重视、加强宗教教职人员培训培养，规范、完善宗教场所的财务会计、消防安全、卫生防疫等制度，保持全县宗教领域和谐团结的良好局面。

港澳台侨工作亮点纷呈。实行“走出去、引进来”战略，先后赴北京、上海、深圳、福建、杭州、昆山等地开展招商引资、经贸洽谈、产业推介等活动，全年共牵线引进项目6个，实到内资9400万元，实到外资1900万美元。开展“德清行”系列活动，通过组织“美国商学院访华团德清行”、“相聚长三角——海外英才德清行”、“香港教育工作者德清行”、“上海华人华侨经理人德清行”4个“德清行”活动，32名美国大学商学院教授，24名海外高科技创业人才，16名香港行政长官教育奖获奖者和来自12家世界500强企业、13家跨国集团的企业总裁、高管受邀来德清考察、交流，推介了德清良好的投资创业环境。做好海外人才引进工作，以海外留学生“回乡创业联络点”为纽带，借助召开留学生家属座谈会，寄发海外高科技人才《回乡创业邀请信》等方式，共帮助引进8个海外高科技创业团队申报“南太湖精英计划”。打造“海内海外德清人”品牌，开展“海内海外德清人”调查，设立“海内海外德清人”网上平台，开通“海内海外德清人”国内短信平台，编印“海内海外德清人”通讯录，举办“海内海外德清人——杭州联谊会”，向“海内海外德清人”发出服务家乡建设“五个一”活动倡议。

促进社会和谐作用显现。实施“345”行动计划，结合“中国和美家园”建设，全县统战干部、统战成员赴农村地区宣讲十七届三中全会精神和支农惠农政策。浙大民主党派、农工党浙江省委会等农业、水产、医疗方面的学者专家先后应邀来县指导农业科技项目，提供优质医疗服务。同时，服务新农村送文化、送科技、送医疗、送教育、送法律的“五送”活动持续开展。关爱统战成员，召开迎春联谊会，开展“夏送清凉、冬送温暖”等活动，定期走访、慰问统一战线代表人士。关注民生、民情，开展光彩事业，鼓励、引导统战成员帮助困难群体，开展慈善活动，共捐款900余万元。

基层基础工作更加夯实。统战工作网络更加健全，党委统一领导、统战部门牵头协调、乡镇部门各负其责的“大统战”格局更趋完善，县、乡镇、村三级齐抓共管的局面初步形成，基层统战干部的责任意识、业务能力明显提高。统战宣传氛围更加浓厚，统战专刊、统战网站、《德清统战》三个宣传阵地的作用不断显现，全县统战工作的信息、宣传文章分别被《中国统一战线》、《人民网》、《新浪网》等杂志、媒体刊载，统战工作的影响力和关注度持续增强。统战队伍建设不断加强，通过“创业创新好班子”创建、党风廉政建设和“三贴近”、“三服务”活动的开展，统战干部的工作作风和工作效能明显提高，统战干部正气、廉洁、务实的形象得到树立。

（应　敏）

## ·长兴县委统战部·

**【综述】** 2009年，长兴县统战工作紧紧围绕县委、县政府工作大局，以开展"深入学习实践科学发展观活动"为抓手，以服务"两创"总战略为重点，以"保增长、抓转型，推改革、促统筹，重民生、保稳定"为主线，广泛凝聚人心汇聚力量，为推进全县经济社会平稳较快发展作出了新贡献。

**【激发创业热情，促进民营经济发展】** 凝心聚力，非公有制经济工作有新举措。一是抓内引外联。充分利用友好商会等各种平台，积极组织商会、民营企业加强对外交流与合作，与其他县区的工商联在信息、资金、技术、管理、文化等方面开展交流与合作；积极组织企业赴大企业考察，帮助民营企业了解外地投资信息和拓展产品市场；引导民营企业利用现有土地、厂房、设备、人力资源等生产要素，以商引商，提升企业产品质量、档次和管理水平。二是抓行为激励。召开全县表彰大会，表彰一批"双爱双评"先进集体和个人，向全社会宣传企业界的良好形象。加强与各新闻媒体的合作，充分运用商会会刊、网站，大力宣传民营企业在加快转变发展方式、推进转型升级等方面的创新实践。三是抓培训教育。根据全县民营企业应对挑战、转型升级、现代管理、苦练内功等需求，积极会同全国各知名高校、培训机构为企业开展人才、技术、管理、法律等培训，开展送企业管理进基层巡回培训活动。

**【开展村企共建，服务新农村建设】** 坚持"充分尊重、广泛联系、加强团结、热情帮助、积极引导"的方针，积极引导非公有制经济业主投身于"光彩事业"和慈善为内容的工商奉献文化活动；以先富带动后富，努力推动企业与社会之间的和谐发展，引导非公有制经济人士参与新农村建设，组织开展"村企心连心，共建新农村"活动。2009年，全县实现村企结对共建新农村的全覆盖。

**【多党合作和政治协商制度进一步完善】** 坚持和完善共产党领导的多党合作和政治协商制度有新进展。一是推进多党合作工作的规范化、制度化建设。组织安排民主党派主委和无党派代表人士参加县委、县政府主要领导和各部门召开的民主恳谈会，推动参政议政、民主监督工作规范化、制度化、程序化建设。二是培养优秀党外干部，建立健全加强党外后备干部队伍培养的长效机制。指导全县4个党派在成立总支的基础上，组织成立无党派代表人士联谊小组和知联会，与组织部协商党外干部培养任务，联合开展党外干部大调查，逐步建立了一支数量充足、结构合理、素质优良的党外后备干部人才库。截至2009年底，全县共有19名党外干部进入科级以上领导岗位，其中处级以上岗位4人。三是增强参政能力，建立健全"县委出题、党派调研"的长效机制，扩大党外人士的社会影响和形象。启动"县委出题、党派调研"的工作机制，在精心组织调研、增强民主党派参政议政能力上进行了创新。

**【开创民族宗教工作新局面】** 以宗教与社会主义相适应为目标，民族宗教工作有新亮点。一是重硬件规范。以建名寺为目标，注重宗教活动场所规划布局，在打造精品、提升档次上下功夫。通过实施"四大名寺一中心"扩建，引导其他寺院制定规划完善功能设施，近年来各寺院募集资金8000多万元，使硬件设施大有改观，品位大有提升，为进一步弘扬长兴"帝乡佛国"文化奠定了基础。二是重管理规范。重点在安全管理、落实制度上下功夫。下发了《关于2009年宗教事务管理工作的考核办法》，把宗教管理工作延伸到村、街道社区。县民宗局与各宗教活动团体、各宗教团体与各宗教活动场所负责人签订了安全责任书，使安全工作责任制层层落实。三是重行为规范。精心组织实施"和谐寺观教堂创建活动"。制定工作计划和方案，召开宗教活动场所负责人会议进行部署，通过培训、座谈交流等多种形式进行广泛宣传，营造良好氛围，各宗教场所迅速行动，积极参与创建活动。认真做好少数民族服务工作并建立健全工作台帐。

**【港澳台及海外统战工作有新起色】** 加强"三拓展"、"三创新"：一是拓展思维空间，创新海外统战工作思路。近年来，通过招商引资，来长投资兴业的侨资及港澳台资企业已达190家，来长参观考察的侨台商、侨台胞络绎不绝。二是拓展合作空间，创新海外统战工作机制。通过建立由县委统战部牵头，县台办、侨办、外办、外经贸局、公安、工商、地税、国税、开发区管委会等部门参加的侨台工作协调会议制度，负责全县侨台资企业的协调服务。三是拓展活动空间，创新海外统战工作方法。抓联络联谊，广交朋友，凝聚人心。县侨联被省侨联授予先进单位。

**【加强统战文化建设】** 注重挖掘，努力营造和谐稳定的文化氛围。认真挖掘和弘扬佛教文化中的积极因素，促进和谐社会建设，在2008年出版的《花香散处》一书的基础上，与县电视台合作，完成了电视专题片《花香散处》拍摄制作工作，有利于弘扬佛教文化中有利于社会和谐发展的积极因素。开展海峡两岸的佛文化、茶文化和书画等交流，利用宗教形成的独特人文景观为旅游服务，每年接待游客30万人左右。与县作家协会联手，出版发行《千朵向往》一书，宣传全县企业家认真办企业、铁肩担责任、大爱济民生的典型事迹，并与县电视台联手制作了十七集电视系列片《爱的奉献》，深度报道企业家诚信经营、回报社会、奉献国家的实际行动。通过成立行业商会、举办企业家沙龙、开展民企二代联谊交流、举办企业家体育比赛等活动，为长兴企业家创造良好的商会文化氛围。

**【加强统战队伍自身建设】** 扎实开展学习实践科学发展观活动，强化统战部门和干部队伍的自身建设。一是精心组织，有序推进。精心组织和部署学习实践科学发展观活动，紧紧抓住动员部署、学习培训、组织讨论、深化调研、主题实践等重点环节，推动整个学习实践活动的有序开展。二是突出实践、强化服务。在学习实践活动中，紧贴全县“三个年”，扎实开展“六个百”大实践行动。班子成员深入一线，认真做好联企、联村工作，帮助企业解难题、办实事。三是重在运用，推进工作。把学习实践活动中取得的成果加以转化，推动工作创新，探索统战文化建设，在全市统战文化现场会上作了交流发言，受到市委统战部的充分肯定，在统战文化建设方面取得的经验在全市各县区推广。

（朱洪斌）

## ·安吉县委统战部·

**【综述】** 2009年，安吉县统战系统在县委的正确领导和市委统战部的精心指导下，深入学习贯彻党的十七大、十七届三中、四中全会和县委十二届五次、六次全会精神，认真贯彻落实中央、省、市统战工作部署，紧紧围绕“奋战五年·再造安吉”新跨越这一中心，始终紧扣县委“化危为机、弯道超越”这一主题，以学习实践科学发展观活动为主线，以建设“有为统战部”为目标，更加突出服务大局、助推发展功能，更加强化凝聚人心、汇聚力量职能，更加注重维护稳定、促进和谐效能，深化重点、突破难点、凸显亮点，进一步加强和改进自身建设，各项工作取得了新成绩，为民富县强和谐安吉建设作出了新贡献。

**【服务经济发展　参与招商引资】** 自加压力，率先成立招商引资工作小组，挑选统战系统人脉资源丰富的12人和部里工作人员3人作为招商小组成员。通过服务现有台侨企业、走访统战对象和召开各层面座谈会“走出去”等多种形式，广泛搜集招商线索，密切与平台乡镇、经贸委、外经（招商）局等职能部门联系，主动参与项目洽谈和对接等工作。2009年，统战系统招商引资工作取得实效，休闲项目报福镇大场坪项目和投资1亿元的天荒坪金栖堂项目已经在建，美国圣仕集团投资1.2亿美元的梅溪龙山休闲项目基本确定，台商投资1000万美元的报福洪家主题农庄项目已经签约。工业项目已签约4个，其中投资1.2亿元银达电机项目和1.4亿元鹏达汽配项目已动工，另外两个正在报批过程中。

**【整合统战资源　助推美丽乡村建设】** 组织民主党派、侨台资企业和非公有制企业与郎村、中张两个少数民族村开展结对共建活动，帮助打造“中国最美丽畲村”，促进少数民族村发展。帮助郎村筹措资金建设基础设施，流转土地100多亩，启动建设“农人畲寨”，成功举办“2009畲族文化风情周”，被国家民委确定为“国家少数民族特色村寨”试点项目（全省仅3个）；指导中张村启动建设畲族风情园，帮助该村发展畲族风情农家乐，推动特色乡村旅游业发展。郎村与中张村均被列入首批浙江省创建“民族团结进步小康村”试点单位。全年为两个少数民族村争取省、市专项资金60多万元。指导郎村和中张村建立畲族文化展示馆，帮助章村中学和报福中学设立少数民族体育传统项目训练基地。认真做好天荒坪镇山河、西鹤、港口村的美丽乡村创建联系工作。部主要领导牵头领办首届中国休闲农业与乡村旅游节暨第二届中国美丽乡村节，获得“全国休闲农业与乡村旅游示范县”荣誉称号，被授予民革中央社会主义新农村建设调研基地，“中国美丽乡村节”被评为“中国最佳县域旅游节庆”。牵头协调大熊猫栖居安吉工作，引进2只大熊猫，建立全国唯一的县级大熊猫繁育研究基地，极大地提升了旅游休闲产业内涵和品位。促成与复旦大学联合成立“中国乡村发展研究中心”，加强“中国美丽乡村”建设的理论研究和实践提升。组织编写和发行《安吉·中国美丽乡村（二）》专著，系统展示中国美丽乡村建设的全景画卷。以“统战心连心，服务新农村”活动为载体，进一步发动侨资企业、非公有制企业、新社会阶层、宗教人士等统战成员开展“中国美丽乡村”建设结对活动，新增联系美丽乡村建设统战成员50名，筹集建设资金32万元。

**【围绕经济转型　优化对非公有制企业服务】**　针对2009年国际金融危机带来的严峻经济形势，县工商联积极开拓外埠银行融资渠道，促成杭州民生银行、杭州深圳发展银行向8家规模企业发放信贷资金3亿元，有效缓解了企业发展的融资难问题。作为总部经济引擎的安吉商会大厦建设项目，成立了由县委常委、统战部部长为组长的建设领导小组，筹建工作正式启动。目前，该项目已完成立项，获得批文，征地、设计、参建企业确认等前期工作有序进行中。积极帮助协调解决台湾柏腾企业购买国产大型设备退税纠纷问题、广隆五金土地使用税和房产使用税征收调幅问题、吉元家具企业火灾理赔问题、南山公司和美达皮具“五险”增收政策对接问题、广隆五金和利豪集团海外客户的介绍等一批涉台企业发展经营中遇到的问题。工商联（商会）工作得到加强，新成立山东省东营市安吉联合商会和河北省香河县安吉商会等异地商会。

**【深化多党合作　强化政治统战】**　建立健全与各民主党派、无党派人士之间的座谈会、通报会和协商会制度，畅通与各民主党派、无党派人士的沟通联系渠道。调动发挥各民主党派参政议政意识，组织各民主党派开展“金点子”活动，开通民进、农工党安吉县网站，建立“徐佰成委员工作室”。九三学社安吉支社升格为九三学社安吉县基层委员会。组织开展新中国成立60周年暨人民政协成立60周年系列庆典活动。拓展与党外人士联系渠道，成立党外知识分子联谊会和首家高校统战工作站——浙江宇翔外国语专修学院统战工作站。建立健全党派党外人才库。民主党派干部的选拔和任职得到加强，2009年新增无党派人士正科级领导1人，副科级领导2人，民主党派副科级领导1人。

**【创新文化统战　促进稳定和谐】**　大力宣传贯彻《宗教事务条例》，深入开展“和谐寺观教堂”创建活动，制定“和谐寺观教堂”评比细则，树立5个先进宗教场所进行重点建设，严格创建标准，表彰11个“文明宗教场所”、128名“文明信教公民”，5名市级宗教工作先进个人，15所市级“平安场所”，20名市“五好信徒”。突出抓好宗教安全工作，坚持每季度对宗教场所进行安全检查，从人员、活动、财物、消防等方面，严格实行安全责任制。特别是新疆“7·5”事件发生后，认真做好信教群众的思想稳定工作，严防外来宗教的非法渗透。加强“灵峰蕅益文化”建设。加快灵峰寺佛教文化区规划，邀请专家、学者、高僧、相关部门负责人，召开论证座谈会5次，初步完成灵峰寺佛教文化区总体规划编制。成功举办纪念蕅益大师诞辰410周年活动暨“蕅益文化·和谐心灵”国际佛学论坛，各界人士3000余人参加，中国西藏新闻网等18家媒体进行报道。灵峰寺还受赠九秩老人金传世百部手抄金刚经，进一步增加了文化内涵。

**【加大联络联谊　广泛凝聚力量】**　深化对外联谊交流，接待上级部门、海外社团等层面人员6批40余人次，并广泛开展赴旅港乡亲的联谊活动和组织对台交流5次，增进与港台和海外乡亲情谊。夯实对外联谊基础。与县政协联合编辑出版《安吉人在海外》一书，收录安吉籍海外留学精英人士41位，该书被省委统战部评为“重大统战宣传活动创意奖”。围绕“南太湖精英计划”，会同县人才办在美国波士顿建立安吉海外人才（招商）工作联络站，将安吉简介、引资项目、人才需求等相关推介内容挂在美国“ABLEGLIDE”等知名网站上；同时将相关材料翻译成英文，在波士顿项目推介会及北美高层论坛等高层次活动上进行了8次宣传，发放广告画册1200余份，为安吉的引资、引才方面发挥了积极作用。

**【强化自身建设　打造优秀队伍】**　加强理论学习，深入开展调查研究和解放思想大讨论。把学习实践科学发展观活动与“发展与激情”学习讨论活动有机结合起来，在完成县委规定的学习基础上，认真组织学习《科学发展观与统一战线》等理论书籍，并邀请专家为统战系统成员作关于“当前台海形势”的主题讲座，了解当前我国对台的有关政策及两岸关系。领导班子成员撰写心得体会5篇，县学习实践活动办编送信息5篇。每位领导班子成员都根据分工，通过蹲点调研、交流座谈等形式，梳理影响统一战线可持续发展和制约科学发展的问题9个，提出了8条举措，列出重点工作11项。党员领导干部严格按照科学发展观的要求，撰写参加民主生活会的发言材料，认真开展了批评和自我批评。领导班子分析检查报告形成后，以民主恳谈和书面评议的方式，共发放评议表80份。群众满意度率达96%。

（孙水明）

## 嘉　兴　市

### ·嘉兴市委统战部·

**【综述】**　2009年，嘉兴市统一战线认真贯彻落实党的十七大、十七届三中、四中全会精神，深入开展学习实践科学发展观活动，强化一线工作思维，不断提升服务中心工作和处理复杂问题的能力，为“统筹推进科学发展，聚力建好‘三市一地’”，为巩固和发展适应新形势新要求的爱国统一战线作出了新的贡献。嘉兴市委统战部获全省统战工作创新奖（先进集体），嘉兴市侨办、侨联分别被授予全省侨务工作先进集体，嘉兴市民宗局被评为全省国家安全人民防线建设优秀单位。

深化理论武装。根据中共嘉兴市委的统一部署，既圆满完成了市级统战系统机关自身的学习实践科学发展观活动，又协助推进各民主党派、无党派人士学习贯彻科学发展观，同时，还牵头指导全市非公有制企业开展学习实践科学发展观活动，成效显著。从群众满意度测评结果看，对市级统战系统机关学习实践活动，“满意”的占91.7%，“比较满意”的占8.3%，没有不满意的。对规模以上企业学习实践活动，“满意”的占86.36%，“比较满意”的占9.06%；规模以下企业学习实践活动，“满意”的占85.11%，“比较满意”的占10.67%。

主动服务中心工作。努力应对国际金融危机的冲击，探索建立新型银企合作关系，支持工商联与市商业银行签订一揽子协议，构筑中小企业服务平台，缓解企业融资难困境。年内，各级工商联组织与金融机构联合举办银企洽谈活动，授信中小企业320家，授信总额达8.9亿多元。联合市司法局、市法学会等开展“送法律到企业、用法律保增长”活动，为1000多家企业、4000多名经营管理人员举办了105场次“实用法律知识”讲座。坚持涵养和引荐海外高层次人才，牵头承办“星耀南湖”海外人才嘉兴行暨项目对接交流活动。启动非公有制企业“履行社会责任、增加就业岗位”人力资源招聘活动，400多家非公有制企业推出近1万个岗位，吸引了2万余名下岗失业人员和应届毕业生前来求职。

巩固发展多党合作的良好格局。认真做好专项督查，切实加强和改善党对统一战线和多党合作的领导，进一步提高各地各部门对统一战线和多党合作工作重要性的认识。健全和完善协商通报、谈心交友、对口联系、特约人员及重要内外事活动等一系列配套措施。年内，协助市委完善了民主党派、工商联参政议政、民主监督的平台，搭建了党派主委、工商联主席参与中共嘉兴市委主要领导调研活动的新机制。抓住纪念新中国成立60周年、多党合作制度确立60周年的契机，协助市委召开统一战线各界代表人士纪念座谈会，座谈回顾60年的沧桑巨变，重温统一战线各界人士与中国共产党风雨同舟、肝胆相照的光辉历史。

全力维护民族宗教领域的和谐稳定。建立宗教管理工作协作新机制。圆满完成第一轮“平安宗教活动场所”创建工作，并进一步深化完善，制定了星级平安宗教活动场所达标考评制度。支持市级各爱国宗教团体加强自身建设，重视对宗教工作“三支队伍”的教育培训。引导宗教界积极参与扶贫帮困等社会公益事业，开展第一届宗教慈善奖评比活动。继续做好城市少数民族工作，协助教育部门办好秀州中学新疆班。落实省内少数民族低收入群众增收帮扶工作，为7个结对的少数民族村筹集第一笔帮扶资金35万。

努力拓宽新的社会阶层人士的工作渠道。推进县（市、区）建立党外知识分子联谊会，并充分发挥各级知联会组织的作用。“市党外知识分子联谊会服务中心”在科创中心正式挂牌，为中心内企业免费提供技术诊断和企业管理、法律、会计、税务等方面的咨询服务。做好第三届省、市优秀中国特色社会主义事业建设者评选表彰工作，有3名非公有制经济人士被授予浙江省优秀建设者，28名非公有制经济人士被授予嘉兴市优秀建设者。加强对工商联工作的指导，充分发挥工商联在政府管理非公有制经济方面的助手作用，健全和完善工商联商会职能。支持工商联做好行业协会商会改革发展和综合评价工作。年内，共培育发展电子商务等4家市级行业协会商会和嘉兴市安徽商会。目前，全市已有市级行业协会60家，市级异地商会4家。

有效扩大海内外的交流合作。牵头成立嘉兴市侨商会，为在全市投资兴业的侨港资企业搭建联谊沙龙。召开全市第五次归侨侨眷代表大会，圆满完成侨联换届工作。加强港澳工作，协助市人大授予港澳代表人士为“嘉兴市荣誉市民”，协助市政协聘请14名华侨华人、港澳同胞担任港澳台侨委员会特邀委员，协助秀洲实验小学与香港沪江小学缔结友好校际关系，支持嘉兴一中与香港苏浙公学开展校际交流。重视基层组织建设，积极推进海宁袁花镇等四个乡镇建立侨联组织。平湖当湖街道、桐乡梧桐街道侨联被授予“全省示范基层侨联组织”。

重视加强自身建设。结合深入开展学习实践科学发展观活动，突出思想建设和能力提升，全面深化五型机关创建活动，工作效率和服务水平得到明显提高。建立“三个一”调研机制，每一位部领导领衔一个重点课题，集中一个月时间深入基层调研，形成一份高质量的调研报告，全市统战调研工作继续保持良好势头。加强县级统战工作，加大指导和督查力度，开展创新争先活动，推动重点工作在基层的落实。

**【组织多党合作和统战工作专项督查】** 12月，市委副书记鲁俊，市政协副主席、统战部部长张兴华带队，对各县（市、区）贯彻落实《中共中央关于进一步加强中国共产党领导的多党合作和政治协商制度建设的意见》及省委、市委《实施意见》，《中共嘉兴市委关于进一步巩固和壮大新世纪新阶段统一战线的实施意见》等情况进行检查，重点检查党外干部培养使用、党外代表人士政治安排、基层统战部门自身建设等。市级机关有关部门按要求进行了自查。

**【建立党外人士调研工作新机制】** 在完善“党委出题、党派调研、政府采纳、部门落实”的基础上，建立了民主党派主委、工商联主席参与市委书记调研活动的新机制。年内，各民主党派市委会主委、工商联主席随同市委书记陈德荣赴各县（市、区），就全市经济社会发展现状、农业农村工作等，开展综合调研13次，党外人士对此反响热烈，参政议政热情高涨。他们表示，随同市委书记调研，能更全面地了解嘉兴经济社会发展的现状，知道党委、政府关注什么、需要什么，才能参政参到中心上，议政议到关键处。

**【探索新社会组织党建工作新思路】** 深入市级行业协会商会、异地商会开展调查研究，了解行业协会商会、异地商会党建工作基本情况，并在此基础上，主动加强与党委组织部门的沟通，提出了以行业结构、产业布局和党员从业情况设置党组，探索“协会商会+党组织”模式的新思路。年内，批准嘉兴市温州商会建立党支部。

**【开展百名统战干部、成员进百企行动】** 采取市、县两级上下联动的方式，深入走访800余家非公有制企业、侨港资企业和归国留学人员创办企业，蹲点调研、宣传政策，咨询服务、提振信心。走访活动中，向企业赠送了《促进企业解困、发展政策文件选编》。其中汇集了国务院各部委和省委、省政府及省级有关部门出台的一些综合性的企业解困发展政策，政府投入性的财政补贴政策及相关金融信贷、税收、社保等方面政策，深受企业欢迎。

**【建立星级平安宗教活动场所考评制度】** 为进一步巩固平安宗教活动场所创建成果，在原来工作的基础上，积极探索创新，制定了星级平安宗教活动场所达标考评制度，采用星级评定的方式，对宗教活动场所的功能设施、建筑布局，管理设施、环境整洁，执行国家法律法规，依法管理水平，安全事故等各方面进行综合考核。在制定并实施星级平安宗教活动场所考评过程中，主动与创建省级“和谐寺观教堂”的标准和要求进行对接和细化，力争建设一批省级、国家级和谐宗教活动场所，树立一批典型，使全市平安宗教活动场所创建工作再上新台阶。

**【举办海外高层次人才嘉兴行活动】** 12月4日至6日，会同市委人才办共同承办“星耀南湖”海外人才嘉兴行暨项目对接交流活动，邀请70余名海外人才携科技项目来嘉兴进行交流，组织嘉兴100多家制造业、农业企业进行项目对接，当场签订了《生物与纳米技术健康产品开发》等5个科技项目，达成了涉及生物医药、环保、通讯技术、食品研发、投资金融等多个行业的37个合作意向。

**【成立嘉兴市侨商会】** 3月3日，嘉兴市侨商会在市奥林匹克大酒店举行成立大会，永新纺织有限公司董事长曹其铳当选为首届会长，73家侨企成为首批会员。市侨商会的成立构筑了侨商联谊互动、合作发展以及加强与政府沟通的有效平台，成为党委、政府联系侨商、服务侨商、团结侨商的重要载体。

**【召开嘉兴市第五次归侨侨眷代表大会】** 6月，顺利召开市第五次归侨侨眷代表大会，完成市侨联换届工作，许农当选为市五届侨联主席。本次换届时，有重点地吸纳了港澳同胞、在禾投资华侨、归国留学人员代表进入侨联领导班子，优化结构，更加适应新形势下进一步扩大海内外联谊的需要。

（王　静）

## ·南湖区委统战部·

**【综述】** 2009年，南湖区统一战线以深入学习实践科学发展观为契机，紧紧围绕区委开展“三年”活动和深入推进“三大工程”的要求，和衷共济凝人心，统筹兼顾聚力量，实现了统一战线成员的大团结、大联合，为全区政治稳定、经济发展和社会进步作出了积极贡献。

以巩固和发展民主政治为目标，多党合作制度建设得到新加强。认真贯彻执行多党合作制度，协助区政府出台了对口联系工作制度。支持民主党派加强自身建设，民盟和九三学社先后成立了党派总支。在各民主党派中开展了“双岗建功”活动。组织民主党派成员赴江苏常熟学习考察，接受革命传统教育。会同有关部门调整充实特约人员。拓展民主党派、工商联、无党派人士参政议政的平台，提案议案在数量和质量上较往年有较大提高。坚持重大问题通报和征求意见制度，全年共协助区委区政府召开情况通报和征求意见会6次。

以和谐稳定为目标，以平安宗教场所创建活动为载体，为平安南湖建设发挥新作用。认真贯彻党的民族政策，热情为少数民族群众服务，共办理民族成份证明或更改民族成份60多件。2009年共组织宗教界人士学习宗教法律、法规和十七大精神15次，配合“法律进宗教场所”活动，向全区各宗教场所下发了宣传小册子300多册。支持宗教团体加强自身建设，基督教“两会”完成换届。抓好以大型宗教活动、法会等管理为重点，落实场所安全防范预案。继续着力解决场所硬件设施安全隐患顽症。深化市、区“平安场所”和区“法律进宗教场所”活动，规范场所内部管理。积极引导宗教与社会主义相适应，鼓励宗教界奉献爱心多做善事。

以引导统一战线成员服务经济发展为重点，促进南湖经济平稳较快发展取得新成效。开展“走百家企业”活动，引导企业积极应对金融危机，增强企业发展信心，实现转型升级。做好科企对结和银会合作工作，努力为企业提供技术和资金上的支持。开展法律进民企活动，各基层商会与市、区六家律师事务所签订了法律服务协议。认真履行行业协会业务主管单位职责，指导成立了区咨询行业等五个协会，针对目前行业协会状况，会同有关部门制定出台了相关规章。加强对基层商会的指导，年初出台指导性意见对基层商会建设进行规范。在二届七次执委会议上区工商联新增补副主席8名、执委人员14名。全年会员发展情况良好，共发展新会员56家。

以联络联谊为手段，海外统战工作迈出新步伐。进一步密切与海外的联络联谊。2009年共接待了加拿大加京华人联合会副会长曹亚林博士等华侨华人50多人次。邀请香港同乡会成员参与第七届“南湖之春”文化经贸活动。固本强基，拓宽侨务工作平台，建立了基层侨务联络员制度，进一步完善工作机制。

**【开展深入学习实践科学发展观活动】** 自3月起，南湖区委统战部按照区委统一部署，在指导组的具体指导下，以“和衷共济凝人心，统筹兼顾聚力量”为实践载体，扎实开展了深入学习实践科学发展观活动。部领导班子率先垂范，经过全体机关党员干部共同努力，较好地完成了学习调研、分析检查、整改落实三个阶段的各项规定动作，并结合实际精心设计和开展自选动作，切实解决了一些统战工作实际问题，有效推进了全区统战工作全面、协调、可持续发展。在抓好自身学习实践活动的同时，统战部还积极推动各民主党派学习贯彻科学发展观，使他们在坚持中国共产党领导、走中国特色社会主义道路的认识上有新的提高，在履行职能、为科学发展献计出力上有所作为，在加强自身建设、提高自身素质上有新的进展。同时，按照上级有关要求着力抓好非公有制企业学习实践科学发展观活动。

**【完善对口联系制度】** 为更好地贯彻落实《中共中央关于进一步加强中国共产党领导的多党合作和政治协商制度建设的意见》以及《中共中央关于巩固和壮大新时期新阶段统一战线的意见》等文件精神，充分发挥民主党派、工商联和无党派人士参政议政、民主监督职能，促进政府决策科学化、民主化，协助区政府就对口联系制度作进一步完善，出台了《关于进一步加强政府与民主党派联系完善区政府有关部门与民主党派、工商联对口联系制度的意见》，《意见》对区政府参与对口联系的部门进行了调整，由原来的12个增加到16个，进一步规范和充实了对口联系的内容，并对组织保障也作了规定。

**【佛协、基督教两会换届】** 区佛教界第二次代表大会、区基督教界第二次代表大会分别于2008年12月5日和2009年4月28日召开，会议按照各自章程选举产生了新一届班子。第二届佛协会长为果莲，基督教协会会长为姚张明，基督教三自爱国会主席为陈梅丽。

**【领导重视工商联工作】** 7月14日，全国工商联副主席沈建国带领全国非公有制企业仲裁工作调研组来南湖区考察调研，省工商联领导、市政府领导陪同考察。2月18日，省委统战部副部长、省工商联党组书记汤为平来南湖区调研，期间，听取了区工商联的工作汇报，并对浙江森创时装有限公司和浙江明星皮业有限公司进行了考察调研。

**【行业协会领域得到拓展】** 2009年，区工商联指导成立了5家行业协会，行业自律、行业标准化建设更加规范，行业发展有了更大的空间。这5家行业协会分别是咨询行业协会、零售业行业协会、西餐咖啡茶饮行业协会、金融行业协会、嘉兴市电子商务行业协会。包括从市接转的照相婚纱行业协会，目前南湖区共有行业协会10个。

**【民主党派开展“双岗建功”活动】** 为更好地坚持和完善中国共产党领导的多党合作和政治协商制度，贯彻落实科学发展观，在民主党派成员中形成“争先创优、奋发进取”的氛围，激发民主党派成员的政治热情，增强其政治责任感和历史使命感，进一步调动民主党派成员的积极性和创造性，发挥民主党派成员的聪明才智，为深入开展“三年”活动、深入推进“三大工程”作出积极贡献。在与各民主党派充分协商的基础上，出台《关于在民主党派基层组织成员中开展“双岗建功”活动的意见》以及相关配套文件，双岗建功活动全面展开。

(赵卫平)

## ·秀洲区委统战部·

**【综述】** 2009年，秀洲区委统战部认真贯彻落实科学发展观，围绕中心、服务大局，凝聚人心、汇聚力量，认真履职、务实创新，较好地完成了各项工作任务，为巩固和发展爱国统一战线做出了新的贡献。

多党合作事业取得新进展。认真贯彻落实区委《关于巩固和壮大新世纪新阶段统一战线的实施意见》、《关于建立党外人士关爱机制的意见》精神，切实落实多党合作制度，进一步增强党与党外人士的亲合力、凝聚力；积极支持民主党派履行参政议政、民主监督职能。在区政协二届三次全体会议上，各民主党派提出集体、个人提案26件，鼓励民主党派积极开展科技、文化、医疗“三下乡”活动，为全区经济发展、社会和谐作出贡献。

民族宗教工作取得新突破。开展与文成县西坑畲族镇旁边垟村帮扶结对工作；开展“星级平安宗教场所”创建活动，举办了“祝福祖国”为主题的爱国主义教育活动，发挥宗教界在构建和谐社会中的积极作用；积极引导宗教界开展公益活动，全年累计捐资7万余元。

工商联工作取得新成效。组织33名民营企业经营管理者参加了中国人民大学民营企业家培训班，举办“推动转型发展，增加就业岗位”人力资源招聘会和税务法规、金融政策辅导班，促进“两个健康”发展；按照“现代化展示中心、国际化贸易中心、市场化创新中心”的功能定位，加快推进商会会馆建设；组建新城街道商会、王店家电行业商会、中国嘉兴南方纺织城商会；召开区工商联（总商会）第四次会员代表大会。

港澳台和海外统战工作取得新拓展。举办香港嘉兴同乡会秀洲分会成立两周年庆典活动，召开台协秀洲区联谊会第三次会员大会，组建了各镇归侨侨眷联合会，加强联络联谊；积极组团入岛交流，进一步拓展了经贸、农业、文化等领域合作交流，认真做好台湾“行政院”农业委员会顾问黄大洲、台湾省原教育厅代厅长陈汉强等港澳台知名人士来区会晤考察的接待工作。

党外人士工作有了新起色。会同有关部门在省社会主义学院举办了秀洲区首期党外干部进修班，做好区政协特邀委员的提名推荐工作；认真做好无党派人士调查摸底工作，成立了秀洲区无党派人士联谊会，为广大无党派人士开展联络联谊、积极参政议政搭建平台；积极探索，大胆实践，在全省率先建立了以六项制度为主要内容的党外人士长效关爱机制，营造了“政治上信任、工作上支持、生活上关心”的良好氛围。

统战部门自身建设有了新提高。以纪念新中国成立60周年和中国共产党领导的多党合作制度确立60周年活动为契机，大力宣传党的统一战线理论方针政策，举办了巩固和壮大新世纪新阶段统一战线报告会和统一战线庆祝多党合作制度确立60周年座谈会，开展了“与共和国同行——秀洲区统一战线庆祝新中国成立60周年征文活动”；通过《秀洲统战》、《秀洲总商会》等刊物，不断扩大统一战线社会影响；举办了首期村（社区）统战联络员培训班，进一步完善了区、镇（街道）、村（社区）三级统战工作网络。

**【召开全区统战工作会议】** 3月14日，召开全区统战工作会议，回顾总结2008年全区统战工作，部署2009年统战工作任务。区委统战部部长作报告，各有关部门和镇、街道、秀洲新区、秀洲工业园区共50多人参加会议，区委常委、组织部部长徐建役出席会议。

**【开展深入学习实践科学发展观活动】** 3月至8月，统战部以“聚合统战资源，推进科学发展”为实践载体，扎实开展了深入学习实践科学发展观活动，较好地完成了学习调研、分析检查和整改落实三个阶段任务，统战系统服务科学发展和实现自身科学发展能力得到了新提高，有效推进了全区统战工作全面、协调、可持续发展。

**【开展台资侨资民营企业对接抱团促转型活动】** 从3月下旬开始，围绕“同血缘结盟、同地域协作、同行业结对”，区台办、侨办、工商联在全区开展了台资、侨资、民营企业转型发展对接互动系列活动，抱团拓市应对国际金融危机，为企业发展出谋划策献计出力，坚定发展信心，助推企业转型发展。洪合毛衫商会、王店镇小家电协会等多家企业抱团参展105届广交会和“第十一届中国（广州）国际建筑博览会”。

**【成立基层侨联组织】** 4月10日，油车港镇召开归侨侨眷联合会第一次代表大会，区首家基层侨联组织顺利组建。至9月，全区5个镇侨联组织全部组建完成。

**【开展争创“星级平安宗教活动场所”活动】** 7月起，在全区开展“星级平安宗教活动场所”创建工作，制定下发了《关于进一步深化创建“平安宗教活动场所”活动的意见》，按照三星级、四星级和五星级宗教活动场所分别设定评定条件，拓展了依法管理宗教事务的广度和深度。

**【台协秀洲区联谊会召开第三次会员大会】** 7月9日，市台协秀洲区联谊会第三次会员大会在区会展中心召开，会议选举产生了台协秀洲区联谊会第三届理监事会，刘荣达当选为台协秀洲区联谊会第三届理监事会会长。

**【出台《中共嘉兴市秀洲区委员会关于建立党外人士关爱机制的意见》】** 经部务会议多次研究，进一步健全完善了党外走访慰问制度、谈心交友制度、对口联系制度、情况通报制度、党外人士培养成长机制和党外人士困难补助制度，10月，协助区委出台了《中共嘉兴市秀洲区委员会关于建立党外人士关爱机制的意见》，不断提高党与党外人士合作共事能力。

**【成立区无党派人士联谊会】** 12月18日，区无党派人士联谊会成立大会暨第一次会员大会顺利召开。会议通过了《秀洲区无党派人士联谊会章程》，选举产生了联谊会第一届理事会理事，包雷耿当选为第一届理事会会长。

**【区工商联（总商会）召开第四次会员代表大会】** 12月29日，秀洲区工商联（总商会）召开第四次会员代表大会，选举产生区工商联（总商会）第四届执委会，沈金荣当选为第四届执行委员会主席（会长）。共有185名代表出席了会议，区委、区人大、区政府、区政协领导和市委统战部、市工商联有关领导到会指导。（王春华）

## ·嘉善县委统战部·

**【综述】** 2009年，嘉善县委统战部深入学习实践科学发展观，贯彻落实党的十七大及十七届三中、四中全会精神，积极围绕县委、县政府中心工作，广泛凝聚人心，汇聚力量，充分发挥统一战线的优势和作用，为全县经济社会发展、社会和谐稳定做出了积极贡献。

科学发展，扎实推进基层统战工作。积极创设工作载体开展活动。7月召开全县统战工作座谈会，传达贯彻全省、全市统战工作会议精神，回顾总结今年的全县统一战线工作，部署今后的工作任务。根据行政区划的调整及政协工作的延伸，推荐审核好特邀政协委员。开展统一战线庆祝建国60周年系列活动等。

理论引导，加强多党合作制度建设。坚持和完善中国共产党领导的多党合作和政治协商制度。健全座谈会、情况通报会、谈心交友、对口联系等多项制度。县委、县政府、县政协就部分镇行政区域调整等重大事项多次征询意见建议。现共有14位县处级党员领导干部与28位党外人士交朋友。依托座谈会、调研会和咨询、考察活动，不断完善"党委出题、党派调研、政府支持、部门落实"的参政议政新格局。担任24个政府部门的党外民主监督员42人，担任县学习实践活动的民主评议员9人，积极履行民主监督职能。两会期间，县各民主党派、无党派提交提案、议案共115件，其中集体提案23件，11件被列为重点提案，6件被列为重要提案，8件获优秀提案，撰写大会发言10篇，13人获优秀政协委员，14人获优秀民主监督员。加强党外后备干部培养工作，通过交流任职、上挂下派等方式，推荐党外干部到有关部门任职。全县现有副科（局）级以上党外干部19人，多党合作共事的平台不断得到完善。协助党派组织加强自身建设。建立民主党派正副主委和无党派联谊会正副会长的联席会议制度。全年各民主党派、无党派发展新成员12人。民盟总支升格为民盟嘉善县基层委员会，并被民盟中央授予盟务工作先进集体。

突破难点，维护社会团结和谐。突出"民族团结、宗教和睦、确保稳定"的工作重点，切实加强属地管理责任的落实。落实部门、镇、村专兼职宗教干部123名。认真做好来信来访处理工作，依法化解民族宗教矛盾，认真做好稳控工作。制定《嘉善县民间信仰活动管理暂行办法》。严格执行民族政策，认真做好少数民族工作。

创新载体，拓展港澳和海外统战工作。面对全球金融危机，县侨办、侨联开展"访企业、送服务、树信心、促发展"侨港资企业主题活动，先后走访侨港资企业10家，重点做好：宣传政策，帮助企业克服困难，树立信心；了解情况，广泛听取企业家对投资环境、政府服务和扶持企业等方面的意见建议；帮助破解难题，特别是遇到融资难、劳动纠纷等问题，积极探索和建立与侨港资企业联络联系、协调服务的长效机制。推荐7家嘉善籍侨港资企业参加市侨商会。推荐的浙江省中科辐射高分子材料研发中心主任吴国忠博士被省侨办授予浙江省华侨华人专业人士“杰出创业奖”。开展侨情调查及困难归侨侨眷调查，开展嘉善县涉外高层次人才信息征集工作，涉外高层次人才10名。接待嘉善的海内外客人10批128人次。县侨联被评为浙江省侨联维权先进集体。

推动发展，抢抓新社会阶层人士统战工作，加强对非公有制经济人士的教育引导，评选表彰10名“嘉善县第三届优秀社会主义事业建设者”。全面推进非公有制经济人士综合评价工作，建立全县新的社会阶层代表人士人才数据库，通过对非公有制企业和非公有制经济代表人士综合指标的科学评定，确定评价等级，作为对非公有制经济人士评选表彰的重要依据。积极开展市级优秀基层商会争创活动，三家镇（街道）商会被评为市级先进基层商会。

**【开展庆祝新中国成立60周年系列活动】** 开展统一战线活动，进行爱国主义教育。召开各界人士中秋茶话会，突出新中国成立60周年、人民政协成立60周年主题；庆祖国六十华诞，举办统一战线社会各界老同志座谈会、侨联委员座谈会等；组织参加统一战线庆祝新中国成立60周年有关征文活动；组织全县各民主党派、无党派人士观看献礼片《建国大业》，开展“我的祖国”专场演出、书画摄影展览以及“为民服务”等系列活动，唱响改革开放好、伟大祖国好的时代主旋律。

**【加强党外后备干部培养工作】** 协助党派加强组织建设，建立党外后备干部科，推荐民主党派及无党派11人参加县公开选拔副科（局）级领导岗位和中层干部考试，4人进入考察，2人分别走上副科级领导岗位和中层干部岗位。2009年提拔4名部门和乡镇的副科级领导，1人任县级医院院长。全县现有党外后备干部31名，占县管后备干部总数的11.7%；县处级后备干部2名，占10%，初步建立起一支数量充足、结构合理的党外干部队伍。

**【引导发挥人才优势，创新工作特色】** 发挥民主党派知识密集、人才荟萃的独特优势，鼓励和支持开展形式多样的“三下乡”、走进社区等社会服务。分批开展支医、支教、支农和送科技、卫生、法律进社区活动，组织参与援助温州文成少数民族帮困活动，2人参加支援四川青川的援建工作。2009年农工党总支建立了全市农工党系统第一家网站。电视片《〈站在新的起点上〉——嘉善县无党派人士联谊会纪事》在嘉善电视台《党群天地》栏目播出，介绍了无党派人士参政议政，在各自的岗位上建功立业、为社会服务。

**【高度重视少数民族工作】** 加强对少数民族的服务和管理，维护团结和社会稳定。加强调研，开展新一轮少数民族调查摸底，至7月20日，全县共有少数民族12844人。其中常住少数民族21个，计897人，前三位是苗族、土家族、回族；新居民中暂住的少数民族42个，计11947人，前三位为土家族、苗族、彝族。选择90名新居民少数民族进行文化程度、宗教信仰等17项抽样调查，掌握基本情况。调整充实联络员队伍，在各少数民族中选拔一至二名较优秀的担任联络员，建立40人的联络员队伍，完善日常联系制度，每季召开联络员会议。加强服务，努力维护其合法权益，严格执行民族政策，认真做好更正民族户籍认证初审等工作，主动听取建议和意见，力所能及解决其工作、生活的困难。

**【深入开展平安宗教场所创建活动】** 围绕“民族团结、宗教和睦、确保平安、促进和谐”的工作重点，开展创建平安宗教场所活动。抓动员部署，强化创建责任，完善创建机制；抓布局调整，许可增设朝尊寺等3个民间信仰点，落实3处教堂扩建和征地工作，多处佛教大殿进行新建、修建，用于满足广大信教群众正常的活动需求；依法管理，全年确保14次非通常性大型宗教活动安全有序进行，确保国庆期间民族宗教领域的稳定。全县25个宗教活动场所中24个被评为市级宗教活动平安场所，达标率96%。同时，充分发挥宗教团体独特桥梁作用，分期分批组织宗教教职人员参加省、市举办的各类培训班、读书会；指导宗教团体健全完善各项规章制度。举办宗教场所财会人员业务培训班；组织宗教界开展爱心献慈善等活动。龙庄讲寺等3个场所获得市首届宗教慈善奖。

**【开展侨情调查】** 开展

“归侨侨眷就业和侨资侨属企业吸纳就业情况摸底调查”，重新整理嘉善籍在国外及港澳人员名册，在各个国家确定联系人；开展嘉兴市困难归侨侨眷情况调查，全县共有归侨数2人，侨眷1716人，城镇就业困难数7人，城镇零就业家庭数1户，侨资侨属企业66家，侨企吸纳社会就业数2647人，侨企吸纳归侨侨眷数72人，县享受低保困难归侨侨眷6人。

**【健全非公有制经济综合评价体系】** 通过对非公有制企业和非公有制经济代表人士综合各方面指标的科学评定，形成反应及时、动态管理的综合评价体系，全面推进非公有制经济人士综合评价工作。为非公有制经济代表人士的培养、考察、评价和政治安排以及非公有制企业的信用、信誉、资质评定等提供依据。

**【完善基层商会网络体系】** 全县共有镇级商会11家，行业商会7家，异地商会2家，企业会员1388家，会员数量年均增长率为11.6%，吸收热心商会工作的外资、港澳台资等其他非公有制企业以及银行、电信等国资企业参加，工商联企业代表性不断增强。基本涵盖了全县主要行业和规模以上民营企业，是嘉兴市较早建立完整基层商会网络体系的县（市、区）。

**【深入基层，加强机关自身建设】** 实践科学发展观，认真开展县级机关部门干部下基层蹲点服务年活动，开展党建共建、社区共建、结对帮扶、捐书捐款等活动。深入镇村和一些侨港资企业，“送服务、解困难、树信心、促发展”，慰问贫困户、党员困难户。继续开展“走访百名统战对象”、“游嘉善、看发展”活动。开展创建“五型机关”、“企业服务年”和“两提高、两降低”效能建设主题活动。

（王维方）

## ·平湖市委统战部·

**【综述】** 平湖市委统战部内设4个科室：办公室、海外统战科、民族宗教科与工商党派科，市民宗局、台办、侨办、侨联与统战部合署办公，现有核定行政编制12名。

2009年，全市统战工作深入贯彻落实科学发展观，围绕全市大局，服务中心工作，突出重点，发挥优势，凝聚人心，汇聚力量，全面推进统战事业的深入发展，为加快推进全市经济社会全面走上科学发展之路发挥了积极作用。市台办被省台办评为全省对台工作先进单位，被嘉兴市台办评为全市对台工作先进单位，对台信息工作获省级对台信息工作先进单位、嘉兴市台办系统信息工作二等奖，市台联被评为嘉兴市级先进集体；市侨联被省人力资源和社会保障厅、省侨联评为全省侨联系统先进集体，被省侨联评为全省侨界优秀提（议）案工作先进单位，信息宣传工作先进集体；市民宗局被评为嘉兴市宗教工作先进集体；市工商联被嘉兴市工商联评为全市工商联（总商会）系统优秀集体，被省工商联评为全省工商联宣传工作一等奖；统战信息工作被嘉兴市委统战部评为二等奖；市委统战部被市委、市政府评为2009年度工作目标绩效考评优秀部门。

**【搭建“四个”平台，发动统战成员为应对金融危机、促进科学发展献计出力】** 一是搭建信息平台。为了解国际金融危机对全市企业的影响，在全市非公有制企业中选择3类（好、中、差）代表性的企业建立信息直报点，了解企业的运行情况、转型升级的举措和对现有政策、措施的意见建议。在不同的界别、阶层、对象中，通过走访、调研等形式，做好信息、意见建议的收集工作。二是搭建引导平台。在全市民营、台、侨资企业中开展以“树信心、保稳定、促发展”为主题的形势教育活动，发放鼓励企业发展的资料100多份。加强典型宣传，编印《在激流中奋进的平湖民企》，宣传企业应对金融危机的成功做法，坚定企业战胜困难、促进发展的信心。三是搭建服务平台。开展“百企走访”、“台商服务月”、“一对一”服务企业等活动，深入民营企业、台资企业、侨资企业、结对企业走访调研，了解企业的生产状况，送政策、送信息，协调解决有关困难。市台办在走访台资企业中发放《帮助台资企业减负促进发展征求意见表》，共收到台资企业反映的问题18类47个，对收集到的问题，实行销号制办理。组织开展“法律服务民营企业”系列活动，建立为企业法律维权服务制度，聘请法律顾问，为会员企业提供咨询维权服务。通过召开工作例会，组织开展银企合作座谈会、金融形势分析会、税收政策宣讲、科技政策讲座、应对金融危机讲座等活动，帮助企业家掌握有关政策法规，提高应对金融危机的能力，助推企业发展。四是搭建引资引智平台。围绕招商引资“一号工程”，加强与香港平湖同乡会、台北平湖同乡会、海外华侨华人、留学人员的联系，积极宣传平湖良好的投资环境。举办“百名台商看平湖”、“海外留学人员看平湖”等活动，共接待18批240多人次港澳台同胞、华侨华人、留学人员到平湖考察。与有关部门联合，共举办投资环境说明会3次。会同市服务业发展局、市外经局等组织港澳台同胞、海外华侨华人考察团到平湖市考察服务业投资环境，邀请美国、法国、瑞典、巴西、香港、台湾等6个国家和地区的港澳台同胞和华侨华人共20多人参加；举行“台商看平湖”暨平湖投资环境说明会，来自嘉兴地区的160多位台商参加；利用南六企业（平湖）有限公司二期工程动工仪式，推介平湖的投资环境，日本、美国、德国、香港等国家和地区的200多名客商参加。平湖市温州商会积极为全市的招商引资工作搭建平台，配合市政府及有关部门到温州举办投资环境说明会3次，共引进合同市外资金6.3亿元。组织全市部分民营企业家参加浙洽会“海外高层次人才智力、技术项目对接合作洽谈”活动，促进企业对外交流合作。

**【推进多党合作事业】** 创造条件，拓宽各民主党派、工商联和无党派人士参政议政、知情出力的渠道，提升各民主党派、工商联和无党派人士参政议政的实效性。全年共举办各类征求意见会、通报会、座谈会12次，如市委、市政府工作要点征求意见会，市纪委党风廉政建设情况通报会，市卫生局关于公共卫生和防疫情况通报会等。“两会”期间，各民主党派、工商联和无党派人士中的人大代表、政协委员共提交议案、提案250件，有10件提案被评为优秀提案。引导各民主党派、工商联和无党派人士围绕市委市政府确定的重要课题，开展调查研究，完成4篇调研报告，积极献计献策。支持各民主党派加强自身建设。深化政治交接主题教育活动，通过召开座谈交流会等方式，了解党派成员的思想现状。举办暑期读书班，安排理论教育、形势教育、先进典型教育、爱国主义教育等，提高党外人士的政治素质和参政议政能力。加强党外干部的培养选拔工作。定期举行党外实职干部座谈会，了解他们的工作和思想情况。加强与组织部的联系，召开与组织部的联席会议，做好党外干部的培养选拔和推荐工作。通过选派党外干部挂职锻炼、参与招商引资、参与城市征迁等方式，加强培养锻炼。成立无党派人士联谊会，引导无党派人士在参政议政等方面发挥更大作用。

**【依法管理民族宗教事务】** 开展调研，摸清全市少数民族人员情况。全市共有少数民族常住人口1148人，暂住人口9310人，涉及39个少数民族。开展民族团结宣传教育，维护少数民族群众的合法权益，促进民族团结、社会稳定。召开宗教工作专题会议，研究新情况新问题，提出做好宗教工作的对策措施。做好宗教活动的安全管理工作，全年千人以上的宗教活动共有25次，其中万人以上的宗教活动有7次，加强检查指导，确保活动安全有序进行。联合有关部门，采取有效措施，认真做好抵御渗透工作。积极破解宗教工作方面的重点难点问题，帮助宗教团体协调解决有关问题，此做法在嘉兴市统战工作会议上以《积极破解宗教工作难题、努力维护社会和谐稳定》为题作了交流。引导宗教与社会主义社会相适应，组织宗教界开展“五个一”活动，进行爱国主义教育，激励宗教界人士和信教群众爱国爱教，为促进全市经济社会发展贡献力量。加强对教职人员的教育和培训，培养爱国爱教的中青年代表人士。规范佛教场所财务管理，全市开放的佛教场所全部实行会计代理制。深入开展“平安宗教活动场所”创建活动，做好对申报场所的检查指导，经嘉兴市考核，全市开放的宗教活动场所全部被评为嘉兴市“平安宗教活动场所”。

**【加强新社会阶层人士统战工作】** 实施新的社会阶层人士统战工作网络构建行动计划，掌握一批代表人物名单，密切联系，发挥他们的积极作用。掌握国际金融危机对非公有制经济人士思想的影响，通过座谈、典型宣传、组织82名非公有制经济人士到中央社会主义学院、北京大学、浙江大学培训等方式，帮助非公有制经济人士提升素质、树立信心，促进非公有制企业转型升级。开展平湖市第三届优秀社会主义事业建设者评选活动，有10位民营企业家被评为市优秀社会主义事业建设者，有2位被评为嘉兴市第三届优秀社会主义事业建设者。引导非公有制经济人士积极投身光彩事业。加强对工商联工作的指导，根据工作需要，调整充实了市工商联（总商会）的领导班子，加强对基层商会的考核，成立平湖市温州商会。

**【抓好对台工作】** 组织经贸、文化、教育、农业等团组入岛交流，加强与台湾重点人士的联系。做好春节期间与在平台商的联络联谊工作。促成市稚川实验中学与台北市立龙门国中结成友好学校，成为嘉兴地区首个与台湾学校进行结对的学校。举办台湾中学生夏令营来平交流活动，来自台湾嘉义高中、嘉义协同中学和五权国中的30名师生与平湖的学生开展了联谊，增进两地学生的了解。组织2位在平女台籍员工参加有关文化交流活动，增进友谊。推荐1名台籍员工成为市青年联合会第二届委员会会员，这是市青联成立以来第一次吸收外（台）籍人员入会，在嘉兴全市也是首创。全年全市公民赴台旅游人数达到759人。建立健全做好台商投诉、求助工作的协调机制，涉台投诉求助实行首问责任制，件件有记录和答复，共协调处置涉台求助95件。帮助台资企业协调、落实各类优惠政策，加强对重大台资项目的跟踪，加快项目推进。妥善处置2起台籍员工死亡（工伤）事故。完成台联换届、台商联谊会换届工作。开展“百名台商关爱学子送营养午餐”活动，百名台商以每人每年600元的标准，与101名贫困家庭学生结对，为学生提供营养午餐。

**【抓好侨务工作】** 完成新一轮的侨情调查工作，全市共有港澳同胞94名，海外华侨华人232名，留学人员302名，其中回国创业（服务）的留学人员48名，进一步完善了全市侨务资源信息库，提高工作的针对性。召开留学人员和家属联谊会第二次会员代表大会，选举产生了新一届班子成员。做好联谊工作，举办好“三胞”及亲属迎春茶话会、中秋座谈会，通报全市经济社会发展情况。做好节日期间的走访慰问工作。促成市东湖中学与美国纽约萨芬（SUFFEN）中学结为国际姐妹学校，成立美国平湖同乡会。做好为侨服务工作，开展“爱心助侨送温暖”活动，关心困难归侨侨眷，努力为他们排忧解难。组织专家为全市侨界人士开展中医养生保健讲座等活动。

**【加强自身建设】** 协助市委认真做好全市贯彻落实上级有关加强统战工作文件精神的自查工作和迎接督查工作，嘉兴市督查组对贯彻落实情况表示充分肯定。加强对镇、街道、部门统战工作的指导，进一步完善大统战工作格局，发挥好整体优势，合力推进全市统战工作。通过举办培训班等方式，加强统战干部队伍建设，提升履职能力。抓好调研宣传信息工作。围绕“增进交流、促进发展、维护和谐”等主题，结合学习实践活动开展调研，以调研进一步推动工作。以庆祝新中国成立60周年系列活动为载体，加强对统战工作和统战方针政策的宣传，努力使全市的统战工作在报纸上有稿、电台上有声、电视上有影、网络上有文。《中国统一战线》、《中国网》、《中国新闻网》、《中国侨网》、《浙江统战》、《浙江侨网》、《浙江侨声报》、《钱江侨音》等媒体和刊物对平湖市的多项工作进行了宣传报道。做好统战信息工作，加强信息报送，编辑《平湖统战》26期。

**【开展深入学习实践科学发展观活动】** 从3月上旬启动，到8月底结束，以“壮大统一战线、服务科学发展”为实践载体，认真开展深入学习实践科学发展观活动。在开展学习实践活动的过程中，做到“五个突出”、注重“五项实效”，体现特色，统筹兼顾，边学边改，破解难题，建章立制，开创统一战线服务科学发展和实现自身科学发展的新局面。同时，支持、协助各民主党派深入学习贯彻科学发展观。指导非公有制企业开展学习实践科学发展观活动。从10月份开始，按照要求，成立了全市非公有制企业学习实践活动指导小组，在全市非公有制企业中开展了以“克难攻坚当先锋，我为党旗添光彩”为主题的学习实践活动，彰显特色，精心准备，周密安排，深入指导，推动全市非公有制企业学习实践活动有效开展，促进全市非公有制经济科学发展。

**【开展对统战成员的走访慰问】** 坚持以人为本，加强对各民主党派、工商联、无党派代表人士，民族宗教界人士，台、侨界人士，黄埔军校同学会，原工商业者等统战成员的走访慰问，全年共走访200多人次，进一步密切与他们的联系。努力为统战成员做好事、解难事、办实事，处理好来信来访，帮助协调解决有关困难，切实照顾同盟者利益，不断壮大爱国统一战线。

**【开展统一战线庆祝新中国成立暨多党合作制度确立60周年“十个一”活动】** 为隆重庆祝中华人民共和国成立暨多党合作制度确立60周年，7月份以来，按照有关要求，平湖市委统战部发出《关于开展统一战线庆祝新中国成立暨多党合作制度确立60周年“十个一”活动的通知》，开展系列庆祝活动，回顾60年来伟大祖国所取得的重大成就及平湖市发生的巨大变化，激励鼓舞全市统一战线成员以更大的热情投身改革开放和社会主义各项建设事业。一是开展爱国主义教育。8月4日，组织各民主党派、工商联负责人、无党派代表人士等参观爱国主义教育基地南湖革命纪念馆，重温历史，缅怀先烈，弘扬爱国主义精神，振奋精神，同心同德推动全市经济社会又好又快发展。二是举办多党合作理论专题讲座。8月3日，邀请省委统战部党派处人员作多党合作理论专题讲座，各民主党派、工商联和无党派代表人士等参加。通过讲座，进一步加深各民主党派、工商联和无党派人士对中国共产党领导的多党合作和政治协商制度的认识理解，坚定走中国特色社会主义政治道路的信念。三是开展先进典型专题宣传活动。在嘉兴日报平湖版开设“优秀社会主义事业建设者先进事迹”专栏，宣传全市统一战线在促进经济社会发展的实践中涌现出的先进人物、先进事迹，引导和鼓励非公企业增强信心，克服困难，推进企业稳步发展。四是举办台海形势报告会。8月4日，邀请嘉兴市台办副主任章建琴作台海形势报告，统战部机关干部、各镇、街道统战委员，各民主党派、工商联负责人，无党派代表人士，台联、侨联成员等参加。通过报告会，使广大统战成员了解台海形势的发展变化，领会新时期对台工作的方针政策，激发统一战线各界人士为促进两岸和平发展和祖国统一大业发挥积极作用。五是开展“海外留学人员看平湖”活动。7月14日，组织回平的海外留学人员参加座谈、参观考察等活动，市委常委、统战部部长姚田宝向留学人员介绍了近年来平湖市经济社会发展情况，使他们了解家乡的发展变化，进一步关心和支持家乡的各项建设事业。六是举办“三胞”庆祝新中国成立60周年茶话会。9月24日，邀请全市“三胞”、留学人员及其家属代表参加茶话会，畅谈60年来祖国、家乡的发展变化，共叙乡情友情，为平湖经济社会发展建言献策。七是开展征文活动。从8月初开始，开展了“与共和国同行——平湖市统一战线庆祝新中国成立暨多党合作制度确立60周年征文”活动，发动全市统一战线广大成员和统战干部结合平湖发展和自身经历，回顾统一战线与中国共产党在新中国成立60年来共同奋斗的光辉历程，激励统一战线广大成员为平湖经济社会发展再立新功。全市各镇、街道、有关部门，各民主党派、工商联、无党派人士，台、侨、民族宗教界等人士踊跃参与征文活动。活动共收到征文29篇，经评审，评出一等奖1名，二等奖2名，三等奖3名。一等奖为民盟平湖市总支刘宗德的《论中国文化中的和合思想》，二等奖分别为民进平湖市委会宋怡玲的《试论和合文化与坚持和完善中国特色政党制度》和佛教协会常进的《佛教的社会责任与社会价值》，三等奖分别为侨联王达钟的《赤子之心无悔　报国之志永恒》、农工党平湖市总支陈宰的《弘扬中华和合文化共同建设和谐社会》和黄姑镇李冠华的《当“摘帽”的喜讯降临时……》。八是举办统一战线庆祝新中国成立60周年庆祝大会。9月22日下午，举办了全市统一战线庆祝新中国成立暨多党合作制度确立60周年大会，嘉兴市政协副主席、统战部部长张兴华，市领导盛全生、翁建荣、何大利、石云良、姚田宝、李仁、顾玉峰、冯美仙、柯卫明等与全市统一战线的代表欢聚一堂，共庆佳节、共叙友情、共话发展，全市各镇、街道有关负责人，市级机关有关部门负责人，市级各民主党派、工商联、无党派人士代表，市侨联、市台联、市留联会、“三胞”亲属、民族宗教界代表等200多人参加会议。市委书记盛全生在庆祝大会上作了重要讲话，希望广大统一战线成员能够更好地发挥独特优势，为加快推进平湖经济社会全面走上科学发展之路、建设富裕和谐的现代化强市做出新的更大贡献。大会举行了统一战线庆祝新中国成立60周年文艺演出，所有节目都由全市统一战线成员代表和统战干部编排、演出。九是举办专题座谈会。各民主党派、工商联、无党派人士联谊会，民宗、台、侨等都召开座谈会，畅谈60年来祖国取得的辉煌成就和平湖发生的巨大变化，为加快推进全市经济社会全面走上科学发展之路献计献策，共同祝福祖国更加繁荣富强。十是创作《平湖统战之歌》。歌曲旋律欢快，歌词内涵丰富，生动形象地表述了统一战线的奋斗目标、性质、任务等内容，展现了平湖统一战线广大成员大团结大联合、开拓进取、自信豪迈的时代精神风貌，表达了平湖统一战线广大成员为推进科学发展、构建和谐社会、促进祖国和平统一作贡献的自豪感和责任感。9月22日，在全市统一战线庆祝新中国成立暨多党合作制度确立60周年文艺演出时，演唱了《平湖统战之歌》，受到好评。

**【开展“我为应对国际金融危机影响献一策”活动】** 2月19日，市委统战部发出《关于在全市统一战线开展“我为应对国际金融危机影响献一策”活动的通知》，要求全市统战成员发挥优势和作用，为积极应对国际金融危机、保持经济平稳较快发展贡献智慧和力量。通知发出后，全市统战成员踊跃参与，结合工作实际，深入调查研究，开展了献计策活动。活动共收到各民主党派、工商联、无党派人士以及台、侨界提出的促进企业发展、优化政府服务、拉动内需、厉行节约等方面的计策48条，将这些计策报送给市委办、市府办、市委学习实践活动办公室，供领导和有关部门参考。在全市开展的“我为科学发展献一计”活动中，统战系统有2条计策被评为“金点子”。

**【开展统一战线专业人士进企业送服务活动】** 全市统一战线成员中有许多是医疗卫生、法律、文艺、教育、书法界的专家能手，3月份，市委统战部搭建统一战线开展社会服务活动的新平台，组建统一战线专业人士服务组，共有80多人参加，具体分医疗、法律咨询、教育咨询、政策咨询、文艺等小组，开展了统一战线专业人士进企业送服务活动。全年共组织20多次服务活动，200多人次的专业人士到新埭镇、黄姑镇、经济开发区、曹桥街道等有关企业开展医疗义诊、法律咨询、教育咨询、政策建议、专题讲座、文艺演出等活动，服务员工3600多人次，受到企业家及员工的好评。

（沈　强）

## ·海盐县委统战部·

**【综述】** 2009年，全县统战工作全面贯彻落实党的十七大和十七届三中、四中全会精神，牢牢把握大团结大联合主题，扎实开展深入学习实践科学发展观活动，紧紧围绕县委、县政府“保增长、促转型、打基础、求突破”工作主线，积极动员广大统一战线成员，服务大局、开拓创新，突出重点、注重实效，为全县经济社会平稳较快发展、构建社会主义和谐社会做出了新的贡献。

坚持和完善多党合作和政治协商制度。2009年，全县有民盟、民进、农工党三个民主党派成员共132人。有科局级党外实职干部15名，其中政府部门13名、正职3名，党外副局级后备干部10名。县委、县政府专门召开学习实践科学发展观民主恳谈会和政府工作报告征求意见会等，听取各民主党派和社会各界的意见建议；每季度召开各民主党派正、副主委联席会议；举办暑期读书会，组织民主党派全体成员听取科学发展观和台海形势报告会。全年共召开情况通报会、座谈协商会8次，对口联系6次，党外特约人员向政府职能部门提出意见、建议30余条。各民主党派、工商联参加“两会”发言4次，提交议案提案和意见建议共130余件；完成调研课题7个，撰写调研文章7篇，其中由民进海盐总支撰写的《以科学发展观为指导建设高素质参政党》荣获民进中央调研工作评选三等奖。2009年，先后2次对县七届政协委员进行调整增补，共辞去政协委员4名，增补政协委员2名；对工商联领导班子进行人事调整，扩大了县工商联执常委规模；增补县留联会理事2名。落实中共领导与党外代表人士结对交友制度，14名县委、县政府的中共领导与结对的23名民主党派、无党派代表人士开展交友联系活动。关心黄埔军校同学的生活，对3名健在老人年内上门慰问2次，对其中2名无退休保障的给予每月672元的生活补助。

依法管理民族宗教事务。开展宗教法律法规的宣传培训，对民族宗教界人士开展爱国主义教育。下发《国务院宗教事务条例》宣传手册到各镇村和宗教活动场所。举办全县宗教界人士爱国爱教学习会，邀请市委党校和省民宗委专家分别围绕“爱国与爱教”、“宗教界人士素质谈”两个方面的内容进行专题辅导。加强与宗教界代表人士的联系与沟通，开展经常性走访慰问。11月25日，县佛教协会成立。督促宗教活动场所做好安全工作，通过检查和考核，惠泉寺、金粟寺2个场所获得嘉兴市第三批平安宗教活动场所称号。实施宗教活动申报审批制，建立健全安全应急预案、值班和报告等制度。加强与少数民族民工所在的镇和企业的联系，及时了解掌握情况，防止引发民族矛盾。对5名符合条件申请变更民族成份的对象，审批变更民族成份。按规定为5名少数民族考生高考加分出具证明。

推进新的社会阶层人士工作。做好新的社会阶层人士基础数据摸底调研，建立档案。认真开展评选第二届全县“优秀社会主义事业建设者”工作，姜祖良等9名非公经济人士被授予海盐县第二届优秀社会主义事业建设者荣誉称号。完成了2007年度和2008年度非公经济代表人士的综合评价工作。县总商会推出基层商会工作评估体系，推动全县基层商会的组织建设，提升工作水平，增强凝聚力和影响力。成立了由县委统战部、县工商联、县工商局等部门组成的县非公企业学习实践科学发展观活动指导小组，切实加强对各镇区非公企业学习实践活动的联系与指导，助推企业科学发展。

提升港澳台和海外统战工作。11月，召开县台商联谊会第三次会员代表会议，选举产生新一届理事会，陈建利续任县台商联谊会会长。支持侨联、台联、留联、政协三胞亲属联谊会发挥作用，探索为侨眷台属、留学人员家属服务的新方式，做好“三胞”亲属的慰问走访工作，开展侨情台情资料补充，深入开展侨务法规政策、涉台知识进机关、进学校、进侨企、进社区的“四进”活动，并在武原镇建新社区设立“侨法宣传角”。举办了全县侨台干部培训班，有76名学员参加。支持侨台界政协委员参政议政，组织开展专题调研，侨台界政协委员共提交提案、社情民意20件，调研课题《发挥三胞作用，助推海盐经济发展》获政协系统2009年度调研文章评比优胜奖。认真做好侨务信访调处工作，共接待信访15件，件件有落实。指导澉浦镇侨联召开好第六次归侨侨眷代表大会。在第八次全国归侨侨眷代表大会上，澉浦镇侨联主席赵荣华荣获“全国归侨侨眷先进个人”荣誉称号。

加强自身建设。根据县委统一部署，在部机关和统战领域开展了深入学习实践科学发展观活动。围绕提高统一战线服务科学发展和实现自身科学发展水平两大主题，学习实践活动取得了阶段性成果。先后举办了部长专题辅导、党校老师报告会、统战成员讨论会6场次，参加的党员干部和统一战线成员有300余人次；组织开展“科学发展观之我见”和“解放思想大家谈”，提交“我为发展献一计”3条；开展“走访服务月”活动，采取实地考察、个别走访、召开座谈会等多种形式开展调研，走访党外代表人士20人，侨眷台属28户，侨港资台资企业25家；部领导班子上报调研报告和科学建议书6篇；认真听取和收集各方面统战对象的意见建议6条，逐条进行剖析，撰写分析检查报告，落实措施加以整改。各镇区启动“统战知识进乡村”宣传活动。深入开展统战工作新情况新问题调研，组织开展了全县党外知识分子调研、农村民间信仰点的调研等，全年共完成《我县党外知识分子现状及工作思考》、《重视发挥三胞作用，助推海盐经济发展》等调研文章4篇。健全机关党支部工作各项制度，不断改进支部学习活动方式，积极参与星级支部创建工作，关心离退休老同志，认真搞好“文明单位”复评工作，积极参与“五大”联创活动，扎实推进部机关党风廉政建设、作风效能建设和执行力建设，扎实推进部机关党建和日常工作迈上新的台阶。

**【各界人士共庆新中国成立60周年】** 在新中国成立60周年、多党合作制度确立60周年之际，针对各界人士的不同特点，县委统战部精心策划，以茶话联谊、座谈、酒会、慰问等形式与统一战线各界人士深入沟通、共谋发展。举办了“庆国庆迎中秋在盐客商和社会各界人士联谊会”，在盐外商、台商和社会各界人士共180余人应邀参加。召开了“风雨同舟和谐发展共话60年成就座谈会”、“庆祝新中国成立60周年宗教界代表座谈会”和“庆祝新中国成立60周年少数民族代表座谈会”，统战部领导与党外老干部、离退休老同志、宗教界代表、少数民族代表共话60年风雨历程，喜看海盐飞速发展。县工商联（总商会）召开九届七次常委会，全县非公有制企业精英济济一堂，共商发展大计。国庆前夕，统战部领导亲自上门慰问各界统战对象100余人，为他们解读了近期国家的相关政策，介绍海盐发展现状，并虚心听取他们对统战工作的意见和建议。各位统战对象都积极为海盐的发展和巩固加强统一战线建言献策。

**【服务经济发展，应对金融危机】** 为引导侨资、台资企业积极应对金融危机的挑战，县侨办、县台办开展为台资、侨资企业送政策、送服务活动，深入企业，召开台资企业恳谈会，形成《全球金融危机冲击下在盐台资企业现状及主要困难和建议》调研报告送县委、县府参考。帮助企业与相关部门沟通协调，解决企业在建设中遇到的用地、房产等方面的问题。推荐浙江美林房地产有限公司等5家侨资侨属企业加入市侨商会。县工商联先后举办税收政策与现代企业管理、品牌管理等方面的培训班。由县工商联推荐的海盐汇通家俱有限公司获得了省工行800万元的授信贷款额度。百步镇商会“百商互助担保有限公司”进一步简化担保手续，为镇商会会员企业融资提供互助担保。截至2009年10月底，“百商互助担保公司”共发生担保业务294笔，担保额达6500万元。围绕“招商引资年”活动，县台办选派一名干部常驻广东进行蹲点招商，掌握招商信息，建立招商人脉，宣传海盐投资环境，推介海盐引资项目，邀请外商（台商）来盐考察和洽谈项目，成功引进1个外资项目落户开发区。县侨办配合“香港三产项目招商会”联系相关会务。通过县侨办牵线搭桥、多方联系，港资企业浙江伟搏化工科技有限公司2009年实到资金300万美元，其香港总公司多次参与我县推出地块的竞拍，并成功获得了县城一号地块80亩土地的中标权。

**【进一步扩大对外交流交往】** 加强与港澳台同胞、海外华人华侨的联络联谊，利用重要节庆机会邀请接待港澳台同胞、华人华侨和国际友人参加，不断扩大海盐的影响力和知名度，为经济发展和各项事业进步进一步凝聚人心。全年共接待来盐考察探亲的海外侨胞、港澳台同胞和侨商200余人。配合省、市侨办接待了以车越乔先生为团长的浙江海外联谊会考察团一行70多人到海盐参观考察。组织县医疗卫生赴台考察访问团共9人赴台湾考察交流，有3个镇商会组团赴台考察，澉浦镇台联组织50多名台属和台属企业员工赴台访问旅游，成为两岸开放以来全县首个由基层群众团体组织的民间赴台访问团队。据不完全统计，2009年，全县的赴台旅游访问的人数达1000余人。全年编写出刊《海盐人》、《家乡之声》简报共11期12000余份寄送给海盐籍在外人士，在外的海盐乡亲看过简报后纷纷来电来函，关心家乡变化。

**【成立海盐县党外知识分子联谊会】** 党外知识分子是知识分子群体中的一部分，是党的人才工作的组成部分，也是统战工作的重要内容。通过摸底调查，全县在册的机关、企事业单位具有中层以上、中级职称以上的党外知识分子5000余名。在各方积极努力下，海盐县党外知识分子联谊会于12月18日正式成立，并举行会员大会和理事会第一次会议，首届65名会员聚会，选举产生首届党外知联会理事29名，选举马小平为党外知联会第一届理事会会长，选举高海华等6名理事为副会长，高海华兼任秘书长。

**【成立海盐县佛教协会】** 11月25日下午，海盐县佛教协会召开成立大会暨第一次代表会议，来自全县13个佛教活动场所的会员代表41人参加了会议。副县长马小平，县政协副主席、统战部部长朱蓓华出席成立大会。会议听取和审议了海盐县佛教协会筹备组工作报告，制定了《海盐县佛教协会章程》，选举产生海盐县佛教协会第一届理事会，海盐天宁寺晓明法师当选为协会会长。县佛教协会是由全县佛教徒和佛教组织联合成立的爱国宗教团体，旨在协助政府贯彻宗教信仰自由政策，维护佛教界合法权益，发扬佛教优良传统，加强佛教自身建设，为三个文明建设、构建和谐社会做出贡献。

**【引导各界力量参与慈善事业】** 8月，“莫拉克”台风使台湾南部遭受严重风灾，在县台办、县台联、县台商联谊会的带动下，在盐的台商、台属和县慈善总会纷纷开展捐款救灾，捐款资金达13.6万元。香港海盐同乡会徐忠伟会长继承父亲徐星海爱乡遗志，捐款10万元人民币，委托澉浦镇侨台联在镇中心小学设立“徐星海助学金”，2009年有25名贫困学生得到人均1000

元的资助。组织非公有制企业积极参与光彩事业活动，据统计，2009年，全县非公有制企业慈善捐款和参与新农村建设资金达1000多万元，又有9家非公有制企业与县慈善总会签约建立了慈善冠名基金。截至2009年底，建立慈善冠名基金的非公有制企业共49家，每家企业出资25万元，分五年完成。

（谭泽芳）

## ·海宁市委统战部·

【综述】 2009年，面对国际金融危机的冲击和经济下行的压力，海宁统一战线在市委的领导和上级统战部门的指导下，全面贯彻落实党的十七大和十七届三中、四中全会精神，牢牢把握大团结大联合主题，扎实开展深入学习实践科学发展观活动，紧紧围绕市委、市政府“保增长、抓转型、重民生、促稳定”工作主线，积极动员广大统一战线成员，服务大局、开拓创新，突出重点、注重实效，为全市经济社会平稳较快发展，为加快“三市”建设、实现“两个率先”做出了新的贡献。

以深入学习实践科学发展观活动为契机，加强学习教育引导，统一战线服务发展能力有了新提升。按照上级和市委统一部署，海宁市委统战部围绕“同舟共济创发展，五大关系共和谐”的实践载体，认真组织领导班子和机关党员干部结合海宁统战工作实际，精心制订每个阶段实施方案，狠抓每个环节推进工作，通过开展学习调研、深入分析检查、制定整改措施，进一步凝聚科学发展共识、理清科学发展思路、明确科学发展方向，取得了预期效果。

以巩固和发展民主政治为目标，引导党外代表人士参政议政，多党合作制度建设得到新加强。认真贯彻中央文件精神，坚持和完善中国共产党领导的多党合作和政治协商制度，发挥党外人士优势和作用，进一步巩固和发展社会主义民主政治。加强民主党派、工商联、知联会和统战团体自身建设，支持各民主党派、无党派人士开展学习贯彻科学发展观活动和社会主义主题教育活动，积极开展送教下乡、义诊咨询、结对助学等公益服务活动。会同市工商联加大对全市各镇、街道基层商会组建工作指导力度，基本完成全市面上组建任务。帮助各民主党派做好组织发展工作，目前全市民主党派成员总数223名。做好市优秀社会主义事业建设者评选组织工作，应利康等10名非公有制经济人士被市委、市政府授予“海宁市第三届优秀社会主义事业建设者”荣誉称号。落实党外人士政治安排和政治生活待遇政策，增补政协委员12名，补选常委4名。加大党外干部的培养选拔，完善统战部与市委组织部联席会议制度，建立党外后备干部梯队人才库，目前全市党外后备干部共55名，副科（局）级以上党外领导干部17名。落实中共领导与党外代表人士结对交友制度，加强与党外退休副处级领导干部的联系，关心黄埔军校同学的生活。

以和谐寺观教堂创建活动为载体，创新宗教管理和民族工作，为平安海宁建设发挥新作用。围绕“和谐、稳定”主题，依法加强对宗教场所和团体的管理，抵御境外渗透，努力维护民族团结、宗教和谐。认真开展宗教法律、法规的宣传培训，对民族宗教界人士开展爱国主义教育。邀请省民宗委领导为市委中心学习组作《社会主义时期的宗教问题和宗教工作》专题讲座。编辑出版《海宁佛教》画册，填补海宁自新中国成立以来宗教文化史料的空缺。2009年全市27处宗教活动场所全部被嘉兴市授予“平安宗教活动场所”称号。成立嘉兴市首家道教团体——海宁市道教协会。鼓励宗教界参与扶贫、帮困、助残、助学等社会公益事业，广福寺、硖石天主教堂、硖石基督教堂等场所，被授予“嘉兴市第一届宗教慈善奖”。实施大型宗教活动申报审批制，严格对大型宗教活动或跨行政区域宗教活动的时间、内容、规模及形式进行把关。建立健全安全应急预案、值班和报告等制度。坚持属地管理原则，依法管理民族事务，加强与新疆籍维吾尔族、柯尔克孜族民工所在的镇、街道、公司联系，促进民族团结。

以联络联谊为手段，不断拓宽交流交往的渠道，港澳台和海外统战工作迈出新步伐。面对当前两岸崭新局面，把握两岸关系和平发展主题，以对台经贸、交流交往、做好台湾人民工作为重点，落实各项惠台政策措施，关心台商台干台属生活和学习，维护台资企业合法权益，鼓励赴台经贸交流考察，组织第四届海峡两岸经编研讨会，邀请岛内民众来海宁交流联谊。先后接待了台湾嘉义县国民党访问团、嘉义中学生访问团、台湾高等院校师生交流团、世界轮滑锦标赛中华台北队、台湾天文爱好者等21批近700人次。支持侨联、留联、政协港澳台侨组发挥作用，探索为归侨侨眷、港澳眷属及留学人员家属服务的新方式，做好“三胞”亲属的慰问走访工作，开展侨情补充情况调查，加大“以侨引侨”力度，加强与海外的华人华侨和友好人士的联络联谊。

以教育培训为抓手，加强统战队伍自身建设，统战工作水平有了新提升。巩固学习实践科学发展观活动成果，进一步加强统战干部队伍建设和机关党建工作。做好统战宣传、调研、信息工作，积极开展统战课题调研，全年编发《海宁统战》简报12期，不定期更新“海宁统一战线”网页，2009年度获得嘉兴市统战信息工作一等奖。

**【加强统战团体建设】** 2009年，海宁市委统战部以统战团体换届为契机，抓好统战团体的组织建设和领导班子建设，相继召开了市党外知识分子联谊会第二次代表大会、市第六次归侨侨眷代表大会、市留学人员和家属联谊会第二次代表大会、市台胞台属第六次代表大会、嘉兴台商协会海宁市联谊会第四次会员大会，分别选举出了市知联会以朱海英为会长、留联以姚建忠为会长、台联以金明浩为会长、侨联以黄永华为主席、台商联谊会以黄顺鑫为会长的新一届委员会或理事会。

**【统一战线应对金融危机影响】** 面对国际金融危机冲击带来的影响，海宁统一战线广大成员以“保增长、促调整”为主线，以“服务企业、服务基层”为重点，广泛开展蹲点调研、上门走访、咨询服务活动。统战部机关开展“我为海宁发展献一计”、第五个“百名基层统战对象走访月”活动，市侨办召开重点侨港资企业负责人座谈会，市台办举办台商与政府部门恳谈会，市工商联开展“走进民营企业，提振发展信心”活动和人力资源大型招聘活动，协调解决各类问题40余件，为非公有制企业融资牵线搭桥争取贷款额度9000万元，组织120家非公企业提供就业岗位近3000个。民主党派、工商联联席会议开进了上市公司，从专业角度就保持经济企稳回升势头出谋划策。

**【港澳联络联谊工作有新拓展】** 拓宽港澳地区的联络联谊渠道，加强与海宁籍乡亲的接触和沟通，密切与重点人士和海宁同乡会的联络联谊，突出做好“两查”文章。2009年，市委书记、市长、政协主席等党政主要领导和统战部、侨办领导多次专程赴港拜访金庸先生、查济民亲属及海宁在港乡亲，通报经济社会发展情况，商讨有关合作事宜，推动香港查氏集团在海宁城南新区开发高星级酒店项目，促成金庸先生同意“中国武侠文化城”建设规划意向，加快“金庸书院”工程建设，使海宁的港澳事务不断向深度、广度发展。

**【围绕重大历史事件开展主题活动】** 围绕新中国成立60周年、人民政协成立60周年、多党合作制度确立60周年等重大历史事件积极开展主题活动。邀请在任副主委和历任民主党派负责人以及统战部有关老领导一起座谈，回顾60年光辉历程，展望多党合作事业光明前景。组织市佛教协会举办《庆祝新中国成立60周年——“梵音潮声”摄影作品展》，获得2009年全省统战宣传重大创意活动奖。市基督教两会举行“喜迎国庆60周年暨中国基督教三自爱国运动59周年‘福佑中华’——音乐赞美会”，唱响“爱国爱教”的主旋律。

**【两岸经编研讨会首次在台北举行】** 2009第四届海峡两岸经编研讨会11月9日首次在台北举行。这是海宁市首次也是嘉兴地区第一次以座谈会的形式在台湾公开进行经贸交流的团组，交流团共21人，由海宁市副市长许煜威带团。此次论坛和研讨会的召开，为海宁与台湾两地的经编产业的发展提供了新理念、新思路和新机遇，对实现两地优势互补，推动海宁经编产业朝着品牌化、国际化方向发展起到了积极的作用。

**【《查济民》荣获嘉兴市对外出版物一等奖】** 2009年海宁市侨办负责编辑的《查济民》大型画册，获嘉兴市第三届对外宣传出版物评比一等奖。

(沈永忠)

## ·桐乡市委统战部·

**【概况】** 2009年，桐乡市委统战部围绕统战系统工作重点，紧扣桐乡经济社会发展热点，充分发挥统战资源优势，创新工作方法，凝聚各方力量，始终把保稳促调发展经济作为第一要务，把推进改革加快发展作为重要使命，把维护稳定促进和谐作为政治任务，为桐乡经济繁荣、社会和谐作出新贡献。桐乡市委统战部首次被授予全省统战工作先进集体的荣誉称号。

立足职能，推动民主政治建设。健全领导干部联系统战对象的工作制度。完善和落实多党合作各项制度，坚持市委、市政府重要会议列席制度及重大事项、重大决策情况通报制度；坚持“特约人员”聘请制度。4月份及时调整市委领导与民主党派、党外人士谈心交友制度；扩大和调整政府有关部门与民主党派、知联会对口联系制度，对口联系部门调整扩大到14个，并由统战部检查督促联系情况。建立健全各总支学习、组织、参政议政等各项制度。做好民主党派及党外代表人士组织的服务、指导及政治安排工作，开展“我为应对国际金融危机献一策”及民主党派、知联会“三下乡”等活动，积极参与经济建设和社会服务；做好党外后备干部数据库更新、完善工作，建立统战部与组织部培养党外干部的联席会议制度，对党外后备干部实行动态管理；加强与各民主党派主委、知联会会长所在单位及对口联系部门的联系，检查各部门统战工作考核内容的落实情况，年中对各民主党派班子进行座谈、回访，进行评优创先活动，提高参政议政积极性。注重提高领导班子和党派人员的整体素质，提升民主党派、党外代表人士、非公有制经济代表人士参政能力、管理能力。提高民主党派及党外代表人士的参政议政能力。积极支持民主党派、无党派代表人士调研活动，形成党委出题，党派调研，政府采纳，部门落实的模式。2009年桐乡市人大、政协全会期间，各民主党派提交政协提案108件，其中集体提案5件，重点提案6件，人大议案8件。在政协全会上有2名代表作了大会发言。出刊《统战情况反映》4期，得到桐乡市委、市府有关领导的充分肯定。

维护稳定，促进政治和社会环境和谐。培养宗教界代表人士，建立宗教骨干谈心谈话制度、培训教育制度、考察考核制度。2009年开展八次培训，指导爱国宗教团体加强班子自身建设，组织到届班子换届选举。加大与上级宗教部门及宗教院校的联系，指导宗教团体完善相关措施，加大对宗教人才的培养教育力度，加强宗教界代表人士队伍建设，确保宗教和睦。积极发挥民族宗教作用，确保宗教稳定，使其与全市经济社会发展相适应。以民族团结与宗教和睦为主线，以属地管理为原则，依法管理民族宗教事务。继续开展“平安”创建、双“五好”评比，共评选出“五好宗教活动场所”9处，场所级“五好信徒”489名，保持上年度“平安宗教活动场所”22处，新评定1处。认真开展贫困宗教对象的帮扶工作，上门慰问，送慰问品，并对困难场所给予资金资助，体现党对宗教的关心。加强团体班子建设、场所班子建设、民宗网络建设，关注全市民族工作的新动向、新特点，使宗教成为社会稳定的助推器。加强少数民族基础工作，及时掌握全市少数民族人员的动态和需求，协调相关部门努力排忧解难，严格按规定办理少数民族成份更改、少数民族学生学分优惠等手续，确保我市民族团结与和睦。

加强交流，拓宽对外统战工作面。继续开展博士和海外高层次人才走访活动，建立海外高层次人才及在国内桐乡籍在外知名人士数据库，发挥留联、基层侨联和三胞联络组的作用，联络港澳同胞、海外侨胞、台湾同胞和留学人员，与海外人士及时沟通信息，保持互动，促进联络联谊。重视基层侨联建设，梧桐街道侨联被省侨联评为省级示范单位。积极发挥海外力量和港台资源优势，服务全市招商引资工作。继续实行“三问四先”工作法，优化服务手段。加强对侨、港、台资企业的服务工作，依法保护侨、港、台资企业的合法权益，鼓励“以台引台”、“以侨引侨”、“以外引外”。建立走访重点企业制度，及时调处侨、港、台商投诉与诉求，实现“零投诉”。积极向镇、街道和有关部门提供引资信息。发挥好统战网络优势，发挥多种联络平台作用。成功举办“江浙沪台协会长·桐乡投资”恳谈会、赴香港举办桐乡投资环境推介会、旅欧美华侨桐乡行、嘉兴市台资企业协会成员桐乡行等活动，以多种形式宣传桐乡投资环境，吸引更多的台商、港商、侨商来桐乡投资兴业，收到很好效果。做好联络联谊及对外交流接待工作。巩固桐台、桐港及桐乡与海外的交流，拓展海外联络联谊新平台、新途径，组织各类联谊活动6次，使统战部成为他们的“娘家”。认真接待每位来桐统战对象，以良好的服务感动人。共接待港澳同胞、海外侨胞、台湾同胞及国际友人来桐团组45个371人。继续加强两岸交流，2009年组织农业、科技、旅游等团组3个25人赴台湾交流考察。发挥海内外联谊会作用，服务家乡建设和国家和平发展大业。专程赴港参加“香港同乡会桐乡分会成立五周年庆典”等，既联络感情又宣传桐乡投资环境，服务振兴中华、祖国统一大业。及时了解桐乡籍在外人士的特长，更好地发挥他们在家乡建设中的作用，特别是在招商引资中的牵线搭桥作用。促成“阿函宗·桐山杯”中日围棋对抗赛于12月份在桐乡乌镇昭明书院举行。

探索机制，推进对新的社会阶层人士的管理。为把新社会阶层人士作为统一战线工作新的着力点，最大限度地把他们团结在党的周围，充分发挥他们在社会主义现代化建设中的重要作用，形成开展新社会阶层人士统战工作的合力，于11月份建立桐乡市新社会阶层人士统战工作联席会议制度。健全新的社会阶层人士综合评价机制，开展第三批市级优秀社会主义事业建设者评选工作，引导他们致富思源，富而思进，自觉履行义利并重、扶贫济困的社会责任。2009年，有10家企业积极参与光彩事业，结对贫困学生。积极发挥基层商会、行业商会作用，大力宣传先进典型，促进企业转型升级。发挥工商联各类商会作用，切实加强信息服务、科技服务、融资服务、产销服务、维权服务、劳动就业服务、技能培训服务，增强民营企业抵御风险的能力，扶持民营企业健康发展，提升企业的管理水平和科学发展理念。围绕桐乡市发展“总部经济”要求，配合做好相关工作，并以商会大厦为试点，吸引企业、人才向市区集中，促成由工商联牵头建设的商会大厦企业满员入住，为经济转型升级做出贡献。成功举办“提振信心，共克时艰，实现转型升级新跨越”企业经营者论坛，有200多名企业代表参加。与工商银行和商业银行合作，为企业提供融资推介服务，分别确定首批授信额度7000万元和6700万元，惠及企业19家。

创新载体，提升统战工作影响力。开展统战文化进社区（村）活动，通过制作宣传图板、汇编统战文化宣传册、组建统战文化宣讲团等形式，在全市各镇、街道社区（村）巡回宣传多党合作文化、民族团结文化、宗教和睦文化、海内外联谊文化、工商奉献文化、阶层和谐文化等内容，提高公众对统战工作的认识，并把该项工作列入对各镇（街道）党委统战工作考核办法中。成立社会主义学校，开展对统战系统成员的教育培训。分两次对全市214名基层统战干部进行统战理论知识轮训，由部长亲自进行辅导，编印《桐乡市统战知识宣传册》进行发放，这是全市首次组织村（社区）统战干部进行系统的培训。另外，还应邀为市检察院等有关部门授课。6月，市委统战部邀请省委统战部党派处和市分管工业的负责人对250多名民主党派、无党派代表人士分别进行专题培训。邀请省委统战部常务副部长陈金彪为桐乡市委理论学习中心组和纪委理论学习中心组成员讲授《新时期统战理论与实践》。国庆前夕，举办统战系统各界人士庆祝新中国成立60周年纪念活动，这是全市首次举办的统战系统各界人士文艺汇演。同时，首次组织市委常委、统战部部长与网民进行面对面互动活动，加深公众对统战工作的了解。动员全市统战对象积极应对金融危机，为桐乡经济保稳促调、转型升级服务，开展“访贤求谏，汇智问计，助推转型升级”活动，把收到的意见建议编印成册，供市委、市政府领导参考，努力发挥统一战线资源优势，全力服务经济转型升级，为推进桐乡科学发展新跨越做出贡献。

**【举办桐乡籍香港同胞迎春团拜会】** 1月11日，桐乡市委统战部、市侨办在深圳举行桐乡籍香港同胞迎春团拜会，邀请部分桐乡籍香港同胞和香港嘉兴同乡会领导欢聚一堂，畅叙家乡发展大计，共祝香港明天更加美好。桐乡市委书记费建文在会上发表了热情洋溢的讲话。香港嘉兴同乡会桐乡分会会长袁沅在会上致词。桐乡市领导蒋惠玲、林斌、沈济贤，嘉兴市委统战部副部长、侨办主任许农，桐乡市委统战部、市侨办、市外经贸局有关领导出席了团拜会。

**【首次对全市统战系统干部进行工作考核】** 为夯实基层统战工作基础，市委统战部制订统战工作考核细则，首次对全市统战干部进行考核，主要包括基础工作、非公有制经济统战、民族宗教、联络联谊工作、调研信息工作等方面，在各镇（街道）总结的基础上，通过镇（街道）自评、互评，最后由统战部审定评出先进。同时，在3月27日召开的全市统战工作会议上，对

2008年度全市统战工作先进集体、个人，统战文化先进集体进行了表彰。

【建立三级统战工作网络】 为进一步适应新时期统战工作的发展形势，在各镇、街道配齐了社区（村）统战干部，共214名，标志着全市统战干部三级网络的正式形成。同时，分两批对全市社区（村）统战干部进行了系统的统战知识培训，通过培训更好地宣传了新时期统战工作的理论知识，增强了基层统战干部的工作意识。

【建立桐乡市社会主义学校】 3月27日，市社会主义学校举行揭牌仪式，标志着桐乡市社会主义学校的正式启动。该学校依托市委党校，由市委常委、统战部部长沈济贤兼任校长。桐乡市社会主义学校的成立是为宣传党的统一战线理论、方针、政策；开展对民主党派、无党派、非公有制经济代表人士和统一战线其他方面代表人士及统战干部的学习培训，为统一战线输送人才。

【中台办、国台办主任王毅来桐考察】 4月13日下午，中共中央台湾工作办公室、国务院台湾事务办公室主任王毅，在省台办裘小玲主任、嘉兴市台办程建华主任等陪同下来桐考察。王毅主任对桐乡市委、市政府和各级领导十分重视对台工作表示赞赏，对全市的对台工作表示充分肯定。王毅主任还专程前往乌镇古镇二期景区进行了考察，并嘱咐随行人员和市领导，要充分发挥乌镇旅游景点这个平台，加强建设，以此为载体，做好与台胞的交流交往，特别要重视加强与台胞第三、第四代人的工作，以争取台湾民心，为祖国的和平统一大业作出贡献。

【开展统战文化进村（社区）活动】 5月12日，市委统战部正式启动统战文化进社区（村）工作，活动以制作宣传图板、汇编统战文化宣传册、组建统战文化宣讲团等形式，在全市各镇、街道社区（村）巡回宣传多党合作文化、民族团结文化、宗教和睦文化、海内外联谊文化、工商奉献文化、阶层和谐文化等内容，目的在于进一步提高广大党员干部和人民群众对统战工作的认识，在全社会兴起学习、研究、实践统战文化的热潮。

【开展“访贤求谏，汇智问计，助推转型升级”活动】 5月至10月，市委统战部开展“访贤求谏，汇智问计，助推转型升级”活动。主要是将桐乡的基本介绍资料及开展活动的目的，发给五类对象，包括在桐乡市内的各民主党派、无党派人士、知识分子、工商界代表、台商、港商、国外投资企业的代表，桐乡籍海外留学生，港澳同乡会成员，桐乡籍在外省知名人士，与桐乡有交往的高级知识分子和企业家。通过网络咨询、信函征询、走访了解、会议座谈等形式征求意见。最后，共收集到经济类、社会类意见建议115条，组织有关部门进行了评定，表彰了19条优秀意见建议，并编印成《桐乡市统一战线人士谈转型升级》，为市委、市府及相关部门推进经济转型升级当好参谋助手。

【成功举办“2009江浙沪台协·桐乡经贸合作恳谈会”】 市委统战部充分利用自身人脉资源优势，为全市招商引资牵线搭桥，助推经济发展。7月25日，在钱塘新世纪大酒店隆重举行“2009江浙沪台协·桐乡市经贸合作”恳谈会，江浙沪台协会长及嘉宾等50多人云集桐乡。桐乡市主要领导及市级各有关部门领导出席了本次会议。会上，朱海平市长致欢迎词。浙江省台办副主任林呈生、全国台湾同胞投资企业联谊会会长张汉文、嘉兴市台协会会长李茂春、上海市台协会会长李茂盛先后在会上致词。市外经贸局负责人向与会嘉宾介绍了桐乡的投资环境和产业发展情况。年底台商项目落户桐乡4个，总投资一亿多美元，单个项目突破2000万美元。市台办荣获省级先进。

【成功举办“2009香港·桐乡投资环境推介会”】 8月25日，在市委统战部的组织下，桐乡市投资环境推介会在香港海港城马可波罗香港酒店举行，吸引来自香港工商界、金融界、新闻界的40多名代表参会。中联办经济部副部长、贸易处负责人王晖，中联办协调部副部长王子平，浙江省委统战部副部长徐建华出席会议。此次推介会系桐乡市首次在港举行的经贸推介活动，推介会旨在通过全面介绍投资环境，扩大桐乡知名度，增进桐港经贸合作。推介活动以电子、新能源、新材料、高科技4个产业为招商重点，主推新能源产业园和现代服务业，以进一步发展桐乡高新科技产业，改善经济结构。

**【成功举办“桐乡市统一战线各界人士喜庆祖国六十华诞综艺活动”】** 9月22日下午，来自全市统战系统的各界人士代表共聚一堂，开展庆祝新中国成立60周年活动。市四套班子领导参加活动。庆祝会上，各民主党派、工商联、知联会、各统战团体组织文艺骨干向与会人员献演了一台精彩的文艺大戏，通过对唱、歌舞、小品、诗朗诵、健美操等文艺表演形式歌颂党、歌颂祖国、歌颂社会主义。此次活动形式在桐乡尚属首次。

**【省委统战部常务副部长陈金彪应邀为桐乡市领导干部授课】** 11月12日下午，省委统战部常务副部长陈金彪应邀为市领导干部上了一堂新时期统战部工作的专题讲座。市委理论学习中心组全体成员，市纪委理论中心组全体成员，各镇、街道分管副书记、统战委员，民主党派、知联会对口联系部门分管领导，统战部、工商联全体人员共80多人参加了讲座。市委常委、统战部部长沈济贤主持讲座。

**【建立桐乡市新社会阶层人士统战工作联席会议制度】** 为充分发挥新社会阶层在社会主义现代化建设中的重要作用，形成开展新社会阶层人士统战工作的合力，更好地服务全市经济社会发展，市委决定建立桐乡市新社会阶层人士统战工作联席会议制度，由市委常委、统战部部长沈济贤为召集人。联席会议由统战部、发改局、经贸局、科技局、民政局、司法局、财政局（地税局）、人事局、劳动保障局、人口计生局、工商联、新民局、国税局、工商局、侨联、文联等16个成员单位组成。

**【全市宗教场所均被嘉兴市评为“平安场所”】** 市民宗局积极探索依法管理宗教事务的有效载体，首创了“平安宗教场所”评创活动，提高了宗教自我管理能力和水平，确保了宗教领域平安与稳定。到2009年上半年，桐乡所有开放场所已全部被评为嘉兴市级和桐乡市级“平安宗教场所”，成为嘉兴市首个达标的县市区。市民宗局荣获嘉兴市级先进。

**【桐乡市商会大厦开工建设】** 商会大厦经过两年的实质性筹备，7月29日正式开工建设并接受社会预订。现两幢大楼共46个层面已售罄，云集38家龙头骨干企业。嘉兴市首家商会大厦的开工建设，为打造我市民营企业总部经济奠定了坚实的基础，大大提高了工商联在社会各界的影响，开创了我市总部经济的里程碑。市工商联荣获省级先进。（范　瑜）

## 绍　兴　市

### ·绍兴市委统战部·

**【综述】** 绍兴地处长江三角洲南翼，浙江省中北部杭甬之间、下辖越城区、绍兴县、诸暨市、上虞市、嵊州市、新昌县，面积8256平方公里，总人口435万，其中市区面积362平方公里，人口64万。绍兴历史悠久，名人荟萃，素有水乡、桥乡、酒乡、书法之乡的美誉，是首批国家历史文化名城，首批中国优秀旅游城市，是长江三角洲南翼重点开发开放城市。2009年绍兴GDP达2375.46亿元，按可比价格计算，同比增长9.3%。其中，三产占GDP比重达到36.7%，人均GDP也达到7950美元。

2009年，绍兴市委统战部、民宗局坚持以党的十七大精神为指导，以科学发展观为统领，紧紧围绕市委提出的“创业创新，走在前列”的战略部署，按照着力打造“和谐的政党关系、稳定的民宗事务、稳固的海外联络、活跃的阶层联系、过硬的自身素质”的工作目标，抓重点、攻难点、出亮点，创造性地开展统一战线各个方面的工作，较好地完成了年初制定的岗位目标任务，为绍兴市经济、政治、文化和社会发展提供了力量保障。

**【开展学习实践科学发展观活动】** 3月至8月，部局深入开展了以“高举旗帜、凝心聚力，增进和谐、促进发展，强化素质、提升水平”为实践载体的学习实践科学发展观活动。具体贯以“三个十”系列活动载体。一是开展“解放思想‘十问’”讨论活动；二是实施“统一战线走在前列十大行动”；三是健全完善十大工作机制。通过学习科学发展观活动，全市广大统战工作者的精神面貌焕然一新。

**【开展“服务企业、服务基**

层”专项行动】 全市统战干部和各民主党派、工商联、知联会等统战成员共有210人327人次走进254家企业开展走访服务。结合走访服务，同时在统战系统组织开展了“我为国际金融危机献一策”活动，共收到建议92策，经整理汇总后，送党委政府和有关部门参考。

**【做好丽水市松阳县少数民族贫困村对口帮扶工作】** 按照全省结对帮扶少数民族贫困村工作会议精神要求，制定结对帮扶实施方案，部局主要领导和有关民主党派、工商联负责人三次赴松阳开展结对帮扶，全年共落实帮扶资金80万元。

**【服务新农村建设有新进展】** 为部局联系村嵊州黄泽镇青石桥村和诸暨东白湖镇日溢村落实新农村建设专项配套资金共15万元，发动宗教界人士捐赠价值7.5万的物品给青石桥村及塘头小学等。

**【民主党派市委会开展“届中总结、民主评议”活动】** 2009年上半年，各民主党派市委会相继开展了“届中总结、民主评议”活动。活动3月中旬开始到5月中旬结束，成效明显。在整个工作过程中，充分发扬了民主。事先动员，保证评议实事求是；采取书面、口头形式，保证征求意见广泛；评议组态度认真、坚持原则，保证意见表达充分。据统计，参加会议人员205人，发放测评表、推荐表各205份，收回200份；有125人参加了个别谈话；推荐主委后备人选12名、副主委后备人选15名，副县（处）级后备干部33名。通过活动，对民革、民盟、农工党市委会进行了届中调整，因年龄因素，有一位主委、一位专职副主委辞去职务，增补主委1名，副主委3名，秘书长1名，取得了预期效果。

**【举办民主党派暑期读书会】** 8月11日至16日受市委委托，举办各民主党派、工商联和无党派代表人士暑期读书会，邀请中央社会主义学院副院长袁廷华作“共产党领导的多党合作理论与实践”专题辅导，回顾60年多党合作的光辉历程，交流加强自身建设的经验做法和工作体会，并赴宁波学习考察党派工作经验。

**【举办经济形势报告会】** 邀请绍兴文理学院绍兴经济研究院院长章融教授作辅导报告，各民主党派市委会委员、参政议政骨干、机关干部，市知联会部分理事，市工商联全体机关干部和市委统战部全体机关干部参加报告会。

**【召开“两部”例会】** 召开市委组织部、统战部两部例会，分析党外干部配备现状，商讨培养措施。完善调整市委组织部、统战部两部领导联系党外干部制度。

**【做好市政协委员届中调整工作】** 经与市委组织部、市政协党组协商研究，提出调整建议，本年度政协共增补委员15名，辞去或撤销委员12名；辞去常委2名。

**【切实做好新疆“7·5”事件后维稳工作】** 新疆“7·5”事件后，部、局及时传达落实省委统战部、省民宗委有关指示精神，专门召开会议研究对策和措施，全面开展不稳定因素的摸排。部、局领导深入相关企业，加强对新疆籍员工关心关怀、教育引导，使全市近千名新疆籍员工工作顺心，生活安定。

**【多渠道帮扶少数民族低收入家庭】** 通过市民政局、市红十字会和本部三个渠道，对人均年收入低于2500元的30余户少数民族贫困家庭分别进行帮扶或慰问。

**【“和谐宗教活动场所”创建活动得到深化】** 成立由局长任组长的创建工作领导小组，切实加强对全市创建活动的指导。在异地交叉考评和认真总结的基础上，组织召开市各宗教团体和近200个宗教活动场所负责人参加的全市深化“和谐宗教活动场所”创建工作大会，总结近两年来全市创建活动开展情况，部署下阶段创建工作。会上，表彰了47个2008年度市级“和谐宗教活动场所”，5个创建活动先进典型作了交流发言。

**【市佛教协会召开第四次代表大会】** 5月4日，市佛教协会召开第四次代表大会。选举产生新一届市佛教协会领导班子，顺利实现了新老交替和结构调整，炉峰禅寺方丈净芳继续当选市佛教协会会长。

**【首次举办市级宗教团体负责人暑期读书会】** 7月4日至

5日，市委统战部、市民宗局联合组织全市宗教界代表人士和重点宗教场所的负责人，就“加强宗教团体自身建设，充分发挥宗教界积极作用，为构建和谐社会作贡献”进行了专题研讨。

**【指导非公有制企业开展科学发展观学习实践活动】** 市及各县（市、区）都成立了统战部牵头，工商局、工商联为主要成员的非公有制企业学习实践活动领导小组，制订下发具体的《实施意见》，并用座谈汇报、典型示范、学习培训、简报指导等多种形式，加强工作指导和督查。由于领导重视、组织健全、调研深入、措施得力，学习实践活动取得明显成效。活动开展以来，全国政协副主席、中央统战部部长杜青林，中央非公有制经济组织学习实践活动巡视组，省非公企业学习实践活动指导小组领导，专程赴我市检查指导，对绍兴市非公有制企业开展学习实践活动给予了充分肯定。

**【精心组织全国、全省优秀建设者推荐评选】** 按照省优秀建设者评选表彰活动领导小组的统一部署，于7月至8月按程序开展第三届全国、省级优秀中国特色社会主义事业建设者评选推荐申报工作。万丰奥特控股集团董事长陈爱莲获全国优秀建设者称号，浙江天天田园控股集团董事长葛云明、浙江日月首饰集团董事长虞阿五和浙江世纪华通车业有限公司董事长王苗通获省优秀建设者称号。

**【以乡情为纽带，联谊活动丰富多彩】** 组织市县统战部主要领导参加绍籍旅港同乡会五会联动庆祝建国60周年的广东东莞乡情联谊活动，推进旅港社团凝聚力增强，116名旅港乡贤参加。市政协会议期间，组织与港澳委员和海外特邀委员开展联谊活动，巩固乡情友情。首次邀请绍兴旅港青年访问团一行来家乡开展为期五天的考察访问，市委书记张金如等市领导接见并宴请访问团一行。访问团先后到上虞、嵊州、新昌、诸暨等地考察企业和市场，出席了2009年中国绍兴公祭大禹陵典礼，与市青联、市青年企业家协会开展了互动交流活动，考察访问取得圆满成功。

**【统战调研、宣传和信息获佳绩】** 召开全市统战调研、宣传、信息工作会议，总结经验，表彰先进，部署工作。加强与绍兴日报社、市委党校、社会主义学院的联系、沟通，落实全年统战宣传活动和统战理论主体班课程。实施《关于社会新阶层人士加入党派组织、履行党派职能情况的调研报告》、《绍兴市创建和谐宗教场所的实践与探索》等6个部局重点调研课题，其中三个课题分获省委统战部一、二、三等奖。策划“民主党派参政议政”、“统战部长谈科学发展观”、“纪念多党合作制度确立60周年”为主题的“统战专版”，该项专版获得省委统战部重大统战宣传创意奖。市统战信息工作获得省委统战部二等奖。

（马林虎）

## ·越城区委统战部·

**【综述】** 越城区地处杭州湾南岸，宁绍平原西部，会稽山北麓，公元前490年，越王勾践迁都建城于此而得名。秦朝置会稽郡，唐朝置越州，一度成为南宋临时都城和明末鲁王监国之所，是中华民族最早的发祥地和先越文化最发达的地区之一，具有悠久的历史和丰富的历史文化资源。

越城区实际管辖8个镇（街道），108个行政村，65个社区(居委会)。区域面积177.56平方公里，总人口41.09万，其中农业人口9.38万。2009年，越城区实现地区生产总值407.5亿元，同比增长9.1%；城镇居民人均可支配收入和农村居民人均纯收入为25418元和12978元，分别增长8.1%和8.6%。

2009年，越城区委统战部围绕区委、区政府提出的“统筹提升、强区富民”工作中心，按照“凝心聚力促和谐，服务大局促发展”工作基调，动员调动统一战线一切积极因素，促发展、保稳定、求和谐，各领域工作扎实推进，为促进全区经济社会又好又快发展作出了新的贡献。

**【切实加强民主政治建设】** 坚持以制度建设为核心，以规范运作为基础，以程序建设为抓手，深入贯彻落实中央、省委和市委《关于巩固和壮大新世纪新阶段统一战线的实施意见》文件精神，组织侨界、民宗界、民主党派人士、政协委员召开不同层次座谈会3次，听取意见建议。继续在区文教局、审计局、监察局、土管分局等政府部门和司法机关中聘请36名民主党派和无党派人士担任特邀监督员，推动了越城区的政治文明建设。

【提交参政议政提案71件】 在区政协、人大“两会”期间，组织有关界别的政协委员深入基层，关注民生，撰写提案71件，不少建设性的建议和议案被区委、区政府采纳。

【党外干部的培养选拔取得新进展】 做好区政协委员的人事安排，通过组织推荐，增补2名党外干部为政协常委。加大培养选拔力度，新增2名党外副科级领导干部。同时，加强与组织部门的联系，充实9名党外区管副科级后备干部进入人才库，实行动态管理。

【开展无党派人士联谊活动】 组织绍兴市知识界无党派人士联谊会越城分会13名成员，开展视察调研活动，走访企业，为企业渡过金融危机献计出力。

【开展“扶贫帮困”，捐资助学活动】 建立帮困助学基金，向来自各镇、街道的41位大、中、小学生发放500至2000元不等的助学金，发放金额达4万元，解决了部分弱势群体子女上学难问题，进一步推动了全社会献爱心、助贫困良好氛围的形成。

【探索基层统战工作新途径】 选择皋埠镇坝内村开展统战工作进村、合力共建新农村试点，帮助该村引进侨资10万元，向上级争取资金8万元，改善了村容村貌，提升了村民生活品质。

【组织开展“三下乡”活动】 组织区、镇两级有关部门联合开展“三下乡”活动，开设农业科技咨询、名医专家义诊、科普展览等多个项目，发放蔬菜种子300余份，农业扶持政策摘编等资料1000余份，接受专家义诊200余人次，广大村民得到了政策、信息、技术、医疗、农资、点子等多方面的服务。

【依法管理宗教事务】 完善区、镇街、村居三级宗教工作网络，落实宗教工作责任制，重视宗教场所的安全工作，开展每季一次场所安全检查，健全应急机制，制订越城区处置民族宗教突发事件预案，落实宗教场所会计代理制。

【开展“和谐寺观教堂”创建】 广泛开展民宗政策及法律法规的宣传，召开宗教活动场所负责人会议，认真学习国家《宗教事务条例》、《浙江省宗教事务条例》及有关党的宗教政策，加强场所规范化建设，创建了3个“和谐寺观教堂”，为和谐越城、平安越城建设添砖加瓦。

【拓展港澳台和海外统战工作】 拓展新时期侨务领域，发挥侨力，凝聚侨心，维护侨益。热情做好海外特邀政协委员参加区三届三次政协大会的接待服务工作。向海外寄送“越城区专版”500份，宣传推介越城，开展招商引资。以乡情、亲情、友情为纽带，利用春节、端午、清明等传统节日，分级慰问、走访归侨侨眷、海外侨胞97人，给他们送去了慰问金及慰问品，为周大毛等3户归侨遗孀争取到了区民政局困难补助金。向海外侨胞、归侨、侨眷、留学生寄送新春贺卡520余封，电子邮件20余封。

【成立区留学人员和家属联谊会】 12月11日，绍兴市越城区留学人员和家属联谊会成立大会暨第一次会员代表大会在稽山宾馆召开，标志着越城区留学人员和家属联谊会正式成立。大会选举产生了第一届留学人员和家属联谊会领导班子。

【加强基层商会组织建设】 2009年新组建府山街道商会和北海街道商会，至此，全区各镇、街基层商会已全部成立，覆盖率100%。同时，引导、帮助已建立的镇、街商会，建立各项学习和工作制度，完善基层商会职能，提高了商会的凝聚力和影响力。

【做好非公有制企业党组织学习实践科学发展观活动】 确定有代表性的浙江绍兴希望包装有限公司等10个单位作为重点教育示范企业，以点带面，推动越城区非公有制组织学习实践科学发展观活动的深入开展。

【积极参与结对扶贫工作】 帮助欠发达的联系村——城南街道庄里村理清发展思路，解决一些实际困难，争取帮扶资金20余万元，开展村庄整治大行动，获得“绍兴市环境整治示范村”荣誉称号，为新农村建设作出应有的贡献。

【自身建设得到进一步加强】 开展学习实践科学发展观活动主题教育活动，通过学习分析、走访调研、查找问题、剖析原因、整改落实，有效达到预期目标，提升了越城区统战干部队伍的战斗力，形成共推越城科学发展的新共识，部机关形成了“团结、创新、高效、务实”的工作氛围。

（史国贤）

## ·绍兴县委统战部·

**【综述】** 2009年，绍兴县委统战部紧紧围绕县委“加快经济转型，促进社会和谐”的工作主题，深入学习实践科学发展观，切实履行职能，发挥优势，开拓创新，较好地完成了年初制定的各项任务，取得了可喜的成绩。县委统战部荣获省统战工作先进集体，并被县委县政府授予“双优奖”单位。

**【多党合作机制进一步完善】** 进一步完善“党委出题、党派调研、政府采纳、部门落实”的运行机制，组织各民主党派围绕县委县政府工作中心，就群众关心的热点、难点问题，开展重点课题调研。一年来，共完成调研文章24篇，其中10篇得到了县委主要领导的批示肯定，且许多意见建议被县委、县政府采纳并督促有关部门落实。认真履行民主监督职能。全年召开好通报会、座谈会、对口联系会议、特约人员组长会议7次。修订完善民主党派“创优工程”内容。加强了党派经费的管理，出台《关于党派经费规范管理使用办法的意见》。增加了1名党派专职干部。

**【绍兴县民盟获全国盟务工作先进集体称号】** 民盟绍兴县总支规范化建设得到了全国政协副主席张梅颖的批示和肯定，并荣获2009年度全国民盟盟务工作先进集体称号。

**【帮扶少数民族贫困家庭】** 统战部筹集4000元经费，对部分少数民族困难户进行了慰问；在藏历新年来临之际，出资2000元对西藏民族中学师生进行了慰问。

**【保障少数民族权益】** 严肃认真地办理民族成份变更工作，共办理125件，使少数民族考生能够享受高考或中考加分等优惠政策。

**【宗教场所建设得到加强】** 帮助协调大香林二期工程建设，协助齐贤镇政府做好佛教场所扩建的衔接工作，指导安康寺、石佛寺、平阳寺的在建工程建设。积极帮助柯桥基督教堂易地选址，新教堂建成后，总用地面积7478平方米，建筑面积20000平方米左右。

**【实施“一镇一品”工程】** 深入实施“一镇一品”工程，出台了《关于开展“一镇一品”特色统战工作的实施意见》。通过一年的实施，各镇（街）特色统战工作初见成效。如漓渚镇发挥统战联络联谊作用，引进了总投资2.14亿元的6个项目；柯桥街道深入开展“侨务进社区”活动，统战工作已深入社区居民；福全镇开展“发展民族文化，促进社会和谐”的特色统战活动，有力地促进了新农村建设。

**【开展基层统战年活动】** 一是进行基层统战理论研讨。各镇（街）提交较高质量的调研论文19篇，进一步提高了基层统战干部统战理论政策水平和能力。二是加强基层统战工作交流。坚持统战委员例会制度，组织各镇（街）统战委员交流特色统战工作开展情况。多次召开镇（街）统战委员工作例会和“一镇一品”工作督查现场会，扎实推进基层统战工作。

**【“天南地北绍兴人”联谊活动丰富多彩】** 分别依托上海、北京办事处筹备上海和北京“天南地北绍兴人”联谊会，在原先调查的基础上，对在上海和北京的绍籍知名人士重新整理，联络联系了近500名绍籍人士。筹备工作得到了县领导的高度重视和各位乡亲的积极响应与热情参与，县委书记多次听取“天南地北绍兴人”联络联谊工作情况汇报。年内上海、北京“天南地北绍兴人”联谊会先后成立，召开杭州“天南地北绍兴人”迎春团拜会。

**【实施“五大计划”】** 指导县工商联以促进“两个健康”为宗旨，以“五大服务平台”为载体，重点推动实施“五大计划”，提升服务质量。全年共开展各类调研活动5次，形成调研报告5篇，引起县委县政府的高度重视；搭建对接服务平台，全年共组织银企、政企对接活动达13次；在印花布协会进行试点探索，形成了一套自创的版权保护模式，国家版权局、国家版权保护中心对版权保护模式给予充分肯定，并称之为“绍兴（柯桥）

模式”。

【行业商会建设得到加强】积极引导民营企业加入相应行业商会组织，加强行业自律，提高抵御市场风险的能力。截至2009年底，中国轻纺城已有商会组织20家，为更好地服务民营企业和轻纺城商户，成立维权服务中心，打造维权绿色通道。

【开展优秀建设者评选、表彰活动】 开展绍兴县第三届优秀中国特色社会主义事业建设者评选活动，共评选出25名杰出代表，并以县委县政府名义进行表彰。

【成立县侨商协会和召开县第七次归侨侨眷代表大会】 由县侨联牵头，成立了绍兴县侨商协会，该协会是全省第二个县级侨商协会，为侨商提供了一个科技进步、交流切磋、互相学习的全新平台和沟通了解多方位服务。12月，县第七次归侨侨眷代表大会举行，选举产生新一届领导班子，并聘请了25名海外和国内顾问，取得了圆满成功。

【扎实开展学习实践科学发展观活动】 结合实际，研究确定工作任务和具体活动载体，制定《县委统战部（民宗局）关于开展深入学习实践科学发展观活动的实施方案》，实施四个一工程：抓好一次学习培训，组织党员干部认真撰写学习体会和心得；搞好一次调研，围绕“党员干部受教育、科学发展上水平、人民群众得实惠”的总体要求，强化理论学习，深化实践活动；组织全体党员干部开展“我为绍兴县科学发展献一策”活动，提出了多条解决问题的措施办法；召开一次领导班子民主生活会，深入分析存在问题的主客观原因，确定贯彻落实科学发展观的主要思路和加强领导班子自身建设的具体措施。

【党外干部和党外知识分子工作取得新进展】 召开组织部、统战部研究党外干部工作联席会议，商讨培养措施，党外干部使用力度不断加大。2009年有3名党外干部提拔为副局职领导。修编《绍兴县党外干部培养选拔工作规划》，重点突出党外中层干部的培养。同时，以绍兴县知识界无党派人士联谊会为平台，团结和引导无党派人士自觉投身全县经济社会发展。

【服务新农村建设】 全年组织开展统战系统“三下乡”活动10余次，为当地群众提供法律、政策、农业等咨询服务，服务群众500余人次。此外，赠送书画100余幅，发放宣传资料400余册。

【创办编辑《天南地北绍兴人报》】 年初创办《天南地北绍兴人联谊报》，全年编辑六期，每期都按时向县机关、镇（街）单位和全国、世界各地的绍兴人寄送，发挥了良好的桥梁和纽带作用。

（张　燕）

## ·诸暨市委统战部·

【综述】 诸暨市地处浙江中部偏北，会稽山脉与龙门山脉之间，浦阳江两岸，面积2317平方公里。2009年有人口106万人，全市实现生产总值527.5亿元，财政收入54.69亿元。诸暨历史悠久，环境优越，地灵人杰，浣江－五泄风景区为国家级风景区，斯氏古民居为国家级文保单位，是著名的山水园林城市，被评为全国优秀旅游城市、全国教育先进县（市）、全国科技先进县（市）、国家园林城市、国家卫生城市等。绝代佳人西施，佛教曹洞宗创始人良价，大文豪王冕、杨维桢、陈洪绶，无产阶级革命家俞秀松、张秋人、宣中华，科学家赵忠尧、金善宝等英才贤哲辈出，代不乏人。

诸暨拥有丰富的统一战线工作资源，工商联有会员1375个；民主党派3个成员302人；宗教团体3个，宗教活动场所122个，宗教教职人员151人；在诸暨工作、学习的少数民族34个，2750人。

2009年，在诸暨市委、市政府的正确领导和上级部门的帮助指导下，深入学习贯彻科学发展观，紧扣“保增长促转型，保民生促和谐”的工作主线，凝聚力量，团结人心，全市统一战线取得了新的成绩。

【多党合作制度进一步推进】认真落实了协商制度、通报会制度、谈心交友制度、市委组织部和市委统战部与党外干部联系制度，共召开通报会2次、座谈会2次，民主党派与政府有关部门的对口座谈会105次，传送各类文件资料400多份，聘请民主党派成员为行风监督员、特约人员42人，邀请参与部门行风监督及明查暗访活动14次，参与调研的课题6个。

指导民主党派开展“创优”活动。指导全市民主党派开展以“加强自身建设、创新履行职责、服务‘双保双促’”为主题的“创优”活动。帮助全市民主党派开展深入学习贯彻科学发展观活动。举办全市民主党派骨干培训班，并组织部分党派骨干外出考察学习。把好民主党派组织发展的“入口关”，参与考察23人次。组织民主党派和党外代表人士赴浬浦镇、东白湖镇等地开展了“三下乡”活动。

党外干部的培养、选拔和使用取得新进展。进一步加强与组织部门的联系，落实党外后备干部专项推荐活动和档案管理，协助做好党外干部安排工作，新增正局级干部2名。

**【维护宗教领域的和谐稳定】** 在全市宗教活动场所中深入开展“和谐宗教活动场所”创建活动，探索建立宗教活动场所“寺务、堂务”公开制度，出台《诸暨市宗教活动场所“寺务、堂务”公开实施细则》，组织评比考核，加强宗教活动场所内部管理的制度化和规范化。加强对大型非通常宗教活动的监督管理，确保安全合法，全市共举行大型非通常宗教活动16起。加强日常巡查检查。加强信教群众的教育引导工作，妥善处理和化解涉及宗教领域的矛盾纠纷，全年共处理协调各类矛盾纠纷9起。建立宗教团体班子成员的考核考评制度。

**【慰问少数民族贫困家庭】** 贯彻执行《城市民族工作条例》、《浙江省少数民族权益保障条例》，走访、慰问重点困难少数民族家庭22户，照章变更民族成份43人，关注新疆“7·5”事件，做好在诸少数民族群众的思想工作。

**【诸暨人联谊会工作取得新进展】** 新成立宁波、江西诸暨人联谊会（南昌诸暨商会），出台《关于加强各地诸暨人联谊会规范化建设的指导意见》。组织举办“浣江月·暨阳情”中秋系列活动，进一步激发了乡情，通过编印《诸暨人》报、丰富诸暨人网、寄送诸暨宣传册、光碟和举办“诸暨人联谊总会招商引资座谈会”、“诸暨市投资环境及回归经济项目双向推介暨签约仪式”等活动，落实返乡投资项目3个，投资总额1.5亿元，并摸排12个重点意向回归项目，估计投资超过10亿元。

**【港澳台和海外统战不断深入】** 顺利完成海外联谊会的换届工作。组团参加香港同乡会第十届理监事就职典礼。认真做好台北诸暨同乡会、香港诸暨同乡会考察团的接待服务工作。

**【深入开展学习实践科学发展观活动】** 根据市委统一安排，在3月中旬至8月底集中开展了深入学习实践科学发展观活动，形成调研文章2篇，梳理出重点整改项目10个，完成6个重点项目的整改落实工作。结合学习实践活动的深入开展，认真落实党风廉政建设责任制，在干部队伍中形成了风清气正、勤勉敬业、和谐奋进的氛围。

**【制度建设得到加强】** 认真落实统战部牵头协调机制、系统例会制度和民主评议制度等，进一步加强民主决策、管理和监督；完善《镇乡（街道）统战工作考核办法》、《部机关岗位目标责任制考核办法》等制度，实行目标化管理，取得了一定成效。

（何勇武）

## ·上虞市委统战部·

**【综述】** 上虞市地处浙江东北部，东邻宁波62公里，西靠杭州72公里，北濒杭州湾与上海隔江相望，南依景色秀丽的四明山麓，总面积1403平方公里，总人口77.4万，现辖3个街道、15个镇、3个乡。2009年，全市实现地区生产总值368亿元，增长14.2%，财政总收入43.96亿元，增长10.4%，城镇居民人均可支配收入26513元，农民人均纯收入11945元，分别增长8.8%和10%。

2009年，上虞市委统战部在上级主管部门的精心指导和上虞市委的正确领导下，全面贯彻落实党的十七大和十七届三中、四中全会精神，牢牢把握“大团结，大联合”主题，紧密围绕“抢抓新机遇，增创新优势，实现新发展”的工作主线，坚定信心，服务大局，开拓创新，充分发挥统一战线的独特优势，内增凝聚力，外强影响力，为推动“双巩固、双提升”和维护社会和谐稳定做出了积极贡献。2009年，在全省统战工作业务考核中，上虞市委统战部荣获浙江省统战工作综合先进单位。

**【推进多党合作事业有序发展】** 从巩固和发展社会主义民主政治出发，建立健全各项工作机制，包括协商制度、通报制度、谈心交友制度、对口联系制度等，使多党合作工作走上制度化、规范化、程序化的轨道，推进政党关系和谐有序发展。引导民主党派在“想大局、议大事、促发展”上下功夫，围绕市委、市政府中心工作和人民群众普遍关心的热点、难点问题积极开展调研。一年中3个民主党派共取得调研成果16个，被中央、省、市采纳6个，本市采纳10个，提交提案议案47件（其中作为重点提案的有6件，作为一类提案的有4件），切实为党委政府谋长远之道、建有用之言、献务实之策。2009年，圆满完成3个民主党派的换届选举，调整和充实了9名党派领导干部，发展了12名新会员。

**【成立上虞市知识界无党派人士联谊会】** 共吸收会员55名，全部具有大学以上学历，其中研究生11名，高级职称17名。

**【党外后备干部队伍建设得到加强】** 会同市委组织部门积极做好党外干部的培养工作，举办2期党外干部培训班，累计培养党外干部674名、副局级后备干部39名，占全市后备干部总数的11%。

**【拓展招商引资的服务平台】** 围绕经济建设中心，积极拓展海外统战工作领域，依靠上虞旅港同乡会和台北上虞同乡会，努力拓展对外联络交流的窗口，广交、深交朋友，以乡情、亲情、友情为纽带，积极实施“走出去、请进来”战略。2009年，共组织经贸交流考察团组3个，共计21人，接待来虞考察团组5个，共计350人，组织人员参与大型推介会3次（广东东莞100多人次、江苏昆山120多人次、香港30人次），积极扩大对外交流合作领域，赢得更多发展的商机，为上虞招商引资搭建良好平台。一年中累计引进港台地区资金1.5亿美元，占全市招商引资任务的80%，同时还超额完成市政府下达的300万美元外资引荐任务，实际完成350万美元，完成率达116%。

**【开展企业服务年活动】** 积极实施“走进企业，知情解难”活动，深入200多家侨台资企业和非公有制企业了解情况，排忧解难，切实解决企业在生产经营、生活中遇到的困难，着重完成四项协调服务：一是协助市政府出台外商投资者“绿卡”制度，为外来投资者创造良好的投资环境；二是协助市工商联与省工商银行实行银企对接，解决了2000多万元的流动资金，帮助企业共渡难关；三是协助市社保局开展劳动力招聘会，签订就业合同12000多个，解决了企业用工难的实际困难；四是帮助解决港澳台资企业看病就医、读书就学、证件办理等方面的实际困难，使港澳台侨资企业引得进、留得住、发展好，有力地促进了全市经济社会又好又快发展。

**【开展“和谐宗教活动场所”的创建活动】** 全面贯彻落实党的宗教工作基本方针和国务院、省《宗教事务条例》，坚持依法管理宗教事务，切实维护宗教和睦、社会稳定。建立和健全民族宗教工作三级管理网络，落实宗教工作岗位目标考核，制定民族宗教突发性事件应急预案和宗教活动场所安全工作责任制，积极开展“和谐宗教场所”创建活动，促进宗教和睦、社会和谐。至目前，全市已累计评出绍兴市级“和谐宗教场所”14处，上虞市级25处，所占比例在绍兴市名列前茅，并积极参与了全省“和谐寺观教堂”创建活动，有效提升了全市宗教场所的规范化管理水平。

**【宗教团体和代表人士建设得到进一步加强】** 指导和帮助全市3个宗教团体完成换届选举，进一步帮助宗教团体健全和完善民主决策、民主管理、规范办事等系列制度，并采取各种形式加强对宗教团体、场所管理组织班子成员和宗教教职人员的教育培训，2009年，共举办各类宗教法律法规培训班5期，受训人员达1500多人次，积极引导宗教与社会主义社会相适应。

**【积极引导非公有制企业为经济社会作出新贡献】** 按照“团结、帮助、引导、教育”的方针，加强对非公有制经济代表人士的政治引导，会同市工商联举办非公有制经济代表人士的培训班和辅导讲座，不断提高非公有制经济代表人士的政治素养。在全市非公有制经济中开展“谋发展、比贡献，争做优秀中国特色社会主义事业建设者”的评选活动，建立非公有制经济代表人士的综合评价体系，评出省级优秀建设者1名、绍兴市级优秀建设者5名，激励非公有制经济为谋求经济社会跨越式发展作出贡献。引导广大非公有制企业积极参与新农村建设和社会公益事业，深入开展“光彩事业”和“扶贫帮困送温暖”活动，已累计捐赠6600万元；帮助指导工商联认真履行好职能，积极筹建基层商会和异地商会5个，展示“上虞商人”形象，打响“上虞商人”品牌，真正使工商联成为党和政府联系非公有制经济的桥梁、纽带和管理助手。

**【不断提升统战干部的新形象】** 根据市委开展深入学习实践科学发展观活动的统一部署，紧扣主题，联系实际，突出特色，统筹安排，使得“有作为才有地位”的统战工作创新理念得到进一步巩固，实现了在围绕科学发展中找准位置，在支持科学发展中树立形象，在服务科学发展中体现水平，在促进科学发展中提升自我。一年中，机关干部累计撰写调研理论文章15篇，走访各类统战对象55户（合计106人），与15名贫困学生结成助学对子，送去慰问金28000元，慰问物品折价8600元，办实事10件，树立了统战干部的良好形象。

（赵苗君）

## ·嵊州市委统战部·

**【综述】** 2009年，嵊州市委统战部坚持以党的十七大精神为指导，以科学发展观为统领，紧紧围绕市委提出的“工业强市、和谐惠民”的工作主题，加大工作力度，创新工作载体，较好地完成了年初制定的目标任务，为嵊州经济、政治、文化和社会发展提供了力量保障，为争取人心，凝聚力量，推进社会和谐作出了贡献。

**【支持民主党派、知联会开展各项社会活动】** 组织民主党派、知联会开展以科技智力、业务咨询和贫困帮扶为主要内容的结对活动，开展多层次的党派“三下乡”活动，服务基层，服务群众。2009年，与黄泽镇党委共同承办了绍兴市委统战部牵头组织的走进黄泽镇青石桥村大型“三下乡”为民服务活动，取得了圆满成功。

**【加大宗教场所的依法管理力度】** 召开新任民主管委会主任的业务培训班。新批明心寺、玉皇寺、法祥寺、动石庵等四个新的佛教场所，落实宗教政策和管理规章，组建管理班子，落实管理责任，很快进入规范化管理的轨道。继续开展“和谐场所”评比活动，评出嵊州市级18个，绍兴市级6个。

**【指导工商联完成换届工作】** 积极发挥工商联党组的核心作用，全力以赴帮助指导做好工商联换届选举工作，换届工作取得圆满成功，配强了执委班子，实现了新老交替，使班子成员更具代表性、广泛性、知识性，队伍更加强大，结构更加合理，活力更加显现，为工商联今后工作打下了坚实的领导和组织基础。

**【注重做好非公有制经济的服务工作】** 与市工商联联合开展“走进民营企业，提振发展信心”专项活动，实实在在为企业解困、发展送服务。为帮助企业全面了解和运用各级政府有关政策，让企业及时、规范、公平地享受到政策规定的优惠，将2008年7月1日后国家、省、绍兴市和嵊州市委、市政府以及各级各部门有关涉企政策汇编成册，送到各个企业主的手中。

**【抓好非公有制企业学习实践活动】** 根据省委、市委统一部署要求，从2009年9月开始，全力指导、督促全市非公有制企业党组织开展深入学习实践科学发展观活动。成立了统战部牵头，工商局、工商联为主要成员的非公有制企业学习实践活动领导小组。并用座谈汇报、典型示范、简报指导等多种形式，加强工作指导和督查。由于领导重视、组织健全、措施得力，学习实践活动取得阶段性成效。

**【推进港澳台和海外统战工作】** 积极组织和参与各种经贸活动，邀请和接待港澳台和海外客商200多人次，积极组织侨界代表参加“迎春团拜会”和“中秋联谊会”，向他们致以节日的问候和良好的祝愿，使他们感受到党和政府的关心和温暖。首次与绍兴市委统战部联合邀请嵊州旅港青年访问团一行来家乡考察访问，增进了旅港青年对家乡的了解与友谊。2009年对全市侨情基本情况进行了深入调查摸底，建立和完善了侨情资料库，夯实了海外联谊工作基础。

**【做好为侨服务工作】** 2009年，加籍华人苏德科先生向嵊州市侨办捐赠慈善基金405万元人民币，苏德科先生近年来已累计捐款1000余万元人民币，为此，嵊州市委统战部积极为苏德科先生申报浙江省“爱乡楷模”荣誉称号，并做好一系列捐赠服务工作。积极帮助港胞、侨属解决建房审批、经济纠纷等问题。全年共处理侨眷和海外侨胞的来信来访10余件。

**【参加嵊州旅港同乡会庆典活动】** 嵊州旅港同乡会于2009年10月17日顺利换届，嵊州市委书记郭敏，市委副书记马志龙率团赴港参加换届庆典。与旅港乡亲在香港、深圳、东莞、嵊州等地开展多次联谊活动，为扩大嵊港交流打下良好基础。

**【深入学习实践科学发展观活动】** 围绕“服务工作上水平，科学发展出成效”的要求，机关党员干部特别是领导干部发挥表率作用，做到带头解放思想，带头学习调研，广泛征求意见，认真查摆问题，全面剖析原因，制定对策措施，努力在谋发展、保稳定、促和谐上做文章，在实现统战工作有创新、有亮点、有特色上下功夫。组织全体党员干部到结对联系的三界镇福源村开展“党员干部受教育，农村群众得实惠”为主题的“五个一”党日活动，受到了当地群众的高度赞誉。

**【开展统战知识进学校宣传教育活动】** 2009年4月，嵊州市统战知识教育进学校试点在市职技校举行开讲仪式，通过开展调查摸底、动员培训、宣传教育、总结提高等工作，利用丰富多彩的宣传教育形式，以虚实结合寓教于乐的方法，试点工作搞得非常成功，被省委统战部评为统战工作“创新奖”。在此基础上，扩大试点成果，在全市学校中逐步推进统战知识教育工作。

（邢燕君）

## ·新昌县委统战部·

**【综述】** 新昌县位于浙江省东部，曹娥江上游，处四明山、天台山、会稽山余脉结合部，素有“东南眉目”之称，自然风光秀丽，人文古迹众多。有国家级风景名胜区天姥山风景区，全国重点寺院新昌大佛寺，江南第一大佛——石窟弥勒像名扬海内外。

新昌县辖3个街道、8个镇、5个乡，全县面积1213平方公里，人口43.56万人，2009年，全县实现生产总值187.06亿元，比2008年增长8.7%；财政收入达到23.1亿元，增长13.8%；城镇居民人均可支配收入24987元，增长8.6%；农民人均纯收入9965元，增长9.4%。

2009年，县委统战部在县委的正确领导和上级统战部门的指导下，以科学发展观统领统战工作，围绕中心，服务大局，积极搭建有效平台，坚持做好统战服务，全面推进统一战线各方面工作，为推动新昌的科学发展作出了应有的贡献。

**【开展政协委员届中述职考评工作】** 与政协办公室首次联合开展政协委员届中述职考评工作，就政协委员参加会议、提交提案等情况进行量化考评，评出28名优秀委员和一批先进委员，对考核不称职的予于除名、劝退，对表现欠佳的委员进行约谈诫勉。通过考评，规范了政协委员履职方式，增强了政协委员服务社会、服务政协工作的责任感和使命感。

**【参政议政水平提升】** 在县政协八届四次会议上，民主党派、工商联、知联会成员大会发言2次，提交提案59件，其中重点提案4件。围绕新昌县工作重点，开展调研，形成调研文章10篇。重视和发挥“资政建言”平台作用，向县委、县政府提意见建议，多项意见建议被县委、县政府采纳。

**【举办党外干部培训班】** 2009年6月，新昌县委统战部首次组织人员在省社会主义学院举办了一期党外干部培训班，邀请了省社会主义学院、省委党校专家就基层民主与中国政治发展、党外干部如何提高合作共事能力等内容进行讲解，全县党外领导干部及后备干部、民建和知联会骨干40多人参加了培训。

**【指导知联会开展工作】** 加强对知联会工作的指导帮助，为知联会成员参政议政创造条件，知联会会员在政协会议上提交提案8件，其中重点提案1件。组织知联会开展联络联谊活动。5月向全县党外知识分子发出倡议，号召全县党外知识分子在科技创新、经济转型升级、企业应对国际金融危机中发挥积极作用；8月，组织知联会骨干成员到外地学习、考察知联会工作；11月，组织10多位专家到东茗乡开展了“送医、送农技、送文化”活动。

**【开展“和谐宗教活动场所”**

创建活动】 全县近三分之一宗教活动场所成为县级和谐场所，大佛寺、华严庵等四家场所被评为市级“和谐宗教活动场所”，大佛寺在绍兴市“和谐宗教活动场所”表彰会上作典型发言。

**【深入挖掘佛教文化】** 帮助佛教界开展佛教文化挖掘工作，出版《支遁评传》，发行《石城古刹》画册；做好挖掘佛教文化与发展旅游业的结合，指导大佛寺做好“中国（新昌）大佛龙井茶采购节”中的“佛茶”供佛仪式；在中国（新昌）天姥山文化旅游节举行了“两日佛缘”、“来共点”佛学讲坛、“瞻礼悟道舍利”等活动。

**【形成砖茶生产基地】** 全国少数民族特需用品定点生产企业新昌县诚茂砖茶有限公司积极为新疆、内蒙古等地区生产茯砖、青砖、黑砖等边销茶，年产量占全国市场年需求量的十分之一，为把浙江建成“国家边销茶生产加工集中区”作出了贡献。

**【访问台湾】** 10月26日至11月3日，应台湾佛教会的邀请，以市佛教协会副会长、新昌大佛寺住持传实为团长的绍兴市佛教代表团访问了祖国宝岛台湾的法鼓山、佛光山、慈济功德会和中台禅寺等四大佛教道场。大佛寺向法鼓山赠送《同根净莲》国画一幅。

**【全国政协领导来新视察】** 12月31日，第十届全国政协副主席、中国工程院院长徐匡迪在市、县领导钱建民、何加顺、温暖等陪同下，视察新昌大佛寺。在栖光净院座谈期间，徐匡迪与大佛寺住持传实就如何发挥宗教积极作用作了探讨。

**【加强与港澳台和海外华侨华人的联络联谊】** 以召开侨眷台属茶话会、走访侨眷属、寄送贺年卡等形式增进与港澳台和海外华侨华人的感情。县委书记何加顺，县政协副主席、县委统战部部长袁国飞一行专程赴港祝贺新昌旅港同乡会成立二周年庆典暨第二届理监事就职典礼。

**【指导非公企业开展深入学习实践科学发展观活动】** 成立由县委统战部、县工商联、县工商局等单位有关人员为成员的指导组，全面、全程指导全县非公企业的学习实践活动，通过学习实践活动，有效地增强了企业“内聚力”，帮助企业破除发展制约，加快企业转型升级步伐。

**【加强对工商联党组的领导和工商联工作的指导】** 指导工商联开展异地商会和基层商会筹建工作，以学习考察等形式加强与外地商会的交流和合作；把好“人事关”，做好县内市工商联执常委的推荐、考察工作；注重非公经济代表人士综合评价结果的应用，在评选优秀社会主义建设者及市工商联换届中进行了应用。

**【镇乡（街道）统战工作网络进一步健全】** 针对镇乡（街道）领导班子人员变动情况，及时调整镇乡（街道）统战工作分管领导和统战委员。2009年在有党委建制的五家非公有制企业设立统战委员，为在非公企业开展统战工作搭建新的工作平台，县、镇、村三级队伍网络进一步健全。

**【加强镇乡（街道）统战干部业务培训】** 6月召开全县镇乡（街道）统战工作会议，全县16个镇乡（街道）分管统战工作的副书记、统战委员参加会议。召开培训会，邀请了省社会主义学院专家为统战干部讲解有关宗教方面的知识，通过培训，进一步增强了统战干部的统战意识，提高了统战干部的统战工作能力和水平。

（张慧星）

## 金 华 市

### ·金华市委统战部·

**【综述】** 2009年，在市委、市政府的正确领导和省委统战部的精心指导下，全市统战工作，紧紧围绕党委、政府中心，充分发挥优势，认真履行职责，呈现出统战事业发展氛围明显浓厚、统战工作服务举措明显强化、统战组织整体活力明显增强、统战领域凝聚作用明显发挥和统战队伍能力素质明显提升等特点，全市统一战线各项工作都取得了明显的进步。市委统战部“积极探索实施‘六个创新’，做好五个民主党派换届工作”被省委统战部评为全省统战工作创新奖，先后被市委授予“党建工作先进单位”、社区共建先进牵头单位；党支部被市直机关工委评为“先进党组织”。

积极探索实施“六个创新”，

做好五个民主党派换届工作。2009年是金华市级各民主党派集中“换届年”。市委统战部在指导帮助五个党派（民盟、民建、民进、农工党、九三学社）做好换届工作中，积极探索实施扩大民主的六个首次创新：即首次对领导班子进行述职评议；首次对委员候选人建议人选实行“差额推选”；首次对委员候选人建议人选进行“差额考察”；首次对委员候选人建议人选实行“差额选举”；首次对新一届领导班子建议人选进行任前公示；首次对新一届领导班子建议人选进行任前谈话。整个换届工作达到金华市委满意、民主党派省委会满意、民主党派成员满意。

弘扬和合文化，各民主党派工作稳步推进。进一步加强多党合作制度化、规范化建设。协助市委、市政府召开各民主党派、工商联、无党派人士协商通报会，征求对《政府工作报告》及有关政策文件的意见、建议。做好特约人员工作，开展调研，制定出台了《关于健全完善聘请民主党派成员、无党派人士担任特约人员工作制度的意见》（以市委办名义下发），进一步明确特约人员的基本条件和职责。党外干部培养选拔力度不断加大，公开选拔了两名市管党外干部。积极支持民主党派履行职能、服务基层，民主党派的思想建设、组织建设、制度建设不断得到加强。

拓宽工作思路，新社会阶层统战工作向纵深发展。建立健全党外知识分子统战工作载体。积极指导各县（市、区）完成知联会组建工作，目前全市已有8个县（市、区）建立党外（无党派）知识分子联谊会，党外知识分子工作载体基本建成。进一步完善新的社会阶层人士（自由择业知识分子）统战工作联席会议制度。探索新的社会阶层人士统战工作的新方法。在摸底调查的基础上，建立有关部门党政领导干部联系新的社会阶层人士制度，为新的社会阶层人士表达意愿和利益诉求提供渠道。

进一步推动少数民族低收入群众帮扶行动计划的落实，牵手少数民族共同富裕。认真做好省、市各级民族发展专项资金的使用管理工作，切实提高少数民族群众的生产生活水平。2009年争取省级民族发展专项资金159万元，与往年比有了较大幅度的增长。帮助协调、联系对民族村的结对帮扶工作，2009年杭州市委统战部与武义县6个民族村结成了帮扶对象，义乌市委统战部与兰溪市1个民族村结成帮扶对象，目前已落实帮扶资金60万元，初步落实开发项目2个。投资30万元，指导婺城区汤溪镇鸽坞塔村开发笋竹两用林帮扶项目，并得到省里的充分肯定，现已初具规模。从省里争取70万元资金，重点开发武义柳城、兰溪水亭两个重点项目。协调相关部门投资70万元，为全市47个民族村配备体育设施，丰富民族乡村群众体育文化生活。武义县钟仙标同志被国务院授予全国民族团结进步模范个人荣誉称号并出席60周年国庆观礼。

实施“信心工程”，引导企业逆势创业，积极参与“光彩事业”和“社会主义新农村建设贡献行动”。积极开展“三送”服务活动，召开非公经济代表人士座谈会，举办经济形势宣讲、各类论坛和讲座，先后邀请了浙江省工商联副主席、华立集团董事局主席汪力成先生作“当前经济形势与对策”主题演讲。复旦大学管理学院院长、博士生导师陆雄文作“转型中的中国经济与浙商的机遇”主题演讲。开展“应对国际金融危机金点子”征集活动，组织开展“抱团取暖、合作双赢”携手互助活动。协助省委统战部做好在非公有制经济人士中开展推荐评选第三届全国、省级优秀中国特色社会主义事业建设者活动，对5位人选进行了综合评价，并在《金华日报》上公示，其中2名非公有制经济人士被评为“全国优秀中国特色社会主义事业建设者”，受到表彰。

扩大交流合作，不断拓展港澳台海外统战工作新领域。以联谊活动为载体，加大“请进来、走出去”的力度，巩固和发展乡情、亲情、友情、商情和“仙缘”。加强与港澳台及海外的科技经贸交流与合作。10月份举办的义乌世界侨商大会，60个国家和地区的600余名侨商出席，其中在侨团中担任秘书长以上职务的侨领达285人。热情做好定居台胞的走访慰问和服务工作，扩大和深化两岸人员往来和经济文化的交流合作。

着眼社会发展大局，加大综治力度，全力维护民族宗教领域和谐稳定。一是全面落实综治工作各项制度措施。按照组织健全、应急预案完善、切实加强矛盾纠纷排查的要求，努力做好各方面工作。二是认真做好新中国成立60周年等重大节日的安全稳定工作。重视做好涉及新疆“7·5”事件民族宗教方面的维稳工作。三是扎实推进“创平安场所、建和睦宗教”活动。3月25日，举办了全市宗教骨干培训班，全市各宗教团体83名宗教界骨干参训。8、9月份对婺城区、金东区、永康市等县（市、区）部分场所活动情况进行抽查，10月29日，在全市民宗局长会议上交流了各地“创建”活动工作经验，11月份对全市宗教界活动情况进行抽查，年底完成评比工作。

**【举办港澳台同胞海外侨胞在粤乡贤迎春团拜会】** 元月8日，金华市在深圳福田香格里拉大酒店举办港澳台同胞海外侨胞在粤乡贤迎春团拜会。市委书记徐止平致辞，市长陈昆忠主持团拜会。100多名金华籍或曾在金华工作过的港澳台同胞、海外侨胞以及在深圳工作和创业的部分领导、专家济济一堂，喜迎新春，畅叙友情，共话发展。全国人大常委会委员、澳门特别行政区委员贺一诚参会并代表来宾发言。

**【全市统战部长会议】** 3月20日，全市统战部长会议在婺城区召开。市委副书记黄锦朝到会并作重要讲话，市政协副主席、市委统战部部长吴志松全面总结2008年全市统战工作，并就做好2009年工作提出要求。会议还对2008年度全市统战工作创新奖、及全市统战调研宣传信息工作先进集体和先进个人进行表彰。

**【民主党派换届】** 6月下旬至7月上旬，五个民主党派（民盟、民建、民进、农工党、九三学社）市委会相继进行换届，我市积极探索实施“述职评议”、“差额推荐”、“差额考察”、“差额选举”、“候选人公示”、“任前谈话”等扩大民主的新思路和新方法。坚持选好人、选准人，重视从基层一线推选市委委员，重视年轻干部的培养任用，重视优化领导班子结构。由于做了大量深入细致的工作，5个党派新一届市委会27名正、副主委和105名委员均以高票当选，一大批学历高、年纪轻、代表性强的党派人士充实进入各党派市委会领导班子。

**【举办民主党派新一届领导班子学习会】** 7月20日至26日，各民主党派换届结束后不久，及时举办民主党派新一届领导班子学习会，邀请省委党校董明教授作关于《中国特色政党制度的若干问题》的辅导报告，并组织民主党派主要负责人赴重庆参观考察，进一步增强民主党派接受共产党领导的自觉性，坚定走中国特色社会主义信念，弘扬社会主义核心价值体系。

**【开展“六个一”系列纪念活动】** 以庆祝新中国成立60周年和纪念多党合作制度确立60周年为契机，宣传全市统一战线各领域的先进人物和典型事迹，鼓舞统一战线成员继续解放思想，坚持改革开放，推动科学发展，促进社会和谐。自8月始在全市统战系统开展了“六个一”系列纪念活动，即“中国心·赤子情”征文活动，“迎国庆、促和谐——中国道教与养生文化首期夏令营”活动，各界人士庆祝新中国成立60周年暨中秋茶话会，赴港参加“庆国庆六十周年暨同乡会成立五周年”庆典活动，“祖国万岁”金华市企业文艺汇演，走访慰问新中国成立前参加革命的统战系统党内外同志和新中国成立以来为金华市统战工作作出重要贡献的统战工作者。

**【扎实开展社会主义新农村建设贡献行动】** 围绕开发式扶贫，市光彩事业促进会积极动员会员非公企业参加社会主义新农村建设贡献行动。全市已有1740家非公有制企业以不同形式与1689个农村行政村结成帮扶对子，企业走访结对村2297次，实施帮扶项目1146个，帮扶资金4203万元，民营企业支持农村公益事业投资10360万元，安置农村劳动力2万多人。在婺城区汤溪镇中戴村举行了支持新农村建设捐赠暨光彩路竣工仪式。市金帆饲料有限公司在中戴村的荒丘上建设了现代化的大型种植养殖场，帮助引进农业龙头企业带动当地农户种植养殖的积极性和品质效益提升。同时光彩事业促进会捐资10万元在该村修建了一条“光彩路”。支持磐安县大磐镇安田村山茶油优良品种开发项目8万元，为构建和谐社会出一份力量。开展农村贫困学生就学难的“爱心助跑、圆大学梦”活动，对11名品学兼优贫困大学生进行了资助。

**【姚恒国、姚波峰董事长为光彩事业捐款】** 9月29日，金华市光彩事业促进会为永康市古丽中学姚恒国董事长、浙江永兴集团有限公司姚波峰董事长举行捐款仪式。捐款仪式上，永康市古丽中学、浙江永兴集团有限公司分别向光彩事业促进会捐款148万元和10万元。

（盛灶生）

## ·婺城区委统战部·

【综述】　2009年婺城区委统战部紧紧围绕区委中心工作，认真贯彻“三个代表”重要思想，深入贯彻党的十七大精神和科学发展观，以实施统一战线凝聚力工程为主线，着力服务非公经济发展，积极开展形式多样的“凝聚力工程”活动，扎实开展“解放思想、繁荣婺城、崛起争先大讨论”活动，严格贯彻落实党风廉政建设责任制，努力营造和谐稳定的政治环境，为推进婺城的繁荣发展作出了新贡献。2009年获得全市统战工作先进集体和全市侨联系统先进单位。

【多党合作工作有突破】　区委把党派、无党派工作列入议事日程。进一步健全和完善区委常委与党外代表人士联系交友制度，调整健全区委领导和区机关对口部门联系民主党派、知联会（无党派）制度，并将民主党派、无党派人士纳入33名区领导“九个一”活动。区委落实每年至少2次情况通报制度，认真听取民主党派、工商联及无党派人士的意见，为党外人士参政议政搭建有效平台，为党委政府科学决策提供依据。2009年每个党派活动经费提高到了3万元，并适当增加办公场所，改善办公条件。积极推荐党外领导干部，2009年全区乡镇（街道）、机关部门班子届中调整时，一次提拔了9名党外领导干部。积极开展社会服务活动，民建出资帮助九峰水库困难群众移民搬迁，民革为九峰移民小学捐赠电脑12台和书籍2000多册，6个党派全部有结对帮扶村，支持新农村建设。九三学社为结对村落实3万元的帮扶项目，其他党派也努力帮助结对村落实项目，解决实际问题。各民主党派及知联会共组织4次送医、送药、送科技、送法律下乡活动，深受群众欢迎，为全区经济又好又快发展提供广泛的力量支持。

【民族工作】　区委、区政府高度重视民族工作，把民族工作列入重要议事日程，推动少数民族村经济社会全面发展。安排区领导干部和机关部门联系5个少数民族村，出谋划策，帮助群众增加收入。区财政安排民族工作专项资金，支持民族村经济社会发展，2009年积极争取民族村扶持项目共11个，争取到扶持资金85万元。开展走访少数民族特困户活动，走访少数民族困难家庭13户，共计慰问金6500元，金华金宇房地产有限公司资助3名少数民族贫困大学生每人2000元。进一步弘扬民族文化，修缮鸽坞塔畲族村的钟氏祠堂，实行对外开放，组织民族村干部到武义县柳城畲族镇学习考察，了解畲族的语言生活习惯、礼仪、宗教信仰、畲族歌舞，开阔了视野，在村里组建文化队，为推进具有民族特色的旅游业奠定基础。2009年汤溪镇鸽坞塔村被评为浙江省民族团结进步小康村。

【宗教工作】　广泛宣传贯彻《国家宗教事务条例》和《浙江省宗教事务条例》，与各宗教活动场所签订责任状，明确责任，各负其责。平时加强督查指导，依法管理宗教事务。积极开展创建和谐寺观教堂活动，通过考核评比，汤溪镇九峰禅寺、乾西乡寺西殿、罗店镇金弘禅寺、市院基督教堂、琅琊镇基督教堂、雅畈镇基督教堂、汤溪镇基督教堂等7所宗教活动场所被评为婺城区2009年度创建和谐寺观教堂活动先进集体。

【非公有制经济领域统战工作】　在世界金融危机的影响下，我区不少企业面临困难，积极开展“进企业门、知企业情、鼓企业劲、解企业忧”活动，帮助企业解决资金及用工等方面难题26件，举办6期高端论谈和讲座，帮助企业增强信心，激发创业激情，加快企业转型升级。发挥基层商会职能作用，加强基层商会组织建设，指导城北街道成立基层商会，帮助基层商会换届4家，协助当地党委成立商会党组织2个，进一步促进基层商会的规范化建设。继续深入开展民营企业参与社会主义新农村建设，年初向全区14个基层商会，1000多家会员企业发出《村企结对共建社会主义新农村倡议书》，截至年底，有106家企业与96个行政村建立结对帮扶关系，扶持扶助项目达170个，扶持资金达492.4万元，安置农村闲置劳动力1300多人；塔石乡百善村和汤溪镇堰头村争取到光彩事业扶持资金各5万元用于食用笋基地建设；浙江万里扬集团公司董事长黄河清被评为浙江省第三届“优秀中国特色社会主义事业建设者”。

【港澳台和海外统战工作】 积极推进“侨之家”建设，补助社区活动经费2.7万元，为凝聚侨心、汇集侨智、发挥侨力搭建平台，促进海外统战工作有序开展。9月16日在婺江新村与市侨办联合开展“侨爱工程送温暖医疗服务”活动，每人免费赠送药品50余元。在庆祝祖国60华诞之际，组织全区侨界200余名人参加“迎国庆，我与祖国同行”的演讲比赛，增强了侨界朋友的友情。2009年慰问钟玉招女士等归侨、归眷达10人次，利用侨资源，为全区15名品学兼优的学生进行资助，共计金额7500元。

【基层统战工作】 2009年基层统战工作考核力度进一步加大。一是年初下发了《乡镇（街道）统战工作目标责任考核细则》、区委岗位目标责任制对统战工作的考核分值增加了2分倒扣分；二是全区22个乡镇（街道）签订了宗教工作责任书，各乡镇（街道）健全了宗教工作领导小组，各行政村落实宗教工作联络人，进一步明确了责任分工和组织网络；三是66个重点统战成员列入区领导联系“九个一”制度的对象。

【举行中秋茶话会】 2009年9月28日，组织举办婺城区社会各界代表人士中秋茶话会，参会人员有区领导、各民主党派、无党派人士、工商联、侨、台、少数民族、宗教团体、黄埔同学会联络组负责人、党外领导干部代表人士、有关部门负责人等180余人，区委书记陈陆一同志致辞，并同大家一起观看文艺演出。

【开展学习实践科学发展观活动】 按照区委的统一部署，以开展学习实践科学发展观活动为契机，全面贯彻落实党的十七大和十七届三中、四中全会精神，努力打造一支想干事、会干事、干成事的统战干部队伍。先后组织各民主党派主委、工商联、侨联、民宗等主要领导参加学习座谈讨论，大家畅所欲言、各抒已见。统战部长作了中心发言辅导，要求全体统战工作人员结合全区统战工作的实际，大胆解放思想、创新工作思路，围绕服务经济建设、创建和谐婺城这一大局，积极建言献策，为推进婺城的繁荣发展作出积极的贡献。另外，为了真实了解民意，查找问题，改进工作，不断巩固和扩大学习实践活动成果，向全区党代表、人大代表、政协委员、民主党派领导人、无党派人士、工商联执委、乡镇（街道）机关部门和本部机关干部发放测评表160份，满意率达100%，同时收到意见建议4条，为我部改进工作提供宝贵经验。

（叶永炎）

## ·金东区委统战部·

【综 述】 2009年，在区委、区政府的领导和上级统战部门的指导下，全区统一战线广大成员紧紧围绕党委、政府的中心工作，充分发挥优势，认真履行职责，各项工作都取得了明显进步。区委统战部被评为省、市二级统战工作创新奖，区侨联工作获得省先进工作集体，民族宗教工作获得了市级工作创新奖，统战调研宣传信息工作获得了市级三等奖等荣誉称号。《围绕中心，服务“两创”，为金东经济社会又好又快发展凝心聚力》的理论文章被编入浙江统战理论文选。

【开展学习实践科学发展观活动】 按照区委统一部署，认真制定学习实践活动实施方案和成立专门领导小组和办公室，制定部学习实践活动工作计划总表，安排任务、明确责任。同时，结合统战工作特点，实施“一二三”计划。一是建立一个组织——“金东区无党派知识分子联谊会”；二是征集20个“凝聚力量促发展，服务大局保稳定”金点子；三是部班子成员带领全体机关干部分三组走进基层调研服务。并撰写了《联系村的现状调查与发展建议的思考》的科学发展建议书。牵头成立“两新”组织指导组，指导全区非公有制企业开展第三批深入学习实践科学发展观活动。通过精心组织、扎实推进，一批规模以上的重点企业建立了符合科学发展观要求的长效机制，为企业的长久发展打下了良好的基础。

【多党合作制度建设】 一是政治协商制度得到进一步落实。认真做好区政协二届三次全会筹备和大会组织工作。按规定程序调整部分政协委员，辞去委员12名，增补委员15名，大会补选政协常委2名。区委书记专门召开学习实践科学发展观民主恳谈会，听取了区各民主党派和社会各界的意见建议；调整完善区领导联系各民主党派组织、工商联、无党派知识分子联谊会和政府部门对口联系制度。二是民主监督职能得到进一步强化。不断拓宽民主监督渠道，扩大特约监督员的聘请范围，为拓宽民主监督渠道发挥了应有作用。三是加强对党外干部的教育培养推荐工作。届中区机关部门班子调整中，有5名党外干部调到新岗位或提拔，其中区法院、区监察局配备党外干部属首次突破；推荐4名党外干部到市社会主义学院进行短期培训，推荐3名党外干部参加市中青班为期3个月的培训，1名党外干部到市外经贸局挂职锻炼。四是参政议政能力得到进一步提高。“两会”期间，各民主党派、工商联、知联会成员共提交提案131件，有3人作了专题发言，13件优秀提案受到表彰。

**【民族宗教工作】** 一是认真做好民族工作，促进社会和谐。认真贯彻《浙江省少数民族权益保障条例》，积极为少数民族提供政策上的支持和帮助。二是加强宗教团体和爱国爱教队伍建设，维护社会稳定。通过区佛教协会和基督教“两会”的平台，组织全区宗教界骨干参加宗教界人士政策法规学习班、培训班，加强对各宗教场所负责人的教育、引导和培训。三是广泛开展“创平安场所，建和睦宗教”活动。开展宗教活动场所登记扫尾和限期整改，规范了全区宗教事务行政许可、行政审批制度；全区各宗教团体及宗教活动场所规范内部管理，促进宗教团体及宗教活动场所民主管理，使宗教活动能够正常有序开展；开展“创平安场所、建和睦宗教”活动，全区评出先进个人11名、先进集体8个，有效地调动了全区宗教场所创建工作的积极性。

**【统一战线成员服务金东经济发展】** 一是服务“保增长、促调整”大局。以“服务企业、服务基层”为重点，发动全区统战系统广泛开展蹲点调研、上门走访、咨询服务活动。区工商联组织开展“风云婺商－改革开放三十年高端论坛”、“当前经济形势与对策讲座”、“复旦大学管理前沿论坛”等一系列活动，先后培训400多人次。二是服务“走出去、引进来”战略。利用统一战线联系广泛的优势，积极宣传金东良好的投资环境、区位优势以及独特的自然风貌和人文历史，协助组织了由区长带队赴广东深圳参加“2009金华市（深圳）投资环境推介会”活动，发挥香港、深圳等金东同乡会作用，积极促进我区民营企业“走出去、引进来”，努力促进我区的招商引资工作再上新台阶。三是服务“重民生、办实事”举措。紧紧围绕“科学发展聚共识、转型升级强主轴”的主题活动，积极开展“三送三服务”活动，主要领导亲自带队，深入到江东镇开展蹲点调研、结对联系、信访接待等活动。为南王村解决修路资金缺口30万元，支持其新农村建设工程。

**【港澳台和海外统战工作】** 一是港澳联络联谊工作渠道不断拓展。加强与金东籍乡亲的接触和沟通，密切与重点人士和金东同乡会的联络联谊。2009年，区党政主要领导和统战部领导多次专程赴港、赴深圳拜访金东在港、在深圳乡亲，通报经济社会发展情况，商讨有关合作事宜，推动海外统战工作和招商引资工作，使我区的港澳事务不断向深度、广度发展。二是侨务工作取得新进展。坚持为侨服务宗旨，确立大侨务理念，进一步凝聚侨心，汇聚侨智、发挥侨力，维护侨益。组织涉侨宣传教育，12个镇乡（街道）召开春节、中秋节茶话会，分发宣传挂历400份，征订2010年度《浙江侨声报》40份、《钱江侨音》杂志10份。首次开展侨资企业调查，建立66家侨企简档，开展为侨企“三送”活动。指导侨联开展工作，首次争取财政安排上预算工作经费。

**【以教育培训为抓手，统战工作自身建设有了新提升】** 一是进一步加强对统战干部的教育培训，积极参加省市组织举办的各类统战系统理论辅导会、读书会、学习会、研讨会。二是进一步做好统战宣传、调研、信息工作。切实做好新中国60华诞、人民政协成立60周年、多党合作制度确立成立六十周年等重大主题活动的宣传工作，积极开展统战工作新情况新问题调研，全年编发《金东统战》简报13期，不定期更新“金东统一战线”网页。三是进一步抓好机关党建工作。健全支部工作各项制度，支持工会、党支部开展活动，积极参与创建国家卫生城市专项活动，扎实推进部机关党风廉政建设、作风效能建设、执行力建设。

（夏一帆）

## ·兰溪市委统战部·

**【综述】** 2009年，兰溪市

委统战部认真贯彻党的十七大和十七届三中、四中全会精神，深入学习实践科学发展观，围绕中心，服务大局，全面实施五大行动计划，深入开展十项重点工作，不断推进工作落实和工作创新。市委统战部被省委统战部评为全省统战工作先进集体。部分单项性工作获得全省统战宣传重大创意先进奖及金华市统战工作创新奖。

**【多党合作工作】** 坚持落实政府部门与民主党派对口联系制度、特约人员制度，将原来市委主要领导联系民主党派的制度调整为市委常委联系统战团体和谈心交友制度，形成常委班子集体联系统战工作的局面。继续落实“党委出题、党派调研、政府采纳、部门落实”的调研机制，各民主党派、工商联和无党派人士围绕全市重点工作开展领题调研，共形成6篇调研报告，同时实行“一季一题，专题议政”，设立《建言献策》专刊，专题议政得到政府部门的高度重视，市政府分管市长分别作出批示，部门落实力度明显加大，党外人士参政议政的积极性明显提高。认真实施“科技创新竞赛行动计划”，召开专题协商会，动员和组织各统战团体和成员积极参加技术创新，全市4个统战团体共上报竞赛项目13个，其中申报兰溪市级以上科技奖和科技创新重点项目的有9个，参加的党外人士共38人。认真实施“党外代表人士后备队伍培养行动计划”，经过民主协商，广泛推荐，确定了85名党外代表人士后备人选，联合市委组织部进行考察。

**【民族宗教工作】** 积极争取上级对民族乡村道路、水利建设、农业开发等项目的支持，2009年共争取民族扶持资金64.5万元，比上年增加84.3%。认真实施“少数民族低收入群众增收帮扶行动计划”，多方争取，牵线搭桥，全市16个少数民族村实现了结对帮扶单位全覆盖，全年直接帮扶资金20.1万元，协调落实资金24万元，慰问资助贫困户2.8万元，得到少数民族群众的欢迎。继续开展“创平安场所，建和睦宗教”活动，落实责任，调研并实施宗教工作属地管理，层层签订宗教工作责任书，建立宗教活动场所和重大宗教活动值班制度、乡镇（街道）领导干部联系宗教活动场所制度和乡镇（街道）宗教活动情况周报制度。

**【非公有制经济领域统战工作】** 继续完善网络平台，在重点加强乡镇（街道）基层商会“十有”建设的同时，拓展异地商会建设，协调建立宁波兰溪商会，并对杭州兰溪商会领导班子进行调整充实。召开异地商会联谊会议，加强异地商会之间的交流，发挥异地商会在回归工程中的作用。认真组织和指导非公有制企业开展深入学习实践科学发展观活动。实施“新的社会阶层人士统战工作网络构建行动计划”，新的社会阶层人士统战工作联席会议于10月成立，并召开第一次会议，各成员单位明确了职责，按分工对新的社会阶层人士进行调查摸底，建立档案，有针对性地开展统战工作。深化“村企合作，共建新农村”活动，全市结对村企共落实合作资金1000多万元，其中捐助资金160多万元。开展兰溪市第一届优秀中国特色社会主义事业建设者的评选活动。

**【港澳台和海外统战工作】** 实施“海外联谊拓展行动计划”，筛选确定了30名重点联系对象，开展重点联络联谊。发挥互联网作用，整合资源，建立“兰溪侨网”。全年接待侨胞、港澳台同胞205人次，走访慰问40人，引导三胞支持公益事业，引进捐资59万元。积极协助香港兰溪同乡会充实力量，实现顺利换届。加强台侨联组织建设，顺利完成市台联会、市侨联换届，市侨联被评选为全省侨联系统先进组织和金华市侨联先进集体；启动非重点侨区基层侨联“全覆盖”工程。开展为台资企业、侨企服务活动，沟通信息，帮助解决实际问题，积极联系引进一家侨资企业落户兰溪，投资300万美元。协助一家侨资企业新购土地83亩，投资1.1亿元进行技改。

**【健全各项机制】** 健全统战工作部署和考核机制。年初召开全市统战工作会议，每季召开乡镇（街道）统战委员工作例会，每月召开部机关工作例会，完善对机关部门、乡镇（街道）统战工作年度考核制度。提出并实施统战重点工作和创新工作制度。年初根据市委和上级统战部门的要求，提出本年度10项主要工作任务，明确具体工作目标、责任领导和责任单位，并在每季工作例会上汇报分析工作进度，督促工作落实。动员各乡镇（街道）、各民主党派、工商联和部机关各科室开展工作创新。完善落实党外干部联席会议制度和统战宣传工作联席会议制度，年内分别召开联席会议，并形成会议纪要，明确目标任务，进一步强化了部门配合的统战工作机制。

【一季一题专题议政】 实行“一季一题，专题议政”，每季确定一个专题，邀请党外人士专题调研，召开专题座谈会提出意见建议，设立《建言献策》专刊，将意见建议反馈给政府有关部门，落实采纳情况限时向党外人士通报。

【评选兰溪市首届优秀中国特色社会主义事业建设者】 开展兰溪市第一届优秀中国特色社会主义事业建设者的评选活动，经过动员、推荐、评审、公示，马财富等17位非公有制经济人士获得市第一届“优秀中国特色社会主义事业建设者”荣誉称号，进一步弘扬了“爱国、敬业、诚信、守法、贡献”的优秀建设者精神。

【启动非重点侨区基层侨联“全覆盖”工程】 实施非重点侨区基层侨联“全覆盖”工程，在云山街道已成立侨联的基础上，2009年有兰江、上华、女埠、黄店、游埠等5个乡镇（街道）成立了侨联组织。

【开展“统战三谈”活动】 先后组织“党委书记谈统战”、“统战成员谈发展”、“统战干部谈创新”系列访谈活动，《兰溪统战》专栏先后刊出了10期共33篇访谈文章，既进一步理清了工作思路，又扩大了统战工作的社会影响。

【学习实践科学发展观活动】 以“践行科学发展观，壮大统一战线”为实践载体，认真听取、查找并整改统战部机关特别是部领导班子存在的问题。组织“服务基层、服务企业”活动，部机关干部共走访统战成员、非公有制企业86人次，解决实际问题8件。积极参加“三联帮扶”活动，学习实践取得了阶段性成果。

（吴小健）

## ·东阳市委统战部·

【综述】 2009年，东阳市统战工作以党的十七大和十七届四中全会精神为指导，以开展学习实践科学发展观教育活动为契机，紧紧围绕东阳市委、市政府的中心工作，狠抓机关作风建设，努力改善机关服务环境，深入开展“学习实践科学发展观”教育和“东阳人文精神大讨论”活动，全面履行统战工作职能，构建社会各界人士的参政议政平台，积极推进社会主义民主政治建设、和谐社会建设，为全市经济社会又好又快发展作了应有的贡献。

【推进多党合作工作】 东阳市有民革总支、民盟总支、民建总支、农工党市委四个民主党派组织，共有成员311名。在春节期间统战部召开各民主党派及各界代表人士参加的统一战线迎春茶话会。市领导向统一战线人士祝贺新春的同时，向他们通报了全市经济社会发展的状况，感谢他们所做的贡献，希望统一战线人士一如既往地支持参与东阳各项事业。在学习实践科学发展观活动中，邀请各民主党派、无党派人士参加，加深他们对科学发展观深刻内涵的认识，使他们自觉实践科学发展。继续组织民主党派、无党派人士深化以“自觉接受中国共产党领导，走中国特色社会主义道路”为主题的政治交接活动，深化对参政党地位、性质和历史使命的认识，为巩固和发展同中国共产党的团结合作奠定坚实的思想基础。年初在“两会”中，各民主党派共提出团体提案8件，个人提案38件。9月18日，东阳市无党派知识分子联谊会成立，为全市近七千名中高级无党派知识分子提供了一个参政议政发挥作用的平台。为加强党外后备干部队伍建设，年内选送了8名党外后备干部到金华市委党校学习培训。

【扎实做好宗教工作】 全市有佛教、基督教、道教、天主教四大教。经批准场所有77处，其中佛教39处，基督教32处，道教3处，天主教3处。据不完全统计信教群众约5万多人。上半年，市委常委会专题听取了全市宗教工作情况，金华市委常委、东阳市委书记张仲灿，副书记吴国平等领导带领有关部门对全市宗教团体及重点宗教场所进行专题调研，召开座谈会认真听取宗教界人士的意见和建议，并对今后的工作作了重要指示。副书记吴国平再次召开有关部门领导参加的协调会，对宗教场所产权、用地指标、用电价格等问题进行了协调解决，东阳市人民政府办公室下发了《会议纪要》。

市委市政府领导的高度重视，在宗教界引起了强烈反响。从时代特点出发，多形式多层次地对宗教界人士和信教群众进行爱国主义、社会主义教育。邀请了省民宗委有关人士给乡镇街道统战干部和宗教团体负责人讲课，组织宗教界骨干人士7人参加金华市民宗局组织的宗教政策法规培训班。在宗教界深入开展创建“和谐寺观教堂”活动，并进行了总结评比，共评出创建“和谐寺观教堂”达标场所8处，“五好信徒”30名。充分发挥宗教界人士和信教群众在全市经济、社会发展中的积极作用，结合市政协开展的“界别活动月”，市宗教界政协委员为巍山镇白坦小学的少数民族学生捐助价值万余元的学习用品。在宗教界开展反邪教警示教育活动，认真做好宗教来信来访工作，注重协调处理宗教活动场所的矛盾纠纷。建立健全各项规章制度，提高自我管理能力。从宗教的实际出发，帮助各宗教团体、场所完善制度，理顺关系，加强内部团结，着重解决宗教场所中财务管理、建设工程监管等方面存在的问题，逐步完善规章机制和保障机制。民族宗教事务局与各宗教活动场所签订了社会治安综合治理、安全生产目标管理责任书。

**【全力服务经济回归工程】** 自2008年11月底成立东阳人联谊总会后，围绕加快东阳经济发展这一中心工作，充分发挥东阳人联谊总会作用。一是积极搭建东阳人经济回归的平台，在2008年的基础上，先后在深圳、福州、厦门、河北、宁夏、温州、衢州、四川成都等地成立了东阳人联谊会（商会）。二是认真办好《东阳人》刊物。共出版了六期，推出14个栏目，内容丰富，印刷质量较高，可读性强，真正起到了宣传东阳、推介东阳的效果，发挥着桥梁和纽带的作用，在外东阳人普遍反映较好。三是突出联谊重点。春节前后，我们重点走访了56名在外创业的代表人士，征求工作意见，沟通情况，增强感情，为做好东阳人经济回归工程工作打下良好基础。在东阳人联谊总会成立一周年之际，召开了全国各地东阳人联谊会（商会）会长、秘书长会议，讨论出台《关于进一步发挥东阳人联谊会作用的有关意见》。为了关心支持新农村建设，东阳人联谊总会向巍山镇胡村捐款10万元，充分表达了在外东阳人的一份爱心。召开东阳人联谊总会常务理事年会，增补了总会副会长8名，常务理事16名。

**【加强港澳台和海外统战工作】** 东阳是全省统战工作大市之一，在外人数多、层次高。据统计，在港东阳籍人员15000多人，留学生1200多人，华人华侨6300人，占金华在港总人数一半多。一是认真做好联谊接待工作，加强与港澳同胞，海外侨胞的联络沟通，增进相互间的感情和友谊。2009年共接待145人次，元旦春节期间向他们寄去贺卡、贺信220余封。同时重点保持与海外高层次人才的联系和对话，鼓励他们有合适的机会回国回家乡创业。二是走访侨资企业，宣传贯彻《浙江省华侨权益保障暂行规定》，想法设法维护侨属权益，帮助他们解决实际困难。香港同胞李祖华回家乡在横店办企业，是金华市政协委员，4月底不幸发生车祸身亡，部、侨办领导第一时间赶到现场，并协助亲属做好善后事宜。三是积极发挥侨联界政协委员参与全市新农村建设的积极性，捐资5万余元，为巍山镇大爽村改善村容村貌，修建数百米长的越溪安保工程。四是积极响应全国侨联进一步支援北川中学的倡议，全市归侨侨眷、留学人员家属共捐款4000余元。

**【认真践行科学发展观】** 2009年，全面开展学习实践科学发展观和东阳人文精神讨论活动。一是加强领导，建立领导小组，负责协调和统一安排活动事项；二是合理安排教育计划，认真制订实施方案；三是广泛征求工作意见建议，向乡镇统战干部、民主党派、宗教团体、侨联委员、台联委员及有关单位发函120份；四是召开民主恳谈会，班子民主生活会、党员民主评议会，认真总结工作，找出存在问题，提出改进措施。通过教育活动，提高了广大干部做好统战工作的自觉性。

（吴生权）

## ·义乌市委统战部·

**【综述】** 2009年，全市统战工作以深入学习实践科学发展观活动为契机，紧紧围绕市委市政府建设国际商贸名城目标，凝聚人心、汇聚力量，全力服务经济发展，着力维护社会稳定，统战工作在服务科学发展和实现自身科学发展方面取得了新的进展。

立足创新助发展，努力促进民主政治建设。4月，组织开展全市各机关部门党外人士担任领导班子及中层干部的情况调查，建立了由69名来自全市各机关和事业单位的党外干部人才库。5月，着重对财政、工商、国土、规划、环保等11个部门聘请党外人士担任特约人员和行风监督员情况进行调查，全面了解全市机关部门聘请党外人士担任特约人员、行风监督员的情况，并向审计局推荐10名民主党派、无党派人士为特约审计员候选人，其中7人被审计局聘为特约人员。9月，协助市委起草并下发《中共义乌市委关于进一步做好培养选拔党外干部工作的意见》。全年新增副科级党外领导干部3名。至年底，全市副科级以上党外领导干部共17名，其中副处级5名。组织各民主党派围绕市委市政府中心工作和全市经济社会发展热点难点问题展开专题调研，并在政协会议期间积极参政议政，共提交政协提案86个，大会发言5个。

突出稳定促和谐，致力构建新型民族宗教关系。2月24日至3月11日，会同市公安局、镇街、各宗教团体对全市进行地毯式安全检查，先后查处2处不规范建设项目和佛堂镇仙山寺危房等安全隐患300多处，并责令限期整改。认真做好宗教场所的规划安置，年内上溪基督教堂正式开工建设，下骆宅基督教堂主体工程完工，柳青、前洪、城西等地基督教堂纳入旧村改造规划。会同相关部门及镇街先后依法查处了廿三里街道、稠城街道、江东街道、城西街道等地非法宗教活动4起。11月，首届双林傅大士禅宗文化研讨会在佛堂举办。

注重引导强服务，非公有制经济统战工作健康开展。1月，市委常委、统战部部长赵国荣带队深入到12家企业走访慰问，详细了解企业生产经营状况和金融危机影响下存在的困难和问题，勉励非公有制经济人士坚定信心、积极应对，共同渡过难关。5月，抽调2人到牵头联系的镇街参加市委“十百千万送服务”活动，走访10家企业，将他们生产经营中的困难提交市学践办，由市学践办抄告至相关部门，解决了部分难题。7月，义乌市府办下文明确市工商联为异地商会业务主管部门。8月，市工商联专门出台《在义异地商会筹建审批工作规程》，从异地商会筹建条件、理事会监事会设置原则和审批程序等方面都做了具体明确规定。目前，全市共有在工商联登记备案的义乌异地商会35家，异地义乌商会9家，商会会员近万人。12月，工商联（总商会）第九次代表大会召开，会议选举产生了新一届执行委员会，楼瑞清等122人当选为执委。

凝聚侨心汇侨力，努力开创海外统战工作新局面。3月1日，市委常委、统战部长赵国荣率市委统战部、市侨联、市台联相关人员，赴香港参加了旅居香港的义乌同胞每年春季举行的“春茗”联欢会。3月，成立由137名在义侨商组成的义乌市侨商会，到年底，会员增加到156名。4月，组织开展侨情调查工作，本次调查工作为期5个月，共收集了544名侨留人员的情况，完善了全市侨资源数据库。5月，会同义乌市图书馆向海外侨胞、留学生发出著作征集函400份，通过向海外义乌籍人士征集作品，进一步丰富义乌图书馆的馆藏类别。4月至10月，协助市政府牵头筹办首届“义乌世界侨商大会”。年内，先后接待中国和平统一促进会波黑代表团、台湾中国统一联盟高屏分会、北加州中国和平统一促进会等访问团10余批次，100余人，先后介绍了5批侨商与进口商品馆方面洽谈。

按照市委统一部署，组织机关干部开展深入学习实践活动，通过召开各层次人员座谈会、领导班子专题民主生活会和党支部生活会等活动，对影响和制约统一战线服务科学发展和自身科学发展的问题进行查找和分析，形成《贯彻落实科学发展观分析检查报告》。先后对基层统战工作、党外干部培养、民族宗教精细化管理、异地商会建设等10个课题开展调研，完成《义乌市涉外宗教管理思考》、《义乌党外干部工作思考》、《义乌市民族宗教精细化管理实践思考》等12篇调研报告。年内，共外派干部参加各类学习培训25人次，组织学习培训300余人次。

市委统战部被省委统战部授予“全省基层统战先进单位”，市工商联被省工商联授予“全省工商联系统先进单位”，市侨联被省人事厅、省侨联授予“全省侨联工作先进单位”，农工党义乌总支部被农工党中央授予“全国先进支部”，九三学社义乌市委会工业支社被九三学社省委会评为“先进基层组织”。市委市政府布置的其他工作也保质保量完成，市委统战部在党群部门年度考核中名列第三。

**【义乌市侨商会成立】** 3月22日，义乌市侨商会正式成立，来自全球30多个国家和地区的近400名侨领、侨商参加成立大会，中央和省有关部门、金华和温州有关部门、海外华人华侨社团发来贺信贺电，十一届全国人大常委会副委员长周铁农为义乌市侨商会亲笔题词，省政协副主席盛昌黎亲临大会指导。童昌茂当选为义乌市侨商会会长。义乌侨商会成立扩大了在义侨商的影响，也为广大华人华侨提供了相互沟通、相互促进、相互帮助的平台，为拓展统战工作打下基础。

**【义乌市党外知识分子联谊会成立】** 4月22日，义乌市党外知识分子联谊会在市委党校成立，来自全市机关企事业单位的76名无党派知识分子成为首批会员。金华市委统战部副部长、侨联主席何蔓丝到会祝贺并讲话，市领导宋英豪、赵国荣、骆亘、丁鼎星、王迎、朱斌、刘峻等出席成立大会。会议选举义乌市政府副市长王迎为会长，政协副主席朱斌等9人为副会长。联谊会成立后，先后组织社会服务、学习交流等活动10余次。

**【全省市级统战部长会议在义乌市召开】** 4月27日，2009年全省第一次市委统战部长工作例会在义乌市召开，省委统战部常务副部长陈金彪、副部长徐建华、蒋学基出席了会议，省委统战部各处室负责人、全省11个地区和义乌市委统战部部长、办公室主任和宗教处处长参加了会议，会议由省委统战部副部长、省民宗委主任王毅主持。金华市委副书记黄锦朝看望与会人员，金华市委常委、义乌市委书记吴蔚荣到会祝贺并致欢迎词。

**【征求党外代表人士意见建议】** 5月14日，市委副书记陈秀仙代表市委听取全市各民主党派、工商联负责人和无党派人士对市委工作的意见建议，各党外代表人士结合自身工作生活实际，就城市建设管理、商贸业发展、企业风险经营防范、外来人员管理、企业长效帮扶和干部队伍建设等方面的问题提出了26条意见建议，为市委下一步实践、创新提供了很好的思路和对策。

**【首届义乌世界侨商大会召开】** 10月19日，由浙江省侨办、侨联、义乌市人民政府共同主办，商务部外贸发展事务局、中国侨联经济科技部大力支持的义乌世界侨商大会在义乌召开。全国人大常委会副委员长周铁农发来贺信，对义乌世界侨商大会的召开表示热烈祝贺，预祝大会取得圆满成功。全国政协副主席阿不来提·阿不都热西提宣布2009义乌世界侨商大会开幕。大会以“商品展义乌，义乌联全球”为主题，来自60个国家和地区的600余名侨商参加大会，其中在侨团中担任秘书长以上职务的侨领就有285人。会议安排义乌经济情况和投资项目介绍、侨商领袖风采报告、市场参观、观看文艺演出等内容。新华社、中央电视台、解放日报、香港文汇报等30余家主流媒体记者参加大会，人民网、新浪网、凤凰网等网络媒体也相继转载有关内容。本次会议，侨商直接采购订货额2亿多人民币，并有336人次表示对义乌推出的投资项目感兴趣。

（龚春强）

## ·永康市委统战部·

**【综述】** 2009年，永康市统战工作以科学发展观为统领，深入贯彻省和金华市统战工作会议精神，努力发挥统一战线凝聚人心，汇集力量，化解矛盾，理顺关系的职能作用，为永康构建和谐社会做出了积极的努力。

切实加强多党合作。支持民主党派基层组织和由无党派人士组成的党外知识分子联谊会以思想建设为核心，以组织建设为基础，以制度建设为保障，把自身建设提高到新的水平。邀请各民主党派、无党派人士同步参与学习实践科学发展观活动，加深他们对科学发展观深刻内涵的认识，使他们自觉践行科学发展。继续组织民主党派、无党派人士深化以“自觉接受中国共产党领导、走中国特色社会主义道路”为主题的政治交接活动。加强优秀党外干部的培养选拔使用工作，推荐6名党外干部参加市管副局级领导选拔，其中2名同志得到提拔任用。加强党外后备干部队伍建设，目前我市已有17名党外后备干部。

认真做好宗教管理工作。多形式多层次地对宗教界人士和信教群众进行爱国主义、社会主义教育，着力提高宗教界的爱国主义觉悟。深入开展“创平安场所、建和睦宗教”活动，在宗教界开展反邪教警示教育活动。注重协调处理宗教活动场所矛盾纠纷，争创宗教和睦环境，维护社会稳定。进一步落实安全生产责任制，认真检查不安全因素，制定安全防控措施，消除安全事故隐患。

做好新社会阶层人士统战工作。按照《永康市非公有制经济人士三年培训规划实施意见》，会同工商联在市委党校举办了第二届非公经济人士培训班。狠抓制度建设，使基层商会日常工作做到常态化、规范化。加强异地商会建设，已经建立省会城市永康商会26个，地县级商会4个。建立“永康市新的社会阶层人士联席会议制度”。健全“非公有制经济代表人士综合评价体系”，按照科学、全面、民主、公正的要求对非公有制经济代表人士进行综合评价。

积极推进港澳台和海外联谊工作。发挥侨务工作优势，不断提升为中心工作服务的水平。引导侨界政协委员、人大代表积极参政议政。发动广大侨资企业积极参加“2009浙商（创业与投资）博览会”。结对龙山镇贾宅村，积极开展“侨企助村、侨干联村”活动。加强对外联谊引导，突出重点人士的联络。加强重点社团的联谊，指导香港永康同乡会第二届理事会选举。坚持为侨服务宗旨，努力做好侨界群众工作。召开第四次归侨侨眷代表大会，为可持续发展提供组织保障。

**【党外人士读书会】** 五月中旬，邀请原金华党校常务副校长贾恭惠教授为近300名永康党外人士做了“加强科学发展、推进转型升级”的专题报告会。增强党外人士对建设中国特色社会主义的理解，提高贯彻基本路线和基本纲领的自觉性，深化对参政党地位、性质和历史使命的认识，为巩固和发展同中国共产党的团结合作奠定坚实的思想基础。

**【强化社会维稳工作】** 2009年是建国60周年，高度重视维护稳定工作。对各宗教团体、宗教活动场所开展矛盾纠纷隐患排摸。了解外来流动人员中少数民族人员情况，共检查宗教场所30多处，解决宗教场所矛盾纠纷3起，配合公安国保大队调查不安定因素3件，为国庆60周年的社会维稳工作奠定了坚实的基础。

**【加强异地商会建设】** 为了充分发挥在外永商对发展“永康人经济”的重要作用，切实加强异地商会的建设。至2009年，永康共有异地省会城市商会26个，地县级市商会4个。在工作中积累了丰富经验：在前期准备工作中，要进行细致的调查摸底，全面掌握第一手材料；在组建过程中，要把握质量、坚持原则，选好班子、建立制度，积极协调、主动指导；在组建完成后，要加强异地商会的基础性工作。目前异地商会已起到了积极的作用。

**【召开第四次归侨侨眷代表大会】** 7月30日，永康市第四次归侨侨眷代表大会召开。省侨联副主席吴晶、金华市侨联主席何蔓丝和永康市党政主要领导出席会议。大会选举产生了新一届侨联委员会，成盖平当选永康市侨联第四届主席，此次大会为永康侨务工作的可持续发展提供了组织保障。新一届侨联将坚持以科学发展观统领侨联工作，肩负起服务祖国统一大业的重要使命，发挥侨联组织作为党和政府联系归侨、侨眷和海外侨胞的桥梁纽带作用，努力为永康经济又好又快发展作贡献。

（胡 波）

## ·浦江县委统战部·

**【综述】** 2009年，浦江县委统战部认真学习贯彻各级统战工作会议精神，按照县委的统一部署，紧紧围绕“党员干部受教育、科学发展上水平、人民群众得实惠”的要求，加强学习调研，广泛征求意见，深入查找突出问题，注重边学边改，努力改进机关作风，改善服务环境，全面履行统战工作职能，构建社会各界人士参政议政平台，推进全县社会主义民主政治建设、和谐社会建设，为全县经济社会又好又快发展服务。

**【多党合作工作有新起色】** 以“践行科学发展，壮大统一战线”主题教育活动为载体，4月中旬举办由各民主党派、无党派代表人士参加的读书会，通过宣讲科学发展观，引导统一战线成员深刻领会中国特色社会主义道路和科学发展观的科学内涵、精神实质和根本要求，把思想和行动统一到十七大提出的目标任务上来。动员并支持民主党派和无党派人士围绕事关全县经济社会发展的重大问题开展调查研究，积极开展参政议政，向县委、县府建言献策。开展新中国成立60周年庆祝系列活动，以座谈会、图片展和实地参观等形式，增强民主党派、无党派人士自觉接受中国共产党领导的信心，坚定走中国特色社会主义道路的信念。

**【非公有制经济领域统战工作】** 以县委提出的“千名干部进百企、共渡难关促升级”服务活动为载体，深入非公有制企业了解生产经营情况，与非公经济人士联络感情，收集汇总企业存在的困难与需求。帮助2家企业与银行实现银企对接，融资500余万元，解决企业资金短缺问题。继续引导非公企业参与新农村建设服务活动，浦江艺力水晶有限公司出资5万元资助浦南街道华墙行政村道路建设工程。多形式开展非公有制经济人士的教育培训工作，受训人员达240余人。4月份，各基层商会与培训公司合作举办“当前经济形势与对策”讲座；5月份，和工商联组织开发区、浦南街道、郑家坞镇等商会举办“放眼世界、造就浦江”经济论坛。做好基层商会换届工作，县委统战部和工商联在调查摸底基础上，下发基层商会换届工作的指导性意见，在郑家坞镇商会开展换届试点，以点带面，全面铺开，通过下基层指导督促和召开换届推进会等方式，推动全县基层商会换届工作顺利圆满地完成。同时，加强异地商会的联系指导，协调处理异地商会内部关系，上半年，统战部和工商联派人专程到广州古镇分会化解调处内部矛盾，理顺工作关系，加强了商会的凝聚力和向心力。

**【民族宗教工作】** 围绕宗教活动要守法、宗教内部要和睦、宗教与社会要和谐这一目标，着重做了以下几项工作。一是认真宣传贯彻民族宗教政策和法律法规，组织宗教场所负责人和教职人员参加培训，共组织二期300余人次参加，让他们懂法、守法，从而达到依法开展宗教活动和管理的目的。二是在全县宗教界开展创建“和谐寺观教堂”活动，促进宗教活动场所的规范化管理，发挥宗教界人士和信教群众在促进经济社会发展、构建和谐社会中的积极作用。三是对于宗教界的具体问题，既给予关心，又力求规范，以关心赢得主动。重视消除基督教三处重点教堂的危房工作，县委统战部、县民宗局为确保生命财产安全，主动与县有关部门、所在乡镇联系沟通，目前，一处已改建，另两处有望得到解决。切实加强宗教活动场所建设工程安全监督，县民宗局会同建设局、安监局联合下发了文件，严把设计图纸质量关与施工单位的法人资质关。四是加强宗教管理制度建设。根据法律法规，结合本县实际，制定了《浦江县民族宗教联席会议制度》和《浦江县宗教突发性事件应急预案》。坚持属地管理原则，指导督促乡镇（街道）及时处理宗教问题引发的社会性事件。重视引导规范宗教场所的财务管理。整顿财务人员队伍，实行各宗教场所会计、出纳及财务保管员分设制；组织开展财务人员的业务培训；开展财务制度的检查督促落实。

**【港澳台和海外统战工作】** 一是发挥侨联、海联会、留联会、浦江香港同乡会等组织的作用，加强与浦江海外侨胞、港澳台同胞的联络，加深乡情乡谊。派员参加金华市海联会组织的港澳台胞海外侨胞迎春会团拜会，加强联络联谊。二是做好接待工作。热情接待了浦江香港同乡会领导、澳籍华人姚迪雄及留学生等多批次人员，为他们探亲访友、考察交流提供服务。三是关心、帮助解决归侨侨眷的生活困难问题，春节前走访慰问了归侨侨眷，并对2名困难归侨发放了5000元生活补助金。（郑定镇）

## ·武义县委统战部·

**【综述】** 2009年，全县统战工作紧紧围绕“打造中国温泉名城，构建东方养生胜地”的总体目标，深入实施“工业强县、开放兴县、生态立县、旅游富县”四大发展战略，加强基层统战工作，扎实开展民族团结进步小康村创建活动，为全县经济社会发展、社会稳定作出了积极努力。新增2名党外干部，完成了县政协副主席补选任务。制订起草《武义县无党派知识分子联谊会章程（草案）》、《武义县无党派知识分子联谊会第一次会员大会选举办法（草案）》等相关制度；完成了首届无党派知识分子联谊会会员人选的选拔工作及各项筹备工作。

**【侨务工作取得新成绩】** 一是加强海外联系。二次组团赴香港招商接洽同乡会换届事宜。9月，20位海外华人社团商会的负责人参加了“海外侨领武义行”活动；11月，金华市香港同乡会的120余名成员来武参观考察；同月邀请了12位海外侨领参加武义第三届中国温泉节。充分发挥海外华侨华人的资金、技术、人才优势，吸引和鼓励他们来武创业发展，香港远萤生物科技有限公司2009年五次来武，对有机肥生产、珍稀菌栽培等项目进行了接洽。11月美国休斯敦大学常务副校长来武考察，对在武义设立休斯敦大学武义分校非常感兴趣。同时，加强与香港同乡会的联络，及时帮助解决一些问题和困难。二是深入侨资企业调研，共同应对金融危机。3、4月份，组织人员到全县13家侨资企业、5家侨属企业、17家留学生家属企业进行了调查，了解企业发展中存在的困难和问题，并对调查情况进行了认真疏理，形成了专题报告，供县政府及有关部门研究。三是对全县17个侨捐项目进行了专门督查，针对部分项目被挪作他用等实际问题，及时向所在地党委政府提出了意见和建议，并向侨胞作了书面汇报，得到了侨胞的理解。四是协调教育部门在全县的初、高中深入开展“美国唐仲英基金会唐仲英爱心奖”活动。落实浙大爱心社“大手牵小手结对助学”活动。

【工商联工作】　面对金融危机严峻形势，与县工商联一起本着围绕中心、服务企业的主题，充分发挥职能作用，开展了一系列帮扶活动。一是利用县政协全会平台建言。在认真组织调研的基础上，提交了《关于政企联动，保持我县工业经济平稳较快发展》团体提案，该提案被县政协列为重点提案。在会议期间还积极引导工商联界别委员参政议政，委员们就全县经济社会发展提出了许多意见建议，共向大会提交提案25件。二是积极开展调研献策。及时组织班子成员深入会员企业调研，倾听企业呼声，向县委、县政府及有关部门提出意见建议，提供决策参考。为加快我县特色产品与武义超市对接，推进我县特色产业发展，在6月份组织开展了专题调研，就加强政策服务引导、建立产品销售网络、对接遵循的原则等问题向县政府提出建议，得到县政府主要领导的充分肯定，同时，积极配合县经贸等部门开展政策调研。三是根据省工商联的统一安排，开展了“走进民营企业、提振发展信心”、“助力中小企业签约”、“九问九帮”等活动，积极为企业提供金融、科技、信息服务。配合县有关部门组织企业参加了在上海、宁波举办的武义温泉旅游与投资环境推介会及项目签约仪式，组织部分会员企业参加了由市工商联组织的“当前经济形势报告会”。四是与县司法局联合开展了“法律服务企业”活动，下发了具体实施意见，组织开展了企业法律体检。五是评选出20名武义县首届“优秀中国特色社会主义事业建设者”。金华寿仙谷药业有限公司的李明炎被授于“全国优秀社会主义事业建设者”光荣称号。六是适时开展了工商联换届工作，选举产生了新一届班子。

【民族宗教工作】　一是认真依法发放宗教行政许可，全年发放非通常宗教活动许可10份；对明招寺申报佛教场所材料进行了审核上报，9月底，市民宗局已批复同意明招寺筹备设立其他固定宗教活动处所。二是开展寺观教堂安全检查。三是指导佛教、基督教认真做好了反渗透工作。四是引导规范寺观教堂财务管理，杜绝公款流失，已有溪里、吴宅、要巨等12个堂点开出了集体帐户。五是开展“创平安场所、建和睦宗教”活动，推选“创平安场所、建和睦宗教”活动先进单位和个人。六是按照县委县府统一部署，9月份对行政审批服务事项进行了清理，保留的行政许可事项6项、非行政许可事项5项。七是严格审核更改少数民族成份。2009年，已为57名中考生、75名高考生开具民族成份确认证明，更改恢复民族成份9人。八是完成周处村浙江省民族团结进步小康村申报工作。九是落实各项民族资金。加强与杭州市委统战部联系，结对统战部门送上扶贫款合计55万元；根据省民宗委文件精神，会同县扶贫办、财政局一起对2009年度少数民族地区上报的实施项目逐一进行核实，从中筛选出13个民族村的13个项目进行申报；2009年少数民族发展扶持项目——柳城镇宣莲种植开发获得了同意，整个项目投资105万元，其中省计划补助资金40万元；8月份，有5位少数民族应届大学生得到了金华金宇建筑有限公司老总雷永金每人3000元的资助款。桃溪镇委书记钟仙标同志获得了“2009年度少数民族先进工作者”称号，并出席了新中国成立60周年国庆大典。

【学习实践科学发展观活动】　自3月20日学习实践活动启动以来，按照县委统一部署，在县委学习实践活动指导组的指导下，紧密围绕“加强基层统战工作，扎实开展民族团结进步小康村创建活动”的实践载体，紧扣统战工作发展特点，突出实践特色，推动科学发展，学习实践活动取得了阶段性成果。一是深入企业，对百花山、牛背金的4家企业进行了调研走访，了解了企业的生产经营情况、发展思想、当前存在的困难和问题；宣讲了政府惠企政策措施，引导企业增强发展信心，帮助企业理清发展思路。二是开展专题调研。主要开展了以下三项调研：围绕“创建民族团结进步小康村”活动，开展少数民族村调研，对民族村的发展提出了一些很好的建议；围绕“创平安场所、建和睦宗教”活动，开展宗教场所调研；围绕“送政策、送温暖、送服务”活动，开展企业调研，并对企业所反馈意见建议上报到县政府。三是组织开展“武义精神”大讨论和民主恳谈会。结合当前形势和武义发展现状，组织开展“武义精神”大讨论，撰写了理论文章3篇。围绕“如何在民族村开展民族团结进步小康村创建活动”这一议题召开民主恳谈会，邀请民族工作重点乡镇统战委员、民族村干部代表参加。四是组织全县非公有制企业积极稳妥开展学习实践科学发展观活动。近几年，我县非公有制经济组织发展迅猛，到目前全县已有非公有制企业2600多家。

（郭奕武）

## ·磐安县委统战部·

【综述】 2009年，磐安县统战工作坚持以科学发展观为统领，紧紧围绕县委县政府中心工作，以构建平台为着力点，积极发挥优势，努力服务发展大局，为全县经济发展、社会稳定作出了积极的贡献。

【加强基层统战工作】 根据县人事调整的实际情况，适时提出调整县、乡两级统战民宗工作领导小组，完善了工作网络。在县委的重视下，首次将统战民宗工作列入乡镇年度工作考核目标，强化了对基层统战工作的考核力度，提高了统战工作的积极性和主动性。

【成立党外知识分子联谊会】 通过调查摸底，进一步摸清了全县党外知识分子底数，健全了无党派人士数据库。五月份拟定了《磐安县党外知识分子联谊会筹建工作方案》，成立了磐安县党外知识分子联谊会筹备工作领导小组，结合在无党派人士中开展“自觉接受中国共产党的领导，坚持走中国特色社会主义道路”为主题的政治交接教育活动和金华市无党派人士登记工作，确定了34名具有代表性的党外知识分子作为建立党外知识分子联谊会会员。于6月18日召开党外知识分子联谊会成立大会，选举产生第一届理事会理事14名、会长1名、副会长3名，秘书长1名。

【民族宗教工作】 继续深入开展“创平安场所，建和睦宗教”活动。召开各宗教场所负责人、县佛教协会成员会议，对创建工作作了部署，下发了实施细则和平安场所标准。先后两次对各场所财务、安全、卫生等6项管理制度的执行情况进行检查；四月中旬会同县安监局、建设局对全县30处宗教活动场所在建、已建工程进行安全检查；举办宗教场所负责人、教职人员培训班3期，参加人员230余人；3月份组织各佛道教场所负责人到海南南山佛教文化园考察学习。通过创建工作，安福寺、惠化禅院、同福寺等10个场所达到了平安场所标准。建立统一、规范、科学、高效的民宗突发性事件应急处置体系，出台了《磐安县民宗突发事件应急预案》，妥善处置了三起民族宗教事件，保障了少数民族合法权益，关心弱势群体的生活，全年接待少数民族来访15人次，办理少数民族学生高、中考加分证3人，办理民族成份更改2人，帮助少数民族子女联系到县城学校读书3人，帮助外来少数民族农民工追讨工资2600元；走访少数民族贫困户20户，送去慰问金10000元，走访宗教贫困户10户，送去慰问金5000元。

【加强非公有制经济领域统战工作】 加强组织网络建设，搞好县工商联换届工作，召开磐安县工商业联合会（总商会）第四次会员代表大会，选举产生主席（会长）1名，副主席（副会长）17名、常务副主席（常务副会长）4名、执委30名。引伸工商联工作抓手，成立了磐安宁波商会。积极开展协调服务活动，建立了非公有制经济人士统战信息直报点，组织企业家参加各类培训班。开展免费“法律体检”活动，邀请法律专家对有关企业的法律风险进行梳理和剖析，帮助企业找出经营中存在的法律风险或漏洞，提高企业防范风险的能力。指导基层商会和异地商会积极发挥作用：特产城中药材商会为市场经营户调处经济纠纷15起，挽回经济损失20万元。磐安永康商会组织会员到县人武部和县消防队慰问，送去慰问金各1万元，开展兵民联谊活动。义乌市磐安商会多次组织会员参加国内各类市场的招商，为会员维权10多次，投资公司为会员发放应急资金5000多万元。北京市磐安商会在会员中筹集资金48000元，与30名经济困难的中小学生扶贫结对。

**【港澳台和海外统战工作】** 9月份，在全县范围内开展了侨情调查，摸清了侨情，按要求建立了侨情数据库。认真做好“三胞”的接待服务工作，全年共接待回乡及来磐旅游考察的香港同胞和海外侨胞32人次。2月份赴香港参加金华市香港乡亲新春团拜会，与在港磐安乡亲开展了联谊活动。

**【服务企业、服务新农村建设工作】** 4月份，选派一名干部进驻联系企业，进行为时半个月的蹲点服务。同时，开展非公企业走访服务活动，帮助磐安县永祥农特产加工厂解决所得税返回问题和厂房建造有关矛盾，帮助磐安县蓝贝制衣厂解决了厂房围墙纠纷，协助磐安县宏鑫工艺品有限公司厂房通过消防验收、做好土地证。引进企业1家，引进内资480万。与县委宣传部、县新闻传媒中心、县电视台一起筹办《东西南北磐安人》大型系列采访报道活动。参与新兴街区块拆迁工作，多次上门到金鑫特种磨具制造有限公司和全达日用工艺品有限公司做思想工作，顺利和企业主签订了厂房拆迁协议。做好联系乡村结对工作，帮助方前镇横路头村建造道路护栏280米、防洪堤180米，拆迁旧房20多间，进行空心村改造，帮助解决资金23400元，联系结对贫困户13户，解决扶贫款3400元。

**【加强自身建设】** 根据县委《关于开展第二批深入学习实践科学发展观活动的实施意见》文件精神，在部机关党员干部中开展学习实践科学发展观活动，建立了活动领导小组，制订了活动计划，以“实践科学发展观、拓展统战新思路”为载体，围绕“解放思想，共议科学发展”这一要求，重点开展了“理论知识大学习”、“四进三问大调研”、“解放思想大讨论”三大活动，在大学习、大调研、大讨论的基础上，进行自我剖析，找准了本部在科学发展观上存在的差距和不足，提出了整改措施，并加以整改落实。通过开展学习实践活动，实现了“三个新”，即：统战干部的思想认识有了新的提升，发展理念有了新的转变，推动工作有了新的思路，从而带动了党员干部思想作风、工作作风的转变。（马和中）

## 衢州市

### ·衢州市委统战部·

**【综述】** 2009年，衢州市委统战部在衢州市委的正确领导下，在省委统战部的关心指导和全市统战系统各单位的支持配合下，高举中国特色社会主义伟大旗帜，全面贯彻党的十七大、十七届三中全会和十七届四中全会精神，深入贯彻落实科学发展观，按照中央和省统战工作会议精神，牢牢把握大团结大联合主题，围绕中心工作，创新工作理念，狠抓工作落实，各项工作有序开展，推动全市统战工作上了一个新台阶。

中国共产党领导的多党合作和政治协商制度进一步巩固。认真履行党委统战部联系民主党派的职责，根据新形势新变化，不断探索创新，采取“优秀调研文章评比”、“调研组织工作奖评比”等措施，提高民主党派的参政议政质量，民主党派的多篇调研文章得到省市主要领导的批示。重视发挥民主党派人才密集的优势，鼓励他们在内引外联、智力扶贫、技术培训、科技卫生下乡等方面多做贡献。支持民主党派相继开展学习贯彻科学发展观活动。民建市委会、农工党市委会、九三学社市委会顺利完成换届。协助做好民主党派和党外后备干部队伍建设。协助各民主党派开展了座谈会、理论研讨会、征文、书画作品展、红歌歌咏会等为主要形式的纪念“两个60周年”系列活动。这些工作的开展，进一步巩固了共同的思想政治基础。

民族宗教领域各项工作进一步加强。坚持民族工作“抓扶贫、促发展、奔小康”和宗教工作“强管理、促和谐、保稳定”的工作方针，积极做好民族宗教领域各项工作。开展了民族团结进步小康村创建活动。举办了民族村新农村建设项目工作培训班，并建立一个有100个项目的项目储备库。通过举办少数民族村种植业实用技术培训班、召开动员会、组织民族村干部华西村考察学习等活动，提升民族村干部素质和战斗力。2008年以来，在全市范围内开展创建“和谐寺观教堂”活动，认真做好国庆前民族宗教方面的维稳和信访工作，三次对宗教活动场所进行安全大检查，及时做好新疆乌鲁木齐“7·5”事件后的维稳工作。积极帮助宗教团体搞好自身建设，组织全市宗教界人士80余人在市社会主义学院开展了“三个一”学习活动。召开了衢州市首届“和谐宗教论坛”。

新的社会阶层人士和党外知识分子统战工作进一步深化。探索和创新思想政治工作方法，寓政治引导于日常活动，加强教育培训、宣传表彰，进一步扩大影响。协同衢州市工商联实施非公有制经济人士素质提升工程、非公有制经济人士社会责任工程、非公有制经济人士社会形象工程等“三大工程”，通过开展浙江省第三届优秀中国特色社会主义事业建设者推荐和衢州市第二届优秀中国特色社会主义事业建设者评选表彰活动等活动，加强非公有制经济人士的政治引导。搭建商会平台、校企合作平台、银企合作平台、政企互动平台等“四个平台”，服务非公有制经济又好又快发展。着力加强党外知识分子联谊会组织建设，发展吸收新会员，2009年内衢州市各县（市、区）均成立了县级知联会组织。

港澳台和海外统战工作进一步拓展。巩固和加强港澳台和海外统战工作平台建设。2009年1月，香港衢州同乡联谊会举办十周年庆典暨新一届理事会就职仪式。承接了台湾大学生暑期夏令营衢州行活动，100名台湾大学生参观南宗孔庙、市博物馆等，增加了台湾青少年对衢州的了解。协同市侨联开展“侨心工程”，凝聚爱心力量，开展“帮贫困初中生圆高中梦”活动。协同涉台等部门在全市10多个乡镇开展涉台文艺专场演出10多场，有涉台节目搭乘的非专场演出50多场，受教育群众达5万多人次。11月，衢州市出国留学人员和家属联谊会第三次会员代表大会顺利召开。

统战部履行职责能力和水平进一步提高。把加强自身建设作为提高履行职责能力和水平的根本途径。以创建示范性学习型机关为抓手，切实加强理论学习；以完善长效管理体制机制为着力点，巩固自身建设成果；以服务实践为落脚点，履职能力和服务水平不断提升；积极开展结对帮扶“五个一”活动。2009年，市委统战部多项工作得到上级部门肯定，被评为最佳满意单位、示范性学习型机关、社会主义新农村建设优秀单位和结对帮扶先进单位，荣获全省统战信息工作进步奖，调研文章《新时期基层统战工作的新情况新问题及其对策研究》获全省统战调研三等奖，《开展对台交流合作和涉台政策宣传教育活动》获全省统战重大创意活动奖。

**【开展深入学习实践科学发展观活动】** 3月至8月底，按照中央和省、市委提出的要求，围绕“凝聚人心汇集力量、转型升级创业创新、推进衢州科学发展”的实践主题，分学习调研、分析检查、整改落实三个阶段，认真开展了深入学习实践科学发展观活动。通过开展深入学习实践科学发展观活动，统战部党员干部特别是领导干部受到了一次深刻教育，在科学发展的一些重大问题上形成了共识，初步解决了一批影响制约科学发展的突出问题，取得了一批实践成果和制度成果，党员干部进一步激发了工作热情，有力地推动了各项工作的落实。

**【服务企业、服务项目、服务民生】** 在全市统战系统、市各民主党派全面深入开展了以“服务企业、服务项目、服务民生”为主要内容的“三服务”活动。真心实意服务企业，主动帮助破解难题，帮助解决了企业土地证办理等问题。借助不同地区民主党派市委会的联系交往，举办经贸洽谈会等活动。发挥优势，有力推动项目服务，制定下发了《市统战系统招商引资工作专项考核的实施意见》，成立项目服务工作组，安排招商员，举办招商引资工作培训会。心系民生，努力为群众排忧解难，全年协商联系到援助资金近140万元，帮助落实解决斗谭社区办公用房移交、橘农爱心橘销售、社区化粪池建设等5个问题，受惠群众达2000余人。

**【庆祝新中国成立60周年和纪念多党合作政治制度确立60周年】** 市政协和统战部联合举办了衢州市统一战线庆祝中华人民共和国成立60周年暨多党合

作制度确立60周年座谈会。各民主党派市委会、市工商联、无党派人士、民族宗教界、港澳台侨界等统一战线各方面代表和衢州市统战工作老同志出席座谈会。7月份，重点面向全市广大统战成员和统战干部，开展了中华和合文化征文活动，并于9月顺利主办了以“和平发展、和谐相处、合作共赢”为主题的“中华和合文化论坛”。

**【加强基层统战工作】** 组织调研小组对衢州市的基层统战工作进行了调研，并形成了调研报告。6月8日至12日在市社会主义学院举办了基层统战干部培训班。在调研的基础上，在江山召开了全市基层统战工作现场会。

**【实现党外知识分子联谊会组织全覆盖】** 全市各级统战部门把知联会组织建设工作作为统战工作的基础工作，作为推进党外知识分子工作的重要载体，专题部署，制定规划，明确责任，明确任务，有力推进了知联会组织建设。至2009年底，市本级、各县（市、区）都成立了知联会组织，实现了党外知联会组织建设的全覆盖。

**【开展示范性学习型机关创建活动】** 加强组织领导，完善学习制度，整合机关学习资源，创新学习载体，扎实开展了示范性学习型机关创建活动，被评为衢州市示范性学习型机关。通过创建示范性学习型机关，在巩固和深化学习型机关创建的成果上取得了一系列突破，推动了每个机关干部树立终身学习理念，使整个机关形成了“学习理念相同、学习方法互动、学习成果共享”的良好氛围，促进了各领域统战工作的开展，取得了良好的效果。（曾越河　周明军）

## ·柯城区委统战部·

**【综述】** 2009年，区委统战部坚持以科学发展观为统领，紧紧围绕“保增长、保民生、保稳定”，牢牢把握“大团结、大联合”主题，深入学习贯彻全省、全市统战部长会议精神，着力抓好“多党合作、科学发展、凝心聚力、和谐稳定”四项工作，有效推进了区域内“五大关系”的和谐共处，区委统战部在全区经济社会争先发展考核总分排名中居第六名，进一步开创了统一战线工作的新局面。2009年，获得全市统战调研优秀奖，全区招商引资工作先进单位三等奖，区民宗局荣获全市民宗系统信息工作二等奖，区侨办荣获全市外事侨务系统先进集体、区侨联荣获全市社区侨务工作先进集体。

**【多党合作工作】** 认真贯彻落实中央“两个5号文件”精神，积极引导各民主党派、无党派代表人士抓好政治交接学习教育活动，加强学习和调查研究，进一步提高参政议政的水平；引导各民主党派加强规范化、制度化、程序化建设。经多方协商酝酿、缜密筹备，12月29日召开了柯城区党外知识分子联谊会成立大会，大会选举产生第一届知联会理事会。引导各民主党派积极履职，各民主党派负责人均参加区委全会及其报告的讨论，积极参加由区委统战部组织的各类座谈会、谈心会和情况通报会。围绕热点、难点问题开展调查研究，积极建言献策。各民主党派及无党派人士共向区政协递交提案8件，其中被列入优秀提案1件；撰写在区政协会上发言材料12篇，其中被评为优秀大会发言4篇；在区政协二届四次大会发言5篇；撰写调研文章、反映社情民意文章21篇。

**【统战工作为经济建设服务取得新成绩】** 把招商引资作为重点工作来抓，完成了区委区政府年初下达的招商引资任务。10月份，促成衢州邵永丰成正食品厂与台湾“中华线上国际事业有限公司”合作，“邵永丰”麻饼店将先后进驻高雄梦时代百货、台南孔庙前文化园区、新竹大学校园、台北百货公司。区工商联与柯城农村信用联社联合开展“助力中小企业”银企合作活动，两家单位签订了合作“协议书”，确定了双方合作目标和范围。8月，区工商联联合承办的“助推中小企业融资”政银企恳谈会，7家市区金融机构与14家区属规模企业签订了现场贷款意向合同，累计签约金额达2.82亿元。开展了建立友好商会活动，到目前为止，共与全国20多家商会建立了友好商会。通过深入企业走访，开展“送政策进民企”、“法律服务民营企业”等活动将政策信息、法律服务送进企业。为企业解决短期流动资金200多万元，为3家企业争取了广交会摊位。组织我区15位民营企业家参加“2009浙商大会”、组织20家民营企业参加全市民营经济发展高级论坛暨“中外名家系列讲座”、组织15家企业参加海峡两岸20城市工商联协作恳谈会、组织民营企业开展国防教育活动等。

【港澳台和海外统战工作】 9月下旬，第二次港澳柯城同乡代表人士会议召开，完成了港澳柯城同乡会的换届，进一步推进了柯城区与港澳的联系与合作。3月，组织4个街道的统战委员，赴杭州市下城区、上海市长宁区学习考察“一社区一品”的社区统战工作。4个试点街道根据统战资源分布情况，确定社区统战工作重点进行探索实践。5月，荷花街道荷西苑社区被国务院侨办确定为全国侨务系统五五普法“侨法宣传角”，并下拨5000元经费，该社区3月份被确定为全市侨务工作示范基地。9月，市、区侨务部门联合在府山街道府山社区举办了“为侨服务送医”大型活动，省侨办副主任邱国栋出席了整个活动，共有100多名侨眷和留学生家属参与。5月，引进慈心慈善事业基金会捐赠25万元的“华墅慈心医院”项目，新建一幢面积为720平方米的4层医疗综合楼。6月，引进巴西华侨尹霄敏先生捐资5万元兴建九华乡“范村海联新农村卫生室”项目。协助开展“捡回珍珠计划”。经过考试、面试程序，共有2名学生到平湖“新华爱心高中”享受免除三年所有学杂费就读，并享受每月210元生活费及30元零用钱。通过港澳同乡会，春节、元宵、中秋等节日座谈谊会，“三胞”回乡探亲、商务考察等载体，一年来共接待市政协港澳委员及海外华侨、港澳同胞110人次，在联络联谊中推进了海外统战工作的发展。

【帮扶少数民族低收入群众】 重点扶持少数民族村发展种植、养殖大户、专业户上，协助4个民族村编制了各村的《民族特色经济专业村五年计划》；帮助航埠镇北一民族村与浙师大农业专家结对，建立20亩樱桃种植基地；指导北二民族村投入资金40余万元建立15亩大棚食用菌基地。为60余名民族村种植养殖户举办蔬菜、食用菌栽培技术培训班，组织4个民族村“两委”干部和2个乡镇的统战委员到开化、常山、龙游的“省级全面建设小康示范村”实地考察，举办项目谋划工作和新农村建设方面的培训班。10月中旬，组织4个民族村“两委”主职干部、民族小学校长及民族村所在乡镇的分管领导，赴景宁民族自治县、福建福安民族乡、宁德市畲族文化宫考察民族文化。实施结对帮扶工程，先后两次赴杭州市余杭区对接少数民族低收入结对帮扶项目，确定了2009至2011年由余杭区委统战部扶持航埠镇北一民族村30万元，其中第一期10万元帮扶资金已到位。坚决贯彻落实党的宗教工作基本方针政策和《宗教事务条例》，落实区人大对区政府《贯彻落实宗教“两条例”情况》的审议工作。开展宗教场所房屋建筑安全检查工作。开展“和谐寺观教堂”创建。 (朱小强)

## ·衢江区委统战部·

【综述】 2009年，全区统一战线工作在区委、市委统战部的正确领导下，学习贯彻党的十七大和十七届四中全会精神，深入学习实践科学发展观，按照“一项活动、两大主题、三个服务、五大计划”的总体思路，围绕服务经济社会发展，维护社会和谐稳定，充分发挥统一战线的优势与作用，服务中心，服务大局，服务发展，为推进全区经济社会追赶型跨越式可持续发展贡献力量。2009年度，区侨联被评为全省维权先进单位。

【服务经济社会发展取得新成效】 抓住衢州列入海西经济区的新机遇，积极创建省台湾农民创业园。省农业厅和省政府台办联合下文同意设立衢江台湾农民创业园。创业园规划建设面积9.96平方公里，现已落户外资农业企业3家，总投资达1659万美元。

深入开展“浓厚合力兴工氛围”课题调研。围绕“研究制定提升主攻工业合力、浓厚合力兴工氛围的对策措施”调研课题，抽调骨干组成一个调研组，走访企业、召开党外人士民主恳谈会，听取了他们的意见建议，形成调研报告上报区委。

开展“谋新发展，献金点子”活动。发动全区统一战线广大成员围绕区委、区政府的中心工作建言献策，广泛征集经济发展、社会事业、民生、社会稳定等方面的意见建议。共征集到各类意见建议40余条，并遴选出一批具有参考价值的“金点子”。

积极参与和服务经济社会发展。主动与民建杭州市委会、省工商联对接，先后邀请十多位会员企业家到我区洋坑村、外焦村进行实地考察和现场结对，寻求项目帮扶的途径，帮助民族村发展特色经济。以“三服务”活动为载体，加强与台资、侨资企业的联系，帮助他们解决生产、生活上的问题，切实做好维权服务工作。

【多党合作工作】 加强知联会组织建设，成立衢江区党外知识分子联谊会，确定衢江区党外知识分子联谊会成员50名，选举产生理事会成员19名。协助民主党派加强组织建设和领导班子建设，新发展民主党派成员7名。根据民进衢江区支部的实际情况和组织发展的需要，成立民进衢江总支。探索党外人士参政议政的有效途径，鼓励民主党派撰写高质量的提案。据统计，党派政协委员的提案有33件。组织民主党派积极开展社会服务活动。加强党外干部队伍建设，选拔提任实职副科党外干部2名，调整市政协委员2名。

【民族和宗教工作】 重视少数民族工作。建立民族村经济发展项目库，每个民族村至少储备2至3个发展项目，抓好民族村项目谋划工作。邀请专家对民族村干部进行项目谋划和实用技术培训，抓好民族村干部培训教育工作。积极谋划整理上报省民宗委2009年少数民族发展项目3个。加强横向、纵向联系，帮助民族村争取帮扶项目30多个。2009年，民族村完成道路硬化15.9公里，经济社会各项事业投入达515万元。湖南镇破石村被评选为全省“民族团结进步小康村”。举办庆国庆60周年民族团结和谐进步图片展，进一步宣传扩大民族工作影响。

维护宗教领域和谐稳定。依法管理宗教事务，进一步加强宗教“两个条例”的宣传，组织宗教团体负责人及信教群众代表参加市民宗局举办的宗教知识和法律法规培训班。协助区委、区政府处理宗教相关事务以及各级两会期间的维稳工作。加强宗教活动场所管理工作，开展创建“和谐寺观教堂”活动，推动宗教活动场所平安建设。4月，协助衢江区佛教协会成立财务管理中心，进一步规范了佛教寺院的财务管理。

【新的社会阶层人士工作】 做好非公有制经济领域统战工作。推荐上报市第二届优秀中国特色社会主义事业建设者候选人3名和市工商联五届执常委4名。加强非公有制经济代表人士的教育培训工作，组织我区2名非公有制经济代表人士参加省委统战部举办的非公有制经济代表人士培训班。开展“助推中小企业”活动，举办企业档案业务培训班。加强基层工作网络建设，帮助上方、莲花、大洲三个基层商会完成换届工作。做好会员发展工作，2009年共发展企业会员40家。

【港澳台和海外统战工作】 加强对台经贸合作，组织农业考察团赴台交流考察，为加快衢台两地的交流与合作铺路搭桥。做好海内外联谊和接待工作，2009年以来，共接待港胞、台胞、侨胞100多人次。市政协会议期间，邀请市政协港澳委员来衢江区考察。争取海外慈心慈善事业基金会对横路乡卫生院捐赠25万元人民币，用于乡卫生院门诊综合楼项目，同时动员侨属开展捐赠，为该项目捐赠了5万元人民币。联系巨化集团公司三胞眷属联谊会与16名双桥、太真中心小学的贫困生结对，并落实长期帮扶计划。

【加强自身建设】 深入开展学习实践科学发展观活动，引导广大统一战线成员和统战干部把学习讨论与破解难题紧密联系起来，不断提高统战干部的业务素质和工作能力。深入开展“学苏北、创新业”活动，坚持“一线工作法”和“三个一”联系制度，深入基层开展调查研究，切实改进工作作风。统战部被市委统战部评为调研工作二等奖。加强统战宣传工作，运用各种新闻媒体，多渠道、多形式、全方位地宣传和展示我区统一战线的新气象、新贡献、新成就，加大统战宣传工作的广度、深度和力度。开展统战工作大事记，及时反映衢江统战工作情况，扩大统战工作影响力。及时上报统战信息，信息工作获全市统战信息工作先进单位三等奖。夯实统战工作基础，召开全区统战工作会议，明确统战工作方向。强化乡镇（街道）统战工作考核，做好统战台帐工作，做到统战工作“家底清”。（邵晓霞　周　臻）

## ·龙游县委统战部·

【综述】 2009年，坚持以邓小平理论、“三个代表”重要思想及十七大精神为指导，以科学发展观为统领，牢牢把握大团结大联合主题，以服务发展为中心，以实施统一战线凝聚力工程为主线，以学习实践科学发展观活动为平台，着力服务“保增长、保民生、保稳定”。开展形式多样的凝聚力工程活动，拓展统战工作领域，扩大统战工作影响力，发挥统战工作优势，努力营造和谐稳定的政治环境，为全县“克难攻坚保增长、科学发展争先行”作出了新贡献。

整合统战各方资源，促进县域经济社会发展。积极参与招商捆绑组各项招商活动，同时发挥自身优势，做好穿针引线和各项服务工作，超额完成招商引资任务。多渠道争取资金200多万元，扶持民族村和社会事业发展取得突破。村企结对共建新农村取得进展，全县已结成企业界54对，宗教界2对，29个共建项目已实施，投入资金近267万元。整合15个统战成员单位与10个民族村结对帮扶低收入少数民族群众，总计结对342户，共投入资金34万元。宗教界关爱90岁以上少数民族老人及困难户慰问金4.2万元。

履行职能务实创新，推进统战工作和谐进步。创新统战工作机制。由县委办分别下发了《关于切实加强基层统战工作的实施意见》和《关于成立龙游县统战工作联席会议领导小组的通知》文件，根据以上两文件精神制定下发了龙游县基层统战考核细则。开展乡镇统战基础大排查，谋划特色统战工作。依据新时期统战工作十五类工作范围，各乡镇街道工业园区开展基础大排查，建立基层统战工作站，推进统战工作进社区，并重点抓好一项特色统战工作。提升参政议政能力，推进社会服务。组织党派、群众团体开展学习贯彻科学发展观，创新调研方式与途径，共撰写提案议案党派185件、调研文章48篇、学习心得265篇；赴乡镇、村、社区、企业开展送医、教、文化文艺、科技下乡活动12次。引导宗教与社会主义社会相适应。开展“和谐宗教场所”创建活动，倡导关爱弱势群众，参与新农村建设，帮扶资金7.5万元，调处宗教场所各类纠纷6起。创新统战凝聚力载体，服务县域经济建设。继续实施“少数民族低收入群众增收帮扶”等五大行动计划。做好省、市部低收入帮扶对接与服务工作。完成241名新阶层代表人士调查登记建档入库工作，成立了龙游县无党派知识分子联谊会，开展中国特色社会主义建设者评选活动。拓展联谊服务范围，构建大统战格局。加强与海外社团及香港龙游同乡联谊会的联谊和交流，争取了两个华侨捐赠项目，即卫生院建设25万元，学校建设10万港币，共接待海外9批280人次，送平湖免费就读高中11名学生。

加强干部教育培训，全面提升统战队伍素质。扎实开展学习实践科学发展观活动。紧紧围绕“党员干部受教育、科学发展上水平、人民群众得实惠”的总体要求，坚持“克难攻坚保增长，科学发展争先行”原则，县委统战部以“践行科学发展、壮大统一战线”为实践主体，紧密结合统战工作实际，重视调查研究，致力于形成我县统一战线的新机制、新举措、新特色，成果丰富；充分发扬民主，求智于民、问计于民，把广大统战成员和部机关干部职工满意不满意作为评价学习实践活动成效的重要标准，不走过场；精心组织、周密安排，狠抓落实，圆满完成活动规定的各项任务，并取得了明显初步成效。强化机关干部服务意识，增强效能主观能动性，形成务实、廉洁、高效的良好工作氛围。获年度全省统战工作先进集体，连续第三年被评为最满意单位及全县低收入农户奔小康结对帮扶先进集体等荣誉。

**【开展乡镇统战大详查】** 2月开展乡镇统战基础大详查，夯实基层统战基础，谋划特色统战工作。各乡镇（街道）依据新时期统战工作十五类工作范围，进村入户详细调查辖区统战基础资料，并对所调查结果进行分门别类建档入库，建立乡镇（街道）统战工作站及社区统战工作室，健全并上墙基层统战各项工作制度。根据各自统战工作重点确定一项统战工作，作为特色统战工作做出特色、做出亮点。

**【多渠道帮扶少数民族低收入群众】** 省、市、县外联内促，单位部门与民族村结亲、单位成员与低收入农户结对，融合政策、资金、项目与技术帮扶，全县24个少数民族村至少一个单位结亲，一个成员结对一户低收入少数民族户。少数民族村从欠账村空壳村转变为略有积余村，建成一大批公益性项目，结对的低收入少数民族农户均有了增收途径。据不完全统计共投入各类帮扶资金2914万元，共完成了24个民族村65个公益性帮扶项目，单位部门成员、统战成员、统战对象共结对521户低收入少数民族农户，户均增收2819元。

【民企联百村　共建新农村】　帮助企业渡危解困和扶持新农村建设，组织统战成员、专家学者深入企业调研，为企业渡危解困献计献策达 57 件，引导镇、村两级组织主动上门为企业服务，帮助企业解决实际困难 112 件。企业为村民提供就业培训、就业岗位，积极为行政村提出公益事业、基础设施等项目提供资金扶持，村负责项目实施，统战部与所在乡镇（街道）负责监督。在经受全球金融危机的情况下，共达成村企结对 54 对，宗教结对 2 对，29 个结对项目扶持资金达 267 万元，提供就业岗位 1300 多个。

【多党合作工作】　进一步健全了县领导联系民主党派和部分群众团体制度，谈心交友制度，对口联系制度，通报制度，聘请民主监督员和特约人员制度等一系列有关多党合作的制度。县委领导和政府中的 17 党员领导干部都有了联系的党外人士，县政府 12 个部门与各民主党派建立了对口联系，县政府 15 个部门聘请民主监督员 32 人、党外人士担任特约人员 9 人，成立了无党派知识分子联谊会，开展了新的社会阶层代表人士综合评价工作，各项制度落到实处。“两会”期间各党派共撰写提案议案 185 份。　（雷忠根）

## ·江山市委统战部·

【综述】　2009 年，江山市统战工作以科学发展观为统领，围绕中心，突出重点，创新载体，狠抓落实，呈现出领导越来越重视、中心越来越贴近、影响越来越明显、队伍越来越精干四个特点，统战领域各个方面都取得显著成绩。江山市委统战部获全省统战工作先进集体、全省统战信息一等奖、全省统战宣传重大创意奖；市工商联荣获全省工商联宣传教育工作先进单位，浙江民营企业庆祝新中国成立 60 周年晚会节目组织奖；市台办荣获全省对台工作先进集体；市侨联获得“浙江省侨联系统先进组织”荣誉称号。

【多党合作工作】　继续在党外人士中开展为“一高两进”三步走比贡献活动，主要以抓招商、谋项目、出点子等“七个一”为主要内容，将党外人士参政议政的着力点集聚到发展经济上，各民主党派和无党派知识分子联谊会积极参加比贡献活动。全年招商引资额达 1100 万元，谋划重大项目前期 10 个，完成调研报告 14 篇，提出合理化建议 17 个，获得省级部门以上先进荣誉（获奖）15 个。开展党外人士参与信访接待日活动。建立党外人士轮值参与信访接待日制度，每月市领导信访接待日轮值邀请一个民主党派组织（包括无党派知识分子联谊会）2 名成员，随同市领导在信访接待中心参与信访接待日活动，让党外人士倾听群众呼声、参与矛盾化解、开展调查研究、监督信访案件落实等，发挥党外人士在化解信访工作中的独特作用。该活动的做法在《团结报》、《联谊报》和《浙江日报内参》上刊登。开展党外人士视察科技创新活动。首次组织了 20 多名党外人士到浙江科力汽配有限公司等三家高新技术企业视察科技创新工作，让工作在科技战线上的统战成员能够全面了解江山市科技创新工作情况，从科技专业角度为科技创新工作进行建言献策。协助各民主党派把好新发展成员思想政治素质关，协助各民主党派加强领导班子建设，协助九三学社江山支社开展好换届选举和更名工作，选举九三学社江山市基层委员会新一届领导班子。

【开展少数民族低收入农户结对帮扶活动】　动员统战系统各部门、各民主党派、群众团体及社会力量重点参与帮扶上余镇江村畲族村、塘岭三村、木车村、方家村等少数民族集中村的少数民族低收入群众，争取发展补助项目，带动低收入少数民族群众发展经济，增加收入。江村畲族村种植生姜、高山蔬菜 300 亩，投入 10 万元建设林区道路，全村农民人均增收 989 元。帮助民族村及民族重点村解决了影响畲族群众发展最突出的发展难、出行难问题，加快民族村及民族重点村创建中国幸福乡村进程。

【开展创建和谐寺观教堂活动】　制定《关于开展创建“和谐寺观教堂”活动的实施意见》，突出抓好宗教活动场所民主管理建设、和谐文化建设、思想作风建设和规章制度建设，就创建目标、步骤、标准提出要求，进一步推进全市各宗教活动场所的规范化管理。在 5 月和 10 月开展宗教场所负责人、传道人员培训班，实行高龄退位寺庵管理人员生活补助制度，宗教领域做到了“零事故、零纠纷、零信访”的三零目标。

【非公有制经济人士统战工作】 建立工商联副主席轮值制度，16名兼职副主席实行轮值制度，每季度由两名兼职副主席担任执行主席，先后开展了企业家礼仪素质培训、温州银行与企业对接恳谈会等活动。成立义乌江山异地商会，凝聚在外创业的非公有制经济人士力量。开展“千名干部进千企”活动，96个部门单位的1000多名干部，深入非公有制企业服务5000多人次，共走访规模以上非公有制经济企业1100多家，解决非公有制经济企业各类发展难题200多件。建立了“企业服务110”、“金融服务110”、“机关效能110”、“工业科技110”等四个为企服务“110”平台，全年共受理各类涉企问题1515件，办结1490件，解决融资4.1亿元。非公有制经济人士积极参与“中国幸福乡村”建设，102家非公有制企业与82个行政村结对，帮扶资金达200多万元。

【举办海峡两岸毛氏文化交流暨毛子水学术研讨会】 举行《海峡两岸（浙江·江山）毛氏文化交流暨毛子水学术研讨会》，来自两岸相关专家学者、两岸毛氏宗亲代表、台商代表、部分民革党员等210多人参加了研讨会。清漾毛氏第56代、蒋介石原配夫人毛福梅，其孙中国国民党副主席蒋孝严特题字“江山衍脉三千里，宋室开基八百年”，以示祝贺。邀请台湾大学教授、毛子水先生得意门生宋淑萍，浙江工业大学教授、毛子水先生外甥徐四光，台湾大学教授、浙江省徐霞客研究会顾问毛育刚，衢州市政协原副主席祝瑜英分别在研讨会上作了专题讲座，开展主题研讨。

【缔结两岸同名友好镇】 组织了教育、经贸等四个考察团赴台考察。江山市凤林镇与台湾花莲县凤林镇签订了同名乡镇合作意向书，结为同名友好镇。以同名友好形式作为活动品牌载体，以此联系团结更多的台湾民众，为推动两岸和平发展创建平台。凤林镇成为我省首个与台湾结成“同名友好镇”的基层组织。

【加强党外干部培养选拔力度】 实施“党外代表人士后备队伍培养行动计划”，建立了由60名党外代表人士后备队伍组成“金字塔”式后备人才库。2009年，有9名党外干部从党外代表人士后备人才库中脱颖而出，被提拔任用。目前副科以上党外干部达到20人，其中党外正职达到3人。以“三个一线”锻炼党外后备干部能力，即招商一线，选派10名党外后备干部担任专职招商员；项目一线，选派9名党外后备干部到乡镇参与为期三个月征地、拆迁等项目的挂职锻炼；信访一线，选派2名党外后备干部到信访局挂职锻炼3个月。

【加强自身建设】 深入开展学习实践科学发展观活动，每人撰写学习体会和剖析材料各1篇，发放100份征求意见函，征求意见建议40多条，解决非公有制企业难题12个，健全了统战干部考核制度等6项制度，建立新的社会阶层人士统战工作联席会议制度，牵头开展非公有制企业学习实践科学发展观活动，实施乡镇统战工作基础强化年活动，开通江山统战网，编印了12期《江山统战记事》和11期《党外建议》，在2009年民主评议部门（单位）中，市委统战部被评为江山市最佳满意单位。

（郑东晓）

## ·常山县委统战部·

【综述】 2009年常山县委统战部在县委的领导和市委统战部的正确指导下，坚持以邓小平理论和“三个代表”重要思想为指导，以科学发展观统领、全面贯彻落实党的十七大和十七届三中、四中全会精神，牢牢把握大团结大联合主题，在围绕中心上定位，在服务大局中尽职，凝聚人心、汇聚力量，为实现县委提出的“实干兴县、项目强县”的总要求作出了积极的贡献。2009年，常山县委统战部荣获县委、县政府实施“低收入农户奔小康工程”先进单位，县民宗局被评为国庆维稳安保工作先进集体，在全县机关事业单位中开展的“满意不满意”单位评选活动中，县委统战部连续5年被评为满意单位，至2009年底，已获“学习型、服务型、廉洁型、创新型、效能型”五型机关称号。

【开展学习实践科学发展观活动】 按照县委的统一部署和要求，2009年3月开始在部机关中开展深入学习实践科学发展观活动，提出了“凝心聚力，为促进经济平稳较快发展建功立业”的实践主题，先后就县委提出的“企业创新保增长”、“实干兴县、项目强县”、统战部门如何发挥统一战线优势等要求，动员统战成员发挥聪明才智，为推动经济社会又好又快发展献计出力等方面内容开展了大讨论。组织开展金点子征集活动，全体党员干部广开思路，提出了成立中小企业担保公司、缓解中小企业融资难问题；建立问题分类解决机制，促进难题有效解决；推进城镇建设用地收储工作，加快城市发展步伐等点子。

**【开展县委“两个文件”贯彻落实情况督查，进一步推进基层统战工作建设】** 2009年11月，对各乡镇、部门贯彻落实常委〔2005〕39号《中共常山县委关于进一步加强中国共产党领导的多党合作和政治协商制度建设的实施意见》和常委〔2007〕12号《中共常山县委贯彻落实中共中央关于巩固和壮大新世纪新阶段统一战线的意见的实施意见》情况进行督查。督查以单位自查和县委统战部组织人员抽查的方式进行。对督查中发现的问题及时向县委作了汇报，并提出了相关意见和建议。

**【加强无党派人士统战工作平台建设】** 2009年2月，建立了“常山县无党派知识分子联谊会”。第一批吸收了61名各界别、各阶层的中高级知识分子担任会员，划分了5个学习小组，制定了年度工作计划，为无党派代表人士的学习活动、参政议政、发挥作用构建了统战工作平台，也为进一步密切党和政府与党外知识分子的联系畅通了渠道。

**【支持少数民族村经济发展】**

2009年，帮助球川坞口、招贤高埂和何家墣石三个少数民族村开展了项目调查、规划、论证和筛选工作，争取省民宗委和帮扶对接部门的资金扶持。做好民族团结进步小康村的创建活动，推进少数民族村的新农村建设。目前全县5个少数民族村中有省级“全面小康建设示范村”1个，市级“全面小康建设示范村”2个，省“民族团结进步小康村”1个。

**【开展创建“和谐寺观教堂”活动】** 根据省民委统一部署，开展了以“宗教界自身建设更加加强，宗教活动场所管理更加规范有序，宗教领域更加安全，宗教关系更加和谐，宗教界为经济社会发展做贡献更加自觉”为目标的“和谐寺观教堂”活动。

（张素雅）

## ·开化县委统战部·

**【综述】** 2009年，开化县统一战线工作坚持以科学发展观为统领，紧紧围绕县委县政府中心工作和“凝心、聚力”的目标要求，积极发挥统战优势，创新搭建工作平台，努力服务开化发展大局，较好地完成了统战领域各项工作。

围绕中心，服务发展大局。围绕县委“产业高新、小县大城、生态发展”思路，开展调查研究，积极建言献策。在2009年县“两会”期间，党外政协委员共提交提案67件，占提案总数的56.3%，其中有3件被评为重点提案，有8名党外政协委员在政协会议上作了大会发言。积极投身招商引资“一号工程”，发挥与非公有制经济人士联系密切的优势，积极拓展异地非公有制经济人士统战工作领域，主动融入招商引资工作大局。针对金融危机以来中小企业融资难的问题，发挥工商联的组织优势，指导中小企业以基层商会、行业协会为平台，建立互助基金会，推进中小企业互惠协作，实现“抱团发展”，为中小企业开辟了一条融资新途径。该项工作被省委统战部评为“2009年全省统一战线工作创新奖”。

完善制度，推进党派和党外干部工作。贯彻落实关于民主党派组织发展、自身建设的《座谈会纪要》精神，协助民主党派加强自身建设，把好组织发展入口关。完善落实走访约谈制度，全年由统战部主要领导带队走访民主党派支部6次，约谈党外干部和党派负责人20人次；组织召开党派支部会议2次。建立党派负责人监督公开选拔考试制度，邀请民盟、农工党支部负责人全程监督我县公开选拔副科级领导干部考试。抓好党外知识分子联谊会的平台建设，建立并落实联谊会定期活动、会员发展和退出、调研成果运用等三项制度，组织会员开展走进新农村、走进企业等系列活动，引导会员立足岗位积极建言献策、参政议政、建功立业。

对接帮扶，促进民族地区经济发展。围绕创建省级“民族团结进步小康村”和市级“民族特色经济专业村”的工作要求，深入实施“少数民族低收入群众增收帮扶行动计划”，主动促成发达地区统战资源与我县少数民族村的对接帮扶，全年为民族村争取各种渠道的产业发展扶持资金近百万元，相继完成清水鱼、名茶、吊瓜、油茶等项目建设，其中杨林镇叶南坞村清水鱼、毛竹综合开发项目被列为全省少数民族发展重点扶持项目，“一村一品”的产业发展格局在民族村初步形成。

依法管理，保证宗教活动规范有序。以创建和谐寺观教堂为抓手，完善宗教场所管理制度建设，实现宗教场所财务代理制扩面，推进宗教活动场所民主化管理。组织、发动宗教界人士开展“三个一”活动（进行一次培训、举办一期论坛、举行一次知识竞赛），引导宗教团体开展结对帮扶、捐资助学等活动。

加强联谊，夯实海外统战工作基础。扩大“侨务工作进社区”覆盖面，在城关镇5个社区分别成立了统战工作联络站，在城关镇城北社区、华埠镇枫树底社区成立了“社区统战各界人士联谊会”和“侨眷留学生家属联谊会”，依托社区统战工作平台，先后举办了侨眷留学生家属“庆国庆、迎中秋茶话会”、“侨法进社区、侨法进侨眷”等活动。对全县困难归侨侨眷进行了走访调查，建立了较完整的困难归侨侨眷信息库，并向有关部门争取了部分救助政策，为改善部分困难成员的生活作出了积极努力。在全县范围内启动侨情调查工程，历时5个月，基本掌握全县留学生的分布、现状及家庭情况，建立了“海外重点代表人士数据库”。在侨情调查的基础上，我们全年共向开化籍港澳同胞、海外侨胞、留学生寄发明信、贺卡200余份，发海外电子邮件80余封，慰问电话30余次，接待华侨华人、留学生、港胞33人次，接待侨属15人次，走访侨属、留学人员家属35户，送慰问金3200元。

**【帮扶少数民族低收入农户】** 1月1日，省委统战部副部长黄永通率领海亮集团总裁冯亚丽等一行，来我县杨林镇霞光民族村，开展少数民族低收入农户联系帮扶工作。通过召开座谈会、走访低收入农户、与当地干部群众交谈等，黄永通一行了解了村情、民情及今后几年的规划项目，着重讨论了今后两年实施清水鱼养殖项目等工作，拟定了相应的帮扶方案和措施。9月4日上午，九三学社杭州市委会一行在开化县委统战部的陪同下，赴开化县林山乡西山民族村开展“低收入少数民族群众增收帮扶行动”，并就帮扶产业发展项目和资金初步达成意向。据悉，九三学社杭州市委会争取帮扶西山村发展150亩油茶改良基地，落实帮扶资金10万元以上。

**【举行中秋茶话会】** 9月29日下午，县委、县政府隆重举行中秋茶话会。县四套班子领导与我县统一战线的各方代表欢聚一堂，喜迎佳节，同叙真情，共话发展。县委书记毛建民向各界人士介绍了近年来开化发展状况，民主党派人士、党外人士、台胞、侨属、港属、非公经济人士的代表畅谈了我县改革开放以来所取得的辉煌成就，表示要更加主动地投身改革，积极建言献策，为我县经济社会又好又快发展作出新贡献。

**【加强“民族团结进步小康村”建设】** 10月26日，市政协副主席陈建良率市政协少数民族和工会界别委员一行，在开化县视察民族团结进步小康村和民族特色经济专业村建设情况。陈建良副主席在充分肯定成绩的同时指出，要继续整理和挖掘民族特色文化资源，充分发挥畲族文化优势，为树范村的长足发展打下坚实的基础；要在村庄规划建设上作出积极探索和创新，以特色来扩大影响力，辐射周边地区；要以丰富多彩的活动为载体，深入开展农民素质教育，提升新农村建设的整体水平。10月6日，开化县委书记毛建民赴树范民族村调研。毛建民充分肯定了近年来树范村新农村建设所取得的显著成效，并指出要以开展第三批学习实践科学发展观活动为契机，不断强化农村基层组织建设，推动各项工作落实，确保全年目标任务的完成。

（张　沛）

# 舟　山　市

## ·舟山市委统战部·

**【综述】** 舟山市地处长江口南侧，杭州湾外缘的东海海域，处中国沿海南北航线与长江水道交汇点。岛屿星罗棋布，航道畅通。舟山市是全国唯一以群岛设市的地级市。舟山群岛有大小岛屿1390个，区域总面积2.22万平方公里，其中海域面积2.08万平方公里，陆地面积1440平方公里。舟山本岛为中国第四大岛，面积578.49平方公里。舟山市常住人口100万人，暂住人口27万余人。下辖定海区、普陀区、岱山县、嵊泗县。舟山素有千岛新城、“海天佛国”之美称，境内的普陀山是中国佛教四大名山之一。

2009年，全市人民按照省委和市委一系列决策部署，认真学习贯彻科学发展观，努力建设国际性、现代化、群岛型港口宜居城市，把舟山打造成海洋经济强市、海洋文化名城、海岛花园城市、海岛和谐社会。全年完成地区生产总值540亿元，比上年增长11%；工业总产值增长20.9%；船舶工业实现产值432.4亿元，同比增长35.5%，占全市工业比重43%；完成旅游接待人数1753万人次，旅游收入116.5亿元，分别增长15.6%和16.1%；港口货物吞吐量1.93亿吨，增长21.7%；全市规模以上工业企业主要经济指标考核得分高出全省平均分59.31分，位居全省首位；全社会固定资产投资增长18%；完成进出口总额71亿美元，增长17.4%。其中进口33亿美元，出口38亿美元，同比分别增长19.6%和15%；社会消费品零售总额增长15.1%；财政总收入和地方财政收入分别增长15.5%和13%；城镇居民人均可支配收入24082元，增长8.2%；渔农村居民人均纯收入12612元，增长11%。新一轮改革开放稳妥推开，谋划实施了舟山海洋科学城建设方案；深化了港务、交投体制，市区财政体制，行政审批制度等重大改革；开展了海洋经济综合开发配套改革、海洋旅游综合改革试验区申报工作；推进了民营企业兼并重组。社会保持和谐稳定，2009年我市人民群众安全感满意率居全省第一。舟山跨海大桥在2009年底全面建成胜利通车，对经济社会的促进效应初步显现。提前一年完成了“十一五”主要经济指标，工业总产值突破了一千亿大关。创建国家卫生城市取得了阶段性成效。“网格化管理、组团式服务”工作得到了省委、省政府的充分肯定和广大群众的拥护。

一年来，市委统战部在市委的正确领导下，以邓小平理论和“三个代表”重要思想为指导，深入学习实践科学发展观，全面贯彻落实党的十七大和十七届三中、四中全会精神，紧紧围绕我市“两创一促”总战略和“增长为先、转型为本、创新为魂、民生为重、稳定为基”的工作主线，努力开创大桥时代我市统战工作的新局面。

**【认真贯彻落实多党合作制度】** 以庆祝新中国成立和多党合作制度确立60周年为契机，积极开展各种活动，宣传多党合作制度。组织各民主党派、工商联在全市各界人士庆祝新中国成立60周年和迎中秋茶话会上进行文艺演出，组织各民主党派联合举办“庆祝新中国成立暨多党合作制度确立60周年”摄影展，召开由各民主党派老主委、老同志和专职副主委、年轻骨干参加的庆祝新中国成立和多党合作制度确立60周年座谈会。做好市委与民主党派、无党派人士的联系、交流和沟通等工作，贯彻落实多党合作各项制度。8月，市委书记梁黎明亲自参加党外人士座谈会，就舟山市经济社会发展的重大问题，听取各民主党派、工商联和无党派人士的意见建议；各民主党派、无党派政协委员在“两会”期间深入调研，围绕党委政府中心工作，就群众关心的问题提出提案。

**【协助各民主党派加强自身建设】** 推进民主党派开展学习贯彻科学发展观活动。2009年7月，召开以探索民主党派和无党派人士服务社区，加强基层群众自治制度建设的新方法、新途径为主题的市级各民主党派、工商联和无党派人士暑期读书会。在学习实践科学发展观活动中，联系民主党派实际，积极开展新形势下加强民主党派工作的探索。协助各党派认真贯彻省委会做好基层组织建设和换届工作的有关精神；协助各党派把好发展对象的质量关。

**【做好党外知识分子和党外干部工作】** 对市、县（区）党外干部政治安排、实职安排工作情况进行调研，完善党外干部档案；认真做好党外后备干部队伍建设工作。对全市直属部门配备党外科级干部的情况进行调查，完善了市直部门科级干部数据库。召开党外干部工作座谈会；做好市政协五届三次会议人事安排及有关工作，五届政协委员、常委、副主席中的党外人士安排都达到了规定的比例；做好多党合作调研后续制度完善的有关基础工作，对市属配有党外领导干部的单位党组（党委）议事规则修改完善，起草了《<舟山市市直属党委（党组）议事规则（试行）>补充规定》，并以市委办名义下发，进一步规范党内外合作共事关系，促进多党合作；组织开展干部选拔任用工作条例等政策法规专题学习及“一报告两评议”有关工作。以党校社院为平台，为培养举荐优秀合格的党外干部创造条件。2009年初下发《舟山市统一战线干部教育五年培训规划》。举办全市第五期党外干部、知识分子培训班。向省社院、市委党校推荐党外干部参加培训。

进一步健全新的社会阶层人士统战工作机制，四个县（区）分别制定下发《新的社会阶层人士统战工作联席会议制度》、《新的社会阶层人士统战工作网络构建行动计划》。召开全市第一次新社会阶层联席工作会议；对全市中介机构的党外知识分子进行专项调研，进一步完善我市党外知识分子数据库和代表性人士数据库。扎实开展知识界人士联谊会工作。进一步发挥无党派人士参政议政作用。指导岱山、嵊泗于3月成立知联会组织。至此，我市四个县区都建立了知联会组织。组织知联会进行科学发展观的专题辅导报告。组织理事开展调研活动。11月21日，市知联会在定海区环南街道千岛社区和普陀区朱家尖街道三和社区挂牌成立社会服务点。

**【开展非公企业学习实践科学发展观活动】** 由市委统战部、市工商局、市工商联三家单位联合成立了学习实践指导小组，10月开始指导非公有制企业深入开展学习科学发展观活动。各县（区）也相继成立了非公有制企业学习实践活动指导小组。制定了全市非公有制企业学习实践活动的指导方案，对学习实践活动目标任务、基本原则和方法步骤等提出了明确要求。10月14日，组织市及各县区指导小组成员、部分非公有制企业党组织负责人收看全省非公有制企业学习实践科学发展观动员电视电话会议，召开市非公有制企业学习实践活动指导小组全体人员会议，确定下一步的工作方案，明确学习实践活动的重要意义，活动内容、工作目标及所要达到的效果；10月，调查全市非公有制企业基层党组织、党员人数和全市非公有制企业开展学习实践活动情况；10月下旬，市非公有制企业学习实践活动指导小组负责人到基层调研非公有制企业深入学习实践科学发展观活动开展情况；11月中下旬，市非公有制企业学习实践活动指导小组负责人多次赴各县区检查指导非公有制企业学习实践科学发展观活动工作；明确若干家重点联系企业，及时掌握企业学习进展情况和工作成效，对先进经验及时推广宣传。12月2日至3日，市委统战部、市工商联和市非公有制企业学习实践活动指导小组联合举办全市非公有制经济人士培训班。

**【加强非公有制经济人士队伍建设】** 开展优秀中国特色社会主义事业建设者的评选表彰活动。9位非公有制经济代表人士荣获“舟山市第二届优秀中国特色社会主义事业建设者”的荣誉称号，并以市委、市政府名义进行了表彰。2009年3月，圆满完成对71位非公有制经济代表人士的综合评价工作。继续做好部领导约谈非公有制经济代表人士的联系联络工作。对存在的问题督促其改正，同时为非公有制企业办实事、解难题，成立结对服务企业工作组。配合省委统战部在我市8家非公企业建立了信息直报点。12月2日，举办全市非公有制经济人士培训班。

**【港澳台和海外统战工作】** 做好我市代表团2月中旬赴港参加香港舟山同乡会二十周年系列庆典活动的服务工作。开展了一系列经贸合作、文化交流等活动，拜访了全国政协副主席董建华、中央人民政府驻香港特别行政区联络办公室等。积极做好港澳台及海外人士的联谊联络工作，加强与挪威同乡会、澳大利亚舟山同乡会、台北舟山同乡会等一些海外社团和香港舟山同乡会，香港普陀联谊会、海外金塘人联谊会的联系。召集在舟山探亲的香港及挪威同胞座谈大桥经济。在舟山跨海大桥开通之际，组织舟山籍港、台、海外侨胞参加有关活动。在中秋佳节，部领导赴深圳与部分舟山籍香港同胞座谈。帮助舟山籍华侨华人及港澳台同胞解决了一批房产、地产等方面的遗留问题，妥善处理了一些信访件。积极做好各种接待服务工作。积极落实《海外联谊拓展行动计划》，继续开展我市重要海外社团及著名人士名录库建立工作。上报省委统战部舟山市18位海外重点人士提名登记。利用舟山海外联谊会换届契机，增加一批海外代表人士担任理事。积极推动海外各级同乡会建设，香港岱山联谊会正式登记注册。

**【贯彻落实全市宗教工作座谈会精神】** 切实加强党和政府对宗教工作的领导。把马克思主义宗教观和宗教工作方针政策列入市、县（区）党校开展党政领导干部和中青年后备干部培训的必修课程，把《中国的宗教问题和宗教政策》一书列入全市县（处）级干部年度必读书目。开展全市民宗系统干部三年业务轮训计划的首期培训工作，开办三年制宗教文化大专班。

**【开展“和谐寺观教堂”创建活动】** 召开全市和谐寺观教堂创建工作研讨会和民主恳谈会，成立市创建“和谐寺观教堂”活动领导小组，制订全市“和谐寺观教堂”创建活动五年规划，下发《舟山市关于开展“和谐寺观教堂”创建活动的实施意见》及《舟山市创建“和谐寺观教堂”评分细则》，细化规划目标，量化评定标准，优化工作机制，强化结果运用。10月初召开全市“和谐寺观教堂”创建活动工作会议；出台创建试点工作方案。在全市4个县区和普陀山各设立一处创建活动试点场所。在岱山开展“创建和谐寺院”讲经说法试点工作。

**【加强宗教界人士队伍建设】** 11月20日，市基督教第三次代表会议召开，选举产生了市基督教两会新一届领导班子，成功完成了新老交接。编印了2008年度《舟山市宗教信息统计资料》和《教职人员名录册》。

**【服务经济发展和社会和谐】** 截至10月初，中国佛学院教育学院工程完成总工程量的96%，完成投资2.6亿元。办学工作也正在积极推进。世界佛教论坛场馆90亩用地指标已落实。已帮助普陀山佛教协会完成施工方案设计与项目立项。普陀山第四大寺主体工程、两项工程建设已进入内部装修阶段。积极参与观音文化节筹备工作。引导宗教界积极投身慈善事业。一年来全市宗教界捐款1500余万元。

（张建军）

## ·定海区委统战部·

**【综述】** 定海区位于舟山群岛的中西部，是舟山市政治、经济、文化中心，区域面积1444平方公里，其中陆域面积531平方公里。全区共有大小岛屿127个，其中住人岛27个，现辖10乡镇和5街道，区域总人口37.8万。

定海面临浩瀚的太平洋，境内海域总面积875.2平方公里，港湾众多，航道纵横，是中国南北海运和远东国际航线的黄金水道，是中国内陆与世界主要港口通航最便捷的起航点之一，被国务院列入长江三角洲及沿海地区先行规划、先行发展的地区之一。其海域内10米以上深水岸线达68.7公里，水深20米以上岸线43.10公里。

定海区是浙江省著名侨乡，同时也是全国去台人员最多的县（区）之一。目前，有定海籍人士旅居、定居在世界35个国家和地区。

2009年，定海区实现生产总值210亿元，增长11%；实现工业总产值300.2亿元，增长22.0%；财政总收入10.78亿元，增长18.7%，其中地方财政一般收入6.20亿元，增长15.7%；社会消费品零售总额77.3亿元，增长15.5%；城镇居民人均可支配收入26751元，增长8.0%，农渔民人均纯收入12657元，增长11.1%。

2009年，全区统战工作以邓小平理论和“三个代表”重要思想为指导，深入学习实践科学发展观，全面贯彻落实党的十七大和十七届三中、四中全会精神，紧紧围绕我区“勇当海洋经济转型升级排头兵，建设大桥时代富裕和谐新定海”这一大局，努力开创大桥时代我区统战工作新局面。

**【积极支持民主党派开展工作】** 做好各民主党派政治引导工作。组织各民主党派主委、副主委等有关成员认真学习党的十七届三中、四中全会精神，参加新时期统战工作科学发展民主恳谈会等。协助各民主党派支部加强组织建设发展工作。进一步落实多党合作制度工作。积极协助区委、区政府、区纪委邀请各民主党派负责人开好征求意见会、反腐倡廉通报会、民主恳谈会、年度党风廉政责任制考评等。做好对口联系交友制度的落实。促进民主党派和政府部门相互沟通，扩大民主党派成员参政议政的知情面，进一步拓宽民主监督渠道。帮助各民主党派围绕中心参政议政，建言献策。组织各民主党派联合开展“送健康、送科技、送法律”三下乡服务活动。

**【举办庆祝新中国成立60周年暨多党合作制度确立60周年系列活动】** 9月25日召开了多党合作制度确立60周年座谈会。举办了“双60”知识竞赛活动，五个民主党派及区知联会六支代表队积极参与。

**【党外人士培养选拔工作】** 2009年全区新提拔党外实职副科3名，正科1名。6月下旬组织党外后备干部、党外知识分子参加市第五期党外干部、知识分子培训班。出台《关于实施新的社会阶层人士（自由择业知识分子）统战工作网络构建行动计划的实施意见》。确立由统战部门牵头、14个党政有关部门参加，4个社会有关团体参与的联席会议制度。确认15位自由择业的党外知识分子作为定海区首批新的社会阶层代表人士。区级新的社会阶层代表人士数据基本建立。

**【成立党外人士理论学习中心组】** 4月，建立定海区党外人士理论学习中心组学习会，组织党外人士认真学习党的十七届三中、四中全会精神，学习科学发展观以及区第十一次代表大会第四次会议精神等政治理论，学习多党合作、经济工作、社会事业等内容，使统一战线成员进一步增强了接受中国共产党领导的自觉性和坚定性，统一战线的共同思想基础进一步夯实。

**【开展访百企活动】** 了解企业运行情况，建立工作档案，撰写关于《定海区民营企业可持续发展情况调研报告》。帮助企业协调和解决各种问题。开展会员企业意见征询活动，汇总意见建议供有关部门参考。牵头召开行业与政府部门对接研讨会。撰写调研报告。

**【主动服务非公有制企业】** 深化政策信息服务。《定海商会》采取信息摘编和文件转发等形式向会员企业传递政策动态。与浙江海洋学院合作建立了“长三角人力资源网站定海民营企业版块”，开展培训服务。邀请有关部门为定海北京商会会员企业开展企业管理人员初级技术职称培训工作。联合区法院，组织法官和律师赴各基层商会开展维权服务和座谈会，帮助会员企业化解金融危机下各类法律风险；积极稳妥做好转资融资服务。有效缓解企业短期融资难问题。

通过政策引导、培训座谈等形式，激励广大会员增强发展信心，调整和转变发展方式。邀请区主要领导及相关部门参加工商联执委会，面对面为企业经营者讲形势、提要求。与市工商联联合编发《保增长、促发展政策选编》读本，发至全体会员企业。与区司法局联合举办“金融危机下民营企业如何应对法律风险”报告会，与区人才办联合组织31名企业经营管理人员赴浙江大学参加“定海区现代企业管理素质提升班”。

**【进一步加强基层商会建设】** 成立全区首家异地商会——定海区工商联北京商会。在金塘镇商会和区直属商会率先实施乡镇商会秘书长由商会自行聘任的做法。加大会员发展力度，注重从重点企业、成长型企业中发展会员。

**【建立政企合作机制】** 区工商联加强与区有关职能部门的合作，并建立相关的工作联系机制。与区档案局联合发出《关于加强企业升级服务方式的通知》，主动为会员企业提供档案服务指导。与人民法院建立司法建议、法律服务、调解协调等六个方面的“服务企业，共促和谐”联系合作机制。组织企业界人士慰问区消防大队，并签署共建结对协议书。召开税、企沟通会，与区国税局签署合作备忘录。聘请市、区15个职能部门主要负责人为区工商联工作顾问。

**【港澳台和海外统战工作】** 2009年接待回乡探亲、考察和参加各类活动的港澳台同胞、海外侨胞、海外华人、海外留学生300多人次。建立完善了侨台情资料库。向侨台胞及其亲属宣传党的对台侨务政策，提供各类服务，帮助他们解决实际困难。通过加强与各同乡会、联谊会等的联系联谊，介绍家乡经济和社会发展情况。

**【进一步加强民族宗教工作】** 与各宗教活动场所签订了《定海区宗教活动场所安全工作管理责任书》。在各宗教活动场所进一步建立完善了人员、财务、治安、消防、卫生防疫等方面的规章制度。开展宗教活动场所法制宣传教育。做好有关教堂迁建的相关工作。制定《全区“和谐寺观教堂”创建活动实施意见》、《全区“和谐寺观教堂”创建活动五年规划》，将创建目标任务细化。活动开展以来，宗教场所的硬件与软件建设得到加强，宗教教职人员创建意识也不断增强，各类宗教活动进一步趋于正常化、规范化，场所安全管理、民主管理重视度越来越高，许多教职人员热心社会公益慈善事业，增强了维护稳定、促进和谐的责任心和主动性。（章　勇）

## ·普陀区委统战部·

【综述】 普陀，佛教《华严经》中"一朵美丽的小白花"之意。它位于浙江省东北部，舟山群岛东南部，因境内佛教胜地普陀山而得名，是舟山市的一个市属区。全区共有大小岛屿455个，有人居住的有32个。全区辖4镇3乡5街道。总人口31.9万人，面积6728平方公里，其中海域面积6269.4平方公里，陆地面积458.6平方公里，海岸线总长831.43千米。

普陀地处长江三角洲经济区、全国沿海要冲、舟山渔场中心。背靠沪、杭、甬等大中城市，面临辽阔海洋，与台湾基隆港、日本长崎港、韩国仁川港相对。自然资源丰富，渔业发达，港口优良，风光秀丽，气候宜人，素有"东海明珠"之称。

2009年，普陀区实现地区生产总值166.0亿元，增长10.0%，人均GDP达到5.2万元。财政总收入22.2亿元，增长22.3%，其中地方财政收入12.8亿元，增长15.1%。全社会固定资产投资81.2亿元，增长22.5%。社会消费品零售总额63.0亿元，增长15.5%。城镇居民人均可支配收入24219元，增长8.0%；渔农村居民人均纯收入12450元，增长9.5%。

2009年，全区统战工作在区委领导下，认真贯彻落实党的十七大和十七届四中全会精神，扎实开展科学发展观活动，牢牢把握"大团结、大联合"主题，紧紧围绕区委、区政府中心工作，开拓创新，锐意进取，各项工作都取得了显著成绩，为实现全区经济社会平稳有序较快发展提供了广泛的力量支持，为巩固和发展适应新形势新要求具有普陀特色的爱国统一战线作出了积极贡献。

【进一步夯实统一战线的共同思想政治基础】 组织全区各民主党派、工商联、无党派人士等统一战线成员自觉学习党的十七大、十七届四中全会精神，参与学习实践科学发展观活动。为加强和改进党的建设建言献策。举办民主党派培训班、民主党派工作例会、三教联席会议、统战成员座谈会等，引导全区统一战线成员增强接受中国共产党领导的自觉性，做到坚持走中国特色社会主义道路不动摇。

【加强民主党派工作】 不断健全多党合作和政治协商的各项制度，认真落实区党政领导与民主党派联系交友、区属有关单位与区各民主党派对口联系制度。引导各民主党派紧紧围绕"大桥时代新普陀"这一主题，针对区重点建设项目和民生问题开展调查研究，积极参政议政。协助各民主党派加强自身建设，做好新成员发展考察等有关工作。充分发挥民主党派智力密集优势，组织引导他们为社区建设服务。

【做好党外干部工作】 完善区委组织部与区委统战部联席会议制度，下发《关于进一步做好党外干部工作的意见》，会同区委组织部就文件的贯彻落实情况进行了督查。同时，推进党外后备干部队伍建设，组织举办了全区首期区管党外后备干部培训班，全区各乡镇（街道）、区属单位的80余名中青年党外后备干部接受了教育培训。

【举办民主党派成员培训班】 为深入学习实践科学发展观，做好政治交接，切实提高基层民主党派参政议政、建言献策的能力和水平。8月1日，区委统战部举办了全区民主党派成员培训班。全体民主党派成员听取了《党的新世纪新阶段多党合作理论与实践》、《民主党派怎样参政议政》的讲座，并听取了区政府办公室关于《2009年普陀区政府重点实事项目进展情况》的通报。

【召开新的社会阶层人士统战工作联席会议】 8月14日，召开第一次新的社会阶层人士统战工作联席会议，学习了胡锦涛总书记关于加强新的社会阶层人士统战工作的讲话精神，并就如何发挥联席会议作用，进一步做好普陀新的社会阶层人士统战工作作了部署。

【开展"服务企业服务基层"系列活动】 组织干部走进企业、蹲点调研、咨询服务，认真撰写有关促进企业解困和发展的调研文章，并通过举办经济形势分析报告会、出口品牌申报工作培训班、参加省民营企业家培训班等措施，积极引导全区非公有制经济人士认清形势，提升应对能力，增强化危为机、转型升级的信心和决心。

【加强基层商会组织建设】 9月15日，普陀区首家基层商会六横商会成立。虾峙海运、展茅五匠协会等行业商会建设也进一步提升。

【港澳台和海外统战工作】 通过向普陀籍港澳同胞走访慰问、寄送贺卡、电话慰问等方式拓宽、密切与普陀籍港澳同胞的联系交流。发挥香港普陀联谊会作用，增进在港澳乡亲的互助团结。通过整合海外统战资源，充分发挥“海外统战联席会议制度”作用，巩固了老关系，广交了新朋友，海外“新生代”的统战工作取得了成效。

【进一步完善三级宗教工作网络】 全区各乡镇（街道）利用“网格化管理、组团式服务”平台，配备了宗教工作“网格”联络员552名。区民宗局印发了全区宗教工作“网格”联络员、乡镇分管干部的信息联络本及宗教理论学习手册，进一步促进了我区宗教工作的精细化管理。

【认真落实民族工作方针政策】 继续加强少数民族联谊会建设，认真做好少数民族婚嫁女情况调查，并对生活困难的少数民族婚嫁女进行走访慰问。4月10日，区委常委、区委统战部部长张伟国带领区结对帮扶领导小组部分成员赴庆元县黄田镇东西村进行实地考察对接，并送去首笔帮扶资金10万元及部机关捐款1万元。

【依法加强宗教事务管理】 加强对宗教活动场所的规划、财务、大型活动审批和突发事件处理等管理工作。与建设部门一起会同有关乡镇（街道）对全区宗教活动场所进行规划定位，完成六横镇、勾山街道基督教、天主教场所的选址工作。对全区6家宗教活动场所的财务收支进行审计，确保各宗教活动场所财务开支合理。与全区58个宗教活动场所签订了安全工作管理责任书，组织宗教活动场所负责人及骨干教徒参加消防安全知识培训。全力做好宗教行政执法延伸工作。与公安、国安等部门建立了日常工作联系制度，形成重大事情相互通气、信息及早通报、突发事件共同处理的合作机制。

【开展创建和谐寺观教堂活动】 在全区各宗教活动场所全面开展了创建“和谐寺观教堂”活动，力争在五年内创建工作有明显的成效。

【引导宗教与社会主义社会相适应】 在发掘宗教文化内涵、服务大局方面，积极当好区委、区政府的参谋，积极组织宗教界配合做好第四届佛茶文化节活动和上海佛茶展览、印象普陀等活动。

【召开全区统战工作会议】 3月6日，全区统战工作会议召开。会议回顾总结了2008年全区统战工作，研究分析了2009年统战工作面临的新形势、新问题，并对2009年的工作进行了全面部署。会议还表彰了2008年全区统战工作先进集体和先进个人。（余朝波）

## ·岱山县委统战部·

【综述】 岱山县位于浙江省舟山群岛中部，是全国12个海岛县之一，系省级风景名胜区，素有“蓬莱仙岛”之美称。全县由404个岛屿（包括住人岛16个）组成，总面积5242平方公里，其中陆地面积326.5平方公里。岱山本岛面积119.3平方公里，为舟山第二大岛。全县辖6镇1乡，86个行政村，10个居委（社区），总人口近20万，县政府所在地为高亭镇。

岱山地处大陆海岸线和长江“黄金水道”、“T”型交汇的咽喉要冲，是长三角对外开放的海上门户，上海国际航运中心洋山深水港航道穿越县境。全县海域广阔，可利用深水岸线丰富，是华东地区最好的2个深水港资源和最丰富的风力资源拥有地，得天独厚的资源为发展临港产业和新能源产业提供了理想选址，岱山由此成为了浙江省重要的船舶修造基地和海洋能源基地。岱山还是全国十大重点渔业县之一，境内有岱衢洋、黄大洋、黄泽洋、灰鳖洋四大渔场，盛产各类鱼虾蟹贝，年产水产品33万吨左右。传统的渔业孕育了独特的海洋文化，与瑰丽多姿的山海奇景自然融为一体，使岱山正成为名副其实的休闲度假旅游胜地。

2009年，岱山县紧紧围绕富强、宜居、开放、和谐四个岱山建设目标任务，全力以赴保增长，攻坚克难促转型，凝心聚力，迎难而上，全县各项工作在逆境中实现了新的突破，一些主要经济指标增幅再攀新高，县域经济实现了近年来最快的发展速度。全年共实现生产总值102亿元，比上年增长20.2%，城镇居民可支配收入21978元，渔农民人均纯收入12791元，分别增长9.2%和11.1%。

一年来，岱山县统战工作在

县委和市委统战部的正确领导下，认真贯彻落实县党代会和省、市统战部长会议精神，围绕年初确定的工作目标和县委县政府中心工作，牢牢把握构建和谐的“五大关系”这一工作目标，凝聚人心，汇聚力量，积极探索新时期统战工作的新途径、新方法，较好地完成了各项统战工作任务，为促进岱山县经济建设又好又快发展和社会稳定和谐作出了新的贡献。县委统战部连续第三年被省委统战部表彰，县工商联被省工商联评为先进集体。

**【深入开展学习实践科学发展观活动】** 通过学习调研、分析检查、整改落实，有效达到预期目标，不仅提升了我县统战干部队伍战斗力，而且形成了“践行科学发展观，壮大统一战线，为‘四个岱山’建设提供最广泛的力量支持”为实践载体、形成科学发展的新共识。通过深入开展学习实践活动，积极探索统战工作的新路子，切实增强了岱山县统一战线的影响力和凝聚力。

**【积极拓展党外人士工作】** 成立了岱山县党外知识分子联谊会，选举产生了岱山县党外知识分子联谊会第一届领导班子；积极发挥知联会的作用，认真组织调研考察活动，充分发挥知联会人才荟萃、智力密集、联系广泛等优势，组织知联会成员开展“服务渔农村、服务企业”活动；扎实推进新的社会阶层人士统战工作网络构建行动计划，出台了《岱山县新的社会阶层人士统战工作联席会议制度》，召开全县新的社会阶层联席会议，开展对新的社会阶层人士的调查摸底工作。

**【指导非公有制经济组织开展科学发展观学习实践活动】** 从破解非公有制经济发展中存在的困难着手，开展专题调研并认真落实，努力搭建政策支持平台、银企合作平台、企业服务平台、法律维权平台、宣传信息平台、思想工作平台。

**【开展“攻坚克难服务年”活动】** 通过汇编了《保增长、促发展政策选编》手册和举办“服务科学发展企业法制报告会”等，积极反映会员企业的愿望和呼声，力所能及的为企业提供帮助。

**【做好非公经济代表人士综合评价工作】** 完善考评机制，引导非公有制经济代表人士加快发展、服务社会。充分发挥工商联的职能和优势，加强与企业的沟通联系。

**【大力推进社企结对活动】** 积极发挥非公有制经济人士的作用，继续开展以“优势互补、联系紧密、互惠共赢，加快推进渔农村小康社区建设”为主题的社企结对活动，在全县首届慈善大会的“慈善一日捐”活动上，全县共有37名非公经济人士捐赠善款380余万元。

**【港澳台和海外统战工作】** 组织美籍华人徐四海博士来与岱山县的医学界人士进行学术上的交流，积极开展海外人士同岱山县贫困学子的结对工作，做好荷兰侨团方苏幼女士同我县贫困学子的帮扶结对工作；继续开展“以侨帮侨“活动，加大对困难侨眷的帮扶力度，增加侨界的凝聚力。香港岱山同乡会于2009年12月注册成立，海外社团网络更加健全，联系更加顺畅。加强宣传和引导，向海内外岱山籍乡亲寄送《乡音报》、《招商指南》等宣传材料。增强他们对岱山的改革开放、经济建设取得的成绩的了解，2009年共接待港澳台海外等重点人士20多批次，发放各类宣传资料200余册。

**【建立宗教事务管理新机制】** 初步建立了以维护宗教稳定促进宗教和谐为重点的宗教事务综合管理工作机制。继续开展宗教界人士综合评价工作，在2008年宗教界人士综合评价市试点的基础上，2009年通过进一步创新和完善这项有实效、得到各方面包括宗教界人士认同的长效机制。

**【引导宗教界人士依法开展宗教活动】** 全面提升宗教教职人员的素质，鼓励宗教界人士参加各种正规的学习和进修，全年有5名佛教界教职人员考进市民宗局创办的宗教系统文化大专班，有4人到宗教学院进修，7月份还举行了以“和谐”为主题的全市首次佛教界讲经说法比赛。

**【开展“和谐寺观教堂”创建活动】** 制定了“和谐寺观教堂”创建方案，计划在5年时间内全县45家开放宗教活动场所全部达到县级以上创建标准，对被列为市、县第一批8家创建场所，派专人到场所进行指导，帮助创建场所建立完善内部管理制

度，有一家市级试点单位提前通过验收。（王明军）

## ·嵊泗县委统战部·

**【综述】** 嵊泗县位于浙江省东北部，南与普陀山隔海相望，西距上海芦潮港仅31海里，是沪、杭、甬的东大门。嵊泗地处长江口杭州湾入海交汇处、长江三角洲顶端，是南北海运和江海联运的枢纽，是国际远洋轮船出入长江、吴淞口的必经之地。嵊泗是全国10个海岛县之一，全县海陆面积8747平方公里，其中陆地面积86平方公里。共有大小岛屿404个，其中常年住人岛屿16个，以县政府所在地泗礁岛最大，面积26平方公里。全县辖3镇4乡，全县户籍常住人口80352人。

2009年，我部在县委和市委统战部的正确领导及关心支持下，以邓小平理论和“三个代表”重要思想为指导，深入学习实践科学发展观，认真学习贯彻党的十七大和三中、四中全会精神，积极贯彻落实党在新时期关于统战工作的各项方针政策，紧紧围绕服务县委工作全局这一主线，解放思想，开拓创新，扎实推进各项工作，为全县经济社会实现科学发展发挥了应有作用。

**【积极引导民主党派参政议政、民主监督和服务社会】** 指导县农工党支部加强思想、政治、组织建设，围绕我县经济社会发展过程中的难点和热点问题展开调研，开展一系列扶贫结对、送医下乡、送教下乡等活动。该支部被农工党浙江省委评为2007—2009年省级基层组织建设先进集体。

**【加强党外代表人士队伍建设】** 成立县无党派知识分子联谊会，构筑无党派知识分子活动平台。积极做好党外干部的物色、培养、选拔，利用维稳、挂职锻炼、组织培训、“网格化管理、组团式服务”工作实践等平台，为年轻党外干部创造锻炼机会。继续开展党外代表人士“凝聚力工程”活动，进一步落实党外代表人士的情况通报会、对口联系和交友等制度。

**【扎实推进新的社会阶层人士工作】** 充分发挥县工商联的作用，抓好新的社会阶层人士素质建设。大力实施新的社会阶层人士统战工作网络构建行动计划，建立新的社会阶层代表人士数据库。建立新的社会阶层人士联席会议制度，定期研究新的社会阶层人士工作。继续抓好非公有制经济代表人士队伍建设，开展非公有制经济代表人士综合评价工作，确定县华利水产有限责任公司为我县的省委统战部非公有制经济人士统战信息直报点。

从2009年起，我部积极推进新的社会阶层人士统战工作网络构建行动计划，建立新的社会阶层代表人士数据库，吸收贡献突出、社会影响力较大的非公有制经济人士、中介组织从业人员40名。

**【实行党外知识分子代表人士培养工作“三优先”】** 2009年起，县委统战部在教育、卫生系统率先开展党外知识分子代表人士培养工作“三优先”做法，即：在同等条件下，优先聘用副高职称以上的党外知识分子代表人士上岗；优先选拔优秀的党外年轻知识分子代表人士为中层干部；优先评选党外知识分子代表人士为先进工作者。通过以点带面，着力营造尊重知识、尊重人才的良好氛围，为发挥他们优势和才能搭建平台、创造条件。

**【成立县无党派知识分子联谊会】** 2009年3月31日，嵊泗县无党派知识分子联谊会成立，全县社会各界的42名首届会员参加了会议。会议选举产生8名首届理事会成员，杨亚儿当选为会长。

**【推动社区统战工作健康发展】** 深入社区开展统战工作调研，加强对社区党组织的沟通和指导，健全社区统战工作网络，完善社区统战工作机制，提高统战干部的统战意识和工作积极性。不断创新工作载体和手段，把社区统战工作与“网格化管理、组团式服务”工作相结合，逐步推广《嵊泗县社区党员联系统战对象工作制度》。

**【开展非公有制企业学习实践科学发展观活动】** 9月中旬起，在全县非公有制企业中确定了20家规模较大、党组织比较健全的企业作为全县非公有制企业学习实践科学发展观活动重点指导联系单位。成立县非公有制企业学习实践活动发展活动指导小组，由部长任组长。活动启动后，由组长挂帅，三位副组长带队按照“东、中、西”三个片区分别到各重点联系企业开展调研和指导，协助组织部门切实加强非公有制企业党建，帮助企业排查发展瓶颈、分析发展形势、破解发展难题。

【着力抓好海外统战工作】积极开展海外联络和交流，引导侨胞侨眷围绕经济社会难点、热点问题开展调研。通过网络向海外广泛宣传《舟山市引进海洋经济创新创业领军人才实施办法》。认真做好为侨服务工作，主动帮助侨胞侨眷排忧解难，解决实际困难。

【切实加强民族宗教工作】县佛教协会顺利完成换届工作。对大型宗教活动进行严格审批和指导，指导宗教场所严格按照规划开展场所建设，不断完善内部管理，强化道风建设。加大对宗教干部和教职人员的培训。建立健全宗教工作信息化管理系统。

【开展“和谐寺观教堂”创建活动】 7月起，以菜园镇西方庵为试点，在全县宗教团体、宗教场所开展“和谐寺观教堂”创建活动。不断加强宗教教职骨干人员队伍建设，完善宗教内部管理，积极引导与社会主义社会相适应。同时，对创建过程中取得的经验、做法进行总结和宣传。

【县佛教协会召开换届大会】8月12至13日，嵊泗县佛教协会第三次代表大会召开。会议通过并修改了《嵊泗县佛教协会章程》，选举产生新一届理事会，智民法师当选为会长。

【建立社区党员联系统战对象工作制度】 该制度以“围绕一个目标，坚持三项原则、重点抓好五大任务”为总体框架，通过加强与社区统战工作对象的联系交流，宣传党和政府在新时期的统战方针政策，帮助他们解决各种实际困难，引导他们做爱国守法的模范公民；引导统战对象利用自身优势，积极参与社区民主管理、民主监督以及管理社会事务。

【港澳台侨迎国庆60周年座谈会】 9月25日，由县委统战部牵头，政协港澳台侨委、台办、侨联联合举办了全县港澳台侨迎国庆60周年座谈会。全县港澳台侨代表40余人参观了新落成的嵊泗规划展览馆，并就新中国成立60年来我县经济、政治、文化、社会建设取得的巨大成就进行了座谈。 （夏依波）

## 台州市

### ·台州市委统战部·

【综述】 2009年，是新中国成立60周年，是中国共产党领导的多党合作和政治协商制度确立60周年，也是深入学习实践科学发展观的重要一年。2009年，在市委的领导下，在省委统战部的指导下，台州市各级统战部门和广大统一战线成员高举中国特色社会主义伟大旗帜，以邓小平理论和“三个代表”重要思想为指导，以科学发展观为统领，以“同业对标、走在前列”活动为载体，紧紧围绕市委中心工作，全面推进经济、文化、和谐“三大统战工作”，积极实施“五大行动计划”，全面加强新世纪新阶段我市统一战线建设，为深入实施“三个台州”战略，开创台州科学发展新局面做出了积极贡献。市委统战部荣获2009年度市级单位工作目标责任考核优秀单位和创建人民满意机关优胜单位等荣誉。

【大力推进经济领域统战工作】 支持和组织各民主党派、工商联和无党派人士，本着选准角度、发挥优势、突出重点、保持特色的要求，围绕台州市如何全面落实科学发展观，如何应对国际金融危机等事关台州市经济社会发展全局的重大课题，深入开展调查研究，建言献策。各民主党派共向市“两会”提交大会发言材料24篇、团体提案70件、个人提案113件、个人建议案49件，有31件得到市委、市政府领导的批示，6件被列为重点提案。在面临国际金融危机的形势下，制订《中共台州市委统战部关于发挥统一战线优势和作用努力为推进我市经济转型升级服务的意见》，组织开展“百名统战干部、成员进百企”活动，积极引导民营企业做到坚定信心、积极应对，遵循规律、理性应对，体现形象、责任应对。紧贴非公有制企业发展实际，突出“企业发展有新突破，职工权益有新保障，党员认识有新提高，党组织建设有新加强”的实践性，引导非公有制经济组织扎实开展学习实践科学发展观活动。

推进台州商厦体系建设，积极筹建台州总部经济大厦，全市目前已建和在建的商会大厦共11幢，其中26层以上9幢。积极助推“回归工程”建设，在广州、太原、中山、石家庄、兰州等地建立了台州商会，在深圳举办台州市异地商会第四次联谊大会，鼓励在外台州商人积极投身台州沿海产业带建设，收到较好效果。充分利用统一战线优势，加强与港澳台和国外工商经济界的联系与合作，为我市引进项目、资金、技术、人才穿针引线、铺路搭桥，推动我市在更宽领域、更高层次上扩大对外开放。6月16日台州港大麦屿港区对台海上直航货运首航，7月7日台州港大麦屿港区对台海上直航客运首航，台州港成为大陆第5个对台海上客运直航的港口，也是浙江省对台海上客运的首航港，副省长王建满到会祝贺并宣布首航。举办“百侨看台州”座谈会、留学回国人员创业创新座谈会、“百侨讲坛”——海外人才回国创业报告会、“千侨大联引·共建新台州，争当‘五大员’”主题活动，凝聚侨心、汇聚侨智，推进台州现代化建设。台州市侨商投资企业协会成立。以在华非洲留学生台州实习基地为平台，促进台州与非洲两地的交流和合作。

【大力推进文化统战工作】

围绕市委的发展战略，整合民主党派文化资源，举办以“合心合力，努力开创台州科学发展新局面”为主题的第四届台州市民主党派文化月活动，使各民主党派成员在围绕中心、服务大局中增强对党派组织的凝聚力和向心力。积极组织统一战线开展庆祝新中国成立60周年活动，开展“贺国庆、献一策”金点子征集活动，就台州创业创新进程中遇到的难点、热点问题积极建言献策，共征集到“金点子”调研文章60多篇，重点篇目呈送市委市政府供决策参考。组织民主党派举办“献礼祖国、献爱心”广场社会服务活动，开展义诊、法律咨询、科普宣传、急救知识宣传，为市民提供免费服务。举行“迎国庆、话发展、爱祖国”侨界代表人士座谈会，激发爱祖国、爱家乡的热情。推进“爱机关、当表率、作贡献”为主题的部机关文化建设。积极倡导敬人敬业、干净干事、和衷共济、创造完美的“十六字”精神，推行以圆满、虚心、团结、零差错、零距离为主要内容的“五环工作法”，出色地完成了全年统战工作和市委交给的各项任务，树立统战干部团结、民主、务实、创新的新形象。

【大力推进和谐统战工作】

执政党与参政党的关系更加和谐。协助市委、市政府下发了《关于进一步完善政府有关部门与各民主党派、工商联对口联系制度的实施意见》,《关于进一步完善民主党派和无党派人士特约人员工作制度的实施意见》，对对口联系工作的范围、内容、形式、管理，特约人员的聘任范围、权利义务、聘请程序、工作职责等进行进一步明确。协助市委、市政府召开全市完善对口联系制度和特约人员制度工作会议，会上6个民主党派市委会、市工商联分别与21个市政府有关部门签署了对口联系共建协议书，会后在《台州日报》、台州电视台上对21个市政府有关部门规范聘请后的首批60名特约人员名单进行了公告。在上海市社会主义学院举办了台州市级民主党派、工商联负责人和无党派代表人士暨县市区委统战部长2009年度读书会，庆祝中国共产党领导的多党合作和政治协商制度确立60周年，进一步坚定各民主党派、工商联负责人和无党派代表人士对中国共产党领导的多党合作和政治协商制度的信念，增强走中国特色社会主义道路的信心。举行“台州多党合作回顾与展望”图文展，多角度、全方位展示六个民主党派台州市委会的发展历程，展现新中国成立60年来台州民主党派成员、无党派人士参与经济社会发展所取得的巨大成就和民主党派成员、无党派人士昂扬向上的时代风貌。会同市政协举行“纪念新中国成立60周年暨中国共产党领导的多党合作和政治协商制度确立60周年”社会各界人士中秋酒会。开展“民主党派制度建设”推进月活动，召开“民主党派制度建设”系列研讨会，帮助民主党派加强制度建设。民革、民进台州市委会顺利换届，至此，这一轮民主党派换届工作已画上了圆满的句号。注重从“十个一”入手，扎实开展无党派人士政治交接主题教育活动，在中央社会义学院举办“成就·责任·使命——科学发展观与党外人士”主题论坛，提高党外人士的政治素质。

在创建平安宗教活动场所的基础上，开展和谐寺观教堂建设工作。继续推行财务代理制、推进宗教活动场所财务规范化管理，确保宗教活动依法规范有序进行。进一步团结信教群众，维护社会稳定。大力支持宗教团体加强自身建设，台州市佛教协会、道教协会、基督教“两会”、天主教爱国会顺利换届。

正确协调和处理社会各阶层之间的关系，形成各尽其能、各得其所而又和谐相处的局面。组织企业主赴清华大学等高校举办工商管理高级研修班，在中央社会主义学院举办了新的社会阶层人士培训班。与市发改委、市经委、市人事局、市工商局和市工商联共同组织开展第三届优秀中国特色社会主义事业建设者评选表彰活动。李书福被授予“全国优秀建设者”荣誉称号，叶仙玉成为全国第三届优秀中国特色社会主义事业建设者提名人选，邵雨田、沈颜新、金冠兴、项道铨、徐宝春、章卡鹏、陈立钻被授予“浙江省优秀建设者”荣誉称号，获奖人数居全省首位。我市评选市级优秀建设者30名。

**【实施“新的社会阶层人士统战工作网络构建行动计划”】** 开展新的社会阶层人士“新活力·新形象·新贡献”主题活动，广泛发动和动员新的社会阶层人士开展万名农村新经济组织人士培训服务行动计划、新的社会阶层人士牵手千名新台州人慈善医疗救助行动计划、新的社会阶层人士联谊会网络拓展行动计划、新联会“法律·财会·税务”服务行动计划、建立新联会创业与管理培训中心、建立新联会大学生见习基地等十大活动。开通台州市新的社会阶层人士联谊会网站。举办首届新的社会阶层代表人士传统国学与现代经营管理培训班。

**【港澳台和海外统战工作】** 召开全市港澳统战工作会议，进一步做好港澳海外代表人士统战工作。完善港澳台海外代表人士人物库、社团库。走访看望港澳台同胞，力求做到工作不间断，联系不断线。邀请香港台州同乡会组织香港大学生考察团一行40人来我市参观考察。香港台州同乡会会长詹耀良、加拿大台州同乡总会会长林决定等一批台州籍海外同胞受邀赴京参加国庆60周年阅兵观礼。成立台州市海峡两岸交流协会。组织台州市代表团、台州耀达歌舞团参加台湾宜兰国际兰雨节，组团赴台湾开展乡情考察交流和经济文化交流。举办海峡两岸纪念济公圆寂800周年活动和台湾大陈人士故土行活动。

**【实施“党外代表人士后备队伍培养行动计划”】** 统战部与中央社会主义学院联合举办了台州市统战部长、党外中青年干部、无党派人士、侨联干部等五个培训班。中央统战部副部长楼志豪出席开班典礼并授课，楼志豪充分肯定了台州统战工作。目前，台州市共配了6名市级党外领导干部，市级机关共配了20名党外领导干部，其中市政府部门配了10名。9个县、市、区班子中配了34名党外领导干部。在全市组织开展“十百千党外后备干部工程”调整充实工作，完善了市级15名、县级137名、科级1097名的党外后备干部队伍，做到动态管理。广大党外知识分子立足本职工作，发挥自身的特长，积极开展“以知识奉献台州，以智慧建设台州”主题活动。

**【实施“少数民族低收入群众增收帮扶行动计划”】** 把帮扶少数民族群众增产增收、提高生活水平作为重要工作，在全市范围内开展为百户（名）少数民族困难群众排忧解难活动，帮助他们解决生活、生产上的一些实际困难。按照省委统战部的要求，组织各级统战部门和统一战线成员，积极参与丽水市的9个民族村少数民族低收入群众增收帮扶行动。（周新彬　郑　波）

## ·椒江区委统战部·

**【综述】** 2009年，椒江区统战工作以科学发展观为指导，认真贯彻党的十七大和十七届四中全会精神，根据椒江区委和市委统战部的总体部署，进一步发挥统一战线的凝聚力、战斗力和创造力，较好地完成了各项工作任务，为椒江的“五区”建设作出了应有的贡献。区委统战部连续七年荣获全省统战工作创新奖。

**【深入开展科学发展观学习实践活动】** 以推动统一战线服务科学发展和自身科学发展为目标，以“凝心聚力助推‘五区’建设，科学发展提升统战水平”为实践载体，以广大统战成员满意不满意为评价标准，扎实推进学习实践活动。根据区委的统一要求，从统战实际出发，深入开展学习调研活动。共召开动员会4次、部班子专题研究会和学习会8次、党支部（机关）学习会6次。部班子成员深入大陈岛，不折不扣地开展为期一周的蹲点调研，收集整理42条建议意见，撰写了《关于解决大陈岛陆岛交通问题》等多篇调研报告。多形式开展宣传，开设特刊和网络专栏，在《联谊报》、《台州日报》上陆续刊登9篇报道，多形式征求社会各界对“提高统战干部队伍素质、提高自身科学发展能力、提高服务科学发展水平”的意见建议，其中向区政协委员、党外代表人士、各镇（街道）、区直部门和统战系统各单位共发放《征求意见表》520份，收回326份，先后召开了各镇（街道）、各民主党派、无党派、新阶层代表人士、民族宗教界代表人士、港澳台和海外统战代表人士参加的三次民主恳谈会，最大范围地征求统战工作存在的问题和原因，共同研究解决问题的对策措施。在广泛征求意见的基础上，经部机关四次上下反复的讨论，最终形成领导班子分析检查报告，查找出了3方面的突出问题，剖析了3方面的主要原因，提出了4方面中长期目标及6方面的对策措施，进一步明确了推进椒江统一战线科学发展的方向和思路。把长效机制建设贯穿学习实践活动的始终，进一步健全各项联系制度和抓落实的工作机制，促进统战系统服务大局、服务基层、服务统战成员常态化。区委统战部学习实践活动“重基层、重实践、重实效”的做法得到了区指导组的充分肯定。

**【多党合作工作】** 围绕庆祝建国60周年和多党合作政党制度确立60周年的契机，组织开展了“五个一”系列活动，即协助区委召开了一次座谈会、举办了一次演讲比赛、组织了一次征文、举办了一次广场社会服务活动、开展了一次走访慰问，进一步凝聚了人心，扩大了影响。指导民建、民进区委会顺利完成了换届工作。组织召开全区完善对口联系和特约人员工作会议，出台《关于进一步完善政府有关部门与各民主党派、工商联对口联系制度的实施意见》和《关于进一步完善民主党派和无党派人士特约人员工作制度的实施意见》文件，加强了对口联系和特约人员单位面对面的相互交流。椒江的对口联系和特约人员工作得到了市委、市政府的充分肯定，并在全市对口联系和特约人员工作会议上作为县（市、区）的唯一代表作典型介绍。进一步完善了“党委出题、党派调研、政府采纳、部门落实”的调研制度。全年区委、区政府召开协商会、情况通报会6次，全区重要会议和活动5次，邀请民主党派和工商联负责人参加，区委、区政府的重要文件和信息都送民主党派区委会传阅。在全区统战系统开展“调研考察月”活动，进一步提高了参政议政的质量和水平。建立了“党派主委双月谈”制度，每逢双月都要开展不同主题的区委统战部与民主党派、工商联及无党派人士间的情况通报会或意见交流会。建立“统战之声”和“统战之星”两个平台，进一步畅通我区党外人士传达心声及意见、建议的渠道，扩大影响力和知名度。

**【民族和宗教工作】** 分三个层次对基层党政领导干部、宗教工作干部和宗教界人士“三支队伍”进行学习培训。民族宗教知识培训10场次，共计1428人次参加。召集区直相关部门，组织召开民族政策学习会，进一步增强做好民族工作的责任感和使命感。深化“保平安、促和谐”创建活动。专门印发《宗教事务相关法律法规选编》和《椒江区宗教活动场所规范化管理制度汇编》，供全区各宗教场所参照使用。明确细化创建10项工作目标，签订责任状，制订工作预案，突出抓好宗教场所安全，深化财务代理制，进一步规范宗教场所财务管理，“平安宗教活动场所”创建率达95%。全面开展民族团结宣传教育活动，成立了领导小组，明确了活动内容及要求，印发了《关于深入开展民族团结宣传教育活动的实施意见》。改进教育方法、创新活动载体，把全区民族团结教育活动不断引向深入。开展走访慰问活动，及时解决我区少数民族的困难和问题，已连续第20年在春节期间为回族、维吾尔族等少数民族优惠供应清真食品，受到广泛好评。指导做好区少数民族联谊会换届工作。

**【新的社会阶层人士统战工作】** 在统战系统开展了“百名统战干部（成员）访百企”活动，深入全区非公有制企业，重点是统战成员所在的中小企业开展各项服务。开展了“我为应对金融危机建一言献一策”活动和“助力中小企业”签约活动。组织召开了以“面对世界金融危机新形势和保持经济平稳新任务，统一战线如何体现优势、发挥作用”为专题的统一战线有关代表人士座谈会，专门听取统一战线各界人士关于应对金融危机的意见。为搭建税企沟通新平台，指导区工商联与地税、国税部门联合组建了台州市第一家“税企俱乐部”，并组织举办了“仲裁法律知识”和“开源节流——企业在金融危机下的生存之道”知识讲座。积极做好全区非公有制企业学习实践活动指导小组的各项工作。在第三批优秀社会主义建设者评选表彰中，椒江有1人获得全国级、2人获得省级、3人获得市级荣誉称号。立足实际，确立了“双轨”和“双全”并行的整体思路。重点突出“三点”：一是以书生中学党委统战部（已于6月25日成立，是全省首家民办中学党委统战部）为试点，开展新社会组织中党组织作用发挥的途径探索。以律师、公证师联合支部的统战工作为突破口，探索中介从业人员党组织的统战工作。重点拓展“两线”：一是建立统战工作联络站，探索在社团和行业协会中开展新的社会阶层人士统战工作。二是建立镇（街道）新的社会阶层人士俱乐部，探索在镇（街道）一级开展新的社会阶层人士统战工作。12月10日成立椒江区新的社会阶层人士联谊会，实现“面”上的铺开。椒江区“全覆盖、全驱动”的网络构建探索得到了省、市统战部门领导的高度评价，并予以跟踪指导。加强对工商联党组的领导，充分发挥工商联党组在工商联的领导核心作用。积极组织企业参加各种论坛、经贸洽谈会、推介会、交流会等活动10多次，为企业提供了广泛的经济信息。连续第八年开展教育助学活动，共有14家企业捐款共达21万元，资助212名品学兼优、家庭贫困的学生。举办了“海翔杯”第六届青年歌手大赛和“星星·水晶光电杯”第九届民营企业篮球赛，有效推动了民营企业文化建设。

**【港澳台和海外统战工作】** 精心组织“宝岛大陈村长故土行”品牌活动。以“看故土巨变、叙乡情友谊，促共建同荣”为主题，邀请24名台湾各地大陈村（社区）负责人、台湾有一定创业成就和社会影响力的大陈籍去台人员返乡参观考察。在椒期间，召开了“大陈岛建设恳谈会”，畅谈故土发展变化和参访感受，共商大陈岛开发建设大计，进一步增进了友谊，凝聚了人心。协助区政府和有关部门组织了“赴台经贸考察团”和“台台首航团”。接待了原国民党一江山岛守备司令王生明之子、现国民党候补中央委员王应文等考察团，共计5批次。积极协助省台办做好大陈岛宣传纪录片的拍摄工作，积极帮助做好《大陈岛1955》和反映两岸关系题材的电影创作的前期筹备工作。开展台资企业服务月活动，对椒江区现有的9家台资企业和6家台属企业进行走访，尽力帮助解决实际问题。三是积极完善基层网络建设。指导侨联、台联、留联会顺利完成换届选举工作。健全街道台侨组织，指导成立了大陈台胞台属联谊会，使基层台侨联谊会组织在全区范围得到全覆盖。指导海门、葭芷、三甲、章安街道台侨联谊会开展换届工作。

**【统战部门自身建设】** 开展了整理、整顿、清扫、清洁、速度、素质等方面管理，整合了统战工作网站、工商联网站、侨联网站的资源。完善统战部牵头负责的协调机制，进一步优化机关的工作环境，规范工作流程，完善管理制度。继续在党派机关实行“社情民意定期报送制度”，在镇（街道）完善“统战工作例会制度”，定期召开工作例会，交流经验，明确任务。以学习实践科学发展观活动为契机，强化统战干部的自身建设，坚持学习制度，提高对统战工作的地位和作用的认识；树立团结协作、主动服务意识，加强统战干部的作风建设，努力打造一支“学习型、思考型、民主型、创新型、实干型”的统战干部队伍。充分利用“调研考察月”活动，做到年初制定调研计划，年中组织调研活动，年底形成调研成果。

（缪含博）

## ·黄岩区委统战部·

**【综述】** 2009年，黄岩区委统战部在区委的正确领导和上级统战部门的精心指导下，深入贯彻落实党的十七大、十七届三中、四中全会和上级统战工作会议精神，按照“发挥统战优势，服务科学发展”总体要求，广泛凝聚各方面的智慧和力量，改革创新，锐意进取，讲究实效，各项工作再跃新台阶，为开创黄岩科学发展新局面作出积极贡献。区委统战部获2009年度全省统战工作创新奖、被评为2009年度全市统战工作优秀单位。

**【多党合作工作】** 协助区各民主党派组织做好组织发展工作，2009年吸收民主党派成员13人。指导完成民建、民进区总支换届工作。进一步健全区委、区政府领导与党外代表人士的谈心交友制度，协助区委、区政府定期召开党外人士民主协商会、情况通报会和座谈会。鼓励区各民主党派组织围绕中心工作，认真履职，积极作为，在区政协十二届三次会议上共提交提案121件，其中重点提案3件。进一步完善各民主党派、工商联对口联系制度和特约人员制度，与18家政府职能部门建立对口联系，52名民主党派成员、无党派人士被聘为特约人员。“构建和谐社会服务点”的作用进一步发挥，其中，农工党省市区三级组织两年多来，坚持每个星期日到院桥卫生院开展医疗援助，得到农工党中央的高度评价。省政协副主席、农工党省委会主委姚克为此专程来黄岩视察调研。

**【全省新的社会阶层人士统战工作现场会在黄岩召开】** 以素质提升、舆论引导、民生关爱、互助帮扶、履职服务、培养举荐的“六大系统工程”为抓手，鼓励和引导新的社会阶层人士投身创业创新伟大实践，全力推进新的社会阶层人士统战工作向纵深发展。2009年6月，全省新的社会阶层人士统战工作现场会在黄岩召开，全省各市委统战部分管部长，县（市、区）统战部分管部长等出席会议。

**【民族宗教工作】** 加强宗教政策法规的宣传教育，深入开展“民宗知识宣传年”活动。继续探索完善宗教活动场所“财务委托代理制”。扎实“开展和谐寺观教堂”平安创建活动。全面完成基督教教职人员认定备案试点工作，其成功经验，被市民宗局发文在全市推广。在新中国成立60周年之际，举办“民族情心连心”主题联谊活动，深受少数民族群众好评。积极参与全省统战系统开展的少数民族低收入群众增收帮扶行动，与景宁县大均乡伏叶村结对，提供帮扶资金10万元。走访慰问全区少数民族特困家庭及贫困学生，发放慰问金近3万元。区民宗局被评为全市民族宗教工作先进单位。

**【港澳台和海外统战工作】** 组建赴台经贸考察团，参加“2009年两岸模具暨模具制造设备展”，期间区模具行业协会与台湾模具工业同业公会结为友好协会，并签定了模具产业发展友好意向书。区台联会为台湾遭受“莫拉克”台风募捐爱心款2万多元。深入开展“台商服务年活动”，坚持经常性深入调研，掌握台资、台属企业生产经营状况，针对遇到的困难和问题，主动与有关部门进行协调解决。切实维护港澳台侨胞及眷属合法权益。完成区海外联谊会、区出国留学人员和家属联谊会的换届工作。积极推进海外联谊工作，邀请在美国从事教育工作的留学人员来黄岩作《美国教育体制》专题讲座。加强基层侨联组织规范化建设，东城街道、南城街道侨联组织获省级示范性基层侨联先进单位称号。区台办被评为全省信息工作先进单位、全市对台交流先进单位。区侨联被评为全市侨联工作先进集体。

**【非公有制经济工作】** 深化行业协会改革发展，目前已有模具、工艺品、塑料日用品、文化创意产业等12家涉工涉商行业协会归口区工商联管理。该项工作荣获2009年度全省统战工作创新奖。全省工商联工作会议中，促成杭州贝因美集团与黄罐集团、如意实业、宏基玩具等5家企业建立妇幼婴童产业战略合作关系，为企业转型升级提供新平台。邀请在外黄岩籍企业家参与“总部经济”建设，现已有多家企业在黄岩设立分支机构。以“商界大讲堂”为平台，举办“金融危机与弯道超车”等专题讲座，组织相关企业参加“中国妇幼婴童产业高峰论坛”，引导企业坚定信心，化解危机，走出困境。区工商联获全省工商联系统宣传工作优秀奖。

**【党外干部和党外知识分子工作】** 深入实施“十百千党外后备干部工程”，及时掌握党外后备干部动态，在定期考察基础上，进行调整充实。注重党外干部综合素质提升，将其培训工作纳入全区干部培训计划，坚持集中培训和经常性政治学习相结合，全年在中央社会主义学院等各级院校共集中培训180余人次。加大对优秀党外干部的举荐力度，2009年新提拔任用副科级党外领导干部4人。完成区党外知识分子联谊会换届工作，实现与省、市知联会组织架构相衔接，会员全部由无党派人士组成。以区党外知识分子联谊会为平台，开展比学习宣教、比调研参政、比服务贡献的“三比”活动，不断提高组织的凝聚力和活力。

**【成立全省首家新阶层人士慈善组织】** 募集到助学、助困冠名基金各1000万元、基金132万元，成立全省首家新阶层人士慈善组织——黄岩区慈善总会新阶层人士慈善分会。通过这一平台，先后开展“同片蓝天”和“共圆博士梦”两大爱心助学行动，资助101名贫困学生完成学业，年助学金额近50万元；与北川县羌族自治县陈家坝初级中学建立对口扶助机制；开展扶残助残进社区活动，出资帮扶51名贫困残疾人士。

【加强自身建设】 深入开展学习实践科学发展观活动。根据区委提出的学习实践活动总体部署，结合工作实际，按照“规定动作不走样、自选动作有创新、结合工作显特色”的要求，较好完成各阶段目标和任务。加大信息宣传和调研力度，3篇理论调研文章分别在《中国统一战线》、《联谊报》、《台州社会科学》刊物上公开发表，多项热点工作和活动在中央统战网、浙江电视台、台州日报等媒体上予以报道。加强统战干部队伍建设，通过各级多层次培训，不断增强统战干部做好工作的能力和责任心。（章　帆）

## ·路桥区委统战部·

【综述】 2009年，全区统一战线工作在区委的正确领导和上级统战部门的精心指导下，认真学习贯彻党的十七大和十七届三中、四中全会以及各级统战工作会议精神，以深入学习实践科学发展观活动为主线，以“同业对标，走在前列”活动为载体，着眼全区工作大局，充分发挥统一战线优势，团结引导广大统一战线成员谋发展、保稳定、促和谐，各领域统战工作取得了新的成绩，为推进“两城三区”建设作出了新的贡献。区委统战部再次荣获全省县级统战工作先进集体。

【多党合作工作】 积极推进谈心交友、协商通报、对口联系和党外人士监督员等制度的落实。出台了以组织建设、思想建设、制度建设、作用发挥、廉政建设为主要内容的党派工作综合评价体系，编印了《路桥区各民主党派基层组织工作手册》和《路桥区民主党派基层组织规范化建设制度汇编》。全年共召开协商会、座谈会及通报会9次。各民主党派、工商联与20个政府职能部门对口联系22次，参与案件执法检查50人次，向政府职能部门提出意见、建议40余条。

【民族和宗教工作】 继续围绕“和谐、稳定”主题，依法加强对宗教活动场所和宗教团体的管理。认真开展宗教法律、法规的宣传培训，对民族宗教界人士开展爱国主义教育，先后在各镇（街道）党委理论中心组、区级机关、学校以及宗教活动场所等举办专题讲座11场次，800多人次受到教育。深入推进“和谐寺观教堂”创建活动，制定印发实施方案，在平安禅院（佛教）、禹皇庙（道教）开展创建“和谐寺观教堂”试点工作的基础上，逐步向全区推开。继续深化推行财务代理制、重大事项票决制和档案管理制，提高财务透明化、管理民主化、活动规范化程度。积极引导宗教界人士献爱心，全年宗教界人士捐资公益事业80余万元。重视发挥区少数民族人士联谊会的作用，加大对少数民族困难群众的帮困力度，做好少数民族流动人员的动态管理，切实维护民族团结和社会稳定。

【港澳台和海外统战工作】 坚持节日走访慰问重点侨眷侨属，定期联系海外代表人士。2009年共接待来路探亲、访友、投资的华侨华人70多人次以及香港大学生访问团等团组。以路桥区台侨法律维权服务中心为依托，切实维护广大归侨侨眷、台胞台属的合法权益，加强依法护侨护台的力度，全年先后8次为侨眷侨属免费提供法律咨询服务。积极帮助协调香港同胞的房产纠纷、侨眷的拆迁信访、邻里纠纷等问题。开展了困难侨眷、零就业侨眷家庭等的摸底调查。做好省基层示范性侨联的申报工作，指导路桥街道侨联顺利通过评审。

【新的社会阶层人士工作】 在成立路桥街道商城、潞河、古街、章苑、人峰、新安等6个社区新的社会阶层人士联谊会的基础上，成立了路桥街道新的社会阶层人士联谊会，形成了区、街道、社区三级工作网络。把新的社会阶层人士教育培训工作纳入全区统战系统教育培训总体计划，组织区新联会23名会员赴北京中央社会主义学院学习，多次组织会员参加了市委统战部“热议面对面”论坛，开展新的社会阶层人士综合评价工作，推荐市级优秀中国特色社会主义事业建设者2名，吉利集团董事长李书福被评为第三届全国非公有制经济人士优秀中国特色社会主义事业建设者。引导区、街道和社区新联会开展丰富多样的活动，增强新阶层人士的社会责任感，投身慈善事业，区新联会捐赠1000万元慈善冠名基金，启动慈善医疗救助千名“新台州人”行动。组建新阶层人士“法律体检团”，以路桥商会税务学校和法律维权服务中心为依托，为会员企业提供税务知识和法律维权服务。健全基层商会组织网络，率先在全省成立了路桥区医药商会，建立路桥街道商会，率先在全市实现基层商会建设全覆盖。

**【统战爱心工程】** 继续深入开展以“献出真挚爱心，关爱弱势群体，弘扬传统美德，构建和谐社会”为宗旨，以“统战爱心助学”、“统战爱心助困”、“统战暖人心”等活动为内容的“统战爱心工程”。8月18日，联合区慈善总会、团区委，举行了一年一度的“统战爱心工程”捐资助学仪式，共资助200名贫困家庭学子上大学。

**【慈善医疗救助千名“新台州人”行动】** 5月8日上午，组织区新的社会阶层人士联谊会、民营曙光医院共同举行了路桥区新的社会阶层人士慈善医疗救助千名“新台州人”活动启动仪式。受救助对象凭慈善医疗救助卡到指定医院就诊可享受每人每年600元的免费医疗救助。

**【建立统一战线社会服务流动站】** 组织了由400余名统一战线成员参加的区、镇（街道）两级志愿者队伍，编成7个专业服务小组，并在民营医院、民营企业、律师事务所等建立了13个固定服务点，开展以医疗义诊、法律援助、农技服务、就业指导、助学助教、文化下乡、慈善救助等为主要内容的社会服务活动。2009年，参加社会服务活动的统一战线志愿者达200余人次。

**【“喜庆新中国60华诞”系列活动】** 举办“喜庆新中国60华诞·路桥区统一战线风采展”，通过在区政府和各镇街道进行巡回展出的方式，全面展现路桥建区15年来统一战线工作的发展历程和所取得的突出成就；举办“喜庆新中国60华诞·统一战线知识竞赛暨文艺演出”，来自各镇街道、基层统战工作机构的14支代表队参加笔试预赛，6支代表队参加现场答题，全区统一战线成员400余人观看了知识竞赛和文艺演出。举办了路桥区各界人士中秋联欢会等活动。

（张春伟）

## ·临海市委统战部·

**【综述】** 2009年，临海市统战工作坚持以科学发展观为统领，牢牢把握大团结大联合主题，积极开展“同业对标、走在前列”活动，以实施“联心工程”为抓手，凝心聚力、共创和谐，切实加强新世纪新阶段统一战线建设，为临海建设长三角地区最具竞争力城市作出新的贡献。市委统战部荣获全省统战工作创新奖和台州市统战工作先进集体，并连续第二年被评为市级机关部门工作目标责任制考核优秀单位。

**【开展统一战线学习实践科学发展观活动】** 根据市委统一部署，自3月份开始，组织全市统战系统认真开展了以“践行科学发展观，巩固壮大统一战线”为载体的学习实践活动。先后开展了统战干部解放思想大讨论、《科学发展观指导下民营经济转型升级》专题报告、《统战系统如何践行科学发展观》宣讲、“我为统战献一计”金点子征集、历任统战部长共话科学发展座谈会等主题活动，征求到各类意见和建议130多条，及时出台并实施了统战系统服务经济发展和“月工作例会”、“周工作汇报会”等一系列工作制度。

**【出台进一步完善对口联系制度和特约人员制度的文件】** 市委办公室和市政府办公室联合出台了《关于进一步完善政府有关部门与各民主党派、工商联和党外知识分子联谊会对口联系制度的实施意见》、《关于进一步完善民主党派和无党派人士特约人员工作制度的实施意见》，并于7月3日专题召开完善对口联系制度和特约人员制度工作会议，对做好这两项工作提出明确要求。目前，临海市各民主党派组织、工商联和党外知识分子联谊会共与24个政府部门签订了对口联系共建协议书，市检察院等55家单位聘请了74名民主党派、工商联、党外知识分子联谊会成员担任特约人员，具体名单在《今日临海》、《党政信息网》等媒体上进行公示。

**【对对口联系工作和特约人员工作进行督查考核】** 市委、市政府专门建立督查机制，确定由市政府办公室主任牵头组织，市委统战部和市委市政府督查室具体负责，规定每年对制度执行情况进行一次联合检查。10月份，市委统战部、市委市政府督查室成立四个督查组，对相关政府部门逐一进行检查，并向全市通报督查结果。市委、市政府把政府部门对口联系和特约人员工作列入年度市级机关部门工作目标责任制考核内容。通过督查与考核，有力推动了政府部门对口联系和特约人员工作。

**【建立和谐社会服务基地工作】** 临海四个民主党派组织和党外知识分子联谊会分别选择了涌泉镇外呑村、沿江镇黄土山村、括苍镇岭溪村和上盘中学、汇溪镇中心校等5个村（学校），作为“共建和谐社会服务基地”，形成长效社会服务平台。7月18日，全国人大常委会副委员长、农工党中央主席桑国卫专程来临海市考察农工党共建和谐社会服务基地，并题词“服务社会，共建和谐”，对这项活动给予高度肯定。

**【“百名统战人士社会服务周”活动】** 4月下旬至5月上旬，专门集中全市各民主党派、党外知识分子联谊会资源，集中开展大型社会服务活动，历时一个星期，范围涵盖市区及主要镇（街道），参加人员达250多人次，服务群众5000多人次，发放资料4000多份。特别是在市区崇和门广场举行的大型社会服务活动，参与成员就达120多人，规模为临海此类活动之最。

**【市工商联完成组织换届】** 9月1日，市工商业联合会（总商会）召开第九次会员代表大会，选举产生第九届执行委员会及其主席（会长）、副主席（副会长）、秘书长和常委，章卡鹏当选为新一届临海市工商联（总商会）主席（会长）。工商联（总商会）组织建设进一步推进，全年共新增会员150家，其中市内会员25家。与在外临海籍人士联系进一步密切，成立了临海南京商会，临海广州商会常务副会长王茂春投资1.2亿元在东部区块开办企业，临海广州商会常务副会长黄海萍捐资3000万元帮助家乡康居工程建设。

**【服务民营企业应对金融危机】** 结合经济形势发展，积极采取各项服务措施，推动民营经济平稳健康发展。举办银企、税企、政企恳谈会座谈会、报告会和讲座，加大对各级党委、政府相关扶持政策的宣传力度。邀请临海上海商会名誉会长、上海复星集团首席执行官梁信军，为全市领导干部和民营企业家作题为《在危机中生存，在周期中壮大》的主题报告。

**【指导非公有制企业开展第三批“深入学习实践科学发展观”活动】** 认真贯彻中央和省委关于开展第三批学习实践科学发展观活动指导意见，专门成立非公有制经济学习实践活动指导组，市委统战部副部长、市工商联党组书记郑永达任组长，切实搞好我市502家非公有制企业学习实践活动的指导工作。专门召开全市非公有制企业学习实践科学发展观活动推进会，引导企业结合生产经营实际开展学习实践活动，确保学习实践活动和生产经营工作两不误、两促进。

**【做好新的社会阶层代表人士综合评价工作】** 对新一届工商联领导班子人选和省、台州市“优秀中国特色社会主义事业建设者”参评人选进行了综合评价，全市今年获省级“优秀中国特色社会主义事业建设者”称号1人（章卡鹏），台州市级4人（王以德、沈邱健、金鹏、金美云）。

**【全面推行宗教场所规范化管理】** 下发《关于进一步加强宗教活动场所规范化管理的实施意见》，指导各宗教场所在建立民主管理组织、推广财务团体代理制、健全规章制度、创建平安场所等四方面狠抓落实，全面推行宗教活动场所规范化管理，全市宗教场所规范化管理率达90%以上。

**【加强宗教团体及教职人员队伍建设】** 加强宗教团体班子建设，完成了市佛教协会的换届选举工作。重视教职人员队伍及宗教代表人士培养，协助搞好涌泉延恩寺修建落成、佛像开光暨方丈升座典礼，重点宗教场所、优秀教职人员的引领效应进一步凸显。积极引导宗教与社会主义社会相适应，努力发扬宗教界扶贫济困、乐善好施的传统，发动宗教界人士为贫困地区、各地自然灾害等捐助款物价值达200多万元。

**【对台及海外交流进一步密切】** 加强对台宣传，专门制作对台工作宣传版面，在全市各镇（街道）巡回展览。邀请省委党校省情研究所所长李涛博士，在临海大讲堂上为全市领导干部作《新时期两岸关系及未来走势》

的报告。深化经贸文化交流合作，全年接待海外侨胞及台胞800多人次，组织出访台湾团组3批次，配合有关部门做好台湾三立电视台来我市采访拍摄，接待香港大学生考察团来我市参观考察。

**【发挥侨台优势服务经济建设】** 继续搞好与瑞典克里斯蒂安斯特大学的合作，选送6名学生赴该校留学，该项工作被评为“浙江省2008年度最具影响力的十大侨务工作”。充分发挥侨联、留联会、香港临海同乡会、海外联谊会的作用，大力开展引资引智工作，帮助引进加拿大骨髓瘤新药、法国葡萄酒等生产营销项目。华侨大酒店被评为“2009年度华商最具成长性企业”。

**【侨联基层组织建设进一步加强】** 成立了大洋街道侨联，未成立侨联的镇（街道）均建立了侨胞侨属联谊小组。市侨联荣获“全国侨联系统先进基层组织”称号（台州市唯一一家），白水洋镇侨联、东塍镇侨联荣获“省级示范性基层侨联组织”称号。

**【开展统战资源大排查】** 5月至6月，专题开展了统战资源大排查，发动各镇（街道）和有关部门300多人，对全市统战资源进行一次全面的排查，并根据排查结果建立数据库。通过排查，进一步摸清了统战对象有关情况，明确了重点非公经济代表人士732名、党外知识分子代表人士1819名、重点新的社会阶层代表人士398名、重点宗教场所241处、港澳台胞、海外侨胞及留学人员8717人。

**【成立社区统战人士联谊会】** 切实加强社区统战工作，专门组织相关镇（街道）统战干部、社区工作人员赴上海、杭州等地学习社区统战工作经验，并在古城街道南门社区和鹿城社区、大洋街道大洋社区、杜桥镇金都社区成立了统战人士联谊会，进一步拓展了基层统战工作网络。

（王　震）

## ·温岭市委统战部·

**【综述】** 2009年，在市委的正确领导下，温岭市统战工作按照“围绕中心、凝聚人心、勇于创新”的工作要求，以“同业对标，走在前列”活动为载体，实施“五大行动计划”，进一步开创了统一战线服务科学发展的新局面。市委统战部再次荣获全省统战工作创新奖，继续保持台州市统战工作优秀单位，市台办继续被评为全国对台宣传和调研工作先进单位和全省对台工作目标管理考核先进单位、全省对台信息工作先进单位，市工商联被评为全省工商联系统先进单位和宣传工作优秀单位，市侨联荣获全省侨联工作先进集体、全省侨联系统信息宣传工作先进集体、援建北川中学特殊贡献奖，横峰街道、泽国镇侨联荣获省示范性侨联，农工党温岭市支部被农工党省委会评为先进基层组织，横峰街道、泽国镇、太平街道、城西街道荣获2009年度全市统战工作优秀单位，市侨联主席胡云富荣获“全国归侨侨眷先进个人”，农工党温岭市支部主委陈福春荣获“全国医药卫生系统先进个人”；非公有制企业统战工作经验在全省县级统战工作座谈会上作典型发言，涉台宣传教育经验在全省对台干部培训会上作典型发言，异地商会建设的经验在全省工商联工作会议上作典型发言，在全省工商联参政议政工作座谈会上作典型经验介绍。

**【多党合作工作】** 农工党温岭市支部顺利换届，建立民盟温岭市支部。推进民主党派基层组织和党外知识分子联谊会规范化建设，凝聚力、影响力进一步提高。农工党温岭市支部赴青川慰问我市援建人员，知联会小组开展服务社会活动。实施“党外代表人士后备队伍培养行动计划”，新提拔了2名党外干部。市社会主义学校各项工作有序推进。

**【民族和宗教工作】** 实施“少数民族低收入群众增收帮扶行动计划”，结对帮扶困难少数民族家庭，推进民族和谐团结。在全市机关干部中举办宗教法律知识竞赛，90个部门4000余党员干部参加竞赛。不断加强宗教团体自身建设。不断推进“和谐寺观教堂”和“平安宗教活动场所”创建工作，创建率分别达12%和95%。积极引导宗教与社会主义社会相适应，积极帮助贫困学生完成学业80人，帮扶资金107万元，并开展为台湾受灾同胞捐款献爱心活动。

**【新的社会阶层人士工作】** 实施“新的社会阶层人士统战工作网络构建行动计划”，选派新的社会阶层代表人士赴中央社院学习。举行“2008年度市工商联会员企业、民营企业纳税二十强”升旗仪式，深入开展优秀建设者评选表彰活动，陈合林荣获浙江省劳模，林华中、陈合林、丁小福荣获2009浙商社会责任奖，袁国良荣获2009浙商创新奖，曙光集团入围“浙商500强”。进一步提高非公经济人士思想政治水平，增强社会责任意识。市工商联与慈善总会开展慈心助孤活动，利欧股份有限公司捐赠价值百万元的1000台水泵给河南灾区，城东商会副会长林小琴荣获“省级扶残助残先进个人”。市工商联与慈善总会签署“慈心助孤协议书”，兰州、北京等异地商会和城西、松门、城南、滨海、石桥头等镇（街道）商会也积极参与公益光彩事业。市新的社会阶层人士与坞根镇贫困学生结对，帮助其完成大学学业。

**【经济领域统战工作】** 举办了经济形势分析报告会、警企恳谈会，引进世界知名技术服务公司入驻市总商会大厦。10月26日，市工商联和有关单位组织了为期三天的第九届中国（温岭）鞋类、鞋材及设备展览会，推进温岭鞋革企业升级转型。市工商联组织35家企业赴迪拜龙城市场进行商务考察，组织女企业家、贤内助前往青岛等地的知名企业参观考察取经。市工商联（总商会）圆满换届，全市基层商会建设实现全覆盖，组建湖北、连云港2家异地商会和首家海外商会——迪拜温岭商会，在北京、成都分别举办全国异地温岭商会联谊会。当好政企、银企联络人，帮助非公有制企业做好人才、技工引进工作。完善非公有制企业统战工作室建设，箬横镇探索建立农业企业联合会。继续深化“百企助百村，共建新农村”活动，开展“四个互助”共建活动。市鞋革业商会协助有关部门申报浙江省块壮经济重点项目。做好归侨侨眷就业和侨资侨属企业吸纳就业情况调查工作，抓住两岸全面“三通”的有利时机，积极做好市领导带队赴台经贸考察的组织工作，召开我市民营企业与台湾中小企业合作对接座谈会，台资台属企业应对经济危机座谈会，对农贸城等重点台资企业开展视察调研，积极帮助做好台资企业落实出口退税政策等服务工作。旅美侨胞、市侨联副主席林新新先生投资的长屿山庄和香港温岭同乡会副会长陈卫斌先生回乡创办的数码城已启动建设。

**【港澳台和海外统战工作】**

深入推进对台“民心工程”，探索新形势下做台湾人民工作的有效方法和载体。太平、泽国、松门、箬横等镇（街道）被评为全市对台“民心工程”建设先进集体。2009年组团赴台考察5批59人，接待台胞917人次，因私赴台1643人次。松门台胞站接待台湾渔轮7艘次，台胞58人次，小额贸易530万元。黄埔同学会等深入开展入岛宣传，在台湾报刊共发表各类文章、照片65篇（幅）。台南县官田乡乡民代表会参访团再次来温参访，与新河镇建立定期交流互访机制。组织发动社会各界人士为台湾灾民赈灾，及时转达市委、市政府主要领导的关切之情，共捐款17.65万元。实施“海外联谊拓展行动计划”，接待港澳同胞及海外侨胞130多人次。举办海外联谊会与香港同乡会联谊交流活动。推进市海外华文教育教学中心和基层侨联建设，泽国镇、横峰街道侨联荣获省第二批示范性侨联，召开“百校千班”赠书助学暨“图书漂流”活动表彰会。

**【统战部门自身建设】** 紧紧围绕“凝心聚力助推‘三个温岭’，科学发展壮大统一战线”实践载体，深入开展学习实践科学发展观活动。同时开展机关思想作风专项整顿，推行一线工作法，建立部长分片联系制度，提高务实创新能力，打造统一战线创新品牌。在整个学习实践活动中，把学习实践活动与推进各项工作结合起来。建立了温岭统战网站，加强统战宣传工作。开展“台企服务月”活动和侨资侨属企业吸纳就业情况调查，全面走访台资、侨资和重点民营企业，及时了解企业在金融危机影响下的生存发展状况，深入开展“五送”服务活动，与企业共克时艰，共促发展。充分发挥经济助推器的作用，发挥商会优势，凝聚资本资源，帮助企业解决技工缺的问题，市委统战部牵头促成市教育局与攀枝花市等4所职业学校合作办学，培养技工人才1000多名。石桥头镇在村级建立统战工作领导小组，大溪镇探索建立全员统战工作合力机制，太平街道继续推进社区统战工作。（赵　健）

## ·玉环县委统战部·

**【综述】** 2009年，全县统战系统高举中国特色社会主义伟大旗帜，认真贯彻落实党的十七大和十七届四中全会精神，牢牢把握大团结大联合的主题，自觉把统战工作置于全县工作大局中进行谋划和思考，凝聚人心，汇聚力量，全县统战工作取得新成绩。县委统战部被评为2009年度县级机关事业单位工作目标管理责任制考核优秀单位、全市统战工作创新奖，县台办被评为全省基层对台工作先进集体，县民宗局被评为全市民族宗教工作先进单位，县侨联被评为全市侨联工作先进集体。

**【多党合作工作】** 2009年9月21日，联合县政协召开庆祝人民政协成立60周年座谈会，进一步巩固了民主团结、生动活泼的政治局面。2009年12月，协助县委出台了《关于进一步完善政府有关部门与各民主党派工商联对口联系制度的实施意见》、《关于进一步完善民主党派和无党派人士特约人员工作制度的实施意见》，进一步完善了多党合作和政治协商制度建设。进一步加强民主党派的思想建设、组织建设、能力建设，2009年11月，民进玉环支部部分会员赴京参加“海峡两岸传统文化与医学发展”论坛之际，受到了全国人大常委会副委员长、民进中央主席严隽琪的亲切接见。

重视党外干部培养选拔工作，坚持召开组统两部联席会议，2009年6月，在浙江大学举办了玉环县党外干部培训班，全县已配备县管党外干部19人。坚持实施“十百千党外后备干部工程”，优化了县管党外后备干部队伍结构。

**【加强新的社会阶层人士统战工作】** 积极开展新的社会阶层代表人士综合评价工作，举办了台州市新的社会阶层人士联谊会创业与管理玉环培训会。指导县新的社会阶层人士联谊小组大力实施“保增长促就业，招收应届大学毕业生行动计划”，吸纳应届大学毕业生50名。积极引导新的社会阶层人士积极投身社会公益事业和新农村建设，3位非公有制经济代表人士被评为第三届台州市优秀中国特色社会主义事业建设者。县工商联会员捐款捐物达500多万元，苏泊尔集团获浙商责任大奖。实施“树信心促发展行动计划”，广泛动员统战干部和统一战线成员走进企业，引导非公有制经济人士正确认识危机，提振发展信心。2009年9月，召开了县工商联（商会）第七次会员代表大会，选举产生了县工商联（商会）新一届领导班子，有效加强了工商联（商会）组织建设。根据非公有制企业发展需要，县工商联及各基层商会举办了企业管理、税法知识等培训10多场，组织商务考察10多次，有效提升了企业的经营管理水平。

**【民族宗教事务工作】** 积极开展少数民族低收入群众增收帮扶行动，捐赠丽水市景宁畲族自治县外舍管理区岗石村10万元，慰问本县少数民族困难群众23户。加强少数民族工作调研，健全全县少数民族档案，做好新疆籍少数民族摸排走访工作，增进了民族团结。县道教协会、县基督教“两会”完成换届工作，提高了宗教团体自身运转能力。引导宗教界和全县信教群众积极参与全县禁放烟花爆竹和丧葬礼俗改革活动，出台《玉环县宗教教职人员从事公民丧事宗教活动的管理规定（试行）》，大力开展移风易俗社会宣传活动，在创建文明卫生城市工作中发挥了宗教界重要而独特的作用。全面推进“和谐寺观教堂”创建活动，工作经验在《浙江民族宗教工作》简报刊出。

**【港澳台和海外统战工作】** 全力协助县委、县政府推进大麦屿港对台海运直航，重点做好材料收集、联络沟通、客源组织等工作，2009年6月16日，大麦屿港对台客货运首航隆重举行，2009年7月7日台州港大麦屿港区对台海上直航客运首航取得成功，实现了玉环对台交流合作的新突破。2009年12月，协助县委、县政府举办“第二届中国玉环海岛文化节”，邀请台湾金门、澎湖、马祖及台北、宜兰等40多位嘉宾参加盛会，全面加强了玉台民间交流与合作。积极配合县政府做好“海峡两岸商品交易物流中心”规划及申报工作，2009年12月30日，国家商务部办公厅致函浙江省商务厅同意实施规划。2009年7月，县台联会赴台与台北玉环同乡会举行联谊活动，签订合作备忘录，实现25年来的首次互访。2009年8月，开展“玉台情谊深，爱心跨海峡”为台湾灾区献爱心活动，共募集爱心款15万多元。进一步加强对台宣传，通过赴台考察团携带宣传品入岛，在台轮专用码头设点赠送对台宣传品，由台湾渔民带入台湾，有效扩大了宣传范围和成效，对台工作经验在全省基层对台工作经验交流会上作了重点介绍。

2009年9月17日，召开了玉环县第三次归侨侨眷代表大会，选举产生了新一届侨联领导班子，有效加强了侨联组织建设。积极开展海内外联谊交流，加强与香港同胞的联系交往，2009年12月，赴深圳指导香港玉环同乡会召开理事会。积极开展归侨侨眷就业和侨资侨属企业吸纳就业情况调查、留学人员回国创业就业情况调查、“海外华侨华人代表人士百千工程”调查、玉环籍海外高层次人才信息调查等活动，进一步掌握了侨情、留情工作动态。坚持以侨为本，积极探索和实践“主动维权、依法维权、科学维权”，切实维护了广大归侨侨眷的合法权益，县侨联被评为“全省侨联维权工作先进集体”。2009年11月4日至6日，全省港澳台海外统战工作研讨会在玉环县召开。

**【深入学习实践科学发展观】** 以“践行科学发展观，壮大统一战线”为载体，全面开展统战系统深入学习实践科学发展观活动，集中学习30多次，深入基层调研20多次，撰写理论调研成果8篇，征求意见建议20多条，形成了《统战系统贯彻落实科学发展观情况分析检查报告》和《整改落实方案》，有效增强了统战干部贯彻落实科学发展观的自觉性、服务科学发展和统战工作对象的能力。

**【统一战线调研、宣传、信息工作】** 加强统战调研工作，有3篇文章在省、市统战理论政策研究和调研优秀成果评选中获奖，县委统战部被评为2009年度全市统战理论政策研究和调研优秀组织奖；统战信息宣传工作继续向前移位，县委统战部获全市统战信息工作一等奖，县台办获全市对台信息工作先进单位，县工商联被评为全省工商联系统宣传工作先进单位一等奖。

（陈志法）

## ·天台县委统战部·

**【综述】** 2009年，天台各级统战部门认真贯彻落实统一战线方针政策，深入开展学习实践科学发展观活动，举办了第三届天台人经济高层论坛、纪念济公圆寂800周年、中日天台宗友好交流、“祖国颂·天台情”党外人士演讲比赛等系列活动，成立了天台县新的社会阶层人士联谊会，圆满完成了天台县工商联（总商会）换届，各领域统战工作取得了新成效，天台统战部被评为2009年度全省统战工作先进集体。

**【多党合作工作】** 县八届政协委员届中调整，按照县政协委员辞职制规定，县政协八届三次会议11人辞去政协委员，新增补政协委员12人，其中无党派人士界1名，共青团界1名，妇联界1名，工商联界2名，科技界1名，社会科学界2名，经济界1名，台联界1名，特邀界2名，调整后委员总数232人。党外政协委员提交提案94件，占总数的67%。

**【党外代表人士工作】** 4月，选送部分党外人士参加市级培训班和县青干班培训，8月，举办统战系统读书会，10月，举办县第二期党外后备干部培训班，全年轮训党外干部84人次。召开组织部、统战部工作例会两次，通过公开考试新充实党外科级后备干部34人，面向党外公开选拔工商联副主席1名。9月，统战部、教育局、团县委联合举办“祖国颂·天台情”庆祝新中国成立60周年党外人士演讲比赛，通过初赛和决赛，产生一等奖1名、二等奖3名、三等奖6名、优胜奖10名。6月30日，召开纪念中共共产党成立88周年党外人士座谈会。9月21日，县政协、县委统战部联合举办庆祝人民政协成立60周年暨中秋茶话会，举行了《神秀天台山》书画集及《天台县政协庆祝人民政协成立60周年纪念邮册》首发仪式、“甲子金歌”文艺演出，县四套班子全体领导出席。

**【宗教工作】** 桐柏宫建设完成了紫阳殿主体工程，开建三清殿。5月20至21日，日本天台宗第256代座主半田孝淳长老、延历寺执行武觉超率团到天台参拜祖庭和友好交流，在天台期间，举行了参拜智者大师肉身塔仪式、日本天台宗开宗1200周年庆赞圆成大法会、中日两国天台宗纪念碑揭碑仪式等活动，县领导黄继满、陈政明、叶玲君参加会见。创建“和谐寺观教堂”活动，加强宗教场所非通常宗教活动和安全工作检查，在赤城街道开展了民间信仰场所管理试点工作。

**【民族工作】** 参与全省少数民族帮扶行动，帮助景宁梧桐乡王山头村解决饮用水工程资金缺口10万元。

**【新的社会阶层工作】** 对148名非公有制经济人士和151名新的社会阶层人士进行了综合评价。非公有制经济人士陈立钻、沈颜新被评为省第三届优秀中国特色社会主义事业建设者，朱明辉、汪传魁、沈中明被评为市第三届优秀中国特色社会主义事业建设者。12月25日，天台县新的社会阶层人士联谊会成立，首届新联会共有会员151人，大会代表80人，选举产生理事30人，沈中明当选为会长。组织召开企业家座谈会、税企恳谈会，召开天台常州商会、天台沈阳商会、天台苏州商会昆山分会、天台宁波商会年会。发行彩印版《天台商人》3期6000册。5月19日，天台苏州商会第二次会员代表大会召开，胡卫东再次当选为会长；7月10日，天台北京商会第二次会员代表大会召开，陈先进当选为会长。

**【县工商联（总商会）换届】** 12月24日，天台县工商业联合会（总商会）召开第六次会员代表大会，选举产生六届工商联执委61名，其中主席1人（徐小敏），副主席28人，秘书长1人（兼）。省工商联副主席李任治，市委统战部副部长、市工商联党组书记李建平到会祝贺，县四套班子领导出席大会。

**【第三届天台人经济高层论坛】** 4月3日，统战部、工商联联合举办“第三届天台人经济高层论坛暨学习实践科学发展观大讲堂第二讲”，邀请天台在外金融专家、经济专家、税务专家、企业管理专家和本地企业家围绕“全球金融风暴下县域经济转型与升级”进行主题演讲和开放式对话，引导民营企业积极应对金融危机。省市有关领导、县四套班子领导出席。该项活动获2009年度全省重大统战宣传创意奖。

**【对台交流】** 1月，县政协副主席姚学明率济公文化交流团赴台交流；9月，县人大副主任王金永率天台山文化交流团赴台交流。春节期间，台南科技大学张忠良教授一行到天台考察交流；4月，台中县大甲镇澜宫访问团到天台友好访问；7月，台湾嘉义龙隐寺交流团、台湾长荣集团驻大陆总代表柯金成先生一行来天台交流访问。8月份台湾遭受“莫拉克”台风灾害后，县台办联合县红十字会发动社会各界为台湾抗灾募捐善款2万多人民币。

**【纪念济公圆寂800周年活动】** 6月4日至6日，“2009海峡两岸纪念济公圆寂800周年活动”在天台举办，来自台湾、香港、澳门等地区的400多名济公信徒和20多位专家学者参加，举行了“2009海峡两岸济公文化研讨会暨《海峡两岸济公文化研究文荟》首发式”、济公文化展和《少年济公》电视剧拍摄开机仪式、县主要领导与台湾嘉宾见面会、文艺晚会、祈祷世界和平法会、济公圣迹游启动仪式等系列活动。活动被列入国台办、省台办2009年对台重点交流项目。

**【港澳和海外统战工作】** 3月，组织侨联理事到路桥学习考察，8月，组织侨联理事到千岛湖考察，9月，侨联、留联分别举行中秋茶话会，11月组织留联理事到无锡参观。港澳和海外宣传：出版发行《爱乡楷模王阿良》宣传册1000册，完成《天台学子在海外》一书组稿工作，开展了庆祝建国60周年侨界征文活动，在《天天天台》上开辟海外天台学子宣传专栏八版。11月县侨联组团赴港交流。赤城街道侨联成功申报省示范性基层侨联。

**【全县统战工作会议】** 4月1日，召开全县统战工作会议。县委副书记张宇出席会议并讲话，县委常委、统战部长陈政明作工作报告，县人大、县政府、县政协有关领导出席。

（叶永志）

## ·仙居县委统战部·

**【综述】** 2009年，仙居县委统战部在市委统战部的精心指导和县委的正确领导下，在各乡镇（街道）和县有关部门的积极配合下，按照“围绕一个总目标，实现六个新提高”的工作思路，广大统战干部齐心协力，扎实工作，较好地完成了上级下达的各项统战工作任务，许多方面实现了历史性突破，取得了明显成效。

**【统战宣传培训工作】** 为深入学习实践科学发展观，进一步在全社会营造“了解统战、关心统战、支持统战”的良好氛围，县委统战部采取多种形式开展统战宣传、培训活动。一是在全县党建会议、各种座谈会上大力宣传仙居统战；二是在《仙居新闻》党报中开辟《统战之窗》专栏，大力宣传统战有关知识，尤其加大了对仙县委〔2008〕10号《关于进一步加强我县统战工作的若干意见》的宣传力度；三是举办全县统战业务知识培训班，组织全县乡镇（街道）、部门从事统战工作干部、非公有制经济人士以及广大党外代表人士和党外知识分子近400人集中党校进行培训，邀请了北京高校和省市有关领导专家前来讲课，讲授有关统战业务知识。同时，我县共选送了12名代表人士参加市委统战部在中央社会主义学院举办的2009年党外中青年干部、无党派代表人士和新社会阶层代表人士三个培训班。民宗局干部还到各乡镇（街道）开展民宗（统战）知识宣讲活动，进一步扩大了统战工作的影响力。

【机关统战工作】 2009年，在市委统战部的精心指导下，率先在党外知识分子比较集中的教育、卫生、农业、林业、财政等20个重点部门开展了“有组织、有制度、有活动、有位置、有创新、有奖惩”的“六个有”活动。通过开展“六个有”活动，基本形成了加强机关统战工作及党外知识分子工作的运行机制，促进了各级党委进一步重视党外知识分子的安排和使用工作，进一步调动了党外知识分子工作的积极性、主动性和创造性，开创了我县机关统战工作及党外知识分子工作的新局面。

【对台交流】 2009年，我县由县委书记、县长分别组团带队到台湾进行工业、农业考察，赴台考察的批次、人数之多都属历史之最。通过考察，不仅加深了对台湾工业、农业的了解，同时在台期间与仙居籍台胞进行了积极联系，加深了相互之间的了解与友谊。此外，今年仙居县积极争取了“台湾农民创业园”项目，已经农业部和国台办批准。这为下一步加强两岸交往，加快发展优质高效农业奠定了基础。

【民族宗教工作】 仙居县有29个少数民族，650户、1374人口。有四大宗教，113个经依法批准的宗教活动场所。按照党的十七大关于“促进民族关系的和谐，促进宗教关系的和谐”的工作要求，我们会同各乡镇（街道）、县慈善总会深入实施“全县百户少数民族贫困户脱贫致富奔小康”工程，各方共为少数民族贫困户提供帮扶资金17万元，帮助搭建上百个创业增收平台，有59户贫困户在今年实现脱贫。同时切实做好外来少数民族人员的管理与服务工作，及时调处多起矛盾争端，有效维护民族团结。认真贯彻党的宗教工作基本方针，始终高度重视做好宗教事务的依法管理工作。同时，今年着重组织开展了“法制教育进宗教活动场所”活动，积极探索宗教事务依法管理的新办法新途径。通过南峰寺试点，然后在95家寺院教堂推开，从而使宗教界教职人员与信教群众学法知法守法、依法开展宗教活动的思想意识有了普遍增强，促进了宗教界的和谐与稳定。

【招商引资工作】 根据县委、县政府工作部署，县委统战部充分发挥统战系统的自身优势，狠抓招商引资工作。县工商联通过牵线搭桥，积极开展招商引资工作，已促成湖南一企业来仙居县投资5000万元，合资兴办仙居圃瑞药业有限公司。同时，通过积极筹备，已如期成立北京仙居商会。县台办邀请市台资企业协会来仙考察调研，积极向台资企业推介仙居，努力做好招商引资工作。此外，部领导今年还兼任县推进农村土地综合整治、农民住房改造建设工作指挥部的总指挥。通过组织抽调人员、制定政策、抓好试点、部署实施及督查落实等各项措施，已取得明显成效，为推进仙居县土地依法管理和新农村建设作出了积极贡献。

【加强统战队伍自身建设】

一是加强学习实践科学发展观活动。按照县委统一部署，统战部自今年3月份开始在部机关深入开展学习实践科学发展观活动，坚持统筹兼顾，科学谋划，注重实效，认真组织学习调研、分析检查和整改落实，把开展学习实践活动同做好统战改革创新工作结合起来，切实做到学习实践活动与统战日常工作两手抓、两不误、两促进。同时，还加强了对全县非公有制企业学习实践科学发展观活动的检查指导工作。二是加强制度建设。今年，统战部与县委组织部一起建立了党外干部联席会议制度，定期或不定期地召开例会，专门研究党外干部和党外知识分子的培养、选拔、使用等有关问题。同时，坚持和完善了乡镇宣统委员的例会制度和部机关干部每月工作汇报交流制度。三是加强信息工作。制订完善了《全县统战系统信息奖励办法》，对乡镇（街道）、部门及机关各科室信息的上报数量进行了具体规定，并定期刊出《仙居统战》，同时积极上报有关信息。

**【全省知联会建设研讨会在仙居召开】** 12月24日至25日，全省知联会建设研讨会在仙居县召开，来自全省11个市、地的统战部、党外知识分子处领导，萧山区、余姚市、鹿城区、仙居县统战部部长等共45人参会。县委常委、统战部长陈扬华在会上作《积极探索，创新载体，努力开创仙居党外知联会工作新局面》的典型发言，重点介绍了仙居县以机关统战“六个有”为载体，努力拓宽党外知识分子教育管理的渠道，构建纵向到底、横向到边的管理模式。该项工作受到省委统战部黄永通副部长等领导的充分肯定。

**【北京仙居商会成立】** 12月19日，北京仙居商会成立大会召开，235名会员参加了成立大会。县四套班子主要领导出席成立大会，县委书记吴海平到会并作重要讲话，要求商会充分发挥桥梁纽带作用，加强与政府主管部门沟通，及时反映行业改革和发展情况，为主管部门科学制定行业发展政策提供参考。

（朱伟新）

## ·三门县委统战部·

**【综述】** 2009年，全县统战工作坚持以邓小平理论和“三个代表”重要思想为指导，以科学发展观统领统战工作全局，紧紧围绕市委统战部开展的“同业对标、走在前列”活动和县委、县政府中心工作，继续解放思想、创业创新，积极开展各个领域的统战工作，为三门县经济又好又快发展和促进社会和谐稳定作出新的贡献。新的社会阶层人士工作被评为全省统战工作创新奖。

**【全面践行科学发展观】** 除了动员全县广大统一战线成员严格按照程序步骤深入学习贯彻学习科学发展观外，重点工作是积极指导第三批科学发展观学习实践活动的非公有制企业党组织开展活动。对全县152个非公有制企业开展了学习实践活动。

**【助推中小企业应对金融危机】** 指导县工商联与县工行和邮政储蓄银行积极开展以“深化合作、加强服务、扶弱育优、共克时艰”为主题的“助力中小企业”活动，银企联手，共同应对金融危机。全县会员企业从工行贷款6个亿，从邮政储蓄银行贷款6000余万元。

**【搭建新的社会阶层人士工作新平台】** 建立三门县新的社会阶层人士工作联席会议制度。12月9日，成立新的社会阶层人士联谊会，为新的社会阶层人士搭建了交流、联谊、服务的新平台。同时，对新阶层博客群进行升级，所有的新联会会员都建立了“格子铺”，使博客群成为新阶层人士联系的纽带、产品的广告、学习的场所。

**【有针对性地开展了民主政治工作】** 建立了党员领导干部与党外代表人士联系制度，密切党员领导干部同党外人士的关系。组织党外后备干部进行了集中的约谈，使统战部门领导对每位党外干部的学习、工作情况有了更深的了解，同时，也加强了党外后备干部之间的交流。11月份，会同县委组织部在台州市党校举办了为期一周的党外干部培训班，50余名优秀党外干部参加了此次培训班。今年，三门县举行竞争性选拔领导干部，笔试成绩公开后，邀请台州市委党校的教授对入围面试的党外干部进行集中面试培训。

**【加强两岸经贸、文化交流】** 2009年组织了两个团体赴台湾考察。同时，台湾农友种苗公司来三门县建立“农友种苗示范基地”已达成意向，开启了三门县与台湾农业交流与合作的大门。6月中旬，台州市台商协会会长带领考察团来我县考察交流。

**【引资工作有新进展】** 引进一家台湾同胞投资的独资企业。三门籍香港同胞章宏珪先生自2006年设立三门学子奖学金60万元人民币以来，分三年资助了106名高考学生。为使捐赠工作深入进行，通过各方努力，今年6月份又续约了20万元2009年奖学金，使35名三门学子从中受益。同时，詹耀良先生捐赠30万元用于六敖中学教育楼建设。

**【编辑完成《三门籍民国将军录（不完全版）》初稿】** 此书是县台联会花费大量人力精力收集整理、历经三年多时间而成，约5000字。《名录》目前较客观、详实的记载了从晚清、北洋时期到国民党执政时期三门县17名少将以上国民党将军的主要事迹，其中在台湾的有6名。

**【做好“侨爱工程”】** 组织和动员三门县侨商会企业为新农村建设尽份力，共有3家侨商会员企业与三门县珠岙镇娄坑村、海游镇奚家岙村、小雄镇茂林村结对帮扶，资助帮扶资金19万元。为结对村添置体育锻炼器材、筑桥铺路。

**【开展统战宣传月活动】** 2009年宣传月的主题是结合三门县“平安三门”建设，抓好三级民族宗教应急工作网络建设，分批次对全县村级统战工作联络员宣传有关统战知识和业务。通过排查摸底，分类归档，建立完善了县、乡（镇）、村三级宗教工作应急网络。同时，进一步明确了职责，并印制了600余册统战系统突发性事件处理通讯录，做到统战联络员人手一册。

**【抓好重点寺院建设】** 坚持挖掘宗教特色文化加强与旅游经济为结合点，继续推进多宝讲寺和毗奈耶寺建设。协动乡镇和寺院、村民，圆满完成多宝讲寺前9间民房拆迁工作。完成了五年来一直在延续的工作。

**【加强宗教活动场所规范管理】** 组织开展“和谐寺观教堂”创建活动，今年民族宗教工作没有发生一起恶性突发事件，稳定状况居全市前列。

**【抓好少数民族工作】** 以项目帮扶和产业推进为抓手，重视发挥县少数民族联谊会作用，加大对困难少数民族群众的帮困力度。做好对口支援景宁少数民族贫困村工作，并落实扶贫资金10万元。（陈巧云）

## 丽　水　市

### ·丽水市委统战部·

**【综述】** 2009年，丽水市统一战线紧紧围绕市委中心工作，紧扣“聚力谋发展、凝心促和谐”主题，全面实施“五大行动计划”，开展民主党派“能力建设年”活动，深化“百家民企扶百村、百名侨胞助百村”活动，加快“民族团结进步小康村”和“和谐寺观教堂”创建，为推进丽水“四个发展”、加快生态文明建设和全面小康社会建设作出积极贡献。

凝心聚力服务经济社会发展。以实施少数民族低收入群众增收帮扶行动计划和开展“百家民企扶百村、百名侨胞助百村”活动为主要载体，组织引导统战系统和广大统战成员帮扶结对低收入农户，特别是少数民族低收入群众。宁波市统战系统、舟山市统战系统、台州市统战系统、民建省委会、民进省委会、九三学社省委会、台盟省委会等省结对单位先后与丽水市58个民族村结对，2009年共争取统战系统各类扶持资金1318万元。在全市少数民族村开展“民族团结进步小康村”创建活动，莲都区老竹畲族镇沙溪村、龙泉市剑池街道茶垟村、遂昌县三仁畲族乡大觉村、景宁畲族自治县大均乡伏叶村等4个民族村被省民宗委、省农办授予首批“浙江省民族团结进步小康村”称号。开展百家民企扶百村活动，今年有399家民营企业参与活动，投入涉农资金2443万元、公益事业资金464.5万元，安置农村劳动力5874人。开展百名侨胞助百村活动，今年有46名华侨、3个侨团、1个华侨慈善基金会与42个村结对，帮扶项目29个，捐资1113.11万元。

坚定不移推进多党合作事业。开展中发〔2005〕5号《中共中央关于进一步加强中国共产党领导的多党合作和政治协商制度建设的意见》等文件精神贯彻落实情况专项督查，督查报告得到市委书记陈荣高批示。出台《关于市委市政府党员领导干部联系党外人士分工调整的通知》，调整市委、市政府党员领导干部与民主党派、工商联、无党派代表人士联系交友名单。举办“风雨同舟60年”征文活动，组织民主党派成员、无党派人士调查研究，反映社情民意，提出意见建议。市政协二届四次会议期间，民主党派、无党派人士提交提案185件、大会发言25件。九三学社丽水市委会主委韦铁民《建议我国取消药品单独定价》被九三学社中央、全国政协办公厅采用，得到温家宝总理、回良玉副总理重要批示。举行党外人士工作情况通报会、民主党派负责人座谈会，举办2009年市级民主党派、工商联负责人和无党派代表人士暨统战部长暑期读书会，召开民主党派纪念中国共产党领导的多党合作制度确立60

周年暨基层支部工作座谈会。协助市侨联、台联做好换届工作，指导丽水学院成立高校无党派知识分子联谊会，指导缙云、松阳、龙泉等地成立知联会。举办民主党派新成员培训班、民主党派骨干培训班、党外中青年干部培训班。全面实施党外代表人士后备队伍培养行动计划，建成全市党外干部资料库，2名党外干部分别被提任市教育局局长和市第二人民医院院长，选派民建市委会、农工党市委会办公室主任分别到市中医院和市信访局挂职锻炼。组织民主党派、知联会的40多位专家，赴云和县朱村乡开展“三下乡”社会服务活动，受益群众达1000多人。

共克时艰推进非公有制经济领域统战工作。协助成立杭州市丽水商会、广东省丽水商会、丽水市阀门商会，牵头召开异地商会会长“家乡行”座谈会。加快商会大厦筹建工作。开展“奉献爱心、回报社会”活动，引导非公有制经济人士参与光彩事业，接收捐款151.7万元。开展第三届优秀中国特色社会主义建设者评选表彰活动，评选产生市级优秀建设者20名，受省级表彰3名。召开市光彩事业促进会第二届理事会第一次会议，选举产生新一届领导班子。全面开展非公有制企业学习实践科学发展观活动，举办非公有制企业党组织负责人培训班、非公有制经济人士培训班。在青田县开展非公有制经济代表人士担任工商联主席试点工作。

抢抓机遇推进民族工作。抓住省委、省政府扶持景宁加快发展的契机，推进民族政策的完善落实，深化“心系民族发展、共创美好明天”活动。出台《关于加大少数民族经济社会发展扶持力度的意见》《关于成立丽水市民族工作领导小组的通知》，进一步加强对民族工作的领导，加大扶持少数民族群众和民族地区力度。协助做好景宁民族工业园前期工作。组织开展少数民族特色民居建设专题研究，启动“畲族特色村寨”建设项目。协调做好少数民族公务员招录工作，全市录用少数民族公务员17名。举办民族村干部（少数民族致富带头人）实用技术培训班、少数民族青壮年实用技能培训班。做好全国民族团结进步模范集体、模范个人推荐工作，市委统战部、景宁畲族自治县广播电视台，市委常委、军分区司令程海南，丽水学院副院长吕立汉、中共景宁畲族自治县委书记武昌、云和县安溪畲族乡乡长蓝金玉等荣获国务院表彰。协助举办2009中国畲乡“三月三”活动暨第三届中华畲族服饰设计大赛、第十六届“桥竹柳新”传统“三月三”歌会活动。组队代表浙江省参加2009年全国高脚竞速、板鞋竞速邀请赛夺得佳绩。做好市畲族文化研究会筹建工作和畲族古籍编撰工作。

创新载体推进宗教工作。在全市宗教场所开展“和谐寺观教堂”创建活动，提高宗教团体和寺观教堂的依法管理、民主管理、科学管理水平，进一步贯彻落实《宗教事务条例》和《浙江省宗教事务条例》。举办全市宗教工作干部培训班、宗教工作重点乡镇统战委员培训班。全力做好新疆“7.5”事件后宗教稳定工作。召开市佛教协会常务理事会、会长会，成立市佛教协会慈善功德会。召开市基督教第一次代表大会，选举产生市基督教首届“两会”班子。

整合资源推进港澳台海外统战工作。开展经常性联络联谊，完善海外交友名册，协助完成香港丽水同乡会换届。发动社会各界伸出援手帮助遭受“莫拉克”重创的台湾同胞度过难关，全市捐款100.3万元。召开丽水海外联谊会第三届理事会第二次会议，组织举办“丽水月·家乡情”——2009迎中秋、庆国庆“三胞”茶话会。

与时俱进推进统战部门自身建设。按照“事业为先、团结为重、能力为要”的要求，加强干部职工学习培训。开展深入学习实践科学发展观活动，召开全市统战系统深入学习实践科学发展观读书会。开展万名网友在线恳谈，市委常委、统战部长蓝资霞在丽水网与网友在线交流。举办“亚泰杯”统战知识竞赛，召开全市统战系统调研信息宣传工作会议，开展全市统战理论研究和调研优秀成果评选，出版《丽水统战》4期，编发《丽水统战信息》15期。召开全市统战系统党风廉政建设工作会议。举办统战系统迎春晚会、第二届统战系统乒乓球赛。

**【青田华侨回乡当“村官”】**

2009年青田县有“华侨村官”36名，利用自己视野广、理念新、资金雄厚等优势，为当地新农村建设注入崭新活力。省委书记赵洪祝作“要注重发挥华侨在新农村建设上的作用”的重要批示。

【景宁民族工业园开工建设】 8月28日，丽水经济开发区景宁民族工业园开工建设。为了扶持景宁畲族自治县加快发展，并以此为龙头拉动其他民族地区发展，丽水市在省级开发区丽水经济开发区划出3.83平方公里区块，作为景宁经济建设“飞地”，建设民族工业园，该项工作获得2009年全省统战工作创新奖。

【举办2009迎中秋、庆国庆“三胞”茶话会】 9月25日，“丽水月·家乡情”——2009迎中秋、庆国庆“三胞”茶话会在丽水南明湖畔镜湖度假村举行，市政协海外委员、市政协港澳台侨委员会特邀委员、丽水海外联谊会海外理事、港澳台同胞、归侨侨眷、台属、台商代表，以及旅居海外的知名人士代表120多人欢聚一堂，共叙乡情亲情，共商发展大计。市领导朱晨、吕文明、梁细弟、李江波、吴炳全、韦铁民、刘秀兰，省台联会副会长、市台联会会长夏金星等出席茶话会。市政协常务副主席吴永水致辞，侨胞代表卓旭光、台胞台商台属代表唐宗龙作了发言，市委常委、统战部长蓝资霞主持茶话会。

【举办“走进统战、服务发展”统战知识竞赛】 9月中旬至10月下旬，丽水市举办以“走进统战、服务发展”为主题的“亚泰杯”统一战线知识竞赛，组织广大干部、职工、学生、村民群众学习宣传统战知识、统战人物、统战政策。经过阅卷、审核、抽奖，273名参赛者分享各级奖项。缙云县委统战部、庆元县委统战部荣获优秀组织奖。

【丽水市基督教“两会”成立】 12月17日至18日，丽水市基督教第一次代表大会召开，来自9个县（市、区）的82名基督教代表参加会议。大会选举产生丽水市基督教协会和基督教三自爱国运动委员会。市委常委、统战部长蓝资霞，市委统战部副部长、市民宗局长张亮明，市民宗局副局长李新雄，省“两会”负责人邓福村牧师等到会并讲话。

【广东省浙江丽水商会成立】 12月19日，广东省浙江丽水商会第一次会员代表大会暨成立大会在广州举行，市领导卢子跃、蓝资霞、程海南、吕文明、陈翠仙及广东省有关领导出席，300多名商会会员参加会议。杨志肖当选首届会长。（张继森）

## ·莲都区委统战部·

【综述】 2009年，莲都区委统战部深入学习贯彻党的十七大、十七届三中和四中全会精神，结合区委“服务市区上水平，发展莲都创新业，共克时艰保增长”的学习实践活动主题，围绕区委、区政府中心工作，充分发挥自身优势，为促进全区经济社会平稳较快发展作出积极贡献。

注重联系，加强指导，民主政治建设有了新推进。认真做好民主党派换届有关工作，民盟区委会和民建区委会于6月份进行了成功换届。协助民主党派把好组织成员发展的入口关，全年民革发展3名新党员，民盟发展1名新盟员，民建发展1名新会员，民进发展3名新会员，农工党发展2名新党员，九三学社发展3名新社员。2009年区“两会”期间，6个民主党派和工商联共向大会提交集体提案50件，个人提案155件；全年6个民主党派成员共写社情民意50多篇，为党委、政府科学决策提供重要参考。积极为增加党派专项业务费呼吁，增幅达29%；进一步加强党外干部的培养和使用，在区委关心下，提拔党外干部1名。

强化服务，依法管理，民族宗教工作有了新进展。做好2008年度民族发展项目的实施和落实工作，争取到2009年度省民族发展项目专项资金51万元；认真实施“少数民族低收入群众增收帮扶行动计划”，落实帮扶资金108.75万元；开展民族团结进步小康村创建活动，提高少数民族群众生活水平；协助办好畲族“三月三”活动，积极传承、弘扬少数民族文化。组织宗教团体利用不同形式开展学习培训，提高宗教界人士安全防范意识和自身修养水平；严格大型宗教活动审批程序，确保宗教活动安全；开展“和谐寺观教堂”创建，提升宗教场所管理水平；积极应对乌鲁木齐“7·5”事件对我区的影响，积极做好沟通、协调、化解宗教矛盾工作，确保宗教领域安全稳定。

密切联系，积极引导，港澳台及海外工作有了新变化。开展“侨法宣传月”活动，营造良好侨台工作氛围；开展“侨台资企业调研服务月”活动，及时帮助侨台资企业解决问题和困难；组织侨台资企业家参加“企业防范风险”法律知识讲座，帮助他们提振信心共渡金融危机；采用“请进来、走出去”的方式，积极开展侨台胞联谊工作；关注重点侨胞侨属和台胞台属，积极开展走访工作；热情接待侨台胞来信来访，积极为侨胞侨眷、台胞台属做好服务工作；积极组织侨台胞参加全区统战系统庆祝建国60周年暨中秋茶话会、迎春茶话会等，进一步加强联系，增进感情。

强化职能，搞好协调，非公经济发展有了新进步。成立了莲都区总商会上海分会支部和莲都区总商会陕西分会支部，建立莲都区总商会陕西分会；积极组织非公有制企业参与各种评比，引导非公有制经济人士在创业创新实践活动中争先创优；开展“走进民营企业、提升发展信心”专项活动，努力解决非公有制企业遇到的问题和困难；积极做好外出创业人员的后续服务工作，努力解决外出创业人员在融资等方面遇到的困难；成立莲都区老竹和谐兴农担保公司，开创政银企全新合作模式；开展“助力中小企业”签约活动，进一步提高非公有制企业应对金融危机的能力。

加强建设，注重实效，统战工作影响力有了新扩大。根据区委关于学习实践科学发展观活动的统一安排，结合实际确定“凝心聚力共克时艰、围绕中心再创新业”为学习实践载体，积极组织全体干部认真开展学习实践科学发展观活动，进一步加强自身建设，推动统战工作不断发展。加强统战宣传调研信息工作。全年编辑《莲都统一战线》简报8期，被“莲都区政府门户网站”采用18篇，被“丽水统战网”采用5篇。在全市统战理论研究和调研优秀成果评比中报送优秀调研文章11篇，获得优秀组织奖，获得二等奖1篇、三等奖2篇。以“三下乡”服务为根基，发挥教育、卫生、科技等界别党派成员智力优势，开展送教下乡、送医疗下乡、送科技服务下乡等社会服务工作。组织统战成员参与新农村建设和“送温暖”活动。为雅溪镇上金竹村畲族文化活动中心争取到侨资帮扶资金20万元，积极引导罗马尼亚华侨兄弟胡培龙和胡培彪兄弟为家乡紫金街道瀑泉村高章自然村筑路建设捐资25万元，旅塞华侨王家惠捐赠给家乡碧湖镇下圳村老人协会3.8万元，总商会广东分会会长徐庭武为大港头镇徐山村道路硬化工程捐资50余万元，斯洛伐克华侨魏彪夫妇为台湾“8·8”水灾群众捐款5万元等，引导统战成员奉献爱心回报社会。

**【召开黄埔军校建校85周年座谈会】** 6月16日至17日，莲都区委统战部、莲都区黄埔军校同学会在万象山庄宾馆召开纪念黄埔军校建校85周年座谈会。出席会议的有黄埔军校同学、同学遗孀及亲属共40余人。莲都区黄埔军校同学会会长杨益光主持会议，区委常委、统战部长张继芳出席会议并讲话。

**【召开统一战线庆祝新中国成立60周年座谈会】** 9月24日下午，莲都区召开统一战线庆祝新中国成立60周年座谈会。区委常委、统战部长张继芳，区政府副区长雷勇军，区政协副主席刘宗林、虞为粮，民主党派、无党派、工商联、侨胞、台胞、台属、民族、宗教、统战系统离退休干部等各界代表人士50多人参加会议。

**【举办少数民族村干部科技培训班】** 11月3日，莲都区委统战部举办为期4天的以发展笋竹两用林、小径竹、油茶管理技术为主的全区少数民族村干部科技培训班。参加学习培训的有统战系统全体机关干部、全区民族村党支部书记或村委会主任、各宗教团体负责人等60多人。同时，还组织村干部去安吉笋竹两用林基地进行实地考察。

（徐惠仁）

## ·龙泉市委统战部·

**【综述】** 2009年，龙泉市委统战部认真贯彻党的十七大精神，践行科学发展观，紧紧围绕市委、市政府和上级统战部门的中心工作，不断探索新思路，各项工作都取得了一定的成效。

紧扣科学发展，提升素质，加强干部队伍自身建设。开展学习实践科学发展观活动，引导党员干部做到自我教育、自我改进、自我完善、自我提高，进一步明确努力方向。通过调研走访、召开民主恳谈会等，主动了解基层群众和社会各界人士对统战工作的意见和建议，制定整改方案，明确整改任务，解决存在的问题。

围绕中心，整合资源，做好民族工作。开展少数民族帮扶工作，制定具体帮扶计划，支持民族村道路等基础设施建设，改善民族地区的生产、生活条件。根据省委统战部五大行动计划的要求，组织民盟、知联会、侨联、台谊会、宗教等组织团体联系竹垟畲族乡7个村。据统计，一年来共计落实帮扶资金62.4万元。通过省委统战部门的牵线搭桥，省委统战部、宁波一市五区统战部等到我市结对帮扶9个民族村，共争取帮扶资金130多万元。深入民族乡村开展调查，认真包装项目，争取专项帮扶，得到省级民族发展项目11个，资金41万元。抓好民族法规政策、职业技能培训。举办民族村干部培训班，组织少数民族村干部赴奉化滕头村等地进行新农村建设、生态保护及旅游开发考察学习，拓宽视野，增长知识，增强他们做好民族村工作的信心。积极引导和扶持民族乡村大力推进特色产业发展，重点抓好茶叶、花卉、食用菌、笋竹等优势产业发展，培育了伟铭茶叶等一批农业龙头企业。

努力开展党派、工商联和经济领域的统战工作，为经济转型服务。推进民主党派、党外知识分子、非公有制经济领域方面的工作。协助民盟龙泉市总支加强自身组织建设和思想建设，进一步拓宽参政议政渠道，支持并鼓励民盟积极开展社会服务活动。帮助知联会不断加强组织建设，建立健全知联会工作制度，会员走向农村、走进企业，开展形式多样的联谊、考察调研和结对帮扶活动。知联会各联谊小组工作逐步开展。帮助已经建立的异地商会初步形成行之有效的运行机制，开展联谊活动，为在外创业人员解决实际困难，较好地发挥民间商会的作用。协助龙泉市工商联做好龙泉市总商会义乌分会、温州分会、广州分会、上海分会的换届工作。加强党外干部工作。根据建立党外干部人才数据库的有关要求，在全市范围内对党外干部基本情况进行摸底调查。举办党外干部培训班，进一步加强党外后备干部培养与选拔。积极推荐优秀党外干部参加丽水市民主党派骨干培训班学习。开展非公有制经济企业学习实践科学发展观活动。

积极开展港澳台和海外统战工作。密切与海外侨胞、台胞的联系，协助侨联、台谊会加强自身建设。加强与海外、侨台知名人士的联谊沟通。邀请台湾青瓷、刀剑界及媒体人士参加中国龙泉青瓷龙泉宝剑节。邀请台湾铸剑大师郭常喜一行来龙论剑、赠剑，邀请台湾林智隆教授、李济雷客商在龙泉企业论坛授课，以宝剑文化连结两岸情谊。组织交通、农业、水利、土管等部门赴台湾就农家乐、农业、土地等进行考察，全市共有200多人赴台湾旅游观光。邀请台湾陈宗明、赖敏男等四位食用菌专家参加第八届全国食用菌新产品新技术展销会暨中国食用菌产业发展（龙泉）论坛。邀请台湾现代农业考察团一行31人来龙泉市考察并达成初步投资合作意向。继续开展“百名华侨助百村”活动，助推社会主义新农村建设。加拿大归侨夏剑锋资助8万多元的枣槐岭灌溉水渠水利工程及冷水亭村饮用水工程完工。青田意大利华侨、省政协委员高平向龙泉市八都镇高大门村捐助20万用于村修建马路、村庄整治等。

强化措施，引导宗教和谐发展。开展创建和谐寺观教堂活动，帮助披云山庙等6个新增宗教活动场所制定管理制度，完善宗教活动安全措施；帮助市基督教“两会”、佛教协会、天主教领导小组搞好班子建设，多次召开基督教“两会”班子成员、天主教领导班子、重点寺庙负责人座谈会，学习有关政策和法规。举办宗教场所负责人政策法规学习班，学习《浙江省宗教事务条例》和省、市关于开展创建“和谐寺观教堂”活动的相关会议精神。参与华严塔重建工作，认真做好捐资工作，加强对认捐资金和实物财产的跟踪和管理，确保认捐资金及时到位。参与叶适文化宣传工作。帮助指导黄南叶氏宗祠修复工作。

**【举办喜迎元宵佳节、共唱畲族山歌活动】** 2月8日，在石玄步村举办“喜迎元宵佳节，共唱畲族山歌”活动。来自丽水市莲都区和龙泉市竹垟、八都等乡镇的25名畲族歌手，齐聚石玄步村，以独特的畲族方式，喜迎元宵佳节的到来。活动期间还举行座谈会，就如何弘扬畲族文化进行交流。

**【周国富到竹垟畲族乡考察调研】** 8月28日，省政协主席周国富，浙江大学党委书记张曦，省政协副秘书长、办公厅主任郑新浦，省农业厅厅长孙景森，丽水市委书记陈荣高，丽水市政协副主席吴炳全等在龙泉出席“山上浙江”高峰论坛期间，来到竹垟畲族乡与畲乡群众和企业家交心访谈，共商山区生态农业发展大计。

【市知联会到竹垟畲族乡金田村开展联谊和系列帮扶活动】 9月25日，市知联会开着"文化大篷车"到竹垟畲族乡金田村，与村民共庆国庆、中秋佳节，并开展系列帮扶活动。通过举行"知联会山油茶基地"挂牌仪式，开展农业、林业、水利等科普知识现场咨询和现场义诊，走访慰问村里80岁以上老人，给高校录取新生送上爱心助学金，举办"同喜同贺中秋国庆，同欢同乐真情结对"联谊晚会，知联会成员与金田村村民共欢共娱。

【举行2009年侨台代表人士中秋茶话会】 9月28日，举行2009年侨台界代表人士中秋茶话会，20多位华人华侨及侨眷、台胞台属欢聚一堂，共庆中秋佳节，畅谈创业，共谋发展。副市长叶新亚，市政协副主席、市委统战部长叶先长出席茶话会。

【华严塔重建落成典礼隆重举行】 12月18日上午，华严塔重建落成典礼仪式隆重举行。市委书记赵建林出席典礼并致辞，市委副书记、市长梁忆南主持，市人大常委会主任钟鸣、市政协主席邵戍汛出席。华严塔始建于北宋初年，至今已有一千多年历史，50年前因为历史原因毁于一旦。华严塔重建工程于2008年1月21日奠基，2009年9月17日地宫藏宝封存，11月10日工程整体完工。 （雷火元）

## ·青田县委统战部·

【综述】 2009年，青田县委统战部以科学发展观为统领，高举大团结、大联合旗帜，以新的工作理念指导新时期统战工作，勇于创新、敢于实践，用心、用情、用力做好各个领域统战工作，创造了新业绩，取得了新突破，开创了新局面，被评为2009年全省县级统战工作先进集体。

全力推进华侨总部经济发展工程。积极调研国内外发展样本，邀请浙江大学专家为发展华侨总部经济制定"一心两区"发展规划；构思完成以《关于建设华侨总部经济的若干意见》为总纲的政策体系，为华侨总部经济发展提供政策支撑；落实总部经济大楼选址，形成概念性设计方案，制定华侨总部经济大楼建设招商方案。利用华侨资源优势，发展华侨总部经济的做法，得到省委书记赵洪祝的批示，入选浙江省区域块状经济典型。2009年累计引进侨资22亿元，拥有侨资企业总部18家，涉及服装、房地产、金融、机械制造等行业，年产值57.3亿元。牵头举办"2009中国·青田华侨总部经济发展论坛"，组织开展富有侨乡特色的专家讲座、商贸投资、特色旅游、文化传播、联谊交流等五大类12项活动，全面展示青田独特的资源优势和深厚的文化底蕴，广泛宣传发展华侨总部经济的战略构想。"华侨总部经济发展论坛"荣获2009年全省统战宣传重大创意活动奖。

纵深推进"百个侨团助百村、千名华侨扶千户"活动。动员引导海外侨团、侨胞踊跃投身新农村建设，实践和支持"百千工程"深入开展，使之成为海外青田人服务"三大青田"建设的重要载体。2009年有130个海外青田侨团结对91个行政村，其中49个侨团在42个村落实新农村建设项目67个，投入建设资金1389.5万元；1594名华侨结对帮扶2369户困难农户，捐赠帮扶资金200多万元。随着"百千工程"纵深推进，许多事业有成的华侨回归故里，为新农村建设贡献力量，有36名华侨还当上了村委会主任等"村官"。"华侨村官"现象引起中组部、中国侨联、中央电视台等关注，省委书记赵洪祝对此给予充分肯定。

夯实多党合作事业基础。开展贯彻落实中央、省委、市委《关于进一步加强中国共产党领导的多党合作和政治协商制度建设的实施意见》文件精神自查，完善县委县政府党员领导干部联系党外代表人士、民主协商、情况通报、对口联系、谈心交友、特约人员等制度，拓宽民主党派和无党派人士参政议政、民主监督的渠道。

拓展港澳台海外统战工作。举办"2009中国·青田华侨总部经济发展论坛"、"庆祖国六十华诞、展青田侨界风采"——青田侨界"六类十大杰出人物"评选等活动，增进交流、凝聚侨心、汇聚侨智。促成"台北青田同乡会回乡参访"、"台北青田同乡会第十二次家乡子弟奖助学金发放仪式"、组团入岛探亲交流等活动，推动两岸同胞交流交往，增进两岸同胞感情。动员引导海外青田籍华侨华人向家乡社会公益慈善事业捐赠资金1000多万元。健全涉及40多个国家和地区的160个青田籍海外侨团组织、2000多名重点人士的联系网络，形成覆盖面更广的工作网络体系。

加强非公有制经济领域统战工作。开展“走进民营企业，提振发展信心”活动，帮助企业克服金融危机不利影响，坚定发展信心，梳理发展思路，解决实际困难，推进创新攻坚。开展非公有制企业党组织学习实践科学发展观活动，发挥企业党组织的战斗堡垒和广大党员的先锋模范作用，推动企业保增长、促转型、创和谐。加强异地青田商会建设，指导完成上海青田商会换届，推动建立义乌青田商会。

维护宗教领域和谐稳定。全面启动“和谐寺观教堂”创建活动，积极引导宗教与社会主义社会相适应。深化宗教活动场所安全管理，与全县150个教堂和53个重点佛、道教场所签定安全工作目标责任书。推行宗教教职人员备案制度，加强对宗教界人士的培训教育。

做好少数民族工作。依托少数民族低收入群众增收帮扶行动计划，为北山镇箬坑民族村争取到结对帮扶资金6万元。帮助章村乡黄山头民族村与柬埔寨青田同乡会结成对子，落实首期帮扶资金3万元，13位侨领还与20户低收入农户结对。

培育统战领域特色文化品牌。举行青田华侨广场命名揭碑仪式，征集设立海外青田籍社团旗阵，完成《青田华侨史》征求意见稿，推进华侨历史陈列馆搬迁布展工作。配合做好高市乡陈诚故居修复工程，启动鹤城镇陈诚旧居陈列室文史资料收集工作，打造对台特色文化品牌。组织举办“青田县第三届畲族歌会”，做好畲族古籍资料收集编纂工作，挖掘保护畲族传统文化。

加强统战部门自身建设。开展由非公有制经济人士担任县工商联主席和总商会会长试点工作，指导完成县工商联和总商会换届。指导召开县第八次归侨侨眷代表大会，举办青田海外联谊会成立20周年庆典暨第五届理事大会。

**【2009中国·青田华侨总部经济发展论坛】** 11月21日，由浙江大学和青田县委、县政府联合举办的“2009中国·青田华侨总部经济发展论坛”在青田华侨广场隆重开幕。全国人大常委会原副委员长蒋正华宣布论坛开幕，省委书记、省人大常委会主任赵洪祝发来贺信。

**【中央统战部副部长尤兰田来青调研侨务工作】** 11月21日，中央统战部副部长尤兰田一行来到青田县温溪镇，在省委统战部副部长徐建华，市委常委、统战部长蓝资霞的陪同下，就青田县侨资企业发展情况及“华侨当村官”新现象开展调研。

**【“百个侨团助百村、千名华侨扶千户”活动持续推进】** 2月10日，举行“百名侨领考察新农村建设西部行”活动，柬埔寨青田同乡会与章村乡黄山头少数民族村、柬埔寨侨领与少数民族村低收入农户分别结对帮扶，捐赠首期帮扶资金3万元。9月1日，举行“庆祝建国60周年——百名侨领考察新农村建设老区行”活动，喀麦隆、乌干达青田同乡会共同向革命老区万山乡万山村捐赠帮扶资金4万元，与会侨领还与30位老党员、老交通员、老游击队员结对。

**【青田县首届华侨村官培训班开班】** 5月19日至20日，青田县为36位放弃海外事业回家乡当“村官”的华侨，举办首期华侨村干部培训班，对“华侨村官”进行系统全面的培训，进一步提高华侨村干部的履职能力。

**【非公有制经济人士担任县工商联主席和总商会会长的试点工作圆满完成】** 12月31日，青田县工商联（总商会）第七次会员代表大会隆重召开。大会选举产生县工商联和总商会新一届领导班子，中国·意尔康鞋业集团有限公司董事长单志敏当选为县工商联主席和总商会会长。这标志着该县圆满完成非公有制经济人士担任县工商联主席和总商会会长试点工作。（朱勇锋）

## ·云和县委统战部·

**【综述】** 2009年，云和县委统战部在县委的领导和省、市统战部门的指导下，以“三个代表”重要思想为指导，认真贯彻落实党的十七大精神，紧紧围绕县委、县政府中心工作，认真履行争取人心、凝聚力量的工作职责，突出重点，狠抓落实，各项工作取得新进展。

推进中国共产党领导的多党合作和政治协商制度建设。针对人事变动，及时调整县委、县政府党员领导干部联系党外人士名单，县委、县政府党员领导干部多次与民主党派人士谈心交友，听取他们的意见和建议。开展民主党派、无党派代表人士春节、中秋节慰问活动，密切党内外关系。组织民盟云和总支到偏远乡村、学校开展文化、科技、卫生“三下乡”活动，组织民盟盟员参加省市党外干部培训班，协助做好新盟员发展工作，今年新发展2名民盟成员。

加强少数民族工作。对民族工作热点、难点问题，对贯彻执行党和国家的民族政策情况、对本地及外来少数民族聚居区经济社会发展等开展调查研究，组织县政协港澳侨台民族宗教专委会委员赴福建罗源县、广东潮安县开展畲族文化建设和民族乡村经济发展调研。特别是对加快少数民族地区经济社会发展工作任务进行重点调研，形成《云和县民族乡村经济社会发展情况的调查报告》等调研文章。做好上年度少数民族发展项目实施的监督检查，做好各项资金的管理情况上报以及对资金使用效益分析报告，积极争取省市上级业务主管部门对我县民族乡村经济社会事业发展给予支持和帮助。2009年共争取到20个帮扶项目，项目资金达190万元。另外协调县级有关部门资金100多万元，为民族乡村基础设施建设、发展产业、教育和科普工作解决急、难问题。帮助安溪畲族乡黄处村搞好千亩茶叶基地建设、安溪畲族乡上村西山村通村道路建设、雾溪畲族乡雾溪村改厕项目建设、云坛乡苏坑村外苏坑道路硬化项目、崇头镇崇头小学慈心学校建设项目等5项“实事实办”项目，帮助解决项目资金144万元。大力扶持民族教育，努力提高各族群众文化素质，完善《云和县少数民数教育专项资金管理使用办法》，积极扶持民族乡小学教育，为困难少数民族大学生多方争取资金。认真落实少数民族学生优惠政策，把好民族成份审核关口，让条件符合的学生充分享受到加分政策。认真挖掘少数民族传统文化，开展《畲族志》编写工作。加强少数民族歌曲、服饰、习俗挖掘整理工作，安排专项资金支持雾溪乡坪垟岗文化村建设。

加强宗教事务管理。本着“保护合法、制止非法、抵御渗透、打击犯罪”的原则，加大对辖区宗教活动场所和宗教教职人员的摸底排查，建立健全各项规章制度，积极引导宗教与社会主义社会相适应。牵头组织云和镇基督教堂迁建情况调研工作，形成专题调研报告提交县委县政府，帮助云和镇基督教堂落实新迁地址。密切配合公安部门处理假借宗教名义化缘行骗偷盗案件，维护宗教界和谐稳定。

加强侨台工作。积极做好侨台胞接待宣传工作，2009年接待回乡探亲访友的“三胞”45人次，走访台侨属80多人次，接待到我县采风的台湾摄影协会旅游团。多次组织台联会理事、侨台属代表学习党的十七大报告、侨法以及各项对台方针、政策。积极组织在校学生参加世界华人作文大赛，选送100篇优秀作文参赛，获得一、二、三等奖各3名。

加强港澳台海外统战工作。香港丽水同乡会完成换届工作。在圣诞节、元旦期间开展寄新年贺卡、发慰问邮件联谊交友活动，共向世界各地海外侨胞、港澳同胞及外国友人发贺卡300多封，加强同海外侨胞和外国朋友的联络联谊。筛选在政治上有影响、社会上有地位、经济上有实力、学术上有造诣的海外重点人士，加强沟通联系，增进彼此了解，加深相互感情。积极鼓励和支持侨台属创办经济实体，开展侨台属企业调研服务月活动，配合做好侨台属企业的扶持、服务工作。及时处理涉侨涉台来信来访，坚持做到件件有落实、事事有反馈。

加强非公有制经济领域统战工作。按照“团结、帮助、引导、教育”的方针，积极组织全县非公有制企业党组织深入学习实践科学发展观活动，加强非公有制经济代表人士思想政治工作。会同工商联举办培训班，提高非公有制经济人士的整体素质。建立综合评价机制，开展非公有制经济代表人士综合评价和评选优秀社会主义建设者活动。配合做好广东省浙江丽水商会筹建工作。走访非公有制经济代表人士，了解他们的思想状况和生产经营情况。开展“扶贫帮困送温暖”活动，组织非公有制经济人士参与光彩事业。

加强统战部门自身建设。开展深入学习实践科学发展观活动，采取多种方式开展学习讨论活动，动员全体干部撰写心得体会，找准单位和个人在思想观念、体制机制、工作作风、发展环境等方面存在的突出问题，剖析产生问题的根源，为建设和谐新云和谏言献策。组织到挂钩联系点安溪畲族乡黄处村开展科学发展观主题宣讲活动，做好黄处村雪梨和茶叶基地的指导和协调工作，帮助筹建农民茶叶专业合作社。明确县直各单位分管统战工作领导，初步建立起统战工作协调管理机制。多次召开乡镇统战委员例会，进一步提升乡镇统战干部的政治理论水平和统战工作业务能力。选派多名乡镇统战干部参加省、市统战干部培训班学习，提高基层统战干部队伍政治素质。广泛宣传统一战线，在省、市报刊杂志、统战系统通讯上组发了一批有质量有影响的文章，编发《云和统战工作》12期，向省、市、县报刊投稿80篇，被录用55篇，其中被市级以上刊物录用35篇、调研文章1篇、工作研究1篇。

**【召开全县民族工作暨民族团结进步表彰会议】** 5月25日，全县民族工作暨民族团结进步表彰会议召开。“创新家业、建新家园”活动协调领导小组成员，云和镇、石塘镇等8个民族工作重点乡镇的乡镇长，各乡镇统战委员，26个民族村的党支部书记、村委会主任，受表彰的单位和个人90多人参加会议。

**【“迎国庆、聚中秋、相约60周年”联谊活动】** 9月28日，组织回乡台胞、侨台胞眷属等20多人举办“迎国庆、聚中秋、相约60周年”联谊活动。回乡台胞、侨台胞眷属先后参观了台属企业云和立信工艺品厂、县污水处理厂及丽水华宏钢铁制品有限公司。此次活动的主题是“见证云和发展，共叙血脉情深”。县政协副主席、县委统战部部长彭招平出席活动。

**【组织侨台界人士赴台湾观光交流】** 11月18至25日，由县委统战部、县侨台办、台胞台属联谊会共同组织的云和县民间赴台旅游参访团赴台开展为期8天的旅游参访活动。该团共有来自全县的台属侨眷90余人参加。活动中，旅游参访团尽情领略祖国宝岛的自然风光和风土人情，开展两岸亲属、友人访问交流活动，与在台亲属、友人100余人共叙骨肉相连的思念，并赠送介绍云和产业发展和自然风光、风土人情的书籍、光碟100多份。

（魏世荣）

## ·庆元县委统战部·

**【综述】** 2009年，庆元县委统战部坚持以科学发展观为指导，深入学习贯彻第20次全国统战部长会议精神和省、市统战工作会议精神，围绕中心，服务大局，凝聚人心，团结合作，充分发挥统战优势，调动一切积极因素，把各方面的智慧和力量凝聚到全县各项事业上来，为推进庆元县加快构建“北承长三角，南接海西区，当好桥头堡，谋求新跨越”的对外开放新格局，全面实现“融入海西”发展提供力量支持和智力保障。

统战工作影响力不断扩大。为贯彻落实科学发展观和全国、省、市统战工作会议精神，7月下旬组织20个乡镇的统战委员，知联会副会长，组织、宣传、人事、工商联等11个单位负责人召开全县统战工作专题座谈会。利用多种渠道和媒体在全社会广泛开展统战知识宣传，9月份结合全市“亚泰杯”统一战线知识竞赛，组织乡镇、部门、学校和服务行业商会2200多人参加，荣获优秀组织奖。举办“中秋月、故乡情”茶话会，县委、县人大、县政府、县政协四套班子主要领导和80名统战成员出席茶话会。

民族工作取得新成效。精心设计包装民族发展建设项目，着重对淤上乡山根村自来水工程、黄田镇李村毛竹林一期改造、举水乡龙井面饮用水三个工程，向上级民族部门争取到10万元的资金扶持，进一步加快民族村基础设施建设步伐，着力改善民族群众生产生活条件。加强与舟山沿海地区统战部门的联系，为黄田镇东西村、松源镇道岗村、张村乡库山村争取到31.4万元的少数民族低收入增收结对帮扶资金，同时还多方联系争取到相关部门和单位大力支持，有力促进庆元县民族村经济社会发展。为加强民族村工作情况交流，研究探讨新时期民族村发展工作，10月30日，举办少数民族村工作交流会暨村干部培训会，提高民族村干部的综合能力。

宗教工作迈上新台阶。开展和谐寺观教堂创建活动，加强宗教团体班子建设，规范宫、观等宗教场所的管理。深化宗教场所规范化建设，严格宗教教职人员的认定管理工作。7月中旬，组织县佛教活动场所11名负责人，参加市佛教界“创建和谐寺观教堂活动”动员会暨市佛教协会慈善功德会成立大会。

无党派人士工作彰显新活力。努力拓宽参政议政的方式和载体，支持鼓励无党派人士多形式、多渠道开展参政议政。2009年县政协会议收到政协委员提案187件，其中党外委员提交130件，占总数的69.5%。发挥知联会人才荟萃、智力密集的优势，结合我县“北承南接”对外开放格局，组织知联会全体理事到泰宁考察，开展“我为对接海西献一计”活动，征集到34条促进全县科学发展的新思路、新对策和新措施。加强党外干部培养和后备干部队伍建设，做好优秀党外干部培养举荐工作，在竞争性选拔10名领导干部工作中，一名党外干部被录用为县档案局副局长。

新的社会阶层工作凸显新亮点。协助县委人才办推出《庆元人闯天下》大型宣传报道活动，全年采访报道在外创业的企业家、经商能人50多名。开展对新的社会阶层人士的专题调研活动，全面掌握庆元县新阶层人士的基本情况，加强与新阶层人士的联系与沟通，及时反映他们的意见和建议。指导服务行业商会会员增强抵御风险能力和提高综合素质，开展“携手行业精英、提高消费信心、促进经济发展”主题宣传活动，组织85名会员就合同法、广告法、税法知识、消费者投诉处理、诚信经营、经验分享等课程进行培训。举行庆元县服务行业商会“祖国在我心中”升旗仪式，表达对新中国成立60周年的美好祝愿。召开服务行业“融入海西、服务先行”发展推进会，研究部署今后服务行业发展大计。成立上海市庆元商会。

港澳台和海外工作实现新突破。开展走访慰问侨胞侨属活动，帮助解决实际困难和问题。成立庆元县归国华侨联合会，拓宽侨务资源，挖掘侨界人士、海归人士的智力优势。完善充实华人华侨资源信息，建立动态的、使用便捷的侨务信息资源库。争取到台湾慈心慈善事业基金会50万元善款，援建庆元县隆宫乡中心小学和安南乡卫生院。做好20多位来自15个国家和地区的丽水籍华侨企业家来庆元考察招商引资项目接待工作。柬埔寨籍华侨王春荣先生与松源镇西演村开展“百名华侨助百村”活动，捐资6万元资助该村村庄道路建设项目。借助信函、电话、互联网等方式，广泛联系和团结港澳同胞和海外侨胞，加强庆元对外宣传与推介，大力宣传庆元改革开放30年的辉煌成就，鼓励他们为家乡建设牵线搭桥，引进资金、技术、智力和人才。

**【慈心慈善事业基金会为庆元教育、卫生事业建设捐资】** 3月27日，慈心慈善事业基金会执行长温婉伶女士在省侨联党组成员、秘书长张维仁的陪同下，一行5人来庆元考察隆宫乡中心小学，安南乡安溪卫生院建设项目，分别捐资25万元。5月14日，基金会董事长谢政达来到庆元参加隆宫乡中心小学和安南乡卫生院的奠基仪式。

**【少数民族低收入群众增收帮扶行动计划落到实处】** 4月11至12日，舟山市委统战部、定海区委统战部、普陀区委统战部领导来我县就“少数民族低收入群众增收帮扶行动计划”送来帮扶资金31.4万元。分别给予张村乡库山村10.4万元、松源镇道岗村10万元、黄田镇东西村11万元的帮扶资金。

**【开展“庆元人闯天下”大型宣传报道活动】** 从4月起，县委统战部协同县委人才办开展“庆元人闯天下”大型宣传报道活动，抽调骨干记者组成报道组，先后奔赴北京、上海、杭州、宁波、义乌、丽水等地进行实地采访，以电视和报纸报道、网站专栏等形式，宣传庆元人的奋斗精神，展示庆元人的创业风采。在全国范围内对在外创业的庆元人摸底调查后，筛选出60多位采访对象，目前已采访刊播了50多个庆元人闯天下的故事。

**【服务行业商会举行“祖国在我心中”升旗仪式】** 9月20日，庆元县服务行业商会组织70名会员在县实验小学操场上举行“祖国在我心中”升旗仪式，以此表达对新中国60华诞最美好的祝愿。县委常委、统战部长叶丽娅，县政协副主席、工商联主席林昌富参加升旗仪式。

**【举行中秋月、故乡情茶话会】** 9月28日，举行“中秋月、故乡情”统战成员茶话会，县领导陈景飞、叶青、刘秋霞、朱美菊、叶旭勇等出席茶话会。县委常委、统战部长叶丽娅在会上致辞。全县统一战线各界代表人士70余人欢聚一堂，共叙友谊情长，共话菇乡发展，共享丰收喜悦，共祝美好明天。

**【上海庆元商会成立】** 10月24日，上海市庆元商会成立，县委书记陈景飞、人大主任刘秋霞、县政协主席朱美菊，县委常委、统战部长叶丽娅，县政协副主席林昌富参加成立大会。

（刘先红）

## ·缙云县委统战部·

**【综述】** 2009年，缙云县统战工作坚持以邓小平理论和“三个代表”重要思想为指导，深入学习实践科学发展观，认真贯彻落实全国、全省、全市统战部长会议精神，围绕“保稳、求快、促好”主线和“五个一”工作要求，强化基础，创新载体，提升素质，统一战线各领域工作取得显著成效。

基层基础建设迈出新步伐。开展“统战基层基础规范年”活动，扩大基层统战工作覆盖面。在侨台工作方面，缙云县台胞台属联谊会成立全省第一个台联青年委员会。在民族工作方面，出台少数民族群众参加新型农村合作医疗补助政策。在宗教工作方面，缙云县佛教协会完成换届，缙云县基督教“两会”完成换届。在非公有制经济领域统战工作方面，缙云县商业联盟商会成立，缙云永康商会会员投资组建缙云县华鑫小额贷款股份有限公司，广东缙云商会党支部成立。统战基层基础规范年活动荣获2009年全省统战工作创新奖。

服从服务大局做出新业绩。以深入学习实践科学发展观活动为契机，开展“千名统战干部、统战成员进千企”、海峡两岸共祭轩辕黄帝、“我为缙云科学发展献一策”、侨台乡亲“回馈桑梓”、创建“和谐寺观教堂”、举办庆祝新中国成立60周年华侨侨眷风采图片展等系列活动，凝聚人心、汇聚力量，服务科学发展。举行“后塘赵氏联合奖学金”考核仪式，发放奖学金4万元。全县30多名佛教界人士为丽水市佛教协会慈善功德会捐款5.74万元。组织开展向台湾“莫拉克”台风灾区同胞献爱心活动，现场捐款7.85万元。组团开展赴台农业考察交流活动，成立缙云县台联丁彩凤行善基金会。缙云县侨界捐款5500元援建北川中学，缙籍海外留学生章朝晖博士捐款30万元人民币为四川灾区搭建临时教室11间。

举办全县统战干部培训班。以参与全市统一战线知识竞赛、承办全市统战系统乒乓球赛等活动为契机，加大统战宣传力度。建立全员调研信息制度，制定宣传调研信息工作考评办法，建立由35位骨干组成的统战信息员队伍，加强统战宣传调研信息工作。做好《缙云统战》的采编、印发及向中央、省、市统战刊物、网站投稿工作，全年编发简报13期，被中央、省、市、县相关媒体录用信息90多条。

**【举行统一战线各界人士迎春茶话会】** 1月12日，全县统一战线各界人士迎春茶话会举行。民进缙云总支、工商联、无党派代表人士、党外知识分子、少数民族、宗教界、台胞台属、归侨侨眷、黄埔军校同学会等各界代表人士70多人参加茶话会。政协主席杨大平在会上通报全县经济社会发展情况和2009年工作思路。县委常委、统战部长刘旭标通报统战工作开展情况。茶话会后，统一战线各界人士代表和田氏伤科医院200余位员工一起，参加了百年田氏之夜联欢晚会。

**【召开全县统战工作会议】** 2月3日，召开全县统战工作会议，传达贯彻上级统战部长会议精神，回顾总结2008年统战工作，全面部署2009年目标任务，并对统战工作“基层基础规范年”的任务、措施作出明确部署。县四大班子领导出席会议，各乡镇统战委员，县属有关单位分管统战工作领导，县工商联、侨联、台联会负责人，县委统战部全体机关干部共70余人参加会议。

**【组织缙云农业、旅游考察推介会】** 4月3日，以海峡两岸共祭轩辕黄帝为契机，邀请18位上海台商实地考察仙都小赤壁景区、缙云浙大农业科技园区、浙江缙云五莲农牧有限公司，推介缙云投资环境，就海峡两岸农业和旅游业双向交流合作问题展开探讨。

**【缙云县佛教协会、基督教“两会”相继换届】** 5月8日，缙云县佛教协会第七届代表大会在九松寺召开，审议通过缙云县佛教协会第六届理事会工作报告和《缙云县佛教协会章程》修改稿，选举产生新一届理事会。12月8日，缙云县基督教第四次代表大会在五云镇基督教堂召开，审议通过缙云县基督教“三自会”第三届、基督教协会第二届常委委员会工作报告和“两会”《章程》修改稿，选举产生新一届领导班子。

**【举行浙江摩根清寒优秀奖学金颁发仪式】** 5月12日，浙江摩根清寒优秀奖学金颁发仪式在缙云县实验小学举行。摩根奖设立者陈摩根先生、省台办主任裘小玲、省教育厅外事处处长舒培冬、市侨台办主任杨晓宏，县委常委、统战部长刘旭标，副县长李汉勤等出席仪式，向11名清寒学子代表颁发了奖学金。本次摩根清寒优秀奖学金共资助学生45人，其中，小学、初中、高中各15人，发放奖学金3万元。

**【缙云县台联青年委员会成立】** 5月15日，缙云县台胞台属联谊会青年委员会正式成立，这是全省第一个台联青年委员会。省台谊会副会长、丽水市台联会会长夏金星，县委常委、统战部长刘旭标出席成立仪式。该会是由台胞台属中的优秀青年自愿组成的联谊性团体，是新时期台联工作的延伸与创新，也是今后对台工作中的生力军。

**【引导非公有制经济人士参与光彩事业】** 引导非公有制企业努力克服国际金融危机带来的不利影响，在抓好企业自身发展壮大的同时，自觉投身光彩事业，积极履行社会责任。3月，新海薄板有限公司向县慈善总会捐赠120万元。6月，台属企业田氏伤科医院继2007年向县慈善总会捐款500万元后，又捐赠了500万元。

**【缙云县商业联盟商会成立】** 8月11日，缙云县商业联盟商会成立。该商会是由零售、批发、服务等终端市场经营单位自愿结成的非营利性社会组织，是丽水市首个商业联盟商会，有30余家规模较大的商店加盟。

**【设立台联丁彩凤行善基金会】** 9月1日，缙云县台胞台属联谊会丁彩凤行善基金会成立。该基金会由缙云籍旅台同胞吕土尧先生设立，以其母丁彩凤女士名字命名。吕先生将变卖祖产所得款项13.08万元人民币，悉数转入行善基金会帐户，用以资助困难台胞台属和其他社会弱势群体。

**【缙云县华鑫小额贷款股份有限公司成立】** 9月21日，由缙云永康商会会员投资组建成立缙云县华鑫小额贷款股份有限公司。该公司从事小额放贷和融资活动，由新海薄板、广鹰机械、千秋门业等7家非公有制企业和4位非公有制经济人士发起，经省人民政府金融办批复成立，是缙云首家小额贷款公司。

**【举办华侨侨眷风采图片展】** 9月中旬至10月上旬，庆祝新中国成立60周年华侨侨眷风采图片展举行。展览分为“爱侨护侨、侨法宣传、爱国爱乡、侨界风采”四部分，展出图片60余张，集中展现了全县广大归侨侨眷和海外侨胞在共和国60年发展进程中所作的独特贡献。

**【举办全县统战干部培训班】** 11月16日至22日，县委统战部与县委组织部、县委党校联合举办的统战干部培训班在省社会主义学院开班。各乡镇统战委员、县属有关单位分管统战工作的领导和县委统战部机关干部等30余人参加了培训。该培训班以委托办班的形式，由省社会主义学院邀请知名专家、学者给学员们集中授课，并组织外出考察活动。 （朱婉珍）

## ·遂昌县委统战部·

**【综述】** 2009年，遂昌县统战工作以邓小平理论和“三个代表”重要思想为指导，以科学发展观为统领，深入学习贯彻落实党的十七大和十七届三中、四中全会精神，紧紧围绕全面建设“长三角”休闲旅游名城发展战略，以实施“五大行动计划”为抓手，突出重点，服务大局，切实加强自身建设，为推进遂昌经济平稳较快发展，建设生态文明和惠及全县人民的小康社会提供广泛的力量支持。

积极开展多党合作工作。协助民主党派积极参政议政。2009年，向政协共提交各类集体提案9件、个人提案24件、大会发言2件。抓住纪念新中国成立60周年、多党合作制度确立和人民政协成立60周年契机，举办座谈会、图片展，开展广场咨询、“三下乡”活动以及开辟宣传专栏，重温多党合作历史，引导民主党派成员继承优良传统，坚定不移走中国特色社会主义政治发展道路。加强党外干部教育培训工作，不断提升干部队伍水平。

积极拓展港澳台和海外统战工作。做好党的侨务政策和对台工作方针政策及有关法律法规的宣传工作，努力营造侨台工作良好氛围。动员港澳台同胞、海外侨胞参与社会主义新农村建设，积极开展“侨胞助村”活动。开展“侨胞、台胞看遂昌”活动。提高服务水平，创建良好环境，为来自海外和港澳台的工商企业家、华侨、华人和港澳台同胞提供优质的服务。重视来信来访，维护侨胞、侨眷、台胞、台属合法权益。充分发挥县侨联和县台联组织的作用，积极开展联络联谊活动，增进海外侨胞、港澳同胞、台湾同胞的感情交流，密切与广大归侨、侨眷和台属的联系。

着力推进民族工作。做好省结对单位和我县6个民族村的结对工作，实行项目帮扶、资金帮扶，推动民族地区的发展。深入开展“民族团结进步小康村”创建活动，三仁畲族乡大觉村已列入全省首批“民族团结进步小康村”。2009年，我县共争取统战系统各类资金119万元，比上年增长70万元，实现了历史性的突破。扎实稳步推进少数民族地区的社会主义新农村建设。积极实施农村危旧房改造工程。一年来，全县共有361户少数民族群众进行了危旧房改造。大力培养推荐少数民族干部。协调做好少数民族公务员招录工作，采取定岗位、定比例等措施，确保录用一定的少数民族考生。支持民族教育、文化事业发展，为民族地区的发展提供智力支持。

努力做好宗教工作。举办宗教界人士培训班，并组织宗教界人士外出考察。积极开展“和谐寺观教堂”创建工作。做好宗教领域的安全稳定排查工作。依法管理宗教事务，严格执行教职人员跨区域主持宗教活动的备案工作，认真做好行政许可职能整合工作。认真做好宗教活动场所的换证登记工作。

有序开展新的社会阶层人士工作。努力发挥商会在服务经济社会发展中的促进作用。2009年，协助成立了杭州遂昌商会和遂昌大柘商会。积极开展为企业家送服务活动。做好对非公有制经济代表人士和新社会阶层代表人士的教育培养和非公有制经济代表人士综合评价工作，进一步推进非公有制经济代表人士和新社会阶层代表人士政治安排工作。认真指导非公有制企业党组织开展学习实践科学发展观活动，按照分类指导原则，帮助企业克服困难，促进企业转型升级，实现企业科学发展。

切实加强统战部门自身建设。按照统战干部必须做到人格好、人缘好、形象好的要求，进一步加强统战队伍建设，提高统战干部的工作水平和能力，不断推进统战部门自身建设。以深入学习实践科学发展观活动为载体，开展领导蹲点调研活动，查摆问题加以整改，切实解决影响和制约科学发展方面的突出问题。不断加强统战宣传信息工作，全年共编发《遂昌统战》12期。

**【省民宗委领导来遂慰问少数民族困难群众】** 1月7日至8日，省民宗委党组书记、副主任赵一新一行到遂昌县，深入三仁畲族乡石板桥、大觉、好川等少数民族村走访慰问少数民族困难户，为贫困畲民送去党和政府的关怀。副县长张起平，县政协副主席、县委统战部部长包建崇及县民宗局负责人陪同。

**【省委统战部领导来遂调研】** 2月12日，省委统战部副部长徐建华在市委常委、统战部长蓝资霞等陪同下来到遂昌县，调研少数民族低收入群众增收帮扶工作。县委副书记陈元龙，县政协副主席、县委统战部部长包建崇陪同。

**【杭州遂昌商会正式成立】** 3月27日，杭州遂昌商会成立大会在杭州举行。原省人大常委会副主任孔祥有题词志贺。时任杭州市市长蔡奇、县委书记葛学斌致贺电、贺信，祝贺杭州遂昌商会正式成立。县委副书记何卫宁，县政协副主席、县委统战部部长包建崇，县工商联（总商会）、北京遂昌商会和上海遂昌商会主要负责人到会祝贺。王白浪当选杭州遂昌商会会长。

**【丽水市统战系统开展深入学习实践科学发展观读书会】** 4月27日，丽水市统战系统深入学习实践科学发展观读书会在遂昌举行，市委常委、统战部长蓝资霞出席。县委副书记何卫宁致欢迎词。市委统战部（民宗局）班子成员和各处室负责人，各县（市、区）委统战部部务会议成员和办公室主任，各民主党派市委会驻会副主委，市工商联、市侨联、市侨台办、丽水学院党委统战部、丽水职业技术学院党委统战部负责人参加了会议。

**【浙江省政府联合调研组赴遂昌调研少数民族乡村经济社会发展情况】** 6月16日，由省民宗委、省政府研究室、省农办、省财政厅等组成的联合调研组，对遂昌县少数民族乡村经济社会发展情况及扶持政策进行专题调研。副市长梁细弟，市委统战部副部长、市民宗局长张亮明，县委副书记何卫宁，副县长鲁子钗，县政协副主席、县委统战部部长包建崇等陪同调研。

**【大觉村获“浙江省民族团结进步小康村”称号】** 12月31日，遂昌县三仁畲族乡大觉村顺利通过“浙江省民族团结进步小康村”的考核验收，成为遂昌县首批“浙江省民族团结进步小康村”。

## ·松阳县委统战部·

**【综述】** 2009年，松阳县统战工作紧紧围绕县委中心工作，以开展深入学习实践科学发展观活动为契机，充分调动和发挥广大统一战线成员的积极性和创造性，统战工作有了新的进展，取得了新的成绩，荣获全省统战工作创新奖。

加强多党合作和政治协商制度建设，充分发挥党外人士作用。按照《中共松阳县委统战部关于党外代表人士后备队伍培养行动计划的实施意见》，把各领域100余名党外人士建档，纳入到统一战线人才队伍，实行动态管理。今年推荐5名民主党派人士、无党派干部参加市委组织部、统战部组织的培训班学习，不断提高他们的综合素质。目前，全县担任副处级领导职务的党外干部3人，全县担任科级领导职务党外干部21人，对全县170名民主党派和无党派人士作了政治安排。

落实民族优惠政策，推动少数民族乡村经济社会发展。以项目建设促进少数民族低收入群众增收。结合全县“十一五”规划以及各民族村实际，推进省级重点实施项目8个，争取省级民族发展资金35万元，带动民族乡村项目总投资近200万元。重点推进万亩香榧基地建设与低产油茶改造项目，出台《关于扶持少数民族乡村香榧生产的意见》《关于少数民族乡村油茶低产林改造的实施意见》，鼓励少数民族开展万亩油茶低产改造，在老板栗基地套种香榧，据统计，去冬今春民族地区共种植香榧1348亩，发放扶持资金27.76万元；2009年已进行油茶低改10000亩，为畲民增收打下基础。出版《松阳县畲族古籍（文契）集成》，对探索清代及民国的赋税和契税史有着重要意义。

认真贯彻《宗教事务条例》，促进宗教和谐稳定。按照宗教条例规定，着重加强各宗教活动场所安全管理，规范宗教活动场所内部制度的建设和执行，增强做好宗教活动场所的安全工作的意识。

加强联谊，不断拓展港澳台和海外统战工作。以《中华人民共和国归侨侨眷权益保护法》为指导，加强与侨、台胞及他们亲属的联系和沟通，不断增进情谊，及时做好接待、服务工作。

注重引导，有序开展非公有制经济人士工作。以加强和改进非公有制经济人士思想政治工作为抓手，促进非公有制经济人士健康成长和非公有制经济健康发展为目标，以做合格的中国特色社会主义事业建设者为落脚点，按照学习实践科学发展观的主题教育活动要求，大力弘扬“光彩精神”和“优秀建设者精神”，引导会员企业积极参与光彩事业，进一步推进会员企业参与新农村建设，建设一支中国特色社会主义事业的合格建设者。

开展学习实践科学发展观活动，加强统一战线自身建设。以党的十七大精神和十七届三中、四中全会精神的学习、宣传教育为主线，多层面传达全国、全省、全市统战部长会议精神，认真贯彻落实科学发展观。围绕“保增长、保民生、保稳定”工作中心，以“践行科学发展、壮大统一战线”为实践载体，紧密结合“三大建设”、“三个探索”、“五大行动计划”，以提高服务科学发展、实现统一战线自身的科学发展。认真落实“一户一策一干部”制度，做好下乡服务和项目对接等工作。深入实施党务、政务公开制度，制定出台《中共松阳县委统战部关于开展权力制衡工作的实施方案》。

**【开展民主党派、无党派人士活力建设】** 指导民盟松阳总支定期召开会议，加强学习，开展送医、送教、送科技三下乡为民服务活动，在统一战线各组织全参与、少数民族乡村结对全覆盖活动中，民盟松阳总支、知联会分别与古市镇山下阳村、裕溪乡内陈村结对，支持、参与社会主义新农村建设。

**【开展纪念祝更生起义60周年、走访慰问起义投诚人员活动】** 在庆祝中华人民共和国成立60周年活动中，开展纪念祝更生起义60周年活动和走访慰问起义投诚人员，走访慰问起义投诚人员43人，发放慰问金21500元。

**【开展统一战线各组织全参与、少数民族村结对全覆盖活动】** 在省委统战部统一部署下，后塘、金村、下寮儿、吴村、村头、塔背、徐山等7个少数民族村与绍兴市统战系统结对，落实扶持项目7个、扶持资金80万元。结合“心系民族发展，共创美好明天”、“百名侨胞助百村”、“村企结对携手共建社会主义新农村”等活动，发挥统一战线优势，引导和组织统一战线成员支持、参与新农村建设活动。据统计，52个统战组织（个人）与全县35个村结成对子，形成统一战线组织全参与，全县25个少数民族乡村帮扶结对全覆盖的格局。

【开展“进民企、送服务”活动】 将中央、省市出台的相关政策文件汇编——《促进企业解困、发展政策文件选编》册子，送到各商会和企业老总手中，帮助广大民营企业增强创业创新和转型升级的信心，促进民营企业实现平稳较快发展。组织编印600本《松阳县医疗保险社会养老保险相关政策汇编》发放给松阳外出创业人员和各会员企业，帮助他们了解政策，积极参保。 （吴爱萍）

## ·景宁畲族自治县委统战部·

【综述】 2009年，景宁畲族自治县统一战线工作牢牢把握“共同团结奋斗、共同繁荣发展”主题，在各领域开创新局面，为民族自治县的经济社会发展提供广泛的力量支持。2009年度荣获全省统战工作先进集体、全省对台工作目标管理考核先进单位、全省统战信息工作进步奖。

统一战线团结合作氛围不断浓厚。通过举办系列招待酒会，指导知联会开展“送科技、送医疗、送卫生”下乡服务活动，全力做好民族团结先进典型的推荐与宣传工作，使全县统一战线各界人士团结合作氛围不断浓厚，民族团结先进典范不断涌现。第五次全国民族团结进步表彰大会上，县委书记武昌、县广播电视台分别荣获全国民族团结先进个人和先进集体称号。新中国60周年庆典之际，景宁中学学生蓝舒怡代表畲族少年，登上“团结奋进”号彩车参加游行。向国家民委提供的部分图片、材料，在北京博物馆展出，向全国人民展示畲乡景宁在贯彻落实民族政策法规及推动民族社会经济发展上取得的卓越成绩。

党外工作开创新局面。与县委组织部、政协党组沟通协商，做好县政协委员的推荐、提名、考察、协商安排工作。高度关注党外人士的健康成长，力促县委重视党外干部的培养、使用与提拔工作，一批年轻的优秀党外干部被选拔到重要岗位上来。截至2009年底，全县共有副科级以上党外领导干部32名，近1/2乡镇和1/5的县直机关配备了党外领导干部，其中副处领导4名、正科级8名、副科级20名。

民族工作开创新业绩。民族村借力发展上新台阶，2009年民族专项发展资金达430万元，其中省民宗委安排的民族发展资金比例占全省的15%。扎实推进少数民族低收入群众增收帮扶行动计划，完成台州市八县（市、区）委统战部（民宗局）及民进浙江省委、省工商联为11个结对村开展帮扶的13个项目。民族村生产生活条件不断改善，43个民族村中，通自来水36个，通路42个，全部开通有线电视、程控电话和广播，大均乡伏叶村创建省级民族团结进步小康村通过验收。致力打造民族特色村，启动岗石、吴布、金丘、深洋4个重点民族特色村的建设工作，投入资金250多万元；一般特色村11个，投入资金72万元。畲族文化得到进一步弘扬与发展，畲族干部服饰日得到深化，《景宁畲族语言简本》完成编写与发行工作。《中国少数民族古籍总目提要·畲族卷》、《畲族山歌集》和《景宁古畲语读本》编写工作有序推进。积极指导建设局、旅游局、文广局等部门在创建AAAA景区、畲族博物馆布展等工作中纳入畲族文化元素。

宗教工作有序推进。开展和谐寺观教堂创建活动，做好宗教活动场所安全责任落实工作，促进宗教活动场所管理更加规范有序。认真做好跨区域主持宗教活动的认定备案制度。关注滩坑电站库区教堂复建工作。2009年，渤海教堂、岭里教堂先后交付使用。全力做好服务工作，确保圣诞节等重大节日期间宗教活动安全有序开展。

港澳台和海外统战工作得到新拓展。争取到中华海外联谊会、慈心慈善事业基金会、巴西华人文化交流促进会、法国青田同乡会等捐赠近70余万元用于乡镇卫生院、道路和学校的修建。坚持开展定期不定期的侨眷、台属走访工作，帮助侨眷、台胞台属解决实际问题。积极促进县民族中学与台湾屏东来义高级中学的校际交流。积极参与接待台湾农业企业考察团等台湾同胞访问团的来访。召开景宁县台胞台属联谊会第四次代表大会，桥梁纽带作用得到进一步发挥。

非公有制经济领域工作有新

进展。稳步推进异地商会建设，帮助异地创业人员维权、创业，2009年新增宁波、义乌两家景宁异地商会。密切配合组织部门，在非公有制企业建立党支部，派党建指导员，特别是在异地商会建立党支部，举办培训班，为引领非公有制经济可持续发展和代表人士健康成长提供组织保障。组织龙头企业参加“浙江省名优新产品对接展示”活动，并承办“三月三”畲乡经济发展论坛暨项目洽谈签约仪式活动，有力促进非公有制企业发展。推动“回归工程”顺利实施，温州、义乌、宁波等商会回乡创业的积极性不断增强，滩坑库区、鸬鹚乡等地的山茶油基地开发稳步推进。

**【少数民族代表人士迎新春招待酒会】** 1月12日晚，中共景宁县委统战部、县民族宗教事务局举行少数民族代表人士迎新春招待酒会。全县副科级以上少数民族干部，县人大代表、县政协委员中的少数民族人士以及部分畲族模范人物代表、部分离退休副处级以上少数民族干部应邀参加招待酒会。

**【《景宁畲族语言简本》出版发行仪式暨“畲族干部服饰日”启动周年庆典】** 3月23日上午，《景宁畲族语言简本》出版发行仪式暨“畲族干部服饰日”启动周年庆典举行。《景宁畲族语言简本》的出版发行，标志着千百年仅靠口口相传的畲族语言有了自己的首部词典，也标志着畲乡传承弘扬发展民族文化再上新台阶。

**【2009中国畲乡“三月三”活动】** 3月28日至29日，2009中国畲乡“三月三”活动在景宁畲族自治县举行，包括开幕式暨大型畲族风情歌舞《诗画·畲山》首演、第三届畲乡民间传统体育节暨千人集体押加大赛、第二届中国畲族民歌节民歌大赛、第三届中华畲族服饰大赛等系列活动。

**【2009海峡两岸（浙江景宁）山区经济发展研讨会】** 8月23日至25日，2009海峡两岸（浙江景宁）山区经济发展研讨会在景宁县举行。全国政协常委、台盟浙江省委主委、普天东方通信集团有限公司总裁张泽熙，浙江省政协副秘书长、台盟浙江省委副主委陈清玲等出席，台中农业改良场（农科院）前副场长、研究员、全台十大农业专业获奖人张正英，全台神农架农业得主、种苗技术果树栽培专家张州府，二龙乌龙茶企业负责人、油茶乌龙茶有机农业专家陈仪龙等台湾农业产业权威专家应邀参加研讨会。

**【统一战线庆祝新中国成立60周年暨自治县设县25周年招待会】** 9月24日晚，全县统一战线庆祝新中国成立60周年暨自治县设县25周年招待会在畲乡大酒店隆重举行。招待会邀请少数民族代表人士、非中共代表人士、非公有制经济代表人士、侨台界代表、宗教界代表等统一战线各界人士约120人欢聚一堂，共庆新中国60华诞和自治县设立25周年，畅叙友情，共谋发展。

**【景宁畲族自治县台胞台属联谊会第四次代表大会】** 10月23日上午，景宁畲族自治县台胞台属联谊会第四次代表大会召开。浙江省台胞台属联谊会副会长、丽水市台胞台属联谊会会长、原丽水地区行署副专员夏金星到会祝贺。会议审议通过《景宁畲族自治县台胞台属联谊会第四次代表大会关于三届理事会工作报告的决议》、《关于景宁畲族自治县“三胞”眷属联谊会更名为景宁畲族自治县台胞台属联谊会的决议》、关于通过《景宁畲族自治县台胞台属联谊会章程》的决议。 （雷朱华）

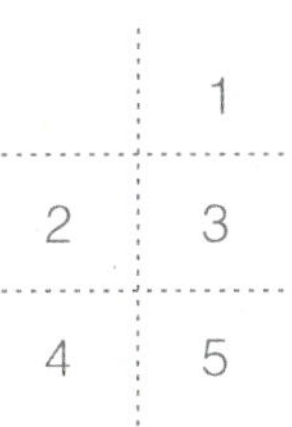


(1) 2月16日，省委统战部常务副部长陈金彪一行到杭州市下城区天水街道仓桥社区就基层统战工作进行调研。

(2) 3月7日，应杭州旅港同乡会邀请，杭州市委统战部部长董建平率杭州海外联谊会代表团一行，赴香港出席同乡会第十七届理事大会暨新一届理事会就职典礼。徐起纲当选新一届会长。

(3) 6月16日至20日，杭州市各民主党派市委会、市工商联领导干部读书班在重庆举办。

(4) 9月4日上午，杭州市各民主党派市委会庆祝新中国成立60周年暨人民政协成立60周年书画展在杭州唐云艺术馆开幕。

(5) 6月25日下午，杭州市统战部长读书会在临安召开，市政协副主席、市委统战部部长董建平为全市统战部门领导干部作了题为“统一战线的发展与实践”的理论讲座。

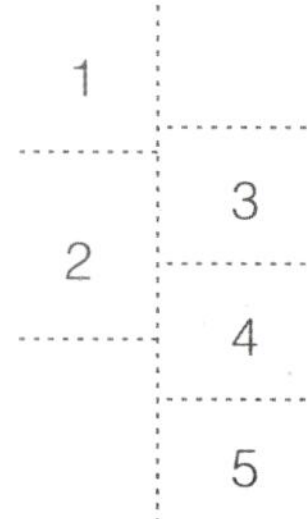

(1) 12月31日，杭州市召开各民主党派市委会主委、市工商联主席联席会议。

(2) 7月28日，杭州市召开统战工作协调小组会议。

(3) 10月29日下午，杭州市知识分子联谊会新阶层人士分会授牌仪式暨会员大会在杭州举行。

(4) 2月1日上午，杭州市委领导与各民主党派市委会、市工商联负责人举行新春座谈会，共商杭州改革发展稳定大计。

(5) 10月19日，杭州市举行首届统一战线科技创新表彰大会，表彰了全市在统一战线科技创新竞赛活动中成绩突出的单位和个人。

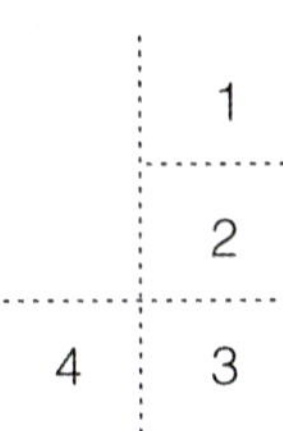

(1) 1月6日下午，杭州市召开统战工作座谈会，市委副书记叶明听取市统战系统有关单位负责人的工作汇报。

(2) 2月24日上午，台湾阿里山与杭州天目山两山代表在临安举行“缔盟姐妹山”合约签字仪式。

(3) 6月30日，杭州市委宣传部、市委统战部联合召开全市统战宣传工作联席会议。

(4) 10月23日，杭州市委统战部、市工商局、市工商联共同举办全市非公有制经济人士科学发展观宣讲报告会。

(1) 12月3日，杭州市江干区政协副主席、统战部部长陈华率各街道、镇统战干部赴上海佘山天主教堂考察。

(2) 端午节前夕，西湖区竞舟社区开展中外友人包粽子活动。

(3) 12月23日，杭州市海外留学归国人士创业发展促进会富阳分会在富阳市正式成立。

(4) 4月8日，杭州市留学人员余杭区创业园揭牌暨浙江省余杭高新技术产业园区创业中心新楼启用仪式在余杭临平举行。

(5) 临安市委统战部、市民宗局开展法制教育进寺院教堂活动。

(6) 4月7日，欧洲杭州联谊总会新一届班子成员和各杭州联谊会侨领一行19人赴淳安贫困山区帮扶助学。

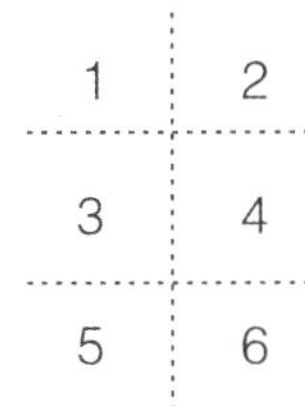

(1) 2月2日，宁波市委常委、常务副市长王勇一行走访市各民主党派市委会、市工商联机关，宁波市委统战部副部长杨志强陪同。

(2) 1月15日上午，宁波市统战工作会议召开，学习传达全国统战部长会议精神，总结2008年全市统战工作，部署2009年工作。

(3) 1月5日，宁波市委统战部赴丽水少数民族结对村慰问，送去帮扶资金。

(4) 6月7日至10日，应宁波海外联谊会邀请，由原全国人大代表、香港华侨华人总商会会长古宣辉为团长的香港华侨华人总商会考察团一行访问宁波。

(5) 4月17日，宁波市委统战部组织民主党派专家赴宁海举办社会服务活动。

(6) 4月17日，世界中华宁波总商会在香港举行成立大会，总商会以宁波企业为主体，旨在搭建全球联络平台，聚合甬商人才、资金和信息资源，建设家乡、振兴中华。会议推举周亦卿为世界中华宁波总商会第一任会长，李达三、庄晓天为创会名誉会长。中共浙江省委统战部副部长、浙江海外联谊会副会长、浙江省工商联副主席汤为平率浙江海外联谊会访问团到会祝贺。来自港澳台及海外的"宁波帮"代表和各界友好人士300多人参加了成立大会。

(1) 4月10日，“跨越海峡，潮涌宁波——甬台交流图片展”在市档案馆开幕。

(2) 9月4日至7日，宁波市委统战部副部长、民族宗教局局长陆立宪，宁波市扶贫办副主任常巨萍一行赴贵州黔东南地区的都匀、从江、黎平等县进行调研。

(3) 3月26日，宁波市委统战部召开全市统战调研宣传信息工作会议，总结2008年统战调研宣传信息工作情况，部署2009年工作任务。

(4) 2月28日，宁波市委统战部会同宁波市委宣传部在联谊宾馆召开统战宣传工作座谈会，总结2008年我市统战宣传工作，通报2009年统战宣传工作。

(5) 3月31日，宁波市政府召开市政府部门与各民主党派市委会、市工商联对口联系工作会议，表彰对口联系工作先进单位和个人。

(1) 9月29日，宁波市委统战部会同市政协举办宁波市各界人士庆祝新中国成立60周年暨中秋茶话会。宁波市委书记巴音朝鲁、市政协主席王卓辉分别致辞。

(2) 8月27日至28日，宁波市委统战部召开各民主党派市委会负责人暑期读书会。

(3) 宁波市海曙区委常委与党外代表人士结对交友座谈会。

(4) 12月，江东区统战系统组织侨眷和留学生家属等统战成员中的医务工作者开展“情系新农村、服务促发展”活动。

(5) 12月10日，宁波市江北区举行少数民族工作先进企业暨江北区少数民族活动中心成立揭牌仪式。宁波市委统战部副部长叶剑辉出席会议并讲话。

(6) 10月22日，宁波帮博物馆开馆庆典仪式在镇海区举行，宁波市各级领导及100余位港澳台、海外嘉宾参加开馆仪式。

1
2
3 4
5 6

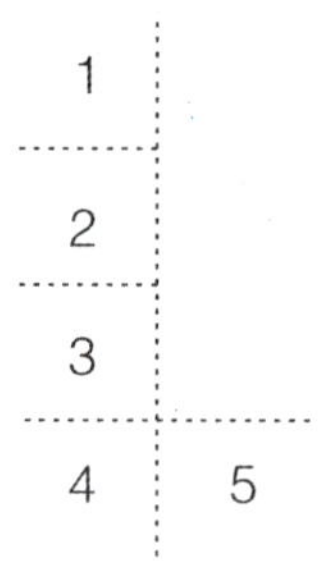

(1) 5月27日，“台湾同胞河姆渡寻根之旅”活动在余姚河姆渡遗址博物馆广场拉开帷幕。

(2) 6月25日，慈溪举行统一战线“专家支农服务团”启动暨少数民族脱贫项目扶助对接仪式。

(3) 奉化市各族姐妹庆祝新中国60华诞。

(4) 香港同胞郭学孝夫妇非常关心家乡新农村建设，主动出资在家乡宁海深圳镇长洋村建造永庆桥。图为郭先生夫妇在落成典礼上的留影。

(5) 9月，宁波象山第十二届中国开渔节期间，举办“两岸携手共谋福祉”象山文化交流系列活动。

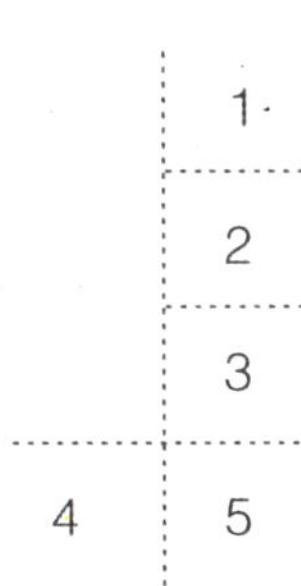

(1) 12月24日，温州市委书记邵占维专题听取统战工作汇报并指出，全市各级统战部门要结合实际，凝聚力量，努力开创全市统战工作新局面。

(2) 12月4日，温州市委常委、统战部长陈作荣率市委统战部有关人员和部分温籍侨领、企业家到泰顺县雅阳镇开展扶贫慰问活动，并为东安村、新联村联系帮扶资金达65万元。

(3) 4月21日，温州市委统战部召开“实施少数民族低收入群众增收帮扶行动”动员会。

(4) 6月11日，2009世界温州人论坛暨世界温商领袖（上海）论坛在上海香格里拉大酒店隆重召开。温州市市长赵一德在论坛上致辞。

(5) 4月9日，温州市召开全市统战工作会议。温州市委书记邵占维出席会议并作重要讲话，市委常委、统战部部长陈作荣作工作部署。温州市四套班子有关领导出席会议。

(1) 世界温州人联谊总会二届一次会长(扩大)会议暨温州市海外联谊会三届一次会长(扩大)会议在上海召开，朱贤良、陈作荣分别当选温州市海外联谊会第三届理事会第一会长和会长。

(2) 6月10日至6月14日，第四期世界温州人经济理论研讨班在上海举办。

(3) 温州市委统战部召开庆祝新中国成立60周年“三胞”座谈会，共话沧桑巨变，共叙乡情友情，共庆祖国60年华诞。

(4) 国庆前夕，温州市各级统战系统举办各类活动，隆重庆祝中华人民共和国成立60周年，中国共产党领导的多党合作和政治协商制度确立60周年。

(5) 9月28日，温州市隆重举行“三胞”国庆中秋茶话会，在温的港澳台同胞、海外侨胞、归侨侨眷、台属、留学生家属和各界人士代表近300人欢聚一堂，共迎佳节。图为温州市委书记邵占维在座谈会上致辞。

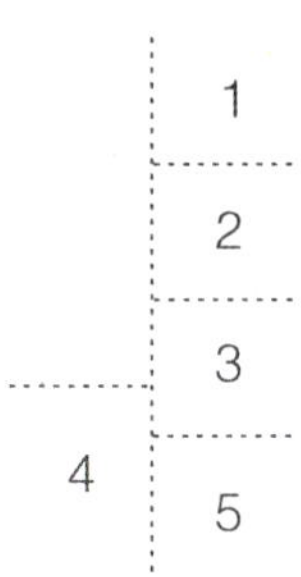

(1) 11月11日，由世界温州人联谊总会、温州医学院、温州日报报业集团联合发起的世界温州人微笑联盟成立。温籍台胞何纪豪担任联盟执委会会长。

(2) 3月10日，温州市委统战部机关召开深入学习实践科学发展观活动动员大会。

(3) 温州市委召开党外人士座谈会，征求学习实践科学发展观活动意见和建议。

(4) 近年来，温州市委统战部立足市非公有制经济人士统战工作研究中心，充分发挥研究员作用，形成了多个有影响力的课题。图为温州市非公有制经济人士统战工作研究中心召开年会，研究部署下一阶段的工作任务。

(5) 温州市始终严格按照全市统战宣传工作联席会议制度的要求，加强统战部门与宣传部门的联系沟通，进一步做好统战宣传工作。图为2009年度市直统战宣传工作联席会议现场，会议通报全年统战宣传报道工作重点线索44条。

1 | 2
3 | 4
5

(1) 温州市委统战部举办庆祝多党合作制度确立60周年体育比赛，七个民主党派市委会、市无党派人士联谊会、市委统战部机关选送的150多名运动员参加比赛。

(2) 12月31日，温州市统战电视栏目《天下温州人》举行开播仪式。图为市委常委、统战部长陈作荣及宣传部领导为栏目揭牌。

(3) 10月30日，中央统战部年度重点课题研讨会在乐清市召开。中央统战部研究室副主任张健、省委统战部副部长蒋学基，以及来自11个省(市)委统战部的研究室负责人参加了研讨会。

(4) 5月26日，首届洞头人联谊会成立，洞头县委书记胡建谨为联谊会授牌。

(5) 苍南县举行社会主义学校挂牌仪式。

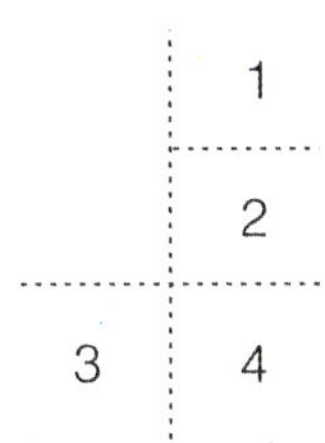

(1) 9月22日，湖州市民族工作座谈会召开。

(2) 10月26日，湖州海外联谊会召开第四届理事会一次会议。

(3) 12月8日，湖州市统战理论研究会四届二次理事会暨转型期新生代非公有制企业家培育成长机制研讨会召开，30名理事和特邀的优秀新生代非公有制企业家部分代表参加会议。

(4) 6月26日，湖州市委统战部召开全市民主党派基层组织工作经验交流会，交流借鉴各党派基层组织工作好的经验、好的做法，研究探讨加强和改进基层组织工作的途径和方法。

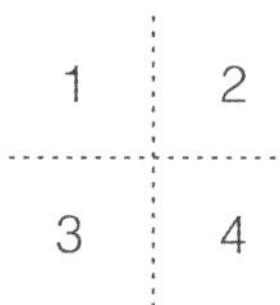


(1) 8月28日，湖州市光彩事业促进会二届一次理事会议（换届大会）召开，大会表彰了俞有强等16名企业家“湖州市光彩事业奖”、德清县工商联等5个单位“湖州市光彩事业组织奖”，还现场举行了“光彩助学”捐赠仪式，20名贫困家庭大学生受到第11期光彩助学金资助。

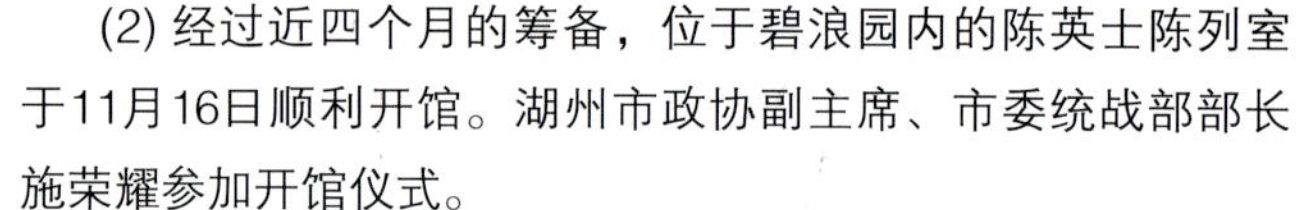
(2) 经过近四个月的筹备，位于碧浪园内的陈英士陈列室于11月16日顺利开馆。湖州市政协副主席、市委统战部部长施荣耀参加开馆仪式。

(3) 9月29日，湖州市政协办公室和市委统战部联合举办庆祝新中国成立60周年、人民政协成立60周年暨社会各界中秋联谊会。市领导孙文友、马以等与社会各界人士欢聚一堂，隆重庆祝新中国和人民政协60华诞，喜迎中秋佳节。

(4) 12月8日，湖州市召开“统战心连心、服务新农村”专项活动经验交流会。专项行动实现了结对共建的“全覆盖”目标，共结对贫困户2293户，贫困生1562人，各项公益事业捐助和投资达1.1亿元。

(1) 12月11日，浙江久立特材科技股份有限公司举行上市仪式。

(2) 5月20日，“相聚长三角”海外高层次人才湖州行活动举行。

(3) 7月8日，湖州市统战部长会议在吴兴区召开。

(4) 9月15日，湖州市委统战部联合各民主党派市委会、市知联会和吴兴区委统战部在吴兴区章家埭村举行了“湖州市统一战线服务社会”广场服务活动，集中了全市统战系统医疗、教育、法律等方面的近20位专家学者现场为广大市民开展咨询和义诊服务。活动现场吸引了200多位市民前来咨询和就诊，发放宣传资料1200余份。

(5) 10月23日，参加湖州市南浔区党外知识分子联谊会第一次会员代表大会的代表合影。

| 1 | 2 |
|---|---|
| 3 | 4 |
| | 5 |

(1) 湖州市南浔区道教协会第二次代表会议。

(2) 德清县启动“三百”活动，帮助企业共克难关。

(3) 图为“上海华人华侨经理人德清行”活动欢迎会。

(4) 11月23日至24日，湖州市统战文化建设现场会在长兴县召开。

(5) 7月16日至17日，湖州市民主党派市委会、市工商联负责人暨县区委统战部长读书会在长兴召开，市委副书记朱坤民、副市长李建平参加会议。

1 2

3 4

(2) 4月27日，嘉兴市委统战部、市工商联联合市商业银行,邀请省工商联副主席、省商会副会长、富通集团有限公司董事长王建沂作“应对国际金融危机、推进企业转变发展方式实现转型升级”报告。

(3) 8月31日，嘉兴市委统战部召开市级统战系统机关深入学习实践科学发展观活动总结大会，回顾总结学习实践活动的基本情况，进一步巩固和扩大学习实践活动的有效成果。

(4) 2月1日，新年上班第一天，嘉兴市委书记陈德荣，市委副书记、市长李卫宁，市委常委、秘书长蒋唯民，走访各民主党派市委会、市工商联负责人，并与他们亲切座谈。

(1) 4月23日，嘉兴市委召开全市统战工作会议，总结回顾2008年工作，研究部署2009年任务。

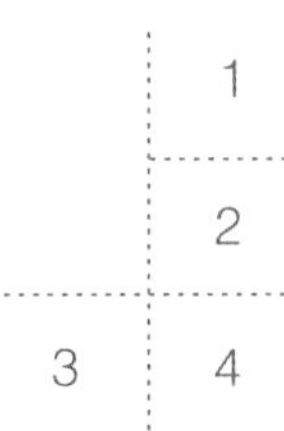

(1) 8月27日，嘉兴市举办佛教界代表人士培训班，佛教界代表人士共80余人参加了学习。

(2) 9月18日，嘉兴市召开统一战线庆祝中华人民共和国成立60周年和多党合作制度确立60周年座谈会。

(3) 7月15日，嘉兴市工商联与嘉兴市司法局联合召开“法律服务非公有制企业”会议，拉开了“送法律到企业、用法律保增长”实用法律知识百场讲座活动的序幕。

(4) 6月3日，嘉兴市侨联第五次归侨侨眷代表大会上，侨联工作先进个人受到表彰。

1 2
3 4

(1) 1月19日，嘉兴市侨联和其他相关部门联合举办第三届百名中外儿童迎新年大联欢活动，来自7个国家的30多位小朋友和上百名南湖晚报小记者共同联欢，迎接新年。

(2) 3月3日，嘉兴市侨商会举行成立大会，侨商会新当选会长曹其铣（左）向嘉兴市副市长蒋仁欢（右）颁发顾问聘书。

(3) 平湖市举办统一战线庆祝新中国成立60周年暨多党合作制度确立60周年文艺演出。

(4) 4月14日至21日，海盐县澉浦镇台联组团赴台湾访问，受到在台乡亲的热情接待。图为台北海盐澉浦联谊会设宴招待访问团时合影留念。

1 2

3 4

(1) 1月5日，绍兴市委召开各民主党派市委会、市工商联、市知联会负责人座谈会，征求对即将提交市六届人大四次会议审议的《政府工作报告（征求意见稿）》的意见、建议。

(2) 2009年，绍兴市的统战调研、宣传、信息取得不俗成绩。图为绍兴市委统战部召开调研宣传信息工作会议，及时总结经验，部署新一年的工作任务。

(3) 4月17日至21日，以中国基建集团主席、绍兴旅港同乡会会长、省政协委员周光晖为团长的旅港青年人士访问团一行18人来绍考察访问。访问团一行在绍兴市委统战部部长倪善贵陪同下赴上虞、嵊州、新昌、诸暨等地考察，并参加2009年公祭大禹陵盛典，其间访问团还与市青联、青年企业家协会开展友好交流活动。

(4) 4月7日，绍兴市委统战部举行经济形势报告会，邀请绍兴文理学院经济研究院院长、博士、教授章融作专题辅导。在市区的统一战线代表人士100余人参加。

1

2

3 4

(1) 8月11日至16日，受绍兴市委委托，绍兴市委统战部举办了各民主党派市委会、市工商联负责人和无党派代表人士暑期读书会。绍兴市各民主党派正、副主委，市工商联专职正、副主席，市知联会正、副会长30余人参加会议。

(2) 8月11日，绍兴市举行“共产党领导的多党合作理论与实践”领导干部专题报告会，由中央社会主义学院党组成员、副院长袁廷华作专题辅导的报告。市委常委、宣传部长尹永杰主持报告会。市委中心学习组成员、非中心学习组成员的市四套班子其他领导，市级机关副局级以上领导干部、调研员、副调研员，各民主党派市委会、市工商联负责人，无党派代表人士，各县（市、区）委分管副书记、统战部长，市直党委建制企事业单位主要负责人，市级机关各部门、单位党委中心组学习秘书等听取了报告。

(3) 5月25日，绍兴市委统战部、民宗局组织召开全市深化“和谐宗教活动场所”创建工作会议，各县（市、区）民宗局长，市、县两级各宗教团体主要负责人、秘书长和全市180余处宗教活动场所负责人参加会议。市委统战部部长倪善贵在会上讲话，市委统战部副部长、民宗局局长滕建华作工作报告。图为大会现场。

(4) 3月，绍兴市委统战部（民宗局）召开部局机关学习实践科学发展观活动动员大会。市委统战部部长、学习实践活动领导小组组长倪善贵作动员讲话，绍兴市委第一指导检查组组长刘斌贤到会作指导讲话。

(1) 新任绍兴市委副书记谭志桂走访绍兴市各民主党派市委会、市工商联机关。

(2) 诸暨市联谊总会举办“投资环境·回归项目双向推介会”，助推诸暨民营经济发展。

(3) 诸暨市海外联谊会举行换届大会。

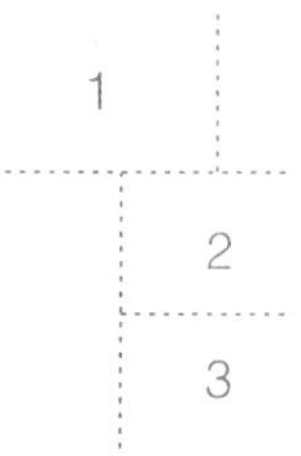

(1) 10 月 26 日，金华市委统战部（局）举行十七届四中全会精神学习会，邀请市委党校张文才副教授作辅导报告。

(2) 12 月 5 日，金华市委统战部组织各民主党派、工商联、无党派人士走进企业开展服务活动。

(3) 4 月 22 日，金华市委统战部机关党支部组织全体党员干部（包括市各民主党派、市侨联机关干部）到市党风廉政教育基地——浦江县“江南第一家”参观学习。

(4) 4 月 30 日，金华市光彩事业促进会支持婺城区中戴村新农村建设资金 10 万元。

(5) 5 月 8 日，金华市委统战部组织部分民主党派、无党派人士视察药品安全工作。

(1) 5月12日，金华市召开民营企业转型升级座谈交流会。

(2) 6月15日，金华市委统战部组织部分民主党派、无党派人士考察环保工作。

(3) 7月20日，金华市委统战部组织各民主党派市委会新当选领导班子成员举行学习会。

(4) 9月11日，金华市委统战部举办党外知识分子联谊会会长培训班。图为学习期间，学员们到南京进行爱国主义教育。

(5) 9月29日，金华市光彩事业促进会为永康市古丽中学董事长姚恒国、浙江永兴集团有限公司董事长姚波峰举行捐款仪式。捐款仪式上，永康市古丽中学、浙江永兴集团有限公司分别向光彩事业促进会捐款148万元和10万元。

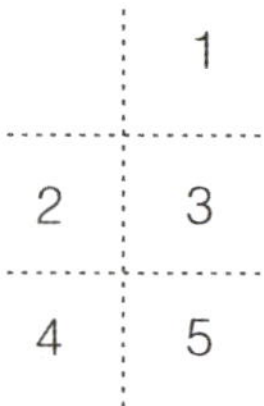

(1) 9月27日，金华市委统战部、市政协举行庆祝国庆暨中秋茶话会。

(2) 8月24日，举办金华市统战信息工作培训会。

(3) 11月7日，东阳人联谊总会举行新农村建设捐款仪式。

(4) 3月22日，义乌市召开侨商会成立大会。图为参会领导和会员合影。

(5) 10月19日，首届义乌世界侨商大会召开。图为世界各地侨商欢聚一堂。

| 1 | 2 |
| --- | --- |
| 3 | 4 |
| | 5 |

1
2
3
4

(1) 2月20日，衢州市委统战部与市工商联联合举办“第五届衢州民营经济发展高级论坛”。此次论坛邀请国务院国资委研究中心王忠明主任主讲“宏观经济变局与企业应对”。

(2) 年初，衢州市委统战部牵头举办“浙江省（衢州）统一战线纪念改革开放30周年成就展”。衢州市各级领导及社会各界人士1000余人参观展览。

(3) 3月26日，衢州市政协副主席、市委统战部部长马东泉带领机关干部到斗潭社区开展服务活动。通过积极做好向市政府汇报协调工作，帮助斗谭社区完成办公用房移交，解决了长期未能解决的难题，受到社区的好评。

(4) 4月2日，衢州市政协副主席、市委统战部部长马东泉带领机关干部到社保局调研为民办实事项目——金保工程暨多险合一系统建设情况。

(1) 9月24日下午，衢州市召开喜迎中华人民共和国成立60周年暨多党合作制度确立60周年中秋茶话会。衢州市四套班子领导出席纪念大会。各民主党派市委会、市工商联、无党派人士、民族宗教界、港澳台侨界等统一战线各方面代表和衢州市统战工作老同志出席座谈会。衢州市委书记孙建国在大会上发表了热情洋溢的讲话。

(2) 4月9日，衢州市宗教界人士宗教法律法规知识竞赛在市委党校举行。图为参加竞赛的各队选手在抢答提问。

(3) 5月8日上午，衢州市委召开各民主党派市委会和市工商联负责人座谈会，征求对中共衢州市委贯彻落实科学发展观，以及如何更好地开展深入学习实践科学发展观活动的意见和建议。市委副书记居亚平出席会议并讲话，座谈会由市政协副主席、市委统战部部长马东泉主持。

(4) 9月16日，衢州市委统战部在前期组织发动全市广大统战成员和统战干部开展的中华和合文化征文活动基础上，召开了庆祝建国60周年全市统战系统和合文化论坛。

1 2

3 4

1

2

3

4

(1) 衢州市委统战部在全市统战系统、各民主党派市委会全面深入开展了以服务企业、服务项目、服务民生为主要内容的“三服务”活动。图为3月18日，衢州市政协副主席、市委统战部部长马东泉带领机关干部服务企业。

(2) 民革党员、全国五一劳动奖章获得者吴长根（右）向衢州市市委书记孙建国（中）演示《全程服务信息管理系统》。

(3) 柯城区举办少数民族科技培训班。

(4) 10月30日，江山市举行海峡两岸毛氏文化交流暨毛子水学术研讨会。图为中国国民党副主席蒋孝严赠送的题词。

1 2
3 4

(1) 10月27日，衢州市委统战部在江山市召开全市基层统战工作交流会。

(2) 9月5日，香港江山旅港同乡会五周年庆典暨第二届会董就职仪式在香港铜锣湾世贸中心召开。江山市委书记傅根友，市委常委、统战部部长郑朝基，香港商报副总经理周建顺，中联办协调部处处长姚铭以及各兄弟县、区同乡会会长，深圳、广州江山同乡会会长等到会祝贺。

(3) 民进浙江省委会组织医疗专家在常山开展送医活动。

(4) 9月29日下午，开化县委、县政府隆重举行国庆、中秋茶话会。县四套班子领导与统一战线各方代表欢聚一堂，喜迎佳节，同叙真情，共话发展。

1 | 2
3 | 4

(1) 1月8日，舟山市委统战部召开征求党外人士意见会。

(2) 3月24日，舟山市召开全市统战部长会议。

(3) 3月5日，舟山市召开全市优秀建设者表彰大会。

(4) 4月7日，舟山市海外联谊会第五届理事会第一次会议召开。

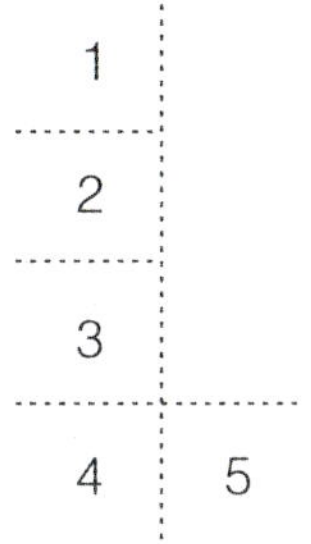


(1) 5月7日，舟山市召开全市新的社会阶层人士统战工作第一次联席会议。

(2) 6月17日，博鳌论坛秘书长龙永图(中)来舟山考察。

(3) 7月30日，舟山市政府召开重大项目通报会，向各民主党派市委会、市工商联和无党派人士通报全市重大项目情况。

(4) 8月14日，舟山市召开全市党外人士座谈会。

(5) 7月31日，舟山市召开各民主党派市委会负责人、无党派人士、工商联负责人读书会。

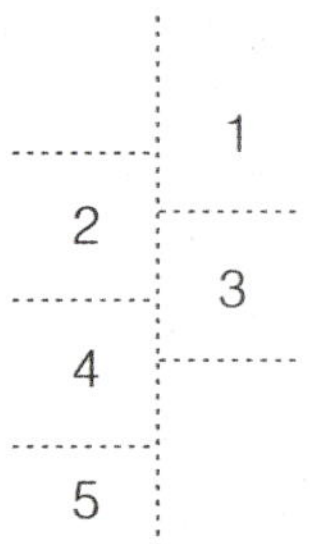

(1) 5月19日，舟山市委常委、市委统战部部长周克非走访结对社区。

(2) 6月9日，舟山市委常委、市委统战部部长周克非走访非公有制企业。

(3) 2月6日，舟山市委常委、市委统战部部长周克非到文昌社区调研民主党派进社区工作。

(4) 2月20日，香港舟山同乡会成立20周年庆祝大会在香港隆重举行。由舟山市委副书记、市长周国辉率领，市委常委、统战部部长周克非和舟山市相关部门负责人组成的舟山代表团，应邀参加庆祝香港舟山同乡会成立20周年暨乙丑年春节联欢晚会。

(5) 1月9日，舟山市召开全市各界人士新春茶话会。

(1) 11月10日，舟山市召开全市非公有制企业学习实践科学发展观活动领导小组会议。

(2) 11月21日，舟山市知识分子联谊会在渔农村社区授牌成立社会服务点。

(3) 4月23日，民革舟山市委会向民工子弟学校学生捐书。

(4) 5月16日，农工党舟山市委会到渔农村社区送医。

(5) 6月23日，九三学社舟山市委会与定海区城东街道洋岙新居民委员会结对。

1
2
3
4 5

(1) 9月7日至10日，台州各民主党派市委会、市工商联负责人和无党派代表人士暨县（市、区）委统战部长2009年度读书会在上海市社会主义学院举办，庆祝中国共产党领导的多党合作和政治协商制度确立60周年。

(2) 8月13日，台州市举行第四届民主党派文化日活动启动仪式暨“合心合力，努力开创台州科学发展新局面”主题论坛。

(3) 6月16日，台州港大麦屿港区对台海上直航货运首航。7月7日，台州港大麦屿港区对台海上直航客运首航，台州港成为大陆第5个对台海上客运直航的港口，也是浙江省对台海上客运的首航港。

(4) 6月2日，台州市委书记陈铁雄到市委统战部走访调研。

(5) 5月13日，台州市召开完善对口联系制度和特约人员制度工作会议，民主党派市委会、市工商联分别与21个市政府有关部门签署了对口联系共建协议书。

| 1 | 2 |
|---|---|
| 3 | 4 |
| 5 | |

(1) 2月28日，台州市委统战部组织统一战线成员赴重庆参观特园中国民主党派历史陈列馆。

(2) 3月16日，台州市委统战部召开深入学习实践科学发展观活动动员大会。

(3) 12月中上旬，民革、民进台州市委会顺利换届，至此，这一轮民主党派换届工作已画上了圆满的句号。

(4) 7月18日，全国人大常委会副委员长、农工党中央主席桑国卫（右一）一行来到沿江镇黄土山村，实地考察了农工党台州市委会、临海市委会共建和谐社会服务基地，并为基地揭牌题词。

(5) 6月2日，全省首家新阶层人士慈善组织——台州市黄岩区慈善总会新阶层人士慈善分会成立。慈善分会募集到助学冠名基金1000万元、助困冠名基金1000万元、基金132万元。

(1) 5月8日，路桥区委统战部组织区新的社会阶层人士联谊会、民营曙光医院共同举行了路桥区新的社会阶层人士慈善医疗救助千名“新台州人”活动启动仪式。图为安徽籍特困外来务工人员刘大云喜领慈善医疗救助卡。

(2) 7月3日，温岭市首家海外商会——迪拜温岭商会成立，温岭市委书记陈伟义参加成立大会。

(3) 6月4日至6日，“2009海峡两岸纪念济公圆寂800周年活动”在天台举办。图为两岸济公文化研讨会活动场景。

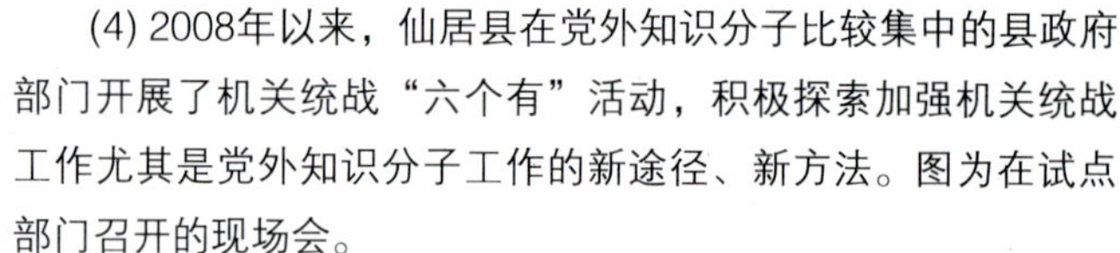

(4) 2008年以来，仙居县在党外知识分子比较集中的县政府部门开展了机关统战“六个有”活动，积极探索加强机关统战工作尤其是党外知识分子工作的新途径、新方法。图为在试点部门召开的现场会。

(5) 12月9日，三门县召开新的社会阶层人士联谊会成立大会。

| | |
|---|---|
| | 1 |
| 2 | 3 |
| 4 | 5 |

1 | 2
3 | 4

(1) 10月16日，丽水市委统战部牵头召开丽水市各民主党派市委会纪念多党合作制度确立60周年暨基层支部工作座谈会。

(2) 12月20日，香港丽水同乡会第二届理事会暨就职典礼在深圳举行。丽水市委副书记、市长卢子跃出席典礼并向新当选会长吴华生颁授证书，省委统战部副部长徐建华，市领导蓝资霞、吕文明、陈翠仙等出席典礼。

(3) 12月19日，广东省浙江丽水商会第一次会员代表大会暨成立大会在广州举行。

(4) 12月18日，龙泉市华严塔重建落成典礼举行。华严塔始建于北宋初年，至今已有1000多年历史，因历史原因毁于一旦。华严塔重建工程于2008年1月21日奠基，2009年11月10日整体完工。

1

2

3

4

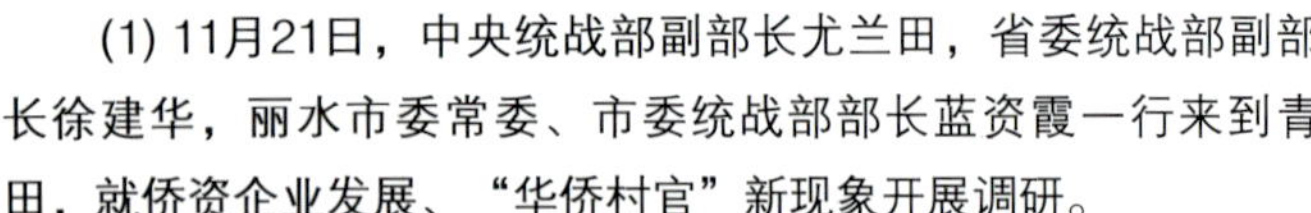

(1) 11月21日，中央统战部副部长尤兰田，省委统战部副部长徐建华，丽水市委常委、市委统战部部长蓝资霞一行来到青田，就侨资企业发展、“华侨村官”新现象开展调研。

(2) 11月21日，由浙江大学和青田县委、县政府联合举办的“2009中国·青田华侨总部经济发展论坛”开幕。全国人大常委会原副委员长蒋正华宣布论坛开幕，省委书记、省人大常委会主任赵洪祝发来贺信。论坛期间，组织开展了富有侨乡特色的专家讲座、商贸投资、特色旅游、文化传播、联谊交流等五大类12项内容丰富的活动，全面展示了青田独特的资源优势和深厚的文化底蕴，广泛宣传了发展华侨总部经济的战略构想。

(3) 1月13日，丽水市各民主党派、知联会的40多位专家，到云和县朱村乡开展迎新春送温暖“三下乡”社会服务活动。

(4) 11月17日，庆元县委统战部、庆元县服务行业商会联合举行“融入海西、服务先行”服务业发展推进会，县委书记陈景飞出席会议并讲话。

(1) 10月26日，中国传统重阳节，己丑（2009）年中国·仙都公祭轩辕黄帝大典在缙云仙都景区黄帝祠宇隆重举行。省委统战部副部长、省社会主义学院党组书记张惠康，省台办副主任林呈生，省侨办副巡视员李培培，丽水市委常委、统战部长蓝资霞，60多名来自不同国家和地区的港澳台同胞、海外侨胞代表参加了公祭大典。

(2) 4月27日，丽水市统战系统深入学习实践科学发展观读书会在遂昌召开。

(3) 3月23日，景宁畲族自治县举行《景宁畲族语言简本》出版发行仪式暨“畲族干部服饰日”启动周年庆典。

(1) 浙江大学表彰在2009年“务发展、促和谐”——浙江大学统一战线为科学发展和谐浙大作贡献主题活动中的先进集体和先进个人代表。

(2) 民革浙江工业大学总支委员会成立。

(3) 省委统战部副部长徐建华为浙江师范大学侨联、留联会成立会揭牌。

(4) 浙江师范大学为庆祝新中国成立60周年举行统战联欢晚会。

(5) 4月27日下午，宁波大学校党委书记、校学习实践活动领导小组组长程刚主持召开民主恳谈会，听取校人大代表、政协委员、民主党派基层负责人等20位教工的意见和建议。

| 1 | 2 |
|---|---|
| 3 | 4 |
| 5 | |

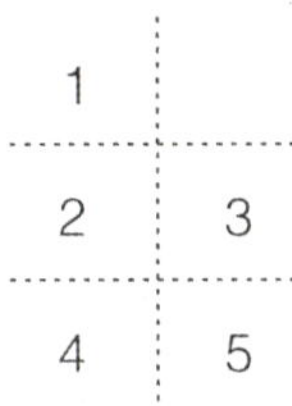


(1) 浙江理工大学召开归国华侨联合会暨留学人员和家属联谊会成立大会。

(2) 浙江工商大学举行统战各界新年茶话会。

(3) 中国计量学院召开无党派知识分子联谊会成立大会。

(4) 民盟浙江中医药大学总支举行成立选举大会。

(5) 5月28日，浙江海洋学院无党派知识分子联谊会到白沙进行考察调研。

| 1 | |
|---|---|
| 2 | 3 |
| 4 | 5 |

(1) 12月28日，浙江林学院举行统战工作迎新茶话会。

(2) 温州医学院举行世界温州人“微笑联盟”授牌仪式。

(3) 2009年浙江财经学院党外人士迎新春联谊会。

(4)12月16日，致公党浙江科技学院支部召开成立大会。

(5) 嘉兴学院为庆祝建国60年举行统战座谈会。

(1) 5月7日，浙江教育学院召开统战工作恳谈会议。

(2) 杭州师范大学举行统战系统新春联谊会。

(3) 温州大学归国华侨联合会留学人员和家属联谊会成立。

(4) 绍兴文理学院在嵊州领带企业开展党派活动日。

(5) 台州学院党委副书记韩建飞率党外代表人士赴抗战办学旧址仙居下张小学开展“传统教育”主题活动。

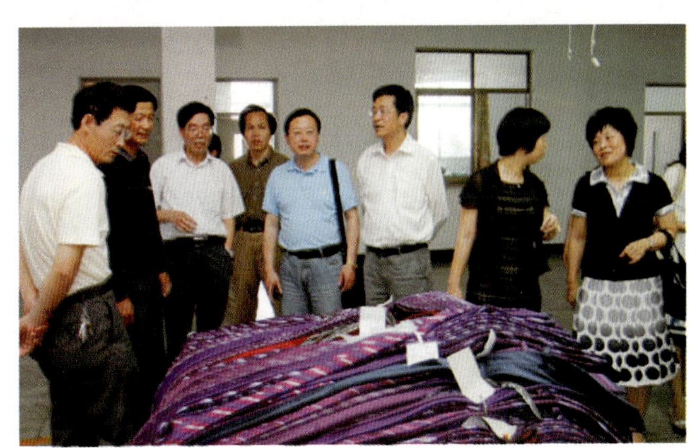

| 1 | 2 |
|---|---|
| 3 | 4 |
| 5 | |

| 1 | 2 |
|---|---|
| 3 | 4 |
| 5 | |

(1) 浙江万理学院举行新春茶话会。

(2) 2月23日，宁波工程学院留学归国人员联谊会的会员老师参加宁波市留委会成立五周年庆祝大会并为来宾表演了精彩的节目。

(3) 4月22日，在深入学习实践科学发展观活动中，宁波工程学院召开民主党派、无党派知联会、留联会人士座谈会。

(4) 12月29日，丽水学院召开无党派知识分子联谊会成立大会。

(5) 省农科院召开民主党派、无党派人士新春座谈会。

# 4. 高等院校统战工作机构

## 浙江大学党委统战部

【综述】　“国有成均，在浙之滨。”浙江大学是一所有着百年辉煌历史的教育部直属、省部共建普通高等学校，是首批进入国家“211 工程”和“985 工程”建设的若干所重点大学之一。全校的学科涵盖哲学、经济学、法学、教育学、文学、历史学、理学、工学、农学、医学、管理学等 11 大门类。现有一级学科博士学位授权点 41 个、二级学科博士学位授权点 242 个、二级学科硕士学位授权点 317 个。另有一级学科国家重点学科 14 个、二级学科国家重点学科 21 个。国家重点（专业）实验室 14 个、国家工程（技术）研究中心 5 个、国家人文社科重点研究基地 3 个、国家基础科学研究和教学人才培养基地 7 个、国家工科基础课程教学基地 4 个、国家战略产业人才培养基地 3 个、国家大学生文化素质教育基地 1 个和国家动画教学研究基地 1 个。学校师资力量雄厚，现有教职工 8400 余人，其中中国科学院院士 13 人，中国工程院院士 12 人；教授及其他正高职人员 1200 余人，副教授及其他副高职人员 2400 余人。全校有全日制在校学生 39000 余人。

浙江大学党外人士集中，层次高，社会影响大。党派组织齐全，8 个民主党派在本校都建有基层组织，其中有 7 个委员会、5 个总支、74 个支部（支社），党派成员数逾 2100 人。其中有党外院士 6 人、浙江省特级专家 8 人、“长江学者特聘教授”22 人、求是特聘教授 15 人。现任各级人大代表、政协委员 73 人，其中全国人大常委、政协常委、委员 6 人；省政协副主席 2 人；市人大副主任 1 人；民主党派中央副主席 1 人、常委 4 人；民主党派省、市委员会主委 4 人（含杭州市主委 1 人）。民主党派在职人员中具有高级职称的达到了 80.9%，其中，具有正高职称的为 355 人，占民主党派在职人员总数的 35.5%，副高 454 人，占 45.4%。此外，还有 20 余位同志在省侨联、无党派知识分子联谊会、少数民族知识分子联谊会等担任重要职务。

2009 年，浙江大学统一战线工作坚持以邓小平理论和“三个代表”重要思想为指导，以科学发展观为统领，以“务发展、促和谐——浙江大学统一战线为科学发展、和谐浙大作贡献”主题活动为载体，服务大局，务实创新，努力构建大统战工作格局。党委统战部荣获“全省统战工作创新奖”。校侨联获“全国侨联系统先进基层组织”荣誉称号。

**【明确目标，凝聚共识，夯实统一战线共同思想基础】**
2009年，浙大党委统战部以“务发展、促和谐——浙江大学统一战线为科学发展、和谐浙大作贡献”为主题，组织统一战线广大成员，深入学习贯彻党的十七大和十七届四中全会精神，将“务发展、促和谐”主题活动与深入学习贯彻科学发展观结合起来，与纪念新中国成立60周年和中国共产党领导的多党合作和政治协商制度确立60周年结合起来，进一步统一思想，凝聚共识，不断夯实统一战线广大成员的共同思想基础：

结合学校科学发展观学习实践活动巩固提高及“回头看”工作，组织和支持统一战线成员通过培训班、报告会等多种形式学习中央有关方针政策，正确把握中共十七大和十七届四中全会精神。各民主党派校委会积极参与“务发展、促和谐”主题活动，通过举办骨干培训班等方式，不断加强科学理论教育、多党合作和优良传统教育、基本国情和基本路线教育、形势与政策教育。

结合纪念新中国成立60周年和中国共产党领导的多党合作和政治协商制度确立60周年，通过内刊、网站等多种载体加强宣传，建设理论学习园地，组织统一战线广大成员参加中央统战部、省委统战部组织的“统一战线庆祝新中国成立60周年征文”活动，王启东先生撰写的《我的五十八年统战情》一文获浙江省委统战部“与共和国同行——浙江统一战线庆祝新中国成立60周年征文”活动一等奖。组织民主党派及统战团体负责人开展考察调研，增强对新中国成立60年来取得的辉煌成就的感性认识，有效地引导统一战线广大成员牢固树立社会主义核心价值观，不断增强走中国特色社会主义政治发展道路的自觉性和坚定性。

**【围绕中心，服务大局，积极发挥统一战线的优势与作用】**
2009年，浙大统一战线广大成员围绕我省“创业富民、创新强省”总战略，围绕学校科学发展，通过人大议案、政协提案、校内建言等形式，多层次多渠道参政议政、建言献策，推动学校民主管理、科学决策，推动我省经济社会较快平稳发展。

在全国“两会”期间，学校人大代表、政协委员提出了20余件建议、议案和提案；在全省“两会”上，来自浙大的省人大代表、政协委员提出议案、提案46件，大会发言21次（其中口头发言4次），浙江在线、联谊报等媒体报道摘编了浙大代表和委员们在“两会”期间的部分建言。

2009年，校党派基层组织围绕学校中心工作和师生员工最关心的热点问题开展调查研究，形成有事实、有分析、有对策的专题报告，共报送《党派建言》6期，对学校民主决策和管理、改革和发展起到了推动作用。

2009年，先后组织党外人士和侨留联代表赴湖州、丽水、嵊州、江山等地开展教育、科技、医疗服务“三下乡”活动，服务新农村建设。开展“浙大·德清统一战线携手服务新农村建设”主题活动，来自校农学院、动科学院、环资学院10位党外专家积极发挥优势和专长，为地方经济建设服务。

在“务发展、促和谐——浙江大学统一战线为科学发展、和谐浙大作贡献”主题活动中，评选出先进集体9个、参政议政工作先进个人10人、社会服务工作先进个人11人。

**【把握重点，推进交接，协助民主党派组织加强自身建设】**
协助做好省委组织部、统战部来校进行民主党派省委会领导班子后备干部人选的考察工作，加强党外后备干部队伍建设。2009年，1位党外人士担任民主党派省委会专职副主委。协助民主党派各级组织开展以坚持走中国特色社会主义道路为主题的政治交接学习教育活动，协助农工党浙大委员会和九三学社浙大委员会及部分支部（支社）做好换届工作。

2009年7月，浙大党委统战部与校党委组织部联合举办了“浙江大学党外中青年骨干培训会”，加强对党外中青年骨干成员和后备干部的培养，同时，支持民主党派和无党派人士参加中央、省市、学校各级社会主义学院举办的学习班、培训班、研讨班，努力扩大教育引导的力量与范围，着力打造一支热心工作、数量充足、层次较高、能力突出的党外后备干部队伍。一年来，共有50余人次参加了各级各类学习培训班。

**【提升水平，重视实效，发挥高层次海归人士作用】** 充分发挥侨留联组织在学校人才引进、海外合作和地方服务工作中的作用，搭建海外留学人员沟通桥梁，努力促进科技成果转化为现实生产力，提升服务水平和成效。2009年8月、12月先后参加省侨联“海归博士暑期服务团”及“星耀南湖”活动，组织农业生物、医药卫生、环境保护、旅游管理、建设规划等领域留学归国人员赴青田、嘉兴等地调研考察、建言献策，受到当地政府和百姓好评。2009年，浙大侨联荣获“全国侨联系统先进基层组织”荣誉称号，另有5人获“全国归侨侨眷先进个人”荣誉称号。校侨联主席郑耀当选为第八届浙江省侨联副主席。

进一步加强同港澳台同胞、海外侨胞和留学人员的联络联谊，2009年，接待了台湾“高校教师大陆文化教育参访团”、香港教育工作者联会浙江省教育考察团等来浙大访问交流。11月，台盟浙江大学支部主委刘伟文当选为浙江省台联第八届理事会副会长。

**【深化认识，发挥优势，推进统战理论研究和信息宣传工作】** 2009年完成2008至2009年度校统一战线理论研究立项课题结题工作，有8项课题结题。3月，浙大两项成果获浙江省统战理论政策研究和调研优秀成果奖，浙大统战部与校港澳台事务办公室等联合承办的“渌雨江南，问茶龙井浙港两地大学生文化交流营”活动获“浙江省统战宣传‘精品工程’重大统战宣传活动创意奖”。中标1项中共浙江省委统战部、浙江省社会科学界联合会、浙江省统一战线理论研究会联合招标课题。

组织参加第十四次全国高校统战工作研讨会、华东地区高校统战工作研讨会、中国（浙江）政协文化论坛等，以会议发言、论文交流等形式，拓宽研究思路，推动统战工作实践。在第十四次全国高校统战工作研讨会上，浙大两篇论文入选论文集，其中《发挥高校统战优势 服务地方科学发展》一文获第十四次全国高校统战工作研讨会优秀论文一等奖。

重视对外宣传工作，依托《浙大统战》内刊、“浙大统战”网站等载体和平台，传达上级精神、报道工作进展、宣传统战人物、普及统战知识，2009年编印《浙大统战》内刊4期。通过全方位多层次做好宣传信息工作，为统战工作的开展营造了良好的外部环境和氛围。

（浙江大学党委统战部）

## 中国美术学院党委统战部

**【综述】** 2009年，中国美术学院统一战线工作在学院党委的正确领导下，在广大统一战线成员的共同努力下，围绕学院中心工作，不断进取，同心同力同发展，为建设浙江文化大省和创建世界一流美术学院作出了积极的贡献。

**【党委重视】** 1月9日，中国美院举行统一战线迎春团拜会，院党委书记钱晓芳，党委副书记傅肃琴，党委委员、党院办主任孟云生，党委委员、组织部长胡钟华，部分党总支书记和各民主党派成员、海外归国人士、无党派知识分子、少数民族代表人士等60余人，欢聚一堂，同贺新年，共话发展。

3月，学院中层干部考核换届，院党委发文任命傅巧玲同志任党委宣传、统战部部长。4月20日，院党委发文调整领导分工，胡钟华同志任院党委副书记，分管宣传、统战、学生和团委工作。截至目前，中国美院共有党外中层干部28人，占全院中层干部的28.28%。

9月25日上午，中国美院党委召开了“中国美术学院统一战线茶话会”，各民主党派成员、海外归国人士、无党派知识分子、少数民族代表人士等60余人，欢聚一堂，共庆国庆、中秋佳节。院党委书记钱晓芳、副书记傅肃琴、胡钟华向代表们致以节日的问候。胡钟华在会上通报了学院上半年的工作情况及取得的成绩，并代表学院党委感谢党外人士对学院各项事业的关心和支持。各党派负责人及吴海燕、管怀宾、孔仲起、杨成寅、叶庆文、傅维安、翁诞宪等分别发言。

**【上级关心】** 2月20日下午，省政协副主席、农工党浙江省委会主委姚克一行来中国美院考察。院党委书记钱晓芳、党委副书记傅肃琴、农工党美院支部主委吴小华等陪同参观。姚克一行参观了该院校史馆、南山校园和象山校园，在象山之家观看了我院宣传片和师生创作的动画片，并与农工美院支部成员进行了交流。

4月15日下午，西湖区人

大一行20余人在区人大常委会主任张友富、副区长周卫兵等带领下来中国美院象山校区作环美院创意产业发展情况的考察调研。考察组一行参观了设计学院染织服装系实验室、校区实验中心、公共艺术学院、传媒动画学院和图书馆等部门，并在传媒动画学院会议室进行了交流。

4月20日下午，西湖区政协主席张岐带领区政协秘书长、区政协提案委主任一行，到中国美院象山校区作“打造环美院经济，推进之江新城建设”的调研。副院长高法根，设计艺术学院教授、西湖区政协委员裘海索教授、传媒动画学院院长、西湖区人大代表吴小华教授及统战部相关人员参加座谈。裘海索详细介绍了其撰写的《篮子计划——以促进中国美术学院和西湖区经济文化互为发展为特定目标有效加强杭州经济文化发展的核力》的提案，该提案已经被区政协列为重点提案。吴小华介绍了发展环美院创意产业的优势与前景，提出打造创意街的设想。

11月3日下午，国务院参事、原全国人大常委会办公厅新闻局局长郭瑞，国务院参事、原国务院办公厅秘书三局局长袁隐，中央文史研究馆馆员、汉语史教授白少帆，中央文史研究馆馆员、中央美术学院教授薛永年，中央文史研究馆馆员、北京师范大学教授赵仁珪，国务院参事室文史业务司副司长唐华东等一行8人来中国美院就“我国书画艺术的现状与建议”进行调研，省文史研究馆专职副馆长魏新民、馆员郑竹三、文史馆文史业务处等有关人员陪同座谈。中国美院党委副书记胡钟华、副院长王赞，浙江省政府参事、中国画系教授吴山明，浙江省文史研究馆馆员、书法系教授王冬龄，科研创作处处长杨桦林，中国画系主任、教授尉晓榕，中国画系教授卢勇，书法系副主任、副教授沈浩，艺术人文学院教授章利国及党办院办、党委统战部等相关职能部门负责人参加座谈。会上，与会人员就杭州书画艺术现状、艺术市场、对传统的继承创新、维护国家文化安全、繁荣书画事业等方面畅所欲言，提出了自己的看法，对学院发展、艺术创作、教育模式、师资优化、人才培养、分类管理等方面遇到的困难和困惑提出了意见和建议。

**【组织建设】** 4月，经民进浙江省委会同意，民进中国美术学院支部进行届中调整，原支部主任及委员胡寿荣同志因身体原因辞去支部主任及委员职务，由卢勇同志担任民进中国美术学院支部主任，并同意陈永怡同志为支部委员候选人。

12月9日上午，中国美术学院归国华侨联合会、留学人员和家属联谊会成立大会在南山校区举行，浙江省侨联主席吴晶、副主席张维仁，省委统战部知识分子处副处长戚伟君，院党委书记钱晓芳，副书记胡钟华，党院办、统战部、教务处、外事处负责人及各学院党总支书记出席会议。兄弟院校侨联代表及该院统战团体代表应邀出席会议。大会由中国美院侨联、留联会常务副会长（副主席）管怀宾主持。会议选举产生了中国美术学院第一届归国华侨联合会委员会、留学人员和家属联谊会理事会，院侨联主席和留联会会长由设计艺术学院院长王雪青教授担任，院侨联常务副主席和留联会常务副会长由综合艺术系副主任管怀宾教授担任，院侨联副主席和留联会副会长由艺术人文学院院长曹意强教授、设计艺术学院陈晓蕙教授、专业基础教学部高亚加副教授、公共艺术学院梁怡老师和原中国美院教务处副处长、招办主任张远老师担任，雕塑系单增副教授任侨联和留联会秘书长，院党委统战部徐元老师和设计艺术学院萧颖娴老师担任侨联和留联会副秘书长。院侨联和留联会聘请许江院长、宋建明副院长为名誉主席（会长）。

12月18日上午，中国美术学院无党派知识分子联谊会成立大会举行，浙江省委统战部副部长黄永通、省委统战部知识分子处处长谢辉、省委教育工委组织处和统战处处长王登先、院党委副书记胡钟华、各学院党总支书记及党委统战部相关人员出席会议。中国美院统战团体代表应邀出席会议。大会由院党委统战部部长傅巧玲主持。会议通过了《中国美术学院无党派知识分子联谊会章程》，并选举产生了中国美术学院第一届无党派知识分子联谊会理事会，知联会会长由全国政协委员、浙江省知识分子联谊会副会长、设计艺术学院副院长吴海燕教授担任，副会长由教务处副处长郑巨欣教授、版画系蔡枫教授、专业基础部副主任曹立伟副教授、建筑艺术学院城市设计系主任李凯生副教授担任，党委统战部部长傅巧玲老师任知联会秘书长，设计艺术学院胡珂副教授担任知联会副秘书长，新媒体系副教授矫健、公共艺术学院副教授吴杉、传媒动画学院教授黄大为、高职学院副教授李爱红担任理事。

2009年，各民主党派新发展成员3人，外事处的马奕加入了民盟美院支部，传媒动画学院的刘智海和王侃加入了民进美院支部。民进美院支部主委卢勇、民盟盟员沈乐平、管怀宾、李凯生等党外人士等分别参加由省委统战部、社会主义学院和各党派组织开展的学习培训会。

**【参政议政】** 1月16日、15日，浙江省人大十届二次会议、政协十届二次会议隆重召开，农工省委委员、美院农工支部主委、传媒动画学院院长吴小华，民进省委常委、美院民进支部主委、中国画系教授胡寿荣，民盟美院支部成员、雕塑系副主任李秀勤，作为新一届政协委员出席会议，并分别参加教育界、农工界、少数民族界和文艺界的会议，积极撰写提案，建言献策。

2月15日、16日，杭州市十一届人大三次会议、杭州市政协九届三次会议分别开幕，杭州市十一届人大代表、中国美院副院长高法根、杭州市十一届政协委员吴海燕参加会议。

3月5日和3月3日，第十一届全国人民代表大会第二次会议、全国政协十一届一次会议分别在北京人民大会堂开幕，全国人大代表、中国美院院长许江，全国政协委员、设计艺术学院副院长、浙江省知联会副会长吴海燕赴北京参加会议。

6月11日，中国美术学院统一战线座谈会在玉皇山庄召开，党委副书记胡钟华、各民主党派美院支部主委、副主委、委员和省政协委员代表及院党委统战部相关人员参加会议。座谈会由院党委统战部长傅巧玲主持。胡钟华通报了本学期学院的各项工作，特别就中国美院学习实践科学发展观分析检查报告征求了各民主党派负责人的意见和建议。与会人员还就中国美术学院各民主党派庆祝建国六十周年美术作品联展相关事宜进行了商议。

**【服务社会】** 5月16日，为纪念多党合作60周年，庆贺浙江省社会主义学院新校园落成，民进美院支部与浙江开明画院在吴山明的带领下与中共浙江省委统战部、省社会主义学院共同在社会主义学院新校园举行书画名家笔会活动，用书画艺术传承了多党合作历史，弘扬统一战线文化，共创作书画作品30余幅，全部赠送给省社会主义学院并悬挂在新建的省社会主义学院各展厅、会议室、接待厅等进行展示。

9月12日，由民进浙江省委会主办，浙江开明画院承办的“庆祝中华人民共和国成立60周年美术作品展”在浙江图书馆举办，民进美院支部与开明画院发动画家积极主动配合省委会进行筹建和布展，共展出全省民进艺术界会员创作的国画、书法、油画、水彩、版画、摄影等作品213幅。同时，浙江开明画院进行了换届选举，卢勇老师被补选为副院长。

为纪念浙江省民政厅建厅60周年。10月18日，民进美院支部与开明画院画师在吴山明带领下，赴省民政厅进行书画慰问，共创作书画作品30余幅，全部赠送给省民政厅做为该厅永久收藏并在厅办公大楼等长期展示。

**【统战风采】** 1月16日，在中国美院美术馆举行了“周沧米书画展”开幕式。画展精选了周沧米教授从事美术生涯60年来各个时期的人物、山水、花鸟、书法佳作200余件。

2月15日下午3时，由中国美术家协会、中国美术馆、中国美术学院、浙江省文化厅和浙江省文联等单位共同主办的《观无涯·孔仲起画展》在北京中国美术馆隆重开幕。

5月26日上午，纪念陆维钊先生诞辰110周年书画作品展暨学术研讨会在中国美院美术馆隆重开幕。2009年是陆维钊先生诞辰110周年，又是中国美术学院书法篆刻专业成立46周年暨书法硕士研究生招生30周年。此次活动的举办，是为了向社会宣传陆维钊先生，让公众进一步了解他的艺术造诣和学术水准。本次展览展出陆维钊先生185件书画作品，其中包括书法作品、山水和花鸟作品，这些展出画作分别由陆维钊先生家人、浙江省博物馆、社会收藏家、平湖市陆维钊书画院和中国美术学院提供。本次展览是陆维钊先生书画作品最为全面的一次展示。《陆维钊书法精品集》、《纪念陆维钊诞辰110周年论文集》也同时推出。

8月9日，由浙江省委宣传部、省文化厅、省财政厅、省文联共同组织实施，浙江省美术家协会、中国美术学院承办的浙江重大题材美术创作工程顺利结题，并作为浙江美术馆的开馆之展“历史的凝眸·浙江历史文化重大题材美术作品大展”，拉开帷幕。展览展出了浙江历史文化重大题材美术作品工程的第一阶段成果共113件，其中农工党成员杨参军创作的表现浙江学术精神的油画《经世致用》获金奖，归侨孙景刚的油画《南进群英》、民盟成员李秀勤的雕塑《心昭天日》获银奖，无党派人士蔡枫的油画《凝镜澄心》、民盟成员王羽天的油画《心学宗师》、民进成员尉晓榕的国画《水乡社戏》、农工党成员翟庆喜的雕塑《抗倭名将戚继光》获铜奖件，农工党成员翁诞宪的油画《海岛女民兵》、陈宏庆的油画《宁波商帮》和常青的油画《义乌小商品市场》获优秀奖。当天晚上还举行了隆重的颁奖盛典，中国美院院长许江、副院长王赞、原党委书记毛雪非、原院长肖峰出席了颁奖典礼。

9月22日，由中宣部、文化部、财政部主办的国家重大历史题材美术创作工程作品展览在中国美术馆隆重开幕，中国美院有14件油画、国画和雕塑作品名列其中，在随后召开的文化部国家重大历史题材美术创作工程表彰总结大会上，中国美院获“优秀组织奖”荣誉称号。作为“向祖国汇报——庆祝中华人民共和国成立60周年系列文艺活动”的重要组成部分，展览由102件作品组成，浙江有14件作品全部由中国美术学院的29位著名艺术家协力创作完成。其中包括，归侨孙景刚参与创作的油画《1937·12·南京》，农工党成员杨参军的油画《戊戌六君子祭》、翁诞宪参与创作的油画《义勇军进行曲》，民盟成员陈宜明的《青春记忆——知识青年上山下乡》，无党派人士曹立伟的油画《唐山大地震》，民进成员吴山明参与创作的国画《遵义之春》等。

9月25日上午，“光华旦旦——中国美术学院民主党派庆祝新中国成立六十周年美术作品展”在南山校区校史陈列馆开幕。院党委书记钱晓芳、副书记胡钟华、副院长王赞，民进浙江省委副主委、浙江中医药大学副校长连建伟，农工党浙江省委副主委陆国钦，九三学社浙江省委副主委叶烈窑，民盟浙江省委副主委徐向东等出席开幕式。出席开幕式的还有民进浙江省委会秘书长刘毅、九三学社浙江省委会秘书长马永信、民盟浙江省委会办公室主任李春生以及民盟美院支部主委顾震岩、民进美院支部主委卢勇、农工党美院支部主委吴小华、九三学社美院支社主委赵爱民和孔仲起等中国美院各民主党派成员。胡钟华、连建伟、陆国钦、叶烈窑、吴小华等先后致辞。展览由党委统战部、民盟中国美院支部、民进中国美院支部、农工党中国美院支部、九三学社中国美院支社主办，是中国美院民主党派成员第一次联合举办的展览。展览共展出各民主党派成员的作品56件，包括中国画、书法、油画、版画、雕塑、设计作品、公共艺术等，表达了他们对祖国60岁生日的真诚祝福。

12月12日上午，坐落在九曜山南麓的“潘天寿听天阁诗亭”正式落成揭幕。作为曾两度出任中国美院院长的著名教育家，潘天寿在中国文化面临西风东渐的强势挑战面前，力挽民族艺术虚无与颓落的波澜，建构起中国传统艺术在现代教育体系中得以教习与传授的人文系统，奠定了当代中国艺术自我更新的重要的意识基础。“潘天寿听天阁诗亭”是杭州市委、市政府为纪念潘天寿先生而实施的一项景区综合整治工程，工程将潘天寿先生《听天阁诗存》中约1600多字的诗作镌刻于诗亭上。诗亭以潘天寿先生的画室“听天阁”命名。当天下午，“南山诗魂——潘天寿诗词海峡两岸学生书法作品展”在中国美院南山校区校史陈列馆开幕，展览展出海峡两岸相关学校书法系学生书写潘天寿诗词作60余件。吕章申、李维一、林澄枝、黄光男、潘公凯、许江、胡钟华、王赞、原院长肖峰等出席了开幕式并参观了展览。与此同时，两岸学者嘉宾、诗学精英集聚在中国美院进行了为期一天的“潘天寿与传统诗学”学术研讨会。

（徐　元）

## 浙江工业大学党委统战部

**【综述】** 浙江工业大学是一所综合性的浙江省属重点大学，始建于1953年，座落于历史文化名城、世界著名的风景游览胜地－浙江省杭州市。学校设朝晖、屏峰、之江3个校区，占地面积3200余亩，校园环境优雅，是读书治学的理想园地。学校师资力量雄厚，现有教职工3000余人，专任教师1878人，正高级职称教师365人，副高级职称教师824人，具有博士学位的教师703人。拥有中国工程院院士1人、共享中国科学院和中国工程院院士3人、国家级有突出贡献中青年专家6人、国家级教学名师3人、国家杰出青年基金获得者5人次，教育部创新团队1个、国家级教学团队2个、入选各类国家级人才培养计划24人次，浙江省特级专家4人、浙江省有突出贡献中青年专家16人、浙江省特聘教授10人。

学校现有在校普通全日制学生34000余人，其中在校研究生4400余人（学历博士305人，学历硕士4097人）；成人教育学生18000余人；留学生400余人。现有63个本科专业，设有21个学院2个部。学校现有3个博士后流动站，1个一级学科博士学位授权点、14个二级学科博士学位授权点、12个一级学科硕士学位授权点、71个二级学科硕士学位授权点，具有MBA专业学位授予权、工程硕士专业学位授予权、硕士研究生免试推荐权和外国留学生、港澳台地区学生招生权。学校现有固定资产总值25.36亿元。图书馆面积6万余平方米，藏书（含电子图书）490余万册。学校对外交流活动日趋活跃，已与美国、英国、法国、德国、日本、比利时、澳大利亚、俄罗斯、韩国、荷兰、瑞典、奥地利等国家的50余所高校建立了校际协作关系，开展学术交流、联合办学、科学研究等活动。目前，学校招收了来自34个国家、地区的留学生，学习汉语言、中国文化及本科专业课程。

学校始终坚持立足浙江、服务浙江、面向全国的办学宗旨，努力建设成为浙江省高级人才的培养基地和科学研究开发基地。现有国家重点学科（培育）、国家级“国际科技合作基地”、国家重点实验室培育基地、国家级大学科技园、省部共建教育部重点实验室、教育部工程研究中心、全国重点职教师资培训基地、国家级实验教学示范中心以及浙江省重点实验室5个、浙江省重大科技创新平台6个；浙江省级重点学科28个，其中浙江省“重中之重”学科9个、浙江省人文社科重点研究基地3个；国家级特色专业6个，国家级精品课程7门，国家级双语教学示范课程2门，国家级人才培养模式创新实验区3个，浙江省级重点（建设专业）20个。学校先后有222项科研成果获国家、省部级科研成果奖，其中国家发明奖和国家科技进步奖14项。2009年6月8日，浙江省人民政府和教育部签订共建协议，浙江工业大学进入省部共建高校行列。

学校有民主党派基层组织7个。其中3个委员会：民盟、致公党和九三学社；2个总支部委员会：民革、民建；2个支部委员会：民进和农工党支部；现有民主党派成员264人。统战团体4个：校侨联、校留学归国人员和家属联谊会、校无党派知识分子联谊会和校台属联谊会。在职处以上党外干部26人，其中校级领导1人，正处级8人；省人大常委2人；省政协常委2人，省政协委员7人，市政协委员1人，区政协常委2人，区政协委员1人；省政府参事1人；省文史研究馆馆员1人。

**【民主党派思想建设】** 广泛开展统战宣传工作。印发了省委组织部、统战部《关于进一步加强我省高校统一战线工作的实施意见》。召开学习座谈会，校党委主要领导以及学校相关党政部门负责人和该校统一战线代表人士聚集一堂，各民主党派代表结合各党派特点和各自人生经历畅谈新中国的丰功伟绩和改革开放的建设成就。

学校先后4次召开民主党派负责人会议，总结交流各民主党派和统战团体的做法和经验。组织各级政协委员、民主党派骨干观看电影《建国大业》，进一步了解中国革命史和多党合作制度的发展历程。校各民主党派先后选派了11名骨干分别到省社会主义学院参加培训学习；18名近年来加入民主党派的新成员先后到各民主党派省委会组织的学习班进行培训。

**【民主党派组织建设】** 11月上旬和12月中旬，民革、民建支部先后举行了换届选举和总支成立大会，顺利进行了换届升格，选举产生了首届总支部委员会成员。王福和、王薇分别任民革总支部主委和副主委；计时鸣和万跃华分别任民建总支部主委和副主委。民革和民建总支各自下设三个支部，其中民革之江支部成为之江学院第一个民主党派基层组织。

贯彻落实中央各民主党派《关于民主党派组织发展若干问题座谈会纪要》。校各民主派通过了浙江工业大学《关于贯彻落实中央各民主党派有关组织发展若干问题规定的座谈会纪要》，为加强该校民主党派组织建设起到了积极的推动作用。2009年共发展党派成员16人，其中具有博士学位的12人，高级职称的8人。

【举荐党外代表性人士】 积极推荐党外代表性人士担任实职。在学校中层干部换届中，民革党员计伟荣担任了学校实验室与资产管理处处长；致公党党员刘绍龙担任了外语学院院长；九三学社社员林春绵被聘为生环学院副院长；无党派人士常虹、李峰、洪滔、孙伟明、方赵林分别被聘为艺术学院院长、法学院副院长、研究生院副院长、军工技术院副院长和信息化办公室副主任；九三学社社员刘建刚被选派担任美国瓦尔帕莱索大学孔子学院院长，使党外处级干部从去年的18名增加到26名。在省第八次归侨侨眷代表大会上，致公党党员杨杨、朱敬东当选省侨联常委。

【党外代表性人士挂职锻炼】 根据省委组织部、省委统战部的要求，学校推荐校民盟主委潘海天和校致公党主委杨杨到省文化厅和省侨办挂职锻炼。

【党外人士建功立业】 党外代表性人士在教学、科研和管理中取得了显著成就。民进会员王旭教授荣获2009年度国家技术发明奖二等奖。校民盟获"全国民盟先进基层组织"称号。校侨联荣获全省侨联先进基层组织称号。省政协委员刘维屏荣获"浙江省劳动模范"，民建会员王治平获省"师德标兵"，致公党党员杨杨和侨联朱敬东分别被评为全国归侨侨眷先进个人，朱敬东出席第八次全国归侨侨眷代表大会。九三学社社员王鸿被评为校优秀教师，民革党员赵明珠被评为先进工作者。计伟荣和杨杨被评为全省侨联先进个人，周健被评为全省侨联系统先进个人。

民主党派成员盛颂恩、俞立、徐萍飞、杨杨、苏为科分别当选浙江省本科各科类教学指导委员会副主任和委员。苏为科、王旭、王连邦入选省首批块状经济转型升级专家服务组，苏为科被聘为台州医化专家组首席专家，王旭、王连邦被聘为常驻专家。

【民主党派与职能部门结对联系】 为了充分发挥民主党派在学校建设发展中的独特作用，推动学校管理和决策的科学化、民主化，学校7各民主党派分别与学生处、法规处、科技处、校园建设处、公管处、研究生院、教务处结对联系。

【民主党派活动活跃有序】 校各民主党派进行了形式多样的组织活动，民盟委员会组织会员赴苏州木渎考察；民进支部组织会员赴上海大众汽车生产基地考察；农工党支部组织党员赴长兴金钉子地质博物馆参观；九三学社委员会与省委科技委员会联合举办参政议政工作和组织建设工作经验交流会；侨（留）联参观余杭龙坞村。校侨联朱润晔、杨杨、王连邦、陈前虎等6名同志参加了省高层次海归人士为国服务团，赴著名侨乡青田县开展服务新农村活动。9名海归人士、博士参加嘉兴海归科技洽谈会。民革总支还与西湖区敬老院结对联系，定期组织党员去敬老院慰问，帮孤寡老人排忧解难。

【统战外联工作】 接待了上级机关和领导的来访和视察20余次。7月，2009年台湾大学生浙江夏令营100余名营员来浙工大参观交流。8月，温州市侨联来该校考察交流。11月，广东嘉应学院7名市人大、政协委员、7个民主党派主委组成的考察团来浙工大。

【党委统战部单独设置】 5月，校党委统战部从原来与宣传部合署办公改为单独设置，建立了独立的统战部网站。（陈顺才）

## 浙江师范大学党委统战部

【综述】 浙江师范大学是一所以教师教育为主的多科性省属重点大学，学校占地面积3300余亩，学科涵盖理学、文学、教育学、法学、工学、经济学、美术、音乐、旅游、管理学等十大门类，设有18个学院61个专业，全日制本专科在校生25480余人，研究生（含专业学位研究生）4300余人，各类成人高等学历教育学生15000余人；在职教职员工2650余人，专任教师1460余人，其中中国科学院院士1名、共享中国科学院院士4名、中国工程院院士1名，具有正高职称300余人，副高职称650余人，具有博士学位教师460余人，国家突出贡献专家1人，享受国务院特殊津贴26人，入选"国家新世纪百千万人才工程”1人，教育部“新世纪优秀人才支持计划”4人，教育部高校教学指导委员会4人，拥有省特聘教授5人，入选浙江省“新世纪151人才工程”第一、二层次37人，省高校中青年学科带头人55人。2009年，学校成为博士学位授权立项建设单位，现有5个一级学科、63个二级学科硕士点、6个专业学位硕士点。学校为首批国家级语言文字规范化示范校之一，并拥有教育部确定的全国重点建设职教师资培训基地、铁道部确定的铁路机车司机培训基地、浙江省高校师资培训中心、浙江省幼儿师资培训中心、浙江省幼儿园园长培训中心等人才培养培训基地，中职教师在职攻读硕士学位研究生培养单位。

学校教学基础设施先进、功能齐全，图书馆、资料室现有纸质图书300余万册、电子图书185万余种；拥有实验室48个，其中省部共建教育部重点实验室1个，国家级实验教学示范中心2个，省级重点实验室、省级实验教学示范中心5个。实验室总面积12万余平方米，教学、科研仪器设备总值达2.8亿元。

截至2009年底，浙师大党外教职工占全校教职工总数40.20%，副高以上专任教师中党外高级知识分子占总数的49.4%。浙师大现有民革、民盟、民建、民进、农工党、致公党、九三学社7个民主党派基层组织，其中：基层委员会2个，总支3个，支部、直支2个，党派成员320人，2009年新增13人；还有无党派知识分子联谊会、归国华侨联合会、留学人员联谊会等3个统战团体，会员153人，少数民族师生510余人。目前，学校共有46余人次担任各级人大代表、政协委员、特约人员、民主党派负责人和统战团体负责人，其中民主党派中央委员1人；省委会副主委1人、省委会委员5人；省人大常委1人、代表2人，省政协常委1人、委员7人；社会团体中，有省侨联常委1人，委员1人；有省知联会成员1名；各类省级党外代表人士、后备干部、无党派人士不重复15名，校级无党派人士28名。浙师大185名现职处级干部中，党外干部24名(其中无党派干部15名)，占总数的16.21%；160名现职科级干部中，党外干部24名（其中无党派干部11名)，占总数的15%。

刚刚过去的2009年是师大历史上极不平凡的一年，全校上下共同努力，攻坚克难，积极应对各种危机和挑战，在科研、师资、教学等办学关键性指标方面收获巨大，成果丰硕。首先是“三个零的突破”：引进了院士和长江学者，实现零的突破；获批1个教育部创新团队，填补了历史空白；首次获得教育部哲学社会科学研究重大攻关项目1项。其次是三个“重大进展”：申博工作取得阶段性进展，顺利成为博士学位授予权立项建设单位；教育部人文社科优秀成果奖5项，其中获得一等奖1项、二等奖3项；获国家级教学成果奖二等奖2项。三是三个“显著增长”：专业学位点从两个增加到6个；国家社科基金、国家自然基金、教育部人文社会科学研究项目等国家级项目数达到历史最好水平；国家级特色专业、国家级精品课程、国家级实验示范中心等“国字号”明显增多。以上各项成绩的取得离不开各级领导的关心和支持，更离不开广大统一战线成员通力合作和努力拼搏，对学校发展建设的积极参与和无私奉献。

2009年，浙师大统战工作也取得了较大成效。组织领导有新加强，条件保障有新提升，联系沟通有新渠道，统战平台有新拓展，工作格局有新突破，作用发挥有新机制，各项工作有新成绩。

**【加强组织领导】** 高度重视，率先垂范。2009年4月浙师大党委下发《关于调整校党委委员同党外代表人士联系交友分工的通知》，校党政班子成员率先垂范，主动加强联系沟通，积极参加有关活动，进一步完善了校领导班子成员分头联系民主党派、统战团体和其他党外代表人士制度，为全校上下重视统战工作起到了很好的示范作用，使统战工作的一系列制度得到较好的贯彻执行。

5月，按照《关于进一步加强我省高校统一战线工作的实施意见》要求，根据浙师大实际，校党委在统战部设立统战科，并配备科长和专职干部各1名，9月初人员全部到位。不仅按照要求配强了工作力量，而且发挥了组织部、统战部合署的优势。

10月，校党委专题听取统战工作汇报，研究探讨新形势下如何加强该校统一战线工作。

**【完善工作机制】** 10月，建立了各民主党派、统战团体负责人联席会议制度，并于10月下旬、2009 年的 1 月上旬召开了两次联席会议，紧紧围绕党派团体自身规范化建设、发挥作用等主题作了充分交流和研讨。联席会议制度进一步调动了各民主党派、统战团体作用发挥的主动性、积极性和创造性，推动党委统战部更好地履行联系、协调、服务、引导的政治职能，为民主党派及时了解情况、反映问题、发挥作用、交流工作提供新的平台。

12 月 18 日上午，学校在行政中心第六会议室首次召开二级党组织统战工作研讨会。校党委书记梅新林出席会议并讲话。校党委委员，组织部、统战部部长张元龙作了题为《围绕发展大局 创新体制机制 不断开创我校统战工作新局面》的主题报告。各二级党委、党总（直）支和有关部门负责人参加会议，并就下一阶段做好统战工作的任务和思路做了深入探讨和交流。会议还讨论了《二级党委、党总（直）支统战工作职责》。会议的召开强化了二级党委、党总（直）支与相关党群部门的统战意识，浙师大统战工作正深入向二级党组织推进，校、院上下联动、有关部门左右协同的统战工作新格局初步形成。

加大了对各民主党派、统战团体开展工作的支持保障力度。学校在整体预算缩减 10% 的情况下，党派、团体成员的人头经费由 50 元/人增加到 100 元/人；调整了各党派、团体办公用房，配备了办公设施，改善了各民主党派、统战团体工作条件。

**【拓展统战平台】** 成立民盟浙江师范大学委员会。1 月 6 日下午，民盟浙江师范大学委员会成立大会在数理与信息工程学院报告厅举行。民盟浙江省委会副主委徐向东，民盟金华市委会主委、金华市人大副主任陈三富，副校级巡视员黄华童，校党委委员、组织部、统战部部长张元龙，民盟浙江省委组织部部长何志芳，民盟金华市委有关负责人，民盟浙江工业大学委员会主委潘海天以及浙师大其他民主党派和统战团体负责人应邀出席大会。徐向东、黄华童、陈三富、张元龙先后讲话，潘海天、刘尧代表兄弟院校、党派（团体）致贺词。大会选举产生了卜月华、万秀兰、王满华、罗孟飞、金泽民、温金生、熊晓花、瞿有甜等 8 位盟员组成民盟浙江师范大学委员会，卜月华担任主委，罗孟飞、万秀兰、温金生担任副主委。

成立归国华侨联合会、留学人员联谊会。9 月 29 日下午，学校在图文信息中心七楼会议室隆重举行归国华侨联合会、留学人员联谊会成立大会。省委统战部副部长徐建华，省侨联副主席、省留联会副会长吴晶，省委教育工委组织处、统战处处长王登先，金华市委统战部副部长、市侨联主席何蔓丝莅临成立大会。校党委书记梅新林、校党委副书记胡建新出席会议。省委统战部办公室、省委统战部联络处、省委教育工委统战处、浙江工业大学统战部、浙江工业大学侨联、留联会等负责人，校有关职能部门负责人，各民主党派、统战团体负责人，各党委、党总（直）支书记，侨联、留联会全体成员参加会议。成立大会由校党委委员，组织部、统战部部长张元龙主持。吴晶、王登先分别代表省侨联、留联会，省委教育工委组织处、统战处，对该校侨联、留联会的成立表示祝贺，胡建新代表校党委、行政对侨联、留联会的成立表示祝贺。徐秀斌汇报侨联、留联会筹备工作情况及新一届委员会（理事会）工作计划，校民主党派、统战团体负责人代表方健文教授，兄弟院校代表浙江工业大学统战部负责人陈顺才，金华市委统战部副部长、市侨联主席何蔓丝先后致辞，浙江大学等省内兄弟院校发来贺信或贺电，祝贺该校侨联、留联会正式成立。

新成立的侨联、留联会实行一套班子两块牌子。大会选举产生了第一任领导班子，由 12 名会员组成理事会，徐秀斌担任侨联、留联会主席（会长），徐丽华、李盛担任侨联、留联会副主席（副会长）。

成立民建浙江师范大学总支委员会。12 月 23 日下午，民建浙江师范大学总支委员会成立大会在校行政中心第六会议室隆重举行。民建浙江省委会专职副主委兼秘书长、金华市副市长黄小杭，校党委副书记、纪委书记张先亮到会并讲话。党委委员、组织部、统战部部长张元龙，中共金华市委统战部部务会成员、党派干部处处长鲍伟娟，民建金华市委副主委朱茂丹等领导参加了会议并祝贺，民建兰溪总支、浙师大各兄弟民主党派、统战团体负责人应邀出席本次大会。

在总支成立大会召开前，民建浙江师范大学支部委员会举行了换届大会，选举产生了新一届领导班子。张啸尘担任总支委员会主委，许友生、林燕担任总支委员会副主委。

【促进作用发挥】 积极探索党派团体与有关职能部门的结对联系工作。通过征集11项学校职能部门的统战调研课题，并提供经费、设立课题等措施，建立党派团体主动围绕学校中心工作、服务发展大局开展调查研究、发挥团队作用的新机制，同时开展了民盟委员会和研究生学院结对子试点工作。

组织各级政协委员、人大代表和民主党派、统战团体负责人赴西柏坡等地考察学习。6月1日至6日，校党委统战部组织了浙师大各级政协委员、人大代表和各民主党派、统战团体负责人赴西柏坡等地开展社会考察学习活动．此次考察学习活动是浙师大统一战线成员深入开展学习科学发展观活动和纪念新中国成立60周年、中国共产党领导的多党合作和政治协商制度成立60周年活动的一项重要内容。通过考察学习，大家深刻缅怀老一代无产阶级革命家为开创中国革命事业所建立的不可磨灭的功勋，更加深刻地了解中国共产党与各民主党派风雨同舟、荣辱与共的光荣传统，进一步增强政协委员的责任意识和履职能力。

各级政协委员、人大代表切实履行参政议政职能，委员们通过认真调查研究，写出了众多质量较高的提案议案。2009年提交各类建设性提案30余件，其中有13件提案被金华市相关承办单位采纳，1件提案部分采纳。

立足本职，建功立业。归国留学人员朱伟东获国家科技部973前期研究专项项目资助；朱伟东、陈庆虎、许友生、卜月华、宋付权、李伟健、杜高辉、周勇、滕波涛、金海如等10位民主党派（团体）成员的课题分别获国家自然科学基金资助项目；蒋洪奎被评为省优秀科技特派员；民革总支主委龚剑锋教授在金华市创建“国家卫生城市和国家历史文化名城”表彰大会上被中共金华市委、金华市人民政府授予创建“两城”先进个人；民进总支、农工支部被金华市委会评为先进基层组织。

【加强队伍建设】 积极协助民主党派市委会做好换届工作。在5—7月民主党派市委会换届期间，加强与市委统战部、各个民主党派市委会的协商联系，大力举荐政治素质较高、能力水平较强的浙师大民主党派骨干进入新一届市委班子，新晋副主委2名、委员3名，扩大了该校在地方党派组织内的影响力。

9月在成立归国华侨联合会、留学人员联谊会的同时，抓住省侨联换届机遇，成功推举常委、委员各1名，填补了空白。

做好党外代表人士后备干部人选推荐工作。成功推荐5名德才兼备具有较强代表性和参政议政能力的党外代表人士作为后备人选进入省级党外代表人士后备人才库，有1名无党派人士进入省高校校级后备干部队伍。

党派团体成员做到有计划地保质保量地稳步发展。各民主党派、统战团体全年共发展新成员13名，均具有硕士以上学位及副高以上职称，其中9名为70年代以后出生，进一步改善了党派成员的学历、年龄结构。

加强党外干部培养。年初选送1人参加中央社会主义学院第二十期民主党派干部进修班学习。选派多名新成立团体骨干参加省社会主义学院首期归国留学人员和第八期无党派人士理论研究班学习培训，夯实了思想理论基础。

【增进沟通交流】 筹办统战大联欢晚会。9月29日晚，校党委统战部在大学生活动中心举行“六秩华彩·和谐师大”统战联欢晚会，庆祝新中国成立60周年及中国共产党领导的多党合作和政治协商制度确立60周年。

省委统战部副部长徐建华，省侨联副主席、省留联会副会长吴晶，省委统战部办公室主任楼炳文，省委教育工委组织处、统战处处长王登先，金华市委统战部副部长、市侨联主席何蔓丝，校党政领导班子成员梅新林、胡建新、王景尧、蒋国俊、张元龙，校务委员会副主任黄华童与学校统一战线成员代表人士欢聚一堂，欢庆六十华诞，喜迎中秋佳节，畅叙团结友谊，共话和谐发展。

晚会开始前，省委统战部副部长徐建华、校党委书记梅新林分别发表了热情洋溢的讲话。联欢晚会节目精彩，主题鲜明，互动性强，特别是晚会所有节目全由该校统战成员自编、自导、自演，充分展示了党派、团体成员爱国爱校、同心同德、开拓进取的精神风貌和良好的艺术才华，增进了党派、团体相互之间以及内部的交流和感情，党派、团体成员的归属感、凝聚力更强了，跟党委、统战部门的距离更近了。 （李巧文）

## 宁波大学党委统战部

【综述】 宁波大学是一所在改革开放中崛起的新兴地方综合性大学，由浙江省和宁波市共建共管。1986年由世界船王包玉刚先生捐资创立，邓小平同志亲自题写校名。建校之初由浙江大学、复旦大学、中国科学技术大学、北京大学、原杭州大学五校对口援建，高起点地开始办学历程。1996年，原宁波大学、宁波师范学院和浙江水产学院宁波分院三校合并，组建新的宁波大学。2000年后，又有宁波海洋学校、宁波林业学校、宁波师范学校等陆续并入。学校于1992年被列为全国高校招生第一批录取院校，1995年首批通过原国家教委本科教学工作合格评价，2000年被浙江省人民政府列为省重点建设大学，2003年接受教育部普通高校本科教学工作水平评估并获得优秀等级，2005年硕士点突破50个，科研经费突破1亿元；2006至2007年获得国家科技进步二等奖1项，教育部自然科学一等奖2项；国家精品课程3门，国家特色专业5门；2007年被增列为博士学位授予单位，获得3个博士学位授予点；2008年以第二单位获得国家科技进步二等奖1项，2009年获得国家科技进步二等奖1项。程刚任党委书记，聂秋华任校长。

宁波大学位于宁波高教园区北区，占地2664亩，校舍总建筑面积近78万平方米，现有藏书纸质144.5万册、电子版178万册。学校现有学科涵盖经、法、教、文、史、理、工、农、医、管等十大门类。现有普通全日制在校本科生25000多名，研究生近3000名，外国留学生近200名。设有19个学院，拥有3个博士授权点，2个一级学科硕士点，54个二级学科硕士点，7个专业硕士学位点和高等学校教师在职攻读硕士学位授权资格，72个本科专业。

未来几年，学校将积极贯彻落实党的十七大精神，以科学发展观统领学校发展全局，秉承“实事求是，经世致用”校训和“兼容并包、自强不息、务实创新、与时偕行”的宁大精神，深入实施“顶天立地”发展战略，力争建设成为国内一流的地方综合性大学。

学校自创建以来始终坚持以统一战线为重要法宝，高度重视统战工作。自1989年9月以来，学校党委一直设立统一战线工作部。配备了统战部长，真正做到“牌子不摘、工作不断、编制不减”，学校财务单设统战工作经费。至2009年底，学校建有民盟、九三学社宁波大学委员会，民进、农工党宁波大学总支部，民革、民建、致公党宁波大学支部。全校共有346名成员，其中民主党派中央委员1名，省委副主委1名，省委会委员3名，宁波市主委1名、副主委5名、常委2名、委员13名；党外代表人士100余名，另有1名宁波市党外知识分子联谊会副会长；党外知识分子中担任校院两级领导的有27人，担任全国、省、市、区四级人大代表4人、政协委员32人，其中，宁波市政协副主席1人、政协常委4人，宁波市人大常委2人，担任宁波市政府部门副局长1人，区政协常委2人。宁波大学侨联现有成员120余名，1人担任省侨联委员，3人担任市侨联委员，其中1人担任市侨联副主席，1人担任市侨联常委。

2009年党委统战部在校党委的领导下，以邓小平理论和“三个代表”重要思想为指导，高举中国特色社会主义伟大旗帜，用科学发展观统领统一战线各项工作，进一步学习贯彻落实《关于进一步加强我省高校统一战线工作的实施意见》文件精神，紧紧围绕学校中心工作，健全完善统战工作规章制度，着重做好党外知识分子和民主党派工作，加强统战队伍自身建设和基层党委统战工作，落实各项统战政策，团结我校统一战线工作全体成员，发挥统一战线优势和作用，为宁大和宁波的发展做出贡献。

**【认真学习贯彻全省高校统战工作会议精神，进一步加强学校统战工作】** 健全完善统战工作体制机制，根据《关于进一步加强我省高校统一战线工作的实施意见》精神要求，结合第四轮岗位聘任。6月，校党委统战部由原党委宣传部合署办公转为和党委组织部合署办公，校党委委员、组织部长冯杰兼任统战部长，组织部副部长陈聪诚兼任统战部副部长。党委会讨论决定统战相关工作，统战工作纳入学校2009年度工作要点。统战工作第一次纳入学院专项目标管理考核体系，考察的具体内容体现为是否建立学院党政领导与民主党派联系交友制度，本年度是否开展由党外人士参与的讨论学院重大事项的座谈会等。各下属党委（党总支部）进行了换届选举，均设置了统战委员，各下属党委（党总支）能认真研究并着力抓好本单位的统战工作，完善院级党委统战工作的组织架构及制度建设。

**【加强学习，注重统一战线理论研究和宣传工作】** 各级党组织和广大党员，特别是处级以上党员领导干部和教工党支部书记带头学习、宣传党的统战理论，把握统一战线的指导思想、主要任务、发展目标等基本理论。统一战线与多党合作理论政策教育列入各级理论学习中心组的学习内容，将民主宗教问题最新政策理论列入校党委理论中心组计划之中。积极组织力量申报省、市统战理论研究会课题，2009年中标中央统战理论研究会课题一项，为商学院俞雅乖副教授等6人的《宗教界参与社会服务和公益事业的方法途径研究》，中标省统战理论研究会课题一项，为罗维（负责人）、肖东波、彭洪升、薛森林申报的《统一战线与基层群众自治制度》。党委统战部获市统战理论政策研究优秀组织奖，两篇文章分获市统战理论政策研究优秀成果一等奖、三等奖，一篇文章获省统战先进个人调研类三等奖。

**【加强党外人士的培养和举荐工作】** 统战部会同组织部门，积极加强与统战上级部门的联系，进一步做好党外代表人士的实职安排和政治安排的推荐工作。2009年度，推荐1人担任省侨联委员，1人担任市侨联副主席，1人担任市侨联常委，3人担任市侨联委员，1人担任宁波市党外知识分子联谊会副会长，1人担任宁波市党外知识分子联谊会委员，1人担任宁波镇海区知联会副会长。结合学校第四轮岗位聘任，积极做好党外代表人士的实职安排和政治安排的推荐工作，协助组织部门选配德才兼备的党外人士担任学校各级行政、学术、咨询等机构的领导职务。换届后学校中层干部中的党外人士由22位增加到27位，其中，12位为新提任，1人提任为校长助理。

**【支持协助民主党派、侨联基层组织加强自身建设等工作】** 积极协助各民主党派做好组织发展工作，推荐部分党外优秀知识分子作为发展对象，认真做好被发展成员所在单位党组织意见建议的征求工作，2009年各民主党派共发展成员7人，其中博士1人、硕士6人，教授1人、副教授4人。支持民主党派开设学术、文化活动，并给予经费上的支持，按每位成员100元/人的补贴为最低标准，2009年划拨党派活动费40900元。民进宁波大学总支部主委李太武教授工作变动，本人提出不再担任主委一职，经民进总支部班子会议研究提出领导班子调整初步意见、民进宁波市委会研究同意、校党委讨论，总支部新班子调整为：主委沈丹丹、副主委张如安、陈道裕，总支委员为刘晓东、韩晋、周娴华、石建国。民主党派、侨联基层组织也开展了丰富多彩并结合各自特色的组织活动。民盟宁波大学委员会被授予2007－2008年度全省先进盟组织荣誉称号，宁波大学委员会第一支部被授予宁波市2008－2009年度盟务先进集体，5人被授予优秀盟员；民建宁波大学支部荣获2009年民建宁波市先进基层组织；民进会员4人入选民进2008－2009年度市级优秀会员；农工党党员6人入选2007－2008年度市委会优秀党员；致公党宁大支部获得2009年度致公党宁波市委会组织工作先进支部。

**【支持政协委员及党外人大代表积极参政议政，积极支持党外知识分子发挥自身优势、积极服务社会】** 加强与在任的省、市、区政协委员和党外人大代表的联系，组织他们参加重要的政治学习、外出考察等，为他们参政议政创造条件，鼓励和支持民主党派成员积极参加教学科研，积极支持党外知识分子发挥自身优势服务社会。1月，校党办、党委统战部联合组织学校各级人大代表、政协委员代表和学校相关部门负责人进行政协提案、人大议案对接会，党委副书记刘剑虹主持会议，党委书记程刚做总结发言。2位党外代表人士作为代表参加宁波市第十三届妇女代表大会。市政协委员、民革宁波大学支部主委陆开宏教授被评为民革宁波市委2008年度参政议政贡献奖；民盟盟员陈传锋、胡建勇主笔的两项调研成果包揽2008－2009年度民盟市委会优秀调研成果特别奖；农工党党员1人荣立2007－2008年度农工党宁波市委会岗位建功立业记功表彰人员二等功，4人荣立三等功。农工党党员何加铭主持的《无线多媒体通信传输与终端系统关键技术的创新及应用》课题获得国务院颁发的国家科技进步奖二等奖。盟员骆其君主持的“海水生物活饵料和全熟膨化饲料的关键技术创新与产业化”项目获得了中共浙江省委统战部颁发的2009年度统一战线科技创新项目二等奖。建立党外代表人士到地方挂职锻炼与开展科技服务相结合机制，直接为地方经济和社会发展提供服务。统战部和组织部合作，派出党外代表人士到地方政府部门挂职锻炼。2009年共有5位民主党派成员、3位无党派人士到各级政府部门挂职锻炼。民盟盟员骆其君老师作为科技特派员派驻象山县高塘岛乡，被评为2009年度宁波市优秀科技特派员。

**【以“宁波帮”文化工程为抓手，搭建统战文化建设平台】**

继续配合开展“宁波帮”文化节和“宁波帮”文化工程相关活动，以文化理念凝聚力量，创新统战理论，动员学校各界人士为促进学校和谐文化建设服务。5月，宁波大学教授参访团出访台湾高校，8月，由党委书记程刚带队的宁波大学赴台参访团一行25人，开展了为期10天的交流参访活动。开展海外“宁波帮”文化宣传与研究工程四年来，积累了不少统战文化建设的实践和经验，党委统战部组织人员讨论并形成统战文化建设相关理论和文章。（王立衡）

## 浙江理工大学党委统战部

**【综述】** 浙江理工大学是一所以工为主，特色明显，优势突出，理、工、文、经、管、法、教育等多学科协调发展的省属重点建设大学。目前，学校8个民主党派齐全，共有142名成员，基层组织5个，分别为民盟总支、民建支部、民进支部、致公党支部、九三学社支社；统战团体3个，为无党派知识分子联谊会、归国华侨联合会、留学人员和家属联谊会；在职党外中层干部22人，占全校中层干部的17.5%，另有中层后备干部中党外人士占23.5%；全国人大代表1人，省人大常委1人，省人大代表1人，省政协常委1人，省政协委员3人，杭州市政协委员3人，区级人大代表1人，区级政协委员2人。学校现有少数民族师生432人，包括满族、纳西族、土家族等19个民族。

2009年学校统战工作始终坚持以邓小平理论和“三个代表”重要思想为指导，贯彻落实科学发展观和全国、全省高校统战工作会议精神，围绕学校建设发展这一中心，坚持发挥优势、凝聚人心、汇聚力量，通过将具体要求与学校实际相结合，将制度建设与队伍建设相结合，将基础工作与创新工程相结合，在学校改革发展中发挥了积极作用。

**【落实全省高校统战工作会议精神，进一步完善和规范统战工作制度建设】** 为贯彻落实全省高校统战工作会议精神，校党委制定了《进一步加强我校统一战线工作的实施意见》（以下简称《意见》），要求各党总支、相关职能部门组织专题会议深入学习贯彻；在《统战简报》上开辟文件专栏，并分发各民主党派、统战团体负责人、代表人士，推进统战人士对文件的学习和研究。党委统战部根据《意见》要求，制定了《浙江理工大学统一战线工作条例》、《浙江理工大学统一战线工作制度》，以规范和推进学校统战工作。

**【坚持和完善情况通报会制度】** 在学生活动中心五楼多功能厅举行了2009年统战人士新春联欢会。校党委书记费君清，校长裘松良，党委副书记金瑾如、程刚，副校长戴文战、沈满洪，党委委员、统战部部长史永安，党委委员、材料与纺织学院院长陈文兴等领导出席了联欢会，各级人大代表、政协委员，各民主党派、无党派代表、侨眷、留学生、少数民族代表、各党总支书记、统战联络员等90余人参加了联欢会。

9月28日下午，本校在金溪山庄举行了统战代表人士迎中秋国庆茶话会。校党委书记费君清，党委副书记金瑾如、程刚，副校长戴文战、沈满洪，纪委书记李菲及各级人大代表、政协委员、各民主党派负责人、无党派人士代表、侨留联代表、少数民族代表以及各党总支书记、统战联络员共80余人欢聚一堂，庆祝双节。

11月20日下午，本校举行了统战人士情况通报会。党委书记费君清、党委副书记金瑾如，各级人大代表、政协委员及民主党派负责人、知联会负责人、侨留联负责人近20人参加了会议。会上，费君清通报了近期学校的工作重点，特别是通报了学校目前正在试行的校院两级管理和人事分配制度改革的意义和目的，并对此行改革的开展征询大家的意见和建议。会上，大家就二级管理制度中教学工作量的制定、设置、聘岗问题、岗位设置的条件等提出了的意见和建议。

**【扎实推进和完善联系交友工作】** 学校一贯坚持校党委领导班子成员与统战代表人士结对交友制度。鉴于本校领导班子的调整和统一战线代表人士变化等原因，校党委下发了《关于下发校领导分工联系统一战线代表人士名单的通知》，重新确定了校领导分工联系统战代表人士名单。同时，为推进校院两级统战工作，各党总支（直支）、科学与艺术学院党委确定了学院领导班子联系交友具体名单，并报统战部备案。

**【加强党外后备干部队伍培养工作，协助党派组织加强自身建设】** 把党外代表人士队伍建设与后备干部队伍建设紧密结合。加大培训力度，充分发挥各级社会主义学院培训党外干部的基地作用，分期分批组织党外干部到各级社会主义学院学习培训，也积极选送党外干部到各级党校、行政学院、干部学院和高等院校进行学习培训，不断提高党外代表人士的政治把握能力。同时会同组织部积极选拔党外代表人士担任学校各级领导职务，在校中层干部及后备干部名单中充分考虑党外人士的培养，目前学校在职中层干部中党外人士占17.5%，中层后备干部中党外人士占23.5%。

以落实实践科学发展观活动为契机，引导党派组织加强学习，提高思想建设。在学习实践科学发展观活动的各个环节党派成员积极参加，并在“三百三千工程”、“服务企业、服务基层”专项行动中发挥了积极作用。积极协助各党派做好组织发展工作，2009年，新发展民主党派成员10人，民盟支部成功升格为总支。

**【民盟浙江理工大学总支部委员会成立】** 4月30日上午，中国民主同盟浙江理工大学总支部委员会在行政楼308会议室举行了成立大会。民盟浙江省委专职副主委徐向东、秘书长刘文漪，以及组织部等有关负责同志，校党委书记费君清，党委副书记金瑾如，党委委员、统战部长史永安等出席会议，民盟浙江工商大学总支部、民盟杭州电子科技大学支部、民盟中国计量学院支部、浙江理工大学兄弟党派支部代表、民盟浙江理工大学总支盟员近40人等参加了会议。会上，经投票选举产生了中国民主同盟浙江理工大学总支部委员会第一届委员会成员，王文中、方园、汪进前、张建宏、金英子、施红辉、陶红等7位同志当选为总支委员，其中汪进前任主委，王文中、陶红任副主委。

**【校归国华侨联合会暨留学人员和家属联谊会成立】** 9月30日，校归国华侨联合会暨留学人员和家属联谊会成立大会在行政楼一楼报告厅举行。中国侨联副主席、省侨联主席王成云，省侨联秘书长张维仁，校党委书记费君清、党委副书记金瑾如，党委委员、党委组织部、统战部部长史永安等出席会议。本校归侨侨眷、留学归国人员、留学人员家属及兄弟院校侨联代表、统战团体代表等参加了会议。会议由校侨联（留联会）秘书长主持。大会宣读了《浙江省侨联党组关于同意浙江理工大学侨联、留联会成立及负责人建议名单请示的批复》，通过了《浙江理工大学归国华侨联合会章程》和《浙江理工大学留学人员和家属联谊会章程》，选举产生了侨联第一届委员会委员，留联会理事会理事。吴子婴任主席、会长，王兆青任常务副主席、常务副会长，韩建、蔡惠华任副主席、副会长，林楠任秘书长。

**【积极推进无党派知识分子联谊会工作】** 探索无党派知识分子联谊会工作新途径，进一步深化无党派人士主题教育活动。知联会总结了过去两年的工作经验，制定《浙江理工大学无党派知识分子联谊会工作制度》，成立组织建设、参政议政、科研科研建设3个工作部，有序开展工作。

4月21日下午，省委统战部副部长黄永通一行到本校调研无党派知识分子联谊会工作，校党委副书记程刚，党委委员、组织部、统战部部长史永安及校知联会负责人等有关人员出席座谈。会上，校知联会会长汇报了浙江理工大学知联会从成立至今的工作，主要从进行交叉学科研究、加强与地方联系、服务地方经济、积极参政议政等五个方面作了介绍。与会人员从党委重视、拓展空间、搭建交流平台、会员发挥作用等方面谈了做好高校知联会和无党派人士工作的经验体会。

4月24日，浙江师范大学

无党派知识分子联谊会代表一行到来本校考察交流知联会工作。在座谈会上，校知联会会长介绍了知联会的组织机构设置、参政议政、服务社会及经费、会员发展等情况，并就发展中遇到的共同的问题进行了探讨。

5月25日下午，省委统战部、省委教育工委联合召开全省高校知联会建设推进会。校统战部长史永安作了题为“健全组织 突出优势 加强引导 搭建平台”的交流发言，介绍了浙江理工大学无党派知识分子联谊会成立两年多来，围绕学校中心，立足自身实际，突出组织优势，积极开展工作，取得了良好成效。

**【搭建平台，充分发挥党外人士作用】** 校党委支持党外人士参与学校改革发展。校院两级管理和人事分配制度改革的重要问题举措，在决策前充分征求民主党派成员和无党派人士的意见和建议。同时充分发挥民主党派和无党派代表人士在学校管理、学科建设、教学科研、廉政及行风建设等工作中的作用，聘请他们担任学术、咨询机构的领导和特约监察员、督导员等。12月23日，统战部组织部分人大代表、政协委员、各民主党派省委会委员、民主党派组织、侨留联、知联会负责人近20人赴嘉兴进行考察调研，以加强交流，拓宽思路。

校党委积极支持人大代表、政协委员发挥作用，参政议政，通过设立网上建言献策平台、征集建议、组织调研等形式为人大代表、政协委员参政议政提供帮助。2009年，本校各级人大代表、政协委员在关注社会民生、促进学校发展等方面提出了宝贵的意见和建议：吴子婴代表关注大学生就业工作，就“大学生就业难”、“支持大学生企业实习”等方面提出自己的建议；吴微微委员提出的关于在西湖风景区内浙江理工大学办学旧址立碑、修缮史量才墓地通行道路的提案得到了杭州市园林局的回复等。

**【加强统战理论研究与宣传信息工作】** 为了鼓励和吸引学校统一战线人士和统战干部积极参与统战理论研究活动，进一步提高该校统战理论研究的整体水平，2009年统战部设立了5项统战招标课题。加大统战宣传报道力度，提高《统战简报》质量，着手建立统战网站，并积极利用校园网等媒体积极宣传统一战线理论、方针政策，加大对统战工作动态和统一战线成员特别是党外代表人士的宣传力度，增强广大干部和教职工对统战工作的了解、认识。

**【浙江省女企业家创业报告会在我校举行】** 2月25日，由省妇联、中国致公党妇委共同主办浙江省女企业家创业报告会在我校举行，杭州三替服务集团总经理陶晓莺、浙江万里教育集体董事长徐亚芬、浙江浪莎尔维迪制衣有限公司总经理顾洁萍、浙江秋梅食品有限公司董事长兼总经理潘秋梅、湖州翔顺工贸有限公司董事长叶嫣嫣、浙江七位实业有限公司董事长黄亚琴等6位女企业家走进我校校园，向师生讲述自己的创业经历，并为校2009届毕业生提供就业信息和招聘岗位。浙江省妇联副主席赵玲、中国致公党浙江省副主委林强、浙江省妇联城乡发展部部长何元仙、校党委副书记金瑾如等出席报告会。（吴 静）

## 杭州电子科技大学党委统战部

**【综述】** 杭州电子科技大学是一所电子信息特色突出，经济管理学科优势明显，工、理、经、管、文、法、教等多学科相互渗透的高等学校。现有普通全日制在校生26000余人，共有48个本科专业，分别隶属于工学、管理学、经济学、理学、文学、法学和教育学等7个学科门类；拥有6个一级学科硕士授权点，31个二级学科硕士授权点；具有同等学力在职人员申请硕士学位授予权、9个领域的工程硕士专业学位授予权和工商管理硕士（MBA）专业学位授予权；拥有1个博士后科研工作站和1个联合培养博士点。

学校师资力量雄厚，拥有一支以国家及部省级有突出贡献的专家和学术造诣深的知名学者为带头人，中青年专家、教授、博士等教师为骨干的人才队伍，包括全国杰出专业技术人才1人、中组部国家“千人计划”人选3人、国家级新世纪千百万人才工程3人、浙江省特级专家2人、浙江省中青年突出贡献专家5人、浙江省特聘教授4人，浙江省“151人才工程”第一、二层次29人等。截至2009年12月，学校共有教职工1905人，其中正高职称教师210人，专任教师中有博士学位教师比例达45%，具有中级以上技术职称的党外知识分子有328人（含民主党派在职人员），占中级以上知识分子总数的35.19%；具有副高级职称以上的党外知识分子265人，占副高级以上知识分子总数的41.86%。

现有7个民主党派（民革、民盟、民建、民进、农工党、致公党、九三学社），135名党派成员。其中有4个党派建有基层组织（民革、民盟、民进、九三学社）。民盟、民进两个党派各有1名成员担任省政协委员（其中1人任省政协常委），民盟、民进、九三学社、致公党共有5人担任省委会委员（其中1人任常委），2名无党派代表人士任区人大代表和政协委员。一个无党派知识分子联谊会（70人），一个侨联（留联会）（110人）；少数民族教工40人。

2009年是学校深入学习实践科学发展观，全面贯彻落实学校“十一五”发展规划，不断强化办学特色、提高教育质量，加强教学研究型大学建设，推动学校科学发展、和谐发展、创新发展的关键年。根据全国和全省高校统战工作会议精神，结合学校实际，学校统战工作坚持把促进学校发展作为统一战线的第一要务，围绕学校实施质量立校、科技兴校、人才强校的战略，不断开创统战工作新局面。

深入学习实践科学发展观，落实全省高校统战工作会议精神。学校通过多种形式，组织和指导各民主党派基层组织和统战团体学习实践科学发展观，同时召开专题座谈会和邀请列席动员大会、总结大会，就学校“深入学习实践科学发展观活动”广泛征询民主党派、统战团体的意见，充分发挥广大统一战线成员在学校发展建设中的重要作用。

在学习宣传、调查研究、出台制度的基础上，严格按照校党委《关于进一步加强统一战线工作的实施意见》要求，以完善校领导与党外代表人士联系交友制度、职能部门与民主党派结对联系工作制度为重点贯彻落实全省高校统战工作会议精神。

支持民主党派加强自身建设，提高履行职能和发挥作用能力。一年来，各党派基层组织在学校支持下，围绕学习实践科学发展观、纪念新中国成立60周年、服务地方转型升级等主题开展了一系列丰富多彩的活动，如民盟支部组织师生赴乐清市开展调研和科技服务、九三支社组织社员赴临安考察科技创新基地建设并交流科学发展观学习心得、民革支部参加民革浙江省委“与共和国同行——庆祝新中国成立60周年、人民政协成立60周年歌咏会”并获优秀表演奖、民进支部举行成立十周年座谈会等系列纪念活动。

党委统战部和各党总支积极配合各党派做好组织发展工作，特别是对于人员较少的党派组织给予重点支持。2009年各民主党派发展新成员9名，截至12月，共有农工民主党党员7名、致公党党员5名，均已符合各自《章程》规定的支部成立条件。通过与农工民主党省委会积极沟通，农工民主党杭州电子科技大学第一届支部筹备组已成立；致公党杭州电子科技大学第一届支部筹备工作也在进行中。

作为多党合作制在高校的生动实践，民主党派与职能部门结对联系工作制度为其发挥自身优势、参与学校管理搭建了新的平台，在提高职能部门管理的民主化、科学化水平的同时，提高了各党派成员的参政议政能力。一年来，民盟支部、民革支部等各党派基层组织按照“虚功实做，力求实效”的要求，对计财处、学生处等职能部门提出的需协助的工作抓好落实、按时反馈，切实做到“建可行有用之真言、献调查所悟之善策”。

强化组织建设，“知联会”工作取得新进展。为进一步健全“知联会”工作网络，适应组织发展和开展活动的需要，知联会增设组织发展部、调研部、外联部三个工作部门，进一步明确领导分工负责和部门工作职责，推进“知联会”的制度化和规范化建设。一年来，知联会开展全体会员参加的专题学习或联谊活动3次，就学校人才培养、科技创新、民主管理等各项事业的改革与发展进行了广泛而深入的交流；组织全体理事与浙江师范大学知联会进行经验交流；推荐1名无党派知识分子参加浙江省社会主义学院第八期无党派人士理论研究班。5月，浙江省委统战部、省委教育工委在杭州电子科技大学联合召开浙江省高校知联会建设推进会，校党委副书记傅进军在会上作交流发言。

加强侨（留）联的统战工作，进一步推进人才强校战略。2009年侨（留）联新发展会员5名，现共有会员76人。在出色完成本职工作，为学校教学科研出智出力的同时，校留联会充分发挥特有的人才优势，先后参加了浙江省侨联、省留联会组织的“2009高层次海归人士为国服务志愿团”和嘉兴市委市政府组织的2009“星耀南湖”人才科技对接交流会，以实际行动落实我省“创业富民、创新强省”战略；留学归国人员吴锋博士受浙江省发展与改革委员会委托为省援建青川灾后重建指挥部设计了管理系统，已于5月投入使用。先后选派3名会员参加浙江省中青年学科带头人交叉学科培训班、浙江省首届留学归国人员理论研究班。推荐赵乃良、王健出席浙江省第八次归侨侨眷代表大会，分别当选浙江省侨联委员和常务委员。6月，省侨联、省留联会在杭州电子科技大学召开第四次浙江省高校侨联、留联会工作联席会议，校侨（留）联主席（会长）在大会上作了交流发言。

党外知识分子各项工作卓有成效。2009年，学校党外知识分子在深化教育教学改革，提高人才培养质量方面做出的成绩主要有：张明明教授等12位党外知识分子主持的教改项目获2008年度校级教学成果奖；韩建平副教授等3位党外知识分子获第三届校教坛新秀奖；王相林、唐向宏教授完成的教改项目获第六届高等教育省级教学成果二等奖；张云电教授等6位党外知识分子入选2009－2011年省高等学校本科各科类教学指导委员会；高丙梁教授等3位党外知识分子主持的课程获评2009年度省普通高校精品课程；潘玉良教授等5位党外知识分子主编的教材入选浙江省高等教育重点教材建设项目。

2009年，学校党外知识分子主持的科研项目无论是数量还是质量都较上年有较大幅度的增加。唐俊红教授等15位党外知识分子的科研项目获国家自然科学基金立项资助，经费总额达356万元。钱正洪教授等党外知识分子领衔的4个研究团队入选浙江省高等学校创新团队。

此外，学校党外知识分子还获得了多项个人荣誉，为学校切实推进人才强校战略作出了重要的贡献。如民进支部主委王健研究员先后入选中组部2008年度“千人计划”、获2009年全国“杰出专业技术人才”、浙江省“新世纪151人才工程”重点资助；此外还有2人次获“浙江省高校优秀留学归国人员”荣誉称号，2人次获省教育系统第十届“事业家庭兼顾型”先进个人，1人获“浙江省师德先进”荣誉称号，1人获“2009年度浙江省有突出贡献中青年专家”荣誉称号。

加强统战网站、《统战简报》等统战宣传的阵地建设。全年编发《统战简报》4期、统战动态信息50条，在校园网新闻报道和校报上加大了统战工作的报道力度，着重宣传民主党派成员、无党派知识分子、留学归国人员等统一战线成员在学校教学、科研和服务社会三大领域做出新贡献的先进事迹。

**【学校举行2009年统战“迎新春”团拜会】** 1月14日下午，学校举行2009年统一战线“迎新春”团拜会。校党委书记方华代表学校党政，向一年来为学校改革、发展、稳定挥洒辛勤汗水、作出重要贡献的全体统一战线人员表示衷心的感谢，并致以新年祝福；并向与会成员通报学校主要工作情况。

**【民盟杭电支部获全省先进盟组织称号】** 民盟杭州电子科技大学支部被授予2007－2008年全省先进盟组织称号，副主委丁小萍教授被授予全省先进盟员称号。

**【省委统战部副部长黄永通来校调研指导工作】** 4月16日下午，省委统战部副部长黄永通等一行来校调研“知联会”工作，校党委副书记傅进军和统战部、校知联会负责人等有关人员参加座谈。黄永通高度赞赏学校改革发展所取得的成就和“知联会”工作所取得的成绩，他说，杭电党委高度重视统战工作，牢固树立统战意识，知联会工作成效明显，走在全省高校的前列。

**【农工民主党浙江省委会副主委陆国钦来校指导工作】** 5月5日上午，省政协常委、省政协副秘书长、农工民主党浙江省委会副主委陆国钦等一行来校指导党派建设工作。

**【浙江省高校知联会建设推进会在我校召开】** 5月25日下午，浙江省委统战部、省委教育工委在该校联合召开浙江省高校知联会建设推进会，省委统战部副部长黄永通、省委教育工委统战处处长王登先，浙江大学党委副书记王玉芝等全省本科院校党委分管统战工作的领导、党委统战部部长等60余人出席会议。校党委副书记傅进军作了题为“贯彻高校统战工作会议精神，扎实推进学校‘知联会’建设”的交流发言。省委统战部副部长黄永通在会议讲话中，对贯彻落实全省高校统战工作会议精神，进一步加强本科院校“知联会”建设的意义、开展工作的方法和手段，以及加强高校统战工作的基本建设等提出新的要求。

**【民盟浙江省委会副主委徐向东来校指导工作】** 5月26日下午，省政协常委、省政协副秘书长、民盟浙江省委会副主委徐向东等一行来校指导民主党派建设工作。

**【浙江省高校侨联、留联会工作联席会议在我校召开】** 6月12日上午，浙江省归国华侨联合会、浙江省留学人员和家属联谊会在该校召开第四次浙江省高校侨联、留联会工作联席会议，浙江省侨联主席、省留联会会长王成云，浙江省侨联副主席、省留联会副会长吴晶，浙江大学等全省本科院校党委统战部部长，各高校侨联、留联会负责人等40余人出席会议。杭州电子科技大学、浙江大学、浙江工业大学、浙江理工大学等8所学校的侨联、留联会负责人作了了交流发言。省侨联主席、省留联会会长王成云在讲话中，对各高校的侨联、留联会工作予以高度肯定，希望进一步加强高校侨联、留联会的基层组织建设，进一步发挥高校智力和人才优势，为推进浙江实施“创业富民、创新强省”发挥更大的作用。

**【校党委召开统一战线“迎国庆、话发展”座谈会】** 9月27日下午，校党委召开统一战线“迎国庆、话发展”座谈会。校党委书记方华出席会议并讲话。该校各民主党派和统战团体代表畅谈了新中国成立60年来取得的伟大成就和学校在各方面取得的可喜成绩，并就如何进一步提升学科建设水平、提高人才培养质量、实施人才强校战略、优化公共资源配置等积极建言献策。

**【王健、赵乃良分别当选省侨联委员会常委和委员】** 11月24日至25日，浙江省第八次归侨侨眷代表大会在杭召开，会议选举产生了浙江省新一届侨联委员会，该校王健研究员当选为省侨联常务委员，赵乃良教授当选为省侨联委员，老领导王祖耆教授当选为省侨联第八届内地顾问。

**【省高校统战工作督查组来校检查统战工作】** 12月2日上午，由省委教育工委和省委统战部共同组织的省高校统战工作督查组来该校检查贯彻落实全省高校统战工作会议精神的情况。校党委书记方华，副书记金一斌和组织部、统战部、相关党总支负责人参加了汇报会。汇报会后，督查组翻阅检查了近年来统战工作相关的台账资料，并召开座谈会进一步了解该校以完善校领导与党外代表人士联系交友制度、职能部门与民主党派结对联系工作制度为重点开展统战工作的情况。督查组组长、浙江工业大学党委副书记何智蕴对学校的统战工作给予充分肯定和高度评价，认为该校统战工作领导重视、基础扎实、措施有力、特色明显。

**【民进杭电支部召开成立10周年座谈会】** 12月17日下午，民进杭电支部召开成立10周年座谈会。民进浙江省委会副主委徐博侯和各兄弟院校民进支部负责人到会祝贺。会议回顾了民进杭电支部成立10年来取得的长足发展，特别是在科技创新中所取得突出的成绩。（周　盛）

## 浙江工商大学党委统战部

**【综述】** 2009年，浙江工商大学统战工作以深入开展学习实践科学发展观活动和迎接全省高校贯彻浙江省委统战部文件检查为契机，坚持改革创新精神和求真务实作风，坚持统战工作服务于学校中心工作，加强调查研究，注重科学谋划，为浙江省“两创”战略、为学校的改革发展与稳定做出积极贡献。

学校现有7个民主党派基层组织：民盟总支部，九三学社基层委员会，民革、民建、民进、农工党、致公党支部，民主党派成员总计220人。学校无党派知识分子联谊会会员26人，具有副高以上职称或博士学位的在职无党派知识分子358人。学校归侨侨眷联合会和出国留学人员家属联谊会会员113人；在职归国留学人员70余人，少数民族成员（含学生）100余人。党外人士担任社会政治安排有：中华全国青年联合会第十届委员会委员1人；浙江省政协委员3人，其中2人任省政协常委，省政协专委会副主任2人；区人大代表1人，区政协常委1人；民主党派省委会委员8人，其中2人任党派省委会常委；民主党派省委专委会主任1人，民主党派省委专委会副主任7人；4人受聘为省市监督员、厅局教育督导员、特约检察员。

【贯彻浙江省委统战部文件】坚持“以评促建，评建结合”的原则，认真完成省委统战部、省委教育工委对全省高校贯彻落实全省高校统战工作会议精神和《关于进一步加强我省高校统一战线工作的实施意见》检查工作，对照15项指标要求，切实抓好会议文件精神的学习传达，并对贯彻落实情况进行了部署和检查，完成自评总结报告的撰写、文件起草、制度修订以及资料汇编等工作。

【确定统战工作总体思路】提出“健全四大机制，坚持三个结合，抓好四项工作”的统战工作创新思路：健全统战工作决策、管理、协调和考核机制，健全党外代表人士和党外干部选拔、培养、安排和作用发挥机制，健全校院两级上下互动、学校有关职能部门联动的服务发展机制，健全全校统战信息共享、多方配合的资源整合机制；统战工作与浙江省实施“两创”战略相结合，与促进学校中心工作相结合，与党外人士实现自身价值需要相结合；加强党派统战团体思想组织建设工作，加强党外后备干部和党外代表人士队伍建设工作，提高党派组织及成员参政议政、建言献策和民主管理的能力和水平，提高统战工作服从服务于社会与学校工作的水平。

【成立学校统战工作领导小组】3月，学校成立了由学校党委书记任组长、分管副书记任副组长，党委办公室、组织部、宣传部、统战部、学工部、工会、人事处、外事处、离退休处等有关职能部门负责人为成员的统战工作领导小组，研究制定了领导小组会议议事规则，明确职责分工，规范协调关系，为科学建构学校大统战工作机制奠定良好的组织基础。

【统战制度建设】坚持以制度机制创新为重点，加强统战制度建设。研究制定学校《关于进一步加强统战工作的实施意见》，重新修订、增订了《党外知识分子工作制度》、《座谈会和情况通报会制度》、《领导干部与党外知识分子联系制度》等8个统战工作制度。根据学校领导班子成员的变更，调整党委成员对口联系的民主党派组织和党外代表人士；注重发挥学院党总支的政治核心作用，学院确定党员领导干部与党外知识分子重点联系名单，加强与党外代表人士联系交友工作。

【基层党总支统战工作】加强对基层党总支统战工作的指导，通过以会代训等方式，分阶段、分专题研究部署有关会议文件精神的贯彻落实。加强统战理论学习，发放《科学发展观与统一战线学习读本》和《统一战线工作政策须知》等学习资料。加强支持力度，首次设立学校党总支统战工作专项经费，支持各学院党总支结合自身实际，开展统战工作的创新探索。如：艺术设计学院、统计与数学学院总支开展党组织和党外正职领导合作共事机制的探索，公共管理学院总支开展党外人士作用发挥方法途径的探索。环境科学与工程学院、统计与数学学院总支组织党外专家教授开展教学、科研合作途径探索等。

【民主党派工作】全面贯彻党的十七大、十七届四中全会和全省高校统战工作会议精神，以统一战线纪念新中国成立60周年、多党合作制度确立和人民政协建立60周年为契机，通过专题学习、工作座谈以及参观考察等方式，增强统战成员服务科学发展和实现自身科学发展的积极性和主动性。

协助各党派省委会认真做好民主党派基层组织领导班子的考察和换届工作，完成学校农工党支部换届。支持各民主党派积极稳妥地发展组织成员，全年共发展党派成员12名。

支持、鼓励和引导党派成员积极参政议政，向各级各类组织提交的提案、议案数量和质量都有较大提高。其中，学校民建支部提交《关于浙江省小额贷款公司运行发展》和《努力推荐农村改革创新，加大农村金融服务力度的报告》、校民盟总支提交《关于防控人感染猪流感病毒疫情，我省政府应主导危机信息传播，及时发布官方预测预警信息》的政策建议，分别获4位省领导批示，得到省政府有关部门的重视和采纳。校农工党支部主委郑勇军教授担任“关于‘十二五’时期提升浙江省产业竞争力和区域竞争优势若干问题”研究报告起草小组组长等。

支持党派组织成员参与学校民主管理和民主监督，重视发挥党派组织成员在学校建设中的积极作用。在深入学习实践科学发展观活动中，邀请各民主党派负责人作为活动的观察员，做到学习调研征求他们意见，分析检查听取他们评议，整改落实接受他们监督。在党代会报告起草过程中，通过工作座谈、校情通报、专题研讨等多种方式，广泛征求民主党派的意见和建议，鼓励他们为学校建设与发展建言献策。

**【党外知识分子工作】** 进一步加强知联会领导班子和理事会的思想组织建设，调整、充实会长和副会长人选，扩大理事数量规模，把“做好组织发展、建言献策和科技服务”作为学校无党派知识分子联谊会建设的重点工作。

进一步完善党外代表人士和党外后备干部队伍建设，抓好党外代表人士和党外干部的培养、选拔、推荐和使用，完成向省委统战部、省委教育工委推荐党外代表后备人选的考察工作，调整完成党外代表人士后备人选、无党派知识分子和归国留学人员等3个信息库的建设工作。推荐3名优秀党外知识分子作为省委统战部、省委教育工委党外代表人士的后备人选、1人到省发改委挂职锻炼、1人参加省教育厅组织的“高校管理干部美国培训班”、1人成功竞聘云南省嵩明县副县长，支持10多位党外知识分子骨干参加省社会主义学院以及有关上级组织的专题学习培训。

**【侨联留联会工作】** 认真贯彻落实党和政府关于留学人员工作的方针和政策，充分发挥统战工作的特有优势，为他们发挥作用营造良好环境。12月，组织部分归国留学教师参加“2009年嘉兴星耀南湖科技活动”。推荐1位归国留学教师参加省委统战部举办的“全省第一期归国留学人员理论研究班”培训。

加强对侨联、留联会工作的领导，组织学习党的侨务政策，传达学习全国侨联会议精神。支持亲属回国创业，吸纳毕业生就业。组织卫生保健讲座，做好各项服务工作。1人荣获“全国归侨侨眷先进个人”荣誉称号，1人荣获“侨与祖国同行”全省侨联系统庆祝新中国成立60周年演讲比赛一等奖，1人当选浙江省侨联第八届委员会委员。

**【统战理论研究和宣传】** 10月，成立学校统战理论研究会，制定《浙江工商大学统一战线理论研究课题管理办法》（试行）。坚持以研究促进工作的原则，支持党政干部开展工作对策性研究。注重发挥专业教师的学科优势，鼓励他们参与统战理论政策研究。全年共有16个研究课题获得校级立项。建立统战信息员队伍，制定统战信息报送内容、报送要求以及奖励办法，充分调动统战成员做好统战宣传工作的主动性、积极性和创造性。

**【拓展统战工作领域】** 重视争取校外统战资源，积极拓展海外统战资源，切实为浙江省“两创”发展战略和学校中心工作服务，为党外人士的自身发展和发挥作用提供平台、创造条件。积极与有关民主党派省委会、省侨办、省侨联联系和协作，不断延伸和扩大学校统战工作领域，增强统战工作活力。与有关地市就如何加强校企合作、为师生开展社会实践和科技服务搭建平台达成初步意向。5月，邀请美国著名华人刑事鉴证专家李昌钰博士来访并受聘法学院兼职研究生导师；11月，联系美国华盛顿特区水务局高级工程师、美籍华人张建祺博士来校访问讲学，并受聘为环境学院兼职教授。

**【学校召开深入学习实践科学发展观活动统战各界人士民主恳谈会】** 4月7日下午，学校组织各级党外人大代表、政协委员，各民主党派、知联会主要负责人召开统战各界人士民主恳谈会，征求对学校学习实践科学发展观活动的意见和建议。校党委书记、校学习实践科学发展观活动领导小组组长蒋承勇出席会议并讲话，校党委副书记、校学习实践科学发展观活动领导小组副组长孙启明主持会议。

**【杭州市江干区政协来校调研考察】** 5月21日，江干区政协副主席高杏荷率下沙区域内的机关、企事业单位以及兄弟院校、科技部门的政协委员一行16人来学校调研考察。副校长华尔天出席会议，对江干区政协委员来校调研表示热烈欢迎，并介绍了学校的发展历程、办学特色、学科建设等基本情况，以及近年来学校在产学研一体化建设中取得的成果。会上，校科技处与江干区科技局就加强合作、共建科研平台进行了交流与探讨。

（任　皓）

## 中国计量学院党委统战部

【综述】 学校现有7个民主党派，共有成员96人，其中3个民主党派建有基层组织（即民盟中国计量学院支部、致公党中国计量学院支部、九三学社中国计量学院支社）；在职党外校级干部1人、中层干部14人；党外人士担任省政协委员2人、区级人大代表1人、区级政协委员1人。民盟支部有2名成员担任该党派省委会委员，致公党、九三学社两个党派各有1人分别担任该党派省委会会员。学校现有归国留学人员55人，少数民族师生433人。

2009年，该校统战工作坚持以邓小平理论和“三个代表”重要思想为指导，深入贯彻落实科学发展观，围绕中心，服务大局，掌握重点，兼顾各方，以开展深入学习实践科学观活动为重点，规范和健全各项统战制度，密切与党外人士的联系，坚持发扬民主、求真务实，广泛团结全体统战成员，充分发挥优势，认真履行职能，较好地完成了各项工作任务。

**【开展统一战线深入学习实践科学发展观活动】** 结合学校开展深入学习实践科学发展活动的总体要求，在统一战线成员中开展深入学习实践科学发展观活动。组织统一战线成员参加学校组织的理论辅导报告会、学习会等，通过自学、撰写理论学习心得等形式，使广大统一战线成员深入对科学发展观的认识，提高责任感和使命感，自觉为学校和社会发展贡献力量。按照学校开展深入学习实践科学发展观活动的统一安排，召开党外人士座谈会，虚心听取他们对学校党委分析检查报告和整改落实方案的意见和建议。

**【加强制度建设，推进统一战线工作规范化】** 为全面贯彻落实全国、全省统战工作会议对高校统战工作的要求，根据中央统战部、教育部《关于加强高校统一战线工作的意见》和省委组织部、省委统战部、省委教育工委《关于进一步加强我省高校统一战线工作的实施意见》精神，结合校统战工作实际，制订出台《中共中国计量学院委员会关于进一步加强统一战线工作的实施意见》，进一步推动该校统战工作的制度化、规范化，并将统战工作纳入学校二级学院党总支工作考核内容，提高二级学院党总支对统战工作的重视。

**【加强党员领导干部与党外代表人士联系交友工作】** 出台《中共中国计量学院委员会关于进一步完善党员领导干部与党外代表人士联系交友制度的若干意见》，完善和规范了学校党员领导干部与党外代表人士联系交友工作。建立校领导以及二级学院联系交友名单，加强沟通与交流，发挥党外代表人士参政议政、参与学校民主管理和民主监督的积极性。

**【基层组织活动】** 民盟支部定期召开民主生活会，召开了迎国庆建言献策主题民主生活会；4月份，赴丽水龙泉开展了“扶贫助学献爱心”调研考察活动，向竹垟畲族乡中心小学捐赠有关中小学辅导和适合农村科技应用书籍近400册。致公党支部积极组织召开参政议政研讨会，围绕参政议政内容的遴选与撰写，对如何撰写“提案”、“信息（社情民意）”深入进行讨论；与致公党浙大西溪支部举行联谊活动，交流沟通，学习提高。九三支社在新中国成立60周年和多党合作制度确立60周年之际召开社员座谈会，回顾成绩，畅谈体会，加强自身建设；支社社员还积极响应社省委和学校的号召，充分发挥专业技术优势，围绕加快企业产品结构优化、促进经济转型升级，深入基层、深入企业积极开展服务地方经济工作。

**【认真开展统战工作自查】** 按照浙江省委统战部、浙江省委教育工委《关于对全省高校统战工作会议精神贯彻情况开展检查的通知》要求，围绕全省高校统战工作会议精神和《关于进一步加强我省高校统一战线工作的实施意见》确定的各项任务，认真开展学校历年来统战工作情况自查。以自查为契机，总结经验、查找问题、整改落实、推进工作。

**【开展学校统战课题中期检查】** 根据《中国计量学院统一战线理论研究课题管理办法》的要求，开展了上年度统一战线理论研究课题中期检查工作，对四项课题进行了结题。

**【加强党外知识分子工作，**

成立无党派知识分子联谊会】为进一步加强无党派人士统战工作，发挥无党派人士服务社会、服务学校建设的作用，12月22日，召开无党派知识分子联谊会成立大会，省委统战部副部长黄永通，应邀参加会议。大会审议并通过了知联会章程和理事长、副理事长、理事人选的安排，郑颖君任知联会第一任理事长，曹飞龙、潘岚任副理事长，秘书长由潘岚兼任。

**【完成党委统战部网站的改版】** 对原党委统战部网站进行了改版，新改版的网站设有：职责范围、统战知识、党派简介、党外知识分子、工作进展、政策法规、统战简报等多个栏目，并在原有的基础上增加了“理论研究”和“表格下载”两个栏目，进一步提升了网站的服务功能。新网站主题更加突出，色彩更为协调；此外，以红色为主的色调使网站紧凑合理的内容编排，首页新增的滚动图片新闻展示都进一步增强了网站的直观性和可浏览性，令人耳目一新。

（刘　彬）

## 浙江中医药大学党委统战部

**【综述】** 2009年是浙江中医药大学发展史上十分重要的一年。学校在省委、省政府的正确领导和全校师生员工的共同努力下，求真务实，开拓进取，各项工作都取得了新的进步，多项工作取得了突破性的进展，圆满完成了深入学习实践科学发展观活动；隆重举行建校50周年庆典，何任教授当选首届“国医大师”，荣获国家科学技术进步二等奖一项，国家教学成果二等奖2项，取得临床医学博士专业学位授予权。

**【参加学习实践科学发展观活动】** 按照中央和省委的统一部署，学校于3月至8月开展了深入学习实践科学发展观活动，学校党委组织各民主党派负责人参加动员会、报告会、转段会、测评会、座谈会，其余党派成员和无党派人士都参加了所在单位的学习实践活动，提高了政治素质和参政议政能力。党派成员还积极向党委建言献策，在学校党委召开的民主党派负责人和一般成员两次座谈会上，共提出意见和建议30余条。对学校深入开展学习实践科学参观活动和学校的改革发展起到了推动作用。

**【社会服务】** 各党派支部和侨联积极参加省委组织的各项医疗服务活动。侨联除完成了省侨联、留联会组织的医疗咨询和服务工作外，还多次组织专家到贫困地区、社区参加医疗义诊活动。附属一院民进支部成员参加了省卫生厅组织去青川为期三个月的医疗对口支援工作并组织“博士后医疗队”到衢州、江山、丽水、景宁等基层医疗单位进行巡回医疗服务和指导。校九三学社支社主委吕立江认真开展调研，撰写了《关于在农村卫生服务中心充分发挥中医药作用的建议》，得到了九三学社省委会的重视，并多次送医下乡，去滨江浦沿卫生院传播医技，提高当地医护人员的医疗技术水平，附属一院九三学社支社参加九三学社省委会组织的到省女子监狱的义诊，成员高静芳就如何缓解职场压力等进行心理辅导多次，附属二院农工党支部组织专家赴杭州萧山机场二期工程现场举行“迎五一大型义诊活动”为施工人员进行健康咨询，受诊人数200余人次，同时免费为农工党党员做心电图检查及针灸理疗等治疗，都受到好评。

**【学习、科研取得可喜成绩】** 民进省委会副主委、全国政协委员连建伟副校长在全国政协会议上就关于中医执业医师问题和关于加强中国传统文化教育的两项提案得到卫生部和教育部的重视和回复，同时他还获国家教学成果二等奖和浙江省教学成果一等奖，并当选中华中医药学会理事和世界中医药联合药膳医疗专业委员会副会长；校民盟总支主委方剑乔教授荣获浙江省首届“师德标兵”称号，获浙江省中医药科技创新一等奖1项，省科学技术三等奖1项，获国家级教学成果二等奖1项，省教学成果一等奖1项，支委林咸明获浙江省中青年临床名中医称号；科研成果获浙江省中医药科技创新三等奖1项；校九三学社主委吕立江被九三学社省委会评为2009年度参政议政工作先进个人，该支社评为省级先进集体。附属一院民盟成员黄小民被评为2009年省首届“师德先进个人”；校民进支部副主任叶新苗获省部级课题两项，会员沈浪咏获浙江省归侨侨眷先进个人，多次获得全国书法大奖；附属二院农工党成员高祥福荣获“浙江省中青年临床名中医”。

【成立浙江中医药大学民盟总支】 浙江中医药大学原有2个民盟支部。校本部和附属一院支部，分属两个独立单位，共有盟员54名，为加强领导，统一组织，在民盟省委的直接领导下，成立了民盟浙江中医药大学总支，于2009年12月15日召开了民盟浙江中医药大学总支部成立大会。大会选举产生了总支部委员会组成人员，主任委员：方剑乔。副主任委员：应航、马伟丰。组织委员：吴江新。宣传委员：林咸明。参政议政委员：王永华。社会服务委员：张栎华。总支部委员会下三个支部委员会，应航为校区第一支部委员会主任委员，马伟丰为附属第一医院支部委员会主任委员，林咸明为附属第二、三医院支部委员会主任委员。

【成立浙江中医药大学无党派知识分子联谊会】 根据浙江省委组织部，浙江省委统战部，浙江省委教育工委《关于进一步加强我省高校统一战线工作的实施意见》文件精神，学校在认真调查摸底的基础上，于2009年1月14日成立了浙江中医药大学无党派知识分子联谊会。会议由校党委副书记黄文秀主持，校党委书记张乃大在会上讲话。大会通过了章程，选举产生了浙江中医药大学知识分子联谊会第一届理事会，共12位理事组成，会长：马小琴，副会长：毛威、丁志山，秘书长：楼敏华，副秘书长；黄兆鋆。杭州市知联会副会长，杭州市人民检察院副检察长、杭州市无党派知识分子联谊会副会长冯仁强，浙江工业大学无党派知识分子联谊会会长盛嘉伟到会祝贺，浙江大学党委统战部、浙江工业大学、浙江工商大学、浙江理工大学、浙江师范大学、杭州电子科技大学知联会和杭州市委统战部、杭州市知联会、温州市、绍兴市、台州市、衢州市、丽水市知联会等发来了贺信、贺电。

【组织建设】 附属第一医院九三学社支社主委赵荣祥当选为浙江省政协委员、校致公党主委，侨联副主席林坚当选为浙江省第八届侨联委员，先后有5名党派成员参加省社会主义学院学习培训，各民主党派全年发展新成员10名。 （王和知）

## 浙江海洋学院党委统战部

【综述】 2009年学校有117名党派成员（民革2人、民盟50人、民进5人、农工党16人、九三学社44人），其中3个党派建有基层组织5个（中国民主同盟浙江海洋学院总支部、中国农工民主党浙江海洋学院支部、九三学社浙江海洋学院支社、中国民主同盟浙江省海洋水产研究所支部、九三学社浙江省海洋水产研究所支社），无党派知识分子联谊会1个，有会员48人。少数民族教职工15人，其中6人为党外人士。统战成员中，有省人大代表1名，省政协委员2名，舟山市政协委员7名（其中1人任常委），定海区和普陀区人大代表各1名。

2009年该校统战工作始终坚持邓小平理论和“三个代表”重要思想为指导，坚持以科学发展观为统领，深入贯彻落实党的十七大和十七届四中全会精神和全国全省高校统战工作会议精神，紧紧围绕学校跨越式发展目标，以服务学校科学发展和实现自身科学发展为重点，创新服务载体，完善统战工作机制，营造统战工作良好氛围，努力构建和谐高效的统战工作大格局。

2009年3月至9月，根据省委部署，学校开展第二批深入学习实践科学发展活动。党委统战部以学习实践活动为契机，切实把思想和行动统一到科学发展观上来，统一到学校新一轮建设发展上来。组织民主党派成员和无党派知识分子参加学校组织的各类专题学习会和报告会，召开由各民主党派、知联会负责人、省市人大代表和政协委员参加的座谈会，传达文件精神，广泛征求意见。民主党派成员积极开展校内外调研，为高校的学生管理提供了决策依据，还参与了“舟山市外来流动人口的特点及服务管理”的工作调研。九三学社社员傅翠莲同志参与了“舟山市女性人力资源的调查分析与对策思考”的调研工作。农工民主党员王建友被下派到基层蹲点挂职调研半年，完成了研究报告《大桥时代下传统农业乡镇的转型发展》。通过学习讨论和调研，进一步提高了统战成员对科学发展内涵的认识，拓宽了参政议政的思路，对推动地方和学校的民主决策和管理，推动改革和发展等起到了独特的作用。

深入贯彻全省高校统战工作

会议精神，认真开展学校统战工作自查。根据省委组织部、统战部、教育工委《关于进一步加强我省高校统一战线工作的实施意见》文件精神，针对高校统战工作出现的新形势、新问题，修订出台《关于进一步加强学校统一战线工作的实施意见》文件，明确了新形势下学校统战工作的指导思想、工作重点和具体措施，建立和完善二级统战工作管理机制，把统战工作纳入学校职能部门和二级学院工作考核体系。各党总支（党委）、直属党支部由书记主管统战工作，设兼职统战委员。建立校党委统一领导，统战部牵头协调，校院两级上下互动，学校各部门联动的工作格局。2009年6月学校第四轮内部体制改革中，统战部新增专职统战干部一名，以进一步加强统战工作力量，确保统战工作的正常开展。改善民主党派组织和知联会的办公条件，党派活动室由原来的20多平方米扩大为40多平方米，并添置了文件柜、期刊橱、空调等办公和活动用品。

配合学校第四轮内部管理体制改革，加强对党外人士的培养和举荐工作，把培养选拔党外干部纳入干部队伍建设和人才工作的总体规划，统筹考虑。在2009年6月第四轮内部体制改革中层干部聘任中，党外干部占19.5%，新提拔1名党外人士任科研处副处长，1名民主党派成员任海洋科学院技术学院副院长。有3人列入省党外后备干部，其中1名民主党派成员已列入省属高校副校级后备干部，无党派后备干部人选6人。目前全校高级职称人员中党外人士131人，占高级职称人员总数的42.4%，学校的教学科研学术组织和教代会广泛吸纳党外人士参加，本届教代会代表中，党外人士占12.1%。做好党外人士教育培训工作，2009年7月，谢永和参加省社会主义学院举办的“民盟盟务骨干培训班”。

积极支持和鼓励党外人士发挥专业优势，为地方经济发展作贡献。创新服务载体，积极参与省“两创”战略和学校百名教授博士下基层行动计划，2009年9月，学校确定了首批教授博士下企业下基层的名单和服务企业，有28名具有副高以上职称或博士学位的教师和科技人员成为首批服务人员。1月初，又有27名教师和科技人员成为第二批服务人员。这样，共派出55名（其中党外人士20名）高层人才深入全市船舶、航运、水产、食品、机械、建筑、石化、旅游等行业，大力开展科技攻关、技术培训、政策咨询、志愿服务等工作，与全市及各县区政府、企事业单位开展了新的服务与合作。

**【唐志波被授予第四届“舟山市十大杰出青年”】** 2009年4月，由舟山市委宣传部、市人才工作领导小组办公室、团市委等六家单位联合主办的第四届“舟山十大杰出青年”评选活动中，校知联会会长唐志波获得第四届“舟山市十大杰出青年”荣誉称号。

**【校知联会组织会员考察新渔农村建设】** 5月28日，该校知联会组织20多位会员去舟山普陀区白沙岛，实地考察新渔农村建设，调研当地海洋旅游资源。

**【省政协副主席徐辉来校视察】** 2009年9月2日，民盟中央副主席、浙江省政协副主席、民盟省委会主委徐辉一行，在时任舟山市人民政府副市长、民盟舟山市委会主委韩平，市政协副主席夏黎明等领导的陪同下来校视察。

**【谢永和任省块状经济首席专家】** 2009年11月，校民盟总支副主委谢永和任浙江省首批21个块状经济转型升级专家服务组成员、舟山船舶修造产业集群首席专家。

**【党派组织建设】** 2009年民革、民盟等发展新成员4人。民盟总支下辖3个支部调整为2个支部，并分别选举产生了新的支部委员。九三学社支社新增选支委1名。王建友被评为农工党2008-2009年度优秀党员，耿相魁被评为九三学社2009年度先进社员。

**【参政议政工作】** 支持党外人士积极参加省、市人大、政协的参政议政活动，一年来提交各类提案议案24项，其中谢永和提的《关于做强舟山船舶工业的建议》和《关于降低渔船安全事故的建议》被列为市政协重点提案，得到舟山市委书记和市长的批示。 （竺 静）

## 浙江林学院党委统战部

**【综述】** 浙江林学院创建

于1958年，是浙江省属全日制本科院校，座落于杭州西郊全国优秀旅游城市临安市。经过52年的建设与发展，学校现已成为一所涵盖理、工、文、管、农、经、法、医等八大学科门类的多科性大学。校园占地面积2700亩，校舍建筑面积60余万平方米，是“一个读书做学问的好地方”。学校近十年的发展被誉为“浙江省高等教育跨越式发展的一个典型缩影”。

学校现有51个本科专业，其中国家级特色本科专业4个，省级重点专业3个，省级重点建设专业9个。设有农业与食品科学学院、林业与生物技术学院、环境科技学院、工程学院、园林学院、经济管理学院、人文学院、信息工程学院、外国语学院、旅游与健康学院、茶文化学院、理学院、艺术设计学院、国际教育学院、继续教育学院（林业干部管理学院）、体育军训部等16个教学单位，还举办1个独立学院——天目学院。学校拥有一级学科硕士学位授权点1个，二级学科硕士学位授权点15个，农业推广硕士专业学位授予领域2个。具有外国留学生和港澳台地区学生招生权。

学校现有教职工1570余人，其中专任教师970余人。拥有共享院士2人、国家级“新世纪百千万人才”1人、省有突出贡献中青年专家1人，省政府特聘教授2人、省“151”人才工程培养计划70人，省高校中青年学科带头人19人；全国优秀教师、全国师德先进个人、省教学名师、省优秀教师、省教坛新秀等12人，享受政府特殊津贴教师10人，兼职博士生导师19人。

学校面向全国24个省（市、自治区）招生，现有全日制在校本科生19000余人、研究生1000余人。获国家教学成果奖二等奖1项，全国“挑战杯”竞赛一等奖2项。毕业生具有“肯干、实干、能干”的品质，近年来，本科毕业生初次就业率名列浙江省前茅。2007年学校以优秀成绩通过教育部本科教学工作水平评估。

学校现有省级重中之重学科2个，省部级重点学科10个，国家工程技术研究中心1个，省部共建国家重点实验室培育基地1个，教育部重点实验室1个，省级重大科技创新服务平台2个，省部级重点实验室2个，省级基础实验教学示范中心2个。近年，学校承担科研课题2300余项，科研成果获国家级奖3项、省部级奖37项，其中国家技术发明奖二等奖1项，国家科技进步奖二等奖1项，连续3年获省科学技术奖一等奖。一批科研成果转化后取得显著的经济和社会效益。

学校积极开展国际交流与合作，已与美国、英国、加拿大、澳大利亚、日本、韩国、瑞典等10多个国家的近40所大学建立了校际协作关系，开展学术交流、联合办学、科学研究等活动。

学校精神文明建设成效显著，先后获全国绿化模范单位、浙江省平安校园、浙江省高校心理健康教育示范单位等荣誉称号。学生刘霆获“全国道德模范”称号。

目前，学校正深入贯彻落实科学发展观，全面贯彻党的教育方针，朝建设国内知名、特色鲜明的多科性教学研究型大学目标前进。

浙江林学院一直重视统战工作。统战工作由主持党委工作副书记分管，设立党委统战部，与党委宣传部合署办公，设有统战部长、副部长各一名，统战干事一名，各党总支（直支）设立统战委员共19名。

截至2009年底统计，学校有民革、民盟、民进、农工党、致公党、九三学社等7个民主党派。民主党派人士共计76人。

**【支持民主党派和无党派人士参政议政】** 学校现有全国人大代表1名（徐秋芳），省政协委员2名（陈敬佑、王旭烽），临安市人大代表2名（沈月琴、徐光辉），临安市政协委员5名（胡祖吉、李明华、俞益武、程云行、徐秀英）。学校积极筹备成立浙江林学院无党派知识分子联谊会，还到兄弟院校调研、商请无党派知识分子联谊会发起人，为正式成立无党派知识分子联谊会积极做好准备工作。

**【充分发挥民主党派和无党派人士的优势和作用】** 学校教职工中无党派知识分子共690人，其中具有高级职称的127人。在学校教师队伍中，党外知识分子640名，其中有11名教授、94名副教授。通过中秋、元旦茶话会等多种形式加强与民主党派负责人的交流，认真传达、贯彻落实上级统战工作文件精神和要求；主动征求民主党派人士对学校改革发展的意见与建议，切实解决他们工作、生活中的实际困难。

**【认真学习贯彻全省高校统战会议精神】** 根据中共浙江省委组织部、统战部等下发《关于进一步加强我省高校统一战线工作的实施意见》和省委统战部办公室等下发的《关于对全省高校统战工作会议精神贯彻情况开展检查的通知》精神，统战部积极开展自查工作，推动了各项工作再上新台阶。

**【民建浙江林学院支部成立】** 12月23日，经民建浙江省委会批准，成立中国民主建国会浙江林学院支部。大会还采取无记名投票的方式，选举侯平为民建浙江林学院支部主任，选举周圻、雷新途为支部委员。

（周晓光）

## 浙江财经学院党委统战部

**【综述】** 浙江财经学院是一所以经济、管理学科为主体，经、管、文、法、理、工多学科协调发展，办学优势和特色明显，在全国同类学校中具有一定影响和良好声誉的普通本科院校。

学校教职员工1300余人，普通全日制在校生和研究生19000余人。学校现设有11个二级学院、一个部、一个独立学院和一个成人教育学院，37个本科专业，分属社会科学、管理学、人文学科、理学和工学，覆盖14个一级学科，设有15个硕士点和工商管理专业硕士（MBA）学位授予点，并与多所名牌大学或研究机构合作培养博士研究生。现有财政学、会计学、经济学和金融学4个国家特色专业，7个省级重点专业，《产业经济学》、《财政学》和《基础会计》等3门国家级精品课程，19门省级精品课程，2个省级实验教学示范中心，1个人才培养模式创新实验区。学校“政府管制与公共政策研究中心”为浙江省社会科学重点研究基地；产业经济学和财政学为浙江省高校人文社科重点研究基地。现有财政学、会计学、产业经济学、金融学、企业管理、伦理学和行政管理等7个省级重点学科。学校招生生源充足，连续六年本科生录取分数线位居浙江省省属高校第一、二位。毕业生就业率和就业能力名列浙江省省属高校前茅。

学校党委副书记王宇航分管统战工作。2009年组织部与统战部合署办公，党委委员、组织部部长卢新波兼任统战部部长。学校现有民革、民盟、民建、民进、农工党、致工党、九三学社等7个党派成员，4个民主党派基层组织，即民革支部、民盟支部、民进支部和九三学社支部；成立了无党派知识分子联谊会。各民主党派成员70人，其中担任省人大代表1人，政协委员2人，12人担任各民主党派省委会委员或民主党派专业委员会委员，1人担任省检察院人民监督员；省“新世纪151人才工程”第一、二、三层次人才12人。学校设有100平方米民主党派活动室1间。

2009年，浙江财经学院统战工作以邓小平理论、“三个代表”重要思想为指导，深入学习贯彻科学发展观，认真贯彻落实党的十七大、十七届四中全会精神和全国统战工作会议及全省高校统战工作会议精神，团结全校统一战线成员，围绕学校中心工作，扎实推进制度完善和队伍建设，全力服务于学校改革发展，不断开创统战工作新局面。

进一步加强党委对统战工作的领导。学校党委高度重视统战工作，充分认识到新形势下做好统战工作的重要性和必要性，形成党委统一领导，统战部牵头协调，有关职能部门和二级学院各司其责、校内各群团组织共同参与、共同配合、相互协调的大统战格局，进一步完善了党委书记总负责，党委分管副书记亲自抓，校党政领导班子成员分头联系，定期研究部署工作的领导机制。2009年校党委领导班子换届后，及时调整校党委成员联系党派的分工。在新一轮机构、岗位设置中，学校对统战部设置进行了认真的研究，确定统战部与组织部合署办公，统战部长由党委委员兼任。

认真落实各项统战制度。坚持和落实校党委情况通报会、重大问题征求意见制度。通过定期或不定期通报会、座谈会等形式向民主党派和无党派人士通报校、院两级的主要工作、政策、重要文件精神等。校、院两级有关改革发展的重要问题、举措，坚持在决策前向民主党派、无党派人士征求意见和建议。主动邀请民主党派主要负责人和无党派代表人士参加学校第二次党代会、二级学院教代会等。

切实抓好党外代表人士队伍建设。重视党外干部的培养、选拔工作，2009年中层干部换届后，有15位党外人士担任学校处级领导干部。有计划地选送优秀党外干部参加各类学习培训，先后推荐4人次参加国家社会主义学院和省社会主义学院学习。组织民主党派成员和无党派人士外出参观考察，开展了“探寻历史，珍视现在，展望未来”主题活动，带领民主党派成员和无党派人士赴嘉兴南湖考察学习，通过参观革命烈士纪念馆等方式，坚定党外人士自觉接受中国共产党的领导，走中国特色社会主义道路的信念。

协助支持民主党派加强自身建设。坚决执行中国共产党领导下的多党合作和政治协商制度，贯彻“长期共存、互相监督、肝胆相照、荣辱与共”的统战工作基本方针，加强对民主党派组织的政治领导，积极支持、尊重民主党派按照宪法、法律法规和各自的章程独立自主地开展工作。2009年，新发展民主党派成员3人，其中致公党2人，九三学社1人。支持各民主党派开展各类学习、交流和社会活动，如民盟支部组织学习民盟省委十届三次全会精神；民进支部与兄弟院校支部开展学习交流活动；九三学社支部参加第21届中国“国际科学与和平周”活动等。2009年，民进支部被民进省委会授予“省级先进支部”荣誉称号；九三学社支社获“九三学社浙江省先进基层组织”荣誉称号，支社主委李占荣教授作为代表在会上作题为《党派的凝聚力来自何处》的交流发言。鼓励和支持民主党派成员投身教学科研工作，为学校提高办学水平和办学质量贡献力量。民主党派成员在教学科研战线上作用明显，当年，民盟盟员苏为华教授《基于区间信息的多指标综合评价问题研究》、民进会员张雷宝教授《基于扩大内需背景的政府投资作用与效率研究》、九三学社社员曹道根博士《语义参照下的汉语生成句法研究》三项课题获准国家社科基金立项。九三学社社员李占荣教授获省社科联学术著作出版资金资助，九三学社社员刘辉博士获准立项“长三角”课题。在浙江省第十五届哲学社会科学优秀成果奖评比中，民进会员胡旭阳教授和民盟盟员苏为华教授的成果分别获得二等奖和三等奖。

完善统战信息网络。在统战专门网站上开设统战要闻、工作信息、理论政策、民主党派、建言献策等栏目，宣传统战政策，传递统战工作动态，畅通统一战线成员建言献策渠道，协助他们更好地参政议政，开展民主监督。

2009年年底，省委教育工委检查组莅临学校指导，评价学校统战工作在党委的重视下，组织领导有力，工作机构健全，制度建设到位，队伍建设扎实，作用发挥明显。

**【举办2009年统战迎新春联谊会】** 1月6日下午，学校举行统战迎新春联谊会。校党委书记韩翼祥代表校党委、行政向全校统一战线上的广大同志、朋友致以新春诚挚的问候，并向大家通报了学校一年来各项事业的发展情况。校党委副书记王宇航、朱永康，副校长陈寿灿、钟晓敏、苏为华出席会议。校领导与各民主党派成员、无党派知识分子共60余人一起联谊交流，开展了生动活泼的文娱表演，会场气氛热烈喜庆。

**【开展“我为学校科学发展献一策”活动】** 为深入贯彻落实科学发展观，结合学习实践活动，学校在各民主党派、无党派人士中开展“我为科学发展献一策”活动，通过座谈会等形式向党外人士征求学校改革发展方面的意见和建议。各民主党派、无党派人士积极参与，充分发挥了建言献策作用，紧紧围绕“提高质量创品牌 科学发展建财大”主题，就解放思想、理清思路、加快发展、改善民生、提高能力、转变作风等方面提出了许多具有建设性的意见和建议，为促进党委科学决策提供了有力支持。

**【民进支部与兄弟院校支部开展学习交流活动】** 民进浙江财经学院支部与民进浙江树人大学支部积极响应民进省委会《关于开展学习党的十七届四中全会精神》的通知要求，于11月1日联合开展以“学习十七届四中全会精神，建设高素质参政党”为主题的学习交流活动。浙江财经学院华正学教授受邀参加，向两校的民进会员解读了全会关于加强和改进党的自身建设的若干重大问题。民进会员们纷纷谈了各自的学习体会，并围绕新形势下进一步加强党派基层组织建设、提高自身参政议政能力等问题，展开了热烈的交流座谈。

**【九三学社支社参加第21届中国“国际科学与和平周”活动】** 11月20日，九三学社浙江财经学院支社赴丽水莲都区老竹民族学校参加由九三学社浙江省委员会与九三学社丽水市委员会联合开展的第21届中国“国际科学与和平周”暨科普进学堂系列活动。九三学社浙江省委员会专职副主委叶烈窑出席活动仪式并致辞，丽水市莲都区委常委、统战部部长朱超模，莲都区教育局副局长李小富参加仪式。九三学社浙江财经学院支社蒋铁初、王春霞、陈希、叶舟4位社员分别为老竹民族学校师生作《中西文化差异》、《未成年人保护法漫谈》、《青少年心理问题调适》和《中学生法律常识》4场专题讲座，受到师生热烈欢迎。

（王宇航）

## 浙江科技学院党委统战部

【综述】 浙江科技学院是一所以工科为主，集工、理、文、经济、管理、教育为一体的多学科全日制省属本科院校，其前身为成立于1980年的浙江大学附属杭州工业专科学校。学校坚定不移地走特色办学之路，逐步形成借鉴德国应用科学大学（FH）办学经验，结合中国国情，培养具有创新精神、实践能力和国际素养的高素质应用型人才的办学特色。

至2009年底，学校有民革、民盟、民建、民进、农工党、致公党、九三学社等7个民主党派的成员共计82人，其中民盟成员38人，九三学社成员25人，民进成员6人，致公党成员6人，民革成员4人，农工党成员2人，民建成员1人。民盟、民进、致公党、九三学社分别建有独立的支部（支社），岑岗同志担任校民盟支部主委，罗朝盛同志担任校九三支社主委，活泼（女）同志担任校民进支部主任，阮世平同志担任校致公党支部主委。校无党派知识分子联谊会会员38人，杜卫同志担任会长。

至2009年底，学校校级领导中有党外代表人士1人。学校有全国政协委员1人，省政协委员2人，市政协委员1人，杭州市西湖区人大代表1人，省知识界人士联谊会副会长1人、会员1人，九三学社省委会委员1人（兼任九三学社省委会直属基层工作领导小组成员、九三学社省委教育文化工作委员会副主任）、九三学社省委会科技经济工作委员会委员1人、九三学社省委会妇女工作委员会委员1人、民盟省委会委员1人、民盟省委会妇女委员会委员1人、民盟省委会青年委员会委员1人、民盟省委会老龄委员会委员1人、省留联会第三届理事会理事1人、省特约教育督导员1人。

学校认真贯彻落实全国、全省统战工作会议和全省高校统战工作会议精神，加强组织领导，始终确保党对高校统战工作的绝对领导地位。进一步整合工作力量，凝心聚力，建立健全大统战工作格局。进一步拓展统战工作载体，创设统战工作平台，拓宽党外人士参政议政建言献策渠道，充分发挥统一战线人士的人才优势、智力优势和科技优势，使统一战线成为促进校园和谐、社会稳定、服务经济社会的重要力量。不断加大宣传教育工作力度，为全面深入推进学校统一战线建设营造浓郁的校园文化舆论氛围。

统一战线人士积极参政议政、建言献策。2009年3月，校知联会会长、校长杜卫教授参加了在北京召开的全国政协十一届二次会议，提出《重点建设100所地方应用型本科院校》、《生产一次性木筷是对森林资源的浪费》等建议，引起社会广泛关注；1月，校民进支部主任、生化学院副院长活泼教授（女，锡伯族）、校理学院王长荣教授（土家族）作为省政协委员参加了在杭州举行的浙江省政协十届二次会议，王长荣教授向大会提交了《关于保护地方语言特色、提倡合理使用地方语言的建议》、《妥善解决高校负债问题，促进我省高等教育良性发展》等提案。4月份，统一战线成员响应校党委的号召，为学校的“育特色、上水平”献计献策，提出了12个方面58条富有建设性的意见和建议，上报校学习实践科学发展观办公室。

建立健全统战制度。在原有制度的基础上，制定、修改、完善了《浙江科技学院关于加强民主党派和统战团体自身建设的制度》、《浙江科技学院关于进一步发挥民主党派和无党派代表人士作用的制度》、《浙江科技学院统一战线工作年终统计交流讲评制度》、《浙江科技学院有关职能部门与民主党派（组织）对口联系工作制度》、《浙江科技学院民主党派、统战团体、党外代表人士交流沟通制度》。

加强民主党派组织建设。2009年，校各民主党派组织扎扎实实工作，有效提高成员自身素质，增强凝聚力，年内新增民盟成员2人、民进成员1人、致公党成员2人、九三学社成员2名。

认真做好统战工作自查。根据省委统战部、省委教育工委“关于对全省高校统战工作会议精神贯彻情况开展检查的通知”精神，对学校统战工作组织领导、工作机构、制度建设、队伍建设等方面进行了自查，形成了《浙江科技学院党委统战工作自查报告》上交省教育工委。

**【民盟支部赴新昌调研】** 4月25日，民盟支部组织盟员到新昌新柴动力公司，实地了解国际金融危机对我省经济的影响，以及我省民营企业在这次危机中的生存状态。通过调研，盟员认识到在学校的发展建设、日常工作等方面，应学习和借鉴企业迎难而上、克服时艰、逆势发展的经验，以促进学校各方面的工作。校党委委员冯军参加调研。

**【统战人士为学校发展争献“金点子”】** 9月29日，校党委举行统一战线各界人士中秋、国庆运河游茶话会。与会人员依次献上了对祖国和学校的祝福，并纷纷为学校的学科专业一体化建设和学校改革发展献计献策，争出“金点子”。统战部将这些“金点子”以三种方式进行处理反馈：选择部分“金点子”在校报上发表；选取部分“金点子”送主管校领导批阅后送相关主管部门处理落实；由统战部整理编成一期《舆情内参》送校领导参阅。

**【浙江科技学院留德学生联合会成立】** 12月15日，浙江科技学院留德学生联合会暨德国校友理事会成立大会在汉诺威应用科学大学举行。在德国下萨克森州的50多位该校“2+3”项目留德学生参加会议。汉诺威华人学者联合会代表、部分华文网站负责人、部分德国友好人士到会表示祝贺。

浙江科技学院德国学生联合会是在德国成立，在中华人民共和国驻德大使馆教育处备案，并将在德国地方法院登记注册的合法机构，它面向该校全体留德学生，旨在为留德学生提供一个互帮互助、情系母校的平台。

**【致公党浙江科技学院支部成立】** 12月16日，致公党浙江科技学院支部成立大会顺利召开。省人大常委、致公党浙江省委会副主委、浙江大学委员会主委林强，省政协港澳台侨委副主任、致公党浙江省委会副巡视员、秘书长陈国荣，校党委书记徐志平、校党委副书记胡浙平出席会议。致公党省委相关部门负责人，校致公党成员及学校党委相关部门负责人参加会议。致公党省直基层组织代表、校校民盟、九三学社等民主党派基层组织代表到会表示祝贺。

会议选举产生了致公党浙江科技学院支部支委人选。校理学院副院长（教授）、留学归国人员阮世平当选致公党支部主委；图书馆副研究馆员沈铮（女）当选支部委员。

**【九三学社浙江科技学院支社换届】** 12月25日，九三学社浙江科技学院支社举行换届大会。九三学社浙江省委会副主委李有泉、校党委副书记胡浙平出席会议。九三学社省委会组织部长、校党委统战部负责人、校九三学社社员参加会议。校民盟、民进、致公党、党外知识分子联谊会代表到会表示祝贺。

大会选举产生了九三学社第五届支社委员会。教务处处长、教授罗朝盛连任主委，语言文学院副院长、副教授朱吉梅（女）当选为副主委，朱婉珍（女）、陈媛媛（女）、陶松垒等当选为支委。（时晓歌）

## 嘉兴学院党委统战部

**【综述】** 2009年嘉兴学院的统战工作，在上级统战部门指导下，学校党委领导下，以迎接建国60周年和人民政协成立60周年为契机，围绕学校工作重点，以贯彻落实省委组织部、统战部和省委教育工委《关于进一步加强我省高校统一战线工作的实施意见》（以下简称“实施意见”）为主线，紧紧抓住学校上半年开展学习实践科学发展观活动和下半年学校召开第二次党代会这一有利时机，按照年度工作计划的安排，通过进一步深化学习，健全组织，狠抓落实，扎实推进学校的统战工作，广交朋友，凝心聚魂，扎实开展工作，取得了良好的工作成效。

以贯彻落实“实施意见”精神为契机，扎实推进学校统一战线工作。“实施意见”明确了高校统战工作的范围和重点、指导思想和主要任务，要求切实加强高校统战工作的规范化和制度建设，切实加强对高校统战工作的领导等，对做好现阶段我省高校的统战工作具有很强的指导作用，为进一步把学校的统战工作推向前进，提供了政策依据。为了把“实施意见”精神落到实处，校党委统战部利用暑期统战读书会的机会，组织学校民主党派人士和无党派人士骨干认真学习了“实施意见”精神，与此同时抓住省委统战部等组织开展“实施意见”精神落实情况督查的机会，为切实加强党对统战工作的领导，经与校党委组织部协商，报请校党委分管领导同意，在二级单位党组织设立了统战委员，并制定了相关工作职责；认真梳理了学校的统战工作，进一步规范了相关规章制度等，有力推动了工作的开展。

以学习实践科学发展观活动为契机，扎实开展民主党派基层组织的学习实践科学发展观活动。2009年上半年，学校按照上级部署组织开展了学习实践科学发展观活动。在学校全面铺开学习实践活动后，学校党委统战部按照学校学习实践活动领导小组的意见和要求，及时制定出台了《关于在民主党派基层组织中开展学习实践科学发展观活动的实施意见》，要求各民主党派基层组织和全体民主党派人士充分认识民主党派开展学习实践活动的重大意义，明确了民主党派开展学习实践活动的总体要求，对民主党派的学习实践活动作出了安排和部署。各民主党派基层组织按照实施意见的要求，结合党派工作的实际和上级民主党派的要求，以调研、座谈和联谊等方式，组织开展了形式多样、内容丰富的学习实践活动。期间，按照学校党委的要求，党委统战部组织召开了由民主党派和无党派人士骨干参加的座谈会，校党委书记胡建成认真听取了与会同志对学校学习实践活动的意见建议，并作了重要讲话。

重视理论学习，认真抓好“六个为什么”的学习活动。中共中央宣传部理论局组织编写的《六个“为什么”——对几个重大问题的回答》出版后，引起了该校民主党派人士和无党派人士的关注，为了做好学习引导工作。利用暑假统战读书会的机会，组织民主党派人士和无党派人士骨干开展学习研讨活动，重点学习了《具有强大生命力的政党制度——为什么必须坚持中国共产党领导的多党合作和政治协商制度，而不能搞西方的多党制》。与会同志通过学习，结合个人经历和党派工作实际，畅谈了新中国成立60年来所取得的辉煌成就和对我国现行政党制度的认识，认为只有坚持好、维护好、发展好这一具有中国特色的政党制度，才能维护社会稳定，健康推进我国的改革开放和中国特色社会主义建设事业，才能实现民族富强和人民幸福。

积极参政议政，为学校未来五年的发展出谋划策。12月25－26日召开的校第二次党代会，是全面总结学校第一次党代会以来工作，谋划学校今后五年和未来发展蓝图的重要会议，事关学校的发展和全局。各民主党派基层组织负责人列席了会议，并参加了相关代表团的讨论，积极参政议政，为学校的建设发展出谋划策。会前，校党委专门召开民主党派人士和无党派人士骨干座谈会，专门听取对党代会报告的意见建议，请与会同志为学校下一步建设蓝图献计献策。与会同志针对党代会报告和学校实际，提出了中肯的意见建议。

切实加强无党派知识分子工作，积极推进校知联会建设。伴随学校事业的发展，该校和全省其他兄弟高校一样，无党派知识分子人数逐年增多，增加很快，目前学校共有无党派人士204人，符合校知联会会员资格者95人。校党委统战部根据上级统战部门和有关文件的要求，在认真摸底的前提下，扎实做好校知联会的筹备的工作。校党委专门听取统战部关于知联会筹备工作的情况汇报，并对知联会筹备工作提出了明确意见建议。校党委分管统战工作的领导多次听取汇报，对筹备工作进行指导。

**【学校召开2009年统战迎新座谈会】** 2010年1月6日下午，学校校召开2009年统战迎新座谈会。校党委书记胡建成出席并讲话。校党委副书记夏跃平主持会议。校各民主党派组织负责人、省市政协委员和无党派人士代表20多人参加会议。学校各民主党派负责人和平湖校区民进、民盟支部代表在会上交流了工作思路。校党委统战部部长富华作了上年学校统战工作总结。

**【学校召开学习实践科学发展观活动民主党派负责人座谈会】** 3月31日下午，学校召开学习实践科学发展观活动民主党派负责人座谈会。校党委书记、校深入学习实践科学发展观领导小组组长胡建成出席并讲话。校党委副书记、校深入学习实践科学发展观领导小组副组长唐瑞娥出席。校党委副书记、校深入学习实践科学发展观领导小组副组长夏跃平主持会议。与会人员围绕学校"狠抓质量育人才、夯实基础创特色、科学发展上水平"的实践载体，在充分肯定学校整体发展的基础上，结合学校实际，从办学特色、管理理念、教学模式、人才培养、师资队伍建设和社会服务等方面畅谈谈了认识和看法，提出了意见和建议，充分发挥了民主党派参政议政的职能作用。党委统战部部长富华通报了2008年民主党派省、市委员会表彰先进集体、先进个人的文件，传达了2009年全省统战部长会议精神，并对学校民主党派基层组织开展学习实践科学发展观活动作了具体部署。校党委统战部负责人、各民主党派负责人参加了会议。

**【校民主党派负责人赴丽水学院学习考察】** 4月17至18日，为进一步将学习实践科学发展观活动引向深入，提升学校各民主党派参政议政能力，校党委副书记夏跃平率校各民主党派负责人赴丽水学院学习考察。学习考察期间，夏跃平还专程赴遂昌县金竹中心卫生院看望了校友、2004届优秀毕业生陈彦中。陈彦中扎根大山深处的感人事迹曾在社会上引起过强烈反响，他曾被共青团中央授予"中国青年志愿服务金奖奖章"。

**【学校举行2009年暑期统战工作读书会】** 7月10至11日，学校举行暑期2009年统战工作读书会。省委统战部党外知识分子处处长谢辉应邀作了关于高校知联会建设的专题辅导报告。校党委副书记夏跃平出席会议并讲话。校各民主党派组织负责人、省市政协委员代表和无党派知识分子代表等20多人应邀参加了读书会。

**【学校召开庆祝新中国成立60周年、人民政协成立60周年座谈会】** 9月29日下午，学校召开庆祝新中国成立60周年、人民政协成立60周年统战座谈会。校党委书记胡建成、校长徐宪民出席，并向与会同志表示了节日的慰问，同时向全校师生致以节日的问候和祝福。校党委副书记夏跃平主持会议。胡建成书记代表学校党委向与会同志通报了学校近期的重要工作，同时对学校的统战工作提出了希望和要求。省政协委员、校长徐宪民在讲话中表示学校今后将更加重视统战工作，认真听取大家对学校工作的意见建议，使之在学校建设发展中发挥更加积极的作用。校党委统战部负责人、省政协委员，部分市政协委员、学校各民主党派负责人、无党派知识分子代表等20余人参加了座谈会。

**【学校召开基层党组织统战委员会议】** 10月30日下午，学校召开党总支、直属党支部和平湖校区党工委统战委员会议，部署有关工作。校党委副书记夏跃平主持会议并讲话。全校各基层党组织统战委员参加了会议。校党委统战部部长富华通报了学校近期的统战工作，并就迎接全省高校统战工作督查的相关工作作了部署；统战部有关负责人就学校知联会成立筹备情况作了通报，同时对下一阶段工作提出了要求。会上，与会人员就统战委员工作进行了交流讨论。

**【学校召开统战系统座谈会听取对校二次党代会报告的意见建议】** 11月13日下午，在学校第二次党代会召开前夕，学校召开统战系统座谈会，听取对校二次党代会报告的意见建议。校党委副书记夏跃平出席会议并讲话。校党委统战部部长富华主持会议。校各民主党派组织负责人和无党派人士代表应邀参加会议。与会各学校民主党派组织负责人和无党派人士代表在认真学习校二次党代会报告讨论稿的基础上，结合学校实际，针对报告内容畅谈了意见建议，一致认为自学校第一次党代会以来，在校党委领导下，学校工作取得了显著成绩。报告对五年来工作的总结回顾实事求是，提出的今后一个时间的工作任务和奋斗目标，符合形势，振奋人心。同时对有关内容的修改完善提出了具体意见建议。（顾顺奎　巴格那）

## 浙江传媒学院党委统战部

**【综述】** 统战工作是高校工作的重要组成部分。2009年浙江传媒学院的统战工作紧紧围绕学校党委、行政的中心工作，不断与时俱进、推陈出新，统战工作取得了长足的发展。

**【出台系列文件，规范统战工作】** 2009年，浙江传媒学院陆续出台了《中共浙江传媒学院委员会关于印发＜浙江传媒学院关于进一步加强统一战线工作的意见＞的通知》、《中共浙江传媒学院委员会关于印发＜浙江传媒学院统一战线工作若干制度>的通知》、《中共浙江传媒学院委员会关于校党委领导班子成员分工联系统战代表和职能部门联系民主党派和统战团体的通知》、《中共浙江传媒学院委员会统战部关于党外知识分子联谊会和留学生联谊会理事会任职的通知》等4个文件，进一步规范和完善统战工作。

**【支持桐乡校区建设，民盟牵线搭桥】** 民盟支部通过对本支部《地方本科院校艺术表演人才培养模式的改革研究和实践》和民盟省委会《关于我省地方文化教育特色》两个课题一年多时间的认真调研，发现桐乡是一个地方经济发达、文化底蕴深厚，演艺人才丰富的地方，与该校注重文化传播，艺术气息浓厚的基调相吻合，再加上桐乡当地政府也希望办一所有一定水准的大学，民盟支部大胆地设想——推动学校与地方合作办学，建立浙江传媒学院桐乡校区。于是，他们认真调研，进一步取证，并积极向领导谏言，得到校领导和桐乡当地领导的大力支持和认可。最后，在学校和桐乡市政府领导的积极努力之下，终于成功授批建立浙江传媒学院桐乡校区。该校桐乡校区的建立令学校和桐乡市获得双赢，有利于该校获得校外资源，扩大办学规模，突破办学瓶颈，提高学校知名度，推动第三次创业；有利于桐乡当地社会、经济、文化的进一步发展，提升城市品位和文明度，加快和推动当地人才的培养和成长。

**【积极参加省侨联迎新联欢会】** 12月30日，学校党委统战部部长叶蒙荻、校留联会理事长章华以及部分留学生代表和教师作为嘉宾参加了由省侨联主办的浙江归国留学人员迎新联欢会。该校和浙江大学、浙江工业大学、浙江师范大学、中国美术学院作为本次联欢会选送节目的五所省内高校与其他留学生组织为在场嘉宾献上了一道精彩华丽的年末大餐。联欢会上，该校是唯一一所选送两个节目的高校。音乐学院袁媛老师的舞蹈《走进西藏》神秘而华美，将会场气氛推向高潮，音乐学院叶勇、李立平、宋晓花、叶秀玲、薛微、吴晚屏等老师的歌曲联唱作为压轴大戏，更是将会场气氛推向顶峰。演出成功，堪称完美，更是得到了省领导的赞美和肯定。

**【组织统战对象赴绍兴考察】** 组织统战对象的考察活动是该校统战工作的传统项目，今年组织了全校民主党派和知联会、留联会理事会成员赴绍兴考察，并在绍兴召开了2009年浙江传媒学院统战工作会议。会上，校党委副书记、纪委书记柴志明对全校的统战工作进行了回顾和总结，并根据学校实际提出了要求和目标，意义非常。

**【民主党派工作】** 浙江传媒学院现有民主党派民革、民盟、民进、农工党、致公党、九三学社等6个民主党派共59位教职工，其中已成立支部的是民盟、民进、九三学社。民主党派各项工作有序开展，正向着良好的态势发展。各民主党派支部和其他党派老师紧紧围绕学校发展中心、服务学校工作大局，团结一致，促进和谐，以高度的责任感和使命感履行职责，积极参政议政，建言献策，为学校党委和行政做出科学决策提供了有益参考，促进了各方面工作的顺利开展，有力推动了学校第三次创业的新进程。该校民盟支部积极发挥专业优势，通过文化惠民，送文化进基层、进社区，文化扶贫，联合办学等形式来提高基层单位、落后地区人民群众的文化生活品质，服务文化大省。在社会工作方面，该校民主党派老师也积极参与，民盟孙苏老师当选为江干区政协第三届委员会委员；民进浙江传媒学院支部主委王挺担任省十届政协文史委员会委员、民进省委会委员、民进省委会文化出版委员会副主任；民盟浙江传媒学院支部主委王保华和副主委邵红松分别当选为民盟省直属联合第三总支部委员会宣传委员和组织委员。

**【知联会、留联会工作】** 根据省委统战部要求和该校的发展需要，成立了该校无党派知识分子联谊会和留学人员和家属联谊会。两会的成立还受到了省委统战部和省侨联领导的重视和好评，省委统战部常务副部长陈金彪和省侨联副主席吴晶到会祝贺。这在该校统战工作历史上是具有开创性的。同时，也第一次把广大无党派知识分子和留学人员这么有组织地团结在一起，使他们有团队、有目标、有信心，更好地促进学校发展，也有利于个人地进步和发展。两会人数分别为知联会52人，留联会30人。留联会理事长章华于2008年当选为浙江省留学人员和家属联谊会理事会理事。留联会朱根良老师于2009年当选为浙江省侨联第八届委员会委员。

**【经费保障，支持统战对象发挥作用】** 学校进一步规范和支持广大民主党派和统战团体同志的学习和培训。因此，制定了《统战工作应有经费保障和照顾同盟者利益制度》，据《中共浙江传媒学院委员会关于印发<浙江传媒学院统一战线工作若干制度>的通知》要求，统战干部、民主党派骨干、无党派人士参加省级以上社会主义学院、党校的培训、学习费用，由统战部签署意见、人事处审批，在学校职工培训经费中报销。另外，在《支持党外代表人士发挥作用制度》中，明确规定对民主党派基层组织负责人，各级人大代表、政协委员、党外代表人士参加必要的社会工作和社会活动，学校给予财力、物力方面的支持；对民主党派组织正副主委、无党派知识分子联谊会正副理事长、留学人员和家属联谊会正副理事长从事党派和社团工作，从2010年起给予相应工作补贴。

（浙江传媒学院党委统战部）

## 浙江教育学院党委统战部

**【综述】** 浙江教育学院是省属本科院校，坐落于杭州风景秀丽的西子湖畔，校园占地面积531.7亩。学校创建于1955年，后几经更名撤并，1978年2月，恢复浙江教育学院。学校下设外国语、教师教育与教育管理、国际工商管理、人文、艺术、理工、信息等7个学院，设有英语、教育学、汉语言文学等50多个本专科专业。现有外国语言学及应用语言学、汉语言文字学、教育管理学、应用化学等省级重点学科4个，已基本形成以人文学科、社会学科、理学、管理学等学科门类为主，主干学科优势明显的学科框架。学校是浙江省教师教育重点基地，设有浙江省中小学教师培训中心、浙江省教育行政干部培训中心、浙江省中小学计算机师资培训中心、浙江省中小学名师名校长工作站、浙江省中小学教师继续教育专家委员会秘书处等教育机构。学校现有教职工506人，其中专任教师312人，具有高级专业技术职务的教师142人（其中教授55人），占专任教师总数的45.5%；具有研究生学历（学位）的教师224人（其中博士53人），占专任教师总数的71.6%。在教师队伍中，有全国教学指导委员会委员1人、省本科院校专业教学指导委员会3人，入选省新世纪“151人才工程”培养对象15人、省高校中青年学科带头人9人，有全国和省优秀教师3人、省级教学名师2人。学校现有全日制在校生5568人，其中普通本专科学生5157人。

学校公开出版发行《浙江教育学院学报》、《教学月刊》（中学版、小学版）、《作文新天地》、《小学生世界》等报刊。学校与境外的教育交流逐步扩大。已与美国威斯康星大学河城校区、美国莱德福大学、美国华盛本大学、德国汉斯·赛德尔基金会、德国魏因加滕师范大学、台湾屏东教育大学、香港教育学院等建立了长期友好的合作关系。

学校现有基层民主党派组织3个，分别为民盟支部、民进支部和九三学社小组，另有部分民革、民建成员，民主党派成员共计42人。民主党派成员中博士8人，硕士12人，学士20人；具有正高职称8人，副高职称23人，中级职称9人。学校无党派人士共计126人，其中博士11人，硕士52人，学士50人；具有正高职称8人，副高职称39人，中级职称71人。现有7位党外人士担任学校处级干部，约占全校中层干部总数的10.3%。有省政协第十届委员1人，西湖区十二、十三届人大代表和民进七届省委委员1人，省第一届知识界人士联谊会会员1人，九三学社浙江省文教支社支委1人。7个二级学院党总支中有5个设立了统战委员，占总数的71.4%。

学校统战工作由校党委书记姚成荣同志分管，党委委员吕君芳同志担任党委统战部部长。党委统战部和党委组织部合署办公，并配有2名专职工作人员。

**【加强理论学习】** 学校党委和全体统战成员认真学习贯彻党的十七大、十七届三中、四中全会精神，学习胡锦涛总书记在纪念党的十一届三中全会召开三十周年大会上的重要讲话精神以及各类统战理论和政策。每次民主党派的政治理论学习，校党委书记姚成荣同志和党委统战部负责人都能够悉心参与和指导。特别是我校在深入学习实践科学发展观的活动中，积极调动党外人士开展理论学习，除了相关学习资料的学习，还安排和组织了相关人员参加了一系列的报告会，例如“迎评促建上水平、改制转型创特色”报告会，“以科学发展观为指导，以建设社会主义核心价值体系为主线，进一步加强和改进思想政治工作”报告会，“加强党性修养 弘扬优良作风 深入推进我校反腐倡廉工作”报告会，“发展背景·发展目标·发展战略·发展格局·发展重点”的学习实践科学发展观专题报告会等等。3月份，民革党员金旸同志参加浙江省社会主义学院的培训，进一步加强对统战理论和国情省情的学习。

**【重视参政议政】** 认真贯彻落实征求党外代表人士意见制度、向党外代表人士传达文件制度、邀请党外代表人士参加重要会议制度等，2009年邀请党外人士的情况通报会达6次以上，邀请党外人士参加重要会议和活动达9次以上，另外，还多次举办校党委书记或校长参加的征求党外人士意见座谈会和统战成员参加的培训班及报告会等。2009年1月8日学校召开统战迎春茶话会，校党委书记姚成荣表示：2009年学校要深入开展学习实践科学发展观活动，要全面做好迎评促建工作，处于学校改革发展的关键时期和改制迎评的攻坚阶段，面临难得的发展机遇，也将迎接严峻的挑战，为了顺利实现改制的目标，需要全校教职员工统一思想、转变观念、齐心协力，共同推动学校事业平稳向前，需要全体统战成员积极参政议政、建言献策、批评监督，促进学校事业发展。与会人员畅所欲言，表示将继续保持和发挥自身优势，努力提高参政能力和水平，促进学校各项事业的快速发展，同时，对学校的改革发展也提出了意见和建议。5月7日召开学校统战工作恳谈会，邀请校领导、民主党派全体成员、学院总支书记、党外知识分子代表、政协委员参加会议，就民主党派自身建设、推进统一战线工作规范化等方面进行交流，民主党派成员也积极为学校科学发展和改制迎评工作建言献策。

该校省政协十届委员张志中同志，在省政协十届二次会议上的第212提案《促进我省高校毕业生就业工作的几点建议》收到了浙江省人力资源和社会保障厅的答复，提案中提出的建议，一部分在文件中已进行了明确，还有一部分将在贯彻实施省政府有关文件中，会同相关部门进行深入调研、论证，并制定工作任务分解落实方案，积极促进浙江省高校毕业生就业。张志中委员还于9月份参加了省职业教育发展情况的视察。从金华调入该校的民进成员张跃西提出的《科学规划金华大学城，创造国家文化旅游区》等提案，被金华市第五届人民代表大会列为重点提案，并获得采纳实施，同时获得了金华市人民政府颁发的金华市第14届社会科学优秀成果三等奖。

**【充实和扩大民主党派队伍】** 2009年引进民盟成员于连江博士（女）和民进成员张跃西博士（教授）。民进支部发展韩丹博士为民进成员。

**【积极开展社会服务与交流】** 4月23日，民盟支部在民盟浙江省委社会服务部杨建初部长带领下，赴浙江经贸职业技术学院进行考察交流，双方就学校评估、特色专业和课程建设、盟务工作开展等方面进行交流和沟通。8月27日，以学校民盟支部名义，赴慈溪育才中学开设两场义务讲座，300多位教师听取了报告，受到好评。12月初，校民进支部赴金华和金华市民进组织开展联谊交流活动，为进一步开展民进工作吸取经验、创造条件。

为配合民进中央的支援西部行动，几年来，民进支部连续开展了“向西部地区中小学捐书赠报”活动，受到民进甘肃省委和民进甘肃定西市总支部的高度重视和积极配合，民进省委刊物《开明》对此进行了详细报道。中国民主促进会浙江省委员会授予我校民进支部“2009年度省直社会服务单项工作先进支部”荣誉称号。

**【统战成员成绩喜人】** 民盟主委李春玲教授的《学校管理视野中的教师发展研究》获浙江省社科联第二届社科研究优秀成果奖三等奖，“学校组织变革的理论与实证研究”被批准为浙江省教育科学规划2009年度研究课题重点课题，李春玲本人当选为全国教育管理分会教育管理学科专业委员会理事；民进主委王学杰及成员高歌两位同志学高为师，身正为范，一起被评为“浙江教育学院师德标兵”；民进成员吴颂华主编的《教学月刊·中学版》中的教育教学论文在中国人民大学资料中心转载中位居全国同类刊物的第一；民进成员罗树范编辑的《小学生世界》报中的有关稿件，被中国新闻出版总署审读中心评定为“全国编辑金奖”，受到国家有关方面的嘉奖。

（夏　颐）

## 杭州师范大学党委统战部

【综述】　学校前身可以追溯到创建于1908年的浙江官立两级师范学堂，1913年更名为浙江省立第一师范学校，1978年经国务院批准建立杭州师范学院。2000年以来，杭州教育学院、杭州医学高等专科学校等相继并入，组建新的杭州师范学院。2007年学校更名为杭州师范大学。2001年，学校通过教育部组织的本科教育工作合格评估，2003年以优良成绩通过浙江省教育厅的教学工作水平评估，2007年通过了教育部组织的本科教学工作水平评估并获得优秀。学校现已发展成为拥有人文科学、社会科学、理学、医学四大主干学科，教师教育与艺术教育具有特色、人文社会科学学科有一定优势、理学学科部分见长、各类新兴学科协调发展的综合性师范大学。

学校位于历史文化名城杭州，有下沙、文一路、玉皇山、古荡湾等校区，占地面积近1400亩，校舍面积70万平方米。学校教学仪器设备总值达2.76亿元，图书馆藏书253.12万册。

学校现有全日制在校生21000余人，其中本科生20397人，研究生1879人（含教育硕士）；教职工2300余人，其中专任教师1400多人，具有博士学位的300余人，博士生导师20余人，共享院士5名。

学校1982年获得学士学位授予权，1998年获得硕士学位授予权，2004年获得副教授任职资格评审权。学校下设21个学院和2个基础教学部，并创办了国有民办独立学院——钱江学院。学校拥有54个本科专业，39个硕士学位授权学科，3个专业硕士学位授权点和经国务院学位委员会办公室批准的中外合作培养教育领导学硕士项目。拥有1个省“重中之重”学科，8个省级重点学科；1个省高校人文社科重点研究基地，1个省教师教育重点基地；4个国家特色专业，15个省级重点专业；1门国家级精品课程，21门省级精品课程。

学校建有省部共建教育部重点实验室，省级基础课教学实验示范中心等一批重点实验室。学校承担了包括国家“863”计划、“十五”国家科技攻关计划重点项目、国家自然科学基金和国家哲学社会科学基金在内的一大批科研项目。

秉承百年办学的优良传统，学校上下正团结一致，齐心协力，朝着建设一所省内乃至国内一流综合性大学的目标而努力奋斗。

截至2009年底，学校共有民主党派组织7个，成立了知识分子联谊会和侨联，统战成员400余名。统战成员中，民主党派中央委员1人、省委委员3人、市委委员22人，其中省委会副主委1人、市委会主委1人、副主委3人；民主党派省人大常委、代表各1人，省政协委员3人，市人大代表7人，市政协委员17人，区人大代表2人，区政协委员2人，1人担任杭州市政协副主席。

【开展深入学习实践科学发展观活动】　2009年3月，根据省、市委的统一部署，学校参加全省第二批深入学习实践科学发展观活动。党委统战部以学习实践活动为契机，切实把思想和行动统一到科学发展观上，重点围绕贯彻落实党的十七届三中、四中全会精神，省第十二次党代会和省委十二届四次全会精神以及全国、全省高校统战工作会议精神，召开了校各民主党派负责人学习讨论会，不断增强贯彻落实科学发展观的自觉性和坚定性。组织召开各民主党派负责人座谈会，组织参加各类专题报告会等，积极推进深入学习实践科学发展观活动，为服务学校科学发展贡献智慧和力量。

【加强党外干部队伍建设】　校党委十分重视对民主党派成员和党外人士的培养和使用，将党外代表人士培养选拔和使用纳入干部队伍建设总体规划。在选拔党外干部时，按照中央《党政领导干部选拔任用工作条例》和《杭州师范大学中层领导干部选拔任用工作实施细则》的规定，积极选拔、大胆使用党外干部，把符合工作要求和领导任职条件的党外人士，选拔到中层领导干部队伍中来。6月，中层干部换届后，全校共有中层干部170名，其中党派成员20名，无党派人士9名，党外中层干部占全校中层干部总数的17.1%。

【举办民主党派、统战团体负责人读书会】　8月17日至

18日，学校民主党派、统战团体负责人暑期读书会在临安举行。来自民革总支、民盟支部、民建支部、民进总支、农工党总支、致公党支部、九三学社基层委员会、侨联、知识分子联谊会的负责人等10余人参加了读书会。读书会传达了省委组织部、省委统战部、省委教育工委89号《关于进一步加强我省高校统一战线工作的实施意见》文件精神，并从协助各民主党派、统战团体加强自身建设，进一步提高统战成员、各级人大代表、政协委员的参政议政能力，切实抓好党外干部的培养使用，加强统战理论研究和推进统战工作创新等方面，通报了下学年统战工作重点。各民主党派和统战团体还就当前学校建设一流工作提出了一些中肯的、具有建设性的意见和建议。

**【为防控甲流积极行动】** 自发生甲型H1N1流感疫情以来，学校各民主党派、统战团体高度关注疫情的发展和防控工作，纷纷以不同方式支持和加入到抗击甲流的工作中去。9月4日，民进总支、农工党总支召开专门会议，讨论研判当前疫情，大家积极献计献策，提出方案，要求学校在新生报到中加强甲流防控工作。9月5日，民建支部、侨联在了解到学校急需一批口罩的情况下，主动联系市医疗卫生部门，购买10000只口罩捐赠给学校。9月6日，民革总支前往杭州市第六医院看望了住院的学生，向他们送上鲜花和慰问品。9月7日，致公党支部、无党派知识分子联谊会向被隔离的学生捐赠了移动电话卡，希望他们在被隔离期间能与家人、朋友多联系。9月8日，九三学社基层委员会、民盟总支向学校捐赠了一批洗手液，希望广大师生能注意自身安全，勤洗手，积极预防甲流。

**【省高校统战工作检查组来校指导检查工作】** 12月3日，省高校统战工作检查组对学校贯彻落实全省高校统战工作会议精神情况进行了检查评估。检查组听取了党委副书记黎青平代表学校党委所作的统战工作汇报，分别召开了分党委、党总支书记代表座谈会和统战团体、民主党派负责人、无党派人士代表座谈会，并查阅了统战工作台账。检查组认为，学校党委高度重视统战工作，认真贯彻落实会议精神，制定相关制度，落实相关措施，形成了党委领导、统战部统一协调、各部门齐抓共管、党派和谐发展的统一战线格局。同时，检查组就建立留学归国人员联系机制、促进各学院统战工作平衡发展等提出了建设性的意见。

**【举行统战系统新春联谊会】** 1月20日，学校统战系统新春联谊会在之江饭店举行。杭州市委统战部副部长杨志刚和相关处室负责人，校领导崔鹏飞、朱军、黎青平、林正范出席。全校省、市、区人大代表、政协委员和各民主党派、统战团体负责人近50人参加联谊会。

会上，校党委书记崔鹏飞致新春贺辞。崔鹏飞代表学校向一直以来指导、关心学校统战工作的市委统战部领导表示感谢，向全校统一战线各界人士致以新年的问候。他充分肯定了过去一年学校统一战线工作取得的成绩，高度赞扬了各民主党派、统战团体一年来围绕学校建设和地方社会经济发展所做的积极贡献。杨志刚代表市委统战部向学校统一战线各界人士致以新春的祝贺。他在讲话中高度评价了校党委对统战工作的重视，充分肯定了广大统战成员在全市统战工作中所起的作用。

**【统战工作成绩可喜】** 吴静老师被中华全国归侨联合会、国务院侨办联合授予全国归侨侨眷先进个人称号；刘为明、唐世明分别荣获全省侨界“十杰”提名奖、全省归侨侨眷先进个人荣誉称号；管建新老师和杨波老师荣获全市归侨侨眷先进个人荣誉称号。

王康老师《大学生认识和对待宗教问题的调查分析》获全省统战调研信息宣传工作调研优秀奖。徐小明老师《统一战线可持续发展的系统分析》荣获2009年度全市统战理论调研优秀成果三等奖。（岑建旭）

## 温州大学党委统战部

**【综述】** 2009年，温州大学统一战线工作在上级统战部门和校党委的正确领导下，以邓小平理论和“三个代表”重要思想为指导，全面贯彻落实科学发展观及中共十七大四中全会精神，深入学习省、市各级统战工作会议精神，紧紧围绕学校中心工作，强化服务，彰显特色。

**【贯彻落实科学发展观及中共十七大四中全会精神】** 组织广大民主党派成员和无党派知识分子深入学习贯彻落实科学发展观。支持他们根据自身实际，安排学习内容，使学习的过程成为统一思想、增进共识的过程。统战部从学习内容、资料、时间、场所和经费等各方面，确保了学习活动灵活多样、生动活泼，确保了学习的效果。召开民主党派和无党派人士座谈会，传达全省统战部长工作会议的有关精神，并结合实际情况，提出了温州大学2009年统战工作的要点。通报了温州大学深入学习实践科学发展观活动的具体情况，同时要求各民主党派，按照各民主党派中央的统一部署，组织好本党派的学习贯彻科学发展观活动。

4月11日，民盟温州大学总支举行深入学习实践科学发展观报告会。为盟员们深入解读对科学发展观的认识，进一步深刻理解科学发展观的重大意义，使盟员们加深了对科学发展观的理解和认识，明确了我国全面建设小康社会的目标和途径。

4月11日，民革温州大学支部召开落实科学发展观的专题学习会，为创新性地履行民主党派参政议政职能，更好地反馈民意、为学校发展和温州经济社会发展献计献策。

4月12日，温州大学无党派知识分子联谊会在江南控股集团公司举行深入学习贯彻科学发展观活动。通过主题发言，实地参观，使会员们从江南阀门控股集团的发展历程，看到了民营经济发展的成就，增强了中国经济保增长的信心，也使会员们对坚定走中国特色社会主义道路，贯彻科学发展观的重大意义有了更深刻的理解。

5月21日，各民主党派和无党派知识分子联谊会负责人及担任中层干部的党外人士一行，赴南通大学考察学习统一战线工作服务于学校科学发展的经验和做法。大家认为，南通大学所取得的经验与成绩，对于指导我校的统一战线工作和民主党派及其他统战组织在学校建设发展中如何发挥作用具有极其重要的借鉴作用和指导作用。

11月份，民盟总支和致公党温大支部分别举行学习中共十七大四中全会精神学习会，相互交流学习十七大四中全会心得体会，从世情、党情、民情等诸多方面，深刻解读了十七届四中全会的重点、热点问题。表示一定要以强烈的政治责任感和历史使命感，把思想认识行动高度统一到中央的部署要求上来，全面推进党的思想建设、组织建设、作风建设、制度建设和反腐倡廉建设，为实现经济社会又好又快发展提供坚强保证。

**【协助支持各民主党派和统战团体组织加强自身建设和开展各种活动】** 加强组织建设是高校民主党派建设的关键，关系到民主党派的政治面貌、社会形象和参政党作用的发挥。

5月16日，举行中国致公党温州大学支部合并改选成立大会，选举产生了新的支部委员会。中国致公党温州大学支部的合并成立，宣告了学校7个党派组织已全部成功合并组建，为今后各民主党派的统一和协调提供了组织保障，为组织和动员各民主党派更好的发挥参政党的作用具有十分重要的意义。

6月20日，民盟温州大学总支在坚持“以服务为宗旨，以就业为导向”的思想指导下，组织全体盟员到法派西服与东艺制鞋有限公司参观考察，使盟员们对温州企业的工业状况，规模企业和民营经济的现状及发展趋势有了进一步的了解。盟员们表示将把“工业强经济”与“现代教学”有机结合起来，培养出更多素质高、成绩优的学生，切实为我市的经济发展社会进步提供人才支撑。

5月31日，为探寻丽水古堰画乡崛起的奥秘，民进温大总支组织赴丽水进行了专题考察。大家认为古堰画乡的开发建设是文化产业建设发展一个成功的典范，对于温州三洋湿地旅游资源开发乃至大罗山商务休闲旅游的发展都有很好借鉴意义。

7月10日致公党温大支部赴“环宇集团有限公司”参观学习，大家了解了金融危机之下企业的生存与发展的情况，深刻地感受到当前金融危机下企业受到的冲击与影响，了解到作为民营企业生存之不易，感受到民营企业在金融危机下如何克服困难，以自强不息的企业精神求生存求发展。同时通过企业的现状，了解到我们的政府利用扩大内需的财政政策为对企业的发展带来的机遇，为中国社会的的高速发展打下的坚实的基础。党员们认为活动很有意义，增进了彼此的了解，增强了党员之间的感情，学有所获。认为只有立足岗位，努力工作，发挥自己的聪明才智，以科学发展观为理论指导，用实际行动为国家的社会主义的建设和发展尽心尽责。

民盟温大总支举行了新中国60华诞庆祝会，聘请专家分别就“新中国60年与民盟”为主题，深情讲述了新中国60年来的巨大变化，及“加强和改进新形势下党的建设“的专题讲座。

9月24日，温州大学无党派知识分子联谊会举行庆祝建国60周年座谈会，与会会员从自身、家庭、家乡、学校和国家多角度，多侧面，回顾和畅谈了建国60年和改革开放30年的伟大成就和对祖国未来发展的美好祝福。并在高唱《没有共产党就没有新中国》的嘹亮歌声中圆满结束座谈会。

12月23日，温州大学无党派知识分子联谊会举行第一届理事会第二次会议暨成立周年纪念会，并回顾总结了联谊会2009年工作，对2010年工作作了安排。

12月30日，为进一步做好温州大学归国华侨、留学人员和家属的工作，温州大学举行了归国华侨联合会、留学人员和家属联谊会成立大会。并明确了侨联、留联会的工作：要加强学习、统一思想，增强做好侨联、留联工作的责任感和使命感；要围绕中心，服务大局，充分发挥归侨、侨眷和留学人员的作用；以侨为本，为侨服务，切实维护归侨、侨眷和留学人员的利益；完善制度，创新方式，不断推进侨联、留联自身建设。

**【抓住重点，做好党外代表人士的工作】** 重视党派代表人士的选择、培养和安排使用工作，努力在学校党派代表人士的举荐工作上有所作为。在2009年全校中层干部聘任中，有26位党外人士被聘任为新一届的中层领导干部，占校中层干部总数的18%左右，为他们更好的发挥才智创造了有力的条件。使党外干部能在学校的教学、科研和管理上发挥了重要的作用。

根据中共浙江省委统战部《关于在我省无党派人士中开展政治交接主题教育活动的实施意见》精神。完善了无党派人士的数据库，调查分析了无党派人士在新时期新形势下存在的问题与特点，为探索无党派人士队伍建设的长效机制提供依据。并认真作了总结向省委（市委）统战部做出汇报。通过主题教育活动，使无党派人士在思想上明确了政治归属，增强了无党派人士的政治归属感和荣誉感，提高了无党派人士责任意识和参与意识，充分调动了无党派人士参政议政的积极性；在认识上升华了奋斗目标，明确了自己除了个人奋斗之外，更应该进一步自觉加强理论学习，提高理论素养，积极参政议政，增强政治意识、大局意识、责任意识、创新意识，积极自觉投身实践，不断提高政治把握能力、参政议政能力、组织领导能力和合作共事能力。

**【支持人大代表、政协委员履行参政议政职能】** 向学校有关部门征求议案、提案意见，安排召开人大代表、政协委员座谈会，通报学校情况并对提案、议案工作做了具体要求。2009年学校人大代表和政协委员在“两会”上共提议案、提案建议28件，内容涉及经济、文化建设和社会和谐、群众关注的民生等问题，为市委、市政府的决策提供了依据，为地方建设尽到了一分力量。民进温州市委会副主委、民进温州大学总支主委叶育登被授予”人大履职优秀代表“光荣称号。

**【做好统战的宣传、教育和理论研究】** 无党派知识分子联谊会会长张小燕老师撰写的《开国领袖与开国盛典》和民盟詹振权老师撰写的《难忘的记忆》，在市委统战部组织的“纪念新中国成立暨多党合作制度确立60周年活动”征文比赛中，分获二等奖，受到通报表彰。

致公党温州大学支部在致公党温州市委会组织的开展以坚持走中国特色社会主义政治发展道路为主题的“政治交接学习教育活动”中，被评为先进集体，并在致公党温州市委会政治交接教育活动总结表彰大会上做典型发言。

编写了2008年温州市第二届世界温州人大会期间所邀请的23名专家、学者来校做了16场的学术报告和学术交流活动（学人活动日）的材料，报市委统战部。（王学雄）

## 温州医学院党委统战部

**【综述】** 温州医学院是浙江省省属高等院校，浙江省重点建设大学。学校的前身可追溯到1912年在杭州建立的浙江医学专门学校，原名“浙江第二医学院”，1958年8月由浙江医学院从杭州分迁至温州建立，当年开始招收五年制本科学生。

学校是全国首批硕士学位授予单位，具有博士学位授予权。现有外科学、妇产科学、眼科学3个博士点，临床医学、中药学2个一级学科硕士点，28个二级学科硕士点，有临床医学硕士、口腔医学硕士和工程硕士专业学位授予权，设有临床医学一级学科博士后流动站。现有1个省部共建国家重点实验室培育基地、8个省部级重点实验室（研究中心），4个浙江省“重中之重”重点学科、10个浙江省重点学科。

学校有30个本科专业和1个七年制本硕连读专业，涉及医学、理学、工学、管理学、文学、法学、教育学等七大学科门类。学校为教育部首批批准的我国招收本科临床医学专业（英语授课）留学生的高校之一，现有学历教育留学生360余人。目前学校有全日制在校生11900余人(不含独立学院——温州医学院仁济学院)，已形成从本科生到硕士生、博士生及博士后，从全日制到成人教育、留学生和港澳台学生教育全方位、多层次的人才培养体系。

学校现有教职工约5500人(包括各直属附属医院)，其中具有高级专业技术职务的有1227人。学校本部现有专任教师950人（不含独立学院——温州医学院仁济学院)，其中具有正高级专业技术职务的201人，具有副高级专业技术职务的221人，博士241人。一批优秀教师入选“长江学者奖励计划”、国家“百千万人才工程”、教育部“新世纪优秀人才支持计划”、浙江省特级专家、省高校特聘教授、省“151人才工程”、省有突出贡献的中青年科技人员、省高校中青年学科带头人。

“十一五”以来，学校获批国家特色专业建设点3个、国家级教学团队1个、国家级人才培养创新实验区1个、国家级精品课程3门、国家双语教学示范课程1门、省重点（建设）专业7个。近年来，在教学成果评奖中，获国家级教学成果二等奖2项、省级教学成果奖一等奖3项。在历年全国临床执业医师资格考试中，学校毕业生的成绩在全国百余所设有临床医学类专业的高校中一直处于前10%之内。

“十一五”以来，学校承担省部级以上科研项目350多项，其中国家级科研项目110多项，科研成果获得省部级以上奖励30余项，获批国家自然科学基金资助项目36项和省自然科学基金项目38项，获得国家技术发明奖二等奖1项、国家科技进步二等奖2项、中华医学科技奖二等奖1项、中国药学会科技奖一等奖1项、浙江省科学技术奖一等奖3项。

学校积极推进教育国际化，与17个国家（地区）的56所高校、教育科研机构建立了良好的交流合作关系，开展包括互派学者、联合培养博士生、互派留学生、合作研究等各种形式的合作项目。分别与泰国东方大学、纽约州立大学合作成立了孔子学院。

学校现有3个校区，总占地面积1290多亩，校舍建筑面积39万多平方米。图书馆文献128万册。学校主办、编辑出版5种学术期刊，其中《温州医学院学报》、《中华眼视光学与视觉科学杂志》、《肝胆胰外科杂志》入选“中国科技核心期刊”。学校拥有5所附属医院，其中4所为三级甲等医院，同时在浙江省各地设有11所非直管附属医院（临床学院）。

学校的发展定位是：以本科生教育为主，积极发展研究生教育；以医学学科为重点，多学科协调发展；服务浙江，面向全国；办学特色鲜明，在国内外有一定影响的开放型、教学研究型大学。

截至2009年底，学校共有6个民主党派组织，即九三学社温州基层委员会，民革、民盟、农工党温医总支，民进、致公党温医支部，共有成员498人。其中民主党派中央委员2名，省委会常委4名，委员2名，温州市委会主委4名，副主委4名，常委12名。民主党派成员中具有高级职称297名。此外，还有4个团体组织分别为无党派人士联谊会、侨联、留联、台联等，其中无党派人士代表31人，台侨留联168人。

现任各级人大代表、政协委员46名，其中全国人大代表2名；省人大代表1名、政协委员7名（其中常委1名)；市人大代表5名（其中副主任1名、常委1名)，市政协委员29名（其中副主席2名、常委2名)；区人大代表2名。

**【领导重视　营造氛围】** 学校党委一直将统战工作作为学校党的工作的重要组成部分。全省高校统战工作会议召开之后，校党委高度重视，对贯彻落实会议精神进行了安排部署，颁发了《中共温州医学院委员会关于进一步加强学校统一战线工作的意见》，明确把统战工作纳入学院各党总支党建工作考核内容，规定学院党总支、附属医院党委确定一名书记分管统战工作，并设统战委员，初步建立了全校统战工作二级网络的构架。改善民主党派工作待遇，增加民主党派、统战团体等的活动经费，对民主党派主委给予适当工作补贴，附属医院统战经费纳入本单位经费预算，有效调动民主党派、团体参政议政、建言献策的积极性，这一系列举措营造了学校统一战线新的氛围。

【加强学习　提高认识】十七届四中全会召开之后，统战部组织各民主党派、无党派人士代表认真学习十七届四中全会精神，并庆祝中华人民共和国、中国人民政治协商会议成立六十周年。会议认真学习了《中国共产党第十七届中央委员会第四次全体会议公报》、《中共中央关于加强和改进新形势下党的建设若干重大问题的决定》及胡锦涛总书记在庆祝中国人民政治协商会议成立60周年大会上的讲话精神。大家一致认为，作为参政党，要在互相监督、关注执政党建设的同时，继续深入贯彻落实科学发展观，坚定不移地走中国特色社会主义政治发展道路，坚定不移地接受中国共产党的领导，并以此为契机，切实加强自身建设，不断提高广大民主党派成员的综合素质。

【领会精神　接受检查】全省高校统战工作会议之后，统战部及时向党委会汇报了会议精神，党委就会议精神的传达学习和宣传贯彻工作进行了研究，并根据《关于对全省高校统战工作会议精神贯彻情况开展检查的通知》中提出的检查内容与要求，要求统战部对学校近年来的贯彻落实情况开展认真的自查。

统战部一方面召开各类会议如各附属医院、二级学院党总支（党委）书记座谈会，各民主党派、统战团体联席会议，传达我省高校统战工作会议精神和《中共温州医学院委员会关于进一步加强学校统一战线工作的意见》。另一方面，又对学校的统战常规工作进行认真梳理，建立台账、完善机构、修订制度，使该校统一战线工作更加规范化、民主化、科学化。11月30日至1日，由浙江科技学院党委副书记胡浙平担任组长的全省高校统战工作第四检查组对该校党委贯彻落实2008年全省高校统战工作会议精神的情况开展专项检查，受到检查组的充分肯定和较高评价。

【完善机构　夯实基础】2009年，校党委统战部共协助各民主党派考察、发展新成员28人，并协助各民主党派抓领导班子和后备干部队伍建设，把政治上靠得住、工作与作风上过得硬、群众信任的党员充实到领导岗位或向省市级党派推荐，或选派到各级社会主义学院学习培训，2009年学校中层干部换届，共有27名统战对象在学校担任中层干部，占中层干部总数比例的23%。有8位民主党派成员参加了学习培训。走访温州市委统战部，向市委统战部推荐民主党派后备干部5人，向市侨、留联、市少数民族联谊会推荐该校侨、留联及少数民族联谊会后备干部2人。

2009年6月，民盟温医总支眼视光支部成立。11月20日，校侨联顺利换届，同时建立了归国留学人员和家属联谊会。留联会的成立，对全面落实中共中央关于归国留学人员工作的各项政策，巩固和发展学校统一战线，发挥该校归国留学人员在社会主义民主政治建设中的应有作用，提供了一个有效的工作平台和工作载体。

【建言献策　服务社会】充分发挥统战成员参政议政、建言献策、民主监督的作用。2009年向全校师生下发了征集“两会”提案、议案和建议线索的通知，共收到20余条有价值的线索，为“两会”代表、委员认真履行职责、提交高水平的提案（议案）、提升学校社会影响力创造有条件。据不完全统计，2009年被各级人大立案的建议案30余条，被各级政协立案的提案共60余条，参与省市级民主党派调研课题5个。九三学社成员周健民教授的政协提案《积极发挥政府职能，促进高校大学生就业》为市政协重点提案。民革成员王小同撰写的《继承和发扬优良传统 推进温州民革科学发展——纪念温州和平解放60周年》一文荣获市委统战部“纪念新中国成立暨多党合作制度确立60周年”征文比赛一等奖。民主党派成员还积极参与科研工作。2009年共承担各类课题50余项，其中有国家863项目、国家科技支撑计划课题、国家自然基金资助项目多项。王小同教授被授予首届浙江省师德标兵，陈志康教授被评为致公党温州市委会先进个人等称号，项如莲、林锡芳荣获2009年度九三学社市委社会服务先进工作者。温医九三学社基层委荣获2009年度九三学社市委会参政议政优秀组织奖；各党派组织积极开展科普讲座和医疗下乡活动，扶贫、义诊、送药下乡，为农村儿童、民工子弟、基层百姓开展健康体检、科技宣教等活动，鹿城、瓯海、龙湾、文成、乐清、永嘉、平阳、苍南等地都留下他们的足迹，深受当地乡镇广大村民的欢迎和称赞，扩大了温医社会影响力和美誉度。（阮晓丹）

## 绍兴文理学院党委统战部

**【综述】** 绍兴文理学院是1996年经国家教委批准建立的一所普通全日制综合性本科院校，学校现开设45个本科专业，设有经济与管理学院、法学院等18个二级学院和1个独立学院，以及绍兴广播电视大学、绍兴文理学院附属第一医院、绍兴文理学院附属第二医院和绍兴文理学院附属医院。学校现有全日制在校生2万余人，设本部、兰亭、上虞三个校区，有汉语言文学1个国家特色专业，中国古代文学、计算数学、课程与教学论等3个浙江省级重点学科，生物科学、汉语言文学、工商管理等3个浙江省级重点专业，会计学、小学教育、纺织工程、数学与应用数学等4个浙江省级重点建设专业，生物、电工电子、物理等3个浙江省级实验教学示范中心。学校目前已经被确定为硕士学位授权立项建设单位。中国语言文学、工商管理学、化学等3个学科成为硕士学位授权建设学科，纺织科学与工程、数学、物理学等3个学科成为支撑学科。

2009年，绍兴文理学院深入开展学习实践科学发展观活动，以“提升内涵上层次，服务地方促发展”为实践载体，广泛动员，精心组织，开展了扎实有效的工作。在科学发展观的指引下，学校发展目标、办学定位、办学思路进一步明晰，确定了向教学研究型大学转型的目标，形成了新的“一二三四”发展战略。2009年10月，学校成功举办了办学100周年庆祝活动。全国人大常委会副委员长韩启德，省委书记、省人大常委会主任赵洪祝，省委副书记、省长吕祖善等领导同志以题词、贺信等形式祝贺学校办学百年。学校引进首批“鉴湖学者”讲座教授3名，教授和博士13名；12名教师入选省“151人才”第三层次，9名教师入选省青年教师资助计划；1名教师获“全国优秀教师”称号。学校新获12个学科的副高级专业技术资格评审权，新晋升正高11人，副高22人。目前，学校具有高级职称的教师在专任教师中的比例已达63%，师资队伍结构更加优化，实力与水平显著提升。学校在教学质量工程建设方面取得了一系列标志性成果：新增国家级特色专业1个、省级重点建设专业3个、省级精品课程3门、省级教学团队2个、省新世纪教改项目5项、省级教改课题5项、省级重点建设教材6本；获得国家教学成果二等奖1项（第二完成单位），省教学成果一等奖1项、二等奖2项。大学生学科竞赛取得了优异成绩，在全省高校中排名第六。

2009年，在校党委的正确领导下，校党委统战部坚持以邓小平理论、“三个代表”重要思想和科学发展观为指导，认真学习贯彻党的十七届四中全会精神，坚持“围绕中心、服务大局，培养人才、建好队伍，广交朋友、凝聚力量”的基本工作理念，围绕“重学习、明思路，搭平台、出成效，重基础、促发展”的工作思路，用创新的精神、务实的态度积极推进统战工作，取得了新进展。

重学习，明思路。上半年，学校按照要求开展学习实践科学发展观活动，在学习实践活动中，统战部结合我校统战工作的实际，深入调查研究、广泛征求意见，进一步明确了今后的工作重点和任务。即要围绕学校的发展战略和发展目标，鼓励和支持广大党外人士积极投身学校和地方的社会经济发展，彰显亮点，突出特点，推动学校统战工作上层次、上水平。召开了各民主党派主要负责人会议，对开展学习实践活动作了统一部署，并编发学习资料、举办征文比赛，在党派活动日对各党派负责人进行专题讲座，各党派纷纷专题学习和研讨，进一步提高了广大党外人士对学习实践活动重要性和必要性的认识，增强了大家学习实践科学发展观的自觉性和主动性。

搭平台，出成效。经过近几年的努力，统战部为民主党派充分发挥作用和力量搭建了多个平台。一方面“党委出题，民主党派调研，行政采纳，职能部门落实”的民主管理、民主监督模式在我校已基本形成。另一方面统战部以学习实践科学发展观活动为中心，深入地方，走向基层，就地方经济社会发展中的热点问题开展了“党派活动日”活动，从而为我校民主党派人士服务地方又开辟了一条有效路径。同时统战部积极支持鼓励代表委员们参政议政，在提案、议案和建议的数量和质量上都有了一定提高。

重基础，促发展。支持和帮助各党派加强自身建设。一是思想先行，积极引导各民主党派加强思想建设。二是加强党派间的学习交流，提高工作水平。三是加强组织保障，帮助各民主党派加强组织建设。在协助做好各党派的成员发展工作的同时积极做好党外干部选拔推荐工作。

**【开展“党派活动日”】** 5月9日，由校党委统战部牵头，民建支部承办的以学习实践科学发展观为主题的“党派活动日”先后在上虞分院和嵊州宏达制衣有限公司举行。校党委副书记宋培基亲自率队，各民主党派和知联会主要负责人以及校党委统战部负责人参加活动，并做发言交流。

**【开展“我为学校发展献一计”活动】** 继续在校内开展“我为学校发展献一计”活动，并将意见和建议汇编成册，下发给相关部门，形成了“党委出题，党派调研，部门落实”的工作机制。2009年基本做到每个党派成员一人一计。

**【民盟成员钱伟平任绍兴市教育局副局长】** 民盟支部副主委钱伟平老师在市局级干部选拔中，顺利入围，被任命为绍兴市教育局副局长。

**【前往福建师范大学考察调研】** 暑假期间，校党委副书记宋培基带领学校各民主党派主要负责人前往福建师范大学考察，学习福建师大开展统战工作和进行党派基层组织建设的先进经验。

**【与绍兴市药监局开展联谊活动】** 12月20日上午，学校党委统战部、各民主党派和知联会主要负责人前往绍兴市食品药品宣传教育中心参观考察，并为如何进一步充分发挥宣教中心食品药品安全宣传阵地作用积极建言献策。

**【举行社情民意恳谈会】** 11月6日，绍兴市政协研究室专程来学校召开社情民意恳谈会，就社会民生的热点问题听取了学校部分政协委员的意见和建议。 （苗　欣）

## 台州学院党委统战部

**【综述】** 台州学院是一所经教育部批准，由浙江省和台州市共管共建的综合性普通高校，办学历史悠久，其前身是1978年经国务院批准建立的台州师专，其办学源头可上溯至1907年三台中学堂简易师范科。学校现在临海和椒江两地办学，校园总占地面积1447亩，总建筑面积37.88万平方米，现有馆藏纸质图书133.5万册，中外文期刊3100种，数字信息资源丰富，拥有总值10682万元的教学、科研仪器设备，建有标准田径运动场、游泳池等先进设施。学校下设14个二级学院，开设了36个本科和16个专科专业，专业涵盖文、理、工等九大学科。有全日制本、专科在校生13000余人。学校现有专任教师763人，高级职称教师占31.07%，具有博士、硕士学位的教师占54.62%。教师中有6人获国务院特殊津贴，30人次被授予全国“五一”劳动奖章、全国模范教师、全国优秀教师，浙江省有突出贡献中青年专家等各类省部级以上荣誉称号，11人受聘担任浙江大学、四川大学博导、硕导。学校还聘请了30余名国内外知名专家学者为客座教授。学校现与美国、德国、韩国、新西兰、瑞典等国的近20所高校开展交流合作，已培养多批外国留学生，学校学生可以出国留学。历经了百年风雨历程的台州学院，正在“澡身浴德、修业及时”的校训引领下，认真实施“跟跑跨越”战略，全面贯彻落实“目标引领、差距管理、过程控制、品牌创新、党建固本”二十字工作方针，大力推进内涵建设与质量提升。

2009年4月，校党委统战部独立设置，结束了自2003年成立统战部以来，与宣传部合署办公的历史，并配备1名专职部长和一名专职统战干部，做到编制、人员、经费、办公场地等落实。截至2009年底，学校共有教职工1241人，其中党外人士565人，占全校教职工总数的45.5%，具有副高以上职称295人，其中党外163人，占

55.3%；博士93人，其中党外58人，占62.4%。学校现有5个民主党派，分别为民革、民盟、民进、农工党和九三学社，成员数为68人（含退休20人）。民进和九三学社2个民主党派独立设立了基层组织，民革和民盟支部与临海市合并成立，主委均为学校教职工，成员也以学校教职工为主。在党外人士中，台州市人大代表1人，政协委员4人，临海市政协委员3人，民主党派台州市委会委员3人。学校中层干部中，党外18人，占18.9%，教代会正式代表342人，其中党外155人，占45.3%。

【指导思想】 坚持以党的十七大精神为指引，以推动学校统战系统全面深入学习实践科学发展观、着力开创统一战线服务科学发展和实现自身科学发展新局面为主要任务，深刻认识和全面把握高校统战工作面临的新形势、新要求，夯实基础，突出特色，以工作机制创新来推动重点难点问题的解决，不断扩大统一战线的功能和优势，同舟共济凝聚人心，统筹兼顾汇聚力量，围绕中心，服务大局，为促进学校科学发展、维护学校稳定及“后评估阶段”台州学院新一轮发展献计出力。

【理论学习】 进一步学习贯彻省委组织部、统战部和省委教育工委联合下发的《关于进一步加强我省高校统一战线工作的实施意见》和夏宝龙同志在全省高校统战工作会议上所作的《深入学习实践科学发展观 努力推进我省高校统一战线事业蓬勃发展》的重要讲话精神，结合该校统战工作实际，学校党委出台了《关于进一步加强统一战线工作的实施意见》的文件，健全和完善我校统战工作机制，推动并加强我校统战工作制度化、规范化建设。

【领导重视】 学校党委十分重视统战工作，独立设置统战部。党委副书记韩建飞分管统战工作、副校长张明龙联系统战工作，建立党政领导联动制度。原教务处处长邵伟国教授任统战部部长。10月份，召开首届统战工作会议，党委书记陈浩作统战工作报告，民主党派代表、党总支代表、知联会等负责人在大会上进行了发言。学校党政领导，各级人大代表、政协委员，各党总支书记、统战委员，相关部门负责人，各民主党派、知联会负责人，无党派人士代表，少数民族教师代表，侨眷代表等共70多人参加会议，台州市委统战部、椒江区委统战部、临海市委统战部领导应邀出席。12月初，全省高校统战工作督查组对该校进行统战工作督查，校长龚建立致词，学校党政领导，各级人大代表、政协委员，各党总支书记、统战委员，相关部门负责人，各民主党派、知联会负责人等40多人参加了会议，督查组对我校统战工作所取得的成绩给予了充分肯定，并归纳总结了“四动”的鲜明特色，即：党委重视、党政联动，认识到位、积极行动，营造氛围、贵在推动，体系健全、有效活动。通过这两次会议，全校教职工提高了对统战工作重要性的认识，营造了“大统战”的良好氛围。该校已经初步形成了校院两级党政共管、统战部总负责、各党总支配合、各基层党派组织直接参与的“立体式”统战工作格局。

【组织建设】 帮助各统战基层组织有计划、按程序、积极慎重地做好成员的发展及培训工作，提高成员的政治把握能力、参政议政能力、组织协调能力、合作共事能力。2009年5月，2人分别被民进和民盟支部吸收为新成员。鼓励党外知识分子联谊会成员发挥自身优势，积极参与学校组织的各类校地、校企合作及产学研对接活动。参加浙江省党外知识分子联谊会工作推进会，形成《完善机制 创新载体 扎实推进知联会工作上台阶》汇报材料，并在大会上作经验介绍，这是全省唯一一所地方性本科高校。根据省委统战部统一部署，做好该校无党派人士主题教育活动总结工作，并参加省、市委统战部分别召开的无党派主题教育活动总结大会。

【制度建设】 学校党委出台《关于进一步加强统一战线工作的实施意见》，进一步完善我校统战工作六项制度。各党总支都配备1名统战委员，召开首次统战委员会议，明确工作职责，建立统战委员数据库和党外人士数据库，制定和完善校、院两级党政领导与党外代表人士联系交友制度。

【参政议政】 不断完善和落实情况通报会制度和重大决策前的民主协商制度，扩大党外人士的知情权，发挥党外人士参与民主管理的作用，促进学校各项决策的科学化、民主化、程序化。配合学校党委组织好“科学发展 问计党外人士”、“学习深入实践科学发展观活动总结大会”、“中层干部扩大会议”和“两会”代表座谈会等，以及做好《台州学院岗位聘任和岗位津贴制度暂行办法》、学习实践科学发展观校领导班子分析检查报告内容等意见征集活动，积极鼓励党外人士为学校的进一步发展建言献策。该校民革支部向即将召开的台州市“两会”提交《建议在全市各医院逐步试行“电子病历”，逐步实现看病“一卡通”》等提案。临海市政协委员、该校民盟主委曹小荣向临海市提交了《关于在临海市区增设旅游景点标记的建议》，盟员蒋轶老师在台州市各民主党派联合组织的金点子活动中提出了《关于打造无线台州的建议》，并获得三等奖。推荐民进支部《关于设立台州市经典文献工程的提案》参加市政协三届五次会议优秀提案评选。

**【党外干部培养选拔】** 加强与省、市委统战部门的联系，重视党外骨干和后备队伍的培养、考察和推荐工作，帮助他们提高素质，切实履行参政党职能。努力为党外代表人士发挥作用创造条件，为他们培训学习提供机会。推荐陈英才同志赴北京参加市委统战部组织的党外人士代表培训班培训，刘宏照同志参加浙江省第一期归国留学人员理论研讨班学习，陈亦人同志参加台州市知联会组织的考察调研活动。积极配合市委统战部做好台州市“十百千”党外后备干部举荐工作，其中处级后备干部2人，科级后备干部11人。12月份，民革台州市委会和民进台州市委会相继换届，该校孙绍临和胡正武分别当选为民革、民进台州市委会第三届委员会委员。推荐民进支部主委胡正武教授担任台州市行风督查员（对接单位为台州市民政局），物电学院博士、畲族、副教授雷必成为椒江区第二届少数民族联谊会副会长，统战部部长邵伟国教授被增补为台州市政协委员，1人被评为2008年度民革台州市委会先进党员。

**【宣传调研】** 做好统战宣传工作，向上级统战部、校园网等发送统战工作动态和信息共13条。根据民进台州市委会的总体部署，该校民进支部完成了《关于灵江水系水污染及治理》、《推进“家电下乡”的若干建议》和《台州外向型中小民营企业困境与对策》调研课题，并作为台州民进市委会集体提案提交2010年市政协大会使用。我校民盟支部向民盟台州市委会提交了《对村民委员会选举中存在问题的调查和思考》的调研报告。

**【学习实践活动】** 根据学校统一部署，校党委统战部将统战系统纳入到全校开展学习实践科学发展观活动的整体规划，确定了“凝聚统一战线力量 服务学校科学发展”的活动载体，并进行解读，各项工作都紧紧围绕这一主题有序展开，并形成了调研报告。积极鼓励各民主党派基层组织结合自身实际，组织好以深入学习实践科学发展观为核心内容的主题教育活动。加强学习交流，巩固活动成果。以学校开展深入学习实践科学发展观活动为依托，组织各民主党派、知联会负责人及各级党外人大代表、政协委员参与解放思想专题报告会、恳谈会、研讨会等活动，共商学校发展大计，通过互相交流与探讨，使各民主党派、团体之间形成一种相互学习、相互促进的良好氛围，增强活动的实效，巩固活动成果。

**【统战活动】** 9月份，党委副书记韩建飞率党外代表人士赴学校抗战时期办学旧址仙居县下张小学、三井寺，开展了以“传承办学传统 同心同德 开创台州学院统战工作新局面”为主题的党外人士“国庆中秋”联谊活动，这是该校首次将联谊活动从校内转向校外，从单一的茶话会形式转向外出考察交流、接受办学传统教育的新的活动载体的尝试，通过创新活动载体，更加密切了与党外代表人士的联系与情感沟通，增强了党外人士的凝聚力和向心力，为他们更好地服务学校各项事业的发展提供了精神鼓励。校党委书记陈浩与党外人士见面、交流，并提出“服务大局有高度、团结联络有广度、对外交往有深度、推干荐才有力度、自身建设有强度”五方面要求。配合台州市委统战部做好香港大学生浙江考察团来该校椒江校区考察交流工作，举办“心手相牵”——台州学院·香港大学生联谊会。民进支部组织会员赴三门、温岭、仙居等地就金融危机下的台州企业及该市非物质文化遗产的保护问题等开展了考察调研，并参观了该校在仙居的办学旧址——仙居下张小学，赴黄岩参观“黄岩名人博物馆”、“中国柑橘博物馆”和长潭水库，并与黄岩区特色办学示范单位灵石中学开展了助教交流。副校长张明龙率该校党外知识分子联谊会成员一行30人赴三门县参观考察了三门核电站、三门滨海新城和沿海工业城，受到了三门县人大常委会副主任、知联会会长洪燕，三门县政协副主席、知联会副会长杨树军的热情接待。

【自身建设】 积极参加总支、支部开展的各种学习、实践活动，切实加强党性修养，努力提高业务水平和工作能力。2009年，校党委统战部成员赴浙江工商大学党委统战部、温州大学党委统战部、浙江师范大学党委统战部等3所高校考察学习，为更好地开展我校统战工作吸取宝贵的经验。深入开展党风廉政建设和反腐败工作，健全目标绩效考核机制，加大工作督查力度。加强机关作风建设，提高服务质量，通过真情服务，努力为建设具有强大凝聚力的统一战线做出新贡献。统战部朱晓弘同志被评为2009年度台州市直机关优秀共产党员。 （朱晓弘）

## 浙江万里学院党委统战部

【综述】 浙江万里学院是在一所具有60余年办学历史的省属普通高校基础上进行管理模式和运行机制改革的新型高校。学校现有商学院、法学院、文化与传播学院、外语学院、设计艺术与建筑学院、生物与环境学院、电子信息学院、计算机与信息学院、基础学院等9个二级学院，设有36个本科专业，现有在校本科生、外国留学生2万余人。全校有教职工1320名，专任教师992人，其中高级职称教师360余人。截至2009年底，学校有民主党派成员78人，成立基层组织的民主党派5个。

2009年是学校创新办学10周年，也是深入贯彻落实科学发展观、积极推进和谐社会建设的重要一年，更是学校深化改革、提升层次的关键之年。学校党委始终把做好统战工作作为党建工作的重要部分，作为落实“以生为本、以师立校”办学理念和构建和谐校园的有效载体，重视和加强统战工作，和衷共济，谐力发展，积极引导统一战线人士在科学研究、教书育人、社会服务等方面发挥重要作用。

【认真学习贯彻统战理论方针政策，把统战工作作为党委的重要工作来抓】 学校党委深入学习《中共中央关于巩固和壮大新世纪新阶段统一战线的意见》、《关于进一步加强我省高校统一战线工作的实施意见》、全国第20次统战工作会议和党的第十七次代表大会会议精神，认真把握新世纪新阶段统一战线的新发展新变化，从提高党的执政能力、发展中国特色社会主义事业、增强中华民族凝聚力的高度充分认识巩固和壮大统一战线的重要意义。党委深刻认识到，在我们这所办学体制改革的高校，认真做好统战工作是学校实现奋斗目标的一个重要法宝，是形成学校民主氛围的一大政治优势，是推动学校可持续发展和扩大学校知名度的一支重要力量，是团结、凝聚广大党外知识分子的有效载体。党委、行政班子成员都真诚地与不同政治背景、不同学术层次、不同年龄与个性的党外知识分子交朋友，求同存异，形成了良好的民主政治氛围，提高了决策的民主化、科学化水平。学校党委书记亲自抓统战工作，另有一名党委副书记协管统战工作，学校党委统战部与组织部合署办公，设有统战部部长1人、副部长1人、统战干事1人，各党总支（分党委）均设有统战委员，统战工作列入党委对党总支学年度目标管理考核范围。为使广大教职工更好地了解统战工作，我们通过学校红色网站“万里先锋”网上的“统战万里”子页，积极宣传党在新时期的统一战线理论，真诚介绍各民主党派、无党派人士，及时反映我校的统战工作。

【重视培养使用党外知识分子，不断为各类人才的成长铺设台阶】 该校在干部队伍建设中高度重视培养使用非中共骨干知识分子，重视党外知识分子任职安排工作。目前行政班子中安排了1名副校长（民进成员），党委经常请其列席民主生活会和其他有关会议，在团结协作上肝胆相照。全校中层干部中党外干部占中层干部的17%，9个二级学院中有5个院长和7个副院长是党外人士，机关和教辅队伍中有1名处长、3名副处长是党外人士，他们已成为学校教学、科研、管理的重要力量，在学校事业发展中发挥着积极的作用。学校各级后备干部选拔培养中考虑一定比例的党外干部，通过派任务、压担子提升后备干部队伍建设，并有计划地选派党外人士外出挂职锻炼。2009年，学校党委推选乐安波、董俊峰等2人参加省市归侨侨眷代表大会，推荐郭永恩、杨亚萍、魏水英等5人进入宁波市党外知识分子骨干数据库。

2009年，民进成员钱国英教授获得了全国“三八”红旗手、“全国优秀教育工作者”，“浙江省有突出贡献中青年专家”、浙江省十佳巾帼发明者等称号；民盟成员闫国庆被评为第五届浙江省高校教学名师，其领衔的“港口经济”团队成为浙江省创新团队；民进成员陈忠法老师被评为全国优秀科技特派员；王东兴获民革市委会参政议政先进个人；无党派人士梁丰获得浙江省科技进步三等奖，其领衔的团队获得宁波市服务型教育专业群建设立项。

**【重视协助各民主党派加强自身建设，积极为促进多党合作事业的发展服务】** 学校党委统战部认真贯彻党委的要求，高度重视党派基层组织建设。组织了各党派基层组织负责人和无党派人士代表学习中央文件精神，进一步增强党派成员坚持和完善中国共产党领导的多党合作和政治协商制度的自觉性；支持民主党派基层组织发扬自我教育优良传统，在成员中积极开展思想政治工作；学校组织部、统战部和人事部统筹师资队伍建设、干部队伍建设，使得人尽其才、才尽其用，为党外知识分子成长成才创造条件。推荐、输送民主党派后备干部及无党派人士参加省、市有关方面组织的理论学习培训，努力培养一支政治上成熟、结构上合理、社会影响较大的党外代表人士队伍。2009年，该校民主党派组织发展迅速，民盟新发展郭晶、朱开佩，民进新发展闻学锋，民革新发展赵彩虹，九三学社新发展张秀丽。推荐胡长庆、张秀丽、郭永恩、杨亚萍、魏水英等5人参加宁波市社会主义学院培训。

第二批学习实践活动开展以来，学校党委认真组织全校党外知识分子开展深入学习贯彻科学发展观活动，邀请中共宁波市委统战部副部长叶剑辉来校作“多党合作与民主党派工作”专题报告，邀请宁波市民族宗教事务局副局长徐松庆来校做“科学理性看宗教，讲究策略做工作”的专题报告。

另外，学校党委还专设“民主党派活动室”，每年为他们提供比较充裕的活动经费，安排必要的调研、培训和活动。学校非常重视海外留学归来的教师，经常组织他们联谊和座谈，为他们发挥作用营造良好环境，听取他们的真知灼见，研究办学与国际接轨的“金点子”。学校成立了博士、教授联谊会，经常性开展活动，为他们建言献策创造平台。

**【用制度规范统战工作，充分发挥统战成员的作用】** 学校现有民革、民盟、民进、致公党、九三学社各1个支部，有民主党派成员70余人。他们通过建章立制规范日常统战工作，不仅能确保日常工作的有序进行，而且便于监督和对照检查，具有可操作性。《浙江万里学院统战工作条例》中明确了坚持“座谈会制度”、“同各党派一把手谈心制度”、“党委领导联系各党派负责人制度”、“党外代表性人士参加学院有关会议制度”等，都得到较好的贯彻。例如：浙江万里学院教代会、工代会、全体中层干部会议召开时，我们每次都专门把民主党派代表性人士作为特邀代表列席会议，以保证他们知情与参与学校的民主管理。学校在开展全员岗位聘任工作前，校党政主要领导都事先听取党外知识分子的意见，发挥他们对学校建设的参谋、助手及民主监督作用。最近学校又出台了《浙江万里学院加强统一战线工作的实施细则》，进一步推进了学校统战工作的制度化、规范化。

该校民主党派和无党派代表人士能紧紧围绕学校发展的中心工作，积极建言献策、献计出力。本着与中国共产党“肝胆相照、荣辱与共”的精神，本着中国知识分子的良知与执著，不遗余力地为学校的发展和建设建言献策，添砖加瓦。以赤诚的爱心与满腔的热忱对待每一个学生，把学生的成长成才视为自己最大的成就和幸福，循循善诱，言传身教，当好学生的良师益友。兢兢业业，勤勤恳恳，一丝不苟地做好学校各项工作。

**【创造使党外知识分子人尽其才、安居乐业的环境，共同打造和谐校园】** 和谐校园建设是一个漫长的过程，因此需要最广泛的校园主体的参与。学校党委在工作要点中提出“营造纯洁和谐的人际环境，提高全校师生员工的凝聚力”的要求。具体落实到统战工作中，就要使统战工作在发挥大团结、大联合优势的同时，重视高校统一战线本身成员的自身特点，引导他们确立社会主义荣辱观，在继承和传播人类优秀文化中，在创造符合时代要求的科学文化成果方面，充分发挥他们的智慧、优势与热情，以推动和谐校园建设。

本年度以来，学校党委在绿色政治生态框架下继续发挥统战工作在争取人心、凝聚力量、协调关系、化解矛盾中的积极作用，勇于创新，积极为统战对象搭建平台、拓展空间、做好服务，在多元文化中积淀具有万里特质的校园文化，更好地发挥党外知识分子的作用，推进学校事业的进一步发展，进而为学校党外知识分子的发展赢得更好的平台和空间。2009 年 1 月学校党委统战部获得了宁波市统战工作创新奖和浙江省统战工作创新奖，其中省高校系统中仅我校和浙江师范大学获得浙江省统战工作创新奖，宁波市高校系统中仅我校获得宁波市统战工作创新奖。

（中共浙江万里学院委员会）

## 宁波工程学院党委统战部

**【综述】** 宁波工程学院是一所由宁波市政府举办的全日制普通本科院校，前身宁波高等专科学校创建于 1983 年 5 月。2004 年 5 月升格更名为宁波工程学院。学校分东、西两个校区，占地面积 1400 多亩［西校区（翠柏路）300 亩；东校区（风华路）规划 1100 多亩，其中已建成约 400 亩］，校舍建筑面积 31.77 万平方米。现有 11 个二级学院，27 个本科专业。有教职工 878 人，在校全日制学生 10013 人。

学校综合办学条件良好，基础设施齐备。现有教学仪器设备总值超过 1 亿元，馆藏图书纸质图书超过 100 万册，数字图书资源 310GB。目前学校专任教师 551 人，其中有硕士以上学位者 370 人，占 67%，博士 110 人，占 20%；副教授 140 人，教授 58 人，副高以上占 36%，师资队伍建设呈现良好发展态势。

学校以学科建设为龙头，以市场需求为导向，精心设置专业，坚持工科为主，多学科协调发展。学校不断提高专业建设水平，办好优势专业，扶植特色专业，全面实施“321 教学质量工程”。土木工程被列入教育部特色专业，现有省级重点建设专业 4 个，市级重点建设专业 4 个，省级重点学科 2 个。

学校加强科研基地和队伍建设，大力开展应用性科技研究和开发。2009 年科研经费超过 4000 万元，获国家自然科学基金项目 3 项，省自然科学基金 5 项；发表论文 240 余篇，其中三大检索论文 56 篇。取得专利 12 项，其中授权发明专利 9 项。学校积极推进产学研结合，科研成果的应用转化成效良好。

宁波工程学院现有民主党派成员 66 人，主要涉及民革、民盟、民建、民进、农工党等党派，其中民盟、民进、九三学社三个党派设立了支部，党外知识分子 200 多人。专任教师中，党外教师占教师总数的 37.04%；正高职称中，党外知识分子占 27.59%；副高职称中，党外知识分子占 22.22%；中层干部中，党外人士占干部总数的 15.48%；各级人大代表、政协委员 11 人。民主党派和党外知识分子充分发挥了作用，为宁波经济社会发展和学院改革发展作出积极的贡献。

**【认真贯彻全省高校统战工作会议精神，迎接省检查组检查统战工作】** 12 月 1 日省委统战部、省委教育工委联合对我校统战工作进行检查，院党委书记郭华巍出席，院党委统战部部长戴志伟汇报情况，检查组高度评价该学统战工作。6 位党总支书记和 10 位民主党派和党外知识分子负责人分别参加座谈会。

**【发挥各统战团体参政议政作用，为学校和社会发展献计献策】** 4 月在开展深入学习实践科学发展观活动期间，邀请党外人士参加座谈会，他们就学校发展特别是结合 2009 至 2015 学校发展规划，献计献策，党委书记郭华巍出席。无党派知识分子联谊会还专门安排座谈会组织成员学习讨论学校新一轮发展规划，校知联会联系领导、党委委员、副院长宣东升出席。在年初召开的宁波市及海曙、江北、镇海区“两会”期间，该校党外政协委员和人大代表积级参政议政，人均提案 3 件以上，共提提案 30 件。无党派知识分子联谊会副会长陈洪波参加上海长三角经济社会发展研讨会。党外同志在各自工作岗位上兢兢业业，做好教学、科研和社会服务工作。

**【落实各项统战工作制度，形成良好氛围】** 在实职安排制度方面，3月份提任无党派知识分子联谊会会长教务处副处长岳爱臣同志为教务处处长；7月份提任九三学社社员、电信学院副院长张永平同志为电信学院院长；在对口联系制度方面，所有党委领导与联系对象进行交流、沟通；通报情况制度方面，9月29日国庆中秋之际，学校召开统战工作座谈会，通报学校情况，听取意见建议，欢度国庆中秋。院党委书记郭华巍出席，就学校近期工作情况进行通报，听取与会人员对第四轮人事分配制度的意见，并与他们一起欢度国庆中秋。

**【支持统战团体和个人开展活动参加培训，帮助党派加强自身建设】** 学院支持留联会赴杭州学习考察，支持民盟支部赴安吉考察，支持九三学社支社赴海宁学习考察。各党派和团体活动正常，不断加强组织建设，各统战对象的作用发挥也越来越明显。留联会积极参加宁波市留委会成立五周年庆祝大会，并在2月20日召开的宁波市留学人员和家属联谊会三届五次理事会议上被正式增选为市留联会三届理事会理事。选派杨仁法、焦永兵、周军三名无党派人士参加宁波市委统战部在社会主义学院举办的党外知识分子培训班。选派留联会成员化工学院肖勋文博士参加浙江省海外优秀归国留学人员培训班。推荐党外同志高教所副所长周军博士为镇海区党外知识分子联谊会成员。积极参加市委统战部在余姚召开的宁波市党外知识分子工作推进会，统战部长戴志伟和知联会副会长陈洪波同志参加。

**【党外人士在教学科研方面取得成绩】** 学院党外知识分子自觉服从和服务于党和国家的工作大局，围绕国家和地方建设开展科技攻关，加强横向课题研究，工作范围进一步开拓，并取得了一批重大科研成果，产生了较好社会效益和经济效益。2009年党外知识分子参加各类学术交流会8人次；在研国家级课题3项；完成国家级课题1项；市级以上科技进步奖2项；获得专利5项。（陈　红）

## 丽水学院党委统战部

**【综述】** 丽水学院是一所本科层次的普通高校。其前身是创建于1907年的处州师范学堂，以后几易其名，由浙江省处州师范学校到丽水师范学校，1977年设立浙江师范学院丽水分校，1978年经国务院批准定名为丽水师范专科学校，2004年5月经教育部批准升格更名为丽水学院。

学校占地913亩，校舍建筑面积29万平方米；单价800元以上的教学仪器设备总值6763万元；馆藏纸质图书125万册，另有电子图书129万册，报刊2400多种。学校设有11个二级学院和1个成人教育学院，普通全日制本专科在校生12674人，开设有29个本科专业和29个高职高专专业，涵盖9大学科门类，有3个省级重点学科，3个市级重点学科，7个省级重点专业或重点建设专业，12门省级精品课程。在职教职工967人，其中专任教师698人，专任教师中具有副高级以上专业技术职务的专任教师265人，具有博士、硕士学位或研究生学历教师323人。有省级教学团队3个，省高校教学名师2人，省教坛新秀3人，省高校中青年学科带头人10人，入选省“151人才工程”11人，丽水市专业技术拔尖人才6人，市科技新秀2人；享受国务院特殊津贴人员2人。

截至2009年底，学校有民革、民盟、民建、民进、农工党、致公党和九三学社等7个民主党派，共有成员144人，其中民革17人、民盟46人、民建11人、民进32人、农工党14人、致公党1人、九三学社23人。民主党派成员中2人任丽水学院副院长、1人任农工党丽水市委会主委、1人任民盟莲都区委会主委。除致公党外，其他6个民主党派在本校都建有基层组织（其中民盟建有丽水学院总支部）。2009年民主党派新增成员8人。成立了无党派知识分子联谊会，现有会员39人。

学校在职处级及以上干部共98人，其中党外处级及以上干部19人（其中校级领导2人，正处级3人；含无党派5人），占19.4%；科级干部共150人，其中党外科级干部41人（含无党派26人），占27.3%。现任各级人大代表和政协委员19名，其中省政协委员2名，丽水市人大代表2名、市人大常委1名，市政协委员13人，市政协副主席1名、常委1名，莲都区政协副主席1名。

**【成立无党派知识分子联谊会】** 丽水学院无党派知识分子联谊会成立大会于12月29日召

开。校党委书记肖建中、副书记张建平，丽水市委统战部常务副部长邢长勇，校党委委员、统战部部长吕绍明，丽水市委统战部党外知识分子处处长陈茂荣，校党委统战部的同志、各民主党派负责人参加了大会。

**【召开统战工作会议】** 9月11日，学校召开统战工作会议。会议传达了全省高校统战部长会议精神，部署近期学校统战工作。党委副书记张建平出席会议并讲话，党委委员、统战部长吕绍明主持。张建平在简要回顾该校统战工作取得的成绩的基础上，着重就如何提升该校的统战工作水平提出了要求。吕绍明对近期学校统战工作作了具体部署。学校各党总（直属支部）书记、统战部负责人等参加了会议。

**【召开党外人士座谈会】** 9月29日，学院召开党外人士座谈会，共商学校发展大计。院长朱土兴、副院长李江波出席。党委委员、统战部长吕绍明主持。来自学院各民主党派、无党派人士代表和统战部有关人员20余人参加了座谈会，朱土兴院长向与会人士通报了学校的近期工作情况，就事关学校发展和大家关心的问题征求党外人士的意见。

**【举行2009年统一战线新春团拜会】** 1月5日，学校举行2009年统一战线新春团拜会。学校党政领导班子全体成员与学校的省、市人大代表、政协委员、民主党派主要负责人、无党派代表人士和少数民族代表70人欢聚一堂，喜迎新春，共话美好未来。肖建中在会上致新年贺辞。他对大家一年来为学院改革、建设和发展所付出的辛勤劳动表示衷心感谢，并向在座的同志们致以新年的良好祝愿。

**【努力做好民族宗教工作】** 学校高度重视民族宗教工作，注重加强马克思主义民族观、宗教观和党的民族、宗教政策以及有关法律法规的宣传教育。本校有少数民族师生700多名，其中学生660多人，遍及31个少数民族，分别来自12个省份。学校于9月10日召开了民族师生座谈会，会议传达了中央、全省关于深入开展民族团结宣传教育活动意见的文件精神，对民族和民族教育问题提出意见和建议，并对推进该院民族团结宣传教育活动各项工作进行动员部署。12月17日召开民族教育工作座谈会，吕立汉副院长向与会同志通报了2009年该校民族教育工作情况，介绍了2010年我校民族工作的思路和打算，听取他们对学校的民族教育工作的意见和建议。

**【九三学社丽水学院支社获省“先进基层组织”称号】** 9月份，九三学社浙江省委员会表彰了一批省先进基层组织，九三学社丽水学院支社获得“先进基层组织”的光荣称号。

（彭建平）

## 浙江广播电视大学党委统战部

**【综述】** 2009年，浙江电大高举中国特色社会主义伟大旗帜，以邓小平理论和“三个代表”重要思想为指导，全面贯彻落实科学发展观，在中共浙江省委统战部和省委教育工委的关心指导下，紧密结合电大实际，做好统战工作。

浙江广播电视大学创办于1979年2月，是一所运用计算机网络、多媒体课件、音像和文字教材及广播电视等多种媒体，以开展现代远程开放教育为办学主体的省属高等学校。浙江电大系统有省电大校本级、10所市级电大、59所县级电大和11所直属学院（分校、教学点）。办学30年多来，学校充分依靠和发挥省市县电大系统办学的优势，以为浙江经济建设和社会发展培养“学得起、用得上、留得住、下得去”的应用型高等专门人才为己任，至今已累计培养大专及以上毕业生40余万人，开展非学历教育培训500万余人次。

省电大本级教职工347人（在职250人，离退休97人），其中民主党派成员32人（在职22人，离退休10人）；党外政协委员1人（省级）；党外干部中层（含无党派人士）正职6人，副职3人；无党派人士中层正职3人，中层副职1人；党外知识分子高级职称人数为民主党派9人，无党派人士3人；学校民主党派组织为九三学社浙江电大支社，成立于1989年10月，系九三学社省委会直属基层组织。

学校一直重视统一战线工作。学校党委认真贯彻落实《中共中央关于进一步加强中国共产党领导的多党合作和政治协商制度建设的意见》，加强参政党的建设，密切党同广大知识分子特别是民主党派成员的联系，使大家进一步了解政策，交流信息，倾吐心声，联络感情，彼此激励，相互促进，在教学、科研、管理、技术第一线发挥了积极作用。全体党外人士在中共浙江广播电视大学委员会的正确领导下，坚持以邓小平理论和“三个代表”重要思想为指导，深入贯彻落实科学发展观，紧紧围绕学校中心工作，立足本职，爱岗敬业，刻苦钻研，勇于创新，团结进取，努力奋斗，为电大改革和发展事业做出了重要的贡献。

浙江电大本级统战工作先后由党委宣传部、党委统战部兼任，2005年6月8日学校发文成立党委统战部，与党委宣传部合署办公。作为校党委主管统战工作的职能部门，其主要工作职责是认真学习和贯彻党的统战理论、方针和政策，按照统战工作“长期共存，互相监督，肝胆相照，荣辱与共”的十六字方针，创造性地开展学校各项统战工作。

**【认真贯彻落实全省统战部会议和全省高校统战工作会议精神】** 按照省委组织部、省委统战部、省委教育工委《关于进一步加强我省高校统一战线工作的实施意见》和《中共浙江广播电视大学委员会关于进一步加强统一战线工作的实施意见》精神，进一步做好学校统战工作。

**【坚持和健全向党外代表人士通报情况、传达文件、征求意见和邀请他们参加重要会议的制度】** 学校党政主要负责人组织召开本校民主党派负责人、无党派代表人士、各级人大代表、政协委员等参加的座谈会，就学校发展的重大问题或涉及面宽的重要举措出台和调整，及时广泛地听取意见建议，并逐步形成征求意见和意见处理反馈机制。今年以来，该校举办书记或校长参加的征求党外人士意见座谈会2次；举办党外人士情况通报会2次；邀请党外人士参加学校举行的重要会议和活动3次；组织统战成员参加上级组织的培训班及报告会。

**【建立学校党政主要领导与党外代表人士的联系交友制度】** 学校、部门（学院）党政主要领导与党外代表人士保持经常联系，主动与民主党派基层组织负责人和无党派代表人士交朋友，听取他们对学校工作的意见，关心他们的工作和生活。党委统战部协助有关部门按规定妥善解决党外代表人士在工作、学习和生活等方面存在的困难和实际问题。

**【加强民主党派基层组织建设】** 支持九三学社浙江电大支社加强自身建设。九三学社浙江电大支社定期召开组织生活会，传达、学习中共浙江省委统战工作和九三学社浙江省委有关会议精神。支持民主党派开展联谊活动，邀请九三学社浙江省委有关部门领导参加，加强交流沟通。在党委分管领导带领下，九三学社电大支社组织到直属学院调研成人专科教育教学情况，围绕成人专科教育的招生、专业及课程设置、教学与教学过程管理、资源建设与使用、课程考核方式以及学生的日常管理和思想政治教育等内容进行调研；组织到金华电大调研成人专科教育教学情况，并就浙江电大2010级成专教学计划的制定征求了大家的意见，就成人专科教学计划中的培养目标、规格、课程设置及教材选用、教学组织、综合实践环节的实施、教学考核、招生组织等方面工作与金华电大相关部门负责人作了沟通和研讨。

**【支持党外代表人士参加有关会议和活动】** 支持他们参加多党合作、政治协商方面的重要会议和活动，参加统战系统的重要会议、活动和学习培训。对于学校统战工作范围内的重点党外代表人士参加必要的社会工作和社会活动，给予财力、物力方面的保障。 （相海珠）

## 湖州师范学院党委统战部

**【综述】** 学校位于历史悠久、山水清远、交通便捷的浙江省湖州市。其前身可以追溯到安定书院创办于1916年的“钱塘道第三县立师范讲习所”。1958年开始高等教育，1994年开始招收本科生。1999年3月，经国家教育部批准，原湖州师范专科学校、湖州师范学校和湖州教师进修学院合并成立湖州师范学院。学校以良好成绩通过了教育部评估，实现了跨越式发展。现有11个下属学院和1个独立学院——求真学院。学校现占地1600余亩，图书100多万册；全日制在校生16000多人；教授逾百名，硕博士400多名，享受国务院政府特殊津贴专家5人，省151人才工程和省高校中青年学科带头人21人。

学校有43个本科专业，拥有2个国家特色专业、4个省级重点学科、3个省级重点专业、7个省级重点建设专业。拥有1门国家级精品课程和20门省级精品课程。近年来，承担国家基金项目20余项，在国家一级刊物和国际权威刊物发表及SCI收录论文200余篇；研究成果获市厅级以上奖励100多项。学校坚持立足湖州、面向地方，主动为地方经济建设和社会发展服务，参与地方政府多项重点课题调研并撰写报告，与50余家企事业单位建立科技合作关系，承接服务地方项目440余项，其中一项与企业合作项目的技术水平达到国际同类产品的领先水平。

学校积极开展国际教育交流与合作，先后与美国、加拿大、澳大利亚、英国、俄罗斯、韩国、日本和香港等国家和地区的高校建立了校际友好合作关系，进行校际互访、学生交流、教师进修、专家讲学等广泛的学术交流活动和科研合作。学校目前已开展了留学生教育，招收了美国、加拿大、俄罗斯、巴西和印度尼西亚等国学生来校学习汉语和中医。

学校现有教职工1191人，专职教学科研人员646人。其中党外知识分子约390人，12个少数民族共42人，归国留学人员33人。学校现有民革、民盟、民建、民进、农工党、九三学社等6个民主党派师院基层组织，民主党派成员131人，其中在职89人，在职成员中，分别为民革8人、民盟29人、民建10人、民进12人、农工党9人、九三学社21人。共有高级职称96人，占民主党派总人数的73.3%。学校现拥有省人大代表1人，省政协常委1人、省政协委员1人，市人大副主任、政协副主席各1人，民主党派市委会负责人2人，有11名教师担任了第六届湖州市政协委员。2009年初，校党委组织部与党委统战部合署办公。统战工作由学校党委书记总负责，党委副书记主管统战工作。现设统战部部长1名，副部长1名。

**【建立长效机制，促进学校科学和谐发展】** 坚持以科学发展观指导统战工作，健全完善推进统战工作科学发展的长效机制，贯彻落实浙统发《关于进一步加强我省高校统一战线工作的实施意见》文件精神，2009年制定出台《关于进一步加强我校统战工作的意见》。在9月份学校各党总支（直支）换届选举中，各党总支设立统战委员，初步形成了由校党委统一领导、统战部牵头负责，二级学院齐抓共管的工作体系。12月完成了省委教育工委的统战工作抽查。

**【强化队伍建设，拓宽培养选拔渠道】** 加强党外代表人士队伍建设。2009年，新发展民主党派成员7名。各民主党派成员共参加各类培训15人次。选派部分党派优秀年轻干部、教师到市人才办、发改委等机关部门、基层骨干企业进行挂职锻炼，提高民主党派的参政议政能力和业务水平。注重党外后备干部培养使用。2009年中层干部换届后，学校中层干部队伍中，党外人士有13人，占学校中层干部总数的12%。在副处级后备干部的选拔中，充分考虑到党外人士的比例，目前35名副处级后备干部中，民主党、无党派人士占14%。

**【拓展工作范围，建立健全大统战格局】** 认真贯彻落实上级关于留学人员工作的方针和政策，重视留学人员的统战工作。为了广泛团结广大留学人员，对全校范围内的留学归国人员进行了摸底调查。11月份推荐了理学院的李庆峰参加了全省第一期归国留学人员理论研究班的学习。理学院的沈彩万被评为湖州市2009年度侨界创业创新十佳青年。

积极做好侨联、侨眷工作，2009年有3人被推荐为湖州市归侨侨眷大会代表，1人被推荐为省归侨侨眷代表大会代表候选人，1人被评为市归侨侨眷先进个人。

**【提升服务水平，充分发挥**

**作用】** 拓展统战工作载体，拓宽参政议政、建言献策的渠道。学校的情况通报会、意见征求会已实现常规化。2009年共召开7次民主党派情况通报会，学校党委书记、分管副书记出席作情况通报。7月，举办了暑期统战工作交流研讨会。对学校统战工作及民主党派规范化建设作了专题研讨，各民主党派交流了工作经验和工作思路。学校党代会召开前，专门召开民主党派负责人征求意见会，听取民主党派的意见和建议。党代会召开时，民主党派代表共10人作为特邀、列席代表参加了会议。

发挥人才智力优势，为地方经济建设服务。6月，农工民主党的刘利民和潘利敏共同合作、研究开发的国际科技合作项目“基于在系统编程微控制器的储水式自动浇灌控制装置”顺利通过验收。农工民主党刘利民在2009年分别获得国家5项专利。2009年暑假期间，学校组织的暑期“双服务”专项行动中，有7名党外知识分子代表参与此项工作，到赴市有关部门、企业挂职调研。发挥人大代表和政协委员作用，积极参政议政，2009年共上交书面提案20余篇。积极参加市委统战部组织的“各民主党派为湖州经济社会献计出力‘金点子’”活动，2009年共提出“金点子”21条。民进湖州市师院支部被民进浙江省委会授予先进支部荣誉称号。农工党湖州师院支部被中国农工民主党浙江省委会授予浙江省先进基层组织荣誉称号。民革湖州市师院支部被民革湖州市委会授予参政议政先进支部荣誉称号。

在服务大学生成长成才方面，积极开展与贫困学生结对子、向重病学生捐钱物等活动。联合各民主党派、无党派知识分子，发动社会各界爱心人士，开展“献爱心、助成才”活动，连续三年将募集的30万元经费发放到300多名贫困生手中，为学校、社会的和谐发展出了一份力。农工民主党为结对扶贫的太平桥村“农家书屋”捐赠了大量的图书。

（孙计萍）

# 5. 科研院所、国有企业统战工作机构

## 浙江省农业科学院党群办公室

【综述】 浙江省农业科学院现有民革、民盟、农工党、致公党、九三学社等5个民主党派组织，其中农工党、九三学社在该院设有支部和支社，是我省成立较早、农业科技人才集聚的民主党派基层组织之一。截至2009年底，共有民主党派成员122人，其中农工党党员47人、九三学社社员68人。另外，有副高以上无党派知识分子56人，党外省、市、区各级人大代表和政协委员6人。

该院统战工作以科学发展观为指导，认真贯彻党的十七届四中全会和中央、省委有关统战工作会议精神，围绕争创“三个一流”和推进“八大工程”建设，注重发挥好党外人士在科技创新、服务“三农”、建言献策中的作用；落实统战工作制度，加大对党外干部的教育、培养和使用；支持党派组织、制度建设，提高党外人士的思想政治素质、参政议政能力和民主监督水平，为促进我院创新发展、科学发展、和谐发展提供有力支持。

强化理论学习，提高思想政治素质。邀请党派正副负责人参加党委中心组理论学习和所处级干部培训班，支持党外人士参加省社会主义学院学习；结合国庆60周年、政治交接主题教育等，引导党派成员观看《建国大业》影片、学习《六个“为什么”－对几个重大问题的回答》及新时期统战理论政策等，进一步提高政治把握能力，增强创新科技为“三农”的责任感和使命感。

发挥党外人士参政议政、建言献策作用。一是支持党外专家、人大代表、政协委员开展各种社情民意、专题工作调研，参与省组织的科技兴农服务、科技兴企活动和科技扶贫工作，发挥他们参政议政作用，为我省经济社会发展、“三农”事业建言献策，贡献智慧和力量。如省政协委员部海燕参加了由省政协农业农村委同省海洋与渔业局组成的联合调研组，对我省“连家船”渔民的生产生活状况作了专题调查和分析研究，为省政府及有关部门科学决策提供依据；农工党农科院支部吕晓男参加省政协58号重点提案《促进我省土地流转良性发展的几点建议》办理工作座谈会，提出的有关建议被省政府采纳；九三学社农科院支社吕仲贤担任省人民检察院特约检察员，积极参加省检察院院长工作会议与工作报告讨论，为我省检察工作建言献策。二是发挥党外人士参与院所民主决策、民主管理。明确党派主要负责人是院职代会的当然代表和主席团成员，院工作报告、党委工作要点及一些重大政策制度出台前都要事先征求党派成员的意见。

重视加强党外干部队伍建设。坚持把培养选拔党外干部纳入干部队伍建设和人才工作的总体规划，以用为本，加强培养，统筹考虑，现职副处级以上干部有12名党外知识分子，占总数的18%。同时，建立党外处级后备干部名册、党委成员联系党外人士制度、党委一把手与党派负责人谈心谈话制度，有计划推荐参加上级统战部门举办的党外中青年干部培训班学习。注重把有一定知名度、影响力的优秀党外干部积极推荐到各级人大、政协中，2009年推荐吕仲贤同志当选省政协委员。

支持党派加强组织、制度建设。把党派工作列入党委年度要点，纳入支部目标管理考核中；坚持一年一次院情通报、听取指导党派工作制度；支持党派开展组织活动，直接下拨农工党支部、九三学社支社经费各1万元，作为组织活动经费；强化基层支部的统战工作，由支部书记兼任统战委员，形成院所共同支持党派工作的合力。支持党派组织优化结构、提高素质，2009年新发展农工党党员1名、九三学社社员3名；建立了无党派人士重点联系和培养人员名单。支持党派完善内部管理制度，进一步增强活力和凝聚力。

发挥人才智力优势，服务农业转型升级。积极创造条件，支持党外专家开展科技创新、科技下乡服务，为农业增效、农民增收和现代农业发展提供科技支撑。2009年，该院2位党外人士主持完成的2项科研成果荣获省科学技术进步奖一等奖，有3位党派成员成为浙江省重点创新团队带头人，3位党派科技人员被科技部授予“全国优秀科技特派员”称号。由党外专家主持选育的“翠冠”梨、杨梅新品种“黑晶”、桑树新品种“强桑1号”、水稻新品种“浙粳22”、油菜“浙油50”等一批优良农作物品种得到大面积推广，已成为我省的当家品种。许多党外专家还积极开展科技下乡服务，为各地培训农业技术人员和农民、专业大户3000多人次；积极帮扶四川青川县开展地震灾后畜禽等农业产业的恢复重建工作，受到灾区农民欢迎。此外，该院党派还发挥自身组织优势和党外学科带头人的优势，服务大局，弘扬科学严谨、求真务实的科研道德和学风，主动协助党组织做好学科、团队建设中科技人员的思想工作，凝心聚力；九三学社农科院支社开展了“反哺钱江源”活动，结对帮扶开化县第一初级中学的2名贫困学生。

**【建可行之言，献务实之策】** 2009年初，院党委召开民主党派、无党派人士迎新恳谈会，院党政领导与在院人大代表、政协委员、各民主党派和无党派人士欢聚一堂，共叙情谊，共话新年发展。会议通报了2009年该院各项事业所取得的成绩及新年度工作打算，与会党外人士在肯定成绩的同时，围绕人才培养与引进、完善考评体系、加强科研经费及财政专项使用管理等热点问题进行了讨论，并积极为新年发展建言献策。党委书记管竹伟在讲话中希望各党派、无党派人士继续发挥自身独特优势，在建言献策上发挥更大作用，善于建可行之言、献务实之策，做到建言建到关键处、献策献到要点上；在民主监督上发挥更大作用，以更好、更有效地推进新年各项工作。

**【两位党外人士双获省科学技术奖一等奖】** 由该院无党派人士徐子伟研究员主持完成的《中国饲养背景下的SEW养猪技术系统研究与示范》和农工党成员部海燕研究员主持完成的《干坚果制品氧化劣变及品质控制技术研究》双双荣获浙江省人民政府颁发的2009年度浙江省科学技术奖一等奖。

（浙江省农业科学院党群办公室）

## 巨化集团公司统战科

**【综述】** 2009年在公司党委领导下，巨化公司统战工作坚持以邓小平理论、“三个代表”重要思想为指导，认真学习贯彻十七大和十七届三中、四中全会精神，全面贯彻落实科学发展观，充分发挥企业统一战线的优势和作用，为战胜金融危机给企业生产经营带来的困难，维护企业和社区的和谐稳定，积极推进企业的改革发展作出了积极的贡献，2009年公司统战工作按照上级和公司党委的部署，坚持“创新强企，创效增收”的工作总要求，围绕“实业保平、管理降本、经贸创效、政策增效、科技创新”的工作主线，积级开展各项统战工作。

**【认真学习贯彻党的十七届四中全会精神】** 年初，巨化公司统战部就召开了公司统战干事会，传达贯彻全省统战部长会议精神，并下发了2009年度工作意见，动员公司全体统战人士坚持“创新强企，创效增收”的总要求，围绕“实业保平、管理降本、经贸创效、政策增效、科技创新”的工作主线，为企业应对危机、战胜困难尽心出力。公司“三会”和年中工作会议召开后，及时召开公司统战人士情况通报会，通报会议精神和公司生产经营与改革发展情况，听取意见建议，动员各方力量共同做好企业的渡难关、促发展、保稳定各项工作。党的十七届四中全会召开后，公司统战部及时组织各民主党派负责人进行了认真的学习，“三胞”眷属联谊会、少数民族联谊会等也及时组织了认真的学习，同时结合各自的实际，对工作进行了布置。

**【开展积极“爱企业、献良策、做贡献”主题实践活动】** 在全球金融危机给企业带来巨大冲击之时，公司及时动员广大统战人士以“爱企业、献良策、做贡献”主题实践活动为平台，立足本职工作，为企业渡难关、求发展做贡献。

统战主题活动的开展得到各单位的高度重视，电化厂专门成立了主题活动领导小组，并明确由党群办具体负责主题活动内容的收集、评定、总结等工作，同时要求各车间科室党支部要对主题活动的开展进行宣传发动。晋巨公司统战领导小组由工会、生产部、党群办、团委等部门领导组成，主题活动的每个项目都详细设置了奖励和处罚的细则，有效地激励了统战人士参与活动的积极性。氟化公司则针对企业内部民主党派人士、“三胞”眷属中工程技术人员、管理人员比例高，少数民族人士中一线操作人员多的特点，把活动的载体分成两类，一是技术创新、技术进步；一是合理化建议、劳动竞赛、小改小革，增强了活动的针对性。新联公司则把活动的开展和争当“生产能手、销售能手、检修能手、节约能手、服务能手”相结合，使两者相得益彰。

在统战主题活动中，广大统战人士立足岗位，大显身手。九三学社社员、氟化公司二车间主任、生技科科长周华东提出并完成的“废酸中回收 $CH_3CL$、$CH_3OH$”等技改不仅降本增效510万元/年，而且大大降低了化学耗氧量排放，为环保绿色生产做了贡献。晋巨公司开发建设科科长、无党派人士李军越在高纯化烷化氨合成技改项目中，狠抓项目进度、质量，严格控制投资成本，实现项目一次开车成功，每月降本增效达200万元。硫酸厂统战人士积极开展强化安全生产的技改项目研究，《降低硫酸废热锅炉故障，提高硫酸装置效能攻关》、《5号沸腾炉倾斜加固技术改造》等攻关项目对提高硫酸装置安全效能，强化安全主体起到了积极的作用。衢化医院积极开展科技攻关，统战人士全年有24篇论文在各类刊物发表，其中一级杂志有4篇。

据统计，2009年全公司统战人士参与统战主题活动人数达到1446人次，共提合理化建议493条，其中279条被采纳；科技攻关175项，取得实效的有99项；课题研究121个，其中62个产生实效；小改小革373项，有251项产生实效；参加劳动竞赛109项，共产生经济效益9459.27万元。广大统战人士立足岗位，为公司做出了实实在在的贡献。

**【公司统战部认真组织省市政协委员建言献策，为巨化和衢州地区发展贡献智力】** 在2009年初召开的省政协十届二次会议和衢州市政协五届五次会议上，巨化公司省市政协委员共提交省政协提案6件；衢州市政协发言材料5篇，集体提案6件，个人提案15件，积极为省市和公司的发展建言献策。下半年，公司统战部协同政协委员们着重做好提案办理的接待工作，认真敦促相关部门落实巨化政协委员的提案，在认真沟通、反复交涉的基础上，提案得到了较好的解答和落实。与此同时，政协巨化小组还积极开展市政协课题的调研工作，按时完成了4个课题报告，由于工作细致、扎实，报告质量较高，其中《进一步完善市场环境，健全社会信用体系》、《完善医疗保险覆盖，促进经济社会的稳定发展》两个课题报告在市政协常委会上作了发表。按照衢州市政协的要求，公司统战部还组织政协委员去江山就劳动力市场问题进行了实地考察。

**【民主党派组织建设】** 全

年民盟、民建、九三学社3个民主党派按计划，共发展新成员4名。2009年有民建、农工党、九三学社3个党派市委会换届。

【积极鼓励组织统战人士开展各种社会公益活动】 2009年，巨化公司统战人士继续保持了积极参与公益活动的热情。目前，巨化公司统战人士支助的失学儿童达18名。响应中国侨联号召，在台湾同胞遭受暴雨灾害和四川北川中学重建之际，该公司“三胞”眷属联谊会会员纷纷慷慨解囊，表达了一份关切之情。农工党、九三学社等民主党派医卫界人士组成医疗小组分赴衢江区桦村乡、莲花乡及巨桑家私厂区、市区荷花东路、巨化生活区进行义诊。联谊合唱团两次赴常山县芳村镇和开化县进行大篷车义演。在省侨联组织的纪念庆祝新中国成立60周年“侨在我心中”演讲比赛中，巨化公司选派的选手荣获三等奖。此外，还参加了衢州市台联“海峡情、中国心”书画展。公司各统战联谊会还较好地坚持了理事会制度，组织理事学习党和国家的各项方针政策，讨论联谊会重大事宜，动员联谊会成员积极参加公司统战部组织的各项活动。

（陈昌敏）

## 浙江省各级党委分管统战工作负责人

·省级·

夏宝龙　　省委副书记

·杭州市·

叶　明　　杭州市委副书记、纪委书记
朱履林　　上城区委副书记、纪委书记
朱永祥　　下城区委副书记、纪委书记
周志辉　　拱墅区委副书记
蔡建云　　江干区委副书记
滕　勇　　西湖区委副书记
阮文静（女）高新（滨江）区委副书记
谭勤奋　　萧山区委副书记
戚建国　　余杭区委副书记、政法委书记
汤金华　　富阳市委副书记
董　悦　　建德市委副书记
徐小林　　桐庐县委副书记
卞吉安　　临安市委副书记、政法委书记
凌志峰　　淳安县委副书记

·宁波市·

郭正伟　　宁波市委副书记
李浙闽　　余姚市委副书记
李兴达　　慈溪市委副书记
陈志昂　　奉化市委副书记
徐光宪　　宁海县委副书记、纪委书记
黄敏求　　象山县委常委、统战部部长（县委常委负责制）
陈振国　　鄞州区委副书记
赵剑光　　海曙区委常委、统战部部长（区委常委负责制）
朱建明　　江东区委副书记
郑进达　　江北区委副书记

宋济青　　镇海区委副书记
陈国军　　北仑区委副书记

·温州市·

陈作荣　　温州市委常委、统战部长（市委常委负责制）
徐　强　　鹿城区委常委、统战部长（市委常委负责制）
王人杰　　瓯海区委常委、统战部长（市委常委负责制）
郑建忠　　龙湾区委常委、统战部长（市委常委负责制）
吴娜丽（女）瑞安市委常委、统战部长（市委常委负责制）
朱赛月（女）乐清市委常委、统战部长（市委常委负责制）
娄绍光　　永嘉县委副书记
赖晓华（女）洞头县委常委、统战部长（市委常委负责制）
丌　宾*　平阳县委副书记
林万乐（女）苍南县委常委、统战部长（市委常委负责制）
章寿禹　　文成县委常委、统战部长（市委常委负责制）
卢　嫦（女）泰顺县委常委、统战部长（市委常委负责制）

·湖州市·

朱坤民　　湖州市委副书记
蔡旭昶*　德清县委副书记（2009年12月离任）
罗国建　　德清县委副书记（2009年12月上任）
项乐民　　长兴县委副书记
王　树（女）安吉县委副书记
吴　旭（女）湖州市吴兴区委副书记
姚广民　　湖州市南浔区委副书记

·嘉兴市·

鲁　俊（女）嘉兴市委副书记
吴　健　　南湖区委副书记
张少初　　秀洲区委副书记
郑　明　　嘉善县委副书记
姚田宝　　平湖市委常委、统战部长（市委常委负责制）
姚沈良　　海盐县委副书记
徐　辉　　海宁市委副书记
沈海明　　桐乡市委副书记

·绍兴市·

谭志桂　　绍兴市委副书记
张阿东　　越城区委副书记
孙云耀　　绍兴县委副书记
杨元清　　诸暨市委常委、统战部长（常委负责制）
陈志君（女）上虞市委副书记
马志龙　　嵊州市委副书记
徐玉红（女）新昌县委副书记

·金华市·

黄锦朝　　金华市委副书记
张菲菲（女）婺城区委副书记
徐东成　　金东区委副书记
朱建军　　兰溪市委副书记
吴国平　　东阳市委副书记
赵国荣　　义乌市委常委、统战部部长（常委负责制）
徐华水　　永康市委副书记
施振强　　浦江县委副书记
徐华良　　武义县委副书记
黄福良　　磐安县委副书记

·衢州市·

居亚平　　衢州市委副书记
吕跃龙　　柯城区委副书记
余金华　　衢江区委常委、统战部长（区委常委负责制）
周中民　　龙游县委副书记
徐朝金　　江山市委副书记
徐常青*　常山县委副书记
王建华*　开化县委副书记

·舟山市·

周克非　　舟山市委常委、市委统战部部长（常委负责制）
方家慧　　定海区委常委、区委统战部部长（常委负责制）

张伟国　普陀区委常委、区委统战部部长（常委负责制）
沈兆幸　岱山县委常委、县委统战部部长（常委负责制）
黄清波　嵊泗县委副书记（2009年10月离任）
李亚舫　嵊泗县委副书记（2009年11月上任）

·台州市·

王文娟*（女）台州市委常委（2009年5月）
肖培生　台州市委副书记
张迎华　椒江区委副书记
李建安　黄岩区委副书记
郑敏华*　路桥区委副书记
徐仁标　路桥区委副书记（2009年11月）
赵益春　临海市委副书记
金敬中*　玉环县副书记（2009年11月前）
林先华　玉环县副书记（2009年11月后）
张　宇　天台县委副书记
周　胜　仙居县委副书记
黄祥云　三门县政协主席、副书记

·丽水市·

蓝资霞（女）丽水市委常委、统战部部长（市委常委负责制）
张继芳*　莲都区委常委、统战部部长（区委常委负责制）（2009年11月前）
朱超模　莲都区委常委、统战部部长（区委常委负责制）（2009年11月后）
徐光文*　龙泉市委副书记、政法委书记（2009年5月前）
季柏林　龙泉市委副书记、常务副市长（2009年9月后）
廖宝云（女）青田县委常委、统战部部长（县委常委负责制）
孙乐明　云和县委副书记、政法委书记
叶丽娅（女）庆元县委常委、统战部部长（县委常委负责制）
刘旭标　缙云县委常委、统战部部长（县委常委负责制）
陈元龙*　遂昌县委副书记、政法委书记（2009年1月前）
何卫宁　遂昌县委副书记、政法委书记（2009年2月后）
邢长勇*　松阳县委副书记、政法委书记（2009年2月前）
吴筱琳（女）松阳县委副书记、政法委书记（2009年9月后）
雷华英（女）

·高校、科研院所、有关企业统战部·

王玉芝（女）浙江大学党委副书记
胡钟华　中国美术学院党委副书记
何智蕴（女）浙江工业大学党委副书记
张先亮　浙江师范大学党委副书记、纪委书记
刘剑虹　宁波大学党委副书记
金瑾如（女）浙江理工大学党委副书记
陈畴镛　杭州电子科技大学党委副书记
孙启明　浙江工商大学党委副书记
陶伟华　中国计量学院党委副书记（2009.01—2009.06）
徐涌金　中国计量学院党委副书记、纪委书记（2009.06—）
黄文秀　浙江中医药大学党委副书记
黄建钢　浙江海洋学院党委副书记
汤　勇　浙江林学院党委副书记（主持工作）
陈肖鸣　温州医学院党委副书记
王宇航　浙江财经学院党委副书记
胡浙平　浙江科技学院党委副书记
夏跃平　嘉兴学院党委副书记
柴志明　浙江传媒学院党委副书记
姚成荣　浙江教育学院党委书记
黎青平　杭州师范大学党委副书记
周湘浙　温州大学党委副书记
宋培基　绍兴文理学院党委副书记
韩建飞　台州学院党委副书记
蒋建军　浙江万里学院党委副书记
张建平　丽水学院党委副书记、纪委书记
郭华巍　宁波工程学院党委书记
张一军　浙江广播电视大学党委副书记、纪委书记
任海杭　杭州钢铁集团公司党委副书记
吴宪钢　巨化集团公司党委副书记

（名录收进名单均截至2009年底，带*为2009年内不再担任该职务，下同。）

## 浙江省委统战部领导

汤黎路　部长
陈金彪　常务副部长
徐建华　副部长
杨仁争　副部长
张惠康　副部长、省社院党组书记、常务副院长，省委党校副校长
汤为平（女）副部长，省工商联党组书记、常务副主席
黄永通　副部长
王　毅　副部长，省民宗委主任、党组书记
蒋学基　副部长
吴振宇　部务会议成员，干部处处长
楼炳文　部务会议成员，办公室主任

## 浙江省民族宗教事务委员会领导班子

王　毅　主任、党组书记
邢越生　副主任、党组成员
陈智慧（女，农工党）副主任
倪忠扬　副主任、党组成员

## 浙江省社会主义学院领导班子

徐　辉　省政协副主席，省社会主义学院院长（兼），民盟省委会主委
张惠康　省委统战部副部长、省社会主义学院党组书记、常务副院长，省委党校副校长
赵光育　副院长（兼）、民进省委会副主委
朱祖德　副院长（兼）、九三学社省委会副主委
赵向前　副院长、党组成员
冯宇甦（女）副院长、党组成员
蔡馥生（女）巡视员、党组成员
詹建平　党组成员、办公室主任

## 浙江省市、县（市、区）委统战部部长

·杭州市·

董建平　杭州市政协副主席、市委统战部部长
丁志光*　杭州市委统战部常务副部长（2009年9月前）
金志强　杭州市委统战部常务副部长（2009.9—至今）
陈树龙　杭州市委统战部副部长、市侨办主任
杨志刚　杭州市委统战部副部长
孙孝明　杭州市委统战部副部长、市工商联党组书记
袁巧玲（女）上城区政协副主席、区委统战部部长
余仲民　下城区政协副主席、区委统战部部长
陈　曦　拱墅区政协副主席、区委统战部部长
陈　华　江干区政协副主席、区委统战部部长

郑重圭　西湖区政协副主席、区委统战部部长
俞致平　高新（滨江）区委统战部部长、侨办主任、民宗局局长、侨联主席
沃岳兴　萧山区委常委、统战部部长
白美玉（女）余杭区委常委、统战部部长
章刚良　富阳市政协副主席、市委统战部部长
吕　勇　建德市政协副主席、市委统战部部长
周媛玉（女）桐庐县委常委、县政协副主席、县委统战部部长
陶正方　临安市政协副主席、市委统战部部长
蒋春生　淳安县政协副主席、县委统战部部长

·宁波市·

陈凤姣*（女）宁波市委常委、统战部部长（2009年10月20日逝世）
郁伟年　宁波市委副秘书长、市委统战部部长（2009年12月上任）
杨志强　宁波市委统战部副部长（正局长级）
董伯云　宁波市委统战部副部长、市工商联党组书记
史建华　宁波市委统战部副部长（正局长级）
陆立宪　宁波市委统战部副部长、宁波市民族宗教事务局局长
叶剑辉　宁波市委统战部副部长
叶文龙　余姚市政协副主席、统战部部长
华　红（女）慈溪市委常委、统战部部长
周　涛　奉化市委常委、统战部部长
潘作飞　宁海县政协副主席、统战部部长
黄敏求　象山县委常委、统战部部长
陈国良　鄞州区政协副主席、统战部部长
赵剑光　海曙区委常委统战部部长、台办主任、侨办主任、侨联主席
李盛潮　江东区政协副主席、统战部部长、侨办主任
徐培荣　江北区政协副主席、统战部部长
胡文安　镇海区政协副主席、统战部部长
蒋素春（女）北仑区政协副主席、统战部部长

·温州市·

陈作荣　温州市委常委、统战部长
张文华　温州市委统战部常务副部长
潘一新　温州市委统战部副部长
许若真（女）温州市委统战部副部长
王　宁　温州市委统战部副部长、市民宗局局长
陈芳铭　温州市委统战部副部长、市工商联党组书记
徐　强　鹿城区委常委、统战部长
王人杰　瓯海区委常委、统战部长
郑建忠　龙湾区委常委、统战部长
吴娜丽（女）瑞安市委常委、统战部长
朱赛月（女）乐清市委常委、统战部长
许　瓯　永嘉县政协副主席、统战部长
赖晓华（女）洞头县委常委、统战部长
陈建初　平阳县政协副主席、统战部长
林万乐　苍南县委常委、统战部长
章寿禹　文成县委常委、统战部长
卢　嫦（女）泰顺县委常委、统战部长

·湖州市·

施荣耀　湖州市政协副主席、统战部部长
蒋晓勇　湖州市委统战部副部长、民宗局局长
薛淦江　湖州市委统战部副部长（兼）、台办主任
杨新学　湖州市委统战部副部长（兼）、工商联党组书记
孙虎林　湖州市委统战部副部长（兼）、侨联党组书记、侨办主任、侨联主席
任玉林　湖州市委统战部副部长、民宗局副局长
胡建忠　湖州市吴兴区政协副主席、统战部部长
钱玉明　湖州市南浔区政协副主席、统战部部长
杨明连　德清县委常委、统战部部长
张加强　长兴县政协副主席、统战部部长
赵德清　安吉县委常委、统战部部长

·嘉兴市·

张兴华　嘉兴市政协副主席、统战部长
许　农　嘉兴市委统战部副部长、侨办主任、侨联主席
陈振华　嘉兴市委统战部副部长、民宗局长
陈兴隆　嘉兴市委统战部副部长、工商联党组

书记
钟富根　南湖区委统战部部长
徐文祥　秀洲区政协副主席、统战部长
方明远　嘉善县政协副主席、统战部长
姚田宝（女）平湖市委常委、统战部长
朱蓓华（女）海盐县政协副主席、统战部长
许国荣　海宁市政协副主席、统战部长
沈济贤　桐乡市委常委、统战部长

·绍兴市·

倪善贵　绍兴市统战部部长
滕建华　绍兴市委统战部副部长、民宗局局长
赵　璐（女）绍兴市委统战部副部长、工商联党组书记
钟宝坤　绍兴市委统战部副部长
何关富　越城区政协副主席、统战部部长
吴　越　绍兴县政协副主席、统战部部长
杨元清　诸暨市委常委、统战部部长
阮妙娟（女）上虞市政协副主席、统战部部长
王灿林　嵊州市政协副主席、统战部部长
袁国飞　新昌县政协副主席、统战部部长

·金华市·

吴志松　金华市政协副主席、统战部部长
何蔓丝（女）金华市委统战部副部长
蓝根有　金华市委统战部副部长、侨联主席
伊福泉　金华市委统战部副部长，工商联党组书记、常务副主席
张世元　金华市委统战部副部长、民宗局局长
曹　斌　婺城区政协副主席、统战部部长
金星丁　金东区政协副主席、统战部部长
徐建祥　兰溪市委常委、统战部部长
赵国荣　义乌市委常委、统战部部长
吴美荣　东阳市政协副主席、统战部部长
何耀明　永康市委常委、统战部部长
杨文铺　浦江县政协副主席、统战部部长
颜时拓　武义县政协副主席、统战部部长
郑启洪　磐安县政协副主席、统战部部长

·衢州市·

马东泉　衢州市政协副主席、市委统战部长
俞栋堂*　衢州市委统战部副部长、市民宗局局长
陈冬根　衢州市委统战部副部长
徐连土　柯城区委常委、统战部长
余金华　衢江区委常委、统战部长
周耀明　龙游县委常委、统战部长
郑朝基　江山市委常委、统战部长
刘建军　常山县政协副主席、统战部长
杨苏萍（女）开化县委常委、统战部长

·舟山市·

周克非　舟山市委常委、舟山市委统战部部长
夏祝平　舟山市委统战部副部长、市侨联主席
祝幸安　舟山市委统战部副部长、市民宗局局长
俞敏明　舟山市委统战部副部长、市工商联党组书记
袁德新　舟山市民宗局副局长
方家慧　定海区委常委、统战部部长
张伟国　普陀区委常委、统战部部长
沈兆幸　岱山县委常委、统战部部长
陈忠祥　嵊泗县政协副主席、统战部部长

·台州市·

周五来　台州市政协副主席、统战部部长
董家民（女）台州市委统战部常务副部长
杨岳富　台州市委统战部副部长、民宗局局长
李建平　台州市委统战部副部长、市工商联党组书记、副主席
卢建宇　台州市委统战部副部长
柯善辉　台州市委统战部副部长、市台办主任
郑福华　椒江区委常委、统战部长
杨小崇　黄岩区政协副主席、统战部长
高　萍（女）路桥区委常委、统战部长
陈　敏　临海市委常委、统战部长
陈　辉　温岭市委常委（常委负责制）、统战部长
陈志鹏　玉环县政协副主席、统战部长
陈政明　天台县委常委、统战部长
陈扬华　仙居县委常委、统战部长
姚君明（女）三门县委常委、统战部长

·丽水市·

蓝资霞（女）丽水市委常委、统战部部长
邢长勇 丽水市委统战部常务副部长（2009年2月后）
王瑞亮 丽水市委统战部副部长、工商联党组书记、副主席
何品仁* 丽水市委统战部副部长、市民宗局局长（2009年1月前）
张亮明 丽水市委统战部副部长、市民宗局局长（2009年1月后）
何卫宁* 丽水市委统战部副部长（2009年2月前）
张继芳* 莲都区委常委、区政协党组副书记、区委统战部部长（2009年11月前）
朱超模 莲都区委常委、区政协党组副书记、区委统战部部长（2009年11月后）
叶先长 龙泉市政协副主席、市委统战部部长
廖宝云（女）青田县委常委、统战部部长
彭招平 云和县政协副主席、县委统战部部长
叶丽娅（女）庆元县委常委、统战部部长
刘旭标 缙云县委常委、统战部部长
包建崇 遂昌县政协副主席、县委统战部部长
周永龙 松阳县政协副主席、县委统战部部长
雷华英（女）景宁县委常委、统战部部长

## 高校、科研院所、企业党委统战部部长

赵文波 浙江大学党委统战部部长
傅巧玲（女）中国美术学院党委统战部部长
李昌祖 浙江工业大学党委统战部部长（5月前）
胡　平 浙江工业大学党委统战部部长（6月后）
张元龙 浙江师范大学党委委员、组织部、统战部部长
王国荣 宁波大学党委统战部部长（2009.01—2009.05）
冯　杰 宁波大学党委统战部部长（2009.05—2009.12）
史永安 浙江理工大学统战部部长
何泽荣 杭州电子科技大学党委统战部部长
杜　敏 浙江工商大学党委统战部部长
姜羡萍（女）中国计量学院党委统战部部长（2009.01—2009.06）
杨　政 中国计量学院党委统战部部长（2009.06—2009.12）
陈希武 中国计量学院党委统战部部长（2009.12—）
王和知 浙江中医药大学党委统战部部长
刘定山 浙江海洋学院党委委员、组织部、统战部部长
胡祖吉 浙江林学院党委统战部部长（平阳县挂职）
朱红东 浙江林学院党委统战部代部长
陈肖沫 温州医学院党委统战部部长
卢新波 浙江财经学院党委委员、组织部部长、统战部部长
陈跃泉 浙江科技学院党委统战部部长
吕君芳（女）浙江教育学院党委统战部部长（10月份调离）
叶蒙获 浙江传媒学院党委统战部部长
卢文辉 浙江广播电视大学党委统战部部长
周亚新 嘉兴学院党委统战部部长
方　亮 杭州师范大学党委组织部、统战部部长
冯中生 温州大学党委统战部部长
梁　涌 绍兴文理学院党委统战部部长、校党委委员
邵伟国 台州学院党委统战部部长
吕绍明 丽水学院党委委员、党委统战部部长
胡伯智 丽水职业技术学院党委统战部部长
万松钱 浙江万里学院统战部副部长
戴志伟 宁波工程学院统战部部长
沈建民 湖州师范学院党委统战部部长
方霞蓓（女）杭州钢铁公司党委委员、宣传部部长
吴　坚 巨化集团公司统战部部长

## 浙江省各级人大、政协党外领导干部

·省级·

吴国华　省人大常委会副主任、民建浙江省委会主委
冯明光　省政协副主席、民革浙江省委会主委
徐　辉　省政协副主席、民盟中央副主席、民盟浙江省委会主委
盛昌黎（女）省政协副主席、民进浙江省委会主委
姚　克　省政协副主席、农工党浙江省委会主委

·杭州市·

陈重华（女）杭州市人大副主任、民革市委会主委
陈振濂　杭州市人大副主任、民盟市委会主委
赵光育　杭州市政协副主席、民进市委会主委
吴正虎　杭州市政协副主席、农工党市委会主委
郁嘉玲（女）杭州市政协副主席、致公党市委会主委
朱祖德　杭州市政协副主席、九三学社市委会主委
张必来　杭州市政协副主席、市工商联主席
韦　云（女）杭州市上城区人大副主任（农工党）
陈小玲（女）杭州市上城区政协副主席（民盟）
鲁　奋（女）杭州市下城区人大副主任、民进市委会副主委
张红舞（女）杭州市下城区政协副主席
洪　嫦（女）杭州市拱墅区人大副主任
陈林海　杭州市拱墅区政协副主席（民建）
李玉美（女）杭州市拱墅区政协副主席、区农业局局长（九三学社）
舒　泓（女）杭州市江干区人大副主任（民盟）
沈荣根　杭州市江干区政协副主席（民建）
卢华英（女）杭州市西湖区人大副主任、民革杭州市委会副主委
蔡　茜（女）杭州市西湖区政协副主席、区民宗局局长（民革）
谭敏捷（女）杭州市滨江区人大副主任（民进）
周红英（女）杭州市萧山区人大副主任、民盟市委会副主委
董华恩　杭州市萧山区政协副主席（九三学社）
汤金友　杭州市萧山区政协副主席（民进）
凌美娟（女）杭州市余杭区人大副主任
钱杭根　杭州市余杭区政协副主席、民进市委会副主委
章福根　杭州市余杭区政协副主席（农工党）
徐松泉　富阳市人大副主任、富阳中学校长
朱水根　富阳市政协副主席（农工党）
祝一君（女）富阳市政协副主席、市科技局局长
王建沂　富阳市政协副主席、杭州市工商联副会长、富通集团董事长（农工党）
严凌云　建德市人大副主任（民革）
朱启鸿　建德市政协副主席（民盟）
谢春凤（女）建德市政协副主席、检察院副检察长（民进）
潘晓萍（女）杭州市桐庐县人大副主任
陆文虎　杭州市桐庐县政协副主席
王志炎　杭州市桐庐县政协副主席
楼国富　临安市人大副主任（民进）
张亚联（女）临安市政协副主席
何建法　杭州市淳安县人大副主任（民盟）
徐月焕　杭州市淳安县政协副主席
罗　苑（女）杭州市淳安县政协副主席、九三学社杭州市委会秘书长兼组织处长

·宁波市·

崔秀玲（女）宁波市人大副主任、市工商联主席
王建康　宁波市政协副主席、民革宁波市委会主委
张明华　宁波市政协副主席、民建宁波市委会主委
陈大申　宁波市政协副主席、民进宁波市委会主委
常敏毅　宁波市政协副主席、农工党宁波市委会主委
范　谊　宁波市政协副主席、致公党宁波市委

会主委
傅　丹　　宁波市政协副主席、九三学社宁波市委会主委、市文联主席
魏利民　　余姚市人大副主任（农工党）
吴　展　　余姚市政协副主席
姚桂珍（女）余姚市政协副主席
龚建长　　慈溪市人大副主任
张　明　　慈溪市政协副主席
何月祥　　慈溪市政协副主席（民盟）
葛素梅（女）奉化市人大副主任、民革奉化市委会主委
周开宁　　奉化市政协副主席
王劳旺　　宁海县人大副主任
赵秀萍（女）宁海县政协副主席（民进）
董也琴（女）象山县人大副主任
胡建萍（女）象山县政协副主席（民盟）
麻承照　　鄞州区人大副主任（民盟）
黄碧英（女）鄞州区政协副主席、区交通局副局长
周文华　　海曙区人大副主任、宁波戒毒研究中心主任、宁波市微循环与莨菪类药研究所所长
徐德荣　　海曙区政协副主席、区教育局副局长（民盟）
袁建树　　江东区人大副主任、宁波市第六医院副院长（民革）
石　兰（女）江东区政协副主席（民盟）
王伯宁　　江北区人大副主任（民建）
梁旭东　　江北区政协副主席、宁波广播电视大学科研处处长（民革）
吴国平　　镇海区人大副主任、镇海中学校长（民进）
石　勇　　镇海区政协副主席、区公共建设服务中心主任（九三学社）
周国俊　　北仑区政协副主席

·温州市·

王小同　　温州市人大副主任、民革温州市委会主委
郑胜涛　　温州市政协副主席（无党派）
朱贵远　　温州市政协副主席、民建温州市委会主委
黄兆鸽　　温州市政协副主席、九三学社温州市委会主委
谷定英　　温州市政协副主席、农工党温州市委会主委
夏克栋　　温州市政协副主席、民进温州市委会主委
王丽峰（女）鹿城区人大副主任（民进）
陈国琴（女）鹿城区政协副主席（无党派）
陈良荼（女）瓯海区人大副主任、九三学社温州市委会副主委
沈岩明　　瓯海区政协副主席（民革）
王晓康（女）瓯海区政协副主席（无党派）
章方松　　龙湾区人大副主任（无党派）
陈　敏　　龙湾区政协副主席（民进）
周筱云（女）龙湾区政协副主席（民盟）
高　潮　　瑞安市人大副主任（农工党）
方小梅（女）瑞安市政协副主席（九三学社）
赵志雄　　瑞安市政协副主席（民建）
陈良明　　瑞安市政协副主席（民盟）
张亨根　　乐清市人大副主任（民革）
林培根　　乐清市政协副主席（无党派）
李　丹　　乐清市政协副主席（农工党）
陈亦殊（女）乐清市政协副主席（无党派）
王国强　　永嘉县人大副主任（无党派）
吴志泽　　永嘉县政协副主席（民建）
郑伯西　　永嘉县政协副主席（无党派）
林海珊（女）洞头县人大副主任（无党派）
杨艾立（女）洞头县政协副主席（无党派）
周世好　　平阳县人大副主任（民进）
蔡萌芽　　平阳县人大副主任（农工党）
陈少越（女）平阳县政协副主席（无党派）
王宗泽　　苍南县人大副主任（九三学社）
高亚男（女）苍南县人大副主任（民进）
孙绍丁　　苍南县政协副主席（无党派）
冯兴钱　　苍南县政协副主席（九三学社）
周文峰　　文成县人大副主任（无党派）
余云初　　文成县政协副主席（无党派）
吴久赖　　泰顺县人大副主任（无党派）
薛海华（女）泰顺县政协副主席（无党派）

·湖州市·

孙新耀　　湖州市人大副主任（九三学社）
沈琪芳（女）湖州市政协副主席（民进）

夏　平　　湖州市政协副主席（民盟）
魏　明　　湖州市政协副主席（农工党）
曹德平　　湖州市政协副主席
裘蕙萱（女）德清县人大副主任（九三学社）
嵇永芳　　德清县政协副主席（民进）
王法弟　　德清县政协副主席（农工党）
张群英（女）长兴县人大副主任
宋文英（女）长兴县政协副主席
章玉坤　　长兴县政协副主席（民建）
陈华民　　安吉县人大副主任（九三学社）
周小平　　安吉县政协副主席
王爱民　　安吉县政协副主席
钱燕翔（女）湖州市吴兴区人大副主任（民进）
褚玉明　　湖州市吴兴区政协副主席（农工党）
吕建蓉（女）湖州市南浔区人大副主任
倪培龙　　湖州市南浔区政协副主席（九三学社）

·嘉兴市·

金成胜　　嘉兴市人大副主任、农工党嘉兴市委会主委
王　淳（女）嘉兴市政协副主席、民进嘉兴市委会主委
李水根　　嘉兴市政协副主席、民革嘉兴市委会主委
马玉华　　嘉兴市政协副主席、九三学社嘉兴市委会主委
许　立　　南湖区人大副主任、农工党嘉兴市南湖区支部副主委
包雷耿　　秀洲区人大副主任（无党派）
俞鹤祥　　嘉善县人大副主任、民盟嘉善县基层委员会主委
李　仁　　平湖市人大副主任（无党派）
沈建明　　海盐县人大副主任、民进海盐县总支主任
孙浩彬　　海宁市人大副主任、九三学社海宁基层委员会主委
吴娟芬（女）桐乡市人大副主任（无党派）
王天松　　南湖区政协副主席、九三学社嘉兴市委会副主委
金颖英　　秀洲区政协副主席、民革嘉兴市委会委员
孙　薇（女）秀洲区政协副主席、民进嘉兴市委会副主委
张　来　　嘉善县政协副主席、民盟嘉善县基层委员会副主委
姚定栋　　嘉善县政协副主席、农工党嘉善总支主委
柯卫明　　平湖市政协副主席（无党派）
方晓烈　　平湖市政协副主席（无党派）
朱锡君　　海盐县政协副主席、民盟海盐县总支主委
孙敏冠　　海盐县政协副主席、农工党海盐县总支主委
田　耘　　海宁市政协副主席、民盟海宁县总支主委
顾跃明　　桐乡市政协副主席、民建桐乡总支副主任

·绍兴市·

车晓端（女）绍兴市人大副主任（民建主委）
齐宽明　　绍兴市政协副主席（民革主委）
李露儿（女）绍兴市政协副主席（民盟主委）
王玉书　　绍兴市政协副主席（民建）
胡少云（女）绍兴市政协副主席（农工党主委）
陈伯怀　　绍兴市政协副主席（民进主委）
张秀兰（女）越城区人大副主任（无党派）
周春雨（女）越城区政协副主席（民进）
于庆国　　绍兴县人大副主任（民革）
骆学新　　绍兴县政协副主席（农工党副主委）
蔡金标　　绍兴县政协副主席（九三学社）
陈　焕（女）诸暨市人大副主任（民革）
袁岳军　　诸暨市政协副主席（农工党）
徐光华　　上虞市人大副主任（九三学社）
章颖芳（女）上虞市政协副主席（民进）
沈颂理　　嵊州市人大副主任（无党派）
袁辉尧　　嵊州市政协副主席（民建）
王敏慧　　新昌县人大副主任（无党派）
徐剑平（女）新昌县政协副主席（民建）

·金华市·

陈三富　　金华市人大副主任（民盟）
丁国玉（女）金华市人大副主任（民建）
张解放　　金华市政协副主席（民革）

邵国强　金华市政协副主席（民进）
傅路红　金华市政协副主席（农工党）
张跃进　金华市政协副主席（九三学社）
张琳鑫　婺城区政协副主席（民进）
吴月华（女）婺城区政协副主席
金艳秀（女）金东区人大副主任
傅丽花（女）金东区政协副主席（九三学社）
辛永良　金东区政协副主席（民建）
胡向东　兰溪市人大副主任（农工党）
陈玉祥　兰溪市政协副主席
朱根富　兰溪市政协副主席（民盟）
骆　亘　义乌市人大副主任
朱　斌　义乌市政协副主席
王荣山　义乌市政协副主席（九三学社）
杨桂芳（女）义乌市政协副主席（民建）
王玉才　东阳市人大副主任（民革）
蔡捷飞　东阳市政协副主席（民建）
韦定民　东阳市政协副主席
林广平　永康市人大副主任
王　伟　永康市政协副主席（农工党）
黄瑞燕（女）永康市政协副主席
朱祖光　浦江县人大副主任
张春仙（女）浦江县政协副主席（民进）
张放远　浦江县政协副主席（民进）
钱建国　武义县人大副主任（民盟）
李德臻　武义县政协副主席
应文生　武义县政协副主席
杨向荣　磐安县政协副主席

·衢州市·

汪惠芳（女）衢州市人大副主任（九三学社）
祝瑜英（女）*衢州市政协副主席（无党派）（2009年4月离任）
欧阳建华　衢州市政协副主席（民革）
刘炳炎　衢州市政协副主席（民盟）
马梅芝（女）衢州市政协副主席（民建）
金召卫　衢州市政协副主席（民进）
吕玉茹（女）衢州市政协副主席（农工党）
郑玉红（女）柯城区人大副主任（九三学社）
钭跃铨　柯城区政协副主席（农工党）
吴云林　柯城区政协副主席（无党派）
赵瑞慈（女）衢江区人大副主任（农工党）
金召卫　衢江区政协副主席（民进）
留渭良　衢江区政协副主席（无党派）
莫文梅（女）龙游县人大副主任（民盟）
赖　云　龙游县政协副主席（九三学社）
傅碧野　龙游县政协副主席（无党派）
毛赛春（女）江山市人大副主任（民建）
王邦进　江山市政协副主席（民革）
吴金珠（女）常山县人大副主任（农工党）
周芳华　常山县政协副主席（民盟）
谢雨生　常山县政协副主席（农工党）
周伟斌　开化县人大副主任（无党派）
汪安波　开化县政协副主席（无党派）
汪　涌　开化县政协副主席（农工党）

·舟山市·

冯淑仙（女）市人大副主任（无党派）
张永奎　市政协副主席、舟山医院院长、民革舟山市委会主委
黄洁明　市政协副主席、市社科联主席、民进舟山市委会主委
陈松菊（女）市政协副主席、市人口和计划生育委员会主任、农工党舟山市委会主委
张昌义　市政协副主席、市科协主席、九三学社舟山市委会主委
戒　忍　市政协副主席（兼）、宗教界人士
林鸣国　定海区人大副主任、定海三院副院长（农工党）
郏山君　定海区政协副主席、舟山市天主教爱国会副主任兼秘书长（无党派）
范国成　普陀区人大副主任、普陀区人民医院副院长（民盟）
边艾光（女）普陀区政协副主席（民革）（2007年3月任职）
俞国定　岱山县人大副主任（无党派）
夏红艳（女）岱山县政协副主席、县经贸局局长（无党派）
梁咪菊（女）嵊泗县人大副主任、嵊泗中学副校长（无党派）
虞曙红（女）嵊泗县政协副主席、县工商联主席（无党派）
孙小晓（女）市人大教科文卫侨副主任（无党派）
陈志义　市政协人口资源环境委员会副主任

（农工党）
庞美蓉（女）市政协经济科学技术委员会副主任（民盟）

·台州市·

陈海啸　台州市人大常委会副主任、农工党台州市委会主委
张正煜　台州市政协副主席、民盟台州市委会主委
赵跃进　台州市政协副主席、民建台州市委会主委
徐林德　台州市政协副主席、民进台州市委会主委
张蕴华　台州市政协副主席、九三学社台州市委会主委
徐杏菲（女）椒江区人大常委会副主任（农工党）
李秋根　椒江区政协副主席、农工党台州市委会副主委
刘碎雪（女）椒江区政协副主席、民革台州市委会副主委
李仙玉　黄岩区人大常委会副主任（无党派）
胡齐乾　黄岩区政协副主席、民建台州市委会副主委、民建黄岩区总支主任
章永良　黄岩区政协副主席、区党外知识分子联谊会会长（无党派）
张文荣　路桥区人大常委会副主任、民进台州市委会副主委
陈明炜　路桥区政协副主席、区财政局长、区党外知识分子联谊会会长（无党派）
邵韵清　路桥区政协副主席、区党外知识分子联谊会常务副会长（无党派）
何林辉　临海市人大常委会副主任、民革台州市委会副主委
郑士福　临海市政协副主席（无党派）
王文君　临海市政协副主席、临海市党外知识分子联谊会会长（无党派）
曹湘平　温岭市人大常委会副主任（无党派）
陈茂荣　温岭市政协副主席（九三学社）
杨丽萍（女）温岭市政协副主席、农工党温岭市支部副主委
张海舟　玉环县人大常委会副主任、县工商联主席（无党派）
叶建国　玉环县政协副主席（无党派）
褚夏芬（女）天台县人大常委会副主任、县党外知识分子联谊会名誉会长（无党派）
齐碧君（女）天台县政协副主席、县党外知识分子联谊会名誉会长（无党派）
茅玉芬（女）天台县政协副主席、民进天台支部主任
朱志明　仙居县人大常委会副主任、县党外知识分子联谊会会长（无党派）
王军伟　仙居县政协副主席、县党外知识分子联谊会名誉会长（无党派）
石爱萍（女）仙居县政协副主席、县党外知识分子联谊会名誉会长（无党派）
洪　燕（女）三门县人大常委会副主任、县党外知识分子联谊会会长（无党派）
陈　翔　三门县政协副主席、县党外知识分子联谊会副会长（无党派）
杨树军　三门县政协副主席、县党外知识分子联谊会副会长（无党派）

·丽水市·

叶赞平　丽水市政协副主席、民革市委会主委
刘国安　丽水市人大副主任、民盟市委会主委
齐育华　丽水市政协副主席、民建市委会主委
庄志清　丽水市政协副主席、民进市委会主委
李江波　丽水市政协副主席、农工党市委会主委
韦铁民　丽水市政协副主席、九三学社市委会主委
李美华（女）莲都区人大副主任、农工党丽水市委会副主委、农工党莲都区委会主委
谢林森　莲都区政协副主席、民盟丽水市委会副主委、民盟莲都区委会主委
钟日娟（女）莲都区政协副主席、民革莲都区委会主委
黄丽萍（女）龙泉市人大副主任（无党派）
潘金明　龙泉市政协副主席（无党派）
雷丽亚（女）龙泉市政协副主席、民盟龙泉市总支主任
徐新平　青田县人大副主任（无党派）
吕大德　青田县政协副主席（民革）
徐永丽（女）青田县政协副主席（无党派）

柳春华　云和县人大副主任（无党派）
廖复新　云和县政协副主席（无党派）
童少锋　云和县政协副主席、民盟云和县总支主任
胡光瑞　庆元县人大副主任（无党派）
林昌富　庆元县政协副主席（无党派）
吴先武　庆元县政协副主席（无党派）
李潘良　缙云县人大副主任、民进缙云总支副主任
吕楚金　缙云县政协副主席、民进缙云总支主任
樊汝元　缙云县政协副主席（无党派）
李岳林　缙云县政协副主席（无党派）
高　峥（女）遂昌县人大副主任（无党派）
马翔华　遂昌县政协副主席、民进遂昌县总支主任
叶新华　遂昌县政协副主席（无党派）
陈孟义　松阳县人大副主任、民盟松阳县总支主任
单国亮　松阳县政协副主席（无党派）
吴昌亮　景宁畲族自治县人大副主任（无党派）
尤建平　景宁畲族自治县政协副主席（无党派）
尚建基　景宁畲族自治县政协副主席（无党派）

## 浙江省县处级以上各级政府及其部门和司法机关党外领导干部

·省级·

郑继伟　浙江省副省长、致工党省委会主委
高　杰（女）省高级人民法院副院长（民盟）
张雪樵　省人民检察院副检察长（民革）
谢双成　省监察厅副厅长（民进）
韩　平　省教育厅副厅长（民盟）
黄建中　省水利厅副厅长（农工党）
陈智慧（女）省民宗委副主任（农工党）
胡玉璋（女）省人口和计划生育委员会副主任（农工党）
叶　真　省卫生厅副厅长（九三学社）
吴　鸿　省林业厅副厅长（九三学社）
高鹰忠　省经济和信息化委员会副主任、省中小企业局局长（无党派）
陈焕昌　省审计厅总审计师（无党派）

·杭州市·

陈小平　杭州市副市长、民建市委会主委
姚雅仙（女）杭州市计生委主任、民盟市委会副主委
林　沛（女）杭州市中级人民法院副院长（民进）
冯仁强　杭州市人民检察院副检察长
夏福志　杭州市司法局副局长
吴锡根　杭州市文化局副局长、民革市委会副主委
徐土松　杭州市科技局副局长、民建市委会副主委
何明俊　杭州市规划局副局长
林　革　杭州市对外贸易经济合作局副局长
胡志荣　杭州市劳动与社会保障局副局长（民进、中共）
吴建华　杭州市民族宗教事务局副局长
石连忠　杭州市财政局副局长
肖　峰　杭州市教育局副局长、民进市委会副主委
胡　伟　杭州市监察局副局长
周智林　杭州市卫生局副局长、农工党市委会副主委
陈　凯　杭州市物价局副局长
包晓东　杭州市审计局总审计师
宦金元　杭州市上城区副区长、民盟市委会副主委
洪　明　杭州市下城区副区长（民建）
张利群　杭州市西湖区副区长（民革）
楼玉宇（女）杭州市拱墅区副区长、九三学社市委会副主委
刘秋敏　杭州市江干区副区长、九三学社市委会副主委
俞小安　杭州市滨江区副区长、民革市委会副

主委
屠冬冬　杭州市余杭区副区长
张爱莲（女）杭州市萧山区副区长、民进市委会副主委
邵　良　富阳市副市长
周建英（女）桐庐县副县长
郑　冰（女）建德市副市长（民建）
裘小民（女）临安市副市长（农工党）
万爱民（女）淳安县副县长

·宁波市·

成岳冲　宁波市副市长、民盟宁波市委会主委
朱红霞（女）宁波市农业局副局长、民进宁波市委会副主委
戴远进　宁波市监察局副局长（民进）
刘立群　宁波市政府法制办副主任
王丽萍（女）宁波市规划局副局长、市党外知识分子联谊会副会长
郑　瑜　宁波市科技局局长、九三学社宁波市委会副主委
周建庆　宁波市卫生局副局长、市李惠利医院院长、市党外知识分子联谊会会长
陈文辉　宁波市教育局副局长、民盟宁波市委会副主委
金　珊（女）宁波市司法局副局长、市党外知识分子联谊会副会长
陈南翔　宁波市质量技术监督局副局长（九三学社、中共）
刘必谦　宁波市海洋与渔业局副局长（兼）、民革宁波市委会副主委、宁波大学海洋生物工程省重点实验室研究员
汤柏生　宁波市统计局总统计师
姚蓓军（女）宁波市政府金融办主任、民建宁波市委会副主委
黄　澜　宁波市海洋与渔业局总工程师
王水维　宁波市文化广电新闻出版局副局长
陈洪逵　余姚市副市长（民进）
戴南璋　慈溪市副市长（民盟）
周海飞（女）奉化市副市长
尤永成　宁海县副县长
王安静（女）象山县副县长
夏素珍（女）宁波市鄞州区副区长（民盟）
叶正波　宁波市海曙区副区长、九三学社宁波市委会副主委
那雁翎　宁波市江东区副区长、市少数民族联合会会长
戴　瑜　宁波市江北区副区长
翁雪莲（女）宁波市镇海区副区长
刘文科　宁波市北仑区副区长
袁仁杰　奉化市检察院副检察长（民革）
王成勇　北仑区法院副院长

·温州市·

徐育斐（女）温州市副市长、民建温州市委会副主委
安　晋（女）市教育局副局长（无党派）
金传顺　市科技局副局长（九三学社）
程鸿伟　市司法局副局长（无党派）
张　静（女）市规划局副局长（九三学社）
鲍小瓯　市卫生局副局长、致公党温州市委会主委
高　技　市统计局副局长（无党派）
陈秉辉　市旅游局副局长（无党派）
许　捷*（女）市外事办副主任、致公党温州市委会副主委
邱志丰　市中级人民法院副院长（无党派）
林越坚　市人民检察院副检察长（无党派）
吴文玲（女）鹿城区副区长（九三学社）
李　康　瓯海区副区长（无党派）
卢剑平（女）龙湾区副区长（民进）
周　慧　龙湾区副区长（无党派）
林济晚　瑞安市副市长、民进温州市委会副主委
方　青（女）乐清市副市长（民盟）
郑小小　永嘉县副县长（无党派）
张均林　洞头县副县长（无党派）
汤筱疏（女）平阳县副县长（无党派）
章月影（女）苍南县副县长（无党派）
张　平　泰顺县副县长（无党派）

·湖州市·

方新旗　湖州市副市长（民建）
魏　明　湖州市卫生局副局长（农工党）
曹德平　湖州市统计局副局长

钱　旻（女）湖州市教育局副局长（民革）
虞利民　湖州市旅游局副局长（民盟）
陈荣平　湖州市政府驻深圳联络处主任（民盟）
梁　军　湖州市监察局副局长（民进）
潘宇文（女）湖州市政府外事办副主任（九三学社）
高　东　湖州市环境保护局副局长（九三学社）
李鲁勤（女）湖州国资委副主任
王　青（女）湖州市侨联副主席、侨办副主任
李　红（女）湖州市文广新局副局长（民进）
方　芳（女）德清县副县长
闵　云（女）长兴县副县长
金　凯　安吉县副县长
竺　鸽（女）湖州市吴兴区副区长（民盟）
金顺明　湖州市南浔区副区长
高勇年　湖州市检察院副检察长（民进）
沈　健　德清县法院副院长
朱鹏飞　长兴县法院副院长
王　捷　安吉县检察院副检察长

·嘉兴市·

柴永强　嘉兴市副市长、民盟嘉兴市委会主委
孙旭阳　嘉兴市南湖区人民政府副区长（无党派）
陆志芬（女）嘉兴市秀洲区人民政府副区长、民建秀洲区支部主任
何慧琴（女）嘉善县人民政府副县长、民建嘉善总支主任
顾玉峰　平湖市人民政府副市长、民进平湖市委会主委
马小平　海盐县人民政府副县长（无党派）
朱海英（女）海宁市人民政府副市长（无党派）
费玉林　桐乡市人民政府副市长、民盟桐乡总支副主任
邢海华　嘉兴市科技局局长（无党派）
朱　军　嘉兴市环保局副局长（无党派）
赵如英（女）嘉兴市农经局副局长（无党派）
黄伟明　嘉兴市体育局副局长（无党派）
张永红（女）嘉兴市财政局副局长（无党派）
俞红平（女）嘉兴市合作交流办副主任（无党派）
朱　海　嘉兴市水利局副局长（无党派）
姜　东　嘉兴市统计局总统计师、民革嘉兴市委会委员
严凤祥　嘉兴市交通局总工程师（无党派）
邱锦月（女）嘉兴市外办副主任（2009年12月任现职）
徐静霞（女）嘉兴市中级人民法院副院长（无党派）
章小平　海宁市人民法院副院长（无党派）
李　明　嘉兴市秀洲区检察院副检察长（无党派）

·绍兴市·

丁晓燕（女）绍兴市副市长、九三学社绍兴市委会主任
葛波儿　绍兴市文物局副局长（无党派）
金一波　绍兴市文广局副局长（民进）
鞠丽霞（女）绍兴市药监局副局长、九三学社绍兴市委会副主委
王惠中　绍兴市检察院副检察长（无党派）
徐青松　绍兴市水利副局长、民盟绍兴市委会主委
余利明（女）绍兴市科技局局长（无党派）
金如如（女）绍兴市科技局副局长、民革绍兴市委会副主委
许永明　绍兴市发改委副主任（民革）
赵　立（女）绍兴市档案局副局长（民建）
沈荣根　绍兴市计生委副主任（农工党）
金龙标　绍兴市建设局副局长（无党派）
钱伟平　绍兴市教育局副局长（民盟）
张宪疆　越城区副区长、九三学社绍兴市委会副主委
陈德洪　绍兴县副县长、民建绍兴市委会副主委
章月燕（女）诸暨市副市长（民盟）
方　静（女）上虞市副市长（民盟）
夏春燕（女）嵊州市副市长（农工党）
丁　虹（女）新昌县副县长（无党派）

·金华市·

黄小杭　金华市副市长、民建浙江省委会副主委

张少华 金华市外经贸局副局长（民进）
张跃进 金华市环保局副局长（九三学社）
胡锦全 金华市教育局副局长（民盟）
吴彩霞（女）金华市食品药品监督管理局副局长（九三学社）
方竟成 金华市文物局局长
刘净非（女）金华市司法局局长
董巧娟（女）金华市审计局副局长
李 影（女）金华市监察局副局长
杜跃强 金华市林业局副局长
诸晓东 婺城区副区长
袁月飞 金华市科技局副局长
张卫东 金华市安全生产监督局副局长
陆献龙 兰溪市副市长
虞乐生（女）东阳市副市长
王 迎（女）义乌市副市长
祝鸿熙 永康市副市长
金时刚 浦江县副县长
杨 际 浦江县副县长
姚美芬（女）武义县副县长
潘丽霞（女）磐安县副县长
冯 丹（女）婺城区检察院副检察长
余志军 金东区检察院副检察长
盛娅莉（女）兰溪市检察院副检察长
许影岚（女）浦江县检察院副检察长
傅丽花（女）金东区法院副院长
胡彩中 磐安县检察院副检察长

·衢州市·

罗卫红（女）衢州市副市长（九三学社）
马梅芝（女）衢州市贸易与粮食局局长（民建）
方孝琳（女）衢州市国资委副主任（无党派）
田 俊（女）衢州市国土局副局长（无党派）
陈 政 衢州市文化广电新闻出版局副局长（无党派）
周 庆 衢州市中级人民法院副院长（无党派）
刘炳炎 柯城区人民政府副区长（民盟）
袁亚平 衢江区人民政府副区长（无党派）
吕玉茹（女）龙游县人民政府副县长（农工党）
毛正彩（女）江山市人民政府副市长（无党派）
范洁红（女）常山县人民政府副县长（无党派）
汪 晖 开化县人民政府副县长（民盟）

·舟山市·

韩 平 舟山市副市长、民盟舟山市委会主委、大学教授
刘晓国 定海区副区长（无党派）
方 维（女）普陀区副区长（2009年10月起任舟山市旅游局副局长）（无党派）
张伟平 岱山县副县长、民革舟山市委会副主委
杨亚儿（女）嵊泗县副县长（无党派）
石兆文（女）舟山市科技局副局长、九三学社舟山市委会副主委
徐燕峰（女）舟山市外事办副主任、民盟舟山市委会副主委
贝璐国 舟山市经贸委副主任（2009年10月起任舟山市商业集团总公司总经理）（无党派）
余华安 舟山市水利围垦局副局长、九三学社舟山市委会副主委
邵剑平 舟山市审计局副局长（无党派）
钱德雪 舟山市水利围垦局总工程师（无党派）
贺存康 舟山市城建委总工程师（无党派）
李善农 舟山市广电总台总工程师（无党派）
邵伟才 舟山市水务局总工程师（无党派）
夏亚红（女）舟山市二轻总公司总经理（无党派）
周纪珍（女）舟山市总工会副主席（无党派）
刘志刚 舟山市海洋与渔业局副局长（九三学社）
陈建炳 舟山市民用航空管理局（舟山民用航空站）副局长（副站长）（民盟）
陈建群 定海区人民法院副院长（无党派）
唐洪涛 普陀区检察院副检察长（无党派）
徐 勇 嵊泗县法院副院长（无党派）

·台州市·

徐仁鹤 台州市副市长、市党外知识分子联谊会会长（无党派）
朱沛夏 台州市教育局副局长、市党外知识分子联谊会常务副会长（无党派）
陈理元 台州市科技局副局长（无党派）
王敏霞（女）台州市外经贸局副局长、九三学社台州市委会副主委

张正煜　台州市旅游局局长、民盟台州市委会主委
张蕴华（女）台州体育局局长、九三学社台州市委会主委
朱丹君（女）台州市外侨办副主任（无党派）
张国荣　台州市经济开发区管委会副主任（无党派）
周　明　台州市协作办副主任、市党外知识分子联谊会副会长（无党派）
褚义军　台州市绿心生态区建设管理委员会主任、市建设规划局副局长、市党外知识分子联谊会副会长（无党派）
罗超英（女）台州市档案局副局长（无党派）
陈福清　黄岩区人民政府副区长（无党派）
周冲权　黄岩区人民政府副区长（民进省委会下派挂职干部）（民进）
蒋斌芳（女）路桥区人民政府副区长、九三学社台州市委会副主委
徐林德　临海市人民政府副市长、民进台州市委会主委
曹　羽　温岭市人民政府副市长、民盟台州市委会副主委
杜惠玲（女）玉环县人民政府副县长（无党派）
叶玲君（女）天台县人民政府副县长、县党外知识分子联谊会会长（无党派）
陈　力　仙居县人民政府副县长、县党外知识分子联谊会名誉会长（无党派）
陈金华（女）三门县人民政府副县长、民进台州市委会委员

·丽水市·

梁细弟　丽水市副市长、致公党省委会副主委
戚永远　丽水市教育局局长（无党派）
计勇强　丽水市政府办副主任、民建市委会副主委
李新雄　丽水市民宗局副局长、民进市委会副主委
刘旭东　丽水市建设局副局长（九三学社）
骆雨文　丽水市水利局副局长（民盟）
颜小云　丽水市监察局副局长（无党派）
楼培忠　丽水市环保局副局长（无党派）
陈肇平　丽水市审计局副局长（民建）
郑丽华（女）丽水市档案局副局长（无党派）
张映辉　丽水市防汛防旱指挥部办公室主任（无党派）
卢彩柳（女）丽水市莲都区副区长、民进丽水市委会副主委、民进莲都区委会主委
梁智伟　丽水市莲都区司法局副局长、民建莲都区委会副主委
阎丽群　丽水市莲都区法院审判委员会委员（民建）
徐炳东　龙泉市副市长（无党派）
潘碧武（女）青田县副县长（无党派）
蓝先芬（女）云和县副县长（无党派）
吴传根　庆元县副县长（无党派）
张颖洁（女）缙云县副县长（九三学社）
张建伟　遂昌县副县长（民盟）
徐兼明（女）松阳县副县长（无党派）
胡晓红（女）景宁畲族自治县副县长（民进）
吴晓敏　龙泉市检察院副检察长（无党派）
王　奕（女）庆元县检察院副检察长（无党派）
雷献美（女）景宁畲族自治县检察院副检察长（无党派）
姒建敏　浙江大学副校长（九三学社）
罗卫东　浙江大学副校长（民盟）
盛颂恩　浙江工业大学副校长（九三学社）
胡　华　杭州电子科技大学副校长
蒋家新　中国计量学院副院长（民盟）
连建伟　浙江中医药大学副校长（民进）
苏为华　浙江财经学院副院长（民盟）
杜　卫　浙江科技学院院长
徐伟金　省发展规划研究院总规划师
徐子伟　省农科院副院长
鲁成银　省茶叶研究院副院长
郑玉龙　国家海洋局第二海洋研究所副所长

# 浙江省各民主党派省、市、县委员会主委

## (一) 中国国民党革命委员会

民革浙江省委会主委：冯明光
民革杭州市委会主委：陈重华（女）
民革宁波市委会主委：王建康
民革温州市委会主委：王小同
民革嘉兴市委会主委：李水根
民革湖州市委会主委：张雪樵
民革绍兴市委会主委：齐宽明
民革金华市委会主委：张解放
民革衢州市委会主委：欧阳建华
民革舟山市委会主委：张永奎
民革台州市委会主委：吴翰桂
民革丽水市委会主委：叶赞平
民革建德市委会主委：严凌云
民革奉化市委会主委：葛素梅（女）
民革江山市委会主委：王邦进
民革台州市椒江区委会主委：张日初
民革青田县委会主委：刘新青
民革丽水市莲都区委会主委：钟日娟（女）

## (二) 中国民主同盟

民盟浙江省委会主委：徐　辉
民盟杭州市委会主委：陈振濂
民盟宁波市委会主委：成岳冲
民盟温州市委会主委：潘长旺
民盟嘉兴市委会主委：柴永强
民盟湖州市委会主委：夏　平
民盟绍兴市委会主委：徐青松
民盟金华市委会主委：胡锦全
民盟衢州市委会主委：刘炳炎
民盟舟山市委会主委：韩　平
民盟台州市委会主委：张正煜
民盟丽水市委会主委：刘国安
民盟杭州市萧山区委会主委：周红英（女）
民盟建德市委会主委：朱启鸿
民盟乐清市委会主委：方　青（女）
民盟瑞安市委会主委：徐良明
民盟兰溪市委会主委：朱根富
民盟台州市椒江区委会主委：金烨国
民盟丽水市莲都区委会主委：谢林森

## (三) 中国民主建国会

民建浙江省委会主委：吴国华
民建杭州市委会主委：陈小平
民建宁波市委会主委：张明华
民建温州市委会主委：朱贵远
民建嘉兴市委会主委：隗斌贤
民建湖州市委会主委：方新旗
民建绍兴市委会主委：车晓端
民建金华市委会主委：丁国玉（女）
民建衢州市委会主委：马梅芝（女）
民建台州市委会主委：赵跃进
民建丽水市委会主委：齐育华
民建建德市委会主委：郑　冰（女）
民建台州市椒江区委会主委：辛　涌
民建丽水市莲都区委会主委：任文红

## (四) 中国民主促进会

民进浙江省委会主委：盛昌黎（女）
民进杭州市委会主委：赵光育
民进宁波市委会主委：陈大申
民进温州市委会主委：夏克栋
民进嘉兴市委会主委：王　淳（女）
民进湖州市委会主委：沈琪芳（女）
民进绍兴市委会主委：陈伯怀
民进金华市委会主委：张少华
民进衢州市委会主委：金召卫
民进台州市委会主委：徐林德
民进丽水市委会主委：庄志清
民进舟山市委会主委：黄洁明
民进杭州萧山区委会主委：汤金友
民进杭州建德市委会主委：谢春凤（女）

民进杭州临安市委会主委：楼国富
民进嘉兴平湖市委会主委：顾玉峰
民进嘉兴嘉善县委会主委：周向阳
民进台州椒江区委会主委：王　及* 李欠龙
民进台州临海市委会主委：王如铎
民进丽水莲都区委会主委：卢彩柳（女）

### （五）中国农工民主党

农工民主党浙江省委会主委：姚　克
农工民主党杭州市委会主委：吴正虎
农工民主党临安市委会主委：裘小民（女）
农工民主党宁波市委会主委：常敏毅
农工民主党温州市委会主委：谷定英
农工民主党永嘉县委会主委：傅朝宗
农工民主党平阳县委会主委：蔡萌芽
农工民主党绍兴市委会主委：胡少云（女）
农工民主党诸暨市委会主委：袁岳军
农工民主党嵊州市委会主委：夏春燕（女）
农工民主党金华市委会主委：傅路红
农工民主党金华东阳市委会主委：程云霄
农工民主党金华兰溪市委会主委：胡向东
农工民主党嘉兴市委会主委：金成胜
农工民主党湖州市委会主委：魏　明
农工民主党衢州市委会主委：吕玉茹（女）
农工民主党舟山市委会主委：陈松菊（女）
农工民主党台州市委会主委：陈海啸
农工民主党临海市委会主委：卢立广
农工民主党椒江区委会主委：李秋根
农工民主党丽水市委会主委：李江波
农工民主党莲都区委会主委：李美华（女）

### （六）中国致公党

致公党浙江省委会主委：郑继伟
致公党杭州市委会主委：郁嘉玲（女）
致公党宁波市委会主委：范　谊
致公党温州市委会主委：鲍小瓯

### （七）台湾民主自治同盟

台盟浙江省委会主委：张泽熙

### （八）九三学社

九三学社浙江省委会主委：姒健敏
九三学社杭州市委会主委：朱祖德
九三学社宁波市委会主委：傅　丹（女）
九三学社温州市委会主委：黄兆鸽
九三学社嘉兴市委会主委：马玉华
九三学社湖州市委会主委：孙新耀
九三学社绍兴市委会主委：丁晓燕（女）
九三学社金华市委会主委：张跃进
九三学社衢州市委会主委：汪惠芳（女）
九三学社台州市委会主委：张蕴华（女）
九三学社舟山市委会主委：张昌义
九三学社丽水市委会主委：韦铁民
九三学社瑞安市委会主委：方小梅（女）
九三学社苍南县委会主委：王宗泽
九三学社兰溪市委会主委：陆献龙
九三学社义乌市委会主委：王荣山
九三学社临海市委会主委：潘志坚
九三学社台州市椒江区委会主委：王志英
九三学社丽水市莲都区委会主委：管晓平

## 浙江省省、市、县工商业联合会主席

浙江省工商联主席：徐冠巨（非公）
杭州市工商联主席：张必来（无党派）
杭州市上城区工商联主席：陈砚菁（女、中共）
杭州市下城区工商联主席：王绍庆（九三）
杭州市江干区工商联主席：徐国耀（非公、中共）
杭州市拱墅区工商联主席：许荣根（非公、中共）
杭州市西湖区工商联主席：董庆达（中共）
杭州市高新（滨江）区工商联主席：金建祥（非公、民盟）
杭州市萧山区工商联主席：夏　威（中共）

杭州市余杭区工商联主席：陈跃水（中共）
建德市工商联主席：吴秋明（无党派、中共）
富阳市工商联主席：王建沂（非公、农工）
淳安县工商联主席：王恒堂（中共）
临安市工商联主席：张德生（非公）
桐庐县工商联主席：李玉标（中专）
宁波市工商联主席：崔秀玲（女，无党派）
宁波市海曙区工商联主席：顾贤樟
宁波市江东区工商联主席：宋济隆（非公、无党派）
宁波市江北区工商联主席：王伯宁（民建）
宁波市镇海区工商联主席：高国勇（中共）
宁波市北仑区工商联主席：林荣伟（中共）
宁波市鄞州区工商联主席：李立新（非公、无党派）
余姚市工商联主席：戎伟军（非公、无党派）
慈溪市工商联主席：罗国明（非公、中共）
奉化市工商联主席：袁丽华（女）
宁海县工商联主席：王必月
象山县工商联主席：励茂平（无党派）
温州市工商联主席：郑胜涛（非公）
温州市鹿城区工商联主席：陈国荣（非公、民盟）
温州市龙湾区工商联主席：孙福荣（非公、无党派）
温州市瓯海区工商联主席：郑永强（非公、中共）
乐清市工商联主席：陈道荣（非公、民盟）
瑞安市工商联主席：赵志雄（民建）
永嘉县工商联主席：吴志泽（非公、民建）
洞头县工商联主席：颜贻意（非公、中共）
文成县工商联主席：赵　聪（无党派）
平阳县工商联主席：李　牧（非公）
泰顺县工商联主席：翁学军（非公、无党派）
苍南县工商联主席：孙绍丁（非公、无党派）
湖州市工商联主席：曹德平（无党派）
湖州市吴兴区工商联主席：朱新康（非公、中共）
湖州市南浔区工商联主席：周志江（非公）
德清县工商联主席：吴建华（中共）
长兴县工商联主席：张天任（非公）
安吉县工商联主席：姚兴标（中共）
嘉兴市工商联主席：薛佳平（无党派）
嘉兴市南湖区工商联主席：沈锦坤（非公、无党派）
嘉兴市秀洲区工商联主席：沈金荣（非公、无党派）
嘉善县工商联主席：潘敏根（中共）
平湖市工商联主席：朱在龙（非公）
海盐县工商联主席：朱胜良（非公）
海宁市工商联主席：鲁　枫（无党派）
桐乡市工商联主席：顾跃明（非公、民建）
绍兴市工商联主席：王玉书（民建）
绍兴市越城区工商联主席：李方正（女，非公、中共）
绍兴县工商联主席：陈张球（女，九三）
诸暨市工商联主席：蒋金成（中共）
上虞市工商联主席：王锦林（中共）
嵊州市工商联主席：史　萍（女，民建）
新昌县工商联主席：石伟昕（中共）
金华市工商联主席：邵国强（民进）
金华市婺城区工商联主席：盛基伟（中共）
金华市金东区工商联主席：辛永良（非公、民建）
兰溪市工商联主席：曾永寿（中共）
东阳市工商联主席：蔡捷飞（民建）
义乌市工商联主席：楼瑞清（中共）
永康市工商联主席：潘清泉（中共）
浦江县工商联主席：范建寅（中共）
武义县工商联主席：严陶伟（中共）
磐安县工商联主席：朱金昌（中共）
衢州市工商联副主席：姚竹青（党组书记、中共）
衢州市柯城区工商联主席：吴伟荣（非公、中共）
衢州市衢江区工商联主席：蓝小珍（女，中共）
龙游县工商联主席：王根荣（中共）
江山市工商联主席：毛赛春（女，非公、民建）
常山县工商联主席：杨易海（中共）
开化县工商联主席：杨建新（中共）
舟山市工商联主席：王海斌（非公、无党派）
舟山市定海区工商联主席：范国锋（非公、中共）
舟山市普陀区工商联主席：张建明（中共）
岱山县工商联主席：张志加（非公、中共）
嵊泗县工商联主席：虞曙红（女）
台州市工商联主席：王云友（非公、中共）
台州市椒江区工商联主席：王才高（中共）
台州市黄岩区工商联主席：李仙玉（非公、无党派）
台州市路桥区工商联主席：郭栋材（中共）
临海市工商联主席：章卡鹏（非公、中共）
温岭市工商联主席：颜雄刚（中共）

玉环县工商联主席：朱晓初（中共）
天台县工商联主席：徐小敏（非公、中共）
仙居县工商联主席：金敬德（非公、中共）
三门县工商联副主席：张云野（党组书记、中共）
丽水市工商联主席：张　敏（非公、无党派）
丽水市莲都区工商联主席：蓝丽华（畲族、民建）
龙泉市工商联主席：潘金明
青田县工商联主席：单志敏（非公）
云和县工商联主席：朱伟文（无党派）
庆元县工商联主席：林昌富（无党派）
缙云县工商联主席：樊汝元（无党派）
遂昌县工商联主席：雷招珠（女，畲族、民进）
松阳县工商联主席：叶祖旺（中共）
景宁畲族自治县工商联主席：朱志勇（中共）

## 浙江省侨联第八届委员会

**主　席：**吴　晶（女）
**副主席**（9名）：张维仁　陈励君　余梅生　连小敏　章明伟　朱筠筠　杨晓宏　郑　耀　林　东
**秘书长：**张维仁（兼）
**常务委员**（50名，按姓氏笔画排序）：

| | | | | |
|---|---|---|---|---|
| 马　燕（女） | 王　健 | 王征宇（女） | 叶鲜亚 | 卢秀英（女） |
| 朱敬东 | 朱筠筠 | 汤春甫 | 许　农 | 孙虎林 |
| 杨　杨 | 杨　波（女） | 杨　玲（女） | 杨晓宏 | 连小敏 |
| 吴　晶 | 严玉英（女） | 吴子婴（女） | 吴世民 | 吴森荣 |
| 何蔓丝（女） | 余梅生 | 应凤娟（女） | 汪丽珍（女） | 张　宏 |
| 张维仁 | 陈　侠 | 陈乃科 | 陈文辉 | 陈正树 |
| 陈励君 | 陈国华 | 林　东 | 郑　耀 | 项芳云（女） |
| 胡云富 | 胡文铰 | 胡先元 | 袁国标 | 夏祝平 |
| 郭　羽 | 唐晓武 | 黄品松 | 盛伯钧 | 章明伟 |
| 章耀明 | 董德申 | 蒋建中 | 赖瑞南 | 雷剑锋 |

**委员**（125名，按姓氏笔画排序）

| | | | | |
|---|---|---|---|---|
| 马　燕（女） | 王　健 | 王一军 | 王广恩 | 王云奇 |
| 王关水 | 王志明 | 王征宇（女） | 王益勇 | 尹世法 |
| 石　磊 | 叶　芬（女） | 叶鲜亚 | 卢秀英（女） | 成盖平 |
| 朱火生 | 朱根良 | 朱敬东 | 朱筠筠（女） | 刘苏生（女） |
| 庄小波 | 汤春甫 | 许　农 | 许玲娣（女） | 许新荣 |
| 孙虎林 | 杨　杨 | 杨　波（女） | 杨　玲（女） | 杨晓宏 |
| 苏旭升 | 李天芳 | 李国珍（女） | 李国胜 | 李景德 |
| 严玉英（女） | 励建民 | 连小敏 | 吴　晶（女） | 吴子婴（女） |
| 吴世民 | 吴树华 | 吴森荣 | 吴喜进 | 何蔓丝（女） |
| 余梅生 | 应凤娟（女） | 应惠明 | 汪丽珍（女） | 沈学明 |
| 沈秀德 | 张　兵 | 张　宏 | 张文华（女） | 张伟祥 |
| 张爱民 | 张维仁 | 陈　林（女） | 陈　侠 | 陈　净（女） |
| 陈　垣（女） | 陈　雷 | 陈乃科 | 陈乃雄 | 陈文辉 |
| 陈立荣 | 陈正树 | 陈励君（女） | 陈肖鸣 | 陈灵霞（女） |
| 陈国华 | 陈海华 | 林　东 | 林　坚 | 林春雷 |

罗胜雄 金裕军 周向东 周明杰 周祥微（女）
郑 耀 项芳云（女） 胡云富 胡文铰 胡先元
赵乃良 俞 蒙（女） 袁国标 顾燕华（女） 夏祝平
夏剑锋 夏建军 徐 伟 徐秀斌 徐宝林
徐新国 殷丽健（女） 翁银巧 郭 羽 高关元
唐晓武 浦金英（女） 陶建华 黄永华 黄永南
黄孟丹 黄品松 曹永葆 盛伯钧 章明伟
章耀明 董建社 董剑峰 董德申 蒋建中
傅训淳 谢 彤 谢宏明 赖瑞南 雷剑锋
蔡喜莲（女） 黎慧敏（女） 潘胜华 薛良义 薛惊理

## 浙江省台联第八届委员会

**会 长**：张泽熙

**副会长**：胡亚芳（女，高山族） 刘伟文（女） 郑博光（专职） 陈清玲（女）
陈益萍（女）

**秘书长**：陈清玲（女，兼）

**常务理事**：（11名，按姓氏笔划为序）

刘伟文（女） 刘胜欣 江 勇 张泽熙 张维钧
陈伟华 陈益萍（女） 陈清玲（女） 郑博光 胡亚芳（女，高山族）
章留明

**理 事**：（41名，按姓氏笔划为序）

卢凤玲（女） 刘 徽（女） 刘伟文（女） 刘胜欣 江 勇
杨 敦 苏剑谷 李东萍（女） 吴 军 沈小英（女）
张泽熙 张维钧 陈 靓（女） 陈存伟 陈回华（女）
陈伟华 陈桂花（女） 陈艳虹（女） 陈爱岳（女） 陈益萍（女）
陈淑华（女） 陈清玲（女） 陈清莉（女） 林 平 林佩芳（女）
罗 艺（女） 季克杰 周维国 郑 涛 郑博光
胡亚芳(女,高山族) 倪昭伟(女,高山族) 凌 云 陶 骏 黄益韬
章留明 曾为辛 谢 哲 雷鸣亮（畲族） 蔡晓冬
薛嘉言

**名誉会长**：陈昭典 陈达孝

**顾 问**：林 楠（女）

## 浙江海外联谊会四届一次常务理事会增补副会长、常务理事、理事名单

**副会长**（内地）

蒋学基 省委统战部副部长

**副会长**（香港）

车越乔　　香港浙江省同乡会联合会会长

**常务理事**（按姓氏笔画为序）

冯定献　　省政协委员、德国浙江社团联合会名誉会长
叶潜昭　　台北浙江同乡会会长
刘光新　　省政协委员、西班牙华人企业联合会主席团主席
李培培　　省侨办副巡视员
杨麟振　　省政协委员、香港浙江省同乡会联合会秘书长
陈作荣　　温州市委常委、市委统战部部长
周光晖　　省政协委员、香港浙江省同乡会联合会副会长、绍兴同乡会会长
郑品海　　法国华人进出口商会会长
金　敏（女）　省妇联副主席
胡李世美（女）浙江省旅台湾同乡联谊总会总会长
倪善贵　　绍兴市委统战部部长
徐　旭　　团省委副书记、省青联副主席理事
王高瞻　　省委统战部联络处副处长
王彭彦　　省政协委员、王宽诚教育基金会董事
成建新　　世界华侨华人社团联合总会副会长、智利中国和平统一促进会副会长兼秘书长
邢长勇　　丽水市委统战部常务副部长
吴海龙　　希腊中国和平统一促进会常务副会长、希腊华人华侨总商会常务副会长、中希时报社社长
李本俊　　声宝—乐声（香港）有限公司董事、香港浙联会青委委员
杨建森　　法国南方（马赛）华人总商会会长
周帮春　　巴西中华总商会监事长
周蕙蕙（女）　香港浙联会青委副主席、其士国际集团有限公司主席助理
季友松　　巴西里约华人联谊会会长
胡介国　　中国和平统一促进会理事，西非、尼日利亚中国和平统一促进会副会长兼秘书长
胡立井　　奥地利华人总会副会长、温州市政协常委
徐岩华　　浙江中国和平统一促进会副秘书长、省黄埔军校同学会秘书长
徐鸣翔　　香港青年工业家协会常务副会长
郭明华　　省政协委员、中国高等院校香港校友会联合会会长
戴文胜　　旅荷华侨总会副会长

**副秘书长**

徐岩华　　浙江中国和平统一促进会副秘书长、省黄埔军校同学会秘书长
王高瞻　　省委统战部联络处副处长

## 浙江省省级宗教团体负责人

**浙江省佛教协会**

**名誉会长：**广　修　　可　明　　木　鱼

**主持工作：**怡　藏

**副 会 长：**俞昶熙　　惟　航　　允　观　　怡　藏　　可　祥

**秘 书 长：**徐明仁

**浙江省道教协会**

**会　　长：**陈理实

代会长：高信一
副会长：陈崇杰　蔡信德
代秘书长：陈崇杰
浙江省天主教爱国会
名誉主任：郭慕天
主　任：徐吉伟
副主任：胡贤德　方法全　林　斌
　　郑山君
秘书长：郑家茂
浙江省天主教教务委员会
名誉主任：曹湘德
主　任：方法全
副主任：徐吉伟　朱维芳　郑家茂
　　金仰科　胡龙建
秘书长：赵亚纳（女）
浙江省基督教“三自”爱国会
主　席：邓福村
副主席：余建荣　张大鹏　单渭祥
　　顾约瑟　周再庆
秘书长：潘兴旺
浙江省基督教协会
会　长：孙锡培
副会长：倪光道　潘兴旺　陈　歆
　　任洁芳（女）　高建伟
总干事：单渭祥

## 浙江省市级宗教团体负责人

杭州市
杭州市佛教协会
会　长：光　泉
副会长：定　本　觉　乘　月　真
　　智　园（女）
秘书长：杜振华
杭州市道教协会
会　长：陈理实
副会长：高信一　王崇坤（女）
秘书长：高信一
杭州市伊斯兰教协会
会　长：马玉婷
副会长：冶曼苏　魏志明　沈少春
秘书长：回秋娥（女）
杭州市天主教爱国会
主　任：方法全
副主任：郑家茂　王　钊　陈君梅（女）
秘书长：魏仕秀（女）
杭州市基督教“三自”爱国会
主　席：倪光道
副主席：顾约瑟　张忠成　周再庆
　　余志强　孙彰道　贺晓卿（女）
秘书长：张忠成
杭州市基督教协会
会　长：顾约瑟
副会长：倪光道　楼世波　张耀法
　　缪大君　潘兴旺
总干事：楼世波
宁波市
宁波市佛教协会
名誉会长：释怡藏
会　长：释诚信
副会长：释可祥　释界源　徐文芳（女）
秘书长：释可祥
宁波市伊斯兰教协会
会　长：孙玉安
副会长：马书荣　马富强　茅光明
秘书长：马富强
宁波市天主教爱国会
主　任：胡贤德
副主任：金仰科　黄斌盛　徐文洲
　　潘梅腊（女）
秘书长：金仰科
宁波市基督教“三自”爱国会
主　席：单渭祥
副主席：高建伟　盛明山　曹龙见
秘书长：朱恩硕
宁波市基督教协会
会　长：高建伟
副会长：单渭祥　朱恩硕

**温州市**

**温州市佛教协会**

会　　长：释智明
副 会 长：释各本　释各圆　释显宝（女）
　　　　　释常德　释万如（女）　释了证
　　　　　释戒勤（女）　庄永金　释达照
　　　　　释芳振　释灵康（女）　释延慧
　　　　　释默行　释悟智
秘 书 长：释万如（女）

**温州市道教协会**

会　　长：陈崇杰
副 会 长：应维贤　陈高悦　吴崇悦
　　　　　叶圣益　邵达明
秘 书 长：陈高悦

**温州市天主教爱国会**

副 主 任：朱维芳　林　斌　胡龙建
　　　　　温长清　刘文权　陈声度
　　　　　朱圣光
秘 书 长：林　斌

**温州市基督教“三自”爱国会**

主　　席：余建荣
副 主 席：吴圣理　钟育良　朱礼斌
　　　　　陈同明　元春根　李文华
　　　　　何金奎
秘 书 长：吴圣理

**温州市基督教协会**

会　　长：张大鹏
副 会 长：欧阳后增　苏国文　滕道思
　　　　　陈金海　吴新民　叶小莲（女）
总 干 事：欧阳后增

**绍兴市**

**绍兴市佛教协会**

会　　长：释净芳
副 会 长：释传实　释印海　释法弘
秘 书 长：袁国辉

**绍兴市天主教爱国会**

主　　任：徐立波
副 主 任：郑宣素　傅孝良
秘 书 长：贺家振

**绍兴市基督教“三自”爱国会**

主　　席：阮慈祥
副 主 席：任洁芳（女）　夏　洁　叶建良
秘 书 长：夏　洁

**绍兴市基督教协会**

会　　长：任洁芳（女）
副 会 长：阮慈祥　张雪铨
总 干 事：全天荣

**湖州市**

**湖州市佛教协会**

会　　长：冯祖衡
副 会 长：释福源　释普音　释法心
　　　　　释悟道
秘 书 长：释慈满

**湖州市道教协会**

会　　长：丁永能
副 会 长：王水江　吴新芬（女）　陆立新
秘 书 长：王水江

**湖州市天主教爱国会**

主　　任：李富平
副 主 任：赵亚纳（女）　莫永妹（女）
秘 书 长：张伟兰（女）

**湖州市基督教“三自”爱国会**

主　　席：徐方训
副 主 席：王金康　陈贤勤　吴永良
秘 书 长：王金康

**湖州市基督教协会**

会　　长：徐方训
副 会 长：赵凤梅（女）　潘志明
总 干 事：程春梅（女）

**嘉兴市**

**嘉兴市佛教协会**

会　　长：贤　崇
副 会 长：峙　宇　本　义　广　能
　　　　　通　正　乘　明　乘　心
　　　　　妙　悯　果　因
秘 书 长：本　义

**嘉兴市天主教爱国会**

主　　任：徐贵根
副 主 任：褚召辉　吴建新　沈方干
秘 书 长：周亮亮

**嘉兴市基督教“三自”爱国会**

主　　席：吴世春（女）
副 主 席：李成义　龚玉英（女）　杨得明
　　　　　朱敏慧（女）
秘 书 长：李佩珍（女）

**嘉兴市基督教协会**

会　　长：李成义
副 会 长：吴世春　林冬娟　王志良
总 干 事：姚张明

舟山市

舟山市佛教协会
会　　长：戒　忍*
副 会 长：净　旻（常务）　惟　航　道　慈
　　　　　信　光　常　明

舟山市天主教爱国会
主　　任：王江飞
副 主 任：郑山君　白树平　徐明德
秘 书 长：郑山君

舟山市基督教“三自”爱国会
主　　席：许金祥
副 主 席：王基本　贺师定
秘 书 长：钱梅园

舟山市基督教协会
会　　长：王基本
副 会 长：许金祥　贺师定
总 干 事：李忠芳

金华市

金华市佛教协会
会　　长：释圣修
副 会 长：释式广　释戒成　释界贤
　　　　　释明修　释智行（女）
秘 书 长：释戒成

金华市道教协会
会　　长：施清纯
副 会 长：余万耀
秘 书 长：陈德松

金华市天主教爱国会
主　　任：郭慕天
副 主 任：金永生
秘 书 长：唐一可（女）

金华市基督教“三自”爱国会
主　　席：胡贤清
副 主 席：徐耀进
秘 书 长：包国华

金华市基督教协会
会　　长：徐耀进
副 会 长：包国华

台州市

台州市佛教协会
会　　长：释允观
副 会 长：释月净　释月真　江建昌
　　　　　释长佳　释了文　释象光（女）
　　　　　释了相　释智才　释能杰
　　　　　释常君　释宗光　金利鑫
秘 书 长：金立东

台州市道教协会
名誉会长：蔡信德　颜崇柱
会　　长：黄再强
副 会 长：张学富　梁信方（女）　杜志明
　　　　　阮小郝　周诚通　任诚栋
　　　　　魏兴慧（女）　张高澄　金信福（女）
秘 书 长：黄再强

台州市天主教爱国会
主　　任：徐吉伟
副 主 任：梁学刚　张宏飞　王安娜（女）
秘 书 长：梁学刚

台州市基督教“三自”爱国会
主　　席：陈　歆
副 主 席：王宗约　施良才　江恩福
秘 书 长：施良才

台州市基督教协会
会　　长：吴恩平
副 会 长：徐世福　何信连
总 干 事：徐世福

衢州市

衢州市佛教协会
常务会长：方建来（女）
副 会 长：释地开（女）　龚水旺
副秘书长：释定照

衢州市伊斯兰教协会
会　　长：马杭清
副 会 长：白双阶　程飞南
秘 书 长：马杭清

衢州市天主教爱国会
主　　任：李　刚
副 主 任：汤文芳（女）　叶萌芽
秘 书 长：汤文芳（女）

衢州市基督教“三自”爱国会
常务副主席：周爱光（女）
副 主 席：吴惠芳（女）
副秘书长：王子林

衢州市基督教协会

**副 会 长：**周爱光（女）
**总 干 事：**吴雪梅（女）

**丽水市**

**丽水市佛教协会**

**会　　长：**释慧舟（女）
**副 会 长：**释妙德　释镇念　刘增明　程春月（女）
**秘 书 长：**曙　晏

**丽水市基督教“三自”爱国会**

**主　　席：**陈志敏
**副 主 席：**陈建英　黄立鸿　林小平
**秘 书 长：**石美藏

**丽水市基督教协会**

**会　　长：**陈建英
**副 会 长：**陈志敏　鲍金水　叶岳娟
**总 干 事：**鲍金水

# 7. 评比奖励

## 获第三届全国“优秀中国特色社会主义事业建设者”称号人员名单

（按姓氏笔画排序，浙江省共7名）

王水福　　西子联合控股有限公司董事长
李书福　　浙江吉利控股集团有限公司董事长
李明焱　　金华寿仙谷药业有限公司董事长
邱光和　　森马集团有限公司董事长
何海美（女）　　浙江义乌国际商贸城个体工商户
陈爱莲（女）　　万丰奥特控股集团公司董事长
邵铭法　　浙江万邦会计师事务所有限公司副总经理

## 获第三届浙江省“优秀中国特色社会主义事业建设者”称号人员名单

（分地区按姓氏笔画排序，共47名）

**杭州市**

仇建平　　杭州巨星科技股份有限公司董事长
任建华　　杭州老板实业集团有限公司董事长

何黎明　　浙江五联律师事务所高级合伙人
吴玉兴　　杭州拱墅区藏龙鞋庄经理
罗忠平　　杭州富春江冶炼有限公司董事长
戚建尔　　富丽达集团控股有限公司董事长

**宁波市**

王利平　　浙江广博集团有限公司董事长
邹国营　　帅康集团有限公司董事长
赵国行　　建新赵氏集团有限公司董事长
蒋　群　　雅戈尔集团股份有限公司副董事长
詹昌吉　　宁波市吉品信息互连工业有限公司董事长
熊续强　　宁波银亿集团有限公司董事长

**温州市**

周　光　　浙江光正大律师事务所主任
张晓平　　瑞立集团有限公司董事长
陈道荣　　华仪电器集团有限公司董事长
林明忠　　浙江鼎博水暖制造有限公司董事长
钱金波　　红蜻蜓集团有限公司董事长
彭　星　　法派集团有限公司董事长

**湖州市**

陆志宝　　浙江栋梁新材股份有限公司董事长
胡大有　　长兴雉城金陵灯饰经营部经理
高兴江　　永兴特种不锈钢股份有限公司董事长

**嘉兴市**

丁国强　　嘉善县西塘镇钱塘人家饭店经理
厉建平　　五芳斋集团股份有限公司董事长
金惠明　　嘉兴中达集团有限责任公司董事长

**绍兴市**

王苗通　　浙江华通控股集团有限公司董事长
葛云明　　浙江天天田园控股集团有限公司董事长
虞阿五　　浙江日月首饰集团有限公司董事长

**金华市**

吴建中　　众泰控股集团有限公司董事长
黄清峰　　浙江博尚电子有限公司董事长

**衢州市**

王金火　　红火集团有限公司董事长
邹耀强　　衢州市万里行鞋城总经理
曹克坚　　开山集团有限公司董事长

**舟山市**

袁国义　　浙江恒大建设集团有限公司董事长

**台州市**

邵雨田　　浙江南洋科技股份有限公司董事长
沈颜新　　浙江银象生物工程有限公司董事长
金冠兴　　台州中天会计师事务所有限公司董事长

项道铨　　爱华控股集团有限公司董事长
徐宝春　　台州市百合丰田汽车销售服务有限公司董事长
章卡鹏　　伟星集团有限公司董事长

**丽水市**

张　敏　　浙江方正电机股份有限公司董事长
吴　强　　浙江绿源木业股份有限公司董事长
吴存明　　丽水市绿洲眼镜验配中心经理

**省　直**

任文达　　中球冠集团有限公司董事长
陈立钻　　浙江天皇药业有限公司董事长
钱　峰　　杭州服装设计师协会会长
黄来兴　　亚太机电集团有限公司董事长
楼永良　　中天发展控股集团有限公司董事长

# 2009年浙江省统一战线成员岗位建功（获国家级和省部级表彰被授予荣誉称号）人员名单

**民革成员**

陈重华（女）　获得民革中央授予的“民革全国优秀女党员”称号（杭州市人大常委会）
胡　红（女）　获得浙江省人民政府授予的“浙江省信访维稳先进个人”称号（杭州市下城区武林街道）
张　硕（女）　获得民革中央授予的“民革全国优秀女党员”称号、浙江省人民政府授予的2009年“省农业科技成果转化推广先进个人”称号（宁波市农业技术推广总站）
邹建红　　获得中宣部授予的全国宣传文化系统第二批“四个一批”经营管理人才称号（宁波歌舞团）
徐华庭　　获得中组部授予的全国离退休干部先进个人称号（人保财险浙江省湖州市分公司退休）
吴长根　　获得全国总工会授予的全国五一劳动奖章（衢州市国税局）
连　勤　　获得教育部授予的中国职业院校教学名师称号（绍兴市职教中心）
沈国军　　获得浙江省人民政府授予的“省农业成果转化推广奖先进个人”称号（绍兴市越城区农业技术推广中心）
何金彩（女）　获得民革中央授予的“民革全国优秀女党员”称号（温州医学院）
王小同　　获得浙江省人民政府授予的首届浙江省师德标兵称号（温州医学院）

**民盟成员**

邵千钧　　获得浙江省人民政府授予的“浙江省优秀科技特派员”称号（浙江林学院）
王伯敏　　获得文化部、文联中国美术家协会授予的首届中国美术奖—“中国美术奖·终身成就奖”（中国美院）
陈贵才　　获得中国畜牧兽医学会授予的新中国60年畜牧兽医科技贡献奖“杰出人物”（杭州汇能生物技术有限公司）
沈德隆　　获得中国农业工业协会授予的“建国60周年中国农药工业突出贡献奖”（浙江工业大学）
万　健　　获得教育部授予的“教育部国家特色专业负责人”（杭州电子科技大学）
卢亦愚　　获得国家卫生部、国家食品药品监督管理局、国家中医药管理局联合授予的“全国医药

卫生系统先进个人”称号（浙江省疾病预防控制中心）

徐青松　获得中华全国总工会授予的“全国五一劳动奖章”（绍兴市水利局）

李春艳（女）　获得全国妇联授予的“全国三八红旗手”称号（杭州第十一中学）

朱惠照（女）　获得全国妇联授予的“全国三八红旗手”称号（浙江寿仙谷生物科技有限公司）

虞大明　获得教育部授予的“全国优秀教师”称号（杭州市崇文实验学校）

王晓明　获得教育部授予的“全国优秀教师”称号（宁波中学）

巩美英（女）　获得教育部授予的“全国优秀教师”称号（金华市武义县壶山小学）

赵雁君　获得中宣部授予的“全国宣传文化系统第四批‘四个一批’人才”（浙江省书法家协会）

张伟红　获得中国气象局授予的“全国优秀值班预报员”称号（舟山市气象台）

姚百青　获得浙江省人民政府授予的“浙江省劳动模范”称号（浙江绍剧团）

徐华庭　获得中组部授予的“全国离退休干部先进个人”称号（中国人保湖州分公司）

郑　斌　获得浙江省人民政府授予的“浙江省农业科技成果转化推广先进工作者”称号（浙江海洋水产研究所）

吴瑞华　获得国家中医药管理局授予的第四批全国老中医药专家学术经验继承指导老师（松阳县中医院）

方汝将　获得中国戏剧家协会授予的中国戏曲红梅大奖——金梅花称号（温州市瓯剧团）

黄小梅（女）　获得浙江省人民政府授予的浙江省师德楷模称号（温州市建设小学）

董　安　获得浙江省人民政府授予的浙江省劳动模范称号（乐清中学）

应　真（女）　获得中国妇联、文联联合授予的优秀指导教师称号（温州市少艺校）

**民建成员**

周清泉　获得中国教师发展基金会、中国民办教育协会中小学专业委员会联合授予的“全国民办教育中小学优秀校长”称号（湖州市清泉武术学校）

陈　峰　获得浙江省人民政府授予的“浙江省节能降耗工作先进个人”称号（长兴县发改委）

许永亮　获得四川省人民政府授予的“天府杯”优质工程奖（浙江兴华建筑公司）

薛滔菁（女）　获得中国科协授予“2009中国科协高层次人才”称号、获得国家建设部授予“2009年建设部工程建设标准化先进个人”称号（中国新型建材工业杭州设计院）

陈　旭　获得中国轻工业联合会授予“科学技术优秀奖”（浙江天龙网球有限公司）

**民进成员**

王　健　获得中组部、中宣部、人保部、科技部联合授予的2009年第四届“全国杰出专业技术人才”称号（杭州电子科技大学、聚光科技（杭州）有限公司）

钱国英（女）　获得全国妇联授予的2009年全国三八红旗手称号、获得教育部授予的全国优秀教育工作者称号、获得浙江省人民政府授予的2009年度“浙江省有突出贡献中青年专家”称号（浙江万里学院）

潘秋梅（女）　获得全国妇联授予的2009年度全国城乡妇女岗位建功十大标兵、全国三八红旗手称号（建德市秋梅食品有限公司）

华渭强　获得由中国文联、中国戏剧家协会授予的第十一届中国戏剧节“优秀演员奖”（浙江越剧院）

石惠兰（女）　获得中国文联、中国戏剧家协会授予的第十一届中国戏剧节“优秀演员奖”（杭州越剧院）

周李钧（女）　获得中国职业技术教育学会授予的首届“中国职业院校教学名师”称号（绍兴县职教中心）

郭美阳（女）　获得教育部授予的全国优秀教师荣誉称号（湖州师范学院附属实验小学）

**农工党成员**

陆锦明　获得国家卫生部授予的“全国丝虫病防治先进个人”荣誉称号（湖州市疾控中心）
郜海燕（女）　享受2009年度国务院政府特殊津贴（浙江省农科院）
罗建红　被国务院聘为国家“973”计划和重大科学研究计划项目首席科学家（浙江大学）
郁　梅（女）　获得全国妇联授予的全国“巾帼建功”标兵称号（宁波大学）
薛芳辉　获得浙江省人民政府授予的第五批对口支援灾后重建工作先进个人称号（鹿城区疾控中心）

**致公党成员**

方　军　获得浙江省人民政府授予的浙江省劳动模范称号（杭州萧山公路开发有限公司）
杨　杨　获得中国侨联、国务院侨办授予“全国归侨侨眷先进个人”称号（浙江工业大学）
蒋建中　获得中国侨联、国务院侨办授予“全国归侨侨眷先进个人”称号（浙江大学）
朱敬尔　获得中国侨联、国务院侨办授予“全国归侨侨眷先进个人”称号（浙江工业大学）
霍德璇　获得中国侨联、国务院侨办授予“全国归侨侨眷先进个人”称号（杭州电子科技大学）
吴　静（女）　获得中国侨联、国务院侨办授予“全国归侨侨眷先进个人”称号（杭州师范大学）
杨贤强　获得中国侨联、国务院侨办授予“全国归侨侨眷先进个人”称号（浙江大学）
陈乃科　获得中国侨联、国务院侨办授予“全国归侨侨眷先进个人”称号（丽水华侨饭店有限公司）
夏剑峰　获得中国侨联、国务院侨办授予“全国归侨侨眷先进个人”称号（丽水友邦化工有限公司）

**九三学社成员**

郑绍建　获得教育部授予的长江学者特聘教授（浙江大学）
葛根年　获得教育部授予的长江学者特聘教授（浙江大学）
方向明（女）　获得教育部授予的长江学者特聘教授（浙江大学医学院附属第一医院）
蒋洪奎　获得浙江省人民政府授予的“浙江省优秀科技特派员”称号（浙江师范大学）
韦铁民　获得浙江省人民政府授予的“2009年度浙江省有突出贡献中青年专家”称号（丽水市中心医院）
俞　康　获得省卫生厅、省医师协会授予的第四届浙江省“优秀医师奖”（温州医学院）
胡廷尖　获得国家科技部等8部门联合授予的“全国优秀科技特派员”称号（浙江淡水水产研究所）
陈学智　获得科技部授予的“全国优秀科技特派员”称号（浙江省农科院）
吕志强　获得科技部授予的“全国优秀科技特派员”称号（浙江省农科院）
石　斌　获得浙江省人民政府授予的浙江省劳动模范（嘉兴特种设备检测院）
朱德峰　获得浙江省人民政府授予的2009年度浙江省有突出贡献中青年专家称号（中国水稻研究所）
金梅松　获得科技部授予的“全国优秀科技特派员”称号（浙江省农科院）
黄少铭　获得浙江省人民政府授予的2009年度浙江省有突出贡献中青年专家称号并入选国家百千万人才工程（温州大学）
郭建平　获得浙江省人民政府授予的第五批省优秀科技特派员（浙江海洋学院）
俞慧忠　获得浙江省人民政府授予的2009年度浙江省有突出贡献中青年专家称号（浙江开关厂有

限公司）

**无党派人士**

谢裕军　　获得国务院授予的全国第二次经济普查国家级先进个人称号（舟山市统计局）

蓝章铭　　获得国务院侨务办公室授予的第二届百名华侨华人专业人士“杰出创业奖”（遂昌石练菊米有限公司）

胡云富　　获得国家院侨办、中国侨联授予的“全国归侨侨眷先进个人”称号（温岭市侨联）

汤春甫　　获得全国侨联授予的“全国侨联工作先进个人”称号（天台县侨联）

## 2009年浙江省统一战线成员获得全国和省部级社会科学、自然科学奖励人员名单

**民革成员**

曹　云　　主持设计的玉环电厂码头获交通部颁发的2009年优秀水运工程设计二等奖，设计的玉环电厂二期工程获中国电力协会颁发的中国电力优质工程奖（浙江交通规划设计研究院）

王　红（女）　　设计的国家康居示范工程“临海云水山庄”获住房和城乡建设部优秀设计三等奖，浙江省“钱江杯”优秀设计二等奖（浙江省规划设计院）

汪爱娟（女）　　《水稻条纹叶枯病与传毒媒介灰飞虱发生规律、监测预测与持续控制技术研究项目》获中国植物保护学会科学技术一等奖，浙江省科学技术一等奖（杭州市余杭区农业生态与植物保护管理总站）

周志明　　“浙江省渔业科技创新服务平台”项目获2009年度中国技术市场“金桥奖”（省淡水水产研究所）

王邦进　　主持项目《超低水分二甲基甲酰胺生产技术开发》荣获浙江省科学技术奖二等奖（江山化工股份有限公司）

陈华文　　《浙江民俗史》荣获省政府第十五届哲学社会科学基础理论研究类优秀成果奖一等奖（浙江师范大学）

刘宣文　　《现在，我该怎么办——在危机中学会成长》荣获省政府第十五届哲学社会科学应用理论与对策咨询类优秀成果奖三等奖（浙江师范大学）

刘宣文　　《2007年中国儿童文化研究年度报告》荣获省政府第十五届哲学社会科学基础理论研究类优秀成果奖三等奖（浙江师范大学）

盛爱萍（女）　　获得浙江省第十五届哲学社会科学优秀成果奖突出学术贡献奖（温州大学）

**民盟成员**

邵千钧　　《竹炭生产关键技术、应用机理及系列产品开发》获得国务院颁发的国家科学技术进步奖二等奖（浙江林学院）

王勤美　　《单纯性近视防治的临床研究及应用》获得国务院颁发的国家科学技术进步奖二等奖（温州医学院）

金建祥　　《新一代控制系统高性能现场总线——EPA》获得国务院颁发的国家技术发明奖二等奖（浙江大学中控科技集团公司）

应　航　　“秉承传统、融合现代—中医人才培养模式的创新研究与实践”获得第六届高等教育国家级教育成果二等奖和浙江省教学成果一等奖（浙江中医药大学）

魏颖慧　　“壳聚糖修饰的雷公藤多苷纳米粒肾靶向特性研究”获得国家青年科学基金项目（浙江中医药大学）

杨立公　　《学生校长助理——开拓主体性德育新模式》获得第七届全国中小学思想道德建设优秀成果展评一等奖（嘉善县文化馆）

徐爱俊　　“森林资源安全监管新模式及其信息系统研究与应用”获得省政府科技进步三等奖（浙江林学院）

胡海燕（女）　　《清心开窍方多靶点抑制类AD大鼠脑内β-淀粉样蛋白形成的机制研究》获得2009年国家自然基金委员会（30973780/C190209）资助（温州医学院）

黄灵庚　　专著《楚辞章句疏证》获教育部颁发的高校科研优秀成果二等奖（浙江师范大学）

方　园　　项目“GE2-52C电脑针织横机”获浙江省人民政府颁发的浙江省科学技术二等奖（浙江理工大学）

于善志　　《二语学习者句式发展研究》获得浙江省人民政府颁发的浙江省第十五届哲学社会科学优秀成果奖二等奖（宁波大学外国语学院）

周亚越（女）　　《行政问责制比较研究》获得浙江省人民政府颁发的浙江省第十五届哲学社会科学优秀成果奖二等奖（宁波大学法学院）

陈传锋　　《老年抑郁干预与心理健康服务》获得浙江省人民政府颁发的浙江省第十五届哲学社会科学优秀成果奖三等奖（宁波大学）

丁跃平　　《梭子蟹主要疾病调查与防治研究》获得浙江省人民政府颁发的浙江省科学技术奖三等奖（浙江海洋学院）

张红姬（女）　　瓯塑《粉墨神韵》获第十届中国工艺美术大师作品精品博览会“百花杯”铜奖（温州市云艺装饰）

季天渊（女）　　提线木偶《戏剧人物造型-包公》获首届中国浙江工艺美术博览会金奖、第三届浙江省工艺美术精品奖（温州市越剧团）

王笃芳　　黄杨木雕《黄土高坡》获得第十届中国工艺美术大师暨国际艺术精品博览会金奖（乐清市王家黄杨木雕研究所）

郑亦平　　细纹刻纸作品《关羽》获得商务部、广东省政府等颁发的中国工艺美术文化创意奖银奖（乐清市象阳镇工艺美术研究所）

王勤美　　《单纯性近视防治的临床研究及应用》获得中共中央、国务院颁发的2009年度国家科学技术进步二等奖（温州医学院附属眼视光医院）

苏为华　　《基于综合评价技术的专业市场综合指数研究：中国柯桥纺织指数》获浙江省人民政府颁发的“浙江省第十五届哲学社会科学优秀成果奖三等奖”（浙江财经学院）

张一平　　《中国古诗话批评论纲》获浙江省人民政府颁发的浙江省哲学社会科学优秀成果奖三等奖（温州大学）

**民建成员**

程　炜　　论文《试论在新形势下参政党建立会内监督制度的重要性和必要性》获民建中央“2009年重点理论调研课题优秀成果一等奖”（民建浙江省委会）

张启龙等　　研究课题“低温共烧片式多层微波陶瓷微型频率器件产业化关键技术”获国务院颁发的“国家科学技术进步奖二等奖”（浙江大学）

徐铁峰等　　研究课题“无线多媒体通信传输与终端系统关键技术的创新及应用”获国务院颁发的“国家科学技术进步奖二等奖”（宁波大学）

郑今欢（女） 项目“新型纤维多组分毛针织纱线及其染整技术”获浙江省人民政府颁发的浙江省科学技术三等奖（浙江理工大学）

**民进成员**

陈集双 项目“新型微生物果蔬保鲜技术的研究与开发”获得浙江省人民政府颁发的浙江省科学技术二等奖（浙江理工大学）

王　旭 《超细无机粉体复合材料制备的关键技术》获得国务院颁发的2009年度国家技术发明二等奖（浙江工业大学化工与材料学院）

王旭烽（女） 长篇报告文学《家国书》获得中宣部颁发的第十一届精神文明建设“五个一工程”（2007—2009）文化类图书奖（浙江林学院茶文化学院）

王　健 《原位抽取热湿法在线紫外/可见光纤光谱气体分析系统研制及产业化》获得国务院颁发的2009年度国家科技进步二等奖（杭州电子科技大学、聚光科技（杭州）有限公司）

朱晓军 作品《天使在作战》获得由中国报告文学学会颁发的中国改革开放优秀报告文学奖和新中国六十年优秀中短篇报告文学奖（浙江理工大学）

陈英旭 《畜禽养殖废弃物生态循环利用与污染减控综合技术》获得国务院颁发的2009年度国家科技进步奖二等奖（浙江大学环资学院）

蔡秀军 《腹腔镜技术在肝胆胰脾外科的临床研究及应用》获得国务院颁发的2009年度国家科技进步奖二等奖（浙大医学院附属邵逸夫医院）

王先法 参与课题《腹腔镜技术在肝胆胰脾外科的临床研究及应用》获得国务院颁发的2009年度国家科技进步奖二等奖（浙大医学院附属邵逸夫医院）

连建伟 《秉承传统、融合现代——中医人才培养模式的创新研究与实践》获得教育部颁发的第六届高等教育国家级教学成果奖二等奖（浙江中医药大学）

董瑞丽（女） 《以就业为导向、以订单为载体的金融“银领”人才培养机制建设》获得教育部颁发的第六届高等教育国家级教学成果二等奖（浙江金融职业学院）

石学根 《柑桔新颖饮品研发及其产业化》获得浙江省人民政府颁发的省科学技术三等奖（浙江省柑橘研究所）

夏海平 《光电功能材料的溶胶－凝胶法合成、结构、性能及其应用研究》获得浙江省人民政府颁发的2009年度浙江省科学技术奖三等奖（宁波大学）

丁云铭 论文《高素质参政党建设面临的素质问题》获得民进中央颁发的调研课题优秀奖（苍南县教育局）

胡旭阳 《民营企业的政治资源与民营企业的多元化投资——以中国民营500强为例》获浙江省人民政府颁发的“浙江省第十五届哲学社会科学优秀成果奖二等奖”（浙江财经学院）

**农工党成员**

郜海燕（女） 《干坚果制品氧化劣变及品质控制技术研究》获得浙江省人民政府颁发的浙江省科学技术奖一等奖（浙江省农科院）

吕晓男 《农业地理信息系统研制与应用》获得浙江省人民政府颁发的浙江省科学技术奖三等奖（浙江省农科院）

何加铭 《无线多媒体通信传输与终端系统关键技术的创新及应用》获得国务院颁发的国家科技进步奖二等奖（宁波大学）

郁　梅（女） 《显微视频图像处理与压缩关键技术创新及应用》获得浙江省人民政府颁发的2009年

度浙江省科学技术奖一等奖（宁波大学）

褚玉明 《多复变函数论——空间与映射》获得浙江省人民政府颁发的“浙江省科学进步一等奖”（湖州师范学院）

郭建强 《房屋建筑绿色环保控制白蚁新技术研究》获得浙江省人民政府颁发的“浙江省科技进步二等奖”（德清县白蚁防治所）

徐志康 《节能型饮用水深度处理系列设备的研发与产业化》获得国务院颁发的国家科技进步二等奖（浙江大学）

吕晓男 《浙江农业地理信息系统研究与应用》获得浙江省人民政府颁发的省科技进步三等奖（浙江省农科院）

**致公党成员**

黄　涛 《开拓传统节日的现代性》获浙江省哲学社会科学优秀成果奖三等奖（温州大学）

**九三学社成员**

郑祥福 论文《文化批判与后现代马克思主义》获浙江省第十五届哲学社会科学优秀成果二等奖（浙江师范大学）

方志梅（女） 《双面绒带织造技术研究与开发》获得浙江省人民政府颁发的2009年度浙江省科学技术奖三等奖（浙江理工大学）

杨　柯 《水能利用中流动数值模拟及流体－结构相互作用的理论和方法研究》获云南省科学技术奖自然科学类一等奖（温州大学）

杨亦文 《食品功能因子高效分离与制备中的分子修饰与吸附分离耦合技术》获得国务院颁发的国家技术发明奖二等奖（浙江大学）

彭淑牖 《腹腔镜技术在肝胆胰脾外科的临床研究及应用》获得国务院颁发的国家科技进步奖二等奖（浙江大学医学院附属第二医院）

周志春 《马尾松良种选育及高产高效配套培育技术研究及应用》获得国务院颁发的国家科技进步奖二等奖（中国林科院亚热带林业研究所）

王　欣 《原位抽取热湿法在线紫外/可见光纤光谱气体分析系统研制及产业化》获得国务院颁发的国家科技进步奖二等奖（杭州聚光科技有限公司）

张鉴清 《钢铁材料及制品大气腐蚀数据积累、规律和共享服务》获得国务院颁发的国家科技进步奖二等奖（浙江大学）

黄　武 《畜禽养殖废弃物生态循环利用与污染减控综合技术》获得国务院颁发的国家科技进步奖二等奖（浙江省农村能源办公室）

黄蓉蓉（女） 《过电压防护的雷电流测试关键技术及其系列测试设备》获得国务院颁发的国家科技进步奖二等奖（温州中国德力西集团公司）

钱　前 《水稻重要遗传材料的创制及其应用》获得浙江省人民政府颁发的浙江省科技进步奖一等奖（中国水稻研究所）

周雪莲（女） 《先天性甲状腺功能低下症和苯丙酮尿症早期筛查与研究》获得浙江省人民政府颁发的浙江省科技进步奖一等奖（浙江大学医学院附属儿童医院）

黄加云 《母系遗传药物性耳聋致病机制的研究》获得浙江省人民政府颁发的浙江省科技进步奖一等奖（浙江温州医学院附属第二医院）

程乐鸣 《生物质热化学转化制取高品位燃料的基础研究》获得浙江省人民政府颁发的浙江省科技进步奖一等奖（浙江大学）

刘龙海 “80万吨/年乙烯改扩建工程乙烯装置裂解气压缩机用汽轮机”获得浙江省人民政府

颁发的浙江省科技进步奖二等奖（杭州工业汽轮机研究所）

徐志南　《吗替麦考酚酯及其制剂（赛可平）的研究及产业化》获得浙江省人民政府颁发的浙江省科技进步奖二等奖（浙江大学）

叶益萍（女）　《落新妇治疗肿瘤疾病的一类新药的临床前实验研究》获得浙江省人民政府颁发的浙江省科技进步奖二等奖（浙江省医学科学院）

陈雪昌　《水产品质量安全重要技术标准研究及产业化示范》获得浙江省人民政府颁发的浙江省科技进步奖二等奖（浙江省海洋水产研究所）

蒋焕煜　《设施园艺育苗生产线的研制及其产业化》获得浙江省人民政府颁发的浙江省科技进步奖二等奖（浙江大学）

王世恒　《设施蔬菜优异种质创新和专用新品种选育》获得浙江省人民政府颁发的浙江省科技进步奖二等奖（杭州市农业科学研究院）

王敏珍（女）　《腹腔镜在妇科手术中的应用及相关研究》获得浙江省人民政府颁发的浙江省科技进步奖二等奖（浙江大学医学院附属邵逸夫医院）

方向明（女）　《体内和体外高效合成功能性异源蛋白质的理论基础和关键技术》获得浙江省人民政府颁发的浙江省科技进步奖二等奖（浙江大学医学院附属第一医院）

徐志南　《体内和体外高效合成功能性异源蛋白质的理论基础和关键技术》获得浙江省人民政府颁发的浙江省科技进步奖二等奖（浙江大学）

刘祥麟　《用基因芯片技术筛选早期胃癌相关基因》获得浙江省人民政府颁发的浙江省科技进步奖二等奖（浙江大学医学院）

申屠宝卿（女）　《符合 RoHS 指令的电子电器专用阻燃耐漏电尼龙 66 系列工程塑料研发》获得浙江省人民政府颁发的浙江省科技进步奖二等奖（浙江大学）

叶爱红（女）　《优质高效家蚕系列新品种的育成与应用》获得浙江省人民政府颁发的浙江省科技进步奖二等奖（浙江省农科院）

黄克玲（女）　《典型工业污水处理专用药剂的研制、集成应用技术及其产业化》获得浙江省人民政府颁发的浙江省科技进步奖二等奖（浙江大学）

谢文霞（女）　《穴位刺激的全麻增效及脑保护作用的研究》获得浙江省人民政府颁发的浙江省科技进步奖二等奖（温州医学院附属一院）

沈　宏　《节约型组合分离技术研究及其在大型化工装置节能降耗减排中的应用》获得浙江省人民政府颁发的浙江省科技进步奖二等奖（浙江工业大学）

郭天荣（女）　《作物重金属耐性和积累基因型差异机理与调控研究》获得浙江省人民政府颁发的浙江省科技进步奖二等奖（绍兴市文理学院生命科学院）

牟瀚舟　《用基因芯片技术筛选早期胃癌相关基因》获得浙江省人民政府颁发的浙江省科技进步奖二等奖（浙江省肿瘤医院）

赵筱萍（女）　《双丹方蛋白质组学及药效物质基础研究》获得浙江省人民政府颁发的浙江省科技进步奖二等奖（浙江医学高等专科学校）

周志春　《南方红豆杉和三尖杉药用种质选择及高效栽培》获得浙江省人民政府颁发的浙江省科技进步奖三等奖（中国林科院亚热带林业研究所）

叶益萍（女）　《黑鳗藤抗炎免疫抑制物质基础研究》获得浙江省人民政府颁发的浙江省科技进步奖三等奖（浙江省医学科学院）

俞慧忠　《XHZ—12 型消弧及过电压保护装置》获得浙江省人民政府颁发的浙江省科技进步奖三等奖（浙江衢州浙江开关厂开发科）

王贤理　《载脂蛋白（ApoA1、ApoB）检测试剂盒》获得浙江省人民政府颁发的浙江省科技进步奖三等奖（浙江伊利康生物技术有限公司）

冷建杭（女） 《细胞因子融合表达的重组腺病毒基因治疗类风湿关节炎实验研究》获得浙江省人民政府颁发的浙江省科技进步奖三等奖（杭州市第一人民医院）

张秀丽（女） 《数源集成音控系统关键技术研发与应用》获得浙江省人民政府颁发的浙江省科技进步奖三等奖（浙江万里学院）

鲍一丹（女） 《数字农业信息采集关键技术研究与产品开发》获得浙江省人民政府颁发的浙江省科技进步奖三等奖（浙江大学）

黄新艳（女） 《三氟醋酸产业化》获得浙江省人民政府颁发的浙江省科技进步奖三等奖（中化蓝天集团有限公司）

金国庆 《南方红豆杉和三尖杉药用种质选择及高效栽培》获得浙江省人民政府颁发的浙江省科技进步奖三等奖（中国林科院亚热带林业研究所）

杜　勤（女） 《应用一种新的病毒文库技术用于筛选大肠癌转移相关基因》获得浙江省人民政府颁发的浙江省科技进步奖三等奖（浙江大学医学院附属第二医院）

周嘉鹤 《萎缩性胃炎脾虚证实验鼠细胞凋亡调控基因蛋白的表达》获得浙江省人民政府颁发的浙江省科技进步奖三等奖（杭州市第三人民医院）

林玉美（女） 《山地果树优新品种选育及产业化关键技术研究》获得浙江省人民政府颁发的浙江省科技进步奖三等奖（莲都区林业局林业技术推广站）

方修贵 《柑橘新型饮品研发及其产业化》获得浙江省人民政府颁发的浙江省科技进步奖三等奖（浙江省科学院柑桔研究所）

蒋朝禄 《XHZ—12型消弧及过电压保护装置》获得浙江省人民政府颁发的浙江省科技进步奖三等奖（浙江开关厂有限公司）

项玉燕（女） 《猪弓形虫病快速检测与免疫防制技术研究》获得浙江省人民政府颁发的浙江省科技进步奖三等奖（浙江金华市畜牧兽医站）

胡宝兰（女） 《新型生物脱氮技术在污水处理中的应用研究》获得浙江省人民政府颁发的浙江省科技进步奖三等奖（浙江大学）

方志梅（女） 《双面绒带织造技术研究与开发》获得浙江省人民政府颁发的浙江省科技进步奖三等奖（宁波大学基础学院）

范春雷 《爪蟾卵母细胞的基因表达和降脂中药的高效选择》获得浙江省人民政府颁发的浙江省科技进步奖三等奖（浙江中医药大学）

潘劲草 《苯作业人群DNA损伤修复相关基因表达与慢性苯中毒研究》获得浙江省人民政府颁发的浙江省科技进步奖三等奖（杭州市疾病预防控制中心）

李佩璋（女） 《系列血液净化在临床多学科危重患者的应用研究》获得浙江省人民政府授予的浙江省科技进步奖三等奖（杭州市第一人民医院）

汪子伟 《细胞因子融合表达的重组腺病毒基因治疗类风湿关节炎实验研究》获得浙江省人民政府颁发的浙江省科技进步奖三等奖（杭州市第一人民医院）

吴纪虎 《三氟醋酸产业化》获得浙江省人民政府颁发的浙江省科技进步奖三等奖（浙江省化工研究院科技有限公司）

唐丽华（女） 《森林资源安全监管新模式及其信息系统研究与应用》获得浙江省人民政府颁发的浙江省科技进步奖三等奖（浙江林学院）

张　丰（女） 《土地资源时空数据处理技术》获得浙江省人民政府颁发的浙江省科技进步奖三等奖（浙江大学）

张　丰（女） 《以代码式办案为基础的城市管理阳光执法系统研究与应用》获得浙江省人民政府颁发的浙江省科技进步奖三等奖（浙江大学）

杨建华 《社会化小生产一浙江现代化的内生逻辑》获得浙江省人民政府颁发的浙江省第十五

届哲学社会科学优秀成果奖一等奖（省社科院）

许建平　　敦煌经部文献合集获得浙江省人民政府颁发的浙江省第十五届哲学社会科学优秀成果奖一等奖（浙江大学）

王国平　　《浙江省新型农村合作医疗制度可持续》获得浙江省人民政府颁发的浙江省第十五届哲学社会科学优秀成果奖一等奖（杭州师范大学）

范柏乃　　《政府浪费与治理对策研究》获得浙江省人民政府颁发的浙江省第十五届哲学社会科学优秀成果奖二等奖（浙江大学）

郑祥福　　《文化批判与后现代马克思主义》获得浙江省人民政府颁发的浙江省第十五届哲学社会科学优秀成果奖二等奖（浙江师范大学）

葛玲英（女）　　《零售创新：基于系统的思想与方法》获得浙江省人民政府颁发的浙江省第十五届哲学社会科学优秀成果奖二等奖（浙江工商大学）

赵连阁　　《灌区水价改革及其影响研究》获得浙江省人民政府颁发的浙江省第十五届哲学社会科学优秀成果奖二等奖（浙江工商大学）

何辉斌　　《西方悲剧的中国式批判》获得浙江省人民政府颁发的浙江省第十五届哲学社会科学优秀成果奖三等奖（浙江大学）

陈家桢　　《大音希声：宁波慈善文化》获得浙江省人民政府颁发的浙江省第十五届哲学社会科学优秀成果奖三等奖（宁波工程学院）

孙和平　　《传媒哲学与科学研究的虚拟交互性》获得浙江省人民政府颁发的浙江省第十五届哲学社会科学优秀成果奖三等奖（湖州师范学院）

李红日（女）　　《浙江省工业化发展阶段分析及对策研究》获得浙江省人民政府颁发的浙江省第十五届哲学社会科学优秀成果奖三等奖（省环境保护科学技术研究院）

**知联会成员**

曹禧修　　专著《中国现代文学形式批评理论与实践》获浙江省第十五届哲学社会科学优秀成果一等奖（浙江师范大学）

李力加　　专著《艺术成长——教师教育艺术专业课程与教学研究》（上下卷）获浙江省第十五届哲学社会科学优秀成果奖“应用理论与对策咨询类”三等奖（浙江师范大学）

方卫平　　著作《2007年中国儿童文化研究年度报告》获浙江省第十五届哲学社会科学基础理论研究类优秀成果三等奖（浙江师范大学）

**侨联留联会成员**

钭晓东　　《论环境法功能之进化》获浙江省哲学社会科学优秀成果奖三等奖（温州大学）

**无党派**

洪　斌　　《四川省青川县红光乡规划（2008—2020）》获浙江省优秀城乡规划项目评选三等奖（舟山市城乡建设委员会）

韩　建　　项目“全消光锦纶6纤维的工程、纺丝技术研发与产业化”获浙江省人民政府颁发的浙江省科学技术二等奖（浙江理工大学）

魏　楚（女）　　论文“能源效率及其影响因素：基于DEA的实证分析”获浙江省人民政府颁发的浙江省第十五届哲学社会科学优秀成果三等奖（省节能公司）

徐子伟　　《中国饲养背景下的SEW养猪技术系统研究与示范》获得浙江省人民政府颁发的浙江省科学技术奖一等奖（浙江省农科院）

杨建明　　《啤酒大麦优质育种关键技术研究与新品种选育》获得浙江省人民政府颁发的浙江省

| | |
|---|---|
| | 科学技术奖三等奖（浙江省农科院） |
| 刘恒武 | 《良渚文化综合研究》获得浙江省人民政府颁发的浙江省第十五届哲学社会科学优秀成果奖二等奖（宁波大学） |
| 罗红宇、朱爱意 | 《大黄鱼规模养殖新技术研究及产业化》获得浙江省人民政府颁发的浙江省科学技术奖三等奖（浙江海洋学院） |
| 王阳光、陈小娥 | 《高能效转筒速冻设备与速冻加工技术研究与开发》获得浙江省人民政府颁发的浙江省科学技术奖三等奖（浙江海洋学院） |
| 金海卫 | 《梭子蟹主要疾病调查与防治研究》获得浙江省人民政府颁发的浙江省科学技术奖三等奖（浙江海洋学院） |
| 何旭燕 | 《上海信托业研究（1921－1949年）》获得浙江省人民政府颁发的浙江省哲学社会科学优秀成果奖三等奖（温州大学） |

## 2009年度全省县级统战工作先进集体名单
## （共23家）

杭州市下城区委统战部
杭州市余杭区委统战部
富阳市委统战部
余姚市委统战部
慈溪市委统战部
宁波市北仑区委统战部
温州市鹿城区委统战部
温州市瓯海区委统战部
乐清市委统战部
长兴县委统战部
桐乡市委统战部
嘉兴市秀洲区委统战部
绍兴县委统战部
上虞市委统战部
义乌市委统战部
兰溪市委统战部
江山市委统战部
龙游县委统战部
舟山市定海区委统战部
台州市路桥区委统战部
天台县委统战部
青田县委统战部
景宁畲族自治县委统战部

## 2009年全省“统战工作创新奖”获奖单位及申报主题

| 获奖单位 | 申报主题 |
|---|---|
| **市级（5个）：** | |
| 杭州市委统战部 | 部机关干部全体开博　创新网络统战新模式 |
| 温州市委统战部 | 创新“五项制度”　党外干部培养选拔工作实现新飞跃 |
| 嘉兴市委统战部 | 推进仲裁非公有制企业民商事纠纷试点工作 |

金华市委统战部　　实施“六个创新”　实现民主党派和谐换届
丽水市委统战部　　建设民族工业园　探索少数民族地区经济发展新路子

**县（市、区）级（25个）：**

杭州市萧山区委统战部　　实施特色统战工程
临安市委统战部　　找准抓手　开创基层统战工作新局面
宁波市海曙区委统战部　　建立非公有制企业统战工作站制度
宁波市江东区委统战部　　创建和拓宽平台　党外代表人士及其后备队伍建设走出新路子
宁波市江北区委统战部　　延伸工作手臂　探索社区非政府组织统战工作新途径
宁波市镇海区委统战部　　创新联谊思路　海外新生代工作有特色
象山县委统战部　　开展党外代表人士廉情问讯　拓宽民主政治建设新视角
文成县委统战部　　开展“2009文成华侨经济发展服务月”活动
湖州市吴兴区委统战部　　五项举措并举　助推民企二代健康成长
德清县委统战部　　携手“浙大”　服务新农村建设见成效
诸暨市委统战部　　创新服务方式　发展回归经济
嵊州市委统战部　　以“三爱”、“四结合”为抓手　创新统战知识宣传教育工作
金华市金东区委统战部　　创新同乡会工作　香港联谊工作有特色
永康市委统战部　　在全国组建异地商会　积极促进“永康人”经济发展
开化县委统战部　　建立企业互助基金　“抱团取暖”战危机
岱山县委统战部　　创新综合管理工作机制　破解宗教工作难题
台州市椒江区委统战部　　创建“税企”俱乐部　搭建“三赢”经济统战新格局
台州市黄岩区委统战部　　行业协会实现归口管理
临海市委统战部　　实施党外知识分子“联心工程”
温岭市委统战部　　探索总部经济发展模式　以企业总部集群布局全力提升民营经济
仙居县委统战部　　以机关统战“六个有”活动为载体　加强党外知识分子工作
三门县委统战部　　创建新阶层网络频道　探索新的社会阶层人士统战工作新路子
缙云县委统战部　　开展乡镇统战工作基础建设年、强化年、规范年活动
松阳县委统战部　　开展“统一战线组织参与少数民族乡村结对全覆盖”活动

**高校、科研院所、企业党委（2个）：**

浙江大学党委统战部　　创建工作平台　推进高校院级统战工作
浙江师范大学党委统战部　　以五大机制建设为载体　着力提高统战工作制度化、规范化水平

# 2009年全省“统战工作创新奖”申报主题内容概要

**【部机关干部全体开博　创新网络统战新模式】**　杭州市委统战部在“杭州统一战线”网站上开设“部长博客”、“处长博客”和“众博园”，27余名机关干部集体“开博”，拓宽统战成员民主参与的新渠道，探索网络民主新平台，创新民主参与方式。主要做法：1. 改变观念，适应网络时代新形势。在部领导的大力支持、领导引导和亲自撰写博文的示范效应之下，机关干部逐渐改变了传统的工作思路，接受通过博客开展网络统战的新模式。2. 加强管理，制定开博新规则。与博客栏目同时出台的是《网站管理办法》、《博客栏目注意事项》以及部长亲自撰写的

《写在众博园开博之时》，提出了关于撰写博文的内容、保密要求、写博文与工作时间的关系、更新以及一般干部与中层干部的不同要求等，通过有规则的运作，规范了博客栏目的管理。3. 宽容对待，营造博客好氛围。单位领导以宽容的态度对待机关干部开博，营造了机关开设博客的民主的氛围，促进了机关干部以正确的心态来撰写博文。4. 促进交流，思想碰撞出新火花。召开"杭州统一战线"网站建设、博客写作座谈会，总结、交流网站建设经验，座谈博客写作的体会感想，推进统战宣传工作进一步开展。5. 进行表彰，建立激励考核新机制。2009 年年底，部机关经过评比，评出了网站宣传先进处室和（博客栏目）先进个人，鼓励机关干部进一步管理好自己的博客，发挥集体博客的作用，逐步建立起激励考核机制。

**【创新"五项制度"党外干部培养选拔工作实现新飞跃】** 温州市委统战部不断创新党外干部的督查、推荐、选拔、培训锻炼的制度，完善工作机制，使党外干部工作跃上了一个新台阶，无论是党外干部安排的数量还是范围，都取得了历史性突破。主要做法：1. 创新督查制度，市委常委亲自带头抓督查，做到督查工作制度化。市委明文规定要每两年对党外干部进行一次督查。2009 年，市委领导还亲自带队进行督查，把党外人士的实职和政治安排作为一个重点，对一些党外干部政策落实还不到位的限期改正。2. 创新举荐制度，高规格、多领域、全方位地开展党外干部后备人选推荐工作。市委办专门下发了《关于做好党外代表人士后备人选推荐工作的通知》，明确了推荐程序，进一步规范了党外干部的推荐工作。3. 创新选拔制度，以常规的组织培养为主，加大公开选拔力度。在重视组织培养、推荐的同时，不断推进公开选拔力度，并逐步制度化，做到每两年开展一次公开选拔工作。4. 创新培训制度，以地方高校为主阵地，不断拓展培训新路子。在培训中善于借助地方高校的优势，同时有意识地组织党外代表人士到知名院校进行培训提高。培训经费得到保证。5. 创新锻炼制度，多形式、多途径、多平台锻炼，不断促进党外干部走向成熟。通过交流、轮岗、下派，给台阶、压担子等多形式的锻炼，丰富党外干部的工作经验，全面提高党外干部的素质和能力。

**【推进仲裁非公有制企业民商事纠纷试点工作】** 嘉兴市委统战部把进一步推进仲裁非公有制企业民商事纠纷试点工作，作为贯彻落实科学发展观的一项重要举措，与学习实践科学发展观活动有机结合起来，大胆实践，勇于创新，继续推进，使这项"试点工作"有了新的进展。主要做法：1."仲裁试点工作"中制度创新步伐进一步加快。首批推荐了 13 名非公有制经济代表人士，经嘉兴仲裁委员会二届三次全体会议讨论通过，成为我省首批非公有制企业家仲裁员。与嘉兴市政府法制办、嘉兴仲裁委建立了联席会议制度，并确定了负责联系的具体工作部门和负责人，明确了各自的分工。设立了嘉兴仲裁委员会秘书处驻嘉兴市工商联（总商会）办事处。将支持做好仲裁工作作为行业协会商会、基层商会年度工作评价内容。2."仲裁试点工作"的推广力度进一步加大。召开"全市法律服务民营企业工作会议"。开展"送法律到企业、用法律保增长"实用法律知识百场讲座活动。走访企业，发放调查问卷和宣传资料。利用召开全市仲裁工作会议、有关座谈会、行业协会商会年会等机会，请企业家现身说法做好推广。3."仲裁试点工作"的成果得到进一步巩固。充分发挥了联席会议制度作用，及时解决试点过程中遇到的问题，实现资源共享、优势互补。对新担任的非公有制仲裁员进行仲裁工作专业培训，结合有关会议增加讲解仲裁法律制度议程，积极开展普及仲裁法律制度知识的培训。一年多来，非公有制经济代表人士仲裁员已参加了 20 多起非公有制企业民商事纠纷的仲裁，达到了很好的效果。

**【实施"六个创新" 实现民主党派和谐换届】** 金华市委统战部以进一步扩大用人民主为重点，以实现民主党派领导班子政治交接为目标，积极探索扩大民主的创新举措，实现民主党派和谐换届，在提高党派用人公信度、扩大统一战线工作的社会影响力方面，取得了较好成效。主要做法：1. 领导班子进行述职评议。各民主党派专门召开市委（扩大）会议，分班子集体和班子成员个人两个层面进行述职。2. 委员候选人建议人选实行"差额推选"。以支部为单位"海推"市委委员候选人，按照各党派市委委员规模140%比例确定第二轮推选名单，最终确定各党派市委委员规模的110%进入民主选举候选人环节。3．委员候选人建议人选进行“差额考察”。统战部会同各党派一起对委员候选人的110%人选进行全面考察，并把考察意见反馈给候选人所在单位。4．委员候选人建议人选实行“差额选举”。在对市委委员110%候选人进行全面考察的基础上，各民主党派专门召开市委（扩大）会议，进行差额选举，按得票多少确定新一届市委委员候选人、建议人选名单。5．新一届领导班子建议人选进行任前公示。参照中共领导干部任前公示的做法，结合党派实际，对民主党派领导班子成员建议人选在市党派大楼及民主党派内部公示，接受群众监督。6．新一届领导班子建议人选进行任前谈话。新一届领导班子建议人选在充分协商，并提交市委常委会讨论决定后，市委统战部领导专门约请相关人员谈话。

**【建设民族工业园　探索少数民族地区经济发展新路子】** 丽水市委统战部把又好又快地建设民族工业园作为发展少数民族经济的重要抓手，作为推进民族工作的重要载体，充分发挥统战部门的优势，全面参与、全程协助，有力促进民族工业园建设。主要做法：1．反复酝酿，“飞地”政策新鲜出炉。市委统战部经过多次调研讨论，提出借鉴辽宁、广东等地做法，给民族地方适当的政策倾斜，实行“飞地”政策。市委、市政府经过慎重考虑和研究，并通过省政府批复同意，在丽水经济开发区规划范围内划出区块，建设景宁民族工业园。2．高位嫁接，“国家民委扶贫开发试验区”落户景宁。市委统战部多次到省民宗委、国家民委汇报工作，要求上级部门给予更多的政策扶持。在多方努力下，国家民委同意将原授予浙江景鄞扶贫经济开发区的“国家民委扶贫开发实验区”牌子移至景宁民族工业园，并给予充分支持和帮助。3．全面参与，“景宁民族工业园”雏形初现。在景宁民族工业园前期建设阶段，丽水市委统战部发挥统一战线优势，在总体规划、政策处理、项目建设等各方面工作中全面参与，有力促进园区建设。4．未雨绸缪，招商引资火热进行。丽水市委统战部积极联系协调兄弟市和上级统战部门，主动向大集体、大企业推介景宁民族工业园，同时组织到其他市开展学习考察，组团参加中国第十三届投资洽谈会等大型活动，火热推进招商引资。

**【实施特色统战工程】** 杭州萧山区委统战部积极探索新时期基层统战工作的新思路、新方法、新载体，在全区范围内实施特色统战工程，以特色带动全局，使全区统战工作呈现百家争鸣、百花齐放、百舸争流的活跃局面。主要做法：1．加强领导，落实责任。在前期走访调研的基础上，制定下发了《萧山区特色统战工程实施意见》，提出了实施特色统战工程的指导性意见。建立了部领导联系特色统战工程项目制度，并发挥统战部门各线、各办自身优势，加强业务指导，形成工作互动。制定切实可行的工作方案，明确完成任务的实践、步骤和责任，并建立相应的督办机制。2．统一部署，有序推进。在动员部署阶段，就特色统战工程提出了总体规划和重点要求。在申报认定阶段，首批确定对39个项目进行立项，同时不断充实和调整。在跟踪指导阶段，帮助解决并共同探讨实施过程中的困难，对各单位特色工程进展情况、各线各办联系指导情况进行督查。在表彰奖励阶段，积极争取区委、区政府对统战工作的支持，每年落实专项奖励10万元，于年底对若干优秀工程进行表彰奖励。3．积极探索，培育品牌。主张各单位实际选择“自选动作”，不搞“一刀切”。对于内容上有创新、方法上有突破、成效上比较明显的项目，给予特别关注，进行专项指导、联合探讨、重点培育，打造精品亮点。

**【找准抓手　开创基层统战工作新局面】** 临安市委统战部积极研究基层统战工作的新情况和新问题，找准抓手，创新举措，不断开创统战工作新局面。主要做法：1．抓好组织，构筑网络强基础。成立了各乡镇（街道）和机关部门的统战工作领导小组，进一步增强基层统战工作力量。在有条件的乡镇（街道）建立基层商会、三胞及亲属联谊会小组、社区侨联分会等统战组织16个，初步形成从上到下、包容各方的基层统战团体网络。2．抓好制度，建立机制保长效。在市级层面，建立了重大事项政治协商制度、通报会制度、联系交友制度、对口联系制度、课题调研制度和基层统战工作季度例会制度、统战团体季度联系会议制度等七项工作制度。在乡镇

（街道）和机关部门层面，建立党政班子学习统战理论知识和研究统战工作、情况通报会、恳谈会、座谈会、定期走访党外人士等五项工作制度。3. 抓好考核，明确目标重落实。市委统战部进一步做好细化、量化考核工作，分别制订了乡镇（街道）和机关部门统战工作目标责任制考核细则，从组织领导、业务工作及特色工作等方面提出了具体、明确的目标。4. 抓好服务，整合资源谋双赢。通过实现基层和统战成员间的“双向”服务，取得基层统战工作的实效。5. 抓好载体，开展活动求作为。围绕中心，坚持寓基层统战工作于党委、政府的各项工作载体之中。开拓思路，充分利用区域内现有的人才、场地、设施等资源条件开展统战工作。注重创新，鼓励乡镇（街道）开展特色统战活动。

**【建立非公有制企业统战工作站制度】** 宁波市海曙区委统战部在宁波太平鸟集团有限公司和浙江博宏恒基集团有限公司探索建立统战工作站制度，正式启动非公有制经济企业统战工作站制度试点，取得较好的效果。主要做法：1. 加强调查研究，掌握基本情况，确定试点对象。由部领导带队，办公室人员参加，组成两个调研组，共16次深入海曙区发展规模相对较大的11个民营企业。通过前期的调查摸底，经过部办公会议研究，确定宁波太平鸟集团有限公司和浙江博宏恒基集团有限公司作为第一批非公企业建立统战工作站试点单位。2. 制订工作方案，明确思想原则，探索基本方法。结合海曙区非公企业特别是试点单位的实际情况，制订了《海曙区非公有制企业建立统战工作站试点方案》。方案明确了建立非公企业统战工作站的指导思想和原则，指明非公企业统战工作站开展工作的主要对象和总任务，积极探索开展工作的基本方法。3. 举行成立仪式，做好宣传教育，完善队伍建设。两家企业统战工作站成立后，梳理了前期摸底调研所掌握的统战成员基本情况，建立健全企业统战工作人员和统战对象名册，进一步健全了企业统战工作领导小组，并对统战成员进行分部门、分片进行了编组。4. 加强指导帮助，搞好工作结合，积极开展活动。在区委统战部和街道统战干部的指导帮助下，两家企业统战工作站结合公司生产经营、业务学习、党组织建设、社团活动等工作，开展了一系列促进统战工作站发挥作用的活动。

**【创建和拓展平台 党外代表人士及其后备队伍建设走出新路子】** 宁波市江东区委统战部作为责任部门，一直把党外代表人士队伍建设作为统一战线工作的基础和重点来抓，取得了一些成效。主要做法：1. 加强领导抓落实。部领导亲自抓好研究部署、督察落实和联系交友等工作。坚持一年两次到街道走访督察或召开联系会议以抓文件落实，通过座谈会、读书会向党外代表人士做好政策宣讲。2. 增进协调抓选拔。认真协助有关部门做好党外代表人士在人大、政协的政治安排以及在政府有关部门的实职安排工作，加强党外名额的合理配置。3. 健全制度抓联系。建立党政领导干部与党外代表人士联系交友制度、民主党派基层组织负责人座谈会制度、区管党外领导干部活动制度、统一战线党群组织联谊交流制度等。4. 搭建平台抓引导。搭建通报知情平台、研讨平台、对口联系平台、结对帮扶平台等，提高党外人士履职能力，促进和谐社会建设。5. 积极借力抓培养。目前区委统战部重点是借力抓好党外代表人士后备队伍即民主党派基层组织和知联会组织骨干成员的培养。推进党外代表人士培训纳入干部培训的总体规划。6. 充分整合抓“源头”。充分整合人事、教育、卫生、科技等各有关单位掌握的党外知识分子以及民主党派成员情况，在推荐协商基础上，掌握一批党外代表人士后备人员，建立数据库，实施定期调整的动态管理。

**【延伸工作手臂 探索社区非政府组织统战工作新途径】** 宁波市江北区委统战部坚持夯实基础、创新载体，充实内容，以社区各类非政府组织为突破口，探索加强非政府组织统战工作新途径。主要做法：1. 以规范化管理为前提，夯实社区非政府组织统战工作基础。按照相关法律法规要求，结合自身实际，对各类社区非政府组织实行规范化管理，采取“分级登记、简化程序、科学管理”方式，对辖区内非政府组织建立起以工商注册、民政登记、民政备案、街道备案四级登记备案为主要内容的登记办法。社区非政府组织采取属地归口登记与业务对口管理相结合的原则，对其进行管理。2. 以增强发展活力为主要途径，增强社区非政府组织统战工作凝聚力。将公园绿地、辖区学校、社区文化宫等公共设施场所，进一步向非政府组织开放，向有关部门争取活动场地，在街道、社区举行各类文体活动，丰富了群众的文化生活，提高了他们的参与度。3. 以扩大覆盖面为主要抓手，延伸社区非政府组织统战工作触角。在培育发展社区非政府组织的过程中，我们投其所好、因势利导地延伸触角，逐步扩大覆盖面，借此增强统战工作的影响，实现向“楼门、家庭、辖区单位三延伸”。街道辖区通过社区非政府组织这个桥梁，吸引更多的社区单位和非公经济人士来为辖区老百姓办事解难，真正做到了共建互赢，搭建了统战与群众的连心桥。

**【创新联谊思路　海外新生代工作有特色】**　宁波市镇海区委统战部认真贯彻落实科学发展观，坚持与时俱进，开拓创新，在开展港澳台及海外新生代工作方面作了积极探索和实践，取得了可喜的成效。主要做法：1. 以乡情为纽带，强化归属感。注重做好海外老一辈“宁波帮”人士工作，充分利用海外老一辈人数多、地位高、影响大的优势，起好桥梁纽带作用，通过“老带新、内联外”的形式，引导海外新生代“常回家看看”，增进新生代对家乡的了解，深切感受祖国家乡的发展变化，增进对祖国对家乡的向心力、凝聚力。2. 以文化为依托，强化认同感。把中华文化、地域文化的宣传、推介和教育作为加强海外新生代工作的重要内容，让海外新生代进一步了解祖国悠久的历史和灿烂的文化，增强他们作为中华民族成员的自豪感，增进对祖国和家乡的感情。着力挖掘弘扬商帮文化，积极推进宁波帮博物馆建设，并以宁波帮博物馆落成契机，扩大与海外新生代人士联系，积极邀请海外宁波帮新生代参加落成仪式。3. 以活动为载体，强化亲近感。充分利用浙江省投资贸易洽谈会、宁波国际服装节、捐赠项目的落成庆典等重大活动举行契机，邀请海外新生代回乡参加节庆活动以及经济、文化、商务等各方面的交流活动。会同有关部门策划举办了台湾周活动，举行“彩虹之路”——海内外新生代议辉煌、谋发展座谈会，“同庆祖国华诞、共游家乡新貌”参观考察活动等系列活动，进一步凝聚了人心，联络了感情，增进了亲情、友谊。

**【开展党外代表人士廉情问讯　拓宽民主政治建设新视角】**　象山县委统战部充分整合县纪委和本部门资源，创新推出党外代表人士廉情问询制度并组织实施，开全省党外代表人士廉情问询之先河，为党外代表人士有序参与民主监督，发挥他们的参政议政和民主监督作用构建了有效的实践载体。1. 建好制度，设定基本框架。制定出台《党外代表人士廉情问询实施办法（试行）》，规定廉情问询主体、对象及主要内容，明确以书面和会议两种形式进行问询。廉情问询和整改落实情况列入党风廉政建设和统战工作考核的重要内容，作为干部奖惩和任用的重要参考。2. 选好人员，优化问题设置。经县统战部与县纪委共同推荐，问询主体代表集体商议，确定10名人员参与直接提问。先后召开党外代表人士廉情问询座谈会2次，走访约谈党外代表人士50余人次，确定问题相对集中的县教育局和县卫生局为2009年廉情问询对象。3. 抓好培训，开展廉情问询。专题召开了党外代表人士廉情问询培训会，向党外代表人士详细介绍廉情问询会实施方案。11月10日，召开首次党外代表人士廉情问询会，会议采取10位既定主体人员问询为主、其他党外代表人士自由提问为辅的方式进行。问询后进行了满意度测评。4. 搞好宣传，塑造品牌形象。邀请《浙江日报》、浙江电视台《反腐前线》专题栏目、《宁波日报》等媒体单位到场采访。对廉情问询会进行全程跟踪摄像，在象山电视台或中国象山港网站录播，接受人民群众监督，树立党外代表人士廉情问询制度（活动）的特色品牌地位。

**【以“党外知识分子联谊会”为载体　努力构建活力和谐企业】**　温州市鹿城区委统战部成立了温州市首家非公企业党外知识分子联谊会——浙江和本农药化学有限公司党外知识分子联谊会，以知联会为载体和形式，加强企业党支部党外知识分子工作，联谊会为建设活力和谐企业注入了新的活力。主要成效：1. 架起党委、政府联系党外知识分子的桥梁。通过广泛联谊沟通，让党外知识分子和所联系的群众能感受到党和企业的温暖，激励他们为构建活力和谐企业作出更大的贡献。2. 发挥留住人才、凝心聚力为企业发展服务的作用。联谊会成员对5个老产品进行优化，使产品成本大大下降，年创效益近300万，为公司抵抗金融危机的冲击作出了贡献。公司为此给参与工艺改进技术创新的党外知识分子发放了23万元奖金。3. 为党外知识分子搭建学习交流平台。知联会坚持每月一次的学习制度，学习交流业务知识和时事政治，有效提升会员的知识面和业务能力。4. 为党外知识分子提供更好的服务。联谊会使公司领导能及时了解他们的意见建议，努力为他们排忧解难，同时积极组织开展符合业务特点和工作需求的参观考察、知识讨论、内引外联等活动，为他们开阔眼界、提高素质水平创造条件。5. 引导党外知识分子积极参政议政、建言献策。公司建立“成产工作改善提案制度”，鼓励会员积极为公司提高生产效率、提升产品质量、节约生产成本提出意见建议。成立提案审查委员会，知联会会长任委员，公司对提案进行审查，对可行的提案进行奖励。

**【开展“2009文成华侨经济发展服务月”活动】** 文成县委统战部以强化为侨服务为切入点，与县外侨办、侨联联合举办“2009文成华侨经济发展服务月”活动，对推动文成特色华侨经济创新发展进行了有益探索，并取得了较好的成效。主要做法：1. 创新服务理念，找准侨务工作“双向服务”的立足点。要处理好为侨服务和为全县经济社会建设服务的关系，要采取有力措施，帮助侨胞解决国内老人赡养、子女就学、投资置业等各类难题，同时反过来引导他们服务全县经济社会建设，实现资金、人才和项目回归。2. 深挖服务内因，找准侨务工作与全县大局的结合点。围绕县委“保增长、促转型，保民生、抓三农，保稳定、强保障”的工作主线和实施在外文成人“回归工程”的要求，探索文成特色华侨经济发展模式。围绕县委“项目建设年”工作主题和“抓项目、促投资、保增长”工作重点，推进项目建设和新农村建设。围绕“以侨为本、为侨服务”的宗旨，营造亲侨、爱侨和护侨的良好氛围。围绕“关注民生、促进和谐”的要求，开展涉侨法律法规宣传、涉侨信访问题梳理等。3. 创新服务载体，找准侨务工作“留资兴业”的着力点。举办文成土地项目推介会和生态产业招商选资洽谈会，主动为华侨提供商机。召开海外侨胞回归工程恳谈会、侨务经济座谈会和组织开展侨务经济考察学习周等活动，创造平台听取华侨呼声。开展百侨百会扶百村活动和文成福地佛文化体验日活动，搭建华侨报效家乡平台。举办华侨理财知识拓展讲座等，破解华侨投资理财难题。开展涉侨法律法规宣传月活动，加大维护侨益的力度等。

**【五项举措并举 助推民企二代健康成长】** 湖州市吴兴区委统战部根据本区的实际情况，把助推民企二代健康成长工作作为服务新阶层人士、推动民企二次创业的重要工作来抓，注重实效，重点突出五个方面工作。1. 加强民企二代的学习培训，不断提升经营管理水平。我们采取“走出去、请进来”的方式，从经营性培训和修养性培训两个方面入手，多渠道、多方式地加强民企二代的培训。2. 举办民企二代“创业·成长”论坛，搭建交流沟通平台。我们开设不同主题的论坛和讲座，为民企二代搭建交流和沟通的平台，让他们通过论坛的形式加深交往，互相借鉴经验，共同提高。3. 组织去经济发达地区参观考察，学习借鉴先进经验。多次组织民企二代到温州、台州等大型企业的参观考察，并和已经取得巨大成功的民企二代进行了交流联系。4. 加强民企党建工作，提高民企二代的政治素质。我们通过开展统战工作“进企业”等活动形式，把党的政治优势、思想优势和组织优势体现在帮助民营企业及民企二代的健康成长上，把先进的政治、文化和价值观念等灌输到民企二代中。5. 精心谋划政治安排，提高民企二代参政积极性。除了助推他们顺利“加好油、接好班、转好型”外，还在政治上给予肯定，做出一定的安排，让他们与社会、党委政府的联系更加紧密。我们积极构建参政议政平台，让民企二代的政治诉求有地方说，有地方实现，充分发挥他们参政议政的职能作用。

**【携手“浙大” 服务新农村建设见成效】** 德清县委统战部组织开展“浙大·德清统一战线——携手服务新农村建设”主题活动，组织开展基层统战干部和统战成员的理论素质教育培训，推动浙江大学统战成员的学者专家在科技成果方面的转化与应用，引导浙大民主党派抓好医疗、文化、科技“三下乡”活动，促进德清县农村教育、卫生、科技等社会事业健康发展。活动内容：1. 开展理论知识教育。组织基层统战干部和广大统战成员赴浙江大学参加理论知识教育，围绕党的统战理论、当代世界经济发展趋势、政府部门公共社会管理等课题进行较系统的教学培训，从而达到提高统战干部和统战成员理论素质的目的。2. 协助党派交流联谊。引导德清县民革、民进、农工、九三学社四个民主党派与浙江大学的民主党派对口结对交流，协助浙江大学民主党派开展医疗、文化、科技“三下乡”活动，选派德清县党派干部及党外干部赴浙江大学学习培训进修，组织推动双方民主党派开展联谊活动。3. 建立科技实践基地。发挥浙江大学人才荟萃、智力密集的优势，围绕新农村建设目标，有重点地选择部分工业企业、养殖场所等作为浙江大学科技创新实践服务基地，双方建立指导联系机制，不定期选派专家来德清开展技术服务指导，推动专家学者科研成果的转化与应用，提高经济效益。

**【创新服务方式　发展回归经济】**　诸暨市委统战部依托诸暨人联谊总会网络，延伸统战触角，通过联谊联络、聚心聚力，积极引导市内外互通信息、互相协作，以发展回归经济为着力点，有效地增强了统战工作与中心工作的结合度。主要做法：1. 加强组织建设，拓展统战工作平台。已建立13个省级联谊会，5个地市级联谊会，4个海外（境外）同乡会的组织网络，基本实现了通过总会向市外、省外、海外辐射，由沿海地区向中西部梯度延伸的格局。出台了《关于加强各地诸暨人联谊会规范化建设的指导意见》，加强指导，进一步规范联谊会的运作。2. 创新服务方式，凝聚市内外创业力量。通过组织各类活动，经常联系交流，把整合诸暨籍在外人士资源作为突破口，促进市内外之间的互动协作和合作共赢。定期召开诸暨人联谊总会年会，组织各地诸暨人负责人交流经验、沟通信息。组织“诸暨市投资环境及回归项目双向推介暨签约仪式”，协调市开发委、经贸局向各地诸暨人联谊会代表、浙籍侨领推介诸暨开发区、重点镇乡工业园区投资环境和重点项目。3. 发挥网络优势，在服务诸暨市中心工作中出成效。立足回归项目引进，助推诸暨市经济发展。2007年以来，通过联谊总会平台成功引进项目16只，总投资达12亿元。牵线惠民实事，积极助推社会事业发展。联谊总会成立以来，实现牵线结对助学36万元，结对新农村建设135万元，成立教育基金、计划生育基金合计1450万元。配合有关部门，协助开展相关工作，为诸暨市经济发展营造良好的环境。

**【以“三爱”、“四结合”为抓手　创新统战知识宣传教育工作】**　嵊州市委统战部坚持把统战知识宣传教育活动作为统战工作的重要组成部分，开展“统战知识进校园”宣传教育试点工作，取得了很好的成效。主要做法：1. 以“三爱”为活动宗旨，创新统战宣传教育试点对象。嵊州市中等职业技术学校首先在08级1200多名学生，随后又在09级960多名学生中开展了以爱国主义、社会主义为核心的统战知识教育活动，进而在全校师生中普及统战基本知识。2. 以“十个专题”为基本模块，创新统战知识宣传教育内容。学校积极开展多党合作知识教育、拥护民族团结反对分裂、正确认识宗教信仰问题、台海问题、西藏和新疆问题等十个专题教育，基本涵盖了我国多党合作的历史发展和我国的民族、宗教政策。不仅是向学生普及统一战线基本政策和理论知识，而且是对学生全面开展思想道德建设的重要载体。3. 以“四个结合”为基本原则，创新统战知识宣传教育方法。嵊州市职技校开展的统战知识宣传教育试点工作，立足统战知识教育与学生时事政治学习相结合，与学生的人生观、世界观、价值观培养相结合，与学生日常行为规范养成教育相结合，与学生的专业技能培训和职业道德培养相结合。4. 以“八个一”活动为抓手，创新宣传教育活动载体。学校每学期举行一次以上的统战知识专题讲座，观看一部统战知识专题教育片，举办一次统战知识图片展览，开展一次统战知识的社会实践活动，开展一次统战知识教育主题班会，刊出一期统战知识教育黑板报，举办一次统战知识教育征文活动，组织一次统战知识教育演讲比赛或知识竞赛等。

**【创新同乡会工作　香港联谊工作有特色】**　金华市金东区委统战部（略）

**【在全国组建异地商会　积极促进“永康人”经济发展】**　永康市委统战部积极推进在全国组建异地商会，共建立永康异地省会城市商会26个，地县级商会4个，建立政府与在外永商的沟通桥梁，加强在外永商抱团创业，增进乡情，促进“永康人”经济的发展。在规范异地商会管理方面的做法主要有：1. 把握质量，坚持原则。坚持自我管理的原则，即按照“自愿入会、自选领导、自聘人员、自筹经费、自理会务”的组织原则，开展“自我服务、自我管理、自我协调、自我约束、自我教育”等各项任务。坚持异地管理为主，永康联系为辅的原则。异地商会是当地的基层商会组织，要自觉接受当地政府和有关部门的管理，接受当地工商联（总商会）业务管理、监督和指导，与永康市政府和工商联间是联系、协调和引导的关系。2. 选好班子，建立制度。在发展会员的同时，要以民主协商方式推选商会领导人，还要聘请好专职秘书长。要建立健全各项规章制度，促进异地商会工作的正常化、常态化，把异地商会建设成有形的组织实体。3. 积极协调，主动指导。外地商会组建是一个程序化、复杂化的过程，工商联在人手少、经费不足的情况下，克服时空、地域的限制，以外地商会创建的需求为第一要务，积极为他们向当地政府、工商联及永康市民政局、协作办等部门联络、协调，主动为他们策划、筹备，并完成从发展会员，确定筹建负责人，准备各种会议材料到主持会议的召开等一系列具体的相关组建工作。

**【建立企业互助基金　“抱团取暖”战危机】**　开化县委统战部、县工商联积极引导县诚信商会建立互助基金，推进中小企业互惠协作，实现“抱团取暖”，为中小企业度过“寒冬”开辟出了一条融资新途径。自互助基金建立以来，目前基金规模达600多万元，基金累计使用113次，为80多家会员企业提供周转资金2500多万元。3年来，有70%以上的商会会员申请使用过互助基金，互助基金的使用效率得到广大会员的认可。主要做法：1. 完善管理制度，构建诚信联盟，尽力把企业的意见和要求倾听好、梳理好、反映好。建立了一套严格规范、可操作性强的《互助基金管理办法》，形成了程序化、制度化的风险控制和制约机制。互助基金管委会在接到会员的使用申请后，举行全体会议决定是否批准，借款审批公开透明。2. 培育企业文化，争当道德典范，努力把企业的积极性引导好、保护好、发挥好。企业互助基金会为会员交流商情、交融感情提供一个良好的平台。通过举办扶贫帮困、捐资助学等社会公益事业来凸显基金会会员的企业文化。3. 共享信息资源，带动经营发展，竭力把企业的根本利益实现好、维护好、发展好。促进中小企业规范管理，加强企业同银行等金融机构的交流与合作。在企业互助基金和银行之间建立双方信息共享机制，构建共同保障银行和企业互助基金安全的风险控制和防范体系。

**【创新综合管理工作机制　破解宗教工作难题】**　岱山县委统战部（略）

**【创建“税企”俱乐部　搭建“三赢”经济统战新格局】**　台州市椒江区委统战部不断深化经济统战工作，创建“椒江区税企俱乐部”，以税务工作为杠杆和切口，以俱乐部为新的抓手，进一步团结和引导非公经济人士健康成长，提升税企关系，帮助企业解困，开创了经济统战、税务工作、企业成长三赢的新局面，收到良好成效。主要做法：1. 建立健全长效机制。俱乐部指导单位为区委统战部，主办单位为区工商联、国税椒江分局、椒江地税局，成员企业共162家，基本覆盖椒江支柱产业和新兴产业。召开税企座谈会，围绕解决企业发展难题、提高税务部门服务、规范非公企业纳税等议题开展讨论。每季度举行集中培训，主要进行最新税务政策的操作实务讲授。2. 积极开展思想政治工作。开展“千封慰问信”行动，由区委统战部和“税企俱乐部”联名倡议，向广大俱乐部成员发出慰问信，表明“党委、企业同抗危机；企业、社会同舟共济”的鲜明态度。开展“非公有制经济人士政治学习”行动，组织非公有制经济人士到省市高校进行政治法律培训，到江西革命老区开展以“艰苦创业”为主题的革命传统教育。开展“百名统战干部（成员）访百企”行动，以结对、走访、座谈等形式深入联系企业，宣传政策、听取反映、解决难题，有效帮助非公企业企稳回升。3. 助推经济转型升级。俱乐部联合税收部门，落实优惠税收政策，有目标、有重点地筛选出7家企业作为第一批分离发展服务业对象；在新兴企业或企业新兴项目中，筛选出有发展潜力的企业和项目，全力培养。牵头组织实施“阳光政务座谈会”，促进有关部门提高办事效率，完善办事制度，深化服务项目。

**【行业协会实现归口管理】** 台州市黄岩区工商联按照“政企分开，职能归位，资源整合，服务归类”的要求，以“规范化运作、零距离服务”为总抓手，搭建服务行业协会发展的五大平台，走出了一条富有特色的行业协会归口管理与科学发展之路。主要做法：1. 发挥“经纪人”作用，搭建组织管理平台。区工商联协助工艺品协会和模具协会换届，协助组建塑料日用品行业商会和模塑工业设计行业协会，筹备组建文化创意商会等，目前由区工商联管理的涉工涉商行业协会共有11家。2. 当好“代言人”，搭建参政议政平台。区工商联利用协会会员在区人大、政协中担任代表或委员的优势，引导他们关注经济社会发展，积极参政议政。《劳动合同法》出台后，区工商联邀请区领导召开行业座谈会，与各行业协会负责人及会员代表进行座谈，积极开展法律解读、答疑和引导。3. 当好“贴心人”，搭建一线服务平台。设立了黄岩区工商行业协会服务中心，由区政府出资租用全区涉工涉商行业协会集中办公场所，为行业协会工作开展提供人员和物质保障。主动联系异地商会大企业与区内企业开展市场、项目和技术对接，积极拓展市场，实现双赢。4. 建立积极应对机制，搭建自律维权平台。指导各行业协会制定自律公约，监督具体实施运作，维护公平竞争的市场秩序。密切协会与政府部门、协会与企业间的联系，切实维护行业和会员合法利益。5. 创办“黄岩商界大讲堂”，搭建教育培训平台。在总商会大厦专门开辟了一个会议室作为挂牌培训场所，利用远程教育、讲座、讲坛、沙龙等形式开展全方位培训，到目前为止，共组织收看远程教育十多次，近千名企业管理人员参加了培训。

**【实施党外知识分子“联心工程”】** 临海市委统战部以党外知识分子联谊会为载体，积极实施党外知识分子“联心工程”，进一步争取人心、凝聚力量，努力开创党外知识分子工作新局面。主要做法：1. 深入开展党外知识分子队伍的调研。全面发动各镇（街道）和有关部门500多人参加调查工作，建立了临海市党外知识分子人才资源库，并根据党外人士的变化情况进行不断充实。开展新的社会阶层人士调研工作，初步掌握了律师、会计等新的社会阶层中的党外知识分子的基本情况。2. 重视建立完善党外知识分子工作体制。市委明确了党外知识分子工作的原则要求和具体措施，进一步加强与党外知识分子代表人士的联系，还把党外知识分子的培养列入镇（街道）统战工作职责范围，纳入市委对镇（街道）党建目标责任制考核，党外知识分子干部工作机制进一步理顺。加强对党外知识分子优秀人才的培养。落实党外知识分子干部政治安排和实职安排。成立市党外知识分子联谊会和杜桥镇、卫生系统分会，广泛吸收党外知识分子优秀代表人士，目前会员已达200多名。3. 重视发挥党外知识分子作用。充分发挥知联会联谊联心的平台作用，积极组织、引导开展考察、调研等活动，帮助提高党外知识分子参政议政能力。建立长效帮扶机制，开展“情系民生”系列活动，设立“党外知识分子爱心助学基金”，为党外知识分子投身经济建设和社会服务搭建平台。

**【探索总部经济发展模式 以企业总部集群布局全力提升民营经济】** 温岭市从区域发展的战略出发，引入总部经济理念，在全国较早地进行县级城市发展总部经济的探索。总部经济基地的建设，为商会组织服务在外温岭人、服务家乡发展提供了新的形式，也为在外温岭人“回归”家乡、回馈家乡提供了平台，推动了“温岭人经济”向“温岭经济”转变，增强了区域经济整体实力。主要做法：1. 以最佳的位置，以一流的标准，用最新的理念建设总部经济基地。要把总部经济基地建设成为浙江一流的企业总部和研发机构集中地，重点吸引市内外规模以上骨干或行业龙头企业、外地温岭商会的总部等在此办公、研发和展销。2. 坚持商会主题，突出商会特色，发挥商会优势建设总部经济基地。以总商会、行业商会、协会、异地商会为土地受让主体，由商会出面具体实施，接受企业报名申请，按照规定条件审核把关，联系确定入驻企业，牵头成立项目公司，抓好各项工作的落实。总部经济基地按商会归属进行布局，统一规划、统一涉及、统一建设。3. 制定严格的制度，设置严格的条件，严格监督总部经济基地建设。出台《关于加快总部经济发展的意见》、《温岭市总部经济基地建设管理实施办法》，从进驻条件、报名申请、审核办法、产权登记和转让、管理监督等方面对总部经济基地建设有关事项作出明确规定。每年还邀请人大代表、政协委员视察总部经济基地，并将总部经济基地内企业和每幢楼的纳税情况向全社会公开，接受社会监督。

**【以机关统战“六个有”活动为载体　加强党外知识分子工作】**　仙居县委统战部在全县党外知识分子比较集中的教育、卫生等20个重点部门开展机关统战“六个有”即有组织、有制度、有活动、有位置、有创新、有奖惩活动。通过这一创新载体，全面加强对党外知识分子的教育与管理，为全面加强仙居县统战工作建立一个长效机制。主要做法：1. 有组织。各部门建立统战工作领导小组，并确定一名统战干事，具体负责做好本部门统战各项工作。2. 有制度。建立健全部门领导班子成员联系无党派人士制度，以及党外知识分子学习、培训、活动等制度。3. 有活动。各部门根据本单位党外知识分子的专长，因地制宜地组织他们参加一些有意义的活动，例如服务“三农”、服务企业和服务社会等活动。同时，要把活动计划纳入本部门年度工作计划之中，活动的必需经费予以保证。4. 有位置。各部门高度重视和充分发挥无党派人士的作用，在中层干部配备时，尽量考虑他们的专业特长而达到一定比例；在部门作出重要决策之前，组织听取无党派人士意见，自觉接受他们的民主监督。5. 有创新。增强创新意识，积极探索，勇于开拓，要面对新情况，进行新思考，提出新建议，研究新措施，获取新成效。6. 有奖惩。各部门都建立统战工作台帐，同时，制订具体的奖惩办法，对建言献策有功、工作实绩突出的无党派人士予以奖励，并作为干部提拔的重要依据。

**【创建新阶层网络频道　探索新的社会阶层人士统战工作新路子】**　三门县委统战部发挥互联网优势，整合资源，探索统战工作信息化管理新模式，创建了全国首个新的社会阶层代表人士博客群，目前已有200多名新的社会阶层代表人士在网上开博，为新的社会阶层人士交流、联谊、服务搭建了很好的平台。主要做法：1. 抓调研、定目标是前提。通过调研发现，三门县新的社会阶层人士呈现年纪较轻、以中青年为主，学历层次较高，收入较高的“一轻二高”特征。针对这一群体特征和现状，结合试点工作，我们充分发挥网络涉及面广、联系便捷的优势，确定了工作目标，即依托博客群新载体，打造三门新的社会阶层人士的论坛乐园、信息集散地和网上俱乐部，实现人才、技术、信息共享，最大限度地把他们联系和团结在党委的周围。2. 建信息库、创博客群是关键。建立了新的社会阶层代表人士信息库，有代表人士382人。在三门统战网站中开设新的社会阶层代表人士网络频道，设置博客群导航条和栏目，与代表人士在博客中互动。3. 重管理、强组织是保障。实行规范的动态管理，有针对性地吸收游离于网络外的代表人士。开展博客聚会、组织“博客之星”评选、开辟信息公告栏等多种活动。成立了博客群工作领导小组，建立三门县新的社会阶层人士联席会议制度。4. 探索更有效的长效机制。制定出台了《三门县新的社会阶层人士统战工作网络构建活动实施意见》，进一步完善新的社会阶层人士工作的相关制度。在新的社会阶层人士密集的区域，选配联络员，不断壮大新的社会阶层人士队伍。

**【开展乡镇统战工作基础建设年、强化年、规范年活动】**　缙云县委统战部切实把工作重心放在基层，抓基层，打基础，在实践中摸索出了活动递进、联动推进、互动促进等统战工作方式，进一步夯实统战基层基础，激发统战工作活力，提高统战工作水平，实现了乡镇统战工作新突破。主要做法：1. 前后活动递进式。县委统战部在深入调查研究、广泛征求意见建议的基础上，提出了“一年抓基础、二年促提高、三年上水平”的三年工作目标，突出台帐建设、制度建设和活动创新，依次开展了乡镇统战工作基础建设年、强化年、规范年活动。经过近三年的探索和实践，全县乡镇统战工作基本实现了有人员、有场所、有牌子、有经费、有阵地、有档案、有网络、有活动、有宣传等“9个有”的要求。2. 上下联动推进式。从2008年开始，在年初全县工作会议期间，套开全县统战工作会议，与组织工作、宣传思想工作同研究、同安排、同部署、同检查、同落实，进一步增强各乡镇做好统战工作的责任感和使命感。把统战工作纳入乡镇考核内容，从基础台帐建设、民族宗教、侨台和经济统战工作、工作创新等方面进行量化考核，并组织开展专项督查。3. 左右互动促进式。充分发挥全县统战成员单位、与乡镇结对县属单位、统战团体和统战组织的优势，整合有效资源，左右互动，协同作战，全力推进乡镇统战各领域工作的开展。充分发挥部机关领导班子成员分片联系的优势，引导乡镇间按照地域相邻或工作性质相近等特点，通过以大促小、强强联合等方式联合开展活动，彰显地方特色，激发统战工作活力。

**【开展“统一战线组织参与少数民族乡村结对全覆盖”活动】** 松阳县委统战部深入开展“统一战线组织全参与，少数民族乡村结对全覆盖”活动，多措并举，搭建载体，有效促进了少数民族群众增收和少数民族地区经济社会发展。主要做法：1. 以政策为导向，因地制宜推进民族地区农业特色产业发展。以“心系民族发展，共创美好明天”主题活动为载体，开展送技术、资金、政策下乡的“三下乡”活动，激发广大少数民族种植开发油茶、香榧、茶叶的积极性，以市场为依托大力发展油茶、香榧、茶叶等经济作物，拓宽民族群众增收渠道，加快民族地区经济社会发展。2. 以帮扶行动为载体，开展“统一战线组织全参与，少数民族乡村结对全覆盖”活动。全力推进重点民族村结对。结合“百名侨胞助百村”、“村企结对携手共建社会主义新农村”等活动，引导和组织统一战线成员支持、参与新农村建设活动。实施“一户一策一干部”扶贫帮困制度，把帮扶少数民族低收入群众增收具体化。3. 以项目为抓手，加大对民族地区资金帮扶。以少数民族地区项目为载体，着力争取上级对松阳县民族项目的增量性和长效性投入。县里每年按财政收入的1.5‰提取，建立民族发展专项基金，专门用于少数民族经济社会发展补助。专门成立“民族工作协调小组”，定期商讨、协调民族工作，落实民族地区发展项目，把民族地区纳入全县新农村建设的通盘规划之中，并给予政策倾斜和照顾。

**【创建工作平台　推进高校院级统战工作】** 浙江大学十分注重发挥院级党委在高校统战工作中的积极作用，坚持改革创新的工作思路，和谐发展的工作方式，以“三个工作平台”建设为重点，以平台建设推动工作发展，以工作发展进一步夯实平台建设，扎实稳步推进院级党委统战工作，取得显著成效。主要做法：1. 完善工作网络，建立“制度平台”。学校党委发文明确了院级党委统战工作的总体要求和任务，校、院两级统战工作体制和机制，要求院级党委结合学院实际，建立和健全学院系列统战工作制度。建立了学院（系）有一位书记或副书记分管统战工作，日常工作由学院党政办公室或组织人事科承担的院级党委统战工作机制。各学院普遍建立了情况通报会、谈心交友、重大事项征询意见、邀请党外人士参加会议和重要内外事活动、阅读文件、特邀人员、关心慰问等制度。2. 注重工作创新，建立“激励平台”。校党委设立院级党委统战工作创新奖，表彰院级党委在统战工作中的创新举措及成果，激发院级党委统战工作的积极性和创造性。院级党委统战工作创新奖每两年评选一次，以各院级党委、直属党总支、各党工委所开展的富有特色和成效的统战工作为评选范围。3. 加强工作互动，建立“交流平台”。积极组织开展校内外工作交流，以提高院级党委做好统战工作的能力与水平。以院级统战工作会议为重点，加强校内统战工作交流。通过“走出去”、“请进来”等多种形式开展校际交流。以工作宣传和理论研究为载体，推动院级党委统战工作。

**【以五大机制建设为载体　着力提高统战工作制度化、规范化水平】** 浙江师范大学围绕学校中心工作，坚持夯实基础，推进改革创新，以组织领导机制、培养选用机制、沟通联系机制、作用发挥机制、人文关怀机制等五大机制建设为载体，着力提高统战工作制度化、规范化水平。主要做法：1. 健全统战工作组织领导机制，切实保障统战职能的充分发挥。确立了党委书记负总责、分管副书记亲自抓、班子成员分头联系、定期研究部署工作的领导机制，并建立了校院二级统战工作体系。制订出台了《关于加强统一战线工作的意见》，完善了11项统战工作制度，细化了相关工作规程、政策规定和实施办法。学校还从财政预算上对统战工作经费予以保障。2. 健全党外干部培养选用机制，努力打造人才辈出的生动局面。高度重视培养使用党外干部，使一批能力强、层次高、素质好的党外人士走上各级领导岗位。不断拓宽选拔使用的途径，努力为具备“四种能力”的党外人士脱颖而出创造条件。支持帮助民主党派和统战团体加强自身建设。3．健全党外人士沟通联系机制，积极拓展集思广益的有效途径。建立重要情况通报和征求意见制度、向党外人士传达文件和会议精神制度、党外人士参加学校重要会议活动制度和校特邀监察员制度。4．健全党外人士作用发挥机制，着力凸显服务发展的助力功能。引领党外人士发挥教学科研方面的积极作用，引领党外人士发挥学校日常管理中的积极作用，引领党外人士为经济社会发展建言献策。5．建立党外人士人文关怀机制，努力营造感情留人的良好环境。坚持谈心交友用真情，坚持排忧解难落实处，坚持慰问走访重长效。

## 2009 年全省统一战线“科技创新”获奖名单

| 项　　目 | 领域 | 参赛者 |
|---|---|---|
| **一等奖：（2 名）** | | |
| 高速插秧机的机构创新、机理研究和产品研制 | 农业工程 | 赵　匀（九三学社） |
| 替代光气、氯化亚砜等有害原料的绿色化学技术开发及推广应用 | 循环利用 | 苏为科（民革） |
| **二等奖：（5 名）** | | |
| 节能型饮用水深度处理系列设备的研发与产业化 | 人口与健康 | 叶建荣（宁波） |
| 海水生物活饵料和全熟膨化饲料的关键技术创新与产业化 | 海洋经济 | 骆其君（宁波） |
| 激光在线气体分析系统 | 先进制造业 | 王　健（民进） |
| 低强度微波辐射致晶体损伤及其发生机理研究 | 人口与健康 | 姚　克（农工党） |
| 全合成大尺寸光纤预制棒 | 信息技术 | 王建沂（农工党） |
| **三等奖：（5 名）** | | |
| 岩体结构面抗剪强度综合评价 | 基础研究 | 杜时贵（致工党） |
| 腹腔镜技术在肝胆脾外科的应用研究 | 人口与健康 | 蔡秀军（民进） |
| 肝尾状叶切除术手术策略与方法的研究 | 人口与健康 | 彭淑牖（九三学社） |
| 金港榄香烯系列抗肿瘤植物药研究及其应用 | 人口与健康 | 谢　恬（杭州） |
| 多色系环保纺织新材料数字化生产技术及产品开发 | 环保节能 | 曹欣羊（杭州） |

**优秀组织奖（2 名）：**杭州市、宁波市

## 浙江省获 2009 年度全国统战理论政策研究优秀成果表彰情况

**优秀组织奖**　　浙江省委统战部

优秀成果奖

二等奖　　《引导非公有制经济人士科学应对国际金融危机　实现企业转型升级问题研究》（省委统战部课题组）

三等奖　　《关于推动新形势下县级统战工作的调研报告》（省委统战部课题组）

《行业协会商会建设调查与思考》（省委统战部　省工商联课题组）
优秀奖　《浙江省治理基督教私设聚会点情况及做法》（省委统战部课题组）
《统一战线与基层群众自治制度建设》（省委统战部课题组）

## 浙江省统战部门获2009年度省党政系统调研优秀成果奖篇目

**三等奖**

我省新社会阶层发展态势及其政治参与调研报告（省社会主义学院　蔡馥生等）

**优秀奖**

新形势下我省宗教管理工作的调查与思考（省社会主义学院　张惠康等）

开放社会中的境外宗教渗透及其对策（省民宗委　王毅等）

## 2009年全省统战理论政策研究和调研优秀成果篇目

**一等奖**

1. 当前舟山市基督教领域的突出问题、成因及对策
舟山市委统战部　周克非　祝幸安　郭纪兵
2. 关于新的社会阶层人士加入党派组织履行党派职能情况的调查报告
绍兴市委统战部　钟宝坤　寿建人　杨　健
3. 义乌涉外宗教的调查与思考
义乌市委统战部　陈永坚
4. 深化体制机制改革　再创民营经济发展新优势——当前浙江民营经济面临的困境及深化改革建议
省工商联　邓国安　马兆成　周冠鑫　李燕娜
5. 关于发挥民主党派、人民团体和社会组织在有序政治参与中作用的调查与思考
宁波市委统战部　杨志强　郎占领　郑　杰

**二等奖**

1. 嘉兴市基督教发展状况的调查与分析
嘉兴市委统战部　陈振华　何伟明　范建华
2. 新形势下基层统战工作的思考与建议
杭州市委统战部　董建平　盛丹群　许莺燕
3. 新形势下民间信仰点法治化管理问题研究
宁波市北仑区委统战部课题组
4. 新形势下温州宗教工作的实践与探索
温州市民宗局　王　宁　陈碎训　马建星
5. 县域统一战线应对国际金融危机的实践与思考
乐清市委统战部课题组
6. 绍兴市“和谐宗教活动场所”创建工作的实践与探索
绍兴市委统战部　滕建华　马林虎　严成武
7. 传承台州和合文化　化解人类五大冲突
台州市委统战部　周五来　周新彬
8. 会内监督：对民主监督的“监督”——浅谈加强会内监督　提高民主监督实效
民建省委会　陈　卓
9. 转型期新生代民营企业家培育机制研究
湖州市委统战部　施荣耀　张建智　柏建华
10. 关于加强玉环县宗教场所建设与管理的思考
玉环县委统战部　陈志鹏

**三等奖**

1. 新社会阶层的心理问题与引导对策
宁波大学　陈传锋　叶　贤　周　芬
2. 嵊州民间信仰情况调查与管理思考
绍兴市委统战部　吴　军　施钰兴
3. 金华市开展“创平安场所建和谐宗教”活动的实践与思考

金华市委统战部　王景荣　洪民权　吴卫新

4. 科学发展观对参政党发展的指导作用
浙江大学　郁建栋

5. 从德性自觉到监督制约
民盟杭州市委会　张永谊

6. 关于“党外代表人士”及其成长的促进机制研究
民进杭州市委会　陈　静

7. 杭州高新区（滨江）海归创业基本情况及统战工作思路
杭州市滨江区委统战部　俞致平　傅　名　朱晓华

8. 新时期基层统战工作的新情况新问题及其对策研究
衢州市委统战部　黄　莺　周明军

9. 民主党派组织凝聚力问题初探
民革杭州市委会　朱　铮

10. 宁波统一战线自身科学发展的实践与探索
宁波市委统战部　叶剑辉　王　贞

11. 关于基层统战工作新模式的实践与思考
余姚市委统战部　叶文龙

12. 金融危机形势下嘉兴非公有制企业存在的问题及对策研究报告
嘉兴市委统战部　张兴华　薛佳平　程利仲

13. 湖州市党组织与党外领导干部合作共事的现状与思考
湖州市委统战部　蒋晓勇

14. 民主党派进步性研究
农工党省委会　胡少云

15. 和合文化与构建两岸新型经济架构
台盟省委会　刘伟文　邹清汸

**优秀奖**

1. 新社会阶层SOHO一族的社会责任意识研究
杭州市江干区委统战部　施德明　黄莲平　方建华

2. 新形势下发挥基层工商联作用的体会和思考
建德市委统战部　吕　勇等

3. 开展新的社会阶层人士统战工作之调查与思考
淳安县委统战部　蒋春生　徐国强

4. 大学生认识和对待宗教问题的调查分析
杭州师范大学　王　康

5. 进一步发挥工商联作用　推动龙湾经济健康发展
温州市龙湾区委统战部　郑建忠

6. 加强少数民族服务管理　促进社会和谐发展——郭溪镇城市外来少数民族服务与管理调研
温州市瓯海区郭溪镇　陈建晓

7. 加强海外高层次人才涵养和引进工作的几点思考
嘉兴市委统战部　许　农　浦金英　陈林根　孟凡国

8. 平湖市基层商会建设的调查与思考
平湖市委统战部、工商联　沈　敏

9. 关于进一步加强我县党外知识分子工作的思考
海盐县委统战部　王琪妹　陆森浩

10. 关于改变上虞市少数民族群众困难生活的调查与思考
上虞市委统战部　阮妙娟

11. 新的社会阶层政治参与问题的调查与思考
金华市委统战部

12. 发挥统一战线优势　推进自主创新发展
路桥区委统战部　高　萍

13. 创建“和谐寺观教堂”的实践与思考
路桥区金清镇政府　张丽红

14. 引导无党派人士投身“海西建设”的思考与建议
庆元县委统战部　刘先红

15. 新时期民主党派自身建设的若干问题探讨
九三学社杭州市委会

16. 加强高校留联会工作的思考与探索
浙江大学　李　民

17. 论和合文化视域中的和谐侨界构建
丽水学院　吕绍明

## 2009年全省重大统战宣传活动创意奖获奖名单

一、省直

1. 浙江非中共干部培养使用及民革代表性人物系列报道
民革省委会
2. 依托民建中央“建华课堂” 举办应对国际金融危机高端讲座
民建省委会
3. 举办“走进欧盟——中国浙江商会论坛”
省工商联
4. 举办“2009相约春天·侨界名媛故乡行”活动
省侨联
5. 编撰出版《一片丹心映之江——浙江民主党派60年》
省社会主义学院

二、市级

1. 举办世界温州人论坛暨2009世界温商领袖（上海）论坛
温州市委统战部
2. 创业创新好班子建设（统战工作）系列电视报道
湖州市委统战部
3. 出版《绍兴日报》统战专版
绍兴市委统战部
4. 开展对台交流合作和涉台政策宣传教育活动
衢州市委统战部
5. 统战部长在互联网上与网民互动交流
舟山市委统战部

三、县（市、区）

6. 举办《企业之歌》大型歌会
宁波市北仑区委统战部
7. 开展统战宣传工作“和风行动”
慈溪市委统战部
8. 摄制《同舟》电视专题片
瑞安市委统战部
9. 编撰《平阳畲族民歌选编》
平阳县委统战部
10. 编撰《温州活路》
苍南县委统战部
11. 举办“梵音潮声”摄影作品展
海宁市委统战部
12. 编撰《安吉人在海外》
安吉县委统战部
13. 开展统战“三谈”活动 强化统战科学发展理念
兰溪市委统战部
14. 举办首届中国·江山毛氏文化旅游节
江山市委统战部
15. 举办“天台人经济”高层论坛
天台县委统战部
16. 举办“华侨总部经济发展”论坛
青田县委统战部

## 2009年度全国统战信息工作先进单位名单

三等奖：浙江省委统战部

# 2009年度省党政系统信息工作先进单位名单

**三等奖：**中共浙江省委统战部

# 2009年度全省统战信息工作先进单位和先进个人名单

**一、先进单位**

1．各市委统战部（5名）

特等奖：

杭州市委统战部　宁波市委统战部

一等奖：

台州市委统战部

二等奖：

温州市委统战部　绍兴市委统战部

2．省级各民主党派、工商联及有关单位（7名）

特等奖：

民建省委会

一等奖：

九三学社省委会

二等奖：

民革省委会　省工商联

三等奖：

台盟省委会　民盟省委会　省社会主义学院

3．县（市、区）级直报点（9名）

特等奖：

台州市路桥区委统战部

一等奖：

乐清市委统战部　江山市委统战部

二等奖：

杭州市萧山区委统战部　诸暨市委统战部

三等奖：

温岭市委统战部　青田县委统战部

慈溪市委统战部　义乌市委统战部

4．省委统战部机关（3名）

第一名：干部处

第二名：研究室

第三名：经济处

**二、先进个人（17名）**

滕政建（杭州市委统战部）

刘祖麟（宁波市委统战部）

郑　波（台州市委统战部）

曾瀚清（温州市委统战部）

单刚强（绍兴市委统战部）

朱惠忠（民建省委会）

过凤翔（九三学社省委会）

杨沛林（民革省委会）

赵宇峰（省工商联）

张春伟（台州市路桥区委统战部）

叶建阳（乐清市委统战部）

周献泉（江山市委统战部）

莫一兰（杭州市萧山区委统战部）

何勇武（诸暨市委统战部）

李小平（省委统战部干部处）

姚晓江（省委统战部研究室）

卢　敏（省委统战部经济处）

**三、信息工作进步奖（5名）**

衢州市委统战部

丽水市委统战部

象山县委统战部

桐乡市委统战部

景宁畲族自治县委统战部

# 8. 统计表格

## 浙江省统一战线基本资料

| 项目 \ 单位 | | 省级 | 杭州 | 宁波 | 温州 | 湖州 | 嘉兴 | 绍兴 | 金华 | 衢州 | 舟山 | 台州 | 丽水 | 全省 |
|---|---|---|---|---|---|---|---|---|---|---|---|---|---|---|
| 民主党派 | 委员会 | 8 | 17 | 7 | 13 | 6 | 8 | 8 | 11 | 7 | 5 | 15 | 14 | |
| | 总支或支部 | 547 | 425 | 294 | 181 | 139 | 99 | 186 | 27 | 106 | 43 | 75 | 105 | 2223 |
| | 成员人数 | 9814 | 7869 | 6807 | 6053 | 1855 | 2677 | 3003 | 3238 | 1489 | 686 | 1982 | 1896 | 43853 |
| 党外人士担任实职 | 政府 | 1 | 18 | 15 | 14 | 6 | 8 | 7 | 11 | 7 | 9 | 11 | 12 | 119 |
| | 政府部门 | 13 | 123 | 131 | 107 | 68 | 66 | 53 | 84 | 51 | 54 | 117 | 98 | 965 |
| | 群团及高校、科研院所、国有企业 | 12 | 28 | 33 | 38 | 5 | 11 | 5 | 25 | 6 | 22 | 32 | 17 | 234 |
| | 司法机关 | 2 | 10 | 2 | 8 | 4 | 3 | 4 | 8 | 6 | 4 | 5 | 6 | 62 |
| 召开党外人士民主协商会、座谈会、通报会次数 | | 7 | 83 | 53 | 61 | 45 | 65 | 32 | 42 | 37 | 34 | 75 | 44 | 578 |
| (其中党委一把手主持召开的次数) | | 5 | 27 | 11 | 27 | 10 | 17 | 13 | 8 | 12 | 7 | 23 | 14 | 174 |
| 聘请党外人士担任各级特约人员数量 | | 92 | 466 | 349 | 466 | 73 | 314 | 208 | 163 | 109 | 204 | 570 | 165 | 4000 |

| 项目 | 单位 | 省级 | 杭州 | 宁波 | 温州 | 湖州 | 嘉兴 | 绍兴 | 金华 | 衢州 | 舟山 | 台州 | 丽水 | 全省 |
|---|---|---|---|---|---|---|---|---|---|---|---|---|---|---|
| 工商联 | 会员数 | | 16051 | 14844 | 21308 | 6926 | 12123 | 9301 | 23080 | 5173 | 2150 | 14069 | 4585 | 118315 |
| | 非公经济人士担任会长人数 | 1 | 6 | 4 | 10 | 1 | 5 | 1 | 2 | 2 | 3 | 5 | 2 | 42 |
| 少数民族 | 成份 | | 42 | 54 | 54 | 45 | 42 | 42 | 49 | 41 | 25 | 47 | 35 | 55 |
| | 人数 | | 44800 | 39780 | 147000 | 14064 | 17843 | 16203 | 86289 | 23304 | 2364 | 22721 | 93320 | 39.54万 |
| 宗教 | 宗教团体（个） | 6 | 6 | 34 | 48 | 18 | 27 | 20 | 5 | 20 | 19 | 39 | 26 | 231 |
| | 宗教教职人员（人） | | 1492 | 3118 | 10741 | 931 | 754 | 830 | 1040 | 296 | 1689 | 2825 | 1184 | 24900 |
| 港澳台侨“三胞”数 | 台湾同胞 | | 5000 | 36961 | 158189 | 2842 | 4262 | 29832 | 51757 | 26850 | 10904 | 160458 | 44159 | 36万 |
| | 港澳同胞 | | 32000 | 72057 | 12625 | 1447 | 6007 | 38128 | 19939 | 1280 | 23265 | 2847 | 844 | 9.60万 |
| | 海外侨胞 | | 10万 | 69462 | 425649 | 6302 | 9840 | 43072 | 10514 | 9464 | 34920 | 53639 | 271261 | 150万 |
| 留学人员 | 海外留学生 | | 6700 | 4933 | 2772 | 1243 | 3771 | 3569 | 2938 | 1297 | 816 | 3477 | 1193 | 32709 |
| | 归国留学人员 | | 5000 | 1100 | 185 | 240 | 279 | 368 | 328 | 77 | 64 | 390 | 63 | 8094 |
| 知识分子（人才） | 总人数（人） | | 35万 | 45万 | | 234045 | 约26万 | 318382 | 260924 | 206042 | 15670 | 335226 | 99113 | 500多万 |
| | 党外人士所占比例 | | 66% | 75% | | 64% | 65% | 70% | 64% | | 67.46% | 60% | 49% | 70% |
| | 自由择业知识分子（人） | | 14.2万 | | | 2279 | 约2万 | 2万 | 30320 | | 9799 | 114575 | 3829 | 380万 |
| 举办各类培训班次数和参加人数 | | 27<br>1300 | 78<br>5297 | 111<br>16056 | 50<br>3367 | 37<br>10690 | 51<br>4730 | 27<br>1394 | 64<br>6092 | 33<br>1310 | 25<br>1402 | 165<br>14952 | 50<br>2438 | 718<br>69028 |
| 部长由同级党委常委担任人数 | | | 3 | 4 | 10 | 2 | 2 | 1 | 2 | 5 | 4 | 7 | 6 | 46 |

注：本表由年鉴编委会汇总。

# 杭州市统一战线基本资料

| 项目 | | | 市级 | 上城 | 下城 | 江干 | 拱墅 | 西湖 | 滨江 | 萧山 | 余杭 | 桐庐 | 淳安 | 建德 | 富阳 | 临安 | 全市 |
|---|---|---|---|---|---|---|---|---|---|---|---|---|---|---|---|---|---|
| 民主党派 | 委员会 | | 7 | | | | | | 2 | 2 | | | | 4 | | 2 | 17 |
| | 基层组织 | | 256 | 41 | 27 | 21 | 6 | 7 | 12 | 5 | 7 | 1 | | 28 | 2 | 12 | 425 |
| | 成员人数 | | 4141 | 635 | 446 | 298 | 271 | 420 | 177 | 565 | 169 | 34 | 3 | 395 | 86 | 229 | 7869 |
| 党外人士担任实职 | 政府 | | 1 | 1 | 1 | 1 | 1 | 1 | 2 | 1 | 1 | 1 | 1 | 4 | 1 | 1 | 18 |
| | 政府部门 | | 14 | 8 | 12 | 7 | 8 | 12 | 5 | 14 | 11 | 7 | 7 | 8 | 6 | 4 | 123 |
| | 群团及高校、科研院所、国有企业 | | 2 | | 1 | 2 | | | | 1 | 5 | 2 | 3 | 8 | 3 | 1 | 28 |
| | 司法机关 | | 2 | | 1 | 1 | | | | | | 4 | | 2 | | 0 | 10 |
| 召开党外人士民主协商会、座谈会、通报会次数 | | | | 6 | 8 | 8 | 10 | 3 | 1 | 12 | 13 | 5 | 5 | 7 | | 5 | 83 |
| (其中党委一把手主持召开的次数) | | | | 4 | 3 | 1 | 3 | 1 | 2 | 3 | 4 | 2 | | 2 | 2 | 0 | 27 |
| 聘请党外人士担任各级特约人员数量 | | | 125 | 14 | 60 | 15 | 14 | 2 | 3 | 31 | 57 | 8 | 25 | 15 | 5 | 92 | 466 |
| 工商联 | 会员数 | | 2897 | 618 | 788 | 967 | 805 | | | 1812 | 2520 | 1143 | 350 | 1311 | 1540 | 789 | 16051 |
| | 基层商会(分会)数量 | | 27 | 8 | 14 | 8 | 10 | 12 | 3 | 32 | 30 | 12 | 9 | 16 | 17 | 7 | 205 |
| | 行业协会和同业公会数量 | | 15 | 1 | | 4 | 2 | 3 | | | 4 | 4 | | | 1 | 2 | 36 |
| | 异地商会数量 | | 12 | | | | | | | 2 | 3 | 5 | | 2 | | 2 | 26 |
| | 非公经济人士担任会长人数 | | | | | 1 | 1 | | 1 | | | | | 1 | 1 | 1 | 6 |
| | 光彩事业 | 捐赠额(万元) | | 41 | 274 | 1971 | 18 | | 312 | 13133 | 5030 | 1500 | 450 | 380 | 9725 | 1500 | |
| | | 投资额(万元) | | 2800 | | | | | 560 | 3526.23 | 2350 | 995 | | 2200 | | | |
| 少数民族 | 成份 | | | 36 | 35 | 21 | 30 | 38 | 21 | 29 | 32 | 36 | 20 | 22 | 33 | 26 | 42 |
| | 人数 | | | 2332 | 2245 | 1360 | 1989 | 4590 | 660 | 5154 | 3300 | 6318 | 1245 | 5300 | 21167 | 6380 | 4.48万 |
| 宗教 | 宗教团体(个) | | | | | | | 2 | 1 | 4 | 4 | 3 | 2 | 2 | 3 | 3 | 6 |
| | 宗教教职人员(人) | | | 6 | 28 | 7 | 29 | 60 | 11 | 266 | 276 | 215 | 166 | 29 | 137 | 182 | 1492 |

| 项目 \ 单位 | | 市级 | 上城 | 下城 | 江干 | 拱墅 | 西湖 | 滨江 | 萧山 | 余杭 | 桐庐 | 淳安 | 建德 | 富阳 | 临安 | 全市 |
|---|---|---|---|---|---|---|---|---|---|---|---|---|---|---|---|---|
| 港澳台侨“三胞”数 | 台湾同胞 | | 32 | 38 | 6 | 408 | 500 | 12 | 550 | 262 | 128 | 680 | 1126 | 91 | 3000 | 常住约5000 |
| | 港澳同胞 | | 283 | 520 | 121 | 151 | 450 | 9 | 780 | 222 | 155 | 18 | 137 | 152 | 450 | 旅港约32000 |
| | 海外侨胞 | | 1620 | 3100 | 334 | 933 | 3000 | 56 | 2154 | 2790 | 716 | 420 | 1186 | 835 | 1200 | 10万 |
| 留学人员 | 海外留学生 | | 223 | 1300 | 328 | 230 | 1500 | 12 | 870 | 420 | 384 | 110 | 232 | 468 | 410 | 6700 |
| | 归国留学人员 | | 38 | 100 | 20 | 35 | 800 | 550 | 50 | 31 | 28 | 45 | 18 | 48 | 40 | 5000 |
| 知识分子（人才） | 总人数（人） | | 290 | 6700 | | | 56 | | | | 5800 | 15100 | 65000 | | 33209 | 35万 |
| | 党外人士所占比例 | | 80% | 71% | | | | | | | 51% | 70 | 30% | | 50% | 66% |
| | 自由择业知识分子（人） | | | 1200 | | | | | | | | 800 | | | | 14.2万 |
| 举办各类培训班次数和参加人数 | | 4<br>165 | 6<br>192 | 4<br>360 | . 6<br>350 | 1<br>100 | 3 | 1<br>31 | 5<br>1100 | 11<br>570 | 8<br>360 | 3<br>150 | 10<br>371 | 2<br>348 | 14<br>1200 | 78<br>5297 |
| 部长由同级党委常委担任人数 | | | | | | | | | 1 | 1 | 1 | | | | | 3 |

注：本表由杭州市委统战部汇总。

# 宁波市统一战线基本资料

| 项目 | | 市级 | 余姚 | 慈溪 | 奉化 | 宁海 | 象山 | 鄞州 | 海曙 | 江东 | 江北 | 镇海 | 北仑 | 全市 |
|---|---|---|---|---|---|---|---|---|---|---|---|---|---|---|
| 民主党派 | 委员会 | 7 | | | | | | | | | | | | 7 |
| | 总支或支部 | 217 | 3 | 10 | 1 | 2 | 1 | 6 | 19 | 8 | 7 | 7 | 13 | 294 |
| | 成员人数 | 5094 | 171 | 148 | 98 | 85 | 40 | 172 | 264 | 186 | 198 | 152 | 199 | 6807 |
| 党外人士担任实职 | 政府 | 1 | 1 | 1 | 4 | 1 | 1 | 1 | 1 | 1 | 1 | 1 | 1 | 15 |
| | 政府部门 | 14 | 16 | 12 | 9 | 12 | 11 | 9 | 5 | 11 | 12 | 9 | 11 | 131 |
| | 群团及高校、科研院所、国有企业 | 20 | 4 | 1 | 1 | 1 | | | | | | 5 | 1 | 33 |
| | 司法机关 | | | | 1 | | | | | | | | 1 | 2 |
| 召开党外人士民主协商会、座谈会、通报会次数 | | 6 | 6 | 6 | 4 | 5 | 4 | 3 | 2 | 3 | 2 | 4 | 8 | 53 |
| (其中党委一把手主持召开的次数) | | 2 | | | 1 | 1 | 1 | 1 | 1 | 1 | 1 | 2 | | 11 |
| 聘请党外人士担任各级特约人员数量 | | 10 | 20 | 26 | 25 | 25 | 35 | 60 | 63 | 7 | 32 | 23 | 23 | 349 |
| 工商联 | 会员数 | 1316 | 2416 | 3020 | 1617 | 1184 | 1280 | 1190 | 332 | 472 | 732 | 625 | 660 | 14844 |
| | 基层商会（分会）数量 | 18 | 59 | 20 | 11 | 18 | 18 | 22 | 8 | 7 | 14 | 8 | 9 | 212 |
| | 行业协会和同业公会数量 | 30 | 34 | 4 | | 4 | 3 | | 1 | | | 3 | | 79 |
| | 异地商会数量 | 22 | 2 | 8 | | | | | | | | | | 32 |
| | 非公经济人士担任会长人数 | | 1 | 1 | | | | 1 | | 1 | | | | 4 |
| | 光彩事业 捐赠额（万元） | 210 | 1400 | 3580 | | 1500 | 378 | | 195 | | | 1200 | 774 | 9237 |
| | 光彩事业 投资额（万元） | | | 2380 | | | 256 | | | | | | | 2636 |
| 少数民族 | 成份 | | 33 | 28 | 22 | 26 | 31 | 23 | 34 | 6 | 33 | 22 | 43 | 54 |
| | 人数 | | 3096 | 13282 | 1800 | 2000 | 580 | 1070 | 2342 | 2700 | 350 | 560 | 12000 | 39780 |
| 宗教 | 宗教团体（个） | 4 | 2 | 4 | 4 | 4 | 4 | 2 | 1 | 1 | 3 | 3 | 2 | 34 |
| | 宗教教职人员（人） | | 401 | 322 | 300 | 556 | 417 | 690 | 61 | 136 | 93 | 89 | 53 | 3118 |

| 项目 | 单位 | 市级 | 余姚 | 慈溪 | 奉化 | 宁海 | 象山 | 鄞州 | 海曙 | 江东 | 江北 | 镇海 | 北仑 | 全市 |
|---|---|---|---|---|---|---|---|---|---|---|---|---|---|---|
| 港澳台侨“三胞”数 | 台湾同胞 | 15000 | 2300 | 2470 | 4050 | 3605 | 2900 | 1796 | 607 | 1013 | 631 | 1800 | 789 | 36961 |
| | 港澳同胞 | 13185 | 6400 | 4100 | 2100 | 17398 | 901 | 9905 | | 409 | 1789 | 10670 | 5200 | 72057 |
| | 海外侨胞 | 12000 | 2100 | 2588 | 4700 | 11690 | 1587 | 18619 | 322 | 500 | | 10339 | 5017 | 69462 |
| 留学人员 | 海外留学生 | 156 | 540 | 1008 | 285 | 547 | 455 | 528 | 417 | 387 | 131 | 253 | 226 | 4933 |
| | 归国留学人员 | | 65 | 106 | 45 | 30 | 101 | 110 | 8 | 12 | 39 | 3 | 31 | 1100 |
| 知识分子（人才） | 总人数（人） | | 13.6万 | 19730 | | 34200 | 5.7万 | | 3500 | | | 48000 | | 45万 |
| | 党外人士所占比例 | | 75% | 62 | | | 65% | | 91% | | | 65% | | 75% |
| | 自由择业知识分子（人） | | 11.9万 | 8600 | | | 2.56万 | | 80 | | 23000 | | | |
| 举办各类培训班次数和参加人数 | | 13 | 6 | 9 | 6 | 5 | 16 | 21 | 4 | 6 | 3 | 7 | 15 | 111 |
| | | 650 | 1800 | 2100 | 320 | 320 | 3515 | 3128 | 160 | 356 | 267 | 440 | 3000 | 16056 |
| 部长由同级党委常委担任人数 | | | | 1 | 1 | | 1 | | 1 | | | | | 4 |

注：本表由宁波市委统战部汇总。

# 温州市统一战线基本资料

| 项目 | 单位 | 市级 | 鹿城 | 瓯海 | 龙湾 | 瑞安 | 乐清 | 永嘉 | 洞头 | 平阳 | 苍南 | 文成 | 泰顺 | 全市 |
|---|---|---|---|---|---|---|---|---|---|---|---|---|---|---|
| 民主党派 | 委员会 | 7 |  | 0 |  | 2 | 1 | 1 |  | 1 | 1 | 0 | 0 | 13 |
|  | 总支或支部 | 142 | 7 | 6 | 7 | 4 | 3 | 6 |  | 4 | 2 | 0 | 0 | 181 |
|  | 成员人数 | 3507 | 434 | 153 | 185 | 665 | 400 | 108 |  | 398 | 203 | 0 | 0 | 6053 |
| 党外人士担任实职 | 政府 | 2 | 1 | 1 | 2 | 1 | 1 | 1 | 2 | 1 | 1 | 0 | 1 | 14 |
|  | 政府部门 | 22 | 8 | 6 | 12 | 8 | 5 | 15 | 10 | 6 | 8 | 3 | 4 | 107 |
|  | 群团及高校、科研院所、国有企业 | 25 | 1 | 1 | 1 |  |  |  |  | 4 |  | 2 | 4 | 38 |
|  | 司法机关 |  | 1 | 1 |  | 1 | 1 | 2 |  | 0 | 1 | 0 | 1 | 8 |
| 召开党外人士民主协商会、座谈会、通报会次数 |  | 6 | 9 | 7 | 5 | 8 | 3 | 0 | 3 | 4 | 6 | 6 | 4 | 61 |
| (其中党委一把手主持召开的次数) |  | 3 | 3 | 1 | 2 | 2 | 3 | 5 | 2 | 2 | 2 | 1 | 1 | 27 |
| 聘请党外人士担任各级特约人员数量 |  | 134 | 45 | 43 | 53 | 45 | 16 | 16 | 15 | 49 | 37 | 12 | 1 | 466 |
| 工商联 | 会员数 | 6729 | 1394 | 2269 | 2022 | 867 | 2276 | 894 | 479 | 1512 | 2082 | 683 | 199 | 21308 |
|  | 基层商会（分会）数量 |  | 5 | 9 | 10 | 2 | 6 |  |  | 3 | 8 | 4 | 1 | 48 |
|  | 行业协会和同业公会数量 | 35 | 4 | 4 | 2 | 4 | 2 | 3 | 6 | 9 | 10 | 0 | 1 | 79 |
|  | 异地商会数量 | 3 | 5 | 1 | 2 | 3 | 10 | 11 | 1 | 3 | 1 | 3 | 3 | 46 |
|  | 非公经济人士担任会长人数 | 1 | 1 | 1 | 1 |  | 1 | 1 | 1 |  | 1 | 1 | 1 | 10 |
|  | 光彩事业 捐赠额（万元） | 3195.21 | 158 | 1311.69 | 155 | 862.1 |  |  | 12 | 210 | 700 | 223 | 1173 | 8000 |
|  | 光彩事业 投资额（万元） | 4985 | 1035 |  |  |  |  |  |  |  |  | 1800 | 30 | 7850 |
| 少数民族 | 成份 |  | 31 | 15 | 19 | 23 | 24 | 23 | 8 | 29 | 33 | 24 | 25 | 54 |
|  | 人数 |  | 1641 | 832 | 8692 | 11300 | 1870 | 4808 | 2733 | 17600 | 31000 | 17000 | 20933 | 147000 |
| 宗教 | 宗教团体（个） | 7 | 4 | 4 | 4 | 4 | 5 | 4 | 4 | 4 | 3 | 3 | 2 | 48 |
|  | 宗教教职人员（人） | 384 | 463 | 494 | 270 | 1038 | 1945 | 1384 | 184 | 1726 | 1867 | 500 | 522 | 10741 |

| 项目 | | 市级 | 鹿城 | 瓯海 | 龙湾 | 瑞安 | 乐清 | 永嘉 | 洞头 | 平阳 | 苍南 | 文成 | 泰顺 | 全市 |
|---|---|---|---|---|---|---|---|---|---|---|---|---|---|---|
| 港澳台侨“三胞”数 | 台湾同胞 | | 15000 | 5189 | 596 | 18000 | 14000 | 17000 | 4200 | 25000 | 34000 | 23000 | 1900 | 158189 |
| | 港澳同胞 | | 4300 | 79 | 155 | 2544 | 2350 | 1950 | 250 | 164 | 687 | 91 | 55 | 12625 |
| | 海外侨胞 | | 71000 | 60532 | 3473 | 99210 | 30000 | 45978 | 392 | 5311 | 4681 | 10.5万 | 72 | 425649 |
| 留学人员 | 海外留学生 | | 518 | 125 | 132 | 696 | 697 | 147 | 50 | 205 | 126 | 62 | 14 | 2772 |
| | 归国留学人员 | | 34 | | 35 | | 101 | | 15 | | | 0 | 0 | 185 |
| 知识分子（人才） | 总人数（人） | | 84000 | 2130 | 2380 | | 42000 | | 5626 | 7732 | | 7177 | 1429 | |
| | 党外人士所占比例 | | 39% | 48% | 59.3% | | 40% | | 55% | 65% | | 48% | 891 | |
| | 自由择业知识分子（人） | | 15000 | 68 | 45 | | 19000 | | | 215 | | 299 | 15 | |
| 举办各类培训班次数和参加人数 | | 14 | 3 | 3 | 4 | 2 | 5 | 2 | 3 | 0 | 11 | 2 | 1 | 50 |
| | | 705 | 260 | 230 | 270 | 90 | 300 | 100 | 500 | 0 | 690 | 140 | 82 | 3367 |
| 部长由同级党委常委担任人数 | | 1 | 1 | 1 | 1 | 1 | 1 | 0 | 1 | 0 | 1 | 1 | 1 | 10 |

注：本表由温州市委统战部汇总。

# 湖州市统一战线基本资料

| 项目 | | | 市级 | 德清 | 长兴 | 安吉 | 吴兴 | 南浔 | 全市 |
|---|---|---|---|---|---|---|---|---|---|
| 民主党派 | 委员会 | | 6 | | | | | | 6 |
| | 总支或支部 | | 117 | 4 | 4 | 2 | 7 | 5 | 139 |
| | 成员人数 | | 1006 | 183 | 172 | 100 | 213 | 181 | 1855 |
| 党外人士担任实职 | 政府 | | 1 | 1 | 1 | 1 | 1 | 1 | 6 |
| | 政府部门 | | 10 | 14 | 14 | 13 | 7 | 10 | 68 |
| | 群团及高校、科研院所、国有企业 | | 2 | | 1 | | 2 | | 5 |
| | 司法机关 | | 1 | 1 | 1 | 1 | | | 4 |
| 召开党外人士民主协商会、座谈会、通报会次数 | | | 7 | 8 | 10 | 13 | 5 | 2 | 45 |
| (其中党委一把手主持召开的次数) | | | | 1 | 2 | 6 | | 1 | 10 |
| 聘请党外人士担任各级特约人员数量 | | | 26 | 3 | 8 | 12 | 8 | 16 | 73 |
| 工商联 | 会员数 | | 1345 | 1500 | 1300 | 1452 | 850 | 479 | 6926 |
| | 基层商会(分会)数量 | | | 12 | 16 | 15 | 7 | 9 | 59 |
| | 行业协会和同业公会数量 | | 12 | 5 | 3 | 2 | 2 | 1 | 25 |
| | 异地商会数量 | | 6 | 1 | 2 | 5 | | | 14 |
| | 非公经济人士担任会长人数 | | | 12 | 18 | 21 | 1 | 1 | 53 |
| | 光彩事业 | 捐赠额(万元) | 110 | 25 | 500 | 265 | 475 | 200 | 1575 |
| | | 投资额(万元) | | | 3000 | 1300 | | | 4300 |
| 少数民族 | 成份 | | | 42 | 30 | 18 | 26 | 26 | 45 |
| | 人数 | | | 6037 | 2339 | 3883 | 910 | 895 | 14064 |
| 宗教 | 宗教团体(个) | | 5 | 2 | 3 | 2 | 3 | 3 | 18 |
| | 宗教教职人员(人) | | 123 | 123 | 223 | 117 | 199 | 146 | 931 |
| 港澳台侨“三胞”数 | 台湾同胞 | | | 790 | 720 | 1150 | 68 | 114 | 2842 |
| | 港澳同胞 | | | 386 | 120 | 635 | 210 | 96 | 1447 |
| | 海外侨胞 | | | 1297 | 3000 | 1160 | 205 | 640 | 6302 |
| 留学人员 | 海外留学生 | | | 220 | 300 | 397 | 237 | 89 | 1243 |
| | 归国留学人员 | | | 22 | 50 | 45 | 113 | 10 | 240 |
| 知识分子(人才) | 总人数(人) | | 101000 | 43000 | 30000 | 23115 | 33500 | 3430 | 234045 |
| | 党外人士所占比例 | | 70% | 58% | 51% | 61% | 65% | 66% | 64% |
| | 自由择业知识分子(人) | | 316 | 200 | 1000 | 503 | 260 | | 2279 |
| 举办各类培训班次数和参加人数 | | | 3 | 3 | 3 | 20 | 5 | 3 | 37 |
| | | | 180 | 180 | 300 | 9600 | 250 | 180 | 10690 |
| 部长由同级党委常委担任人数 | | | 0 | 1 | 0 | 1 | 0 | 0 | 2 |

注:本表由湖州市委统战部汇总。

# 嘉兴市统一战线基本资料

| 项目 | | | 市级 | 南湖 | 秀洲 | 嘉善 | 平湖 | 海盐 | 海宁 | 桐乡 | 全市合计 |
|---|---|---|---|---|---|---|---|---|---|---|---|
| 民主党派 | 委员会 | | 6 | | | 1 | 1 | | | | 8 |
| | 总支或支部 | | 66 | 7 | 7 | 3 | 2 | 3 | 5 | 6 | 99 |
| | 成员人数 | | 1192 | 230 | 133 | 266 | 212 | 132 | 223 | 289 | 2677 |
| 党外人士担任实职 | 政府 | | 1 | 1 | 1 | 1 | 1 | 1 | 1 | 1 | 8 |
| | 政府部门 | | 8 | 8 | 6 | 7 | 8 | 13 | 6 | 10 | 66 |
| | 群团及高校、科研院所、国有企业 | | 5 | | | | | | 4 | 2 | 11 |
| | 司法机关 | | 1 | | 1 | | | | 1 | | 3 |
| 召开党外人士民主协商会、座谈会、通报会次数（其中党委一把手主持召开的次数） | | | 10 | 6 | 9 | 7 | 12 | 8 | 5 | 8 | 65 |
| | | | 2 | 1 | 3 | 3 | 5 | 1 | 2 | | 17 |
| 聘请党外人士担任各级特约人员数量 | | | 34 | 26 | 31 | 48 | 22 | 43 | 80 | 30 | 314 |
| 工商联 | 会员数 | | 4704 | 1080 | 514 | 1388 | 928 | 714 | 1375 | 1420 | 12123 |
| | 基层商会（分会）数量 | | | 11 | 7 | 9 | 9 | 9 | 10 | 12 | 67 |
| | 行业协会和同业公会数量 | | 60 | 10 | 5 | 7 | | 5 | 3 | 2 | 92 |
| | 异地商会数量 | | 4 | 1 | | 2 | 1 | 1 | 1 | 3 | 14 |
| | 非公经济人士担任会长人数 | | | 1 | 1 | | 1 | 1 | | 1 | 5 |
| | 光彩事业 | 捐赠额（万元） | 800 | 1100 | 450 | 824 | 571.7 | 1500 | 670 | | 5915.7 |
| | | 投资额（万元） | 500 | | 350 | 860 | 8081 | 225 | 1.2亿（冠名基金） | | 2.2亿 |
| 少数民族 | 成分 | | 34 | 40 | 23 | 21 | 38 | 29 | 25 | 28 | 42 |
| | 人数 | | 4606 | 4438 | 2250 | 897 | 1148 | 684 | 1751 | 2069 | 17843 |
| 宗教 | 宗教团体（个） | | 4 | 3 | 3 | 3 | 4 | 2 | 5 | 3 | 27 |
| | 宗教教职人员（人） | | 50 | 60 | 52 | 120 | 72 | 46 | 159 | 195 | 754 |
| 港澳台侨"三胞数" | 台湾同胞 | | 约2000 | 164 | 196 | 94 | 310 | 58 | 360 | 1080 | 4262 |
| | 港澳同胞 | | 约4000 | 705 | 90 | 148 | 94 | 218 | 637 | 115 | 6007 |
| | 海外侨胞 | | 约5000 | 2000 | 269 | 670 | 310 | 285 | 799 | 507 | 9840 |
| 留学人员 | 海外留学生 | | 约2000 | 420 | 168 | 189 | 302 | 180 | 205 | 307 | 3771 |
| | 归国留学生 | | 60 | 108 | 23 | 5 | 48 | | 5 | 30 | 279 |
| 知识分子（人才） | 总人数 | | 约10万 | | | | 约5万 | 约4万 | 约7万 | | 约26万 |
| | 党外人士所占比例 | | 65% | | | | | 60% | | | 65% |
| | 自由择业知识分子（人） | | 约2万 | | | | | 5000 | | | 约2万 |
| 举办各类培训班次数和参加人数 | | | 3 | 4 | 6 | 3 | 4 | 2 | 13 | 16 | 51 |
| | | | 140 | 450 | 560 | 250 | 410 | 150 | 920 | 1850 | 4730 |
| 部长由同级党委常委担任人数 | | | | | | | 1 | | | 1 | 2 |

注：本表由嘉兴市委统战部汇总。

# 绍兴市统一战线基本资料

| 项目＼单位 | | 市级 | 绍兴县 | 诸暨 | 上虞 | 嵊州 | 新昌 | 越城区 | 全市 |
|---|---|---|---|---|---|---|---|---|---|
| 民主党派 | 委员会 | 6 | | 1 | | 1 | | | 8 |
| | 总支或支部 | 173 | 6 | 2 | 3 | 1 | 1 | | 186 |
| | 成员人数 | 1690 | 506 | 301 | 178 | 220 | 108 | | 3003 |
| 党外人士担任实职 | 政府 | 1 | 1 | 1 | 1 | 1 | 1 | 1 | 7 |
| | 政府部门 | 11 | 5 | 6 | 13 | 11 | 6 | 1 | 53 |
| | 群团及高校、科研院所、国有企业 | 2 | | 2 | 1 | | | | 5 |
| | 司法机关 | 1 | 1 | | 1 | 1 | | | 4 |
| 召开党外人士民主协商会、座谈会、通报会次数（其中党委一把手主持召开的次数） | | 6 | 5 | 6 | 5 | 5 | 4 | 1 | 32 |
| | | 3 | 1 | 1 | 2 | 2 | 2 | 2 | 13 |
| 聘请党外人士担任各级特约人员数量 | | 34 | 30 | 59 | 30 | 12 | 23 | 20 | 208 |
| 工商联 | 会员数 | 2146 | 2919 | 1699 | 610 | 737 | 576 | 614 | 9301 |
| | 基层商会（分会）数量 | 6 | 19 | 1 | 1 | 9 | | 3 | 39 |
| | 行业协会和同业公会数量 | 5 | 1 | 1 | 3 | 4 | 1 | | 15 |
| | 异地商会数量 | 6 | 16 | 9 | 5 | 2 | 3 | 2 | 43 |
| | 非公经济人士担任会长人数 | | | | | | | 1 | 1 |
| | 光彩事业 捐赠额（万元） | | | | | | | | |
| | 光彩事业 投资额（万元） | | | | | | | | |
| 少数民族 | 成份 | 42 | 32 | 34 | 34 | 25 | 31 | 27 | 42 |
| | 人数 | 5624 | 1054 | 2750 | 2115 | 2485 | 1298 | 877 | 16203 |
| 宗教 | 宗教团体（个） | 4 | 3 | 3 | 3 | 3 | 3 | 1 | 20 |
| | 宗教教职人员（人） | 154 | 197 | 151 | 72 | 172 | 64 | 20 | 830 |
| 港澳台侨“三胞数” | 台湾同胞 | 15970 | 500 | 5000 | 2062 | 3500 | 2400 | 400 | 29832 |
| | 港澳同胞 | 22300 | 1599 | 2896 | 2949 | 2593 | 5400 | 391 | 38128 |
| | 海外同胞 | 25290 | 1239 | 13000 | 1300 | 341 | 1500 | 402 | 43072 |
| 留学人员 | 海外留学生 | 1700 | 246 | 667 | 545 | 220 | 108 | 83 | 3569 |
| | 归国留学人员 | 67 | | 3 | | 67 | 58 | 173 | 368 |
| 知识分子（人才） | 总人数（人） | 20万 | 4.4892 | | 3.729 | 2 | 1.62 | | 31.8382万 |
| | 党外人士所占比例 | 70% | 78% | | 64% | 41% | 48% | | 70% |
| | 自由择业知识分子（人） | 2万 | | 730 | | 260 | 89 | | 2万 |
| 举办各类培训班次数和参加人数 | | 2 | 7 | 7 | 3 | 2 | 3 | 3 | 27 |
| | | 131 | 450 | 308 | 140 | 130 | 120 | 115 | 1394 |
| 部长由同级党委常委担任人数 | | | | 1 | | | | | 1 |

注：本表由绍兴市委统战部汇总。

# 金华市统一战线基本资料

| 项目 | | | 市级 | 婺城 | 金东 | 兰溪 | 东阳 | 义乌 | 永康 | 浦江 | 武义 | 磐安 | 全市 |
|---|---|---|---|---|---|---|---|---|---|---|---|---|---|
| 民主党派 | 委员会 | | 6 | / | / | 3 | 1 | 1 | / | 0 | / | / | 11 |
| | 总支或支部 | | / | 6 | 6 | 1 | 3 | 5 | 4 | 1 | 1 | / | 27 |
| | 成员人数 | | 1205 | 384 | 370 | 381 | 316 | 284 | 198 | 33 | 62 | 5 | 3238 |
| 党外人士担任实职 | 政府 | | 1 | 1 | 1 | 1 | 1 | 1 | 2 | 2 | 1 | 1 | 11 |
| | 政府部门 | | 11 | 7 | 11 | 11 | 5 | 8 | 10 | 5 | 7 | 9 | 84 |
| | 群团及高校、科研院所、国有企业 | | 2 | 9 | 6 | 2 | / | 3 | | 1 | / | 2 | 25 |
| | 司法机关 | | / | 1 | 3 | 1 | / | / | / | 1 | / | 2 | 8 |
| 召开党外人士民主协商会、座谈会、通报会次数（其中党委一把手主持召开的次数） | | | 4 | 5 | 6 | 8 | 7 | 1 | 4 | 3 | 2 | 2 | 42 |
| | | | / | 2 | 1 | / | 1 | 1 | 1 | 1 | 1 | / | 8 |
| 聘请党外人士担任各级特约人员数量 | | | 27 | 20 | 8 | 17 | 16 | 20 | 37 | 18 | / | / | 163 |
| 工商联 | 会员数 | | 762 | 924 | 850 | 1300 | 900 | 15750 | 116 | 1398 | 690 | 390 | 23080 |
| | 基层商会（分会）数量 | | | 14 | 12 | 17 | 12 | 14 | 18 | 15 | 8 | 5 | 115 |
| | 行业协会和同业公会数量 | | 6 | 2 | 1 | 1 | / | 2 | / | | 14 | / | 26 |
| | 异地商会数量 | | 7 | / | / | 4 | 6 | 44 | 27 | 4 | 4 | 6 | 102 |
| | 非公经济人士担任会长人数 | | 1 | 1 | 1 | / | / | / | / | / | / | / | 3 |
| | 光彩事业 | 捐赠额（万元） | 107 | 443.2 | 300 | 200 | 32 | 4231.4 | 45 | 800 | | 100 | 6258.6 |
| | | 投资额（万元） | 60 | / | / | / | 5 | 5000 | / | | | | 5065 |
| 少数民族 | 成份 | | 49 | 35 | 25 | 28 | 34 | 48 | 34 | 22 | 24 | 32 | 49 |
| | 人数 | | / | 3622 | 1300 | 5431 | 685 | 60734 | 990 | 2725 | 10045 | 757 | 86289 |
| 宗教 | 宗教团体（个） | | 5 | 3 | 3 | 3 | 3 | 3 | 2 | 2 | 3 | 2 | 5 |
| | 宗教教职人员（人） | | 28 | 51 | 65 | 110 | 101 | 147 | 289 | 56 | 161 | 32 | 1040 |
| 港澳台侨胞数 | 台湾同胞 | | / | 1124 | 800 | 1306 | 20000 | 10000 | 5000 | 6500 | 6500 | 527 | 51757 |
| | 港澳同胞 | | / | 219 | 81 | 116 | 15740 | 1100 | 2000 | 300 | 312 | 71 | 19939 |
| | 海外侨胞 | | / | 503 | 300 | 627 | 6300 | 1000 | 800 | 410 | 410 | 164 | 10514 |

| 项目 | 单位 | 市级 | 婺城 | 金东 | 兰溪 | 东阳 | 义乌 | 永康 | 浦江 | 武义 | 磐安 | 全市 |
|---|---|---|---|---|---|---|---|---|---|---|---|---|
| 留学人员 | 海外留学生 | / | 274 | 92 | 181 | 1100 | 600 | 300 | 144 | 149 | 98 | 2938 |
| | 归国留学人员 | / | 17 | 2 | 30 | 8 | 200 | 50 | / | 10 | 11 | 328 |
| 知识分子（人才） | 总人数（人） | 37400 | 9320 | 14160 | 7261 | 37000 | 142300 | 4523 | 2380 | 3380 | 3200 | 260924 |
| | 党外人士所占比例 | 63% | 70% | 70% | 70% | 70% | 70% | 71% | 32% | 80% | 50% | 64% |
| | 自由择业知识分子 | / | 1690 | 300 | 510 | 7000 | 20000 | / | / | 820 | / | 30320 |
| 举办各类培训班次数和参加人数 | | 7 | 2 | 12 | 8 | 4 | 14 | 2 | 7 | 5 | 3 | 64 |
| | | 520 | 85 | 600 | 260 | 450 | 1290 | 329 | 510 | 1800 | 248 | 6092 |
| 部长由同级党委常委担任 | | 否 | 2137 | 1275 | 2260 | 43148 | 12900 | 8150 | 7354 | 7381 | 871 | |

注：本表由金华市委统战部汇总。

# 衢州市统一战线基本资料

| 项目 | | | 市级 | 柯城 | 衢江 | 龙游 | 江山 | 常山 | 开化 | 全市 |
|---|---|---|---|---|---|---|---|---|---|---|
| 民主党派 | 委员会 | | 6 | | | | 1 | | | 7 |
| | 总支或支部 | | 82 | 6 | 5 | 5 | 3 | 3 | 2 | 106 |
| | 成员人数 | | 845 | 128 | 90 | 172 | 161 | 57 | 36 | 1489 |
| 党外人士担任实职 | 政府 | | 1 | 1 | 1 | 1 | 1 | 1 | 1 | 7 |
| | 政府部门 | | 4 | 11 | 8 | 6 | 8 | 5 | 9 | 51 |
| | 群团及高校、科研院所、国有企业 | | 2 | | | | 3 | | 1 | 6 |
| | 司法机关 | | 1 | 1 | 1 | 1 | 1 | 1 | | 6 |
| 召开党外人士民主协商会、座谈会、通报会次数（其中党委一把手主持召开的次数） | | | 6 | 3 | | 4 | 4 | 4 | 16 | 37 |
| | | | 2 | 1 | | 1 | 2 | | 6 | 12 |
| 聘请党外人士担任各级特约人员数量 | | | 24 | | 24 | 9 | 21 | 19 | 12 | 109 |
| 工商联 | 会员数 | | 529 | 210 | 248 | 2450 | 687 | 397 | 652 | 5173 |
| | 基层商会（分会）数量 | | 1 | 1 | 5 | 1 | 6 | 6 | 16 | 36 |
| | 行业协会和同业公会数量 | | | | | 13 | 12 | 3 | 3 | 31 |
| | 异地商会数量 | | 3 | | | 5 | 1 | | 8 | 17 |
| | 非公经济人士担任会长人数 | | 1 | 12 | 13 | 19 | 1 | | 8 | 54 |
| | 光彩事业 | 捐赠额（万元） | 415 | 150 | 200 | 473 | 685 | 220 | 200 | 2343 |
| | | 投资额（万元） | 7000 | | | 248.5 | | 110 | 50 | 7408.5 |
| 少数民族 | 成份 | | 41 | 24 | 23 | 24 | 27 | 20 | 29 | 41 |
| | 人数 | | 1160 | 4500 | 2760 | 11072 | 2046 | 2023 | 2063 | 23304 |
| 宗教 | 宗教团体（个） | | 4 | 2 | 3 | 2 | 3 | 4 | 2 | 20 |
| | 宗教教职人员（人） | | 7 | 11 | 12 | 45 | 9 | 115 | 97 | 296 |
| 港澳台侨“三胞”数 | 台湾同胞 | | 2494 | | 326 | 3213 | 20100 | 397 | 320 | 26850 |
| | 港澳同胞 | | 128 | 210 | 217 | 156 | 425 | 32 | 112 | 1280 |
| | 海外侨胞 | | 3842 | 370 | 453 | 1506 | 2027 | 781 | 485 | 9464 |
| 留学人员 | 海外留学生 | | 603 | 103 | 49 | 116 | 195 | 106 | 125 | 1297 |
| | 归国留学人员 | | 10 | 2 | 2 | 27 | 12 | 6 | 18 | 77 |
| 知识分子（人才） | 总人数（人） | | 48000 | 22100 | 19700 | 54000 | 34000 | 10422 | 17820 | 206042 |
| | 党外人士所占比例 | | 75% | 65% | 62% | 37% | 68% | 67% | 66% | |
| | 自由择业知识分子（人） | | 7000 | | | 780 | | 41 | 31 | |
| 举办各类培训班次数和参加人数 | | | 2 | 2 | 4 | 13 | 1 | 6 | 5 | 33 |
| | | | 100 | 200 | 180 | 340 | 50 | 180 | 260 | 1310 |
| 部长由同级党委常委担任人数 | | | | 1 | 1 | 1 | 1 | | 1 | 5 |

注：本表由衢州市委统战部汇总。

# 舟山市统一战线基本资料

| 项目 | 单位 | 市级 | 定海 | 普陀 | 岱山 | 嵊泗 | 全市 |
|---|---|---|---|---|---|---|---|
| 民主党派 | 委员会 | 5 | | | | | 5 |
| | 总支或支部 | 27 | 7 | 8 | | 1 | 43 |
| | 成员人数 | 475 | 78 | 113 | | 20 | 686 |
| 党外人士担任实职 | 政府 | 1 | 3 | 1 | 3 | 1 | 9 |
| | 政府部门 | 11 | 18 | 15 | 6 | 4 | 54 |
| | 群团及高校、科研院所、国有企业 | 17 | 1 | 2 | 2 | | 22 |
| | 司法机关 | | 1 | 1 | 1 | 1 | 4 |
| 召开党外人士民主协商会、座谈会、通报会次数 | | 6 | 11 | 9 | 5 | 3 | 34 |
| (其中党委一把手主持召开的次数) | | 2 | 2 | 1 | 2 | | 7 |
| 聘请党外人士担任各级特约人员数量 | | 146 | 25 | 15 | | 18 | 204 |
| 工商联 | 会员数 | 689 | 609 | 329 | 236 | 287 | 2150 |
| | 基层商会（分会）数量 | 1 | 10 | 2 | 5 | 3 | 21 |
| | 行业协会和同业公会数量 | 1 | | 2 | | | 3 |
| | 异地商会数量 | 3 | 1 | | | | 4 |
| | 非公经济人士担任会长人数 | 1 | 1 | | 1 | | 3 |
| | 光彩事业 捐赠额（万元） | 175 | 498 | 700 | 388 | 107 | 1861 |
| | 光彩事业 投资额（万元） | | | | | | |
| 少数民族 | 成份 | | 19 | 22 | 11 | 14 | 25 |
| | 人数 | | 1379 | 678 | 129 | 178 | 2364 |
| 宗教 | 宗教团体（个） | 5 | 4 | 4 | 4 | 2 | 19 |
| | 宗教教职人员（人） | 839 | 215 | 304 | 157 | 177 | 1689 |
| 港澳台侨“三胞”数 | 台湾同胞 | | 7015 | 2095 | 1444 | 350 | 10904 |
| | 港澳同胞 | | 17300 | 5636 | 302 | 27 | 23265 |
| | 海外侨胞 | | 24000 | 10038 | 718 | 164 | 34920 |
| 留学人员 | 海外留学生 | | 439 | 226 | 108 | 43 | 816 |
| | 归国留学人员 | | 30 | 13 | 14 | 7 | 64 |
| 知识分子（人才） | 总人数（人） | 4870 | 3500 | 3700 | 2168 | 1433 | 15670 |
| | 党外人士所占比例 | 71.00% | 65.00% | 66.00% | 63.00% | 72.00% | 67.46% |
| | 自由择业知识分子（人） | 2790 | 2000 | 4763 | 236 | 10 | 9799 |
| 举办各类培训班次数和参加人数 | | 6 | 12 | 2 | 4 | 1 | 25 |
| | | 391 | 680 | 60 | 226 | 45 | 1402 |
| 部长由同级党委常委担任人数 | | 1 | 1 | 1 | 1 | | 4 |

注：本表由舟山市委统战部汇总。

# 台州市统一战线基本资料

| 项目 | 单位 | 市级 | 椒江 | 黄岩 | 路桥 | 临海 | 温岭 | 玉环 | 天台 | 仙居 | 三门 | 合计 |
|---|---|---|---|---|---|---|---|---|---|---|---|---|
| 民主党派 | 委员会 | 6 | 6 | / | / | 3 | / | / | / | / | / | 15 |
| | 总支或支部 | 20 | 41 | 5 | 4 | 1 | 2 | 1 | 1 | / | / | 75 |
| | 成员人数 | 525 | 682 | 270 | 94 | 281 | 58 | 52 | 20 | / | / | 1982 |
| 党外人士担任实职 | 政府 | 1 | 1 | 2 | 1 | 1 | 1 | 1 | 1 | 1 | 1 | 11 |
| | 政府部门 | 10 | 23 | 11 | 11 | 13 | 10 | 12 | 8 | 8 | 11 | 117 |
| | 群团及高校、科研院所、国有企业 | 10 | / | / | 2 | 3 | 4 | 2 | 1 | 7 | 3 | 32 |
| | 司法机关 | / | / | 1 | / | 1 | 1 | / | / | 1 | 1 | 5 |
| 召开党外人士民主协商会、座谈会、通报会次数（其中党委一把手主持召开的次数） | | 5 | 9 | 6 | 9 | 14 | 5 | 10 | 9 | 2 | 6 | 75 |
| | | 1 | 5 | 2 | 2 | 3 | 2 | 3 | 3 | / | 2 | 23 |
| 聘请党外人士担任各级特约人员数量 | | 60 | 71 | 52 | 40 | 57 | 28 | 178 | 33 | 20 | 31 | 570 |
| 工商联 | 会员数 | 373 | 620 | 1650 | 1500 | 1500 | 5000 | 800 | 1978 | 208 | 440 | 14069 |
| | 基层商会（分会）数量 | / | 7 | 10 | 10 | 1 | 16 | 3 | 3 | 1 | / | 51 |
| | 行业协会和同业公会数量 | 2 | / | 12 | 5 | 7 | 19 | 1 | 5 | / | 1 | 52 |
| | 异地商会数量 | 44 | 3 | 3 | / | 13 | 14 | 2 | 8 | 6 | 3 | 96 |
| | 非公经济人士担任会长人数 | 1 | / | 1 | / | 1 | / | | 1 | 1 | / | 5 |
| | 光彩事业 捐赠额（万元） | | 800 | 213 | 4500 | 4200 | 1000 | 500 | 2500 | 800 | 400 | 14913 |
| | 光彩事业 投资额（万元） | | 270 | / | 32000 | / | 2300 | / | 650 | 500 | / | 35720 |
| 少数民族 | 成份 | | 34 | 29 | 21 | 45 | 33 | 27 | 28 | 29 | 34 | 47 |
| | 人数 | | 988 | 728 | 300 | 11060 | 1320 | 680 | 336 | 1380 | 826 | 22721 |
| 宗教团体 | 宗教团体（个） | 5 | 5 | 5 | 5 | 5 | 5 | 5 | 3 | 4 | 4 | 39 |
| | 宗教教职人员（人） | 4 | 274 | 313 | 362 | 423 | 356 | 352 | 487 | 144 | 110 | 2825 |
| 港澳台侨“三胞”数 | 台湾同胞（人） | | 100000 | 10590 | 1236 | 10992 | 16800 | 12355 | 5350 | 2668 | 467 | 160458 |
| | 港澳同胞（人） | | 220 | 950 | 332 | 450 | 360 | 133 | 114 | 129 | 159 | 2847 |
| | 海外侨胞（人） | | 35000 | 3000 | 1458 | 9500 | 3000 | 822 | 260 | 541 | 58 | 53639 |

| 项目 \ 单位 | | 市级 | 椒江 | 黄岩 | 路桥 | 临海 | 温岭 | 玉环 | 天台 | 仙居 | 三门 | 合计 |
|---|---|---|---|---|---|---|---|---|---|---|---|---|
| 留学人员 | 海外留学生（人） | | 190 | 250 | 572 | 600 | 600 | 487 | 494 | 206 | 78 | 3477 |
| | 归国留学人员（人） | | 14 | 80 | 65 | 100 | 8 | 57 | 18 | 19 | 29 | 390 |
| 知识分子（人才） | 总人数（人） | 80000 | 33000 | 31000 | 17328 | 25000 | 41880 | 55018 | 27000 | 13800 | 11200 | 335226 |
| | 党外人士所占比例 | 60% | 65% | 71% | 70% | 72% | 65% | 61% | 70% | 56% | 60% | 60% |
| | 自由择业知识分子（人） | | 12000 | 18100 | 4210 | 600 | 32580 | 40122 | 5000 | 1940 | 23 | 114575 |
| 举办各类培训班次数和参加人数 | | 12 | 21 | 41 | 3 | 1 | 13 | 30 | 18 | 17 | 9 | 165 |
| | | 585 | 1690 | 6200 | 100 | 40 | 720 | 2332 | 1260 | 1567 | 458 | 14952 |
| 部长由同级党委常委担任人数 | | / | 1 | / | 1 | 1 | 1 | / | 1 | 1 | 1 | 7 |

注：本表由台州市委统战部汇总。

# 丽水市统一战线基本资料

| 项目 | 单位 | 市级 | 莲都 | 龙泉 | 青田 | 云和 | 庆元 | 缙云 | 遂昌 | 松阳 | 景宁 | 合计 |
|---|---|---|---|---|---|---|---|---|---|---|---|---|
| 民主党派 | 委员会 | 6 | 6 |  | 1 |  |  |  |  | 1 |  | 14 |
|  | 基层组织 | 72 | 19 | 1 | 4 | 1 |  | 1 | 1 | 6 |  | 105 |
|  | 成员人数 | 1212 | 253 | 67 | 93 | 43 |  | 72 | 76 | 80 |  | 1896 |
| 党外人士担任实职 | 政府 | 1 | 1 | 2 | 1 | 2 | 1 | 1 | 1 | 1 | 1 | 12 |
|  | 政府部门 | 10 | 10 | 11 | 10 | 6 | 11 | 11 | 14 | 6 | 9 | 98 |
|  | 群团及高校、科研院所、国有企业 | 2 | 4 | 3 | 1 | 7 |  |  |  |  |  | 17 |
|  | 司法机关 | 1 | 2 | 1 |  |  | 1 |  |  |  | 1 | 6 |
| 召开党外人士民主协商会、座谈会、通报会次数（其中党委一把手主持召开的次数） |  | 13 | 1 | 2 | 4 | 3 | 1 | 6 | 2 | 2 | 10 | 44 |
|  |  | 4 |  | 2 | 1 | 2 |  | 2 |  |  | 3 | 14 |
| 聘请党外人士担任各级特约人员数量 |  | 45 | 12 |  | 56 | 5 | 21 | 11 |  |  | 15 | 165 |
| 工商联 | 会员数 | 204 | 518 | 184 | 1137 | 158 | 234 | 335 | 250 | 673 | 892 | 4585 |
|  | 基层商会(分会)数量 |  | 3 |  |  | 2 | 2 | 3 | 3 | 5 | 2 | 20 |
|  | 行业协会和同业公会数量 | 3 |  |  | 2 | 1 | 5 | 4 | 2 | 1 | 2 | 20 |
|  | 异地商会数量 | 7 | 5 | 8 | 3 |  | 4 | 6 | 3 | 2 | 6 | 44 |
|  | 非公经济人士担任会长人数 | 1 |  |  | 1 |  |  |  |  |  |  | 2 |
|  | 光彩事业 捐赠额(万元) | 162.248 | 5 |  |  | 29 | 120 | 800 |  | 200 | 32 | 1348.248 |
|  | 光彩事业 投资额(万元) |  | 3 |  |  |  |  | 0 |  | 100 |  | 103 |
| 少数民族 | 成份 |  | 19 | 28 | 30 | 21 | 16 | 27 | 22 | 34 | 29 | 35 |
|  | 人数 |  | 24653 | 10964 | 2547 | 9931 | 2060 | 1383 | 16185 | 7320 | 18277 | 93320 |
| 宗教 | 宗教团体（个） | 3 | 3 | 3 | 4 | 2 | 3 | 3 | 1 | 2 | 2 | 26 |
|  | 宗教教职人员（人） | 21 | 4 | 165 | 627 | 59 | 21 | 24 | 125 | 42 | 96 | 1184 |
| 港澳台侨“三胞”数 | 台湾同胞 |  | 2000 | 1050 | 25000 | 462 | 28 | 9853 | 1407 | 4252 | 107 | 44159 |
|  | 港澳同胞 |  | 100 | 96 | 246 | 30 | 9 | 105 | 105 | 110 | 43 | 844 |
|  | 海外侨胞 |  | 30000 | 1300 | 235000 | 497 | 171 | 1532 | 780 | 1648 | 333 | 271261 |
| 留学人员 | 海外留学生 |  | 300 | 23 | 286 | 15 | 21 | 364 | 77 | 98 | 9 | 1193 |
|  | 归国留学人员 |  |  | 3 | 26 |  | 6 | 23 |  | 5 |  | 63 |
| 知识分子（人才） | 总人数（人） | 42000 | 13000 |  | 15600 | 6760 | 8240 | 4171 | 308 | 5614 | 3420 | 99113 |
|  | 党外人士所占比例 | 68% | 10% |  | 60% | 8.45% | 30% | 22% | 49.40% | 70% | 50% | 49% |
|  | 自由择业知识分子(人) |  |  |  | 1250 |  | 211 | 975 | 8 | 1101 | 284 | 3829 |
| 举办各类培训班次数和参加人数 |  | 11 | 1 | 4 | 12 | 4 | 2 | 4 | 2 | 2 | 8 | 50 |
|  |  | 385 | 50 | 180 | 680 | 155 | 116 | 236 | 66 | 200 | 370 | 2438 |
| 部长由同级党委常委担任人数 |  | 1 | 1 | 0 | 1 | 0 | 1 | 1 | 0 | 0 | 1 | 6 |

注：本表由丽水市委统战部汇总。

# 浙江省民主党派2009年基本情况统计表

<table>
<tr><td rowspan="2">组织机构及成员数量</td><td>省委会</td><td>市委会</td><td>县（市、区）委会</td><td>总支</td><td>基层委员会</td><td>支部</td><td>成员</td></tr>
<tr><td>8</td><td>68</td><td>41</td><td>199</td><td>43</td><td>1981</td><td>43853</td></tr>
<tr><td rowspan="5">参政议政情况</td><td colspan="5">向中共省委、省政府提交调研报告和意见、建议（条）</td><td colspan="2">62</td></tr>
<tr><td colspan="5">提交全国、省人大议案、建议（条）</td><td colspan="2">259</td></tr>
<tr><td colspan="5">提交全国、省政协提案（含团体提案和个人提案）（条）</td><td colspan="2">554</td></tr>
<tr><td colspan="5">反映社情民意（条）</td><td colspan="2">1279</td></tr>
<tr><td colspan="5">与哪几个部门建立对口联系制度</td><td colspan="2">省发改委、省经信委、省农业厅、省工商局、省商务厅、卫生厅、省建设厅、省环保厅、省社保厅、省台办、省教育厅、省文化厅、省侨办、科技厅、药监局</td></tr>
<tr><td>民主监督情况</td><td colspan="5">省级组织中被聘请各类特约人员（人数）</td><td colspan="2">99</td></tr>
<tr><td rowspan="3">社会服务情况</td><td colspan="4" rowspan="2">开展咨询、扶贫、医卫等社会活动次数和参加人数</td><td>次数</td><td colspan="2">1002</td></tr>
<tr><td>参加人数</td><td colspan="2">16173</td></tr>
<tr><td colspan="5">引进或协助引进资金（人民币，万元）</td><td colspan="2">23889.81</td></tr>
<tr><td rowspan="3">自身建设情况</td><td colspan="5">全年发展新成员</td><td colspan="2">2012</td></tr>
<tr><td colspan="4" rowspan="2">举办各类培训班期数和受训人数</td><td>期数</td><td colspan="2">72</td></tr>
<tr><td>受训人数</td><td colspan="2">2366</td></tr>
</table>

注：本表由省委统战部党派处汇总。

# 民革浙江省委会2009年基本情况统计表

<table>
<tr><td rowspan="2">组织机构及成员数量</td><td>省委会</td><td>市委会</td><td>县（市、区）委会</td><td>总支</td><td>基层委员会</td><td>支部</td><td>成员</td></tr>
<tr><td>1</td><td>11</td><td>6</td><td>28</td><td>1</td><td>244</td><td>4267</td></tr>
<tr><td rowspan="5">参政议政情况</td><td colspan="5">向中共省委、省政府提交调研报告和意见、建议（条）</td><td colspan="2">4</td></tr>
<tr><td colspan="5">提交全国、省人大议案、建议（条）</td><td colspan="2">14</td></tr>
<tr><td colspan="5">提交全国、省政协提案（含团体提案和个人提案）（条）</td><td colspan="2">117</td></tr>
<tr><td colspan="5">反映社情民意（条）</td><td colspan="2">119</td></tr>
<tr><td colspan="5">与哪几个部门建立对口联系制度</td><td colspan="2">省台办</td></tr>
<tr><td>民主监督情况</td><td colspan="5">省级组织中被聘请各类特约人员（人数）</td><td colspan="2">11</td></tr>
<tr><td rowspan="3">社会服务情况</td><td colspan="4" rowspan="2">开展咨询、扶贫、医卫等社会活动次数和参加人数</td><td>次数</td><td colspan="2">271</td></tr>
<tr><td>参加人数</td><td colspan="2">2428</td></tr>
<tr><td colspan="5">引进或协助引进资金（人民币，万元）</td><td colspan="2">20970.26</td></tr>
<tr><td rowspan="3">自身建设情况</td><td colspan="5">全年发展新成员</td><td colspan="2">205</td></tr>
<tr><td colspan="4" rowspan="2">举办各类培训班期数和受训人数</td><td>期数</td><td colspan="2">40</td></tr>
<tr><td>受训人数</td><td colspan="2">1200</td></tr>
</table>

注：本表由民革浙江省委会汇总。

# 民盟浙江省委会2009年基本情况统计表

<table>
<tr><td rowspan="2">组织机构及成员数量</td><td>省委会</td><td>市委会</td><td>县（市、区）委会</td><td>总支</td><td>基层委员会</td><td>支部</td><td>成员</td></tr>
<tr><td>1</td><td>11</td><td>7</td><td>49</td><td>6</td><td>210</td><td>8849</td></tr>
<tr><td rowspan="5">参政议政情况</td><td colspan="5">向中共省委、省政府提交调研报告和意见、建议（条）</td><td colspan="2">4</td></tr>
<tr><td colspan="5">提交全国、省人大议案、建议（条）</td><td colspan="2">30</td></tr>
<tr><td colspan="5">提交全国、省政协提案（含团体提案和个人提案）（条）</td><td colspan="2">81</td></tr>
<tr><td colspan="5">反映社情民意（条）</td><td colspan="2">326</td></tr>
<tr><td colspan="5">与哪几个部门建立对口联系制度</td><td colspan="2">省发改委、省教育厅、省文化厅</td></tr>
<tr><td>民主监督情况</td><td colspan="5">省级组织中被聘请各类特约人员（人数）</td><td colspan="2">11</td></tr>
<tr><td rowspan="2">社会服务情况</td><td colspan="4" rowspan="2">开展咨询、扶贫、医卫等社会活动次数和参加人数</td><td>次数</td><td colspan="2">22</td></tr>
<tr><td>参加人数</td><td colspan="2">5440</td></tr>
<tr><td rowspan="3">自身建设情况</td><td colspan="5">全年发展新成员</td><td colspan="2">484</td></tr>
<tr><td colspan="4" rowspan="2">举办各类培训班期数和受训人数</td><td>期数</td><td colspan="2">3</td></tr>
<tr><td>受训人数</td><td colspan="2">173</td></tr>
</table>

注：本表由民盟浙江省委会汇总。

# 民建浙江省委会2009年基本情况统计表

<table>
<tr><td rowspan="2">组织机构及成员数量</td><td>省委会</td><td>市委会</td><td>县（市、区）委会</td><td>总支</td><td>基层委员会</td><td>支部</td><td>成员</td></tr>
<tr><td>1</td><td>10</td><td>3</td><td>43</td><td>2</td><td>322</td><td>6103</td></tr>
<tr><td rowspan="5">参政议政情况</td><td colspan="5">向中共省委、省政府提交调研报告和意见、建议（条）</td><td colspan="2">4</td></tr>
<tr><td colspan="5">提交全国、省人大议案、建议（条）</td><td colspan="2">37</td></tr>
<tr><td colspan="5">提交全国、省政协提案（含团体提案和个人提案）（条）</td><td colspan="2">72</td></tr>
<tr><td colspan="5">反映社情民意（条）</td><td colspan="2">102</td></tr>
<tr><td colspan="5">与哪几个部门建立对口联系制度</td><td colspan="2">省发改委、省经信委、省工商局、省商务厅、省建设厅、省环保厅</td></tr>
<tr><td>民主监督情况</td><td colspan="5">省级组织中被聘请各类特约人员（人数）</td><td colspan="2">16</td></tr>
<tr><td rowspan="3">社会服务情况</td><td colspan="4" rowspan="2">开展咨询、扶贫、医卫等社会活动次数和参加人数</td><td>次数</td><td colspan="2">71</td></tr>
<tr><td>参加人数</td><td colspan="2">2756</td></tr>
<tr><td colspan="5">引进或协助引进资金（人民币，万元）</td><td colspan="2">2711</td></tr>
<tr><td rowspan="3">自身建设情况</td><td colspan="5">全年发展新成员</td><td colspan="2">307</td></tr>
<tr><td colspan="4" rowspan="2">举办各类培训班期数和受训人数</td><td>期数</td><td colspan="2">11</td></tr>
<tr><td>受训人数</td><td colspan="2">455</td></tr>
</table>

注：本表由民建浙江省委会填报。

支部数不包括总支下面的138个支部。

# 民进浙江省委会2009年基本情况统计表

<table>
<tr><td rowspan="2">组织机构及成员数量</td><td>省委会</td><td>市委会</td><td>县（市、区）委会</td><td>总支</td><td>基层委员会</td><td>支部</td><td>成员</td></tr>
<tr><td>1</td><td>11</td><td>8</td><td>31</td><td>1</td><td>423</td><td>7442</td></tr>
<tr><td rowspan="5">参政议政情况</td><td colspan="5">向中共省委、省政府提交调研报告和意见、建议（条）</td><td colspan="2">2</td></tr>
<tr><td colspan="5">提交全国、省人大议建议案（条）</td><td colspan="2">21</td></tr>
<tr><td colspan="5">提交全国、省政协提案（含团体提案和个人提案）（条）</td><td colspan="2">76</td></tr>
<tr><td colspan="5">反映社情民意（条）</td><td colspan="2">160</td></tr>
<tr><td colspan="5">与哪几个部门建立了对口联系制度</td><td colspan="2">省教育厅<br>省文化厅<br>省卫生厅<br>省劳动和社会保障厅</td></tr>
<tr><td>民主监督情况</td><td colspan="5">省级组织中被聘请各类特约人员（人）</td><td colspan="2">8</td></tr>
<tr><td rowspan="3">社会服务情况</td><td colspan="4" rowspan="2">开展咨询、扶贫、医卫等社会活动次数和参加人数</td><td>次数</td><td colspan="2">120</td></tr>
<tr><td>参加人数</td><td colspan="2">1682</td></tr>
<tr><td colspan="5">引进或协助引进资金（人民币，万元）</td><td colspan="2"></td></tr>
<tr><td rowspan="3">自身建设情况</td><td colspan="5">全年发展新成员（人）</td><td colspan="2">287</td></tr>
<tr><td colspan="4" rowspan="2">举办各类培训班期数和受培训人数</td><td>期数</td><td colspan="2">8</td></tr>
<tr><td>受训人数</td><td colspan="2">175</td></tr>
</table>

注：本表由民进浙江省委会汇总。

# 农工党浙江省委会2009年基本情况统计表

<table>
<tr><td rowspan="2">组织机构及成员数量</td><td>省委会</td><td>市委会</td><td>县（市、区）委会</td><td>总支</td><td>基层委员会</td><td>支部</td><td>成员</td></tr>
<tr><td>1</td><td>11</td><td>10</td><td>43</td><td>2</td><td>366</td><td>7533</td></tr>
<tr><td rowspan="5">参政议政情况</td><td colspan="5">向中共省委、省政府提交调研报告和意见、建议（条）</td><td colspan="2">4</td></tr>
<tr><td colspan="5">提交全国、省人大议案、建议（条）</td><td colspan="2">35</td></tr>
<tr><td colspan="5">提交全国、省政协提案（含团体提案和个人提案）（条）</td><td colspan="2">74</td></tr>
<tr><td colspan="5">反映社情民意（条）</td><td colspan="2">127</td></tr>
<tr><td colspan="5">与哪几个部门建立对口联系制度</td><td colspan="2">省卫生厅、农业厅、食品药品监管局、环保局</td></tr>
<tr><td>民主监督情况</td><td colspan="5">省级组织中被聘请各类特约人员（人数）</td><td colspan="2">10</td></tr>
<tr><td rowspan="3">社会服务情况</td><td colspan="4" rowspan="2">开展咨询、扶贫、医卫等社会活动次数和参加人数</td><td>次数</td><td colspan="2">350</td></tr>
<tr><td>参加人数</td><td colspan="2">2400</td></tr>
<tr><td colspan="5">引进或协助引进资金（人民币，万元）</td><td colspan="2">85</td></tr>
<tr><td rowspan="3">自身建设情况</td><td colspan="5">全年发展新成员</td><td colspan="2">312</td></tr>
<tr><td colspan="4" rowspan="2">举办各类培训班期数和受训人数</td><td>期数</td><td colspan="2">6</td></tr>
<tr><td>受训人数</td><td colspan="2">180</td></tr>
</table>

注：本表由农工党浙江省委会汇总。

# 致公党浙江省委会2007年基本情况统计表

| 组织机构及成员数量 | 省委会 | 市委会 | 县（市、区）委会 | 总支 | 基层委员会 | 支部 | 成员 |
|---|---|---|---|---|---|---|---|
| | 1 | 3 | | 5 | 2 | 69 | 1089 |
| 参政议政情况 | 向中共省委、省政府提交调研报告和意见、建议（条） | | | | | 18 | |
| | 提交全国、省人大议案、建议（条） | | | | | 14（全国）16（省） | |
| | 提交全国、省政协提案（含团体提案和个人提案）（条） | | | | | 10（全国）12（省个人）8（省团体） | |
| | 反映社情民意（条） | | | | | 113 | |
| | 与哪几个部门建立对口联系制度 | | | | | 省侨办 | |
| 民主监督情况 | 省级组织中被聘请各类特约人员（人数） | | | | | 14 | |
| 社会服务情况 | 开展咨询、扶贫、医卫等社会活动次数和参加人数 | | | | 次数 | 3 | |
| | | | | | 参加人数 | 15 | |
| | 引进或协助引进资金（人民币，万元） | | | | | 123.55 | |
| 自身建设情况 | 全年发展新成员 | | | | | 60 | |
| | 举办各类培训班期数和受训人数 | | | | 期数 | 1 | |
| | | | | | 受训人数 | 36 | |

注：本表由农工党浙江省委会汇总。

# 九三学社浙江省委会2009年基本情况统计表

| 组织机构及成员数量 | 省委会 | 市委会 | 县（市、区）委会 | 总支 | 基层委员会 | 支部 | 成员 |
|---|---|---|---|---|---|---|---|
| | 1 | 11 | 7 | / | 30（另有小组2个） | 341（支社） | 8489 |
| 参政议政情况 | 向中共省委、省政府提交调研报告和意见、建议（条） | | | | | 6 | |
| | 提交全国、省人大议案、建议（条） | | | | | 89 | |
| | 提交全国、省政协提案（含团体提案和个人提案）（条） | | | | | 84 | |
| | 反映社情民意（条） | | | | | 276 | |
| | 与哪几个部门建立对口联系制度 | | | | | 省科技厅、教育厅、卫生厅 | |
| 民主监督情况 | 省级组织中被聘请各类特约人员（人数） | | | | | 12 | |
| 社会服务情况 | 开展咨询、扶贫、医卫等社会活动次数和参加人数 | | | | 次数 | 162 | |
| | | | | | 参加人数 | 1444 | |
| 自身建设情况 | 全年发展新成员 | | | | | 355 | |
| | 举办各类培训班期数和受训人数 | | | | 期数 | 2 | |
| | | | | | 受训人数 | 105 | |

注：本表由九三学社浙江省委会汇总。

# 台盟浙江省委会2009年基本情况统计表

| 组织机构及成员数量 | 省委会 | 市委会 | 县（市、区）委会 | 总支 | 基层委员会 | 支部（小组） | 成员 |
|---|---|---|---|---|---|---|---|
| | 1 | | | | | 6 | 81 |
| 参政议政情况 | 向中共省委、省政府提交调研报告和意见、建议（条） | | | | | 20条建议 | |
| | 提交全国、省人大议案、建议（条） | | | | | 省人大建议3件 | |
| | 提交全国、省政协提案（含团体提案和个人提案）（条） | | | | | 全国4件，省16件 | |
| | 反映社情民意（条） | | | | | 56期 | |
| | 与哪几个部门建立对口联系制度 | | | | | 1（省台办） | |
| 民主监督情况 | 省级组织中被聘请各类特约人员（人数） | | | | | 5 | |
| 社会服务情况 | 开展咨询、扶贫、医卫等社会活动次数和参加人数 | | | | 次数 | 3 | |
| | | | | | 参加人数 | 8 | |
| | 引进或协助引进资金（人民币，万元） | | | | | | |
| 自身建设情况 | 全年发展新成员 | | | | | 2 | |
| | 举办各类培训班期数和受训人数 | | | | 期数 | 1 | |
| | | | | | 受训人数 | 42人 | |

注：本表由台盟浙江省委会汇总。

# 浙江省工商联2009年基本情况统计表

| 工商联（商会）组织机构及会员数量 | 省级 | 市级 | 县级 | 基层商会（分会） | 行业商会、同业公会 | 异地商会 | 成员 |
|---|---|---|---|---|---|---|---|
| | 1 | 11 | 90 | 1141 | 392 | 353 | 118315 |
| 参政议政情况 | 向中共省委、省政府提交调研报告和意见、建议（条） | | | | | 8 | |
| | 提交全国、省人大议案、建议（条） | | | | | — | |
| | 提交全国、省政协提案（含团体提案和个人提案）（条） | | | | | 16 | |
| | 反映社情民意（条） | | | | | 10 | |
| | 与哪几个部门建立对口联系制度 | | | | | 省商务厅、省工商局 | |
| 民主监督情况 | 省级组织中被聘请各类特约人员（人数） | | | | | 5 | |
| 社会服务情况 | 举办讲座、咨询、经贸、科技服务 | | | | 次数 | 16 | |
| | | | | | 参加企业数（家） | 2107 | |
| | 组织开展融资活动 | | | | 次数 | 2 | |
| | | | | | 参加企业数（家） | 310 | |
| | | | | | 协议资金（亿元） | 16.7 | |
| | 组织开展对外交往 | | | | 次数 | 12 | |
| | | | | | 参加企业数（家） | 110 | |
| | 参与光彩事业和新农村建设以及社会公益慈善事业 | | | | 参与企业数（家） | 6300（全省） | |
| | | | | | 投资金额（亿元） | 16.17（全省） | |
| | | | | | 慈善捐款（万元） | 435 | |
| 自身建设情况 | 全年发展新成员 | | | | | 7326 | |
| | 举办各类培训班期数和受训人数 | | | | 期数 | 5 | |
| | | | | | 受训人数 | 117 | |

注：本表由浙江省工商联汇总。

# 2009年度浙江省百强民营企业名单

| 排名 | 企业名称 | 法定代表人 |
|---|---|---|
| 1 | 杭州娃哈哈集团有限公司 | 宗庆后 |
| 2 | 万向集团公司 | 鲁冠球 |
| 3 | 广厦控股创业投资有限公司 | 楼忠福 |
| 4 | 雅戈尔集团股份有限公司 | 李如成 |
| 5 | 海亮集团有限公司 | 冯亚丽 |
| 6 | 浙江恒逸集团有限公司 | 邱建林 |
| 7 | 正泰集团股份有限公司 | 南存辉 |
| 8 | 浙江吉利控股集团有限公司 | 李书福 |
| 9 | 中天发展控股集团有限公司 | 楼永良 |
| 10 | 人民电器集团有限公司 | 郑元豹 |
| 11 | 浙江荣盛控股集团有限公司 | 李水荣 |
| 12 | 宁波金田投资控股有限公司 | 楼国强 |
| 13 | 奥克斯集团有限公司 | 郑坚江 |
| 14 | 盾安控股集团有限公司 | 姚新义 |
| 15 | 宁波富邦控股集团有限公司 | 宋汉平 |
| 16 | 天正集团有限公司 | 高天乐 |
| 17 | 浙江中成控股集团有限公司 | 王永泉 |
| 18 | 传化集团有限公司 | 徐冠巨 |
| 19 | 桐昆集团股份有限公司 | 陈士良 |
| 20 | 青山控股集团有限公司 | 张积敏 |
| 21 | 纳爱斯集团有限公司 | 庄启传 |
| 22 | 华立集团股份有限公司 | 汪力成 |
| 23 | 杭州锦江集团有限公司 | 钭正刚 |
| 24 | 浙江龙盛控股有限公司 | 阮水龙 |
| 25 | 新世纪控股集团有限公司 | 陈德松 |
| 26 | 春和集团有限公司 | 梁小雷 |
| 27 | 精功集团有限公司 | 金良顺 |
| 28 | 浙江天能电池有限公司 | 张天任 |

| 排名 | 企业名称 | 法定代表人 |
|---|---|---|
| 29 | 浙江宝业建设集团有限公司 | 王荣富 |
| 30 | 同方联合控股集团有限公司 | 朱志平 |
| 31 | 浙江八达建设集团有限公司 | 王昌培 |
| 32 | 西子电梯集团有限公司 | 王水福 |
| 33 | 浙江远大进出口有限公司 | 金　波 |
| 34 | 卧龙控股集团有限公司 | 陈建成 |
| 35 | 维科控股股份集团有限公司 | 何承命 |
| 36 | 德力西集团有限公司 | 胡成中 |
| 37 | 杭州滨江房产集团股份有限公司 | 戚金兴 |
| 38 | 星星集团有限公司 | 叶仙玉 |
| 39 | 华峰集团有限公司 | 尤小平 |
| 40 | 升华集团控股有限公司 | 夏士林 |
| 41 | 浙江奥康鞋业股份有限公司 | 王振滔 |
| 42 | 浙江广天日月集团股份有限公司 | 王宇凌 |
| 43 | 浙江富春江通信集团有限公司 | 孙　翀 |
| 44 | 利时集团股份有限公司 | 李立新 |
| 45 | 兴乐集团有限公司 | 虞文品 |
| 46 | 富通集团有限公司 | 王建沂 |
| 47 | 绿都控股集团有限公司 | 邵法平 |
| 48 | 海外海集团有限公司 | 夏国良 |
| 49 | 众泰控股集团有限公司 | 金浙勇 |
| 50 | 浙江大东南集团有限公司 | 黄水寿 |
| 51 | 天洁集团有限公司 | 边　宇 |
| 52 | 三花控股有限公司 | 张道才 |
| 53 | 青年汽车集团有限公司 | 庞青年 |
| 54 | 浙江前程石化股份有限公司 | 王文杰 |
| 55 | 东方建设集团有限公司 | 郦国敏 |
| 56 | 华升建设集团有限公司 | 杭飞龙 |
| 57 | 浙江东南网架集团有限公司 | 郭明明 |
| 58 | 五洋建设集团股份有限公司 | 陈志樟 |

| 排名 | 企业名称 | 法定代表人 |
|---|---|---|
| 59 | 浙江金帝集团有限公司 | 卢斯侃 |
| 60 | 浙江海天建设集团有限公司 | 应培新 |
| 61 | 浙江森桥实业集团有限公司 | 李时伦 |
| 62 | 中厦建设集团有限公司 | 杨学夫 |
| 63 | 中设建工集团有限公司 | 陈永根 |
| 64 | 浙江天马轴承股份有限公司 | 马兴法 |
| 65 | 宁波华东物资城市场建设开发有限公司 | 竺保国 |
| 66 | 步阳集团有限公司 | 徐步云 |
| 67 | 华翔集团股份有限公司 | 周辞美 |
| 68 | 苏泊尔集团有限公司 | 苏增福 |
| 69 | 浙江中富建筑集团股份有限公司 | 王建新 |
| 70 | 浙江中南建设集团有限公司 | 吴建荣 |
| 71 | 浙江康桥汽车工贸集团股份有限公司 | 吴文标 |
| 72 | 祐康食品集团有限公司 | 戴天荣 |
| 73 | 中球冠有限公司 | 任文达 |
| 74 | 开元旅业集团有限公司 | 陈妙林 |
| 75 | 长业建设集团有限公司 | 杨长甫 |
| 76 | 人本集团有限公司 | 张童生 |
| 77 | 浙江新和成股份有限公司 | 胡柏藩 |
| 78 | 富丽达集团控股有限公司 | 戚建尔 |
| 79 | 宁波神化化学品经营有限责任公司 | 袁维芳 |
| 80 | 浙江省东阳第三建筑工程有限公司 | 楼正文 |
| 81 | 宁波市慈溪进出口股份有限公司 | 柴晨穗 |
| 82 | 温州中城建设集团有限公司 | 倪明连 |
| 83 | 方远建设集团股份有限公司 | 陈方春 |
| 84 | 浙江航民实业有限公司 | 朱重庆 |
| 85 | 浙江翔盛集团有限公司 | 沈柏祥 |
| 86 | 花园工贸集团有限公司 | 邵钦祥 |
| 87 | 龙达集团有限公司 | 卢牛根 |
| 88 | 浙江栋梁新材股份有限公司 | 陆志宝 |

| 排名 | 企业名称 | 法定代表人 |
|---|---|---|
| 89 | 浙江国泰建设集团有限公司 | 李炳传 |
| 90 | 胜达集团有限公司 | 方吾校 |
| 91 | 农夫山泉股份有限公司 | 钟睒睒 |
| 92 | 华通机电集团有限公司 | 李成文 |
| 93 | 路港集团 | 朱何柳 |
| 94 | 兴惠化纤集团有限公司 | 项兴富 |
| 95 | 万丰奥特控股集团有限公司 | 陈爱莲 |
| 96 | 浙江永利实业集团有限公司 | 周永利 |
| 97 | 浙江万马集团有限公司 | 张德生 |
| 98 | 扬帆集团股份有限公司 | 张贵磊 |
| 99 | 瑞立集团有限公司 | 张晓平 |
| 100 | 杭州诺贝尔集团有限公司 | 骆水根 |

# 2009年中国民营企业500家名单（浙江部分）

| 序号 | 企业名称 | 所属行业 | 营业收入总额（万元） |
|---|---|---|---|
| 1 | 广厦控股创业投资有限公司 | 建筑业 | 5，085，054 |
| 2 | 杭州娃哈哈集团有限公司 | 食品加工与食品、饮料制造业 | 4，320，417 |
| 3 | 海亮集团有限公司 | 有色金属冶炼及压延加工业 | 3，726，055 |
| 4 | 雅戈尔集团股份有限公司 | 服装、鞋帽、皮革制造业 | 2，743，700 |
| 5 | 浙江恒逸集团有限公司 | 化学纤维制造业 | 2，607，402 |
| 6 | 正泰集团股份有限公司 | 电气机械及器材、线缆制造、及仪器仪表制造业 | 2，439，300 |
| 7 | 中天发展控股集团有限公司 | 建筑业 | 2，202，733 |
| 8 | 宁波金田投资控股有限公司 | 有色金属冶炼及压延加工业 | 2，100，207 |
| 9 | 人民电器集团有限公司 | 电气机械及器材、线缆制造、及仪器仪表制造业 | 2，092，837 |
| 10 | 奥克斯集团有限公司 | 电气机械及器材、线缆制造、及仪器仪表制造业 | 2，012，845 |
| 11 | 德力西集团有限公司 | 电气机械及器材、线缆制造、及仪器仪表制造业 | 1，980，445 |
| 12 | 浙江荣盛控股集团有限公司 | 化学纤维制造业 | 1，928，387 |
| 13 | 天正集团有限公司 | 电气机械及器材、线缆制造、及仪器仪表制造业 | 1，860，118 |
| 14 | 浙江吉利控股集团有限公司 | 交通运输设备制造业 | 1，651，127 |
| 15 | 新世纪控股集团有限公司 | 通信设备、计算机及其他电子设备制造业 | 1，597，434 |
| 16 | 浙江中成控股集团有限公司 | 建筑业 | 1，530，995 |
| 17 | 桐昆集团股份有限公司 | 化学纤维制造业 | 1，525，258 |
| 18 | 盾安控股集团有限公司 | 综合（含投资类） | 1，509，244 |

| 序号 | 企业名称 | 所属行业 | 营业收入总额（万元） |
|---|---|---|---|
| 19 | 长城电器集团有限公司 | 电气机械及器材、线缆制造、及仪器仪表制造业 | 1，451，175 |
| 20 | 青山控股集团有限公司 | 黑色金属冶炼及压延加工业 | 1，409，043 |
| 21 | 浙江新湖集团股份有限公司 | 综合（含投资类） | 1，392，197 |
| 22 | 浙江宝业建设集团有限公司 | 建筑业 | 1，391，756 |
| 23 | 宁波富邦控股集团有限公司 | 化学原料及化学制品制造业 | 1，379，058 |
| 24 | 宁波银亿集团有限公司 | 房地产业 | 1，315，122 |
| 25 | 浙江昆仑控股集团有限公司 | 建筑业 | 1，305，463 |
| 26 | 浙江远大进出口有限公司 | 批发和零售业 | 1，298，642 |
| 27 | 环宇集团有限公司 | 电气机械及器材、线缆制造、及仪器仪表制造业 | 1，250，098 |
| 28 | 华立集团股份有限公司 | 医药制造业 | 1，202，252 |
| 29 | 西子联合控股有限公司 | 通用设备和专用设备制造业 | 1，150，000 |
| 30 | 传化集团有限公司 | 化学原料及化学制品制造业 | 1，149，299 |
| 31 | 华峰集团有限公司 | 化学原料及化学制品制造业 | 1，106，681 |
| 32 | 浙江龙盛控股有限公司 | 化学原料及化学制品制造业 | 1，017，056 |
| 33 | 杭州富春江冶炼有限公司 | 有色金属冶炼及压延加工业 | 996，295 |
| 34 | 精功集团有限公司 | 金属制品业 | 975，406 |
| 35 | 浙江广天日月集团股份有限公司 | 建筑业 | 903，208 |
| 36 | 浙江天圣控股集团有限公司 | 纺织业 | 883，720 |
| 37 | 兴乐集团有限公司 | 电气机械及器材、线缆制造、及仪器仪表制造业 | 882，707 |
| 38 | 银泰百货有限公司 | 综合（含投资类） | 879，600 |
| 39 | 海外海集团有限公司 | 租赁和商务服务业 | 862，500 |
| 40 | 升华集团控股有限公司 | 化学原料及化学制品制造业 | 856，666 |

| 序号 | 企业名称 | 所属行业 | 营业收入总额（万元） |
|---|---|---|---|
| 41 | 东方建设集团有限公司 | 建筑业 | 835，287 |
| 42 | 衢州元立金属制品有限公司 | 黑色金属冶炼及压延加工业 | 834，193 |
| 43 | 宁波华东物资城市场建设开发有限公司 | 综合（含投资类） | 822，000 |
| 44 | 浙江富春江通信集团有限公司 | 通信设备、计算机及其他电子设备制造业 | 807，059 |
| 45 | 浙江百诚集团股份有限公司 | 批发和零售业 | 789，817 |
| 46 | 森马集团有限公司 | 服装、鞋帽、皮革制造业 | 785，101 |
| 47 | 天能电池集团有限公司 | 电气机械及器材、线缆制造、及仪器仪表制造业 | 765，192 |
| 48 | 舟山金海重工股份有限公司 | 交通运输设备制造业 | 757，154 |
| 49 | 五洋建设集团股份有限公司 | 建筑业 | 749，829 |
| 50 | 浙江康桥汽车工贸集团股份有限公司 | 租赁和商务服务业 | 740，709 |
| 51 | 宁波市慈溪进出口股份有限公司 | 批发和零售业 | 729，158 |
| 52 | 浙江逸盛石化有限公司 | 化学原料及化学制品制造业 | 726，335 |
| 53 | 和润集团有限公司 | 食品加工与食品、饮料制造业 | 725，221 |
| 54 | 利时集团股份有限公司 | 橡胶制品、塑料制品业 | 724，814 |
| 55 | 中设建工集团有限公司 | 建筑业 | 724，758 |
| 56 | 中球冠集团有限公司 | 批发和零售业 | 720，195 |
| 57 | 华升建设集团有限公司 | 建筑业 | 717，684 |
| 58 | 卧龙控股集团有限公司 | 综合（含投资类） | 707，661 |
| 59 | 长业建设集团有限公司 | 建筑业 | 703，061 |
| 60 | 绿都控股集团有限公司 | 房地产业 | 701，353 |
| 61 | 浙江华成控股集团有限公司 | 建筑业 | 685，557 |
| 62 | 富通集团有限公司 | 通信设备、计算机及其他电子设备制造业 | 681，470 |

| 序号 | 企业名称 | 所属行业 | 营业收入总额（万元） |
|---|---|---|---|
| 63 | 兰溪自立铜业有限公司 | 有色金属冶炼及压延加工业 | 680，148 |
| 64 | 杭州滨江房产集团股份有限公司 | 房地产业 | 676，067 |
| 65 | 中厦建设集团有限公司 | 建筑业 | 674，181 |
| 66 | 胜达集团有限公司 | 造纸及纸制品、印刷业、文教体育、办公用品制造业 | 660，000 |
| 67 | 龙元建设集团股份有限公司 | 建筑业 | 656，284 |
| 68 | 星星集团有限公司 | 电气机械及器材、线缆制造、及仪器仪表制造业 | 650，687 |
| 69 | 浙江翔盛集团有限公司 | 化学纤维制造业 | 634，787 |
| 70 | 浙江栋梁新材股份有限公司 | 有色金属冶炼及压延加工业 | 634，770 |
| 71 | 杭州锦江集团有限公司 | 有色金属冶炼及压延加工业 | 628，570 |
| 72 | 浙江国泰建设集团有限公司 | 建筑业 | 628，318 |
| 73 | 方远建设集团 | 建筑业 | 625，331 |
| 74 | 浙江金帝集团有限公司 | 房地产业 | 622，575 |
| 75 | 万事利集团有限公司 | 纺织业 | 618，529 |
| 76 | 曙光控股集团有限公司 | 建筑业 | 613，553 |
| 77 | 铁牛集团有限公司 | 交通运输设备制造业 | 612，533 |
| 78 | 宁波申洲针织有限公司 | 服装、鞋帽、皮革制造业 | 609，348 |
| 79 | 宏润建设集团股份有限公司 | 建筑业 | 599，136 |
| 80 | 宁波神化化学品经营有限责任公司 | 批发和零售业 | 591，312 |
| 81 | 温州中城建设集团有限公司 | 建筑业 | 590，075 |
| 82 | 挺宇集团有限公司 | 交通运输设备制造业 | 585，003 |
| 83 | 世纪华丰控股有限公司 | 综合（含投资类） | 582，630 |
| 84 | 超威电源有限公司 | 电气机械及器材、线缆制造、及仪器仪表制造业 | 581，401 |

| 序号 | 企业名称 | 所属行业 | 营业收入总额（万元） |
| --- | --- | --- | --- |
| 85 | 龙达集团有限公司 | 化学纤维制造业 | 577，761 |
| 86 | 祐康食品集团有限公司 | 食品加工与食品、饮料制造业 | 570，652 |
| 87 | 浙江东南网架集团有限公司 | 建筑业 | 569，470 |
| 88 | 杭州道远化纤集团有限公司 | 化学纤维制造业 | 569，414 |
| 89 | 浙江中富建筑集团股份有限公司 | 建筑业 | 562，358 |
| 90 | 杭州华三通信技术有限公司 | 通信设备、计算机及其他电子设备制造业 | 559，914 |
| 91 | 浙江凯喜雅国际股份有限公司 | 批发和零售业 | 557，291 |
| 92 | 浙江巨星控股集团有限公司 | 建筑业 | 548，209 |
| 93 | 兴惠化纤集团有限公司 | 纺织业 | 547，093 |
| 94 | 三花控股集团有限公司 | 电气机械及器材、线缆制造、及仪器仪表制造业 | 542，587 |
| 95 | 宁波海天塑机集团有限公司 | 通用设备和专用设备制造业 | 538，693 |
| 96 | 红楼集团有限公司 | 综合（含投资类） | 534，650 |
| 97 | 金都房产集团有限公司 | 房地产业 | 528，946 |
| 98 | 九鼎建设集团股份有限公司 | 建筑业 | 513，289 |
| 99 | 浙江展诚建设集团股份有限公司 | 建筑业 | 512，068 |
| 100 | 浙江中南建设集团有限公司 | 建筑业 | 510，132 |
| 101 | 浙江卡森实业有限公司 | 综合（含投资类） | 510，000 |
| 102 | 青年汽车集团有限公司 | 交通运输设备制造业 | 508，953 |
| 103 | 恒元建设控股集团有限公司 | 建筑业 | 507，566 |
| 104 | 广业控股有限公司 | 综合（含投资类） | 506，000 |
| 105 | 中博建设集团有限公司 | 建筑业 | 501，155 |
| 106 | 中鑫建设集团有限公司 | 建筑业 | 497，386 |

| 序号 | 企业名称 | 所属行业 | 营业收入总额（万元） |
|---|---|---|---|
| 107 | 浙江中强建工集团有限公司 | 建筑业 | 495，765 |
| 108 | 浙江明日控股集团股份有限公司 | 批发和零售业 | 495，400 |
| 109 | 富丽达集团控股有限公司 | 纺织业 | 494，306 |
| 110 | 浙江宝盛建设集团有限公司 | 建筑业 | 494，036 |
| 111 | 万丰奥特控股集团有限公司 | 交通运输设备制造业 | 492，000 |
| 112 | 虎牌控股集团有限公司 | 电气机械及器材、线缆制造、及仪器仪表制造业 | 489，560 |
| 113 | 天洁集团有限公司 | 黑色金属冶炼及压延加工业 | 489，401 |
| 114 | 浙江航民实业集团有限公司 | 有色金属冶炼及压延加工业 | 487，907 |
| 115 | 华翔集团股份有限公司 | 交通运输设备制造业 | 487，200 |
| 116 | 浙大网新科技股份有限公司 | 信息传输、计算机服务和软件业 | 485，431 |
| 117 | 杭州鼎胜实业集团有限公司 | 有色金属冶炼及压延加工业 | 485，376 |
| 118 | 奥康集团有限公司 | 服装、鞋帽、皮革制造业 | 480，786 |
| 119 | 开氏集团有限公司 | 化学纤维制造业 | 480，249 |
| 120 | 浙江盈都集团有限公司 | 批发和零售业 | 480，143 |
| 121 | 徐龙食品集团有限公司 | 食品加工与食品、饮料制造业 | 477，738 |
| 122 | 农夫山泉股份有限公司 | 食品加工与食品、饮料制造业 | 473，852 |
| 123 | 浙江大华集团 | 建筑业 | 468，767 |
| 124 | 汇宇控股集团有限公司 | 房地产业 | 468，580 |
| 125 | 华太建设集团有限公司 | 房地产业 | 459，965 |
| 126 | 华通机电集团有限公司 | 电气机械及器材、线缆制造、及仪器仪表制造业 | 450，322 |
| 127 | 浙江四通化纤有限公司 | 纺织业 | 448，438 |
| 128 | 永兴特种不锈钢股份有限公司 | 黑色金属冶炼及压延加工业 | 445，986 |

| 序号 | 企 业 名 称 | 所 属 行 业 | 营业收入总额（万元） |
|---|---|---|---|
| 129 | 新凤鸣集团股份有限公司 | 化学纤维制造业 | 442，303 |
| 130 | 温州东瓯建设集团有限公司 | 建筑业 | 441，425 |
| 131 | 华迪钢业集团有限公司 | 黑色金属冶炼及压延加工业 | 440，058 |
| 132 | 耀华电器集团有限公司 | 电气机械及器材、线缆制造、及仪器仪表制造业 | 439，888 |
| 133 | 浙江大东吴集团有限公司 | 综合（含投资类） | 438，522 |
| 134 | 苏泊尔集团有限公司 | 金属制品业 | 437，691 |
| 135 | 杭州欣盛房地产开发有限公司 | 房地产业 | 434，637 |
| 136 | 开元旅业集团有限公司 | 住宿、餐饮业 | 432，658 |
| 137 | 温州开元集团有限公司 | 电气机械及器材、线缆制造、及仪器仪表制造业 | 431，000 |
| 138 | 雄峰控股集团有限公司 | 纺织业 | 423，348 |
| 139 | 天龙控股集团有限公司 | 纺织业 | 423，072 |
| 140 | 浙江宏磊控股集团有限公司 | 电气机械及器材、线缆制造、及仪器仪表制造业 | 423，004 |
| 141 | 得力集团有限公司 | 造纸及纸制品、印刷业、文教体育、办公用品制造业 | 421，659 |
| 142 | 浙江勤业建工集团有限公司 | 建筑业 | 420，937 |
| 143 | 浙江鸿翔建设集团有限公司 | 建筑业 | 418，500 |
| 144 | 浙江富陵控股集团有限公司 | 橡胶制品、塑料制品业 | 417，977 |
| 145 | 浙江恒威投资集团有限公司 | 综合（含投资类） | 414，702 |
| 146 | 中捷控股集团有限公司 | 黑色金属冶炼及压延加工业 | 411，350 |
| 147 | 扬帆集团有限公司 | 交通运输设备制造业 | 411，067 |
| 148 | 杭州诺贝尔集团有限公司 | 非金属矿物制品业（含水泥、玻璃、陶瓷、耐火材料等） | 408，679 |

| 序号 | 企业名称 | 所属行业 | 营业收入总额（万元） |
|---|---|---|---|
| 149 | 法派集团有限公司 | 服装、鞋帽、皮革制造业 | 407，760 |
| 150 | 柳桥集团有限公司 | 服装、鞋帽、皮革制造业 | 404，370 |
| 151 | 浙江华达集团有限公司 | 黑色金属冶炼及压延加工业 | 403，692 |
| 152 | 浙江杭叉工程机械集团股份有限公司 | 通用设备和专用设备制造业 | 403，403 |
| 153 | 华仪电器集团有限公司 | 电气机械及器材、线缆制造、及仪器仪表制造业 | 401，953 |
| 154 | 瑞立集团有限公司 | 交通运输设备制造业 | 399，757 |
| 155 | 浙江天宇交通建设集团有限公司 | 建筑业 | 396，838 |
| 156 | 浙江中联建设集团有限公司 | 建筑业 | 396，719 |
| 157 | 太平鸟集团有限公司 | 服装、鞋帽、皮革制造业 | 396，153 |
| 158 | 浙江元立金属制品集团有限公司 | 金属制品业 | 395，023 |
| 159 | 高运控股集团有限公司 | 建筑业 | 394，757 |
| 160 | 浙江红剑集团有限公司 | 化学纤维制造业 | 391，621 |
| 161 | 天马控股集团有限公司 | 通用设备和专用设备制造业 | 391，532 |
| 162 | 杭州巨星投资控股有限公司 | 金属制品业 | 391，000 |
| 163 | 浙江和平工贸集团有限公司 | 批发和零售业 | 389，789 |
| 164 | 浙江广博集团 | 造纸及纸制品、印刷业、文教体育、办公用品制造业 | 389，645 |
| 165 | 浙江东杭控股集团有限公司 | 批发和零售业 | 389，030 |
| 166 | 浙江诺力机械股份有限公司 | 电气机械及器材、线缆制造、及仪器仪表制造业 | 385，000 |
| 167 | 天颂建设集团有限公司 | 建筑业 | 382，777 |
| 168 | 温州金州集团有限公司 | 租赁和商务服务业 | 382，000 |
| 169 | 奉化市剡江房地产开发有限公司 | 房地产业 | 380，939 |
| 170 | 浙江暨阳建设集团有限公司 | 建筑业 | 380，028 |

| 序号 | 企业名称 | 所属行业 | 营业收入总额（万元） |
| --- | --- | --- | --- |
| 171 | 东冠集团有限公司 | 综合（含投资类） | 379，511 |
| 172 | 康恩贝集团有限公司 | 医药制造业 | 379，000 |
| 173 | 富阳市永正废旧物资有限公司 | 批发和零售业 | 376，819 |
| 174 | 浙江三弘集团有限公司 | 工艺品其他制造业 | 375，147 |
| 175 | 浙江舜江建设集团有限公司 | 建筑业 | 374，705 |
| 176 | 杭州大东南高科包装有限公司 | 橡胶制品、塑料制品业 | 370，334 |
| 177 | 罗蒙集团股份有限公司 | 服装、鞋帽、皮革制造业 | 370，260 |
| 178 | 浙江江南涤化有限公司 | 化学纤维制造业 | 369，275 |
| 179 | 浙江永通染织集团有限公司 | 纺织业 | 368，637 |
| 180 | 浙江华瑞集团有限公司 | 交通运输、仓储业和邮政业 | 367，068 |

注：本表是全国工商联调研结果，由省工商联提供

## 胡锦涛：在新的起点上进一步推动两岸关系向前发展

**【新华网北京5月26日电】** 中共中央总书记胡锦涛26日下午在人民大会堂会见中国国民党主席吴伯雄和他率领的国民党大陆访问团全体成员，并同吴伯雄举行会谈。胡锦涛强调，一年来两岸关系取得一系列重要成果，展现出和平发展前景。实践证明，改善和发展两岸关系是人心所向、大势所趋，两岸关系和平发展促进了台海地区和平稳定，受到国际社会广泛欢迎和支持。推动两岸关系在新的起点上向前发展，需要我们站在全民族发展的高度，审视世界发展潮流，看清两岸关系发展趋势，牢牢把握两岸关系和平发展的主题，坚持正确方向，拓宽前进道路，不断开创两岸关系和平发展新局面。

会谈在诚挚友好的气氛中进行，取得重要成果。双方都表示要继续推动落实“两岸和平发展共同愿景”，不断促进两岸关系和平发展；都认为要维护反对“台独”、坚持“九二共识”的共同政治基础，并不断增强和深化互信；都强调要加强两岸经济合作，尽快商谈两岸经济合作协议，以利建立两岸经济合作机制；都赞同要积极促进两岸文化教育交流，举办以文教交流为主题的两岸经贸文化论坛，开始探讨协商两岸文化教育交流协议；都主张两岸在涉外事务中避免不必要的内耗，增进中华民族整体利益。

会谈开始时，胡锦涛首先代表中共中央向吴伯雄一行表示热烈欢迎。他说，去年5月，我和吴主席举行了两岸关系新形势下国共两党领导人首次会谈，就促进两岸关系改善和发展深入交换意见，达成重要共识，为推动两岸关系实现历史性转折发挥了重要先导作用。

吴伯雄感谢胡锦涛发出邀请并再次举行两党领导人会谈，并表示这次来访是国共两党关系的一件大事。

胡锦涛表示，去年12月31日，我在纪念《告台湾同胞书》发表30周年座谈会上发表讲话。这次讲话在坚持我们党既定的对台大政方针和目标的基础上，重点阐述两岸关系和平发展的主张，提出了推动两岸关系和平发展的六点意见，从政治、经济、文化、社会、涉外事务等方面提出方针政策。这是我们关于与台湾方面共同发展两岸关系的基本思路，是对未来两岸关系前景的规划，同时也尽可能照顾台湾同胞的合理愿望，尽可能呼应台湾方面的积极诉求，充分展示了我们的诚意。

胡锦涛回顾了两岸关系一年来取得的一系列重要进展，并就在新的起点上进一步推动两岸关系向前发展发表了重要意见。

第一，关于增进两岸政治互信。去年5月以来，两岸双方在反对"台独"、坚持"九二共识"的基础上建立了互信，从而推动解决了两岸关系中一系列复杂问题。考虑到今后两岸关系的发展前景，包括需要逐步破解一些政治难题，巩固和增进双方的政治互信尤为重要。坚持大陆和台湾同属一个中国是关键所在。

第二，关于两岸经济合作。今后一个时期仍然要把全面加强两岸经济合作作为重点，当前最突出的任务是共同应对国际金融危机冲击。考虑到两岸同胞是一家人，我们采取了一些实际措施同你们共克时艰。今后，如果形势需要，我们还会继续这样做。签定两岸经济合作协议，关键是协议内容要有利于两岸经济共同发展、两岸同胞福祉增进，有利于建立具有两岸特色的经济合作机制。双方应该共同推进商签协议准备工作，争取今年下半年谈起来。

第三，关于加强两岸文化教育交流。新形势下，开展两岸文化教育交流，既有巨大需求和潜力，也显得更为重要。我们要比以往更加努力地开展两岸文化教育交流，共同传承和弘扬中华文化，增强中华文化认同、中华民族认同。

第四，关于涉外事务。几天前，中华台北卫生署应邀派出人员作为观察员参加了今年的世界卫生大会。这表明，两岸中国人有能力、有智慧妥善解决台湾参与国际组织活动问题，也表明我们促进两岸关系和平发展的诚意。我们希望，这有利于增进台湾同胞对大陆的了解，有利于两岸关系和平发展。

第五，关于结束两岸敌对状态、达成和平协议。促进正式结束两岸敌对状态、达成和平协议，是"两岸和平发展共同愿景"提出的目标，已经成为两岸双方的重要主张。我们提出，两岸可以就国家尚未统一的特殊情况下的政治关系问题、建立两岸军事安全互信机制问题进行务实探讨，表明了我们解决问题的积极思考。两岸协商总体上还是要先易后难、先经后政、把握节奏、循序渐进，但双方要为解决这些问题进行准备、创造条件。双方可以先由初级形式开始接触，积累经验，以逐步破解难题。

第六，关于国共两党交流对话。国共两党交流对话特别是高层交往对保持两岸关系发展势头具有不可替代的重要作用。国共论坛是一个成功的论坛，应该继续办下去，而且要越办越好。同时，两岸关系发展需要两岸广大同胞特别是基层民众参与。两岸各界举办的海峡论坛，突出了两岸民众的参与和互动。

胡锦涛强调，国共两党肩负着历史责任，应该胸怀全民族长远发展，以远大的目光、务实的思路认真思考和解决两岸关系发展中的重大问题，为不断开创两岸关系和平发展新局面作出贡献。

吴伯雄表示，一年来，两岸双方基于正视现实、开创未来，持续建立互信、搁置争议，不断求同化异、深化合作，走向和平共荣、互利双赢，两岸关系发展取得了丰硕成果。这些成果都是由于两岸具备政治互信而取得的，双方政治互信的基础就是坚持"九二共识"、反对"台独"。两岸关系和平发展符合两岸人民与国际社会的期待。胡锦涛总书记关于推动两岸关系和平发展的六点意见都是建设性的主张，受到台湾各界重视。多数台湾人民都感受到了两岸交流与协商带来的正面效应，从而更加支持两岸关系和平发展。实践证明，我们努力的方向是正确的，应当也必须坚持下去。希望两岸增进互信，化异求同，积极促进良性互动，稳妥积累破解难题之道，共创和平、共促稳定、共谋发展、共享繁荣。

吴伯雄表示，面对国际金融危机，两岸更应该同舟共济，相互扶持。签订两岸经济合作架构协议，两岸有关方面应加紧研究，尽早协商。发扬中华文化是两岸的共同责任，双方应该以此为基础，在教育、学术、科技、体育、艺术、青少年等各领域，推进交流整合的深度和广度。两岸各界可就协商文化教育交流协议展开探讨，建立共识。

会谈中，吴伯雄预祝上海世界博览会和广州亚洲运动会圆满顺利。胡锦涛对高雄市举办第八届世界运动会和台北市举办第二十一届听障奥运会表示良好祝愿。

中共中央政治局委员、国务院副总理王岐山，中央书记处书记、中央办公厅主任令计划，中央书记处书记、中央政策研究室主任王沪宁，国务委员戴秉国，中共中央台办主任王毅，海协会会长陈云林等参加了会谈。

# 中共中央召开党外人士座谈会　胡锦涛发表重要讲话

**【新华网北京9月19日电】** 中共中央日前在中南海召开党外人士座谈会，就中共中央关于加强和改进新形势下党的建设若干重大问题的决定听取各民主党派中央、全国工商联领导人和无党派人士的意见和建议。中共中央总书记胡锦涛主持座谈会。

中共中央政治局常委贾庆林、习近平、贺国强出席座谈会。

座谈会上，胡锦涛介绍了中共中央对起草中共十七届四中全会文件的考虑和文件稿形成的过程。他希望各民主党派中央、全国工商联领导人和无党派人士畅所欲言，对文件稿提出修改意见和建议。

民革中央主席周铁农、民盟中央主席蒋树声、民建中央主席陈昌智、民进中央主席严隽琪、农工党中央主席桑国卫、致公党中央主席万钢、九三学社中央主席韩启德、台盟中央主席林文漪、全国工商联主席黄孟复、无党派人士陈竺先后发言。他们围绕新形势下加强中国共产党的思想建设、加强领导班子建设和干部队伍建设、推进党内民主建设、改善领导方式和执政方式、密切同人民群众联系、推进惩治和预防腐败体系建设、加强基层组织建设、加强非公有制经济组织中中国共产党的建设等提出了意见和建议。

在认真听取了大家的发言后，胡锦涛发表了重要讲话。他说，大家各抒己见，提出了许多有价值、有见地的意见和建议，体现了中国共产党和民主党派的亲密合作关系，我们将认真研究并尽量吸收。

胡锦涛指出，在我们这个十几亿人口的发展中大国执政，我们党肩负任务的艰巨性和繁重性世所罕见。要适应国内外形势的新变化，顺应各族人民过上更好生活的新期待，把握经济社会发展趋势和规律，带领人民不断把改革开放和社会主义现代化建设推向前进，必须始终坚持党要管党、从严治党，始终注重加强自身建设，切实把自身建设抓好。只有这样，才能永远不辜负人民的信任和期望。长期以来，我们党高度重视自身建设，围绕提高另导水平和执政水平、提高拒腐防变和抵御风险能力，围绕提高执政能力、保持和发展先进性，不断加以推进。今年是新中国成立60周年，中共中央决定中共十七届四中全会研究加强和改进新形势下我们党自身建设问题。当前，国内外形势的新发展，全面建设小康社会、加快推进社会主义现代化的新形势，迫切需要我们党提高领导水平和执政水平，提高统筹国内国际两个大局能力，提高把握发展机遇、应对风险挑战能力，更好团结带领全国各族人民夺取全面建设小康社会新胜利、开创中国特色社会主义事业新局面，实现中共十七大描绘的宏伟蓝图。

胡锦涛强调，改革开放30年来，我们党自身建设在求真务实、开拓创新中与时俱进，取得重要成绩，同时也存在不少亟待解决的新情况新问题。这就要求对我们党自身建设的一些重大问题进行集中研究和再部署，努力推进理论创新、制度创新、工作创新、方法创新，进一步全面推进思想建设、组织建设、作风建设、制度建设和反腐倡廉建设，进一步解决好我们党内存在的突出问题，进一步提高执政能力、保持和发展先进性。

胡锦涛强调，中共十七届四中全会之后，学习贯彻全会精神将是中国共产党全党的一项重要政治任务。希望各民主党派积极协助和支持我们党抓好全会精神贯彻落实。同时，希望各民主党派加强自身建设，更好履行参政议政、民主监督职能，推动参政党建设和执政党建设相互促进、共同提高，齐心协力为全面建设小康社会、坚持和发展中国特色社会主义而继续奋斗。

刘云山、李源潮、何勇、令计划、王沪宁、杜青林，中央有关部门负责人出席座谈会。

出席座谈会的党外人士还有张梅颖、张榕明、厉无畏、罗富和、陈宗兴、王志珍和张宝文、马培华、王钦敏、陈抗甫、汪毅夫、谢经荣、唐晓青等。

# 胡锦涛在庆祝中国人民政治协商会议成立60周年大会上的讲话

（2009年9月20日）

同志们，朋友们：

今天，我们在这里隆重集会，庆祝中国人民政治协商会议成立60周年。首先，我代表中共中央，向中国人民政治协商会议成立60周年，表示热烈的祝贺！向共同致力于中国特色社会主义事业、为人民政协事业作出突出贡献的各民主党派和无党派人士、各人民团体和各族各界人士，表示崇高的敬意！向香港特别行政区同胞、澳门特别行政区同胞、台湾同胞和海外侨胞，表示诚挚的问候！

中国人民政治协商会议是中国人民爱国统一战线的组织，是中国共产党领导的多党合作和政治协商的重要机构，是我国政治生活中发扬社会主义民主的重要形式。中国人民政治协商会议是中国共产党把马克思列宁主义统一战线理论、政党理论、社会主义民主政治理论同中国具体实践相结合的伟大创造，是中国共产党同各民主党派和无党派人士、各人民团体和各族各界人士风雨同舟、团结奋斗的伟大成果。

60年来，人民政协走过了不平凡历程，取得了巨大成就。人民政协事业的60年，是同人民共和国一起成长的60年，是同全国各族人民为实现国家富强、人民幸福、祖国统一而奋斗一道前行的60年。

中国人民政治协商会议是同新中国一起诞生的。上世纪40年代末，中国进入了决定自身前途命运的历史关头，中国共产党团结带领全国各族人民为争取民族独立、人民解放、建立新中国进行着最后的决战。我们党深刻认识到，要夺取中国人民革命事业胜利，必须最大限度扩大政治联盟，团结一切可以团结的力量。在毛泽东同志正确领导下，我们党同各民主党派和无党派人士、各人民团体和各族各界人士建立了广泛的统一战线，为夺取新民主主义革命胜利提供了重要力量支持。随着中国人民革命取得全面胜利，建立人民当家作主的全国政权、带领全国各族人民建设新生活的历史重任提到了我们党面前。1948年4月30日，中共中央发布“五一口号”，提出“各民主党派、各人民团体、各社会贤达迅速召开政治协商会议，讨论并实现召集人民代表大会，成立民主联合政府”。这一正确主张立即得到各民主党派和无党派人士、各人民团体和各族各界人士响应和拥护。“五一口号”的发布成为创立人民政协、建立新中国的动员令。

1949年9月，中国人民政治协商会议第一届全体会议隆重召开，标志着人民政协正式成立。这次会议代表全国各族人民意志，代行全国人民代表大会职权，通过了具有临时宪法性质的《中国人民政治协商会议共同纲领》和《中国人民政治协商会议组织法》、《中华人民共和国中央人民政府组织法》，作出了关于中华人民共和国国都、国旗、国歌、纪年4个重要决议，选举产生了中国人民政治协商会议全国委员会和中华人民共和国中央人民政府委员会，宣告了中华人民共和国的成立。中华人民共和国的成立，实现了我国从几千年封建专制制度向人民民主制度的历史性跨越，开辟了中国历史新纪元。人民政协的成立，标志着中国共产党领导的多党合作和政治协商制度的确立。从此，人民政协在我国政治生活中发挥着不可替代的作用，为恢复和发展国民经济、巩固新生人民政权、推动各项社会改革，促进社会主义革命和建设、促进改革开放和社会主义现代化建设作出了重大贡献。

人民政协成立60年来，中国共产党始终高度重视和积极支持人民政协工作，坚持把人民政协事业发展纳入党和国家事业发展总体布局，推动人民政协事业不断发展壮大。以毛泽东同志为核心的中国共产党第一代中央领导集体，就人民政协的共同政治基础、中国共产党对统一战线和人民政协的领导、人民政协的性质和任务及工作方针提出一系列独创性的重要思想，明确阐述了人民代表大会成立后人民政协长期存在的必要性及其在国家政治生活中的地位和作用。毛泽东同志提出了中国共产党同各民主党派长期共存、互相监督的方针，确立了社会主义条件下我国多党合作的基本格局。这一时期，人民政协作为统一战线组织和民主协商机构，在完成社会主义改造、推动各种社会力量为实现党和国家总任务而奋斗、活跃国家政治生活、调整统一战线内部关系、扩大国际交往方面发挥了重要作用。

1978年中共十一届三中全会以后，以邓小平同志为核心的中国共产党第二代中央领导集体明确提出新时期统一战线和人民政协的性质和任务，确立了中国共产党同各民主党派长期共存、互相监督、肝胆相照、荣辱与共的方针，人民政协事业进入新的发展时期。邓小平同志明确指出："人民政协是发扬人民民主、联系各方面人民群众的一个重要组织。中国的社会主义现代化建设事业，继续需要政协就有关国家的大政方针、政治生活和四个现代化建设中的各项社会经济问题，进行协商、讨论，实行互相监督，发挥对宪法和法律实施的监督作用"。人民政协的性质和作用被庄严载入宪法。这一时期，人民政协坚持以经济建设为中心，在协助拨乱反正、落实统一战线政策、实现"一国两制"构想、开展人民外交等方面做了大量工作，开创了人民政协事业新局面。

1989年中共十三届四中全会以后，以江泽民同志为核心的中国共产党第三代中央领导集体，着眼于党和国家事业发展全局，把中国共产党领导的多党合作和政治协商制度确立为我国的一项基本政治制度，并通过修改宪法规定这项基本政治制度将长期存在和发展。中共中央明确新形势下政协工作的方针政策和原则，支持人民政协履行政治协商、民主监督、参政议政职能，推动人民政协履行职能各项工作走向制度化、规范化、程序化，推动人民政协事业取得新的长足发展。这一时期，人民政协适应国内外形势发展变化和中国特色社会主义事业发展要求，在促进社会主义物质文明、政治文明、精神文明建设等方面发挥了积极建言、广献良策的作用，在畅通党和政府同各界人士的联系、协调各方面关系等方面发挥了凝聚人心、汇聚力量的作用，在实现香港和澳门顺利回归祖国、促进祖国和平统一中发挥了独特作用。

中共十六大以来，中共中央在新的历史起点上继续把人民政协事业推向前进。中共中央从全面建设小康社会、加快推进社会主义现代化的新要求出发，先后颁发《关于进一步加强中国共产党领导的多党合作和政治协商制度建设的意见》、《关于加强人民政协工作的意见》、《关于巩固和壮大新世纪新阶段统一战线的意见》等与人民政协事业发展密切相关的重要文件，为新世纪新阶段人民政协事业发展提供了理论基础、政策依据、制度保障。中共十七大从发展社会主义民主政治、建设社会主义政治文明的战略高度，对加强和改进人民政协工作作出全面部署，要求人民政协推动制度创新和工作创新，更加奋发有为地履行好自身职能。这一时期，人民政协积极投身科学发展实践，为推进全面建设小康社会进程，为战胜历史罕见的特大自然灾害，为应对国际金融危机冲击、保持经济平稳较快发展，为促进社会和谐稳定，为推进"一国两制"实践和祖国和平统一，为维护世界和平、促进共同发展，作出了重要贡献，发挥着越来越重要的作用。

60年来，人民政协事业深深植根于党和人民建设社会主义的伟大实践，融汇于实现中华民族伟大复兴的历史进程，为国家、为民族、为人民建立了不朽业绩。回顾历史，展望未来，人民政协事业创造了辉煌的过去，也必将创造出更加璀璨的未来！

此时此刻，我们更加深切地缅怀毛泽东同志、周恩来同志、邓小平同志、邓颖超同志、李先念同志等老一辈人民政协事业的伟大开拓者和卓越领导人。我们永远铭记所有为人民共和国建设和人民政协事业发展作出贡献的人们。他们的宝贵精神和历史功绩将永远激励我们在中国特色社会主义道路上继续把人民政协事业推向前进！

同志们、朋友们！

经过60年的实践，人民政协积累了丰富经验，形成了优良传统，为我们继续推进人民政协事业提供了重要启示。

——必须坚持把人民政协事业作为中国特色社会主义事业的重要组成部分，放在党和国家事业发展全局中部署和推进。中国特色社会主义事业是全国各族人民在中国共产党领导下创造自己美好生活的事业。人民政协的命运始终与党和人民事业紧密相联。我们要始终着眼于坚持和发展中国特色社会主义，更加自觉地坚持党关于人民政协的一系列方针政策，支持人民政协依照章程独立负责、协调一致地履行职能、开展工作，更好发挥在党和国家工作全局中的重要作用。围绕中心、服务大局是人民政协履行职能必须始终遵循的重要原则。人民政协要自觉围绕党和国家中心工作开展工作，自觉围绕党和国家决策部署谋划工作，始终做到同党和国家方向一致、目标一致、工作一致，为党和国家各项工作顺利开展作出贡献。

——必须坚持发挥人民政协作为中国共产党领导的多党合作和政治协商的重要机构作用，不断巩固和发展我国多党合作的政治格局。中国共产党领导的多党合作和政治协商制度作为我国的一项基本政治制度，是符合我国国情、具有鲜明中国特色的社会主义新型政党制度，能够在中国特色社会主义共同目标下把中国共产党领导和多党派合作有机结合起来，实现广泛参与和集中领导的统一、社会进步和国家稳定的统一、充满活力和富有效率的统一。人民政协对促进参加政协各党派和无党派人士团结合作，充分发挥各民主党派和无党派人士作用，推动党和国家决策科学化、民主化，改善中国共产党领导和加强各民主党派建设，巩固坚持和发展中国特色社会主义的共同政治基础具有重要作用。只有认真贯彻中国共产党同各民主党派长期共存、互相监督、肝胆相照、荣辱与共的方针，才能把中国共产党领导的多党合作和政治协商制度坚持好、完善好、发展好。

——必须坚持发挥人民政协作为大团结大联合组织的作用，不断为中华民族伟大复兴增添新力量。实现中华民族伟大复兴，必须紧紧依靠全国各族人民、紧紧依靠全体中华儿女。统一战线是中国共产党不断夺取革命、建设、改革事业胜利的重要法宝，也是实现祖国完全统一和中华民族伟大复兴的重要法宝。人民政协作为中国共产党领导的各党派、各团体、各民族、各阶层、各界人士大团结大联合的组织，是党和政府联系群众、团结各界的重要桥梁和纽带，是中华民族强大凝聚力的重要实现形式。要坚定不移支持人民政协高举爱国主义、社会主义旗帜，按照团结和民主两大主题履行职能、发挥优势，充分调动各方面积极性和主动性、广泛凝聚各方面智慧和力量，共同为实现党和国家奋斗目标而不懈努力。

——必须坚持以改革创新精神推进人民政协事业，永葆人民政协生机活力。中国特色社会主义事业需要一代又一代人继往开来、接力奋斗，人民政协事业也需要随着中国特色社会主义事业发展而发展。人民政协事业发展壮大是我们党不断着眼于新实践新发展、不断进行探索和创新的结果。只有牢牢把握时代脉搏，始终保持蓬勃朝气，不断推进人民政协理论创新、制度创新、工作创新，人民政协事业才能保持旺盛活力，在坚持和发展中国特色社会主义中发挥更大作用。

同志们、朋友们！

60年前，毛泽东同志在中国人民政治协商会议第一届全体会议上庄严宣告："我们的民族将从此列入爱好和平自由的世界各民族的大家庭，以勇敢而勤劳的姿态工作着，创造自己的文明和幸福，同时也促进世界的和平和自由。我们的民族将再也不是一个被人侮辱的民族了，我们已经站起来了"。"我们将以一个具有高度文化的民族出现于世界"。60年来，中国共产党团结带领全国各族人民以自强不息、一往无前的进取精神，团结奋斗、艰苦创业、锐意进取，战胜各种艰难险阻，取得了举世瞩目的建设成就。我国相继实现了从半殖民地半封建社会到民族独立、人民当家作主新社会的历史性转变，从新民主主义革命到社会主义革命和建设的历史性转变，从高度集中的计划经济体制到充满活力的社会主义市场经济体制、从封闭半封闭到全方位开放的历史性转变，综合国力大幅跃升，人民生活明显改善，国际地位显著提高，彻底改变了旧中国积贫积弱、一穷二白的落后面貌。我们这个拥有5000多年悠久历史、为人类文明进步作出重大贡献的古老民族以崭新的面貌屹立在世界东方，我们伟大的祖国正在朝着建设富强民主文明和谐的社会主义现代化国家的宏伟目标阔步前进。

当前，我国正处在改革发展的关键阶段，机遇前所未有，挑战也前所未有，机遇大于挑战。当今世界正处在大发展大变革大调整之中，世界多极化、经济全球化深入发展，科技进步日新月异，国际金融危机影响深远，综合国力竞争更趋激烈，不稳定不确定因素增多。经过新中国成立以来特别是改革开放以来不懈努力，我国发展已经站在新的历史起点上，但仍处于并将长期处于社会主义初级阶段的基本国情没有变，人民日益增长的物质文化需要同落后的社会生产之间的矛盾这一社会主要矛盾没有变，同时我国发展呈现一系列新的阶段性特征、面临一系列新情况新问题。我国改革开放和社会主义现代化建设任务繁重，应对国际金融危机冲击、保持经济平稳较快发展任务繁重，推动科学发展、促进社会和谐任务繁重，保障和改善民生、维护社会稳定任务繁重。我们必须继续抓住和用好重要战略机遇期，全面推进经济建设、政治建设、文化建设、社会建设以及生态文明建设，全面建设小康社会、加快推进社会主义现代化、发展中国特色社会主义。

为了完成我们肩负的崇高使命，必须充分调动全民族的积极性、主动性、创造性，把各方面智慧和力量凝聚到党和国家事业中来。这就要求我们以保证人民当家作主为根本，以增强党和国家活力、调动人民积极性为目标，扩大社会主义民主，建设社会主义法治国家，发展社会主义政治文明。在这个伟大实践中，人民政协应该也完全可以发挥更大作用。

历史充分证明，人民政协这一中国特色政治组织和民主形式，是我国社会主义民主政治建设的伟大创造，既顺应世界民主发展潮流，又体现中国共产党和中国人民的政治智慧，具有强大生命力和远大前程，值得我们倍加珍惜、长期坚持。在新的历史条件下，人民政协要高举中国特色社会主义伟大旗帜，以邓小平理论和“三个代表”重要思想为指导，深入贯彻落实科学发展观，继承和发扬人民政协优良传统和宝贵经验，牢牢把握团结和民主两大主题，紧紧围绕党和国家工作大局，继续扎实有效地履行好政治协商、民主监督、参政议政职能，切实发挥好协调关系、汇聚力量、建言献策、服务大局的重要作用，为推进改革开放和社会主义现代化建设、推进祖国和平统一大业、维护世界和平与促进共同发展作出新的贡献。

第一，继续走中国特色社会主义政治发展道路。一个国家选择什么样的政治发展道路，是由这个国家的国情和国家性质决定的。中国特色社会主义政治发展道路是中国共产党领导中国人民在长期实践中走出的一条符合我国国情、顺应时代潮流，能够实现坚持党的领导、人民当家作主、依法治国有机统一，能够为国家富强、民族振兴、人民幸福、社会和谐提供根本政治保证的政治发展道路。人民政协要坚持走中国特色社会主义政治发展道路，不断夯实参加人民政协各党派、各团体、各民族、各阶层、各界人士团结奋斗的共同思想基础；坚定不移坚持中国共产党对人民政协的领导，紧紧围绕党的重大决策和工作部署履行职能、开展工作，确保党的路线方针政策在人民政协得到全面贯彻落实；充分发挥人民政协在扩大公民有序政治参与中的重要渠道和平台作用，广泛吸收各党派、各团体、各民族、各阶层、各界人士参与国事。人民通过选举、投票行使权利和人民内部各方面在重大决策之前进行充分协商，尽可能就共同性问题取得一致意见，是我国社会主义民主的两种重要形式。坚持通过充分协商增进共识、凝聚力量，对坚持党的领导、人民当家作主、依法治国有机统一，对发展我国社会主义民主政治、充分调动各方面坚持和发展中国特色社会主义的积极性和主动性，具有十分重要的意义。发展社会主义民主政治需要借鉴人类政治文明有益成果，但绝不照搬西方政治制度模式。人民政协要积极引导和推动参加人民政协各党派、各团体、各民族、各阶层、各界人士不断增进对中国特色社会主义的政治认同和思想认同，不断增强走中国特色社会主义政治发展道路的自觉性和坚定性。

第二，继续把推动科学发展作为履行职能的第一要务。人民政协人才荟萃、智力密集，能够为推动科学发展提供强大智力支持、奠定坚实群众基础。人民政协要深入学习领会科学发展观的科学内涵、精神实质、根本要求，切实把政协各参加单位和广大政协委员的思想和行动统一到中共中央决策部署上来，把积极性、主动性、创造性引导到推动科学发展上来，共同为转变发展方式、破解发展难题献计出力，形成推动科学发展的强大合力。要牢牢扭住经济建设这个中心，坚持聚精会神搞建设、一心一意谋发展，注重研究国外经济环境变化和国内经济运行新情况新问题，注意选择具有综合性、全局性、前瞻性的重大课题开展专题调研和协商议政活动，多想科学发展大事，多谋科学发展大计，努力为实现以人为本、全面协调可持续的科学发展建睿智之言、献务实之策。

第三，继续在促进社会和谐中发挥重要作用。在经济体制深刻变革、社会结构深刻变动、利益格局深刻调整、思想观念深刻变化的新形势下，人民政协要坚持把发扬民主、增进团结、协调关系、化解矛盾作为履行职能的重要着力点，努力为促进政党关系、民族关系、宗教关系、阶层关系、海内外同胞关系的和谐发挥积极作用。要坚持民主协商、平等议事、求同存异、体谅包容的原则，搞好中国共产党同各民主党派和无党派人士在人民政协的合作共事，支持各民主党派和无党派人士参与国家重大方针政策讨论协商及履行职责各项活动，维护和促进民主团结、生动活泼的政党关系。要认真贯彻党的民族政策和宗教政策，充分发挥民族、宗教界代表人士在人民政协中的作用，协助党和政府做好民族工作和宗教工作，促进民族团结、宗教和睦、社会稳定。要关注不同阶层利益诉求，协助党和政府妥善处理好各方面利益关系，团结和鼓励各阶层人士共同致力于中国特色社会主义事业。要坚持以人为本，倾听群众呼声，关心群众疾苦，围绕群众普遍关心的民生问题开展调查研究，反映社情民意，积极建言献策，促进实现全体人民学有所教、劳有所得、病有所医、老有所养、住有所居，推动形成社会和谐人人有责、和谐社会人人共享的生动局面。要高举爱国主义旗帜，广泛团结归侨侨眷和海外侨胞，密切同留学人员的联系，支持他们关心和参与祖国现代化建设与和平统一大业，增进海外华侨华人特别是新一代华侨华人对我国的了解和认同，增强中华民族凝聚力和向心力。要高举和平、发展、合作旗帜，贯彻独立自主的和平外交政策，弘扬民主、和睦、协作、共赢精神，按照国家外交总体部署和目标，加强同各国人民的友好往来，努力为推动建设持久和平、共同繁荣的和谐世界作出新的贡献。

第四，继续为推进祖国和平统一大业贡献力量。人民政协要贯彻中共中央对台工作方针政策，坚持一个中国原则，牢牢把握两岸关系和平发展的主题，充分发挥自身优势和作用，积极拓展同台湾岛内有关党派团体、社会组织、各界人士的联系和沟通，推动两岸交流合作向更广领域拓展，使两岸同胞联系更广泛、感情更融洽、合作更深化，推动两岸关系在新的起点上向前发展。要坚定不移贯彻“一国两制”、“港人治港”、“澳人治澳”、高度自治的方针，积极推动内地同香港、澳门的交流合作，加强同香港和澳门政团、社团及代表人士的联系，支持港澳委员在香港、澳门社会政治事务中发挥积极作用，鼓励他们为香港、澳门长期繁荣稳定和国家发展献计出力，不断发展壮大爱国爱港、爱国爱澳力量。要坚定不移维护祖国统一，坚定不移维护国家主权、安全、领土完整，坚决反对一切分裂势力和分裂行径。

第五，继续加强人民政协自身建设。人民政协要坚持解放思想、实事求是、与时俱进，弘扬求真务实精神，大兴求真务实之风，主动适应新形势新任务的要求，按照宪法和政协章程的规定，不断加强自身各项建设。要注重发挥人民政协界别优势，扩大人民政协团结面和包容性，切实发挥政协界别作为扩大社会各界有序政治参与的重要渠道作用，积极探索开展界别活动新方法新途径，充分调动各界别参政议政积极性。要注重加强政协委员队伍建设，完善委员推选制度，优化委员构成，强化委员学习培训、提高委员整体素质，尊重委员首创精神、维护委员民主权利，鼓励和引导广大委员深入实际、走向基层、贴近群众，在报效国家、服务人民实践中施展才华、建功立业。各级政协委员要切实发挥在本职工作中的带头作用、政协工作中的主体作用、界别群众中的代表作用，自觉树立和展示政协委员良好形象。要切实发挥好政协专门委员会作用，提高专门委员会组成人员政治和业务素质，积极探索专门委员会工作新思路新方式，切实增强工作活力和成效。要加强政协机关建设，着力提高全局观念、服务意识，增强政务性服务能力和统筹协调能力，为人民政协有效履行职能、顺利开展工作提供有力保障。

同志们、朋友们！

加强和改善对人民政协的领导，推动人民政协卓有成效地开展工作，充分发挥人民政协在国家政治生活中的作用，是中国共产党加强和改善党的领导的重要内容，对提高党的执政能力、巩固党的执政地位具有重要意义。各级党委要从发展社会主义民主、推动科学发展、促进社会和谐的战略高度，进一步提高对人民政协工作重要性的认识，进一步加强和改善对人民政协的领导，保证中央关于加强人民政协工作各项方针政策落到实处，更好运用人民政协这一政治组织和民主形式为实现党的总目标总任务服务。

开展政治协商、民主监督、参政议政是人民政协的主要职能。各级党委要按照党的十七大作出的战略部署，切实支持人民政协围绕团结和民主两大主题履行职能，积极推进政治协商、民主监督、参政议政制度建设。要增强开展政治协商的自觉性和主动性，规范协商内容，丰富协商形式和层次，切实把政治协商纳入决策程序。要积极探索和完善民主监督机制，畅通民主监督渠道，建立健全制度，寓民主监督于政协委员提案、进行视察、参与工作检查等活动之中，提高民主监督质量和成效。要积极采纳人民政协提出的真知灼见，真正使人民政协参政议政成为充分反映民意、广泛集中民智、切实改进工作、提高党的执政能力的有效方式和重要途径。

各级党委要善于通过人民政协中的党组织和党员干部贯彻党的理论和路线方针政策，贯彻党委的重大决策和工作部署。要关心支持政协党组工作，定期听取政协党组工作汇报，及时研究并统筹解决政协工作中的重大问题。要着眼于统一战线和人民政协事业长远发展，充分发挥政协党组在政协委员队伍建设中的作用。各级政协党组要坚定不移贯彻党的基本理论、基本路线、基本纲领、基本经验，坚定不移贯彻执行党关于人民政协的方针政策，把党的重大决策和工作部署贯彻到人民政协全部工作中去，使党的主张成为各民主党派和无党派人士、各人民团体和各族各界人士的广泛共识。要重视发挥政协委员中的共产党员和政协机关中的共产党员作用，使他们真正成为合作共事的模范、发扬民主的模范、求真务实的模范、廉洁奉公的模范。各级党委要重视人民政协理论建设，发挥各级人民政协理论研究会作用，切实把人民政协理论研究纳入马克思主义理论研究和建设工程，纳入我国哲学社会科学总体发展规划。要把人民政协理论列入各级党校、行政学院、干部学院、社会主义学院的教学计划，加大对领导干部有关统一战线和人民政协理论知识培训力度。要广泛宣传中国共产党领导的多党合作和政治协商制度，宣传人民政协性质、地位、作用以及人民政协履行职能情况，形成有利于人民政协事业发展的良好社会氛围。

各级人民政协组织的干部是做好政协工作的重要组织保证。各级党委要统筹政协领导班子和同级党政领导班子配备，把政治坚定、作风民主、年富力强、热心和熟悉政协工作的同志充实到政协领导班子中去。要关心政协干部成长和进步，把政协干部培养选拔使用纳入干部队伍建设总体规划，推进政协组织和党委、政府之间的干部交流，充分调动政协干部工作积极性、主动性、创造性，努力培养造就一支政治坚定、作风优良、学识丰富、业务熟练的高素质政协干部队伍。

同志们、朋友们！

人民政协60年的伟大历程已经载入人民共和国的光辉史册，人民政协事业更新更美的图画正等待我们去描绘。让我们更加紧密地团结起来，高举中国特色社会主义伟大旗帜，坚持和完善中国共产党领导的多党合作和政治协商制度，巩固和壮大最广泛的爱国统一战线，为夺取全面建设小康社会新胜利、开创中国特色社会主义事业新局面、谱写中华民族伟大复兴新篇章而共同奋斗！

（新华网北京9月20日电）

## 中央召开党外人士座谈会征求对经济工作意见 胡锦涛主持并发表重要讲话

**【新华网北京11月27日电】** 中共中央11月24日在中南海召开党外人士座谈会，就当前经济形势和明年经济工作听取各民主党派中央、全国工商联领导人和无党派人士意见和建议。中共中央总书记胡锦涛主持座谈会并发表重要讲话。

中共中央政治局常委温家宝、习近平、李克强出席座谈会。温家宝通报了经济工作的有关情况，介绍了中共中央、国务院关于做好明年经济工作的考虑。

座谈会上，民革中央主席周铁农、民盟中央主席蒋树声、民建中央主席陈昌智、民进中央主席严隽琪、农工党中央主席桑国卫、致公党中央主席万钢、九三学社中央主席韩启德、台盟中央主席林文漪、全国工商联副主席孙安民、无党派人士袁驷先后发言。他们认为，今年以来，中共中央、国务院全面实施并不断丰富完善应对国际金融危机冲击的政策措施，牢牢把握经济工作主动权，保增长、调结构、促改革、惠民生取得明显成效。他们赞同中共中央、国务院关于当前经济形势的分析判断和明年经济工作的思路，表示要动员广大成员积极行动起来，为保持经济平稳较快发展献计出力。他们还就扩大内需、推进城乡统筹发展、加快经济结构调整、营造中小企业良好发展环境、防范金融风险、加强节能减排等问题提出了意见和建议。

在认真听取了大家发言后，胡锦涛作了重要讲话。他表示，大家实事求是地评价和分析了今年经济工作取得的成绩和面临的问题，提出许多好的意见和建议，对我们安排好明年经济工作很有帮助。我们将认真研究、积极采纳。

胡锦涛指出，2009 年是新世纪以来我国经济发展最为困难的一年。一年来，面对国际金融危机的巨大冲击，我们坚持把保持经济平稳较快发展作为经济工作的首要任务，全面落实和充实完善应对国际金融危机冲击的一揽子计划和政策措施，努力化挑战为机遇，在全球率先实现经济形势总体企稳回升，应对国际金融危机冲击、保持经济平稳较快发展取得了重大成就。各民主党派中央、全国工商联和无党派人士紧紧围绕保增长、保民生、保稳定建言献策，作出了重要贡献。胡锦涛代表中共中央、国务院，向各民主党派、工商联和无党派人士表示衷心的感谢。

胡锦涛强调，必须清醒地看到，当前我国经济回升基础还不牢固，经济运行中的新老矛盾和问题相互交织，保持经济平稳较快发展、推动经济发展方式转变和经济结构调整难度进一步增大。2010 年是实施“十一五”规划最后一年，做好经济社会发展工作，对于进一步有效应对国际金融危机冲击、为“十二五”时期发展奠定良好基础具有十分重要的意义。一是要加强和改善宏观调控，保持经济发展势头，同时下更大功夫推动经济发展方式转变和经济结构调整。二是要加大结构调整力度，坚持长期发展目标和短期增长目标相协调，坚持需求结构调整和供给结构调整相促进，增强内需特别是消费需求对经济增长的拉动作用，从抑制产能过剩和培育新兴产业两方面入手促进产业结构优化升级，加大运用新技术改造和提升传统产业力度，加强节能减排工作，积极稳妥推进城镇化，继续实施区域发展总体战略，特别是要采取有效措施加快推动中西部地区特别是边疆民族地区经济社会发展。三是要夯实“三农”发展基础，扩大内需增长空间，全面落实和不断完善强农惠农政策，保持农业稳定增产，合理引导农业生产结构调整，提高种粮农民收入，提高农业生产比较效益。四是要深化改革开放，增强经济发展动力，围绕建立健全有利于科学发展的体制机制，积极推进重点领域和关键环节改革，推动政府职能转变，推进国有企业改革，支持和引导非公有制经济和中小企业发展，加快转变外贸增长方式，做好利用外资工作，大力实施“走出去”战略。五是要加大保障和改善民生工作力度，采取有效措施增加就业，加快社会保障体系建设，稳步落实医药卫生体制改革各项举措，扎实做好帮扶困难群众工作，全力维护社会和谐稳定。

胡锦涛最后希望各民主党派、全国工商联和无党派人士坚持把推动科学发展作为履行职责的第一要务，注重研究国际经济环境新变化和国内经济运行新情况，着重围绕中央确定的明年经济工作目标任务建睿智之言、献务实之策，围绕人民群众普遍关心的问题积极反映社情民意，协助做好理顺情绪、化解矛盾工作，继续为推动经济社会又好又快发展作出贡献。

王岐山、回良玉、张德江、令计划、王沪宁、马凯、杜青林和中共中央、国务院有关部门负责人出席座谈会。出席座谈会的党外人士还有张梅颖、张榕明、厉无畏、罗富和、陈宗兴和马培华、王钦敏、陈抗甫、汪毅夫、谢经荣、郝如玉等。

# 2009年全国宗教工作会议召开 贾庆林发表重要讲话

**【新华网北京1月7日电】** 2009年全国宗教工作会议1月7日在北京召开。中共中央政治局常委、全国政协主席贾庆林会见与会代表并发表重要讲话。他强调，各级宗教工作部门要认真贯彻党的宗教工作基本方针，围绕中心、服务大局，强化管理、促进和谐，全力维护我国社会安定团结的良好局面，以优异的工作成绩迎接新中国成立60周年。

贾庆林对过去一年宗教部门的工作给予充分肯定。他说，2008年是党和国家事业发展进程中很不寻常、很不平凡的一年，也是宗教工作扎实推进，取得显著成绩的一年。全国宗教工作战线的同志们充分发挥宗教领域的特点和优势，大力做好奥运宗教服务和维稳安保等工作，为实现平安奥运发挥了积极作用；在雨雪冰冻灾害和汶川特大地震灾害面前，广泛动员宗教界力量，慷慨捐款捐物，积极参加各种救助活动；在拉萨“3·14”事件发生后，深入开展反分裂斗争，维护西藏和其他藏区社会稳定。这些成绩的取得，是党中央、国务院正确领导的结果，也凝聚着全国宗教工作战线上同志们的辛勤工作和无私奉献。

贾庆林对做好2009年宗教工作提出了四点要求：第一，深入贯彻落实科学发展观，为保持经济平稳较快发展贡献力量。要结合开展深入学习实践科学发展观活动，认真总结宗教工作的宝贵经验，不断推动宗教工作的理论创新、制度创新和实践创新。要认真贯彻中央的决策部署，组织和支持广大信教群众积极发展生产、改善生活、勤劳致富，共同为夺取全面建设小康社会新胜利而奋斗。第二，加强对宗教界人士和信教群众的教育引导，自觉维护社会和谐稳定。要深入开展爱国主义、社会主义的教育活动，培养和造就一支政治上靠得住、宗教造诣好、人品能服众的宗教界代表人士队伍。充分发挥宗教界和宗教团体的作用，确保宗教领域和谐稳定，维护社会安定团结。第三，认真落实宗教事务条例，不断提高宗教事务管理的能力和水平。要把保障公民宗教信仰自由与确保宗教活动规范有序结合起来，把发挥宗教界人士和信教群众在促进经济社会发展中的积极作用与抵御境外利用宗教进行渗透活动结合起来，把依法管理宗教事务与健全宗教自身各种规章制度结合起来，进一步推进宗教事务管理的法制化、科学化和现代化。第四，强化基层宗教工作，进一步夯实宗教工作的基础。要充分了解和掌握基层宗教工作的基本情况和面临的主要问题，更有针对性地加强对基层宗教工作的指导，着力解决宗教领域的一些重点、难点问题。要加强对基层党政领导干部的培训，推动基层建立和完善宗教工作机制、工作网络和工作队伍。各级党委和政府要切实加强对宗教管理部门的领导，帮助他们解决工作和生活等方面的实际问题。

中共中央政治局委员、国务院副总理回良玉，全国政协副主席、中央统战部部长杜青林参加会见并出席会议。回良玉在会上强调，要全面把握宗教工作面临的新形势，进一步增强责任感和使命感，坚持以科学发展观统领宗教工作，全面贯彻党的宗教工作基本方针，深入落实宗教事务条例，充分发挥宗教界人士和信教群众在促进经济社会发展中的积极作用，进一步做好信教群众的工作，切实维护宗教领域的和谐稳定。要完善宗教工作领导体制和工作机制，加强宗教工作机构和干部队伍的建设，不断提高宗教工作的能力和水平。

各省、自治区、直辖市宗教工作部门负责同志，中央有关部门负责同志等出席会议。

# 贾庆林出席对台工作座谈会并作重要报告

对台工作座谈会2009年2月6日至7日在北京举行。会议要求各地各部门深入学习、全面贯彻胡锦涛总书记在纪念《告台湾同胞书》发表30周年座谈会上的重要讲话精神，进一步重视和加强新形势下的对台工作，齐心协力，努力开创两岸关系和平发展新局面。

中共中央政治局常委、全国政协主席贾庆林出席会议并作重要报告。贾庆林强调，胡锦涛总书记的重要讲话是新形势下指导对台工作的纲领性文件，对进一步做好对台工作具有十分重要的指导意义。讲话的核心内容，就是在继承中央对台工作大政方针的基础上，首次全面系统地阐述了两岸关系和平发展的思想，提出了推动两岸关系和平发展的六点意见，科学回答了为什么要推动两岸关系和平发展、怎样推动两岸关系和平发展的重大问题。讲话体现了中央对台工作大政方针的一贯性和连续性，体现了对两岸关系发展规律的深刻认识，体现了构建两岸关系和平发展框架的战略思考，体现了我们为两岸同胞谋福祉、为台海地区谋和平、为中华民族谋复兴的决心和诚意。

会议指出，2008年是对台工作很不寻常、很不平凡的一年。台湾局势发生重大变化，两岸关系形势出现重大转折，两岸关系发展取得重大突破。当前，两岸关系展现出和平发展的前景，同时也面临新情况、新问题，对加强新形势下的对台工作提出了新的更高要求。

会议强调，当前和今后一个时期对台工作的重要任务，就是全面贯彻胡锦涛总书记重要讲话，切实用讲话精神指导对台工作实践、推动两岸关系发展。要继续按照先易后难、先经济后政治、循序渐进的步骤，扎实推进两岸关系发展和两岸协商进程。要巩固两岸双方共同反对“台独”、坚持“九二共识”的政治基础，保持两岸关系改善和发展的势头。要大力加强两岸经济交流合作，全面落实两岸直接“三通”，努力推动两岸经济关系正常化，促进经济合作制度化。要积极主动采取有力措施，帮助大陆台资企业解决生产经营遇到的困难，切实落实一系列惠及台湾同胞的政策措施，加强两岸合作，应对国际金融危机。要大力推动两岸全方位交流，着力促进文化教育交流，不断拓展交流领域，让更多的台湾民众参与到两岸交流中来，共享两岸关系和平发展的成果。要通过推动两岸大交流、大合作，促进两岸关系大发展，不断开创两岸关系和平发展新局面。各地各部门要高度重视对台工作，切实加强领导，把中央决策和部署落到实处，推动对台工作取得新进展、新成效。

国务委员戴秉国主持会议并讲话。中共中央台湾工作办公室主任王毅作工作报告。中央党政军各有关部门、人民团体和各省、自治区、直辖市、副省级城市、新疆生产建设兵团负责同志以及各地各有关部门对台工作机构负责人约300人出席会议，就做好新形势下的对台工作进行了交流。

（转自中央统战部网站）

# 贾庆林在首届海峡论坛大会上的致辞

（2009年5月16日）

各位同胞、各位朋友，

女士们、先生们：

大家上午好！

初夏的鹭岛，花团锦簇，生机盎然。我很高兴和来自海峡两岸的各位同胞一起，共同参加首届海峡论坛。这次论坛以“扩大民间交流、加强两岸合作、促进共同发展”为主题，顺应了两岸关系和平发展的潮流，很有意义。昨天，论坛已经隆重开幕，各项活动在福州、厦门、泉州和莆田陆续展开。受胡锦涛总书记的委托，我代表中共中央，对首届海峡论坛的举办表示热烈的祝贺！向所有前来参加论坛活动的两岸同胞特别是台湾各界乡亲，致以诚挚的问候！

今天我们所在的厦门，是一座古老而美丽的滨海城市。60年来，她见证了两岸关系经历的曲折坎坷，见证了两岸关系发生的历史变迁。曾几何时，一湾台湾海峡把两岸骨肉同胞隔绝多年。就在一年多前，海峡上空仍然笼罩着沉沉阴霾，让两岸同胞同感忧心。如今，厦门绽放出灿烂的笑容，喜迎两岸八方来宾。两岸同胞欢聚在一起，共同举办海峡论坛，参加形式多样、内容丰富的各种交流活动，到处洋溢着浓浓的同胞亲情，充满着欢乐祥和的喜庆气氛。这是两岸民间交流中的一件盛事，是当前两岸关系呈现和平发展新气象的生动写照。

各位同胞、各位朋友！

过去一年来，在两岸各界广大民众的共同努力下，两岸关系发生了历史性转折，走过了不平凡历程。今天，两岸同胞往来之频繁、经济联系之密切、文化交流之活跃、共同利益之广泛是前所未有的，两岸关系展现出和平发展的光明前景。我们为两岸关系克服重重困难、迎来难得的发展机遇深受鼓舞，为两岸关系取得重要进展、迈向和平发展的新征程备感振奋。进一步推动两岸关系和平发展，是两岸同胞共同的愿望，也是我们大家应当共同承担的历史重任。新形势下推动两岸关系和平发展，最重要的是更加有力地推动两岸同胞大交流，促进两岸各界大合作。我们强调大交流、大合作，就是要把两岸交流合作推向最广泛的领域、推向基层，鼓励最广泛的基层民众参与到两岸交流合作中来，增加更多的直接交往，努力使两岸同胞感情更融洽、合作更深化。

两岸民间交流是促进两岸关系和平发展的重要动力。回想当年，两岸民众企盼骨肉团圆的热切努力，冲破了长期阻隔两岸交往的藩篱和坚冰。多年来，两岸经济文化等各项交流从无到有，从小到大，蓬勃发展，无不包含着两岸同胞作出的卓越贡献。今天，两岸经济文化交流已经成为两岸关系中最有活力、最有发展潜力的部分，两岸民间交流呈现出勃勃生机。展望未来，保持两岸关系改善和发展的势头，开创两岸关系和平发展新局面，仍然要靠两岸同胞团结奋斗。“涓流虽寡，浸成江河；爝火虽微，卒能燎原”。两岸关系发展的动力来自民间，来自基层，来自两岸全体同胞。只要我们每个人都作出应有努力，两岸民间交流的涓涓溪水，终将汇聚成冲破一切障碍的澎湃大潮，为两岸关系和平发展开辟更为广阔的前景。

两岸民间交流是两岸同胞增进了解、融洽感情的重要途径。两岸同胞同根同祖，有着割不断的血脉亲情。由于历史的原因，1949年以后，两岸同胞经历了长期隔绝，走过了不同的发展道路，在生活方式、思想观念上难免产生一些差异。但是，无论我们分隔了多久，两岸同胞始终是血脉相连、唇齿相依的命运共同体。只要加强往来、平等交流、善意沟通，两岸同胞之间没有什么隔阂不可以打破，没有什么误解不可以消除。20多年来，两岸同胞在交流合作过程中，彼此学习借鉴，相互扶持帮助，加深了相互了解和理解，增进了感情融合。今后，在两岸关系向前发展的道路上，两岸双方还要协商解决许多经济文化问题，乃至要逐步破解政治难题。这一过程能否顺利，能否取得实际成果，还取决于两岸民众怎么看、怎么想、怎么做。两岸交流归根到底是人与人的交流，两岸关系和平发展归根到底要靠两岸同胞共同推动。目前，还有相当数量的台湾同胞没有来过大陆，我们热诚欢迎他们来大陆走走看看。我们也欢迎民进党成员多来大陆参访交流。同时，我们将继续鼓励更多的大陆民众到台湾旅游、参访，增进对台湾的了解，结交更多的台湾朋友。我们相信，两岸民间交流不断深入发展，一定会为两岸关系和平发展打下更为扎实的民意基础，营造更为和谐的良好环境。

两岸民间交流是凝聚两岸同胞意志、共同推进中华民族伟大复兴的必然要求。中华民族是拥有灿烂历史的伟大民族。几千年来，我们的祖先为人类文明发展进步作出了不可磨灭的重大贡献。近代以来，中华民族备受外国列强欺凌，中国人民饱尝国运衰败的惨痛。一代又一代中华优秀儿女为拯救民族危亡而奋起抗争，为振兴中华民族而顽强拼搏。今天，两岸关系在新的历史起点上向前大步迈进，中华民族正迎来实现伟大复兴的重要机遇。当前，摆在两岸同胞面前的历史性任务，就是携手推动两岸关系和平发展，同心实现中华民族伟大复兴。在新的形势下，两岸民间交流应当更深入、更广泛、更持久地开展下去，以促进两岸同胞增强民族意识、凝聚共同意志，形成共谋中华民族伟大复兴的强大精神力量。我们坚信，海峡两岸中国人有能力、有智慧克服各种困难，消除各种分歧，把两岸关系的前途掌握在自己手中，共同推动两岸关系和平发展，共享中华民族伟大复兴的辉煌与荣耀。

各位同胞、各位朋友！

海峡论坛是加强两岸民间交流的一个重要平台。我们真诚希望参加论坛的两岸同胞在亲和热烈中感受真情，在交流互动中加深了解，在平等参与中增进共识。让我们牢牢把握两岸关系和平发展的主题，心连心、手牵手，为两岸关系和平发展，为中华民族繁荣昌盛，共同努力奋斗！

最后，祝愿首届海峡论坛圆满成功！

（新华网厦门5月17日电）

# 贾庆林在第五届两岸经贸文化论坛开幕式上的演讲

（2009年7月11日）

尊敬的中国国民党主席吴伯雄先生、各位副主席，

尊敬的新党主席郁慕明先生、亲民党秘书长秦金生先生、无党联盟主席林炳坤先生，

各位嘉宾，各位朋友：

大家上午好！

仲夏的湘江之滨，万木葱茏，荷花飘香。来自海峡两岸的各界有识之士，相聚在素有“楚汉名城、屈贾之乡”美誉的长沙，隆重举办第五届两岸经贸文化论坛，共商两岸文化教育交流合作的大计，很有意义。首先，我谨代表中国共产党中央委员会，代表胡锦涛总书记，对本届论坛的举办表示热烈的祝贺，向与会各位嘉宾表示诚挚的欢迎！

举办两岸经贸文化论坛，是落实“两岸和平发展共同愿景”的重要举措。2006年4月以来，国共两党有关方面以经济议题为主，先后举办了四届论坛，达成了许多重要共识，对推动两岸关系摆脱危机，迈入和平发展轨道，直至实现历史性转折，发挥了重要作用。论坛是国共两党对话的重要平台，两党高层领导在这里发表意见，引领两岸关系发展的潮流。论坛也是两岸各界人士交流互动的重要平台，党派团体代表、业界精英、专家学者在这里直接交流，赋予论坛广泛的代表性，汇集了各方面的真知灼见。论坛还是反映民意、政策先导的重要平台，达成的共识和提出的建议很多已经化为两岸双方的政策，为两岸同胞带来了实实在在的利益。总之，论坛已经成为两岸交流的一个重要品牌。

今年5月，胡锦涛总书记与吴伯雄主席会谈时都认为，国共论坛是一个成功的论坛，应该继续办下去，而且要越办越好；都赞同要积极促进两岸文化教育交流，举办以文教交流为主题的两岸经贸文化论坛。根据双方的共识，本届论坛首次以推进和深化两岸文化教育交流合作为主题，重点研讨中华文化传承与创新、推进两岸文化产业合作、拓展两岸教育交流合作等三项议题。这样的设计顺应了新形势下推动两岸关系和平发展的需要，反映了

两岸大多数民众的共同意愿。出席本届论坛的嘉宾来自两岸文化教育界和产业界，具有很强的代表性。我们希望通过本届论坛，谘诹善道，博采众知，凝聚共识，进一步推进两岸文化教育交流合作，不断开创两岸关系和平发展新局面。我相信，在大家的共同努力下，本届论坛一定能够成为促进两岸文教交流合作的盛会。

各位嘉宾，各位朋友！

文化是一个民族的灵魂，孕育着民族的生命力、凝聚力和创造力。文化与教育相伴而生，相随而长，文化给教育以社会价值，教育给文化以生机活力。纵观古今中外，文化的光大昌明莫不始于交流、基于教育。中华民族历来强调人文化育，早在两千多年前的古老经典《周易》中，就有“观乎人文，以化成天下”的论述。两岸文化教育事业的进步需要交流，两岸关系发展需要来自文教交流的动力，更需要强有力的文化认同、民族认同的支撑。开展两岸文化教育交流合作，对推动两岸关系发展具有基础性、全局性、长远性的重要作用。

去年12月31日，胡锦涛总书记在纪念《告台湾同胞书》发表30周年座谈会上发表了重要讲话。这一讲话的主旨，就是号召两岸同胞携手推动两岸关系和平发展，同心实现中华民族伟大复兴，充分体现了我们为两岸同胞谋福祉、为台海地区谋和平、为中华民族谋复兴的决心和诚意。讲话全面系统地阐述了两岸关系和平发展的思想，提出了推动两岸关系和平发展的六点意见，描绘了新形势下两岸关系发展的美好蓝图。其中，专门提出了关于弘扬中华文化、加强精神纽带的意见，号召两岸同胞共同继承和弘扬中华文化优秀传统，凝聚推动两岸关系发展的共同意志，形成共谋中华民族伟大复兴的精神力量；倡导协商两岸文化教育交流协议，推动两岸文化教育交流合作迈上范围更广、层次更高的新台阶。这是我们与台湾方面共同推动两岸文化教育交流的基本思路。

长期以来，两岸文化教育交流从无到有，从单向发展为双向，活动日渐频繁，内容丰富多彩，形式多种多样，领域愈益拓宽，规模不断扩大。据不完全统计，自1991年至2008年底，仅大陆应邀赴台的文化交流项目就达4500多项、44000多人次。截至2008年底，大陆298所高校与台湾108所高校签署了校际交流与合作协议，约有2万名台湾学生来大陆高校就读。两岸文化教育交流蓬勃发展，推动了中华文化在两岸的传承与创新，增进了两岸同胞的理解和感情，特别是在两岸青少年之间架起了心灵沟通的桥梁。同时也要看到，相对于两岸经济交流合作，两岸文化教育交流合作还显得滞后，两岸同胞之间仍然存在着诸多隔阂和误解。这种局面应当改变，需要两岸有识之士积极寻求解决之道。

当前，两岸同胞大交流方兴未艾，两岸各界大合作势不可挡，两岸关系大发展前景光明。全面推进和深化两岸文化教育交流合作，是两岸同胞的一致愿望，是两岸关系和平发展的迫切要求。同时，两岸关系的改善与发展，也为拓展两岸文化教育交流合作提供了更好的环境和条件。两岸同胞要抓住难得的机遇，大力加强两岸文化教育交流合作，提高层次，扩大领域，丰富内涵，增进中华文化认同、中华民族认同，建设好我们共同的精神家园，推动两岸关系和平发展，促进中华民族伟大复兴。为此，我提出以下五点意见：

第一，维护两岸共同的中华文化传承，加强两岸同胞的精神纽带。中华文化源远流长、多元一体，在五千年的历史长河中，既异彩纷呈，形成诸多各具特色的区域文化，又相互融合，构成丰厚多姿的中华文化统一体，并决定着各区域文化的发展方向。中华文化是台湾文化的根基。千百年来，随着大陆居民不断迁徙台湾，中华民族的语言、文字、价值观念、思维方式、生活习俗、节日礼仪等早已传播至整个宝岛，使中华文化深植台湾、茁壮成长。两岸同胞同属中华民族，血同缘、书同文、语同声，亘古未变。即使在日本殖民统治期间，台湾同胞仍然以各种方式顽强地延续中华文化传统，勇敢地坚守中华儿女的气节。台湾光复后，中华文化在台湾再次焕发出新的生机。中华文化在台湾根深叶茂，已深深溶入台湾同胞的血脉之中，内化为台湾同胞的精神品格。台湾人民尊崇祖先的历史传统、爱土爱乡的真挚感情、抵御外侮的壮烈情怀，闪耀着中华民族敬祖爱国精神的光芒。台湾人民筚路蓝缕，勤奋打拼，将台湾开发建设成富饶的宝岛，展示了中华民族刚健有为、自强不息的崇高精神。长期以来，台湾同胞不断吸收和借鉴外来文化元素，丰富了中华文化内涵，发扬了中华文化海纳百川、兼收并蓄的优秀传统。独具特色的台湾文化，为中华民族绚烂多姿的文化殿堂贡献了一块夺目的瑰宝。台湾同胞因近代以来特殊的历史遭遇而形成的台湾意识，反映的是爱乡爱土的炽热情怀和自己当家作主的朴素愿望，这与图谋分裂中华民族的所谓“台独”意识有着本质区别，不容歪曲和利用。历史的创伤割不断中华文化的精神血脉，人为的破坏除不去中华民族的核心价值。中华优秀文化曾经创造了五千年灿烂文明，成就了泱泱大国的历史地位，今天仍然是两岸中国人共同实现民族富强的宝贵资源和强大动力。在中华民族迈向伟大复兴的新时代，两岸同胞应当携手面向未来，踊跃投入到两岸交流合作的大潮中去，共同发扬中华文化优秀传统，共同铸造中华文化新的辉煌。

第二，推进和深化两岸文化交流合作，增强对中华文化和中华民族的认同。中华民族是具有非凡智慧和伟大创造力的民族。中华文明是世界古代文明中始终没有中断、连续五千多年发展至今的文明。中华文化是两岸同胞共同的宝贵财富，是激励海内外中华儿女团结奋进的精神源泉。诚然，由于近代以来两岸历史道路不同，社会制度、意识形态不同，两岸同胞在政治思想观念上存在某些差异。但是，我们有一个最大、最基本的共同点，就是两岸同胞都是中华文化的传人，都是中华民族大家庭的成员。新形势下，两岸同胞应该大力开展各种形式的文化交流，不断增强对中华文化的认同和对中华民族的认同，凝聚携手推动两岸关系和平发展的共同意志，形成共谋中华民族伟大复兴的精神力量。要共同继承中华文化优秀传统，挖掘和提炼有益思想价值，发扬光大中华文化的民族性和包容性，推动中华文化走向世界。要共同吸收借鉴世界各民族文化的优秀成果，创新和发展中华文化的时代内涵，提升中华文化的先进性，增强中华文化的吸引力、聚合力、亲和力。中华文化认同是中华民族认同的精神基石，两岸同胞有责任反对一切违逆中华文化核心价值、违背中华民族根本利益的行径，在共同的中华文化和中华民族认同的基础上求同存异、聚同化异，克服形形色色的偏见和误解，超越政治分歧，不断增进相互了解，融洽彼此感情，大踏步地推动两岸关系向前发展。

第三，推进两岸文化产业合作，提升中华文化的国际影响力。当今世界，文化的经济功能越来越强，经济的文化含量日益提高。经济与科技的进步也为文化的交流和传播提供了愈来愈多的机会。文化产业已成为世界经济的主流产业之一，成为软实力的重要体现。发展两岸文化产业，不仅有利于中华文化的创新和发展，而且有助于实现两岸互利双赢、增进中华民族整体利益。两岸文化产业各具特色，合作潜力巨大。大陆文化产业拥有深厚的底蕴、丰富的资源和广阔的市场，已进入快速发展的阶段，呈现出良好发展态势。台湾文化产业起步较早，在创意、研发、营销、品牌经营、资本运作等方面具有优势。同时，两岸又共同面临着发达国家文化产业的竞争压力和推进科技升级、产业升级的紧迫任务。我们要抓住机遇，迎难而上，推动文化产业合作实现优势互补，共同做强做大中华民族文化产业，大力提升在国际上的影响力和竞争力。要深入发掘中华传统文化资源，共同打造一批具有中华民族特色、风格、气派和原创性的知名文化品牌，向国际社会展示中华民族的精神风貌和中华文化的独特神韵。要积极整合两岸文化产业资源，优化资源配置和布局结构，共同打造产业链，形成产业群。要转变发展方式，大力推进两岸文化业态创新，加强文化与科技结合，发展新兴文化产业，建设现代文化产业体系。要加紧培养两岸文化产业人才，积极引导人才合理流动，建设一支规模大、素质高的从业队伍，培养一批领军人物。要共同研究制订两岸文化产业标准，健全文化市场，加强知识产权保护，为两岸文化产业发展营造良好的环境。

第四，加强两岸教育交流合作，增添两岸关系和平发展的蓬勃活力。中华民族历来有兴学重教的传统。两岸教育各具特色，互有所长。改革开放以来，大陆确立了教育优先发展的战略地位，实现了教育事业跨越式发展，基本形成了现代化的教育体系。台湾教育体系完整，教育普及率高，对教育改革作了很多探索。在两岸关系迈入和平发展轨道的时期，两岸学校、教师、学生及其家长对加强两岸教育交流合作提出了更强烈的呼吁、更高的要求。两岸要发挥各自优势，努力实现教育资源相互开放、相互共享，为两岸教育交流合作创造条件、拓宽道路。两岸各级各类学校要积极深入开展交流合作，构建多种交流合作平台。教育大计，教师为先。“师者，所以传道、授业、解惑也。”两岸教师既要严谨笃学、为人师表，更要志存高远、传扬民族精神，为两岸关系发展提供不竭的人力和智力资源，为中华民族的未来培养优秀人才。青少年是民族的希望和未来，有着蓬勃向上的生命活力和无穷的创造力。两岸年轻人应早接触、多交往，加深了解，增进友谊，携手共进，为创造中华民族的美好明天而努力奋斗。

第五，协商签订两岸文化教育交流协议，建立两岸文化教育交流合作机制。商签两岸文化教育交流协议，建立两岸文化教育交流合作机制，是推动两岸关系不断向前发展的客观需要。建立这样的机制，要考虑到两岸的实际状况，立足于两岸现实，既要适合台湾，又要适合大陆；既要面向两岸同胞、面向中华民族未来，又要面向世界。建立这样的机制，主要是订立制度规范和搭建稳固平台，商讨交流合作的重大问题，协调两岸双方之间的相关政策，以利于发挥各自优势、整合各种资源，实现两岸文化教育交流制度化、规范化、长期化。建立这样的机制，需要确立正确、长远的发展目标，规划切实可行的推进步骤。当前，两岸双方可以组织人员先就商签两岸文化教育交流协议进行研究和规划，就其具体内容、形式、步骤等问题提出建设性意见。如时机成熟，可将商签两岸文化教育交流协议纳入协商议题。我相信，两岸中国人有智慧、有能力探讨出并建立起惠及两岸同胞的文化教育交流合作机制。

各位嘉宾，各位朋友！

100多年前，孙中山先生提出了“振兴中华”的口号。经过一代又一代中华儿女不懈奋斗，中华民族伟大复兴展现出灿烂的前景。伟大的复兴需要伟大的文化，伟大的事业需要人才辈出。我们希望，两岸同胞一起高擎中华民族伟大复兴的旗帜，沿着两岸关系和平发展的正确方向，不断谱写两岸文化教育交流合作的新篇章，努力建设两岸同胞共同的精神家园！

最后，祝第五届两岸经贸文化论坛圆满成功！

谢谢各位。

（新华网长沙7月11日电）

## 贾庆林在江浙调研时强调：一心一意谋发展　同心同德促和谐

**【新华网杭州11月10日电】** 中共中央政治局常委、全国政协主席贾庆林11月6日至10日在江苏、浙江调研时强调，要认真学习贯彻党的十七届四中全会精神，发挥统一战线和人民政协的优势和作用，一心一意谋发展，同心同德促和谐，为积极应对国际金融危机，保持经济平稳较快发展、促进社会和谐稳定作出新的更大贡献。

初冬的江南依然万木葱茏，到处生机勃勃。6日至10日，贾庆林和随行的全国政协副主席兼秘书长钱运录等，先后来到江苏南京和浙江宁波、杭州等地，深入工厂企业、港口码头、农村乡镇，就做好统一战线和人民政协工作，为保增长、促和谐贡献力量进行调研。调研期间，贾庆林对江苏、浙江两省在经济社会发展中取得的显著成绩给予充分肯定。

如何进一步发挥自身优势，保持经济平稳较快发展，是贾庆林此次调研的一个重点。他先后来到金智科技股份有限公司、雨润集团、雅戈尔集团、奥克斯集团、宁波港、华立集团等，深入生产一线，与企业负责人和工人亲切交谈，详细了解企业的生产经营和外贸进出口情况。在苏宁电器集团、浙江中南集团卡通影视有限公司、阿里巴巴集团等，他仔细询问企业的技术研发和市场销售情况，同企业员工共商发展大计。贾庆林强调，要认真贯彻中央的决策部署，继续把保持经济平稳较快发展作为经济工作的首要任务，密切关注国内外经济形势的发展变化，认真解决经济运行中的突出矛盾和问题，巩固和发展经济企稳向好势头，努力在科学发展的道路上继续走在前列。要大力推动产业结构优化升级，积极发展海洋经济，加快发展现代服务业，使经济发展方式转变取得实质性进展，使经济整体竞争力得到显著提升。要大力发展非公有制经济，注重发挥非公有制企业在扩大投资和自主创新中的重要作用，促进非公有制经济优化结构、提高质量。要大力发展低碳经济，通过调整经济结构、优化能源结构、节能、提高能效、开发利用可再生能源和新能源、植树造林等政策措施，切实把发展转到以人为本、全面协调可持续的科学发展轨道上来，推进两型社会建设和生态文明建设。要大力开拓国际市场，统筹好国际国内两个大局，利用好国际国内两个市场、两种资源，在坚定不移地贯彻扩大内需特别是消费需求方针的同时，下大气力稳定和扩大外需，扩大出口，加快实施“走出去”战略，努力形成经济全球化条件下参与国际经济合作和竞争的新优势。

贾庆林十分关心民族、宗教工作。他指出，做好民族、宗教工作，关系各族人民和广大信教群众的根本利益，关系社会和谐稳定，关系国家长治久安和中华民族伟大复兴。要牢牢把握各民族共同团结奋斗、共同繁荣发展的主题，始终把加强民族团结作为重大任务抓紧抓好，进一步促进各族人民和睦相处、和衷共济、和谐发展。要充分认识散杂居和城市民族工作在维护社会和谐稳定大局中的重要作用，适应新形势下民族工作的新要求，立足少数民族流动人口的实际，不断提高散杂居和城市民族工作的科学化、法制化、规范化水平。要全面理解和正确把握党的宗教工作基本方针，不断增强做好宗教工作的能力，善于做宗教界人士和广大信教群众的工作，善于依法管理宗教事务，善于妥善处理宗教领域存在的突出矛盾，充分发挥宗教界人士和信教群众在促进经济社会发展中的积极作用，不断促进宗教关系和谐。

调研期间，贾庆林专程看望了浙江省政协、统战部机关干部和各民主党派、工商联、无党派人士。他强调，各级政协组织和统战部门要进一步提高坚持走中国特色社会主义政治发展道路的自觉性，提高推动科学发展的成效，提高促进社会和谐稳定的能力，提高自身工作的科学化水平。各级党委要进一步加强和改善对统一战线和人民政协的领导，更加自觉地把统一战线和人民政协工作放在全局工作中部署和推进，充分运用人民政协这一政治组织和民主形式为实现党的总任务、总目标服务，在中国特色社会主义道路上不断把统一战线和人民政协事业推向前进。

# 贾庆林在第三届全国非公有制经济人士优秀中国特色社会主义事业建设者表彰大会上的讲话

（2009年11月6日）

在全党全国各族人民深入学习贯彻党的十七届四中全会精神之际，我们在这里隆重召开优秀中国特色社会主义事业建设者表彰大会，对为我国改革开放和社会主义现代化建设作出重要贡献的100名非公有制经济人士和其他新的社会阶层人士进行表彰。首先，我代表党中央、国务院，向受到表彰的优秀建设者，表示热烈的祝贺！

表彰优秀中国特色社会主义事业建设者，是促进非公有制经济健康发展和非公有制经济人士健康成长的一项重要举措。自2006年第二届表彰大会以来，广大非公有制经济人士积极参加争当优秀中国特色社会主义事业建设者活动，又涌现出了一大批优秀建设者，充分展现了心系国家、情牵人民的爱国情怀，百折不挠、锐意进取的拼搏精神，诚实守信、遵纪守法的优良品格，致富思源、服务社会的贡献意识。为了进一步增强优秀建设者的代表性和社会影响力，这次表彰在总结前两届表彰工作经验的基础上，扩大表彰范围、完善评选条件、提高公示层次、加大宣传力度，使优秀建设者评选工作更加公开、公平、公正，人选涵盖面更加广泛，社会效应更加显著。我相信，在优秀建设者的示范和带动下，广大非公有制经济人士一定能够积极进取、奋发有为，在建设中国特色社会主义事业伟大征程中创造新的业绩，不辜负党和人民的期望。

下面，我就非公有制经济人士学习贯彻党的十七大和十七届四中全会精神，争做优秀中国特色社会主义事业建设者，为促进国民经济平稳较快发展、保持社会和谐稳定作贡献，谈三点意见。

**一、我国非公有制经济快速发展，为改革开放和社会主义现代化建设作出了重要贡献**

党的十一届三中全会以来，在推进改革开放和社会主义现代化建设的历史进程中，我们党对非公有制经济的思想认识不断深化，对发展非公有制经济的方针政策不断完善，经历了从非公有制经济是公有制经济的必要补充，到非公有制经济是社会主义市场经济的重要组成部分的转变；从国家对非公有制经济实行引导、监督和管理，到毫不动摇地鼓励、支持和引导非公有制经济发展的转变；从非公有制经济人士为建设中国特色社会主义事业贡献了力量，到非公有制经济人士是中国特色社会主义事业建设者的转变。在党和国家方针政策的指引下，我国非公有制经济在改革开放的时代大潮中异军突起，在社会主义现代化建设的广阔舞台上蓬勃发展，为坚持和发展中国特色社会主义发挥了重要作用。

第一，非公有制经济为推动国民经济又好又快发展作出了重要贡献。经过30多年的快速发展，我国非公有制企业数量不断增加，规模不断扩大。截至今年6月，全国登记注册的私营企业692万多户，占全国实有企业数的70%左右；注册资本近13万亿元，占全国企业注册资本的27%以上，成为我国最大的企业群体。登记在册的个体工商户3063万多户，资金数额9850多亿元。非公有制经济创造的国内生产总值已超过全国的一半以上。上缴国家的税收比重不断增加。面对国际金融危机的冲击，广大非公有制企业同党和政府风雨同舟、共克时艰，积极转变发展方式，踊跃投身现代农业、现代服务业、基础产业、文化产业和高新技术产业，有力地促进了我国经济结构的调整，推动了经济实力的增强。

第二，非公有制经济为提高自主创新能力作出了重要贡献。广大非公有制企业努力增强科学发展理念，加强自主创新，大力开发具有自主知识产权的产品和技术，积极培育和发展知名品牌，成为提高自主创新能力、建设创新型国家的生力军。目前，我国65%的专利、75%以上的技术创新、80%以上的新产品开发，都是由非公有制经济完成的。

第三，非公有制经济为建立和完善社会主义市场经济体制作出了重要贡献。非公有制企业自觉按照国家经济建设的总体要求，踊跃投身西部大开发、东北地区等老工业基地振兴、促进中部地区崛起等发展战略，参与国家一系列大型建设项目；通过承包、租赁、参股、兼并等多种形式，参与国有企业改组改造；积极参与市场竞争，推动市场建设，加速了产权、土地、劳务、资本、信息和技术等多种要素市场的形成，推动了统一、开放、竞争、有序现代市场体系的建设，促进了现代企业制度的建立。

第四，非公有制经济为保障和改善民生作出了重要贡献。长期以来，广大非公有制企业积极安排就业、吸纳下岗职工再就业、安置城乡富余劳动力，成为安排社会就业的主渠道。特别是在国际金融危机的冲击下，许多非公有制经济人士倡议并坚持不裁员、不欠薪，积极增加就业岗位、吸纳就业。今年1至9月，全国城镇实现新增就业851万人，其中90%以上是非公有制企业解决的。积极参与国家扶贫开发特别是光彩事业、温暖工程和社会公益慈善事业，为实施国家区域发展总体战略、缩小东西部发展差距发挥了重要作用。尊重员工的主体地位，维护员工的合法权益，保证员工共享企业发展成果，努力构建社会主义和谐劳动关系，促进了社会和谐稳定。

第五，非公有制经济为提高我国对外开放水平作出了重要贡献。广大非公有制经济人士认真贯彻对外开放的基本国策，主动顺应经济全球化的趋势，广泛开展与国际知名企业、跨国公司和民间组织的交流与合作，充分利用国际国内两种资源、两个市场发展企业，为提高我国对外开放水平、增强国际竞争力发挥了积极作用，也为世界经济发展贡献了力量。一方面积极“引进来”，大力引进资金、技术、先进管理经验和高素质人才，为增强我国经济、科技实力提供了有力支持。另一方面主动“走出去”，广泛开展境外投资建厂、合作开发资源、境外加工贸易、工程承包等，拓展了对外开放的广度和深度。2008年，民营和外资企业进出口总计19506亿美元，占全国进出口总额的76.1%。

改革开放以来的实践充分证明：我们党关于非公有制经济的理论方针政策是完全正确的，必须坚定不移地贯彻落实；公有制为主体、多种所有制经济共同发展的社会主义基本经济制度，符合我国社会主义初级阶段的基本国情，必须坚持和完善；个体、私营等非公有制经济是我国社会主义市场经济的重要组成部分，具有独特优势和作用，必须毫不动摇地巩固和发展公有制经济，毫不动摇地鼓励、支持、引导非公有制经济发展；非公有制经济人士是中国特色社会主义事业的建设者，必须在促进非公有制经济健康发展的同时，促进非公有制经济人士健康成长。

**二、在新的历史起点上提升非公有制经济发展水平，为保持经济平稳较快发展作贡献**

发展是硬道理，是我们党执政兴国的第一要务。我们要实现全面建设小康社会的宏伟目标，需要包括非公有制经济在内的各种所有制经济的相互促进、共同发展，需要包括广大非公有制经济人士在内的全国人民团结一心、共同奋斗。当前，我国正处在改革发展的关键阶段，应对国际金融危机冲击、保持经济平稳较快发展、促进社会和谐稳定的任务十分繁重。非公有制经济发展面临着严峻的困难和挑战。受国际金融危机冲击的影响，国际市场需求下降的趋势短期内难以改变，世界贸易保护主义有抬头倾向，国际贸易摩擦不断加剧，我国出口形势还很严峻，中小企业“出口难”的问题一时还难以解决。我国经济回升的基础还不稳定、不巩固、不平衡，市场需求不足，产能过剩，一些深层次矛盾特别是结构性矛盾仍然突出，对企业发展的影响还很大。中小企业融资难、担保难问题依然突出。要看到，非公有制经济面临的问题是发展中的问题，必须通过改革和发展的办法才能解决，也一定能够通过改革和发展的办法得到解决。

同时，我们更要看到，非公有制经济发展已经站在新的历史起点上，面临着一系列有利条件。我国经济增速下滑趋势得到了较快扭转，整体向好态势趋于明显。前三季度，我国GDP同比增长7.7%，全国规模以上工业增加值同比增长8.7%，固定资产投资增加33.4%，社会消费品零售总额实际增长17%。可以说，实现全年8%的经济增长目标已无悬念，这为非公有制经济发展提供了坚强后盾。党中央、国务院高度重视发挥非公有制经济的重要作用，制定了《中小企业促进法》和《关于鼓励支持和引导个体私营等非公有制经济发展的若干意见》。最近，国务院专门下发了《关于进一步促进中小企业发展的若干意见》，出台了29项扶持政策和措施。备受瞩目的创业板正式启动，有效改善了中小企业的融资和发展环境。这些都为非公有制经济实现又好又快发展提供了强劲动力。非公有制企业特别是中小企业具有产权清晰、机制灵活、决策高效等优势，具有较强的竞争意识和危机意识，有利于应对危机、渡过难关。广大非公有制经济人士既要看到当前的困难和挑战，更要善于从危机中捕捉发展机遇，从逆境中把握有利条件，进一步坚定信心、振奋精神，促进非公有制经济加快发展、提高质量，为应对国际金融危机、保持经济平稳较快发展发挥更大的作用。

第一，着力优化产业结构，提升非公有制经济的发展质量。当今世界，经济结构调整加快，全球生产要素流动和产业转移加快。我国非公有制企业绝大多数是劳动密集型企业和加工贸易型企业，仍然处于国际产业链的低端，推动产业结构优化升级的任务十分迫切。要抓住国家实施十大重点产业调整和振兴规划的契机，重点培育发展现代物流、金融保险、电子商务、文化创意、信息咨询等生产性服务业，以及就业吸纳能力强和市场需求大的生活性服务业，努力改造提升传统产业，搞好产品升级换代，不断提升我国在国际产业体系中的地位。要鼓励具有竞争优势的非公有制企业开展战略重组，加强产业横向联合，发展上下游关联产业，延长产业链，推动优势资源向重点企业集中，发挥集聚效应，发展壮大一批主业突出、品牌知名、核心竞争力强的非公有制企业集团。要顺应世界产业技术革命和结构调整的趋势，瞄准新能源、新材料、生物医药、节能环保等战略性新兴产业，开展科研攻关，尽快实现产业化、规模化，力争形成新的经济增长点，推动我国在世界产业结构调整中赢得先机。

第二，着力加强自主创新，提升非公有制经济的核心竞争力。经过改革开放30多年的发展，我国大多数非公有制企业创新意识明显增强，技术不断进步，适应市场变化的能力和竞争能力也有很大提高。从应对这次国际金融危机来看，掌握核心技术、拥有自主品牌的企业，往往受国际市场波动的影响较小，保持长期持续发展的动力较强。广大非公有制企业要把自主创新作为强筋壮骨、赢得优势的根本途径，大力加强技术研发，深化产学研结合，推进原始创新、集成创新和引进消化吸收再创新，着力解决制约经济发展的一些重大科技问题，形成一批具有自主知识产权的关键技术和产品，增强非公有制经济整体素质和发展后劲。要加快利用高新技术和先进适用技术改造提升传统产业，特别是加大高耗能、高污染企业的技术改造力度，积极应用新工艺、新设备、新材料，促进相关技术和产品的开发和升级。要推进节能减排，围绕形成低投入、低消耗、低排放和高效率的节约型发展方式，全面推进资源节约和综合利用，积极发展低碳经济和绿色经济，优化能源结构，推广节能降耗，努力实现经济效益、社会效益、生态效益的有机统一，为建设资源节约型、环境友好型社会和创新型国家作出积极贡献。

*第三，着力实施“走出去”战略，提升非公有制经济的发展层次。*国际金融危机使发达国家和地区经济发展速度放缓，不少企业面临困难，资产大幅贬值缩水，这对于国内有实力的非公有制企业来说，是“走出去”进行国际合作的难得机遇。要坚持出口市场多元化和以质取胜的战略，千方百计地巩固传统市场，大力开拓新兴市场，在更大范围、更广领域、更高层次上参与国际经贸交流合作。有条件的企业要积极在国外投资办厂，设立国外研发中心，着重推进我国急需的稀缺资源和关键技术领域的对外合作，并购拥有先进技术、知名品牌和营销网络的境外企业，培育国际知名品牌，提升非公有制企业国际竞争力和国际化经营水平。要注重研究有关国家的政治、经济、法律、文化，适应复杂多变的国际市场，加强对海外投资风险的跟踪评估、监测预警，防范国际经济风险，努力形成经济全球化条件下参与国际经济合作和竞争的新优势。

*第四，着力完善治理结构，提升非公有制经济的发展活力。*建立规范科学的治理结构是企业提高管理水平、增强素质和活力的重要环节。要根据现代企业管理理念和自身实际，积极探索有利于企业更快更好发展的产权制度，完善内部激励约束机制，创新战略规划、成本核算、绩效考核等管理方式，努力实现企业规模扩大、资源优化配置和效益显著增强的有机统一。要把握当前国际金融危机条件下海外高层次人才回流趋势，积极吸引学有所成的留学人员和企业发展急需的各类专业人才，大力培养高层次的经营管理人员，完善研发人才、技能人才、经营人才、管理人才队伍，为非公有制企业发展壮大提供人才和智力支撑。要按照中央有关要求，以“促进科学发展、构建和谐非公有制经济组织”为主题，扎实开展深入学习实践科学发展观活动，努力扩大党组织和党的工作覆盖面，积极培育企业文化，践行社会主义核心价值体系，切实把党组织的政治优势转化为企业的发展优势，把党员先锋模范作用转化为促进企业发展的力量，推动非公有制企业科学发展上水平。

**三、大力弘扬“优秀建设者”精神，努力做合格的中国特色社会主义事业建设者**

随着非公有制经济的发展，非公有制经济人士队伍不断壮大，涌现出一批政治上有觉悟、经济上有实力、社会上有影响、对人民有贡献的代表人士，培育了以“爱国、敬业、诚信、守法、贡献”为核心的“优秀建设者”精神。这是以爱国主义为核心的民族精神和以改革创新为核心的时代精神在非公有制经济人士身上的集中体现，也是进一步推动非公有制经济健康发展和非公有制经济人士健康成长的强大动力。希望广大非公有制经济人士大力弘扬“优秀建设者”精神，积极服务科学发展，自觉承担社会责任，在建设中国特色社会主义伟大事业的历史进程中建功立业。

*第一，秉持爱国情怀，做民族振兴的推动者。*热爱祖国、报效祖国是每个公民的神圣职责。中华民族之所以历经磨难而生生不息，就是因为强烈的爱国情怀和报国理想，激励着一代又一代中华儿女为之不懈奋斗。在当代中国，爱国主义与社会主义本质上是一致的，建设中国特色社会主义是新时期爱国主义的主题。广大非公有制经济人士要大力弘扬爱国主义精神，坚定不移走中国特色社会主义道路，自觉学习中国特色社会主义理论体系，学习党和国家关于非公有制经济发展的方针政策，始终坚持我国的基本经济制度和基本政治制度，在实现中华民族的伟大复兴中体现价值，在建设富强民主文明和

谐的社会主义现代化国家的宏伟事业中作出贡献。在开展对外经济交流交往中，要坚持国家利益、民族利益至上，自觉维护国家形象和民族长远利益。

**第二，砥砺敬业品格，做敢为人先的开拓者。**爱岗敬业是成就事业的基本条件，是中国特色社会主义事业建设者应该具备的基本素质。广大非公有制经济人士在竞争激烈的市场经济环境中，始终敬业、乐业、勤业，培养了百折不挠、敢为人先的顽强意志。当前，面对国际金融危机的冲击，广大非公有制经济人士要知难而进、迎难而上，在困境中坚定信心，在挑战中抢抓机遇，努力实现又好又快发展。要把开拓创新作为事业发展的持久动力，不断创新发展理念，转变发展方式，提升发展水平。要遵循企业发展规律，把大胆创新与科学态度结合起来，以科学方法提高管理效能，以科学技术提升质量效益。

**第三，恪守诚信美德，做义利兼顾的实践者。**诚实守信是中华民族的传统美德。我国历来有"商道即人道"的说法，强调不论是为人处事还是经商办企业，都要讲诚信、守信用。特别是在社会主义市场经济条件下，信用更是不可或缺的资源和要素。广大非公有制经济人士要继承中华优秀文化传统，弘扬诚信理念，培育诚信经营的企业文化，守信用、讲信誉、重信义，以高度的责任感面向社会，以严格的自律应对市场，以良好的信誉提高竞争力，推动形成与社会主义市场经济相适应、与中华民族传统美德相承接的道德规范和行为规范，展现当代中国特色社会主义事业建设者的良好精神风貌。

**第四，强化守法意识，做依法经营的自律者。**社会主义市场经济是法制经济，依法经营是社会主义市场经济健康运行的内在要求。只有诚实劳动、遵纪守法，才能受到社会的尊重，得到法律的保护，也才能实现事业的可持续发展。广大非公有制经济人士要强化法治观念，自觉做到学法、懂法、知法、守法。要依法生产经营、公平竞争，遵守国家的财政税收、环境保护、安全生产和劳动保护等政策法规，遵循市场规则和行业规范，维护正常的经济秩序。要尊重和维护员工的各项合法权益，善待和关爱员工，不断增强企业的凝聚力。

**第五，树立贡献理念，做共同富裕的促进者。**一个人价值的大小，不在于拥有财富的多少，而在于对社会贡献的大小。长期以来，广大非公有制经济人士把个人富裕与全体人民的富裕结合起来，积极参与光彩事业和其他公益慈善事业，为促进共同富裕做了大量工作。要致富思源、富而思进，继续将贡献的理念体现在事业发展过程中，通过扩大生产规模、延伸产业链、挖掘市场潜力等方式，进一步增加就业岗位，积极吸纳下岗职工、大学毕业生和农村剩余劳动力，替百姓解难、为政府分忧。要通过项目扶贫、开发扶贫、技术扶贫等方式，帮助贫困地区人民群众早日脱贫致富，共享改革发展的成果。要继承和发扬中华民族扶危济困的传统美德，积极参与社会公益慈善事业，更多关心和帮助困难群体，使他们切身感受到社会主义大家庭的温暖。

这次受表彰的优秀建设者中，有11位其他新的社会阶层人士。他们来自社会中介组织、外商投资企业和民办非企业单位，是自由择业知识分子的优秀代表。在建设中国特色社会主义事业中，广大自由择业知识分子积极参与经济、政治、文化、教育、科技、卫生、法律等方面的建设，为促进改革开放、完善社会主义市场经济体制、维护社会公平正义、促进社会和谐稳定作出了重要贡献。随着我国社会结构的深刻变化和社会组织的快速发展，自由择业知识分子的队伍将不断壮大，社会作用和影响也将不断增强。希望广大自由择业知识分子发扬"优秀建设者"精神，把个人的前途命运同党和国家的前途命运联系起来，把自身事业的发展同人民群众的幸福安康结合起来，深入了解社情民意，积极建言献策，努力运用自己掌握的知识和技能造福人民，在全面建设小康社会事业中施展才华，在建设中国特色社会主义伟大实践中健康成长。

加强党的领导是非公有制经济健康发展和非公有制经济人士健康成长的根本保障。各级党委和政府要充分认识非公有制经济在国民经济中的重要地位和作用，认真贯彻中央关于鼓励、支持和引导非公有制经济发展的各项方针政策，及时出台针对性和操作性强的具体措施，帮助非公有制企业提高市场应变能力和抗御风险能力，特别是要下大气力解决非公有制企业市场准入难、融资难、引进人才难等实际问题，进一步挖掘非公有制企业的投资潜力，最大限度地调动他们的积极性、主动性和创造性。党委统战部门要发挥自身优势，切实履行职责，加强与非公有制经济人士和其他新的社会阶层人士的联系，认真做好思想政治工作，不断增强他们坚持走中国特色社会主义道路的信心和决心。

工商联是党领导的以非公有制企业和非公有制经济人士为主体的具有统战性、经济性、民间性的人民团体和商会组织，是党和政府联系非公有制经济人士的桥梁纽带，是政府管理非公有制经济的助手。各级工商联组织要注重加强对非公有制经济人士的团结、帮助、引导、教育，及时反映他们的意见诉求，切实维护他们的合法权益，支持和帮助他们发展事业，为促进非公有制经济健康发展、非公有制经济人士健康成长营造良好的社会环境。

同志们、朋友们，我国正处在进一步发展的重要战略机遇期，非公有制经济发展前景广阔，非公有制经济人士和其他新的社会阶层人士大有可为。让我们紧密团结在以胡锦涛同志为总书记的党中央周围，高举中国特色社会主义伟大旗帜，以邓小平理论和“三个代表”重要思想为指导，深入贯彻落实科学发展观，大力弘扬“优秀建设者”精神，再接再厉、开拓进取，为夺取全面建设小康社会新胜利、开创中国特色社会主义事业新局面，作出新的更大的贡献！

（转自11月7日《人民日报》）

# 贾庆林在第十届世界华商大会开幕式上的讲话

（2009年11月20日）

尊敬的阿罗约总统，各位侨胞，各位朋友，女士们，先生们：

在椰风送爽、茉莉飘香的美好时节，来自世界各地的华商朋友和各界人士相聚在美丽的马尼拉，隆重召开第十届世界华商大会。首先，我代表中国政府和人民，向大会的召开表示热烈的祝贺！向阿罗约总统和菲律宾政府为本次大会成功召开所提供的大力支持，表示衷心的感谢！向各位华商朋友和各界人士，致以亲切的问候和良好的祝愿！

世界华商大会是全球华商两年一度的盛事。自1991年创办以来，世界华商大会规模不断扩大，为全世界华商提供了一个增进相互了解、加强交流合作的重要平台，在推动举办国、中国以及华商所在国家和地区的经济发展，扩大华侨华人国际影响等方面发挥着重要作用。本届华商大会以“加强华商联系、促进世界繁荣”为主题，围绕国际银行业与金融业改革、政府与民间合作推动华商企业发展、全球华商制造业与服务业前瞻等问题进行探讨，体现了当今时代的要求和广大华商的愿望。我相信，在全球华侨华人的大力支持和积极参与下，本届大会一定能够取得圆满成功。

各位侨胞、各位朋友！

中华人民共和国已走过60年的辉煌历程。60年来，在中国共产党的坚强领导下，中国人民同心同德、艰苦奋斗，取得了举世瞩目的伟大成就。1952年到2008年，中国国内生产总值从679亿元人民币增加到30多万亿元人民币，年均增长8.1%，经济总量已跃居世界第三位；进出口贸易总额从19.4亿美元增加到2.56万亿美元，从1993年起中国已经连续17年成为世界上吸引外资最多的发展中国家，中国企业在170多个国家和地区累计投资达到1800多亿美元。1978年至2008年，中国贫困人口从2.5亿下降到4000万左右，人民生活实现了从温饱不足到总体小康的历史性跨越。全社会创新活力不断增强，继“两弹一星”之后，又取得了载人航天、探月工程、超级杂交水稻、三峡工程、青藏铁路、高速铁路等一大批重大科技成果，在建设创新型国家的道路上迈出了重大步伐。去年，中国成功举办了北京奥运会、残奥会，赢得了世界人民的广泛赞誉。去年下半年以来，面对国际金融危机的严重冲击，中国及时实施了促进经济平稳较快发展的一揽子计划和政策措施，使经济增速下滑趋势得到较快扭转，企稳回升势头不断巩固。今年1到9月，国内生产总值同比增长7.7%，全社会固定资产投资同比增长33.4%，社会消费品零售总额同比实际增长17.0%。这为实现全年8%左右的国内生产总值增长目标打下了坚实基础，也增强了中国保持经济社会长期又好又快发展的信心。

我们也清醒地认识到，中国仍然是世界上最大的发展中国家，要全面建成惠及十几亿人口的更高水平的小康社会，进而基本实现现代化、实现全体人民共同富裕，还有很长的路要走。中国将继续从本国国情出发，坚持走中国特色社会主义道路，坚持以经济建设为中心，坚持改革开放，深入贯彻落实以人为本、全面协调可持续的科学发展观，全面推进经济建设、政治建设、文化建设、社会建设以及生态文明建设，更好地造福广大人民。中国将始终不渝走和平发展道路，始终不渝奉行互利共赢的开放战略，坚持在和平共处五项原则的基础上同所有国家发展友好合作。中国人民将继续和世界人民一道，为实现人类的美好理想而不懈努力。

中国的经济社会发展之所以能够取得辉煌的成就，几千万海外侨胞贡献卓著，功不可没。长期以来，包括海外华商在内的广大华侨华人筚路蓝缕、艰苦创业，取得了骄人的业绩，向世人展示了中华民族坚忍不拔、吃苦耐劳、合群随众、团结互助的传统美德，展示了华侨华人目光敏锐、勇于进取、顽强拼搏、干事创业的独特魅力，赢得了各国政府和人民的赞誉。广大华侨华人在开拓自身事业的同时，始终关心、关注中国的发展和进步，积极投身改革开放和现代化建设，为中国的经济社会发展作出了重要贡献。广大华侨华人发挥自身在资金、技术、人才、管理等方面的优势，积极兴办企业，极大地促进了中国经济的发展以及技术和管理水平的提高，推动了对外经济贸易合作的开展。广大华侨华人积极捐资捐款、奉献爱心，特别是在去年四川汶川特大地震发生后，纷纷慷慨解囊、倾力相助，充分体现了人道主义的大爱情怀和血浓于水的同胞深情。广大华侨华人充分利用各种机会、场合和渠道，向住在国政府、人民介绍中国政府和平统一的立场和政策主张，积极争取国际社会对中国和平统一事业的理解和支持，坚决反对“台独”分裂活动，在全球产生了极大的影响。广大华侨华人大力弘扬中华文化的优良传统，善于从中华民族的文化宝库中汲取精神营养，同时以开阔的视野和宽广的胸怀，学习借鉴世界各国的优秀文明成果，使中华文明在新的时代条件下焕发出新的生机和活力。广大华侨华人积极穿针引线、铺路搭桥，促进中国同世界各国发展友好关系，开展政府和民间多渠道、多领域的合作与交流，扩大中国对外影响，增进了中国人民和世界各国人民的友谊。在此，我代表中国政府和人民，向包括各位华商在内的广大华侨华人，表示崇高的敬意和衷心的感谢！

各位侨胞、各位朋友！

中国和菲律宾是一水相隔的友好邻邦。在漫漫历史长河中，中菲两国人民建立起了亲戚般的深厚情谊。公元1417年，菲律宾苏禄国王满怀着菲律宾人民的美好愿望率团访问中国，谱写了中菲两国友好往来的历史篇章，留下了中菲友好史上的一段佳话。祖籍中国福建省的菲律宾民族英雄黎刹，深受中国人民的景仰和爱戴。出生于菲律宾奎松省的新中国开国上将叶飞，更被菲律宾人民视为菲律宾的荣耀和骄傲。1975年两国建交以来，在双方的共同努力下，中菲关系取得了长足发展，政治互信明显增强，各领域合作成果显著，高层互访更加密切。2005年4月，中国国家主席胡锦涛对菲律宾进行国事访问，双方建立了致力于和平与发展的战略性合作关系，两国关系进入新的发展阶段。两国经贸、农业、基础设施建设等方面的合作进展显著，文化、科技、司法、旅游等领域的交流不断深化，两国关系处于历史上最好的时期。2008年，双边贸易额达到285.8亿美元，中菲两国缔结的友好省市达到24对。实践证明，全面加强中菲友好合作，不仅符合两国的自身利益，而且有利于推动中国－东盟关系发展和东亚合作进程，有利于维护本地区的和平、稳定与繁荣。我们愿与菲律宾各界朋友一道，弘扬传统友谊，增进友好往来，加强务实合作，推动共同发展，携手开创中菲关系更加美好的明天。

各位侨胞、各位朋友！

当今世界正处在大发展大变革大调整时期，中国面临千载难逢的历史机遇和前所未有的严峻挑战，正站在新的历史起点上。中国的发展，将给全世界作出越来越大的贡献，给全世界带来越来越多的机遇，也给包括海外华商在内的广大华侨华人提供更加广阔的舞台。借此机会，我愿向华侨华人提出四点希望。

第一，主动融入当地社会，不断推动住在国经济社会发展。

广大华侨华人要发扬中华民族勤劳善良、讲信修睦、互助友爱的传统，自觉遵守住在国的法律，尊重当地的社会风俗和民族习惯，积极履行社会责任，热心参与公益事业，以开放包容的心态更加积极主动地融入当地社会，与当地人民友好交往、和睦相处，用自己的辛勤劳动和诚信经营赢得当地人民的信任和尊重，为当地的经济发展和社会进步贡献智慧和力量。

第二，继承爱国爱乡传统，积极参与中国现代化建设。广大华侨华人要充分发挥血缘相亲、感情相近、文化相通的优势，充分运用雄厚的资金、先进的技术和遍布世界的商业网络，到中国投资兴业，协助引进高端技术和人才，帮助中国企业走出去，开拓国际市场，以多种方式支持和参与中国的现代化建设，同时发展壮大自己的事业。

第三，推动两岸交流交往，努力促进中国和平统一大业。去年以来，两岸关系实现历史性转折，两岸人员往来和各项交流出现新局面，两岸关系和平发展呈现出光明前景。希望广大华侨华人一如既往地关心和支持中国的和平统一大业，推动两岸协商与合作，帮助两岸拓展经贸文化交流和人员往来，努力使两岸同胞感情更融洽、合作更深化，为推动两岸关系和平发展，早日完成中国和平统一大业作出更大贡献。

第四，发挥桥梁纽带作用，切实增进中国人民和世界各国人民的相互了解和友谊。分布在世界各地的华侨华人，是中国走向世界、世界了解中国的重要桥梁。希望广大华侨华人积极向各国人民介绍中华优秀文化，介绍中国科学发展、和谐发展、和平发展的理念，介绍中国改革开放和现代化建设的成就，帮助世界各国人民了解一个真实的中国，推动中国与世界各国的交流合作，不断增进中国人民与世界人民的友谊。

各位侨胞、各位朋友！

中国唐朝诗人张九龄有句诗："悠悠天宇旷，切切故乡情。"广大华侨华人有共同的祖先、共同的历史、共同的文化、共同的传统，无论走到哪里，都忘不了对故乡的深情，舍不下对亲人的眷恋。面向未来，让我们进一步弘扬中华民族的优良传统，深化交流合作，促进互利共赢，为中国的繁荣与进步、为世界的和平与发展作出更大的贡献！

谢谢大家。

（新华网马尼拉11月20日电）

## 贾庆林在全国统战部长会议上强调：深入把握改革开放30年统一战线基本经验　不断巩固和壮大新世纪新阶段爱国统一战线

全国统战部长会议12月23日至25日在北京举行。中共中央政治局常委、全国政协主席贾庆林在会上强调，要认真学习党的十七大、十七届三中全会、中央经济工作会议和胡锦涛同志在纪念党的十一届三中全会召开30周年大会上的重要讲话精神，以邓小平理论和"三个代表"重要思想为指导，深入贯彻落实科学发展观，发挥独特优势、勇担历史责任，不断巩固和扩大新世纪新阶段爱国统一战线团结和谐、开拓奋进的局面，努力形成推动科学发展、促进社会和谐的强大合力，为夺取全面建设小康社会新胜利作出新的贡献。

贾庆林首先对过去一年统战部门的工作给予了充分肯定。他说，2008年在党和国家发展进程中是很不寻常、很不平凡的一年。一年来，在以胡锦涛同志为总书记的党中央坚强领导下，各级统战部门和广大统战干部面对大事要事难事，用心用力用智慧，攻坚克难、无私奉献，取得了显著成绩。他代表党中央向广大统战干部和统一战线各界人士，表示衷心的感谢和亲切的问候。

贾庆林指出，改革开放30年，是中国特色社会主义事业蓬勃发展的30年，也是新时期爱国统一战线不断巩固壮大的30年。要深入把握统一战线改革开放30年的宝贵经验：必须坚持中国共产党的领导，确保统一战线正确的政治方向；必须坚持中国特色社会主义理论体系，巩固统一战线广大成员团结奋斗的共同思想政治基础；必须坚持把促进科学发展作为第一要务，充分发挥统一战线的独特优势和作用；必须坚持高举爱国主义、社会主义旗帜，形成海内外中华儿女的大团结大联合；必须坚持尊重、维护和照顾同盟者利益，不断巩固党与党外人士联盟；必须坚持和而不同、求同存异的理念，始终保持统一战线宽松稳定、团结和谐的良好氛围。

贾庆林强调，在当前形势下，要把深入贯彻落实科学发展观，积极为促进经济平稳较快发展、维护社会和谐稳定做贡献，作为统一战线工作的重中之重。要切实把统一战线广大成员的思想认识统一到中央决策和部署上来，增强战胜困难的信心和决心，调动一切有利于科学发展的积极因素，同党和政府同心同德、和衷共济，继续推进全面建设小康社会进程；要充分发挥统一战线成员涉及面广、联系渠道多的优势，围绕妥善应对国际金融危机、保持经济平稳较快发展中的重大问题积极建言献策；要支持帮助非公有制经济人士在应对国际金融危机、保持经济平稳较快发展中充分发挥作用；要组织统一战线广大成员不断增强为推进农村改革发展服务的责任感，为不断完善和落实农村改革发展的政策措施服务。要切实增强责任感和使命感，积极做好协调关系、化解矛盾的工作，全力维护我国社会稳定大局。

贾庆林指出，各级党委要切实加强和改善党对统一战线工作的领导，巩固发展全党重视、全社会支持统战工作的局面。各级统战部门要扎实开展学习实践科学发展观活动，进一步提高统一战线服务科学发展和实现自身科学发展的能力和水平。

（转自中央统战部网站）

# 习近平：为促进民族地区繁荣发展提供有力组织保证

**【新华网乌鲁木齐6月21日电】** 中共中央政治局常委、中央书记处书记、国家副主席习近平近日在新疆维吾尔自治区调研时强调，提高党的执政能力，巩固党的执政地位，实现党的执政使命，做好抓基层、打基础的工作始终是战略重点。各级党组织要紧密结合正在开展的深入学习实践科学发展观活动，紧密结合新的形势和任务，以改革创新精神加强和改进基层党建工作，特别要在扩大基层党组织覆盖面、创新活动方式、有效发挥作用上下功夫，从组织上为促进民族地区繁荣发展、维护民族地区和谐稳定提供有力保证。

6月17日至21日，习近平在中共中央政治局委员、新疆维吾尔自治区党委书记王乐泉的陪同下，先后来到巴音郭楞、喀什、克拉玛依、石河子、乌鲁木齐等地，深入民族乡村、田间地头、街道社区、企业学校和新疆生产建设兵团，慰问基层干部群众和公安干警，围绕促进新疆改革发展稳定和加强党的建设进行调研。习近平对新疆近年来经济社会发展取得的成绩给予充分肯定，强调新疆工作在党和国家工作大局中具有特殊重要的战略地位，要坚持贯彻稳疆兴疆、富民固边的基本方针，抓住和用好西部大开发这一历史机遇，不断推进新疆经济社会又好又快发展。

中石油塔里木大化肥项目建设工地机声隆隆，独山子千万吨炼油百万吨乙烯工程工地热火朝天，新疆天业（集团）公司生产繁忙……每到一家企业，习近平都同企业负责人、科技人员和一线职工亲切交谈，仔细询问工程建设和生产经营情况。他指出，开发新疆优势资源、加快优势产业发展，要坚持走新型工业化道路，提高自主创新能力，大力发展循环经济，提高相关产业和上下游产品的协作配套水平，坚决防止以浪费资源、污染环境、破坏生态为代价换取一时发展。库尔勒市阿瓦提乡果园基地梨香沁人，疏勒县巴仁乡8村示范田瓜甜胜蜜，习近平同正在田间劳动的果农探讨农民增收的门路。他强调，要认真落实中央各项强农惠农政策，推进特色农业进一步实现专业化生产、规模化种植、产业化经营，不断提高农业综合效益。

加强民族团结是实现新疆长

治久安的根本之策，习近平对此十分关心。一路上，他深入各族群众中间详细了解生产生活情况，带去中央的亲切关怀。在喀什市多来特巴格乡18村，习近平实地了解抗震安居房建设情况，对取得的成绩给予高度评价。他指出，要认真贯彻实施《发展少数民族事业十一五规划》、《扶持人口较少民族发展十一五规划》和《兴边富民十一五规划》，实实在在帮助少数民族群众解决住房、饮水、看病、上学、就业等方面的实际困难，努力改善他们的生产生活条件。习近平来到巴仁乡中心幼儿园，走进正在做游戏的少数民族儿童中间，同孩子们一起分享快乐，叮嘱当地干部把更多的财力用在办好少数民族教育上。在乌鲁木齐市第十五中学，习近平与正在上课的各族学生亲切交谈，勉励他们珍惜美好年华，刻苦学习知识，磨练意志品质，陶冶道德情操，不断增长本领，锻炼健康体魄，努力成为有理想、有道德、有文化、有纪律的一代新人，将来报效家乡、报效新疆、报效祖国。

调研中，习近平反复强调，办好新疆的事情关键在党，首先在于建设一支高素质的干部队伍。要坚持把培养少数民族干部作为干部队伍建设的重中之重来抓，按照德才兼备、以德为先的标准坚持把坚定维护祖国统一，在大是大非问题上立场坚定、头脑清醒、行动坚决的优秀少数民族干部选拔到各级领导岗位。他深入尉犁县兴平乡达西村、库尔勒市建设街道凌达社区、喀什市亚瓦格街道托尔亚瓦格社区、新疆天盛实业有限公司、新疆新能源股份有限公司、金风科技股份有限公司等单位考察基层党建工作，对新疆各级党委坚持“好人好马上一线、精兵强将下基层”和在社区建设中建立“四知四清四掌握”工作机制的做法给予充分肯定。他指出，要从农村、国有企业、城市社区和非公有制经济等不同领域的实际出发，创造条件、拓展平台，让各类基层党组织都能在实践中强化功能，有效发挥推动发展、服务群众、凝聚人心、促进和谐的作用。

调研结束时，习近平召开了新疆各级党政干部座谈会。

## 习近平在部分省区市学习实践活动座谈会上强调 推动非公有制经济组织和社会组织 学习实践活动不断取得新成效

**【新华网北京12月9日电】** 中央深入学习实践科学发展观活动领导小组12月9日在北京召开部分省区市学习实践活动座谈会，中共中央政治局常委、中央书记处书记、国家副主席、中央深入学习实践科学发展观活动领导小组组长习近平主持会议并讲话。他强调，抓好非公有制经济组织和社会组织学习实践活动，对于确保整个第三批学习实践活动达到既定目标十分重要。各地区各部门各单位要切实增强责任感和使命感，进一步加强领导和指导，再接再厉抓好下一步工作，确保取得实实在在成效。

为加强对第三批学习实践活动的分类指导，中央学习实践活动领导小组前一段召开三个专题座谈会，分别就乡镇和村，街道和社区，中等职业学校和中小学、基层医疗卫生单位学习实践活动进行交流和研究。非公有制经济组织和社会组织学习实践活动开展以来，各地区各部门各单位认真贯彻中央精神，精心安排部署，狠抓工作落实，取得重要阶段性成果。今天的座谈会，主要就抓好非公有制经济组织和社会组织学习实践活动进行交流和研究。

习近平指出，大多数非公有制经济组织和社会组织学习实践活动目前正处在分析检查阶段。各地区各部门各单位要紧密联系非公有制经济组织和社会组织实际，按照“党员干部受教育、科学发展上水平、人民群众得实惠”的总要求，更加注重取得实效、更加注重简便易行、更加注重分类指导、更加注重强化基层、更加注重统筹协调，把深化理论学习、解决突出问题、加强分类指导、加强作风建设、加强基层组织贯穿始终，扎扎实实抓好学习实践活动下一步的工作。特别要精心组织召开专题民主生活会和组织生活会，找准存在的突出问题，明确加强党组织自身建设的努力方向，提出推动本单位科学发展的意见建议，不断完善促进非公有制经济组织和社会组织科学发展的制度措施。

习近平强调，加强非公有制经济组织和社会组织党的建设，是学习实践活动的重要目标，也是搞好学习实践活动的重要保证。各地区各部门要充分利用学习实践活动这一重要机遇，不断扩大非公有制经济组织和社会组织中党的组织和党的工作覆盖面，选好配强党组织负责人，做好在非公有制经济组织和社会组织中发展党员工作，探索党组织发挥作用的有效途径，推动非公有制经济组织和社会组织党建工作取得新进展。

习近平强调，各地区各部门要按照中央的要求强化领导责任，投入足够的时间和精力，在工作上坚持高标准、严要求，在指导上注重齐抓共管、形成合力。要正确处理地方党委领导和行业指导的关系，加强联系沟通和协调配合，确保地方领导和行业指导更加有力有效。各级学习实践活动领导小组及其派出的巡回检查组、指导检查组要切实加强对非公有制经济组织和社会组织学习实践活动的指导检查，注意深入非公有制经济组织和社会组织调查研究，及时发现并帮助解决活动中出现的实际问题。非公有制经济组织和社会组织学习实践活动指导小组要充分发挥行业指导优势，把指导学习实践活动与推动业务工作紧密结合起来，突出工作重点，抓住薄弱环节，增强工作指导的针对性和实效性。要通过各方面的共同努力，形成各级党委负总责、领导小组牵头抓、巡回检查组和指导检查组面上抓、行业指导小组线上抓、指导员或指导小组点上抓的工作格局。

中共中央政治局委员、中央书记处书记、中央组织部部长、中央深入学习实践科学发展观活动领导小组副组长李源潮出席座谈会。江苏、山东、湖北、广西、上海、福建、重庆、广东学习实践活动领导小组负责同志在座谈会上发了言。

## 杜青林：关键时刻站得出来、使得上劲、帮得上忙

【《人民日报》2 月 18 日讯】 有效应对国际金融危机影响，是我国经济社会发展面临的大形势，也是统一战线工作围绕中心、服务大局的大背景。要切实履行保增长、保民生、保稳定的政治责任，在共克时艰中凸现优势、发挥作用、贡献力量。真正保持清醒的头脑，居安思危、未雨绸缪，在关键时刻站得出来、使得上劲、帮得上忙，努力维护统一战线和谐与社会团结稳定。

不善谋全局者，不足以谋一域；不善谋长远者，不足以谋一时。做好 2009 年的统一战线工作，必须把统一战线放在所面临的时代背景中去认识，放在所处的历史方位中去把握，放在学习实践科学发展观的根本要求中去谋划。

正确把握统一战线面临的时代背景。当前，国内外形势发生了深刻的变化。无论从全球大势，还是从全国大局来看，国际金融危机的扩散和蔓延正成为最值得关注的现象。因此，有效应对国际金融危机影响，是我国经济社会发展面临的大形势，也是统一战线工作围绕中心、服务大局的大背景。要把保增长作为统一战线的首要任务。必须深刻认识国际国内经济形势的复杂性和严峻性，更加自觉地坚持把发展作为团结奋斗的第一要务，一心一意谋发展，和衷共济促发展。要把保民生作为统一战线的重要使命，始终以实现人民利益为核心价值取向，将民生改善作为谋事兴业的根本检验标准，多谋利民惠民之策，多做雪中送炭之事，多尽扶危济困之力，使群众的实际困难得到妥善解决、生活水平得到更大提高、切身利益得到切实保障。要把保稳定作为统一战线的政治责任。必须保持清醒的头脑，居安思危、未雨绸缪，在关键时刻站得出来、使得

上劲、帮得上忙，努力维护统一战线和谐与社会团结稳定。

正确把握统一战线的历史方位。“辩方位而正则”。我们要重视总结统一战线80年来特别是改革开放30年的基本经验，更要科学判断和准确把握改革开放条件下统一战线新的发展趋势。要充分认识随着全面建设小康社会进程的推进，统一战线在党和国家工作全局中的作用越来越重要；充分认识随着社会主义民主政治的推进，统一战线在扩大有序政治参与中的责任越来越重大；充分认识随着社会主义市场经济的深入发展，统一战线协调关系、化解矛盾的任务越来越繁重；充分认识随着国际敌对势力对我国西化分化的加剧，统一战线反分裂反渗透反颠覆的任务越来越艰巨；充分认识随着信息技术的迅猛发展，统一战线工作的方式方法越来越多样。

正确把握科学发展观对统一战线的根本要求。统一战线的科学发展，就是建设具有强大凝聚力和可持续发展的统一战线，使党同各民主党派、无党派人士的团结更加巩固，各民族的关系更加和谐，社会各阶层的关系更加协调，宗教与社会主义社会更加适应，大陆同胞与港澳台同胞和海外侨胞的联系更加密切。统战系统的科学发展，就是统筹大陆范围内与大陆范围外、统战部门与党派团体、上层统战与基层统战等各个方面，推动统一战线各领域各方面各层次工作全面协调发展。统战部门的科学发展，就是全面加强思想建设、组织建设、作风建设、制度建设事业等，成为深受欢迎的党外人士之家。尊重人的价值，促进人的发展，维护人的权益。满足统一战线广大成员多样性需求，维护和实现他们在经济、政治、文化、信仰等方面的合法权益。为统一战线广大成员发展事业、施展才华创造条件、搭建舞台。

# 杜青林：坚持走有中国特色、西藏特点的发展路子

**【新华网拉萨6月12日电】** 6日至12日，全国政协副主席、中央统战部部长杜青林在深入西藏拉萨、日喀则、林芝调研时指出，要深入贯彻落实科学发展观，坚持走有中国特色、西藏特点的发展路子，建设团结、民主、富强、和谐的社会主义新西藏。

杜青林着重考察了西藏“十一五”部分重点建设项目，深入企业、学校、卫生院、派出所、农牧户和藏传佛教寺庙，与基层干部、专家学者和宗教界代表人士座谈交流。

在听取西藏自治区党委、政府工作汇报时，杜青林充分肯定了自治区党委、政府坚决贯彻中央关于西藏工作的方针政策和决策部署，在发展经济和维护社会稳定方面取得的成就。他强调，要认真学习贯彻胡锦涛总书记在参加今年全国“两会”西藏人大代表团审议时的重要讲话精神，始终坚持走有中国特色、西藏特点的发展路子，着眼实现跨越式发展，不断提升西藏的自我发展能力，推进经济更好、更快、更大发展，实现长治久安，全力维护西藏社会和谐稳定。

在与西藏有关负责同志和专家学者座谈时，杜青林指出，当前西藏经济社会发展已进入一个新的阶段，要紧紧围绕西藏工作的重大战略任务，重点就西藏工作的战略地位、历史方位和指导方针，就经济社会发展目标和民生改善等政策举措，提出切合西藏实际的意见建议，为坚持走有中国特色、西藏特点发展道路作出新贡献。

杜青林对西藏基层基础建设十分关心，看望慰问了社区、乡村基层干部。在与驻寺工作组和寺管会座谈时，杜青林强调，要进一步深化寺庙法制宣传教育，开展“和谐平安寺庙”创建活动，加强寺庙管理，加强社会公共服务，引导僧尼爱国、守法、持戒、利民，使寺庙成为爱国守法、彰显道德、传承文化、服务社会的和谐场所。

调研期间，杜青林专程看望了全国政协副主席帕巴拉·格列朗杰。

# 杜青林：把握历史机遇　凝聚强大力量　谱写推进中国和平统一大业的新篇章

中国和平统一促进会第八届理事大会23日在京举行。全国政协副主席、中共中央统战部部长、大会执行主席杜青林受七届常务理事会委托，作了题为《把握历史机遇　凝聚强大力量　谱写推进中国和平统一大业的新篇章》的工作报告。

杜青林在报告中指出，七届理事大会以来的5年，中国和平统一促进会紧紧围绕中央涉台、涉藏工作总体部署，始终高举反“独”促统旗帜，充分发挥自身优势，大力开展和推动全球反“台独”、反“藏独”斗争，为维护中华民族根本利益作出了新贡献；广泛凝聚全球反“独”促统力量，为巩固和壮大反“独”促统统一战线建立了新业绩；深入贯彻寄希望于台湾人民方针，为推动两岸关系和平发展发挥了新作用；全面加强自身建设，为更好开展促进祖国统一工作增添了新活力。长期以来，在推动反“独”促统运动深入开展的过程中，中国和平统一促进会逐渐形成了独有的工作特色，积累了丰富的实践经验，形成了一些规律性认识，主要是要把高举爱国主义旗帜，坚持最广泛的团结联合，作为推进反“独”促统事业的基本前提；要把树立大局意识，坚持民间特色作为推进反“独”促统事业的重要方针；要把坚持与时俱进，健全工作机制作为推进反“独”促统事业的重要条件；要把中央高度重视，各有关方面大力支持作为推进反“独”促统事业的有力保证。这些是我们共同实践的结晶，是我们弥足珍贵的财富，也是今后继续前进的重要基础。

杜青林强调，早日解决台湾问题，实现祖国统一，是实现中华民族伟大复兴的应有之义，是海内外中华儿女的共同愿望和神圣使命。面对新的形势和任务，中国和平统一促进会要深入贯彻胡锦涛总书记“12·31”重要讲话精神，始终高举爱国主义伟大旗帜，牢牢把握两岸关系和平发展主题，坚定不移地贯彻“和平统一、一国两制”的方针，充分发挥广泛性、代表性、民间性和统战性的特点，深入学习和宣传新形势下推动两岸关系和平发展方针政策，为推动和平统一凝聚广泛共识；坚决反对“台独”、“藏独”等一切分裂活动，为维护国家主权和领土完整作出更大贡献；继续在引导和推动这两个方面下功夫，为深化反“独”促统运动发挥重要作用；努力扩大和深化两岸民间交流交往，为推动两岸关系和平发展增添积极因素。同时，中国和平统一促进会要扎实推进自身建设，建立健全长效机制，加强干部队伍建设，提升服务意识和水平，努力为广大理事投身促进和平统一事业搭建广阔平台。

开幕式由全国人大常委会副委员长、大会执行主席严隽琪主持。全国妇联副主席、书记处书记甄砚代表中国和平统一促进会23家发起单位向大会致贺词。大会还宣读了发来贺电、贺信的117家单位及组织名单。

韩启德、蒋树声、陈昌智、帕巴拉·格列朗杰、黄孟复、万钢、林文漪、厉无畏等出席大会。来自世界各地30多个国家和地区的中国和平统一促进会代表和各界理事300多人参加了会议。

（转自中央统战部网站）

## 杜青林在上海、浙江调研时强调 切实加强新形势下工商联工作和非公有制经济组织党建工作

10月20日至23日，全国政协副主席、中央统战部部长杜青林到上海、浙江调研，深入非公有制企业和商务楼宇，考察非公有制经济组织党建工作情况。考察期间，杜青林充分肯定上海、浙江经济社会发展取得的巨大成就，高度评价统一战线为改革开放、经济建设、社会和谐作出的重要贡献，强调要认真学习贯彻党的十七届四中全会精神，加强新形势下工商联工作，推动非公有制经济组织扎实有效地开展深入学习实践科学发展观活动。

杜青林指出，学习贯彻党的十七届四中全会精神，是当前和今后一个时期统一战线的重大政治任务。各级统战部门要围绕党的建设总体部署发挥统一战线的优势作用，围绕保持经济平稳较快发展和社会稳定和谐献计出力，围绕各民族共同团结奋斗、共同繁荣发展推动民族团结进步事业，围绕坚持和完善多党合作制度促进执政党建设与参政党建设，为加强和改进党的建设、保持经济社会又好又快发展作贡献。

杜青林强调，工商联是党领导的工商界的人民团体和商会组织。要从坚持我国社会主义基本经济制度的高度，充分认识加强新形势下工商联工作的重要性，准确把握工商联统战性、经济性、民间性的基本特征，充分发挥在参与国家政治和社会事务、协助政府管理非公有制经济、促进行业协会商会改革和发展、推动构建和谐劳动关系、加强非公有制经济人士思想政治工作方面的重要作用，推动非公有制经济健康发展和非公有制经济人士健康成长。

杜青林指出，在非公有制经济组织中开展学习实践科学发展观活动，是贯彻落实十七届四中全会精神的重大举措，是加强和改进基层党建工作的实践创新。要准确把握学习实践活动的总体要求、主要目标和重要原则，坚持面向实际，加强分类指导，搞好典型示范，确保学习实践活动取得扎扎实实的效果，使非公有制经济组织提升党建工作水平，助推企业科学发展。要加强非公有制经济组织党建工作，扩大党组织和党的工作覆盖面，做到有党员就有党的组织，有组织就有党的活动，有活动就有积极成效，切实增强党组织的影响力和凝聚力。

（转自中央统战部网站）

## 杜青林：切实提高统一战线工作科学化水平 更好地为党和国家中心工作凝心聚力

全国统战部长会议23日在京闭幕。全国政协副主席、中央统战部部长杜青林在会上强调，要认真学习贯彻党的十七届四中全会和中央经济工作会议精神，紧紧围绕推动科学发展和促进社会和谐，切实提高统一战线工作科学化水平，更好地为党和国家中心工作凝心聚力。

杜青林指出，2009年统一战线全力服务科学发展，着力巩固政治基础，努力促进社会和谐，开创了服务科学发展和实现自身科学发展新局面。明年要按照十七届四中全会和中央经济工作会议精神要求，着力强化工作重点、破解工作难点，着力研究解决深层次、根本性问题，着力完善工作机制、推进基础建设，着力把握规律性、增强执行力，为巩固党的执政基础和群众基础凝聚人心，为实现全面建设小康社会的宏伟目标汇聚力量。

杜青林强调，要在统一战线

大力推进马克思主义中国化、时代化、大众化，提高推动科学发展、促进社会和谐能力，围绕坚持和完善党的领导制度发挥统一战线政治优势，不断提高统战工作科学化水平。

杜青林指出，要树立和践行社会主义核心价值体系，为推动统一战线事业发展提供精神力量；把促进经济发展方式转变、实现经济平稳较快发展作为统一战线服务大局的首要任务，努力提供智力、人才、力量和环境支持；推动完善党同民主党派合作共事机制，把加强民族团结作为重大政治任务，切实维护宗教领域的和谐稳定，进一步激发新的社会阶层和党外知识分子的创造活力，维护港澳长期繁荣稳定和促进祖国完全统一。

杜青林强调，要把加强党外代表人士队伍建设作为统一战线的战略任务和基础工程，广泛开展调研，明确目标政策，加大培训力度，广交深交朋友，努力建设一支数以百计的高层次代表人士、数以千计的中层骨干、数以万计的党外代表人士队伍。

中央统战部常务副部长朱维群作会议总结。会议表彰了2009年度理论研究优秀成果和统战信息工作先进单位，新疆、湖北、山西、湖南、重庆五省区市党委统战部长分别在会上介绍了工作情况。各省、自治区、直辖市、新疆生产建设兵团和副省级城市党委统战部长，以及中央国家机关有关部门、有关人民团体和统战系统有关单位负责人出席会议。

（转自中央统战部网站）

# 夏宝龙在全省统战部长会议上的讲话（摘要）

（2009年3月11日）

这次全省统战部长会议的主要任务是，以党的十七大、十七届三中全会精神为指导，深入学习贯彻全国统战部长会议精神、省委十二届四次全会和全省经济工作会议精神，总结工作，分析形势，部署任务，充分发挥统一战线的重要法宝作用，凝心聚力，应对挑战，为保持我省经济平稳较快发展、促进社会和谐稳定作出新贡献。

过去的一年，是党和国家发展进程中很不寻常、很不平凡的一年。面对诸多大事、要事、难事，全省各级统战部门和广大统战干部认真学习贯彻党的十七大精神，深入学习实践科学发展观，在各级党委的坚强领导下，开拓创新，扎实工作，团结动员统一战线广大成员积极投身省委“两创”总战略，为促进全省经济平稳较快发展、维护社会和谐稳定作出了重要贡献。主要有这么几个特点：一是突出重点，扎实推进各民主党派和无党派人士的政治交接，多党合作的制度化、规范化、程序化建设进一步深入，统一战线团结奋斗的思想基础更加牢固；二是抓住难点，认真做好配合奥运安保等重点工作，坚决抵制境外势力渗透，积极引导宗教与社会主义社会相适应，促进了宗教和睦与社会稳定；三是创出亮点，深入探索新的社会阶层人士统战工作，引导非公有制经济人士积极应对国际金融危机，促进非公有制经济健康发展和非公有制经济人士健康成长。此外，进一步完善港澳统战工作长效机制，成立全国第一家省级“和统会”，巩固和壮大了爱国爱港爱澳力量。对于我省统战工作取得的成绩，省委是充分肯定的。此外，我代表省委，向在座的各位并通过你们，向全省广大统战干部，向统一战线广大成员，向关心、重视和支持统战工作的各界人士，表示亲切的问候和衷心的感谢！

下面，我就进一步做好新形势下的统一战线工作，讲三点意见。

**一、清醒认识国内外形势发展变化对统一战线的深刻影响，切实增强做好统战工作的使命感和责任感**

去年以来，国内外形势发生了很大的变化，给我国经济社会发展带来了严峻挑战，也势必会给统一战线带来深刻影响。我们一定要清醒认识形势发展变化给统一战线带来的机遇和挑战，进一步增强做好统战工作的使命感和责任感。

（一）面对国际金融危机不断蔓延扩散的形势，统一战线服务科学发展的任务更加繁重。当前，世界经济形势严峻复杂，国际金融危机尚未见底，我国经济增长下行压力加大，这给我省经济发展带来了许多困难，同时也为我省经济转型升级带来了重大机遇。如何利用国际金融危机的“倒逼”机制，加快结构调整，加快发展方式转变；如何抓住国际能源资源和资产价格回落的有利时机，加大海外资源、技术、人才的开发利用和引进力度；如何利用积极的财政政策和适度宽松的货币政策，加快推进基础设施建设和新农村建设等，已经成为我们面临的重大课题。统一战线历来是为党的中心工作服务的。保增长是今年省委工作的首要任务，也是统一战线的首要任务。统一战线要充分发挥智力密集和联系广泛的优势，从自身职能和特点出发，以服务经济建设、促进经济平稳较快发展为己任，找准统战工作与经济工作的最佳结合点，凝心聚力渡时艰，和衷共济促发展。

（二）面对社会不确定不稳定因素不断增加的形势，统一战线维护和谐稳定的任务更加繁重。我省处于改革开放的前沿，又处于反渗透、反颠覆、反分裂斗争的前沿。当前各种社会矛盾碰头叠加的趋势十分明显，如果处理不当，就有可能引发群体性事件，一些别有用心的人也会利用民族、宗教、民主、人权等方面的问题借机滋事。统一战线要把维护社会和谐稳定作为政治责任，充分发挥联系海内外、沟通党内外、团结不同民族和不同信仰群众的功能，多做理顺情绪、化解矛盾、抵御渗透、促进稳定的工作，加强全体社会主义劳动者、社会主义事业建设者、拥护社会主义的爱国者和拥护祖国统一的爱国者的团结，促进各党派、各团体、各民族、各宗教、各阶层，以及一切热爱中华民族的人们之间的和谐，共同维护安定团结的社会政治局面。

（三）面对社会主义民主政治不断发展的形势，统一战线扩大有序政治参与的任务更加繁重。公民民主意识的增强、政治参与的活跃，是社会进步的体现。改革开放使社会主义民主政治焕发出前所未有的生机，也使包括统一战线成员在内的各界群众民主意识普遍增强，政治参与积极性普遍提高，各种诉求不断增多，表达诉求的方式也越来越多种多样。为此，省委作出了建设“法治浙江”的决策部署，积极发展社会主义民主政治。我们要充分发挥统一战线“体制内”的制度优势，正确把握统一战线的空前广泛性、巨大包容性、鲜明多样性和显著社会性，更加关注广大群众的政治诉求，丰富政治参与形式，畅通利益表达渠道，引导他们以理性合法的形式表达自己或其代表群体的诉求，使选举民主、协商民主、监督民主、自治民主有机结合，融为一体，相得益彰，不断把“法治浙江”建设引向深入，推动我省社会主义民主政治稳步有序发展。

**二、充分发挥统一战线的优势和作用，最大限度地为推动科学发展、促进社会和谐凝聚智慧和力量**

省委提出，把“保增长、抓转型、重民生、促稳定”作为今年的工作主线，在应对挑战上出实招，在狠抓落实上下功夫，促进我省经济社会又好又快发展。这对统一战线围绕大局，发挥作用提出了新的要求。各级统战部门要深入贯彻落实科学发展观，善于运用统筹的理念、联系的方法、辩证的思维，进一步整合统一战线各方面资源和优势，充分发挥统一战线凝聚人心、汇聚力量、促进发展、维护稳定的积极作用。着重是要把握好以下四对关系：

（一）把握好继承传统与开拓创新的关系，努力提高我省统战工作的整体水平。继承是基础，创新是动力。推动统一战线事业不断发展，既要继承统战工作的基本原则和基本经验，又要适应新的形势不断进行探索创新。在统一战线80多年的历史进程中，尤其是改革开放30多年来，统一战线不断得到巩固和壮大，积累了许多成功的经验。在前不久召开的全国统战部长会议上，贾庆林同志对此从六个方面进行了深刻总结：即必须坚持中国共产党的领导，确保统一战线正确的政治方向；必须坚持中国特色社会主义理论体系，巩固统一战线广大成员团结奋斗的共同思想政治基础；必须坚持把促进科学发展作为第一要务，充分发挥统一战线的独特优势和作用；必须坚持高举爱国主义、社会主义旗帜，形成海内外中华儿女的大团结大联合；必须坚持尊重、维护和照顾同盟者利益，不断巩固党与党外人士的联盟；必须坚持和而不同、求同存异的理念，始终保持统一战线宽松稳定、团结和谐的良好氛围。这“六个坚持”概括了新时期爱国统一战线发展的实践成果，也是在新形势下进一步做好统战工作的重要原则。浙江与全国一样，在统战工作中积累了很多经验，在某些方面还走在了全国前列。我们要始终坚持和发扬这些好的经验和做法，以此来指导和推动新世纪新阶段统一战线工作。同时，要针对我省统战工作面临的新情况新问题，不断地进行探索和创新。比如，如何进一步完善党外代表人士培养选拔机制，切实解决党外后备干部队伍结构不够科学合理，党外干部基层锻炼少、岗位交流少、正职职务少、越级提拔多“三少一多”问题；如何建立健全宗教工作促进和谐社会建设的长效机制，探索宗教工作的新方法新举措，着力培养新一代爱国宗教代表人士；如何建立健全新的社会阶层人士工作机制，调动各方面的积极因素，更加广泛地凝聚推动科学发展的力量。对于这些重点问题，我们都要研究提出切实有效的办法，在解决问题的过程中，不断深化对统一战线规律的认识，努力推动统战工作理论创新、制度创新和实践创新，进一步提高我省统战工作的整体水平。

（二）把握好直接服务与间接服务的关系，努力促进我省经济平稳较快发展。统战工作为党的中心工作服务历来是全方位和多角度的，从方式上看，可分为直接服务和间接服务，直接服务侧重于发挥统一战线的资源优势，间接服务侧重于发挥统一战线的功能优势，两者在一定条件下往往互相交融、互相促进。当前，统一战线要紧紧围绕保增长这个首要任务，把直接服务和间接服务有机结合起来，为推动我省经济又好又快发展贡献智慧和力量。一方面，要广泛动员统一战线成员在直接服务上显身手、出成效。进一步发挥党外知识分子的作用，鼓励知识创新、科技创新，大力推动产学研联合，加快科技成果转化为现实生产力的步伐；进一步加强同高校、科研院所、企业的联系，积极支持一批转型升级的重点项目，推动高新技术产业发展；进一步加强同港澳台同胞、海外侨胞和留学人员的联系，积极为企业牵线搭桥，寻找新的发展机遇。另一方面，要把统战工作的着力点放在间接服务上。统战部门不是具体的经济工作部门，要根据自身的职责定位，找准统战工作服务经济建设的切入点。要组织动员统一战线广大成员，紧紧围绕应对国际金融危机、加快经济转型升级、保持经济平稳较快发展中的重大问题，深入调查研究，积极建言献策；要引导、支持和帮助非公经济人士正确判断形势，坚定发展信心，科学应对挑战，克难攻坚，化危为机，共渡难关；要充分发挥统一战线的各种平台和网络优势，积极协助党和政府，做好协调关系、化解矛盾、沟通思想、理顺情绪的工作，为保增长、抓转型创造良好的社会环境。

（三）把握好刚性原则与柔性手段的关系，努力维护统一战线和谐与社会稳定。统战工作政治性、政策性都很强，要发挥统一战线的作用，维护社会和谐稳定，既要坚持统战工作的重大政治原则不动摇，又要讲求统战艺术，做到刚性原则与柔性手段相统一。我国的宪法和法律、我们党的方针政策，都对基本政治制度和一些重大政治原则性作出了明确规定。比如，坚持走中国特色社会主义政治发展道路，坚持大团结大联合的长远目标，坚持和完善中国共产党领导的多党合作和政治协商制度，坚持民族区域自治制度，坚持引导宗教与社会主义社会相适应，坚持独立自主自办原则，坚持依法加强对宗教事务的管理，坚持“一个中国”的原则，等等。在这些重大原则问题上，统一战线必须始终保持清醒头脑，站稳政治立场，毫不动摇、旗帜鲜明地加以坚持，决不允许诋毁攻击，决不允许商量讨论，决不允许偏离走样。同时，要以真情实感打动人、以照顾利益凝聚人、以教育引导团结人、以共同理想激励人，因时因地因人制宜，采取民主协商、联谊交友、谈心交心等不同方式开展工作，达到“春风化雨”、“润物无声”的效果。要善于通过说内行话、贴心话来感染人、说服人，让党外朋友感到与我们交往心情舒畅，如沐春风。要繁荣发展统战文化，加强多党合作文化、民族团结文化、宗教和睦文化、阶层和谐文化、工商奉献文化、海内外同胞联谊文化的研究和实践，使统一战线成员在文化熏陶、潜移默化中接受党的政策，达到和谐和睦的境界。

（四）把握好人员交替与政治交接的关系，努力实现统一战线事业可持续发展。统战工作实质上是做人的工作，特别是做党外代表人士的工作。顺利实现党外代表人士队伍的人员交替和政治交接，是推动统一战线事业可持续发展的重要保障。人员交替是政治交接的组织基础，政治交接是人员交替的思想保证，两者密不可分、相辅相成。一方面，我们要高度关注当前统一战线各方面成员面临更新换代的新情况，对民主党派和工商联负责人以及无党派、宗教界代表人士等，坚持标准，拓宽视野，积极探索新的途径和载体，帮助物色好、培养好接班人，促进新老交替的顺利完成，为政治交接打牢组织基础。特别是要注意从新的社会阶层和留学归国人员中选拔人才，培养新一代的党外代表人士。另一方面，要针对统一战线成员的结构性变化，持之以恒地推进政治交接。要坚持用中国特色社会主义理论体系武装统一战线成员头脑，使之内化为共同的价值观，内化为思考问题的基本原则，内化为干事创业的行动指南，筑牢团结奋斗的共同思想基础。要通过人员交替和政治交接，把各民主党派和工商联以及各组织、相关群体的优良传统与高尚风范，把与中国共产党亲密合作的关系传承下去，进一步坚定走中国特色社会主义道路的信心和决心。

**三、以开展深入学习实践科学发展观活动为契机，全面提升统战干部队伍的素质和能力**

新世纪新阶段，统战工作使命重大、任务艰巨，中央和省委对统战部门寄予厚望。我们要以开展深入学习实践科学发展观活动为契机，全面加强统战干部队伍建设，不断提高统战干部的政治把握能力、学习创新能力、调查研究能力、团结交友能力、处理问题能力，努力造就一支政治坚定、作风民主、学识丰富、业务熟练的高素质统战干部队伍。

抓好统战干部队伍建设，关键在班子，关键在部长。各级统战部长要切实担负起抓班子、带队伍的政治责任，加强学习，增强本领，提高素质，真正把学习实践科学发展观的成效，体现在领导水平和工作能力的新提高上，体现在推进统战工作的新发展上，体现在服务党委工作大局的新成效上。这里，我就如何当好统战部长，向大家提几点要求和期望。

（一）*要有服务大局的意识*。不善谋全局者，不足以谋一域。统战工作只有融入大局、服务大局，才能真正提升层次，凸显地位，发挥作用。有没有大局观念，能不能把握大局，是不是服从服务于大局，是衡量统战部长思想觉悟的重要标志，是检验统战部长工作能力的重要标准。各级统战部长要牢固树立大局意识，自觉地把统战工作放到全省工作大局中去思考、去研究、去谋划，在“保增长、抓转型、重民生、促稳定”的过程中，找准自己的方位，明确主攻的目标，履行应尽的职责。要把中央和省委的重大决策部署，贯彻落实到统战工作的各个方面、各个环节，找准工作的结合点、切入点，凝聚各方面的智慧和力量，为我省经济社会又好又快发展提供力量支持和政治保证。

（二）*要有求同存异的胸襟*。“同”和“异”是一对对立的概念，但统一战线却是“同”和“异”的统一体。有“同”无“异”，没有必要建立统一战线；有“异”无“同”，不可能建立统一战线。只有求同存异、兼容并包，才能巩固和壮大统一战线。我们必须遵循统战工作的规律，以一致性和多样性为重要基石，努力在寻求和增进共识的基础上，尊重社会各界成员的特点，包容在利益、信仰和观念等方面的差异，把不同党派、不同民族、不同信仰、不同群体、不同阶层以及生活在不同社会制度下的所有中华儿女团结起来。作为统战部长，一定要有求同存异的雅量、思维和方法，善于求大同存小异，善于化干戈为玉帛，真正做到在求同中巩固统一战线，在存异中发展统一战线，努力实现最大范围的联合、最大限度的团结、最大程度的和谐。

（三）*要有统筹协调的能力*。从某种意义上讲，统战工作是一种处理和调整各种政治关系和社会关系的过程，也是统筹协调社会各方面力量和资源的过程。统战部作为党委做党外人士思想政治工作的职能部门，部长手中直接掌握的人、财、物资源并不多，要把社会各方面成员的积极性充分调动起来，把各方面人士的智慧和力量凝聚起来，形成推动经济社会发展的强大合力，必须要有较强的统筹协调能力。统战部长要善于统筹统战资源，有效整合、充分利用统战工作的网络、渠道及各方面优势，形成开展工作的整体合力和有利条件；要善于统筹协调工作力量，积极争取方方面面的理解重视和支持配合，用借势聚力的方法不断延伸工作手臂；要善于统筹统一战线成员的利益，处理好共同利益与个体利益、长远利益与眼前利益、政治利益与经济利益的关系，实现好、维护好和发展好最广大人民群众的根本利益。

（四）*要有民主协商的作风*。民主协商历来是我们做好统战工作的一个重要方法，也是需要继承和发扬的一个优良传统。统战部长的民主作风如何，不仅关系到统战工作的顺利开展，也关系到我们党在广大统一战线成员心中的形象。统战部长在与统一战线成员的工作交往中起"主导"作用，只有树立平等观念和协商意识，互相尊重、以诚相见、交心知心，才能真正得到党外朋友的理解、信赖和支持。在实际工作中，要少一点领导意识、多一点协商意识；少一点教育意识，多一点引导意识；少一点管理意识，多一点服务意识。要坚持以理服人、和风细雨、循循善诱，遇事与党外人士多沟通、多商量、多协调，鼓励他们反映真实情况，反映群众心声，建真言、献良策，在民主协商中培养感情、增进共识。

（五）*要有学识人格的魅力*。人的魅力主要来自于渊博的学识和高尚的人格。统一战线成员数量众多、人才荟萃、智力密集、价值多元，统战部长如果没有一定的学识和文化品位，没有优良的品德，是难以做好工作的。培养学识魅力和人格魅力，以非权力影响做好统战工作，是统战部长的必修课。腹有诗书气自华。只有知识渊博、见多识广、言之有物，才有威信、有影响力。统战部长既要做"专家"，也要做"杂家"，不仅要熟悉掌握党的统战方针政策、统战知识和统战语言，而且要了解经济、政治、文化、法律、民族、宗教、历史、科技等各方面的知识，真正做到以才立身、以才建功。同时，要做到以德服人，加强党性修养，培养高尚的道德情操和健康的生活情趣，在与统一战线成员的联系交往中，坦诚相见、肝胆相照，公道正派、不谋私利，树立起良好的形象和威望。

统一战线是我们党执政兴国的重要法宝，是党的总路线总政策的重要组成部分。全省各级党委要从发展中国特色社会主义事业的战略高度，充分认识巩固和壮大爱国统一战线的重大意义，切实加强和改善对统战工作的领导。要把统战工作摆上党委全局工作的重要位置，及时研究解决重大问题，努力创造良好的工作条件和环境。各级党政主要领导同志要切实增强统战意识，牢固树立统战思维，亲自做统战工作，带头学习宣传统战知识，带头贯彻落实统战政策，带头参加统战重要活动，带头广交深交党外朋友。要进一步建立健全党委统一领导、统战部牵头协调、各有关部门和人民团体各负其责的领导体制和工作机制，形成齐抓共管的工作合力。

## 夏宝龙在省委统战部调研时强调

## 充分发挥统一战线优势　切实维护社会和谐稳定

8月6日下午，省委副书记夏宝龙在省委统战部调研时强调，全省统战系统要认真贯彻落实中央和省委的有关决策部署，牢固树立大局意识、政治意识和责任意识，充分发挥统一战线的资源优势、功能优势和机制优势，努力做好促进民族团结、宗教和谐、社会稳定的各项工作，为维护全国稳定大局作出新的贡献。

夏宝龙看望慰问了省委统战部的机关干部，并主持召开部机关处以上干部座谈会，听取省委统战部、省民宗委、省工商联负责同志的工作汇报，与他们共同探讨做好当前统战工作、维护社会和谐稳定的对策和措施。

夏宝龙指出，统战工作是党的一项十分重要的工作，是党的全局工作的重要组成部分，尤其是在促进民族团结、宗教和谐、维护社会稳定方面起着不可替代的作用。乌鲁木齐"7·5"事件发生以后，我省统战系统按照中央和省委的部署，做了大量富有成效的工作，有力地支持了全国大局的稳定。

夏宝龙强调，我省少数民族人口总量不多，但成分齐全、流动性强、分布比较散，处理好民族宗教问题，维护社会稳定至关重要。全省统战系统要进一步健全信息网络，畅通信息渠道，牢牢把握工作主动权。要进一步加强矛盾排查化解工作，高度重视城市和企业少数民族流动人口的服务管理工作，妥善处理涉及民族宗教方面的纠纷和案件。要进一步加强宣传教育，及时向广大统一战线成员特别是民族宗教界人士传达中央有关精神，统一思想，形成共识。要进一步处理好"五大关系"，扎实做好各个领域的统战工作，以"五大关系"的和谐促进整个社会的和谐稳定。

夏宝龙要求，全省统战系统要大力倡导读书学习的良好风气，切实提高统战干部的综合素质和工作能力。广大统战干部要把读书学习当成一种生活态度、一种工作责任、一种精神追求，把阅读与思考、学习与调研、读书与运用有机结合起来，不断提高政治把握能力、学习研究能力、团结交友能力、协调处置能力。

## 夏宝龙在各民主党派省委会、省工商联负责人和无党派代表人士暑期读书会上的讲话（摘要）

（2009年8月19日）

今年是新中国成立六十周年，也是人民政协和多党合作制度确立六十周年。对于推进中国共产党领导的多党合作和政治协商制度建设，中央和省委历来高度重视。最近，中央督查组来我省督查5号文件的贯彻落实情况。中央督查组充分肯定了我省在这项基本制度建设方面取得的成绩，也提出了一些改进的意见和建议。省委书记赵洪祝同志当场表态要认真对照，研究整改，并要求省委办公厅和省委统战部牵头将任务细化分解给有关部门具体落实。

巩固和发展多党合作事业，要靠中央和中共各级党委的高度重视、大力推进，各民主党派、无党派人士同样责无旁贷、大有可为。进入新世纪以来，国际国内环境发生了深刻变化。适应新的形势和任务，中国共产党提出要推进党的建设新的伟大工程，切实加强执政能力和先进性建设。今年9月召开的中共十七届四中全会，将研究加强和改进新形势下党的建设问题。所有这些，都对参政党建设提出了新的更高的要求。为此，近年来我省暑期读书会的主题都是围绕如何加强参政党建设确定的。前几次的读书会，主要是学习贯彻5号文件和第20次全国统战工作会议精神，结合各民主党派省委会换届和新老班子政治交接等问题，突出了参政党的思想建设、作风建设、组织建设和制度建设等。今年，我们把暑期读书会的主题确定为加强参政党的能力建设，体现了一以贯之推进参政党建设的思想，很有针对性和现实性。

下面，我根据这次读书会的主题，结合个人的学习体会，谈点对参政党能力建设的理解，同大家一起交流和探讨。

**第一个问题：加强参政党能力建设的重要性**

全面加强参政党能力建设，是以胡锦涛同志为总书记的中共中央在多党合作和统一战线领域的重大理论创新与发展，是中国特色社会主义理论体系的重要组成部分，是科学发展观的重要内容。2005年2月，中共中央召开党外人士迎春座谈会，胡锦涛总书记在谈到进一步加强中国共产党领导的多党合作和政治协商制度建设时，首次提出各民主党派要不断提高政治把握能力、参政议政能力、组织协调能力和合作共事能力，使执政党能力建设和参政党能力建设互相促进，共同开创多党合作事业的新局面。《中共中央关于进一步加强中国共产党领导的多党合作和政治协商制度建设的意见》又进一步强调了民主党派领导班子成员要提高政治把握、参政议政、组织领导、合作共事这“四个能力”。2006年7月，胡锦涛总书记在第20次全国统战工作会议上发表重要讲话，再次强调提高民主党派领导班子成员的四个能力问题。随后制定的《中共中央关于巩固和壮大新世纪新阶段统一战线的意见》，具体表述了提高“四个能力”的内涵和方法，将其作为提高党外代表人士综合素质的方向和任务。2008年，各民主党派在开展政治交接教育活动中着重提出加强能力建设。由此可见，全面加强参政党能力建设由中共首先提出，得到了各民主党派的热烈响应。几年来的实践表明，全面加强参政党能力建设不仅有着重大的历史意义，而且具有十分重要的现实意义。

（一）坚持和完善中国的政党制度，要求加强参政党能力建设。

一个国家实行什么样的政党制度，由该国国情、国家性质和社会发展状况所决定，从来都没有一个放之四海而皆准的统一模式。我国实行的政党制度是中国共产党领导的多党合作和政治协商制度，这是经实践证明了的符合我国国情的政党制度。它的显著特征是：共产党领导、多党派合作；共产党执政，多党派参政。它以协商、合作代替竞争、冲突，在中国特色社会主义的共同目标下，有效地将共产党领导和多党派合作有机结合，实现集中统一领导与广泛政治参与的统一，国家稳定与社会进步的统一，充满活力与富有效率的统一，体现出巨大的优越性和强大的生命力。正如邓小平同志所说，共产党领导的多党合作和政治协商制度，不仅是我国政治制度的一个特点，而且是一个优点。

同时，我们必须认识到，这个特点能否得到凸显，这个优点能否充分展示，不仅取决于执政党是否重视，同样取决于参政党履行职责的能力和水平。在这一政党制度架构中，参政党与执政党的互动程度，政治优势发挥的程度，都直接影响着我国政党制度的巩固与发展。进入新世纪新阶段，中国共产党提出要加强执政能力和先进性建设，民主党派要与中共同舟共济、通力合作，必须不断加强参政党能力建设，只有这样才能在国家经济社会发展中发挥应有的作用，也才能有效驳斥西方敌对势力对我国政党制度的攻击，澄清社会上的各种模糊认识。因此，我们一定要通过切实增强民主党派的政治实践能力，充分发挥民主党派的作用，充分发挥政党制度的政治功能，使我国政党制度的优势和作用得到充分体现，进一步向世人昭示这一制度的优越性。

近些年来，我国的民主政治有了很大的发展，多党合作逐步走向制度化、规范化和程序化，这为各民主党派充分发挥政治功能开辟了更为广阔的空间。各民主党派要在我国政治构架中更好地发挥作用，需要不断探索提高自身整体素质的路子。加强参政党能力建设，有利于各民主党派坚定走中国特色的政治发展道路的信念，自觉抵御西方多党制、议会制的影响；有利于各民主党派在建设中国特色社会主义事业中做出成绩、体现价值。

（二）建设惠及全省人民小康社会，要求加强参政党能力建设。

参政党在我国政治生活中所处的地位，决定了它必须具有促进我国社会生产力持续发展、社会全面进步的能力。全面建设惠及全省人民的小康社会，是包括各民主党派在内的全省人民的共同使命。要实现这一宏伟目标，任务十分艰巨。去年以来，百年不遇的国际金融危机，给我省经济发展带来了很大冲击。尽管当前我省经济发展正处于企稳回升的关键时期，但面临的困难和挑战仍然很多，经济回升的基础还不稳固。同时，也要看到，我们正处于经济转轨、社会转型的关键时期，这也是社会矛盾多发、刑事犯罪高发、对敌斗争复杂的时期。特别是随着新中国成立60周年等一系列节庆活动的日益临近，各种影响庆祝活动安全顺利举行的不稳定、不确定因素将更加突出，维护稳定的任务更加繁重艰巨。民主党派有着与中国共产党风雨同舟、患难与共的光荣传统。特别是在当前面临许多困难和挑战的情况下，更需要各民主党派与中共和衷共济，为应对国际金融危机、推进经济转型升级、维护社会稳定献计出力。

（三）进一步加强民主党派自身建设，要求把参政党能力建设摆上突出位置。

自身建设的不断加强，是一个政党持续发展并保持旺盛活力的源泉。能力建设与思想建设、组织建设、作风建设、制度建设密不可分、相辅相成，共同组成民主党派自身建设的有机整体。能力反映能量、体现价值、展示形象，能力建设在民主党派自身建设中处于关键地位。

民主党派人才荟萃、智力密集，素有“智囊团”、“人才库”之称。近年来，随着我省各民主党派在思想、组织、制度以及作风等建设的不断加强，参政党的能力和水平上了一个台阶，各民主党派不仅内强了素质，而且外塑了形象。同时，我省民主党派自身发生了许多新变化，各级组织机构和基层组织数量逐步增加，分布地区更加广泛，新成员不断增加，成员结构也发生变化，价值观念和思维方式多样性的特征更加明显。当前，民主党派成员身上具有鲜明的时代烙印，呈现出一系列新的特点：从成员构成看，各民主党派的趋同性增强，界别特色和优势有所弱化；从思想状况看，政治上积极追求进步，思想观念比较活跃；从价值取向上看，利益诉求复杂多样，自我意识明显增强；从能力水平看，参政议政愿望强烈，实际能力逐步提高；从代表性看，专业领域威信较高，社会影响逐步扩大；从成长道路看，个人努力是必须的，外部推动也必不可少。民主党派成员出现的这些新情况，使加强参政党能力建设显得尤为重要和迫切。

**第二个问题：加强参政党能力建设的几点思考**

在参政党能力的要素中，政治把握能力是前提，参政议政能力是基础，组织协调能力是保障，合作共事能力是支点，四位一体，相辅相成，不可或缺，构成一个有机整体。这四种能力也是新世纪新阶段民主党派领导班子能力建设的基本任务，其目标就是建设高素质的民主党派领导集体，团结带领广大成员完成新时期的历史任务，进一步巩固和发展中国共产党领导的多党合作和政治协商制度。

（一）着眼于坚持走中国特色政治发展道路，不断提高政治把握能力。

政治把握能力，是从政治上观察、判断、分析形势和据此处理问题的能力，是“四种能力”中最重要、最根本、最核心的能力。提高政治把握能力，就是善于用历史眼光看待社会发展趋势，善于用辩证眼光洞察事物发展的内在规律，善于用理论思维透过现象看本质，善于用战略思维立足现实、谋划未来，其实质就是坚定信念、增进信任、增强信心，始终把握正确的政治方向。

1. 坚定走中国特色社会主义道路的信念。中国走上社会主义道路是一个客观事实，这不是由哪一个政党、哪一部分人的主观意愿所决定的，而是中国人民包括工人、农民、民族资产阶级、小资产阶级和其他社会阶层共同作出的选择，是中国共产党和各民主党派、无党派人士共同的政治选择，是历史发展的必然结果。历史已经证明，只有社会主义才能救中国，只有中国特色社会主义才能发展中国。中国特色社会主义道路是我国实现民族振兴、国家富强和人民幸福的必由之路。这不仅得到了中国人民的高度认同，而且受到世界各国人民越来越广泛的关注。

坚定走中国特色社会主义道路的信念，就要坚决反对民主社会主义。民主社会主义是近年来一些人议论的话题。什么是民主社会主义？民主社会主义有的时候又叫社会民主主义。它作为一种国际政治思潮，是20世纪50年代后才有了广泛的影响。二战以后，它逐渐融入资本主义制度，演变成资本主义多党政治的一个政治派别，或是成为资产阶级执政党，或是成为“建设性反对党”，成为资本主义的共生者。民主社会主义虽然也自称是“社会主义”的实践，但它把社会主义仅仅看成是一种道德需要，否认社会主义代替资本主义的历史必然性。所以，民主社会主义并没有超出资本主义制度的范畴，实质上只是对资本主义制度的一种改良。有人说它是“资本主义病床边的医生”。民主社会主义绝不是社会主义，更不是什么社会主义的“正统”。我们要清醒地认识到，民主社会主义不以马克思主义为指导，主张指导思想多元化；否定工人阶级领导，主张资本主义多党制；否定建立社会主义制度，主张不改变资本主义私有制，它同中国特色社会主义是两种完全不同的思想体系和发展道路，是“两股道上跑的车”。民主社会主义不符合中国的实际，如果盲目引进，只能带来灾难性的后果。

坚定走中国特色社会主义道路的信念，就要坚决反对西方的议会制、多党制。当今世界，并没有所谓“普世”的政治制度模式，各国的政治制度模式都是依据各国具体国情和历史文化传统而确立的。有人说“三权分立”是现代国家治国理政的最佳政体。但从实际来看，由于“三权分立”带来权力中心之间的互相掣肘和拆台，往往造成几个权力机关各说一套，各行其是。在这种“民主”形式下，一些简单的事情常常被复杂化。一些重大问题，却因为政客们为维护各自所代表的利益，互不相让而一再拖延、议而不决。还有人说，“三权分立”是现代社会最“民主”的政体。但是，我们要认识到，“三权分立”只反映了资产阶级统治集团内部的“民主”，并不能保证人民的民主权利。世界上从来没有抽象的、纯粹的民主，而只有具体的、一定历史条件下的民主。在中国，搞“三权分立”，既无政治基础和社会基础，更无经济基础和阶级基础。如果不顾我国的国情，违背人民的根本利益，照搬资本主义国家“三权分立”的政治制度，必然会从根本上动摇人民当家作主的政治地位，动摇我国政治稳定的根基，导致民主倒退、社会大乱、人民遭殃。

同时，所谓的西方多党制有一些难以克服的弱点，并不适合所有国家，在实际运行过程中暴露出了越来越多的弊端。从根本上讲，多党制反映了不同利益集团的利益矛盾和冲突，它们之间经常处于激烈的竞争之中。各个政党以夺得或控制政权为目标的政治斗争，目的就是搞垮对方，自己上台执政。因此在权力争夺中，往往不择手段，其结果必然是政治动荡、内耗丛生。西方多党制，通过各种方式移植到一些发展中国家后，更是带来了灾难性后果。事实告诉我们，盲目照搬别国的政党制度，是取乱之道、取祸之道，其结果必然动摇国家的政治根基，引起政局动荡和社会冲突，给国家和民族带来无可挽回的严重后果。

因此，我们必须深刻认识西方"三权分立"和多党制的迷惑性、危害性，始终坚持人民代表大会制度、中国共产党领导的多党合作和政治协商制度不动摇。

坚定走中国特色社会主义道路的信念，就要坚决反对实行私有化。主张搞私有化，是改革开放以来一直存在的一股思潮。有的人认为"人是自私的"，只有私有制才能搞市场经济，只有私有化才能促进经济发展。但是，我们要看到，目前，世界上实行私有化的国家和地区有近200个，其中发达资本主义国家只占极小部分。许多国家发展的经验表明，私有化并不一定就能带来经济发展，更不是包治百病的良方。相反，我国坚持公有制为主体、多种所有制经济共同发展的基本经济制度，坚持社会主义市场经济改革的正确方向，极大地推动了经济发展，取得了举世瞩目的巨大成就。事实告诉我们，只有坚持公有制为主体、多种所有制经济共同发展，才是振兴和发展我国经济的人间正道。否定公有制的主体地位，搞私有化，那就是离开社会主义的道路，违背历史的发展规律，是不符合现阶段我国经济发展要求，不符合广大人民群众切身利益的歪门邪道。

2. 增进对中国共产党的信任。中国共产党是一个用科学理论武装起来的政党，它所具有的与时俱进的先进性代表了中国前进的方向，代表了包括各民主党派在内的中国大多数人的利益，代表了中国的前途和命运。只有中国共产党能够把马克思主义与中国革命和建设的具体实践有机结合，找到一条适合中国国情的惟一正确发展道路。中国共产党能建立一个新中国，就能建设一个新中国，这一点毋庸置疑。在我们这样一个拥有13亿人口、56个民族、经济社会发展极不平衡的发展中大国，要把各民族的意志、智慧和力量真正凝聚起来、充分调动起来、有效发挥出来，最根本的是要靠中国共产党的核心领导。改革开放以来，特别是十六大以来，中国共产党根据时代发展的要求、所处的历史方位、执政使命和自身在思想、组织、作风、制度、廉政建设等方面存在的问题，抓住先进性建设这个根本，突出执政能力建设这个重点，采取了一系列措施，积极推进党的建设新的伟大工程，取得了新的重大成就。当然，党内消极腐败现象目前还比较严重，少数党员领导干部还存在这样那样的问题。这是任何一个执政党都不可避免的。但是，我们中国共产党有决心、有勇气、有能力与各种消极腐败现象、各种异己分子作坚决的斗争，直到取得最终的胜利。我们应该坚信，中国共产党是能够依靠自身的力量，依靠发扬优良传统，依靠人民的支持，在前进的道路上不断地解决问题、纠正错误，更好地担负起执政党的历史使命。

各民主党派要正确判断自身所处的历史方位，教育和引导广大成员充分认识中国共产党的先进性，紧密团结在中国共产党的周围，自觉贯彻中国共产党的路线、纲领，自觉维护中国共产党的执政地位，自觉为中国共产党治国理政分忧解难，在任何时候、任何情况下，都不能动摇接受中国共产党领导的信念，始终与共产党同心同德、肝胆相照、荣辱与共。

3. 增强对民主党派政治地位和重要作用的信心。民主党派具有参政党的政治地位，在国家政治生活中发挥着"一个参加、三个参与"的重要作用，即：参加国家政权，参与国家大政方针和国家领导人选的协商，参与国家事务的管理，参与国家方针、政策、法律、法规的制定执行。这种地位和作用不是由哪一个领导个人说了算的，也不是由哪一个党派自封的，更不是由西方敌对势力和少数"持不同政见者"所能诋毁的。

我国各民主党派的地位是历史形成的。中国共产党在领导新民主主义革命走向胜利的伟大斗争中，确立了在中国各种革命力量中的核心领导地位。各民主党派、无党派民主人士在长期实践中经过比较，自觉地、郑重地选择了中国共产党的领导。1948年中共"五一口号"的发表和各民主党派的响应，标志着中国共产党领导的多党合作初步形成；1949年中国人民政治协商会议的召开，标志着中国共产党领导的多党合作和政治协商制度的正式确立，中国共产党与各民主党派和无党派民主人士共同参加新中国国家政权建设；1956年中国共产党提出了“长期共存、互相监督”的八字方针；1982年中共十二大进一步确立了中国共产党与各民主党派“长期共存、互相监督、肝胆相照、荣辱与共”的十六字方针；近二十年来，中国共产党领导的多党合作逐步走上了制度化、规范化、程序化的轨道，形成了我国政党制度的基本框架，这就是：共产党领导，多党派合作；共产党执政，多党派参政。实践证明，建立新中国，离不开民主党派；建设新中国，同样离不开民主党派。

我国各民主党派的地位是法律确定的。《宪法》明确规定：中国共产党领导的多党合作和政治协商制度将长期存在和发展。中发〔1989〕14号和中发〔2005〕5号都是带有“软法”性质的制度性文件，以规范化的方式明确了民主党派的地位，规范了政党之间的关系，规范了政党与政权的关系，规范了政党和政治资源的关系。

我国各民主党派的作用是经过实践检验的。在长期的革命、建设和改革事业中，各民主党派在国家政治生活中充分发挥了“一个参加、三个参与”的重要作用，以实际行动证明了自己无愧于参政党这个神圣的称号。改革开放以来，各民主党派在三峡工程、两岸“三通”、西部大开发等重大决策中发挥了重要作用。我省的民主党派和无党派人士在这方面也都作出显著的成绩，得到了省委、省政府的好评和社会的认同，这次中央督查组也充分肯定了这一点。

因此，中国共产党执政是理直气壮的，各民主党派参政也是理直气壮的，这点大家一定要坚定信心。

（二）着眼于促进经济社会全面发展，不断提高参政议政能力。

参政议政是民主党派最基本、最重要的职能之一，是民主党派在国家政治生活中发挥作用的主要方式。无论是参政还是议政，大量的是通过调查研究、专题论证、知情问政等多种形式，参与重大问题的协商讨论，提出建议和意见，促进执政党和政府决策的科学化、民主化。因此，参政议政能力实质上就是民主党派就一些重大政治、经济和社会问题提出意见和建议的能力。能否对执政党和国家的大政方针提出中肯的意见和积极的建议，是检验参政党能力水平的一个重要标志。从近几年实践来看，我省民主党派的参政议政能力和水平都上了一个台阶。各民主党派要找准自身的特点和优势，探索适合自身参政议政的新方法和新机制，力争使提出的每一个意见、每一项建议、每一件提案都能体现参政党的能力和水平。

1. 要体现时代特征。只有坚持与时俱进，顺应历史潮流，紧跟时代步伐，参政党才能在服务社会中发挥自己的作用、实现自身的价值。当前，要紧紧围绕推动科学发展、促进社会和谐这一时代课题，着眼于人民所盼、社会所需，积极参政议政，为全面建设小康社会贡献智慧和力量。要努力把握事物发展的规律，以超前的意识和眼光，加强对苗头性、倾向性问题的研究，善于运用理论、借鉴经验，做出科学的分析判断，提出有预见性的意见和建议。要深入理解党和国家的政策，全面了解地方经济社会发展的状况，高度关注和深入研究事关我省发展全局的重大问题，特别是实施“两创”总战略，应对金融危机，推进经济转型升级等战略性问题，努力形成一批有一定分量、有较大影响、有重要价值的研究成果，力求做到想大事情、出大主意、当大参谋。要选准影响经济社会发展的突出问题、事关群众切身利益的民生问题、人民群众关注的热点难点问题，提出切实可行的办法和措施，多建有用之言，多献务实之策。

2. 要体现政党特性。我国各民主党派是各自所联系的一部分社会主义劳动者、社会主义建设者和拥护社会主义爱国者的政治联盟，既不同于其他社会团体，也不同于一般的政治组织。民主党派参政议政在很大程度上是政党行为，而不仅是个人活动。因此，民主党派在参政议政中，应当增强政党意识，发挥政党功能。要遵循多党合作制度确定的工作内容、实现形式、工作方法、运作程序和运行规则，广泛、深入、及时地了解掌握广大成员以及各自所联系群众的思想、意见和要求，集中反映他们的呼声和诉求，为执政党决策提供参考。要积极探索集中全党派智慧的有效途径和方式，创新工作载体和平台，整合智力资源，汇聚优秀人才，发挥团队作用，就一些重大问题提出建设性的意见和建议，争当参政议政的“团体冠军”。要发挥参政党地位超脱的优势，在坚持正确政治方向的前提下，敢于触及一些实质性的问题，敢于提出不同的意见，敢于开展批评和监督，做中国共产党的净友、挚友。

3. 要体现界别特色。只有保持特色，才具有生命力。民主党派的界别特色和工作特色越鲜明，参政议政的优势就越突出。目前，我省各民主党派组织在参政议政中都具有自身的特色，在履职过程中也都在各自的优势领域形成了一定权威。各民主党派省委会，既要进一步巩固和保持自己的界别特色，继承各自的传统优势，又要以创新的思维拓展优势领域。要根据本党派的人才优势和专业特色，选择自己熟悉、擅长的领域，开展深入系统的调查研究，形成高层次、系列化、创新性的成果。选择课题，不在乎是否属于前沿学科，关键是现实性要强一些；不在乎题目大小，关键是研究要深一些；不在乎数量多少，关键是“含金量”要高一些。同时，要立足于各自的优势领域，建立有效的工作平台和机制，组织开展标志性、品牌性的活动，不断提升本党派参政议政的影响力。

（三）着眼于发挥参政党自身优势，不断提高组织协调能力。

民主党派提高组织协调能力，就是要将广大成员团结凝聚起来，将其他有关资源有效整合起来，使其发挥出最大的作用。具体表现在：增强民主党派对成员的影响力和引导力；调动广大成员和所联系群众投身中国特色社会主义事业的积极性、主动性和创造性；发挥民主党派在协调社会利益、调整社会关系、维护社会稳定中的独特作用。组织协调能力强不强，直接体现了民主党派领导干部的能力和水平，直接体现了民主党派领导班子的整体素质。要把民主党派各级组织和广大成员的智慧、力量凝聚起来，充分发挥参政党的整体功能，很大程度上取决于民主党派领导班子的组织协调能力。

要在拓宽视野中提高组织协调能力。各民主党派成员和无党派人士，大都是具有一定代表性的社会中上层人士，经济、科教、文化、医卫等各行业、各领域的中高级知识分子、专家、学者，以及与港澳台同胞和海外侨胞有联系的中高层人士。大家在各自的领域都有一定的建树，具有一定的理论水平。但是作为民主党派的领导干部，不仅要有深厚的专业造诣，还要有较宽的知识面，既要成为各自专业领域的带头人和权威，又要成为本党派党务工作和行政管理的行家里手。

要在工作实践中提高组织协调能力。各民主党派的领导干部，要牢固树立实践第一的观点，深入基层、深入实际、深入党派成员中开展调查研究，摸清情况，找准问题，分析原因，提出对策。要大力推进实践创新，既坚持民主党派的工作经验和优良传统，又避免“路径依赖”，敢于打破各种思想禁锢，不迷信权威，不墨守成规，不拘泥框框，努力在探索规律的基础上不断取得新突破。

要在团结凝聚全体成员中提高组织协调能力。要通过正确执行民主集中制，发扬民主，集思广益，统一班子成员的思想和行动，确保决策科学，执行有力，监督有效。要营造团结和谐的氛围，把沟通交流作为基本方法，在寻求共识中求团结，在工作实践中求共识，在相互理解中求和谐。要构建科学合理的运行机制，把集体领导与个人分工负责有机结合起来，努力形成既有统一意志、规范管理，又有个人心情舒畅、生动活泼的良好局面。

（四）着眼于巩固多党合作的政治格局，不断提高合作共事能力。

各民主党派和无党派人士与共产党合作共事，既表现为一种政治态度，又表现为一种能力水平。提高合作共事能力，既是发挥我国政党制度优越性的必然要求，也是发展社会主义民主政治、实现有序政治参与的现实需要。民主党派及其代表人士具有下通各界、上达中央的独特优势，能够在国家权力系统内、政治协商机构内以及权力执行机关内与中国共产党及其领导成员亲密合作，反映各方面的意见和要求，协调各方面的利益，保证决策的科学性、客观性、全面性。提高合作共事能力，就是要善于在实现共同目标中发挥自身作用，善于在维护执政党地位中进行民主监督，善于在与中共亲密合作中做到肝胆相照。

要坚持合作共事六条重要政治准则。坚持以马克思列宁主义、毛泽东思想、邓小平理论和“三个代表”重要思想为指导，坚持中国共产党的领导，坚持社会主义初级阶段基本路线、基本纲领和基本经验，坚持长期共存、互相监督、肝胆相照、荣辱与共的基本方针，保持宽松稳定、团结和谐的政治环境，坚持以宪法为根本活动准则，这是六条重要政治准则，是中国共产党与各民主党派在长期团结合作中形成的政治共识，也是开展合作共事的前提。各民主党派要在坚持这个前提的基础上，保持组织上的独立性和党际关系上的平等性，进行合作协商。

要充分发挥主观能动性。各民主党派作为参政党，在政治上接受中共的领导，共同致力于中国特色社会主义事业，因此一定要有主人翁意识，积极主动地开展工作。对于一些程序性、常规性的工作，早筹划、早动手，在“快半拍”中求主动。对一些情况复杂、难度大的工作，要振奋精神，解放思想，大胆地干，大胆地闯，在勇于创新中求主动。

要加强协调配合。民主党派与中共合作共事，不仅要各负其责、尽职尽责，还要相互配合、相互支持。在我国，各民主党派作为参政党，通过提意见、做批评、出建议，通过参政议政、民主协商、互相监督的形式，参与国家和社会事务的管理，体现了中国政党制度的和谐关系。各民主党派要牢固树立“同舟”意识，在合作共事中做到鼎力相助。对执政党的重要工作，要竭尽全力，主动配合；对执政党遇到的重大问题，要竭诚相助，积极出主意、想办法、找对策；对执政党工作中出现的失误，要尽力协助纠正。说到底，作为与执政党通力合作的参政党，一定要增强与共产党团结共事的自觉性，带领广大成员为实现共同目标而奋斗。

加强参政党的能力建设，是新世纪新阶段事关我国多党合作事业发展的重大问题，也是事关我国民主政治发展的重大课题。各级党委要切实重视，统战部门要大力支持，通过加强对党外干部的理论武装和政治引导，巩固党外代表人士同中国共产党长期合作的思想政治基础，提高党外代表人士的政治把握能力；通过在人大、政府、政协、司法机关以及有关人民团体任职和多岗位交流等形式，加强党外干部的实践锻炼，提高他们的组织协调能力；通过组织党外代表人士深入基层、深入实际、深入群众，了解社情民意，积极建言献策，提高参政议政能力；通过引导党外人士自觉接受党的领导，切实履行岗位职责，支持他们更好地发挥作用，提高合作共事能力。

## 夏宝龙在全省统一战线理论与政策专题研讨班上的讲话（摘要）

（2009年9月7日）

这次全省统一战线理论与政策专题研讨班，是按照省委的要求，由省委组织部、省委统战部两家联合举办的。专门为县级分管领导开办研讨班，进行统战理论政策培训，在我省还是第一次，这也是我省加强基层统战工作的一次有益探索。

基层统战工作是整个统一战线工作的重要基础，是基层民主政治建设的重要组成部分，也是当前统战工作的薄弱环节。如何加强和改进党对基层统战工作的领导，在基层充分发挥统一战线的重要法宝作用，县一级党委责任重大。这次培训班的主要目的，就是帮助县级分管领导进一步提高统战工作理论素养和政策水平，深刻认识统一战线在基层工作中的重要地位和作用，把握新形势下统战工作的特点和规律，提高领导统战工作的能力和水平。

下面，我就如何抓好新形势下的基层统战工作，讲两个问题，与大家一起探讨交流。

**一、着眼于巩固党的执政地位，切实增强统战意识**

胡锦涛总书记在党的十六届四中全会上深刻指出：“党的执政地位不是与生俱来的，也不是一劳永逸的”。实践证明，一个政党夺取政权不容易，执掌好政权尤其是长期执掌好政权更不容易。中国共产党的执政地位，是在长期革命、建设和改革中形成的，是受宪法保护的，得到了全国各族人民的衷心拥护，执政的合法性不容置疑。我们党执政60年来，领导全国各族人民艰苦奋斗，百折不挠，励精图治，开辟了中国特色社会主义道路，取得了举世瞩目的伟大成就。在这个过程中，党的执政地位也得到不断巩固。同时，我们也要清醒地看到，随着经济社会的深刻变革，社会思想、价值观念日益多样化，社会利益日趋多元化，巩固党的执政地位的任务十分艰巨。对于中国这样一个拥有13亿人口、56个民族、宗教信仰多样、地域差别明显的大国，一个处于社会转型关键时期的发展中国家来说，维护党的执政权威、巩固党的执政地位是一个刻不容缓、亟需解决的重大政治问题。正如胡锦涛总书记所说的，“办好中国的事情关键在党”。作为执政党，党的政治权威，不仅关系到党的形象、党的地位、党的生命，而且关系到整个中国的未来发展。我们必须从基层抓起，切实加强党的执政能力建设，巩固党的执政地位。

统一战线成员是群众中的特殊群体，统战工作是党的群众工作的重要组成部分。要巩固党在基层的执政地位，一个重要途径就是发展壮大统一战线，充分发挥统一战线的重要法宝作用。衡量一个党员领导干部是否善于运用统一战线这个重要法宝，主要看三个方面：一要看是否善于调动统一战线各方面的积极因素，为党的中心工作服务；二要看是否善于运用统一战线的方式，解决改革发展稳定中的问题；三要看是否善于发挥统一战线的独特功能，促进党的执政能力建设和先进性建设。而这三个方面都有一个共同的前提，那就是必须要具备很强的统战意识。我们要牢固树立统战意识就是执政意识的观念，从巩固党的执政地位的高度，深刻认识统战工作的重要性，团结一切可以团结的力量，调动一切可以调动的积极因素，建立起具有强大凝聚力、可持续发展的统一战线。

（一）树立大团结大联合的理念，发挥统一战线凝聚人心、汇聚力量的职能，进一步巩固和扩大党的执政基础。

执政党要巩固执政地位，首先要解决好发展的基本力量问题，也就是“依靠谁、团结谁”的问题。改革开放以来，我国的社会阶层结构发生了深刻变化，社会的多样性和差异性特征更加明显，我们党按照统一战线“宜宽不宜窄”的理念，超越阶级、党派、民族、信仰、制度的差别，建立了最广泛的统一战线，最大限度地扩大了党的执政基础。统一战线成为社会主义劳动者、社会主义事业建设者、拥护社会主义的爱国者和拥护祖国统一的爱国者组成的最广泛联盟，具有空前的广泛性、巨大的包容性、鲜明的多样性和显著的社会性。由“四者”组成的统一战线，很好地解决了新形势下我们党“依靠谁、团结谁”的问题，涵盖了我们能够团结争取的最广泛的力量，体现了大团结大联合的本质。

从我省来看，基层社会结构和统一战线成员分布也发生了深刻变化。一是阶层分化导致新的社会阶层人士脱颖而出，基层社会新的统战对象呈现快速增长趋势。比如，实行农村联产承包责任制以来，农民的角色身份发生变化。农民阶级是我们党的根本力量，从中分化出来的个体户、私营企业主等新的社会阶层，现在已成为我们党团结联合的力量。我省是非公有制经济大省，基层统战工作尤其要注意适应统一战线内部构成的变化，在巩固根本力量的基础上团结新的社会阶层。二是党的统战政策得到较好的贯彻落实，基层社会原有的统战对象呈现快速增长趋势。比如，随着党的宗教信仰自由政策得到全面贯彻落实，信教群众不断增加，特别是农村宗教界人士和信教群众越来越多，做好这个群体的统战工作任务不断加重。三是我省市场经济先发带来流动人口大量增加，基层社会中外来统战对象呈现快速增长趋势。自2000年以来，我省流动人口以每年20%左右的速度递增，总量已连续9年位居全国第二位。到今年6月止，全省流动人口数量达1944万，已超过常住人口的1/3，其中，省外流入人员占83.9%。大量的流动人口带来了大批的外来统战对象，其中最为典型的是少数民族流动人口。目前我省少数民族流动人口达113万，超过了40万聚居少数民族人口。

由此可见，统一战线在基层有着深厚的社会基础，基层统一战线成员是我们党需要团结和依靠的一支重要力量，如果不把这部分人团结和凝聚在党的周围，要扩大和巩固党的执政基础是不现实的。我们一定要克服“统一战线是上层的事”、“统一战线现在没有过去重要、下面没有上面重要、有没有统一战线无关紧要”等错误认识，从巩固和扩大党的执政基础的高度，重视和加强基层统战工作。

（二）树立求同存异的理念，发挥统一战线体谅包容、沟通引导的优势，进一步改进党的执政方式。

执政党通过何种方式，把自己的主张变成广大人民群众的自觉行动，是一个国家或地区政治文明发展程度的重要体现。随着我国经济社会结构的深刻变化，人们思想活动的自主性、差异性和选择性明显增强，思想观念、价值取向和行为方式日趋多样。统一战线的求同存异理念，体现在社会意识形态领域，就是坚持一元指导、多样并存。既要允许社会思想和个人价值追求的多样性，又要坚持马克思主义指导思想的一元化。做好统战工作，就是要在求同存异、体谅包容的前提下，以沟通引导的方式，形成对重大问题的共识。作为党员领导干部，必须懂得这样一个基本道理：要解决涉及意识形态的问题，不能使用强硬的行政命令，而要通过细致耐心的思想政治工作。因此，求同存异、体谅包容、沟通引导不仅仅是统战工作特有的方式，而且应该成为党的群众工作的一种有效方式，作为改进党的执政方式的一个重要内容。

统一战线是意识形态最为活跃、最为复杂、最为敏感也是最需引导的领域之一，而基层统一战线又处在意识形态斗争的前沿。作为县级党员领导干部，一定要始终保持清醒头脑，深入开展调查研究，及时了解掌握基层统一战线成员的政治态度、政治心理，有针对性地做好思想政治工作，不断增强他们对社会主义核心价值体系的认同。要努力学会运用外圆内方、刚柔相济的方式，耐心细致地做好宣传、教育和引导工作，不急功近利，不急于求成，力求达到“春风化雨”“润物无声”的效果，不断巩固统一战线的共同思想基础。

（三）树立人才是第一资源的理念，发挥统一战线智力密集、联系广泛的优势，进一步丰富党的执政资源。

我们党要实现自己的执政目标，不仅要通过党组织整合党内资源，而且要通过党的群众工作和统一战线工作整合社会资源，以此来丰富党的执政资源。统一战线蕴含着大批中高级知识分子和各方面的代表人物，他们有着联系海内外的独特渠道，能够为建设中国特色社会主义事业作出重要贡献，是我们党要团结联合的优质资源。通过统一战线培养、凝聚党外优秀人才，也是我们党人才战略的重要组成部分。

改革开放以来，我省县域经济得到了迅速发展，特别是农村面貌发生了翻天覆地的变化，各类人才从国有大企业、大专院校、科研院所甚至海外流向基层，其中不乏统一战线成员，他们在当地经济社会发展中发挥着重要作用。近年来，随着新农村建设的推进、人才回流工程的实施，统一战线成员与农村的联系日益密切，他们利用掌握的信息、技术与资金，积极推动农村经济社会发展。与此同时，城市社区成为自由择业知识分子的“藏龙卧虎”之地。

由此可见，全面建设惠及全省人民的小康社会，离不开统一战线广大成员的共同参与。我们要在认真总结经验的基础上，进一步完善党外人才培养、选拔、使用机制，为他们的自身发展和发挥作用提供平台、创造条件。特别是在当前应对国际金融危机的形势下，更要做好党外人才的协调服务工作，充分调动他们的积极性、主动性、创造性，发挥他们的聪明才智，为实现我省经济平稳较快发展提供智力支持。

（四）树立和谐共赢的理念，发挥统一战线协调关系、化解矛盾的功能，进一步优化党的执政环境。

主动适应国内外形势的深刻变化，提高应对复杂局面的能力，保持安定团结的政治局面，不断优化执政环境，是我们党面临的重大课题。我们所要构建的和谐社会，决不是没有任何矛盾的社会，而是在不断解决矛盾的过程中实现各个群体和谐相处、互利共赢的社会。在一个利益多元化的社会里，执政党要在重大原则问题一致的前提下，容许不同的政治见解、价值观念、生活方式长期存在，要激发社会各阶层、各群体、各组织的创造活力，要承认各种矛盾与冲突的客观存在，同时要具备解决矛盾和冲突的能力。统一战线是我们党沟通思想、理顺情绪、协调关系、化解矛盾的重要渠道，通过统一战线建立和完善各界人士的利益表达、诉求调节机制，可以起到“平衡器”、“稳定器”、“减压器”和“灭火器”的作用。特别是要通过促进“五大关系”的和谐，及时消除影响社会政治稳定的因素，减少阻力、增加助力、形成合力，努力创造和谐稳定的社会政治环境。

“风起于青萍之末”。影响社会和谐稳定的突出矛盾和问题，往往产生于基层、汇聚于基层。近年来，基层因民族宗教、劳资纠纷、环境污染等问题引发的突发事件增多，对社会稳定造成直接影响。

作为县级党员领导干部，必须从确保社会长治久安的高度，切实加强对基层统战工作的领导，特别要牢固树立“民族宗教无小事”的观念，提高依法管理的水平，避免出现“不愿管、不会管、不敢管”的被动局面。要充分发挥基层党组织的作用，巩固和发展统一战线，加强对民族宗教事务的依法管理，筑起抵御境外势力渗透的坚固防线。党外代表人士在各自所联系的群众中往往具有我们党不可替代的影响。我们要重视在统一战线中培养旗帜性、有号召力的代表人物，确保在出现重大事件和重大现实问题的时候，他们能够主动站出来，带领广大成员与中国共产党在政治上保持高度一致。

（五）树立民主决策、科学决策的理念，发挥统一战线政治协商、民主监督的功能，进一步提高党的执政水平。

发展社会主义民主政治，是我们党的一贯政治主张和始终不渝的奋斗目标。统一战线与我国政治制度息息相关，能够有效地促进选举民主、协商民主、自治民主和监督民主，推动社会主义民主政治建设。同时，统一战线是党加强同各方面群众联系、反映社情民意的重要途径，是扩大有序政治参与，促进决策科学化、民主化的重要途径，是接受党外人士批评监督，提高党的拒腐防变能力的重要途径。

当前，统一战线成员的民主意识不断增强，参与基层民主政治建设的热情比较高。但是，相对于统一战线成员的政治参与需求来说，基层现有的政治参与渠道还比较狭窄，一些地方出现了“参与拥挤”的现象，有的甚至通过制度外的途径来实现政治参与。如何正确引导基层统一战线成员有序的政治参与，不仅对基层治理理念和方式提出了新课题，而且对基层党员领导干部的执政水平提出了新要求。为此，一方面，我们要确保现有的政治参与渠道畅通，引导统一战线成员以理性、合法的方式反映问题。另一方面，要适当扩大和规范统一战线成员的政治参与。要创新工作载体，积极拓宽统一战线成员利益表达渠道，扩大团结面，增强包容性。要规范统一战线成员的利益诉求，坚持从现有的条件出发，循序渐进地解决他们的合理诉求。

总之，基层统战工作的地位和作用，在现代化建设进程中日益凸显。各级党委要把统战工作摆上重要议事日程，切实加强组织领导。各级党政主要领导同志要做到“四个带头”，带头学习宣传党的统一战线理论和方针政策，带头贯彻落实统一战线政策，带头参加统一战线的重要活动，带头广交深交党外朋友。要做到“六个纳入”，即把统战工作纳入党政领导班子工作的考核内容，作为选拔任用领导干部的重要依据；把统战工作纳入宣传、新闻工作计划，扩大统一战线的社会影响；把统一战线理论政策作为各级党校、行政学院、干部学院的重要教学内容，作为培训党政干部的必修课程；把多党合作、人民政协、“一国两制”、民族、宗教理论政策等统一战线知识列入国民教育内容；把统一战线理论研究纳入马克思主义理论研究和建设工程。分管统战工作的党委领导，要切实担负起领导和推动统战工作的责任，大力支持统战部门的工作，为统战工作创造良好条件。

**二、着眼于增强党的执政能力，不断提高领导统战工作的水平**

统一战线作为中国共产党执政兴国的重要法宝，与党的执政能力紧密相连。对于党员领导干部来说，领导统战工作的能力就是一种执政能力，领导统战工作的水平就是一种执政水平。正确认识和处理统一战线问题，是党员领导干部政治上成熟的重要表现。改革开放以来，随着我国经济社会的发展，统战工作逐渐由大中城市向基层延伸，由政治领域向经济、文化、社会等领域拓展。但一些基层党委对统战工作的重视程度不够，领导统战工作能力不强。要切实解决这些问题，加强领导干部的学习教育至关重要。作为分管统战工作的领导干部，大家要以参加本次培训班为契机，深化对统战政策的理解，及时更新统战知识，增强自身综合素质，提高领导统战工作的能力和水平。

（一）提高学理论用政策的能力。善于学理论用政策，是领导干部的首要能力和基本功。统战工作的理论性、政策性很强，县级分管领导干部只有掌握党的统一战线理论，熟悉党的统一战线方针政策，才能有效领导和推动基层统战工作开展，不断取得新成效。

一要真学真用党的统一战线理论。统一战线理论是我们党政治经验的结晶，强调在分歧中寻求统一、在矛盾中寻求共识，是一门充满政治智慧的科学。学习统一战线理论，形成统一战线思维，掌握统一战线方式方法，可以为基层领导干部应对复杂形势、解决多元化的利益冲突等问题提供一把钥匙。这次培训班精心安排了4天的课程，邀请中央统战部和有关方面的专家学者为大家讲授政党、民族、宗教等领域的统战专业知识，同时交流探讨统战工作的经验，内容丰富，形式多样，针对性也很强。希望大家珍惜这次难得的学习机会，始终保持浓厚的学习兴趣，全面系统地掌握统一战线理论知识。同时，要大力发扬理论联系实际的优良学风，把阅读与思考、学习与调研、读书与运用有机结合起来，努力将理论知识转化为分析解决统战工作实际问题的能力。

二要贯彻好执行好党的统一战线方针政策。政策和策略是党的生命。党的统一战线方针政策，是统战工作的生命线。中央和省一级的统战工作，主要侧重于研究问题、制定政策、督促检查；对于县级来讲，主要是如何抓落实的问题。县级领导干部要把统一战线方针政策理解好、宣传好、贯彻好，并对政策实施情况和出现的问题及时进行反馈，促进有关政策的不断完善。要大力弘扬求真务实、真抓实干的工作作风，深入基层、深入实际、深入群众，加强调查研究和督促指导，及时发现和解决问题，推动统一战线各项重大决策部署的落实。在处理涉及统战成员的问题时，要讲究工作艺术，把原则性与灵活性结合起来，善于运用统一战线的方法，依据统一战线的政策，积极稳妥地加以解决。

（二）提高谋全局把方向的能力。只有始终坚持正确的政治方向，统一战线才能得到不断巩固和发展壮大；只有着眼全局、服务大局，统战工作立意才高，思路才宽，办法才多，重要法宝作用才能得到充分发挥。县级领导干部要切实增强大局意识、政治意识和政权意识，坚持把谋全局、把方向作为提高执政能力的重要内容来抓，确保统一战线工作始终沿着正确的政治方向前进。

一要牢牢掌握党对统战工作的领导权。领导权问题始终是统一战线的重大原则问题，党在任何时候、任何情况下都不能放弃对统一战线的领导。把握统战工作的正确方向，核心是要坚持党对统一战线的领导。县级党员领导干部要坚定理想信念，时刻保持政治上的清醒，自觉同党中央保持一致。越是形势复杂，越要不断增强政治敏锐性和政治鉴别力，切实遵守党的纪律、维护党的形象，做到大事面前不糊涂、关键时刻不动摇。特别是在坚持人民代表大会制度、中国共产党领导的多党合作制度、民族区域自治制度、独立自主自办教会等一系列重大原则问题上，必须立场坚定、旗帜鲜明。

二要紧紧围绕党的中心任务推进统战工作。统战工作历来是为党的中心任务服务的。县级领导干部要从全局出发，注重发挥统一战线智力密集、人才荟萃、联系广泛的优势，为本地区科学发展提供智力支持。要发挥智力资源优势，围绕实施“两创”总战略、应对国际金融危机、实现经济转型升级等重大问题，组织广大统一战线成员开展考察调研、建言献策，为党和政府科学决策提供参考。要挖掘港澳台海外统战资源，依托海联会、侨联、台联等团体，开展多形式、多领域、多层次的联谊活动，促进科技经贸文化的交流交往。要利用新生资源优势，切实做好新的社会阶层人士工作，进一步激发他们的创业创新热情，引导他们致力科学发展，承担社会责任，争做中国特色社会主义优秀建设者。

三要善于用世界眼光和战略思维谋划统战工作。随着我国对外开放的不断扩大，统一战线各领域工作受国际因素的影响越来越大，特别是在民主、人权、民族、宗教、西藏、新疆、台湾等问题上，统战工作的国际性日益突出。从我省来看，不管是民族宗教工作，还是侨务工作，不管是港澳工作还是对台工作，也都受到国际因素的影响。作为县级领导干部，必须学会用世界眼光、战略思维来谋划统战工作，把握统战工作的发展大势，提高应对新形势新挑战的能力，牢牢掌握统战工作的主动权。

（三）提高讲团结善交友的能力。统战工作作为一项特殊的群众工作和政治工作，归根到底是做人的工作。最大限度地把统一战线广大成员团结凝聚在我们党的周围，这是统战工作的基本要求。党员领导干部能否广交、深交党外朋友，不仅是素养和作风的体现，更是能力和水平的体现。作为县级领导干部，要领导和推动基层统战工作，必须学会与统一战线各方面成员打交道、交朋友，学会从思想上、情感上尊重和关心统一战线成员，以自己的人格魅力和扎实有效的工作影响广大党外人士，使他们成为我们的挚友、诤友。

一要真诚待人。交朋友贵在“真”、重在“诚”。只有真情实意的朋友，才会对我们说真话，才会在关键时刻和我们同舟共济、患难与共。领导干部与党外人士交朋友，一定要以诚相见，交心知心，切忌表面生硬，流于形式；一定要平等待人，谦虚谨慎，遇事与党外人士多沟通、多商量、多协调，鼓励他们反映真实情况，反映群众心声，在民主协商中培养感情、增进共识。

二要坚持原则。结交党外朋友，必须建立在一定的政治原则的基础上，即有利于加强党的领导和执政地位，巩固党与党外人士的联盟，搞好合作共事。要坚持为党交朋友、为共同的事业交朋友，切忌把交朋友庸俗化、个人化。一方面，在一些原则性的问题上，决不能因为是朋友而视而不见，听而不闻，要从团结的愿望出发，善意地提出批评，敢于进行思想交锋，达到讲原则与讲友谊的统一。另一方面，在一些非原则性的问题上，要有宽广的胸襟，容得下不同的意见。同时，在社会交往日趋频繁、人员构成日趋复杂的今天，大家也要保持警觉性，不交“酒肉朋友”、“图利朋友”，对那些投你所好、意有所图的所谓“朋友”，要避而远之。

三要搞好服务。为党外人士搞好服务，照顾同盟者利益，这是统一战线的一条基本原则，也是一个优良传统。在当前利益格局深刻调整的新形势下，尤其要注意坚持和发扬。党员领导干部要进一步增强服务意识，把思想政治工作同解决实际问题结合起来，尽心竭力为党外人士排忧解难，多办得人心、暖人心、稳人心、聚人心的好事实事，为他们施展才华、发表意见创造条件，让他们充分感受到党的关怀和朋友的温暖。

（四）提高抓重点攻难点的能力。统战工作涉及方方面面、千头万绪，这就要求我们既着眼长远，统筹兼顾、整体谋划，又立足当前，抓住重点难点、集中力量攻坚，切实解决影响统一战线发展的突出问题。只有这样，才能取得事半功倍的效果，才能打开工作局面。中央明确提出，县级统战工作要以民族、宗教、非公有制经济人士和党外知识分子工作为重点。作为县级领导干部，一定要深入调查研究，摸清本地统战工作的重点难点，善于抓主要矛盾，牵住“牛鼻子”，想管用的办法，出管用的招，一个一个地切实加以解决。这里我着重强调三个方面：

一要着力促进民族团结。胡锦涛总书记最近在新疆考察时指出，要坚定不移地维护民族团结，像爱护自己的眼睛一样爱护民族团结。县级领导干部处在民族工作的一线，要牢牢把握“共同团结奋斗、共同繁荣发展”这一主题，坚定不移地贯彻落实党的民族政策，大力支持少数民族群众发展生产、改善生活，切实加强少数民族流动人口服务管理工作，妥善处理涉及民族方面的矛盾纠纷，维护少数民族群众的合法权益，不断巩固和发展平等团结互助和谐的社会主义民族关系。

二要着力维护宗教和谐。宗教工作是我省统战工作的一个难点。对待宗教问题，必须一手抓与社会主义相适应，一手抓反争夺、反渗透、反颠覆。县级领导干部要全面贯彻党的宗教工作基本方针，坚持政治上团结合作，信仰上相互尊重，切实加强引导，把宗教界人士和信教群众团结在党和政府周围。要突出抓好宗教界代表人士工作，建立联系宗教界人士制度，培养壮大爱国爱教的骨干力量，充分发挥他们在信教群众中的独特作用。要突出抓好爱国宗教团体建设，真正确立爱国力量的主导地位，提高爱国宗教团体对教职人员的驾驭能力。要突出抓好依法管理宗教事务的工作。

三要着力促进非公有制经济人士健康成长。我省是全国非公有制经济最发达的省份之一，非公有制经济人士已经成为新的社会阶层的重要组成部分。县级领导干部要高度重视、大力支持工商联和基层商会工作，充分发挥工商联作为党和政府联系非公有制经济人士的桥梁纽带作用、作为政府管理非公有制经济的助手作用。要不断深化主题教育活动，在广大非公经济人士中深入开展爱国、敬业、诚信、守法、贡献的教育，引导他们走科学发展道路，积极承担社会责任，做合格的中国特色社会主义事业建设者。要进一步抓好非公有制经济代表人士综合评价工作，推进非公有制经济代表人士队伍建设的科学化、规范化、制度化，正确引导他们有序政治参与，充分调动他们的积极性和创造性。

（五）提高建机制保稳定的能力。维护社会和谐稳定，是统战工作的重要目标。县级领导干部要牢固树立抓基层、打基础的理念，善于通过建立健全基层统战工作的网络和机制，充分发挥统战工作在维护社会稳定中的重要作用。

一要建立健全基层统战工作网络。构建基层统战工作网络，是加强社会建设的重要内容，是健全基层社会管理体制的客观要求。通过基层统战工作网络，有助于及时掌握社情民意，切实把问题解决在基层、化解在萌芽状态。各地要按照中央和省委文件要求，配备好乡镇（街道）统战委员，并把基层统战工作的经费列入同级财政预算。要进一步建立健全基层宗教工作三级管理制度和两级责任制，确保宗教工作在基层有人抓、有人管。要积极推进统战工作进社区、进农村、进企业、进学校、进社团，构建起纵向到底、横向到边的统战工作网络。

二要建立健全统战工作协调机制。县级党委要善于整合工作资源，建立健全党委统一领导、统战部门牵头协调、各有关部门和人民团体各负其责的统战工作体制。县级党委分管领导要当好统战工作各种联席会议的组长，帮助统战部门打破“单打一”的传统做法，适应统战工作管理社会化趋势，构建起立体式、开放型的统战工作体系，努力形成“大统战”工作格局。

三要建立健全统战领域突发事件应急预警机制。要在统战领域建立完善信息快速反应机制和应急预警机制，畅通和拓宽信息渠道，确保在第一时间掌握动态信息，确保对涉及民族宗教等方面的社会热点和敏感问题了然于胸。要坚持抓早、抓小、抓苗头，对统战领域的不稳定因素和各种隐患，及时排查化解，防患于未然。要抓好基层统战干部的教育培训，提高他们应对公共危机、维护社会稳定的能力。

新世纪新阶段基层统战工作责任重大、任务艰巨、使命光荣。我们要按照胡锦涛总书记的要求，牢固树立统战意识，把巩固和壮大统一战线作为提高党的执政能力的一项重要任务，作为发展中国特色社会主义事业的一项重要任务，作为增强中华民族凝聚力的一项重要任务，切实加强对统战工作的领导，努力开创我省基层统战工作新局面！

## 夏宝龙在浙江省统一战线庆祝中华人民共和国成立暨多党合作制度确立60周年座谈会上的讲话（摘要）

（2009年9月22日）

9月20日上午，首都各界代表隆重集会，庆祝人民政协成立60周年，胡锦涛总书记出席大会并发表了重要讲话。胡总书记的重要讲话，为坚持和完善中国共产党领导的多党合作和政治协商制度指明了前进的方向。今天，我省统一战线在这里举行座谈会，庆祝中华人民共和国成立暨多党合作制度确立60周年，这对于我们深刻学习领会胡总书记的重要讲话精神，在新的历史起点上推动我省多党合作事业向前发展，具有重要的意义。

今年是中华人民共和国成立60周年，是中国共产党执政60周年，也是多党合作制度确立60周年。60年来，在中国共产党的领导下，经过几代共产党人和各民主党派的共同努力，多党合作制度不断巩固、发展和完善，在国家政治生活中发挥着十分重要的作用，显示出巨大的政治优势和强大的生命力。实践证明，我国多党合作制度是符合中国国情、体现中国特色、具有中国气派的社会主义政党制度。

从我们浙江的实践看，60年来我省经济社会迅速发展，综合实力显著提高，走出了一条具有浙江特色的发展路子，成为全国经济增长速度最快、最富有活力的省份之一。同时，我省多党合作事业也取得了巨大成就，有力促进了我省经济社会发展和民主政治建设。所有这些，都凝聚着我省几代统一战线成员和各界人士的心血与汗水。借此机会，我代表中共浙江省委，向在座的各位并通过你们，向全省各民主党派、无党派人士和统一战线广大成员，向所有关心、支持浙江现代化建设的海内外同胞，致以亲切的问候和崇高的敬意！

刚才，几位同志的发言都很好。大家结合自身经历谈了认识和体会，特别是几位老同志、老前辈对我省现代化建设和多党合作、统一战线事业饱含深情，并为之贡献了智慧和力量，我听了之后深受教育。下面，我结合大家刚才的发言，谈点想法。

**一、60年来我省多党合作事业不断发展，在社会主义革命、建设和改革中发挥了不可替代的重要作用**

多党合作在我省有着光荣的传统。我省是民主党派建立组织和开展活动较早的省份之一。早在民主革命时期，我省民主党派就与中国共产党一道反抗日本侵略者，反抗国民党的反动统治。1948年中共发出“五一口号”后，我省民主党派组织积极投身建立新中国的活动，其中有8位民主党派成员与中共党员一起献出了宝贵生命，用鲜血谱写了风雨同舟、肝胆相照的多党合作壮歌。新中国成立以后，特别是党的十一届三中全会以来，我省多党合作事业在历届中共浙江省委和各民主党派、无党派人士的共同努力下，走过了光辉的历程，为我省改革开放和现代化建设作出了重要贡献。

*（一）多党合作在推动我省经济发展中发挥了重要作用。*从新中国建立初期恢复国民经济到新时期推动经济社会又好又快发展，从制定实施我省“一五”计划到“十一五”规划，各民主党派、无党派人士始终把促进发展作为首要任务，积极投身社会主义建设和改革实践，为我省社会发展进步提供了强大力量支持。

建国初期，我省包括民主党派成员在内的工商界人士自觉接受社会主义改造，工商业公私合营率达90%以上。

改革开放以来，我省各民主党派充分发挥智力密集、人才荟萃的优势，参与了重大决策部署的协商讨论和科学论证，在科技创新、环境保护、能源开发和区域协调发展等方面发挥了突出作用。上世纪80年代开始，我省民主党派在社会办学、科技咨询、智力扶贫、引进外资、岗位建功等五个方面取得了显著成绩，被誉为“五朵金花”。据不完全统计，全省各民主党派、工商联、各人民团体共引荐港澳台和海外项目5000多个，其中捐赠金额达24亿元，引进项目投资近18亿美元。

新世纪以来，我省各民主党派充分发挥界别优势，围绕省委“八八战略”、“创业富民、创新强省”等一系列重大战略部署，深入开展调查研究，着力拓展服务领域，积极贡献智慧和力量，创出了各具特色的品牌项目。据不完全统计，近5年来，我省各民主党派、无党派人士向中共各级党委、政府提供调研报告或意见建议共2万多篇（条），全省90%以上的政协团体提案是由民主党派组织提出的，其中被采纳或部分采纳的达85%以上，许多重要意见建议进入了党委、政府的决策。

*（二）多党合作在推进我省民主政治建设中发挥了重要作用。*从1950年浙江省第一届各界人民代表会议召开到1955年政协浙江省一届一次会议举行，从中发〔1989〕14号文件的执行到中发〔2005〕5号文件的贯彻，多党合作在我省逐步扎根、制度化建设稳步推进，各民主党派成员、无党派人士政治参与途径不断扩大，参政议政水平不断提升，较好地发挥了协商民主的政治优势。省委坚持把政治协商纳入决策程序，就重大问题在决策前和决策执行中进行协商，并形成了制度和规范。2005年以来，省委、省政府以及委托有关部门召开的民主协商会、情况通报会和座谈会33次，还就一些重大问题以书面形式征求各民主党派意见。目前，多党合作制度已成为省委吸纳民意、广集民智，实现科学执政、民主执政的重要途径。同时，党和党外人士的合作共事不断加强，一大批党外干部走上了各级政府及司法机关领导岗位，成为我省政治生活中的重要力量。截至2008年底，全省共有912名党外干部担任县以上政府及工作部门和司法机关的领导职务。

*（三）多党合作在我省构建和谐社会中发挥了重要作用。*省委高度重视发挥多党合作的制度优势，通过协调各党派、各团体、各阶层以及各方面成员之间的关系，有力地维护了社会政治和谐稳定。各民主党派、无党派人士利用独特渠道和专业特长，积极协助党委、政府解决民生问题，反映民意、疏导情绪，协调关系、化解矛盾。加强与港澳台同胞和海外侨胞的联系联谊，为促进港澳回归和祖国统一大业作出了积极贡献。在应对各种重大自然灾害、重大突发性事件中，各民主党派、无党派人士始终和中共浙江省委站在一起，齐心协力，团结奋斗，为建设“平安浙江”、构建和谐社会贡献了力量。

*（四）多党合作在加强民主监督中发挥了重要作用。*多年来，中共浙江省委自觉接受民主党派的民主监督，在强化监督制度保障、丰富监督形式等方面迈出了新步伐。特别是近几年来，不管是加强党的执政能力建设，还是加强党的作风建设；不管是开展保持共产党员先进性教育，

还是开展深入学习实践科学发展观活动，都广泛听取、积极采纳各民主党派、无党派人士的意见。各民主党派省委会领导多次应邀参加省委、省政府组织的行风评议和党风廉政建设责任制检查活动。目前，全省近3700名民主党派骨干、无党派代表人士担任了政府及司法部门的特约监督员。民主党派的民主监督，已成为我省各级党委和政府改进工作作风、加强廉政建设、密切干群关系的重要手段。

60年来，我省民主党派在充分履职、发挥作用的同时，自身建设也得到了不断加强。全省民主党派组织稳步发展，成员结构更趋合理，特别是经过几次换届和政治交接学习教育活动，领导班子实现了新老交替和政治交接，呈现出良好的精神面貌和蓬勃的生机活力。我们完全有理由相信，在中共浙江省委的正确领导下，在我省各民主党派和无党派人士的共同努力下，我省多党合作事业必将创造新的辉煌，谱写新的华章。

回顾60年的实践，我们深切体会到：多党合作制度是我国政党制度和政治制度的一大优势和特色，坚持和完善这一基本政治制度，必须始终坚持中国共产党的领导，为多党合作事业蓬勃发展提供根本保证；必须坚持以科学理论为指导，不断巩固中国共产党同民主党派团结奋斗的共同思想基础；必须坚持把发展作为首要任务，充分发挥多党合作的独特优势和作用，在围绕中心、服务大局中作出贡献；必须不断推进制度化、规范化和程序化建设，促进多党合作稳步有序发展；必须坚持执政党建设和参政党建设共同发展、相互促进，实现中共与民主党派在更高水平上的团结合作。

**二、坚定不移地走中国特色社会主义政治发展道路，在新的历史起点上把我省多党合作事业继续推向前进**

胡锦涛总书记强调指出，要继续走中国特色社会主义政治发展道路，不断巩固和发展我国多党合作的政治格局。我们必须深刻领会胡总书记的重要指示精神，更加充分地认识到：中国共产党领导的多党合作和政治协商制度，是中国特色社会主义政治发展道路的重要体现。我国的多党合作制度创造了崭新的政党制度模式，有力地推动了社会主义政治制度的建立和完善；创造了崭新的政党关系，有力地凝聚了社会各界的智慧和力量；创造了崭新的民主形式，有力地推动了社会主义民主的发展；创造了崭新的执政方式，有力地促进了中国共产党执政能力的提高。我们要始终不渝地把多党合作制度坚持好、完善好、发展好，使中国特色社会主义政治发展道路越走越宽广。

（一）要把多党合作的思想基础打得更加牢固。推进多党合作事业，最根本的是要打牢中国共产党同各民主党派、无党派人士团结奋斗的共同思想基础。历史已经证明，没有共产党就没有新中国，只有社会主义才能救中国，只有中国特色社会主义才能发展中国。这是各民主党派在与中国共产党风雨同舟、患难与共的历程中，取得的最基本、最重要的政治共识。在这个重大原则问题上，我们头脑要十分清醒，立场要十分坚定，旗帜要十分鲜明，绝不能有丝毫动摇。各民主党派、无党派人士要始终高举中国特色社会主义伟大旗帜，自觉接受中国共产党的领导，坚定不移地把中国特色社会主义作为共同理想信念、共同前进方向、共同奋斗目标。要加强政治理论学习，特别是中国特色社会主义理论体系的学习，充分认识中国政党制度是近代以来中国历史发展的结果，是各民主党派及全国人民共同作出的正确的历史选择，是符合中国国情的新型政党制度，从而筑牢抵御西方“两党制”、“多党制”的思想防线，不断增强走中国特色社会主义政治发展道路的自觉性和坚定性。

（二）要把多党合作的制度机制建得更加完善。制度建设是多党合作事业发展的重要保证，我们要大力加强多党合作的制度建设，对于我省多党合作长期实践中形成的一些好经验、好做法，要认真加以总结，并提炼上升为制度规范。要坚持“长期共存、互相监督、肝胆相照、荣辱与共”的方针，进一步提高政治协商水平，不断丰富民主监督形式，切实提高参政议政实效。要从我省的实际出发，积极探索多党合作发展规律、民主党派自身建设规律、新一代党外代表人士成长规律，不断丰富和完善各项配套制度，努力使多党合作的工作更加规范、机制更加健全、制度更加完善。

（三）要把多党合作的社会氛围营造得更加浓厚。良好的社会氛围，是推进多党合作事业发展的必要条件。要加强宣传教育，努力使我国政党制度在各级党员领导干部和统一战线广大成员中入耳入心，为全社会所熟知，为国际社会所认同。要按照中央和省委有关文件的要求，进一步把统一战线、多党合作理论列入各级党校和行政学院的必修课，列入国民教育的内容，列入宣传部门和主流媒体的年度宣传计划。各级党委要加强对党员干部的教育培训，使他们正确认识、对待和处理政党关系，努力营造宽松和谐、团结稳定的政治环境。各民主党派要紧密结合新一代成员的特点，广泛开展多党合作历史和光荣传统的宣传教育，继承和发扬老一辈长期与中国共产党团结合作形成的政治信念、优良传统和高尚风范。

*（四）要把多党合作的政治优势发挥得更加充分。*多党合作的优势发挥得越充分，我国政党制度就越有生命力。各民主党派要充分发挥人才荟萃的智力优势，紧紧围绕“创业富民、创新强省”中的重大问题，特别是应对国际金融危机、促进经济转型升级这一重要课题，开展考察调研，积极献计出力。要充分发挥协调关系的功能优势，加强对各自成员和所联系群众的思想引导，反映涉及各界群众切身利益的现实问题，协助党委、政府做好沟通思想、理顺情绪的工作，促进“平安浙江”、“法治浙江”建设。要充分发挥联系广泛的资源优势，积极拓展与港澳台同胞、海外侨胞的联系渠道，帮助引进资金、技术、人才和管理经验，促进我省与境外的交流合作。要通过发挥多党合作和统一战线的优势，最大限度地统一思想、凝聚人心、汇聚力量，不断把我省现代化建设事业推向前进。

坚持中国共产党领导，是多党合作事业蓬勃发展的根本前提和保证。加强和改善对多党合作事业的领导，充分发挥多党合作制度的独特优势和作用，对于中国共产党提高执政能力、巩固执政地位具有重要意义。各级党委要从发展社会主义民主、推动科学发展、促进社会和谐的战略高度，进一步提高对多党合作重要性的认识，把多党合作纳入重要议事日程，定期研究和解决工作中的重要问题。要支持民主党派独立自主地处理内部事务，照顾民主党派、无党派人士的政治和物质利益，做到政治上充分信任、工作上大力支持、生活上关心照顾。要切实改进领导方式，寓党的领导于民主协商、政治引导、合作共事之中，不断提高领导多党合作的能力。要大力支持民主党派加强自身建设，积极协助做好政治交接、组织发展和成员教育管理工作，加强党外干部的选拔培养，为多党合作事业的长期发展奠定扎实基础。

六十年是一个甲子，我国的多党合作制度从确立到不断发展，正逐步走向成熟。回首往事，我们豪情满怀；登高望远，我们信心百倍。站在新的历史起点上，我们要更加紧密地团结在以胡锦涛同志为总书记的中共中央周围，继承和发扬中国共产党与各民主党派、无党派人士风雨同舟、团结奋斗的光荣传统，高举大团结大联合的旗帜，进一步加强多党合作和政治协商制度建设，不断巩固和壮大最广泛的爱国统一战线，为全面建设惠及全省人民的小康社会再立新功！

国庆、中秋佳节即将来临，让我们祝伟大的祖国繁荣富强、前程似锦，祝人民群众安居乐业、幸福美满，祝同志们、朋友们身体健康、万事如意！

# 夏宝龙在第三届浙江省优秀中国特色社会主义事业建设者表彰电视电话会议上的讲话（摘要）

（2009年11月19日）

今天，我们在这里召开大会，隆重表彰为我省改革开放和社会主义现代化建设作出重要贡献的非公有制经济人士和其他新的社会阶层人士优秀代表。首先，我代表省委、省政府，向受到表彰的优秀建设者表示热烈的祝贺！

胡锦涛总书记在党的十七大

报告中强调，要“坚持和完善公有制为主体、多种所有制经济共同发展的基本经济制度，毫不动摇地巩固和发展公有制经济，毫不动摇地鼓励、支持、引导非公有制经济发展，坚持平等保护物权，形成各种所有制经济平等竞争、相互促进新格局”。11月6日，贾庆林主席出席第三届全国非公有制经济人士优秀中国特色社会主义事业建设者表彰大会并发表重要讲话。紧接着，贾主席又专程来我省视察，对非公有制经济发展给予高度关注，他反复强调，“继续保持非公有制经济健康发展、非公有制经济人士健康成长，关系浙江经济发展的大局”，“要促进非公有制经济优化结构、提高质量，为应对国际金融危机、保持经济平稳较快发展发挥更大的作用”。我们召开这次表彰大会，目的就是要认真贯彻落实党的十七届四中全会和中央领导的重要指示精神，始终坚持“两个毫不动摇”，大力推进我省非公有制经济发展，激励广大非公有制经济人士积极进取、奋发有为，在推动我省经济社会又好又快发展中再创佳绩。

我省地处改革开放的前沿，是非公有制经济的先发地区，也是非公有制经济大省。浙江改革开放的历史，就是一部非公有制经济不断发展壮大的历史。如果说浙江30多年改革开放的历史是一幕波澜壮阔的长剧，那么非公有制经济无疑是其中一位重要的主角。在党和国家方针政策的指引下，我省非公有制经济从小到大、从弱到强，呈现出发展势头强劲、实力大幅提升、创新能力增强、结构日趋优化、品牌效应凸显的良好态势。非公有制经济在我省经济社会中地位越来越重要，作用越来越突出，影响越来越深远，已经成为我省国民经济的重要支柱，成为浙江经济的特色、优势和活力所在。全省GDP的70%、税收的60%、新增就业岗位的90%以上，都是非公有制经济创造的。在这当中，涌现出了一大批政治上有觉悟、经济上有实力、对社会有贡献的优秀建设者。在他们的身上，充分展现了心系国家、情牵人民的爱国情怀，百折不挠、锐意进取的拼搏精神，诚实守信、遵纪守法的优良品格，致富思源、服务社会的贡献意识。

改革开放以来的实践充分证明：我们党关于非公有制经济的理论方针政策是完全正确的，必须坚定不移地贯彻落实；公有制为主体、多种所有制经济共同发展的社会主义基本经济制度，符合我国社会主义初级阶段的基本国情，必须坚持和完善；个体、私营等非公有制经济是我国社会主义市场经济的重要组成部分，具有独特优势和作用，必须毫不动摇地巩固和发展公有制经济，毫不动摇地鼓励、支持、引导非公有制经济发展；非公有制经济人士是中国特色社会主义事业的建设者，必须在促进非公有制经济健康发展的同时，促进非公有制经济人士健康成长。

当前，我省正处于全面建设小康社会的关键阶段，应对国际金融危机冲击、保持经济平稳较快发展、促进社会和谐稳定是我们的重要任务。面对新的形势和任务，我们更要发挥好非公有制经济作为国民经济重要支柱的作用。我省非公有制企业扎根本土、根深叶茂，极具韧性和活力。我们完全有理由相信，通过这次国际金融危机的冲击和洗礼，我省的非公有制经济必将实现新一轮的大发展。全省广大非公有制经济人士要进一步坚定信心，振奋精神，提高自身素质，勇担时代使命，为我省改革开放和社会主义现代化建设再立新功。在这里，我提五点希望。

**第一，希望广大非公有制经济人士做政治信念坚定的“建设者”**

中国特色社会主义事业建设者，第一位的是要坚持正确的政治方向。非公有制经济是改革开放的时代产物，是坚持走中国特色社会主义道路的结果。正是在中国特色社会主义伟大旗帜的指引下，破除“左”的影响和传统观念，解放生产力，实行改革开放，才有了非公有制经济，才有了新的社会阶层；正是在中国特色社会主义伟大旗帜的指引下，确立并坚持公有制为主体、多种所有制共同发展的基本经济制度，才有了非公有制经济人士财富的积累、地位的提升和社会的认同。实践充分证明，中国特色社会主义道路是我国实现民族振兴、国家富强和人民幸福的必由之路，也是实现“两个健康”的必由之路。广大非公有制经济人士要坚定不移地走中国特色社会主义道路，把自身事业发展与建设中国特色社会主义事业结合起来，为坚持和完善中国特色社会主义道路贡献力量。要坚决拥护党的领导，积极响应党的号召，自觉贯彻党的基本路线、方针和政策。要秉持爱国情怀，把企业发展与国家振兴结合起来，将报效祖国作为义不容辞的责任，在实现民族复兴的伟业中体现自身的价值。

**第二，希望广大非公有制经济人士做推动转型升级的“建设者”**

当前，我省非公有制经济发展面临着国内外宏观环境的深刻变化，面临着严重的资源环境瓶颈制约，特别是在这场百年不遇的国际金融危机冲击下，非公有制经济产业层次偏低、科技含量不高、企业规模偏小和经营管理、专业技术人才缺乏等问题更加凸显。转变发展方式，加快转型升级，是非公有制企业应对当前挑战、实现健康发展的必然选择。广大非公有制经济人士要变压力为动力，着力做好“调整、重组、升级”文章，努力实现从单纯加工生产向研发、生产、销售一体化的转变；实现从空间概念的块状经济向真正意义的现代产业集群转变；实现从初创期的家族式管理向建立现代企业制度转变，实现从盯住单个市场到统筹国际国内市场转变。要抓住国家实施十大重点产业调整和振兴规划的契机，按照我省11大产业转型升级规划，加快优化产业结构，努力改造提升传统产业，搞好产品升级换代。特别是要鼓励具有竞争优势的非公有制企业开展战略重组，加强产业横向联合，发展上下游关联产业，发展壮大一批主业突出、品牌知名、核心竞争力强的非公有制大企业大集团，把大量的中小企业纳入其产业链，提升我省中小企业和块状经济的发展水平。要大力推进节能减排，积极发展低碳经济、绿色经济、循环经济，努力实现经济效益、社会效益、生态效益的有机统一，实现非公有制经济的可持续发展。

**第三，希望广大非公有制经济人士做推进创业创新的“建设者”**

浙江改革开放30多年的历史，就是一部创业创新的实践史。在改革开放的大潮中，我省广大非公有制经济人士勇字当头，敢为人先，成为改革开放的弄潮儿，成为创业创新的主力军，创造了许多“全国第一”。总结浙江经验，根本的是保护和尊重群众的首创精神，鼓励全民创业创新；发扬浙江精神，核心就是要发扬创业创新精神。广大非公有制经济人士要把自主创新作为企业强筋壮骨、赢得优势的根本途径，大力推进技术创新，加大技术研发力度，深化产学研结合，推进原始创新、集成创新和引进消化吸收再创新，形成一批具有自主知识产权的关键技术和产品，增强非公有制经济整体素质和发展后劲。要大力推进品牌创新，树立经营品牌理念，把广告策划、品牌收购、资本运作、企业文化与品牌创建有机结合起来，提升品牌附加值，打造拥有自主知识产权的品牌。要大力推进管理创新，按照建立现代企业制度的要求，加快公司化改造步伐，完善法人治理结构，不断创新管理模式，加紧培养和引进人才，努力实现企业规模扩大、资源优化配置和效益显著增强的有机统一，着力提升非公有制经济的发展活力。

**第四，希望广大非公有制经济人士做坚持义利兼顾的“建设者”**

温家宝总理指出：“企业家不仅要懂经营，会管理，企业家的身上还应该流淌着道德的血液”。“道德的血液”，实质是向企业界提出了“义”的问题。我国历来有“商道即人道”的说法，强调不论是为人处事还是经商办企业，都要讲诚信、守信用。浙商也素有讲求“义利兼顾”、“德行并重”的传统文化。非公有制企业要善求“义”中之利，不能以“利”害“义”，只有这样，才能得到社会更多的尊重、更大的信任，才能实现企业又好又快发展。广大非公有制经济人士要恪守诚信美德，弘扬中华优秀传统文化，传承浙商精神，培育诚信经营的企业文化，守信用、讲信誉、重信义，以高度的责任感面向社会，以严格的自律应对市场，以良好的信誉提高竞争力，推动形成与社会主义市场经济相适应、与中华民族传统美德相承接的道德规范和行为规范，展现当代浙商的良好精神风貌。要增强法治观念，自觉做到学法、懂法、知法、守法，遵循市场规则和行业规范，维护国家、集体的利益，维护正常的经济秩序，维护企业员工的合法权益，不断增强企业的凝聚力。

**第五，希望广大非公有制经济人士做履行社会责任的“建设者”**

履行社会责任，是企业存在的前提，是企业价值的体现，是企业做大做强的基石。企业拥有的财富和资源越多，肩负的社会责任就越大。“穷则独善其身，达则兼济天下。”多年来，我省非公有制经济人士致富思源、富而思进，主动回报社会，踊跃参与公益事业、光彩事业，受到了社会各界的广泛赞誉。在此次抵御国际金融危机中，有相当部分的企业家表现出了一种强烈的责任意识、大局观念，向社会公开承诺不裁员、不减薪、不欠薪，勇敢地承担起社会责任。越是困难的时候，越是考验企业家社会责任感的时候。一个具有社会责任感的企业，才能赢得社会的尊重，才可能成为市场经济的“常青树”。广大非公有制经济人士要树立正确的人生观、财富观和价值观，继续将贡献的理念体现在事业发展过程中，把回报社会作为一种使命、一种责任、一种常态，努力把非公有制企业发展提升到一个新水平、新境界。要履行好促进就业的责任，多渠道、多方式增加就业岗位，积极吸纳下岗职工、大学毕业生和农村剩余劳动力，替百姓解难、为政府分忧。要履行好节能环保的责任，加快转变发展方式，提高能源资源利用效率，努力促进资源节约型、环境友好型社会建设。要履行好维护稳定的责任，善待和关爱员工，发展和谐劳动关系，强化安全生产和产品质量意识，努力构建和谐企业。要履行好发展公益事业的责任，继承和发扬中华民族扶危济困的传统美德，更多地关心社会困难群体，踊跃投身到项目扶贫、温暖工程、光彩事业、扶贫助学和其他社会公益事业中去，为构建社会主义和谐社会贡献力量。

这次受表彰的优秀建设者中，有几位是新的社会阶层人士，他们是自由择业知识分子的优秀代表。在建设中国特色社会主义事业中，广大自由择业知识分子积极参与经济、政治、文化、教育、科技、卫生、法律等方面的建设，为促进改革开放、完善社会主义市场经济体制、维护社会公平正义、促进社会和谐稳定作出了重要贡献。希望广大自由择业知识分子发扬“优秀建设者”精神，深入了解社情民意，积极建言献策，积极投身创业富民、创新强省的生动实践，不断创造新的业绩，作出新的贡献。

加强党的领导是非公有制经济健康发展和非公有制经济人士健康成长的根本保障。各级党委、政府要高度重视并切实做好新的社会阶层人士工作，认真贯彻中央和省委、省政府出台的关于鼓励、支持和引导非公有制经济发展的一系列方针政策措施，切实帮助解决非公有制企业发展中遇到的实际问题，特别是要下大气力解决非公有制企业市场准入难、融资难、引进人才难等突出问题，努力为非公有制企业发展创造良好的环境，最大限度地激发他们的创造活力。党委统战部门要发挥自身优势，认真履行职责，切实加强与非公有制经济人士和其他新的社会阶层人士的联系，认真做好思想政治工作，不断增强他们坚持走中国特色社会主义道路的信心和决心。

工商联是党和政府联系非公有制经济人士的桥梁纽带，是政府管理非公有制经济的助手。各级工商联组织要在党委统一领导下，充分发挥自身的特点和优势，认真研究非公有制经济人士和其他新的社会阶层人士工作面临的新形势、新任务，积极探索新思路、新举措，切实做好团结、帮助、引导、教育工作，为巩固和扩大党的执政基础汇聚力量。要做好代表人士的培养选拔和政治安排工作，逐步扩大他们有序参与政治和社会事务的渠道。要深入企业一线，帮助他们解决生产经营中的实际困难，依法维护他们的合法权益，充分反映他们的合理诉求。要加大对优秀建设者先进事迹的宣传力度，发挥先进的示范带头作用，努力在全社会形成争做优秀中国特色社会主义事业建设者的良好氛围。

浙江经济的活力在非公有制经济，优势也在非公有制经济。在全面建设惠及全省人民的小康社会进程中，非公有制经济发展前景广阔，非公有制经济人士和其他新的社会阶层人士大有可为。让我们紧密团结在以胡锦涛同志为总书记的党中央周围，高举中国特色社会主义伟大旗帜，深入贯彻落实科学发展观，大力弘扬以“爱国、敬业、诚信、守法、贡献”为核心的“优秀建设者”精神，再接再厉、开拓进取，为推动我省经济社会又好又快发展作出新的更大的贡献！

# 陈金彪在全省统战部长会议上的讲话（摘要）

（2009年3月11日）

这次全省统战部长会议，是在全省上下全力应对国际金融危机影响、保持经济社会平稳较快发展的背景下召开的一次重要会议。我们将认真学习贯彻党的十七大、十七届三中全会以及省委十二届四次全会、全省经济工作会议等一系列重要会议精神，认真落实全国统战部长会议的工作部署，高举中国特色社会主义的伟大旗帜，深入学习实践科学发展观，准确把握当前我省统一战线的形势，回顾总结2008年工作，研究部署2009年工作任务，切实加强自身建设，动员广大统一战线成员自觉投身到推动改革开放、服务科学发展、促进团结和谐的实践中，在新的历史起点上实现统一战线新的更大发展。

省委对统战工作高度重视，多次专题研究统战工作。这次全省统战部长会议召开前，省委常委会又专门听取了统战工作情况汇报，充分肯定去年成绩，明确今年工作重点，省委书记赵洪祝同志对进一步做好全省统战工作作了重要指示。今天，省委副书记夏宝龙同志亲临会议，并做了重要讲话。夏宝龙同志的重要讲话着眼全局，把握规律，对加强新时期我省统一战线工作和统战干部队伍建设具有很强的指导性、针对性和前瞻性，我们要认真学习，深刻领会，切实贯彻落实到工作中去。

下面，根据部务会议意见，我主要讲三个问题：

**一、2008年我省统一战线工作回顾**

（略）

**二、2009年我省统战工作总体要求和重点工作**

2009年是新中国成立60周年，也是应对国际金融危机冲击、保持经济社会又好又快发展、推进“十一五”规划顺利实施的关键之年。2009年，国际金融危机对我省经济的影响日益加深，不稳定不确定因素和突发风险显著增加；随着改革的进一步深入，深层次的矛盾和问题将更加突出；经济全球化给人们的思想观念、价值取向和行为方式带来了巨大影响，社会热点逐渐增多，各种思潮纷繁复杂；境外敌对势力利用民族宗教问题对我干扰破坏活动加剧，反渗透、反颠覆、反分裂斗争形势更加严峻。同时，我们也应该看到，我国经济发展的基本态势没有发生根本变化，经济发展的优势条件没有发生根本变化，工业化、城镇化加快发展的趋势没有发生根本变化，发展的外部环境没有发生根本变化，有党的坚强领导，社会主义制度的优越性，全国各族人民的团结奋斗，我们一定能战胜一切困难。全省各级统战部门和广大统战干部，要进一步增强责任感，树立世界眼光、战略意识、全局观念、辩证思维和创新精神，有所作为，不辱使命，把促进发展、协调关系、化解矛盾、维护稳定作为今年最重要的任务，重实际、出实招、办实事、求实效，不断开创我省统一战线工作的新局面。

2009年我省统一战线工作的总体思路是：坚持以邓小平理论和“三个代表”重要思想为指导，深入贯彻落实科学发展观，全面贯彻落实党的十七大、十七届三中全会精神，按照省第十二次党代会、省委十二届四次全会和全国统战部长会议的部署，紧紧围绕我省“创业富民、创新强省”总战略和“保增长、抓转型、重民生、促稳定”的工作主线，深入开展“三大建设、三个探索”，实施“五大行动计划”，切实加强自身建设，凝心聚力，同舟共济，求真务实，开拓创新，为有效应对国际金融危机、推动经济平稳较快发展，为全面建设惠及全省人民的小康社会提供广泛的力量支持。

做好今年的统战工作，我们要认清国际国内新形势新变化，从全局和战略的高度谋划统一战线工作，把保增长作为统一战线的首要任务，把推进改革作为统一战线的重大使命，把维护稳定作为统一战线的政治责任。具体做好以下八个方面工作：

1. 以科技创新竞赛行动计划为抓手，动员广大统一战线成员为我省加快转变经济发展方式、推进经济转型升级建功立业

加快转变经济发展方式、推进经济转型升级，是全面贯彻落实省委十二届四次全会和全省经

济工作会议精神，解决我省发展面临的各种矛盾和问题、应对未来各种压力和挑战、保持经济平稳较快发展的必由之路。统一战线要认清形势、凝聚共识，把服务转型升级，作为当前和今后一个时期的重要战略任务来抓。要认真贯彻省委统战部《关于发挥统一战线优势和作用，努力为推进经济转型升级服务的意见》，努力为实现我省经济平稳较快发展提供重要助力。

深入实施“科技创新竞赛行动计划”，在技术支持、政策落实、提高效能、优化服务等方面下功夫，不断提高统一战线服务经济转型升级的能力和水平。在“科技创新竞赛行动计划”实施、评比和表彰过程中，要适当向经济转型升级项目倾斜。进一步加强同高校、科研院所、企业的联系，积极支持一批转型升级中的重点项目，协助发展高新技术产业，激发统一战线成员推进经济转型升级的积极性和创造性。

鼓励和支持各民主党派、无党派人士围绕我省经济转型升级等重大战略性问题，充分发挥他们在知识创新、科技创新中的作用和优势，把加快转变我省经济发展方式、推进经济转型升级作为建言献策、参政议政的重要内容。围绕自主创新、产业转型、优化结构、节能环保、协调发展等问题，开展深入调研，提出真知灼见，为转型升级广建良言、广集群智、广聚众力。

2. 以发挥工商联桥梁纽带和管理助手作用为抓手，发挥非公有制企业在应对金融危机促进科学发展中的生力军作用

动员各级统一战线组织围绕中心、服务大局，积极引导非公有制经济人士正确判断形势，坚定发展信心，积极应对、理性应对、责任应对金融危机，共迎挑战，共渡难关。

以“服务企业、服务基层”专项行动为重点，广泛动员全省统战干部和各民主党派、工商联成员，各方面专家学者等统战成员，走进千家企业，蹲点调研、上门走访、咨询服务，宣传当前国家和我省促进企业解困、发展的一系列政策措施；及时了解国际金融危机的发展趋势、对我省经济的影响和可能出现的风险，及时了解反映我省各地经济运行中存在的突出问题、苗头性问题和非公有制企业、社会各界人士反映强烈的问题；引导非公有制经济人士提振发展信心，承担社会责任，营造“企业爱员工、员工爱企业”的良好氛围。

按照中央统战部的统一部署，组织各民主党派、工商联、无党派人士以及浙籍港澳台海外人士，开展“我为应对国际金融危机献一策”活动，深入调研，开阔视野，了解研究应对国际金融危机的困难和问题，提出针对性的对策建议。进一步畅通信息渠道，建立非公有制经济人士信息反馈机制，加强与非公有制经济代表人士的联系。在全省建立100个非公企业信息直报点，向中央和省委有关方面及时反映非公有制企业应对金融危机的困难问题，以及非公有制经济人士的意见建议。

会同省工商联等共同举办非公有制经济人士应对国际金融危机培训班，组织专家宣讲有关政策。同时，为基层和企业在有关信息、专家咨询方面的需求搞好牵线服务，切实帮助企业有效应对和防范经济下滑。

3. 以少数民族低收入群众增收帮扶行动计划为抓手，整合各方资源为全面建设惠及全省人民的小康社会添砖加瓦

认真贯彻落实胡锦涛同志关于加强民族团结的重要批示精神，深入开展民族团结进步小康村创建活动，促进少数民族和民族地区经济社会又好又快发展。按照省委要求，抓紧抓好“低收入农户奔小康工程”各项任务的落实，深入推进“少数民族低收入群众增收帮扶行动计划”。

以三个“双百工程”（百名民主党派成员联系百村工程、百家民营企业帮扶百村工程、百名华侨华人帮助百村工程）为重要载体，重点实施带动力强、受益面大的基础设施项目或特色养殖、种植业发展项目，因地制宜地开展“产业帮扶”、“结对帮扶”、“医疗帮扶”、“科技帮扶”、“素质帮扶”、“救济帮扶”等多种帮扶形式，实现科学规划、优化结构、集中整治、夯实基础的有机结合，提高少数民族地区低收入群众和低收入农户集中村脱贫致富的能力，增强发展后劲，加快奔小康步伐。

4. 以多党合作制度化规范化程序化建设为抓手，从制度层面为统一战线可持续发展提供有力保证

以思想建设为核心，支持民主党派加强自身建设。精心指导民主党派省委会及各级组织深入学习贯彻科学发展观，继续深化以坚持走中国特色社会主义道路为主题的政治交接学习教育活动，认真总结中国共产党同各民主党派团结合作60年的宝贵经验，进一步增强接受中国共产党

领导的自觉性，把开展学习教育活动与民主党派履行职责的实践结合起来，与加强民主党派自身建设结合起来，把学习教育活动的成果体现在参政议政、民主监督的实践中，进一步夯实共同思想政治基础。按照“自觉自主自为”的原则，健全思想建设长效机制，增强思想教育的针对性、有效性。协助各民主党派制定组织发展规划，下发《关于协助民主党派加强市级组织领导班子后备干部队伍建设的意见》，进一步加强后备干部队伍和基层组织建设。建立健全多党合作制度有效运行的体制和机制，细化和完善我省多党合作的各项制度，适时召开对口联系单位负责人和特约人员座谈会，以及各民主党派省委会制度建设座谈会，把我省多党合作的各项制度真正落到实处。召开以参政党能力建设为主题的暑期读书会，协助民主党派明确参政议政的重点和方向，健全参政议政工作机制，提高参政议政能力。

加强对中发〔2005〕5号文件和浙委〔2005〕9号文件贯彻落实情况的督促检查。巩固民主党派、无党派人士政治交接主题教育活动成果，建立和完善政治交接长效机制。召开全省无党派人士主题教育活动总结表彰大会，建立健全无党派人士的工作机制。

*5．以深入推进宗教人士队伍建设为抓手，提高宗教与社会主义社会的适应度*

广泛开展探索和谐宗教理论和创建和谐寺观教堂活动，努力实现宗教和谐和社会稳定。要创新和谐寺观教堂创建活动的内容形式，探索对宗教事务依法管理的新模式、新机制，促进宗教事务管理法制化、规范化。加强宗教界代表人士队伍建设，确保宗教团体领导权牢牢掌握在爱国爱教人士手中。推动宗教团体开展宗教教职人员资格认定备案工作，推广杭州等地对宗教团体负责人考核机制的经验。指导做好天主教教区建设工作，协助做好省伊斯兰教协会的筹备工作，以及其他省级宗教团体的换届准备工作。健全联系宗教界人士制度，注重做好宗教界代表人士、教职人员和信教群众中的骨干人物，以及信教群众的教育引导工作，帮助他们解决实际困难。

进一步完善宗教工作联席会议制度，发挥牵头协调作用，建立健全民族宗教突发事件预警应对机制，定期召开“维稳分析会”，提高防范和处置突发事件的能力。

*6．以新的社会阶层人士统战工作网络构建行动计划为抓手，增强党的执政基础和群众基础*

继续实施新的社会阶层人士统战工作网络构建行动计划，切实加强非公有制经济人士和党外知识分子统战工作，不断巩固党的执政基础，扩大党的群众基础。

非公有制经济人士思想政治工作是当前统战工作新的着力点的重要方面，对加强和改进非公有制经济人士思想政治工作统战部负有领导责任。要认真学习、深刻领会中央领导同志对非公有制经济人士思想政治工作重要批示精神，全面贯彻落实全国非公有制经济人士思想政治工作会议精神。召开全省非公有制经济人士思想政治工作会议，制定出台《关于加强非公有制经济人士思想政治工作的实施意见》。推动和深化非公有制经济人士综合评价工作，开展第三届浙江省优秀中国特色社会主义事业建设者评选表彰活动。积极开展光彩事业社会实践活动，推动各级光彩会组织建设。多形式、多渠道、多层次加强非公有制经济人士培训工作，努力为非公有制企业加快转变发展方式、实施转型升级提供人才支撑。切实加强对工商联工作的指导，认真学习贯彻中央即将出台的进一步加强非公有制经济人士工作和工商联工作的意见。加强工商联基层组织建设，会同省工商联制定《关于加强县级工商联组织建设的意见》。

找准统战工作的新着力点，努力做好自由择业知识分子统战工作。完善自由择业知识分子代表人士综合评价体系，提升评价体系的科学性、公正性和可操作性。召开自由择业知识分子统战工作交流研讨会。健全完善新的社会阶层人士统战工作联系会议制度。举办第三届全省新的社会阶层代表人士论坛。与有关部门联合召开“浙江省优秀留学回国人员”表彰大会。会同省委教育工委等有关部门开展对全省高校统战工作会议精神贯彻落实等情况的督查，进一步推动高等院校、科研院所、国有大中型企业统战工作。

*7．以海外联谊拓展行动计划为抓手，不断壮大爱国力量，为港澳长期繁荣稳定和祖国完全统一凝心聚力*

密切与港澳浙江籍社团和浙江籍代表人士的联系，举办港澳代表人士中青年骨干国情培训班，重点加强与专业界人士和年轻一代的联系，发展壮大爱国爱港爱澳力量。组团参加由香港浙江省同乡会联合会主办的苏浙沪各界人士庆祝建国60周年活动、澳门回归祖国10周年庆典活动。

以浙江中国和平统一促进会为平台，整合统战系统工作力量，开展与海内外“和统会”的交流交往。认真学习胡锦涛总书记对台工作重要讲话精神，紧紧抓住两岸交流、合作、发展的难得历史机遇，牢牢把握两岸关系和平发展的主题，加大两岸人员往来和交流合作，重点做好台湾青少年、中南部基层民众、工商界专业界人士的工作，努力做好争取台湾民心的工作。召开省级各民主党派、工商联和有关团体做台湾人民工作座谈会。

举办海内外人士“和合文化论坛”等活动，全面展示建国60年来我们国家取得的伟大成就，增强海外同胞的国家观念和民族意识，以统战文化凝聚海外同胞人心，促进海内外同胞关系更加和谐。重视新一代海外浙江籍华侨华人工作，筹备成立浙江海外联谊会青年委员会。协助省侨联、省台联做好换届工作。

8. 以党外代表人士后备队伍培养行动计划和新一轮大规模培训为抓手，进一步提高党外干部的整体素质

以把握党外干部成长规律为基础，进一步推进党外干部的培养选拔工作。认真贯彻贾庆林同志批示精神，会同省委组织部适时召开全省培养选拔党外干部工作座谈会。按照中央文件精神，研究制定关于党外正职与中共党组（党委）关系的规定细则，举办合作共事专题研讨会。研究探索党外代表人士综合评价体系建设，会同有关部门开展我省党外代表人士政治安排、实职安排情况的督查。

按照“优化环境、提高素质、改善结构、发挥作用”的要求，以培养选拔一批高层次的代表人物为重点，扎实推进党外代表人士后备队伍培养行动计划，形成科学合理的后备队伍结构。继续实施“十百千党外后备干部工程”，开展换届后党外代表人士后备人选的调整补充工作，建立健全有关统战团体领导班子重点后备人选培养制度。

以巩固多党合作和统一战线的共同思想基础为着眼点，加强对党外代表人士的教育培训。深入实施《2008—2012年浙江统一战线干部教育培训规划》，将2009年确定为教育培训质量建设年。充分发挥省社会主义学院作为统一战线人才培养、理论研究和方针政策宣传的主阵地作用，进一步加强规范化教育建设，不断提高教学培训的质量和水平。

**三、按照科学发展观要求进一步提高统战工作水平**

新形势新任务对统一战线工作提出了新的更高要求。随着全面建设小康社会进程的推进，统一战线在党和政府工作全局中的作用将更加重要；随着社会主义民主政治的推进，统一战线在扩大有序政治参与中的责任更加重大；随着社会主义市场经济的深入发展，统一战线协调关系、化解矛盾的任务将更加繁重；随着国际敌对势力对我西化分化的加剧，统一战线反分裂、反渗透、反颠覆的任务将更加艰巨；随着社会结构的变化和信息技术的迅猛发展，统一战线工作的方式方法将更加多样。要巩固和壮大新时期新阶段统一战线，不断推进我省统一战线工作上水平上台阶，必须全面加强统战理论的学习，进一步确立统战思维，提升工作能力，提高统一战线服务科学发展和实现自身科学发展的水平。

1. 执两用中，增强工作的科学性。统一战线具有“和而不同”的本质特征，要做好统战工作，必须采取与之相适应的正确的政策和策略。“两”意指宇宙万物都包含互为相反相成的两个方面，谓之“两端”；“中”意指两端之间事物正常运动的最佳结合点。执两用中，就要求我们在树立统战理念、培养统战思维、把握统战风格、讲究统战艺术的同时，更加自觉地遵循统战规律，强化功能定位，把握科学方法，找到最佳切入点。当前，各级统战部门要以开展深入学习实践科学发展观活动为契机，把握和遵循统战工作规律，切实增强工作的科学性。一是以“践行科学发展观，壮大统一战线”为实践载体，着眼提高思想认识、解决突出问题、创新体制机制、促进科学发展，认真开展深入学习实践科学发展观活动。要突出时代特色，根据新变化新要求，深入开展解放思想大讨论，更新观念、转变思路；突出实践特色，深入调查研究，广泛征求意见，认真查找问题，落实整改措施，务求工作实效；突出统战特色，注重发挥党外人士作用，认真听取他们的意见，积极推动他们深入学习贯彻科学发展观。二是明确和强化统战工作功能，进一步履行好统战部门职能。根据统战工作的性质和统战部门的职能，

适应新形势新任务新要求，要进一步强化统战工作社会整合功能、政治参与功能、民主协商功能、利益表达功能、教育引导功能、协调关系功能等六个方面的功能。三是掌握和遵循统战工作规律，增强统战工作本领。统一战线以大团结大联合作为永恒主题，以凝聚人心、汇聚力量作为根本任务，以一致性和多样性相统一作为重要基石。要坚持以人为本，增强联谊交友本领；掌握根本方法，增强统筹兼顾本领；立足科学发展，增强贯彻执行的本领，努力实现统一战线的全面协调可持续发展。

2. 因中致和，增强工作的协调性。中国传统哲学思想认为，天地万物之所以各得其所，全在“中”、“和”二字。中是不偏不倚，和是盈虚适度。中是通则，和是境界，因中致和，就是按照“中”的要求，实现万物的协调与和谐。统战工作是我们党的一项特殊的政治工作和群众工作，政治性很强，人情味很浓、艺术性很高。要做好它，特别需要健全体制机制，统筹各方资源力量，切实增强工作的协调性。要坚持统筹兼顾，善于用全面、联系、发展的观点看待问题，善于用系统的方法统筹工作。一要统筹各方工作力量。统一战线涉及许多领域和部门，统一战线不能包打天下，光靠统战部门一家是做不好统战工作的。要按照中央和省委文件要求，建立健全牵头揽总、沟通协调、上下联动、横向配合的机制，形成党委统一领导、统战部牵头协调、各有关部门和人民团体各负其责的体制。二要统筹各方统战资源。统一战线人才荟萃，资源丰富。要调动一切可以调动的积极因素，统筹协调经济、政治、文化和社会资源，有效利用内部资源、系统资源、国内资源和国际资源。三要统筹各方利益。要立足共建共享，从照顾同盟者利益入手，统筹好共同利益与具体利益、长远利益与眼前利益、政治利益与经济利益，实现好、维护好和发展好广大统一战线成员的利益。

3. 和而不流，增强工作的艺术性。统战工作范围广，领域宽，对象多，政治性政策性很强，我们做统战工作，就是要“把拥护我们的人搞得多多的，把反对我们的人搞得少少的”。如何做到这“多多少少”，需要大智慧，做到和而不流。和而不流，讲的是统战工作的原则，意思是要善于与人协调，又不是无原则地迁就。面对我国社会一致性增强基础上多样性发展的趋势，要做到和而不流，必须切实增强工作的艺术性。一要始终着眼大多数，因时因地因人而宜，采取民主协商、联谊交友、照顾利益、教育引导等多种方式，做好“体贴入微、润物无声”的工作。二要掌握和运用好统战政策，善于从政策中找思路，想办法，善于用政策团结人、引导人，善于通过政策指导实践、解决问题。三要善于求同存异。要适应社会思想多样、多元、多变的特点，正确认识把握新形势下“同”和“异”的关系，在努力寻求和增进共识的基础上，以更加包容的精神和开阔的胸襟，正确对待异，做到求同存异，和而不流。要善于通过说内行话、贴心话，来感染人，说服人，让党外朋友感到与我们交往心情舒畅，如沐春风。

4. 亨行时中，增强工作的创新性。易学所倡导的“亨行时中”，强调了“中”和“时”的辩证统一：一方面必须坚持中正之道，另一方面又必须适应时代的发展，两者缺一不可。假如只株守中正之道而不适应时势，必将陷入顽固不化境地，终将不利于事物的发展；假若只追求时髦而不坚持中正之道，必将丧失原则而流入邪俗，同样不利于事物的发展。这与当前我们党所倡导的“与时俱进”是相一致的。创新是党中央对统战工作的一贯要求。可以说，新时期统战工作的生命就在于“亨行时中”，要求我们切实增强工作的创新性。一要有强烈的创新意识。如果满足现状，因循守旧，就不可能产生求新求变的愿望，创新也就无从谈起。要善于系统学习，善于调查研究，善于总结经验，树立创新思维，努力形成一种鼓励创新、大胆开拓的良好氛围，使创新真正成为每一名统战干部的自觉行动。二要有扎实的创新功底。没有厚实的知识积累，所谓创新就是一句空话。这就要求我们除了掌握统战知识之外，还要注意学习有关经济、科技、历史、法律等方面的知识，以适应创新工作的需要。要通过以会带训、专家辅导等方式，加强统战干部的学习培训。从今年开始，省委统战部拟实施“举办一次培训会议、精读一本专业书籍、参加一次调研活动、撰写一篇体会文章、做好一次主题发言”的部机关干部素质提升工程。三要有深入的创新实践。要继续开展统战工作创新奖活动，深入实际，深入实践，在实践中拓宽新的领域，丰富新的内容，探索新的途径，形成新的机制。

5. 固本强基，增强工作的实效性。统战工作的难点在基层，重点在于打好基础，要突出重点难点问题，带动全局工作开展，切实增强工作的实效性。一是要加强调查研究。调查研究是成事之基，谋事之道。要举全省统战部门之力搞好调研，指导和推动工作。充分发挥统战理论研究会及研究基地的作用，加强与有关高校和研究机构的合作，继续进行统战理论研究课题社会化招标，探索建立统战理论研究会分会的工作。二是要加强督查考核。坚持市委统战部长工作例会制度，今年将重点研究推进宗教“三五工作目标”、工商联桥梁纽带建设和新的社会阶层网络构建工作，整合全省统战工作力量，整体推进工作。加强对重点工作的督促检查，强化统战工作的执行力。搞好全省高校统战工作会议精神的学习贯彻和党外干部培养选拔工作的检查。继续实施统战工作绩效考评。三是要加强基层统战。真正重视、真情关心、真心爱护基层统战干部，加强对基层工作的指导帮助，积极为基层开展工作创造条件。在认真准备基础上，适时召开基层统战工作经验交流会，及时总结和推广基层统战工作好的举措和做法。要健全完善基层统战工作的评议、考核制度，激励基层统战部门开拓创新。要积极探索发挥统一战线成员在落实基层民主自治制度中的作用，推进基层统战工作网络的构建。

# 陈金彪在全省新的社会阶层人士统战工作现场会上的讲话（摘要）

（2009 年 6 月 25 日）

今天，我们在台州市黄岩区召开全省新的社会阶层人士统战工作现场会，这次会议是我省关于自由择业知识分子统战工作的第一次全省性会议。

同非公有制经济人士统战工作相比，自由择业知识分子统战工作起步较晚。全国统战工作会议以后，我省把自由择业知识分子作为统战工作新的着力点，积极实施“新的社会阶层人士（自由择业知识分子）统战工作网络构建行动计划”。去年 10 月，全国自由择业党外知识分子统战工作交流研讨会在我省召开，与会代表对我省构建自由择业知识分子统战工作网络的做法和成效给予充分肯定，中央统战部陈喜庆副部长在讲话中用“六个最”进行了概括：指出我省是全国非公有制经济发展最早、最快的省份之一，是新的社会阶层人士最多、最集中的省份之一，也是新的社会阶层人士统战工作开展最普遍、最活跃的省份之一。给我省新的社会阶层人士统战工作以莫大的鼓舞。我们召开全省新的社会阶层人士统战工作现场会，就是要进一步贯彻落实全国自由择业知识分子统战工作交流研讨会精神，深入实施“新的社会阶层人士（自由择业知识分子）统战工作网络构建行动计划”，进一步推进我省新的社会阶层人士统战工作上水平、上台阶。

昨天与会同志参加了台州市新的社会阶层人士“新活力．新形象．新贡献”主题活动启动仪式，参观了黄岩区农村新经济组织人士创业创新培训服务基地。刚才台州市委统战部、黄岩区委统战部介绍了很好的经验，观看了黄岩区开展新的社会阶层人士统战工作的专题片。我觉得他们的做法和经验初步归纳，主要有五条：一是善于抓住机遇。对于新的社会阶层人士工作，十七大报告有强调，中央和省委文件有要求，新的社会阶层人士有期待，就在许多地方感到势在必行而又不知道如何着手的时候，他们却能够抓住机遇，率先开展工作，取得初步成效。二是善于调查研究。调查研究是连接理论和实践的桥梁。没有调查研究，不仅没有发言权，而且没有理论创新权，没有工作实践权。因为离开调查研究的发言多半是“瞎说”，离开调查研究的理论创新多半是“瞎想”，离开调查研究的工作实践多半是“瞎干”。台州市、黄岩区自由择业知识分子工作之所以呈现出良好的发展态势，关键是市、区统战部门坚持把调查研究放在各项工作首位，掌握了大量鲜活、真实、丰富的第一手材料，从而为完善对策、推动工作奠定了可靠基础。三是善于探索创新。自由择业知识分子是一个新的社会群体，也是党的统一战线工作的一个新领域，没有“先生”可问、没有“先例”可循、没有“先验”可鉴，只有解放思想、大胆创新，才能切实推动这项工作开展。台州市在黄岩区、路桥区、三门县和临海市分别开展了以社团为纽带、以社区为依托、以网络为媒介、以评价为先导的各具特色的试点工作，并在全市推广交流。黄岩区成立了全省首家县级新的社会阶层人士联谊会，启动六大系统工程，迅速打开了局面。四是善于围绕中心。任何一项工作的重要程度，都是由其同中心工作的关联程度决定的。统一战线之所以成为党的重要法宝，根本在于统一战线作为党的总路线、总政策的重要组成部分，历来是为党的中心工作服务的。这些年来，台州市、黄岩区新的社会阶层人士统战工作之所以影响日益扩大，同样根本在于始终坚持围绕中心、服务大局、发挥作用，从而得到了党委和政府的重视和支持。五是善于协调动员。自由择业知识分子广泛分布于新经济组织、新社会组织中，涉及领域比较宽、流动性比较强，光靠统战部门来开展工作，力量肯定是不够的。台州市委统战部、黄岩区委统战部的编制并不多，甚至应该说是偏少的，但他们通过建立适当的工作机制，搭建适当的工作载体，创新适当的工作方法，将自由择业知识分子工作富有成效地开展起来。建立健全了有统战部门牵头、党政有关部门参加，有关社会团体参与的新的社会阶层人士统战工作联席会议制度，实现了力量整合、资源整合、工作整合；建立了新的社会阶层人士联谊会，集学习教育、培养骨干、联谊交友、发挥作用等多种功能于一体，得到了自由择业知识分子的积极响应和参与；探索落实“以社团为纽带、社区为依托、网络为媒介、活动为抓手”工作方法的具体实现形式，逐步适应了自由择业知识分子的特点。台州市委统战部和黄岩区委统战部在新的社会阶层人士工作做什么、怎么做、谁来做问题上作出了积极的探索，在实施“新的社会阶层人士（自由择业知识分子）统战工作网络构建行动计划”上走在了全省前列。

下面我代表省委统战部就进一步推进“新的社会阶层人士（自由择业知识分子）统战工作网络构建行动计划”讲几点意见。

## 一、深入实施新的社会阶层人士（自由择业知识分子）统战工作网络构建行动计划的意义

在深入调研、深入实践、深入思考的基础上，在去年初的全省统战部长会议上，我部正式提出要在全省统战部门实施新的社会阶层人士（自由择业知识分子）统战工作网络构建行动计划，并制定下发了《关于“新的社会阶层人士（自由择业知识分子）统战工作网络构建行动计划”的实施意见》（浙统发〔2008〕56号，以下简称《实施意见》），为什么要进一步推进这一计划呢？

1. 深入实施这一计划，是顺应新世纪新阶段我省统一战线工作发展的需要。改革开放以来，随着社会主义市场经济体制的建立，社会结构也发生了深刻的变化。浙江是经济大省，经济社会的快速发展为新社会组织的发展和自由择业知识分子群体的健康成长提供了肥沃土壤，使浙江成为新社会组织和自由择业知识分子数量最多的省份之一。据不完全统计，全省有各类社团组织12470个，各类社会中介组织近10000家，各类民办非企业单位10810家，新社会组织总数居全国第三位，每万人拥有新社会组织数量居全国第二位。全省有私营企业和外资企业的管理技术人员242万人，中介组织和民办非企业单位从业人员20余万人。自由择业知识分子从我们过去讲的“单位人”变成了“社会人”。自由择业知识分子这么大的一个群体，这么广泛的社会联系面，如果这些人游离在我们党和政府联系的纽带之外，久而久之，我们党执政的群众基础是会受到削弱的。既然我们要巩固和壮大党执政的群众基础，我们在“社会人”的基础上，还要把它们变成有组织的人。当然这个组织不是政治组织，也不是行政组织，而是一种新的社会组织。要把他们纳入到新的社会组织里面，成为“组织人”，通过这样的一种纽带，把他们团结在我们党和政府的周围，进而成为“和谐社会人”，也就是成为我们党执政兴国的重要的群众基础的一个有机组成部分。加强自由择业知识分子统战工作，非常现实地摆到各级党委尤其是我们统战部门的面前。

2. 深入实施这一计划，是

全面加强我省新的社会阶层人士统战工作的需要。新的社会阶层人士工作是我省统战工作的一大亮点，但受到主客观各种因素制约，目前新的社会阶层人士统战工作普遍存在着“一重一轻”(即重视非公有制经济人士，忽视自由择业知识分子）的现象，具体表现在对两个人群统战工作的四个“不均衡”：一是工作推进不均衡。非公有制经济人士作为传统领域的统战工作，基层统战部在依托载体、运用手段，开展思想政治教育引导等方面，形成一整套比较成熟的工作思路和做法，而就自由择业知识分子工作而言，目前还不同程度地存在着身份难界定，底数难摸清，职责难理清，工作难推进的状况。二是重视程度不均衡。相对于自由择业知识分子，非公有制经济人士显示较强的经济实力和较大的社会影响，各地统战部门往往特别关注和重视做非公有制经济人士的工作，将工作列入了重要议事日程。反之，对做好自由择业知识分子这一新的着力点人群的统战工作的现实意义和战略意义认识不到位，忽视对其开展思想教育引导工作，工作提不到议事日程。三是政治参与不均衡。非公有制经济人士属传统工作领域，基层统战部门普遍建有代表人士名单，且有工商联直接联系，对他们的情况比较了解，加上非公有制经济人士本身的经济实力和社会影响，这些年强调要扩大新阶层参政比例，增加的名单中多数是非公有制经济人士，使得两类人群在人大、政协参政人数比例中“一多一少”的状况更加凸显。四是有效服务不均衡。从上至下的工商联组织的存在和健全的组织网络，既为帮助服务非公有制经济人士提供了有利条件，也为做好非公有制经济人士统战工作提供了组织保证。但开展自由择业知识分子工作则因缺乏组织载体或因组织载体不健全，许多服务工作却难以进行，在实际工作中提供给两个人群的有效服务明显不均衡。实施这一计划，就是要改变这种不均衡状况，推进我省自由择业知识分子统战工作，全面加强我省新的社会阶层人士统战工作。

3．深入实施这一计划，是整体推进我省自由择业知识分子统战工作的需要。全省统战工作是一个有机的整体，在重点工作、关键问题上，不能零敲碎打，必须形成整体，形成声势，集团作战，产生影响。实施这一计划，在自由择业知识分子统战工作方面确定了一个全省整体的目标，这就是在各级党委统一领导下，力争经过三年时间的努力，在全省范围内，基本建立由各级党委统战部门牵头协调，以联席会议机制为保障，以党建工作为核心，以综合评价为先导，以社团为纽带，以社区为依托，以网络为媒介，以活动为抓手的全面覆盖我省各类、各层面自由择业知识分子群体的统战工作网络体系，延伸统战工作触角，扩大党的基层工作覆盖面。努力形成上下联动、左右协调、内外参与的自由择业知识分子统战工作新格局。实现这一整体目标，作为一个省、一个市，一定要有规定动作，大家齐心协力。计划又进一步提出，构建自由择业知识分子统战工作网络，要从夯实基础做起，实现“四个有”。即有机制，每个地方都应建立联席会议制度；有队伍，每个地方都应建立一支自由择业知识分子代表人士队伍；有载体，每个地方都应把自由择业知识分子组织起来，有适合自由择业知识分子特点的联谊载体；有活动，有体现自由择业知识分子特色的活动，增强凝聚力，扩大影响面。到2008年底，全省各市都应建立联席会议制度和知联会组织。建立联席会议制度和知联会组织的县（市、区）要达到一半以上；到2009年底，县（市、区）均应建立联席会议制度和知联会组织。到2011年，建立一支在各个层面有较高知名度和较大社会影响的自由择业知识分子代表人士队伍。古人云：“不谋全局者，不足以谋一域”，反过来也一样，不谋一域者，不足以谋全局。各级统战部门要履行职责，完成使命，就要强化刚性要求，提出整体目标和规定动作，加强工作指导和督查的力度，及时总结工作中好的经验和做法，从而更好地推进全省自由择业知识分子统战工作上水平、上台阶。

## 二、实施新的社会阶层人士（自由择业知识分子）统战工作网络构建行动计划的进展

去年以来，全省上下深入实施“新的社会阶层人士（自由择业知识分子）统战工作网络构建行动计划”，各级统战部门在充分调研的基础上，联合有关党政部门和社会团体，始终坚持中央关于新的社会阶层人士工作“充分尊重、广泛联系、加强团结、热情帮助、积极引导”的方针，努力探索“社团为纽带、社区为依托、网络为媒介、活动为抓手”二十字工作方法，积极开展试点工作，积累工作经验并逐步

推广，以点带面，全面推进，已经取得了阶段性成效。

1. 创新思路，注重实效，积极探索多元化的工作方法

从党建入手，着力夯实自由择业知识分子统战工作的基础。做好自由择业知识分子统战工作，要充分发挥新社会组织中党组织的作用。中央组织部《关于加强社会团体党的建设工作的意见》（中组发〔2000〕10号）明确指出，社会团体党组织的职责之一就是做好统一战线工作。与此相应，做好统战工作也应该是社会中介组织和民办非企业单位党组织的重要职责。这既是对新社会组织党组织的基本要求，也是以新社会组织党组织为核心开展自由择业知识分子统战工作的主要政策依据。我省各级党委高度重视新社会组织党建工作。2002年6月，省第十一次党代会提出要抓好新社会组织党建工作，而后省委又专门下发了《关于加强新社团组织党建工作的意见（试行）》（浙委发〔2002〕89号）。2007年6月，省第十二次党代会又进一步提出，要积极探索在新社会组织中建立党组织的有效途径，不断扩大党的组织覆盖面，充分发挥党组织的作用。到2007年底，全省具备建党条件的社团共2183个，已经建立的1511个，占69%。具备建党条件的民办非企业单位1073个，已经建立的631个，占59%。到2008年底，全省700家律师事务所中，241家单独建立了党支部，335家建立了联合支部，82%的律师事务所建立了党的基层组织。这为我省开展自由择业知识分子统战工作奠定了良好的基础。

从试点入手，着力探索自由择业知识分子统战工作的方式方法。台州市在黄岩区、路桥区、三门县和临海市分别开展了以社团为纽带、以社区为依托、以网络为媒介、以评价为先导的试点工作。黄岩区成立了全省首家县级新的社会阶层人士联谊会，实施“万名农村新经济组织人士培训服务工程”。制订了《新的社会阶层人士统战工作制度》；路桥区在全省率先开展了社区新的社会阶层人士统战工作，形成了社区新的社会阶层人士统战工作协调、运行、保障三大机制，编印的《社区新的社会阶层人士统战工作资料汇编》，为社区做好新的社会阶层人士统战工作提供了典范；三门县创建了全省首个新的社会阶层代表人士博客群，充分发挥博客传播多元化、沟通互动性、联系便捷等优势，掌握情况、宣传政策、开展工作，目前已有200多名新的社会阶层代表人士在网上开博。临海市在全省率先建立了新的社会阶层代表人士（自由择业知识分子）综合评价体系，以市委名义下发了开展综合评价工作的《意见》，明确了综合评价工作的主评单位、评价对象、评价内容和评价等次，并开展了综合评价工作。宁波市海曙区建立了新的社会阶层人士思想动态反馈、回馈社会活动、参政议政诉求、教育培养引导四大机制。成立了全省第一家职业经理人联谊会，开辟了“聚仁阁”论坛。宁波市江北区成立了外滩商圈统战工作站，建立了服务外滩自由择业知识分子的1842俱乐部，并组织白领沙龙，组建“老外滩音诗派”电声乐队，增强了凝聚力和向心力。宁波市、台州市在积极开展试点工作的基础上，分别召开了全市新的社会阶层人士（自由择业知识分子）统战工作现场会，总结推广试点经验。2008年8月，我部在台州市召开了全省新的社会阶层人士（自由择业知识分子）统战工作网络构建行动计划推进会，会后下发了《会议纪要》，以推动全省自由择业知识分子统战工作的开展。

从引导入手，着力提升自由择业知识分子的整体素质。在省社会主义学院举办了二期全省新的社会阶层代表人士理论研究班，共有100多名自由择业知识分子参加了集中培训。省律师协会、省注册会计师协会也分别组织了协会内人大代表、政协委员专题培训班。宁波、温州、台州等地统战部门还分批次、分层次组织自由择业知识分子到北大、清华、中央党校、中央社会主义学院、浦东干部学院等地举办培训班并组织外出考察，不断提升自由择业知识分子的政策理论水平和创业创新能力。各地着力加强自由择业知识分子的政治安排、实职安排工作。在省政协规模不变的情况下，安排了19名自由择业知识分子担任省政协委员。全省共有232名律师、58名会计师（评估师）担任各级人大代表和政协委员，有5名自由择业知识分子被评为全国、省优秀中国特色社会主义事业建设者、1名税务师被评为全国无党派人士为全面建设小康社会作贡献先进个人。全省各级统战部门积极动员广大自由择业知识分子开展多种形式的活动，结合我省实施“创业富民、创新强省”总战略，积极投身科技创新竞赛行

动和少数民族低收入群众增收帮扶行动，围绕我省节能减排工作和提升高端服务业水平开展调研考察，使广大自由择业知识分子在实践中进一步增强政治责任感，全面提高自身的综合素质。

2. 创新平台，整合资源，积极探索社会化的工作机制

建立新的社会阶层人士统战工作联席（联系）会议制度，形成合作互动机制。2006年7月，我部即根据全国统战工作会议精神在全国率先建立了以自由择业知识分子为主体的全省新的社会阶层人士统战工作联系会议制度。通过近三年时间的不断完善，联系会议已经发展成为沟通信息、整合资源、协调行动的有效工作平台。目前，成员单位已扩大到省律师协会、省注册会计师协会、省注册税务师协会、省文联、省作家协会、省外商投资企业协会、省证券期货业协会。目前，宁波、温州、金华、衢州、舟山、台州已经建立了新的社会阶层人士统战工作联席会议制度，其中，舟山和台州市下属各县（市、区）也全部建立联席会议制度。

建立自由择业知识分子代表人士综合评价体系，形成规范评价机制。为增强对自由择业知识分子统战工作的预见性、主动性和针对性，引导自由择业知识分子争做优秀中国特色社会主义事业建设者，并为自由择业知识分子代表人士的考察、评价和政治安排提供依据，在台州、临海等地先期试点的基础上，我部制定下发了《关于开展新的社会阶层代表人士（自由择业知识分子）综合评价工作的意见（试行）》，力求评价的科学性、公正性和可操作性。

建立自由择业知识分子统战工作考核体系，形成奖励考核机制。我部把自由择业知识分子统战工作作为一项重要内容纳入全省统战工作创新奖评奖范围，鼓励各地大胆探索创新。台州市将自由择业知识分子统战工作纳入全市统战系统“同业对标、走在前列”活动年度指标体系中，各县、市、区委统战部，市级统战系统各单位进一步细化年度指标体系，将工作任务分解落实到乡镇（街道）、下属单位、内部处室，并做好检查督促评估工作，有力地推进了自由择业知识分子统战工作。

3. 创新载体，延长手臂，积极探索立体化的工作网络

加强工作载体建设，努力构造自由择业知识分子之家。2005年开始，我省各级统战部门就有意识地将自由择业知识分子的代表人士纳入各级知联会组织，使之成为开展自由择业知识分子工作的有效平台。我部提出知联会建设要把握好“五个性”，即结构的广泛性、成员的代表性、观念的包容性、利益的特殊性、运作的民间性。特别强调要注重从自由择业知识分子和归国留学人员中吸收优秀代表人物参加知联会，努力成为党和政府联系自由择业知识分子的桥梁和纽带。在全省范围内大力推进知联会组织建设，目前，全省11个市全部成立了知联会组织，90个县（市、区）有66个县（市、区）成立了知联会组织。舟山和台州市下属各县（市、区）全部建立了知联会组织。温州市鹿城区在民营科技企业成立了党外知识分子联谊会。台州市还建立了新的社会阶层人士联谊会，在下属县（市、区）成立了3个新的社会阶层人士联谊会和6个联谊小组。

加强工作机构建设，努力构建纵横交错的工作网络。为确保网络构建工作顺利实施，全省各级统战部门注重加强党外知识分子工作机构建设。在全国、全省严格控制机构编制的背景下，为加强党外知识分子工作，经省委主要领导同意，省编委正式批复给我部党外知识分子处增加了一个编制，编制数增加到4人。目前，全省11个市级党委统战部全部建立了党外知识分子处，其中4个市委统战部单设了党外知识分子处，47个县（市、区）设立了党外知识分子科（新的社会阶层人士科）。各地还通过组建党委统战部、党支部（总支）统战工作室、联络站等模式拓展新社会组织统战工作覆盖面，切实加强新社会组织的统战工作。如温州乐清市在全国建立了第一个非公有制企业党委统战部，又率先在市供销员协会建立了统战工作站。台州市在“两新”组织中建立了54家统战工作机构。全省自由择业知识分子工作力量从整体上得到了加强。

加强活动载体建设，努力增强自由择业知识分子的凝聚力和影响力。2007年9月，在杭州千岛湖举办了以“新的社会阶层人士与创业创新”为主题的全省第一届新的社会阶层代表人士论坛。这是自由择业知识分子在我省政治生活中第一次集体亮相，受到社会各界普遍关注。《浙江日报》特意以《抒发心声——新的社会阶层代表人士谈创业创新》为题作了专版报道。2008

年10月，又举办了以“成就·使命·责任——改革开放与新的社会阶层人士”为主题的全省第二届新的社会阶层代表人士论坛，全省近100名自由择业知识分子代表人士参加了论坛。论坛得到了中央统战部的高度重视，中央统战部副部长陈喜庆、中央统战部六局局长沈冲出席了论坛。

**三、深入实施新的社会阶层人士（自由择业知识分子）统战工作网络构建行动计划的要求**

随着改革开放的深入和社会主义市场经济的发展，随着我国社会经济成份多样化、社会生活方式多样化、社会组织形式多样化趋势进一步发展，自由择业知识分子群体必将迅速壮大，社会作用和社会影响也将日益扩大。因此，深入贯彻党的十七大和十七届三中全会以及第20次全国统战工作会议精神，进一步做好自由择业知识分子统战工作，对于巩固党的阶级基础和扩大党的群众基础，对于促进阶层关系和谐与社会和谐，对于为全面建设小康社会凝聚新力量，都有十分重要的意义。新的社会阶层人士（自由择业知识分子）统战工作网络构建行动计划提出要通过三年时间的努力建立全面覆盖我省各类、各层面新的社会阶层人士群体的统战工作网络体系，如今一年时间过去了，时间很紧，任务很重。我们要增强紧迫感、责任感，在肯定成绩、总结经验的基础上，深入实施这一计划，努力推动我省新的社会阶层人士工作迈上新台阶。

1．深入实施这一计划，要注意提高对自由择业知识分子统战工作的认识。我省自由择业知识分子人数众多、分布广泛，为我省全面实施“两创”总战略和推进经济转型升级发挥了重要作用，是统战工作新的着力点。同时，自由择业知识分子统战工作还处于起步探索阶段，相对于非公有制经济人士统战工作，要注意克服几种倾向。一是无所作为的倾向。对自由择业知识分子统战工作认识不足，对其状况掌握不透，产生畏难情绪，消极等待；二是简单等同的倾向。换个概念，把非公有制经济人士统战工作简单等同于新的社会阶层人士统战工作，忽视了一大批自由择业知识分子的统战工作；三是人为割裂的倾向。把自由择业知识分子工作和党外知识分子工作等其他统战工作割裂开来，人力不足、精力不够、方法不多，以致单一推进却无法深入下去。

2．深入实施这一计划，要注意把自由择业知识分子统战工作纳入基层党建网络之中。统一战线工作是党的工作的重要组成部分，必须重视通过党的组织来开展自由择业知识分子统战工作。自由择业知识分子统战工作网络必须自觉纳入基层党建网络之中。要努力推动在“两新”组织中建立党组织，设立统战部、统战工作站或者统战委员；要重视发挥自由择业知识分子中中共党员的作用，善于通过他们来开展自由择业知识分子统战工作。大多数社会中介组织和民办非企业单位规模小、人数少，社团组织专职工作人员更少，给扩大党的组织的覆盖面带来难度。开展新社会组织统战工作，要树立“两个覆盖面”的思想，首先要努力提高党组织的覆盖面，以党建带动统战工作；当建党条件不具备时，要发挥统一战线的优势，积极开展统战工作，提高党的工作的覆盖面，并为建党创造条件。引导自由择业知识分子理解和支持在新社会组织中开展党建工作，建立党的组织，开展党的活动。

3．深入实施这一计划，要注意发挥自由择业知识分子的优势和作用。如果说非公有制经济人士的优势主要体现在经济硬实力上，自由择业知识分子的优势则主要体现在知识软实力上。因此，要根据自由择业知识分子知识层次高、专业造诣深的特点，充分发挥他们在社会主义现代化建设中的作用。一是要支持和鼓励自由择业知识分子把个人事业发展与国家发展结合起来，把专业优势与社会需要结合起来，努力把自身事业做好做强做大，为发展生产、扩大就业、改善民生贡献力量。二是要支持和鼓励自由择业知识分子充分发挥他们社会接触面广、在基层群众中有一定影响力和公信力的优势，宣传政策、化解矛盾、理顺情绪，促进社会公平正义与和谐稳定。三是要支持和鼓励自由择业知识分子积极承担社会责任，踊跃参加智力支边、科技扶贫等活动，促进共同富裕。四是要支持和鼓励自由择业知识分子围绕热点问题、影响行业发展的难点问题深入调查研究，提出更多有价值、有份量的意见建议，为党和政府决策提供参考。

4．深入实施这一计划，要注意巩固扩大自由择业知识分子代表人士队伍。统一战线工作说到底是做团结人的工作，其主要方法是做党外代表人士的工作，进而通过他们去做所联系群众的工作，从而将广大党外人士团结在党的周围，为实现共同目标去奋斗。培养和造就一批与我们党同心同德的自由择业知识分子代表人士，是引导和鼓励自由择业知识分子群体健康成长的需要。全省各级统战部门要把自由择业知识分子代表人士的培养选拔纳入党外代表人士队伍建设的总体规划，坚持有较高政治素质、有较大社会贡献、有较强参政议政能力、在所联系阶层中有较大影响的标准，认真抓好发现、培养、安排、使用四个环节，进一步扩大自由择业知识分子代表人士队伍。要开阔视野，通过各种渠道，将表现突出的自由择业知识分子纳入代表人士候选名单。要采取措施，通过办班培训、实践锻炼等形式，提高他们的政治把握能力、参政议政能力、合作共事能力、组织领导能力和事业发展能力。要加大使用力度，适时将他们中的优秀分子，在各级人大、政协、有关人民团体等作出安排。要注意发挥自由择业知识分子代表人士作用，支持他们参加民主协商会、情况通报会和考察调研活动，为他们发挥参政议政、民主监督作用创造条件。力争到2011年，建立一支在各个层面有较高知名度和较大社会影响的新的社会阶层代表人士队伍（省级100名，市级500名，县级2000名）。

5．深入实施这一计划，要注意进一步完善自由择业知识分子工作载体、创新工作方法、健全工作机制。从各地开展工作的情况来看，依托党外知识分子联谊组织，开展自由择业知识分子工作，不仅是必要的，也是有效的。因此，还没有建立党外知识分子联谊组织的县（市、区），要抓住机遇，创造条件，争取尽快建立。已经建立的，要适应形势发展需要进一步完善，使之发挥更大作用。同时，要结合各地实际，创造性地落实中央2006年15号文件提出的“社团为纽带、社区为依托、网络为媒介、活动为抓手”的工作方法。特别是随着网络统战工作的兴起，通过互联网开展自由择业知识分子统战工作将更加经常、更加普遍、更加有效，要十分重视创造这方面的好做法。建立自由择业知识分子统战工作的长效机制，是做好自由择业知识分子统战工作的重要保障。各地在实践中分别建立了新的社会阶层人士统战工作联席（联系）会议制度、自由择业知识分子代表人士综合评价体系、自由择业知识分子统战工作考核体系，形成了规范的工作机制、评价机制和考核机制，有力地促进了自由择业知识分子统战工作的开展。机制建设不在多，关键在管用。我们要进一步着眼于机制建设，不断探索，在实践中努力建立上下联动、优势互补、科学有序的工作机制。

在这里，我还想强调一个问题，就是要加强党外知识分子工作机构建设。必要的机构和干部，是做好包括自由择业知识分子在内的党外知识分子统战工作的基本条件。近年来，按照中央和省委关于进一步加强党外知识分子统战工作的要求，目前，全省11个市级党委统战部全部建立了党外知识分子处，其中4个市委统战部单设了党外知识分子处，47个县（市、区）设立了党外知识分子科（新的社会阶层人士科）。《中共中央关于巩固和壮大新世纪新阶段统一战线的意见》（中发〔2006〕15号文件）明确指出，县级统战工作要以民族、宗教、非公有制经济人士和党外知识分子工作为重点。新世纪新阶段党外知识分子的工作领域不断拓展，希望各市、县（市、区）要适应自由择业知识分子统战工作的新任务，进一步加强工作机构和干部队伍建设，各市已经单设的要充实干部，没有单设的要创造条件争取单设，各县（市、区）也要建立相应的机构，配备专职干部，以保证自由择业知识分子工作的顺利开展。

同志们，做好自由择业知识分子统战工作，使命光荣，责任重大。经过近年来的积极探索和实践，我省自由择业知识分子统战工作，已经显现出一定的成效，并呈现出良好的发展势头，我们要深入贯彻落实科学发展观，深入实施“新的社会阶层人士（自由择业知识分子）统战工作网络构建行动计划”，为使我省自由择业知识分子统战工作在全国走在前列而共同努力，为实现省委提出的“创业富民、创新强省”的战略目标，为实现全面建设小康社会的宏伟蓝图作出新的更大贡献。

# 陈金彪在全省市委统战部长工作例会上的讲话（摘要）

（2009 年 7 月 23 日）

这次全省统战部长会议专题研究工商联工作。会议确定这个主题主要基于四个方面考虑：一是工商联在统一战线工作中的地位和作用十分重要。促进非公有制经济人士健康成长和促进非公有制经济健康发展是我党统一战线工作的重要任务。工商联作为党领导的以非公有制企业和非公有制经济人士为主体的具有统战性、经济性、民间性的人民团体和商会组织，是非公有制经济领域统战工作的主要力量，在非公有制经济领域统战工作中发挥着重要作用。二是新的形势迫切需要加强工商联工作。改革开放以来，随着非公有制经济的快速发展和非公有制经济人士队伍的不断壮大，非公有制经济领域统战工作的地位越来越重要，任务越来越繁重。而去年以来蔓延全球的国际金融危机，使我省非公有制企业的发展面临前所未有的困难和挑战，非公有制经济人士的信心指数经受严峻考验。在这样的形势下，加强非公有制经济领域统战工作显得尤为重要和迫切。三是对“加强工商联联系非公有制经济人士的桥梁纽带建设，积极探索其管理非公有制经济政府助手作用的有效途径”这一课题进行破题。这是我们在去年召开的全省统战部长会议上提出的“三大建设、三个探索”之一，其他两个我们已作过专门研究，并进行了破题，这次例会把工商联工作作为重点，进行破题。四是为了进一步推进全省工商联工作会议精神的贯彻落实。今年 4 月，省委召开了全省工商联工作会议。中央统战部副部长、全国工商联党组书记全哲洙、省委副书记夏宝龙出席会议并作重要讲话。省直有关单位、各市、县（市、区）党委分管副书记和工商联主要领导参加会议，会议对进一步加强工商联工作作出部署，明确了今后一个时期工商联工作的目标和任务。这次会议是我省历史上规格最高、规模最大的一次工商联工作会议，在我省工商联发展进程中具有重要意义，对全面推进我省工商联工作创新发展必将产生积极而深远的影响。目前，全省各地正在贯彻落实会议精神。我们召开这次会议，一方面是对各地贯彻落实全省工商联工作会议精神情况进行一次总结交流，另一方面对进一步贯彻落实会议精神进行再动员、再部署，指导各地切实将会议精神落到实处，不断提升工商联工作水平。

下面，我讲三个问题。

## 一、学习贯彻全省工商联工作会议精神的基本情况

全省工商联工作会议召开以来，各地统战部、工商联行动迅速，紧密结合实际，认真学习贯彻，积极推动工作，取得了初步成效。在学习贯彻过程中，各地有许多好的经验和做法。昨天，大家都作了交流发言，介绍了具体做法和经验体会，值得我们互相之间学习和借鉴。从各地学习贯彻情况看，概括起来，主要有四个方面特点：

一是学习传达及时。会议结束后，各地工商联分别通过向党委、政府和统战部专题汇报、召开主席会议、党组会议、机关干部会议、执（常）委会议、工商联工作会议、基层商会秘书长会议等多种形式，利用网站、会刊、商报、信息简报等多种渠道，及时组织学习和广泛宣传会议精神，将会议精神向当地党委政府领导汇报，传达到工商联干部和广大非公有制经济人士当中，让大家充分感受到了省委对工商联工作的重视和对工商联组织的厚望，深刻领会了会议精神实质和工商联工作的目标任务，进一步增强了做好工商联工作的责任感和使命感，达到了统一思想、凝聚力量、振奋精神、激发动力的目的。

二是联系实际紧密。各地结合全省工商联会议精神，紧密联系实际，将学习贯彻全省工商联会议精神与正在开展的学习实践科学发展观活动有机结合起来，与应对当前复杂多变的经济形势有机结合起来，与工商联自身建设情况有机结合起来，深入开展

调查研究，对自身及所属县（市、区）工商联建设情况进行全面摸底，总结经验，查找工作中存在的困难和问题，搞好梳理，认真分析研究，找准工作的突破口和切入点，切实增强工作的针对性和有效性。

三是目标措施明确。加强对贯彻落实工作的组织领导，搞好思想发动，专题研究部署，积极谋划工作，确立目标，制定计划，分解任务，细化措施，明确责任，把学习贯彻会议精神的过程作为深化认识、廓清思路、明确目标、推动发展的过程，把会议精神融合到实际工作中，落实到具体行动上，着力解决长期积累的难点问题。省工商联借这次会议的东风，积极争取省委下发关于进一步加强工商联工作的文件，目前代拟稿已初步形成，将继续修改完善，并把这次会上大家提出的好的意见建议吸收进去，争取把这个意见搞好。各地贯彻落实会议精神也有各自的特点，温州、嘉兴、湖州、金华、衢州5个市已决定今年下半年以市委名义召开全市工商联工作会议。温州、嘉兴、湖州市委明确表示等省委文件出台后制定具体实施意见。金华市委同意适当扩大非公有制经济人士担任工商联主席试点范围，加大工商联与党政机关之间干部双向交流力度，明确由市委分管领导协调解决商会业务主管、注册登记、归口管理等问题。丽水市委加强工商联领导班子建设，给市工商联增配专职副主席，增加党组成员；市政府授权市工商联作为异地商会、行业商会、基层商会业务主管单位，增加办公用房、办公经费，并对商会大厦建设作出部署。

四是检查指导有力。各级统战部和工商联对贯彻落实会议精神加强检查督促和具体指导。会议结束后，省工商联建议省委办公厅以浙办通报的形式，将省委夏宝龙副书记的讲话印发到各地党委政府，进一步扩大了会议的影响，为各地工商联开展工作提供了依据；同时，省工商联下发了《关于学习贯彻全省工商联工作会议精神的通知》。上级统战部门和工商联领导下基层时，加强面对面的指导帮助，及时发现并全力协调解决工作中遇到的困难和问题；机关职能部门通过编发学习贯彻会议精神专辑信息简报和网站宣传，加强相互之间学习和交流，进一步促进了会议精神的贯彻落实。

从全省工商联工作会议贯彻落实情况看，大部分地区统战部、工商联对贯彻落实会议精神思想重视，态度积极，工作认真，成效明显，应予充分肯定。但是，全省各地的工作很不平衡。主要体现在：一是认识还不到位。有的地方对会议精神实质理解不深，将会议精神仅仅停留在学习传达的层面，把学习贯彻会议精神作为临时性的工作任务，不能从全局和战略的高度来思考问题、谋划工作，没有把学习贯彻会议精神作为工商联加强自身建设的一项长期任务抓实抓好。二是有等靠要思想。有的地方对贯彻落实中遇到的难题存在畏难情绪，积极主动想办法去突破的意识不强，处于观望的状态，等着上面出政策，依靠自身努力想方设法解决实际问题不够。三是办法措施不多。一些地方工商联对自身的情况深入调查研究不够，工作抓不住重点，找不到突破口，提不出具体贯彻落实的意见和措施。

对于以上这些问题，我们要引起高度重视，认真对照检查，切实加以改进，努力做好工作。同时各级统战部门要加强检查指导和督促。我们这次会议重点就是研究从我们的角度如何加强工商联工作。

**二、进一步加强工商联工作的几点意见**

在全省工商联工作会议上，省委副书记夏宝龙明确提出，工商联要切实履行职责、发挥作用，真正架起“服务企业的金桥、参政议政的金桥、凝心聚力的金桥、共赢发展的金桥”的要求。这“四座金桥”集中反映了工商联的职能，体现了工商联的特色，彰显了工商联的优势，具有很强的针对性和指导性，是工商联工作的目标和方向。进一步贯彻落实全省工商联工作会议精神，把省委提出的“四座金桥”的要求落到实处，全面加强和促进工商联建设，是当前和今后一个时期我省各级工商联的主要任务。

（一）认清形势，切实把握工商联工作良好的发展机遇

随着改革开放的不断深入和社会主义市场经济体制的逐步完善，非公有制经济迅速发展，工商联的地位和作用日益凸现，工商联工作正处于重要的发展机遇期。因此，我们一定要充分认清形势，在日常工作中要善于发现机遇，抓住机遇，乘势发展。就当前而言，工商联工作要善于从三个方面抓住机遇：

1. 要善于从应对国际金融危机中抓住机遇。受国际金融危

机的影响，国际国内经济形势发生深刻变化，今年是改革开放以来我国、我省经济发展最为困难的一年，民营企业发展面临着前所未有的困难和挑战。工商联作为党和政府联系非公有制经济人士的桥梁纽带，作为政府管理非公有制经济的助手，作为广大民营企业的“娘家”，其作用的发挥不仅表现在日常工作之中，更应体现在经济发展出现特殊困难之际。在应对国际金融危机的工作中，党委政府比以往更加需要工商联发挥作用，民营企业比以往更加需要工商联的支持和帮助。这既是对工商联履行职责、发挥作用的一次大挑战，更是打造工商联品牌、提升工商联地位的一次大机遇。要努力争取党委政府对工商联工作的支持，为发挥作用创造条件。同时要努力适应新形势新任务的迫切要求，不断提高工作水平，通过积极主动、扎实有效的工作，在应对国际金融危机中充分发挥工商联的独特优势和作用，打响工商联的品牌，扩大工商联的影响力。

2. 要善于从中央对工商联工作的重视和关心中抓住机遇。党中央、国务院高度重视、十分关心工商联工作。中共中央已准备出台关于加强工商联工作的新文件，文件起草工作已经正式展开。中央统战部、全国工商联去年9月共同组织召开的改革开放以来首次全国非公有制经济人士思想政治工作会议，引起了中央领导同志高度关注，三位中央政治局常委作出重要批示。最近，国务院又出台政策，授权工商联作为社会团体组织业务主管单位，解决了长期以来困扰工商联商会工作的“老大难”问题。党中央、国务院日常工作中越来越注重发挥全国工商联的作用，全国工商联已经成为了国务院扶贫工作领导小组、就业再就业联席会议成员单位，正式出席中央经济工作会议，开始列席国务院有关常务会议。我们要把中央对工商联工作的重视、关心作为工作的内在动力和争取地方党委政府支持的重要依据，从当地和自身实际出发，创新思路，善于争取，勇于突破，着力解决制约工商联发展的“瓶颈”问题。抓住中央和省委即将出台政策文件的契机，积极推进工商联工作实现新发展。

3. 要善于从省委深化改革开放的战略部署中抓住机遇。前不久召开的省委十二届五次全会，对我省深化改革开放作出总体部署，审议通过了《关于深化改革开放推动科学发展的决定》，明确了继续解放思想、深化改革开放、再创体制优势、推动科学发展的目标任务。会后，各地各部门正陆续出台一系列具体的政策措施。这对民营经济和工商联事业发展是难得的机遇。我们要抓住契机，强化战略思维、辩证思维、创新思维，深入调查研究，联系实际，把需要破解的难题搞清楚，原因分析透，对策拿出来。省工商联今年上半年牵头省直有关部门，对我省民营企业发展的体制机制问题进行专题调研，向省政府上报了调研报告，提出了意见建议。根据省委的部署，温州、台州承担着力破解民营经济发展的体制机制障碍、率先建设民营经济创新发展示范区的综合配套改革试点任务，更要把握机遇，先行突破，为全省民营经济改革发展提供示范。其他地区也要趁势而上，敢思敢想、敢试敢闯，积极开拓，赢得改革的先机，掌握发展的主动。

### (二) 抓住关键，进一步明确工商联工作目标任务和主攻方向

随着形势的不断发展，工商联工作的对象越来越多、领域越来越广，任务越来越重，要求越来越高。做好工商联工作必须围绕中心、服务大局，统筹兼顾、突出重点，发挥优势、体现特色，讲究方法、注重实效，始终坚持着眼于促进“两个健康”、体现“三性”、发挥“五个作用”来开展工作、组织活动。结合这些年来工商联工作的实践和当前工商联工作面临的新形势，我们要把实施“两项工程”、创建“两个品牌”、搭建“三大平台”即“223工作计划”，作为今后工商联工作的目标和主攻方向。

1. 实施两项工程。

一是非公有制经济人士素质提升工程。非公有制经济人士是工商联工作的主体，是新世纪新阶段统一战线工作的重要对象和新的着力点。促进非公有制经济人士健康成长是工商联工作的出发点和落脚点，是党中央赋予统战部和工商联的重要职责。各级统战部、工商联要把做好非公有制经济人士团结、帮助、教育、引导工作作为重中之重的工作来做，认真学习贯彻全国非公有制人士思想政治工作会议精神和中央领导同志关于加强和改进非公有制经济人士思想政治工作的重要批示精神，按照“充分尊重、广泛联系、加强团结、热情帮助、积极引导”的方针，充分发挥工商联在非公有制经济人士思想政治工作中的重要作用，着力

做好五个方面的工作：第一，要注重政治引导。深入开展中国特色社会主义理论主题教育活动，教育引导广大非公有制经济人士拥护中国共产党的领导，树立中国特色社会主义共同理想，共建社会主义核心价值体系，坚定不移地走中国特色社会主义道路。第二，要加强学习培训。建立按级负责、层层培训的工作机制，制定学习培训规划，省委统战部、省工商联每年都将举办1—2期非公有制经济代表人士学习培训班，各地也要认真做好非公有制经济代表人士学习培训工作。要与组织、人事部门和院校等培训机构合作，通过开办培训班、专题研讨、考察调研等多种形式，多渠道、宽领域、深层次和有计划、有步骤地抓好非公有制经济人士学习培训，努力提高非公有制经济人士政治觉悟、法制观念、道德修养、经营管理水平等综合素质。第三，要增强责任意识。引导非公有制经济人士富而思源、富而思进，自觉履行社会责任，高度重视产品质量、安全生产、资源节约和环境保护，提供更多就业岗位，积极参与光彩事业、扶贫开发和各类社会公益活动，大力支持社会主义新农村建设，做到爱国、敬业、诚信、守法、贡献。第四，要健全激励机制。进一步在非公有制经济人士中开展优秀中国特色社会主义事业建设者等评选表彰活动，培养、树立、宣传先进典型，搞好自我教育，激发创业创新热情；进一步认真做好非公有制经济代表人士综合评价和政治安排推荐工作，切实加强非公有制经济代表人士后备队伍建设。第五，要创新工作方法。积极研究和探索适合非公有制经济人士特点的思想政治工作的新途径、新方法，制定加强和改进非公有制经济人士思想政治工作的具体措施，坚持把思想政治工作寓于服务经济社会发展之中，服务企业发展之中，把思想政治工作同其他工作结合起来一道做，体现时代性，提高针对性，增强实效性。通过我们扎实的工作，努力建设起一支高素质的非公有制经济人士队伍。

二是组织网络拓展工程。健全的组织网络是做好工作的基本保障。近年来，各级工商联十分重视组织建设，自上而下建立了比较健全的工商联组织网络体系，但工商联组织建设特别是县级工商联组织建设总体还比较薄弱。工商联作为非公有制经济领域的代表性组织，在非公有制经济领域的会员覆盖面不够广，全省非公有制企业会员数还不到非公有制企业总数的20%，代表性不够强；商会组织发展滞后，全省工商联建立的行业商会不到全省行业协会商会总数的15%，乡镇（街道）商会组建率只有43．23%。工商联组织发展与我省非公有制经济发展水平不相适应。因此，我们必须积极适应非公有制经济发展新形势，大力加强工商联组织建设，进一步强化工商联作为商会组织的功能，着力开展“组织网络拓展工程”建设，重点做好四项工作：第一，要加强县级工商联组织建设。县级工商联是工商联工作的重要依托和组织基础，是工商联组织建设的重点。去年下半年，全国工商联召开全国工商联组织工作会议，专题研究加强县级工商联组织建设工作，制定下发了《关于加强县级工商联组织建设的若干意见》，今年，将对贯彻落实的情况进行检查。我们要抓住全省工商联工作会议这个契机，深入调查研究，紧密结合实际，采取有力措施，切实加强县级工商联组织建设。第二，要提高会员覆盖率。要按照“坚持标准、积极发展、确保质量、优化结构、加强服务、规范管理”的原则要求，切实加强会员队伍建设，创新会员发展新思路，变“单个发展”为“团体吸收”，通过培育基层商会、行业商会、异地商会和吸收团体会员，发展一个，吸收一批，迅速壮大会员队伍，每年会员发展增速力求达到15%以上。要注重会员队伍结构优化，重点发展新经济组织、工商社团和上规模企业、行业龙头企业、高新技术企业等成长型企业。第三，要拓展商会组织网络。大力发展协会商会组织，在非公有制经济比较发达的乡镇(街道)、经济开发区、高新技术园区、较大规模的市场应尽快建立基层商会；在行业特色鲜明、产业规模较大的地方和新兴产业、高新技术产业、现代服务业、现代农业等新领域逐步建立和发展行业协会商会；进一步加强异地商会建设，突出工商联“联”的优势，加强与异地商会的联系、指导和服务，建立长效工作机制；对在社会主义市场经济发展中涌现出来的村、社区商会等新型商会组织，应予鼓励和指导，在实践中不断探索和完善。第四，要理顺体制机制。以国务院授权工商联作为社会团体组织业务主管单位为契机，加快做好已建商会注册登记工作，认真研究工商联拥有社团业务主管权后对所属商会的管理体制机制、方式方法，及早谋划加强和改进商会管理工作有关问题，建立健全工作机制，按照“班子是关键、服务是宗旨、活动是载体、自律是根本、制度是保障、发展是目的”的要求，加强商会领导班子建设，重点选配好会长，指导基层商会、行业商会、异地商会在健全制度、开展活动、提高活力、发挥作用上下功夫，促进其健康发展。

2．创建两个品牌。

一是参政议政的品牌。参政议政既是工商联的职能，也是工商联发挥作用、提升影响力的重要路径。参政议政，工商联有诸多优势，因此，参政议政，也应成为工商联的工作品牌。工商联的参政议政工作应抓住三个着力点：第一，要把握重点。各级工商联要着眼于国家经济社会发展的中心和全局，着眼于非公有制经济的长远发展，着眼于国计民生，围绕形势变化、重大政策出台、不同时期的工作重点、社会普遍关注的热点难点问题，深入开展调查研究，积极参政议政。当前要重点围绕“保增长、抓转型、重民生、促稳定”这个大局，围绕民营企业应对国际金融危机、推进转型升级这个中心，深入企业一线，听取企业呼声、意见和要求，准确掌握企业发展动态和第一手信息资源，及时发现倾向性、苗头性、趋势性问题，进行科学的分析研究，积极向党委政府建言献策，为党委政府决策提供依据，为企业发展争取政策支持。第二，要整合力量。不断适应非公有制经济人士参与政治和社会事务愿望日益强烈的要求，引导非公有制经济人士实现有序政治参与，积极探索发挥主渠道作用的方式和途径，有条件的地区应与科研院所等联合建立民营经济研究中心，与人大、政协组织和人大代表、政协委员成立人大代表、政协委员工作室等，完善企业家主席（会长）、副主席（副会长）领衔调研制度，充分发挥非公有制企业信息直报点的作用，整合调研力量，使工作更贴近实际，更具有针对性，不断提高参政议政水平。第三，要畅通渠道。建立工商联系统信息反馈制度，进一步完善非公有制经济代表人士意见反映机制，发挥工商联作为政协组成单位的优势，通过定期举办座谈会、汇报会、通报会和提案、议案、信息专报等形式，反映愿望诉求，提出意见建议，认真履行参政议政职能。这两年，吕祖善省长率省直有关部门，每年在春节前后出席省工商联组织的民营企业家座谈会，搭起了企业家与省长直接沟通的平台，进一步畅通了意见反映渠道。省委副书记夏宝龙、副省长金德水多次听取省工商联的工作汇报，并作了重要指示。不少市、县也有许多好的做法，希望保持和发扬，并以制度的形式固定下来。

二是服务的品牌。服务是工商联组织的立会之本，是工商联工作的特色和活力所在。各级工商联要始终把服务经济、服务社会、服务会员作为工商联工作的重要内容和一贯要求，切实抓细抓实抓好。第一，要围绕中心、服务大局。把经济社会发展的全局性工作搞清楚，在大局中找准位置，无论是组织性质的正确把握、职责作用的切实履行，还是主要任务的全面承担、特点优势的充分发挥，都必须紧紧围绕继续解放思想、坚持改革开放、推动科学发展、促进社会和谐来开展。通过服务于党委政府中心工作和服务于社会，以有为争有位，赢得党委政府对工商联组织的信任、重视和支持，赢得社会对工商联组织的认同，不断扩大工商联的影响力。第二，要突出主体、服务会员。会员是工商联组织的构成主体和存在基础，服务会员是工商联义不容辞的职责。各级工商联要坚持服务立会的宗旨，设身处地为会员着想，细致入微地关心他们，在身心上倍加关怀，为企业发展搞好服务。一方面，要出实招帮企业解燃眉之急，送企业之所需，把企业期盼、工商联当前能够办好的事作为服务的重点，特别是要从企业最关心、最直接、最现实的问题入手，踏踏实实办实事，尽心尽力解难题，真心实意做好事，把优质高效的服务送到企业。在当前受国际金融危机影响，企业生产经营面临困境时，工商联要及时伸出援助之手，发挥组织的力量，采取各种方式，加大对他们的扶持力度，竭力帮助他们解决困难，支持他们尽快走出困境。另一方面，要下工夫帮助企业谋长远发展，引导民营企业敢于正视问题，善于发现问题，长于解决问题。引导企业完善内部治理结构，科学谋划发展战略，提升经营管理水平，提高风险防范能力，加大自主创新力度，转变发展方式，推进转型升级，促进科学发展。通过对会员的优质服务，让广大会员充分感受到工商联组织的温暖，感受到加入工商联组织有实惠，进一步增强工商联组织的凝聚力和吸引力。第三，要立足自身、提升能力。各级工商联机关要紧密结合学习实践科学发展观活动，切实加强自身建设，不断提高工商联干部素质和能力，转变作风，深入基层，深入企业，求真务实，树牢服务意识，丰富服务内容，创新服务载体，提高服务质量，在服务科学发展中实现自身科学发展。

3. 搭建三大平台。

一是搭建与党委、政府部门和社会组织合作的平台。工商联要发挥与党委政府、社会组织联系密切的优势，整合资源，善于借力，积极争取成为党委政府有关工作领导、协调小组成员，参与经济社会领域有关重要会议、重大活动，主动与党委政府部门、有关社会组织建立长效合作机制，在为党委政府、社会组织服务的同时，也为企业提供多方位的服务，实现互利双赢。与组织部门合作，积极推进商会和非公有制企业党建工作，加强非公有制经济代表人士教育培训；与宣传部门、主流媒体合作，大力宣传非公有制企业和非公有制经济人士创业事迹、创新精神和创造成果，为非公有制企业健康发展和非公有制经济人士健康成长营造积极的舆论环境；与科技部门、科研机构、工商、质量技术监督部门合作，为企业自主创新、品牌建设提供技术支持；与银行等金融机构合作，做好银企对接工作，争取银行贷款授信，通过商会有序组织，加强企业之间合作，以建立担保公司、互助基金、转贷基金等形式，构建融资服务平台，解决民营企业经营融资难问题；与商务、经济信息部门和个私协会、企业家协会等社会中介组织合作，提供市场、产品等信息和经贸服务；与人力劳动、院校合作，通过举办人才招聘会、推介会等形式，帮助企业引进高层次、专业技术紧缺人才；与司法机关、法律中介机构合作，加强法律服务，引导民营企业树立风险防范意识，建立风险防范机制，维护合法权益；与工会联合开展"双爱双评"评选表彰活动，积极参与劳动关系三方协调机制和厂务公开、民主管理工作，在解决劳资纠纷、构建和谐劳动关系中发挥积极作用。通过与党委政府部门和社会组织的合作，使工商联的工作载体更加丰富，工作内容更加充实，工作效果更加明显。

二是搭建内引外联的平台。工商联作为商会组织，要在国际化进程中发挥前台作用，充分利用与海外工商社团、浙江在外商会组织联系广泛的资源优势，与海外工商社团、商会组织建立合作机制，引进来、走出去，加强信息沟通，促进工作交流，搞好项目对接。一方面，要通过海外工商社团、商会组织把海外的企业引进来，激活国内市场，为促进当地经济发展搞好服务。另一方面，要鼓励引导企业走出去，组织企业到国外考察调研，学习国外企业先进技术和经营理念，开展对外经贸合作，不断开拓市场，促进企业在更大范围、更广领域和更高层次参与国际经济合作，不断提高企业的国际竞争力。省工商联6月下旬举办的"走进欧盟"活动，为民营企业走出去搭建了平台，这类成效明显的活动今后要经常举办。

三是搭建上下联动、左右互动的平台。工商联组织体系健全，工作中要注重上下联动，整合省、市、县三级组织资源优势，发挥组织的整体作用，工作上形成合力，联合举办大型活动，齐心协力抓好各项工作的落实。通过上下联动，既加强对基层工商联工作的指导，又从基层工商联丰富实践中吸收经验。要加强工商联组织横向联系，促进相互之间的交流合作，建立定期会晤和工作交流合作机制，开展工作研讨，相互学习，借鉴经验。这既有利于促进工商联工作的发展，也有利于整合工商联系统的资源，同时，又为服务企业和促进区域经济统筹协调发展搭建了平台。长三角十五城市工商联建立的民营经济和商会工作合作与交流机制是一个很好的做法。

（三）加强指导，充分发挥统战部门在工商联建设中的重要作用

统战部对工商联建设负有直接指导的责任，要进一步提高认识，增强责任，切实加强对工商联党组的领导和对工商联工作的指导，努力推进工商联事业发展。一是要把工商联工作摆上重要议事日程。各级统战部门要充分认识工商联在新世纪新阶段统一战线工作中的重要地位和作用。改革开放以来，随着非公有制经济的迅速发展，非公有制经济人士队伍的结构和规模发生了重大变化，成为了新的社会阶层的主要组成部分，在统一战线中的分量越来越重，成为新时期统一战线工作的新的着力点和群众工作的新领域。工商联作为做非公有制经济人士工作的统战性组织，承担着做非公有制经济领域统战工作的重要任务。因此，统

战部门要高度重视工商联建设，把工商联工作列入统战部门工作的重要议事日程，加强联系沟通，建立定期走访、分析研究工商联工作等制度，帮助工商联理清思路、出好点子，指导工商联扎实开展工作。二是要帮助和指导工商联加强领导班子建设。领导班子是工商联建设的关键。统战部门要加强与组织部门的沟通协调，从政治思想素质、参政议政能力、组织领导水平、热心工商联事业、比较熟悉经济工作和统战政策、具有代表性等方面综合考虑，选配好工商联领导班子，特别是要配强主要领导。要积极想办法做好工商联领导班子成员政治安排，主动向当地党委推荐，尽可能安排工商联主席进入同级人大、政协领导班子；工商联党组书记由同级党委统战部分管经济统战工作的副部长兼任。没有建立党组的要尽快帮助建立党组，加强对工商联党组的领导，充分发挥党组在工商联工作中的领导核心作用。要注重加强工商联领导班子成员的教育培养，把工商联领导班子建设成为政治坚定、素质优良、结构合理、精干高效的坚强领导集体。三是要为工商联开展工作提供有力支持。统战部门要大力支持工商联开展工作，主动为工商联"说话"，当好工商联的"靠山"，积极与当地党委政府协调，切实帮助工商联解决编制、人员、经费、办公条件等工作中的实际困难。指导工商联抓住贯彻落实全省工商联工作会议精神的契机，积极争取地方党委政府召开关于加强工商联工作的会议，出台加强工商联工作的政策措施。指导和支持工商联加强干部队伍建设，多方选配有政治觉悟、实践经验和组织协调能力，热爱工商联事业的干部到工商联工作，进一步改善干部队伍的年龄、知识和专业结构，全面提升干部的综合素质和工作能力，切实关心工商联干部的成长进步，加大培养选拔和交流使用力度。

实施"223工作计划"，是贯彻落实全省工商联工作会议的总体要求，是今后一段时期工商联工作的着力点。我们不但要叫响口号，更要抓好落实。明年上半年，省委统战部、省工商联将采取适当方式，对贯彻落实会议精神情况进行检查。希望各地统战部门、工商联要结合实际，制定近期和长远工作目标，出台具体的措施和计划，开拓思路，创新方法，狠抓落实，全面推进我省工商联工作再上新台阶。

**三、当前应认真抓好的相关重点工作**

在全面推进全省工商联工作会议精神贯彻落实的同时，当前我们要着重抓好以下几项与非公有制经济领域统战相关的重点工作。

（一）继续开展"服务基层、服务企业"活动

"服务企业、服务基层"活动是省委部署的一项重要工作，是围绕"保增长、抓转型、重民生、促稳定"工作主线，努力应对发展困难，加快经济转型升级，促进经济平稳较快发展的具体举措，也是学习实践科学发展观活动实践性的重要体现。各地统战部门、工商联要结合实际，发挥人才荟萃、智力密集的优势，进一步动员统战干部和统一战线成员服务基层、服务企业。要继续开展"千名统战干部、成员进千企"活动，继续广泛动员全省统战干部和各民主党派、工商联成员、各方面专家学者等统战成员，深入基层、走进企业，蹲点调研、咨询服务，大力宣讲有关法律法规，大力宣讲社会主义市场经济基本制度，大力宣讲中央、省委对当前宏观经济形势的科学判断和决策部署，引导企业特别是非公有制企业经营管理者和广大职工群众客观分析面临的形势，正确对待面临的困难，提振发展信心，积极应对挑战，善于危中见机、敢于逆势而上；鼓励引导企业加大科技投入和技术改造力度，积极开发具有自主知识产权的先进技术和产品，不断提高企业核心竞争力；引导企业创新发展理念，切实推进企业内部各项制度改革创新；真诚与非公经济人士交朋友，做深入细致的思想工作，进一步凝聚人心、汇聚力量、攻坚克难。

（二）认真开展第三届全省优秀中国特色社会主义事业建设者评选表彰活动，进一步加强非公有制经济人士的队伍建设

自2006年第二届优秀中国特色社会主义事业建设者评选表彰以来，我省广大的非公有制经济人士在促进改革开放、经济发展、扩大就业和社会和谐等方面作出了重要贡献。特别是在服务奥运、抗击雪灾和汶川大地震及应对国际金融危机等重大事件中，他们积极响应党和国家的号召，表现出较强的大局意识、责任意识和良好的精神风貌。

今年正值新中国成立60周年，开展优秀中国特色社会主义事业建设者评比表彰，展示我省非公有制经济人士在建设中国特色社会主义事业中作出的重要贡

献，促进非公有制经济健康发展和非公有制经济人士的健康成长，具有特别重要的意义。对这次评选表彰，中共中央政治局常委、全国政协主席贾庆林同志在两个月内两次作出重要批示，省委夏宝龙副书记也专题听取了省委统战部的汇报，并作出重要指示，明确要求优秀建设者的表彰活动要召开专题电视电话会议进行部署，并进行大力宣传，这在以前是从未有过的。

不久前，省委统战部、省经济和信息化委员会、省人力资源和社会保障厅、省工商局、省工商联已联合作出部署，在我省开展第三届优秀中国特色社会主义事业建设者评选表彰活动。各市委统战部要认真按照通知要求开展这项工作，坚持公开、公平、公正的原则，严格评选程序，接受群众监督。所有的推荐人选都要经过非公有制经济代表人士综合评价体系的评价，从而树立正确的导向，培养和造就一支与党同心同德，始终不渝致力于中国特色社会主义事业的非公有制经济代表人士队伍。

（三）结合第三届“优秀建设者”评选表彰活动，深入开展综合评价工作，进一步完善非公有制经济人士统战工作网络

根据中央统战部的统一部署和文件精神，坚持“凡进必评”，对所有推荐的非公有制经济人士进行综合评价，通过综合评价进一步完善评价指标、总结评价工作经验，推动和深化我省的综合评价工作。通过综合评价工作的深入开展，建立并完善非公有制经济人士统战工作的横向网络，建立由省委统战部牵头并组织实施，有关部门和社会团体参与的非公有制经济人士统战工作领导小组或联席会议制度的协调机制；通过综合评价工作的深入开展，建立并完善非公有制经济人士统战工作的纵向网络，以省、市、县三级统战部为核心，经常研究，统筹安排，长远规划，抓好工作网络计划的实施；通过综合评价工作的深入开展，进一步完善省、市、县三级非公有制经济代表人士队伍的信息管理平台。

（四）加强调研和信息的采集报送工作，及时反馈非公有制经济人士的思想动态，增强服务非公有制经济发展的能力

新形势下非公有制经济领域统战工作要深入基层调查研究，要根据中央统战部理论研究调研计划，并结合我省非公有制经济领域统战工作实际确定调研课题，深入开展调研，对非公有制企业发展的突出问题和反映的情况，要及时向党委和政府提出意见建议，当好党委政府的参谋。今年将继续开展全省非公有制经济领域理论研讨和评比活动，各市要认真对待、踊跃参加，力争提交高质量的参评报告。

要积极开展非公有制经济人士和非公有制企业的有关情况信息的收集和报送工作，及时反馈非公有制经济人士的思想动态，在建立重点企业信息员制度的同时，强化内部信息报送制度。目前中央和省委统战部都建立了非公有制企业信息直报制度。这一制度的建立对及时、准确、全面地了解、掌握、传递信息，对适应新形势，研究新问题，总结新经验，开拓新局面，具有十分重要的意义。特别是在当前复杂多变的经济形势下，企业生产经营中遇到的困难和问题需要及时向党委政府反映，应对危机的许多意见和建议希望得到党委政府的支持，加快转变发展方式、推进转型升级的经验做法有必要进行广泛宣传。同时，面对新的形势和任务，党和政府更加需要大量的、真实的、来自基层、来自企业的第一手信息，以便于及时了解情况、准确把握态势、科学作出决策。各市委统战部要高度重视这项工作，有条件的市也可以建立重点企业信息员直报制度，提高服务企业、服务基层的能力。

## 国务院关于进一步繁荣发展少数民族文化事业的若干意见

（2009年7月5日）

各省、自治区、直辖市人民政府，国务院各部委、各直属机构：

为全面贯彻党的十七大精神，深入贯彻落实科学发展观，进一步繁荣发展少数民族文化事业，推动社会主义文化大发展大繁荣，促进各民族共同团结奋斗、共同繁荣发展，现提出如下意见。

### 一、繁荣发展少数民族文化事业具有重要意义

（一）文化是民族的重要特征，是民族生命力、凝聚力和创造力的重要源泉。少数民族文化是中华文化的重要组成部分，是中华民族的共有精神财富。在长期的历史发展过程中，我国各民族创造了各具特色、丰富多彩的民族文化。各民族文化相互影响、相互交融，增强了中华文化的生命力和创造力，不断丰富和发展着中华文化的内涵，提高了中华民族的文化认同感和向心力。各民族都为中华文化的发展进步做出了自己的贡献。

（二）党和国家历来高度重视和关心少数民族文化事业。新中国成立以来特别是改革开放以来，少数民族文化事业取得了历史性的重大成就。少数民族文化工作体系不断完善，少数民族语言文字得到保护和发展，少数民族优秀传统文化得到传承和弘扬，少数民族文学艺术日益繁荣，少数民族和民族地区文化产业初具规模，文化体制改革不断深化，对外交流不断加强。少数民族文化事业的发展在提高各族群众文明素质，促进民族地区经济社会发展，推动民族团结进步事业，繁荣社会主义先进文化方面，发挥了重要作用。

（三）繁荣发展少数民族文化事业，是一项长期而重大的战略任务。在少数民族文化事业取得巨大进步的同时，也必须充分认识存在的一些亟待解决的突出困难和特殊问题。文化基础设施条件相对落后，公共文化服务体系比较薄弱，文化机构不够健

全，人才相对缺乏，文化产品和服务供给能力不强，文化遗产损毁、流失、失传等现象比较突出，境外敌对势力加紧进行文化渗透等。因此，必须从贯彻落实科学发展观、巩固民族团结、兴起社会主义文化建设新高潮、推动社会主义文化大发展大繁荣的高度，深刻认识繁荣发展少数民族文化事业的特殊重要性和紧迫性，把繁荣发展少数民族文化事业作为一项重大的战略任务，采取更加切实、更加有效的政策措施，着力加以推进。

**二、繁荣发展少数民族文化事业的指导思想、基本原则和目标任务**

（四）指导思想。全面贯彻党的十七大精神，高举中国特色社会主义伟大旗帜，以邓小平理论和“三个代表”重要思想为指导，深入贯彻落实科学发展观，牢牢把握社会主义先进文化的前进方向，紧紧围绕共同团结奋斗、共同繁荣发展的民族工作主题，以建设社会主义核心价值体系为主线，以完善公共文化服务体系为重点，以加强基础设施建设为手段，以推动文化创新为动力，以改革体制机制为保障，以满足各族群众日益增长的精神文化需求为出发点和落脚点，促进少数民族文化建设与全国文化建设、与民族地区经济社会建设、与民族地区教育事业协调发展，促进民族团结、实现共同进步，更加自觉、更加主动地为推动社会主义文化大发展大繁荣做贡献。

（五）基本原则。坚持为人民服务、为社会主义服务的方向和百花齐放、百家争鸣的方针，尊重差异、包容多样，既要继承、保护、弘扬少数民族文化，又要推动各民族文化相互借鉴、加强交流、和谐发展。坚持面向现代化、面向世界、面向未来，把握规律性，保持民族性，体现时代性，推动少数民族文化的改革创新，不断解放和发展少数民族文化生产力。坚持贴近实际、贴近生活、贴近群众，生产更多各族群众喜闻乐见的优秀精神文化产品。坚持社会效益和经济效益相统一，把社会效益放在首位，充分发挥政府和市场的作用，促进少数民族文化事业和文化产业协调发展。坚持基本公共服务均等化，优先发展少数民族和民族地区文化事业，保障少数民族和民族地区各族群众的基本文化权益。坚持因地制宜、分类指导，不断完善扶持少数民族文化事业发展的政策措施。

（六）目标任务。到2020年，民族地区文化基础设施相对完备，覆盖少数民族和民族地区的公共文化服务体系基本建立，主要指标接近或达到全国平均水平，少数民族群众读书看报难、收听收看广播影视难、开展文化活动难等问题得到较好解决，少数民族优秀传统文化得到有效保护、传承和弘扬。实施一批重大文化项目和工程，推出一批体现民族特色、反映时代精神、具有很高艺术水准的文化艺术精品，创作生产更多更好适应各族群众需求的优秀文化产品。文化工作体制机制创新取得重大突破，科学有效的宏观管理体制和微观服务运行机制基本形成，政策法规更臻完备，政府文化管理和服务职能显著增强。文化市场体系更加健全，以公有制为主体、多种所有制共同发展的少数民族文化产业格局更加合理。少数民族文化对外交流迈出重大步伐，国际影响力和竞争力进一步提高。

**三、繁荣发展少数民族文化事业的政策措施**

（七）加快少数民族和民族地区公共文化基础设施建设。大力推进民族地区县级图书馆文化馆、乡镇综合文化站和村文化室、广播电视村村通工程、农村电影放映工程、农家书屋工程、文化信息资源共享工程等建设，保障民族地区基层文化设施有效运转。地广人稀的民族地区配备流动文化服务车和相关设备，建设和完善流动服务网络。大力推进数字和网络技术等现代科技手段的应用和普及，形成实用、便捷、高效的公共文化服务体系。国家实施各项重大文化工程时，切实加大对少数民族和民族地区的倾斜力度。

（八）繁荣发展少数民族新闻出版事业。加大对民族类新闻媒体的扶持力度，加快设备和技术的更新改造，提高信息化水平和传播能力，扩大覆盖面和受益面。对涉及少数民族事务的重大宣传报道活动、少数民族文字重大出版项目，给予重点扶持。逐步实现向少数民族群众和民族地区基层单位免费赠阅宣传党和国家大政方针、传播社会主义核心价值体系、普及科学文化技术知识的图书、报刊和音像制品等出版物。继续做好新疆东风工程相关工作。加强少数民族语文翻译出版工作，逐步提高优秀汉文、外文出版物和优秀少数民族文字出版物双向翻译出版的数量和质量。扶持民族类重点新闻网站建设，支持少数民族文字网站和新兴传播载体有序发展，加强管理和引导。少数民族出版事业属公益性文化事业，中央和地方财政要加大对纳入公益性出版单位的少数民族出版社的资金投入力度，逐步增加对少数民族文字出版的财政补贴。

（九）大力发展少数民族广播影视事业。巩固西新工程、广播电视村村通工程、农村电影放映工程建设成果，扩大民族地区广播影视覆盖面，对设施维护进行适当补助，确保长期通、安全通。提高少数民族语言广播影视节目制作能力，加强优秀广播影视作品少数民族语言译制工作。提高民族地区电台、电视台少数民族语言节目自办率，改善民族地区尤其是边远农牧区电影放映条件，增加播放内容和时间。推出内容更加新颖、形式更加多样、数量更加丰富的少数民族广播影视作品，更好地满足各族群众多层次、多方面、多样化精神文化需求。

（十）加大对少数民族文艺院团和博物馆建设扶持力度。重点扶持体现民族特色和国家水准的少数民族文艺院团建设，积极鼓励少数民族文艺院团发展。扶持民族自治地方重点民族博物馆或民俗博物馆建设，鼓励社会力量兴办各类民族博物馆。民族自治地方的综合博物馆要突出少数民族特色，适当设立少数民族文物展览室、陈列室。加强少数民族文物征集工作，改善馆藏少数民族文物保存条件，做好少数民族文物鉴定、定级工作，提升管理、研究和展示服务水平。

（十一）大力开展群众性少数民族文化活动。鼓励举办具有民族特色的文化展演和体育活动，支持基层开展丰富多彩的群众性少数民族传统节庆、文化活动，加强指导和管理。尊重群众首创精神，发挥各族群众在文化建设中的主体作用，努力探索保护和传承少数民族优秀传统文化的有效途径。进一步办好全国少数民族文艺会演和全国少数民族传统体育运动会。

（十二）加强对少数民族文化遗产的挖掘和保护。结合第三次全国文物普查和非物质文化遗产普查，开展少数民族文化遗产调查登记工作，对濒危少数民族重要文化遗产进行抢救性保护。加大现代科技手段运用力度，加快少数民族文化资源数字化建设进程。进一步加强人口较少民族文化遗产保护。扶持少数民族古籍抢救、搜集、保管、整理、翻译、出版和研究工作，逐步实现少数民族古籍的科学管理和有效保护。加强少数民族非物质文化遗产发掘和保护工作，对少数民族和民族地区非物质文化遗产保护予以重点倾斜，推进少数民族非物质文化遗产申报联合国教科文组织“人类非物质文化遗产代表作名录”和国家级非物质文化遗产名录，加大对列入名录的非物质文化遗产项目保护力度。积极开展少数民族文化生态保护工作，有计划地进行整体性动态保护。加强保护具有浓郁传统文化特色的少数民族建筑、村寨。

（十三）尊重、继承和弘扬少数民族优秀传统文化。加强宣传引导，营造尊重和弘扬少数民族优秀传统文化的社会氛围。国家保障各民族使用和发展本民族语言文字的自由，鼓励各民族公民互相尊重、互相学习语言文字。尊重语言文字发展规律，推进少数民族语言文字的规范化、标准化和信息处理工作。在有利于社会发展和民族进步前提下，使各民族饮食习惯、衣着服饰、建筑风格、生产方式、技术技艺、文学艺术、宗教信仰、节日风俗等，得到切实尊重、保护和传承。加强对工业化、信息化、城镇化、市场化、国际化深入发展形势下少数民族文化发展特点和规律研究，不断开辟传承和弘扬少数民族优秀传统文化的有效途径，推进和谐文化和中华民族共有精神家园建设。

（十四）大力推动少数民族文化创新。促进现代技术和手段在少数民族文化发展中的应用，鼓励具有民族特色和时代气息的优秀文化作品创作，提高少数民族文化产品数量和质量。加大对少数民族艺术精品创作扶持力度，打造一批有影响的少数民族文学、戏曲、影视、音乐等文化艺术品牌。国家舞台艺术精品工程要进一步向少数民族和民族地区倾斜。国家各级各类文化奖项，少数民族文化作品获奖应占合理比重，对优秀少数民族文化作品及有突出贡献的文化工作者给予奖励和表彰，进一步激发少数民族文化创作的积极性、主动性和创造性。

（十五）积极促进少数民族文化产业发展。把握少数民族文化发展特点和规律，建设统一、开放、竞争、有序的文化市场体系，培育文化产品市场和要素市场，形成富有效率的文化生产和服务运行机制。充分发挥少数民族文化资源优势，鼓励少数民族文化产业多样化发展，促进文化产业与教育、科技、信息、体育、旅游、休闲等领域联动发展。确定重点发展的文化产业门类，推出一批具有战略性、引导性和带动性的重大文化产业项目，建设一批少数民族文化产业园区和基地，在重点领域取得跨越式发展。

（十六）*加强边疆民族地区文化建设*。支持边疆地区少数民族语言文字新闻出版业发展，增加公共文化产品特别是少数民族语言文字文化产品有效供给。进一步提高边疆民族地区广播电视覆盖率和影响力。发挥边疆少数民族人文优势，加强与周边国家文化交流，促进和谐周边环境建设。加强边疆民族地区文化产品进出口市场监管，清除各类非法印刷品，加强卫星接收设施监督管理工作，防止非法盗版、接收、传播境外广播电视节目，有效防范境外敌对势力文化渗透活动，维护边疆地区文化安全。

（十七）*努力推进少数民族文化对外交流*。切实增加少数民族文化在国家对外文化交流中的比重。每年安排一定数量的少数民族文化活动参与中外互办文化年和在国外举办的中国文化节、文化周、艺术周、电影周、电视周、文物展、博览会以及各类演出、展览等，促进形成全方位、多层次、宽领域的对外文化交流格局。打造一批少数民族文化对外交流精品，巩固少数民族文化对外交流已有品牌，进一步提升少数民族文化国际影响力。大力推动少数民族文化与海外华人华侨、台湾同胞、港澳同胞的交流，增强中华文化的认同感，为促进国家和平统一服务。

**四、完善少数民族文化事业发展的体制机制**

（十八）*完善少数民族文化事业发展政策法规*。加强少数民族文化立法工作，适时研究制订有关少数民族文化保护和发展的法律法规和政策措施。加快制定和完善从事少数民族文化工作的专业（技术）人员职称评定政策和资质认证、机构和团体建设等方面的相关标准和办法。研究、制定或修订有关文化事业和文化产业政策法规时，要充分考虑少数民族文化的特殊性，增加专条专款加以明确。推动国家扶持与市场运作相结合，从制度上更好发挥市场在少数民族文化资源配置中的基础性作用，引导社会力量参与少数民族文化建设，形成有利于科学发展的宏观调控体系。

（十九）*深化少数民族和民族地区文化事业单位体制机制改革*。实行公益性事业与经营性业务分类管理，对公益性事业单位实行聘用制度、岗位管理制度和岗位绩效工资制度。引入竞争机制，采取政府招标、项目补贴、定向资助等形式，对重要少数民族文化产品、重大公共文化项目和公益性文化活动给予扶持。支持少数民族文化单位按照有关规定转企改制，在一定期限内给予财政、税收等方面的优惠政策，做好劳动人事、社会保障的政策衔接，按照新人新办法、老人老办法的原则制定相关政策。

（二十）*加强少数民族文化事业发展经费保障，加大政府对少数民族文化事业的投入*。中央和省级财政在安排促进民族地区发展和宣传文化发展相关经费时，逐步加大对少数民族文化事业的支持力度。继续实行相关税收优惠政策，鼓励和扶持少数民族和民族地区文化事业和文化产业发展。

（二十一）*加大少数民族文化人才队伍建设力度*。努力造就一支数量充足、素质较高的少数民族文化工作者队伍，营造有利于优秀人才脱颖而出的体制机制和社会环境，着力培养一大批艺术拔尖人才、经营管理人才、专业技术人才。积极保护和扶持少数民族优秀民间艺人和濒危文化项目传承人，对为传承非物质文化遗产做出突出贡献的传承人，按照国家有关规定给予表彰。支持高等院校和科研机构参与抢救濒危文化，推动相关学科建设，培养濒危文化传承人。

**五、加强对少数民族文化工作的领导**

（二十二）*切实把少数民族文化工作摆上更加重要的位置*。各地区、各部门要进一步提高对少数民族文化工作重要性的认识，增强责任感和紧迫感，切实把少数民族文化工作纳入重要议事日程，纳入当地经济社会发展总体规划，纳入科学发展考评体系。加强对少数民族文化工作的调查研究，定期听取工作汇报，做出部署，狠抓落实。关心支持少数民族和民族地区文化工作部门和单位的建设，及时研究解决存在的突出困难和特殊问题，充分调动和有效保护少数民族文化工作者的积极性、主动性、创造性。

（二十三）*推动形成分工协作、齐抓共管的良好局面*。在党委统一领导下，建立健全政府统筹协调、业务部门主管、有关部门密切配合、社会各界广泛参与的少数民族文化工作格局。各有关部门编制规划、部署工作，要把少数民族文化工作作为重要内容，加大支持力度，确保目标任务完成。加强舆论宣传，营造有利于少数民族文化事业发展的社会氛围。充分发挥各方面的积极作用，不断开创少数民族文化工作的新局面。

各地区、各部门要按照本意见的精神，结合实际，制定贯彻实施的具体措施和办法。有关部门要加强对本意见贯彻执行情况的督促检查。

# 中央统战部　国家民委关于深入学习贯彻胡锦涛总书记重要讲话精神切实做好当前民族工作的通知

（2009年11月8日）

各省、自治区、直辖市及新疆生产建设兵团党委统战部、民（宗）委（厅、局）：

今年以来，胡锦涛总书记对做好新形势下的民族工作，发表了一系列重要讲话，作出了一系列重要指示。这些重要讲话和指示，思想性、理论性、针对性都很强，对做好当前和今后一个时期的民族工作具有十分重要的指导意义。为学习好、贯彻好、落实好胡锦涛总书记关于民族工作的重要讲话和指示精神，努力把民族工作提高到一个新水平，特通知如下。

**一、切实把思想和行动统一到中央关于民族工作的部署和要求上来。**胡锦涛总书记关于民族工作的重要讲话和指示，特别是在党的十七届四中全会和国务院第五次全国民族团结进步表彰大会上的重要讲话，是党中央对民族工作的最新部署和要求，是做好新形势下民族工作的行动指南。各级统战部、民委要采取多种措施，利用各种形式，认真学习、深刻领会，切实把思想和行动统一到中央的部署和要求上来，把智慧和力量凝聚到完成中央提出的各项任务上来。要深入开展民族工作集中调研活动，及时掌握当地民族关系现状和出现的新情况新问题，把中央的精神和当地实际结合起来，形成更加有效的工作思路和举措。要一级抓一级，层层抓落实，切实把中央的部署和要求贯彻到基层。要通过深入学习贯彻，做到认识上有新提高，实践上有新突破，工作上有新成效。

**二、全面贯彻落实党的民族政策和民族区域自治制度。**要在全社会大张旗鼓地宣传党的民族理论、民族政策和民族区域自治制度，使各族干部群众深刻理解党的民族政策，增强维护民族团结的自觉性和坚定性。要进一步抓好国办发〔2008〕33号文件的贯彻落实，加强监督检查，推动党和国家的民族政策和法律法规落实到民族工作的各个方面、各个环节，切实保障少数民族合法权益，促进民族平等，增强民族团结。

**三、扎实开展民族团结宣传教育活动。**认真落实中办、国办《关于深入开展民族团结宣传教育工作的意见》，广泛、深入、持久开展民族团结宣传教育活动，在全社会牢固树立汉族离不开少数民族、少数民族离不开汉族、各少数民族之间也相互离不开的思想，打牢民族团结的思想基础和群众基础。在各级干部特别是领导干部中，深入进行马克思主义民族理论和党的民族政策的教育，提高他们做好民族工作的能力和水平。要按照中央的要求，把民族团结教育纳入公民道德教育全过程、社会主义精神文明建设全过程，特别要在各族青少年中开展多种形式的民族团结宣传教育活动，使民族大团结的思想观念在广大青少年中牢牢扎根。

**四、大力加强民族团结和社会稳定工作。**认真贯彻全国民族团结进步创建活动经验交流会精神，进一步在全国城乡广泛开展“民族团结宣传月”、“创建民族团结进步模范单位”、“民族工作进社区”等活动，扎实推进民族团结和谐村镇、和谐社区、和谐单位、和谐家庭建设。大力表彰团结进步模范集体和个人，充分发挥模范典型的示范引导作用，促进各民族和睦相处、和衷共济、和谐发展。要按照讲原则、讲法制、讲政策、讲策略的要求，正确区分两类不同性质的矛盾，及时妥善处理影响民族团结的问题。积极配合有关部门，深入开展反渗透、反分裂斗争，切实加强基层基础工作，坚决抵御境内外敌对势力的渗透、破坏活动。

**五、进一步支持少数民族和民族地区加快发展。**认真贯彻中央关于支持民族地区经济社会发展的一系列政策措施，全面推进民族地区经济建设、政治建设、文化建设、社会建设以及生态文明建设。支持民族地区从实际出发，充分利用本地优势条件，提高发展质量和效益，走出一条符合本地实际、具有本地特色的发展路子。进一步加大扶持人口较少民族发展、兴边富民行动实施力度，加大对边境地区、牧区、少数民族聚居山区的扶持，着力增加农牧民收入，改善农牧民生产生活条件。下大力气抓好《国务院关于进一步繁荣发展少数民族文化事业的若干意见》的贯彻落实，促进少数民族文化事业和文化产业发展。切实做好有关民族工作的“十二五”规划编制工作。进一步做好民族教育工作，加强少数民族干部队伍建设和人才资源开发，为民族团结进步事业提供有力组织保证和人才支撑。

各地学习贯彻情况，要及时总结上报中央统战部办公厅、国家民委办公厅。

特此通知。

# 中央统战部办公厅关于统一战线深入学习贯彻党的十七届四中全会精神的通知

（2009年9月25日）

各省、自治区、直辖市和新疆生产建设兵团党委统战部：

党的十七届四中全会是在新中国成立60周年、国际形势继续发生深刻变化、我国全面建设小康社会进入关键阶段召开的一次重要会议，对于全面贯彻党的十七大精神，以邓小平理论和“三个代表”重要思想为指导，深入贯彻落实科学发展观，有效应对国际金融危机冲击、保持经济平稳较快发展，夺取全面建设小康社会新胜利、开创中国特色社会主义事业新局面，具有重大而深远的意义。认真学习和贯彻落实党的十七届四中全会精神，是当前和今后一个时期党和国家的一项重大政治任务，也是统一战线的一项重大政治任务。现就统一战线学习贯彻会议精神，提出如下要求：

**一、切实把思想认识统一到十七届四中全会精神和部署上来**

十七届四中全会着眼推进中国特色社会主义伟大事业和党的建设新的伟大工程，科学分析时代特征，深刻把握基本规律，研究党建重点，破解党建难点，符合社会发展新要求、顺应人民群众新期待、贯穿科学发展新理念。特别是胡锦涛同志的重要讲话和全会通过的《决定》，立足新形势，总结新经验，研究新情况，就加强和改进新形势下党的建设提出一系列重大战略思想和政策措施，就做好当前党和国家工作作出进一步部署，是具有重要指导意义的纲领性文献。各级统战部门要充分认识十七届四中全会的重大意义，认真学习领会会议对新形势下加强和改进党的建设重要性和紧迫性的深刻认识，对执政党建设基本经验和规律的系统总结，对提高党的建设科学化水平新的重大命题的科学阐述，对加强和改进新形势下党的建设的战略部署，对提高推动科学发展和促进社会和谐的能力、保持经济平稳较快发展的总体要求，对做好统一战线和多党合作特别是民族工作的重要论述，进一步把思想统一到胡锦涛同志重要讲话和全会《决定》的精神上来，把行动统一到中央的决策和部署上来，切实增强贯彻落实的自觉性和坚定性。

**二、积极为加强和改进党的建设、加快推进全面建设小康社会进程作出贡献**

各级统战部门贯彻落实党的十七届四中全会精神，要积极引导统一战线广大成员为加强和改进党的建设建言献策，为保持经济社会又好又快发展凝心聚力。

要围绕党的建设总体部署发挥优势和作用。坚持用中国特色社会主义理论体系武装头脑，着力推进马克思主义大众化，巩固统一战线共同思想政治基础。充分发挥统一战线人才荟萃的优势，积极为建设高素质的干部队伍培养和输送优秀的党外人才，推动完善合作共事的体制机制。协助党和政府做好问政于民、问需于民、问计于民的工作，使党和国家的方针政策成为各方面群众的自觉行动，广泛赢得人心、凝聚力量。引导党外人士充分发挥民主监督的优势，本着认真负责的态度，积极提意见、作批评，帮助提高党的科学决策能力和拒腐防变能力。

要围绕保持经济平稳较快发展和社会稳定和谐献计出力。着眼进一步扩大内需和改善民生，引导统一战线广大成员密切关注中央一系列刺激消费、拉动增长的政策措施落实情况，围绕促进高校毕业生、农民工、城镇困难群众就业，加强调查研究，提出对策建议，推动新经济增长点成为新就业增长点。着眼调整经济结构和推进自主创新，进一步引导非公有制企业加快建立现代企业制度，改变生产经营模式，积极发展新兴产业，全面提升企业效益和效率，促进绿色增长。着眼维护社会大局稳定，注意发现和及时反映苗头性的问题和隐患，做好协调关系、化解矛盾和思想引导工作。

要围绕各民族共同团结奋斗、共同繁荣发展促进民族团结进步事业。按照胡锦涛同志重要讲话精神要求，深刻认识做好民族工作、维护民族团结的极端重要性和现实紧迫性，切实增强责任感和使命感。毫不动摇地坚持党的民族政策，全面贯彻落实民族区域自治制度，正确把握民族因素与区域因素的关系。积极促进少数民族和民族地区经济社会发展，帮助民族地区走出一条具有本地特点、加快发展、惠及各族群众的路子。大力开展民族团结宣传教育和民族团结进步创建活动，促进各民族之间交往交流交融，使“三个离不开”思想深入人心。妥善处理和应对涉及民族因素的矛盾纠纷，有效防范和打击民族分裂分子及其活动，坚决维护国家统一、民族团结和社会稳定。

要推动执政党建设与参政党建设相互促进。引导各民主党派以贯彻落实十七届四中全会精神为契机，以纪念中国共产党领导的多党合作和政治协商制度确立60周年为新起点，认真借鉴中国共产党自身建设成功经验，科学把握参政党自身建设规律，着力加强思想建设，积极开展社会主义核心价值体系学习教育；着力加强制度建设，努力形成涵盖参政党各方面建设的完整制度体系；着力加强能力建设，切实增强谋长远之计、建有用之言、献务实之策的本领；着力加强作风建设，更好地团结带领各自成员及所联系群众积极投身中国特色社会主义伟大事业。

**三、努力把党的十七届四中全会精神落到实处**

各级统战部门要按照党委的统一部署，制定学习计划，认真组织实施，加强督促检查，切实做到认识到位、领导到位、措施到位，引导广大统战干部和统一战线成员把会议精神学习好贯彻好落实好。各级统战部门领导干部要带头学习，采取中心组学习等形式，把会议精神学准学深学透，不断提高推动科学发展、促进社会和谐的能力。要组织广大统战干部把学习领会精神与促进工作结合起来，在加强学习中提高自身素质、增强工作本领。要支持和推动各民主党派、工商联、无党派人士等统一战线广大成员自觉学习，不断提高参政议政、民主监督水平，共同推进中国特色社会主义伟大事业。

各地统战部门要将学习贯彻十七届四中全会精神的情况及时报中央统战部。

# 中共浙江省委、浙江省人民政府关于认真贯彻落实保增长扩内需调结构要求的若干政策意见

（2009年1月14日）

为全面贯彻党的十七届三中全会和中央经济工作会议精神，深入学习实践科学发展观，认真贯彻落实党中央、国务院关于保增长、扩内需、调结构的要求，努力实现经济平稳较快发展，现结合我省实际，提出如下政策意见。

## 一、进一步扩大投资

（一）积极扩大政府投资。围绕“全面小康六大行动计划”特别是重大项目建设行动计划，在坚持依法依规、符合科学发展要求并注重投资结构、质量和效益的前提下，按照“能早则早、能快则快”的要求和尽力而为、量力而行的原则，重点实施保障性安居、农林水利、基础设施、社会事业、生态环保、自主创新等六类政府主导性重大建设项目，在原预算安排的基础上，省级财政新增100亿元，投向以铁路现代化为重点的重大项目建设，2009-2010年完成政府主导性重大建设项目投资4000亿元以上。

（二）大力引导社会投资。改革重点建设项目投融资体制，鼓励社会资本参与政府投资项目建设。加快推进新农村建设，加大农村水、电、气、路等基础设施建设力度，着力改善农村生产生活条件。抓紧实施一批对全省工业转型升级有重大推动作用的工业项目。加大对企业技术改造支持力度，对重点工业技术改造项目。省财政给予贴息补助。大力引进对我省产业升级和环境优化有重大作用的内外资大项目。加强联系沟通，争取中央企业扩大对浙投资规模，争取国家相关部门加大对我省投资力度。深化省属国有企业多元化改革，积极引进战略投资者。深入实施“山海协作工程”，鼓励发达地区向欠发达地区产业梯度转移。各地也要结合实际，加大技改投资引导力度。鼓励企业“零增地”技改，对企业利用老厂房翻建多层厂房和利用厂内空地建造三层以上厂房，其需缴纳的土地出让金和城镇基础设施建设配套费的地方留成部分，经批准可予减征或免交；建成使用后3年内按规定纳税确有困难的，报经税务部门批准，可减免房产税。

## 二、鼓励企业拓展市场

（三）保持出口稳定增长。综合运用出口退税、外贸发展专项资金等政策措施，在符合WTO规则的条件下，鼓励和支持企业应对全球金融危机，稳定市场份额，开拓新兴市场。2009年省级财政继续安排3.5亿元，支持和鼓励各地稳定出口、调整外贸结构，进一步健全“两反一保”工作机制。引导和支持企业进一步优化产品结构、市场结构，创新经营模式，保持外贸出口稳定增长。对相关出口企业参加境外贸易展（博）览会的摊位费、公共布展费、展品运输费等给予一定的资助。对企业利用电子商务开展国际贸易给予一定的资助。对农产品出口骨干企业建立质量可追溯体系所发生的注册备案、认证等费用给予一定的资助。对服务外包企业新设备购置费用、人才培训、有关国际资质认证费给予一定的资助。鼓励企业积极利用进出口信用保险，降低进出口经营风险。抓紧落实各项支持服务贸易、服务外包发展的政策，大力推进国际服务贸易。

（四）着力优化通关服务。实施优惠通关担保措施，为省内守法诚信企业提供先放后税通关优惠。进一步落实简易审价制度和预归类制度，帮助企业快速、准确报关。推动“区区联动”、“港区联动”、“港港联动”、“港区延伸”和“多点报关”等新型通关模式的运行，促进口岸物流、特殊监管区域物流和内陆物流联动发展。全面落实按企业类别实行台账保证金“空转”政策，减轻纺织、服装、塑料、家具等劳动密集型行业的资金负担。提高海关审批速度，报关单出口退税证明联签发时限由5个工作日缩减到3个工作日。经财政部批准的政策性退税，3个工作日内退还企业。鼓励和方便企业利用保税仓库的政策优势，以

保税仓储的方式进口战略性、资源型物资。制定符合我省实际的船舶修造管理办法，延长修理外籍船舶下地废钢申报时限最长至6个月，修理船舶出口报关时限推迟至船舶出境后30日内，探索实施“集中查验、定点监管”模式，必要时凭企业申请和担保办理有关海关手续。巩固并深化义乌小商品监管便利措施。进一步落实重大减免税项目前伸服务机制。

以出口服装、轻工、食品、农产品、高新技术产品等龙头骨干企业为重点，加大检验检疫扶持力度，努力培育出口免验企业，力争2009年新增8家免验企业。大力实施“出口直通放行”机制，实现产地检验、口岸直通放行，减免集装箱查验费用，缩短出口货物口岸滞留时间。扩大全国口岸享受绿色通道企业数量，扩大电子监管企业数量，扩大一类企业数量。进一步落实强制性产品认证各项便利措施，对以整机全数出口为目的，并通过进料或来料加工方式进口的零部件，直接签发免于办理强制性产品认证证明。加强普惠制产地证和自由贸易区等区域性优惠原产证书的宣传、咨询和签证工作，帮助企业用足用好国外关税优惠政策。

（五）加大国内市场开拓力度。继续办好“浙江投资贸易洽谈会”、“中国国际日用消费品博览会”、“中国义乌国际小商品博览会”、“杭州西湖博览会”、“中国柯桥纺织品博览会”，加快义乌中国小商品城、绍兴中国轻纺城等专业市场的改造提升，进一步发展连锁经营、电子商务和物流配送等现代流通方式。加快完善城乡商业网点布局规划，有序发展购物中心、大型百货和大卖场，大力发展社区便利店、商业特色街和生活服务业，营造多层次、多元化的城市消费网络。推进农超对接，建立农产品直接采购基地，发展鲜活农产品冷链系统。深入推进“千镇连锁超市”和“家电下乡”工程，加快农产品流通网络和农资流通网络建设，研究出台日用消费品、农资农机等下乡的相关政策，进一步开拓农村市场。大力培育一批专业化、规模化和现代化的大型流通组织，积极引导商贸企业开展有序促销等经营活动，提高对重要资源和商品的分销能力，进一步开拓国内市场特别是中西部市场。支持单一出口企业调整产品结构，创新营销模式，开拓国内市场。抓住国家扩大投资、启动内需的机遇，组织企业加强与重点投资项目的对接，通过开拓市场新领域来拉动相关产业的发展。

（六）支持企业自主品牌建设。鼓励企业质量兴企、名牌兴业，推进区域品牌、农产品品牌、出口品牌的创建和“中华老字号”的培育，扎实推进品牌大省建设。鼓励企业申报具有独创性和显著性的商标和商号，鼓励企业培育打造驰（著）名商标、名牌产品，鼓励企业品牌多国度、多门类国际注册，支持企业并购国外品牌，支持企业通过专利研发、特许经营、品牌收购、资本运作等，提升品牌营运能力，构建营销网络。

**三、进一步减轻企业负担**

（七）落实税收优惠政策。全面贯彻增值税转型改革。2009年起，增值税一般纳税人新购进设备所合的进项税额予以抵扣，降低一般纳税人认定标准和小规模纳税人的征收率。对经营困难企业如纳税确有困难的，报经税务部门批准，可减免城镇土地使用税、房产税。

（八）清理行政事业性收费。在全面贯彻落实国家清理行政事业性收费的基础上，进一步落实好省政府确定的两批取消、暂停征收部分行政事业性收费项目和降低部分收费标准的政策。各地可根据实际，对现有审批权限内的行政事业性收费项目进行梳理，并制定“减、免、缓、停”等政策措施，进一步减轻企业负担。

（九）完善社保费缴纳政策。从2009年起，逐步将全省用人单位基本养老保险费缴纳比例统一到12-16%。在确保企业退休人员养老金按时足额拨付及职工社保待遇不受影响的前提下，2009年对企业社会保险费缴纳比例继续实行临时性适当下浮，具体幅度相当于企业应缴纳统筹部分1个月的额度。符合条件的困难企业可以提出缓缴社会保险费申请，经主管地方税务机关会同劳动保障、财政等部门审核后报同级人民政府批准，并报省地税局、省劳动保障厅、省财政厅备案。对不裁员或少裁员的困难企业，2009年之内可使用失业保险基金支付社保补贴或岗位补贴，补贴期限不超过半年。

**四、加大要素保障支持力度**

（十）强化金融保障。积极贯彻中央适度宽松的货币政策，把保障信贷总量平稳增长作为当前金融工作的首要任务，通过向各总行争取信贷资金、授信管理等政策上的倾斜，力争2009年新增信贷总量不低于2008年水平，并继续保持在沿海各省市前列。金融机构要在风险可控的前提下，用足用好信贷规模。

突出信贷投放重点。按照“支持好的、帮助困难的、扶持弱小的”要求，金融机构要支持重点项目建设，对我省确定的六类政府主导性重大建设项目要积极利用银团贷款、联合贷款、同业合作等方式给予配套信贷支持。积极引进保险资金，鼓励其以多种方式参与我省重点项目建设。调整信贷结构，优先支持企业自主创新、技术改造、兼并重组、节能减排项目。要重点保证基本面较好、信用记录较好、有订单但暂时出现困难企业的信贷需求，切实保障龙头企业资金链安全，着力改善中小企业融资状况。加大对小企业贷款风险补偿力度，2009年安排6500万元省级小企业贷款风险补偿资金。完善信用担保体系，支持金融机构对中小企业贴现票据的再贴现乙加大对新农村建设的信贷投放，推进林权质押贷款，探索海域使用权、农房抵押贷款和有利于支持“三农”发展的保险形式。支持外贸融资，金融机构要尽可能满足出口企业信贷需求，外汇管理部门要通过调整出口预收货款比例、调整延付比例、放宽出口收汇远期备案、酌情核销进出口收汇差额等措施，力促出口稳定增长。落实消费信贷政策拓展消费信贷业务，继续发展住房、汽车等消费信贷市场。

进一步拓宽融资渠道。支持企业通过发行股票、“借壳”上市、资产重组、兼并收购等方式，扩大直接融资渠道。重点培育和推荐行业龙头企业境内外上市融资，推动上市公司积极争取重点技改项目再融资。进一步扩大债券、票据等融资规模，2009年争取发行短期融资券250亿元、企业债券200亿元、中期票据新产品100亿元。积极稳妥开展村镇银行、小额贷款公司试点工作，争取三年内再新增村镇银行试点18家，2009年初第十批小额贷款公司试点全面投入运行。发展中小企业股权质押贷款。建立省级创业投资引导基金，加快筹建产业投资基金，积极发展创业投资、产业投资基金等各类股权投资基金。进一步发挥金融租赁、信托公司作用，鼓励金融机构通过产品创新，增加资金供给，优化金融服务。

（十一）强化土地要素保障。加快土地利用总体规划修编和规划试点工作，为经济社会发展提供科学合理的用地空间。在科学规划的前提下，积极推进低丘缓坡开发、滩涂围垦造地，继续加大土地整理、建设土地复垦力度，确保耕地占补平衡；优先保障重点建设项目用地，凡国家和省立项的重点建设项目，国务院批准用地的民生工程、基础设施、生态环境和灾后重建项目的控制工期的单体工程，以及有工期要求或受季节影响急需开工的工程，建设单位可申请先行用地，先行用地面积不超过建设项目用地总面积的10%。

（十二）强化人才保障。深化教育改革，加快培养高素质应用型人才。大力发展职业技术教育，鼓励企业参与兴办各类职业学校，推进工学结合、校企合作，加快推进实训基地建设。鼓励学生就读职业院校，对农村年均收入4000元以下的低收入家庭子女就读中职教育免收学费，给予我省就读中等职业学校一、二年级学生每年1500元的助学金，并对其中家庭困难学生给予生活补助。优化高等教育学科专业设置，扩大与制造业、现代服务业、高效生态农业密切相关专业的招生规模。加强企业家队伍建设，着力提升企业家素质。抢抓有利时机，组织引导企业积极引进国内外高层次紧缺人才和高素质应用型人才，鼓励团队式引进创新人才，在创新项目上加大扶持力度，在住房等方面给予优惠，进一步推动企业人才队伍建设。

## 五、推进产业转型升级

（十三）加快发展现代农业。完善落实粮食安全行政首长负责制，进一步加大对粮油畜禽等生产的扶持力度，确保主要农产品稳定供应。在“依法、自愿、有偿”的前提下，采取更加有力的政策措施，积极探索转包、经营权股份合作等土地承包经营权流转的多种实现形式，扶持农业龙头企业发展，培育农民新型合作组织，完善农业服务体系，促进粮食规模经营，提高农业专业化、标准化和产业化经营水平。增加并整合相关资金，扶持现代农业十大主导产业基地建设，大力发展设施农业，推广良种良法，创新农作制度。加强农产品质量安全监管体系建设，加快建立农产品质量监管等公共服务机构。实施“千万亩标准农田质量提升工程”，加强农田水利基本建设，继续扶持标准鱼塘和林区作业道建设，进一步提高生态公益林补偿标准。健全责任农技员制度，加强基层“农民信箱”等应用培训和推广，提高为农服务水平。

（十四）大力推进工业转型升级。认真做好工业转型升级的统筹规划。按照发展培育一批、改造提升一批、限制淘汰一批的产业结构优化升级要求，排出一批重点行业，逐个制订转型升级的实施方案；明确目标定位、总体布局、发展导向以及相应的配套措施。建立省政府重点工业项目推进协调机制，大力推进千亿产业提升工程，推动企业抓紧实施一批对全省经济发展方式转变和产业结构优化升级有积极推动作用的重点工业项目和科技创新项目。

加大财政对工业转型升级的扶持力度。统筹安排省级部门现有工业类、科技类财政性资金，在整合原有资金的基础上，2009年再增加2亿元，设立5亿元的工业转型升级专项资金，重点用于企业技术改造贴息，推动企业加大产品创新、技术创新、管理创新、节能减排等投入。

落实工业自主创新、转型升级税费减免优惠政策。落实企业研究开发费150%抵扣应纳税所得额的优惠政策。加快高新技术企业认定工作，对认定的高新技术企业按15%的税率征收企业所得税。对从事国家非限制和禁止行业，符合条件的小型微利企业，按20%的税率征收企业所得税。鼓励企业消化吸收创新和集成创新，对企业引进国外先进技术、装备进行技术改造的项目给予一定的资助。支持企业开发、申请和购买国内外专利尤其是发明专利，对企业获得发明专利授权和购买国内外发明专利给予补贴。鼓励企业采取产学研联合的方式做大做强企业研发机构，支持有条件的企业收购、兼并发达国家企业研发设计机构和知名品牌。鼓励和支持建立为区域块状经济中小企业服务的公共科技创新服务平台。支持企业开发具有自主知识产权的新技术、新产品、新工艺。

（十五）加快服务业发展。进一步放宽服务领域市场准入。凡是法律法规没有禁止进入的服务业领域，各类资本均可进入；凡是向外资开放的服务领域，都向内资开放；凡是对本地区开放的服务领域，全部向外地企业开放。工商行政管理部门对一般性服务业企业降低注册资本最低限额，除法律、法规等另有规定外，一律降至3万元人民币。除有特殊规定外，服务企业设立连锁经营门店实现直接登记制度。

对鼓励发展的服务行业实行税费减免优惠。企业从事国家规定的符合条件的环境保护和节能节水项目所得；居民企业技术转让所得；从事农、林、牧、渔业服务，如灌溉服务、农产品初级加工服务、兽医服务、农技推广、农机作业和维修等项目所得；国家规划布局内的重点软件生产企业所得，可按有关规定享受所得税优惠政策。经认定的新办软件生产企业和集成电路设计企业，按规定享受所得税优惠政策。对软件生产企业生产的软件产品增值税税负超过3%的部分实行即征即退的优惠政策。对试点物流企业和从事货运、保险、知识产权、广告、会展等代理企业的代理业务收入，实行差额征收营业税。物流、连锁超市等企业在中国境内设立不具有法人资格的营业机构，可由其总部汇总计算并缴纳企业所得税。落实好调整后的服务业用水、用电、用气价格及收费政策。除特种行业外，服务业用水、用气价格与一般工业实现同价，2009年起基本实现商业用电与一般工业用电价格并轨，并执行统一的“一般工商业用电”价格。

积极鼓励地方发展服务业尤其是现代服务业。对市县营业税当年增收上交省部分予以返还；对省级金融保险业营业税按收入来源市县进行划分，对其当年收入比上年增收部分给予市县20%的奖励；对当年引进全国性金融保险机构总部（或跨国公司区域性总部）的，给予引进地财政一次性奖励。2009年安排省服务业发展引导资金5000万元。

开展制造企业二、三产业分离试点。制造企业二、三产业分离后的税负如高于原税额，高出部分由各地财政对该企业予以扶持补助；自用的生产经营房产缴纳房产税、占地面积较大的服务企业缴纳城镇土地使用税有困难的，报经税务部门批准，可减免房产税和城镇土地使用税；所购的固定资产因技术进步等原因，可以加速折旧。

鼓励引进国内外著名服务企业总部、地区总部、采购中心、研发中心，各级政府对引进企业自建、购买或租赁办公用房上给予支持；对新引进的企业集团总部，纳税确有困难的，报经地税部门批准，可减免房产税、城镇土地使用税和水利建设专项资金。

（十六）促进房地产业健康发展。充分发挥房地产业作为支柱产业的带动作用，认真贯彻国务院促进房地产业健康发展的政策措施，加快保障性住房建设，进一步鼓励和支持住房消费，保持合理的房地产开发投资规模。加大保障性住房建设力度，2009年确保新开工300万平方米以上经济适用住房，新增廉租住房受益家庭1万户以上，基本完成低保家庭1.5倍以下城镇低收入住房困难家庭廉租住房应保尽保，不断提高廉租住房实物配租比例；2009年提前一年完成城市低收入困难家庭廉租住房应保尽保和经济适用住房购房需要。进一步鼓励和支持住房消费。结合我省实际，研究制定鼓励普通商品住房消费的政策。引导房地产企业积极应对市场变化，促进商品住房销售。支持合理融资需求，加大对中低价位、中小套型普通商品住房建设特别是在建项目的信贷支持，对有实力有信誉的房地产开发企业兼并重组提供融资和相关金融服务。按照法定程序取消城市房地产税。

认真做好保障性住房的土地供应。严格控制低密度大套型住宅用地投放，优先保证中低价位、中小套型等普通商品住房（含廉租房、经济适用房）用地供应。对新出让的房地产用地，适当延长出让金缴纳期限和开竣工期限，减轻房地产企业的资金压力和开竣工压力。

（十七）着力推进节能减排。全面实施节能十项重点工程和“811”环境保护新三年行动计划，建立健全能耗、水耗和污染排放标准，率先在太湖、钱塘江流域推行排污权交易。继续对高耗能行业中的淘汰类、限制类企业实行差别电价政策。建立健全分类定价、阶梯式水价和超额累进加价制度。认真落实国家燃煤发电机组脱硫电价和脱硫设施运行管理办法，加快建立能够反映污染治理成本的排污价格和收费机制。落实企业购置并实际使用环境保护、节能节水、安全生产设备投资额抵扣应纳所得税额；企业从事环境保护、节能节水项目所得免征、减征企业所得税；企业资源综合利用收入减计收入总额等方面税收优惠政策。采取积极有效措施，进一步引导社会资金投资污水、垃圾等治污设施建设和运营，支持企业发展循环经济、开展资源节约和资源综合利用工作。

## 六、切实保障民生

（十八）保持就业稳定。积极实施新一轮就业政策，促进就业再就业，力争2009年全省新增城镇就业岗位60万人，城镇登记失业率控制在4%以内。强化就业再就业培训，特别是对有就业要求和培训愿望的初高中毕业生实行3个月以上、12个月以内的预备制培训，让他们取得相应的职业资格或者掌握一定的职业技能。千方百计增加就业岗位，重点做好城镇新增劳动力特别是高校毕业生、困难就业人员和关闭停业企业失业人员的就业工作。鼓励高校毕业生到农村学校和卫生院工作，到基层、到企业就业创业。适当扩大本省学籍研究生、本科生和高职院校的招生规模，减缓新增就业压力。完善就业援助制度，结合实施低收入群众增收行动计划，在继续做好“4050”、城镇零就业家庭、城乡低保户等就业困难人员就业援助工作的基础上，将就业援助范围扩大到长期失业人员、低保边缘户人员等就业困难人员。对各类企业招用就业困难人员、签订劳动合同并缴纳社会保险费的，在相应期限内给予基本养老保险、基本医疗保险和失业保险补贴。稳定现有就业岗位，鼓励企事业单位积极吸纳大学毕业生，防止出现大规模集中裁员现象，鼓励和支持困难企业尽量不裁员或减少裁员。

（十九）鼓励自主创业。以创业带动就业，进一步完善支持自主创业、自谋职业的政策体系，建立健全政策扶持、创业培训、创业服务三位一体的工作机制，进一步整合面向不同群体的创业就业政策资源；从市场准入、企业设立、投融资等各方面对创业主体予以支持，重点把小额担保贷款、贷款贴息补贴、职业培训补贴等各项优惠扶持政策扩大到城乡所有创业人员，大力营造鼓励自主创业的社会环境，实现创业富民、就业惠民。

（二十）提高企业退休人员养老金和城乡低保标准。2009年1月1日起，再次提高企业退休人员养老金标准，月人均增加135元，并于春节前发放到位；相应调整最低生活保障标准，并按照应保尽保、应补尽补的要求落实低保对象的补助。

（二十一）切实防范处置企业拖欠工资问题。积极开展企业支付工资情况专项检查，加强企业欠薪情况动态监控和应急处置，依法及时查处企业欠薪尤其是拖欠农民工工资等违法行为，确保按时足额支付职工工资。推进和谐企业创建活动，建立和谐稳定的劳动关系，激发员工的责任感和归属感，同舟共济，共克时艰。

## 七、营造良好发展环境

（二十二）进一步深化体制改革。深化价格体制、金融体制、投资体制、国有企业和资源配置市场化改革，促进经济转型升级。深化公共财政体制、行政审批制度改革，促进政府行政管理方式创新。深化医药卫生体制、教育体制和文化体制改革，促进基本公共服务均等化。在义乌开展扩大县级政府管理权限改革试点的基础上，全面推进扩权强县改革。继续推进杭州综合性配套改革试点、义乌嘉兴统筹城乡发展改革试点和温州台州民营经济创新发展综合改革试点，通过点上突破、整体推进，发挥对面上改革的示范和引领作用。

（二十三）全面推进服务型政府建设。结合深入学习实践科学发展观活动，进一步转变政府职能，深化审批制度改革，切实增强机关（单位）服务企业、服务基层、服务群众的意识，优化服务手段，提高服务效能，建立和完善服务长效机制。完善国有企业监管方式，坚持寓服务于监管。坚持领导干部带头，深入企业了解实情，推进政企银合作，帮助企业排忧解难，进一步增强企业发展信心。扎实开展项目推进工作，完善重点项目推进协调机制，抓紧做好项目报批工作，争取我省有更多的项目列入中央新增的投资计划，有更多的项目及早获得国家批准。对我省权限范围内的项目，在符合审批规范的前提下特事特办、并联许可、加快审批、尽快开工。开展“科技帮扶促调活动”，组织有关科研院所、大专院校与企业结对，组织科技人员到基层、下企业，开展科技帮扶。

（二十四）深入开展节约型机关建设。坚持厉行节约，勤俭办事，广泛开展节能、节费、节材等节俭活动。严格控制行政开支，2009 年各级党政机关公用经费继续压缩 5%，专项经费、会议费、接待费“零增长”，公务用车购置冻结一年，出国经费压缩 20%，暂停审批党政机关办公楼项目，切实降低行政成本。各级财政、审计、监察部门要加强督察和监管，坚决制止铺张浪费现象。

（二十五）开展纠风治乱专项整治。狠抓纠风治乱，积极开展向企业乱摊派、乱罚款、乱集资等专项整治行动，规范向企业征订报刊等行为。建立健全预防和控制农民负担反弹工作体系，切实加强农民负担监督管理。

## 八、维护社会和谐稳定

（二十六）有效防范化解企业与金融风险。把经济运行安全放在重要位置，高度重视防范企业经营风险，省里建立大企业风险防范工作领导小组，及时协调解决可能出现的各类风险问题。探索建立省、市、县三级大企业风险防范监测预警体系，以县为单位设立政府调控基金，做好维系企业资金链安全的预案，防止企业风险向产业风险、金融风险和社会风险扩散，形成系统性风险。高度重视防范金融风险，加强金融监管和金融机构内控机制建设，健全金融突发事件处置机制。高度重视防范境外贸易投资风险，妥善处理好境外投资、工程承包和劳务合作突发事件。正确引导和规范发展民间融资，严厉打击非法集资活动和非法融资广告行为，促使民间资金有序流入符合宏观调控要求的领域和符合产业政策的行业。

（二十七）全面落实安全生产责任制。针对新开工重点项目多、启动快的实际，更加重视安全生产工作。以强化安全生产基层基础为重点，深化隐患排查整治，强化部门依法监管，推动企业责任落实，对重点建设项目、重点企业、重点领域、重点环节实行全程监管，确保实现事故起数、事故死亡人数、事故直接经济损失三项指标“零增长”，确保亿元国内生产总值事故死亡率、工矿企业从业人员十万人事故死亡率、道路交通万车死亡率稳步下降，确保不突破国务院安委会下达的安全生产控制指标。

（二十八）全力抓好食品药品安全工作。落实食品药品安全监管责任制，继续巩固农村食品安全“三网”建设成果，推进食品安全示范县（乡镇）和农村药品安全“两网一规范”示范创建。继续抓好食品小作坊、小药店等“十小”行业质量安全整治与规范工作，认真开展打击违法添加非食用物质和滥用食品添加剂专项整治行动，深化城乡结合部、校园食品安全和建筑工地食堂等重点薄弱环节综合整治，组织开展药品注射剂、原料药、高风险类医疗器械等专项检查。加强药品检验检测和不良反应监测能力建设，完善全省食品药品安全状况报告制度，提升预警和应急能力水平。

（二十九）进一步做好信访和维稳工作。高度关注社会稳定问题，把维护群众利益放在首位，着力解决土地征收、房屋拆迁、环境保护、拖欠农民工工资等群众反映的突出问题，努力使群众理解当前的工作，支持重点项目建设。继续推行领导干部接访、下访制度，巩固扩大接访成果，畅通民意表达渠道。加强社会治安综合整治，严厉打击各种违法犯罪行为，全面开展排查摸底工作，摸清和解决好社会矛盾集中的问题，坚决防止和妥善化解各类群体性事件。

各有关职能部门要根据本政策意见，抓紧研究制定具体实施办法，并及时报告省委、省政府。

# 浙江省人民政府关于积极应对当前经济形势做好稳定和促进就业工作的实施意见

（2009年4月24日）

为积极应对国际金融危机的影响，稳定和促进就业，保持我省经济平稳较快发展和社会和谐稳定，根据《国务院关于做好当前经济形势下就业工作的通知》（国发〔2009〕4号）精神，现结合我省实际，提出如下实施意见。

**一、紧密结合实施扩大内需的政策措施，千方百计扩大就业**

（一）切实强化政府投资项目带动就业的作用。在安排政府主导性投资项目时，要突出投资项目对扩大就业贡献率的分析和测算，把就业岗位增加和人力资源配置作为项目建议书和可行性报告的重要内容，努力创造更多的就业岗位。鼓励和引导生产性项目提前招工，允许按工程费用一定的比例计列所招人员岗前培训费用，纳入项目投资估算与概算。

（二）着力提高中小企业吸纳就业的能力。落实鼓励中小企业加快发展的各项扶持政策，在积极支持中小企业推进结构调整和发展方式转变、增强竞争力的同时，大力鼓励和引导中小企业特别是劳动密集型企业多渠道、多方式扩大就业容量，提高吸纳就业能力，充分发挥中小企业在稳定和促进就业中的主体作用。加强中小企业融资和担保服务，积极发挥小额担保贷款在拉动就业中的作用，对当年新招用符合小额担保贷款申请条件的人员达到企业现有在职职工总数20%（超过100人的企业达10%）以上，并与其签订1年以上期限劳动合同的劳动密集型小企业，经办金融机构可根据企业实际招用人数合理确定小额担保贷款额度，最高不超过人民币200万元，贷款期限不超过2年。

（三）充分发挥服务业扩大就业的优势。要大力拓展具有增长潜力的社会管理、公共服务、生产服务、生活服务、互助服务等领域，重点开发养老服务、医护服务、物业服务等社区服务岗位，加快发展信息、创意、物流等现代服务业，着力突破体制障碍，放宽市场准入条件，加大政策支持力度，使服务业在扩大就业中发挥更大的作用。

（四）最大限度拓展农村劳动力就业空间。结合社会主义新农村建设和农村社区建设，加大农村基础设施建设、危房改造和农房建设力度，大力发展县域经济，调整农业产业结构，扶持农产品精深加工和销售，鼓励农民联合创办经济实体，促进农村劳动力就地就近就业。

**二、进一步减轻企业负担，鼓励企业稳定就业岗位**

（五）延续鼓励企业吸纳下岗失业人员的税收扶持政策。对符合条件的企业在新增岗位中，当年新招用符合《国务院关于进一步加强就业再就业工作的通知》（国发〔2005〕36号）规定的下岗失业人员，与其签订1年以上期限劳动合同并缴纳社会保险费的，按规定在相应期限内定额依次减免营业税、城市维护建设税、教育费附加和企业所得税，审批期限延长至2009年底。

（六）允许困难企业在一定时期内缓缴社会保险费。统筹地区在确保社会保险待遇按时足额支付、社会保险基金不出现缺口的前提下，允许暂时无力缴纳社会保险费的困难企业，在一定期限内缓缴应由企业缴纳的社会保险费。缓缴执行期为2009年之内，缓缴期限最长不超过6个月。

（七）对困难企业实行社会保险补贴和岗位补贴。失业保险基金结余较多的统筹地区，在确保当前和今后一个时期按时足额支付失业保险待遇的前提下，可扩大失业保险基金支出范围，从失业保险基金中支付困难企业社会保险补贴和岗位补贴。对困难企业的社会保险补贴标准，参照当地就业资金对就业困难人员的社会保险补贴标准执行；对困难企业的岗位补贴标准参照当地失业保险金标准确定。上述两项补贴的资金不得超过上年末基金累计结余的50%。两项补贴的执行期为2009年内，补贴期限最长不超过6个月。

（八）支持困难企业开展在岗培训。企业开展在岗培训所需资金按规定从企业职工教育经费中列支，不足部分可在严格标准和程序的前提下，由就业专项资金予以适当支持。

（九）引导国有企业稳定并增加就业。要进一步深化国有企业改革，推动国有企业做强做大，通过企业发展提供更多的就业机会。做好国有企业主辅分离、辅业改制的实施工作，落实相关扶持政策，妥善安置富余人员。国有企业要带头承担社会责任，千方百计克服困难，努力做到不裁员或少裁员，为稳定就业多作贡献。

**三、继续加大政策扶持力度，鼓励劳动者自主创业、自谋职业**

（十）进一步优化创业环境。认真贯彻落实《国务院办公厅转发人力资源社会保障等部门关于促进以创业带动就业工作指导意见的通知》（国办发〔2008〕111号）精神，进一步优化创业环境，完善支持自主创业、自谋职业的政策体系，建立健全政策扶持、创业培训、创业服务“三位一体”的工作机制，把鼓励创业、促进就业的小额担保贷款、贷款贴息补贴、职业培训补贴、职业技能鉴定补贴、场租补贴和免费就业服务等各项优惠扶持政策扩大到城乡所有创业人员，法律法规未禁止的行业和领域向各类创业主体开放，鼓励高校毕业生、退伍转业军人、城镇失业人员、返乡农民工自主创业和自谋职业，充分发挥创业带动就业的倍增效应。

（十一）延续鼓励下岗失业人员创业的税收扶持政策。对符合国发〔2005〕36号文件规定的下岗失业人员从事个体经营的，在规定限额内依次减免营业税、城市维护建设税、教育费附加和个人所得税，审批期限延长至2009年底。

（十二）进一步改进小额担保贷款管理。各级政府要根据需求逐步增加小额贷款担保资金。在现行政策基础上，进一步提高小额担保贷款额度。对就业困难人员、城镇复退军人自谋职业、自主创业（国家限制行业除外）的，由当地财政据实全额贴息（展期不贴息）；对其他符合申请小额担保贷款的借款人，由当地财政给予50%的贴息（展期不贴息）。同时，对自主创业的各类登记失业人员，给予一次性创业补助，具体政策由各地制定。提倡推广小额信用贷款、联保贷款，为自主创业者拓宽融资渠道，提供更好的服务。

（十三）提高灵活就业的稳定性。对2009年享受社会保险补贴政策期满、仍未能实现稳定就业的灵活就业人员，可根据实际情况将其享受社会保险补贴的期限一次性延长，期限最长不超过1年。

**四、加强统筹规划，突出抓好重点人群的就业工作**

（十四）把高校毕业生就业摆在当前就业工作的首位。认真贯彻《国务院办公厅关于加强普通高等学校毕业生就业工作的通知》（国办发〔2009〕3号）和《浙江省人民政府关于加强普通高校毕业生就业工作的意见》（浙政发〔2009〕21号），积极拓宽高校毕业生就业渠道，完善落实促进高校毕业生就业相关扶持政策，缓解高校毕业生就业难矛盾。大力开发适合高校毕业生就业的基层社会管理和公共服务岗位，鼓励和引导高校毕业生到基层就业。进一步营造政策环境，积极引导高校毕业生到中小企业和非公有制企业就业。通过我省国有大中型企业、中央在浙企业及其下属子公司积极吸纳高校毕业生就业，承担国家、省和地方科研项目的单位积极聘用优秀高校毕业生参与研究工作，充分利用我省重大投资项目带动高校毕业生就业，加大全省事业单位招聘高校毕业生力度等途径，充分挖掘国有企事业单位吸纳高校毕业生就业的潜力。放宽创业市场准入条件，大力支持高校毕业生自主创业。进一步完善高校毕业生就业指导和服务，增强高校毕业生就业能力，加快建立回原籍未就业高校毕业生见习制度，有条件的地区可探索实施见习基地补贴和见习生综合商业保险。积极做好困难家庭高校毕业生就业援助工作。各地要积极采取适合本地实际的促进高校毕业生就业和自主创业的具体措施。

（十五）进一步加大对就业困难人员的援助力度。各地要采取更有力的措施，建立健全就业困难人员就业援助长效机制，大力开展创建充分就业社区等就业援助系列活动，实行上门服务和“一对一”援助服务，为就业困难人员开发更多的公益性岗位，帮扶就业困难人员实现就业，确保城镇零就业家庭中有劳动能力和就业愿望的劳动者至少一人就业。要落实社会保险补贴等扶持政策，并在现行政策基础上，适当提高职业培训补贴、职业介绍补贴和岗位补贴标准。具体标准由各地政府确定。

（十六）切实做好农民工就业工作。认真贯彻落实《国务院办公厅关于切实做好当前农民工工作的通知》（国办发〔2008〕130号）和《浙江省人民政府办公厅关于切实做好当前农民工工作的实施意见》（浙政办发明电〔2009〕18号）精神，采取多种措施促进农村富余劳动力转移就业。通过落实对企业的减负稳岗措施，稳定一批农民工就业。加强就业服务和职业培训，促进一批农民工就业。强化政策扶持和引导，支持一批农民工返乡创业和投身新农村建设。做好农民工社会保障和公共服务工作，切实保障返乡农民工土地承包权益。组织开展“春风行动”系列活动，重点做好新失去工作的农民工和被征地农民的就业服务和职业培训。加强基层劳动保障平台建设，加快就业服务信息化建设，更好地为农村劳动力就业提供服务。

**五、强化职业技能培训，提高劳动者就业能力**

（十七）组织实施特别职业培训计划。指导生产经营困难的企业组织待岗人员开展技能提升或转业转岗培训，为企业生产发展做准备。组织失业人员参加再就业培训，提高再就业能力。支持失去工作的农民工参加实用技能培训和创业培训，帮助其重新就业和返乡创业。组织和引导退役士兵参加职业技能培训，为当地经济发展培养技能型人才。组织未能升学的应届初高中毕业生参加劳动预备制培训，帮助他们取得一技之长，为基层生产生活服务。组织有创业愿望和一定创业能力的劳动者参加创业培训，并结合创业指导、项目推介、政策扶持，使更多的劳动者成为创业者。

（十八）加快技能人才队伍建设。结合我省经济发展的实际，适应经济结构调整、产业转型升级的要求，通过校企合作、订单式培训等多种模式，加快技能人才培养，着力提高劳动者技能水平和就业适应能力，为重大项目实施和企业发展提供急需的技能人才。

（十九）提高培训补贴政策实效。强化政府购买培训成果的机制，广泛发动各级各类职业培训机构和职业院校开展多层次、多形式的职业技能培训。各市、县（市、区）政府要进一步统筹安排使用培训资金，整合培训资源，规范培训管理，切实增强培训的针对性、实用性和有效性，将培训补贴与稳定和促进就业挂钩、与紧缺人才培养挂钩、与创业成功率挂钩、与农业富余劳动力转移就业挂钩，努力提高培训质量和培训后就业率。

**六、落实政府促进就业责任，广泛动员全社会共同做好就业工作**

（二十）强化政府责任。各级政府要认真贯彻落实《中华人民共和国就业促进法》及有关法规、政策，实施更加积极的就业政策，在制定实施国民经济和社会发展中长期规划和年度计划中，把扩大就业和稳定就业作为重要目标，把新增就业人数和控制失业率作为政绩考评的重要内容，完善目标责任制。进一步整合资源，优化财政支出结构，加大就业资金投入，努力提高资金使用效益。进一步加强监督检查，加大政策执行力度，把现有的政策用足、用好。

（二十一）加强失业调控和预警。密切关注就业形势，认真做好就业与失业统计调查等基础工作，建立失业动态监测制度。及时分析掌握重点行业、重点企业就业变动状况，制定应对规模失业的工作预案。加强就业政策研究，做好相关政策储备。加大劳动监察力度，规范企业裁员行为，切实保障劳动者合法权益。加强失业保险金的管理和发放工作，对符合条件的失业人员及时足额发放失业救济金，切实保障其基本生活。

（二十二）形成就业工作合力。进一步强化就业工作联席会议的统筹协调机制，充分发挥部门职能，完善落实各项政策，及时解决工作中存在的问题。进一步发挥工会、共青团、妇联、残联等组织的积极作用，共同做好稳定和促进就业工作。要坚持正确的舆论导向，做好就业形势和就业政策的宣传工作，广泛动员全社会重视和关心就业工作，确保我省就业局势持续稳定。

各地各部门要按照本实施意见，结合实际，制定完善应对金融危机稳定和促进就业的具体政策措施及实施办法，切实抓好各项工作的落实。

# 浙江省人民政府关于推进台资企业加快转型升级的意见

（2009年8月6日）

台资企业（指在我省登记注册的台湾同胞投资企业）是我省经济的重要组成部分。为进一步适应两岸关系发展的新形势，按照省委提出的“创业富民、创新强省”总战略和“东引台资”的部署要求，积极应对国际金融危机，帮助我省台资企业渡过难关，实现平稳发展，促进台资企业转型升级，现提出如下意见：

**一、鼓励台资企业转型升级和自主创新**

（一）加强台资企业创新能力建设。鼓励台资企业独立建立或与我省高校、科研院所和企业共建各种形式的企业研发机构，提升技术研发能力；支持台资企业委托我省高校、科研院所和科技型企业开发科技项目或共同开发新技术、新产品、新工艺；在台资高新技术企业和大企业集聚地区，建立浙台高新技术产业园区和高新技术特色产业基地。

（二）支持台资企业申报高新技术企业。对符合高新技术企业条件的台资企业，及时办理认定手续，有关申请程序和认定条件与内资企业相同，并享受相关优惠政策。机电和高新技术产品出口台资企业可申请其对应的专项资金研发项目的资助。

（三）支持引进台湾先进适用的农业技术。围绕“台湾农民创业园”，支持引进台湾优良品种、先进实用技术、先进农业设施设备，促进农业转型升级；对符合《省财政农业产业化贴息资金管理办法》（浙财农字〔2007〕104号）要求的台资农业龙头企业，优先给予申报安排有关项目。对台资企业从台湾地区引进新品种、新技术、新设备的科技项目，在农业科技经费上给予优先扶持。台资农业科技型企业按照《浙江省农业科技成果转化资金项目管理暂行办法》（浙科发农〔2002〕234号），实行与内资企业相同的程序和条件申报项目。

（四）鼓励台资企业进行技术改造。为支持台资企业进行技术改造，对符合《浙江省工业转型升级财政专项资金管理暂行办法》（浙财企字〔2009〕60号）的项目，可申请专项资金贴息或补助。

（五）鼓励台资企业进行研发和创新。鼓励和支持台资企业申请省属重大专项、省中小企业创新资金等省级科技计划项目；台资企业在利用自有资金或银行信贷资金开展研究、开发、成果转化和产业化活动，凡符合《浙江省省级科技成果转化产业化项目事后补助和贷款贴息经费管理办法（试行）》（浙财教字〔2007〕224号）相关要求，实行与内资企业相同的程序和条件申请省级科技成果转化产业化项目事后补助或贷款贴息；台资企业与国（境）外企业进行合作研究项目和引进技术消化吸收再创新产业化项目，凡符合《浙江省国际合作科技项目管理办法》（浙科外发〔2008〕49号）相关要求，实行与内资企业相同的程序和条件申报浙江省国际科技合作项目，获取相关资金支持；允许台资企业申请认定省级高新技术企业研究发展中心，符合条件的推荐认定国家工程技术研究中心；鼓励和支持台资企业申报科技奖励，有关申请程序和条件，与内资企业相同。

（六）加强对台资企业知识产权的政策支持与保护。台资企业以我省企业法人申请的发明专利，可以申请各级政府部门的专项补助资金；符合条件的，可以申请各级知识产权示范（试点）企业认定。有关部门要切实加强对台资企业商标权、专利权、版权、植物新品种、商号等知识产权的保护，积极为台资企业提供快捷、便利的知识产权公共服务。

（七）鼓励台资企业创立自主品牌。支持和鼓励符合条件的台资企业产品申报中国驰名商标、国家质量奖、中国名牌产品、浙江省著名商标、浙江省名牌产品、浙江省知名商号。台资企业创立自主品牌，且出口达到一定标准的台资企业可申请认定“浙江出口品牌”。

（八）加大对台资企业节能降耗的支持。为支持台资企业节能降耗工作，符合《浙江省节能及工业循环经济财政专项资金管理办法》（浙财企字〔2008〕134号）的台资项目，可申请节能、节水、资源综合利用、工业循环经济资金的补助或奖励。

（九）鼓励台资企业承建基础设施和重大工程建设。鼓励和支持具有相应资质的台资企业拓展大陆市场并参与我省扩大内需的基础设施和重大工程建设。

**二、加强对台资企业的融资支持**

（十）加大对台资企业贷款投放力度。在浙金融机构要积极争取各自总行对台资企业专项融资用于支持我省台资企业融资；对有市场、有订单、信用记录较好的台资企业要合理确定授信品种，增加信贷投放。

（十一）创新金融抵押担保方式。鼓励金融机构积极推出面向台资企业的股权质押、应收账款质押、知识产权质押等多元化动产抵质押及多户联保、个人无限责任连带担保等新型担保方式融资产品；利用省中小企业创业融资平台，通过“打包贷款、统借统还、抱团增信”的运作机制，为台资中小企业提供融资担保；探索发行面向台资中小企业的集合信托计划，整合财政、信托、担保、社会资金、风险投资等资源，缓解中小企业融资难；支持行业协会牵头组织有条件的台资企业，共同设立担保公司，为中小台资企业贷款提供担保。

（十二）鼓励台资企业在资本市场直接融资。积极引导我省有条件的台资企业在国内A股股票市场上市。相关部门要将符合转型升级要求和上市条件的台资企业作为重点培育对象，给予扶持和指导。同时，积极支持已上市的台资企业在符合条件的情况下进行再融资。

**三、积极落实台资企业税费优惠政策**

（十三）对台资企业代理报关业务实行营业税差额征收政策。台资企业从事代理报关业务，以其向委托人收取的全部价款和价外费用扣除税收政策规定项目金额后的余额，作为计税营业额申报缴纳营业税。

（十四）减免部分现代服务业台资企业税收。根据国家有关税收政策，台资企业从事技术转让、技术开发业务和与之相关的技术咨询、技术服务业务取得的收入，可申请免征营业税。企业在一个纳税年度内符合条件的技术转让所得不超过500万元的部分，免征企业所得税；超过500万元的部分，减半征收企业所得税。对国家服务外包示范城市符合条件的技术先进型服务企业，从事离岸外包业务收入免征营业税，减按15%的税率征收企业所得税。对台资企业增值税一般纳税人销售其自行开发生产的软件产品，增值税实际税负超过3%部分按规定即征即退。新办软件生产企业经认定后，自获利年度起，第一年和第二年免征企业所得税，第三年至第五年减半征收企业所得税。经国家有关部门认定的动漫企业自主开发、生产动漫作品和动漫产品，可申请享受国家现行鼓励软件产业发展的增值税、所得税政策，涉及营业税应税劳务的（除广告业、娱乐业外），减按3%的税率征收营业税，对动漫企业在境外提供劳务获得的境外收入不征营业税。

（十五）减免部分台资企业设备更新税收。台资企业购进的机器设备等固定资产的进项税额可按规定从增值税销项税额中抵扣，新购置的用于技术改造的固定资产，由于技术进步等原因，确需加速折旧的，可以按规定享受固定资产加速折旧的税收优惠；台资企业购置并实际使用的符合国家规定目录的环保、节能节水和安全生产专用设备，该专用设备投资额的10%可以从企业当年的应纳所得税中抵免。

（十六）鼓励台资企业享受资源综合利用税收优惠。企业以《资源综合利用企业所得税优惠目录》规定的资源作为主要原材料，生产国家非限制和禁止并符合国家和行业相关标准的产品取得的收入，可以减按90%计入总额；企业生产经营的产品凡符合《财政部国家税务总局关于资源综合利用及其他产品增值税的通知》（财政〔2008〕156号）要求的，允许享受增值税优惠政策。

（十七）鼓励台资企业享受环境保护、节能节水税收优惠。企业从事符合条件的环境保护、节能节水项目的所得，自项目取得第一笔生产经营收入所属纳税年度起，按照有关规定减免所得税。

（十八）减征、缓交困难台资企业相关税费。台资企业正常缴纳房产税、城镇土地使用税确有困难，符合税收政策规定的，可向主管地方税务机关申请减征或免征。台资企业按期缴纳企业所得税款确有困难、符合税收政策规定的，可按照有关规定向主管税务机关申请延期缴纳。

（十九）减轻台资企业社会保险负担。2009年按照《关于进一步采取帮扶措施减轻企业负担稳定就业局势有关问题的通知》（浙劳社就〔2009〕6号）规定，符合条件的台资企业在社会保险费缴纳比例实行临时性下浮的基础上，允许困难企业在一定期限内缓缴社会保险费。

**四、支持台资企业从事进出口贸易**

（二十）优化台资企业进出口通关环境。进一步推进“属地申报，口岸验放”通关模式，充分利用我省现有开放口岸开通与台湾的直航业务，支持和帮助台资企业充分利用特殊监管区域和海关政策的各种优势，积极开展加工贸易业务。

（二十一）简化台资企业加工贸易保税货物内销手续。完善加工贸易征税和审价作业，加强对重点涉税企业和纳税大户办理内销征税手续的指导，优先办理加工贸易内销征税手续，便利台资企业转变销售模式。

（二十二）优化台资企业贸易收结汇手续。在出口收结汇联网核查时，允许在确已出口但因数据传输时滞造成可收汇额不足的台资企业，可先结汇后核查。简化台资企业申请比例结汇和临时额度的审批程序，缩短审批时间。适当提高来料加工项下出口可收汇额度核定比例。

（二十三）优化台资企业出口退税手续。对符合产业政策、信誉良好、规模较大的台资企业出口产品，逐步实施“先退税后核销”的管理办法，以减少企业资金占用，鼓励台资企业经批准后外购产品并享受出口退税。

（二十四）优化台资企业检验检疫手续。对我省符合条件的台资企业，优先推荐实施国家质检总局“绿色通道”制度和“直通放行”制度，并可参照当地检验检疫机构一类企业管理。对我省台资企业进出口检验检疫按照有关规定减免费用、简化程序。对台资企业从事对台小额贸易根据“同等优先、适当放宽、风险管理、有序促进”方式进行检验检疫监管，优先受理报检、检验检疫、代理放行。

**五、优化台商生产生活环境**

（二十五）改善台商投资环境。各级政府有关部门都要坚持依法行政，提高办事效率，积极为台商投资创造公开、公正、廉洁、高效的行政环境，及时协调解决台资企业、台商在生产经营和生活中的困难和问题。

（二十六）完善台商维权机制。各级政府都要建立健全台商权益保障机制，及时、公正、妥善处理台商投诉，做好相关协调工作。高度重视台资纠纷处理，切实维护台商合法权益。

（二十七）保障台资企业用工需求。各级劳动人事部门要根据台资企业的用工需求，通过多种渠道，推荐各类人才到台资企业就业，并适时为台资企业举行专场人才招聘会。

（二十八）加强台资企业职工技能培训。支持省内技工院校和各类职业培训机构与台资企业的合作，开展多种形式的职工技能培训，特别是对农民工技术骨干实行技能提升培训，并按规定对其开展技能培训给予适当补助。

（二十九）妥善解决台商子女在我省就学问题。切实贯彻教育部和国台办联合下发的《关于进一步做好台湾同胞子女在大陆中小学和幼儿园就读工作的若干意见》（教港澳台〔2008〕7号），对台商子女入学实行“欢迎就读，一视同仁，就近入学，适当照顾”的原则，为台商子女解决在我省入托、入学的困难。

# 浙江省人民政府办公厅关于印发浙江省低收入群众增收行动计划2009年度实施计划的通知

各市、县（市、区）人民政府，省政府直属各单位：

《浙江省低收入群众增收行动计划2009年度实施计划》已经省政府同意，现印发给你们，请结合实际，认真贯彻实施。

二〇〇九年六月三十日

## 浙江省低收入群众增收行动计划2009年度实施计划

为扎实推进我省低收入群众增收行动计划，特制定2009年度实施计划如下：

**一、总体要求和主要目标**

（一）总体要求。以科学发展观为指导，深入贯彻落实党的十七届三中全会和省第十二次党代会精神，以提高低收入群众致富能力和收入水平为中心，把统筹城乡发展与统筹区域发展有机结合起来，以推进产业发展、拓宽就业增收渠道为重点，优化公共服务，创新农村金融体制，强化职能扶贫和社会援助，完善城乡社会保障体系，加快低收入群众增收致富奔小康步伐。

（二）主要目标。

1．“低收入农户奔小康工程”主要目标：家庭人均纯收入超过2500元的低收入农户人口新增55万人以上，其中29个县新增38万人以上；欠发达地区完成下山搬迁5万人以上，完成农民培训30万人次，实现来料加工费收入30亿元以上；落实低收入农户集中村结对帮扶资金1.5亿元以上，其中省级结对帮扶资金1亿元以上；低收入农户集中村特色产业发展水平有效提升，生产生活条件继续改善。

2．“城镇低收入家庭增收工程”主要目标：争取有8－10万名城镇居民通过“双证制”教育培训，为城镇残疾人提供培训6000人次以上；确保零就业家庭“出现一户、帮扶一户、解决一户”；城镇居民基本医疗保险参保率达到85%，将低保标准150%以内的困难群众纳入医疗救助范围；新增廉租住房受益家庭1万户以上，新开工建设经济适用住房300万平方米以上。

**二、主要政策举措**

（一）低收入农户奔小康工程。

1．产业开发帮扶行动。以低收入农户集中村为重点，依托当地资源和产业优势，大力扶持发展特色农业、来料加工业、家庭工业、农家乐休闲旅游业，着力发展村级集体经济，带动和促进低收入农户增收。

（1）大力发展特色种养业。建立省级涉农部门指导扶持集中村的工作机制，推动部门项目和资金加大向低收入农户集中村的倾斜力度。一是加快推进特色种养业基地建设。新建和改造一批能够有效带动低收入农户增收的特色农业基地，大力推广优良品种和配套生产技术。实施“柑桔品质提升工程”，推进柑桔产业转型升级，计划实施高标准“三疏一改”技术桔园20万亩，示范带动50万亩。实施“兴林富民示范工程”，加快发展油茶、珍稀干果、珍贵树种等现代林业产业，其中力争新发展油茶1万亩、改造提升8万亩。加快农田水利、道路、竹林作业道等农业基础设施建设，计划新建竹林主干道2960公里、辅助道1455.2公里，埋设输水管道485.8公里。加大对欠发达地区种粮补贴、购机补贴力度。省财政继续安排低收入农户发展专项资金5212万元，用于5200个低收入农户集中村发展特色种养业。二是大力推广“龙头企业+专业合作社+农户”的产业化模式。积极引导低收入农户参与专业合作社、低收入农户集中村组建扶贫合作社，广泛开展合作扶贫、合作创业。对欠发达地区符合条件的农民专业合作社进行重点扶持，确保每个欠发达县至少有一家农民专业合作社得到省财政扶持。省财政安排2600万元扶持供销社农产品批发市场、农资连锁网络建设和农民专业合作社发展。三是深入实施科技特派员制度。加强法人和团队科技特派员基层创业工作，选派19个法人科技特派员、120个团队科技特派员和211名个人科技特派员，在欠发达地区实施211项农业新技术新品种推广项目，建立211个科技示范基地，培育211个科技示范户，培训4000名农民。省财政安排600万元用于省级科技特派员项目。

(2) 大力发展来料加工业。针对欠发达地区返乡农民工增多的实际，把发展来料加工业作为促进农民就地就业创业、增加收入的重点来抓，广泛开展来料加工业务对接、订单超市、技术比武等促进活动，推动来料加工业务向低收入农户集中村和下山搬迁小区扩散，力争欠发达地区来料加工从业人员突破70万人，实现来料加工费收入30亿元以上。省财政继续安排来料加工专项资金2000万元，支持29个县(市、区)发展来料加工业。

(3) 积极发展农家乐休闲旅游业。加强对欠发达地区发展农家乐休闲旅游业的规划指导，合理开发建设一批有发展潜力的村镇。加大欠发达地区农家乐休闲旅游业扶持力度和宣传推广力度，扶持欠发达地区发展一批农家乐特色经营点(户)。省财政安排1500万元用于全省农家乐休闲旅游业的奖励补助，并向欠发达地区倾斜。

(4) 积极发展村级集体经济。制定促进村级集体经济发展的政策，鼓励村集体经济组织以土地、资产、资金、知识产权等参股领办农民专业合作社，支持村集体经济组织兴办为产业发展配套的各种项目，并通过物业出租、委托经营、承包租赁等形式，增加村级集体经济收入。支持村集体经济组织通过建设标准厂房、商住用房等发展物业经济，扶持经济薄弱村异地发展集体物业经济。提高经济薄弱村组织运转经费补助标准，切实保障村级组织正常运转。省财政安排16453万元用于村党支部书记、村委会主任基本报酬补助，并向欠发达地区倾斜。

2. 培训就业帮扶行动。进一步加大对低收入农户劳动力的技能培训、就业服务和就业援助，促进低收入农户就业创业、增加收入。

(1) 提升创业就业能力。继续实施农村劳动力转移培训“阳光工程”、成人“双证制”教育培训、农村后备劳动力职业技能培训和“扶千名人才、促千村发展”计划，推动培训资源向低收入农户集中村和低收入农户倾斜。计划完成欠发达地区农民培训30万人以上，面向低收入农户集中村招收100名农民大学生。提高职业教育发展水平，加大省级示范专业和实训基地的建设力度和师资培训力度，力争新增40个省级示范专业、28个省级示范性实训基地、5个综合性公共实训基地。省财政安排“千万农村劳动力素质培训”资金8100万元，并向欠发达地区倾斜。

(2) 创新创业就业方式。采取以创业促就业、先创业带后创业、合作创业等多种方式，促进低收入农户创业就业增收。发展和规范职业中介服务，建立健全城乡统一的就业指导服务体系，培育劳动力市场体系。加强对低收入农户劳动力的就业援助，鼓励企业更多地吸纳低收入农户劳动力就业。开发农村社区、乡镇(街道)公益性岗位和各类单位的勤杂岗位，优先安排农村低保家庭人员和低收入农户劳动力就业。

(3) 改善创业就业环境。进一步改善农民创业的环境和服务，从贷款发放、税费减免、工商登记、信息咨询、技术供给、业务辅导等方面支持农民创业。利用国家实施积极财政政策和适度宽松货币政策的有利条件，鼓励和支持农民发展个体私营经济。完善促进农民就业的政策，落实好城乡企业稳定岗位补贴、待岗培训补贴、下岗失业人员和在岗农民工技能提升培训补贴等政策，加强对农村低保家庭人员的就业帮扶。

3. 下山搬迁帮扶行动。以高山远山地区、地质灾害危险区、重点水库库区为重点，以县城、中心镇和工业功能区周边为主要入迁地，推进人口异地搬迁。

(1) 加大政策扶持力度。加强部门资源整合和配套服务，落实好下山搬迁项目配套政策和规费减免政策。采取建设安置房、提供廉租房、提高补助标准等措施，加大对困难群众下山搬迁的扶持。省财政安排下山搬迁专项资金3.49亿元，用于扶持地处高山远山低收入农户集中村下山搬迁、重点库区异地搬迁、欠发达地区地质灾害避险搬迁等工程。

(2) 推进库区海岛群众异地搬迁。深入实施乌溪江库区二期帮扶工程；在完善规划的基础上，适时启动“小岛迁、大岛建”工程和紧水滩（石塘）库区二期帮扶工程，改善岛屿、库区群众生产生活条件。加强地质灾害搬迁避让工作的指导和监督，组织专家做好搬迁避让地质灾害点的审查认定。

(3) 开展农村宅基地复垦。坚持“一户一宅”，要求搬迁农户拆除旧房。积极开展宅基地整理复垦，盘活农村建设用地存量，拓展建设用地空间，探索宅基地置换公寓房、宅基地复垦利益合理分配的新机制。

(4) 鼓励生产要素流转。保障下山搬迁农民土地、山林承包经营权和村集体资产分配收益权等合法权益，鼓励将承包的土地、山林等资源以租赁、转包、入股等形式流转。

4. 基础设施建设行动。加快推进农村道路、村庄整治、千万农民饮用水工程和农村信息化建设，促进公共资源均等化配置，改善低收入农户生产生活条件。

(1) 加快推进农村道路建设。进一步提高公路通村率和通村公路硬化率，计划开工建设通村公路4000公里，确保完成2500公里；建设联网公路2000公里；修复改造农村公路桥梁246座，实施农村公路安保工程1500公里；完成农村公路路面大中修2600公里；增设和完善12522公里农村公路标志标线；新建乡镇客运站20个、农村港湾式停靠站1200个。省财政安排交通专项资金15.47亿元，用于补助农村道路和客运站场建设。

(2) 加快推进村庄整治建设。以村道硬化、垃圾处理、污水治理、卫生改厕和村庄绿化为重点，深入推进村庄整治建设，全面完成3000个整治村的建设任务。深入实施农村能源生态环境和百万农户生活污水治理工程，发展户用沼气池1.5万户，新增沼气池容10万立方米。进一步创新村庄整治建设的投入机制，积极探索组建政府主导下的新农村建设投融资公司，通过向政策性银行融资，增加对村庄整治建设的投入。省财政安排全省村庄整治建设专项资金4.35亿元。

(3) 加快推进“千万农民饮用水工程”。建设城乡一体化供水体系，解决210万人饮用水安全问题，其中欠发达地区96.18万人，欠发达地区安全卫生饮用水人口覆盖率达到85%。省财政安排专项补助资金4.6亿元，并重点向欠发达地区倾斜；中央农村饮水安全补助资金重点用于欠发达地区。扎实推进“强塘工程”建设，加快病险水库除险加固、海塘配套加固、江塘（堤）加固、病险山塘整治。

(4) 继续推进广播电视“村村通”工程。对欠发达地区未实施有线联网的200个左右行政村进行升级改造，年内基本完成有线广播“村村响”工程，上半年基本完成“广电低保”工程。省财政安排专项资金4400万元，支持广播电视“村村通”工程和有线广播“村村响”工程；安排专项资金2500万元，用于全省“广电低保”工程，免除城乡低保家庭有线电视网络初装费和视听维护费。

(5) 继续加强通信网络建设。完善优化通信基础网络，20户以上自然村电话通村率力争达到100%；新通宽带行政村100个，新增宽带用户80万户。加大农村信息服务推广应用，抓好农村党员干部现代远程教育系统建设。省财政安排1770万元，支持农业信息平台、农民信箱、农民职业教育卫星接收平台等建设。

5. 社会救助覆盖行动。按照基本公共服务均等化的要求，依法规范社会救助体系，逐步提高社会救助水平，完善最低生活保障、教育救助、医疗救助、住房救助、灾害救助制度，巩固农村“五保”对象集中供养率，提高农村医疗服务水平，降低低收入农户因学因病因灾返贫的几率。

(1) 完善农村“低保”制度和“五保”供养机制。逐步提高最低生活保障补助标准，健全应保尽保和退出机制。健全低保标准动态调整机制和分档差额补助政策，做好年度低保标准调整工作，取消乡镇一级低保资金配套。落实困难群众动态物价补贴机制，保障困难群众基本生活。做好农村“五保”对象、城镇“三无”对象、持证二级以上贫困重度残疾救助对象全额享受低保保障金工作。完善农村“五保”供养机制，加快敬老院基础设施建设，巩固集中供养成果，提升农村“五保”供养质量。

（2）推进教育、医疗、住房等各项救助。积极开展教育救助工作，提高农村中小学公用经费标准，把中小学公用经费最低标准分别提高到每生每年350元和550元，把农村中小学爱心营养午餐标准从每生每年200元提高到350元。落实好家庭年人均纯收入4000元以下的农户子女免费就读中等职业学校的政策。完善医疗救助制度，全面开展门诊救助、住院定额救助和二次救助等分类救助模式，将低保标准150%以内的困难群众纳入医疗救助范围；以市、县（市、区）为单位，按照医疗救助人均筹资不低于7元的标准落实好专项资金，足额列入各级财政预算。积极推进全省避灾工程建设，推动避灾安置场所建设和管理规范化，增强群众防灾减灾意识，确保灾民及时转移安置。加强对低收入农户的住房救助，继续实施农村危旧房改造，省财政安排8000万元，支持1.6万户农村困难农户危房、旧房改造。继续实施残疾人共享小康工程，使10万名重度残疾人分别得到单独最低生活保障、托管托养和基本康复服务。

（3）加强新型农村合作医疗和养老保险制度建设。继续提高省财政补助标准，全省所有县市人均筹资水平提高到140元以上。加强欠发达地区县级医疗卫生服务机构的服务能力建设，继续实施“欠发达地区县级医院建设项目”。加快建立个人缴费、集体补助、政府补贴的新型农村社会养老保险制度，尽快出台全省指导意见，率先在有条件的市县组织实施；有条件的地方对超过劳动年龄、未参加养老保险的农民给予一定的养老补助。

6．区域协作促进行动。按照“互补互利”的原则，深入实施“山海协作工程”，加强发达地区和欠发达地区的经济联姻和技术、教育、卫生、人才、就业等多方面协作，促进资本与劳动力的双向对流和产业转移、劳务对接、异地开发。

（1）支持欠发达地区新农村建设。深入推进“山海协作工程·百村经济发展促进计划”，在欠发达地区落实山海协作农村经济发展项目80个，实现山海协作新农村建设资金1000万元。加快推进特色优势产业合作，达成合作项目400个、到位资金120亿元，力争达成合作项目600个、到位资金150亿元。

（2）加强劳务培训和转移就业。推动发达地区支持欠发达地区低收入农户技能培训，帮助欠发达地区3000人提高就业技能，欠发达地区有组织输出劳务达到3万人次。深入实施“全国浙商帮扶低收入群众152增收计划”，建立专项帮扶资金，积极引导省内外浙商以产业帮扶和技能培训为重点，帮助4万低收入群众增收。

（3）加大项目扶持力度。扶持欠发达地区来料加工业发展，建立一批来料加工基地，培育一批来料加工经纪人，组织一批来料加工企业参展大型展会平台。积极开展“山海协作”科技富民强县示范县活动。新增5个科技富民强县示范县，每个示范县实施1－2个重大或重点项目及一批科技成果转化项目。

7．金融服务支持行动。大力推进金融创新，建立健全公共财政支持下的金融服务供给机制，为欠发达地区和低收入农户发展特色农业、来料加工业、家庭工业、休闲旅游业等项目提供小额信贷，确保欠发达地区农村信贷稳步增长。

（1）全面实施扶贫小额信贷。引导低收入农户发展“短平快”的“种养加”项目，对有致富意愿和发展项目的农户优先给予小额信贷支持；对符合条件、能带动低收入农户增收的种养大户、农民专业合作社、农业龙头企业给予信贷支持。力争新增扶贫小额信贷2.6亿元以上。省财政安排1200万元，用于29个县（市、区）的扶贫小额信贷的贴息。

（2）深入推进村资金互助组织试点。积极做好国务院扶贫办在我省组建村资金互助组织的第一批试点工作，以股份合作、吸纳会员、增加股金、增值转入等形式，扩大股本规模；加强民主管理，加大监督力度，进一步规范资金运作。尽快推动国务院扶贫办第二批试点和我省第一批试点的运作，做好我省第二批试点启动工作，确保29个县（市、区）分别有5个村开展村资金互助组织试点，省财政继续按每村20万元予以补助。积极探索村资金互助社与扶贫合作社（或专业合作社）“两社合一”的模式，形成会员一致、领导互兼、互为依托的格局，促进合作创业、合作扶贫。

(3) 增加对农业和低收入农户的信贷供给。引导金融机构扩大对“三农”的信贷服务，鼓励金融机构增加对“三农”的信贷供给，省财政安排风险补偿资金2500万元，对农村合作金融机构新增农业贷款按5‰的比例提供风险补偿。提供多种信贷服务，积极推进林权抵押贷款业务，开展农房抵押贷款试点。建立健全农村信用担保体系，鼓励农业信用担保机构、工商企业、农业龙头企业和个人为低收入农户提供担保。

(4) 扩大政策性农业保险和农房保险的覆盖面。积极推进政策性农业保险工作，逐步扩大保险的农产品品种，加大政府对参保农户的支持力度。省财政安排农业保险专项资金1.15亿元，用于政策性农业保险保费补贴、超赔责任补助和购买再保险支出。扩大政策性农房保险的覆盖面，省财政安排保费补助资金3800万元，对欠发达地区和海岛县本级承担的部分给予一半的补助。推进政策性渔业保险和涉渔金融服务工作，进一步提高渔业产业抗自然风险能力。

8. 社会援助关爱行动。深入开展结对帮扶工作，大力倡导社会慈善救助，全面实施“低收入农户青少年关爱行动”，健全政府主导、全社会参与的扶贫机制。

(1) 加大结对帮扶力度。深化省、市、县三级低收入农户集中村结对帮扶工作，充分发挥工会、共青团、妇联、工商联、侨联等组织的优势，动员社会力量参与结对帮扶活动，切实做到低收入农户集中村结对帮扶全覆盖。市、县、乡广泛建立“一户一策一干部”的低收入农户结对帮扶机制，动员机关、企事业单位干部职工与低收入农户形成结对关系，努力做到低收入农户结对帮扶全覆盖。科技特派员和农村工作指导员重点安排在低收入农户集中村。力争落实省级结对帮扶资金1亿元以上。

(2) 积极开展慈善救助。广泛动员社会力量参与扶贫，充分发挥慈善基金会、扶贫基金会、青少年发展基金会的扶贫和救助功能，引导各类社会力量捐资捐赠扶贫。总结和推广慈善超市等有效运行模式，为社会捐助搭建良好平台。发展扶贫志愿服务组织，引导高等院校大学生和社会各界爱心人士为低收入农户增收致富服务。

(3) 继续实施“低收入农户青少年关爱行动”。完善动态监测、信息共享、科学有效的低收入农户青少年数据库，开通网络捐赠平台，实现运用网络来动员社会各界共同关爱低收入农户青少年。确保每一个低收入农户集中村的低收入农户青少年都有团组织与其结对，确保低收入农户青少年的结对率达到50%，在全社会掀起新一轮的关注、关爱低收入农户青少年的热潮。

(二) 城镇低收入家庭增收工程。

1. 就业创业扶持行动。切实加强对低收入群众的就业创业技能培训和就业援助，大力创建“充分就业社区”，加快发展第三产业和社区服务业，发挥小额信贷作用，积极支持城镇低收入家庭创业，努力促进城镇低收入群众充分就业和稳定就业。

(1) 开展就业创业培训。加强宣传引导，鼓励城镇低收入群众积极参加培训，提高就业能力。一是完善培训机制。发挥各类职业技能培训机构的作用，形成多层次、广覆盖的培训网络。结合市场需求，科学组织实施，努力提高培训实效。实施成人“双证制”教育培训，全省全年争取有8-10万名城镇居民通过“双证制”教育培训。二是加强就业创业能力培训。建立创业培训与项目开发、创业指导、跟踪服务紧密结合的扶持创业工作机制，对有创业愿望的城镇低收入群众开展创业培训，提高创业成功率。积极开展各种有助于提升残疾人就业能力的技能培训，全省各级残联开展残疾人免费培训，全年为城镇残疾人提供培训6000人次以上。三是落实培训补贴。将培训补贴政策扩大到城镇所有失业人员、零就业家庭和低收入家庭中有就业能力和就业愿望而未就业人员，按规定给予一次性培训补贴，不断完善经费补贴与促进就业效果挂钩的新模式。

(2) 创建“充分就业社区”。社区有劳动能力和就业愿望的劳动者总体就业率达到96%以上，确保零就业家庭“出现一户、帮扶一户、解决一户”。一是大力发展社区服务业和开发公益性岗位。加大政府购买岗位力度，兴办社区服务实体，创建再就业基地，开发社区“三托”（托老、托幼、托病）、“三服”（家庭服务、配送服务、保健服务）和“三管”（物业管理、车辆管理、公共管理）等岗位。二是开展社区就业援助。依托基层公共就业服务机构，进一步完善零就业家庭申报认定制度、就业项目经理人制度等就业服务新模式。及时接受就业援助申请，提供个性化就业服务。建立动态管理、动态援助长效机制，开展定期走访和跟踪服务。三是落实就业援助政策。落实就业困难人员免费职业介绍、公益性岗位开发和社会保险补贴、小额信贷贴息等政策。着力帮助零就业家庭人员、长期失业人员，以及需赡养患有重病直系亲属家庭人员和残疾人等群体实现就业。

(3) 发展社区服务业和第三产业。进一步完善社区商业便民服务体系，加大对省级社区商贸服务示范企业的培育力度，鼓励企业运用连锁经营等方式，到城市社区设立超市、便利店、“菜篮子”专营店、家政服务等各类便民服务网点，方便群众生活；大力发展餐饮业，加快发展早餐、快餐、夜宵等大众化餐饮，建立“放心早餐”、“中心厨房”等现代化食品加工配送服务体系，有序发展特色名小吃等餐饮，规范发展茶楼、酒吧等休闲餐饮，构筑多层次的餐饮消费；进一步放宽服务领域市场准入，对一般性服务业企业降低注册资本最低限额，继续推进多种模式网上市场发展，实现有形市场与无形市场的有机融合。

(4) 鼓励自主创业。落实税费减免、小额信贷贴息等创业扶持政策，通过扩大股权出质登记范围、股权出资范围和支持小额贷款公司规范发展，积极拓展融资渠道。积极鼓励自谋职业和自主创业。进一步完善省、市、县三级中小企业创业辅导网络建设，明确各市、县（市、区）中小企业管理部门及各级辅导机构的工作目标任务，工作重点向社区、向城镇低收入家庭延伸和拓展，创业辅导服务向城镇低收入家庭倾斜，增加他们的创业知识，激发他们的创业热情。鼓励新闻媒体大力宣传创业故事及成功案例，开设在线咨询和专家信箱，解答创业难题。

(5) 发挥小额信贷作用。进一步提高小额担保贷款额度，扩大政策受惠群体，加大贴息力度，完善“小额担保贷款＋信用社区建设＋创业培训”的联动机制，及时将小额担保贷款有关信息接入全国统一的企业和个人征信系统，增加小额担保贷款信息透明度，指导金融机构和街道社区劳动保障机构做好小额信贷方面的相关管理服务工作，简化程序，规范操作，提高效率，支持城镇低收入群众自主创业。

2. 社会保障扩面行动。进一步完善最低生活保障、教育救助、医疗救助、住房救助制度和运行机制，逐步将各项社会救助覆盖到城镇低收入家庭，保障城镇低收入家庭的基本生活。

(1) 进一步完善最低生活保障制度和运行机制。逐步提高城乡最低生活保障补助标准，健全应保尽保和退出机制。健全低保标准动态调整机制和分档差额补助政策，做好年度低保标准调整工作。落实困难群众动态价格补贴机制，保障困难群众基本生活。做好城镇“三无”对象、持证二级以上贫困重度残疾人全额享受低保保障金工作。

(2) 积极开展教育救助工作。全面实施高中段困难学生资助政策。对在普通高中就读的城镇居民中低保家庭子女、福利机构监护的未成年人、“五保”供养未成年人、烈士子女免收学费和代管费；对在中等职业中学就读的低保家庭子女、福利机构监护的未成年人、“五保”供养未成年人、烈士子女学生免收学费、代管费和提供免费营养餐（标准为每生每年400元），在低保线以上、城镇居民年人均可支配收入4000元以下的低收入家庭子女免收学费和提供免费营养餐，除上述以外，其余一、二年级学生都享受每年1500元的助学金。

(3) 不断完善城镇居民基本医疗保险和医疗救助制度。做好城镇居民基本医疗保险扩面参保工作，重点放到社区、学校、基层，年底前城镇居民基本医疗保险参保率达到85%以上，参保人数达到425万人。继续实行城镇居民两年一次的健康体检制度。完善医疗救助制度，全面开展门诊救助、住院定额救助和二次救助的分类救助模式，将低保标准150%以内的困难群众纳入医疗救助范围；以市、县（市、区）为单位，按照医疗救助人均筹资不低于7元的标准落实好专项资金，足额列入各级财政预算，当年度医疗救助资金结余率不超过10%。

(4) 健全临时救助制度。落实救助经费，规范救助程序，力争所有困难群众都能得到及时救助。加强制度建设，继续开展临时救助调研，指导各地建立健全临时救助制度。指导各地开展临时救助工作，研究救助重点，规范救助程序。救助的重点是因交通事故、安全生产事故、火灾等意外事件和疾病等造成生活困难的群众，救助的原则是保基本、重应急、简便易行。

(5) 加强应急预案体系和避灾场所建设。全面修订县(市、区)、乡镇(街道)一级预案,完成村(社区)一级预案建设。通过确认、新建等方式,全省新增避灾安置场所(点)1000个左右。指导各地进一步加强避灾安置场所制度建设,发挥避灾安置场所的作用,开展减灾防灾宣传活动。

(6) 加快实施城镇低收入家庭住房保障。积极推进保障性安居工程建设,全年新增廉租住房受益家庭1万户以上,其中实物配租比例不低于35%,基本实现低保标准150%以下的城镇住房困难家庭廉租住房"应保尽保"。新开工建设经济适用住房300万平方米以上,基本满足家庭人均收入低于当地城镇居民人均可支配收入60%的住房困难家庭购租经济适用住房的需求。新开工农民工公寓59万平方米。

3. 社会慈善关爱行动。大力引导企业承担社会责任,不断促进社会捐助工作规范化,拓展慈善救助领域,开展对口援助、结对帮扶,推广"慈善超市"模式,充分发挥社会慈善的救助作用。

(1) 做好经常性社会捐赠、"送温暖、献爱心"捐助月活动和对口支援工作。进一步总结经验,积极促进社会捐助工作规范化,加大政策法规宣传,拓展慈善救助领域,开展对口援助、结对帮扶。

(2) 积极发挥慈善救助对政府社会保障的补充作用。构建社会保障体系建设信息平台,实现政府社会保障与慈善救助的有效衔接,提高社会资源的使用效益,进一步扩大慈善救助的范围,关注特殊困难群体的生活状态,推动社会救助制度化、规范化建设,确保年度援助困难群众50万人次以上。

(3) 大力发展以慈善基金为依托的"项目品牌"。扩大定向救助的比重和范围,积极推动企业建立"慈善冠名基金",力争年度筹款增长率保持在10%以上。鼓励和支持公民参与慈善公益事业,组织开展各种形式的结对帮扶活动,在社区构建"志愿与奉献"的良好氛围,充分调动各类慈善资源,建设人人参与、人人共享的和谐社会。

(4) 贯彻落实推动慈善事业发展的各项政策措施。贯彻落实国家和省已经出台的有关慈善公益事业发展的捐赠税收优惠、劳动保障、志愿服务和职称考试等各项政策措施,为我省慈善公益事业发展创造良好的外部环境,鼓励和支持更多的社会组织和公民投身慈善公益事业,实现我省慈善事业可持续发展。

(5) 发展社区志愿服务组织。大力开展扶老助残、平安社区、文化生活、环境卫生等志愿服务,进一步弘扬奉献、友爱、互助、进步的志愿精神,不断提高公民文明素质、社会文明程度和居民生活质量。以创建全国和谐社区建设示范单位为载体,将发展志愿服务,提高城镇社区志愿者占城镇人口比例纳入和谐社区建设指标考核体系,认真开展对我省申报单位的考核验收。在社区志愿者注册制度试点的基础上,进一步扩大注册登记覆盖面,壮大社区志愿服务队伍。结合每年十二月五日的国际志愿者日,三月五日的浙江省志愿者日,在各地开展丰富多彩、形式多样的社区志愿服务宣传活动,引导广大居民就近参与社区志愿服务,营造人人参与志愿服务,人人享有志愿服务的浓厚氛围。

## 三、组织保障

(一) 加强组织领导。低收入群众增收行动计划是一项系统的民生工程,全省各级政府要充分发挥主导作用,加强组织领导。要定期召开低收入群众增收行动计划协调小组会议,及时研究分析实施计划总体执行情况。建立责任单位联络员例会制度,及时研究各部门专项工作的实施情况和存在问题。各地各相关部门要增强工作责任感、紧迫感,结合本地区、本部门实际,采取切实有效措施,认真落实低收入群众增收行动计划年度各项工作任务。

(二) 实施项目化管理。各级责任单位要制订行动计划的年度实施计划,明确目标任务,落实工作责任。建立年度实施计划的项目库,以项目形式推进低收入群众增收行动计划各项政策措施具体化。实行工作任务项目化、项目指标定量化。完善低收入农户、城镇低收入家庭和实施项目的信息化管理,每年对相关数据进行更新,进行动态管理。加强对扶贫项目实际执行、政策落实、资金使用和工作进展等情况的监督检查,提高扶贫资金使用效率。加强扶贫动态监测体系建设,做实扶贫统计监测工作,为低收入群众增收行动计划提供准确、可靠的决策依据。

(三) 强化督查考核。建立季度督查通报制度,省级有关部门和各市分别在每年7月、10月和次年1月初,向省低收入群

众增收行动计划协调小组办公室报告年度主要任务和项目执行情况、存在问题及相关工作建议。协调小组办公室会同省政府督查室，适时对省级责任单位和各市进行专项督查，并向省委、省政府提交督查报告。建立低收入群众增收行动计划的绩效考核制度，把计划实施情况纳入政府部门年度目标责任制考核，纳入市县政府领导班子和领导干部政绩考评体系。建立综合评估制度，对各市、县（市、区）低收入群众增收行动计划实施成效进行评估。

# 关于印发《中共浙江省委统战部关于发挥统一战线优势和作用努力为推进经济转型升级服务的意见》的通知

（2009 年 2 月 3 日）

各市、县（市、区）委统战部，省直机关工委、团省委统战部，有关高校、科研院所、企业党委统战部：

现将《中共浙江省委统战部关于发挥统一战线优势和作用努力为推进经济转型升级服务的意见》印发给你们，请各地各部门结合实际抓好落实，并将贯彻本《意见》的做法及“千名统战干部、成员进千企”情况及时报我部。

中共浙江省统战部

二〇〇九年二月三日

# 中共浙江省委统战部关于发挥统一战线优势和作用努力为推进经济转型升级服务的意见

加快转变经济发展方式、推进经济转型升级，是全面贯彻落实省委十二届四次全会和全省经济工作会议精神，解决我省发展面临的各种矛盾和问题、应对未来各种压力和挑战、保持经济平稳较快发展的必由之路。全省各级统战部门要紧密围绕省委工作中心，切实服务科学发展大局，扎实做好各项统战工作，努力为推进我省经济转型升级做出应有的贡献。

**一、凝聚共识，从战略和全局的高度认识统一战线服务经济转型升级的必要性和重要性**

改革开放 30 年来，浙江人民在省委、省政府的正确领导下，坚持解放思想、实事求是，大胆探索、勇于实践，不断推进中国特色社会主义在浙江的生动实践。特别是党的十六大以来，全面贯彻落实科学发展观，深入实施“八八战略”，积极建设“平安浙江”、文化大省和“法治浙江”，大力实施“创业富民、创新强省”总战略，全面建设惠及全省人民的小康社会，经济社会发展取得巨大成就。但是，必须清醒地看到，我省长期积累的素质性、结构性矛盾尚未解决，经济增长主要依靠物质资源消耗支撑的格局没有根本改变，产业层次低、布局散、竞争力弱的格局没有根本改变，企业主要依靠低成本、低价格竞争的格局没有根本改变。我省正处于全面提升工业化、信息化、城市化、市场化、国际化水平的关键时期，国际国内发展环境正在发生一系列带有转折性、阶段性特征的新变化，在一定时期内我省将面临世界范围的经济增长减缓和通货膨胀的双重压力，面临资源环境约束和要素价格高企的双重压力，面临市场竞争日趋激烈和自身竞争优势弱化的双重压力，面临保持经济平稳较快发展和维护社会稳定的双重压力。特别是去年以来，美国次贷危机引发的金融危机迅速从局部发展到全球，从发达国家传导到新兴市场国家和发展中国家，从金融领域扩散到实体经济领域，酿成了一场历史罕见、冲击力极强、波及范围很广的国际金融危机。目前，这场金融危机不仅本身尚未见底，而且对实体经济的影响正进一步加深，其严重后果还会进一步显现。以出口型、加工型和中小企业为主要特征的我省经济受到此次金融危机的严重影响，遭遇了前所未有的困难和挑战，突出表现在：主要经济指标增速回落，经济下行压力加大；企业生产经营困难，赢利能力下降；就业压力加重，劳动力需求景气指数下滑；城乡居民收入增长趋缓，制约消费增长空间；经济金融潜在风险加大，影响经济稳定运行。

基于对宏观形势的科学判断和对我省经济发展走向的准确把握，省委作出深入学习实践科学发展观，加快转变经济发展方式，推进经济转型升级的决定，提出“标本兼治、保稳促调”的工作方针，这是全面贯彻落实党的十七大精神和中央领导对浙江发展重要指示，扎实开展深入学习实践科学发展观活动，进一步实施“创业富民、创新强省”总战略的重要举措；是借鉴国内外经济发展成功经验，积极应对宏观经济发展环境深刻变化的战略抉择；是破解发展难题，实现新一轮发展，继续走在前列的根本途径。为经济建设这个中心服务、为科学发展服务是统一战线团结奋斗的第一要务。在当前我省经济社会发展遭受金融危机影响的情况下，为科学发展服务、为经济转型服务更是统一战线义不容辞的职责。全省各级统战部门必须进一步认清形势、凝聚共识，进一步增强紧迫感、责任感，从全局和战略的高度深刻认识加快经济转型升级的重大意义，把思想和行动统一到省委的决策和部署上来，鼓舞和增强全省广大统一战线成员克服暂时困难、实现长远发展的坚强信心，真正把服务转型升级作为统一战线当前和今后一个时期的重要战略任务来抓，为实现我省经济平稳较快发展提供重要助力。

**二、奋发有为，充分发挥统一战线服务经济转型升级的独特优势和作用**

全省各级统战部门要紧密结合自身实际，充分发挥统一战线参政议政、民主监督的政治优势，人才荟萃、智力密集的人才优势，协调关系、化解矛盾的功能优势，找准切入角度、体现统战特色、务求取得实效。要调动一切资源、动员一切力量，在克难攻坚中凝聚人心、在转危为机中汇聚力量。要积极创造各种有利条件，致力于形成社会各方面的创造力竞相迸发、各方面的智慧充分涌流的良好环境和氛围。要以“服务企业、服务基层”为重点，在政策支持、提高效能、优化服务等方面下功夫，不断提高统一战线服务经济转型升级的能力和水平。

1. 增强统一战线参政议政积极性，为推进经济转型升级建言献策。服务于党和政府的中心工作是统一战线的光荣传统和价值所在。要充分发挥民主党派成员、无党派人士在知识创新、科技创新中的作用和优势，引导他们紧密结合浙江实际，围绕贯彻落实科学发展观和“创业富民、创新强省”总战略，把加快转变我省经济发展方式、推进经济转型升级作为建言献策、参政议政的重要内容，特别是在自主创新、产业转型、优化结构、节能环保、协调发展等方面，抓住一些具有战略性的关键问题，通过深入调研、积极探索提出真知灼见，为转型升级广建良言、广集群智、广聚众力。在“科技创新竞赛行动计划”的实施、评比和表彰过程中，适当向经济转型升级项目倾斜，激发统一战线成员推进经济转型升级的积极性和创造性。进一步加强同高校、科研院所、企业的联系，积极支持一批转型升级中的重点项目，协助发展高新技术产业。按照中央统战部的要求，认真组织各民主党派、工商联、无党派人士深入开展“我为应对国际金融危机影响献一策”活动，重点围绕国际金融危机的发展趋势、对我国我省的影响和可能出现的风险，当前我省经济运行中存在的突出问题、苗头性问题和社会各界人士反映强烈的问题，在“保增长、扩内需、调结构、增活力”中需要研究解决的重大问题，在改善民生、保持稳定、促进和谐中需要研究解决的突出问题，中央和省委、省政府应对金融危机有关决策和各项政策的执行情况及改进意见，非公有制经济面临的困难和问题等六个方面进行，把应对国际金融危机和服务经济转型升级有机结合起来。全省各级统战部门要畅通信息渠道，建立信息“直通车”，加强信息报送和反映工作，及时把党外人士意见建议报送同级党委、人大、政府、政协和上级统战部门，为中央和我省各级党委、政府决策提供参考。

2. 加大对民族地区的扶持力度，充分发挥当地生态资源优势发展经济。以科学发展观为指导，以推进少数民族地区经济社会发展为出发点和落脚点，继续深入推进“少数民族低收入群众增收帮扶行动计划”和“低收入农户奔小康工程”，认真开展民族团结进步小康村创建活动，通过加强培训，提高少数民族地区低收入群众和低收入农户集中村推进经济转型升级的意识和脱贫致富的能力，增强发展后劲，加快奔小康步伐。积极适应经济转型升级的需要，以三个“双百工程”（百名民主党派成员联系百村工程、百家民营企业帮扶百村工程、百名华侨华人帮助百村工程）为载体，重点实施带动力强、受益面大的基础设施项目或其他项目，因地制宜地开展“产业帮扶”、“结对帮扶”、“医疗帮扶”、“科技帮扶”、“素质帮扶”、“救济帮扶”等多种帮扶形式，实现科学规划、优化结构、集中整治、夯实基础的有机结合。充分发挥当地生态资源优势，大力发展环境友好型产业，大力发展生态经济。积极建言献策，加大对大江大河源头地区、生态敏感地区的财力支持和政策支持力度，促进民族地区经济社会发展。

3. 争取港澳台海外力量，为推进经济转型升级引资纳智。通过全省各级统战部门与其他相关部门协调合作，在境内外举办各种形式的招商会、经贸洽谈会，组织投资考察，深入开展“提供一条信息，介绍一个客商（团）、引进一笔资金、促成一个项目、推销一种产品”活动，为招商引资牵线搭桥；举行“叙家事、访家园、建家乡”活动，激发海外人士建设家乡的热情；发挥桥梁纽带作用，为有条件的企业更好地利用国内国际两个市场、两种资源当好“红娘”，积极通过华侨华人境外企业的平台，建立联系，拓展市场，缓解当前企业因外需减弱等带来的暂时困难；要善引侨资、善用侨资，在更广范围、更宽领域、更高层次上拓展以侨引侨工作，提高利用侨资的水平和质量。配合实施“海外留学人才回归计划”、紧缺急需高层次人才引进计划和高技能人才培养工程，协助组织海外人才招聘会等，招贤纳智，服务转型升级；通过组织“海外留学人员浙江行”、经贸论坛、专题考察调研，吸引留学人才为转型升级当好参谋；创新载体开展活动，努力促进科技成果转化为现实生产力。会同有关部门开展“侨界人士走访月活动”，摸清情况、找准症结，切实解决实际困难，为服务转型升级凝心聚力。

4. 组织各阶层力量，为推进经济转型升级添砖加瓦。我省是非公有制经济大省，非公有制经济人士和自由择业知识分子人数众多、分布广泛，在加快转变经济发展方式、推进经济转型升级中地位十分重要。要坚持“充分尊重、广泛联系、加强团结、热情帮助、积极引导”的方针，深入开展对非公经济人士的综合评价，帮助、教育、引导，提高他们对经济转型升级重要性的认识。加大信息网络构建力度，及时听取、汇总和反映非公有制经济人士对推进经济转型升级的意见和建议；加大培训力度，以“如何推进经济转型升级”为重要内容，科学设置课程，举办各类非公有制经济人士培训班；大力倡导和培育非公有制企业团结一心、共克时艰的企业文化，鼓励不裁员、少裁员，维护社会稳定；根据省委学习实践科学发展观活动领导小组统一开展“服务企业、服务基层”专项行动的有关要求，积极谋划和实施“千名统战干部、成员进千企”活动，发挥优势，体现特色，广泛动员统一战线干部和成员，走进企业、蹲点调研、上门走访、咨询服务、宣传政策，鼓励和帮助企业增进信心、练好内功、强健体魄、寻求新的发展机遇。要根据自由择业知识分子知识层次高、专业造诣深的特点，鼓励他们把专业优势与推进经济转型升级结合起来，为优化结构、扩大就业、改善民生贡献力量。充分发挥自由择业知识分子社会接触面广、在基层群众中具有一定影响力和公信力的特点，支持和鼓励他们宣传政策、化解矛盾，最大限度地扩大推进经济转型升级的群众基础。

5. 加强党外代表人士培养，为推进经济转型升级提供更多人才资源。一支素质优良、结构合理、数量充足的党外代表人士队伍，直接影响到统一战线服务经济转型升级的成效。要结合全省2009年至2020年人才队伍建设中长期规划纲要，研究党外人才队伍支持经济转型升级的政策措施。建立完善统一战线“三支队伍”的培训，改进培训方式方法，不断提高培训质量，积极创新培训模式，努力提高党外代表人士后备人选的政治把握能力、参政议政能力、组织协调能力和合作共事能力，更好地为党外干部的健康成长服务、为推进经济转型升级服务。建立健全党外干部培养选拔的任用机制和管理考核机制，按照“拓宽视野、坚持标准、重点培养、梯次配备”的要求，力求“底数要清楚、结构要合理、路径要清楚、苗子要看准、措施要跟上”，为经济转型升级营造公平公正的选人用人环境。以“十百千党外后备干部工程”为抓手，在形成科学合理的后备干部队伍结构的基础上，努力使在推进经济转型升级中表现突出的优秀党外干部脱颖而出。加强与组织部门合作，通过挂职锻炼、岗位交流、定向培养、实职安排和政治安排等途径，加大培养和使用力度，不断提高党外干部推进经济转型升级的能力。

**三、求真务实，正确把握统一战线服务经济转型升级的工作原则**

1. 统一战线服务经济转型升级，必须正确处理服务科学发展与实现自身科学发展的关系

统一战线学习实践科学发展观，推进经济转型升级，关键是要抓住统一战线服务科学发展和实现自身科学发展两个重点。这两个重点是辩证统一的：一方面，要在实现自身科学发展中努力推进经济转型升级，统一战线服务科学发展是以统一战线自身科学发展为基础的，统一战线自身科学发展的程度，即内部团结的广度和深度，直接影响着统一战线服务科学发展的力度；另一方面，要在推进经济转型升级中实现自身科学发展，统一战线的自身科学发展，是在服务科学发展的实践中推进的，服务科学发展的水平检验着自身科学发展的成效。

统一战线为科学发展服务、为推进经济转型升级服务，既是统一战线贯彻科学发展观的必然要求，也是统一战线功能所决定的。统一战线历来是为党的总路线、总任务服务的。从为经济建设服务，到为科学发展服务，标志着统一战线为党和国家中心任务服务已经跃进到一个新的历史起点上。践行科学发展观，为浙江经济转型升级服务，是目前全省各级统战部门最重要的任务之一。

2. 统一战线服务经济转型升级，必须正确处理重点与全局的关系

统一战线为科学发展服务、为推进经济转型升级服务，要将重点服务与全面服务结合起来，正确处理重点与全局的关系。科学发展观的第一要义是发展，这种发展既是以经济建设为中心的发展，又是经济建设、政治建设、文化建设、社会建设和生态文明建设的全面发展。这就要求统一战线在服务科学发展、推进转型升级过程中，牢牢扭住经济建设这个中心，努力推进经济转型升级，把为促进经济发展服务作为重点，做到重点谋划、重点推进、重点突破，不断促进生产力的进一步解放；同时按照中国特色社会主义总体布局，把为经济建设服务与为政治、文化、社会和生态文明建设服务有机结合起来，推动经济社会全面发展。

3. 统一战线服务经济转型升级，必须坚持以人为本的要求

统一战线工作说到底是在做人的工作，统一战线服务经济转型升级，必须紧紧围绕以人为本这个核心，多做聚人心、得人心、稳人心、暖人心、顺人心的工作，增强统一战线凝聚力。在服务经济转型升级进程中，要充分反映、合理引导、积极协调同盟者的经济、政治、民主和其他利益诉求，充分调动他们为服务经济转型升级建言献策的积极性；切实尊重和保护同盟者的合法权益；努力为统一战线成员做好事、解难事、办实事，既做锦上添花之事，更要做雪中送炭之事。要树立统战理念，培养统战思维，提高统战素质，把握统战风格，讲求统战艺术，以真诚的态度、博大的胸怀、宏大的气魄，最大限度地吸纳和包容各界人士，更加广泛地调动一切积极因素，更加有效地化解一切消极因素，不断提高工作实效和水平，为服务经济转型升级增添力量。

4. 统一战线服务经济转型升级，必须坚持统筹的方法

统战工作涉及政党、民族、宗教、阶层、港澳台和海外等多个领域，大陆、港澳台、海外等多个范围，必须注重统筹兼顾这个根本方法，全局规划、相互协调、整体推进。要处理好牵头协调和配合运作的关系。全省各级统战系统要树立“大统战”思维，确立省、市、县统战系统一盘棋的意识，加强联系沟通，改统战部一家“单兵”作战为党派、工商、侨联、台联、宗教等多个方面“多兵种”共同参战，形成工作合力。要处理好继承与创新的关系。服务经济转型升级，一方面需要全省各级统战部门充分利用好现有平台、抓手和各种品牌活动，另一方面，又需要我们不断创新工作形式，打造新的载体，延伸工作触角，结交更多朋友，为促进我省经济社会发展增添力量。要处理好日常工作和服务经济转型升级的关系。

寓服务经济转型升级于日常工作之中，在服务转型升级中推动日常工作。

5. 统一战线服务经济转型升级，必须切实加强领导

全省各级统战部门要切实加强对服务转型升级工作的领导，既要着眼当前，扎实做好相关工作，更要放眼长远，克服“抱佛脚”、“走过场”等错误思想，精心规划，把服务转型升级作为为“两创”总战略服务、为建设惠及全省的小康社会作贡献的长期行动。要大力倡导学习之风，自觉践行科学发展观，不断提高工作层次、工作质量、工作水平和工作效率，服从大局、服务大局，自觉把本单位、本部门工作置于整个统战工作中来谋划，使统一战线服务科学发展、推动转型升级的特点更加鲜明，效果更加突出。考虑不同的服务领域和内容，找准为经济转型升级服务的切入点，合理配置资源，切实把推进经济转型升级的各项任务落到实处。紧密结合实际，强化组织保障，形成推进经济转型升级的合力；强化制度保障，形成有利于经济转型升级的体制机制；强化政策保障，加大对经济转型升级的引导和支持力度；强化人才保障，培育经济转型升级的人才资源新优势，努力在创新载体、拓展领域上取得新突破，在健全机制、突破难点上取得新进展，在搭建平台、建设队伍上取得新成效。

# 中共浙江省委统战部、浙江省工商业联合会关于加强和改进非公有制经济人士思想政治工作的意见

（2009年10月28日）

各市、县（市、区）党委统战部、工商联：

根据《中共中央关于巩固和壮大新世纪新阶段统一战线的意见》和《中央统战部、全国工商联关于加强和改进非公有制经济人士思想政治工作的若干意见》精神，为加强和改进我省非公有制经济人士思想政治工作，结合我省实际，提出以下意见。

**一、充分认识加强和改进非公有制经济人士思想政治工作的重要意义，明确指导思想、目标任务和基本原则**

（一）重要意义。非公有制经济人士作为新世纪新阶段统一战线的新成员，是我们党在政治上的重要同盟者、社会主义市场经济的重要推动者、中国特色社会主义事业的重要建设者。加强和改进非公有制经济人士思想政治工作是深入贯彻落实科学发展观的必然要求，是巩固发展新世纪新阶段爱国统一战线的重要任务，是引导非公有制经济人士健康成长的客观需求，是各级统战部、工商联履行职责的重要方面。加强和改进非公有制经济人士思想政治工作有助于引导我省广大非公有制经济人士热爱国家、拥护党的领导、拥护社会主义制度、拥护改革开放政策、积极承担社会责任，坚定不移地走中国特色社会主义道路，为加快建设富强民主文明和谐的新浙江凝聚力量；有助于引导我省广大非公有制经济人士深入实践科学发展观和“创业富民、创新强省”总战略，转变发展思路，创新发展方式，加快转型升级，促进浙江非公有制经济平稳健康发展，为全面建设惠及全省人民的小康社会作贡献。

（二）指导思想。坚持邓小平理论和“三个代表”重要思想为指导，全面贯彻落实科学发展观，按照充分尊重、广泛联系、加强团结、热情帮助、积极引导的方针，充分发挥统一战线的政治优势，发挥工商联在非公有制经济人士思想政治工作中的重要作用，以高度的政治责任感和改革创新的精神，认真研究非公有制经济人士思想政治工作面临的新形势、新变化、新挑战，积极探索新思路、新途径、新举措，促进非公有制经济人士健康成长

和非公有制经济健康发展。

（三）目标任务。团结教育广大非公有制经济人士拥护中国共产党的领导，树立中国特色社会主义共同理想，共建社会主义核心价值体系，做中国共产党政治上的可靠同盟者；教育引导非公有制经济人士自觉把自身企业的发展与国家的发展结合起来，把个人富裕与全体人民的共同富裕结合起来，把遵循市场法则与发扬社会主义道德结合起来，把创造物质财富与精神财富结合起来，做合格的中国特色社会主义事业建设者；教育引导非公有制企业深入贯彻落实科学发展观，优化管理模式，提高创新能力，建立新型劳动关系，努力实现企业又好又快发展，做社会主义市场经济的重要推动者。通过加强和改进非公有制经济人士思想政治工作，培养和造就一支与中国共产党同心同德、致力于中国社会主义事业的非公有制经济人士队伍。

（四）基本原则。坚持“服务大局”的原则。围绕党委、政府的中心工作，把广大非公有制经济人士的思想和行动统一到党委、政府的决策部署上来，为我省的经济政治文化社会建设凝聚力量。坚持“以人为本”的原则。注重人文关怀和心理疏导，实现以情感人、以理服人，鼓励非公有制经济人士加强自我教育，增强自律意识，提高自我约束和自我激励的能力。坚持“求真务实”的原则。注重解决思想问题同解决实际问题相结合，注重原则性同把握灵活性相结合，丰富开展非公有制经济人士思想政治工作的形式和内容。坚持“开拓创新”的原则。善于运用符合市场经济要求的新思路、新方法，善于借助符合时代潮流的先进文化、先进技术，不断探索开展非公有制经济人士思想政治工作的新载体、新途径。

**二、整合各方力量，搭建多种平台，拓展非公有制经济人士思想政治工作的渠道**

（五）搭建政治参与平台。加强与人大、政协等部门配合，按照有较高政治觉悟、较大社会贡献、较强参政议政能力、在所联系阶层中有较大影响和热心工商联工作的要求，进一步加强非公有制经济代表人士的培养选拔和政治安排工作；通过议案、提案、参与行风评议和工商联企业家兼职领导领衔调研课题等方式，组织非公有制经济人士广泛参与党和政府有关方针政策的协商和讨论，参与有关社会事务的管理和监督；健全政协工商联界别活动机制，每年至少组织一次以上活动，针对经济社会发展中的重点难点热点问题进行调研，建言献策。

（六）搭建政企沟通平台。争取党委、政府的支持，根据党委、政府的中心工作，每年至少组织一次以上政企座谈会或交流会，邀请党委、政府的主要领导和有关部门的负责人，与非公有制经济代表人士进行面对面的沟通，帮助非公有制经济人士直观了解党委、政府的决策部署，表达意见和建议。

（七）搭建经济服务平台。进一步密切和扩大与政府相关部门、金融部门、社会团体和大专院校、科研院所的合作，整合资源，丰富载体，为非公有制企业搭建融资、科技、人才、经贸和法律服务平台。通过组织海外参展考察和与海外经贸机构、工商社团建立友好合作关系等方式，为非公有制企业“走出去”和“引进来”提供支持服务。

（八）搭建舆论宣传平台。在重视和加强自办刊物和网站建设的基础上，与报刊、电视、广播、网站等主流媒体加强合作，多形式地宣传党和国家促进非公有制经济发展的各项方针政策，宣传非公有制经济对推动经济社会发展作出的重要贡献，宣传非公有制经济人士的典型事迹。

**三、推进企业党建，加强基层建设，扩大非公有制经济人士思想政治工作的覆盖面**

（九）推进企业的党建工作。配合各级党委组织部门在非公有制企业、行业组织中开展党建工作，积极探索统战部、工商联参与企业党建工作的机制和模式，提高非公有制经济人士对企业党建工作重要性的认识。通过推进企业党建工作，使党的活动和非公有制经济人士思想政治工作有机结合。

（十）强化基层商会的建设。加快乡镇商会的建设步伐，在非公有制经济比较发达的乡镇、经济开发区、高新技术园区应建立商会。推动行业商会发展，对同一行业中企业数量比较集中、具备成立行业商会条件的，要积极组建行业商会。重视市场商会发展，对具有一定规模、较高知名度、经济效益良好的市场，要积极组建市场商会。重视异地商会建设，加强与异地商会的联系、沟通，做好对异地商会的指导、协调、服务。通过强化基层商会建设，扩大对非公有制经济人士思想政治工作的覆盖面。

（十一）重视会员队伍的发

展。要按照坚持标准、积极发展、确保质量、优化结构、加强服务、规范管理的原则要求，重视会员发展工作，不断扩大非公有制经济人士思想政治工作的覆盖范围。既要注重在上规模非公有制企业和行业代表性企业中发展会员，也要注重在广大中小企业和有一定代表性的个体工商户中发展会员；既要积极增加会员数量，也要注重优化会员结构，使会员的数量、构成与当地非公有制经济发展状况相适应。

（十二）加强信息资料库建设。要及时对全省非公有制经济代表人士的基本情况进行调查摸底，以推动我省非公有制经济代表人士的信息资料库的建立。同时根据动态情况，对相关信息补充完善，为加强和改进非公有制经济人士思想政治工作提供基础依据。

**四、重视学习教育，建立培训体系，强化非公有制经济人士思想政治工作的系统性**

（十三）制定教育培训规划。根据上一级统战部、工商联的教育培训规划和当地党委、政府的人才培养规划，结合当地实际，制定非公有制经济人士教育培训工作的中长期规划和年度实施计划，统筹开展教育培训工作，突出政治性和统战性，着眼非公有制经济人士的素质提升。

（十四）精心设置学习内容。重点进行中国特色社会主义理论体系、社会主义核心价值体系、科学发展观、优良传统文化的教育培训；设置经营管理、资本运作、法律法规、科技创新、企业文化等方面培训内容。要适应非公有制经济人士个性化、差异化的特点，制订培训方案，开设特色课程。

（十五）建立教育培训体系。逐步建立非公有制经济人士教育培训工作的分级教育培训网络，实行统一规划、分级负责制。对在各级工商联担任正副主席（会长）、常委、执委的非公有制经济人士进行轮训；整合社会培训资源，争取党委、政府有关部门、高等院校和社会培训机构的支持；逐步建立起由政府、社会、企业共同负责的教育培训制度。

（十六）重视师资库的建设。在上一级统战部、工商联的指导下，按照“素质优良、规模适当、结构合理、专兼结合”的原则，通过邀请、推荐等方式，甄选一批政治思想好、理论水平高、业务能力强，熟悉非公有制经济的有关领导、专家、学者和企业家等，建立“非公有制经济人士教育培训工作师资库”。

**五、坚定共同理想，承担社会责任，提高非公有制经济人士思想政治工作的实效性**

（十七）引导履行社会责任。进一步强化非公有制经济人士社会责任意识，引导他们主动履行诚信责任、创新责任、转型责任、发展责任、环保责任、共建责任；进一步组织非公有制经济人士积极参与光彩事业、新农村建设、扶贫开发、智力支边、公益慈善事业等社会实践活动，帮助他们了解国情、社情和民情，加深对党的方针政策的理解和支持，坚定共同理想，主动承担社会责任。

（十八）建立责任评价体系。逐步建立符合非公有制经济发展规律特点的非公有制企业社会责任评价体系。要结合工商联和行业商会的特色优势开展非公有制企业社会责任的评价工作，注重企业社会责任内涵要素的差异性和层次递进性，坚持“进步性”和“广泛性”相结合。鼓励非公有制经济代表人士，以企业名义向社会发布年度社会责任报告，引导更多的非公有制企业更好地履行社会责任，为全面实现小康社会和构建社会主义和谐社会凝聚更广泛的力量。

（十九）完善行业自律体系。通过工商联系统内的行业商会，进一步制定和完善行业自律条款或公约，倡导共赢发展模式，规范行业内竞争行为，引导非公有制经济人士承担做精做优做强自身产业、增强企业竞争力的责任，实现有序竞争、合作发展，提高企业抗风险能力，增强行业发展的活力。

（二十）营造和谐企业文化。引导非公有制经济人士全面履行“共同约定行动”，建立和谐劳资关系，营造和谐企业文化。开展“双爱双评”等活动，展示非公有制经济人士良好的道德情操，推动非公有制企业的和谐企业文化建设。

**六、重视制度建设，完善长效机制，增强非公有制经济人士思想政治工作的科学性**

（二十一）完善综合评价机制。不断完善非公有制经济代表人士综合评价体系，坚持“凡进必评”，把综合评价作为推荐非公有制经济人士授予荣誉称号和担任人大代表、政协委员以及工商联执委、常委等必经程序，作为评比表彰的基本依据。通过综合评价工作，不断增强开展非公有制经济人士思想政治工作的预见性、主动性和针对性。

（二十二）健全表彰激励机制。继续加强与有关部门和团体的合作，开展“优秀中国特色社会主义事业建设者”、“浙商责任奖”、“浙商创新奖”等联合表彰活动，做好“年度上规模民营企业”、“风云浙商”等推荐工作，建立具有广泛社会影响和品牌效应的多层次的表彰体系。通过树立一批具有代表性的先进典型，进一步激发广大非公有制经济人士的责任感和荣誉感。

（二十三）完善沟通联系机制。加强与非公有制经济代表人士的沟通联系，对已作政治安排的代表人士，要建立联系制度、届中考核制度、诚勉谈话制度，帮助他们全面提高素质。开展多种形式的联谊交心活动，密切与非公有制经济人士的联系，推动非公有制经济人士思想政治工作的有效开展。

（二十四）建立信息反馈机制。加强与有关专业部门合作，建立研究中心，健全调研机制，定期开展非公有制经济人士思想状况调研；建立全省范围内的调查网络及信息反馈制度，及时掌握非公有制经济的发展情况和趋势，了解非公有制经济人士的愿望和诉求。

**七、落实工作职责，注重队伍建设，加强对开展非公有制经济人士思想政治工作的领导**

（二十五）明确职责，健全机制。统战都要担负起加强和改进非公有制经济人士思想政治工作的领导责任，加强对工商联党组的领导，重点抓好重大问题的研究部署、牵头协调、指导监督。工商联要担负起加强和改进非公有制经济人士思想政治工作的直接责任，负责贯彻落实、组织实施、督促检查。各级工商联党组要建立健全思想政治工作责任制，明确责任人和责任部门，有条件的市、县（市、区）工商联，要设立宣传教育工作部门，暂不具备条件的要明确专人从事思想政治工作。要逐步形成党委统一领导、统战部组织协调、工商联党组具体实施、有关方面参与其中的非公有制经济人士思想政治工作机制。

（二十六）加强督查、狠抓落实。各级统战部、工商联都要依据各自工作职责，明确年度非公有制经济人士思想政治工作的目标任务和具体工作举措，作为年度重要工作纳入考核内容，定期对具体实施情况进行自查和改进，加强对下级统战部、工商联的非公有制经济人士思想政治工作的指导和检查，及时发现问题、总结经验，把非公有制经济人士思想政治工作落到实处，取得实效。

（二十七）充实队伍，提高水平。建设一支政治坚定、业务精通、作风清廉的高素质的思想政治工作者队伍，是加强和改进非公有制经济人士思想政治工作的组织保障。要拓宽选人渠道，不断充实思想政治工作干部队伍，建立思想政治工作干部的定期培训制度，不断提高理论政策水平和业务工作能力。注重在非公有制经济代表人士中培养思想政治工作骨干队伍，充分发挥他们的积极作用，共同做好非公有制经济人士思想政治工作。

各市、县（市、区）统战部、工商联要按照本意见精神，结合当地实际，制定具体的贯彻落实措施。

（公告单位：中共浙江省委统战部、浙江省工商业联合会，2009年10月28日）

# 中共浙江省委统战部、浙江省工商业联合会关于加强县级工商联组织建设的意见

（2009年12月25日）

各市、县（市、区）党委统战部、工商联：

根据《中共中央关于巩固和壮大新世纪新阶段统一战线的意见》和《全国工商联关于加强县级工商联组织建设的若干意见》

精神，现就加强县级工商联组织建设提出如下意见。

**一、加强县级工商联组织建设的重要意义、指导思想和总体要求**

（一）*重要意义*。县级工商联是工商联工作的重要依托和组织基础。加强县级工商联组织建设是推动基层统一战线工作深入开展的客观要求，是工商联积极参与县域经济发展的迫切需要，是全面加强工商联自身建设的重要举措。加强县级工商联组织建设，有利于促进非公有制经济健康发展和非公有制经济人士健康成长；有利于把非公有制经济人士紧密团结在党的周围，扩大党的群众基础；有利于引导新的社会阶层人士深入贯彻落实科学发展观，积极参加经济建设与和谐社会建设；有利于团结非公有制经济人士共同走中国特色社会主义道路。

（二）*指导思想*。坚持以邓小平理论和“三个代表”重要思想为指导，深入贯彻落实科学发展观，以加强会员队伍建设、基层组织建设、行业商会和异地商会建设为基础，以强化领导班子建设和提高干部队伍素质、充分发挥非公有制经济代表人士主体作用为重点，以完善制度规范运行为保障，切实提高履行职责和发挥作用的能力，不断增强县级工商联组织的凝聚力和影响力。

（三）*总体要求*。坚持围绕中心、服务大局，以“加强桥梁纽带建设，发挥政府助手作用”为实践载体，促进非公有制经济健康发展和非公有制经济人士健康成长，夯实工商联的组织基础，增强工商联的组织活力，在服务科学发展中实现工商联组织的自身科学发展，努力把县级工商联建设成为政治方向明确、工作职能完善、运行机制健全、服务能力较强、作用发挥充分的人民团体和商会组织。

**二、加强县级工商联领导班子建设**

（一）*加强工商联党组建设*。要充分发挥党组的核心领导作用，按照党的组织原则和有关要求加强党组建设，建立健全党组理论学习中心组学习制度，不断提高政策理论水平和把握工作全局的能力。认真贯彻民主集中制原则，坚持集体领导与个人分工负责相结合的工作运行机制，完善议事规则，规范决策程序，不断提高科学决策能力和整体工作水平。严格执行党风廉政建设责任制，勤政廉洁，严于律己。

（二）*加强工商联和商会班子建设*。上级党委统战部门和工商联要积极支持县级党委选配好工商联领导班子，特别要选好主要领导，在知识结构、年龄梯次、专兼职比例等方面优化领导班子结构。要积极探索与当地非公有制经济发展相适应的领导班子模式。要正确把握和妥善处理党内同志与党外同志的关系，充分尊重和大力支持兼职领导发挥作用，安排他们代表工商联出席有关会议，以工商联领导身份带队出访、考察，为他们参与工商联的各项活动创造条件。切实加强领导班子建设，努力建设一支具有较强的政治把握能力、参政议政能力、组织领导能力、合作共事能力、经济工作能力和廉洁自律能力的领导班子队伍。

（三）*加强工商联执（常）委会建设*。要坚持标准，严格程序，从政治思想素质、组织领导水平、热心工商联事业、比较熟悉经济工作和党的统战政策、具有代表性等方面综合考察，选配好执（常）委。通过建立专门委员会等形式，充分发挥执（常）委参与工商联事务的作用。进一步健全执（常）委会议制度，建立考核约束和进退激励机制，严格执（常）委出席会议考勤制度，激发执（常）委认真履职尽责。

**三、加强会员队伍和非公有制经济代表人士队伍建设**

（一）*加强会员队伍建设*。要按照“积极引导、稳妥发展、坚持标准、确保质量、突出重点、优化结构、加强服务、动态管理”的方针，在坚持广泛性、代表性、进步性、稳定性有机统一的前提下，稳步壮大会员队伍。创新会员发展思路，通过会员引荐、培育商会组织、发展团体会员等形式广泛发展和吸收会员。要不断优化会员队伍结构，积极发展规模以上企业、行业龙头企业、符合国家产业政策导向的高新技术企业、民营科技企业、有潜质的高成长企业入会。通过开展有特色有实效的活动，增强工商联组织影响力，吸引更多的企业、团体、个人入会，确保近三年内每年发展会员数递增5%以上，不断提高会员覆盖率。切实加强会员队伍管理，加强会籍动态管理制度建设，规范入会、转会、退会等手续，健全会员档案和完善数据库建设，对自然消亡、破产倒闭、自行退出的会员要及时做好清退工作。

（二）*加强非公有制经济代表人士队伍建设*。按照“充分尊重、广泛联系、加强团结、热情帮助、积极引导”的方针，团结教育广大非公有制经济代表人士拥护党的领导，坚定不移地走中国特色社会主义道路，争做优秀中国特色社会主义事业建设者。加强对非公有制经济代表人士的教育培训，广泛开展学习教育活动，通过举办形势分析会、政企恳谈会、发展座谈会等，及时传达党和国家的重大方针政策及有关文件精神，反映非公有制经济人士的意见建议。引导非公有制经济代表人士积极承担社会责任，高度重视产品质量、安全生产和环境保护，给社会提供更多的就业岗位，促进社会和谐，切实把企业发展与国家发展结合起来，把个人富裕和全体人民共同富裕结合起来，把遵循市场法则与弘扬社会主义道德结合起来，自觉做到爱国、敬业、诚信、守法、贡献。要积极推进和完善非公有制经济代表人士综合评价工作，建立非公有制经济代表人士信息资料库，为加强和改进非公有制经济人士思想政治工作提供基础依据。

**四、加强基层商会、行业商会和异地商会建设**

（一）着力推进基层商会建设。建立健全符合当地经济社会发展需要的商会组织网络体系，分类推进基层商会建设。非公有制经济发达的地区和经济开发区、高新科技园区、大规模的专业市场等要积极组建商会；其它地区也要因地制宜、创造条件，争取在短时期内初步构架好组织网络；进一步提高乡镇商会的覆盖面，三年内镇级建制（含独立建制的开发区、管委会）达到80%以上、涉工乡达到70%以上；积极探索在村级组织建立商会的试点工作，并逐步推广。对已建的基层商会，要在彰显优势、发挥作用、巩固提高上下功夫，促进其有效运转。要依托基层商会分解落实工商联的工作任务。

（二）努力加快行业商会建设。按照“积极发展、注重质量、增强效果”的原则，培育和建立一批与本地产业发展相适应的、政府鼓励发展的产业集群和具有良好发展前景的行业商会，确保各地每年有新建的行业商会，不断提高行业商会的代表性和影响力。加强与政府相关职能部门的联系，争取政府部门把更多适宜于行业商会行使的行业管理职能委托给行业商会，以工作的创新和发展，努力拓展行业商会的职能和领域，切实发挥工商联在行业协会、商会改革中的积极作用。以国务院授权全国工商联作为社会团体组织业务主管单位为契机，积极争取政府授权，加快做好已建商会的注册登记工作，规范对行业商会的管理。积极组建行业商会，认真研究工商联成为社团业务主管单位后对所属商会的管理体制机制、方式方法。建立必要的工作运行制度，通过完善秘书长联席会议、相关行业商会互动等机制，探索与其它行业组织合作的方式，有效开展工作，推动行业商会不断完善服务、协调、维权、自律、监督等功能，把行业商会建设成为符合社会主义市场经济和非公有制企业发展需要、对会员企业有较强指导性和服务能力的行业组织。

（三）稳步推进异地商会建设。坚持属地为主、原籍地参与的双重指导原则，积极引导其围绕两地中心工作依法开展活动；不断加强与区域外企业联合会、商会等组织的联络和交流；创新思路，积极探索、稳步推进异地商会的组建和联络工作。要进一步畅通沟通渠道、建立激励机制、通过举办论坛、表彰先进等活动，凝聚在外创业浙商和外地在浙创业的非公有制经济人士力量，为两地经济社会的发展做出贡献。对已建的异地商会和异地商会联谊会进行造册，建立台账，逐步建立起全省工商联系统资源共享的网络平台。

**五、加强机关自身建设**

（一）加强干部队伍建设。县级工商联领导班子要负起对干部队伍建设的直接责任，在党委有关部门的领导、指导和支持下，选配有政治觉悟、实践经验和组织协调能力，熟悉经济工作，热爱工商联事业的干部到机关工作，进一步改善县级工商联干部队伍的年龄结构、知识结构、专业结构。工商联干部要勤于学习、善于思考，努力掌握政治、经济、科技、法律、管理等方面的知识，不断提高理论素养和政策水平；要切实加强实践锻炼，深入基层调查研究，了解企业生产经营状况，掌握会员思想动态与利益诉求，为他们排忧解难，切实增强服务本领，提高工作水平，努力建设一支政治坚定、作风过硬、勤奋学习、业务精良、求实创新、廉洁自律、团结奉献的干部队伍。

（二）加强机关制度建设。进一步强化机关内部科学管理，完善内部管理制度和机制，规范办文、办会、办事程序，努力提高工作质量和效率。完善领导分工联系非公有制经济人士的制度，加强对基层商会的指导和考核，建立必要的考核制度，健全激励机制，充分发挥县级工商联干部的工作积极性。

**六、加强对县级工商联组织建设的领导和指导**

（一）高度重视。县级工商联要积极争取党委政府的领导、指导、关心和支持，主动向分管和联系领导请示汇报工作。每年要向党委常委会和政府常务会议汇报工作或专题议事一次以上，并努力争取成为党委、政府相关工作领导小组的成员单位。县级以上党委统战部和工商联要把加强县级工商联组织建设列入重要议事日程，从战略上统筹谋划、从全局上进行部署；要建立领导分工联系县级工商联工作制度，加强检查督促和经常性工作指导；要对县级工商联的组织建设工作进行深入调研，及时掌握县级工商联组织建设发展状况，每年召开一次以上工商联工作会议或专题研究工商联工作的会议，为县级工商联开展工作创造条件；县委统战部要加强对工商联党组的领导，支持其发挥领导核心作用；要建立定期联系非公有制经济代表人士担任的工商联执（常）委制度，主动联系和走访，定期交流和沟通；要保证县级工商联机关开展工作需要的人员编制、经费、办公场地、设施等，根据工作职能设立相应的内设机构。

（二）分类指导。要充分考虑不同地区存在的差异，坚持因地制宜、分类指导，及时总结和推广先进经验。对基础好的县级工商联，要鼓励其勇于探索，不断创新，打造品牌，形成特色，提供经验，做好示范。对工作基础相对薄弱的县级工商联，要重点在发展会员、健全组织机构、加强班子建设、提高干部素质等基础性工作上进行指导和帮助。

县级工商联组织建设任重道远，各地要进一步统一思想，提高认识，结合实际，认真落实，努力把县级工商联的组织建设提高到一个新的水平。

# 夯实基础　创新思路
# 不断开创港澳台海外统战工作新局面

中共浙江省委统战部

近年来，面对港澳“一国两制”实践提出的挑战、两岸关系出现历史性转折的机遇、海外统战工作日益繁重的局面，浙江省委统战部进一步增强大局意识、机遇意识和创新意识，不断提高工作水平，努力开创港澳台海外统战工作新局面。主要有以下做法：

**一、注重完善网络，进一步加强港澳台海外联谊社团建设**

1．巩固完善老社团。2003年，浙江在香港的同乡会总共只有14家，网络不全，机制不顺，其活动局限性于联谊乡情。我们抓住香港统战工作的机遇，帮助加强香港浙江籍同乡会建设，先后提出了“五有”（有班子、有会所、有经费、有专职秘书、关键时刻有声音）、“三自”（自发成立、自愿加入、自主工作）的指导原则，通过同乡会创建、换届等工作，目前香港浙江籍同乡会已经发展为省、市、县、乡镇四级层面共54家，基本做到网络健全。尤其是香港浙江省同乡会联合会的建立和发展，不仅健全完善了工作联系网络，而且加快了同乡会功能的转型升级。

2．开拓创建新社团。2008年6月，由浙江省委统战部、各民主党派省委会、省工商联及省黄埔同学会等11家单位共同发起成立了全国省级第一家统促会，即浙江中国和平统一促进会，现已与36家海外和统会建立了联系。为加强对港澳台海外代表人士二、三代的工作，今年浙江海联会专门成立了青年委员会，由香港青联主席陈仲尼担任主席。10月中旬，香港各界青年代表组织访问团来浙交流。澳门苏浙沪同乡会青委会提出将于明年上半年组团来访。

3．促进国内外社团交流融合。除了建设好浙江海联会外，还创建了多种新的载体：省侨办成立了省侨商会、省侨联成立了青委会和名媛会、温州通过举办世界温州人大会成立了温州人联谊总会、义乌成立义乌世界侨商会等，这些国内社团吸引了港澳台海外代表人士和海外社团领袖人物和骨干的踊跃参加，有效促进了国内外社团的融合整合，团结了一大批港澳台海外社团和代表人士，找到了有效的工作抓手。

**二、注重教育引导，进一步提升港澳台海外代表人士队伍素质**

1. 留住光荣传统。2009年10月，投资3个亿，占地30亩，建筑面积达24000多平方米的“宁波帮博物馆”在镇海开馆，向港澳台海外“宁波帮”知名人士征得600多件珍贵实物，分两个展厅6个章节，生动再现了全世界“宁波帮”参与祖国和家乡建设的成果，也是对小平同志“把全世界宁波帮团结起来建设宁波”讲话的最好的纪念。开馆当天，港澳台海外“宁波帮”重要人物齐聚宁波，老一代“宁波帮”在精神上找到了归宿，也使新一代“宁波帮”有了可寻访的“家”。此外，还召开著名“世界船王”包玉刚先生诞辰90周年纪念大会；厚葬著名爱国人士查济民先生在故乡；著名侨乡青田专门编修了《青田华侨史》，修建了华侨广场等。这些都在文字上、实物上起到了很好的教育示范和引导作用，使老一代的优良传统得以延续和发扬光大。

2. 传承优良品质。近年来，通过不间断的努力和引导，浙江籍港澳台海外代表人士逐渐树立了“传帮带”的意识，注重培养二、三代参与政治社会事务的能力。香港的董建华、范徐丽泰、查济民、赵安中、曹光彪、车越乔、周亦卿等等，澳门的贺田、王孝行、王启翔等，台湾的胡李世美等知名人士，都努力培养子女爱国爱乡热情，传承优良传统。现老一辈的后代不少已被安排为省政协委员，更多的则是安排在海联会、青联、妇联、工商联等。香港浙江省同乡会联合会和澳门苏浙沪同乡会都成立了青委会，每次组团来访或内地赴港澳联谊，他们都能做到老中青相结合参与各项活动。

3. 改进引导方式。注重在政治思想上的引导，并有意识地将培训和帮助其发展事业结合起来。2009年6月，我省举办了首届港澳代表人士国情研修班，请来了著名学者、专家给学员讲授了内地政治、文化、经济、历史等方面的内容，并组织他们进行热烈的座谈讨论，并安排他们实地考察。近些年，宁波、温州等市委统战部也连续几年举办了各种形式的港澳台海外代表人士培训班，取得了很好的成效。我们争取在五年时间内，使现有的代表人士轮训一遍。

**三、注重创新载体，进一步丰富海外联谊活动的形式和内涵**

1. 做“精”传统项目。近年来，我省已逐步确立了一些自己的传统海外联谊活动，如每年一度的港澳台同胞迎春团拜会、“两会”期间与港澳全国人大代表、全国政协委员恳谈会、百名台湾大学生浙江行等。老字号的生命力和认受度就在于做“精”，老瓶装新酒，每年都有新变化。如港澳台同胞迎春团拜会，这些年来，活动规模逐渐扩大，从几十人扩大到几百人；参加对象逐渐扩展，从港澳同胞扩展到台湾同胞（包括南部民众）和海外侨胞；内容逐渐深化，从单一联谊到与纪念活动、表彰大会等结合。又如百名台湾大学生浙江夏令营，从浙江省自己举办到和全国“台湾青年学生万人夏令营”活动相衔接，生源逐步扩大到台湾少数民族和南部民众，今年在夏令营时又推出了摄影比赛，让台湾学生留下深刻的印象。

2. 做“响”创新品牌。温州市发挥其侨胞在全球广泛分布的优势，做大做强“世界温州人大会”活动，邀请了国内外温州籍知名人士参加，影响很大。自第一届“世界温州人大会”后，他们成立了常设机构“世界温州人联谊会”，定编6人。去年召开第二届世界温州人大会时，规模达到3000人之多，市县区联动开展多种形式的联谊活动，邀请海内外知名人士到温州作了70多场讲座，邀请海内外温商和留学人员到温州创业，连续举办两届“温商经济论坛”和“温商经济研讨班”，成为促进经济发展和转型的助推剂。义乌为进一步扩大世界小商品之都的知名度，在举办义乌小商品博览会之际，召开义乌侨商大会，吸引了世界各地500多名侨商参加。青田侨乡在2007年举办“中国·青田华侨大会”的基础上，今年又举办了“中国·青田华侨总部经济发展论坛”系列活动，今后准备每二年举办一次，把它做成品牌活动。

3. 做“深”文化亮点。为把海外联谊工作引向深入，我们在创建活动载体的同时，十分注意挖掘活动内涵，把联谊活动寓于秉承祖国源远流长的文化之根中。今年10月，浙江省委统战部主办、浙江海联会、浙江统促会、浙江省统战理论研究会、浙江中华文化学院等单位联合承办了“中华和合文化论坛”，邀请中华文化学院副院长冯之浚、香港凤凰卫视著名评论员石齐平演讲，省委副书记夏宝龙、副省长龚正等省领导出席，我省各民主党派省委会和省工商联负责人、无党派和党外知识分子、民族宗教界人士、新的社会阶层人士、港澳台海外代表200余人参加。本次论坛以中华和合文化为核心，以和合文化为目标，以和合文化为旗帜，主题为“和平发展、和谐共处、合作双赢”，旨在促进五大关系和谐。论坛共征集到70多篇论文，入选论文集35篇，港澳台海外和内地各界人士投稿踊跃，会议上有学术报告，有讨论互动，内容非常丰富。我们还专门设计制作了和合文化邮票册作为纪念品。此次活动从弘扬中华文化的角度出发，激发出港澳同胞、台湾同胞、海外华侨华人与生俱来的中华文化基因，以乡情、商情、文化认同相结合，深受与会嘉宾的肯定，收到较好的成效。

开展港澳台海外统战工作，网络建设是基础，代表人士培养是着力点，创新载体是重要方法。既要注意到工作地区性拓展、主体性转变和工作角色的变化，也要善于借势（与地方大型活动相配合）、借力（与相关单位相协作）、借时（充分利用重大事件、纪念日等）。只有树立世界眼光，战略思维，大局意识，做到上下一盘棋，这样才能不断地开创港澳台海外统战工作的新局面。

（2009年11月）

# 五措并举　四环相扣<br>努力推动县级统战工作开拓创新

中共浙江省委统战部

县级统战工作是整个统一战线工作的重要基础，是基层民主政治建设的重要组成部分，但也是当前统战工作的薄弱环节。我省作为市场先发地区、沿海发达地区和开放前沿地区，县级统战工作面临新的形势：阶层分化日益加剧，基层统一战线成员大量增加；统一战线面临的情况日益复杂，促进和谐社会建设的任务不断加重；统一战线的优势日益显现，对推动县域经济发展的作用越来越大；统一战线成员的政治诉求日益增强，对基层民主政治建设产生重大影响。因此，县级统战工作的地位更加突出，基础作用亟待加强。

今年以来，我部将推动县级统战工作，作为全年的工作重点抓紧抓好。重点抓了“五项举措”：一是召开全省县级统战工作座谈会；二是在全省范围内集中开展县级统战工作调研；三是研究制定“加强全省县级统一战线工作的意见”；四是编印《县级统战工作实务手册》；五是在全省开展县级统战工作创新评优活动。

经过多年的实践，特别是今年的工作，我们深切感受到，找准定位、创新载体、整合力量、完善机制，是做好县级统战工作紧密相联的四个环节。

**一、立足“和谐统战”，找准县级统战工作的定位**

影响社会和谐的突出矛盾和问题，往往产生于基层、汇聚于基层。基层大量存在的民族宗教问题、劳资纠纷问题、企业环保问题，大多与统一战线工作有关。我省县级统战部门坚持以和谐理念促统战、以统战工作促和谐，着力破解宗教工作难点，凸显新阶层人士工作亮点，为维护团结稳定和促进社会和谐做出了积极贡献。如：温州市各地统战部门和工商联倡导的非公有制企业、工会、工人三结合的协商工资制；乐清市委统战部建立的全国首家县（市）级统战民生基金；瑞安市组织非公有制经济人士安置帮扶“归正”人员；义乌市委统战部开展“构建和谐村、建设新农村”主题活动，以及针对涉外宗教复杂情况，建立信息快速反应机制；台州市椒江区委统战部创立的民族宗教扶贫基金；台州市黄岩区委统战部全面建设民主党派构建和谐社会服务点；台州市路桥区委统战部开展“以民主促和谐，以文化育和谐，以管理谋和谐，以稳定保和谐”为主题的“和谐宗教创建活动”，等等。此外，县级统战部门在促进基层群众自治制度建设、引导统一战线成员有序政治参与方面创造出许多有效载体。如：温岭市有非公有制经济人士参与的民主恳谈会；嘉善县等地的台商沙龙、民企沙龙；杭州市下城区的基层各界人士协商会；杭州市上城区的社区统一战线成员议事会；三门县的乡镇统战人士联谊会等，都取得了显著成效。

**二、致力“活力统战”，创新县级统战工作的载体**

基层是产生新情况、新问题的前沿，也是出新办法出新经验的土壤。我省县级统战部门不断创新统战工作的方法、手段、载体和平台，使基层工作富有活力、充满生机。如：杭州市下城区运用“上门叩问九法”，在写字楼集中的地方开展楼宇统战工作，成效显著；杭州市萧山区委统战部根据每个乡镇街道的统战资源特点开展“特色统战”工作探索；奉化市委统战部和市工商联在参与新农村建设中引导非公有制经济人士当村级经济顾问，促成“村企结对”，变输血为造血；嵊州市委统战部创新中小学民族团结教育实施体系；衢州市衢江区委统战部创建海外农业投资区，探索海外统战工作新途径；三门县委统战部创建了新阶层人士博客群，探索出通过互联网开展新社会阶层人士统战工作的新路子；诸暨市以“诸暨人联谊总会”为平台拓展工作网络，内引外联和招商引资成效明显；温岭市委统战部和青田县委统战部分别发挥异地商会和海外华侨众多的优势，积极实施“回归工程”，促进了非公和华侨两个“总部经济”的发展，引起省内外的关注。

**三、构筑“合力统战”，整合县级统战工作的力量**

巩固和壮大统一战线，既离不开党的领导，更需要全党全社会的配合支持。当前，县级统战工作普遍存在任务加重、人员偏少、经费不足、统筹不力等问题。为适应统战工作社会化，我省县级统战部门就构筑“合力统战”进行了一些尝试，初步建立了党委领导、统战部门牵头协调、系统各单位分工负责、有关部门大力支持、社会各方积极参与的大统战格局，形成了横向到边、纵向到底的三级统战工作网络。如：余姚市委统战部以统战文化建设为平台，积极培育大统战思维，树立大统战理念，建立了“一把手”负总责，政工负责人分管抓，统战委员具体抓，班子成员配合抓，统战干事协助抓，各职能科室（办所）协力抓的责任机制，形成了各负其责，齐抓共管的大统战工作格局；慈溪市委统战部开展“凝聚力工程”建设和“和风行动”，推进统战工作进农村、进社区、进学校、进企业、进社团、进家庭；乐清市率先设立了非公有制企业统战部；金华市金东区委统战部实行基层统战工作网络化管理，建立一体化的网络管理机制，通过三级网络（区、乡、村）、两级责任制（乡对区负责、村对乡负责），将统战工作纳入区对乡、乡对村的整体工作考评管理范围，从而实现统战工作区、乡、村一个网络，三级联动；台州市各县（市、区）采取在已成立党委的统战工作任务重的非公企业组建党委统战部，在已成立党支部或总支的统战工作任务较重的非公企业组建党支部或党总支统战工作办公室或联络处，在多家非公企业进行联合共建、行业联建的党组织中建区域性、行业性基层统战工作机构，在不具备成立党组织且统战成员较多的非公企业通过选配或聘任统战联络员等4种模式，使非公企业统战工作机构和统战工作达到双覆盖；台州市椒江区逐步探索把统战工作从单一的行政管理模式向开放的社会协调模式转变，从条块分割向以块为主、条块结合转变，从政治领域向政治、经济、文化诸领域延伸，从上层向区直部门、群团组织、基层街道、村社区延伸，变原先单独由统战部门搞统战为借助和调动全党、全社会方方面面都来搞统战，实现了从“小统战”向“大统战”、从“单兵统战”到“合力统战”的转变。

**四、打造“长效统战”，完善县级统战工作的机制**

我省县级统战部门坚持把制度和机制建设作为一项重要的基础工作来抓，各地纷纷结合自身实际探索建立了一系列创新的工作制度和机制，统战工作“现在不如过去重要、下层不如上层重要、干起来不如说起来重要”的现象得到了很大改观。如：宁波市海曙区建立新的社会阶层人士思想动态反馈、回馈社会活动、参政议政诉求、教育培养引导四大机制，成立了全省第一家职业经理人联谊会；温州市瓯海区委统战部积极创新工作机制，通过建立非公企业引导机制、社区统战服务机制和“三下乡”活动机制等，开创了统战工作新局面；仙居县在各乡镇开展“健全一个网络、落实一个办公场所、制订一套制度、抓好一期培训、开展一次走访、办一些实事、保一方平安、撰写一篇调研报告、建立一个考核机制”的活动，夯实乡镇统战工作基础；桐乡市通过创新对台工作制度，实施“三问四先”工作法（三问：一是问情于台商，确立市领导联系台资企业制度；二是问需于台商，确立台资企业发展恳谈会制度；三是问计于台商，确立台协联谊会工作例会制度。四先：一是掌握情况在先，确立情况通报日制度；二是走访了解在先，确立对台工作干部上门走访制度；三是职责明确在先，确立诉求、求助事件专人负责制度；四是主动服务在先，确立统战干部素质提升培训制度），实现了“台商零投诉”的工作目标；台州黄岩区、路桥区等地统战部门在全国率先出台了宗教场所财务管理代理制度和小庙小庵改建为文化活动场所，从制度上保证了宗教场所不因财务管理混乱造成矛盾，从机制上努力解决小庙小庵的屡禁不止和死灰复燃问题。

（报送中央统战部统战工作实践创新成果）

## 深入实施“网络构建行动计划”积极探索新的社会阶层人士统战工作

中共浙江省委统战部

改革开放以来，经济社会的快速发展和体制、机制的先发优势，为我省新经济组织、新社会组织和自由择业知识分子群体的快速成长提供了肥沃土壤。截至2009年6月，全省有私营企业和外资企业的管理、技术人员333.9万，列全国首位；有各类社团组织14168个，各类社会中介组织1万余家，各类民办非企业单位12996家，新社会组织总数居全国第三位，每万人拥有新社会组织数量居全国第二位。近几年来，我们把自由择业知识分子作为我省统一战线的一大资源优势和统战工作新的着力点，深入实施“自由择业知识分子统战工作网络构建行动计划”，积极探索工作路径和规律，不断创新载体、方法和机制，取得了较好成效，引起了中央统战部的关注和省委的重视。去年10月中央统战部在我省召开了全国自由择业知识分子统战工作会议，今年9月省委将我部关于新的社会阶层人士工作的调研报告作为向党的十七届四中全会汇报材料的附件。

现将我们的主要做法汇报如下。

**一、“网络构建行动计划”的主要理念、内容和目标**

第二十次全国统战工作会议以来，我部领导高度重视自由择业知识分子工作。在深入调研、深入实践、深入探索的基础上，我部于2008年4月正式制定下发了《关于“新的社会阶层人士（自由择业知识分子）统战工作网络构建行动计划”的实施意见》。

1. 行动计划的主要理念。自由择业知识分子从我们过去讲的“单位人”变成了“社会人”，通过工作网络，把“社会人”的他们纳入到新的社会组织里面，使其成为“组织人”，通过这样的一种纽带，把他们团结在我们党和政府的周围，进而成为“和谐社会人”。这对于延伸统战工作触角，扩大党的基层工作覆盖面，巩固党执政兴国的群众基础，都有着十分重要的现实意义。

2. 行动计划的主要内容。以机制为保障，建立新的社会阶层人士统战工作联席会议；以党建为中心，把自由择业知识分子统战工作网络纳入基层党建网络之中；以评价为先导，建立自由择业知识分子代表人士队伍；以试点为基础，积极探索开展自由择业知识分子工作的方式方法。

3. 行动计划的主要目标。在各级党委统一领导下，力争经过三年（从2008年初开始）的努力，基本建立全面覆盖我省各类、各层面自由择业知识分子群体的统战工作网络体系。到2008年底，全省各市都应建立联席会议制度和知联会组织，建立联席会议制度和知联会组织的县（市、区）要达到一半以上；到2009年底，县（市、区）均应建立联席会议制度和知联会组织；到2011年，建立一支在各个层面有较高知名度和较大社会影响的自由择业知识分子代表人士队伍。

**二、网络构建实践中的主要做法和成效**

2008年8月，我部召开了全省自由择业知识分子工作网络构建行动计划推进会，会后下发了《会议纪要》。今年6月又在台州市黄岩区召开全省新的社会阶层人士统战工作现场会。全省各地在网络构建方面取得了重要进展，并创出不少好的做法。

1. 着力抓好知联会组织建设，构筑“自由择业知识分子之家”。我部提出知联会建设要把握好“五个性”，即结构的广泛性、成员的代表性、职能的统战性、利益的特殊性、运作的民间性。目前，我省11个市全部成立了知联会；90个县（市、区）有66个县（市、区）成立了知联会。各级统战部的党外知识分子处（科）实际上也是同级知联会的秘书处，在全国、全省严格控制机构编制的背景下，省编委给我部党外知识分子处增加了一个编制。目前，我省11个市级统战部全部建立了党外知识分子处，其中4个市单设了党外知识分子处，47个县（市、区）设立了党外知识分子科和新的社会阶层人士工作科。

2. 精心策划各种活动载体，增强对自由择业知识分子的凝聚力和影响力。2007年9月，我部举办了以“新的社会阶层人士与创业创新”为主题的全省第一届新的社会阶层代表人士论坛，这是自由择业知识分子在我省政治生活中第一次集体亮相，受到社会各界普遍关注，《浙江日报》以《抒发心声——新的社会阶层代表人士谈创业创新》为题作了专版报道。汶川大地震发生后，省知联会向各级知联会和广大会员发出了抗震救灾作贡献的倡议书，共捐款捐物2千多万元。去年10月，我们又举办了以“成就、使命、责任——改革开放与新的社会阶层人士”为主题的第二届新的社会阶层代表人士论坛，全省近100名代表人士参加了论坛，中央统战部高度重视，陈喜庆副部长亲自出席论坛并作重要讲话，反响很好。

3. 不断探索新的方法和手段，拓宽开展自由择业知识分子工作的渠道。我们通过创新评优和现场会等形式，鼓励基层统战部门积极探索对自由择业知识分子进行联系、教育和引导的方式。如：台州市黄岩区成立了全省首家县级新的社会阶层人士联谊会，制订了新的社会阶层人士统战工作制度，组织新社会阶层人士开展“万名农户培训工程”；路桥区建立商城社区新阶层人士联谊会，在全省率先开展了社区新的社会阶层人士统战工作；三门县创建了全省首个新的社会阶层代表人士博客群，目前已有200多名代表人士在网上开博；宁波市海曙区成立了全省第一家职业经理人联谊会，开辟了“聚仁阁”论坛；宁波市江北区成立了外滩商圈统战工作站，建立了服务外滩自由择业知识分子的1842俱乐部，并组织白领沙龙，组建“老外滩音诗派”电声乐队；杭州市下城区形成了针对自由择业知识分子的楼宇统战工作“上门叩问九法”；乐清市在全国建立了第一批非公有制企业党委统战部（目前全省共24家），又率先在市供销员协会建立了统战工作站；台州市在“两新”组织中建立了54家统战工作机构。

**三、几点初浅体会**

1. 找准工作切入点是关键。在实践中，我们始终坚持“五个为主”：从网络构建的角度讲，新经济组织和新社会组织，应以新社会组织为主；从工作载体的角度讲，应以知联会为主；从工作范围的角度讲，党内和党外，以党外为主；从工作重点的角度讲，社团和社区，以社团为主；从工作方法的角度讲，活动与网络，要以活动为主。

2. 抓好基层党建是基础。我省各地高度重视新经济组织和新社会组织党建工作。截止2008年底，全省非公有制企业中共建立党组织1.4万个；省具备建党条件的社团有2183个，已经建立有1511个，占69%；全省从业人员有三名以上正式党员的202家律师事务所全部建立了党组织。这就为各级统战部门依托基层党建网络开展自由择业知识分子统战工作网络建设，奠定了良好的基础。

3. 提高政治素质是根本。近年来，我们在省社会主义学院举办了两期全省自由择业知识分子代表人士理论研究班和一期全省知联会会长培训班。有100多名代表人士参加了集中培训。宁波、温州、台州等地统战部门还分批次、分层次组织自由择业知识分子到北大、清华、中央党校、浦东干部学院等地举办培训班并组织外出学习考察。同时，我们组织实施“152自由择业知识分子代表人士工程”，即省级100名，市级500名，县级2000名。在此基础上，我们着力加大对他们的政治安排和实职安排工作，安排了19名自由择业知识分子担任省政协委员，目前全省已有232名律师、58名会计师和评估师担任各级人大代表和政协委员。

4．建立长效机制是保障。建立新的社会阶层人士统战工作联席（联系）会议制度，形成合作互动机制，成为沟通信息、整合资源、协调行动的有效工作平台；建立自由择业知识分子代表人士综合评价体系，形成规范评价机制，以努力实现自由择业知识分子综合评价工作的制度化、规范化和程序化；建立自由择业知识分子统战工作考核体系，形成奖励考核机制，有力地促进了自由择业知识分子统战工作的开展。

（2009年11月）

# 做好新的社会阶层人士工作　扩大和巩固党的群众基础

中共浙江省委统战部

党的十七大报告指出，要鼓励新的社会阶层人士积极投身中国特色社会主义事业建设。新的社会阶层人士，是指改革开放以来我国出现的民营科技企业的创业人员和技术人员、受聘于外资企业的管理技术人员、个体户、私营企业主、中介组织的从业人员和自由职业人员，主要分布在新经济组织和新社会组织（以下简称“两新”组织）中。其中，私营企业主、个体工商户和民营科技企业的创业人员被统称为非公有制经济人士，私营企业和外资企业管理技术人员、中介组织从业人员、自由职业人员被统称为自由择业知识分子。2006年7月，胡锦涛总书记在第20次全国统战工作会议上强调，做好新的社会阶层人士工作，最大限度地把他们团结起来，充分发挥他们的作用，是巩固党的群众基础的需要，是巩固和发展新世纪新阶段统一战线的需要，也是构建社会主义和谐社会的需要。浙江是新的社会阶层人士较为集中的省份，如何按照中央的要求做好新的社会阶层人士工作，巩固和扩大党的群众基础，为实现省委“两创”总战略服务，既是统一战线工作的一项重要任务，也是新世纪新阶段我省党建工作的新内容。

## 一、做好新的社会阶层人士工作是加强党的执政能力建设的必然要求

新的社会阶层大多从工人、农民、干部、知识分子分化而来，是我们党的阶级基础和群众基础的重要组成部分，是我们党团结各方面力量的重要着力点。在社会结构不断变革的新的历史条件下，我们党能否在巩固原有阶级基础和群众基础的同时，赢得新的社会阶层的拥护和支持，不仅直接关系统一战线的巩固发展，而且关系到党的建设新的伟大工程能否顺利完成。

1．做好新的社会阶层人士工作有利于扩大党在群众中的影响。浙江是全国非公有制经济发展最早、最快的省份，也是新的社会阶层人士最多、最集中的省份之一。据调查统计，目前，全省有私营企业52万家，列全国第一；各类社团组织14168个，各类社会中介组织近10000家，各类民办非公企业单位12996家，新社会组织总数居全国第三位，每万人拥有新社会组织数量居全国第二位。在全省500多万各类人才中，70%分布在新经济组织和新社会组织，其中私营企业和外资企业的管理技术人员242万人，中介组织和民办非公企业单位从业人员20余万人。全省260多万自由择业知识分子从过去的“单位人”变成了现在的“社会人”。许多新的社会阶层人士受过良好的教育，具有较强的专业知识，活动领域宽，社会联系广，影响面大。这么大的一个群体，这么广泛的社会联系面，如果这些人长期游离在我们党和政府联系的范围之外，我们

党执政的群众基础将受到削弱。从巩固和扩大党执政的群众基础着眼，必须把他们从“社会人”变成“有组织”的人。当然这个“组织”不是行政组织，而是通过统一战线这样一种纽带，把他们团结在我们党和政府的周围，进而成为“和谐社会人”，成为我们党执政兴国群众基础的重要的有机的组成部分。由此可见，做好新的社会阶层人士工作，扩大党在新的社会阶层中的影响力和号召力，非常现实地摆到各级党委及其统战部门的面前。

2．做好新的社会阶层人士工作有利于改善党的执政环境。新的社会阶层人士在协调利益关系、促进阶层和谐、维护社会稳定中有着特殊的地位和作用。他们作为改革开放30年来党的富民政策的直接受益者，很多人致富思源、富而思进，积极回馈社会。通过开办企业和成立各种社会组织，大量吸纳社会劳动力，分流了一部分社会富余人员，缓解了社会就业压力，维护了社会稳定；通过捐款捐物、兴教办学、科技援助、投资立项等多种形式，参与新农村建设，帮助困难群众脱贫致富，支持社会公益事业，积极参与各项社会事业建设，促进社会和谐。近几年来，我省个体私营企业创造出全省80%的GDP，贡献着全省2/3的税收，提供了全省90%的新增劳动岗位，承担起全省近80%的公益和慈善捐款。同时，中介组织和中介专业人士为社会各界提供法律、政策、认证、仲裁等服务，在资信评估、财产审计等方面，为树立社会公信力作出了贡献，有力推进了“信用浙江”建设。在充分肯定其主流是好的同时，我们必须正视他们中存在的问题，如：有些新的社会阶层人士对我们国家的政治制度和发展道路存在模糊认识，以西方的价值观念、政治体制、生活方式来分析和判断中国现实问题，在政治原则和政治方向上缺乏坚定性；素质参差不齐，在少数成员中存在着不法现象，如败坏社会风气、腐蚀领导干部、偷税漏税、制假贩假、破坏环境、违反劳动法等问题，造成对社会的负面效应；客观上造成社会利益的冲突和失衡，其中贫富差距不断拉大、非理性致富手段存在，在一定程度上易造成社会不同收入阶层之间的磨擦和矛盾。这些都会影响到这个阶层与其他社会阶层的关系乃至政治、社会的稳定和谐，从而给党的执政环境造成不利影响。因此，进一步做好他们的工作，已成为改善党的执政环境的一个重要条件。

3．做好新的社会阶层人士工作有利于为我省实施“两创”总战略凝聚力量。新的社会阶层人士中的私营企业主、民营科技企业的创业人员和管理技术人员，掌握着企业的经营管理和核心技术（全国的数据表明，新的社会阶层人士使用着50%以上的专利，在我省这个比例还要高得多），他们积极配合建设创新型国家战略，致力于把企业做好做强做大，勇于进取，开拓创新，不断适应市场需求，积极进行高新技术产业的开发与应用，采用灵活、先进的生产经营方式，推动了我省民营科技企业的快速发展。同时，他们把开发新产品与开拓新产业、技术创新与制度创新紧密结合，积极投身我省产业结构调整、转型升级等重大战略，为增强核心竞争力，实现由“浙江制造”向“浙江创造”的跨越，作出重要贡献。要进一步把他们的积极性引导到实施“两创”总战略上来，致力于全面建设惠及全省人民的小康社会建设。

新世纪新阶段，要不断巩固党的阶级基础，扩大党的群众基础，巩固和壮大爱国统一战线，就必须切实做好新的社会阶层人士工作，进一步增强我们党在广大新的社会阶层人士中的影响力和亲和力，把他们紧密地团结和凝聚在党的周围。

**二、我省新的社会阶层人士统战工作的进展状况和存在的问题**

改革开放以来，我们浙江许多工作走在全国前列。同样，我省新的社会阶层人士统战工作也创出了自己的特色和品牌。

1．非公有制经济人士统战工作成为我省统战工作的一大亮点。

一是以试点工作为先行，形成促进非公经济人士健康成长的导向机制。作为全国试点，我省稳妥推进非公有制经济人士担任工商联主席的工作，目前已有44位非公有制经济人士分别担任省、市、县三级工商联会长。2005年始，中央统战部在我省和温州市开展非公有制经济人士综合评价试点工作，目前已建立了省、市、县三级非公有制经济代表人士信息资料库，并建立起动态的信息系统和评价系统，综合评价已作为各种政治安排和表彰奖励的前置手段。我省的综合评价试点工作得到中央统战部的充分肯定，在此基础上开发的软件在全国进行了推广。通过两个试点工作的成功运转，切实把那些政治素质优秀、社会责任感强、社会形象好的人选拔出来，做到选拔一个带动一批，安排一个影响一片，形成了鲜明有效的导向机制。

二是以评比表彰和宣传培训为推动，积极引导非公有制经济人士做合格的社会主义事业建设者。2005 年以来，我省共有 13 名非公有制经济人士获得全国优秀中国特色社会主义事业建设者称号，名列全国之首；省、市、县也评选出一批优秀建设者，并组织优秀建设者巡回宣讲。2008 年，举办了浙江省光彩事业表彰大会，隆重表彰了 30 位先进个人和 5 个先进单位。今年正在举行的第三届优秀建设者评选活动，还将采取电视电话会议的方式进行表彰。与此同时，各级统战部和工商联还通过开办培训班（包括选送非公有制经济人士到各级党校、干部学院和社会主义学院培训）、专题讲座和研讨、实地考察调研等多种形式，努力提高非公有制经济人士政治觉悟、法制观念、道德修养、经营管理水平等综合素质，引导非公有制经济人士富而思源、富而思进，科学发展，自觉履行社会责任，做到爱国、敬业、诚信、守法、贡献。

三是以项目载体为抓手，为非公经济人士履行社会责任搭建更加宽阔的平台。在各级统战部门和工商联的倡导下，我省非公有制经济人士积极投身“光彩事业”和社会主义新农村建设。共实施“光彩事业”项目 10567 个，到位资金 630 亿元，培训人员 260 多万名，安置就业 270 多万名，带动 510 多万人脱贫，捐赠各类公益事业 120 亿元，捐建光彩中小学校 220 多所。全省 16524 家非公有制企业参与新农村建设，其中 12947 家企业与村结对，兴办企业 11225 家，投资金额 99.8 亿，捐款 22.3 亿元，4304 位非公经济人士担任农村经济顾问。

四是以促进非公有制经济健康发展为目的，着力帮助非公有制经济人士破解难题。特别是去年以来，我省统战部门与工商联积极搭建服务平台，引导鼓励非公经济人士提高科学应对国际金融危机和加快转型的素质能力，倾力为企业排忧解难。如：省工商联与有关部门联合举办浙江省中小企业融资对接会，当场对接成功 30 家，融资 40 亿元；省委统战部在全省建立了 100 个非公企业信息直报点，向中央和省委有关方面及时反映非公有制企业应对金融危机的困难问题，以及非公有制经济人士的意见建议；各级统战部门以“服务企业、服务基层”专项行动为重点，广泛动员全省各民主党派、工商联成员、各方面专家学者等统一战线成员，走进千家企业，宣传当前国家和我省促进企业解困、发展的一系列政策措施，及时了解反映我省各地经济运行中存在的突出问题、苗头性问题，积极引导非公制经济人士提振发展信心。

2. 自由择业知识分子统战工作成为我省统战工作新的着力点。

近年来，我省积极实施“新的社会阶层人士（自由择业知识分子）统战工作网络构建行动计划”，努力将全省的自由择业知识分子群体纳入到横向到边、纵向到底的统战工作网络之中。去年 10 月，全国自由择业党外知识分子统战工作交流研讨会在我省召开，中央统战部领导和与会代表对我省构建自由择业知识分子统战工作网络的做法和成效给予充分肯定。

一是创新思路，注重实效，积极探索多元化的工作方法。从试点入手，着力探索自由择业知识分子统战工作的方式方法。台州市在黄岩区、路桥区、三门县和临海市分别开展了以社团为纽带、以社区为依托、以网络为媒介、以评价为先导的试点工作。其中黄岩区成立了全省首家县级新的社会阶层人士联谊会，实施“万名农村新经济组织人士培训服务工程”。宁波市海曙区建立了新的社会阶层人士思想动态反馈、回馈社会活动、参政议政诉求、教育培养引导四大机制，成立了全省第一家职业经理人联谊会。宁波市、台州市在积极开展试点工作的基础上，分别召开了全市新的社会阶层人士（自由择业知识分子）统战工作现场会，总结推广试点经验。今年 6 月在黄岩召开全省新的社会阶层人士统战工作现场会，推进我省新的社会阶层人士统战工作上水平、上台阶。从引导入手，着力提升自由择业知识分子的整体素质。在省社会主义学院举办了二期全省新的社会阶层代表人士理论研究班，共有 100 多名自由择业知识分子参加了集中培训。省律师协会、省注册会计师协会也分别组织了协会内人大代表、政协委员专题培训班。积极动员广大自由择业知识分子积极投身科技创新竞赛行动和少数民族低收入群众增收帮扶行动，围绕我省节能减排工作和提升高端服务业水平开展调研考察，使广大自由择业知识分子在实践中进一步增强政治责任感，全面提高自身的综合素质。从安排入手，着力在自由择业知识分子中物色党外代表人士。在省政协规模不变的情况下，安排了19名自由择业知识分子担任省政协委员。全省共有232名律师、58名会计师（评估师）担任各级人大代表和政协委员。

二是创新平台，整合资源，积极探索社会化的工作机制。建立新的社会阶层人士统战工作联席（联系）会议制度，形成合作互动机制。2006年7月，我部即根据全国统战工作会议精神在全国率先建立了以自由择业知识分子为主体的全省新的社会阶层人士统战工作联系会议制度。目前，成员单位已扩大到省律师协会、省注册会计师协会、省注册税务师协会、省文联、省作家协会、省外商投资企业协会、省证券期货业协会。建立自由择业知识分子代表人士综合评价体系，形成规范评价机制。在台州、临海等地先期试点的基础上，我部制定下发了《关于开展新的社会阶层代表人士（自由择业知识分子）综合评价工作的意见（试行）》，力求评价的科学性、公正性和可操作性。建立自由择业知识分子统战工作考核体系，形成奖励考核机制。把自由择业知识分子统战工作作为一项重要内容纳入全省统战工作创新奖评奖范围，鼓励各地大胆探索创新。

三是创新载体，延长手臂，积极探索立体化的工作网络。加强工作载体建设，努力构造自由择业知识分子之家。2005年开始，我省各级统战部门就有意识地将自由择业知识分子的代表人士纳入各级知联会组织，使之成为开展自由择业知识分子工作的有效平台。目前，全省11个市全部成立了知联会组织，90个县（市、区）有66个县（市、区）成立了知联会组织。加强工作机构建设，努力构建纵横交错的工作网络。目前，全省11个市级党委统战部全部建立了党外知识分子处，其中4个市委统战部单设了党外知识分子处，47个县（市、区）设立了党外知识分子科（新的社会阶层人士科）。各地还通过组建党委统战部、党支部（总支）统战工作室、联络站等模式拓展“两新”组织统战工作覆盖面，切实加强新社会组织的统战工作。如乐清市在全国建立了第一批非公有制企业党委统战部，又率先在市供销员协会建立了统战工作站。台州市在“两新”组织中建立了54家统战工作机构。加强活动载体建设，努力增强自由择业知识分子的凝聚力和影响力。2007年9月，在杭州千岛湖举办了以“新的社会阶层人士与创业创新”为主题的全省第一届新的社会阶层代表人士论坛，受到社会各界普遍关注。《浙江日报》特意以《抒发心声——新的社会阶层代表人士谈创业创新》为题作了专版报道。2008年10月，又举办了以“成就·使命·责任——改革开放与新的社会阶层人士”为主题的全省第二届新的社会阶层代表人士论坛，全省近100名自由择业知识分子代表人士参加了论坛。

3．当前我省新的社会阶层人士工作中一些问题。

一是思想认识不到位。新的社会阶层人士工作中还存在着“一重一轻”（即重视非公有制经济人士，忽视自由择业知识分子）的现象。非公有制经济人士显示较强的经济实力和较大的社会影响，各地往往特别关注和重视做非公有制经济人士的工作，将工作列入了重要议事日程。而自由择业知识分子是党开展工作的一个新领域，起步较晚，现成经验少，有的地方和部门党组织对做好自由择业知识分子工作的现实意义和战略意义认识不到位，工作信心不足，缺乏积极性和主动性。

二是工作方式不适应。与国有企业相比，新经济组织和新社会组织的结构和党组织的工作环境都有明显差异，员工的思想观念有所不同，因此其党组织发挥作用的途径、程序和方法，以及党员的发展、教育和管理的内容、方式，也应根据这种变化加以改进。特别是在党政群团各部门都在做非公有制企业工作的局面下，统战工作如何创新思路、载体和手段，找准切入点和着力点，进一步发挥优势、履行职责、创出特色，值得深入研究和探索。就自由择业知识分子工作而言，还不同程度地存在着身份难界定，底数难摸清，职责难理清，工作难推进的状况。

三是组织载体不健全。一些地方和部门在吸引外资和发展个体私营经济上，没有把党的建设工作同步跟进，客观上造成党组织设置、党员教育管理、思想政治工作等滞后，致使自由择业知识分子工作因缺乏组织载体或因组织载体不健全而难以进行。

四是政治参与不均衡。非公有制经济人士属传统工作领域，各地普遍建有代表人士名单，且有工商联直接联系，对他们的情况比较了解，加上非公有制经济人士本身的经济实力和社会影响，这些年强调要扩大新阶层参政比例，增加的名单中多数是非公有制经济人士，使得非公有制经济人士和自由择业知识分子两个人群在人大、政协参政人数比例中“一多一少”的状况更加凸显。

**三、关于进一步深化新的社会阶层人士统战工作的对策建议**

我省是市场经济最为活跃的省份之一，随着新经济组织和新社会组织的发展，新的社会阶层人士在我省将呈不断壮大的趋势，其社会作用和社会影响也将日益扩大，新的社会阶层人士工作面临的新情况新问题也将层出不穷。要适应形势发展变化的需要，积极探索工作路径和规律，不断创新载体、方法和机制，进一步深化新的社会阶层人士统战工作。

1．从党建入手，着力夯实自由择业知识分子统战工作的基础。

统战工作是党的工作，毫无疑问，开展新经济组织和新社会组织中的党建工作，是开展统战工作的前提和基础。在我省新经济组织（主体是非公有制企业）中，目前党建工作基本上做到了全覆盖，统战工作也陆续纳入企业党的工作，全省有23家非公有制企业党委还设立了统战部。我省新社会组织党建工作方兴未艾，目前全省具备建党条件的社团共2183个，已经建立的1511个，占69%；具备建党条件的民办非企业单位1073个，已经建立的631个，占59%。以律师事务所为例，到2008年底，全省700家律师事务所中，241家单独建立了党支部，335家建立了联合支部，82%的律师事务所建立了党的基层组织。这为我省开展自由择业知识分子统战工作奠定了良好的基础。

要按照十七大修改的《党章》规定，积极探索推进“两新”组织中党的建设。一是加大党组织在“两新”组织特别是新社会组织中的覆盖面，有条件的都要在“两新”组织中建立党组织。党委统战部要主动配合组织部搞好“两新”组织特别是新社会组织的党建工作。现在，大多数社会中介组织和民办非企业单位规模小、人数少，社团组织专职工作人员更少，给扩大党的组织的覆盖面带来难度。开展新的社会阶层人士工作，就一定要树立“两个覆盖面”的思想，首先要努力提高党组织的覆盖面，以党建带动统战工作；当建党条件不具备时，要发挥统一战线的优势，延伸统战工作触角，积极开展统战工作，扩大党的基层工作覆盖面，并为党建创造条件。二是引导新的社会阶层人士支持在“两新”组织中开展党建工作，要特别注意做好业主的思想政治工作，引导他们充分认识其作为中国特色社会主义事业建设者所肩负的责任，理解和支持在“两新”组织中建立党的组织，开展党的活动和工作，并积极为党组织的活动提供必要条件。三是培养和选拔新的社会阶层人士的优秀分子加入党组织。要对“两新”组织中的新的社会阶层人士中达到爱国、敬业、诚信、守法、贡献标准的，符合共产党员标准的优秀分子吸引到我们的队伍中来，使之在“两新”组织中发挥先锋模范作用。

2．建立和完善机制，逐步形成新的社会阶层人士工作齐抓共管的良好格局

广泛团结新的社会阶层人士，是全党全社会的一项重要工作，需要党政有关部门和社会有关方面的积极参与。《中共浙江省委贯彻落实〈中共中央关于巩固和壮大新世纪新阶段统一战线的意见〉的实施意见》（〔2006〕120号）明确提出，要在党委统一领导下，建立由统战部门牵头、党政有关部门参加、社会有关团体参与的联席会议制度，形成开展新的社会阶层人士统战工作的合力。这几年来的实践证明，联席会议已经成为开展新的社会阶层人士统战工作的有效平台，成为整合各方资源、加强联系沟通的有力抓手。但是我们要看到，由于新的社会阶层成员数量大、覆盖广、分布散、变化快，仅有普遍要求，而没有更具针对性、操作性的措施，是难以真正形成合力的。

要着眼形成合力，推进新的社会阶层人士工作制度化、规范化、程序化建设。一是要适应新形势的要求，把这项工作纳入党建目标考核管理的重要内容。党委统战部要发挥好牵头作用，就要在掌握情况的基础上，对整个新的社会阶层人士的统战工作，从指导思想到工作要求，从党建工作到社团组织，从活动开展到教育培训，从人物培养到安排使用等各个方面作出部署，进而为党委决策提供参考。二是要制定由统战部门牵头协调、监督、检查的有关制度，并在工作实践中不断完善。特别是要建立考核激励机制，把做好新的社会阶层人

士统战工作纳入党政有关部门、社会有关团体、社区等工作实绩考核之中，增强工作的内在动力。三是要建立动态跟踪联系机制，使新的社会阶层人士不管流动在任何地方任何行业都在统战工作视野之内。做到通过制度规范工作，通过机制提高工作效率，真正形成开展新的社会阶层人士统战工作的合力。四是要继续深入实施“新的社会阶层人士网络构建行动计划”。在非公有制经济人士统战工作方面，要把架设“四座金桥”、实施“二二三工作计划”，作为今后非公有制经济人士工作的目标和主攻方向，积极探索工商联作为党和政府联系非公有制经济人士的桥梁纽带，政府管理非公有制经济的助手作用；在自由择业知识分子统战工作方面确定一个全省整体的目标，这就是在各级党委统一领导下，力争经过三年时间的努力，在全省范围内，基本建立由各级党委统战部门牵头协调，以联席会议机制为保障，以党建工作为核心，以综合评价为先导，以社团为纽带，以社区为依托，以网络为媒介，以活动为抓手的全面覆盖我省各类、各层面自由择业知识分子群体的统战工作网络体系，努力形成上下联动、左右协调、内外参与的自由择业知识分子统战工作新格局。

3. 加强思想政治工作，积极引导新的社会阶层人士承担社会责任。

要通过思想上、政治上、文化上的沟通引导，帮助他们树立在党的领导下走中国特色社会主义道路的信念，增强为构建社会主义和谐社会作奉献的使命感和责任感。一要鼓励和支持新的社会阶层人士把个人事业发展与国家发展结合起来，把自身事业做大做强，为转型升级、发展生产、扩大就业作贡献。二要引导新的社会阶层人士在各自的经济实体、中介组织和社会组织中营造和谐的环境，特别是在国际金融危机背景下，更要注意维护员工的合法权益，建立起比较和谐的劳资关系。三要引导新的社会阶层人士在生产经营和从业活动中学法、守法，重信义、守信用，依靠诚实劳动、公平竞争发展自己的事业，树立良好的社会形象。四要加大对新的社会阶层人士评比表彰和宣传力度。要搭建平台、创新载体，通过优秀社会主义事业建设者和在投身“光彩事业”、参与新农村建设等方面的先进进行评选表彰，树立履行社会责任的典型，引导新的社会阶层人士自觉履行义利兼顾、扶贫济困的社会责任，促进共同富裕。五要畅通诉求表达渠道，帮助新的社会阶层人士创业创新。各级党委和政府要经常听取新的社会阶层人士的意见和建议，协调解决他们的困难和问题，积极为他们创业发展提供帮助和服务。

4. 加强培养选拔，努力建设新的社会阶层代表人士队伍

培养和造就一批与我们党同心同德的新的社会阶层代表人士，是引导和鼓励新的社会阶层人士健康成长的需要。一要坚持党管人才的原则，各级党委要把新的社会阶层代表人士的培养选拔纳入党的干部队伍和人才队伍建设的总体规划，建立新的阶层人士代表人士人才库，实行动态管理，形成党委统一领导、统战部门牵头抓总、有关部门配合参与的工作格局。力争到2011年，建立一支在各个层面有较高知名度和较大社会影响的新的社会阶层代表人士队伍（省级100名，市级500名，县级2000名）。二要认真总结非公经济代表人士人士综合评价体系的试行经验，进一步规范程序和完善指标体系，确保评价体系的科学性和权威性。与此同时，要将评价体系向自由择业知识分子领域推广，研究建立一套规范的可操作性较强的符合自由择业规律的评价体系和评判机制，进一步增强人物代表性评判的科学性。三要通过办班培训、实践锻炼等形式，提高新的社会阶层人士的政治把握能力、参政议政能力、合作共事能力、组织领导能力和事业发展能力，特别是要提高他们政治参与的理性程度和有序程度。四要加大推荐安排力度。积极推动非公经济人士加入各级工商联组织，并对他们中的代表人士做适当安排。适当增加新的社会阶层人士担任人大代表、政协委员的数量，做好向有关人民团体推荐提名工作，推荐适当数量的党外人士担任新的社会阶层人士比较集中的行业协会领导职务。支持帮助民主党派根据自身特点，积极稳妥地在新的社会阶层中发展成员。

（此文为浙江省委统战部完成省委下达的“关于加强党的执政能力建设”课题的研究成果）

（2009年8月）